MANUAL DE **DIREITO**

PREVIDENCIÁRIO

Gustavo Filipe Barbosa Garcia

MANUAL DE **DIREITO**

PREVIDENCIÁRIO

8ª edição
Revista, ampliada
e atualizada

2023

EDITORA
JusPODIVM
www.editorajuspodivm.com.br

EDITORA *Jus*PODIVM
www.editorajuspodivm.com.br

Rua Canuto Saraiva, 131 – Mooca – CEP: 03113-010 – São Paulo – São Paulo
Tel: (11) 3582.5757
• Contato: https://www.editorajuspodivm.com.br/central-de-relacionamento

Copyright: Edições *Jus*PODIVM

Diagramação: Equipe *Jus*podivm

Capa: Ana Caquetti

G216m Garcia, Gustavo Filipe Barbosa.
Manual de Direito Previdenciário / Gustavo Filipe Barbosa Garcia – 8. ed., rev., atual. e ampl. - São Paulo: Juspodivm, 2023.
928 p.

Inclui Bibliografia
ISBN: 978-85-442-4571-2

1. Direito Previdenciário. I. Garcia, Gustavo Filipe Barbosa. II. Título.

CDD 341.6

Bibliotecária responsável:
Ana Carolina Ribeiro Mois – CRB7 – RJ 007348/0

"Não vos lembreis das coisas passadas, nem considereis as antigas. Eis que faço coisa nova, que está saindo à luz; porventura, não o percebeis? Eis que porei um caminho no deserto e rios, no ermo" (Is. 43:18-19).

NOTAS PRÉVIAS DO AUTOR

Esta obra tem como objetivo apresentar análise didática, atualizada e sintetizada do *Direito Previdenciário*, quanto aos aspectos de maior relevância da *Seguridade Social*, nos âmbitos da Previdência Social, da Saúde e da Assistência Social.

Procura-se estudar a essência do mencionado ramo do Direito, em seus fundamentos, institutos, regras e princípios, apresentando as noções e os conceitos necessários para a sua devida compreensão.

Este livro foi escrito com o especial enfoque de atender àqueles que buscam estudo completo, embora mais conciso, da referida disciplina, em conformidade com a evolução doutrinária, jurisprudencial e legislativa, sabendo-se que a análise mais aprofundada da matéria foi objeto de escrito anterior, intitulado *Curso de Direito da Seguridade Social*.

A presente edição está atualizada com os diplomas legais mais recentes.

Espera-se, assim, que a presente obra possa receber a mesma acolhida das anteriores.

Gustavo Filipe Barbosa Garcia

NOTAS PRÉVIAS DO AUTOR

SUMÁRIO

Capítulo 1
INTRODUÇÃO AO DIREITO PREVIDENCIÁRIO

Capítulo 2
CUSTEIO DA SEGURIDADE SOCIAL

Capítulo 3
PREVIDÊNCIA SOCIAL

Capítulo 4
BENEFICIÁRIOS DA PREVIDÊNCIA SOCIAL

Capítulo 5

PRESTAÇÕES DO REGIME GERAL DE PREVIDÊNCIA SOCIAL

Capítulo 6

ACIDENTE DO TRABALHO

Capítulo 7
SEGURO-DESEMPREGO

Capítulo 8
CRIMES CONTRA A PREVIDÊNCIA SOCIAL

Capítulo 9
REGIMES PRÓPRIOS DE PREVIDÊNCIA SOCIAL

Capítulo 10

PREVIDÊNCIA COMPLEMENTAR DO SERVIDOR PÚBLICO

Capítulo 11
PREVIDÊNCIA COMPLEMENTAR PRIVADA

Capítulo 12
ASSISTÊNCIA SOCIAL

Capítulo 13
SAÚDE

Capítulo

1

INTRODUÇÃO AO DIREITO PREVIDENCIÁRIO

1.1. EVOLUÇÃO HISTÓRICA GERAL

Na história humana, sempre existiram pessoas em situação de exclusão social, vulnerabilidade econômica e hipossuficiência. Desse modo, no plano histórico geral da Previdência e da Seguridade Social, podem ser indicadas as fases e os acontecimentos a seguir expostos.

A *assistência privada* significa a ajuda prestada aos necessitados por pessoas e grupos particulares. A família[1], como instituição básica da sociedade, sempre ofereceu auxílio às pessoas de seu núcleo que precisam de socorro.

Observa-se, principalmente na Idade Média, o surgimento de entidades e organizações sociais privadas que buscam socorrer o necessitado, como a Igreja e associações de caridade, de objetivos filantrópicos e beneficentes, não só de natureza religiosa e confessional, como também laica.

---

[1] Cf. IBRAHIM, Fábio Zambitte. *Curso de direito previdenciário*. 20. ed. Rio de Janeiro: Impetus, 2015. p. 1.

Nesse enfoque, o cristianismo tem papel de destaque na solidariedade, no altruísmo, preocupando-se com o bem-estar do próximo. A *doutrina social* da Igreja Católica, por meio de Encíclicas, defende a justiça social, condições adequadas para os trabalhadores e suas famílias, de modo que a busca pelo lucro não afronte valores superiores como o bem-estar, a igualdade e o atendimento das necessidades sociais. A Encíclica *Rerum Novarum*, de 1891, do Papa Leão XIII, que foi seguida de outras ao longo dos anos, defende essa importante linha de pensamento[2].

A atuação da sociedade civil, com objetivos beneficentes, entretanto, não se revelou suficiente para atender nem mesmo aqueles que estão em condições mais graves de indigência.

A *assistência pública*, com isso, indica um conjunto de atividades do Estado de socorro e auxílio às pessoas em situação de exclusão social, para se alcançar um mínimo de estabilidade nas relações econômicas.

Na Inglaterra, a chamada Lei dos Pobres, ou Lei de Amparo aos Pobres (*Poor Relief Act* ou *Poor Law*), de 1601, instituía socorros públicos aos mais necessitados e indigentes, por meio de contribuição obrigatória com fins sociais[3].

A Constituição francesa de 1791 também assegurava os chamados socorros públicos em benefício de crianças desamparadas, pobres, doentes e desempregados.

Nessa época, a atividade estatal de assistência ainda não era prestada de forma abrangente, tendo muitas vezes um enfoque preponderante de favor social, sem regulamentação precisa e detalhada.

Ainda na esfera privada, desde a época da Idade Média, com o surgimento do feudalismo (século IV) e das corporações de ofício (século XII)[4], destaca-se, também, o *mutualismo*, o qual significa a formação de grupos de socorro mútuo, em que as pessoas se reúnem e contribuem para um fundo comum, a ser utilizado quando o integrante, ou sua família, passa por situação de necessidade econômica. Observa-se, com isso, a *solidariedade interna*, ou seja, no âmbito de cada grupo social.

A formação de grupos em defesa de melhores condições sociais e de trabalho também ganhou destaque na época da Revolução Industrial, nos

---

2 Cf. LEITÃO, André Studart; MEIRINHO, Augusto Grieco Sant'Anna. *Manual de direito previdenciário*. 4. ed. São Paulo: Saraiva, 2016. p. 32.

3 Cf. MARTINS, Sergio Pinto. *Direito da seguridade social*. 35. ed. São Paulo: Atlas, 2015. p. 4.

4 Cf. FELICIANO, Guilherme Guimarães. *Curso crítico de direito do trabalho*: teoria geral do direito do trabalho. São Paulo: Saraiva, 2013. p. 51.

séculos XVIII e XIX, em que a chamada *questão social* impôs terríveis condições de vida à classe trabalhadora. O Estado Liberal, influenciado pelo individualismo, não intervinha nas relações privadas e econômicas, nem interferia na autonomia da vontade, acarretando manifesta desigualdade e injustiça social.

Os trabalhadores, com isso, passaram a se unir, dando origem a grupos na defesa de interesses comuns, de natureza sindical, na defesa de condições de trabalho, inclusive com a instauração de greves, bem como associações mutualistas e assistenciais, para prestar auxílio e socorro aos membros mais necessitados e seus familiares. A sistemática da época ainda não apresentava a concepção de efetivo direito social e dever estatal, não contando com a ampla estrutura e organização atuais.

As situações de risco social também foram objeto de coberturas contratuais, inicialmente nos moldes do Direito Privado, dando origem ao *seguro contratual*[5].

Os contratos de seguro em razão de eventos como morte, acidente, doença e invalidez eram firmados com empresas seguradoras, em favor dos trabalhadores e de seus familiares, inicialmente pelos próprios obreiros e, posteriormente, pelos empregadores.

No âmbito dos acidentes do trabalho e doenças ocupacionais, após a fase inicial de responsabilidade subjetiva do empregador, em que o trabalhador precisava provar a culpa daquele, evolui-se para a responsabilidade civil contratual, com presunção de culpa patronal e inversão do ônus da prova, e para a responsabilidade objetiva pelos danos sofridos pelos empregados[6].

Posteriormente, o próprio Estado passou a exigir que as empresas contratassem seguros de acidentes de trabalho, dando origem ao contrato de seguro obrigatório, não mais voluntário, para que o trabalhador acidentado e seus familiares não ficassem sem receber a indenização decorrente do infortúnio.

Na época da Revolução Industrial, notadamente no século XIX, os movimentos de lutas dos trabalhadores por justiça, igualdade, melhores condições de trabalho e de vida dão origem à instituição de direitos sociais, principalmente de natureza trabalhista e previdenciária. O *sindicalismo* também teve o importante papel de pressionar o Estado para atuar e legislar sobre condições

---

5 Cf. SANTOS, Marisa Ferreira dos. *Direito previdenciário esquematizado*. 5. ed. São Paulo: Saraiva, 2015. p. 30-31.

6 Cf. FERREIRA, Lauro Cesar Mazetto. *Seguridade social e direitos humanos*. São Paulo: LTr, 2007. p. 100.

sociais, especialmente em favor da classe mais desfavorecida, garantindo direitos, inclusive, nas esferas previdenciária, ocupacional e acidentária.

O Estado, até mesmo para evitar movimentos revolucionários, que pudessem gerar riscos ao próprio sistema econômico capitalista, passa a intervir nas relações sociais, estabelecendo direitos às classes mais desfavorecidas, dando origem ao chamado *seguro social*.

Na Alemanha, merecem referência as leis da época de *Otto von Bismarck*, de conotação previdenciária, instituindo seguros sociais, custeados pelo Estado, trabalhadores e empregadores, em matéria de doença (1883), acidente do trabalho (1884), invalidez e velhice (1889)[7].

Os acidentes do trabalho, assim, passam a ser cobertos por sistema público, de natureza previdenciária, e não mais privada e contratual.

O chamado *constitucionalismo social*, do início do século XX, por seu turno, significa a previsão de direitos sociais, econômicos, trabalhistas e previdenciários, assegurados na esfera constitucional, com destaque às Constituições do México, de 1917, ressaltando a responsabilização por danos decorrentes de acidentes do trabalho e doenças ocupacionais, e de Weimar, de 1919, estabelecendo um sistema de seguro social. Observa-se a passagem, assim, do Estado Liberal para o Estado Social.

A Organização Internacional do Trabalho, criada em 1919, pelo Tratado de Versalhes, passa a aprovar normas fundamentais de conteúdo social, trabalhista e previdenciário, destacando-se, quanto ao tema, a Convenção 102, de 1952, ao estabelecer normas mínimas de *Seguridade Social*.

Na Inglaterra, o Relatório que deu origem ao chamado *Plano Beveridge*, de 1942, propunha um amplo sistema público de proteção social, com cobertura abrangente de contingências sociais e característica universal, pois buscava atender não apenas os trabalhadores, mas todas as pessoas que estivessem em estado de indigência e necessidade, nas esferas não só da previdência, mas também da assistência e da saúde[8]. Deu origem, com isso, ao sistema inglês de Seguridade Social.

A Declaração Universal dos Direitos Humanos, de 1948, reconhece o direito à segurança social, os direitos econômicos, sociais e culturais indispensáveis à dignidade humana e ao livre desenvolvimento da personalidade, salientando a necessidade de proteção social, assim como à saúde e ao bem-estar (arts. 22, 23 e 25).

---

7 Cf. MARTINS, Sergio Pinto. *Direito da seguridade social*. 35. ed. São Paulo: Atlas, 2015. p. 4.

8 Cf. LEITÃO, André Studart; MEIRINHO, Augusto Grieco Sant'Anna. *Manual de direito previdenciário*. 4. ed. São Paulo: Saraiva, 2016. p. 34.

No final do século XX, a crise do modelo de Estado do bem-estar social (*Welfare State*) decorre de insuficiências econômicas para a manutenção da ampla estrutura de atendimento e cobertura de necessidades sociais. Surge, portanto, o movimento conhecido como neoliberalismo, defendendo a redução da despesa pública e da atuação social do Estado, deixando ao mercado o encargo de cuidar dos serviços que não sejam estritamente necessários para a vida em sociedade.

Ainda assim, no Estado Democrático de Direito, que prevalece na atualidade, os direitos sociais, neles incluídos aqueles voltados à Seguridade Social, devem ser protegidos e promovidos por toda a sociedade, em especial pelo poder público, pois integram o rol dos direitos fundamentais e são necessários à preservação da dignidade da pessoa humana.

A *Seguridade Social*, no presente, é entendida como um amplo sistema de proteção social, pois abrange não apenas a *Previdência Social*, mas a *Assistência Social* e também a *Saúde*.

Os direitos à Previdência Social, à Assistência Social e à Saúde integram os direitos sociais, os quais têm natureza de direitos humanos e fundamentais, nas esferas internacional e constitucional.

1.2. EVOLUÇÃO HISTÓRICA NO BRASIL

A Constituição do Império, de 1824, previa a garantia de *socorros públicos* (art. 179, inciso XXXI), com natureza, assim, de assistência pública.

Havia nessa época, ainda, associações beneficentes, como as Santas Casas de Misericórdia (1543), e organizações de natureza mutualista, como o Montepio Geral de Servidores do Estado (1835)[9].

A Constituição de 1891, republicana, prevê a aposentadoria aos funcionários públicos em caso de invalidez "no serviço da Nação" (art. 75).

A *Lei Eloy Chaves*, de 1923, decorrente do Decreto 4.682, é considerada o marco da Previdência Social no Brasil, ao criar as Caixas de Aposentadorias e Pensões aos ferroviários, em cada empresa de estrada de ferro no Brasil. O sistema, assim, era mantido pelas empresas e trabalhadores, e não pelo Estado, com a previsão dos benefícios de aposentadoria, pensão por morte e assistência médica[10].

---

[9] Cf. IBRAHIM, Fábio Zambitte. *Curso de direito previdenciário*. 20. ed. Rio de Janeiro: Impetus, 2015. p. 54.

[10] Cf. MARTINS, Sergio Pinto. *Direito da seguridade social*. 35. ed. São Paulo: Atlas, 2015. p. 8.

Nos anos seguintes, foram instituídas *Caixas de Aposentadorias e Pensões* (CAPs) para outros empregados, como portuários e marítimos, que eram organizadas por empresas[11].

Entretanto, a partir da década de 1930, passam a surgir os *Institutos de Aposentadorias e Pensões* (IAPs), os quais abrangem e se estruturam em categorias profissionais. O Instituto de Aposentadoria e Pensão dos Marítimos foi o primeiro a ser criado, em 1933, após o que foram instituídos outros, como os institutos dos comerciários, bancários, industriários e estivadores.

A Constituição de 1934, de perfil democrático, além de fazer menção à assistência social (art. 5º, inciso XIX, *c*), à saúde e assistência públicas (art. 10, inciso II), bem como a licenças, aposentadorias e reformas (art. 39, 8, *d*), é a primeira a utilizar o termo "previdência", adotando tríplice fonte de custeio, ou seja, por meio de contribuições da União, do empregador e do empregado (art. 121, § 1º, *h*).

A Constituição de 1937, de natureza ditatorial e autoritária, previa, no âmbito da legislação do trabalho, a instituição de seguros de velhice, de invalidez, de vida e para os casos de acidentes do trabalho, bem como de "seguros sociais" (art. 137, *m* e *n*). Fazia referência, ainda, à saúde (art. 16, inciso XXVII) e à assistência pública (art. 18, *c*).

A Constituição de 1946 retomou as feições democráticas, dispondo sobre defesa e proteção da saúde (art. 5º, inciso XV, *b*), assistência (art. 164), previdência social e obrigatoriedade de seguro pelo empregador contra os acidentes do trabalho (art. 157, incisos XIV, XV, XVI e XVII).

A Lei 3.807, de 1960, conhecida como *Lei Orgânica da Previdência Social* (LOPS), conferiu unidade ao sistema previdenciário, uniformizando os benefícios e as contribuições.

O Fundo de Assistência ao Trabalhador Rural (FUNRURAL) foi criado pela Lei 4.214, de 1963, conhecida como Estatuto dos Trabalhadores Rurais.

Os Institutos de Aposentadorias e Pensões foram reunidos no *Instituto Nacional de Previdência Social* (INPS), criado pelo Decreto-Lei 72, de 1966[12].

A Constituição de 1967, que institucionalizou o regime militar, mantinha as previsões sobre defesa e proteção da saúde (art. 8º, inciso XVII, *c*), assistência sanitária, hospitalar e médica preventiva, previdência social, seguro obrigatório pelo empregador contra acidentes do trabalho (art. 158, incisos

---

[11] Cf. MARTINS, Sergio Pinto. *Direito da seguridade social*. 35. ed. São Paulo: Atlas, 2015. p. 9.

[12] Cf. LEITÃO, André Studart; MEIRINHO, Augusto Grieco Sant'Anna. *Manual de direito previdenciário*. 4. ed. São Paulo: Saraiva, 2016. p. 41.

XV, XVI e XVII) e assistência à maternidade, à infância e à adolescência (art. 167, § 4º).

Com a Lei 5.316, de 1967, a proteção contra acidentes do trabalho passou a integrar a esfera da Previdência Social.

A Emenda Constitucional 1, de 17 de outubro de 1969, quanto ao tema, manteve a mesma sistemática da Constituição de 1967, tratando da matéria previdenciária juntamente com as previsões sobre direitos trabalhistas (art. 165).

O Programa de Assistência ao Trabalhador Rural (PRORURAL) foi instituído pela Lei Complementar 11, de 1971. Não previa contribuição pelo próprio trabalhador rural, estabelecendo direito à aposentadoria por idade ("velhice"), aposentadoria por invalidez, pensão por morte e auxílio-funeral, no valor de 50% do salário mínimo (aposentadoria), 30% (pensão) e um salário mínimo (auxílio-funeral)[13]. Também eram previstos serviços de saúde e serviço social[14].

A Lei 5.859, de 1972, incluiu os empregados domésticos na esfera da Previdência Social, tendo sido revogada pela Lei Complementar 150, de 2015, que dispõe sobre o contrato de trabalho doméstico.

A *Consolidação das Leis de Previdência Social* (CLPS) foi aprovada pelo Decreto 77.077, de 1976.

A Lei 6.439, de 1977, instituiu o Sistema Nacional de Previdência e Assistência Social (SINPAS), que abrangia as seguintes entidades (art. 4º): Instituto Nacional de Previdência Social (INPS), com atribuições voltadas à concessão das prestações previdenciárias; Instituto Nacional de Assistência Médica da Previdência Social (INAMPS), com atribuição na assistência médica; Fundação Legião Brasileira de Assistência (LBA), responsável pela assistência social à população carente; Fundação Nacional do Bem-Estar do Menor (FUNABEM), que cuidava da proteção às crianças e adolescentes; Empresa de Processamento de Dados da Previdência Social (DATAPREV); Instituto de Administração Financeira da Previdência e Assistência Social (IAPAS), responsável pela arrecadação, fiscalização e cobrança das contribuições previdenciárias; Central de Medicamentos (CEME), que cuidava da distribuição de remédios.

A Constituição da República Federativa do Brasil de 1988 passou a disciplinar a Seguridade Social no âmbito mais amplo da Ordem Social (Título VIII).

---

[13] Cf. SANTOS, Marisa Ferreira dos. *Direito previdenciário esquematizado*. 5. ed. São Paulo: Saraiva, 2015. p. 415-416.

[14] Cf. MARTINS, Sergio Pinto. *Direito da seguridade social*. 35. ed. São Paulo: Atlas, 2015. p. 14.

A Seguridade Social, nesse enfoque, é o sistema de proteção que abrange a Previdência Social, a Assistência Social e a Saúde (arts. 194 a 204 da Constituição da República).

A *ordem social* tem como base o primado do trabalho, e como objetivo o bem-estar e a justiça sociais (art. 193 da Constituição Federal).

Cabe esclarecer que não integram a Seguridade Social propriamente, mas fazem parte da Ordem Social, a educação, a cultura, o desporto, a ciência, a tecnologia, a inovação, a comunicação social, o meio ambiente, a família, a criança, o adolescente, o jovem, o idoso e os índios.

Os direitos à previdência social, à assistência social e à saúde passam a integrar os *direitos sociais* (art. 6º), os quais fazem parte do catálogo de *direitos fundamentais* (Título II da Constituição da República).

A Lei 8.029, de 12 de abril de 1990, no art. 17, autorizou o Poder Executivo a instituir o Instituto Nacional do Seguro Social (INSS), como autarquia federal, mediante a fusão do Instituto de Administração da Previdência e Assistência Social (IAPAS) com o Instituto Nacional de Previdência Social (INPS), com as atribuições de cobrança de contribuições e pagamento de benefícios previdenciários.

Ainda na esfera infraconstitucional, a Lei 8.080, de 19 de setembro de 1990, regula as ações e serviços da Saúde.

O Decreto 7.508/2011 regulamenta a Lei 8.080/1990, para dispor sobre a organização do Sistema Único de Saúde (SUS), o planejamento da saúde, a assistência à saúde e a articulação interfederativa.

A Lei 8.212, de 24 de julho de 1991, dispõe sobre a organização da Seguridade Social e institui o seu plano de custeio.

A Lei 8.213, de 24 de julho de 1991, por sua vez, dispõe sobre os planos de benefícios da Previdência Social.

A Lei 8.742, de 7 de dezembro de 1993, dispõe sobre a organização da Assistência Social.

O Decreto 6.214/2007 regulamenta o benefício de prestação continuada da Assistência Social.

O Decreto 3.048, de 6 de maio de 1999, aprova o Regulamento da Previdência Social.

Cabe fazer referência, ainda, à Lei Complementar 108, de 29 de maio de 2001, que dispõe sobre a relação entre a União, os Estados, o Distrito Federal e os Municípios, suas autarquias, fundações, sociedades de economia mista e outras entidades públicas e suas respectivas entidades fechadas de previdência complementar, bem como à Lei Complementar 109, também de 29 de maio 2001, que dispõe sobre o Regime de Previdência Complementar.

No plano constitucional, merecem destaque, ainda, as Emendas Constitucionais 20/1998, 41/2003 e 47/2005, instituindo diversas reformas no sistema previdenciário.

A Emenda Constitucional 103/2019, publicada no Diário Oficial da União de 13.11.2019, altera o sistema de Previdência Social e estabelece regras de transição e disposições transitórias.

Com a Lei 11.457, de 16 de março de 2007, a Secretaria da Receita Federal do Brasil, órgão da administração direta, subordinado ao Ministro de Estado da Fazenda, passa a ter a atribuição de planejar, executar, acompanhar e avaliar as atividades relativas à tributação, fiscalização, arrecadação, cobrança e recolhimento das contribuições (sociais) previdenciárias, de titularidade da União, destinadas, em caráter exclusivo, ao pagamento de benefícios do Regime Geral de Previdência Social (art. 2º).

O Instituto Nacional do Seguro Social (INSS), por sua vez, como autarquia federal, com sede em Brasília (DF), vinculada ao Ministério da Previdência Social, fica incumbido, essencialmente, do pagamento de benefícios e da prestação de serviços do Regime Geral de Previdência Social.

Cabe ao Ministério da Previdência Social, mais exatamente, a administração do Regime Geral de Previdência Social (art. 7º do Regulamento da Previdência Social, aprovado pelo Decreto 3.048/1999).

De acordo com o sistema jurídico constitucional, a Seguridade Social é sistema de proteção que abrange a Saúde, a Previdência Social e a Assistência Social (art. 194 da Constituição da República).

1.3. DENOMINAÇÃO

A denominação da disciplina em estudo é *Direito Previdenciário* e, de forma mais abrangente, *Direito da Seguridade Social*.

A Seguridade Social, na realidade, é sistema de proteção social mais amplo, que engloba a Previdência Social, a Assistência Social e a Saúde.

Portanto, o ramo jurídico que disciplina a Seguridade Social é o Direito da Seguridade Social, o que está em consonância com a Constituição da República Federativa do Brasil de 1988 (arts. 194 e 195). Nesse sentido, o art. 22, inciso XXIII, da Constituição da República prevê a competência privativa da União para legislar sobre "seguridade social".

Logo, o ramo jurídico autônomo é o Direito da Seguridade Social, o qual tem como setores específicos o Direito da Previdência Social, o Direito da Assistência Social e o Direito da Saúde. Nesse enfoque, a rigor, o *Direito Previdenciário* rege um dos setores da Seguridade Social, ou seja, a Previdência Social.

O art. 24, inciso XII, da Constituição Federal de 1988 dispõe que compete à União, aos Estados e ao Distrito Federal legislar concorrentemente sobre "previdência social, proteção e defesa da saúde". Ainda quanto às referidas matérias, a competência dos Municípios decorre do disposto no art. 30, incisos I e II, no sentido de legislar sobre assuntos de interesse local e suplementar a legislação federal e a estadual no que couber.

É competência comum da União, dos Estados, do Distrito Federal e dos Municípios "cuidar da saúde e assistência pública, da proteção e garantia das pessoas portadoras de deficiência" (art. 23, inciso II, da Constituição da República).

O Direito da Seguridade Social, como ramificação do Direito, evidentemente, integra o ordenamento jurídico em seu todo. Na esfera do direito objetivo, o Direito da Seguridade Social, como sistema jurídico, é o conjunto harmônico de regras e princípios que disciplina a Seguridade Social.

No plano científico, a ciência do Direito da Seguridade Social tem como objeto o estudo sistematizado, com rigor doutrinário, das regras, princípios, institutos e instituições da Seguridade Social.

A Seguridade Social, como conjunto de ações, políticas, instituições voltadas à proteção social nas esferas previdenciária, assistencial e da saúde, é regida, em termos jurídicos, pelo Direito da Seguridade Social, além de estudada, em termos científicos, pela ciência do Direito da Seguridade Social.

1.4. CONCEITO

O Direito da Seguridade Social pode ser conceituado como o ramo jurídico que disciplina a Seguridade Social, a qual é sistema de proteção social mais amplo, integrado pelos subsistemas da Previdência Social, da Assistência Social e da Saúde.

Desse modo, o Direito da Seguridade Social é o ramo do Direito que estabelece um conjunto de medidas e ações de proteção social às pessoas em relação a contingências que as impeçam de prover as suas necessidades básicas e de suas famílias, visando a assegurar os direitos relativos à Previdência Social, à Assistência Social e à Saúde[15].

A *contingência social* significa um evento, ou seja, algo que pode acontecer, acarretando a perda ou diminuição dos ganhos, como, por exemplo, idade avançada, invalidez, morte, doença, maternidade, acidente do trabalho, desemprego. A proteção social como um todo, estabelecida por meio da Seguridade Social, é conferida pelo poder público e por toda a sociedade, por intermédio de um conjunto integrado de ações.

Nesse sentido, de acordo com art. 194 da Constituição da República, a Seguridade Social compreende um conjunto integrado de ações de iniciativa dos Poderes Públicos e da sociedade, as quais são destinadas a assegurar os direitos relativos à saúde, à previdência e à assistência social.

A Seguridade Social, assim, tem como objetivo atender às necessidades sociais que as pessoas podem ter nas adversidades, garantindo condições dignas de vida e as amparando nas situações em que elas não tiverem como prover as suas necessidades e de suas famílias.

1.5. ABRANGÊNCIA E DIVISÃO

A Seguridade Social engloba a Previdência Social, a Assistência Social e a Saúde (art. 194 da Constituição da República).

Logo, a Seguridade Social é sistema de proteção social de ampla abrangência, bem como de natureza universal. A Seguridade Social tem o relevante papel de atender, proteger e promover o bem-estar do ser humano, sempre que este estiver em situação relacionada a contingências sociais, dificultando ou impedindo que a pessoa possa viver de forma digna e saudável. Nesse enfoque, a Seguridade Social deve alcançar todas as pessoas que estejam em situações que não as permitam a sua própria manutenção e de sua família.

Na realidade, trata-se de importante conquista social histórica da humanidade, voltada à obtenção de igualdade material e da liberdade real. No Estado Democrático de Direito, a Seguridade Social é prevista e efetivada com o fim de combater a pobreza, a miséria, as desigualdades sociais, ao instituir formas de proteção social e redistribuição de renda, permitindo condições mínimas de existência que estejam em consonância com a dignidade humana.

15 Cf. MARTINS, Sergio Pinto. *Direito da seguridade social*. 35. ed. São Paulo: Atlas, 2015. p. 21.

A Seguridade Social, assim, está ligada à *ordem social*, a qual é ampla, pois também abrange questões voltadas à educação, saúde, alimentação, trabalho, moradia, lazer, segurança, previdência social, proteção à maternidade e à infância e assistência social.

A *Seguridade Social*, como mencionado, é sistema de proteção social, englobando, na atualidade, a Previdência Social, a Assistência Social e a Saúde, as quais apresentam certas especificidades.

A *Previdência Social* tem natureza contributiva, de modo que há necessidade de recolhimento de contribuições previdenciárias para a manutenção do sistema (arts. 201 e 202 da Constituição Federal de 1988). Em outras palavras, o seu caráter é contributivo, tendo filiação obrigatória, embora também se admita o ingresso como segurado facultativo.

A *Assistência Social*, diversamente, não exige contribuições para que a pessoa em situação de necessidade social e econômica tenha direito a prestações assistenciais, com o objetivo de assegurar as suas necessidades básicas e de sua família (arts. 203 e 204 da Constituição da República).

A *Saúde*, por sua vez, é direito universal, isto é, de todos, voltado ao acesso igualitário à promoção, proteção e recuperação do completo bem-estar físico, psíquico e social (arts. 196 a 200 da Constituição Federal de 1988).

1.6. AUTONOMIA

O Direito da Seguridade Social, que engloba o Direito Previdenciário, é considerado ramo jurídico cientificamente autônomo, por abranger matéria ampla, apresentando certa homogeneidade doutrinária, bem como princípios próprios.

A disciplina em questão não mais se confunde com o Direito do Trabalho, o qual disciplina a relação de emprego e outras relações de trabalho semelhantes. Os sujeitos da relação jurídica, nesse caso, são empregador (tomador de serviço) e empregado (trabalhador), nas esferas individual e coletiva. Entretanto, a relação jurídica objeto do Direito da Seguridade Social possui sujeitos diversos, como beneficiário e Estado, beneficiário e entidade de previdência e contribuinte e Estado. A matéria regida pelo Direito da Seguridade Social é voltada à proteção social previdenciária, assistencial e da saúde, abrangendo não apenas os empregados e trabalhadores.

Além dessa *autonomia científica*, observa-se a *autonomia normativa* do Direito da Seguridade Social, uma vez que há um conjunto amplo de normas jurídicas próprias sobre a matéria, inclusive voltadas à Previdência Social, à Saúde e à Assistência Social.

A *autonomia doutrinária* decorre da presença de diversas obras e trabalhos científicos sobre o Direito da Seguridade Social.

A *autonomia didática* tem se consolidado cada vez mais, com a presença de cadeiras voltadas ao estudo do Direito da Seguridade Social nas Universidades, nos âmbitos da graduação e da pós-graduação.

Em termos didáticos, o Direito da Seguridade Social pode ser dividido em Direito da Previdência Social, Direito da Assistência Social e Direito da Saúde. Portanto, o *Direito Previdenciário* é um dos setores do Direito da Seguridade Social.

Apesar da existência de princípios da Seguridade Social, mais amplos, as esferas da Previdência Social, da Assistência Social e da Saúde apresentam princípios com certas peculiaridades, bem como institutos e instituições específicos, os quais estão inseridos no sistema mais amplo indicado.

1.7. RELAÇÕES COM OUTROS RAMOS DO DIREITO

Apesar da autonomia do Direito da Seguridade Social, esse ramo jurídico mantém relações com diversos outros.

É nítida a relação com o *Direito Constitucional*, o qual prevê as normas fundamentais sobre a Seguridade Social e os seus subsistemas de Previdência Social, Assistência Social e Saúde, não apenas quanto às prestações, mas também quanto ao custeio, como se observa nos arts. 149, 167, inciso XI, e 194 a 204.

Além disso, é essencial a interpretação constitucional da Seguridade Social, no sentido de que as suas normas devem ser aplicadas e interpretadas segundo os princípios e mandamentos constitucionais, pois os direitos sociais possuem natureza fundamental (art. 6º da Constituição da República).

O *Direito Administrativo* também tem ampla aplicação na esfera da Seguridade Social, uma vez que os órgãos e entes públicos que atuam nessa matéria são regidos pelas normas integrantes daquele ramo jurídico.

Os Ministérios da Previdência Social, do Desenvolvimento e Assistência Social e da Saúde integram o Poder Executivo federal. O Instituto Nacional do Seguro Social é autarquia federal. No âmbito do custeio da Seguridade Social, a Secretaria da Receita Federal do Brasil é órgão subordinado ao Ministério da Fazenda.

Diversos atos relativos à Seguridade Social, como a concessão de benefícios e serviços, são de natureza administrativa. Há vínculos regidos pelo Direito Administrativo que são mantidos entre o poder público e certas entidades privadas para a atuação, em especial, nas esferas da Assistência Social e da Saúde.

O *Direito Tributário* tem relevante aplicação na Seguridade Social, em especial no que tange às contribuições sociais voltadas ao seu custeio direto, ou seja, às contribuições para a Seguridade Social.

O art. 149 da Constituição da República prevê que compete exclusivamente à União instituir contribuições sociais, de intervenção no domínio econômico e de interesse das categorias profissionais ou econômicas, como instrumento de sua atuação nas respectivas áreas, observado o disposto nos arts. 146, inciso III, e 150, incisos I e III, e sem prejuízo do previsto no art. 195, § 6º, relativamente às contribuições (para a Seguridade Social) a que alude o dispositivo.

O art. 195, § 7º, da Constituição Federal prevê que são "isentas" de contribuição para a Seguridade Social as entidades beneficentes de assistência social que atendam às exigências estabelecidas em lei. Trata-se, a rigor, de imunidade, limitando o poder de tributar, uma vez que prevista na própria norma constitucional.

O *Direito Financeiro*, ao dispor sobre a matéria orçamentária, também apresenta importantes relações quanto ao orçamento da Seguridade Social (com previsão de receitas e despesas), bem como quanto ao seu custeio indireto, por meio da transferência de recursos dos orçamentos fiscais.

Segundo o art. 165, § 5º, inciso III, da Constituição Federal de 1988, a lei orçamentária anual deve compreender o orçamento da Seguridade Social, abrangendo todas as entidades e órgãos a ela vinculados, da administração direta ou indireta, bem como os fundos e fundações instituídos e mantidos pelo poder público.

Além disso, são vedadas: a utilização, sem autorização legislativa específica, de recursos dos orçamentos fiscal e da Seguridade Social para suprir necessidade ou cobrir déficit de empresas, fundações e fundos, inclusive dos mencionados no art. 165, § 5º; a utilização dos recursos provenientes das contribuições sociais de que trata o art. 195, inciso I, *a*, e inciso II, para a realização de despesas distintas do pagamento de benefícios do Regime Geral de Previdência Social de que trata o art. 201 (art. 167, incisos VIII e XI, da Constituição da República).

O *Direito Penal* apresenta relação com o Direito da Seguridade Social ao dispor sobre os chamados crimes previdenciários, como a apropriação indébita previdenciária, o estelionato contra a Previdência Social, a falsificação de documento previdenciário e a sonegação fiscal previdenciária, previstos nos arts. 168-A, 171, § 3º, 297, § 3º, e 337-A do Código Penal.

O *Direito do Trabalho* possui nítida proximidade com o Direito da Seguridade Social, pois diversos sujeitos e institutos são comuns às duas esferas, como ocorre com as figuras do empregado e do empregador, assim como do salário e da remuneração. Nota-se que várias questões trabalhistas repercutem no âmbito previdenciário, como a licença-maternidade, e vice-versa, como a estabilidade provisória do empregado em razão de acidente do trabalho e os efeitos das modalidades de aposentadoria no contrato de trabalho.

O *Direito Civil* rege várias situações que geram efeitos no âmbito da Seguridade Social, por exemplo, quanto aos dependentes previdenciários, como casamento, união estável, divórcio e emancipação. Ademais, na Previdência Complementar Privada o vínculo que se estabelece entre as partes tem natureza contratual, ainda que presentes a disciplina legal e a fiscalização pelo poder público nessa relação jurídica.

O *Direito Empresarial* (Direito Comercial), ao tratar da atividade empresarial, tem importantes relações com o Direito da Seguridade Social, em que um dos contribuintes de maior destaque é justamente a empresa, figurando como segurado obrigatório o empresário.

No âmbito do *Direito Internacional Público*, há convenções e tratados internacionais dispondo a respeito de matérias abrangidas pela Seguridade Social.

O *Direito Internacional Privado*, por sua vez, estabelece a lei aplicável em caso de conflito de normas no espaço, envolvendo mais de um Estado, o que pode ocorrer também em questões de natureza previdenciária.

O *Direito Processual*, ao disciplinar a atividade jurisdicional, tem o importante papel de aplicação, no caso, do Direito da Seguridade Social, com o objetivo de pacificação dos conflitos nessa área. Parte da doutrina faz menção ao Direito Processual Previdenciário, voltado, em essência, à pacificação social de conflitos relativos a benefícios previdenciários, bem como assistenciais.

1.8. NATUREZA JURÍDICA

O Direito, apesar de ser sistema uno, é tradicionalmente dividido em Público e Privado.

O Direito Público dispõe, essencialmente, sobre a organização do Estado. O Direito Privado, por sua vez, disciplina os interesses dos particulares.

No Direito Público a relação jurídica é de *subordinação*, visto que o Estado participa em posição superior, exercendo a sua função de mando, havendo a proteção de interesses preponderantemente públicos. Diversamente, no Direito Privado, a relação jurídica é de *coordenação*, uma vez que as partes figuram em posição de igualdade, havendo a proteção de interesses preponderantemente particulares[16].

Prevalece o entendimento de que o Direito da Seguridade Social pertence ao *Direito Público*, pois a relação jurídica é estabelecida entre as pessoas e o poder público como ente soberano.

O Estado organiza e opera o sistema da Seguridade Social, dispondo sobre o seu custeio e a concessão dos seus benefícios e serviços. O parágrafo único do art. 194 da Constituição da República prevê que compete ao Poder Público, nos termos da lei, organizar a Seguridade Social. O regime jurídico estabelecido pela Seguridade Social decorre da lei, e não de contrato, negócio jurídico ou instituto de natureza privada.

Há diversos entes públicos e órgãos estatais envolvidos no sistema de Seguridade Social, como o Instituto Nacional do Seguro Social (INSS), autarquia federal vinculada anteriormente ao Ministério da Previdência Social, o Ministério do Desenvolvimento e Assistência Social, o Ministério da Saúde e o Ministério da Fazenda.

É certo que também existe a Previdência Privada Complementar, mas ela ainda não figura como regra em nosso sistema de Previdência Social, por se tratar, justamente, de regime de caráter complementar e facultativo, conforme art. 202 da Constituição Federal de 1988 e Lei Complementar 109/2001.

Cabe registrar o entendimento de que o Direito da Seguridade Social integraria o ramo do Direito Social, tendo em vista a proteção social conferida em razão de situação de hipossuficiência ou estado de sujeição decorrente de maior vulnerabilidade social e econômica[17].

Parte da doutrina defende, ainda, a existência de um terceiro grupo, intermediário entre o Direito Público e o Direito Privado, abrangendo os chamados *direitos difusos*, de natureza metaindividual, tendo como titulares pessoas indeterminadas envolvidas em um mesmo contexto jurídico. Estariam aqui inseridos os direitos sociais contemporâneos, relativos ao Direito do

---

[16] Cf. DINIZ, Maria Helena. *Compêndio de introdução à ciência do direito*. 19. ed. São Paulo: Saraiva, 2008. p. 254; REALE, Miguel. *Lições preliminares de direito*. 18. ed. São Paulo: Saraiva, 1991. p. 337.

[17] Cf. CORREIA, Marcus Orione Gonçalves; CORREIA, Érica Paula Barcha. *Curso de direito da seguridade social*. 5. ed. São Paulo: Saraiva, 2010. p. 62-65.

Trabalho, ao Direito Econômico, ao Direito da Seguridade Social, ao Direito do Consumidor e ao Direito Ambiental[18].

1.9. FONTES

As *fontes materiais* do Direito são os acontecimentos históricos, sociológicos, econômicos e políticos que dão origem às normas jurídicas. Envolvem os fatores sociais que condicionaram o surgimento da norma jurídica, ou seja, as razões (históricas, econômicas e políticas) que influenciaram a criação das normas de Direito.

As *fontes formais* do Direito podem ser entendidas como os modos de expressão ou os meios de exteriorização das normas jurídicas.

As fontes formais do Direito podem ser classificadas em: fontes estatais (englobando as normas constitucionais, legais, administrativas e jurisprudenciais) e fontes não estatais (abrangendo o costume e os instrumentos normativos de natureza negocial).

O *costume*, em regra, não é inserido como fonte formal específica do Direito da Seguridade Social, pois as suas normas jurídicas são essencialmente de ordem pública. Ainda assim, cabe fazer referência ao art. 119 da Lei 8.213/1991, ao dispor que por intermédio dos estabelecimentos de ensino, de sindicatos, de associações de classe, da Fundação Jorge Duprat Figueiredo de Segurança e Medicina do Trabalho (FUNDACENTRO), de órgãos públicos e de outros meios, a instrução e a formação devem ser promovidas regularmente, com o objetivo de incrementar *costumes* e atitudes de prevenção em matéria de acidente, especialmente do trabalho.

A *doutrina* decorre da atividade científica desenvolvida pelos juristas, apresentando-se por meio de escritos e lições diversas. Os trabalhos doutrinários são de nítida relevância para o Direito da Seguridade Social, ao indicar a interpretação de suas normas e institutos, podendo servir de parâmetro no julgamento de conflitos e até mesmo influenciar no aperfeiçoamento das leis. Entretanto, entende-se que a doutrina não é fonte formal do Direito da Seguridade Social, pois não tem caráter obrigatório, nem eficácia normativa.

As fontes formais do Direito da Seguridade Social podem ser classificadas em fontes nacionais (integrando a ordem jurídica interna) e fontes internacionais (referentes aos tratados e convenções internacionais).

---

[18] Cf. KÜMPEL, Vitor Frederico. *Introdução ao estudo do direito*. São Paulo: Método, 2007. p. 35 e p. 39-41.

A *Constituição* é a norma jurídica superior, sendo o fundamento de validade das demais normas de Direito. Ela é produzida pelo poder constituinte originário. Como norma fundamental do sistema jurídico, a Constituição dispõe sobre as diretrizes básicas do Direito da Seguridade Social, bem como, de modo mais específico, a respeito da Previdência Social, da Assistência Social e da Saúde.

No âmbito dos direitos e garantias e fundamentais, o art. 6º da Constituição da República dispõe que são direitos sociais a educação, a saúde, a alimentação, o trabalho, a moradia, o transporte, o lazer, a segurança, a previdência social, a proteção à maternidade e à infância, a assistência aos desamparados.

Nesse contexto, o art. 7º prevê como direitos dos trabalhadores urbanos e rurais, além de outros que visem à melhoria de sua condição social: salário-família pago em razão do dependente do trabalhador de baixa renda nos termos da lei (inciso XII); licença à gestante, sem prejuízo do emprego e do salário, com a duração de 120 dias (inciso XVIII); licença-paternidade, nos termos fixados em lei (inciso XIX); aposentadoria (inciso XXIV); assistência gratuita aos filhos e dependentes desde o nascimento até cinco anos de idade em creches e pré-escolas (inciso XXV); seguro contra acidentes de trabalho, a cargo do empregador, sem excluir a indenização a que este está obrigado, quando incorrer em dolo ou culpa (inciso XXVIII).

O art. 7º, parágrafo único, da Constituição da República, com redação dada pela Emenda Constitucional 72/2013, assegura à categoria dos trabalhadores domésticos, atendidas as condições estabelecidas em lei e observada a simplificação do cumprimento das obrigações tributárias, principais e acessórias, decorrentes da relação de trabalho e suas peculiaridades, a sua integração à Previdência Social.

A Constituição Federal de 1988, no art. 10, assegura a participação dos trabalhadores e empregadores nos colegiados dos órgãos públicos em que seus interesses profissionais ou previdenciários sejam objeto de discussão e deliberação.

Na esfera mais ampla da Ordem Social, a Constituição da República prevê as disposições gerais sobre a Seguridade Social (arts. 194 e 195), a Saúde (arts. 196 a 200), a Previdência Social (arts. 201 a 202) e a Assistência Social (arts. 203 e 204).

As *emendas constitucionais*, por sua vez, alteram a Constituição, sendo produzidas pelo poder constituinte derivado, o qual deve respeitar certos limites estabelecidos pelo poder constituinte originário (art. 60, § 4º, da CF/1988). Observam-se, assim, Emendas Constitucionais a respeito da matéria, como as 20/1998, 41/2003 e 47/2005, instituindo reformas no sistema previdenciário.

A Emenda Constitucional 114/2021 incluiu o parágrafo único do art. 6º da Constituição Federal de 1988, no sentido de que todo brasileiro em situação de vulnerabilidade social terá direito a uma renda básica familiar, garantida pelo poder público em programa permanente de transferência de renda, cujas normas e requisitos de acesso serão determinados em lei, observada a legislação fiscal e orçamentária.

As *leis complementares*, as *leis ordinárias*, as *leis delegadas* e as *medidas provisórias* são normas jurídicas de hierarquia infraconstitucional, devendo, por isso, ser produzidas de acordo com os procedimentos previstos (processo legislativo), bem como ter o seu conteúdo em consonância com a Constituição da República. Ou seja, para ser válida, a lei deve ser constitucional no aspecto formal e material.

Apesar da ausência de um Código ou de uma Consolidação das Leis de Seguridade Social, observam-se diversos diplomas legais a respeito da matéria, tratando dos temas voltados à Previdência Social, à Assistência Social e à Saúde.

Nesse sentido, a Lei 8.212/1991 dispõe sobre a organização da Seguridade Social e institui o seu plano de custeio. A Lei 8.213/1991, por sua vez, dispõe sobre os planos de benefícios da Previdência Social. A Lei 8.080/1990 regula as ações e serviços da Saúde. A Lei 8.742/1993 dispõe sobre a organização da Assistência Social.

Além das leis ordinárias, existem, ainda, as leis complementares, as quais são modalidades legislativas reservadas a certas matérias, conforme previsão na Constituição Federal de 1988, exigindo *quorum* diferenciado para a aprovação, ou seja, maioria absoluta, conforme art. 69.

Desse modo, atendendo ao comando do art. 202 da Constituição da República, a Lei Complementar 108/2001 dispõe sobre a relação entre a União, os Estados, o Distrito Federal e os Municípios, suas autarquias, fundações, sociedades de economia mista e outras entidades públicas e suas respectivas entidades fechadas de Previdência Complementar. A Lei Complementar 109/2001, por seu turno, dispõe sobre o Regime de Previdência Complementar.

As *medidas provisórias* são modalidades de normas jurídicas que podem ser adotadas pelo Presidente da República, com força de lei, em caso de relevância e urgência, devendo submetê-las de imediato ao Congresso Nacional (art. 62 da Constituição da República). Por terem força de lei, as medidas provisórias se situam na mesma posição hierárquica das leis ordinárias.

É vedada a edição de medidas provisórias sobre as matérias arroladas no § 1º do art. 62 da Constituição Federal, incluído pela Emenda Constitucional 32/2001, como a respeito de matéria reservada à lei complementar (inciso III).

Em regra, as medidas provisórias perdem eficácia, desde a edição, se não forem convertidas em lei no prazo de sessenta dias, prorrogável uma vez por igual período. Esse prazo se conta da publicação da medida provisória, suspendendo-se durante os períodos de recesso do Congresso Nacional.

Observa-se a edição de algumas Medidas Provisórias sobre certos temas voltados à Seguridade Social.

Além dos atos legislativos, deve-se destacar a existência de *atos normativos do Poder Executivo*, ou seja, secundários, de natureza estatal, situados em hierarquia inferior.

Nesse sentido são os decretos e regulamentos do Poder Executivo, os quais são aprovados para fins de especificar e regulamentar a lei, sem ampliar ou reduzir o seu comando. Conforme o art. 84, inciso VI, da Constituição da República, compete privativamente ao Presidente da República dispor, mediante decreto, sobre: organização e funcionamento da administração federal, quando não implicar aumento de despesa nem criação ou extinção de órgãos públicos; extinção de funções ou cargos públicos, quando vagos.

O Decreto 3.048/1999 aprova o Regulamento da Previdência Social. O Decreto 6.214/2007, na esfera da Assistência Social, aprova o Regulamento do Benefício de Prestação Continuada. O Decreto 7.508/2011, no âmbito da Saúde, regulamenta a Lei 8.080/1990.

Ainda situados como atos normativos secundários, podem ser destacadas portarias, instruções normativas, circulares e ordens de serviços, as quais podem tratar de temas voltados à Previdência Social, à Assistência Social e à Saúde.

Observam-se portarias dos Ministérios da Previdência Social, da Fazenda, do Desenvolvimento e Assistência Social e da Saúde, bem como instruções normativas do Instituto Nacional do Seguro Social e da Secretaria da Receita Federal do Brasil.

A Instrução Normativa INSS 128/2022 disciplina as regras acerca dos procedimentos e das rotinas sobre cadastro, administração e retificação de informações dos beneficiários, reconhecimento, manutenção, revisão e recursos de benefícios previdenciários e assistenciais, serviços do Regime Geral de Previdência Social (RGPS), compensação previdenciária, acordos internacionais de Previdência Social e processo administrativo previdenciário no âmbito do INSS.

Os referidos atos administrativos não podem servir para legislar, mas apenas como forma de ordenação e organização interna, no âmbito da Administração Pública, respeitando, assim, o princípio da legalidade (art. 5º, inciso II, da Constituição da República).

A respeito do tema, segundo o art. 29 da Lei de Introdução às Normas do Direito Brasileiro, incluído pela Lei 13.655/2018, em qualquer órgão ou Poder, a edição de *atos normativos por autoridade administrativa*, salvo os de mera organização interna, pode ser precedida de *consulta pública para manifestação de interessados*, preferencialmente por meio eletrônico, a qual deve ser considerada na decisão. A convocação deve conter a minuta do ato normativo e fixará o prazo e demais condições da consulta pública, observadas as normas legais e regulamentares específicas, se houver.

As autoridades públicas devem atuar para aumentar a *segurança jurídica na aplicação das normas*, inclusive por meio de *regulamentos, súmulas administrativas e respostas a consultas* (art. 30 da Lei de Introdução às Normas do Direito Brasileiro, acrescentado pela Lei 13.655/2018). Os mencionados instrumentos terão *caráter vinculante em relação ao órgão ou entidade a que se destinam*, até ulterior revisão.

Ademais, conforme o art. 26 da Lei de Introdução às Normas do Direito Brasileiro, incluído pela Lei 13.655/2018, para eliminar irregularidade, incerteza jurídica ou situação contenciosa na *aplicação do Direito Público*, inclusive no caso de expedição de licença, a autoridade administrativa pode, após oitiva do órgão jurídico e, quando for o caso, após realização de consulta pública, e presentes razões de relevante interesse geral, *celebrar compromisso com os interessados*, observada a legislação aplicável, o qual só deve produzir efeitos a partir de sua publicação oficial.

O referido *compromisso*: deve buscar solução jurídica proporcional, equânime, eficiente e compatível com os interesses gerais; não pode conferir desoneração permanente de dever ou condicionamento de direito reconhecidos por orientação geral; deve prever com clareza as obrigações das partes, o prazo para seu cumprimento e as sanções aplicáveis em caso de descumprimento.

Nos termos do art. 18-A da Lei 10.522/2002, incluído pela Lei 13.874/2019, Comitê formado de integrantes do Conselho Administrativo de Recursos Fiscais, da Secretaria Especial da Receita Federal do Brasil do Ministério da Fazenda e da Procuradoria-Geral da Fazenda Nacional editará enunciados de *súmula da administração tributária federal*, conforme o disposto em ato do Ministro de Estado da Fazenda, que devem ser observados nos atos administrativos, normativos e decisórios praticados pelos referidos órgãos.

Cabe ressaltar que para fins de reconhecimento inicial de benefícios previdenciários, desde que este não acarrete revisão de ato administrativo anterior, o Presidente do INSS pode editar *súmulas administrativas*, que terão caráter vinculante perante o INSS nas seguintes hipóteses: sobre tema a respeito do qual exista súmula ou parecer emitido pelo Advogado-Geral da União; sobre tema decidido pelo Supremo Tribunal Federal, em matéria constitucional, ou pelo Superior Tribunal de Justiça, no âmbito de suas competências, quando definido em sede de repercussão geral ou recurso repetitivo e não houver viabilidade de reversão da tese firmada em sentido desfavorável ao INSS, conforme disciplinado pelo Advogado-Geral da União, nos termos do disposto no § 2º do art. 19-D da Lei 10.522/2002 (art. 352 do Regulamento da Previdência Social, com redação dada pelo Decreto 10.410/2020).

A *jurisprudência* é o conjunto de decisões uniformes e reiteradas, proferidas pelos juízes e tribunais, para a solução judicial de conflitos, envolvendo casos semelhantes.

Pode-se considerar a decisão judicial como norma jurídica individual, que rege a situação concreta, sendo obrigatória para as partes. Cabe reconhecer a função da jurisprudência de ajustar a ordem jurídica em consonância com a evolução social.

Os tribunais devem uniformizar sua jurisprudência e mantê-la estável, íntegra e coerente (art. 926 do CPC).

Na forma estabelecida e segundo os pressupostos fixados nos regimentos internos, os tribunais devem editar enunciados de súmula correspondentes a sua jurisprudência dominante (art. 926, § 1º, do CPC).

Ao editar enunciados de súmula, os tribunais devem se ater às circunstâncias fáticas dos precedentes que motivaram a sua criação (art. 926, § 2º, do CPC).

Registre-se a existência de súmulas vinculantes do Supremo Tribunal Federal, previstas no art. 103-A da Constituição da República (acrescentado pela Emenda Constitucional 45/2004) e na Lei 11.417/2006. No caso das súmulas vinculantes, além de normalmente se apresentarem sob a forma de disposições genéricas e abstratas, expressam caráter nitidamente obrigatório.

No âmbito do Direito da Seguridade Social, em matéria de custeio, pode-se fazer referência à Súmula Vinculante 8 do STF, ao prever que são inconstitucionais o parágrafo único do art. 5º do Decreto-Lei 1.569/1977 e os arts. 45 e 46 da Lei 8.212/1991, que tratam da prescrição e decadência do crédito tributário.

Cabe salientar que a jurisprudência passou a ter certa conotação obrigatória e força nitidamente vinculante em diversas situações, como se observa nos arts. 489, § 1º, inciso VI, e 927 do CPC de 2015, o que confirma a sua natureza de fonte do Direito, inclusive quanto à Previdência Social e à Seguridade Social.

Ressalte-se que todas as decisões do Poder Judiciário devem ser *fundamentadas*, sob pena de nulidade (art. 93, inciso IX, da Constituição da

República e art. 11 do CPC). A Administração Pública também deve obedecer ao princípio da *motivação* (art. 2º da Lei 9.784/1999), pois os atos administrativos, em regra, devem ser *motivados* (art. 50 da Lei 9.784/1999). Trata-se de exigência inerente ao Estado Democrático de Direito.

Nos termos do art. 20 da Lei de Introdução às Normas do Direito Brasileiro, incluído pela Lei 13.655/2018, nas esferas administrativa, controladora e judicial, não se deve decidir com base em valores jurídicos abstratos sem que sejam consideradas as *consequências práticas da decisão*.

Consideram-se *valores jurídicos abstratos* aqueles previstos em normas jurídicas com alto grau de indeterminação e abstração (art. 3º, § 1º, do Decreto 9.830/2019).

A *motivação* deve demonstrar a *necessidade* e a *adequação* da medida imposta ou da invalidação de ato, contrato, ajuste, processo ou norma administrativa, inclusive em face das possíveis alternativas (art. 20, parágrafo único, da Lei de Introdução às Normas do Direito Brasileiro).

A decisão deve ser *motivada* com a contextualização dos fatos, quando cabível, e com a indicação dos fundamentos de mérito e jurídicos (art. 2º do Decreto 9.830/2019).

A *motivação da decisão* deve conter os seus fundamentos e apresentará a congruência entre as normas e os fatos que a embasaram, de forma argumentativa. A motivação indicará as normas, a interpretação jurídica, a jurisprudência ou a doutrina que a embasaram. A motivação pode ser constituída por declaração de concordância com o conteúdo de notas técnicas, pareceres, informações, decisões ou propostas que precederam a decisão (art. 2º, §§ 1º a 3º, do Decreto 9.830/2019).

A *decisão* que, nas esferas administrativa, controladora ou judicial, decretar a invalidação de ato, contrato, ajuste, processo ou norma administrativa deve indicar de modo expresso suas *consequências jurídicas e administrativas* (art. 21 da Lei de Introdução às Normas do Direito Brasileiro, acrescentado pela Lei 13.655/2018).

A decisão mencionada deve, quando for o caso, indicar as condições para que a regularização ocorra de modo *proporcional e equânime* e sem prejuízo aos interesses gerais, não se podendo impor aos sujeitos atingidos ônus ou perdas que, em função das peculiaridades do caso, sejam anormais ou excessivos.

A *decisão do processo*, nas esferas administrativa, controladora ou judicial, pode impor *compensação por benefícios indevidos ou prejuízos anormais ou injustos* resultantes do processo ou da conduta dos envolvidos (art. 27 da Lei de Introdução às Normas do Direito Brasileiro, incluído pela Lei 13.655/2018).

A decisão sobre a compensação deve ser *motivada*, ouvidas previamente as partes sobre seu cabimento, sua forma e, se for o caso, seu valor. Para prevenir ou regular a compensação, pode ser celebrado *compromisso processual* entre os envolvidos.

O agente público responde *pessoalmente* por suas decisões ou opiniões técnicas em caso de *dolo ou erro grosseiro* (art. 28 da Lei de Introdução às Normas do Direito Brasileiro, acrescentado pela Lei 13.655/2018). Considera-se *erro grosseiro* aquele manifesto, evidente e inescusável praticado com *culpa grave*, caracterizado por ação ou omissão com elevado grau de negligência, imprudência ou imperícia (art. 12, § 1º, do Decreto 9.830/2019).

Especificamente quanto à esfera jurisdicional, o juiz responde, *civil e regressivamente*, por perdas e danos quando: I – no exercício de suas funções, proceder com dolo ou fraude; II – recusar, omitir ou retardar, sem justo motivo, providência que deva ordenar de ofício ou a requerimento da parte (art. 143 do CPC). As hipóteses previstas no inciso II somente serão verificadas depois que a parte requerer ao juiz que determine a providência e o requerimento não for apreciado no prazo de 10 dias.

Nesse contexto, cabe salientar que as pessoas jurídicas de direito público e as de direito privado prestadoras de serviços públicos respondem pelos danos que seus agentes, nessa qualidade, causarem a terceiros, *assegurado o direito de regresso contra o responsável nos casos de dolo ou culpa* (art. 37, § 6º, da Constituição da República). Trata-se, quanto à parte inicial, de responsabilidade objetiva do Estado, adotando-se a *teoria do risco administrativo*[19]. Cf. ainda Capítulo 5, item 5.36.

Ainda assim, segundo a jurisprudência do Supremo Tribunal Federal: "salvo nos casos previstos no art. 5º, LXXV, da Magna Carta – erro judiciário e prisão além do tempo fixado na sentença –, e daqueles expressamente previstos em lei, a responsabilidade objetiva do Estado não se aplica aos atos jurisdicionais" (STF, 1ª T., AgR-RE 765.139/RN, rel. Min. Rosa Weber, DJe 21.11.2017).

A divergência na interpretação de lei ou na avaliação de fatos e provas não configura abuso de autoridade (art. 1º, § 2º, da Lei 13.869/2019).

---

[19] Cf. MEIRELLES, Hely Lopes. *Direito administrativo brasileiro*. 26. ed. atual. por Eurico de Andrade Azevedo, Délcio Balestero Aleixo e José Emmanuel Burle Filho. São Paulo: Malheiros, 2001. p. 614.

Observam-se *tratados e convenções internacionais* sobre temas voltados à Seguridade Social, especialmente sobre Direito Previdenciário, os quais também são considerados fontes formais, pois têm natureza de normas jurídicas dc caráter internacional.

Os tratados e convenções são acordos formais celebrados por pessoas jurídicas de Direito Internacional Público, ou seja, Estados soberanos, Santa Sé e organizações internacionais[20]. Nesse sentido, há diversas convenções da Organização Internacional do Trabalho dispondo a respeito de questões voltadas à Seguridade Social.

A Convenção 102 da OIT, de 1952, aprovada pelo Decreto Legislativo 269/2008, fixa as normas mínimas para a Seguridade Social. A Convenção 118 da OIT, de 1952, aprovada pelo Decreto Legislativo 31/1968 e promulgada pelo Decreto 66.497/1970 (atualmente Decreto 10.088/2019), dispõe sobre igualdade de tratamento dos nacionais e dos não nacionais em matéria de Previdência Social.

Do mesmo modo, há diversos tratados estabelecendo reciprocidade de direitos com o objetivo de concessão de prestações da Seguridade Social, especialmente para fins previdenciários, a pessoas que tenham prestado serviços nos Estados pactuantes.

As normas internacionais, mesmo depois de celebradas no âmbito internacional, devem passar por um processo de aprovação, para que possam integrar o ordenamento jurídico interno.

Para fins de cálculo da renda mensal inicial teórica dos benefícios por totalização, no âmbito dos acordos internacionais, devem ser considerados os tempos de contribuição para a Previdência Social brasileira e para a do país acordante (art. 32, § 18, do Regulamento da Previdência Social).

A renda mensal inicial *pro rata* dos benefícios por totalização, concedidos com base em acordos internacionais, deve ser proporcional ao tempo de contribuição para Previdência Social brasileira e pode ter valor inferior ao do salário mínimo (art. 35, § 1º, do Regulamento da Previdência Social).

Conforme o art. 85-A da Lei 8.212/1991, os tratados, convenções e outros acordos internacionais de que Estado estrangeiro ou organismo internacional e o Brasil sejam partes, e que versem sobre matéria previdenciária, devem ser interpretados como lei especial. Com isso, aplica-se a regra de hermenêutica no sentido de que a lei especial afasta a lei geral. Ou seja,

---

[20] Cf. REZEK, José Francisco. *Direito internacional público*: curso elementar. 5. ed. São Paulo: Saraiva, 1995. p. 14.

se a situação de fato estiver regida por lei especial, deixa de incidir a lei geral no caso concreto.

Há entendimento de que as normas internacionais sobre direitos humanos, quando integradas ao sistema jurídico nacional, têm hierarquia constitucional, conforme a previsão do art. 5º, § 2º, da Constituição da República, no sentido de que os direitos e garantias que estão expressos nela não excluem outros decorrentes do regime e dos princípios por ela adotados, ou dos tratados internacionais em que a República Federativa do Brasil seja parte.

A rigor, de acordo com o art. 5º, § 3º, da Constituição Federal, acrescentado pela Emenda Constitucional 45/2004, os tratados e convenções internacionais sobre direitos humanos aprovados, em cada Casa do Congresso Nacional, em dois turnos, por três quintos dos votos dos respectivos membros, são equivalentes às emendas constitucionais.

Exemplificando, a Convenção Internacional sobre os Direitos das Pessoas com Deficiência, de 2007, promulgada pelo Decreto 6.949/2009, foi aprovada pelo Decreto Legislativo 186/2008, conforme o referido procedimento do § 3º do art. 5º da Constituição da República.

Quanto ao tema, o Supremo Tribunal Federal firmou o entendimento de que os tratados internacionais sobre direitos humanos ratificados pelo Brasil antes da Emenda Constitucional 45/2004, sem os requisitos formais do mencionado art. 5º, § 3º, da Constituição da República, possuem hierarquia supralegal, mas não constitucional (RE 349.703, RE 466.343 e HC 87.585).

O *Direito Comunitário* é o ramo do Direito decorrente de tratados comunitários, referindo-se ao conjunto de normas jurídicas supranacionais, positivadas pelos órgãos comunitários.

A crescente evolução das relações internacionais deu origem ao processo de formação de blocos econômicos, especialmente em âmbito regional, envolvendo a cooperação e a integração entre os Estados. No presente, em grau mais avançado, destaca-se a União Europeia, em que se verifica ampla liberdade de circulação de mercadorias, pessoas, serviços e capitais.

Os tratados que deram origem à formação da União Europeia são as fontes primárias do Direito Comunitário. As suas fontes secundárias, por sua vez, são os Regulamentos, as Diretivas e as Decisões, os quais também podem dispor sobre temas voltados à Seguridade Social no âmbito da União Europeia.

Na União Europeia, os *Regulamentos* têm alcance geral e obrigatório, sendo aplicáveis diretamente em cada Estado membro. As *Diretivas* também são obrigatórias, mas as autoridades dos Estados membros podem escolher a forma para essa consecução. As *Decisões* são atos voltados para casos concretos, mas consideradas normas obrigatórias, ainda que individuais, quando dirigidas a particulares.

A Carta dos Direitos Fundamentais da União Europeia, de 2000, garante os direitos de acesso às prestações de segurança social e à assistência social e o direito de proteção da saúde (arts. 34 e 35).

A *sentença normativa*, proferida pela Justiça do Trabalho no julgamento de dissídio coletivo (art. 114, § 2º, da Constituição Federal de 1988), a *sentença arbitral*, que decida conflito coletivo de trabalho (art. 114, § 1º, da Constituição Federal de 1988), as *convenções e acordos coletivos de trabalho*, decorrentes de negociação coletiva (art. 7º, inciso XXVI, da Constituição Federal de 1988), e mesmo os regulamentos de empresa, decorrentes do poder de direção do empregador, são instrumentos normativos que, ao dispor sobre condições de trabalho, podem prever direitos ligados à Seguridade Social, ou seja, complementos de benefícios previdenciários em favor dos empregados abrangidos, como complementação de auxílio-doença e de aposentadoria.

Trata-se, no caso, de fontes formais do Direito, uma vez que obrigatórias e dotadas de certa abstração e generalidade, voltadas à esfera trabalhista, mas com nítidas repercussões no âmbito do Direito da Seguridade Social.

1.10. INTERPRETAÇÃO

A *interpretação* da norma jurídica significa revelar o seu verdadeiro sentido e alcance, compreendendo o seu significado e reconhecendo os casos a que se estende sua aplicação.

Quanto às fontes, a interpretação do Direito da Seguridade Social (que engloba o Direito Previdenciário) pode ser classificada em autêntica, jurisprudencial e doutrinária.

A *interpretação autêntica* é realizada pelo mesmo órgão ou poder que elaborou a norma jurídica. Como exemplo de interpretação autêntica de norma jurídica, por meio de lei, pode-se fazer referência ao art. 22, § 14, da Lei 8.212/1991, acrescentado pela Lei 13.137/2015, ao dispor sobre critérios para se interpretar o § 13 do mesmo dispositivo legal, em matéria de custeio da Seguridade Social.

A *interpretação jurisprudencial* é feita pelos juízes e tribunais em seus julgamentos, ao decidir conflitos sob sua apreciação, ou seja, no exercício da atividade jurisdicional.

A *interpretação doutrinária* é realizada pelos juristas e pela doutrina.

Vejamos, ainda, os meios ou técnicas de interpretação do Direito.

A *interpretação gramatical ou literal* é feita de acordo com as regras gramaticais e da linguística, examinando-se a literalidade do texto, observando a pontuação e o significado dos vocábulos.

Na *interpretação lógica*, examina-se a norma jurídica em conformidade com as regras da lógica, da razão e do bom senso.

Na *interpretação sistemática*, interpreta-se a norma jurídica em harmonia com o conjunto normativo em que está inserida, confrontando-a com outras normas presentes no ordenamento jurídico.

Na *interpretação histórica*, interpreta-se a norma jurídica levando em conta os fatos que antecederam o seu surgimento, as necessidades jurídicas e circunstâncias que provocaram a sua aprovação.

Cabe fazer menção, ainda, à chamada *interpretação histórico-evolutiva*, no sentido de se interpretar a norma jurídica em conformidade com as mudanças sociais ocorridas no momento da aplicação.

A *interpretação teleológica* leva em consideração a finalidade da norma jurídica, ou seja, os objetivos que ela pretende alcançar.

A *interpretação sociológica*, por sua vez, refere-se aos fins sociais da norma jurídica, ou seja, procura interpretar a norma em conformidade com as necessidades da sociedade[21].

De acordo com o art. 5º da Lei de Introdução às Normas do Direito Brasileiro (Decreto-lei 4.657, de 4 de setembro de 1942), na aplicação da lei, o juiz deve atender aos fins sociais a que ela se dirige e às exigências do bem comum.

O art. 8º do Código de Processo Civil prevê que ao aplicar o ordenamento jurídico, o juiz deve atender aos fins sociais e às exigências do bem comum, resguardando e promovendo a dignidade da pessoa humana e observando a proporcionalidade, a razoabilidade, a legalidade, a publicidade e a eficiência.

Conforme o art. 22 da Lei de Introdução às Normas do Direito Brasileiro, incluído pela Lei 13.655/2018, na *interpretação de normas sobre gestão pública*, devem ser considerados os obstáculos e as dificuldades reais do gestor e as exigências das políticas públicas a seu cargo, sem prejuízo dos direitos dos administrados.

Em decisão sobre regularidade de conduta ou validade de ato, contrato, ajuste, processo ou norma administrativa, devem ser consideradas as

---

21 Cf. MARTINS, Sergio Pinto. *Direito da seguridade social*. 35. ed. São Paulo: Atlas, 2015. p. 42-43.

circunstâncias práticas que houverem imposto, limitado ou condicionado a ação do agente.

Na *aplicação de sanções*, devem ser consideradas a natureza e a gravidade da infração cometida, os danos que dela provierem para a administração pública, as circunstâncias agravantes ou atenuantes e os antecedentes do agente. As sanções aplicadas ao agente devem ser levadas em conta na dosimetria das demais sanções de mesma natureza e relativas ao mesmo fato.

Nos termos do art. 23 da Lei de Introdução às Normas do Direito Brasileiro, acrescentado pela Lei 13.655/2018, a decisão administrativa, controladora ou judicial que estabelecer *interpretação ou orientação nova sobre norma de conteúdo indeterminado*, impondo novo dever ou novo condicionamento de direito, deve *prever regime de transição* quando indispensável para que o novo dever ou condicionamento de direito seja cumprido de modo proporcional, equânime e eficiente e sem prejuízo aos interesses gerais.

Procura-se garantir, assim, a *segurança jurídica*, essencial à estabilidade e à harmonia das relações sociais no Estado Democrático de Direito.

Quanto aos resultados ou efeitos, classifica-se a interpretação do Direito em declarativa, extensiva e restritiva.

A *interpretação declarativa* ocorre quando a redação da norma jurídica corresponde exatamente ao seu alcance.

A *interpretação extensiva* se observa quando a redação da norma jurídica diz menos do que o seu verdadeiro alcance.

A *interpretação restritiva* ocorre quando a redação da norma jurídica diz mais do que o seu verdadeiro alcance.

Cabe salientar, ainda, a *interpretação conforme a Constituição*, decorrente da supremacia hierárquica das normas constitucionais (no caso das Constituições rígidas), bem como da presunção de constitucionalidade das leis. Desse modo, as leis e emendas constitucionais, quando permitirem interpretação em harmonia com a Constituição, não devem ser declaradas inconstitucionais. Se a norma jurídica apresentar diversas interpretações possíveis, deve-se adotar aquela que esteja em consonância com a Constituição, evitando a declaração de sua inconstitucionalidade.

1.11. INTEGRAÇÃO

Em razão da multiplicidade de fatos e eventos que podem ocorrer, relacionados à Seguridade Social, nem sempre há dispositivo legal regulando de forma expressa todas as hipóteses possíveis. Além disso, como a lei normalmente dispõe sobre a Seguridade Social de forma genérica e abstrata, há eventos não previstos de forma específica, mas que necessitam de regulação pelo Direito.

Conforme o art. 140, *caput*, do Código de Processo Civil, o juiz não se exime de decidir sob a alegação de lacuna ou obscuridade do ordenamento jurídico.

Nesses casos, em que não se verifica disposição legal que regule expressamente a questão, pode-se dizer que há *lacuna* da lei, ou seja, omissão da norma legal[22]. O ordenamento jurídico, em si, como um todo, prevê as formas de preencher a lacuna da lei, o que resulta em sua *completude* como sistema[23].

A *lacuna normativa* ocorre quando há ausência de norma jurídica específica regulando o caso. A *lacuna ontológica* se verifica quando há norma jurídica, mas ela não corresponde aos fatos sociais. A *lacuna axiológica*, por fim, ocorre quando se verifica ausência de norma justa, ou seja, existe norma jurídica, mas, caso seja aplicada, a solução seria insatisfatória ou injusta[24].

A *integração* do Direito significa o ato de completar o ordenamento jurídico. Por meio dos métodos ou processos de integração, as lacunas (omissões) das leis são supridas (preenchidas). A integração do Direito pode ser classificada em autointegração e heterointegração.

A *autointegração* é a integração do ordenamento jurídico por meio da aplicação de recursos internos a ele, ou recorrendo à própria lei, como se observa na analogia.

A *heterointegração*, por sua vez, significa a integração do ordenamento jurídico por meio de recursos presentes fora dele, como no caso de se aplicar norma jurídica estrangeira, ou quando se recorre a fontes diversas da lei, como se observa na aplicação do costume.

As formas de integração do Direito da Seguridade Social são, essencialmente, a analogia, os costumes, os princípios gerais de direito e a equidade.

Nesse sentido, de acordo com o art. 4º da Lei de Introdução às Normas do Direito Brasileiro, quando a lei for omissa, o juiz deve decidir o caso de acordo com a analogia, os costumes e os princípios gerais de direito.

---

22 Cf. BOBBIO, Norberto. *Teoria do ordenamento jurídico*. 10. ed. Tradução de Maria Celeste Cordeiro Leite dos Santos, revisão técnica de Claudio De Cicco. Brasília: Universidade de Brasília, 1997. p. 115.

23 Cf. REALE, Miguel. *Lições preliminares de direito*. 18. ed. São Paulo: Saraiva, 1991. p. 283.

24 Cf. DINIZ, Maria Helena. *Compêndio de introdução à ciência do direito*. 19. ed. São Paulo: Saraiva, 2008. p. 448.

No âmbito do custeio da Seguridade Social, aplica-se o art. 108 do Código Tributário Nacional, ao prever que na ausência de disposição expressa, a autoridade competente para aplicar a legislação tributária deve utilizar sucessivamente, na ordem indicada: a analogia; os princípios gerais de Direito Tributário; os princípios gerais de Direito Público; a equidade.

Entretanto, o emprego da analogia não pode resultar na exigência de tributo não previsto em lei. O emprego da equidade, por seu turno, não pode resultar na dispensa do pagamento de tributo devido.

A *analogia* é um método pelo qual se aplica uma disposição legal para caso parecido com o ali previsto, tendo em vista a semelhança entre a hipótese regulada pela lei em questão e o caso a respeito do qual não se verifica norma legal que o regule de forma específica e expressa.

A aplicação da analogia exige três requisitos: o fato em questão, a ser decidido, não é regulado de forma específica e expressa pela lei; a lei regula hipótese análoga, similar; a semelhança essencial entre a situação não prevista e aquela prevista na lei.

Na analogia legal, também chamada analogia *legis*, aplica-se uma norma legal para regular a situação não prevista em lei.

Na analogia jurídica, também chamada analogia *juris*, a lacuna da lei é suprida aplicando-se os princípios gerais de direito ou se obtém a regra, a ser aplicada ao caso não previsto especificamente na lei, com base em um complexo de normas presentes no ordenamento jurídico.

A analogia não se confunde com a *interpretação extensiva*, pois nesta não há aplicação da lei para reger hipótese não regulada e não abrangida pela previsão da norma em questão. Na interpretação extensiva ocorre a interpretação da mesma norma jurídica para hipótese que, na realidade, já está nela inserida, embora a sua redação pudesse indicar de forma diversa.

A analogia não é admitida nas leis penais incriminadoras, tendo em vista o princípio da legalidade da lei penal, conforme art. 5º, inciso XXXIX, da Constituição Federal de 1988, e art. 1º do Código Penal. Nesse sentido, não é permitido o uso da analogia para criar delito penal ou cominar pena criminal que não estejam previstos expressamente na lei. No Direito Penal, o que se admite é a aplicação da analogia apenas quando beneficiar o réu.

No Direito Tributário, tendo em vista o princípio da legalidade estrita, previsto no art. 150, inciso I, da Constituição Federal de 1988, o emprego da analogia não pode resultar na exigência de tributo não previsto em lei, conforme art. 108, § 1º, do Código Tributário Nacional.

O *costume jurídico* é formado por dois elementos necessários: o uso, ou seja, a prática uniforme e a constante repetição (reiteração) de certos comportamentos; e a convicção de que esse comportamento corresponde a uma necessidade jurídica e social. Portanto, o costume é a norma jurídica que resulta da prática uniforme, geral e reiterada de certo comportamento, com a convicção de que corresponde a uma necessidade jurídica e social.

O *costume secundum legem* é aquele que está previsto na lei, a qual reconhece a sua força obrigatória. Nesse sentido, o art. 119 da Lei 8.213/1991 prevê a promoção da instrução e da formação por entidades e órgãos públicos com o fim de incrementar costumes e atitudes de prevenção de acidentes, especialmente do trabalho.

O *costume praeter legem* reveste-se de caráter supletivo, podendo ser utilizado quando a lei for omissa. Ou seja, tem como fim justamente a integração de lacuna da lei.

O *costume contra legem* é o que dispõe em sentido contrário ao previsto na lei. Na realidade, se existe lei em vigor dispondo em sentido contrário ao costume, este, evidentemente, não é válido e, assim, não pode ser aplicado.

Segundo o art. 376 do Código de Processo Civil, a parte que alegar direito municipal, estadual, estrangeiro ou consuetudinário deve provar-lhe o teor e a vigência, se assim o juiz determinar.

Os *princípios gerais de direito* são os pilares que inspiram e dão sustentação ao sistema jurídico em seu todo, como, por exemplo, os mandamentos: a ninguém se deve lesar; dar a cada um aquilo que é seu; viver honestamente.

Sendo assim, os princípios gerais do direito expressam os fundamentos e a própria essência do ordenamento jurídico. Entende-se que os referidos princípios possuem natureza normativa, sendo uma de suas funções, justamente, a integração das omissões legais.

A *equidade*, na verdade, pode ser entendida de duas formas.

A equidade de origem grega (*epieikeia*) significa a amenização do rigor da norma jurídica, retificando distorções. Ou seja, envolve a interpretação mais branda, equitativa, corrigindo as injustiças da norma abstrata na aplicação sobre situações concretas, levando em conta suas particularidades.

A equidade de origem romana (*aequitas*), por sua vez, significa a criação de regra jurídica para o caso concreto, possibilitando a decisão sem vinculação às disposições legais, mas sim de acordo com os critérios de justiça[25].

Conforme o art. 140, parágrafo único, do Código de Processo Civil, o juiz só pode decidir por equidade nos casos previstos em lei.

---

[25] Cf. DELGADO, Mauricio Godinho. *Curso de direito do trabalho*. 15. ed. São Paulo: LTr, 2016. p. 178-179.

A equidade, assim, pode exercer a função integrativa, com a sua aplicação para suprir a omissão da lei no caso concreto, quando esgotados ou insuficientes os meios de integração previstos no art. 4º da Lei de Introdução às Normas do Direito Brasileiro.

Na esfera tributária, a utilização da equidade não pode resultar na dispensa do pagamento de tributo devido (art. 108, § 2º, do Código Tributário Nacional), o que é aplicável na esfera do custeio da Seguridade Social.

1.12. APLICAÇÃO

A *eficácia* das normas de Direito da Seguridade Social é a capacidade ou qualidade de produzir efeitos jurídicos, ou seja, de regular os fatos e relações sociais a que se refere. Trata-se, portanto, da eficácia jurídica.

A *efetividade*, também chamada eficácia social, está relacionada ao cumprimento efetivo do Direito pela sociedade.

A *aplicação* do Direito, mais especificamente, envolve a incidência de suas normas aos fatos concretos, como ocorre no exercício da atividade jurisdicional.

1.13. EFICÁCIA NO TEMPO

A respeito da *eficácia no tempo* do Direito da Seguridade Social (inclusive do Direito Previdenciário), mais especificamente quanto ao início de obrigatoriedade das suas normas legais, salvo disposição em contrário, a lei começa a vigorar em todo o país 45 dias depois de oficialmente publicada (art. 1º da Lei de Introdução às Normas do Direito Brasileiro).

No entanto, é comum a lei sobre Seguridade Social prescrever sua entrada em vigor na data de publicação.

Além disso, é possível que a lei fixe, para o futuro, a data em que entrará em vigor. Nesse caso, o período de tempo entre a publicação da lei e sua entrada em vigor é chamado de *vacatio legis*.

Conforme o art. 8º da Lei Complementar 95/1998, a qual dispõe sobre a elaboração, a redação, a alteração e a consolidação das leis, a vigência da lei deve ser indicada de forma expressa e de modo a contemplar prazo razoável para que dela se tenha amplo conhecimento, reservada a cláusula "entra em vigor na data de sua publicação" para as leis de pequena repercussão.

O § 1º do art. 8º da Lei Complementar 95/1998 prevê que a contagem do prazo para entrada em vigor das leis que estabeleçam período de vacância deve ser feito com a inclusão da data da publicação e do último dia do prazo, entrando em vigor no dia subsequente à sua consumação integral.

As leis que estabeleçam período de vacância devem utilizar a cláusula "esta lei entra em vigor após decorridos (o número de) dias de sua publicação oficial" (art. 8º, § 2º, da Lei Complementar 95/1998).

Nos Estados estrangeiros, a obrigatoriedade da lei brasileira, quando admitida, inicia-se três meses depois de oficialmente publicada (art. 1º, § 1º, da Lei de Introdução às Normas do Direito Brasileiro).

Se, antes de entrar a lei em vigor, ocorrer nova publicação do seu texto, destinada a correção, os prazos do art. 1º, *caput* e § 1º, da Lei de Introdução às Normas do Direito Brasileiro, acima indicados, só começam a correr da nova publicação (art. 1º, § 3º, da LINDB).

As correções a texto de lei já em vigor consideram-se lei nova (art. 1º, § 4º, da Lei de Introdução às Normas do Direito Brasileiro).

Quanto ao término ou cessação da vigência da norma legal, de acordo com o art. 2º da Lei de Introdução às Normas do Direito Brasileiro, não se destinando à vigência temporária, a lei terá vigor até que outra a modifique ou revogue.

A lei posterior revoga a anterior quando expressamente o declare, quando seja com ela incompatível ou quando regule inteiramente a matéria de que tratava a lei anterior (art. 2º, § 1º, da Lei de Introdução às Normas do Direito Brasileiro). A revogação, assim, pode ser expressa ou tácita.

Em conformidade com o art. 9º da Lei Complementar 95/1998, a cláusula de revogação deve enumerar, expressamente, as leis ou disposições legais revogadas. Ainda assim, ocorre a revogação tácita quando houver incompatibilidade entre a lei nova e a anterior.

A *ab-rogação* significa a revogação integral. A *derrogação*, por sua vez, é a revogação parcial.

A lei nova, que estabeleça disposições gerais ou especiais a par das já existentes, não revoga nem modifica a lei anterior (art. 2º, § 2º, da Lei de Introdução às Normas do Direito Brasileiro).

Salvo disposição em contrário, a lei revogada não se restaura por ter a lei revogadora perdido a vigência (art. 2º, § 3º, da Lei de Introdução às Normas do Direito Brasileiro). Em regra, portanto, não se admite a chamada *repristinação* da norma já revogada.

1.13.1. DIREITO ADQUIRIDO

De acordo com o art. 6º da Lei de Introdução às Normas do Direito Brasileiro, a lei em vigor tem efeito imediato e geral, respeitados o ato jurídico perfeito, o direito adquirido e a coisa julgada.

Adotando o princípio conhecido como *tempus regit actum*, a Súmula 340 do Superior Tribunal de Justiça esclarece que a "lei aplicável à concessão de pensão previdenciária por morte é aquela vigente na data do óbito do segurado".

Reputa-se ato jurídico perfeito o já consumado segundo a lei vigente ao tempo em que se efetuou.

Consideram-se adquiridos assim os direitos que o seu titular, ou alguém por ele, possa exercer, como aqueles cujo começo do exercício tenha termo prefixo ou condição preestabelecida inalterável, a arbítrio de outrem.

Chama-se coisa julgada ou caso julgado a decisão final de que não caiba mais recurso.

Assim sendo, a lei tem efeito imediato, mas não retroativo. Por isso, a lei se aplica aos fatos ocorridos a partir da sua vigência. Isso significa que, em regra, a lei não pode ser aplicada de forma retroativa.

Aplicando esse critério de eficácia imediata no tempo, mas não retroativa, da nova previsão legal, de acordo com a Súmula 49 da Turma Nacional de Uniformização dos Juizados Especiais Federais: "Para reconhecimento de condição especial de trabalho antes de 29/4/1995, a exposição a agentes nocivos à saúde ou à integridade física não precisa ocorrer de forma permanente".

Cabe ressalvar, no entanto, que se admite a chamada *retroação benéfica*, principalmente no Direito Penal, conforme art. 5º, inciso XL, da Constituição Federal de 1988, e mesmo no Direito Tributário.

Segundo prevê o art. 105 do Código Tributário Nacional, a legislação tributária aplica-se imediatamente aos fatos geradores futuros e aos pendentes, assim entendidos aqueles cuja ocorrência tenha tido início, mas não esteja completa.

Entretanto, a lei tributária aplica-se a ato ou fato pretérito:

– em qualquer caso, quando seja expressamente interpretativa, excluída a aplicação de penalidade à infração dos dispositivos interpretados;
– tratando-se de ato não definitivamente julgado: quando deixe de defini-lo como infração; quando deixe de tratá-lo como contrário a qualquer exigência de ação ou omissão, desde que não tenha sido fraudulento e não tenha implicado falta de pagamento de tributo; quando lhe comine penalidade menos severa que a prevista na lei

vigente ao tempo da sua prática (art. 106 do Código Tributário Nacional).

Especificamente quanto ao custeio da Seguridade Social, o art. 195, § 6º, da Constituição da República determina que as contribuições sociais de que trata esse dispositivo só podem ser exigidas após decorridos 90 dias da data da publicação da lei que as houver instituído ou modificado, não se lhes aplicando o disposto no art. 150, inciso III, *b*, sobre a anterioridade anual.

O princípio da irretroatividade é uma forma de manutenção e garantia da indispensável segurança jurídica.

A Lei 9.784/1999, que estabelece normas básicas sobre o processo administrativo no âmbito federal, prevê que a Administração Pública deve obedecer, entre outros, aos princípios da legalidade, finalidade, motivação, razoabilidade, proporcionalidade, moralidade, ampla defesa, contraditório, *segurança jurídica*, interesse público e eficiência (art. 2º).

Nos processos administrativos, deve ser observado, entre outros, o critério de interpretação da norma administrativa da forma que melhor garanta o atendimento do fim público a que se dirige, vedada aplicação retroativa de nova interpretação (art. 2º, inciso XIII, da Lei 9.784/1999).

Ainda nesse contexto, a decisão administrativa, controladora ou judicial que estabelecer *interpretação ou orientação nova sobre norma de conteúdo indeterminado*, impondo novo dever ou novo condicionamento de direito, deve *prever regime de transição* quando indispensável para que o novo dever ou condicionamento de direito seja cumprido de modo proporcional, equânime e eficiente e sem prejuízo aos interesses gerais (art. 23 da Lei de Introdução às Normas do Direito Brasileiro, incluído pela Lei 13.655/2018).

Tendo em vista a necessidade de *segurança jurídica*, conforme o art. 24 da Lei de Introdução às Normas do Direito Brasileiro, incluído pela Lei 13.655/2018, a *revisão*, nas esferas administrativa, controladora ou judicial, quanto à validade de ato, contrato, ajuste, processo ou norma administrativa cuja produção já se houver completado deve levar em conta as *orientações gerais da época*, sendo vedado que, com base em mudança posterior de orientação geral, se declarem inválidas situações plenamente constituídas.

Consideram-se *orientações gerais* as interpretações e especificações contidas em atos públicos de caráter geral ou em jurisprudência judicial ou administrativa majoritária, e ainda as adotadas por prática administrativa reiterada e de amplo conhecimento público.

Além disso, as autoridades públicas devem atuar para aumentar a *segurança jurídica* na aplicação das normas, inclusive por meio de regulamentos, súmulas administrativas e respostas a consultas (art. 30 da Lei de Introdução às Normas do Direito Brasileiro, acrescentado pela Lei 13.655/2018). Os referidos instrumentos terão *caráter vinculante em relação ao órgão ou entidade a que se destinam*, até ulterior revisão.

O art. 5º, inciso XXXVI, da Constituição da República prevê que a lei não prejudicará o direito adquirido, o ato jurídico perfeito e a coisa julgada.

O princípio da irretroatividade fundamenta a garantia constitucional da proibição de prejuízo ao direito adquirido, ao ato jurídico perfeito e à coisa julgada.

Por outro lado, além de ser vedada a aplicação retroativa da lei, mesmo em seu efeito imediato, fica assegurada a proteção ao direito adquirido.

O *direito adquirido* é aquele que integra o patrimônio jurídico da pessoa.

Na esfera da Previdência Complementar Privada, os benefícios são considerados como direito adquirido do participante quando implementadas todas as condições estabelecidas para elegibilidade consignadas no regulamento do respectivo plano (art. 68, § 1º, da Lei Complementar 109/2001). Ademais, a concessão de benefício pela Previdência Complementar Privada não depende da concessão de benefício pelo Regime Geral de Previdência Social.

O direito adquirido não se confunde com a expectativa do direito, nem com o exercício do direito.

O direito é considerado adquirido no momento em que o titular preenche os seus requisitos, podendo, assim, exercê-lo quando quiser. Logo, não se exige o seu efetivo exercício.

Antes do cumprimento dos requisitos para a sua aquisição, a pessoa tem mera *expectativa de direito*.

Nesse enfoque, segundo a jurisprudência do Supremo Tribunal Federal, não há direito adquirido a regime jurídico, ou seja, não se reconhece o direito de permanecer em certo regime jurídico (formado por normas jurídicas, em regra genéricas e abstratas, que compõem o ordenamento jurídico ou o Direito objetivo), mesmo depois da sua modificação legal (STF, Pleno, RE 575.089/RS, rel. Min. Ricardo Lewandowski, DJe 24.10.2008).

A norma instituída pelo poder constituinte originário, entretanto, pode ter (embora nem sempre tenha) eficácia retroativa. Com o surgimento de uma nova ordem jurídico-constitucional, as disposições anteriores, que forem incompatíveis com aquela, não são recepcionadas, gerando a sua revogação. Por isso, não há como prevalecer pretenso direito adquirido contrário à nova Constituição (Cf. STF, 1ª T., RE 140.894/SP, rel. Min. Ilmar Galvão, DJ 09.08.1996).

Tanto é assim que o art. 17, *caput*, parte final, do Ato das Disposições Constitucionais Transitórias da Constituição da República de 1988 prevê que "os vencimentos, a remuneração, as vantagens e os adicionais, bem como os proventos de aposentadoria que estejam sendo percebidos em desacordo com a Constituição serão imediatamente reduzidos aos limites dela decorrentes, não se admitindo, neste caso, invocação de direito adquirido ou percepção de excesso a qualquer título".

A situação, não obstante, é distinta em se tratando de emenda constitucional, decorrente do poder constituinte derivado.

A vedação da aplicação retroativa das disposições normativas é princípio que fundamenta o sistema jurídico, sob pena de intolerável insegurança jurídica. Justamente em razão da necessidade de manutenção da segurança jurídica nas relações sociais, a norma decorrente de emenda constitucional, em tese, também se submete ao princípio da irretroatividade, consagrado no direito fundamental de preservação do ato jurídico perfeito, da coisa julgada e do direito adquirido, conforme o art. 5º, inciso XXXVI, da Constituição da República, estabelecido pelo poder constituinte originário.

Trata-se de disposição inserida nas chamadas cláusulas pétreas, não podendo ser objeto nem mesmo de deliberação a proposta de emenda constitucional tendente a abolir os *direitos e garantias individuais*, nos termos do art. 60, § 4º, inciso IV, da Constituição Federal de 1988. Os referidos direitos e garantias estão previstos no art. 5º da Lei Maior, o qual prevê a segurança jurídica (*caput*), bem como o direito adquirido (inciso XXXVI). Além disso, o § 2º do mesmo art. 5º também resguarda outros direitos e garantias decorrentes do regime e dos princípios por ela adotados, ou dos tratados internacionais em que a República Federativa do Brasil seja parte.

Assim, a emenda constitucional, mesmo tendo eficácia imediata, não pode operar de forma retroativa, uma vez que é decorrente do poder constituinte instituído.

Portanto, a interpretação sistemática e teleológica do art. 5º, inciso XXXVI, da Constituição da República é no sentido de que não somente a lei em sentido estrito, mas as normas jurídicas em geral (inclusive a emenda constitucional, prevista no art. 59, inciso I) devem respeitar o direito adquirido, o ato jurídico perfeito e a coisa julgada[26].

Nesse sentido, o art. 3º, *caput*, da Emenda Constitucional 20/1998, como dispositivo decorrente do poder constituinte derivado de reforma, preservou o direito adquirido, ao assegurar a concessão de aposentadoria e pensão, a qualquer tempo, aos servidores públicos e aos segurados do Regime Geral

---

[26] Cf. PIRES, Maria Coeli Simões. *Direito adquirido e ordem pública*: segurança jurídica e transformação democrática. Belo Horizonte: Del Rey, 2005. p. 303-305.

de Previdência Social, bem como aos seus dependentes, que, até a data da publicação dessa Emenda, "tenham cumprido os requisitos para a obtenção destes benefícios, com base nos critérios da legislação então vigente".

Cabe ainda registrar que o art. 3º, § 3º, da Emenda Constitucional 20/1998, assim prevê: "São mantidos todos os direitos e garantias assegurados nas disposições constitucionais vigentes à data de publicação desta Emenda aos servidores e militares, inativos e pensionistas, aos anistiados e aos ex-combatentes, assim como àqueles que já cumpriram, até aquela data, os requisitos para usufruírem tais direitos, observado o disposto no art. 37, XI, da Constituição Federal".

O mencionado art. 37, inciso XI, da Constituição da República, em sua atual redação, dispõe que "a remuneração e o subsídio dos ocupantes de cargos, funções e empregos públicos da administração direta, autárquica e fundacional, dos membros de qualquer dos Poderes da União, dos Estados, do Distrito Federal e dos Municípios, dos detentores de mandato eletivo e dos demais agentes políticos e os proventos, pensões ou outra espécie remuneratória, percebidos cumulativamente ou não, incluídas as vantagens pessoais ou de qualquer outra natureza, não poderão exceder o subsídio mensal, em espécie, dos Ministros do Supremo Tribunal Federal, aplicando-se como limite, nos Municípios, o subsídio do Prefeito, e nos Estados e no Distrito Federal, o subsídio mensal do Governador no âmbito do Poder Executivo, o subsídio dos Deputados Estaduais e Distritais no âmbito do Poder Legislativo e o subsídio dos Desembargadores do Tribunal de Justiça, limitado a noventa inteiros e vinte e cinco centésimos por cento do subsídio mensal, em espécie, dos Ministros do Supremo Tribunal Federal, no âmbito do Poder Judiciário, aplicável este limite aos membros do Ministério Público, aos Procuradores e aos Defensores Públicos".

Ainda em respeito ao direito adquirido, o art. 3º, *caput*, da Emenda Constitucional 41/2003 assegurou a concessão, a qualquer tempo, de aposentadoria aos servidores públicos, bem como pensão aos seus dependentes, que, até a data de publicação dessa Emenda, "tenham cumprido todos os requisitos para obtenção desses benefícios, com base nos critérios da legislação então vigente".

O preceito constitucional que garante a segurança jurídica, por meio do respeito ao direito adquirido, ao ato jurídico perfeito e à coisa julgada, deve ser observado inclusive em relação à nova disposição jurídica considerada de ordem pública (STF, Pleno, ADI 493/DF, rel. Min. Moreira Alves, j. 25.06.1992, DJ 04.09.1992, RTJ 143-03/724).

O poder constituinte originário, o qual difere de simples lei de ordem pública, é que não admite a preservação de direito adquirido contrário à nova ordem constitucional.

Assim sendo, quanto à aplicação do Direito da Seguridade Social no tempo, não se pode confundir a eficácia imediata da nova disposição normativa cogente, incidindo quanto a fatos futuros e situações ainda não consumadas, o que é permitido pelo sistema jurídico (STF, Pleno, RE 564.354/SE, rel. Min. Cármen Lúcia, DJe 15.02.2011), com eficácia retroativa, atingindo o direito adquirido, o ato jurídico perfeito ou a coisa julgada, o que é vedado (com exceção da retroatividade benéfica, acima indicada), justamente para se resguardar a segurança nas relações sociais.

No Direito Previdenciário, entende-se que a pessoa tem direito adquirido à aposentadoria quando reúne todos os requisitos exigidos para recebê-la. Com isso, as normas jurídicas posteriores, que estabeleçam requisitos diversos ou mais rigorosos para a obtenção desse benefício, não se aplicam ao titular do direito adquirido[27].

Ressalvada a revisão prevista em lei, os proventos da inatividade regulam-se pela lei vigente ao tempo em que o militar, ou o servidor civil, reuniu os requisitos necessários (Súmula 359 do STF).

É devida a pensão por morte aos dependentes do segurado que, apesar de ter perdido essa qualidade, preencheu os requisitos legais para a obtenção de aposentadoria até a data do seu óbito (Súmula 416 do STJ).

A concessão de aposentadoria ao servidor público federal vinculado a Regime Próprio de Previdência Social e ao segurado do Regime Geral de Previdência Social e de pensão por morte aos respectivos dependentes será assegurada, a qualquer tempo, desde que tenham sido cumpridos os requisitos para obtenção desses benefícios até a data de entrada em vigor da Emenda Constitucional 103/2019, observados os critérios da legislação vigente na data em que foram atendidos os requisitos para a concessão da aposentadoria ou da pensão por morte (art. 3º da Emenda Constitucional 103/2019).

Trata-se de previsão que assegura o direito adquirido à aposentadoria e à pensão por morte.

A par da visão mais tradicional de direito adquirido, exposta anteriormente, também é possível fazer referência a uma compreensão científica mais profunda e diferenciada do tema, sob o ângulo específico dos direitos sociais, nos quais se insere a Seguridade Social, apesar de nem sempre ser majoritária na jurisprudência.

---

[27] "Se, na vigência da lei anterior, o funcionário preenchera todos os requisitos exigidos, o fato de, na sua vigência, não haver requerido a aposentadoria não o faz perder o direito, que já havia adquirido" (STF, Pleno, RE 72.509, ED-EDv, rel. Min. Luiz Gallotti, j. 14.02.1973, DJ 30.03.1973).

Os direitos sociais, nos quais se incluem os de natureza trabalhista, previdenciária, assistencial e de saúde, estão inseridos na esfera dos direitos fundamentais, conforme a atual sistemática constitucional (art. 6º), assim como no âmbito dos direitos humanos, em consonância com o Direito Internacional em vigor.

Isso resulta na relevante determinação de que nem tudo está ao alcance da legislação infraconstitucional, que deve respeitar, entre outros, os princípios da vedação do retrocesso social, da segurança, da confiança, da estabilidade nas relações jurídicas, da progressividade na instituição e efetivação dos direitos sociais, do valor social do trabalho, da livre iniciativa e da dignidade da pessoa humana. Deve-se observar, assim, o chamado *direito adquirido social*.

A Seguridade Social é sistema de proteção que tem como objetivo redistribuir renda, alcançando e concretizando, assim, as exigências de melhoria das condições sociais, erradicação da pobreza e da marginalização e redução das desigualdades sociais (arts. 3º, inciso III, e 7º, *caput*, da Constituição da República). Trata-se de verdadeira conquista histórica, alcançada por meio de muito esforço e intensa luta das classes sociais destituídas dos meios de produção, em situação de maior vulnerabilidade e inferioridade econômica, consubstanciando-se em direito adquirido por toda a sociedade, ou seja, que integra o patrimônio social[28]. Constitui-se, portanto, patamar mínimo alcançado pela atual civilização, o qual não pode ser objeto de destruição ou retrocesso, mas sim de permanente avanço.

O Pacto Internacional sobre Direitos Econômicos, Sociais e Culturais, de 1966, promulgado pelo Decreto 591/1992, aliás, é expresso ao determinar a necessidade de progressividade, por todos os meios apropriados, do pleno exercício dos direitos sociais (art. 2º, inciso I). É importante o registro de que essa previsão integra o chamado bloco de constitucionalidade, na forma do art. 5º, § 2º, da Constituição da República.

Isso confirma a injustiça e a impropriedade de mudanças que, sob a justificativa formal de necessidade de equilíbrio financeiro, alteram, de forma repentina, substancial e prejudicial, os direitos fundamentais e as "regras do jogo" na Seguridade Social, especialmente na esfera previdenciária, em manifesta violação à garantia fundamental de segurança jurídica, no caso, em suas vertentes individual e social, assegurada pelo art. 5º, *caput*, da Constituição da República, e que não pode ser abolida nem mesmo por emenda a esta (art. 60, § 4º, inciso IV).

---

[28] Cf. CORREIA, Marcus Orione Gonçalves; CORREIA, Érica Paula Barcha. *Curso de direito da seguridade social*. 5. ed. São Paulo: Saraiva, 2010. p. 90-109.

1.14. EFICÁCIA NO ESPAÇO

Os conflitos de leis no espaço são disciplinados pelo Direito Internacional Privado, o qual prevê normas para definir qual a lei (ou seja, nacional ou estrangeira) a ser aplicada para regular certa relação jurídica envolvendo elementos de mais de um país.

Há relações sociais ligadas a duas ou mais ordens jurídicas independentes (de dois ou mais Estados), o que também pode ocorrer na esfera da Seguridade Social, cabendo ao Direito Internacional Privado determinar qual dos sistemas jurídicos deve ser aplicado.

No âmbito da Seguridade Social, a eficácia no espaço da lei previdenciária é normalmente regida pelo princípio da territorialidade.

Nesse sentido, a Convenção de Direito Internacional Privado, de Havana, de 1928, conhecida como Código de Bustamante, ratificada pelo Brasil e promulgada pelo Decreto 18.871/1929, no art. 198, determina ser territorial a legislação sobre acidentes do trabalho e proteção social do trabalhador.

Em outras palavras, em regra, aplica-se a norma jurídica brasileira de Seguridade Social para as relações jurídicas que ocorram no território nacional, seja o beneficiário brasileiro ou estrangeiro residente no país.

Tanto é assim que o art. 12, inciso I, *d*, da Lei 8.212/1991 prevê que é segurado obrigatório da Previdência Social (ou seja, do Regime Geral de Previdência Social brasileiro), considerado empregado, até mesmo aquele que presta serviço no Brasil a missão diplomática ou a repartição consular de carreira estrangeira e a órgãos a ela subordinados, ou a membros dessas missões e repartições (excluídos, entretanto, o não brasileiro sem residência permanente no Brasil e o brasileiro amparado pela legislação previdenciária do país da respectiva missão diplomática ou repartição consular).

Logo, o elemento de conexão em matéria previdenciária é o da territorialidade, tendo em vista a soberania nacional.

Mesmo assim, em certos casos, a norma jurídica brasileira não tem a sua incidência restrita ao que ocorre no território nacional. Em outras palavras, há situações em que, mesmo a relação jurídica ocorrendo em território estrangeiro, a lei material brasileira é aplicável.

O acima exposto é confirmado pelo art. 12, inciso I, *c* e *f*, da Lei 8.212/1991, ao prever que são segurados obrigatórios da Previdência Social (ou seja, do Regime Geral de Previdência Social brasileiro), considerados empregados: o brasileiro ou estrangeiro domiciliado e contratado no Brasil para trabalhar como empregado em sucursal ou agência de empresa nacional no exterior; o brasileiro ou estrangeiro domiciliado e contratado no Brasil para trabalhar como empregado em empresa domiciliada no exterior, cuja maioria do capital votante pertença a empresa brasileira de capital nacional.

A Lei 7.064/1982 regula a situação de trabalhadores contratados no Brasil ou transferidos por seus empregadores para prestar serviço no exterior (art. 1º, com redação dada pela Lei 11.962/2009)[29]. Respeitadas as disposições especiais desse diploma legal, deve-se aplicar a legislação brasileira sobre Previdência Social, Fundo de Garantia do Tempo de Serviço (FGTS) e Programa de Integração Social (PIS/PASEP), conforme art. 3º, parágrafo único.

Além disso, embora não tão frequentes, podem existir situações em que o juiz brasileiro deve aplicar o Direito material estrangeiro para regular certa relação jurídica.

Isso é confirmado pelas exceções previstas no art. 12, inciso I, *d* e *e*, da Lei 8.212/1991, ao prever que são segurados obrigatórios da Previdência Social (ou seja, do Regime Geral de Previdência Social brasileiro), considerados empregados: aquele que presta serviço no Brasil a missão diplomática ou a repartição consular de carreira estrangeira e a órgãos a ela subordinados, ou a membros dessas missões e repartições, *excluídos o não brasileiro sem residência permanente no Brasil e o brasileiro amparado pela legislação previdenciária do país da respectiva missão diplomática ou repartição consular*; o brasileiro civil que trabalha para a União, no exterior, em organismos oficiais brasileiros ou internacionais dos quais o Brasil seja membro efetivo, ainda que lá domiciliado e contratado, *salvo se segurado na forma da legislação vigente do país do domicílio*.

Ou seja, nesses casos expressamente ressalvados, a pessoa é regida pela lei previdenciária estrangeira, a qual deve ser aplicada mesmo se o conflito, por hipótese, for apreciado por juiz brasileiro, conforme as regras de competência internacional, previstas nos arts. 21 a 25 do Código de Processo Civil, que tratam dos limites da jurisdição nacional.

---

[29] Para os efeitos da Lei 7.064/1982, "considera-se transferido: I – o empregado removido para o exterior, cujo contrato estava sendo executado no território brasileiro; II – o empregado cedido à empresa sediada no estrangeiro, para trabalhar no exterior, desde que mantido o vínculo trabalhista com o empregador brasileiro; III – o empregado contratado por empresa sediada no Brasil para trabalhar a seu serviço no exterior" (art. 2º).

1.15. PRINCÍPIOS

Os *princípios* são os alicerces, ou seja, a essência e os fundamentos do Direito.

Há princípios expressamente previstos, como o princípio constitucional da igualdade, enquanto outros estão implícitos no ordenamento jurídico.

Quanto à amplitude, há princípios gerais e outros específicos de certos ramos do Direito.

A função dos princípios não se restringe à integração de lacunas da lei (art. 4º da Lei de Introdução às Normas do Direito Brasileiro), mas eles também servem de inspiração ao legislador e norteiam a interpretação das demais normas jurídicas. Os princípios, assim, orientam a interpretação e a aplicação das regras jurídicas.

Prevalece o entendimento de que os princípios fazem parte do ordenamento jurídico, tendo natureza normativa.

Nesse enfoque, as normas jurídicas, como gênero, podem ser de duas espécies, quais sejam: regras e princípios. Enquanto a regra jurídica rege certos atos ou fatos, os princípios comportam uma série indefinida de aplicações[30]. Os princípios são determinações jurídicas normalmente dotadas de alto grau de generalidade.

Os princípios apresentam natureza normativa, não se tratando de enunciados meramente morais. Isso é demonstrado ao se observar que dos princípios são extraídas outras normas. Os princípios, ademais, também exercem a função de reguladores das relações sociais, tal como as demais normas jurídicas[31].

Cabe esclarecer que são aplicáveis ao Direito da Seguridade Social alguns princípios gerais, de hierarquia constitucional, como os princípios da igualdade (art. 5º, inciso I, da CF/1988), da legalidade (art. 5º, inciso II, da CF/1988) e do direito adquirido (art. 5º, inciso XXXVI, da CF/1988)[32].

---

30 Cf. BONAVIDES, Paulo. *Curso de direito constitucional*. 18. ed. São Paulo: Malheiros, 2006. p. 267.

31 Cf. BOBBIO, Norberto. *Teoria do ordenamento jurídico*. 10. ed. Tradução de Maria Celeste Cordeiro Leite dos Santos, revisão técnica de Claudio De Cicco. Brasília: Universidade de Brasília, 1997. p. 158-159.

32 Cf. MARTINS, Sergio Pinto. *Direito da seguridade social*. 35. ed. São Paulo: Atlas, 2015. p. 51-58.

O Direito da Seguridade Social apresenta, ainda, princípios específicos, como o da solidariedade e os arrolados no art. 194, parágrafo único, e art. 195, §§ 5º e 6º, da Constituição da República.

O *princípio da solidariedade* é entendido como a participação da sociedade em favor dos necessitados. Quando certa contingência atinge alguém, os demais devem prosseguir contribuindo e mantendo o sistema de proteção social.

Nesse contexto, a Seguridade Social deve ser financiada por toda a sociedade (art. 195 da Constituição da República).

O art. 3º, inciso I, da Constituição Federal de 1988 prevê como um dos os objetivos fundamentais da República Federativa do Brasil constituir uma sociedade livre, justa e *solidária*.

Pode-se dizer que a solidariedade, como valor, é comum à moral e ao Direito. Entretanto, como essa virtude é reconhecida como princípio jurídico constitucional, deixa de depender do eventual sentimento voluntário e caridoso de cada um, tornando-se um mandamento cogente e imperativo que deve nortear as condutas e relações sociais.

A justiça social exige que os membros da sociedade contribuam para o bem comum, com destaque à igualdade substancial, de modo a se alcançar a prosperidade na sociedade como um todo.

A justiça social, na verdade, decorre do princípio da solidariedade, ao se concretizar nas relações de integração e se fundamentar na participação das pessoas em todas as esferas da vida em sociedade, o que corresponde à própria essência do Estado Democrático de Direito[33].

Cabe reiterar que, consoante o art. 3º da Constituição da República, constituem *objetivos fundamentais* da República Federativa do Brasil: construir uma sociedade livre, justa e solidária; garantir o desenvolvimento nacional; erradicar a pobreza e a marginalização e reduzir as desigualdades sociais e regionais; promover o bem de todos, sem preconceitos de origem, raça, sexo, cor, idade e quaisquer outras formas de discriminação.

Trata-se, no caso, de *princípios constitucionais fundamentais*, vale dizer, princípios gerais da ordem jurídica[34]. Logo, é dever do Estado e de toda a

---

33 Cf. SILVA, Walküre Lopes Ribeiro da. A teoria da justiça e o direito do trabalho. In: CORREIA, Marcus Orione Gonçalves (Org.). *Curso de direito do trabalho*: teoria geral do direito do trabalho. São Paulo: LTr, 2007. v. 1. p. 176-179.

34 Cf. BERCOVICI, Gilberto. *Desigualdades regionais, Estado e Constituição*. São Paulo: Max Limonad, 2003. p. 291-292.

sociedade promover a transformação das estruturas sociais e econômicas, de modo a se promover a igualdade e a justiça sociais.

A realização desses preceitos fundamentais deve ter caráter progressivo e dinâmico, como objetivos a serem alcançados, sendo vedado, assim, o retrocesso social. Como comandos normativos nucleares, apresentam caráter cogente, obrigatório, com vinculação imperativa à sociedade e ao poder público, nas esferas legislativa, jurisdicional e executiva, os quais devem pautar as suas condutas sempre no sentido de sua efetivação.

Nesse contexto, a Seguridade Social exerce o importante papel de redução das desigualdades sociais, especialmente por meio da redistribuição de renda, o que justifica e fundamenta a reivindicação de políticas (públicas) de proteção social, nas áreas da previdência, assistência e saúde, com o fim de concretizar as determinações constitucionais em destaque. Busca-se, assim, alcançar o equilíbrio econômico, bem como a harmonia e a justiça social.

A ordem social, na qual se situa a Seguridade Social, tem como base o primado do trabalho, e como objetivo justamente o bem-estar e a justiça sociais (art. 193 da Constituição Federal).

A igualdade substancial das condições sociais exige, ademais, o respeito ao chamado "mínimo existencial", de especial relevância para as prestações de Assistência Social, o qual decorre do princípio magno da dignidade da pessoa humana, reconhecido como fundamento da República Federativa do Brasil e do Estado Democrático de Direito (art. 1º, inciso III, da Constituição Federal de 1988)[35].

Nesse sentido, é dever do Estado garantir os direitos à vida, à integridade e ao completo bem-estar de natureza física, psíquica e social, por meio de prestações essenciais, abrangidas pelo sistema de Seguridade Social. Em outras palavras, cabe ao Estado disponibilizar as condições mínimas, básicas e essenciais, necessárias para se garantir e promover a existência digna das pessoas.

Em síntese, o princípio da solidariedade é um postulado fundamental do Direito da Seguridade Social, com o sentido de ajuda ao próximo, ao necessitado.

Nesse enfoque, deve haver solidariedade de todos em benefício dos necessitados. As pessoas devem conjugar os seus esforços para enfrentar as contingências sociais.

---

35 Cf. BERCOVICI, Gilberto. *Desigualdades regionais, Estado e Constituição*. São Paulo: Max Limonad, 2003. p. 243.

Observa-se na Seguridade Social o chamado pacto de solidariedade entre gerações, no sentido de que a geração atual custeia os benefícios e serviços em favor da geração passada.

Além disso, também existe o pacto de solidariedade na própria geração em si, uma vez que as pessoas em atividade custeiam os benefícios devidos aos inativos.

A esse respeito, especialmente quanto à Previdência Social, administrada pelo poder público, adota-se o chamado sistema de *repartição simples*, caracterizado pela solidariedade entre as pessoas e pelos referidos pactos entre gerações e dentro da geração. Com isso, as contribuições são efetuadas por toda a sociedade, dando origem a um fundo comum, cujos recursos são utilizados para a cobertura de contingências sociais aos que assim necessitam.

Diversamente, na Previdência Complementar Privada, prevista no art. 202 da Constituição da República, o sistema é de *capitalização individual*, pois os depósitos efetuados formam uma conta ou poupança individual, cujos valores são utilizados para pagamento dos próprios benefícios e despesas de administração[36].

Na verdade, as ações, políticas e prestações da Seguridade Social têm como objetivo a redistribuição de renda, o que a torna um sistema eficaz na concretização da solidariedade social.

Ressalte-se que essa solidariedade não é exigida apenas quanto ao custeio da Seguridade Social, por meio de contribuição daqueles que têm condições, em favor daqueles que têm necessidade, mas também para os objetivos de concessão dos benefícios e serviços, conforme os critérios de justiça social[37].

O Regime Próprio de Previdência Social dos servidores titulares de cargos efetivos deve ter caráter contributivo e solidário (art. 40 da Constituição da República).

O Direito da Seguridade Social possui, ainda, princípios constitucionais, como preveem os já mencionados arts. 194, parágrafo único, e 195, §§ 5º e 6º, da Constituição Federal de 1988, figurando como fundamentos, bases de sustentação do sistema de Seguridade Social, a seguir explicitados.

---

[36] Cf. LEITÃO, André Studart; MEIRINHO, Augusto Grieco Sant'Anna. *Manual de direito previdenciário*. 4. ed. São Paulo: Saraiva, 2016. p. 76-77.

[37] Cf. CORREIA, Marcus Orione Gonçalves; CORREIA, Érica Paula Barcha. *Curso de direito da seguridade social*. 5. ed. São Paulo: Saraiva, 2010. p. 115.

O *princípio da universalidade da cobertura e do atendimento* refere-se às contingências a serem cobertas pelo sistema de Seguridade Social (universalidade objetiva), por meio das respectivas prestações (benefícios e serviços), bem como às pessoas a serem atendidas (universalidade subjetiva).

A universalidade, nesse enfoque, deve alcançar o maior número de pessoas, bem como o mais amplo rol de contingências sociais que possam deixá-las sem condições de manter a sua subsistência e de suas famílias.

Esse objetivo, entretanto, nem sempre tem como ser plenamente alcançado, justamente porque as prestações de Seguridade Social, como direitos sociais nitidamente prestacionais, precisam ser custeadas, exigindo a existência de recursos, os quais são limitados.

Ademais, o Estado tem diversos outros serviços, funções e atividades a serem prestados e realizados e a sociedade possui diversas outras necessidades e interesses a serem satisfeitos, em concretização do bem comum.

O chamado *princípio da reserva orçamentária*, portanto, limita o princípio da universalidade da cobertura e do atendimento, devendo-se alcançar um equilíbrio harmônico em situações de colisão, sem que um dos princípios afastado no caso concreto seja excluído do sistema jurídico, com a preservação da existência digna da pessoa humana.

Na realidade, em termos práticos, os benefícios e os serviços de Seguridade Social são aqueles disciplinados em lei, os quais são devidos nas hipóteses legais, em rol que varia conforme se trate dos subsistemas de proteção de Previdência Social, Saúde e Assistência Social.

Embora os três integrem o sistema mais amplo da Seguridade Social, há especificidades quanto à cobertura e ao atendimento em cada um deles.

Nesse sentido, a Previdência Social exige contribuições vertidas pelo segurado. A Saúde é direito de todos. A Assistência Social é devida apenas aos que dela necessitam.

Quanto ao *princípio da uniformidade e equivalência dos benefícios e serviços às populações urbanas e rurais*, deve-se observar a igualdade, em sua vertente substancial, quanto às contingências a serem cobertas pelas prestações da Seguridade Social, ou seja, por meio dos benefícios e serviços, não se justificando quaisquer discriminações, ou seja, tratamentos desiguais injustificados, sem razão lógica, entre as populações rurais e urbanas.

De acordo com o princípio em questão, deve haver o mesmo rol de prestações cobrindo as contingências (uniformidade), com critérios isonômicos de apuração dos valores dos benefícios e de atendimento dos serviços (equivalência), resultando em igualdade no sistema de proteção social, que abrange as populações urbanas e rurais[38].

Ainda assim, cabe observar que a própria Constituição da República contém certas previsões específicas aos trabalhadores rurais, seja na esfera de benefício previdenciário, seja quanto ao custeio da Seguridade Social.

Nesse sentido, é assegurada aposentadoria por idade no Regime Geral de Previdência Social, nos termos da lei, obedecidas as seguintes condições: 60 anos de idade, se homem, e 55 anos de idade, se mulher, para os trabalhadores rurais e para os que exerçam suas atividades em regime de economia familiar, nestes incluídos o produtor rural, o garimpeiro e o pescador artesanal (art. 201, § 7º, inciso II, da Constituição Federal de 1988, com redação dada pela Emenda Constitucional 103/2019).

O art. 195, § 8º, da Constituição da República, por seu turno, determina que o produtor, o parceiro, o meeiro e o arrendatário rurais e o pescador artesanal, bem como os respectivos cônjuges, que exerçam suas atividades em regime de economia familiar, sem empregados permanentes, contribuirão para a Seguridade Social mediante a aplicação de uma alíquota sobre o resultado da comercialização da produção e farão jus aos benefícios nos termos da lei. Trata-se, no caso, do *segurado especial* do Regime Geral de Previdência Social.

As previsões em destaque, entretanto, não violam o princípio da isonomia, nem se constituem em tratamento discriminatório, mas buscam concretizar a igualdade em sua vertente substancial, por meio do tratamento diferenciado de pessoas que estão em situação diversa, com fundamento em critérios lógicos e plenamente justificáveis.

Nesse enfoque, o trabalhador rural normalmente está exposto a condições mais difíceis e penosas de labor, muitas vezes com menor expectativa de sobrevida.

O pequeno produtor rural e o pescador artesanal, que exercem atividade em regime de economia familiar, normalmente possuem renda em valores reduzidos, com maior dificuldade de efetuar e comprovar as contribuições para a Seguridade Social.

O *princípio da seletividade e distributividade na prestação dos benefícios e serviços* aplica-se à escolha das prestações a serem proporcionadas pelo sistema de Seguridade Social, o que é previsto na lei.

[38] Cf. BALERA, Wagner. *Sistema de seguridade social*. 5. ed. São Paulo: LTr, 2009. p. 21.

A seletividade é decorrência necessária do limite orçamentário, estabelecendo, assim, delimitação da própria universalidade.

Como os recursos são limitados, as prestações de Seguridade Social devem cobrir as contingências sociais de maior relevância, ou seja, as situações e eventos de maior importância e gravidade, que possam deixar a pessoa sem renda e sem condições de prover a subsistência própria e de sua família. Logo, devem ser selecionadas as contingências sociais a serem cobertas pela Seguridade Social, o que é feito de acordo com os critérios legais.

Ademais, as prestações de Seguridade Social, englobando os benefícios e serviços, têm o relevante papel de redistribuir renda, alcançando os que necessitam de cobertura social.

De forma mais ampla, a *justiça distributiva* confere a cada um aquilo que lhe é devido "segundo uma igualdade proporcional ou relativa". Desse modo, deve-se assegurar a participação equitativa no bem comum, conforme a condição e a necessidade de cada indivíduo, para que se alcance a igualdade no plano social[39].

A seletividade na prestação dos benefícios e serviços, assim, é realizada para se concretizar a própria distributividade, entendida como objetivo fundamental do sistema de Seguridade Social, com vistas a se alcançar a igualdade substancial e a justiça social.

Ao se escolher as contingências a serem cobertas, bem como as pessoas a serem abrangidas pela Seguridade Social, são alcançados aqueles que estão justamente em situação social e econômica de maior necessidade, o que concretiza a redistribuição de renda, a redução das desigualdades sociais, a erradicação da pobreza, a inclusão social e o bem comum.

Pode-se dizer, portanto, que o equilíbrio e a harmonia entre os princípios da universalidade da cobertura e do atendimento e da reserva orçamentária são alcançados, essencialmente, por meio da seletividade e distributividade na prestação dos benefícios e serviços da Seguridade Social.

Em consonância com o *princípio da irredutibilidade do valor dos benefícios*, o valor dos benefícios da Seguridade Social não pode ser reduzido.

Nesse aspecto, a impossibilidade de redução é quanto ao valor nominal dos benefícios (ou seja, das prestações em valor pecuniário) da Seguridade Social.

---

39 Cf. DINIZ, Maria Helena. *Compêndio de introdução à ciência do direito*. 19. ed. São Paulo: Saraiva, 2008. p. 409-410.

Além disso, de acordo com o art. 201, § 4º, da Constituição Federal de 1988, no âmbito da Previdência Social é assegurado o reajustamento dos benefícios para preservar-lhes, em caráter permanente, o valor real, conforme critérios definidos em lei.

O índice de reajuste, assim, deve ser definido em lei, apenas podendo ser afastado pelo juiz caso seja inconstitucional, por exemplo, quando em percentual ínfimo, sem nem mesmo se aproximar da exigência de manutenção do valor real do benefício previdenciário.

A irredutibilidade, portanto, significa que o valor dos benefícios não pode ser reduzido, nem mesmo, por exemplo, se houvesse deflação na economia nacional.

Isso não se confunde com o reajustamento dos benefícios, ou seja, a sua atualização monetária, por meio da aplicação dos índices legais, para a manutenção dos seus valores reais, ou seja, do poder de compra, principalmente em razão dos efeitos da inflação na economia, gerando a elevação dos preços e do custo de vida.

O *princípio da equidade na forma de participação no custeio* é uma decorrência do princípio da isonomia aplicada quanto ao custeio da Seguridade Social.

Observe-se que a igualdade, em seu enfoque material, refere-se ao tratamento igual daqueles que estão em iguais condições, e ao tratamento desigual daqueles que estão em situação desigual, na medida da desigualdade.

Nessa linha, de acordo com o art. 195, § 9º, da Constituição Federal de 1988, com redação dada pela Emenda Constitucional 103/2019, as contribuições sociais previstas no inciso I do *caput* art. 195 poderão ter alíquotas diferenciadas em razão da atividade econômica, da utilização intensiva de mão de obra, do porte da empresa ou da condição estrutural do mercado de trabalho, sendo também autorizada a adoção de bases de cálculo diferenciadas apenas no caso das alíneas *b* e *c* do inciso I do *caput* do art. 195 da Constituição da República.

A capacidade contributiva, assim, deve ser levada em consideração na fixação das contribuições devidas para a Seguridade Social, especialmente quanto às bases de cálculo e percentuais devidos, observando as condições diferenciadas dos diversos contribuintes, quais sejam: empregador, empresa, entidade equiparada à empresa, trabalhador, outros segurados, administrador de concursos de prognóstico, importador de bens ou serviços do exterior (art. 195, incisos I a IV, da Constituição da República).

Com isso, os que estão em condições econômicas e financeiras superiores devem contribuir em valores maiores do que aqueles que estão em condições econômicas e financeiras inferiores, mantendo o equilíbrio necessário ao ideal de justiça social. Isso justifica a previsão de percentuais diferenciados de contribuições sociais entre os contribuintes, como a empresa, o empregador doméstico e os segurados.

Mesmo entre os segurados obrigatórios da Previdência Social, na condição de empregados, observa-se, da mesma forma, a previsão legal e legítima de percentuais distintos conforme o nível de remuneração.

A diferença de percentuais também existe entre as modalidades de segurados da Previdência Social, como empregados, empregados domésticos, trabalhadores avulsos, contribuintes individuais e segurados especiais, sendo em nível mais elevado para aqueles que normalmente possuem maior capacidade econômica e, portanto, contributiva para o custeio do sistema.

No âmbito das limitações ao poder de tributar, cabe destacar que, sem prejuízo de outras garantias asseguradas ao contribuinte, é vedado à União, aos Estados, ao Distrito Federal e aos Municípios instituir tratamento desigual entre contribuintes que se encontrem em situação equivalente, proibida qualquer distinção em razão de ocupação profissional ou função por eles exercida, independentemente da denominação jurídica dos rendimentos, títulos ou direitos (art. 150, inciso II, da Constituição da República).

Ainda no âmbito tributário, de acordo com o art. 145, § 1º, da Constituição Federal, sempre que possível, os impostos devem ter caráter pessoal e ser graduados segundo a capacidade econômica do contribuinte.

A lei instituirá *sistema especial de inclusão previdenciária*, com alíquotas diferenciadas, para atender aos trabalhadores de baixa renda, inclusive os que se encontram em situação de informalidade, e àqueles sem renda própria que se dediquem exclusivamente ao trabalho doméstico no âmbito de sua residência, desde que pertencentes a famílias de baixa renda (art. 201, § 12, da Constituição Federal de 1988, com redação dada pela Emenda Constitucional 103/2019).

A aposentadoria concedida ao segurado de que trata o § 12 do art. 201 da Constituição da República terá valor de um salário mínimo (art. 201, § 13, da Constituição Federal de 1988, com redação dada pela Emenda Constitucional 103/2019).

A respeito do tema, cf. art. 21, §§ 2º a 5º, da Lei 8.212/1991. Cf. Capítulo 2, item 2.10.2.

Segundo o *princípio da diversidade da base de financiamento*, as fontes de custeio da Seguridade Social são diversas.

O art. 194, parágrafo único, inciso VI, da Constituição Federal de 1988, com redação dada pela Emenda Constitucional 103/2019, dispõe que compete ao Poder Público, nos termos da lei, organizar a Seguridade Social, com fundamento, entre outros objetivos, na *diversidade da base de financiamento*, identificando-se, em rubricas contábeis específicas para cada área, as receitas e as despesas vinculadas a ações de Saúde, Previdência e Assistência Social, devendo ser preservado o caráter contributivo da Previdência Social.

O custeio desse sistema de proteção social, portanto, não pode ficar restrito a uma única origem de financiamento, nem limitado a uma única modalidade de base contributiva. Assim, são vários os sujeitos que participam do custeio da Seguridade Social, bem como são diversos os fatos que geram a incidência das contribuições sociais em questão.

Nesse sentido, de acordo com o art. 195 da Constituição Federal, a Seguridade Social deve ser financiada por toda a sociedade, de forma direta e indireta, nos termos da lei, mediante recursos provenientes dos orçamentos da União, dos Estados, do Distrito Federal e dos Municípios, e das seguintes contribuições sociais:

I – do empregador, da empresa e da entidade a ela equiparada na forma da lei, incidentes sobre: a) a folha de salários e demais rendimentos do trabalho pagos ou creditados, a qualquer título, à pessoa física que lhe preste serviço, mesmo sem vínculo empregatício; b) a receita ou o faturamento; c) o lucro;

II – do trabalhador e dos demais segurados da previdência social, podendo ser adotadas alíquotas progressivas de acordo com o valor do salário de contribuição, não incidindo contribuição sobre aposentadoria e pensão concedidas pelo Regime Geral de Previdência Social;

III – sobre a receita de concursos de prognósticos;

IV – do importador de bens ou serviços do exterior, ou de quem a lei a ele equiparar.

Além disso, segundo o art. 195, § 4º, da Constituição da República, a lei pode instituir outras fontes destinadas a garantir a manutenção ou a expansão da Seguridade Social, devendo-se obedecer ao disposto no art. 154, inciso I, da Constituição Federal de 1988.

Ou seja, é possível a instituição de contribuição residual para o custeio da Seguridade Social, exigindo-se os seguintes requisitos: lei complementar, não cumulatividade, base de cálculo e fato gerador diferentes das contribuições sociais previstas no art. 195 da Constituição da República.

Com a Emenda Constitucional 103/2019, exige-se a identificação, em rubricas contábeis específicas para cada área, as receitas e as despesas vinculadas a ações de Saúde, Previdência e Assistência Social, devendo ser preservado o caráter contributivo da Previdência Social.

A previsão tem como objetivo identificar eventual desequilíbrio financeiro em cada setor da Seguridade Social. Entretanto, deve-se ressaltar que a previsão constitucional é no sentido da existência de orçamento da Seguridade Social (art. 165, § 5º, inciso III, da Constituição Federal de 1988), e não de um orçamento específico para cada área desta.

Quanto ao caráter contributivo da Previdência Social, o art. 201 da Constituição da República dispõe que esta será organizada sob a forma de Regime Geral, de caráter contributivo e de filiação obrigatória, devendo ser observados critérios que preservem o equilíbrio financeiro e atuarial.

O *equilíbrio financeiro* decorre da comparação entre as receitas e as despesas da Previdência Social durante um exercício financeiro. O *equilíbrio atuarial* envolve cálculos de receitas e despesas que consideram períodos mais longos.

Quanto ao *princípio da anterioridade nonagesimal*, o art. 195, § 6º, da Constituição Federal de 1988, prevê que as contribuições sociais de que trata o art. 195, ou seja, as contribuições para a Seguridade Social, só podem ser exigidas após decorridos 90 dias da data da publicação da lei que as houver instituído ou modificado, não se lhes aplicando o disposto no seu art. 150, inciso III, *b*, que dispõe sobre o princípio da anterioridade anual no sistema tributário nacional.

Trata-se, no caso, de princípio a ser aplicado se a contribuição para a Seguridade Social for criada ou majorada, permitindo que o contribuinte possa se preparar para o consequente aumento de despesas.

Na redução ou extinção de contribuição social, evidentemente, isso não ocorre, por ser mais benéfica ao contribuinte.

O *princípio do caráter democrático e descentralizado da administração* deve ocorrer por meio da gestão quadripartite, com a participação dos trabalhadores, dos empregadores, dos aposentados e do Governo nos órgãos colegiados.

Nessa linha, o art. 10 da Constituição da República também prevê ser assegurada a *participação* dos trabalhadores e empregadores nos colegiados dos órgãos públicos em que seus interesses profissionais ou previdenciários sejam objeto de discussão e deliberação.

A participação da sociedade na gestão e na administração da Seguridade Social significa justamente a concretização da democracia nesse âmbito.

A participação social, assim, faz-se presente no setor previdenciário, como se observa na composição do Conselho Nacional de Previdência Social (art. 3º da Lei 8.213/1991), na esfera da Saúde, conforme se verifica na Conferência de Saúde e no Conselho de Saúde (art. 1º da Lei 8.142/1990), bem como na Assistência Social, com a participação da população, por meio de organizações representativas, na formulação das políticas e no controle das ações em todos os níveis, o que fica nítido na composição paritária dos Conselhos de Assistência Social, nas esferas nacional, estadual, distrital e municipal (arts. 5º, inciso II, 16 e 17 da Lei 8.742/1993).

Na área da Saúde, destaca-se a previsão do art. 198 da Constituição Federal, no sentido de que as ações e serviços públicos de saúde integram uma rede regionalizada e hierarquizada e constituem um sistema único (SUS), organizado de acordo com as seguintes diretrizes: *descentralização*, com direção única em cada esfera de governo; atendimento integral, com prioridade para as atividades preventivas, sem prejuízo dos serviços assistenciais; *participação da comunidade*.

O Sistema Único de Saúde (SUS) conta, em cada esfera de governo, com as seguintes instâncias colegiadas: a Conferência de Saúde; o Conselho de Saúde (art. 1º da Lei 8.142/1990). A Conferência de Saúde deve se reunir a cada quatro anos com a *representação dos vários segmentos sociais*, para avaliar a situação de saúde e propor as diretrizes para a formulação da política de saúde nos níveis correspondentes, convocada pelo Poder Executivo ou, extraordinariamente, por esta ou pelo Conselho de Saúde. O Conselho de Saúde, em caráter permanente e deliberativo, órgão colegiado composto por *representantes do governo, prestadores de serviço, profissionais de saúde e usuários*, atua na formulação de estratégias e no controle da execução da política de saúde na instância correspondente, inclusive nos aspectos econômicos e financeiros, cujas decisões serão homologadas pelo chefe do poder legalmente constituído em cada esfera do governo. A *representação dos usuários* nos Conselhos de Saúde e Conferências deve ser paritária em relação ao conjunto dos demais segmentos.

Na Assistência Social, as ações governamentais são organizadas com base nas seguintes diretrizes: *descentralização político-administrativa*, cabendo a coordenação e as normas gerais à esfera federal e a coordenação e a execução dos respectivos programas às esferas estadual e municipal, bem como a entidades beneficentes e de assistência social; *participação da população*, por meio de organizações representativas, na formulação das políticas e no controle das ações em todos os níveis (art. 204 da Constituição da República).

A gestão das ações de Assistência Social também é organizada sob a forma de *sistema descentralizado e participativo*, denominado Sistema Único de Assistência Social (SUAS), conforme art. 6º da Lei 8.742/1993.

As instâncias deliberativas do Sistema Único de Assistência Social (SUAS), de caráter permanente e *composição paritária entre governo e sociedade civil*, são: o Conselho Nacional de Assistência Social; os Conselhos

Estaduais de Assistência Social; o Conselho de Assistência Social do Distrito Federal; os Conselhos Municipais de Assistência Social (art. 16 da Lei 8.742/1993). Os Conselhos de Assistência Social estão vinculados ao órgão gestor de Assistência Social, que deve prover a infraestrutura necessária ao seu funcionamento, garantindo recursos materiais, humanos e financeiros, inclusive com despesas referentes a passagens e diárias de conselheiros representantes do governo ou da sociedade civil, quando estiverem no exercício de suas atribuições.

A *descentralização* da gestão da Seguridade Social, permitindo maior eficiência e acesso da população, ocorre com a presença de entidades e órgãos próprios na administração dos seus subsistemas de proteção, como se observa com o Instituto Nacional do Seguro Social, como autarquia integrante da administração pública federal *indireta*, na esfera previdenciária.

No âmbito previdenciário, portanto, observa-se a presença da *descentralização administrativa*.

Na Saúde, a descentralização é *político-administrativa*, ou seja, envolve os entes políticos da federação, com direção única em cada esfera de governo (art. 7º, inciso IX, da Lei 8.080/1990).

Da mesma forma, na Assistência Social, observa-se a *descentralização político-administrativa* para os Estados, o Distrito Federal e os Municípios, com o comando único das ações em cada esfera de governo (art. 5º, inciso I, da Lei 8.742/1993).

Quanto ao *princípio da preexistência do custeio em relação ao benefício ou serviço*, em conformidade com o art. 195, § 5º, da Constituição Federal de 1988, nenhum benefício ou serviço da Seguridade Social pode ser criado, majorado ou estendido sem a correspondente fonte de custeio total.

Trata-se do chamado mandamento ou preceito da *contrapartida* em matéria de custeio das prestações da Seguridade Social, para a preservação do equilíbrio financeiro do sistema.

A harmonia do sistema exige que as prestações de Seguridade Social sejam concedidas em consonância com as capacidades orçamentárias e de recursos, evitando-se o déficit financeiro, que pode acarretar risco na manutenção e no desenvolvimento dessa relevante forma de proteção social.

Por isso, antes da criação (no sentido de instituição de novo benefício ou serviço), da majoração (ou seja, do aumento do valor do benefício ou do rol de abrangência do serviço) ou da extensão (isto é, ampliação do alcance da prestação, principalmente no enfoque subjetivo) deve haver a previsão da fonte de custeio total, ou seja, necessária para o financiamento completo dessa inovação. Cf. ainda Capítulo 2, item 2.6.

1.16. SEGURIDADE SOCIAL NA CONSTITUIÇÃO

A Seguridade Social é sistema de proteção que compreende um conjunto integrado de ações de iniciativa dos Poderes Públicos e da sociedade, destinado a assegurar os direitos relativos à Saúde, à Previdência Social e à Assistência Social (art. 194 da Constituição da República).

Por integrar os *direitos sociais*, constantes do rol de *direitos fundamentais*, as suas linhas mestras, bem como os seus preceitos básicos estão previstos na própria Constituição da República, por meio de normas cogentes e essenciais ao Estado Democrático de Direito.

A Seguridade Social faz parte, no plano constitucional, da *ordem social*, a qual tem como base o primado do trabalho, e como objetivo o bem-estar e a justiça sociais (art. 193 da Constituição da República).

A Previdência Social é a esfera ou o setor da Seguridade Social que, mediante contribuição, tem por fim assegurar aos beneficiários meios indispensáveis de manutenção, por motivo de incapacidade, desemprego involuntário, idade avançada, tempo de contribuição, encargos familiares e prisão ou morte daqueles de quem dependiam economicamente.

Nesse sentido, de acordo com o art. 201 da Constituição Federal de 1988, a Previdência Social deve ser organizada sob a forma de Regime Geral, de caráter contributivo e de filiação obrigatória, observados critérios que preservem o equilíbrio financeiro e atuarial, e atenderá, na forma da lei, a: cobertura dos eventos de incapacidade temporária ou permanente para o trabalho e idade avançada; proteção à maternidade, especialmente à gestante; proteção ao trabalhador em situação de desemprego involuntário; salário-família e auxílio-reclusão para os dependentes dos segurados de baixa renda; pensão por morte do segurado, homem ou mulher, ao cônjuge ou companheiro e dependentes.

A Previdência Social, assim, é subsistema de proteção social, de caráter contributivo, o qual estabelece prestações, ou seja, benefícios e serviços, em favor de beneficiários, que podem ser segurados (obrigatórios e facultativos) e dependentes.

Nenhum benefício previdenciário que substitua o salário de contribuição ou o rendimento do trabalho do segurado pode ter valor mensal inferior ao salário mínimo (art. 201, § 2º, da Constituição da República).

Além disso, conforme o § 10 do art. 201 da Constituição Federal de 1988, com redação dada pela Emenda Constitucional 103/2019, lei complementar poderá disciplinar a cobertura de benefícios não programados, inclusive os decorrentes de acidente do trabalho, a ser atendida concorrentemente pelo Regime Geral de Previdência Social e pelo setor privado.

Frise-se ser proibida a filiação ao Regime Geral de Previdência Social, na qualidade de segurado facultativo, de pessoa participante de Regime Próprio de Previdência (art. 201, § 5º, da Constituição da República).

A Lei 8.212/1991 dispõe sobre a organização da Seguridade Social e institui o plano de custeio, dando outras providências referentes ao Regime Geral de Previdência Social. A Lei 8.213/1991, por sua vez, regula os planos de benefícios do Regime Geral de Previdência Social.

Registre-se, ainda, a existência do Regime de Previdência Privada, de caráter complementar e organizado de forma autônoma em relação ao Regime Geral de Previdência Social, o qual é facultativo, baseado na constituição de reservas que garantam o benefício contratado (art. 202 da Constituição da República), e regulado pela Lei Complementar 109/2001.

A Assistência Social é a política social que provê o atendimento das necessidades básicas, traduzidas em proteção à família, à maternidade, à infância, à adolescência, à velhice e à pessoa portadora de deficiência, independentemente de contribuição à Seguridade Social.

Nesse sentido, de acordo com o art. 203 da Constituição Federal de 1988, a Assistência Social deve ser prestada a quem dela necessitar, independentemente de contribuição à Seguridade Social, e tem por objetivos: a proteção à família, à maternidade, à infância, à adolescência e à velhice; o amparo às crianças e adolescentes carentes; a promoção da integração ao mercado de trabalho; a habilitação e reabilitação das pessoas portadoras de deficiência e a promoção de sua integração à vida comunitária; a garantia de um salário mínimo de benefício mensal à pessoa portadora de deficiência e ao idoso que comprovem não possuir meios de prover a própria manutenção ou de tê-la provida por sua família, conforme dispuser a lei; a redução da vulnerabilidade socioeconômica de famílias em situação de pobreza ou de extrema pobreza.

A Lei 8.742/1993 dispõe sobre a organização da Assistência Social. O art. 1º do mencionado diploma legal reconhece ser a Assistência Social "direito do cidadão e dever do Estado".

A Saúde é direito de todos e dever do Estado, garantido mediante políticas sociais e econômicas que visem à redução do risco de doença e de outros agravos e ao acesso universal e igualitário às ações e serviços para sua promoção, proteção e recuperação (art. 196 da Constituição da República).

A Lei 8.080/1990 dispõe sobre as condições para a promoção, proteção e recuperação da saúde, a organização e o funcionamento dos serviços correspondentes.

O seu art. 2º reconhece ser a saúde um direito fundamental do ser humano, devendo o Estado prover as condições indispensáveis ao seu pleno exercício.

De acordo com o art. 6º da Constituição Federal de 1988, são direitos sociais a educação, a *saúde*, a alimentação, o trabalho, a moradia, o transporte, o lazer, a segurança, a *previdência social*, a proteção à maternidade e à infância, a *assistência aos desamparados*, na forma desta Constituição.

Todo brasileiro em situação de vulnerabilidade social terá direito a uma renda básica familiar, garantida pelo poder público em programa permanente de transferência de renda, cujas normas e requisitos de acesso serão determinados em lei, observada a legislação fiscal e orçamentária (art. 6º, parágrafo único, da Constituição Federal de 1988, incluído pela Emenda Constitucional 114/2021).

Desse modo, entende-se que a Seguridade Social, bem como os seus subsistemas da Previdência Social, da Assistência Social e da Saúde, são direitos sociais, os quais integram os direitos fundamentais, necessários à proteção e à promoção da dignidade da pessoa humana (art. 1º, inciso III, da Constituição da República), bem como imprescindíveis para se alcançar os objetivos fundamentais da República Federativa do Brasil (art. 3º da Constituição Federal de 1988).

1.17. SEGURIDADE SOCIAL E DIGNIDADE DA PESSOA HUMANA

A inserção da Seguridade Social no âmbito dos direitos sociais, com natureza humana e fundamental, é tema de manifesta relevância.

A República Federativa do Brasil constitui-se em Estado Democrático de Direito, tendo como *fundamentos*: a soberania; a cidadania; a dignidade da pessoa humana; os valores sociais do trabalho e da livre iniciativa; e o pluralismo político (art. 1º da Constituição Federal de 1988).

A *dignidade humana* é a própria essência dos direitos fundamentais, nos quais se inserem aqueles de ordem social. Justamente em razão disso, tem-se o princípio do valor social do trabalho, também de ordem fundamental. Ademais, a dignidade da pessoa humana é que confere unidade ao sistema de direitos humanos e fundamentais, bem como legitimidade ao Estado e à ordem jurídica.

A dignidade da pessoa humana, tão ligada à Seguridade Social, é entendida como a qualidade inerente ao ser humano.

Immanuel Kant ressalta a autonomia ética do ser humano, de modo que não pode ser tratado como objeto, nem pelos outros, nem por ele mesmo. O ser humano, assim, é titular de direitos pelo simples fato de ser pessoa humana, o que deve ser respeitado pelos semelhantes e pelo Estado[40].

Trata-se de qualidade intrínseca, irrenunciável e inalienável, assegurada a todos os seres humanos, como reconhece a própria Declaração Universal dos Direitos Humanos, da Organização das Nações Unidas, de 1948.

Fica nítido, portanto, que os direitos previdenciários, de assistência social e de saúde devem ser instituídos e mantidos pelo Estado, para que a dignidade humana, no caso, dos beneficiários, seja respeitada.

A concepção atual de direitos humanos é no sentido de constituírem um sistema universal, representando o mínimo ético, como conquista da civilização. As diversidades entre culturas permitem o diálogo, alcançando-se o patamar mínimo ético representado pelos direitos humanos. Além disso, os direitos humanos e fundamentais apresentam as características de interdependência, indivisibilidade, pois são inter-relacionados, como prevê a Declaração de Viena, de 1993[41].

Justamente por isso, o desrespeito de direitos sociais atinge os direitos humanos como um todo. Para que a dignidade da pessoa humana seja respeitada, todos os direitos humanos, com destaque aos de natureza social, devem ser protegidos e promovidos.

Fica evidente, assim, a total relevância da Seguridade Social para garantir a dignidade humana, a justiça social, a democracia e o desenvolvimento social.

Da mesma forma, constituem *objetivos fundamentais* da República Federativa do Brasil: construir uma sociedade livre, justa e solidária; garantir o desenvolvimento nacional; erradicar a pobreza e a marginalização e reduzir as desigualdades sociais e regionais; promover o bem de todos, sem preconceitos de origem, raça, sexo, cor, idade e quaisquer outras formas de discriminação (art. 3º da Constituição Federal de 1988).

---

40 Cf. KANT, Immanuel. *Fundamentação da metafísica dos costumes e outros escritos*. Trad. Leopoldo Holzbach. São Paulo: Martin Claret, 2008. p. 58-59.

41 Cf. PIOVESAN, Flávia. *Direitos humanos e o direito constitucional internacional*. 11. ed. São Paulo: Saraiva, 2010. p. 145-148.

Cabe destacar que a República Federativa do Brasil, em suas relações internacionais, tem como um de seus princípios regentes a prevalência dos direitos humanos (art. 4º, inciso II, da Constituição Federal de 1988).

De extrema importância, ainda, a previsão do art. 170 da Constituição Federal de 1988, ao determinar que a ordem econômica é fundada na valorização do trabalho e na livre iniciativa, tendo por fim assegurar a todos existência digna, conforme os ditames da justiça social, observados, entre outros, os princípios da função social da propriedade, da defesa do meio ambiente, da redução das desigualdades regionais e sociais, da busca do pleno emprego.

Nota-se, portanto, a reiteração dos princípios da dignidade da pessoa humana, da valorização do trabalho e da justiça social, inseridos também como fundamentos da ordem econômica.

Na mesma linha, o art. 193 da Constituição da República dispõe que a ordem social tem como base o primado do trabalho, e como objetivo o bem-estar e a justiça sociais[42].

O art. 6º da Constituição da República, por sua vez, assegura, como direito social, de ordem fundamental, o direito ao trabalho e à previdência social, ao lado de outros, como os direitos à saúde, ao lazer, à segurança, à habitação, à alimentação, à assistência aos desamparados, à proteção à maternidade e à infância.

Portanto, em caso de nova disposição substancialmente prejudicial aos direitos sociais, haveria inaceitável violação ao *princípio da vedação do retrocesso social*, adotado na esfera internacional, e presente no sistema jurídico nacional, conforme previsões contidas nos arts. 1º, incisos III e IV, 3º, inciso III, 4º, inciso II, 6º, 7º, *caput*, 170, *caput*, e 193, entre outras disposições da Constituição da República Federativa do Brasil.

O Pacto Internacional sobre Direitos Econômicos, Sociais e Culturais, de 1966, promulgado pelo Decreto 591/1992, prevê a necessidade de progressividade, por todos os meios apropriados, do pleno exercício dos direitos sociais (art. 2º, inciso I), o que também integra o bloco de constitucionalidade,

---

42 "Os valores sociais do trabalho constituem: a) fundamento da República Federativa do Brasil (inciso IV do artigo 1º da CF); b) alicerce da Ordem Econômica, que tem por finalidade assegurar a todos existência digna, conforme os ditames da justiça social, e, por um dos seus princípios, a busca do pleno emprego (artigo 170, *caput* e inciso VIII); c) base de toda a Ordem Social (artigo 193)" (STF, Pleno, ADI 1.721/DF, rel. Min. Carlos Britto, j. 11.10.2006, DJe 29.06.2007).

assim como as cláusulas pétreas, na forma do art. 5º, § 2º, da Constituição da República.

O fundamento e a evolução dos direitos fundamentais revelam que os direitos sociais, incluídos os relativos à Seguridade Social, ou seja, previdenciários, de assistência social e de saúde, estão neles inseridos, tendo como essência a garantia da dignidade da pessoa humana.

CAPÍTULO

2

CUSTEIO DA SEGURIDADE SOCIAL

2.1. CONTRIBUIÇÕES PARA A SEGURIDADE SOCIAL

Quanto à natureza jurídica das contribuições para a Seguridade Social, no plano doutrinário, é possível fazer referência às teorias a seguir indicadas[1]:

A *teoria do prêmio de seguro* defende a equiparação ao prêmio de seguro pago às seguradoras privadas.

A *teoria do salário diferido* salienta que parte do salário é destinada a um fundo da Seguridade Social, para ser recebido pelo empregado posteriormente, se ocorrer alguma situação de risco social.

A *teoria do salário social* indica que certo valor é pago pela sociedade ao empregado para possibilitar a subsistência quando não estiver mais prestando serviço.

A *teoria do salário atual* observa que parte do salário é paga diretamente ao empregado, como contraprestação dos serviços prestados, e outra parte

[1] Cf. MARTINS, Sergio Pinto. *Direito da seguridade social*. 35. ed. São Paulo: Atlas, 2015. p. 74-85.

é destinada à Seguridade Social, para cobrir certas situações de necessidade e ausência de renda.

A *teoria fiscal* enfoca a contribuição para a Seguridade Social como obrigação tributária, voltada ao custeio de benefícios e serviços de natureza pública.

A *teoria parafiscal* estabelece que o custeio de atividades estatais com o objetivo de atender certas necessidades sociais e econômicas das pessoas e grupos ocorre por meio de contribuições parafiscais, ou seja, paralelas ao Estado, as quais são administradas por ente ou órgão descentralizado.

A *teoria da exação sui generis*, por sua vez, defende que se trata de imposição estatal atípica, determinada pela lei e pela Constituição.

As contribuições para a Seguridade Social, na verdade, são modalidades de contribuições sociais, as quais têm *natureza tributária*.

Ou seja, na atualidade, prevalece o entendimento, inclusive na jurisprudência do Supremo Tribunal Federal, de que as contribuições para a Seguridade Social são tributos, uma vez que previstas no art. 149 da Constituição da República, o qual dispõe sobre o Sistema Tributário Nacional.

Nesse sentido, segundo o mencionado art. 149, compete exclusivamente à União instituir contribuições sociais, de intervenção no domínio econômico e de interesse das categorias profissionais ou econômicas, como instrumento de sua atuação nas respectivas áreas, observado o disposto nos arts. 146, inciso III, e 150, incisos I e III, e sem prejuízo do previsto no art. 195, § 6º, relativamente às contribuições a que alude esse dispositivo.

Desse modo, entende-se que são as seguintes as espécies de tributos (arts. 145, 148 e 149 da Constituição Federal de 1988)[2]:

- imposto: tributo cuja obrigação tem por fato gerador uma situação independente de qualquer atividade estatal específica, relativa ao contribuinte (art. 16 do CTN);
- taxa: tributo que tem como fato gerador o exercício regular do poder de polícia, ou a utilização, efetiva ou potencial, de serviço público específico e divisível, prestado ao contribuinte (art. 77 do CTN);
- contribuição de melhoria: tributo que tem como fato gerador a valorização de imóveis decorrente de obras públicas (art. 81 do CTN e art. 145, inciso III, da CF/1988);

---

[2] Cf. NOGUEIRA, Ruy Barbosa. *Curso de direito tributário*. 14. ed. São Paulo: Saraiva, 1995. p. 119.

– contribuições sociais: compete exclusivamente à União instituir contribuições sociais, de intervenção no domínio econômico[3] e de interesse das categorias profissionais ou econômicas[4], como instrumento de sua atuação nas respectivas áreas (art. 149 da CF/1988).

– empréstimo compulsório: pode ser instituído pela União, mediante lei complementar, para atender a despesas extraordinárias, decorrentes de calamidade pública, de guerra externa ou sua iminência, bem como no caso de investimento público de caráter urgente e de relevante interesse nacional, observado o princípio da anterioridade (art. 148 da CF/1988). A aplicação dos recursos provenientes de empréstimo compulsório é vinculada à despesa que fundamentou sua instituição.

No plano infraconstitucional, o Código Tributário Nacional define tributo como "toda prestação pecuniária compulsória, em moeda ou cujo valor nela se possa exprimir, que não constitua sanção a ato ilícito, instituída em lei e cobrada mediante atividade administrativa plenamente vinculada" (art. 3º), o que também é aplicável às contribuições para a Seguridade Social, por serem contribuições sociais, com natureza tributária.

Segundo a jurisprudência, as contribuições, inclusive as previdenciárias, têm natureza tributária e se submetem ao regime jurídico tributário previsto na Constituição Federal de 1988, conforme interpretação de seu art. 149 (STF, Pleno, RE 560.626/RS, rel. Min. Gilmar Mendes, DJe 05.12.2008).

---

3 Cf. Súmula 516 do STJ: "A contribuição de intervenção no domínio econômico para o Incra (Decreto-Lei n. 1.110/1970), devida por empregadores rurais e urbanos, não foi extinta pelas Leis ns. 7.787/1989, 8.212/1991 e 8.213/1991, não podendo ser compensada com a contribuição ao INSS". O Instituto Nacional de Colonização e Reforma Agrária (Incra) é entidade autárquica federal (art. 1º do Decreto-Lei 1.110/1970).

4 Segundo a jurisprudência do Supremo Tribunal Federal, as anuidades dos conselhos de fiscalização das atividades profissionais, consideradas autarquias federais, têm natureza de tributo, tratando-se de contribuições de interesse das categorias profissionais, conforme art. 149 da Constituição da República (STF, Pleno, ADI 4.697/DF, rel. Min. Edson Fachin, DJe 30.03.2017). Foi fixada a seguinte tese de repercussão geral: "É inconstitucional a suspensão realizada por conselho de fiscalização profissional do exercício laboral de seus inscritos por inadimplência de anuidades, pois a medida consiste em sanção política em matéria tributária" (STF, Pleno, RE 647.885/RS, rel. Min. Edson Fachin, DJe 19.05.2020). O inadimplemento ou o atraso no pagamento das anuidades dos conselhos profissionais não ensejará a suspensão do registro ou o impedimento de exercício da profissão (art. 4º, parágrafo único, da Lei 12.514/2011, incluído pela Lei 14.195/2021).

Esse entendimento é o fundamento, inclusive, do teor da Súmula Vinculante 8 do STF, ao prever que são "inconstitucionais o parágrafo único do artigo 5º do Decreto-Lei nº 1.569/1977 e os artigos 45 e 46 da Lei nº 8.212/1991, que tratam de prescrição e decadência de crédito tributário" (DJe 20.06.2008).

2.2. COMPETÊNCIA TRIBUTÁRIA

A *competência tributária* significa o poder de tributar juridicamente delimitado e, no caso da República Federativa do Brasil, partilhado, de acordo com o disposto na Constituição Federal de 1988.

A competência tributária é atribuída pela Constituição da República aos entes políticos (União, Estados, Distrito Federal e Municípios), ou seja, às pessoas jurídicas de direito público titulares de poder legislativo, sabendo-se que essa competência é exercida por meio de lei[5].

No caso das contribuições para a Seguridade Social, previstas no art. 195, a competência tributária é da União, conforme o art. 149, *caput*, parte inicial, da Constituição da República.

Entretanto, deve-se ressaltar que a União, os Estados, o Distrito Federal e os Municípios instituirão, por meio de lei, contribuições para custeio de Regime Próprio de Previdência Social, cobradas dos servidores ativos, dos aposentados e dos pensionistas, que poderão ter alíquotas progressivas de acordo com o valor da base de contribuição ou dos proventos de aposentadoria e de pensões (art. 149, § 1º, da Constituição Federal de 1988, com redação dada pela Emenda Constitucional 103/2019).

Portanto, especificamente quanto aos Regimes Próprios de Previdência Social dos servidores públicos estatutários, não só a União, mas também os Estados, o Distrito Federal e os Municípios têm competência tributária para instituir as respectivas contribuições previdenciárias.

---

5 Cf. MACHADO, Hugo de Brito. *Curso de direito tributário*. 12. ed. São Paulo: Malheiros, 1997. p. 25-26.

2.3. CAPACIDADE TRIBUTÁRIA ATIVA

A *capacidade tributária ativa*, por sua vez, refere-se à capacidade, atribuída por lei, para ser sujeito ativo da relação tributária[6].

No caso das contribuições para a Seguridade Social, a capacidade tributária ativa é da União[7], que a exerce por meio da Secretaria da Receita Federal do Brasil, órgão da Administração Pública direta, subordinado ao Ministro de Estado da Fazenda, conforme art. 1º da Lei 11.457/2007.

Nesse sentido, de acordo com o art. 33 da Lei 8.212/1991, à Secretaria da Receita Federal do Brasil compete planejar, executar, acompanhar e avaliar as atividades relativas à tributação, à fiscalização, à arrecadação, à cobrança e ao recolhimento das contribuições sociais previstas no parágrafo único do art. 11 do mencionado diploma legal, das contribuições incidentes a título de substituição e das devidas a outras entidades e fundos.

2.4. ORÇAMENTO DA SEGURIDADE SOCIAL

As receitas dos Estados, do Distrito Federal e dos Municípios destinadas à Seguridade Social devem constar dos respectivos orçamentos, não integrando o orçamento da União (art. 195, § 1º, da Constituição Federal de 1988).

A proposta de orçamento da Seguridade Social deve ser elaborada de forma integrada pelos órgãos responsáveis pela Saúde, Previdência Social e Assistência Social, tendo em vista as metas e prioridades estabelecidas na lei de diretrizes orçamentárias, assegurada a cada área a gestão de seus recursos (art. 195, § 2º, da Constituição da República).

Como se pode notar, há um orçamento específico da Seguridade Social, o qual abrange os setores da Previdência Social, Assistência Social e Saúde, formado por contribuições para a Seguridade Social, ou seja, por meio do custeio direto.

Tanto é assim que o art. 165, § 5º, inciso III, da Constituição da República prevê que a lei orçamentária anual deve compreender não apenas

---

[6] Cf. NOGUEIRA, Ruy Barbosa. *Curso de direito tributário*. 14. ed. São Paulo: Saraiva, 1995. p. 144: "Há certas autarquias, órgãos paraestatais ou profissionais como os sindicatos, que são beneficiários de arrecadações. Neste caso arrecadam por delegação, *mas não têm competência para o exercício do poder de tributar*" (destaques do original).

[7] Ressalvadas, evidentemente, as contribuições sociais para custeio de Regimes Próprios de Previdência Social dos Estados, do Distrito Federal e dos Municípios.

o orçamento fiscal referente aos Poderes da União, seus fundos, órgãos e entidades da administração direta e indireta, inclusive fundações instituídas e mantidas pelo Poder Público e o orçamento de investimento das empresas em que a União, direta ou indiretamente, detenha a maioria do capital social com direito a voto, mas o *orçamento da Seguridade Social*, abrangendo todas as entidades e órgãos a ela vinculados, da administração direta ou indireta, bem como os fundos e fundações instituídos e mantidos pelo Poder Público.

Ademais, o Poder Executivo deve enviar ao Congresso Nacional, anualmente, acompanhando a Proposta Orçamentária da Seguridade Social, projeções atuariais relativas à Seguridade Social, abrangendo um horizonte temporal de, no mínimo, 20 anos, considerando hipóteses alternativas quanto às variáveis demográficas, econômicas e institucionais relevantes (art. 96 da Lei 8.212/1991).

Os orçamentos das pessoas jurídicas de direito público e das entidades da Administração Pública indireta devem consignar as dotações necessárias ao pagamento das contribuições da Seguridade Social, de modo a assegurar a sua regular liquidação dentro do exercício (art. 87 da Lei 8.212/1991).

No âmbito federal, o orçamento da Seguridade Social é composto das seguintes receitas: receitas da União; receitas das contribuições sociais; receitas de outras fontes (art. 11 da Lei 8.212/1991).

Cabe fazer referência, ainda, ao art. 250 da Constituição da República ao prever que com o objetivo de assegurar recursos para o pagamento dos benefícios concedidos pelo Regime Geral de Previdência Social, em adição aos recursos de sua arrecadação, a União pode constituir fundo integrado por bens, direitos e ativos de qualquer natureza, mediante lei que deve dispor sobre a natureza e administração desse fundo.

Nesse contexto, a Lei Complementar 101/2000, que estabelece normas de finanças públicas voltadas para a responsabilidade na gestão fiscal, no art. 68, criou o Fundo do Regime Geral de Previdência Social, vinculado anteriormente ao Ministério da Previdência Social, com a finalidade de prover recursos para o pagamento dos benefícios do Regime Geral da Previdência Social.

Esse Fundo é gerido pelo Instituto Nacional do Seguro Social, na forma da lei, sendo constituído de: bens móveis e imóveis, valores e rendas do Instituto Nacional do Seguro Social que não sejam utilizados na operacionalização deste; bens e direitos que, a qualquer título, lhe sejam adjudicados ou que lhe vierem a ser vinculados por força de lei; receita das contribuições sociais para a Seguridade Social, previstas no art. 195, incisos I, *a*, e II, da Constituição da República; produto da liquidação de bens e ativos de pessoa física ou jurídica em débito com a Previdência Social; resultado da aplicação financeira de seus ativos; recursos provenientes do orçamento da União (art. 68, §§ 1º e 2º, da Lei Complementar 101/2000).

Além disso, as disponibilidades de caixa dos entes da Federação devem ser depositadas conforme estabelece o art. 164, § 3º, da Constituição da República.

Especificamente quanto às disponibilidades de caixa dos Regimes de Previdência Social, Geral e Próprio dos servidores públicos, ainda que vinculadas a fundos específicos a que se referem os arts. 249 e 250 da Constituição da República, devem ficar depositadas em conta separada das demais disponibilidades de cada ente e aplicadas nas condições de mercado, com observância dos limites e condições de proteção e prudência financeira (art. 43, § 1º, da Lei Complementar 101/2000).

É vedada a aplicação dessas disponibilidades de caixa dos Regimes de Previdência Social em: títulos da dívida pública estadual e municipal, bem como em ações e outros papéis relativos às empresas controladas pelo respectivo ente da Federação; empréstimos, de qualquer natureza, aos segurados e ao poder público, inclusive a suas empresas controladas (art. 43, § 2º, da Lei Complementar 101/2000).

As receitas provenientes da cobrança de débitos dos Estados e Municípios e da alienação, arrendamento ou locação de bens móveis ou imóveis pertencentes ao patrimônio do Instituto Nacional do Seguro Social (INSS) devem constituir reserva técnica, de longo prazo, que garantirá o seguro social estabelecido no Plano de Benefícios da Previdência Social (art. 61 da Lei 8.212/1991). É vedada a utilização desses recursos para cobrir despesas de custeio em geral, inclusive as decorrentes de criação, majoração ou extensão dos benefícios ou serviços da Previdência Social, admitindo-se sua utilização, excepcionalmente, em despesas de capital, na forma da lei de orçamento.

São desvinculados de órgão, fundo ou despesa, até 31 de dezembro de 2024, 30% da arrecadação da União relativa às contribuições sociais, sem prejuízo do pagamento das despesas do Regime Geral de Previdência Social, às contribuições de intervenção no domínio econômico e às taxas, já instituídas ou que vierem a ser criadas até a referida data (art. 76 do Ato das Disposições Constitucionais Transitórias, com redação dada pela Emenda Constitucional 126/2022).

Excetua-se dessa desvinculação a arrecadação da contribuição social do salário-educação a que se refere o § 5º do art. 212 da Constituição Federal de 1988 (art. 76, § 2º, do Ato das Disposições Constitucionais Transitórias, com redação dada pela Emenda Constitucional 68/2011).

A desvinculação de que trata o art. 76, *caput*, Ato das Disposições Constitucionais Transitórias não se aplica às receitas das contribuições sociais destinadas ao custeio da Seguridade Social (art. 76, § 4º, do Ato das Disposições Constitucionais Transitórias, incluído pela Emenda Constitucional 103/2019).

Logo, com a Emenda Constitucional 103/2019, não se admite a desvinculação das receitas das contribuições sociais destinadas ao custeio da Seguridade Social, impondo a sua integral aplicação em suas áreas próprias e específicas, quais sejam: a Saúde, a Previdência Social e a Assistência Social (art. 194 da Constituição Federal de 1988).

2.5. CUSTEIO INDIRETO

O custeio da Seguridade Social também é feito de forma *indireta*, o que decorre da transferência de valores dos orçamentos fiscais dos entes políticos (União, Estados, Distrito Federal e Municípios) para o financiamento das prestações do sistema.

Isso é confirmado pelo art. 195, *caput*, da Constituição da República, ao prever que a Seguridade Social deve ser financiada por toda a sociedade, de forma direta e indireta, nos termos da lei, mediante recursos provenientes dos orçamentos da União, dos Estados, do Distrito Federal e dos Municípios (ou seja, custeio indireto), e das contribuições sociais indicadas nesse dispositivo constitucional (isto é, custeio direto).

Nesse sentido, o art. 16 da Lei 8.212/1991 prevê que a contribuição da União é constituída de recursos adicionais do orçamento fiscal, fixados obrigatoriamente na lei orçamentária anual.

Ademais, a União é responsável pela cobertura de eventuais insuficiências financeiras da Seguridade Social, quando decorrentes do pagamento de benefícios de prestação continuada da Previdência Social (ou seja, do Regime Geral de Previdência Social), na forma da Lei Orçamentária Anual.

Cabe à lei definir os critérios de transferência de recursos para o Sistema Único de Saúde e ações de Assistência Social da União para os Estados, o Distrito Federal e os Municípios, e dos Estados para os Municípios, observada a respectiva contrapartida de recursos (art. 195, § 10, da Constituição da República).

O Sistema Único de Saúde é financiado, nos termos do art. 195 da Constituição da República, com recursos do orçamento da Seguridade Social, da União, dos Estados, do Distrito Federal e dos Municípios, além de outras fontes (art. 198, § 1º, da Constituição da República).

Logo, há o custeio direto da Saúde, feito por meio das contribuições para a Seguridade Social, e o custeio indireto, com a utilização de recursos dos orçamentos fiscais dos entes políticos.

A União, os Estados, o Distrito Federal e os Municípios devem aplicar, anualmente, em ações e serviços públicos de Saúde, recursos mínimos derivados da aplicação de percentuais calculados na forma do art. 198 da Constituição Federal de 1988.

As ações governamentais na área da Assistência Social são realizadas com recursos do orçamento da Seguridade Social, previstos no art. 195 da Constituição Federal de 1988, além de outras fontes (art. 204).

Sendo assim, também quanto à Assistência Social existe o custeio direto, com a utilização de recursos do orçamento da Seguridade Social, o qual é formado pelas respectivas contribuições, e o custeio indireto, decorrente da utilização de recursos dos orçamentos fiscais dos entes políticos da República.

É facultado aos Estados e ao Distrito Federal vincular a programa de apoio à inclusão e promoção social até 0,5% de sua receita tributária líquida, sendo vedada a aplicação desses recursos no pagamento de: despesas com pessoal e encargos sociais; serviço da dívida; qualquer outra despesa corrente não vinculada diretamente aos investimentos ou ações apoiados (art. 204, parágrafo único, da Constituição Federal de 1988).

Quanto ao Regime Geral de Previdência Social, o custeio indireto das prestações previdenciárias, na verdade, ocorre com a utilização de recursos do orçamento fiscal da União, como se observa do art. 16, parágrafo único, da Lei 8.212/1991 e art. 68, § 1º, inciso VI, da Lei Complementar 101/2000.

2.6. PRINCÍPIO DA CONTRAPARTIDA

Nenhum benefício ou serviço da Seguridade Social pode ser criado, majorado ou estendido sem a correspondente fonte de custeio total (art. 195, § 5º, da Constituição da República).

Trata-se de previsão necessária para que seja mantido o equilíbrio econômico e financeiro do sistema de Seguridade Social, de modo a evitar resultado negativo, decorrente de gastos em valores superiores às receitas.

Nesse sentido, segundo o art. 24 da Lei Complementar 101/2000 (Lei de Responsabilidade Fiscal), nenhum benefício ou serviço relativo à Seguridade Social pode ser criado, majorado ou estendido sem a indicação da fonte de custeio total, nos termos do § 5º do art. 195 da Constituição Federal de 1988, atendidas ainda as exigências do art. 17 da Lei Complementar 101/2000, que dispõe sobre despesa obrigatória de caráter continuado[8].

É dispensada da compensação referida no art. 17 da Lei Complementar 101/2000 o aumento de despesa decorrente de: I – concessão de benefício a quem satisfaça as condições de habilitação prevista na legislação pertinente; II – expansão quantitativa do atendimento e dos serviços prestados; III – reajustamento de valor do benefício ou serviço, a fim de preservar o seu valor real.

O disposto no art. 24 da Lei Complementar 101/2000 aplica-se a benefício ou serviço de Saúde, Previdência e Assistência Social, inclusive os destinados aos servidores públicos e militares, ativos e inativos, e aos pensionistas.

Frise-se que o Supremo Tribunal Federal julgou serem constitucionais os arts. 17 e 24 da Lei Complementar 101/2000 (STF, Pleno, ADI 2.238/DF, rel. Min. Alexandre de Moraes, DJe 01.09.2020).

2.7. PRINCÍPIO DA ANTERIORIDADE NONAGESIMAL

As contribuições sociais de que trata o art. 195 da Constituição Federal de 1988 só podem ser exigidas após decorridos 90 dias da data da publicação da lei que as houver instituído ou modificado, não se lhes aplicando

---

[8] "Art. 17. Considera-se obrigatória de caráter continuado a despesa corrente derivada de lei, medida provisória ou ato administrativo normativo que fixem para o ente a obrigação legal de sua execução por um período superior a dois exercícios. § 1º Os atos que criarem ou aumentarem despesa de que trata o *caput* deverão ser instruídos com a estimativa prevista no inciso I do art. 16 e demonstrar a origem dos recursos para seu custeio. § 2º Para efeito do atendimento do § 1º, o ato será acompanhado de comprovação de que a despesa criada ou aumentada não afetará as metas de resultados fiscais previstas no anexo referido no § 1º do art. 4º, devendo seus efeitos financeiros, nos períodos seguintes, ser compensados pelo aumento permanente de receita ou pela redução permanente de despesa. § 3º Para efeito do § 2º, considera-se aumento permanente de receita o proveniente da elevação de alíquotas, ampliação da base de cálculo, majoração ou criação de tributo ou contribuição. § 4º A comprovação referida no § 2º, apresentada pelo proponente, conterá as premissas e metodologia de cálculo utilizadas, sem prejuízo do exame de compatibilidade da despesa com as demais normas do plano plurianual e da lei de diretrizes orçamentárias. § 5º A despesa de que trata este artigo não será executada antes da implementação das medidas referidas no § 2º, as quais integrarão o instrumento que a criar ou aumentar. § 6º O disposto no § 1º não se aplica às despesas destinadas ao serviço da dívida nem ao reajustamento de remuneração de pessoal de que trata o inciso X do art. 37 da Constituição. § 7º Considera-se aumento de despesa a prorrogação daquela criada por prazo determinado".

o disposto no art. 150, inciso III, *b*, que prevê o princípio da anterioridade anual (art. 195, § 6º, da Constituição da República)[9].

Logo, embora tendo natureza tributária, especificamente quanto às contribuições para a Seguridade Social, é aplicável apenas o *princípio da anterioridade nonagesimal*.

A Emenda Constitucional 103/2019 entra em vigor no primeiro dia do quarto mês subsequente ao da data de sua publicação, quanto ao disposto nos seus arts. 11, 28 e 32 (art. 36, inciso I). Trata-se de previsão que decorre do mencionado princípio da anterioridade nonagesimal.

2.8. IMUNIDADES E ISENÇÕES NA SEGURIDADE SOCIAL

São "isentas" (na verdade, imunes, por se tratar de previsão constitucional) de contribuição para a Seguridade Social as entidades beneficentes de assistência social que atendam às exigências estabelecidas em lei (art. 195, § 7º, da Constituição da República).

A Lei 12.101/2009 dispunha sobre a certificação das entidades beneficentes de Assistência Social e regulava os procedimentos de isenção de contribuições para a Seguridade Social.

O art. 146, inciso II, da Constituição da República prevê que cabe à lei complementar regular as "limitações constitucionais ao poder de tributar", como é o caso das imunidades[10].

O art. 14 do Código Tributário Nacional estabelece a necessidade de observância dos seguintes requisitos pelas entidades favorecidas: I – não distribuírem qualquer parcela de seu patrimônio ou de suas rendas, a qualquer título; II – aplicarem integralmente, no País, os seus recursos na manutenção dos seus objetivos institucionais; III – manterem escrituração de suas receitas e despesas em livros revestidos de formalidades capazes de assegurar sua exatidão.

---

9 "Art. 150. Sem prejuízo de outras garantias asseguradas ao contribuinte, é vedado à União, aos Estados, ao Distrito Federal e aos Municípios: III – cobrar tributos: b) no mesmo exercício financeiro em que haja sido publicada a lei que os instituiu ou aumentou". Cf. ainda a Súmula Vinculante 50 do STF: "Norma legal que altera o prazo de recolhimento de obrigação tributária não se sujeita ao princípio da anterioridade".

10 Cf. STF, Pleno, ADI 2.028/DF, rel. p/ ac. Min. Rosa Weber, DJe 08.05.2017; STF, Pleno, ED-ADI 2.028/DF, rel. Min. Rosa Weber, DJe 08.05.2020.

A respeito do tema, o Supremo Tribunal Federal assim decidiu: "1. Aspectos procedimentais referentes à certificação, fiscalização e controle administrativo são passíveis de definição em lei ordinária, somente exigível a lei complementar para a definição do modo beneficente de atuação das entidades de assistência social contempladas no art. 195, § 7º, da Lei Maior, especialmente no que se refere à instituição de contrapartidas a serem por elas observadas. 2. É constitucional o art. 55, II, da Lei nº 8.212/1991, na redação original e nas redações que lhe foram dadas pelo art. 5º da Lei 9.429/1996 e pelo art. 3º da Medida Provisória nº 2.187-13/2001" (STF, Pleno, ED-RE 566.622/RS, red. p/ ac. Min. Rosa Weber, DJe 11.05.2020).

Logo, prevaleceu o entendimento de que os aspectos procedimentais a respeito da comprovação do cumprimento dos requisitos exigidos pelo art. 14 do Código Tributário Nacional podem ser disciplinados por meio de lei ordinária. A lei complementar somente é exigível para a definição do modo beneficente de atuação das entidades de assistência social previstas no art. 195, § 7º, da CF, especialmente quanto à instituição de contrapartidas a serem observadas por elas. Cf. STF, Pleno, ADI 2.028/DF.

Foi aprovada, assim, a seguinte tese de repercussão geral: "A lei complementar é forma exigível para a definição do modo beneficente de atuação das entidades de assistência social contempladas pelo art. 195, § 7º, da CF, especialmente no que se refere à instituição de contrapartidas a serem por elas observadas" (STF, Pleno, ED-RE 566.622/RS, red. p/ ac. Min. Rosa Weber, DJe 11.05.2020).

O Supremo Tribunal Federal julgou parcialmente procedente o pedido formulado em ação direta para declarar a inconstitucionalidade formal do art. 13, III, § 1º, I e II, § 3º e § 4º, I e II, §§ 5º, 6º e 7º; do art. 14, §§ 1º e 2º; do art. 18, *caput*; do art. 29, VI; e do art. 31 da Lei 12.101/2009, com a redação dada pela Lei 12.868/2013, e declarar a inconstitucionalidade material do art. 32, § 1º, da Lei 12.101/2009 (STF, Pleno, ADI 4.480/DF, rel. Min. Gilmar Mendes, j. 27.03.2020; STF, Pleno, ED-segundos-ADI 4.480/DF, rel. Min. Gilmar Mendes, j. 08.02.2021)[11].

---

[11] "Ação direta de inconstitucionalidade. 2. Direito Tributário. 3. Artigos 1º; 13, parágrafos e incisos; 14, §§ 1º e 2º; 18, §§ 1º, 2º e 3º; 29 e seus incisos; 30; 31 e 32, § 1º, da Lei 12.101/2009, com a nova redação dada pela Lei 12.868/2013, que dispõe sobre a certificação das entidades beneficentes de assistência social e regula os procedimentos de isenção de contribuições para a seguridade social. 4. Revogação do § 2º do art. 13 por legislação superveniente. Perda de objeto. 5. Regulamentação do § 7º do artigo 195 da Constituição Federal. 6. Entidades beneficentes de assistência social. Modo de atuação. Necessidade de lei complementar. Aspectos meramente procedimentais. Regramento por lei ordinária. 7. Precedentes. ADIs 2.028, 2.036, 2.621 e 2.228, bem como o RE-RG 566.622 (tema 32 da repercussão geral). 8. Ação direta de

Cabe registrar que a Lei 12.101/2009 ainda foi objeto de questionamento na Ação Direta de Inconstitucionalidade 4.891/DF.

Tendo em vista o exposto, a Lei 12.101/2009 foi revogada pela Lei Complementar 187/2021 (art. 47, inciso II).

A Lei Complementar 187/2021 regula, com fundamento no inciso II do art. 146 e no § 7º do art. 195 da Constituição Federal de 1988, as condições para limitação ao poder de tributar da União em relação às entidades beneficentes, no tocante às contribuições para a Seguridade Social (art. 1º).

Entidade beneficente, para os fins de cumprimento da Lei Complementar 187/2021, é a pessoa jurídica de direito privado, sem fins lucrativos, que presta serviço nas áreas de assistência social, de saúde e de educação, assim certificada na forma da Lei Complementar 187/2021 (art. 2º).

Fazem jus à imunidade de que trata o § 7º do art. 195 da Constituição Federal de 1988 as entidades beneficentes que atuem nas áreas da saúde, da educação e da assistência social, certificadas nos termos da Lei Complementar 187/2021, e que atendam, cumulativamente, aos seguintes requisitos:

> I – não percebam seus dirigentes estatutários, conselheiros, associados, instituidores ou benfeitores remuneração, vantagens ou benefícios, direta ou indiretamente, por qualquer forma ou título, em razão das competências, das funções ou das atividades que lhes sejam atribuídas pelos respectivos atos constitutivos;
>
> II – apliquem suas rendas, seus recursos e eventual superávit integralmente no território nacional, na manutenção e no desenvolvimento de seus objetivos institucionais;
>
> III – apresentem certidão negativa ou certidão positiva com efeito de negativa de débitos relativos aos tributos administrados pela Secretaria Especial da

---

inconstitucionalidade parcialmente conhecida e, nessa parte, julgada parcialmente procedente para declarar a inconstitucionalidade do art. 13, III, § 1º, I e II, § 3º, § 4º, I e II, e §§ 5º, 6º e 7º; art. 14, §§ 1º e 2º; art. 18, *caput*; art. 31; e art. 32, § 1º, da Lei 12.101/2009, com a nova redação dada pela Lei 12.868/2013" (STF, Pleno, ADI 4.480/DF, rel. Min. Gilmar Mendes, DJe 15.04.2020) "Segundos embargos de declaração em ação direta de inconstitucionalidade. 2. Direito Tributário. 3. Artigos 13, III, § 1º, I e II, § 3º, § 4º, I e II, e §§ 5º, 6º e 7º; 14, §§ 1º e 2º; 18, *caput*; 29; 31; e 32, § 1º, da Lei 12.101/2009, com a nova redação dada pela Lei 12.868/2013, declarados inconstitucionais. 4. Revogação do § 2º do art. 13 por legislação superveniente. Perda de objeto. 5. Ausência de referência à declaração de inconstitucionalidade do artigo 29, inciso VI, da Lei 12.101/2009, no dispositivo da decisão. 6. Embargos de declaração parcialmente acolhidos, com efeitos infringentes, apenas para complementar a decisão embargada, a fim de fazer constar o art. 29, VI, da Lei 12.101/2009 em sua parte dispositiva" (STF, Pleno, ED-segundos-ADI 4.480/DF, rel. Min. Gilmar Mendes, DJe 05.03.2021).

Receita Federal do Brasil e pela Procuradoria-Geral da Fazenda Nacional, bem como comprovação de regularidade do Fundo de Garantia do Tempo de Serviço (FGTS);

IV – mantenham escrituração contábil regular que registre as receitas e as despesas, bem como o registro em gratuidade, de forma segregada, em consonância com as normas do Conselho Federal de Contabilidade e com a legislação fiscal em vigor;

V – não distribuam a seus conselheiros, associados, instituidores ou benfeitores seus resultados, dividendos, bonificações, participações ou parcelas do seu patrimônio, sob qualquer forma ou pretexto, e, na hipótese de prestação de serviços a terceiros, públicos ou privados, com ou sem cessão de mão de obra, não transfiram a esses terceiros os benefícios relativos à imunidade prevista no § 7º do art. 195 da Constituição Federal de 1988;

VI – conservem, pelo prazo de 10 anos, contado da data de emissão, os documentos que comprovem a origem e o registro de seus recursos e os relativos a atos ou a operações realizadas que impliquem modificação da situação patrimonial;

VII – apresentem as demonstrações contábeis e financeiras devidamente auditadas por auditor independente legalmente habilitado nos Conselhos Regionais de Contabilidade, quando a receita bruta anual auferida for superior ao limite fixado pelo inciso II do art. 3º da Lei Complementar 123/2006;

VIII – prevejam, em seus atos constitutivos, em caso de dissolução ou extinção, a destinação do eventual patrimônio remanescente a entidades beneficentes certificadas ou a entidades públicas (art. 3º da Lei Complementar 187/2021).

A exigência a que se refere o inciso I do art. 3º da Lei Complementar 187/2021 não impede:

I – a remuneração aos dirigentes não estatutários;

II – a remuneração aos dirigentes estatutários, desde que recebam remuneração inferior, em seu valor bruto, a 70% do limite estabelecido para a remuneração de servidores do Poder Executivo federal, obedecidas as seguintes condições: a) nenhum dirigente remunerado pode ser cônjuge ou parente até o terceiro grau, inclusive afim, de instituidores, de associados, de dirigentes, de conselheiros, de benfeitores ou equivalentes da entidade de que trata o art. 3º da Lei Complementar 187/2021; b) o total pago a título de remuneração para dirigentes pelo exercício das atribuições estatutárias deverá ser inferior a cinco vezes o valor correspondente ao limite individual estabelecido para a remuneração dos servidores do Poder Executivo federal (art. 3º, § 1º, da Lei Complementar 187/2021).

O valor das mencionadas remunerações deve respeitar como limite máximo os valores praticados pelo mercado na região correspondente à sua área de atuação e deve ser fixado pelo órgão de deliberação superior da entidade, registrado em ata, com comunicação ao Ministério Público, no caso das fundações (art. 3º, § 2º, da Lei Complementar 187/2021).

Os dirigentes, estatutários ou não, não respondem, direta ou subsidiariamente, pelas obrigações fiscais da entidade, salvo se comprovada a ocorrência de dolo, fraude ou simulação (art. 3º, § 3º, da Lei Complementar 187/2021).

A imunidade de que trata a Lei Complementar 187/2021 abrange as contribuições sociais previstas nos incisos I, III e IV do art. 195 e no art. 239 da Constituição Federal de 1988, relativas a entidade beneficente, a todas as suas atividades e aos empregados e demais segurados da Previdência Social, mas não se estende a outra pessoa jurídica, ainda que constituída e mantida pela entidade à qual a certificação foi concedida (art. 4º da Lei Complementar 187/2021).

As entidades beneficentes devem obedecer ao princípio da universalidade do atendimento, vedado dirigir suas atividades exclusivamente a seus associados ou categoria profissional (art. 5º da Lei Complementar 187/2021).

Os requisitos para a certificação da entidade beneficente são previstos nos arts. 6º a 33 da Lei Complementar 187/2021. O processo de certificação é disciplinado nos arts. 34 a 39 da Lei Complementar 187/2021.

Aplica-se o disposto na Lei Complementar 187/2021 aos requerimentos de concessão ou de renovação de certificação apresentados a partir da data de sua publicação, ocorrida em 17.12.2021 (art. 40 da Lei Complementar 187/2021).

A partir da entrada em vigor da Lei Complementar 187/2021 (17.12.2021), ficam extintos os créditos decorrentes de contribuições sociais lançados contra instituições sem fins lucrativos que atuam nas áreas de saúde, de educação ou de assistência social, expressamente motivados por decisões derivadas de processos administrativos ou judiciais com base em dispositivos da legislação ordinária declarados inconstitucionais, em razão dos efeitos da inconstitucionalidade declarada pelo Supremo Tribunal Federal no julgamento das Ações Diretas de Inconstitucionalidade 2.028 e 4.480 e correlatas (art. 41 da Lei Complementar 187/2021).

As entidades beneficentes e em gozo da imunidade na forma da Lei Complementar 187/2021 devem manter, em local visível ao público, placa indicativa com informações sobre a sua condição de beneficente e sobre sua área ou áreas de atuação (art. 43 da Lei Complementar 187/2021).

Deve ser mantida nos sítios eletrônicos oficiais lista atualizada com os dados relativos às entidades beneficentes, as certificações emitidas e os respectivos prazos de validade (art. 44 da Lei Complementar 187/2021).

A obtenção ou a renovação do Certificado de Entidade Beneficente de Assistência Social (Cebas) não exime a entidade do cumprimento dos requisitos legais supervenientes (Súmula 352 do STJ).

Ainda prevendo regra de imunidade, o art. 150, inciso VI, *c*, da Constituição da República prevê ser vedado à União, aos Estados, ao Distrito Federal e aos Municípios instituir impostos sobre patrimônio, renda ou serviços das instituições de educação e de assistência social, sem fins lucrativos, atendidos os requisitos da lei.

A imunidade tributária conferida a instituições de assistência social sem fins lucrativos pelo art. 150, inciso VI, *c*, da Constituição Federal somente alcança as entidades fechadas de previdência social privada se não houver contribuição dos beneficiários (Súmula 730 do STF).

O certificado de entidade beneficente de assistência social (CEBAS), no prazo de sua validade, possui natureza declaratória para fins tributários, retroagindo seus efeitos à data em que demonstrado o cumprimento dos requisitos estabelecidos por lei complementar para a fruição da imunidade (Súmula 612 do STJ).

O art. 149, § 2º, inciso I, da Constituição da República prevê ainda que as contribuições sociais "não incidirão sobre as receitas decorrentes de exportação".

A esse respeito, deve-se recordar que o art. 195, inciso I, *b*, da Constituição Federal prevê a contribuição para a Seguridade Social do empregador, da empresa e da entidade a ela equiparada na forma da lei, incidente "sobre a receita ou o faturamento".

Entretanto, no caso específico de receita decorrente de exportação incide a referida imunidade, o que afasta a incidência dessa contribuição. Trata-se de previsão que certamente tem como fim incentivar as exportações.

Esclareça-se que a imunidade estabelecida no art. 149, § 2º, inciso I, da Constituição Federal de 1988 alcança a contribuição social da agroindústria prevista no art. 22-A da Lei 8.212/1991 (sobre o valor da receita bruta proveniente da comercialização da produção)[12].

---

[12] "Recurso extraordinário. Repercussão geral. Direito Tributário. Imunidade tributária das exportações. Contribuições previdenciárias. Receitas decorrentes de exportação. Exportação indireta. *Trading companies*. Art. 22-A, Lei n. 8.212/1991. 1. O melhor discernimento acerca do alcance da imunidade tributária nas exportações indiretas se realiza a partir da compreensão da natureza

O Supremo Tribunal Federal aprovou a seguinte tese de repercussão geral: "A norma imunizante contida no inciso I do § 2º do art. 149 da Constituição da República alcança as receitas decorrentes de operações indiretas de exportação caracterizadas por haver participação negocial de sociedade exportadora intermediária" (STF, Pleno, RE 759.244/SP, rel. Min. Edson Fachin, j. 12.02.2020, DJe 25.03.2020).

Nesse sentido, o art. 149, § 2º, inciso I, da Constituição Federal de 1988 "restringe a competência tributária da União para instituir contribuições sociais e de intervenção no domínio econômico sobre as receitas decorrentes de exportação, sem nenhuma restrição quanto à sua incidência apenas nas exportações diretas, em que o produtor ou o fabricante nacional vende o seu produto, sem intermediação, para o comprador situado no exterior". No caso, a "imunidade visa a desonerar transações comerciais de venda de mercadorias para o exterior, de modo a tornar mais competitivos os produtos nacionais, contribuindo para geração de divisas, o fortalecimento da economia, a diminuição das desigualdades e o desenvolvimento nacional". Sendo assim, a "imunidade também deve abarcar as exportações indiretas, em que aquisições domésticas de mercadorias são realizadas por sociedades comerciais com a finalidade específica de destiná-las à exportação, cenário em que se qualificam como operações-meio, integrando, em sua essência, a própria exportação" (STF, Pleno, ADI 4.735/DF, rel. Min. Alexandre de Moraes, DJe 25.03.2020).

O Supremo Tribunal Federal fixou ainda a seguinte tese de repercussão geral: "As imunidades previstas nos artigos 149, § 2º, I, e 153, § 3º, III, da Constituição Federal são aplicáveis às empresas optantes pelo Simples Nacional" (STF, Pleno, RE 598.468/SC, red. p/ ac. Min. Edson Fachin, DJe 09.12.2020).

---

objetiva da imunidade, que está a indicar que imune não é o contribuinte, 'mas sim o bem quando exportado', portanto, irrelevante se promovida exportação direta ou indireta. 2. A imunidade tributária prevista no art. 149, § 2º, I, da Constituição alcança a operação de exportação indireta realizada por *trading companies*, portanto, imune ao previsto no art. 22-A da Lei n. 8.212/1991. 3. A jurisprudência deste STF (RE 627.815, Pleno, DJe 1º/10/2013 e RE 606.107, DJe 25/11/2013, ambos rel. Min. Rosa Weber) prestigia o fomento à exportação mediante uma série de desonerações tributárias que conduzem a conclusão da inconstitucionalidade dos §§ 1º e 2º dos arts. 245 da IN 3/2005 e 170 da IN 971/2009, haja vista que a restrição imposta pela Administração Tributária não ostenta guarida perante a linha jurisprudencial desta Suprema Corte em relação à imunidade tributária prevista no art. 149, § 2º, I, da Constituição. [...] 5. Recurso extraordinário a que se dá provimento" (STF, Pleno, RE 759.244/SP, rel. Min. Edson Fachin, DJe 25.03.2020).

A imunidade prevista no art. 149, § 2º, inciso I, da Constituição Federal de 1988, entretanto, não alcança a contribuição social sobre o lucro líquido (STF, Pleno, RE 564.413/SC, rel. Min. Marco Aurélio, DJe 03.11.2010).

A referida imunidade (art. 149, § 2º, inciso I, da Constituição da República) não se aplica à contribuição social sobre a folha de salários e demais rendimentos do trabalho (art. 195, inciso I, *a*, da Constituição Federal de 1988)[13].

O art. 195, inciso II, parte final, da Constituição da República prevê que não incide contribuição sobre aposentadoria e pensão concedidas pelo Regime Geral de Previdência Social.

Como se pode observar, trata-se de imunidade restrita às aposentadorias e pensões que são pagas pelo Regime Geral de Previdência Social, não se estendendo aos Regimes Próprios de Previdência Social.

Foi instituído, sob a gestão do Ministério da Educação, o Programa Universidade para Todos (PROUNI), destinado à concessão de bolsas de estudo integrais e bolsas de estudo parciais de 50% para estudantes de cursos de graduação e sequenciais de formação específica, em instituições privadas de ensino superior, com ou sem fins lucrativos (art. 1º da Lei 11.096/2005, com redação dada pela Lei 14.350/2022).

A instituição que aderir ao PROUNI ficará *isenta* dos seguintes impostos e contribuições no período de vigência do termo de adesão:

I – imposto de renda das pessoas jurídicas;

II – contribuição social sobre o lucro líquido (CSLL), instituída pela Lei 7.689/1988;

III – contribuição social para financiamento da Seguridade Social (COFINS), instituída pela Lei Complementar 70/1991;

IV – contribuição para o programa de integração social (PIS), instituída pela Lei Complementar 7/1970 (art. 8º da Lei 11.096/2005).

A isenção de que trata o art. 8º da Lei 11.096/2005 recairá sobre o lucro nas hipóteses dos incisos I e II, e sobre a receita auferida, nas hipóteses dos

[13] "1. As imunidades ao poder de tributar devem ser interpretadas de acordo com sua finalidade, por isso o conteúdo do disposto no art. 149, § 2º, I, da CRFB autoriza reconhecer capacidade tributária ativa apenas sobre a 'receita', afastando a sua incidência em relação à folha de salários, ao lucro e às movimentações financeiras das empresas exportadoras. Não se deve estender a imunização das receitas à pessoa jurídica exportadora. Precedentes" (STF, Pleno, RE 598.468/SC, red. p/ ac. Min. Edson Fachin, DJe 09.12.2020).

incisos III e IV, decorrentes da realização de atividades de ensino superior, proveniente de cursos de graduação ou cursos sequenciais de formação específica (art. 8º, § 1º, da Lei 11.096/2005).

A mencionada isenção deve ser calculada na proporção da ocupação efetiva das bolsas devidas (art. 8º, § 3º, da Lei 11.096/2005).

A adesão da instituição privada de ensino superior ao Programa Universidade para Todos (PROUNI) ocorrerá por intermédio de sua mantenedora, e a isenção prevista no art. 8º da Lei 11.096/2005 será aplicada de acordo com as bolsas de estudo ofertadas e ocupadas durante o prazo de vigência do termo de adesão (art. 1º da Lei 11.128/2005, com redação dada pela Lei 14.350/2022). A mantenedora da instituição privada de ensino superior deve comprovar, no período estabelecido pelo Ministério da Educação para emissão semestral de termo aditivo, a quitação de tributos e contribuições federais perante a Fazenda Nacional, sob pena de suspensão da participação no processo seletivo seguinte do PROUNI, sem prejuízo para os estudantes beneficiados e sem ônus para o poder público.

2.9. CUSTEIO DIRETO

O custeio ou financiamento da Seguridade Social é feito, consoante o art. 195 da Constituição da República, por toda a sociedade, de forma direta e indireta, nos termos da lei, mediante recursos provenientes dos orçamentos da União, dos Estados, do Distrito Federal e dos Municípios, e das contribuições sociais para a Seguridade Social.

O *custeio direto*, assim, é realizado por meio das chamadas contribuições para a Seguridade Social.

As contribuições para a Seguridade Social são as seguintes:

I – do empregador, da empresa e da entidade a ela equiparada na forma da lei, incidentes sobre:

a) a folha de salários e demais rendimentos do trabalho pagos ou creditados, a qualquer título, à pessoa física que lhe preste serviço, mesmo sem vínculo empregatício;

b) a receita ou o faturamento;

c) o lucro;

II – do trabalhador e dos demais segurados da previdência social, podendo ser adotadas alíquotas progressivas de acordo com o valor do salário de contribuição, não incidindo contribuição sobre aposentadoria e pensão concedidas pelo Regime Geral de Previdência Social;

III – sobre a receita de concursos de prognósticos;

IV – do importador de bens ou serviços do exterior, ou de quem a lei a ele equiparar.

O art. 195, § 9º, da Constituição Federal de 1988, com redação dada pela Emenda Constitucional 103/2019, estabelece que as contribuições sociais previstas no inciso I do *caput* art. 195 poderão ter *alíquotas diferenciadas* em razão da atividade econômica, da utilização intensiva de mão de obra, do porte da empresa ou da condição estrutural do mercado de trabalho, sendo também autorizada a adoção de bases de cálculo diferenciadas apenas no caso das alíneas *b* e *c* do inciso I do *caput* do art. 195 da Constituição da República.

O art. 195, inciso I, da Constituição Federal de 1988 trata das contribuições sociais do empregador, da empresa e da entidade a ela equiparada na forma da lei, incidentes sobre: a) a folha de salários e demais rendimentos do trabalho pagos ou creditados, a qualquer título, à pessoa física que lhe preste serviço, mesmo sem vínculo empregatício; b) a receita ou o faturamento; c) o lucro.

As referidas contribuições sociais podem ter alíquotas diferenciadas em razão da atividade econômica, da utilização intensiva de mão de obra, do porte da empresa ou da condição estrutural do mercado de trabalho, conforme disciplina legal específica, com vistas a se alcançar maior adequação, estímulo, isonomia substancial e justiça no custeio da Seguridade Social.

Exemplificando, no caso de bancos comerciais, bancos de investimentos, bancos de desenvolvimento, caixas econômicas, sociedades de crédito, financiamento e investimento, sociedades de crédito imobiliário, sociedades corretoras, distribuidoras de títulos e valores mobiliários, empresas de arrendamento mercantil, cooperativas de crédito, empresas de seguros privados e de capitalização, agentes autônomos de seguros privados e de crédito e entidades de Previdência Privada abertas e fechadas, além das contribuições referidas nos arts. 22 e 23 da Lei 8.212/1991, é devida a contribuição adicional de 2,5% sobre a base de cálculo definida no art. 22, incisos I e III, da Lei 8.212/1991. Cf. Capítulo 2, item 2.11.2.

Além disso, apenas quanto às contribuições sociais do empregador, da empresa e da entidade a ela equiparada na forma da lei que sejam incidentes sobre a receita ou o faturamento (art. 195, inciso I, alínea *b*, da Constituição Federal de 1988) e sobre o lucro (art. 195, inciso I, alínea *c*, da Constituição da República), fica autorizada a adoção de *bases de cálculo diferenciadas*.

Vale dizer, a contribuição social do empregador, da empresa e da entidade a ela equiparada na forma da lei incidente sobre a folha de salários e demais rendimentos do trabalho pagos ou creditados, a qualquer título, à pessoa física que lhe preste serviço, mesmo sem vínculo empregatício (art. 195, inciso I, alínea *a*, da Constituição Federal de 1988) não pode mais ter base de cálculo diferenciada.

Entretanto, cabe salientar que a vedação de diferenciação ou substituição de base de cálculo decorrente do disposto no § 9º do art. 195 da Constituição Federal de 1988 não se aplica a contribuições que substituam a contribuição de que trata a alínea *a* do inciso I do *caput* do art. 195 da Constituição da República instituídas antes da data de entrada em vigor da Emenda Constitucional 103/2019 (art. 30), com o que foram mantidas.

O art. 195, § 13, da Constituição Federal de 1988, incluído pela Emenda Constitucional 42/2003, foi revogado pela Emenda Constitucional 103/2019 (art. 35, inciso I). Aquele dispositivo previa a hipótese de substituição gradual, total ou parcial, da contribuição incidente na forma do inciso I, alínea *a*, do art. 195 da Constituição da República pela incidente sobre a receita ou o faturamento.

Essa previsão permitiu a chamada *desoneração da folha de pagamento*, com o objetivo de incentivar a contratação de trabalhadores pelas empresas. Desse modo, nas hipóteses legalmente admitidas, como se observa nos arts. 7º e 8º da Lei 12.546/2011 (com redação dada pela Lei 14.288/2021), certas empresas podem contribuir (até 31 de dezembro de 2023) sobre o valor da receita bruta, ou seja, recolher a contribuição previdenciária sobre a receita bruta (CPRB), em *substituição* às contribuições previdenciárias sobre a folha de pagamento previstas no art. 22, incisos I e III, da Lei 8.212/1991. Cf. Capítulo 2, item 2.11.1.

A contribuição empresarial da associação desportiva que mantém equipe de futebol profissional destinada à Seguridade Social, em *substituição* à prevista no art. 22, incisos I e II, da Lei 8.212/1991, corresponde a 5% da receita bruta, decorrente dos espetáculos desportivos de que participem em todo o território nacional em qualquer modalidade desportiva, inclusive jogos internacionais, e de qualquer forma de patrocínio, licenciamento de uso de marcas e símbolos, publicidade, propaganda e de transmissão de espetáculos desportivos (art. 22, § 6º, da Lei 8.212/1991). Cf. Capítulo 2, item 2.11.5.

A contribuição devida à Seguridade Social pelo empregador, pessoa jurídica, que se dedique à produção rural, em *substituição* à prevista no art. 22, incisos I e II, da Lei 8.212/1991, é a seguinte: I – 1,7% da receita bruta proveniente da comercialização da sua produção; II – 0,1% da receita bruta proveniente da comercialização de sua produção, para o financiamento da complementação das prestações por acidente de trabalho (art. 25 da Lei 8.870/1994, com redação dada pela Lei 10.256/2001). Cf. Capítulo 2, item 2.12.

A contribuição devida pela agroindústria, definida como o produtor rural pessoa jurídica cuja atividade econômica seja a industrialização de produção própria ou de produção própria e adquirida de terceiros, incidente sobre o valor da receita bruta proveniente da comercialização da produção, em *substituição* às contribuições previstas no art. 22, incisos I e II, da Lei 8.212/1991, é de: I – 2,5% destinados à Seguridade Social; II – 0,1% para o financiamento do benefício previsto nos arts. 57 e 58 da Lei 8.213/1991 (aposentadoria especial), e daqueles concedidos em razão do grau de incidência de incapacidade para o trabalho decorrente dos riscos ambientais da atividade (art. 22-A da Lei 8.212/1991). Cf. Capítulo 2, item 2.13.

A contribuição do empregador rural pessoa física, em *substituição* à contribuição de que trata o art. 22, incisos I e II, da Lei 8.212/1991, assim como a contribuição do segurado especial, destinada à Seguridade Social, é de: I – 1,2% da receita bruta proveniente da comercialização da sua produção; II – 0,1% da receita bruta proveniente da comercialização da sua produção para financiamento das prestações por acidente do trabalho (art. 25 da Lei 8.212/1991). Cf. Capítulo 2, item 2.16.

As contribuições do art. 22, incisos I e II, da Lei 8.212/1991 são *substituídas*, em relação à remuneração paga, devida ou creditada ao trabalhador rural contratado pelo consórcio simplificado de produtores rurais de que trata o art. 25-A da Lei 8.212/1991[14], pela contribuição dos respectivos produtores rurais, calculada na forma do art. 25 do mesmo diploma legal (art. 22-B da Lei 8.212/1991). Cf. Capítulo 2, item 2.17.

O produtor, o parceiro, o meeiro e o arrendatário rurais e o pescador artesanal, bem como os respectivos cônjuges, que exerçam suas atividades em regime de economia familiar, sem empregados permanentes, contribuem para a Seguridade Social mediante a aplicação de uma alíquota sobre o resultado da comercialização da produção e farão jus aos benefícios nos termos da lei (art. 195, § 8º, da Constituição da República).

A pessoa jurídica em débito com o sistema da Seguridade Social, como estabelecido em lei, não pode contratar com o Poder Público nem dele

[14] "Art. 25-A. Equipara-se ao empregador rural pessoa física o consórcio simplificado de produtores rurais, formado pela união de produtores rurais pessoas físicas, que outorgar a um deles poderes para contratar, gerir e demitir trabalhadores para prestação de serviços, exclusivamente, aos seus integrantes, mediante documento registrado em cartório de títulos e documentos".

receber benefícios ou incentivos fiscais ou creditícios (art. 195, § 3º, da Constituição Federal de 1988).

O art. 195, § 11, da Constituição da República, com redação dada pela Emenda Constitucional 103/2019, dispõe que são *vedadas* a moratória e o parcelamento em prazo superior a 60 meses e, na forma de lei complementar, a remissão e a anistia das contribuições sociais de que tratam a alínea *a* do inciso I e o inciso II do *caput* do art. 195 da Constituição Federal de 1988.

Conforme o art. 14, § 1º, da Lei Complementar 101/2000, conhecida como Lei de Responsabilidade Fiscal, a *renúncia de receita* compreende anistia, remissão, subsídio, crédito presumido, concessão de isenção em caráter não geral, alteração de alíquota ou modificação de base de cálculo que implique redução discriminada de tributos ou contribuições, e outros benefícios que correspondam a tratamento diferenciado.

A *remissão* extingue o crédito tributário (art. 156, inciso IV, do Código Tributário Nacional), sabendo-se que a lei pode autorizar a autoridade administrativa a conceder, por despacho fundamentado, remissão total ou parcial do crédito tributário, atendendo às situações previstas no art. 172 do Código Tributário Nacional.

A *anistia* exclui o crédito tributário (art. 175, inciso II, do Código Tributário Nacional)[15]. A anistia abrange exclusivamente as *infrações* cometidas anteriormente à vigência da lei que a concede (art. 180 do Código Tributário Nacional).

A *moratória* suspende a exigibilidade do crédito tributário (art. 151, inciso I, do Código Tributário Nacional). A lei que conceda moratória em caráter geral ou autorize sua concessão em caráter individual deve especificar, entre outros requisitos, o prazo de duração do favor (art. 153, inciso I, do Código Tributário Nacional).

O *parcelamento* também suspende a exigibilidade do crédito tributário (art. 151, inciso VI, do Código Tributário Nacional). O parcelamento é concedido na forma e condição estabelecidas em lei específica (art. 155-A do Código Tributário Nacional).

O art. 31 da Emenda Constitucional 103/2019 ressalva que o disposto no § 11 do art. 195 da Constituição Federal de 1988 não se aplica aos parcelamentos previstos na legislação vigente até a data de entrada em vi-

---

15 Cf. art. 113, § 1º, do Código Tributário Nacional: "Art. 113. A obrigação tributária é principal ou acessória. § 1º A obrigação principal surge com a ocorrência do fato gerador, tem por objeto o pagamento de tributo ou penalidade pecuniária e extingue-se juntamente com o crédito dela decorrente".

gor da Emenda Constitucional 103/2019, sendo vedadas a reabertura ou a prorrogação de prazo para adesão.

Cabe à lei definir os setores de atividade econômica para os quais as contribuições incidentes na forma dos incisos I, *b*, e IV, do art. 195 devem ser não cumulativas (art. 195, § 12, da Constituição da República).

Conforme o art. 239 da Constituição Federal de 1988, com redação dada pela Emenda Constitucional 103/2019, a arrecadação decorrente das contribuições para o Programa de Integração Social (PIS), criado pela Lei Complementar 7/1970, e para o Programa de Formação do Patrimônio do Servidor Público (PASEP), criado pela Lei Complementar 8/1970, passa, a partir da promulgação da Constituição da República, a financiar, nos termos que a lei dispuser, o programa do seguro-desemprego, outras ações da Previdência Social e o abono do PIS/PASEP.

Cabe esclarecer que o art. 240 da Constituição da República ressalva do disposto no seu art. 195 as atuais contribuições compulsórias dos empregadores sobre a folha de salários, destinadas às entidades privadas de serviço social e de formação profissional vinculadas ao sistema sindical. Trata-se, no caso, das contribuições devidas às entidades do chamado sistema "S".

Embora os mencionados entes sejam pessoas jurídicas de direito privado[16], prevalece o entendimento no sentido de que as referidas contribuições têm natureza jurídica tributária[17], de interesse das categorias profissionais ou

---

[16] "I – O SENAI, a exemplo do Serviço Social da Indústria – SESI, está sujeito à jurisdição da Justiça estadual, nos termos da Súmula 516 do Supremo Tribunal Federal. Os serviços sociais autônomos do denominado sistema "S", embora compreendidos na expressão de entidade paraestatal, são pessoas jurídicas de direito privado, definidos como entes de colaboração, mas não integrantes da Administração Pública. II – Quando o produto das contribuições ingressa nos cofres dos Serviços Sociais Autônomos perde o caráter de recurso público. Precedentes" (STF, Pleno, AgR-ACO 1.953/ES, rel. Min. Ricardo Lewandowski, DJe 19.02.2014).

[17] "Tributário. Contribuições ao SEST/SENAT (desdobradas do SESI/SENAI). Destinação. Constitucionalidade. Decretos-leis 6.246/1994 e 9.403/1956. Lei 8.706/1993. Art. 240 da Constituição. 1. O art. 240 da Constituição expressamente recepcionou as contribuições destinadas às entidades privadas de serviço social e de formação profissional vinculadas ao sistema sindical. Como o objetivo da agravante é exonerar-se do pagamento dos tributos nos períodos de apuração que vêm se sucedendo após a promulgação da Constituição de 1988, eventual vício formal relativo aos exercícios anteriores é irrelevante. 2. A alteração do sujeito ativo das Contribuições ao SESI/SENAI para o SEST/SENAT é compatível com o art. 240 da Constituição, pois a destinação do produto arrecadado é adequada ao objetivo da norma de recepção, que é manter a fonte de custeio preexistente do chamado 'Sistema S'. Agravo regimental ao qual se nega provimento" (STF, 2ª T., AgR-RE 412.368/PE, rel. Min. Joaquim Barbosa, DJe 01.04.2011). Cf. ainda MC-ADI 1.924/DF, Pleno, rel. p/ ac. Min. Joaquim Barbosa, DJe 07.08.2009.

econômicas, sendo a contribuição para o SEBRAE de intervenção no domínio econômico (art. 149 da Constituição Federal de 1988)[18].

O Supremo Tribunal Federal fixou a seguinte tese de repercussão geral: "As contribuições devidas ao SEBRAE [Serviço Brasileiro de Apoio às Micro e Pequenas Empresas], à APEX [Agência Brasileira de Promoção de Exportações e Investimentos] e à ABDI [Agência Brasileira de Desenvolvimento Industrial] com fundamento na Lei 8.029/1990 foram recepcionadas pela EC 33/2001" (STF, Pleno, RE 603.624/SC, red. p/ ac. Min. Alexandre de Moraes, j. 23.09.2020). Prevaleceu o entendimento de que o inciso III do § 2º do art. 149 da Constituição Federal de 1988, incluído pela Emenda Constitucional 33/2001, não estabelece elenco taxativo das bases de cálculo das contribuições sociais e de intervenção no domínio econômico, mas sim mera exemplificação, sem esgotar todas as possibilidades legislativas.

Na mesma linha, o Supremo Tribunal Federal fixou a seguinte tese de repercussão geral: "É constitucional a contribuição de intervenção no domínio econômico destinada ao INCRA [Instituto Nacional de Colonização e Reforma Agrária] devida pelas empresas urbanas e rurais, inclusive após o advento da EC nº 33/2001" (STF, Pleno, RE 630.898/RS, rel. Min. Dias Toffoli, j. 08.04.2021).

Esclareça-se que as contribuições de intervenção no domínio econômico e de interesse das categorias profissionais ou econômicas não são contribuições da Seguridade Social (art. 195 da Constituição Federal de 1988).

As empresas prestadoras de serviços estão sujeitas às contribuições ao Sesc e Senac, salvo se integradas em outro serviço social (Súmula 499 do STJ).

Nos termos do art. 167, inciso XI, da Constituição da República, é vedada a utilização dos recursos provenientes das contribuições sociais de que trata o art. 195, inciso I, *a*, e inciso II, para a realização de despesas distintas do pagamento de benefícios do Regime Geral de Previdência Social de que trata o art. 201 da Constituição Federal de 1988.

---

[18] "Recurso extraordinário. 2. Tributário. 3. Contribuição para o SEBRAE. Desnecessidade de lei complementar. 4. Contribuição para o SEBRAE. Tributo destinado a viabilizar a promoção do desenvolvimento das micro e pequenas empresas. Natureza jurídica: contribuição de intervenção no domínio econômico. 5. Desnecessidade de instituição por lei complementar. Inexistência de vício formal na instituição da contribuição para o SEBRAE mediante lei ordinária. 6. Intervenção no domínio econômico. É válida a cobrança do tributo independentemente de contraprestação direta em favor do contribuinte. 7. Recurso extraordinário não provido. 8. Acórdão recorrido mantido quanto aos honorários fixados" (STF, Pleno, RE 635.682/RJ, rel. Min. Gilmar Mendes, DJe 24.05.2013). Cf. ainda STF, Pleno, RE 396.266/SC, rel. Min. Carlos Velloso, DJ 27.02.2004.

Entende-se, portanto, no caso, que se trata das *contribuições previdenciárias*, uma vez que destinadas específica e exclusivamente para o custeio do Regime Geral de Previdência Social.

Os *contribuintes* do Regime Geral de Previdência Social são os segurados (obrigatório e facultativo), a empresa e o empregador doméstico (arts. 12 a 15 da Lei 8.212/1991).

Considera-se *empresa* a firma individual ou sociedade que assume o risco de atividade econômica urbana ou rural, com fins lucrativos ou não, bem como os órgãos e entidades da Administração Pública direta, indireta e fundacional (art. 15, inciso I, da Lei 8.212/1991).

Considera-se *empregador doméstico* a pessoa ou família que admite a seu serviço, sem finalidade lucrativa, empregado doméstico (art. 15, inciso II, da Lei 8.212/1991).

Ademais, *equiparam-se a empresa*, para os efeitos da Lei 8.212/1991 e da Lei 8.213/1991, o contribuinte individual e a pessoa física na condição de proprietário ou dono de obra de construção civil, em relação a segurado que lhe presta serviço, bem como a cooperativa, a associação ou a entidade de qualquer natureza ou finalidade, a missão diplomática e a repartição consular de carreira estrangeiras. Também se equipara a empresa o operador portuário e o órgão gestor de mão de obra de que trata a Lei 12.815/2013 (art. 12, parágrafo único, inciso III, do Regulamento da Previdência Social).

2.10. CONTRIBUIÇÃO DO SEGURADO

Os segurados, como mencionado, são contribuintes.

Os *segurados obrigatórios* são o empregado, o empregado doméstico, o trabalhador avulso, o contribuinte individual e o segurado especial.

Observa-se, ainda, o *segurado facultativo*.

Cabe esclarecer que o aposentado pelo Regime Geral de Previdência Social (RGPS) que estiver exercendo ou que voltar a exercer atividade abrangida por este Regime é segurado obrigatório em relação a essa atividade, ficando sujeito às contribuições de que trata a Lei 8.212/1991, para fins de custeio da Seguridade Social (art. 12, § 4º, da Lei 8.212/1991).

Conforme tese de repercussão geral fixada pelo Supremo Tribunal Federal: "É constitucional a contribuição previdenciária devida por aposentado pelo Regime Geral de Previdência Social (RGPS) que permaneça em atividade ou a essa retorne" (STF, Pleno, ARE 1.224.327/ES, rel. Min. Dias Toffoli, j. 27.09.2019).

O dirigente sindical mantém, durante o exercício do mandato eletivo, o mesmo enquadramento no Regime Geral de Previdência Social (RGPS) de antes da investidura (art. 12, § 5º, da Lei 8.212/1991).

2.10.1. CONTRIBUIÇÃO DOS SEGURADOS EMPREGADO, EMPREGADO DOMÉSTICO E TRABALHADOR AVULSO

A Seguridade Social deve ser financiada mediante recursos provenientes, entre outras fontes, de contribuições sociais do trabalhador e dos demais segurados da Previdência Social, podendo ser adotadas *alíquotas progressivas* de acordo com o valor do salário de contribuição, não incidindo contribuição sobre aposentadoria e pensão concedidas pelo Regime Geral de Previdência Social (art. 195, inciso II, da Constituição Federal de 1988, com redação dada pela Emenda Constitucional 103/2019).

Nesse contexto, até que lei altere as alíquotas da contribuição de que trata a Lei 8.212, de 24 de julho de 1991, devidas pelo segurado empregado, inclusive o doméstico, e pelo trabalhador avulso, estas serão de:

I – até um salário mínimo, 7,5%;

II – acima de um salário mínimo até R$ 2.000,00, 9%;

III – de R$ 2.000,01 até R$ 3.000,00, 12%; e

IV – de R$ 3.000,01 até o limite do salário de contribuição, 14% (art. 28 da Emenda Constitucional 103/2019).

As alíquotas previstas no art. 28, *caput*, da Emenda Constitucional 103/2019 serão aplicadas de forma *progressiva* sobre o salário de contribuição do segurado, incidindo cada alíquota sobre a faixa de valores compreendida nos respectivos limites (art. 28, § 1º, da Emenda Constitucional 103/2019).

Sendo assim, se o salário de contribuição for, por exemplo, R$ 5.000,00, cada alíquota deve incidir sobre a respectiva faixa de valores, observando-se os limites indicados.

A progressividade das alíquotas tem como fundamento o *princípio da capacidade contributiva*, para que se alcance justiça e isonomia substancial na tributação, ao levar em consideração a condição econômica dos contribuintes.

Ainda nesse contexto, em consonância com o *princípio da igualdade tributária*, sem prejuízo de outras garantias asseguradas ao contribuinte, é vedado à União, aos Estados, ao Distrito Federal e aos Municípios instituir tratamento desigual entre contribuintes que se encontrem em situação equivalente, proibida qualquer distinção em razão de ocupação profissional ou função por eles exercida, independentemente da denominação jurídica dos rendimentos, títulos ou direitos (art. 150, inciso II, da Constituição da República)[19].

Os valores previstos no art. 28, *caput*, da Emenda Constitucional 103/2019 devem ser reajustados, a partir da data de entrada em vigor da Emenda Constitucional 103/2019, na mesma data e com o mesmo índice em que se der o reajuste dos benefícios do Regime Geral de Previdência Social, ressalvados aqueles vinculados ao salário mínimo, aos quais se aplica a legislação específica (art. 28, § 2º, da Emenda Constitucional 103/2019).

O valor dos benefícios do Regime Geral de Previdência Social em manutenção deve ser reajustado, anualmente, na mesma data do reajuste do salário mínimo, *pro rata*, de acordo com suas respectivas datas de início ou do último reajustamento, com base no Índice Nacional de Preços ao Consumidor (INPC), apurado pela Fundação Instituto Brasileiro de Geografia e Estatística (IBGE), conforme art. 41-A, *caput*, da Lei 8.213/1991, incluído pela Lei 11.430/2006.

Cabe lembrar que as contribuições sociais de que trata o art. 195 da Constituição Federal de 1988 só podem ser exigidas após decorridos 90 dias da data da publicação da lei que as houver *instituído ou modificado*, não se lhes aplicando o disposto no art. 150, inciso III, alínea *b*, sobre a anterioridade anual (art. 195, § 6º, da Constituição da República). Trata-se da chamada *anterioridade nonagesimal*. Nesse sentido, a Emenda Constitucional 103/2019 entra em vigor no primeiro dia do quarto mês subsequente ao da data de sua publicação, quanto ao disposto no seu art. 28 (art. 36, inciso I, da Emenda Constitucional 103/2019).

A tabela de contribuição dos *segurados empregado, empregado doméstico e trabalhador avulso* é normalmente publicada a cada ano, por meio de norma administrativa, como Portaria.

Os valores do salário de contribuição são reajustados, a partir da data de entrada em vigor da Lei 8.212/1991, na mesma época e com os mesmos índices que os do reajustamento dos benefícios de prestação continuada da Previdência Social (art. 20, § 1º, da Lei 8.212/1991).

A contribuição dos segurados empregados, inclusive o doméstico e do trabalhador avulso, relativamente aos fatos geradores que ocorrerem a partir

---

[19] Cf. BARBOSA, Rui. *Oração aos moços*. São Paulo: Hedra, 2009. p. 47: "A regra da igualdade não consiste senão em aquinhoar desigualmente aos desiguais, na medida em que se desigualam. Nesta desigualdade social, proporcionada à desigualdade natural, é que se acha a verdadeira lei da igualdade. [...] Tratar com desigualdade a iguais, ou a desiguais com igualdade, seria desigualdade flagrante, e não igualdade real".

da competência maio de 2023, deve ser calculada mediante a aplicação da correspondente alíquota sobre o salário de contribuição mensal, de forma progressiva, de acordo com a seguinte tabela, constante do Anexo II-A da Portaria Interministerial 26/2023 do Ministério da Previdência Social e do Ministério da Fazenda:

Salário de contribuição (R$)	Alíquota progressiva para fins de recolhimento
até 1.320,00	7,5%
de 1.320,01 até 2.571,29	9%
de 2.571,30 até 3.856,94	12%
de 3.856,95 até 7.507,49	14%

O disposto na Lei 8.212/1991 também se aplica aos segurados empregados e trabalhadores avulsos que prestem serviços a microempresas (art. 20, § 2º, da Lei 8.212/1991).

Cabe esclarecer que o segurado empregado, inclusive o doméstico, que possuir mais de um vínculo deve comunicar a todos os seus empregadores, mensalmente, a remuneração recebida até o limite máximo do salário de contribuição, envolvendo todos os vínculos, a fim de que o empregador possa apurar corretamente o salário de contribuição sobre o qual deve incidir a contribuição social previdenciária do segurado, bem como a alíquota a ser aplicada (art. 36 da Instrução Normativa RFB 2.110/2022).

Logo, devem ser somados os valores dos salários de contribuição relativos aos diversos vínculos de emprego do mesmo segurado para que se possa definir a alíquota aplicável.

Para o cumprimento dessa previsão, o segurado deve apresentar declaração na qual devem ser informados: os empregadores, discriminados na ordem em que efetuaram ou efetuarão o desconto de sua contribuição; o valor sobre o qual é descontada a contribuição ou a declaração de que a remuneração recebida atingiu o limite máximo do salário de contribuição; o nome empresarial da empresa ou empresas, com o número da inscrição no Cadastro Nacional da Pessoa Jurídica (CNPJ), ou o nome do empregador doméstico, com seu número de inscrição no Cadastro de Pessoas Físicas (CPF), que efetuou ou efetuará o desconto sobre o valor declarado.

Quando o segurado receber mensalmente remuneração igual ou superior ao limite máximo do salário de contribuição, a mencionada declaração pode abranger várias competências do exercício, devendo ser renovada, após o período indicado na referida declaração ou ao término do exercício em curso, ou ser cancelada, caso haja rescisão do contrato de trabalho, o que ocorrer primeiro.

O segurado deve manter sob sua guarda cópia da referida declaração, juntamente com os comprovantes de pagamento, para fins de apresentação ao Instituto Nacional do Seguro Social (INSS) ou à Secretaria Especial da Receita Federal do Brasil (RFB), quando solicitado.

Aplicam-se, no que couber, as referidas disposições ao trabalhador avulso que, concomitantemente, exerce atividade de segurado empregado ou empregado doméstico.

2.10.2. CONTRIBUIÇÃO DOS SEGURADOS CONTRIBUINTE INDIVIDUAL E FACULTATIVO

A alíquota de contribuição dos *segurados contribuinte individual e facultativo* é de 20% sobre o respectivo salário de contribuição (art. 21 da Lei 8.212/1991).

Os valores do salário de contribuição são reajustados, a partir da data de entrada em vigor da Lei 8.212/1991, na mesma época e com os mesmos índices que os do reajustamento dos benefícios de prestação continuada da Previdência Social, ou seja, anualmente, na mesma data do reajuste do salário mínimo, com base no Índice Nacional de Preços ao Consumidor (INPC).

No caso de opção pela exclusão do direito ao benefício de aposentadoria por tempo de contribuição (a qual não é mais prevista, em regra, com a Emenda Constitucional 103/2019, salvo nos casos de direito adquirido, da regra de transição do art. 17 da Emenda Constitucional 103/2019 e de aposentadoria da pessoa com deficiência, concedida na forma da Lei Complementar 142/2013, conforme art. 22 da Emenda Constitucional 103/2019), a alíquota de contribuição incidente sobre o limite mínimo mensal do salário de contribuição é de:

I – 11%, no caso do segurado contribuinte individual, ressalvado o disposto no inciso II, que trabalhe por conta própria, sem relação de trabalho com empresa ou equiparado, e do segurado facultativo, observado o disposto na alínea *b* do inciso II, abaixo indicado;

II – 5%: a) no caso do microempreendedor individual, de que trata o art. 18-A da Lei Complementar 123/2006; e b) do segurado facultativo sem renda própria que se dedique exclusivamente ao trabalho doméstico no âmbito de sua residência, desde que pertencente à família de baixa renda (art. 21, § 2º, da Lei 8.212/1991).

A Turma Nacional de Uniformização dos Juizados Especiais Federais firmou a seguinte tese (Tema 241): "O exercício de atividade remunerada, ainda que informal e de baixa expressão econômica, obsta o enquadramento como segurado facultativo de baixa renda, na forma do art. 21, § 2º, inciso II, alínea 'b', da Lei 8.212/1991, impedindo a validação das contribuições recolhidas sob a alíquota de 5%" (TNU, PEDILEF 0179893-64.2016.4.02.5151/RJ, rel. Juiz Federal Ivanir César Ireno Júnior, DJe 27.10.2021).

A Turma Nacional de Uniformização dos Juizados Especiais Federais firmou, ainda, a seguinte tese (Tema 286): "Para fins de pensão por morte, é possível a complementação, após o óbito, pelos dependentes, das contribuições recolhidas em vida, a tempo e modo, pelo segurado facultativo de baixa renda do art. 21, § 2º, II, 'b', da Lei 8.212/1991, da alíquota de 5% para as de 11% ou 20%, no caso de não validação dos recolhimentos" (TNU, PEDILEF 5007366-70.2017.4.04.7110/RS, rel. Juiz Federal Ivanir César Ireno Júnior, DJe 24.06.2022).

O segurado que tenha contribuído na forma acima e pretenda contar o tempo de contribuição correspondente para fins de obtenção da aposentadoria por tempo de contribuição ou da contagem recíproca do tempo de contribuição a que se refere o art. 94 da Lei 8.213/1991 (ao dispor que para efeito dos benefícios previstos no Regime Geral de Previdência Social ou no serviço público é assegurada a contagem recíproca do tempo de contribuição na atividade privada, rural e urbana, e do tempo de contribuição ou de serviço na administração pública, hipótese em que os diferentes sistemas de previdência social se compensarão financeiramente), deve complementar a contribuição mensal mediante recolhimento, sobre o valor correspondente ao limite mínimo mensal do salário de contribuição em vigor na competência a ser complementada, da diferença entre o percentual pago e o de 20%, acrescido dos juros moratórios de que trata o art. 5º, § 3º, da Lei 9.430/1996 (ou seja, juros equivalentes à taxa referencial do Sistema Especial de Liquidação e Custódia – SELIC, acumulada mensalmente, calculados a partir do primeiro dia do segundo mês subsequente ao do encerramento do período de apuração até o último dia do mês anterior ao do pagamento e de 1% no mês do pagamento), conforme art. 21, § 3º, da Lei 8.212/1991.

Considera-se de baixa renda, para os fins do disposto no art. 21, § 2º, inciso II, alínea *b*, da Lei 8.212/1991 a família inscrita no Cadastro Único para Programas Sociais do Governo Federal (CadÚnico) cuja renda mensal seja de até dois salários mínimos (art. 21, § 4º, da Lei 8.212/1991).

A Turma Nacional de Uniformização dos Juizados Especiais Federais firmou a seguinte tese (Tema 285): "A atualização/revalidação extemporânea das informações do CadÚnico, realizada antes da exclusão do cadastro na forma regulamentar, autoriza a validação retroativa das contribuições pela alíquota de 5%, desde que comprovados os requisitos de enquadramento como segurado facultativo, na forma do art. 21, § 2º, inciso II, alínea 'b', da Lei 8.212/1991" (TNU, PEDILEF 5018761-55.2018.4.04.7100/RS, rel. p/ ac. Juiz Federal Ivanir César Ireno Júnior, DJe 16.11.2021).

A contribuição complementar a que se refere o art. 21, § 3º, da Lei 8.212/1991 será exigida a qualquer tempo, sob pena de indeferimento do benefício (art. 21, § 5º, da Lei 8.212/1991). Entretanto, cabe reiterar que a aposentadoria por tempo de contribuição não é mais prevista, em regra, com a Emenda Constitucional 103/2019, salvo nos casos de direito adquirido (art. 3º da Emenda Constitucional 103/2019), da regra de transição do art. 17 da Emenda Constitucional 103/2019 e de aposentadoria da pessoa com deficiência, concedida na forma da Lei Complementar 142/2013, conforme art. 22 da Emenda Constitucional 103/2019.

2.10.2.1. DEDUÇÃO DE CONTRIBUIÇÃO PREVIDENCIÁRIA POR CONTRIBUINTE INDIVIDUAL QUE PRESTA SERVIÇO À EMPRESA

Se o *contribuinte individual* prestar serviço a uma ou mais empresas, pode deduzir, da sua contribuição mensal, 45% da contribuição da empresa, efetivamente recolhida ou declarada, incidente sobre a remuneração que esta lhe tenha pago ou creditado, limitada a dedução a 9% do respectivo salário de contribuição (art. 30, § 4º, da Lei 8.212/1991).

Os contribuintes individuais que não prestam serviços a uma ou mais empresas, portanto, não estão abrangidos pela previsão em destaque, devendo contribuir com 20% sobre o salário de contribuição (art. 21 da Lei 8.212/1991).

Trata-se de faculdade estabelecida em favor do referido segurado contribuinte individual, sabendo-se que a dedução está limitada a 9% do salário de contribuição.

O referido segurado normalmente contribui, mensalmente, com 20% sobre o respectivo salário de contribuição, o qual é entendido como a remuneração auferida em uma ou mais empresas ou pelo exercício de sua atividade por conta própria, durante o mês, observado o limite máximo, em valor atualizado, a que se refere o art. 28, § 5º, da Lei 8.212/1991.

No caso em questão, dessa contribuição mensal é possível deduzir 45% da contribuição da empresa (efetivamente recolhida ou declarada) incidente sobre a remuneração que esta lhe tiver pago ou creditado.

A contribuição da empresa é de 20% sobre o total das remunerações pagas ou creditadas a qualquer título, no decorrer do mês, aos segurados contribuintes individuais que lhe prestem serviços (art. 22, inciso III, da Lei 8.212/1991).

Com a referida dedução, o segurado contribuinte individual que presta serviço a empresa passa a contribuir com 11% do seu salário de contribuição.

Nota-se que esse percentual final corresponde justamente à mesma alíquota máxima devida, antes da Emenda Constitucional 103/2019, pelos segurados empregado, empregado doméstico e trabalhador avulso (art. 20 Lei 8.212/1991), o que indica a possibilidade de certo tratamento isonômico ao segurado contribuinte individual que presta serviço a empresa.

Aplica-se o disposto acima ao cooperado que prestar serviço a empresa por intermédio de cooperativa de trabalho (art. 30, § 5º, da Lei 8.212/1991).

Na hipótese de o contribuinte individual prestar serviço a outro contribuinte individual equiparado a empresa ou a produtor rural pessoa física ou a missão diplomática e repartição consular de carreira estrangeiras, também pode deduzir, da sua contribuição mensal, 45% da contribuição patronal do contratante, efetivamente recolhida ou declarada, incidente sobre a remuneração que este lhe tenha pago ou creditado, no respectivo mês, limitada a 9% do respectivo salário de contribuição (art. 216, § 20, do Regulamento da Previdência Social).

Deve-se ressaltar ainda que, nos termos do art. 4º da Lei 10.666/2003, a empresa é obrigada a arrecadar a contribuição do segurado contribuinte individual a seu serviço, descontando-a da respectiva remuneração, e a recolher o valor arrecadado juntamente com a contribuição a seu cargo até o dia 20 do mês seguinte ao da competência, ou até o dia útil imediatamente anterior se não houver expediente bancário naquele dia.

Tendo em vista a previsão do art. 30, § 4º, da Lei 8.212/1991, o Regulamento da Previdência Social, no art. 216, § 26, dispõe que a alíquota de contribuição a ser descontada pela empresa da remuneração paga, devida ou creditada ao contribuinte individual a seu serviço, observado o limite máximo do salário de contribuição, é de 11% no caso das empresas em geral e de 20% quando se tratar de entidade beneficente de assistência social isenta das contribuições sociais patronais.

Cabe ao próprio contribuinte individual que prestar serviços, no mesmo mês, a mais de uma empresa, cuja soma das remunerações superar o limite mensal do salário de contribuição, comprovar às que sucederem à primeira o valor ou valores sobre os quais já tenha incidido o desconto da contribuição, de forma a se observar o limite máximo atualizado do salário de contribuição, previsto no art. 28, § 5º, da Lei 8.212/1991.

As cooperativas de trabalho devem arrecadar a contribuição social dos seus associados como contribuinte individual e recolher o valor arrecadado até o dia 20 do mês subsequente ao de competência a que se referir, ou até o dia útil imediatamente anterior se não houver expediente bancário naquele dia (art. 4º, § 1º, da Lei 10.666/2003).

Tendo em vista a previsão do art. 30, § 5º, da Lei 8.212/1991, a cooperativa de trabalho é obrigada a descontar 11% do valor da quota distribuída ao cooperado por serviços por ele prestados, por seu intermédio, a empresas e 20% em relação aos serviços prestados a pessoas físicas e recolher o produto dessa arrecadação no dia 20 do mês seguinte ao da competência a que se referir, antecipando-se o vencimento para o dia útil imediatamente anterior quando não houver expediente bancário no dia 20.

A cooperativa de trabalho e a pessoa jurídica são obrigadas a efetuar a inscrição no Instituto Nacional do Seguro Social dos seus cooperados e contratados, respectivamente, como contribuintes individuais, se ainda não inscritos (art. 4º, § 2º, da Lei 10.666/2003).

Entretanto, o disposto no art. 4º da Lei 10.666/2003 não se aplica ao contribuinte individual, quando contratado por outro contribuinte individual equiparado a empresa ou por produtor rural pessoa física ou por missão diplomática e repartição consular de carreira estrangeiras, nem ao brasileiro civil que trabalha no exterior para organismo oficial internacional do qual o Brasil é membro efetivo (art. 4º, § 3º, da Lei 10.666/2003).

Desse modo, são excluídos da obrigação de arrecadar a contribuição do contribuinte individual que lhe preste serviço o produtor rural pessoa física, a missão diplomática, a repartição consular e o contribuinte individual. Nessa hipótese, portanto, cabe ao contribuinte individual recolher a própria contribuição.

O contribuinte individual a que se refere o art. 4º da Lei 10.666/2003 é obrigado a complementar, diretamente, a contribuição até o valor mínimo mensal do salário de contribuição, quando as remunerações recebidas no mês, por serviços prestados a pessoas jurídicas, forem inferiores a este (art. 5º da Lei 10.666/2003).

2.11. CONTRIBUIÇÃO DA EMPRESA

A contribuição a cargo da *empresa*, destinada à Seguridade Social, além do disposto no art. 23 da Lei 8.212/1991 (que menciona as contribuições a cargo da empresa provenientes do faturamento e do lucro, destinadas à Seguridade Social), é de (art. 22 da Lei 8.212/1991):

I – 20% sobre o total das remunerações pagas, devidas ou creditadas a qualquer título, durante o mês, aos segurados empregados e trabalhadores avulsos que lhe prestem serviços, destinadas a retribuir o trabalho, qualquer que seja a sua forma, inclusive as gorjetas, os ganhos habituais sob a forma de utilidades e os adiantamentos decorrentes de reajuste salarial, quer pelos serviços efetivamente prestados, quer pelo tempo à disposição do empregador ou tomador de serviços, nos termos da lei ou do contrato ou, ainda, de convenção ou acordo coletivo de trabalho ou sentença normativa;

Nos termos do art. 9º da Lei 13.189/2015, a compensação pecuniária (paga em razão de adesão ao Programa de Proteção ao Emprego, atualmente denominado Programa Seguro-Emprego) integra as parcelas remuneratórias para efeito do disposto no art. 22, inciso I, da Lei 8.212/1991.

A referida previsão, entretanto, ao incluir a compensação pecuniária na base de cálculo da contribuição previdenciária, pode gerar controvérsia quanto à constitucionalidade, pois esse valor é custeado pelo Fundo de Amparo ao Trabalhador (FAT), não tendo, a rigor, natureza remuneratória propriamente.

De todo modo, cabe lembrar que o art. 195, inciso I, *a*, da Constituição da República, com redação dada pela Emenda Constitucional 20/1998, prevê a incidência da contribuição previdenciária de forma mais ampla, ou seja, não apenas sobre a "folha de salários", mas também sobre os "demais rendimentos do trabalho pagos ou creditados, a qualquer título, à pessoa física que lhe preste serviço, mesmo sem vínculo empregatício".

O STF fixou ainda a seguinte tese de repercussão geral: "Incide contribuição previdenciária sobre os rendimentos pagos aos exercentes de mandato eletivo, decorrentes da prestação de serviços à União, a estados e ao Distrito Federal ou a municípios, após o advento da Lei nº 10.887/2004, desde que não vinculados a regime próprio de previdência" (Pleno, RE 626.837/GO, rel. Min. Dias Toffoli, j. 25.05.2017).

II – para o financiamento do benefício previsto nos arts. 57 e 58 da Lei 8.213/1991 (ou seja, aposentadoria especial), e daqueles concedidos em razão do grau de incidência de incapacidade laborativa decorrente dos riscos ambientais do trabalho (contribuição conhecida como GILDRAT ou RAT e que, na verdade, é o seguro de acidente do trabalho – SAT)[20], sobre o total das remunerações pagas ou creditadas, no decorrer do mês, aos segurados

---

[20] O art. 7º, inciso XXVIII, da Constituição da República prevê como direito dos trabalhadores urbanos e rurais, além de outros que visem à melhoria de sua condição social, o "seguro contra acidentes de trabalho, a cargo do empregador, sem excluir a indenização a que este está obrigado, quando incorrer em dolo ou culpa". O mencionado seguro contra acidente do trabalho (SAT), assim, é justamente a contribuição previdenciária para a cobertura (pelo

empregados e trabalhadores avulsos: a) 1% para as empresas em cuja atividade preponderante o risco de acidentes do trabalho seja considerado leve; b) 2% para as empresas em cuja atividade preponderante esse risco seja considerado médio; c) 3% para as empresas em cuja atividade preponderante esse risco seja considerado grave.

O Ministério da Previdência Social pode alterar, com base nas estatísticas de acidentes do trabalho, apuradas em inspeção, o enquadramento de empresas para efeito da contribuição a que se refere o art. 22, inciso II, da Lei 8.212/1991, a fim de estimular investimentos em prevenção de acidentes (art. 22, § 3º, da Lei 8.212/1991).

As alíquotas acima devem ser acrescidas de 12%, 9% ou 6%, respectivamente, se a atividade exercida pelo segurado a serviço da empresa ensejar a concessão de aposentadoria especial após 15, 20 ou 25 anos de contribuição (art. 57, § 6º, da Lei 8.213/1991).

O acréscimo em questão incide exclusivamente sobre a remuneração do segurado sujeito às condições especiais referidas no art. 57 da Lei 8.213/1991.

Considera-se preponderante a atividade que ocupa, na empresa, o maior número de segurados empregados e trabalhadores avulsos.

A alíquota de contribuição para o Seguro de Acidente do Trabalho (SAT) é aferida pelo grau de risco desenvolvido em cada empresa, individualizada pelo seu CNPJ, ou pelo grau de risco da atividade preponderante quando houver apenas um registro (Súmula 351 do STJ).

Com isso, atualmente, prevalece o entendimento de que a empresa com mais de um estabelecimento e com mais de uma atividade econômica deve apurar a atividade preponderante em cada estabelecimento com CNPJ individualizado. Apenas se os estabelecimentos não tiverem CNPJ é que o enquadramento é um só, preponderante em toda a empresa.

Considera-se estabelecimento da empresa a dependência, matriz ou filial, que tenha número de Cadastro Nacional da Pessoa Jurídica (CNPJ) próprio e a obra de construção civil executada sob sua responsabilidade (art. 202, § 3º-A, do Regulamento da Previdência Social, incluído pelo Decreto 10.410/2020).

Cabe ressaltar que as disposições legais sobre aposentadoria especial do segurado filiado ao Regime Geral de Previdência Social aplicam-se, também, ao cooperado filiado à cooperativa de trabalho e de produção que trabalha

---

Regime Geral de Previdência Social) das contingências sociais decorrentes de acidentes do trabalho e doenças ocupacionais, prevista no art. 22, inciso II, da Lei 8.212/1991.

sujeito a condições especiais que prejudiquem a sua saúde (art. 1º da Lei 10.666/2003).

Desse modo, é devida contribuição adicional de 9%, 7% ou 5%, a cargo da empresa tomadora de serviços de cooperado filiado a cooperativa de trabalho, incidente sobre o valor bruto da nota fiscal ou fatura de prestação de serviços, conforme a atividade exercida pelo cooperado permita a concessão de aposentadoria especial após 15, 20 ou 25 anos de contribuição, respectivamente. No entanto, o Supremo Tribunal Federal decidiu ser inconstitucional a contribuição previdenciária prevista no art. 22, inciso IV, da Lei 8.212/1991, com redação dada pela Lei 9.876/1999 (RE 595.838), com essa mesma sistemática do art. 1º, § 1º, da Lei 10.666/2003. Sendo assim, a Secretaria da Receita Federal do Brasil não constituirá crédito tributário decorrente da contribuição de que trata o § 1º do art. 1º da Lei 10.666/2003, que instituiu contribuição adicional àquela prevista no inciso IV do art. 22 da Lei 8.212/1991, para fins de custeio de aposentadoria especial para cooperados filiados a cooperativas de trabalho (art. 2º do Ato Declaratório Interpretativo RFB 5/2015).

É devida contribuição adicional de 12%, 9% ou 6%, a cargo da cooperativa de produção, incidente sobre a remuneração paga, devida ou creditada ao cooperado filiado, na hipótese de exercício de atividade que autorize a concessão de aposentadoria especial após 15, 20 ou 25 anos de contribuição, respectivamente (art. 1º, § 2º, da Lei 10.666/2003).

Considera-se cooperativa de produção aquela em que seus associados contribuem com serviços laborativos ou profissionais para a produção em comum de bens, quando a cooperativa detenha por qualquer forma os meios de produção.

Entende-se que a sistemática sobre o custeio do seguro de acidente do trabalho é válida, não contrariando a Constituição da República (STF, Pleno, RE 343.446/SC, rel. Min. Carlos Velloso, DJ 04.04.2003).

Cabe ressaltar que as mencionadas alíquotas de contribuição de 1%, 2% ou 3%, destinadas ao financiamento do benefício de aposentadoria especial ou daqueles concedidos em razão do grau de incidência de incapacidade laborativa decorrente dos riscos ambientais do trabalho, podem ser reduzidas, em até 50%, ou aumentadas, em até 100%, conforme dispuser o Regulamento, em razão do desempenho da empresa em relação à respectiva atividade econômica, apurado em conformidade com os resultados obtidos a partir dos índices de frequência, gravidade e custo, calculados segundo metodologia aprovada pelo Conselho Nacional de Previdência Social (art. 10 da Lei 10.666/2003).

O Supremo Tribunal Federal decidiu ser válido esse dispositivo legal, pois julgou improcedente o pedido formulado em ação direta de inconstitucionalidade (STF, Pleno, ADI 4.397/DF, rel. Min. Dias Toffoli, j. 11.11.2021).

A respeito do tema, o Supremo Tribunal Federal fixou a seguinte tese de repercussão geral: "O Fator Acidentário de Prevenção (FAP), previsto no art. 10 da Lei 10.666/2003, nos moldes do regulamento promovido pelo Decreto 3.048/1999 (RPS), atende ao princípio da legalidade tributária (art. 150, I, CRFB/1988)" (STF, Pleno, RE 677.725/RS, rel. Min. Luiz Fux, j. 11.11.2021).

Nesse sentido, de acordo com o art. 202-A do Regulamento da Previdência Social, com redação dada pelo Decreto 10.410/2020, as referidas alíquotas devem ser reduzidas em até 50% ou aumentadas em até 100% em razão do desempenho da empresa, individualizada pelo seu CNPJ em relação à sua atividade econômica, aferido pelo Fator Acidentário de Prevenção (FAP).

O objetivo é justamente o de incentivar a melhoria das condições no meio ambiente de trabalho, com a redução de acidentes e doenças ocupacionais[21].

O FAP consiste em multiplicador variável em um intervalo contínuo de cinco décimos (0,5000) a dois inteiros (2,0000) aplicado à respectiva alíquota, considerado o critério de truncamento na quarta casa decimal.

Para fins dessa redução ou da majoração, o desempenho da empresa, individualizada pelo seu CNPJ, deve ser discriminado em relação à sua atividade econômica, a partir da criação de índice composto pelos índices de gravidade, de frequência e de custo que pondera os respectivos percentis.

Os índices de frequência, gravidade e custo devem ser calculados segundo metodologia aprovada pelo Conselho Nacional de Previdência Social, levando-se em conta:

I – para o índice de frequência, os registros de acidentes ou benefícios de natureza acidentária;

II – para o índice de gravidade, as hipóteses de auxílio por incapacidade temporária, auxílio-acidente, aposentadoria por incapacidade permanente, pensão por morte e morte de natureza acidentária, aos quais são atribuídos pesos diferentes em razão da gravidade da ocorrência, da seguinte forma:

a) pensão por morte e morte de natureza acidentária: peso de 50%;

b) aposentadoria por incapacidade permanente: peso de 30%;

---

[21] Cf. SANTOS, Marisa Ferreira dos. *Direito previdenciário esquematizado*. 5. ed. São Paulo: Saraiva, 2015. p. 79.

c) auxílio por incapacidade temporária e auxílio-acidente: peso de 10% para cada;

III – para o índice de custo, os valores dos benefícios de natureza acidentária pagos ou devidos pela Previdência Social.

O Ministério da Economia deve publicar, anualmente, no Diário Oficial da União, portaria para disponibilizar consulta ao FAP e aos róis dos percentis de frequência, gravidade e custo por subclasse da Classificação Nacional de Atividades Econômicas.

O FAP produz efeitos tributários a partir do primeiro dia do quarto mês subsequente ao de sua divulgação.

Para o cálculo anual do FAP, devem ser utilizados os dados de janeiro a dezembro de cada ano, até completar o período de dois anos, a partir do qual os dados do ano inicial devem ser substituídos pelos novos dados anuais incorporados.

O FAP deve ser calculado a partir de 1º de janeiro do ano seguinte àquele ano em que o estabelecimento completar dois anos de sua constituição.

A metodologia aprovada pelo Conselho Nacional de Previdência Social deve indicar a sistemática de cálculo e a forma de aplicação de índices e critérios acessórios à composição do índice composto do FAP.

A fim dc estimular investimentos destinados a diminuir os riscos ambientais no trabalho, o Ministério da Previdência Social pode alterar o enquadramento de empresa que demonstre a melhoria das condições do trabalho, com redução dos agravos à saúde do trabalhador, obtida por meio de investimentos em prevenção e em sistemas gerenciais de risco (art. 203 do Regulamento da Previdência Social).

A alteração do enquadramento está condicionada à inexistência de débitos em relação às contribuições devidas ao Instituto Nacional do Seguro Social e aos demais requisitos estabelecidos pelo Ministério da Previdência Social.

Cabe ao Instituto Nacional do Seguro Social implementar sistema de controle e acompanhamento de acidentes do trabalho.

Verificado o descumprimento por parte da empresa dos requisitos fixados pelo Ministério da Previdência Social, para fins de enquadramento quanto ao risco de acidente de trabalho, o Instituto Nacional do Seguro Social deve proceder à notificação dos valores devidos.

Prosseguindo no exame da contribuição a cargo da empresa, destinada à Seguridade Social, de acordo com o art. 22 da Lei 8.212/1991, temos ainda:

IV – 20% sobre o total das remunerações pagas ou creditadas a qualquer título, no decorrer do mês, aos segurados contribuintes individuais que lhe prestem serviços;

V – 15% sobre o valor bruto da nota fiscal ou fatura de prestação de serviços, relativamente a serviços que lhe são prestados por cooperados por intermédio de cooperativas de trabalho.

A contribuição da empresa de 15% sobre o valor bruto da nota fiscal ou fatura de serviços prestados por cooperados, por meio de cooperativas de trabalho, teve como objetivo substituir a contribuição que seria devida pela cooperativa, ao repassar os valores recebidos pela empresa contratante aos seus cooperados.

Nota-se que a previsão legal estabeleceu como sujeito passivo dessa contribuição a própria empresa contratante, e não a cooperativa de trabalho, embora envolvendo a serviço prestado por cooperados.

Não obstante, o Supremo Tribunal Federal decidiu ser inconstitucional essa contribuição previdenciária (art. 22, inciso IV, da Lei 8.212/1991, com redação dada pela Lei 9.876/1999), por contrariar os limites do art. 195, inciso I, *a*, da Constituição da República (STF, Pleno, RE 595.838/SP, rel. Min. Dias Toffoli, DJe 08.10.2014).

Com esse julgado, a possível tendência é de se passar a prever que a cooperativa de trabalho, equiparada a empresa, também deva estar sujeita à contribuição de 20% sobre o total das remunerações ou retribuições pagas ou creditadas (distribuídas) no decorrer do mês aos respectivos cooperados (segurados contribuintes individuais), a título de remuneração ou retribuição pelos serviços que, por seu intermédio, tenham prestado a empresas, o que ainda é excluído pelo art. 201, § 19, do Regulamento da Previdência Social, pois previa a referida sistemática que foi julgada inconstitucional pelo STF.

A Resolução 10/2016 do Senado Federal suspendeu, nos termos do art. 52, inciso X, da Constituição Federal de 1988, a execução do inciso IV do art. 22 da Lei 8.212/1991, declarado inconstitucional por decisão definitiva proferida pelo Supremo Tribunal Federal nos autos do Recurso Extraordinário 595.838.

Nos termos do art. 22, § 2º, da Lei 8.212/1991, não integram a remuneração as parcelas de que trata o art. 28, § 9º, do mesmo diploma legal, ou seja, que não compõem o salário de contribuição.

Cabe ao Poder Executivo estabelecer, na forma da lei, mecanismos de estímulo às empresas que se utilizem de empregados portadores de deficiências física, sensorial e/ou mental com desvio do padrão médio (art. 22, § 4º, da Lei 8.212/1991).

São consideradas como *remuneração* as importâncias auferidas em uma ou mais empresas, assim entendida a totalidade dos rendimentos pagos, devidos ou creditados a qualquer título, durante o mês, destinados a retribuir o trabalho, qualquer que seja a sua forma, inclusive os ganhos habituais sob a forma de utilidades, ressalvadas as verbas que não integram o salário de contribuição e excetuado o lucro distribuído ao segurado empresário (art. 201, § 1º, do Regulamento da Previdência Social, aprovado pelo Decreto 3.048/1999).

Integra a remuneração a bolsa de estudos paga ou creditada ao médico-residente (o qual é filiado ao Regime Geral de Previdência Social como contribuinte individual) participante do programa de residência médica de que trata o art. 4º da Lei 6.932/1981, com redação dada pela Lei 12.514/2011 (art. 201, § 2º, do Regulamento da Previdência Social, aprovado pelo Decreto 3.048/1999).

Deve-se ressaltar que não se consideram como remuneração direta ou indireta, para os efeitos da Lei 8.212/1991, os valores despendidos pelas entidades religiosas e instituições de ensino vocacional com ministro de confissão religiosa, membros de instituto de vida consagrada, de congregação ou de ordem religiosa em face do seu mister religioso ou para sua subsistência, desde que fornecidos em condições que independam da natureza e da quantidade do trabalho executado (art. 22, § 13, da Lei 8.212/1991).

Cabe esclarecer que, para efeito de interpretação do mencionado art. 22, § 13, da Lei 8.212/1991, os critérios informadores dos valores despendidos pelas entidades religiosas e instituições de ensino vocacional aos ministros de confissão religiosa, aos membros de vida consagrada, de congregação ou de ordem religiosa não são taxativos, e sim exemplificativos; os valores despendidos, ainda que pagos de forma e montante diferenciados, em pecúnia ou a título de ajuda de custo de moradia, transporte, formação educacional, vinculados exclusivamente à atividade religiosa, não configuram remuneração direta ou indireta (art. 22, § 14, da Lei 8.212/1991, incluído pela Lei 13.137/2015).

Conforme previsto nos arts. 106 e 110 do Código Tributário Nacional, o disposto no § 14 do art. 22 da Lei 8.212/1991 aplica-se aos fatos geradores anteriores à data de vigência da Lei 13.137/2015, consideradas nulas as autuações emitidas em desrespeito ao previsto no respectivo diploma legal (art. 22, § 16, da Lei 8.212/1991, incluído pela Lei 14.057/2020).

Na contratação de serviços de transporte rodoviário de carga ou de passageiro, de serviços prestados com a utilização de trator, máquina de terraplenagem, colheitadeira e assemelhados, a base de cálculo da contribuição da empresa corresponde a 20% do valor da nota fiscal, fatura ou recibo, quando esses serviços forem prestados por condutor autônomo de veículo rodoviário, auxiliar de condutor autônomo de veículo rodoviário, bem como por operador de máquinas (art. 22, § 15, da Lei 8.212/1991, incluído pela Lei 13.202/2015).

Não havendo comprovação dos valores pagos ou creditados a certos segurados na condição de contribuinte individual, em face de recusa ou sonegação de qualquer documento ou informação, ou sua apresentação deficiente, o Regulamento da Previdência Social, no art. 201, § 3º, prevê que a contribuição da empresa referente a esses segurados é de 20% sobre: o salário de contribuição do segurado nessa condição; a maior remuneração paga a empregados da empresa; ou o salário mínimo, caso não ocorra nenhuma das hipóteses anteriores.

2.11.1. CONTRIBUIÇÃO PREVIDENCIÁRIA SOBRE A RECEITA BRUTA

O art. 195, § 12, da Constituição da República, incluído pela Emenda Constitucional 42/2003, prevê que a lei definirá os setores de atividade econômica para os quais as contribuições incidentes na forma dos incisos I, alínea *b*, e IV do art. 195, *caput*, da Constituição serão *não cumulativas*.

O art. 195, § 13, da Constituição Federal de 1988, incluído pela Emenda Constitucional 42/2003, foi revogado pela Emenda Constitucional 103/2019 (art. 35, inciso I). Aquele dispositivo previa a hipótese de substituição gradual, total ou parcial, da contribuição incidente na forma do inciso I, alínea *a*, do art. 195 da Constituição da República pela incidente sobre a receita ou o faturamento. Essa previsão permitiu a chamada *desoneração da folha de pagamento*, com o objetivo de incentivar a contratação de trabalhadores pelas empresas.

Frise-se que a vedação de diferenciação ou substituição de base de cálculo decorrente do disposto no § 9º do art. 195 da Constituição Federal de 1988 não se aplica a contribuições que substituam a contribuição de que trata a alínea *a* do inciso I do *caput* do art. 195 da Constituição da República instituídas antes da data de entrada em vigor da Emenda Constitucional 103/2019 (art. 30), com o que foram mantidas.

Desse modo, nas hipóteses legalmente admitidas, como se observa nos arts. 7º e 8º da Lei 12.546/2011 (com redação dada pela Lei 14.288/2021), certas empresas podem contribuir (até 31 de dezembro de 2023) sobre o valor da receita bruta, ou seja, recolher a contribuição previdenciária sobre a receita bruta (CPRB), em substituição às contribuições previdenciárias sobre a folha de pagamento previstas no art. 22, incisos I e III, da Lei 8.212/1991.

O Superior Tribunal de Justiça aprovou a seguinte tese em recurso especial repetitivo (Tema 1.184): "(i) a regra da irretratabilidade da opção pela contribuição previdenciária sobre receita bruta (CPRB) prevista no § 13 do art. 9º da Lei 12.546/2011 destina-se apenas ao beneficiário do regime, e não à Administração; e (ii) a revogação da escolha de tributação da contribuição previdenciária pelo sistema da CPRB, trazida pela Lei 13.670/2018, não feriu direitos do contribuinte, uma vez que foi respeitada a anterioridade nonagesimal" (STJ, 1ª Seção, REsp 1.901.638/SC (2020/0273247-8), rel. Min. Herman Benjamin, j. 14.06.2023).

Ainda a respeito do tema, o Superior Tribunal de Justiça chegou a fixar a seguinte tese jurídica em recurso especial repetitivo: "Os valores de ICMS não integram a base de cálculo da Contribuição Previdenciária sobre a Receita Bruta – CPRB, instituída pela Medida Provisória n. 540/2011, convertida na Lei n. 12.546/2011" (STJ, 1ª Seção, REsp 1.624.297/RS (2016/0233973-4), rel. Min. Regina Helena Costa, DJe 26.04.2019).

Posteriormente, o Supremo Tribunal Federal fixou a seguinte tese de repercussão geral: "É constitucional a inclusão do Imposto sobre Circulação de Mercadorias e Serviços - ICMS na base de cálculo da Contribuição Previdenciária sobre a Receita Bruta - CPRB" (STF, Pleno, RE 1.187.264/SP, red. p/ ac. Min. Alexandre de Moraes, j. 24.02.2021, DJe 20.05.2021).

Na mesma linha, o Supremo Tribunal Federal fixou a seguinte tese de repercussão geral: "É constitucional a inclusão do Imposto Sobre Serviços de Qualquer Natureza - ISS na base de cálculo da Contribuição Previdenciária sobre a Receita Bruta – CPRB" (STF, Pleno, RE 1.285.845/RS, red. p/ ac. Min. Alexandre de Moraes, j. 21.06.2021, DJe 08.07.2021).

A respeito de valores de PIS e COFINS na base de cálculo da contribuição previdenciária sobre a receita bruta (CPRB), cf. STF, Pleno, RE 1.341.464/CE.

2.11.2. CONTRIBUIÇÃO ADICIONAL DAS INSTITUIÇÕES FINANCEIRAS

No caso de bancos comerciais, bancos de investimentos, bancos de desenvolvimento, caixas econômicas, sociedades de crédito, financiamento e investimento, sociedades de crédito imobiliário, sociedades corretoras, distribuidoras de títulos e valores mobiliários, empresas de arrendamento mercantil, cooperativas de crédito, empresas de seguros privados e de capitalização, agentes autônomos de seguros privados e de crédito e entidades de previdência privada (abertas e fechadas), além das contribuições referidas nos arts. 22 e 23 da Lei 8.212/1991, é devida a contribuição adicional de 2,5% sobre a base de cálculo definida no art. 22, incisos I e III, da Lei 8.212/1991.

Entende-se que essa previsão legal (art. 22, § 1º, da Lei 8.212/1991) tem como objetivo alcançar a isonomia material, sabendo-se que as contribuições sociais previstas no art. 195, inciso I, da Constituição da República podem ter alíquotas diferenciadas em razão da atividade econômica, da utilização intensiva de mão de obra, do porte da empresa ou da condição estrutural do mercado de trabalho (art. 195, § 9º, da Constituição Federal)[22].

É constitucional a previsão legal de diferenciação de alíquotas em relação às contribuições previdenciárias incidentes sobre a folha de salários de instituições financeiras ou de entidades a elas legalmente equiparáveis, após a edição da Emenda Constitucional 20/1998 (STF, Pleno, RE 598.572/SP, rel. Min. Edson Fachin, DJe 04.04.2016).

2.11.3. CONTRIBUIÇÃO DA MICROEMPRESA E DA EMPRESA DE PEQUENO PORTE INSCRITAS NO SIMPLES

A Constituição da República, no art. 179, dispõe que a União, os Estados, o Distrito Federal e os Municípios devem dispensar às microempresas e às empresas de pequeno porte, assim definidas em lei, tratamento jurídico diferenciado, visando a incentivá-las pela simplificação de suas obrigações administrativas, tributárias, previdenciárias e creditícias, ou pela eliminação ou redução destas por meio de lei.

Conforme o art. 146, inciso III, *d*, da Constituição Federal, cabe à lei complementar estabelecer normas gerais em matéria de legislação tributária, especialmente sobre definição de tratamento diferenciado e favorecido para as microempresas e para as empresas de pequeno porte, inclusive regimes especiais ou simplificados no caso do imposto previsto no art. 155, inciso II,

---

[22] "Processo civil. Medida cautelar. Efeito suspensivo a recurso extraordinário. Instituição financeira. Contribuição previdenciária sobre a folha de salários. Adicional. § 1º do art. 22 da Lei n. 8.212/91. A sobrecarga imposta aos bancos comerciais e às entidades financeiras, no tocante à contribuição previdenciária sobre a folha de salários, não fere, à primeira vista, o princípio da isonomia tributária, ante a expressa previsão constitucional (Emenda de Revisão n. 1/94 e Emenda Constitucional n. 20/98, que inseriu o § 9º no art. 195 do Texto permanente). Liminar a que se nega referendo. Processo extinto" (STF, Pleno, MC-AC 1.109/SP, Rel. p/ ac. Min. Carlos Britto, DJe 19.10.2007).

das contribuições previstas no art. 195, inciso I e §§ 12 e 13[23], e da contribuição a que se refere o art. 239 da Constituição da República (PIS/PASEP).

A referida lei complementar também pode instituir um regime único de arrecadação dos impostos e contribuições da União, dos Estados, do Distrito Federal e dos Municípios, observado que:

I – será opcional para o contribuinte;

II – poderão ser estabelecidas condições de enquadramento diferenciadas por Estado;

III – o recolhimento será unificado e centralizado e a distribuição da parcela de recursos pertencentes aos respectivos entes federados será imediata, vedada qualquer retenção ou condicionamento;

IV – a arrecadação, a fiscalização e a cobrança poderão ser compartilhadas pelos entes federados, adotado cadastro nacional único de contribuintes (art. 146, parágrafo único, da Constituição da República).

Nesse contexto, a Lei Complementar 123/2006 estabelece normas gerais relativas ao tratamento diferenciado e favorecido a ser dispensado às microempresas e empresas de pequeno porte no âmbito dos Poderes da União, dos Estados, do Distrito Federal e dos Municípios, especialmente no que se refere:

I – à apuração e recolhimento dos impostos e contribuições da União, dos Estados, do Distrito Federal e dos Municípios, mediante regime único de arrecadação, inclusive obrigações acessórias;

II – ao cumprimento de obrigações trabalhistas e previdenciárias, inclusive obrigações acessórias;

III – ao acesso a crédito e ao mercado, inclusive quanto à preferência nas aquisições de bens e serviços pelos Poderes Públicos, à tecnologia, ao associativismo e às regras de inclusão;

IV – ao cadastro nacional único de contribuintes a que se refere o art. 146, parágrafo único, inciso IV, *in fine*, da Constituição Federal.

De acordo com o art. 3º da Lei Complementar 123/2006, consideram-se microempresas ou empresas de pequeno porte a sociedade empresária, a sociedade simples, a empresa individual de responsabilidade limitada e o empresário a que se refere o art. 966 do Código Civil, devidamente registrados no Registro de Empresas Mercantis ou no Registro Civil de Pessoas

---

23 "§ 12. A lei definirá os setores de atividade econômica para os quais as contribuições incidentes na forma dos incisos I, *b*; e IV do *caput*, serão não cumulativas". O § 13 do art. 195 da Constituição Federal de 1988 foi revogado pela Emenda Constitucional 103/2019 (art. 35, inciso I, *b*).

Jurídicas, conforme o caso, desde que: no caso da *microempresa*, aufira, em cada ano-calendário, receita bruta igual ou inferior a R$ 360.000,00; no caso da *empresa de pequeno porte*, aufira, em cada ano-calendário, receita bruta superior a R$ 360.000,00 e igual ou inferior a R$ 4.800.000,00.

Considera-se receita bruta o produto da venda de bens e serviços nas operações de conta própria, o preço dos serviços prestados e o resultado nas operações em conta alheia, não incluídas as vendas canceladas e os descontos incondicionais concedidos.

No caso de início de atividade no próprio ano-calendário, os limites acima devem ser proporcionais ao número de meses em que a microempresa ou a empresa de pequeno porte houver exercido atividade, inclusive as frações de meses.

O enquadramento do empresário ou da sociedade simples ou empresária como microempresa ou empresa de pequeno porte (bem como a saída dessa condição) não implica alteração, denúncia ou qualquer restrição em relação a contratos por elas anteriormente firmados.

O art. 12 da Lei Complementar 123/2006 instituiu o Regime Especial Unificado de Arrecadação de Tributos e Contribuições devidos pelas Microempresas e Empresas de Pequeno Porte (Simples Nacional).

A opção pelo Simples Nacional da pessoa jurídica enquadrada na condição de microempresa e empresa de pequeno porte deve ser feita na forma a ser estabelecida em ato do Comitê Gestor, sendo irretratável para todo o ano-calendário (art. 16 da Lei Complementar 123/2006).

Para a contribuição diferenciada em questão não basta, portanto, ser microempresa ou empresa de pequeno porte, sendo também necessária a opção pelo regime do Simples Nacional.

Assim, a pessoa jurídica enquadrada na condição de microempresa ou empresa de pequeno porte, na forma do art. 3º da Lei Complementar 123/2006, que optar pela inscrição no Regime Especial Unificado de Arrecadação de Tributos e Contribuições devidos pelas Microempresas e Empresas de Pequeno Porte (Simples Nacional), contribui na forma estabelecida no art. 13 da referida Lei Complementar 123/2006, em substituição às contribuições de que tratam os arts. 22 (contribuição a cargo da empresa), 22-A (contribuição devida pela agroindústria) e 23 (contribuições a cargo da empresa provenientes do faturamento, da receita e do lucro) da Lei 8.212/1991.

Nesse sentido, conforme o art. 13 da Lei Complementar 123/2006, o Simples Nacional implica o recolhimento mensal, mediante documento único de arrecadação, dos seguintes impostos e contribuições:

I – Imposto sobre a Renda da Pessoa Jurídica – IRPJ;

II – Imposto sobre Produtos Industrializados – IPI, observado o disposto no inciso XII do § 1º do art. 13 da Lei Complementar 123/2006;

III – Contribuição Social sobre o Lucro Líquido – CSLL;

IV – Contribuição para o Financiamento da Seguridade Social – COFINS, observado o disposto no inciso XII do § 1º do art. 13 da Lei Complementar 123/2006;

V – Contribuição para o PIS/PASEP, observado o disposto no inciso XII do § 1º do art. 13 da Lei Complementar 123/2006;

VI – Contribuição Patronal Previdenciária – CPP para a Seguridade Social, a cargo da pessoa jurídica, de que trata o art. 22 da Lei 8.212/1991, exceto no caso da microempresa e da empresa de pequeno porte que se dedique às atividades de prestação de serviços referidas no § 5º-C do art. 18 da Lei Complementar 123/2006;

VII – Imposto sobre Operações Relativas à Circulação de Mercadorias e Sobre Prestações de Serviços de Transporte Interestadual e Intermunicipal e de Comunicação – ICMS;

VIII – Imposto sobre Serviços de Qualquer Natureza – ISS.

Cabe esclarecer que o recolhimento na forma do mencionado dispositivo legal não exclui a incidência dos seguintes impostos ou contribuições, devidos na qualidade de contribuinte ou responsável, em relação aos quais deve ser observada a legislação aplicável às demais pessoas jurídicas (art. 13, § 1º, da Lei Complementar 123/2006):

I – Imposto sobre Operações de Crédito, Câmbio e Seguro, ou Relativas a Títulos ou Valores Mobiliários – IOF;

II – Imposto sobre a Importação de Produtos Estrangeiros – II;

III – Imposto sobre a Exportação, para o Exterior, de Produtos Nacionais ou Nacionalizados – IE;

IV – Imposto sobre a Propriedade Territorial Rural – ITR;

V – Imposto de Renda, relativo aos rendimentos ou ganhos líquidos auferidos em aplicações de renda fixa ou variável;

VI – Imposto de Renda relativo aos ganhos de capital auferidos na alienação de bens do ativo permanente;

VII – Contribuição Provisória sobre Movimentação ou Transmissão de Valores e de Créditos e Direitos de Natureza Financeira – CPMF;

VIII – Contribuição para o Fundo de Garantia do Tempo de Serviço – FGTS;

IX – Contribuição para manutenção da Seguridade Social, relativa ao trabalhador;

X – Contribuição para a Seguridade Social, relativa à pessoa do empresário, na qualidade de contribuinte individual;

XI – Imposto de Renda relativo aos pagamentos ou créditos efetuados pela pessoa jurídica a pessoas físicas;

XII – Contribuição para o PIS/PASEP, Cofins e IPI incidentes na importação de bens e serviços;

XIII – ICMS devido: a) nas operações indicadas no art. 13, § 1º, inciso XIII, *a*, da Lei Complementar 123/2006; b) por terceiro, a que o contribuinte se ache obrigado, por força da legislação estadual ou distrital vigente; c) na entrada, no território do Estado ou do Distrito Federal, de petróleo, inclusive lubrificantes e combustíveis líquidos e gasosos dele derivados, bem como energia elétrica, quando não destinados à comercialização ou industrialização; d) por ocasião do desembaraço aduaneiro; e) na aquisição ou manutenção em estoque de mercadoria desacobertada de documento fiscal; f) na operação ou prestação desacobertada de documento fiscal; g) nas operações com bens ou mercadorias sujeitas ao regime de antecipação do recolhimento do imposto, nas aquisições em outros Estados e Distrito Federal: 1. com encerramento da tributação, observado o disposto no inciso IV do § 4º do art. 18 da Lei Complementar 123/2006; 2. sem encerramento da tributação, hipótese em que será cobrada a diferença entre a alíquota interna e a interestadual, sendo vedada a agregação de qualquer valor; h) nas aquisições em outros Estados e no Distrito Federal de bens ou mercadorias, não sujeitas ao regime de antecipação do recolhimento do imposto, relativo à diferença entre a alíquota interna e a interestadual;

XIV – ISS devido: a) em relação aos serviços sujeitos à substituição tributária ou retenção na fonte; b) na importação de serviços;

XV – demais tributos de competência da União, dos Estados, do Distrito Federal ou dos Municípios, não relacionados nos incisos anteriores.

Os valores repassados aos profissionais de que trata a Lei 12.592/2012 (a qual dispõe sobre o exercício das atividades profissionais de cabeleireiro, barbeiro, esteticista, manicure, pedicure, depilador e maquiador), contratados por meio de parceria, nos termos da legislação civil, não integram a receita bruta da empresa contratante para fins de tributação, cabendo ao contratante a retenção e o recolhimento dos tributos devidos pelo contratado (art. 13,

§ 1º-A, da Lei Complementar 123/2006, acrescentado pela Lei Complementar 155/2016).

O Supremo Tribunal Federal fixou a seguinte tese de repercussão geral: "É constitucional a restrição, imposta a empresa optante pelo Simples Nacional, ao benefício fiscal de alíquota zero previsto no parágrafo único do artigo 2º da Lei nº 10.147/2000, tendo em conta o regime próprio ao qual submetida" (STF, Pleno, RE 1.199.021/SC, rel. Min. Marco Aurélio, j. 08.09.2020, DJe 26.10.2020).

2.11.4. CONTRIBUIÇÃO DO MICROEMPREENDEDOR INDIVIDUAL

O *Microempreendedor Individual* (MEI) também pode optar pelo recolhimento dos impostos e contribuições abrangidos pelo Simples Nacional em valores fixos mensais, independentemente da receita bruta por ele auferida no mês, na forma prevista no art. 18-A da Lei Complementar 123/2006.

Para os efeitos da Lei Complementar 123/2006, considera-se Microempreendedor Individual (MEI) quem tenha auferido receita bruta, no ano-calendário anterior, de até R$ 81.000,00, que seja optante pelo Simples Nacional e que não esteja impedido de optar pela sistemática prevista no art. 18-A do mesmo diploma legal, e seja empresário individual que se enquadre na definição do art. 966 do Código Civil[24], ou o empreendedor que exerça: I – as atividades de que trata o § 4º-A do art. 18-A da Lei Complementar 123/2006[25]; II – as atividades de que trata o § 4º-B do art. 18-A da Lei Complementar 123/2006 estabelecidas pelo Comitê Gestor do Simples Nacional (CGSN)[26]; III – as atividades de industrialização, comercialização e prestação de serviços no âmbito rural (art. 18-A, § 1º, da Lei Complementar 123/2006, com redação dada pela Lei Complementar 188/2021).

---

[24] "Art. 966. Considera-se empresário quem exerce profissionalmente atividade econômica organizada para a produção ou a circulação de bens ou de serviços. Parágrafo único. Não se considera empresário quem exerce profissão intelectual, de natureza científica, literária ou artística, ainda com o concurso de auxiliares ou colaboradores, salvo se o exercício da profissão constituir elemento de empresa".

[25] "§ 4º-A. Observadas as demais condições deste artigo, poderá optar pela sistemática de recolhimento prevista no *caput* o empresário individual que exerça atividade de comercialização e processamento de produtos de natureza extrativista".

[26] "§ 4º-B. O CGSN determinará as atividades autorizadas a optar pela sistemática de recolhimento de que trata este artigo, de forma a evitar a fragilização das relações de trabalho, bem como sobre a incidência do ICMS e do ISS".

No caso de início de atividades, o referido limite será de R$ 6.750,00 multiplicados pelo número de meses compreendido entre o início da atividade e o final do respectivo ano-calendário, devendo ser consideradas as frações de meses como um mês inteiro (art. 18-A, § 2º, da Lei Complementar 123/2006).

A empresa contratante de serviços executados por intermédio do Microempreendedor Individual (MEI) mantém, em relação a essa contratação, a obrigatoriedade de recolhimento das contribuições a que se refere o art. 22, *caput*, inciso III e § 1º, da Lei 8.212/1991, e o cumprimento das obrigações acessórias relativas à contratação de contribuinte individual (art. 18-B da Lei Complementar 123/2006).

Essa previsão é aplicável exclusivamente em relação ao Microempreendedor Individual (MEI) que for contratado para prestar serviços de hidráulica, eletricidade, pintura, alvenaria, carpintaria e de manutenção ou reparo de veículos (art. 18-B, § 1º, da Lei Complementar 123/2006).

Logo, pode-se dizer que a empresa contratante de outros serviços, diversos dos acima arrolados, executados por intermédio do Microempreendedor Individual (MEI), não tem, em relação a essa contratação, a obrigatoriedade de recolhimento das contribuições previdenciárias (de empresa) mencionadas (art. 22, *caput*, inciso III e § 1º, da Lei 8.212/1991), significando isenção, nem de cumprimento das obrigações acessórias relativas à contratação de contribuinte individual.

De todo modo, o disposto no art. 18-B da Lei Complementar 123/2006, evidentemente, não se aplica quando presentes os elementos da relação de emprego (quanto ao Microempreendedor Individual), ficando a contratante sujeita a todas as obrigações dela decorrentes, inclusive trabalhistas, tributárias e previdenciárias (art. 18-B, § 2º, da Lei Complementar 123/2006).

Observado o disposto no art. 18-A da Lei Complementar 123/2006, pode se enquadrar como Microempreendedor Individual (MEI) o empresário individual ou o empreendedor que exerça as atividades de industrialização, comercialização e prestação de serviços no âmbito rural que possua um único empregado que receba exclusivamente um salário mínimo ou o piso salarial da categoria profissional (art. 18-C da Lei Complementar 123/2006).

Na hipótese acima, o Microempreendedor Individual (MEI):

I – deve reter e recolher a contribuição previdenciária relativa ao segurado a seu serviço na forma da lei, observados prazo e condições estabelecidos pelo Comitê Gestor do Simples Nacional (CGSN);

II – é obrigado a prestar informações relativas ao segurado a seu serviço, na forma estabelecida pelo Comitê Gestor do Simples Nacional (CGSN);

III – está sujeito ao recolhimento da contribuição patronal previdenciária para a Seguridade Social (prevista no art. 13, *caput*, inciso VI, da Lei Complementar 123/2006) calculada à alíquota de 3% sobre o salário de contribuição previsto no art. 18-C, *caput*, da Lei Complementar 123/2006 (um salário mínimo ou o piso salarial da categoria profissional do seu empregado), na forma e prazos estabelecidos pelo Comitê Gestor do Simples Nacional (CGSN) (art. 18-C, § 1º, da Lei Complementar 123/2006).

Esclareça-se que para os casos de afastamento legal do único empregado do Microempreendedor Individual (MEI), é permitida a contratação de outro empregado, inclusive por prazo determinado, até que cessem as condições do afastamento (art. 18-C, § 2º, da Lei Complementar 123/2006).

O instituto do Microempreendedor Individual (MEI) é uma política pública que tem por objetivo a formalização de pequenos empreendimentos e a inclusão social e previdenciária (art. 18-E da Lei Complementar 123/2006). Sendo assim, a formalização de MEI não tem caráter eminentemente econômico ou fiscal.

Todo benefício previsto na Lei Complementar 123/2006 aplicável à microempresa estende-se ao Microempreendedor Individual (MEI) sempre que lhe for mais favorável. O MEI é modalidade de microempresa.

É vedado impor restrições ao Microempreendedor Individual (MEI) relativamente ao exercício de profissão ou participação em licitações, em função da sua natureza jurídica, inclusive por ocasião da contratação dos serviços previstos no art. 18-B, § 1º, da Lei Complementar 123/2006 (serviços de hidráulica, eletricidade, pintura, alvenaria, carpintaria e de manutenção ou reparo de veículos).

O empreendedor que exerça as atividades de industrialização, comercialização e prestação de serviços no âmbito rural que efetuar seu registro como Microempreendedor Individual (MEI) não perde a condição de segurado especial da Previdência Social.

O empreendedor que exerça as atividades de industrialização, comercialização e prestação de serviços no âmbito rural mantém todas as suas obrigações relativas à condição de produtor rural ou de agricultor familiar.

Para o transportador autônomo de cargas inscrito como Microempreendedor Individual (MEI), nos termos do art. 18-A da Lei Complementar 123/2006:

I – o limite da receita bruta de que trata o art. 18-A, § 1º, e § 3º, inciso V, da Lei Complementar 123/2006 será de R$ 251.600,00;

II – o limite será de R$ 20.966,67 multiplicados pelo número de meses compreendidos entre o início da atividade e o final do respectivo ano-calendário, consideradas as frações de meses como um mês inteiro, no caso de início de atividades de que trata o art. 18-A, § 2º, da Lei Complementar 123/2006;

III – o valor mensal da contribuição de que trata o inciso X do § 1º do art. 13 da Lei Complementar 123/2006 (contribuição para a Seguridade Social, relativa à pessoa do empresário, na qualidade de contribuinte individual) corresponderá ao valor resultante da aplicação da alíquota de 12% sobre o salário mínimo mensal (art. 18-F da Lei Complementar 123/2006, incluído pela Lei Complementar 188/2021).

2.11.5. CONTRIBUIÇÃO DA ASSOCIAÇÃO DESPORTIVA DE FUTEBOL PROFISSIONAL

A contribuição empresarial da *associação desportiva que mantém equipe de futebol profissional* destinada à Seguridade Social, em substituição à prevista no art. 22 incisos I e II, da Lei 8.212/1991, corresponde a 5% da receita bruta, decorrente dos espetáculos desportivos de que participem em todo o território nacional em qualquer modalidade desportiva, inclusive jogos internacionais, e de qualquer forma de patrocínio, licenciamento de uso de marcas e símbolos, publicidade, propaganda e de transmissão de espetáculos desportivos (art. 22, § 6º, da Lei 8.212/1991).

Cabe à entidade promotora do espetáculo a responsabilidade de efetuar o desconto de 5% da receita bruta decorrente dos espetáculos desportivos e o respectivo recolhimento ao Instituto Nacional do Seguro Social, no prazo de até dois dias úteis após a realização do evento (art. 22, § 7º, da Lei 8.212/1991).

Cabe à associação desportiva que mantém equipe de futebol profissional informar à entidade promotora do espetáculo desportivo todas as receitas auferidas no evento, discriminando-as detalhadamente (art. 22, § 8º, da Lei 8.212/1991).

No caso de a associação desportiva que mantém equipe de futebol profissional receber recursos de empresa ou entidade, a título de patrocínio, licenciamento de uso de marcas e símbolos, publicidade, propaganda e transmissão de espetáculos, esta última fica com a responsabilidade de reter e recolher o percentual de 5% da receita bruta decorrente do evento, inadmitida qualquer dedução, no prazo do art. 30, inciso I, *b*, da Lei 8.212/1991, ou seja, até o dia 20 do mês subsequente ao da competência (art. 22, § 9º, da Lei 8.212/1991).

Não se aplica o disposto no art. 22, §§ 6º ao 9º, da Lei 8.212/1991 às demais associações desportivas, que devem contribuir na forma dos arts. 22, incisos I e II, e 23 da Lei 8.212/1991.

O disposto no art. 22, §§ 6º ao 9º, da Lei 8.212/1991 também se aplica à associação desportiva que mantenha equipe de futebol profissional e atividade econômica organizada para a produção e circulação de bens e serviços e que se organize regularmente, segundo um dos tipos de sociedade regulados nos arts. 1.039 a 1.092 do Código Civil (sociedade em nome coletivo, sociedade em comandita simples, sociedade limitada, sociedade anônima ou sociedade em comandita por ações). Essa previsão é aplicável apenas às atividades diretamente relacionadas com a manutenção e administração de equipe profissional de futebol, não se estendendo às outras atividades econômicas exercidas pelas referidas sociedades empresariais beneficiárias.

Esclareça-se que as organizações esportivas (organizações de administração e de prática esportiva) devem se constituir como pessoas jurídicas de direito privado, financiadas por meio das próprias atividades, admitido o seu fomento pelo poder público, para a realização dos objetivos previstos no Plano Nacional do Esporte (PNEsporte), bem como para a execução descentralizada de programas e ações públicos relacionados ao esporte (art. 33 da Lei 14.597/2023).

2.12. CONTRIBUIÇÃO DO PRODUTOR RURAL PESSOA JURÍDICA

A contribuição devida à Seguridade Social pelo *empregador, pessoa jurídica, que se dedique à produção rural*, em substituição à prevista no art. 22, incisos I e II, da Lei 8.212/1991 (contribuição da empresa), é a seguinte:

I – 1,7% da receita bruta proveniente da comercialização da sua produção (redação dada pela Lei 13.606/2018);

II – 0,1% da receita bruta proveniente da comercialização de sua produção, para o financiamento da complementação das prestações por acidente de trabalho (art. 25 da Lei 8.870/1994, com redação dada pela Lei 10.256/2001).

Trata-se, no caso, da contribuição devida pelo produtor rural pessoa jurídica como empregador, ou seja, em substituição à contribuição de empresa.

O Supremo Tribunal Federal fixou a seguinte tese de repercussão geral (Tema 651): "I – É inconstitucional a contribuição à seguridade social, a cargo do empregador rural pessoa jurídica, incidente sobre a receita bruta proveniente da comercialização da sua produção, prevista no art. 25, incisos I e II, da Lei nº 8.870/1994, na redação anterior à Emenda Constitucional nº 20/1998; II - É constitucional a contribuição à seguridade social, a cargo do empregador rural pessoa jurídica, incidente sobre a receita bruta proveniente da comercialização da sua produção, prevista no art. 25, incisos I e II, da Lei nº 8.870/1994, na redação dada pela Lei nº 10.256/2001; III – É constitucional a contribuição social destinada ao Serviço Nacional de Aprendizagem Rural (SENAR), de que trata o art. 25, § 1º, da Lei nº 8.870/1994, inclusive na redação conferida pela Lei nº 10.256/2001" (STF, Pleno, RE 700.922/RS, red. p/ ac. Min. Alexandre de Moraes, j. 15.03.2023).

O segurado é sempre pessoa física, e não pessoa jurídica. Ou seja, o contribuinte individual, como segurado, não tem como ser pessoa jurídica. Logo, quanto ao tema, apenas o produtor rural pessoa física é contribuinte individual, conforme art. 12, inciso V, *a*, da Lei 8.212/1991 e art. 11, inciso V, *a*, da Lei 8.213/1991.

Tanto é assim que o Regulamento da Previdência Social, ao versar sobre o produtor rural pessoa jurídica, não prevê o dever de contribuir, ele próprio, como contribuinte individual (art. 201, inciso IV), diversamente do que ocorre quanto ao produtor rural pessoa física (art. 200, § 3º).

O produtor rural pessoa jurídica é obrigado a arrecadar e recolher a contribuição do segurado empregado, do trabalhador avulso (art. 30, inciso I, da Lei 8.212/1991) e do segurado contribuinte individual (art. 4º da Lei 10.666/2003) a seu serviço, descontando-a da respectiva remuneração, nos mesmos prazos e segundo as mesmas normas aplicadas às empresas em geral (art. 201, § 17, do Regulamento da Previdência Social).

O disposto no art. 3º, inciso I, da Lei 8.315/1991 não se aplica ao referido empregador produtor rural pessoa jurídica, que contribui com o adicional de 0,25% da receita bruta proveniente da venda de mercadorias de produção própria, destinado ao Serviço Nacional de Aprendizagem Rural (SENAR).

Para os efeitos do art. 25 da Lei 8.870/1994, deve-se observar o disposto no art. 25, § 3º, da Lei 8.212/1991, com redação dada pela Lei 13.986/2020, ao prever que integram a produção os produtos de origem animal ou vegetal, em estado natural ou submetidos a processos de beneficiamento ou industrialização rudimentar, assim compreendidos, entre outros, os processos de lavagem, limpeza, descaroçamento, pilagem, descascamento, lenhamento, pasteurização, resfriamento, secagem, fermentação, embalagem, cristalização, fundição, carvoejamento, cozimento, destilação, moagem e torrefação, bem como os subprodutos e os resíduos obtidos por meio desses processos, exceto, no caso de sociedades cooperativas, a parcela de produção que não seja objeto de repasse ao cooperado por meio de fixação de preço.

O disposto no art. 25 da Lei 8.870/1994 não se aplica às operações relativas à prestação de serviços a terceiros, cujas contribuições previdenciárias continuam sendo devidas na forma do art. 22 da Lei 8.212/1991.

Não integra a base de cálculo da contribuição de que trata o art. 25 da Lei 8.870/1994 a produção rural destinada ao plantio ou reflorestamento, nem o produto animal destinado à reprodução ou criação pecuária ou granjeira e à utilização como cobaia para fins de pesquisas científicas, quando vendido pelo próprio produtor e por quem a utilize diretamente com essas finalidades e, no caso de produto vegetal, por pessoa ou entidade registrada no Ministério da Agricultura, Pecuária e Abastecimento que se dedique ao comércio de sementes e mudas no País (art. 25, § 6º, da Lei 8.870/1994, acrescentado pela Lei 13.606/2018).

O empregador pessoa jurídica pode optar por contribuir na forma prevista no art. 25 da Lei 8.870/1994 ou na forma do art. 22, incisos I e II, da Lei 8.212/1991, manifestando sua opção mediante o pagamento da contribuição incidente sobre a folha de salários relativa a janeiro de cada ano, ou à primeira competência subsequente ao início da atividade rural, e será irretratável para todo o ano-calendário (art. 25, § 7º, da Lei 8.870/1994, incluído pela Lei 13.606/2018, com produção de efeitos a partir de 1º de janeiro de 2019).

2.13. CONTRIBUIÇÃO DA AGROINDÚSTRIA

A contribuição devida pela *agroindústria*, definida como o produtor rural pessoa jurídica cuja atividade econômica seja a industrialização de produção própria ou de produção própria e adquirida de terceiros, incidente sobre o valor da receita bruta proveniente da comercialização da produção, em substituição às contribuições previstas no art. 22, incisos I e II, da Lei 8.212/1991 (contribuição da empresa), é de:

I – 2,5% destinados à Seguridade Social;

II – 0,1% para o financiamento do benefício previsto nos arts. 57 e 58 da Lei 8.213/1991 (aposentadoria especial), e daqueles concedidos em razão do grau de incidência de incapacidade para o trabalho decorrente dos riscos ambientais da atividade (art. 22-A da Lei 8.212/1991).

Entende-se por receita bruta o valor total da receita proveniente da comercialização da produção própria e da adquirida de terceiros, industrializada ou não (art. 201-A, § 1º, do Regulamento da Previdência Social).

O Supremo Tribunal Federal fixou a seguinte tese de repercussão geral: “É constitucional o art. 22-A da Lei 8.212/1991, com a redação da Lei 10.256/2001, no que instituiu contribuição previdenciária incidente sobre a receita bruta proveniente da comercialização da produção, em substituição ao regime anterior da contribuição incidente sobre a folha de salários” (STF, Pleno, RE 611.601/RS, rel. Min. Dias Toffoli, j. 19.12.2022).

O disposto no art. 3º, inciso I, da Lei 8.315/1991 não se aplica ao empregador de que trata o art. 22-A da Lei 8.212/1991, o qual contribui com o adicional de 0,25% da receita bruta proveniente da comercialização da produção, destinado ao Serviço Nacional de Aprendizagem Rural (SENAR), conforme art. 22-A, § 5º, da Lei 8.212/1991.

O disposto no art. 22-A da Lei 8.212/1991 não se aplica às operações relativas à prestação de serviços a terceiros, cujas contribuições previdenciárias continuam sendo devidas na forma do art. 22 da Lei 8.212/1991. Nessa hipótese, a receita bruta correspondente aos serviços prestados a terceiros deve ser excluída da base de cálculo da contribuição de que trata o art. 22-A da Lei 8.212/1991 (devida pela agroindústria sobre o valor da receita bruta proveniente da comercialização da produção).

O disposto no art. 22-A da Lei 8.212/1991 também não se aplica às sociedades cooperativas e às agroindústrias de piscicultura, carcinicultura, suinocultura e avicultura.

Não se aplica o regime substitutivo de que trata o art. 22-A da Lei 8.212/1991 à pessoa jurídica que, relativamente à atividade rural, se dedique apenas ao florestamento e reflorestamento como fonte de matéria-prima para industrialização própria mediante a utilização de processo industrial que modifique a natureza química da madeira ou a transforme em pasta celulósica (ainda que a referida pessoa jurídica comercialize resíduos vegetais ou sobras ou partes da produção, desde que a receita bruta decorrente dessa comercialização represente menos de 1% de sua receita bruta proveniente da comercialização da produção).

2.14. CONTRIBUIÇÕES DA EMPRESA SOBRE A RECEITA, O FATURAMENTO E O LUCRO

Além das contribuições previdenciárias, deve-se fazer menção às contribuições a cargo da empresa incidentes sobre a receita, o faturamento e o lucro, destinadas à Seguridade Social (art. 23 da Lei 8.212/1991).

Essas contribuições, entretanto, não se aplicam ao empregador rural pessoa física e ao segurado especial (nem, evidentemente, ao empregador doméstico).

Nesse sentido, sem prejuízo da cobrança das contribuições para o Programa de Integração Social (PIS) e para o Programa de Formação do Patrimônio do Servidor Público (PASEP), a Lei Complementar 70/1991 instituiu a contribuição social para financiamento da Seguridade Social, nos termos do art. 195, inciso I, da Constituição Federal, devida pelas pessoas jurídicas, inclusive as a elas equiparadas pela legislação do imposto de renda, destinadas exclusivamente às despesas com atividades-fim das áreas de Saúde, Previdência e Assistência Social.

A Lei 9.718/1998 dispõe sobre as contribuições para os Programas de Integração Social e de Formação do Patrimônio do Servidor Público (PIS/PASEP) e a Contribuição para o Financiamento da Seguridade Social (COFINS), de que tratam o art. 239 da Constituição Federal e a Lei Complementar 70/1991.

As contribuições para o PIS/PASEP e a COFINS, devidas pelas pessoas jurídicas de direito privado, são calculadas com base no seu faturamento. O faturamento corresponde à receita bruta da pessoa jurídica.

É devida, em regra, a Contribuição para o Financiamento da Seguridade Social (COFINS), aplicando-se a alíquota de 3% sobre o faturamento (art. 8º da Lei 9.718/1998).

Cabe à lei definir os setores de atividade econômica para os quais as contribuições incidentes na forma do art. 195, inciso I, *b* (contribuições sociais do empregador, da empresa e da entidade a ela equiparada na forma da lei, incidentes sobre a receita ou o faturamento), e inciso IV (contribuições sociais do importador de bens ou serviços do exterior, ou de quem a lei a ele equiparar), da Constituição da República devem ser não cumulativas (art. 195, § 12, da Constituição Federal de 1988).

A Contribuição para o Financiamento da Seguridade Social (COFINS) não cumulativa incide sobre o total das receitas auferidas no mês pela pessoa jurídica, independentemente de sua denominação ou classificação contábil (art. 1º da Lei 10.833/2003). Para efeito dessa previsão, o total das receitas compreende a receita bruta. A base de cálculo da COFINS, assim, é o total das receitas auferidas pela pessoa jurídica. Em regra, para determinação do valor da COFINS não cumulativa deve-se aplicar, sobre a referida base de cálculo, a alíquota de 7,6% (art. 2º da Lei 10.833/2003).

A respeito do tema, o Supremo Tribunal Federal fixou a seguinte tese de repercussão geral: "É constitucional a previsão em lei ordinária que introduz a sistemática da não cumulatividade a COFINS, dado que observa os princípios da legalidade, isonomia, capacidade contributiva global e não confisco" (STF, Pleno, RE 570.122/RS, red. p/ ac. Min. Edson Fachin, j. 02.09.2020).

De acordo com o entendimento firmado pelo Supremo Tribunal Federal, "a receita bruta e o faturamento, para fins de definição da base de cálculo para a incidência do PIS e da COFINS, são termos equivalentes e consistem na totalidade das receitas auferidas com a venda de mercadorias, de serviços ou de mercadorias e serviços, assim entendido como a soma das receitas oriundas do exercício das atividades empresariais típicas" (STF, 2ª T., AgR-RE 776.474/RS, rel. Min. Dias Toffoli, DJe 14.08.2017).

O Supremo Tribunal Federal fixou a seguinte tese de repercussão geral: "É constitucional a majoração diferenciada de alíquotas em relação às contribuições sociais incidentes sobre o faturamento ou a receita de instituições financeiras ou de entidades a elas legalmente equiparáveis" (STF, Pleno, RE 656.089/MG, rel. Min. Dias Toffoli, j. 06.06.2018).

A contribuição para financiamento da Seguridade Social (Cofins) incide sobre as receitas provenientes das operações de locação de bens móveis (Súmula 423 do STJ).

A isenção da Cofins concedida pelo art. 6º, inciso II, da Lei Complementar 70/1991 às sociedades civis de prestação de serviços profissionais foi revogada pelo art. 56 da Lei 9.430/1996 (Súmula 508 do STJ).

As sociedades corretoras de seguros, que não se confundem com as sociedades de valores mobiliários ou com os agentes autônomos de seguro privado, estão fora do rol de entidades constantes do art. 22, § 1º, da Lei 8.212/1991, não se sujeitando à majoração da alíquota da Cofins prevista no art. 18 da Lei 10.684/2003 (Súmula 584 do STJ).

A Lei 7.689/1988 instituiu a contribuição social sobre o lucro das pessoas jurídicas, destinada ao financiamento da Seguridade Social (art. 1º). A base de cálculo dessa contribuição (CSLL) é o valor do resultado do exercício, antes da provisão para o imposto de renda (art. 2º da Lei 7.689/1988).

O Supremo Tribunal Federal fixou a seguinte tese de repercussão geral: "É inconstitucional a incidência do IRPJ e da CSLL sobre os valores atinentes à taxa Selic recebidos em razão de repetição de indébito tributário" (STF, Pleno, RE 1.063.187/SC, rel. Min. Dias Toffoli, j. 27.09.2021).

O Supremo Tribunal Federal fixou ainda a seguinte tese de repercussão geral: "É constitucional a cobrança, em face das entidades fechadas de previdência complementar não imunes, do imposto de renda retido na fonte (IRRF) e da contribuição social sobre o lucro líquido (CSLL)" (STF, Pleno, RE 612.686/SC, rel. Min. Dias Toffoli, j. 03.11.2022).

A alíquota da contribuição social sobre o lucro líquido (CSLL), em regra, é de 9% (art. 3º da Lei 7.689/1988).

Segundo o art. 32 da Emenda Constitucional 103/2019, até que entre em vigor lei que disponha sobre a alíquota da contribuição de que trata a Lei 7.689, de 15 de dezembro de 1988, esta será de 20% no caso das pessoas jurídicas referidas no inciso I do § 1º do art. 1º da Lei Complementar 105, de 10 de janeiro de 2001.

Logo, com a Emenda Constitucional 103/2019, até que entre em vigor lei sobre a alíquota da contribuição social sobre o lucro, esta será de 20%

no caso dos bancos de qualquer espécie (art. 1º, § 1º, inciso I, Lei Complementar 105/2001).

Cabe lembrar que nos termos do art. 195, § 9º, da Constituição Federal de 1988, com redação dada pela Emenda Constitucional 103/2019, as contribuições sociais previstas no inciso I do art. 195 da Constituição (no qual está prevista a contribuição social sobre o lucro, conforme alínea *c*) podem ter *alíquotas diferenciadas* em razão da atividade econômica, da utilização intensiva de mão de obra, do porte da empresa ou da condição estrutural do mercado de trabalho.

Frise-se que as contribuições sociais de que trata o art. 195 da Constituição Federal de 1988 só podem ser exigidas após decorridos 90 dias da data da publicação da lei que as houver instituído ou modificado, não se lhes aplicando o disposto no art. 150, inciso III, alínea *b*, sobre a anterioridade anual (art. 195, § 6º, da Constituição da República). Nesse sentido, a Emenda Constitucional 103/2019 entra em vigor no primeiro dia do quarto mês subsequente ao da data de sua publicação quanto ao disposto no seu art. 32 (art. 36, inciso I, da Emenda Constitucional 103/2019).

A alíquota da contribuição social sobre o lucro das pessoas jurídicas, destinada ao financiamento da Seguridade Social, é de: I – 20% até o dia 31 de dezembro de 2021 e 15% a partir de 1º de janeiro de 2022, no caso das pessoas jurídicas de seguros privados, das de capitalização e das referidas nos incisos II, III, IV, V, VI, VII, IX e X do § 1º do art. 1º da Lei Complementar 105/2001 (distribuidoras de valores mobiliários, corretoras de câmbio e de valores mobiliários, sociedades de crédito, financiamento e investimentos, sociedades de crédito imobiliário, administradoras de cartões de crédito, sociedades de arrendamento mercantil, cooperativas de crédito e associações de poupança e empréstimo); II – (revogado); II-A – 25% até o dia 31 de dezembro de 2021 e 20% a partir de 1º de janeiro de 2022, no caso das pessoas jurídicas referidas no inciso I do § 1º do art. 1º da Lei Complementar 105/2001 (bancos de qualquer espécie); III – 9%, no caso das demais pessoas jurídicas (art. 3º da Lei 7.689/1988, com as alterações da Lei 14.183/2021).

As alíquotas da contribuição de que tratam os incisos I e II-A do art. 3º da Lei 7.689/1988 serão de 16% e de 21%, respectivamente, até 31 de dezembro de 2022 (art. 3º, parágrafo único, da Lei 7.689/1988, incluído pela Lei 14.446/2022).

Conforme o art. 239 da Constituição da República, a arrecadação decorrente das contribuições para o Programa de Integração Social (PIS), criado pela Lei Complementar 7/1970, e para o Programa de Formação do Patrimônio do Servidor Público (PASEP), criado pela Lei Complementar 8/1970, passou, a partir da promulgação da Constituição Federal de 1988, a financiar, nos termos da lei, o programa do seguro-desemprego, outras ações da Previdência Social e o abono do PIS/PASEP.

Dos recursos mencionados no *caput* do art. 239 da Constituição Federal de 1988, no mínimo 28% devem ser destinados para o financiamento de programas de desenvolvimento econômico, por meio do Banco Nacional de Desenvolvimento Econômico e Social, com critérios de remuneração que preservem o seu valor (art. 239, § 1º, da Constituição Federal de 1988, com redação dada pela Emenda Constitucional 103/2019).

Os programas de desenvolvimento econômico financiados na forma do § 1º do art. 239 da Constituição da República e seus resultados devem ser anualmente avaliados e divulgados em meio de comunicação social eletrônico e apresentados em reunião da comissão mista permanente de que trata o § 1º do art. 166 da Constituição Federal de 1988, ou seja, da Comissão mista permanente de Senadores e Deputados (art. 239, § 5º, da Constituição da República, incluído pela Emenda Constitucional 103/2019).

O financiamento do seguro-desemprego receberá uma contribuição adicional da empresa cujo índice de rotatividade da força de trabalho superar o índice médio da rotatividade do setor, na forma estabelecida por lei (art. 239, § 4º, da Constituição Federal de 1988).

O seguro-desemprego, de acordo com a Constituição da República (art. 201, inciso III), integra a Previdência Social, sendo custeado pelas contribuições sociais do PIS/PASEP, as quais têm natureza tributária (art. 149).

A Lei Complementar 7/1970 instituiu o Programa de Integração Social (PIS), destinado a promover a integração do empregado na vida e no desenvolvimento das empresas.

A Lei Complementar 8/1970 instituiu o Programa de Formação do Patrimônio do Servidor Público (PASEP).

A Lei Complementar 26/1975 unificou, sob a denominação de PIS-PASEP, os fundos constituídos com os recursos do Programa de Integração Social (PIS) e do Programa de Formação do Patrimônio do Servidor Público (PASEP), a partir do exercício financeiro de 1º de julho de 1976.

O Supremo Tribunal Federal firmou o entendimento de que a legislação sobre as contribuições do PIS/PASEP anterior à Constituição Federal de 1988 foi por esta recepcionada[27].

---

[27] "A jurisprudência do Supremo Tribunal Federal é firme no sentido de que o artigo 239 do Texto Constitucional expressamente recepcionou as contribuições para o Programa de Integração Social (PIS) criado pela Lei Complementar 7/70 e para o Programa de For-

Entende-se, assim, que as contribuições do PIS/PASEP têm natureza de tributo, mais especificamente de contribuição social, na forma do art. 149 da Constituição da República Federativa de 1988[28].

São contribuintes do PASEP: a União, os Estados, o Distrito Federal, os Territórios e Municípios; as autarquias em geral, inclusive quaisquer entidades criadas por lei federal com atribuições de fiscalização do exercício de profissões liberais; as empresas públicas e suas subsidiárias; as sociedades de economia mista e suas subsidiárias; as fundações instituídas, mantidas ou supervisionadas pelo Poder Público (art. 14 do Decreto-Lei 2.052/1983).

São contribuintes do PIS as pessoas jurídicas de direito privado, bem como as que lhes são equiparadas pela legislação do imposto sobre a renda e as definidas como empregadoras pela legislação trabalhista, inclusive entidades de fins não lucrativos e condomínios em edificações, não compreendidas em quaisquer dos itens do art. 14 do Decreto-Lei 2.052/1983 (art. 15).

O Supremo Tribunal Federal fixou a seguinte tese de repercussão geral: "Não ofende o art. 173, § 1º, II, da Constituição Federal, a escolha legislativa de reputar não equivalentes a situação das empresas privadas com relação a das sociedades de economia mista, das empresas públicas e respectivas subsidiárias que exploram atividade econômica, para fins de submissão ao regime tributário das contribuições para o PIS e para o PASEP, à luz dos princípios da igualdade tributária e da seletividade no financiamento da Seguridade Social" (STF, Pleno, RE 577.494/PR, rel. Min. Edson Fachin, j. 13.12.2018).

A Lei 9.715/1995 dispõe sobre as contribuições para os Programas de Integração Social e de Formação do Patrimônio do Servidor Público (PIS/PASEP).

A contribuição para o PIS/PASEP deve ser apurada mensalmente: pelas pessoas jurídicas de direito privado e as que lhes são equiparadas pela legislação do imposto de renda, inclusive as empresas públicas e as sociedades de economia mista e suas subsidiárias, com base no faturamento do mês; pelas pessoas jurídicas de direito público interno, com base no valor

---

mação do Patrimônio do Servidor Público (PASEP), por sua vez instituído pela LC 8/70. Precedentes" (STF, Pleno, RE 577.494/PR, rel. Min. Edson Fachin, DJe 01.03.2019).

[28] Cf. MARTINS, Sergio Pinto. *Direito da seguridade social*. 35. ed. São Paulo: Atlas, 2015. p. 224: "A contribuição do PIS/Pasep tem natureza de tributo, de contribuição social. Pode ser enquadrada no artigo 149 da Constituição, como contribuição para o custeio da Seguridade Social, pois, dentro da Previdência Social, está incluído o seguro-desemprego (arts. 7º, II, e 201, III, da Constituição)".

mensal das receitas correntes arrecadadas e das transferências correntes e de capital recebidas (art. 2º da Lei 9.715/1995).

A contribuição para o PIS/PASEP, com a incidência não cumulativa, incide sobre o total das receitas auferidas no mês pela pessoa jurídica, independentemente de sua denominação ou classificação contábil (art. 1º da Lei 10.637/2010).

A base de cálculo da contribuição para o PIS/PASEP, assim, é o total das receitas auferidas pela pessoa jurídica.

A base de cálculo do PIS, até a edição da Medida Provisória 1.212/1995, era o faturamento ocorrido no sexto mês anterior ao do fato gerador (Súmula 468 do STJ).

É legítima a cobrança da COFINS, do PIS e do FINSOCIAL sobre as operações relativas a energia elétrica, serviços de telecomunicações, derivados de petróleo, combustíveis e minerais do país (Súmula 659 do STF).

O STF fixou a seguinte tese de repercussão geral: "O ICMS não compõe a base de cálculo para a incidência do PIS e da Cofins" (Pleno, RE 574.706/PR, rel. Min. Cármen Lúcia, j. 15.03.2017).

O Supremo Tribunal Federal, ao julgar embargos de declaração, modulou os efeitos da referida decisão para após 15.03.2017, data em que julgado o RE 574.706 e fixada a tese de repercussão geral, ressalvadas as ações judiciais e requerimentos administrativos protocolados até a data da sessão em que proferido o mencionado julgamento. A respeito do ICMS a ser excluído da base de cálculo das contribuições do PIS e da COFINS, foi esclarecido que se trata do ICMS destacado na nota fiscal (STF, Pleno, ED-RE 574.706/PR, rel. Min. Cármen Lúcia, j. 13.05.2021).

São contribuintes do PIS/PASEP incidente sobre a folha de salários as seguintes entidades: I – templos de qualquer culto; II – partidos políticos; III – instituições de educação e de assistência social que preencham as condições e requisitos do art. 12 da Lei 9.532/1997; IV – instituições de caráter filantrópico, recreativo, cultural, científico e as associações que preencham as condições e requisitos do art. 15 da Lei 9.532/1997; V – sindicatos, federações e confederações; VI – serviços sociais autônomos, criados ou autorizados por lei; VII – conselhos de fiscalização de profissões regulamentadas; VIII – fundações de direito privado; X – condomínios de proprietários de imóveis residenciais ou comerciais; IX – Organização das Cooperativas Brasileiras (OCB) e as organizações estaduais de cooperativas previstas no art. 105 e § 1º da Lei 5.764/1971 (art. 9º do Decreto 4.524/2002 e art. 13 da Medida Provisória 2.158-35/2001).

A União, os Estados, o Distrito Federal, os Municípios e suas autarquias são contribuintes do PIS/PASEP incidente sobre as receitas correntes arrecadadas e transferências correntes e de capital recebidas (art. 67 do Decreto 4.524/2002 e art. 2º, inciso III, da Lei 9.715/1998). A contribuição é obrigatória e independe de ato de adesão ao Programa de Integração Social e de Formação do Patrimônio de Servidor Público.

As fundações públicas contribuem para o PIS/PASEP com base na folha de salários (art. 69 do Decreto 4.524/2002 e art. 13, inciso VIII, da Medida Provisória 2.158-35/2001).

2.15. CONTRIBUIÇÃO DO EMPREGADOR DOMÉSTICO

A contribuição do *empregador doméstico* incidente sobre o salário de contribuição do empregado doméstico a seu serviço é de:

I – 8%;

II – 0,8% para o financiamento do seguro contra acidentes de trabalho (art. 24 da Lei 8.212/1991, com redação dada pela Lei 13.202/2015).

Cabe registrar que foi instituído o regime unificado de pagamento de tributos, de contribuições e dos demais encargos do empregador doméstico (Simples Doméstico), conforme art. 31 da Lei Complementar 150/2015, a ser estudado no item seguinte.

Nota-se que a contribuição do empregador doméstico, diversamente da empresa (art. 22 da Lei 8.212/1991), incide sobre o salário de contribuição do empregado doméstico, e não sobre a remuneração.

Com isso, entende-se que a base de cálculo da contribuição do empregador doméstico (assim como do empregado doméstico) está sujeita ao valor atualizado do limite máximo do salário de contribuição (art. 28, § 5º, da Lei 8.212/1991) quanto a cada empregado doméstico, o que não ocorre com a contribuição da empresa, incidente sobre o valor total das remunerações[29].

Frise-se que se estiverem presentes os elementos da relação de emprego doméstico, o empregador doméstico não pode contratar microempreendedor individual de que trata o art. 18-A da Lei Complementar 123/2006, sob pena de ficar sujeito a todas as obrigações dela decorrentes, inclusive trabalhistas, tributárias e previdenciárias.

---

[29] Cf. IBRAHIM, Fábio Zambitte. *Curso de direito previdenciário*. 20. ed. Rio de Janeiro: Impetus, 2015. p. 281.

2.15.1. SIMPLES DOMÉSTICO

O art. 7º, parágrafo único, da Constituição da República, com redação dada pela Emenda Constitucional 72/2013, assegurou à categoria dos trabalhadores domésticos os direitos sociais previstos nos incisos IV, VI, VII, VIII, X, XIII, XV, XVI, XVII, XVIII, XIX, XXI, XXII, XXIV, XXVI, XXX, XXXI e XXXIII do referido dispositivo constitucional e, atendidas as condições estabelecidas em lei e observada a simplificação do cumprimento das obrigações tributárias, principais e acessórias, decorrentes da relação de trabalho e suas peculiaridades, os previstos nos incisos I, II, III, IX, XII, XXV e XXVIII, bem como a sua integração à Previdência Social.

Desse modo, foi instituído o regime unificado de pagamento de tributos, de contribuições e dos demais encargos do empregador doméstico (Simples Doméstico), regulamentado no prazo de 120 dias a contar da data de entrada em vigor da Lei Complementar 150, de 1º de junho de 2015, publicada no Diário Oficial da União de 02.06.2015, sobre o contrato de trabalho doméstico (art. 31 da Lei Complementar 150/2015).

A inscrição do empregador e a entrada única de dados cadastrais e de informações trabalhistas, previdenciárias e fiscais no âmbito do Simples Doméstico devem ser feitas mediante registro em sistema eletrônico a ser disponibilizado em portal na internet, conforme regulamento (art. 32 da Lei Complementar 150/2015).

A impossibilidade de utilização do sistema eletrônico deve ser objeto de regulamento, a ser editado pelo Ministério da Fazenda e pelo agente operador do FGTS.

Em cumprimento ao mencionado comando do art. 7º, parágrafo único, da Constituição da República, nota-se que a inscrição do empregador no Simples Doméstico, a rigor, é imperativa, não dependendo de opção.

Nos termos do art. 33, o Simples Doméstico é disciplinado por ato ministerial que deve dispor sobre a apuração, o recolhimento e a distribuição dos recursos recolhidos por meio do Simples Doméstico, observadas as disposições do art. 21 da Lei Complementar 150/2015 (sobre a inclusão do empregado doméstico no Fundo de Garantia do Tempo de Serviço).

O ato conjunto em questão deve dispor também sobre o sistema eletrônico de registro das obrigações trabalhistas, previdenciárias e fiscais e sobre o cálculo e o recolhimento dos tributos e encargos trabalhistas vinculados ao Simples Doméstico (art. 33, § 1º, da Lei Complementar 150/2015).

As informações prestadas nesse sistema eletrônico de registro das obrigações trabalhistas, previdenciárias e fiscais:

I – têm caráter declaratório, constituindo instrumento hábil e suficiente para a exigência dos tributos e encargos trabalhistas delas resultantes e que não tenham sido recolhidos no prazo consignado para pagamento; e

II – devem ser fornecidas até o vencimento do prazo para pagamento dos tributos e encargos trabalhistas devidos no Simples Doméstico em cada mês, relativamente aos fatos geradores ocorridos no mês anterior.

O referido sistema eletrônico de registro das obrigações trabalhistas, previdenciárias e fiscais e o sistema de que trata o art. 32 (ou seja, da inscrição do empregador e da entrada única de dados cadastrais e de informações trabalhistas, previdenciárias e fiscais no âmbito do Simples Doméstico) substituem, na forma regulamentada pelo ato conjunto acima indicado, a obrigatoriedade de entrega de todas as informações, formulários e declarações a que estão sujeitos os empregadores domésticos, inclusive os relativos ao recolhimento do FGTS.

O Simples Doméstico assegura o recolhimento mensal, mediante documento único de arrecadação, dos seguintes valores (art. 34 da Lei Complementar 150/2015):

I – 8% a 11% de contribuição previdenciária, a cargo do segurado empregado doméstico, nos termos do art. 20 da Lei 8.212/1991 (com a Emenda Constitucional 103/2019, as alíquotas são de 7,5%, 9%, 12% e 14%, conforme art. 28 da Emenda Constitucional 103/2019);

II – 8% de contribuição patronal previdenciária para a Seguridade Social, a cargo do empregador doméstico, nos termos do art. 24 da Lei 8.212/1991;

III – 0,8% de contribuição social para financiamento do seguro contra acidentes do trabalho;

IV – 8% de recolhimento para o FGTS;

V – 3,2%, na forma do art. 22 da Lei Complementar 150/2015;

VI – imposto sobre a renda retido na fonte de que trata o art. 7º, inciso I, da Lei 7.713/1988, se incidente.

As contribuições, os depósitos e o imposto arrolados nos incisos I a VI incidem sobre a remuneração paga ou devida no mês anterior, a cada empregado, incluída na remuneração a gratificação de Natal a que se referem a Lei 4.090/1962 e a Lei 4.749/1965.

A contribuição e o imposto previstos nos incisos I e VI devem ser descontados da remuneração do empregado pelo empregador, que é responsável por seu recolhimento.

O produto da arrecadação das contribuições, dos depósitos e do imposto de que trata o art. 34 é centralizado na Caixa Econômica Federal.

A Caixa Econômica Federal, com base nos elementos identificadores do recolhimento, disponíveis no sistema de que trata o art. 33, § 1º, deve transferir para a Conta Única do Tesouro Nacional o valor arrecadado das contribuições e do imposto previstos nos incisos I, II, III e VI.

O recolhimento deve ser efetuado em instituições financeiras integrantes da rede arrecadadora de receitas federais.

O empregador deve fornecer, mensalmente, ao empregado doméstico cópia do referido documento único de arrecadação, previsto no art. 34 da Lei Complementar 150/2015.

O recolhimento mensal, mediante documento único de arrecadação, e a exigência das contribuições, dos depósitos e do imposto, nos valores definidos nos incisos I a VI, somente são devidos após 120 dias da data de publicação da Lei Complementar 150/2015.

Fica o empregador doméstico obrigado a:

I – pagar a remuneração devida ao empregado doméstico até o sétimo dia do mês seguinte ao da competência;

II – arrecadar e recolher a contribuição prevista no art. 34, inciso I, da Lei Complementar 150/2015, e arrecadar e recolher as contribuições, os depósitos e o imposto a seu cargo de que tratam os incisos II, III, IV, V e VI do art. 34 da Lei Complementar 150/2015, até o vigésimo dia do mês seguinte ao da competência (art. 10 da Lei 14.438/2022). Quanto ao prazo, como o art. 35 da Lei Complementar 150/2015 previa até o dia 7 do mês seguinte ao da competência, essa alteração produz efeitos a partir da data de início da arrecadação por meio da prestação dos serviços digitais de geração de guias do FGTS, para fatos geradores ocorridos a partir dessa data (art. 19, inciso I, alínea *b*, da Lei 14.438/2022).

Os valores previstos no art. 34, incisos I, II, III e VI, da Lei Complementar 150/2015 não recolhidos até a data de vencimento ficam sujeitos à incidência de encargos legais na forma prevista na legislação do imposto sobre a renda.

Os valores previstos no art. 34, incisos IV e V, da Lei Complementar 150/2015, referentes ao FGTS, não recolhidos até a data de vencimento devem ser corrigidos e terão a incidência de multa, conforme disposto na Lei 8.036/1990.

2.15.2. PROGRAMA DE RECUPERAÇÃO PREVIDENCIÁRIA DOS EMPREGADORES DOMÉSTICOS

Foi instituído o Programa de Recuperação Previdenciária dos Empregadores Domésticos (Redom), nos termos da Lei Complementar 150/2015, sobre o contrato de trabalho doméstico (art. 39).

Será concedido ao empregador doméstico o parcelamento dos débitos com o Instituto Nacional do Seguro Social (INSS) relativos à contribuição de que tratam os arts. 20 e 24 da Lei 8.212/1991, com vencimento até 30 de abril de 2013 (art. 40 da Lei Complementar 150/2015).

O parcelamento abrange todos os débitos existentes em nome do empregado e do empregador, na condição de contribuinte, inclusive débitos inscritos em dívida ativa, que podem ser: pagos com redução de 100% das multas aplicáveis, de 60% dos juros de mora e de 100% sobre os valores dos encargos legais e advocatícios; parcelados em até 120 vezes, com prestação mínima no valor de R$ 100,00.

O parcelamento deve ser requerido no prazo de 120 dias após a entrada em vigor da Lei Complementar 150, ocorrida em 2 de junho de 20015 (art. 47).

A manutenção injustificada em aberto de três parcelas implica, após comunicação ao sujeito passivo, a imediata rescisão do parcelamento e, conforme o caso, o prosseguimento da cobrança.

Na hipótese de rescisão do parcelamento com o cancelamento dos benefícios concedidos: I – deve ser efetuada a apuração do valor original do débito, com a incidência dos acréscimos legais, até a data de rescisão; II – devem ser deduzidas do valor referido no inciso I as parcelas pagas, com a incidência dos acréscimos legais, até a data de rescisão.

A opção pelo Redom sujeita o contribuinte a: confissão irrevogável e irretratável dos débitos referidos no art. 40 da Lei Complementar 150/2015; aceitação plena e irretratável de todas as condições estabelecidas; pagamento regular das parcelas do débito consolidado, assim como das contribuições com vencimento posterior a 30 de abril de 2013 (art. 41 da Lei Complementar 150/2015).

2.16. CONTRIBUIÇÃO DO PRODUTOR RURAL PESSOA FÍSICA E DO SEGURADO ESPECIAL

A contribuição do *empregador rural pessoa física*, em substituição à contribuição de que trata o art. 22, incisos I e II, da Lei 8.212/1991 (contribuição da empresa), assim como a contribuição do *segurado especial*, destinada à Seguridade Social, é de:

I – 1,2% da receita bruta proveniente da comercialização da sua produção (redação dada pela Lei 13.606/2018);

II – 0,1% da receita bruta proveniente da comercialização da sua produção para financiamento das prestações por acidente do trabalho (art. 25 da Lei 8.212/1991).

Cabe lembrar que o produtor rural pessoa física, além dessa contribuição de empregador (art. 195, inciso I, *a*, da Constituição da República), é contribuinte individual (art. 11, inciso V, *a*, da Lei 8.213/1991), de modo que também está sujeito à contribuição devida como segurado (art. 195, inciso II, da Constituição Federal e art. 21 da Lei 8.212/1991).

Não se pode confundir, portanto, a contribuição de empresa (empregador) com a contribuição de trabalhador (segurado), sendo ambas devidas pelo produtor rural pessoa física, pois figura nas duas condições.

O Supremo Tribunal Federal fixou a seguinte tese de repercussão geral: "É constitucional, formal e materialmente, a contribuição social do segurado especial prevista no art. 25 da Lei 8.212/1991" (STF, Pleno, RE 761.263/SC, rel. Min. Alexandre de Moraes, j. 14.04.2020).

O segurado especial, além da contribuição obrigatória acima referida, pode contribuir, facultativamente, na forma do art. 21 da Lei 8.212/1991, que versa sobre a contribuição dos segurados contribuinte individual e facultativo (de 20% sobre o respectivo salário de contribuição).

Entende-se que, nesse caso, o segurado especial tem a possibilidade de também contribuir na forma do contribuinte individual, para que possa receber os benefícios previdenciários em valores superiores ao salário mínimo, bem como a aposentadoria por tempo de contribuição (art. 39, inciso II, da Lei 8.213/1991), embora esta última não seja mais prevista, em regra, com a Emenda Constitucional 103/2019, salvo nos casos de direito adquirido (art. 3º da Emenda Constitucional 103/2019), da regra de transição do art. 17 da Emenda Constitucional 103/2019 e de aposentadoria da pessoa com deficiência, concedida na forma da Lei Complementar 142/2013, conforme art. 22 da Emenda Constitucional 103/2019. Ainda assim, cabe esclarecer que o segurado, a rigor, não tem o enquadramento previdenciário alterado, pois continua a ser segurado especial.

O trabalhador rural, na condição de segurado especial, sujeito à contribuição obrigatória sobre a produção rural comercializada, somente faz jus à aposentadoria por tempo de contribuição, se recolher contribuições facultativas (Súmula 272 do STJ).

Como mencionado anteriormente, a pessoa física (contribuinte individual) de que trata o art. 12, inciso V, *a*, da Lei 8.212/1991 contribui, também, obrigatoriamente, na forma do art. 21 do mesmo diploma legal (ou seja, com a contribuição do segurado contribuinte individual de 20% sobre o salário de contribuição), conforme art. 25, § 2º, da Lei 8.212/1991.

O Supremo Tribunal Federal chegou a decidir ser inconstitucional a contribuição do produtor rural pessoa física incidente sobre a receita bruta proveniente da comercialização da sua produção, prevista no art. 25 da Lei 8.212/1991 (STF, Pleno, RE 596.177/RS, rel. Min. Ricardo Lewandowski, DJe 29.08.2011).

Cabe observar que essa decisão do STF considerou o art. 25 da Lei 8.212/1991 apenas na redação dada pela Lei 8.540/1992, mas não na redação posterior, determinada pela Lei 10.256/2001 (STF, Pleno, ED-RE 596.177/RS, rel. Min. Ricardo Lewandowski, DJe 29.08.2011).

O art. 195, § 9º, da Constituição da República, acrescentado pela Emenda Constitucional 20/1998 (atualmente com redação dada pela Emenda Constitucional 103/2019), passou a dispor que as contribuições sociais previstas no art. 195, inciso I, da Constituição, podem ter alíquotas diferenciadas em razão da atividade econômica, da utilização intensiva de mão de obra, do porte da empresa ou da condição estrutural do mercado de trabalho, sendo também autorizada a adoção de bases de cálculo diferenciadas apenas no caso das alíneas *b* e *c* do inciso I do *caput* do art. 195 da Constituição da República.

Na atualidade, prevalece o entendimento constante da seguinte tese de repercussão geral fixada pelo Supremo Tribunal Federal: "É constitucional formal e materialmente a contribuição social do empregador rural pessoa física, instituída pela Lei 10.256/2001, incidente sobre a receita bruta obtida com a comercialização de sua produção" (STF, Pleno, RE 718.874/RS, red. p/ ac. Min. Alexandre de Moraes, j. 30.03.2017).

O Supremo Tribunal Federal decidiu que a Lei 10.256/2001 alterou o art. 25 da Lei 8.212/1991 e reintroduziu o empregador rural pessoa física como sujeito passivo da contribuição social, com alíquota incidente sobre a receita bruta proveniente da comercialização da sua produção. Entende-se que se trata de espécie da base de cálculo *receita*, autorizada pela atual redação do art. 195, inciso I, da Constituição da República, decorrente da Emenda Constitucional 20/1998 (STF, Pleno, RE 718.874/RS, red. p/ ac. Min. Alexandre de Moraes, DJe 27.09.2017).

A respeito do tema, cf. STF, ADI 4.395/DF.

Frise-se que a vedação de diferenciação ou substituição de base de cálculo decorrente do disposto no § 9º do art. 195 da Constituição Federal de 1988 não se aplica a contribuições que substituam a contribuição de que trata a alínea *a* do inciso I do *caput* do art. 195 da Constituição da República instituídas antes da data de entrada em vigor da Emenda Constitucional 103/2019 (art. 30), com o que foram mantidas.

O segurado especial, diversamente, não é contribuinte individual. Na verdade, a única contribuição obrigatória devida pelo segurado especial é a prevista no art. 25 da Lei 8.212/1991. O que se possibilita ao segurado especial, além dessa contribuição obrigatória, é também recolher, facultativamente, na forma da contribuição do art. 21 da Lei 8.212/1991, ou seja, do contribuinte individual (art. 25, § 1º, da Lei 8.212/1991).

Integram a produção, para os efeitos do art. 25 da Lei 8.212/1991, os produtos de origem animal ou vegetal, em estado natural ou submetidos a processos de beneficiamento ou industrialização rudimentar, assim compreendidos, entre outros, os processos de lavagem, limpeza, descaroçamento, pilagem, descascamento, lenhamento, pasteurização, resfriamento, secagem, fermentação, embalagem, cristalização, fundição, carvoejamento, cozimento, destilação, moagem e torrefação, bem como os subprodutos e os resíduos obtidos por meio desses processos, exceto, no caso de sociedades cooperativas, a parcela de produção que não seja objeto de repasse ao cooperado por meio de fixação de preço (art. 25, § 3º, da Lei 8.212/1991, com redação dada pela Lei 13.986/2020).

Integra a receita bruta de que trata o art. 25 da Lei 8.212/1991, além dos valores decorrentes da comercialização da produção relativa aos produtos acima indicados, a receita proveniente: I – da comercialização da produção obtida em razão de contrato de parceria ou meação de parte do imóvel rural; II – da comercialização de artigos de artesanato de que trata o art. 12, § 10, inciso VII, da Lei 8.212/1991; III – de serviços prestados, de equipamentos utilizados e de produtos comercializados no imóvel rural, desde que em atividades turística e de entretenimento desenvolvidas no próprio imóvel, inclusive hospedagem, alimentação, recepção, recreação e atividades pedagógicas, bem como taxa de visitação e serviços especiais; IV – do valor de mercado da produção rural dada em pagamento ou que tiver sido trocada por outra, qualquer que seja o motivo ou finalidade; V – de atividade artística de que trata o art. 12, § 10, inciso VIII, da Lei 8.212/1991.

Considera-se processo de beneficiamento ou industrialização artesanal aquele realizado diretamente pelo próprio produtor rural pessoa física, desde que não esteja sujeito à incidência do Imposto Sobre Produtos Industrializados (IPI).

Considera-se receita bruta proveniente da comercialização da produção o valor da fixação de preço repassado ao cooperado pela cooperativa ao qual esteja associado, por ocasião da realização do ato cooperativo de que trata o art. 79 da Lei 5.764/1971[30], não compreendidos valores pagos, creditados ou capitalizados a título de sobras, os quais não representam preço ou complemento de preço (art. 25, § 14, da Lei 8.212/1991, incluído pela Lei 13.986/2020).

Não se considera receita bruta, para fins de base de cálculo das contribuições sociais devidas pelo produtor rural cooperado, a entrega ou o retorno de produção para a cooperativa nas operações em que não ocorra repasse pela cooperativa a título de fixação de preço, não podendo o mero retorno caracterizar permuta, compensação, dação em pagamento ou ressarcimento que represente valor, preço ou complemento de preço (art. 25, § 15, da Lei 8.212/1991, incluído pela Lei 13.986/2020).

Aplica-se ao disposto no *caput* e nos §§ 3º, 14 e 15 do art. 25 da Lei 8.212/1991 o caráter interpretativo de que trata o art. 106 do Código Tributário Nacional[31] (art. 25, § 16, da Lei 8.212/1991, incluído pela Lei 13.986/2020).

Não integra a base de cálculo da contribuição de que trata o art. 25 da Lei 8.212/1991 a produção rural destinada ao plantio ou reflorestamento, nem o produto animal destinado à reprodução ou criação pecuária ou granjeira e à utilização como cobaia para fins de pesquisas científicas, quando vendido pelo próprio produtor e por quem a utilize diretamente com essas finalidades e, no caso de produto vegetal, por pessoa ou entidade registrada no Ministério da Agricultura, Pecuária e Abastecimento que se dedique ao comércio de sementes e mudas no País (art. 25, § 12, da Lei 8.212/1991, acrescentado pela Lei 13.606/2018).

O produtor rural pessoa física pode optar por contribuir na forma prevista no art. 25 da Lei 8.212/1991 ou na forma do art. 22 da Lei 8.212/1991, incisos I e II, manifestando sua opção mediante o pagamento da contribuição incidente sobre a folha de salários relativa a janeiro de cada ano, ou à primeira competência subsequente ao início da atividade rural, e será irretratável para todo o ano-calendário (art. 25, § 13, da Lei 8.212/1991, incluído pela Lei 13.606/2018, com produção de efeitos a partir de 1º de janeiro de 2019).

A contribuição do empregador rural pessoa física e a do segurado especial (art. 12, inciso V, *a*, e inciso VII, da Lei 8.212/1991) para o Serviço

---

[30] "Art. 79. Denominam-se atos cooperativos os praticados entre as cooperativas e seus associados, entre estes e aquelas e pelas cooperativas entre si quando associados, para a consecução dos objetivos sociais. Parágrafo único. O ato cooperativo não implica operação de mercado, nem contrato de compra e venda de produto ou mercadoria".

[31] "Art. 106. A lei aplica-se a ato ou fato pretérito: I – em qualquer caso, quando seja expressamente interpretativa, excluída a aplicação de penalidade à infração dos dispositivos interpretados".

Nacional de Aprendizagem Rural (SENAR), criado pela Lei 8.315/1991, é de 0,2%, incidente sobre a receita bruta proveniente da comercialização de sua produção rural (art. 6º da Lei 9.528/1997).

A referida contribuição (SENAR) deve ser recolhida: pelo adquirente, consignatário ou cooperativa, que ficam sub-rogados, para esse fim, nas obrigações do produtor rural pessoa física e do segurado especial, independentemente das operações de venda e consignação terem sido realizadas diretamente com produtor ou com intermediário pessoa física; pelo próprio produtor pessoa física e pelo segurado especial, quando comercializarem sua produção com adquirente no exterior, com outro produtor pessoa física, ou diretamente no varejo, com o consumidor pessoa física (art. 6º, parágrafo único, da Lei 9.528/1997, acrescentado pela Lei 13.606/2018).

O Supremo Tribunal Federal fixou a seguinte tese de repercussão geral: "É constitucional a contribuição destinada ao SENAR incidente sobre a receita bruta da comercialização da produção rural, na forma do art. 2º da Lei 8.540/1992, com as alterações do art. 6º da Lei 9.528/1997 e do art. 3º da Lei 10.256/2001" (STF, Pleno, RE 816.830/SC, rel. Min. Dias Toffoli, j. 19.12.2022).

2.17. CONTRIBUIÇÃO DO CONSÓRCIO SIMPLIFICADO DE PRODUTORES RURAIS

Equipara-se ao empregador rural pessoa física o *consórcio simplificado de produtores rurais*, formado pela união de produtores rurais pessoas físicas, que outorgar a um deles poderes para contratar, gerir e demitir trabalhadores rurais, na condição de empregados, para prestação de serviços, exclusivamente, aos seus integrantes, mediante documento registrado em cartório de títulos e documentos (art. 25-A da Lei 8.212/1991).

O documento em questão deve conter a identificação de cada produtor, seu endereço pessoal e o de sua propriedade rural, bem como o respectivo registro no Instituto Nacional de Colonização e Reforma Agrária (INCRA) ou informações relativas à parceria, arrendamento ou equivalente e à matrícula no Instituto Nacional do Seguro Social (INSS) de cada um dos produtores rurais.

O consórcio deve ser matriculado no INSS em nome do empregador a quem hajam sido outorgados os mencionados poderes.

Os produtores rurais integrantes do referido consórcio são responsáveis solidários em relação às obrigações previdenciárias.

Nessa hipótese, as contribuições do art. 22, incisos I e II, da Lei 8.212/1991, bem como a devida ao Serviço Nacional Rural, são substituídas, em relação à remuneração paga, devida ou creditada ao trabalhador rural contratado pelo consórcio simplificado de produtores rurais de que trata o art. 25-A da Lei 8.212/1991, pela contribuição dos respectivos produtores rurais, calculada na forma do art. 25 do mesmo diploma legal (art. 22-B da Lei 8.212/1991).

Na realidade, como visto acima, o consórcio simplificado de produtores rurais se equipara ao produtor rural pessoa física.

A contribuição de empregador do mencionado consórcio, assim, é calculada na forma do art. 25 da Lei 8.212/1991, ou seja, são devidas as contribuições dos produtores rurais pessoas físicas que integram o consórcio, em substituição às contribuições da empresa previstas no art. 22 da Lei 8.212/1991. Cf. Capítulo 2, item 2.16.

Além disso, como os produtores rurais pessoas físicas que integram o consórcio são contribuintes individuas (art. 12, inciso V, *a*, da Lei 8.212/1991), pode-se dizer que também são devidas as respectivas contribuições na condição de segurado (art. 21 da Lei 8.212/1991).

Não se pode confundir a contribuição previdenciária de empresa (empregador) com a contribuição previdenciária de trabalhador (segurado), conforme art. 195, incisos I, *a*, e II, da Constituição da República.

2.18. CONTRIBUIÇÃO SOBRE A RECEITA DE CONCURSOS DE PROGNÓSTICOS

Constitui receita da Seguridade Social a contribuição social sobre a receita de *concursos de prognósticos* a que se refere o art. 195, inciso III, da Constituição Federal de 1988 (art. 26 da Lei 8.212/1991, com redação dada pela Lei 13.756/2018).

Trata-se, no caso, de contribuição para a Seguridade Social incidente sobre a receita de concursos de sorteios e loterias, como loteria federal, loteria de prognósticos numéricos, loteria de prognóstico específico (instituída pela Lei 11.345/2006), loteria de prognósticos esportivos, loteria instantânea exclusiva e loteria de apostas de quota fixa[32].

---

[32] "Arguições de Descumprimento de Preceito Fundamental. Ação Direta de Inconstitucionalidade. 2. Artigos 1º, *caput*, e 32, *caput*, e § 1º do Decreto-Lei 204/1967. Exploração de loterias por Estados-membros. Legislação estadual. 3. Competência legislativa da União e competência

O produto da arrecadação da contribuição deve ser destinado ao financiamento da Seguridade Social.

A base de cálculo da contribuição equivale à receita auferida nos concursos de prognósticos, sorteios e loterias.

A alíquota da contribuição corresponde ao percentual vinculado à Seguridade Social em cada modalidade lotérica, conforme previsto em lei.

2.19. CONTRIBUIÇÃO DO IMPORTADOR DE BENS OU SERVIÇOS DO EXTERIOR

O art. 195, inciso IV, da Constituição da República, acrescentado pela Emenda Constitucional 42/2003, ao versar sobre o custeio direto da Seguridade Social, prevê a contribuição social do *importador de bens ou serviços do exterior*, ou de quem a lei a ele equiparar.

Desse modo, a Lei 10.865/2004 instituiu a contribuição para os Programas de Integração Social e de Formação do Patrimônio do Servidor Público incidente na Importação de Produtos Estrangeiros ou Serviços (PIS/PASEP-Importação) e a Contribuição Social para o Financiamento da Seguridade Social devida pelo Importador de Bens Estrangeiros ou Serviços do Exterior (COFINS-Importação).

Os serviços mencionados são os provenientes do exterior prestados por pessoa física ou pessoa jurídica residente ou domiciliada no exterior, executados no país ou executados no exterior, cujo resultado se verifique no país (art. 1º da Lei 10.865/2004).

Considera-se fato gerador: a entrada de bens estrangeiros no território nacional; o pagamento, o crédito, a entrega, o emprego ou a remessa de valores a residentes ou domiciliados no exterior como contraprestação por serviço prestado (art. 3º da Lei 10.865/2004).

São contribuintes: o importador, assim considerada a pessoa física ou jurídica que promova a entrada de bens estrangeiros no território nacional; a pessoa física ou jurídica contratante de serviços de residente ou domiciliado no exterior; o beneficiário do serviço, na hipótese em que o contratante também seja residente ou domiciliado no exterior (art. 5º da Lei 10.865/2004).

---

material dos Estados. Distinção. 4. Exploração por outros entes federados. Possibilidade. 5. Arguições de Descumprimento de Preceito Fundamental conhecidas e julgadas procedentes. Ação Direta de Inconstitucionalidade conhecida e julgada improcedente" (STF, Pleno, ADPF 492/RJ, ADPF 493/DF, ADI 4.986/MT, rel. Min. Gilmar Mendes, DJe 15.12.2020).

Equiparam-se ao importador o destinatário de remessa postal internacional indicado pelo respectivo remetente e o adquirente de mercadoria entrepostada.

A lei em questão, de natureza nitidamente tributária, define, ainda, as bases de cálculo e as alíquotas aplicáveis em cada caso (arts. 7º e 8º da Lei 10.865/2004).

Esclareça-se que as referidas contribuições (PIS/PASEP-Importação e COFINS-Importação) não se confundem com as contribuições do PIS/PASEP e COFINS internas, incidentes sobre a receita ou o faturamento. Trata-se, assim, de "tributos distintos" (Cf. STF, Pleno, RE 559.937/RS, rel. Min. Ellen Gracie, red. p/ ac. Min. Dias Toffoli, DJe 17.10.2013).

2.20. CONTRIBUIÇÕES RESIDUAIS

A lei pode instituir outras fontes destinadas a garantir a manutenção ou expansão da Seguridade Social, desde que obedecido o disposto no art. 154, inciso I, da Constituição Federal de 1988 (art. 195, § 4º, da Constituição da República).

Sendo assim, além das contribuições para a Seguridade Social que são expressamente previstas na Constituição, admite-se a instituição de contribuições residuais, também para o custeio direto da Seguridade Social, ou seja, a sua manutenção e expansão.

Tendo em vista a remissão ao art. 154, inciso I, da Constituição da República, entende-se que essa contribuição residual para a Seguridade Social deve ser instituída por meio de lei complementar, não pode ser cumulativa e não pode ter o mesmo fato gerador ou base de cálculo das contribuições para a Seguridade Social que já são previstas na Constituição Federal de 1988.

2.21. OUTRAS RECEITAS

Nos termos do art. 27 da Lei 8.212/1991, constituem outras receitas da Seguridade Social:

I – as multas, a atualização monetária e os juros moratórios;

II – a remuneração recebida por serviços de arrecadação, fiscalização e cobrança prestados a terceiros;

III – as receitas provenientes de prestação de outros serviços e de fornecimento ou arrendamento de bens;

IV – as demais receitas patrimoniais, industriais e financeiras;

V – as doações, legados, subvenções e outras receitas eventuais;

VI – 50% dos valores obtidos e aplicados na forma do art. 243, parágrafo único, da Constituição Federal[33];

VII – 40% do resultado dos leilões dos bens apreendidos pelo Departamento da Receita Federal;

VIII – outras receitas previstas em legislação específica.

As companhias seguradoras que mantêm o seguro obrigatório de danos pessoais causados por veículos automotores de vias terrestres, de que trata a Lei 6.194/1974, devem repassar à Seguridade Social 50% do valor total do prêmio recolhido e destinado ao Sistema Único de Saúde, para custeio da assistência médico-hospitalar dos segurados vitimados em acidentes de trânsito (art. 27, parágrafo único, da Lei 8.212/1991).

Na hipótese de sucessão empresarial, a responsabilidade da sucessora abrange não apenas os tributos devidos pela sucedida, mas também as multas moratórias ou punitivas referentes a fatos geradores ocorridos até a data da sucessão (Súmula 554 do STJ).

2.22. SALÁRIO DE CONTRIBUIÇÃO

O *salário de contribuição* é considerado a base de cálculo da contribuição para a Seguridade Social.

De forma mais específica, o salário de contribuição é a base de cálculo da contribuição previdenciária dos segurados da Previdência Social.

Além disso, o salário de contribuição também é utilizado como base de cálculo da contribuição previdenciária do empregador doméstico (art. 24 da Lei 8.212/1991) e da contribuição patronal previdenciária para a Seguridade Social (art. 13, inciso VI, da Lei Complementar 123/2006) do

[33] "Art. 243. As propriedades rurais e urbanas de qualquer região do País onde forem localizadas culturas ilegais de plantas psicotrópicas ou a exploração de trabalho escravo na forma da lei serão expropriadas e destinadas à reforma agrária e a programas de habitação popular, sem qualquer indenização ao proprietário e sem prejuízo de outras sanções previstas em lei, observado, no que couber, o disposto no art. 5º. Parágrafo único. Todo e qualquer bem de valor econômico apreendido em decorrência do tráfico ilícito de entorpecentes e drogas afins e da exploração de trabalho escravo será confiscado e reverterá a fundo especial com destinação específica, na forma da lei".

microempreendedor individual de que trata o art. 18-C, § 1º, inciso III, da Lei Complementar 123/2006[34].

Entende-se por salário de contribuição para o empregado e trabalhador avulso a remuneração auferida em uma ou mais empresas, assim entendida a totalidade dos rendimentos pagos, devidos ou creditados a qualquer título, durante o mês, destinados a retribuir o trabalho, qualquer que seja a sua forma, inclusive as gorjetas, os ganhos habituais sob a forma de utilidades e os adiantamentos decorrentes de reajuste salarial, quer pelos serviços efetivamente prestados, quer pelo tempo à disposição do empregador ou tomador de serviços nos termos da lei ou do contrato ou, ainda, de convenção ou acordo coletivo de trabalho ou sentença normativa (art. 28, inciso I, da Lei 8.212/1991).

Compreendem-se na remuneração do empregado, para todos os efeitos legais, além do salário devido e pago diretamente pelo empregador, como contraprestação do serviço, as gorjetas que receber (art. 457 da CLT).

Vale dizer, a remuneração é gênero, englobando o salário e a gorjeta.

Integram o salário a *importância fixa estipulada*, as gratificações legais e as comissões pagas pelo empregador (art. 457, § 1º, da CLT).

As *comissões* são valores que o empregado recebe do empregador, normalmente por vendas de certos produtos ou serviços, podendo ser pagas em valores fixos ou calculadas na forma de percentuais incidentes sobre os valores dessas vendas.

O art. 7º, inciso VII, da Constituição da República estabelece a garantia de salário, nunca inferior ao mínimo, para os que percebem remuneração variável.

Quanto à *gratificação legal*, cabe fazer referência à gratificação natalina ou décimo terceiro salário (art. 7º, inciso VIII, da Constituição Federal de 1988, Lei 4.090/1962 e Lei 4.749/1965). Pode-se dizer que a *gratificação de função* também deve ser considerada gratificação legal, uma vez que prevista nos arts. 62, parágrafo único, 224, § 2º, e 468, § 2º, da CLT (acrescentado pela Lei 13.457/2017).

---

[34] Observado o disposto no art. 18-A da Lei Complementar 123/2006, pode enquadrar-se como microempreendedor individual (MEI) o empresário individual ou o empreendedor que exerça as atividades de industrialização, comercialização e prestação de serviços no âmbito rural que possua um único empregado que receba exclusivamente um salário mínimo ou o piso salarial da categoria profissional (art. 18-C da Lei Complementar 123/2006, com redação dada pela Lei Complementar 155/2016). Cf. Capítulo 2, item 2.11.4.

As importâncias, ainda que habituais, pagas a título de ajuda de custo, auxílio-alimentação, vedado seu pagamento em dinheiro, diárias para viagem, prêmios e abonos *não integram a remuneração do empregado*, não se incorporam ao contrato de trabalho e não constituem base de incidência de qualquer encargo trabalhista e previdenciário (art. 457, § 2º, da CLT, com redação dada pela Lei 13.467/2017).

Consideram-se *prêmios* as liberalidades concedidas pelo empregador em forma de bens, serviços ou valor em dinheiro a empregado ou a grupo de empregados, em razão de desempenho superior ao ordinariamente esperado no exercício de suas atividades (art. 457, § 4º, da CLT).

Na relação do atleta profissional com a organização esportiva empregadora, os prêmios por performance ou resultado, o direito de imagem e o valor das luvas, caso ajustadas, *não possuem natureza salarial* e constarão de contrato avulso de natureza exclusivamente civil (art. 85, § 1º, da Lei 14.597/2023).

Consideram-se prêmios por performance as liberalidades concedidas pela organização que se dedique à prática esportiva empregadora em dinheiro a atleta, a grupo de atletas, a treinadores e a demais integrantes de comissões técnicas e delegações, em razão do seu desempenho individual ou do desempenho coletivo da equipe da organização que se dedique à prática esportiva, previstas em contrato especial de trabalho esportivo ou não (art. 85, § 2º, da Lei 14.597/2023).

Da mesma forma, na relação do treinador profissional de futebol com a organização esportiva empregadora, os prêmios por performance ou resultado, o direito de imagem e o valor das luvas, caso ajustadas, *não possuem natureza salarial* e constarão de contrato avulso de natureza exclusivamente civil (art. 98, § 2º, da Lei 14.597/2023).

Considera-se *gorjeta* não só a importância espontaneamente dada pelo cliente ao empregado, como também o valor cobrado pela empresa, como serviço ou adicional, a qualquer título, e destinado à distribuição aos empregados (art. 457, § 3º, da CLT).

A gorjeta, portanto, tem natureza remuneratória, embora não integre o salário, pois este é pago diretamente pelo empregador.

As gorjetas, cobradas pelo empregador na nota de serviço ou oferecidas espontaneamente pelos clientes, integram a remuneração do empregado, não servindo de base de cálculo para as parcelas de aviso-prévio, adicional noturno, horas extras e repouso semanal remunerado (Súmula 354 do TST).

Frise-se que os *ganhos habituais* do empregado, a qualquer título, devem ser incorporados ao salário para efeito de contribuição previdenciária e consequente repercussão em benefícios, nos casos e na forma da lei (art. 201, § 11, da Constituição da República).

Quanto ao tema, o Supremo Tribunal Federal fixou a seguinte tese de repercussão geral: "A contribuição social a cargo do empregador incide sobre ganhos habituais do empregado, quer anteriores ou posteriores à Emenda Constitucional nº 20/1998" (STF, Pleno, RE 565.160/SC, rel. Min. Marco Aurélio, j. 29.03.2017).

Além do pagamento em dinheiro, compreende-se no salário, para todos os efeitos legais, a alimentação, habitação, vestuário ou outras prestações "in natura" (ou seja, utilidades) que a empresa, por força do contrato ou do costume, fornecer habitualmente ao empregado (art. 458 da CLT).

Não obstante, em caso algum é permitido o pagamento com bebidas alcoólicas ou drogas nocivas.

No que se refere ao *salário-utilidade*, em que a prestação é concedida com habitualidade, como contraprestação pelo serviço prestado, conforme dispõe a Súmula 367 do TST:

> "Utilidades 'in natura'. Habitação. Energia elétrica. Veículo. Cigarro. Não integração ao salário. I – A habitação, a energia elétrica e veículo fornecidos pelo empregador ao empregado, quando indispensáveis para a realização do trabalho, não têm natureza salarial, ainda que, no caso de veículo, seja ele utilizado pelo empregado também em atividades particulares. II – O cigarro não se considera salário utilidade em face de sua nocividade à saúde".

O auxílio-alimentação recebido em pecúnia por segurado filiado ao Regime Geral da Previdência Social integra o salário de contribuição e se sujeita à incidência de contribuição previdenciária (Súmula 67 da Turma Nacional de Uniformização dos Juizados Especiais Federais).

O Superior Tribunal de Justiça fixou a seguinte tese em recurso especial repetitivo: "Incide a contribuição previdenciária a cargo do empregador sobre o auxílio-alimentação pago em pecúnia" (STJ, 1ª Seção, REsp 1.995.437/CE, 2022/0096974-3, rel. Min. Gurgel de Faria, DJe 12.05.2023).

Esclareça-se que as importâncias pagas pelo empregador a título de auxílio-alimentação de que trata o art. 457, § 2º, da CLT, devem ser utilizadas para o pagamento de refeições em restaurantes e estabelecimentos similares ou para a aquisição de gêneros alimentícios em estabelecimentos comerciais (art. 2º da Lei 14.442/2022).

Entende-se, ainda, que os complementos salariais, como os adicionais de horas extras, noturno, de insalubridade, de periculosidade e de transferência, integram o salário, pois remuneram o exercício do trabalho em condições específicas (STJ, 1ª Seção, REsp 1.358.281/SP (2012/0261596-9), rel. Min. Herman Benjamin, DJe 05.12.2014).

Reconheceu-se a incidência da contribuição previdenciária patronal sobre o pagamento da hora de repouso e alimentação suprimida, prevista nos arts. 3º, inciso II, da Lei 5.811/1972 e 71, § 4º, da CLT, por ter natureza remuneratória, nos termos dos arts. 22, inciso I, e 28 da Lei 8.212/1991, até a entrada em vigor da Lei 13.467/2017, que deu nova redação ao art. 71, § 4º, da CLT (STJ, 1ª Seção, EREsp 1.619.117/BA, 2016/0209321-1, rel. Min. Herman Benjamin, DJe 08.05.2020).

A remuneração do serviço suplementar é composta do valor da hora normal, integrado por parcelas de natureza salarial e acrescido do adicional previsto em lei, contrato, acordo, convenção coletiva ou sentença normativa (Súmula 264 do TST).

O adicional noturno, pago com habitualidade, integra o salário do empregado para todos os efeitos (Súmula 60, inciso I, do TST).

Enquanto percebido, o adicional de insalubridade integra a remuneração para todos os efeitos legais (Súmula 139 do TST).

O salário de contribuição para o empregado doméstico é a remuneração registrada na Carteira de Trabalho e Previdência Social, observadas as normas a serem estabelecidas em Regulamento para comprovação do vínculo empregatício e do valor da remuneração (art. 28, inciso II, da Lei 8.212/1991).

Sendo assim, o salário de contribuição do empregado doméstico é considerado a remuneração registrada na CTPS, observados os limites mínimo e máximo.

O salário de contribuição para o contribuinte individual é a remuneração auferida em uma ou mais empresas ou pelo exercício de sua atividade por conta própria, durante o mês, observado o limite máximo do salário de contribuição a que se refere o art. 28, § 5º, da Lei 8.212/1991 (art. 28, inciso III, da Lei 8.212/1991).

A contribuição previdenciária incide sobre a comissão paga ao corretor de seguros (Súmula 458 do STJ).

Entende-se por salário de contribuição para o segurado facultativo o valor por ele declarado, observado o limite máximo do salário de contribuição a que se refere o art. 28, § 5º, da Lei 8.212/1991 (art. 28, inciso IV, da Lei 8.212/1991).

Quando a admissão, a dispensa, o afastamento ou a falta do empregado ocorrer no curso do mês, o salário de contribuição é proporcional ao número de dias de trabalho efetivo, na forma estabelecida em Regulamento (art. 28, § 1º, da Lei 8.212/1991).

O salário-maternidade é considerado salário de contribuição, conforme previsão do art. 28, § 2º, da Lei 8.212/1991.

O *limite mínimo do salário de contribuição* corresponde ao piso salarial, legal ou normativo, da categoria ou, inexistindo este, ao salário mínimo, tomado no seu valor mensal, diário ou horário, conforme o ajustado e o tempo de trabalho efetivo durante o mês (art. 28, § 3º, da Lei 8.212/1991).

De forma mais específica, o limite mínimo do salário de contribuição corresponde: I – para os segurados contribuinte individual e facultativo, ao salário mínimo, tomado no seu valor mensal; II – para os segurados empregado, inclusive o doméstico, e trabalhador avulso, ao piso salarial legal ou normativo da categoria ou, inexistindo este, ao salário mínimo, tomado no seu valor mensal, diário ou horário, conforme o ajustado e o tempo de trabalho efetivo durante o mês (art. 214, § 3º, do Regulamento da Previdência Social).

O limite mínimo do salário de contribuição do menor aprendiz corresponde à sua remuneração mínima definida em lei.

O *limite máximo* do salário de contribuição é reajustado a partir da data da entrada em vigor da Lei 8.212/1991, na mesma época e com os mesmos índices que os do reajustamento dos benefícios de prestação continuada da Previdência Social (art. 28, § 5º, da Lei 8.212/1991). O valor do limite máximo do salário de contribuição é publicado mediante portaria do Ministério da Previdência Social, sempre que ocorre alteração do valor dos benefícios.

O décimo terceiro salário (gratificação natalina), previsto no art. 7º, inciso VIII, da Constituição da República, integra o salário de contribuição, exceto para o cálculo de benefício, na forma estabelecida em Regulamento (art. 28, § 7º, da Lei 8.212/1991).

É devida a contribuição sobre a gratificação natalina quando do pagamento ou crédito da última parcela ou na rescisão do contrato de trabalho. Essa contribuição incide sobre o valor bruto da gratificação, sem compensação dos adiantamentos pagos, mediante aplicação, em separado, da tabela de que trata o art. 20 da Lei 8.212/1991 e observadas as normas estabelecidas pelo Instituto Nacional do Seguro Social.

É legítima a incidência da contribuição previdenciária sobre o 13º salário (Súmula 688 do STF).

Frise-se que, conforme o art. 9º da Lei 13.189/2015, a compensação pecuniária (paga em razão de adesão ao Programa Seguro-Emprego) integra as parcelas remuneratórias para efeito do disposto no art. 28 da Lei 8.212/1991.

A incidência da contribuição sobre a remuneração das férias usufruídas deve ocorrer no mês a que elas se referirem, mesmo quando pagas antecipadamente na forma da legislação trabalhista, ou seja, até dois dias antes do início do respectivo período, de acordo com o art. 145 da CLT (art. 214, § 14, do Regulamento da Previdência Social).

No Regime Geral de Previdência Social, seria possível entender que a remuneração adicional de férias de que trata o art. 7º, inciso XVII, da Constituição Federal, integra o salário de contribuição (art. 214, § 4º, do Regulamento da Previdência Social).

Entretanto, anteriormente, o Superior Tribunal de Justiça chegou a firmar o entendimento de que o adicional de um terço de férias, ainda que estas sejam gozadas, não tem natureza remuneratória, mas sim indenizatória, afastando a sua inclusão no salário de contribuição, sem incidência de contribuição previdenciária a cargo da empresa (STJ, 1ª Seção, REsp 1.230.957/RS (2011/0009683-6), rel. Min. Mauro Campbell Marques, DJe 18.03.2014).

Na atualidade, o Supremo Tribunal Federal assentou a incidência de contribuição previdenciária sobre valores pagos pelo empregador a título de terço constitucional de férias gozadas, tendo fixado a seguinte tese de repercussão geral: "É legítima a incidência de contribuição social sobre o valor satisfeito a título de terço constitucional de férias" (STF, Pleno, RE 1.072.485/PR, rel. Min. Marco Aurélio, j. 31.08.2020)[35].

Não integram o salário de contribuição para os fins da Lei 8.212/1991, exclusivamente (art. 28, § 9º):

a) os benefícios da Previdência Social, nos termos e limites legais, salvo o salário-maternidade;

O salário-maternidade, portanto, apesar de previsto como benefício previdenciário, integraria o salário de contribuição (STJ, 1ª Seção, REsp 1.230.957/RS (2011/0009683-6), rel. Min. Mauro Campbell Marques, DJe 18.03.2014).

Cabe registrar, entretanto, que o Supremo Tribunal Federal declarou, incidentalmente, a inconstitucionalidade da incidência de contribuição previdenciária sobre o salário-maternidade, prevista no art. 28, § 2º, da Lei 8.212/1991, e da parte final da alínea *a* do § 9º da Lei 8.212/1991. Foi fixada a seguinte

[35] "Férias. Acréscimo. Contribuição social. Incidência. É legítima a incidência de contribuição social, a cargo do empregador, sobre os valores pagos ao empregado a título de terço constitucional de férias gozadas" (STF, Pleno, RE 1.072.485/PR, rel. Min. Marco Aurélio, DJe 02.10.2020).

tese de repercussão geral: "É inconstitucional a incidência de contribuição previdenciária a cargo do empregador sobre o salário-maternidade" (STF, Pleno, RE 576.967/PR, rel. Min. Roberto Barroso, j. 05.08.2020)[36].

b) as ajudas de custo e o adicional mensal recebidos pelo aeronauta nos termos da Lei 5.929/1973;

c) a parcela "in natura" recebida de acordo com os programas de alimentação aprovados pelo Ministério do Trabalho, nos termos da Lei 6.321/1976;

A parcela paga *in natura* pela pessoa jurídica beneficiária, no âmbito do Programa de Alimentação do Trabalhador (PAT), ou disponibilizada na forma de instrumentos de pagamento, vedado o seu pagamento em dinheiro: não tem natureza salarial; não se incorpora à remuneração para quaisquer efeitos;

---

[36] "Direito Constitucional. Direito Tributário. Recurso Extraordinário com repercussão geral. Contribuição previdenciária do empregador. Incidência sobre o salário-maternidade. Inconstitucionalidade formal e material. 1. Recurso extraordinário interposto em face de acórdão do TRF da 4ª Região, que entendeu pela constitucionalidade da incidência da contribuição previdenciária 'patronal' sobre o salário-maternidade. 2. O salário-maternidade é prestação previdenciária paga pela Previdência Social à segurada durante os cento e vinte dias em que permanece afastada do trabalho em decorrência da licença-maternidade. Configura, portanto, verdadeiro benefício previdenciário. 3. Por não se tratar de contraprestação pelo trabalho ou de retribuição em razão do contrato de trabalho, o salário-maternidade não se amolda ao conceito de folha de salários e demais rendimentos do trabalho pagos ou creditados, a qualquer título à pessoa física que lhe preste serviço, mesmo sem vínculo empregatício. Como consequência, não pode compor a base de cálculo da contribuição previdenciária a cargo do empregador, não encontrando fundamento no art. 195, I, *a*, da Constituição. Qualquer incidência não prevista no referido dispositivo constitucional configura fonte de custeio alternativa, devendo estar prevista em lei complementar (art. 195, § 4º). Inconstitucionalidade formal do art. 28, § 2º, e da parte final da alínea *a*, do § 9º, da Lei nº 8.212/91. 4. Esta Corte já definiu que as disposições constitucionais são legitimadoras de um tratamento diferenciado às mulheres desde que a norma instituidora amplie direitos fundamentais e atenda ao princípio da proporcionalidade na compensação das diferenças. No entanto, no presente caso, as normas impugnadas, ao imporem tributação que incide somente quando a trabalhadora é mulher e mãe cria obstáculo geral à contratação de mulheres, por questões exclusivamente biológicas, uma vez que torna a maternidade um ônus. Tal discriminação não encontra amparo na Constituição, que, ao contrário, estabelece isonomia entre homens e mulheres, bem como a proteção à maternidade, à família e à inclusão da mulher no mercado de trabalho. Inconstitucionalidade material dos referidos dispositivos. 5. Diante do exposto, dou provimento ao recurso extraordinário para declarar, incidentalmente, a inconstitucionalidade da incidência de contribuição previdenciária sobre o salário-maternidade, prevista no art. 28, § 2º, e da parte final da alínea *a*, do § 9º, da Lei nº 8.212/91, e proponho a fixação da seguinte tese: 'É inconstitucional a incidência de contribuição previdenciária a cargo do empregador sobre o salário-maternidade'" (STF, Pleno, RE 576.967/PR, rel. Min. Roberto Barroso, DJe 21.10.2020).

não constitui base de incidência do FGTS e não se inclui como salário de contribuição (art. 3º da Lei 6.321/1976 e art. 178 do Decreto 10.854/2021).

A Turma Nacional de Uniformização dos Juizados Especiais Federais fixou ainda a seguinte tese (Tema 244): "I) Anteriormente à vigência da Lei n. 13.467/2017, o auxílio-alimentação, pago em espécie e com habitualidade ou por meio de vale-alimentação/cartão ou tíquete-refeição/alimentação ou equivalente, integra a remuneração, constitui base de incidência da contribuição previdenciária patronal e do segurado, refletindo no cálculo da renda mensal inicial do benefício, esteja a empresa inscrita ou não no Programa de Alimentação do Trabalhador – PAT; II) A partir de 11/11/2017, com a vigência da Lei n. 13.467/2017, que conferiu nova redação ao § 2º do art. 457 da CLT, somente o pagamento do auxílio-alimentação em dinheiro integra a remuneração, constitui base de incidência da contribuição previdenciária patronal e do segurado, refletindo no cálculo da renda mensal inicial do benefício, esteja a empresa inscrita ou não no Programa de Alimentação do Trabalhador – PAT" (TNU, PEDILEF 5002880-91.2016.4.04.7105/RS, rel. p/ ac. Juiz Federal Francisco Glauber Pessoa Alves, DJe 18.04.2022).

d) as importâncias recebidas a título de férias indenizadas e respectivo adicional constitucional (arts. 146 e 147 da CLT), inclusive o valor correspondente à dobra da remuneração de férias de que trata o art. 137 da Consolidação das Leis do Trabalho;

e) as importâncias:

1. previstas no art. 10, inciso I, do Ato das Disposições Constitucionais Transitórias (que prevê a indenização compensatória de 40% sobre o valor depositado no Fundo de Garantia do Tempo de Serviço, como proteção à relação de emprego contra despedida arbitrária ou sem justa causa);
2. relativas à indenização por tempo de serviço, anterior a 5 de outubro de 1988, do empregado não optante pelo Fundo de Garantia do Tempo de Serviço (conforme arts. 477, 478, 496 a 498 da CLT);
3. recebidas a título da indenização de que trata o art. 479 da CLT (que dispõe sobre a indenização por despedida sem justa causa do empregado nos contratos por prazo determinado);
4. recebidas a título da indenização de que trata o art. 14 da Lei 5.889/1973 (ou seja, indenização do tempo de serviço do safrista, quando da expiração normal do contrato);
5. recebidas a título de incentivo à demissão;

6. recebidas a título de abono de férias na forma dos arts. 143 e 144 da CLT;
7. recebidas a título de ganhos eventuais e os abonos expressamente desvinculados do salário;
8. recebidas a título de licença-prêmio indenizada;
9. recebidas a título da indenização de que trata o art. 9º da Lei 7.238/1984 (ou seja, indenização por dispensa sem justa causa no período de trinta dias que antecede a correção salarial);

f) a parcela recebida a título de vale-transporte, na forma da legislação própria;

O vale-transporte, quanto à contribuição do empregador: não tem natureza salarial, nem se incorpora à remuneração do beneficiário para quaisquer efeitos; não constitui base de incidência de contribuição previdenciária ou do FGTS; não é considerado para fins de pagamento da gratificação de Natal; não configura rendimento tributável do beneficiário (art. 2º da Lei 7.418/1985 e art. 111 do Decreto 10.854/2021).

De acordo com o entendimento majoritário, mesmo se o vale-transporte for pago em dinheiro, o respectivo valor não integra o salário de contribuição, com fundamento no art. 2º, *b*, da Lei 7.418/1985 (STJ, 1ª Seção, EREsp 816.829/RJ (2008/0224966-4), rel. Min. Castro Meira, DJe 25.03.2011)[37]. Cf. STF, Pleno, RE 478.410/SP, rel. Min. Eros Grau, DJe 14.05.2010.

Não há incidência de contribuição previdenciária sobre o vale-transporte pago em pecúnia, considerando o caráter indenizatório da verba (Súmula 60 da AGU).

No caso do contrato de trabalho doméstico, a obrigação prevista no art. 4º da Lei 7.418/1985, sobre o vale-transporte, pode ser substituída, a critério do empregador, pela concessão, mediante recibo, dos valores para a aquisição das passagens necessárias ao custeio das despesas decorrentes do deslocamento residência-trabalho e vice-versa (art. 19, parágrafo único, da Lei Complementar 150/2015).

---

[37] "3. De fato, o Superior Tribunal de Justiça possui entendimento consolidado segundo o qual a verba auxílio-transporte (vale-transporte), ainda que paga em pecúnia, possui natureza indenizatória, não sendo elemento que compõe o salário; assim, sobre ela não deve incidir contribuição previdenciária" (STJ, 2ª T., REsp 1.928.591/RS, 2021/0083365-3, rel. Min. Herman Benjamin, DJe 05.11.2021).

g) a ajuda de custo, em parcela única, recebida exclusivamente em decorrência de mudança de local de trabalho do empregado, na forma do art. 470 da CLT (ao dispor que as despesas resultantes da transferência correm por conta do empregador);

h) as diárias para viagens;

i) a importância recebida a título de bolsa de complementação educacional de estagiário, quando paga nos termos da Lei 11.788/2008;

j) a participação nos lucros ou resultados da empresa, quando paga ou creditada de acordo com lei específica;

Efetivamente, a Constituição Federal de 1988, no art. 7º, inciso XI, prevê o direito dos trabalhadores urbanos e rurais à participação nos lucros, ou resultados, desvinculada da remuneração, e, excepcionalmente, participação na gestão da empresa, conforme definido em lei.

Logo, para que a participação nos lucros ou resultados não integre o salário de contribuição, deve ser paga de acordo com a lei específica que disciplina a matéria.

A esse respeito, a Lei 10.101/2001 regula a participação dos trabalhadores nos lucros ou resultados da empresa como instrumento de integração entre o capital e o trabalho e como incentivo à produtividade.

A participação nos lucros ou resultados deve ser objeto de negociação entre a empresa e seus empregados, mediante um dos seguintes procedimentos, escolhidos pelas partes de comum acordo: I – comissão paritária escolhida pelas partes, integrada, também, por um representante indicado pelo sindicato da respectiva categoria; II – convenção ou acordo coletivo (art. 2º da Lei 10.101/2001).

Uma vez composta, a comissão paritária de que trata o art. 2º, inciso I, da Lei 10.101/2000 deve dar ciência por escrito ao ente sindical para que indique seu representante no prazo máximo de 10 dias corridos, findo o qual a comissão pode iniciar e concluir suas tratativas (art. 2º, § 10, da Lei 10.101/2000, incluído pela Lei 14.020/2020).

Dos instrumentos decorrentes da negociação devem constar regras claras e objetivas quanto à fixação dos direitos substantivos da participação e das regras adjetivas, inclusive mecanismos de aferição das informações pertinentes ao cumprimento do acordado, periodicidade da distribuição, período de vigência e prazos para revisão do acordo, podendo ser considerados, entre outros, os seguintes critérios e condições: I – índices de produtividade, qualidade ou lucratividade da empresa; II – programas de metas, resultados e prazos, pactuados previamente (art. 2º, § 1º, da Lei 10.101/2000).

Quando forem considerados os critérios e condições definidos nos incisos I e II do § 1º do art. 2º da Lei 10.101/2000: I – a empresa deve prestar aos representantes dos trabalhadores na comissão paritária informações que colaborem para a negociação; II – não se aplicam as metas referentes à saúde e segurança no trabalho (art. 2º, § 4º, da Lei 10.101/2000).

Na fixação dos direitos substantivos e das regras adjetivas, inclusive no que se refere à fixação dos valores e à utilização exclusiva de metas individuais, a autonomia da vontade das partes contratantes deve ser respeitada e prevalecerá em face do interesse de terceiros (art. 2º, § 6º, da Lei 10.101/2000, incluído pela Lei 14.020/2020).

Consideram-se previamente estabelecidas as regras fixadas em instrumento assinado: I – anteriormente ao pagamento da antecipação, quando prevista; II – com antecedência de, no mínimo, 90 dias da data do pagamento da parcela única ou da parcela final, caso haja pagamento de antecipação (art. 2º, § 7º, da Lei 10.101/2000, incluído pela Lei 14.020/2020).

O instrumento de acordo celebrado deve ser arquivado na entidade sindical dos trabalhadores (art. 2º, § 2º, da Lei 10.101/2000).

Não se equipara a empresa, para os fins da Lei 10.101/2000:

I – a pessoa física;

II – a entidade sem fins lucrativos que, cumulativamente: a) não distribua resultados, a qualquer título, ainda que indiretamente, a dirigentes, administradores ou empresas vinculadas; b) aplique integralmente os seus recursos em sua atividade institucional e no País; c) destine o seu patrimônio a entidade congênere ou ao poder público, em caso de encerramento de suas atividades; d) mantenha escrituração contábil capaz de comprovar a observância dos demais requisitos deste inciso, e das normas fiscais, comerciais e de direito econômico que lhe sejam aplicáveis (art. 2º, § 3º, da Lei 10.101/2000).

A não equiparação de que trata o inciso II do § 3º do art. 2º da Lei 10.101/2000 não é aplicável às hipóteses em que tenham sido utilizados índices de produtividade ou qualidade ou programas de metas, resultados e prazos (art. 2º, § 3º-A, da Lei 10.101/2000, incluído pela Lei 14.020/2020). Nesses casos, por se tratar de entidade equiparada a empresa para os fins da Lei 10.101/2000, admite-se a participação nos lucros ou resultados.

Caso a negociação visando à participação nos lucros ou resultados da empresa resulte em impasse, as partes podem se utilizar dos seguintes mecanismos de solução do litígio: mediação; arbitragem de ofertas finais, utilizando-se, no que couber, os termos da Lei 9.307/1996 (art. 4º da Lei 10.101/2001).

A participação nos lucros ou resultados da empresa não substitui ou complementa a remuneração devida a qualquer empregado, nem constitui base de incidência de qualquer encargo trabalhista, não se lhe aplicando o princípio da habitualidade (art. 3º da Lei 10.101/2001).

É vedado o pagamento de qualquer antecipação ou distribuição de valores a título de participação nos lucros ou resultados da empresa em mais de duas vezes no mesmo ano civil e em periodicidade inferior a um trimestre civil (art. 3º, § 2º, da Lei 10.101/2001).

A inobservância à periodicidade estabelecida no art. 3º, § 2º, da Lei 10.101/2000 invalida exclusivamente os pagamentos feitos em desacordo com a norma, assim entendidos: I – os pagamentos excedentes ao segundo, feitos a um mesmo empregado, no mesmo ano civil; II – os pagamentos efetuados a um mesmo empregado, em periodicidade inferior a um trimestre civil do pagamento anterior (art. 2º, § 8º, da Lei 10.101/2000, incluído pela Lei 14.020/2020).

Na hipótese do inciso II do § 8º do art. 2.º da Lei 10.101/2000, mantém-se a validade dos demais pagamentos (art. 2º, § 9º, da Lei 10.101/2000, incluído pela Lei 14.020/2020).

As partes podem: I – adotar os procedimentos de negociação estabelecidos nos incisos I e II do art. 2º da Lei 10.101/2000, simultaneamente; II – estabelecer múltiplos programas de participação nos lucros ou nos resultados, observada a periodicidade estabelecida pelo art. 3º, § 2º, da Lei 10.101/2000 (art. 2º, § 5º, da Lei 10.101/2000, incluído pela Lei 14.020/2020).

Todos os pagamentos efetuados em decorrência de planos de participação nos lucros ou resultados, mantidos espontaneamente pela empresa, podem ser compensados com as obrigações decorrentes de acordos ou convenções coletivas de trabalho atinentes à participação nos lucros ou resultados (art. 3º, § 3º, da Lei 10.101/2001).

Cabe esclarecer que a participação nos lucros ou resultados paga antes da mencionada disciplina legal integra o salário de contribuição (STF, Pleno, RE 569.441/RS, rel. p/ ac. Min. Teori Zavascki, DJe 10.02.2015).

l) o abono do Programa de Integração Social (PIS) e do Programa de Assistência ao Servidor Público (PASEP);

m) os valores correspondentes a transporte, alimentação e habitação fornecidos pela empresa ao empregado contratado para trabalhar em localidade distante da sua residência, em canteiro de obras ou local que, por força da atividade, exija deslocamento e estada, observadas as normas de proteção estabelecidas pelo Ministério do Trabalho.

n) a importância paga ao empregado a título de complementação ao valor do auxílio-doença, desde que este direito seja extensivo à totalidade dos empregados da empresa;

o) as parcelas destinadas à assistência ao trabalhador da agroindústria canavieira, de que trata o art. 36 da Lei 4.870/1965;

p) o valor das contribuições efetivamente pago pela pessoa jurídica, relativo a programa de previdência complementar, aberto ou fechado, desde que disponível à totalidade de seus empregados e dirigentes, observados, no que couber, os arts. 9º e 468 da CLT;

q) o valor relativo à assistência prestada por serviço médico ou odontológico, próprio da empresa ou por ela conveniado, inclusive o reembolso de despesas com medicamentos, óculos, aparelhos ortopédicos, próteses, órteses, despesas médico-hospitalares e outras similares;

O valor relativo à assistência prestada por serviço médico ou odontológico, próprio ou não, inclusive o reembolso de despesas com medicamentos, óculos, aparelhos ortopédicos, próteses, órteses, despesas médico-hospitalares e outras similares, mesmo quando concedido em diferentes modalidades de planos e coberturas, não integram o salário do empregado para qualquer efeito nem o salário de contribuição, para efeitos do previsto na alínea *q* do § 9º do art. 28 da Lei 8.212/1991 (art. 458, § 5º, da CLT, acrescentado pela Lei 13.467/2017).

r) o valor correspondente a vestuários, equipamentos e outros acessórios fornecidos ao empregado e utilizados no local do trabalho para a prestação dos respectivos serviços;

s) o ressarcimento de despesas pelo uso de veículo do empregado e o reembolso creche pago em conformidade com a legislação trabalhista, observado o limite máximo de seis anos de idade, quando devidamente comprovadas as despesas realizadas;

O auxílio-creche não integra o salário de contribuição (Súmula 310 do STJ).

Foi instituído o Programa Emprega + Mulheres, destinado à inserção e à manutenção de mulheres no mercado de trabalho por meio da implementação, entre outras, da seguinte medida para apoio à parentalidade na primeira infância: pagamento de reembolso-creche (art. 1º, inciso I, alínea *a*, da Lei 14.457/2022).

Sendo assim, ficam os empregadores autorizados a adotar o benefício de reembolso-creche, de que trata o art. 28, § 9º, alínea *s*, da Lei 8.212/1991, desde que cumpridos os seguintes requisitos: I – ser o benefício destinado ao pagamento de creche ou de pré-escola de livre escolha da empregada ou do empregado, bem como ao ressarcimento de gastos com outra modalidade de prestação de serviços de mesma natureza, comprovadas as despesas realizadas; II – ser o benefício concedido à empregada ou ao empregado que possua filhos com até cinco anos e 11 meses de idade, sem prejuízo dos demais preceitos de proteção à maternidade; III – ser dada ciência pelos empregadores às empregadas e aos empregados da existência do benefício e dos procedimentos necessários à sua utilização; IV – ser o benefício oferecido de forma não discriminatória e sem a sua concessão configurar premiação (art. 2º da Lei 14.457/2022).

Ato do Poder Executivo federal deve dispor sobre os limites de valores para a concessão do reembolso-creche e as modalidades de prestação de serviços aceitas, incluído o pagamento de pessoa física.

A implementação do reembolso-creche fica condicionada à formalização de acordo individual, de acordo coletivo ou de convenção coletiva de trabalho (art. 3º da Lei 14.457/2022). O acordo ou a convenção deve estabelecer condições, prazos e valores, sem prejuízo do cumprimento dos demais preceitos de proteção à maternidade.

Os valores pagos a título de reembolso-creche: não possuem natureza salarial; não se incorporam à remuneração para quaisquer efeitos; não constituem base de incidência de contribuição previdenciária ou do Fundo de Garantia do Tempo de Serviço (FGTS); não configuram rendimento tributável da empregada ou do empregado (art. 4º da Lei 14.457/2022).

t) o valor relativo a plano educacional, ou bolsa de estudo, que vise à educação básica de empregados e seus dependentes e, desde que vinculada às atividades desenvolvidas pela empresa, à educação profissional e tecnológica de empregados, nos termos da Lei 9.394/1996, e:

1. não seja utilizado em substituição de parcela salarial; e
2. o valor mensal do plano educacional ou bolsa de estudo, considerado individualmente, não ultrapasse 5% da remuneração do segurado a que se destina ou o valor correspondente a uma vez e meia o valor do limite mínimo mensal do salário de contribuição, o que for maior;

u) a importância recebida a título de bolsa de aprendizagem garantida ao adolescente até 14 anos de idade, de acordo com o disposto no art. 64 da Lei 8.069/1990;

Entretanto, deve-se esclarecer que, na atualidade, o art. 7º, inciso XXXIII, da Constituição da República, com redação dada pela Emenda Constitucional

20/1998, estabelece a proibição de trabalho noturno, perigoso ou insalubre a menores de 18 anos e de qualquer trabalho a menores de 16 anos, salvo na condição de aprendiz, a partir de 14 anos.

O contrato de aprendizagem é contrato de trabalho especial e ao menor aprendiz, salvo condição mais favorável, é garantido o salário mínimo hora (art. 428, § 2º, da CLT).

v) os valores recebidos em decorrência da cessão de direitos autorais;

A Lei 9.610/1998 regula os direitos autorais, entendendo-se sob esta denominação os direitos de autor e os que lhes são conexos. Os direitos autorais reputam-se, para os efeitos legais, bens móveis, conforme art. 3º do mencionado diploma legal.

x) o valor da multa prevista no art. 477, § 8º, da CLT (ou seja, a multa paga ao empregado em decorrência da mora no pagamento das parcelas constantes do instrumento de rescisão do contrato de trabalho);

y) o valor correspondente ao vale-cultura (previsto na Lei 12.761/2012);

z) os prêmios e os abonos.

aa) os valores recebidos a título de bolsa-atleta, em conformidade com a Lei 14.597/2023[38].

Também *não integram o salário de contribuição* (art. 214, § 9º, do Regulamento da Previdência Social):

- as importâncias recebidas a título de indenizações previstas nos arts. 496 e 497 da Consolidação das Leis do Trabalho (ou seja, indenizações por tempo de serviço em dobro ao empregado estável decenal);
- o valor efetivamente pago pela pessoa jurídica quanto a prêmio de seguro de vida em grupo, desde que previsto em acordo ou convenção coletiva de trabalho e disponível à totalidade de seus empregados e dirigentes, observados, no que couber, os arts. 9º e 468 da Consolidação das Leis do Trabalho;
- o reembolso babá, limitado ao menor salário de contribuição mensal e condicionado à comprovação do registro na Carteira de Trabalho

[38] Cf. art. 51 da Lei 14.597/2023: "É instituída a Bolsa-Atleta, destinada prioritariamente aos atletas praticantes do esporte de alto rendimento em modalidades olímpicas, paralímpicas e surdolímpicas, sem prejuízo da análise e deliberação acerca das demais modalidades, a serem feitas de acordo com o art. 54 desta Lei".

e Previdência Social da empregada, do pagamento da remuneração e do recolhimento da contribuição previdenciária, pago em conformidade com a legislação trabalhista, observado o limite máximo de seis anos de idade da criança.

Na jurisprudência, prevalece o entendimento de que o aviso prévio indenizado (art. 487, § 1º, da CLT) não integra o salário de contribuição, justamente em razão da natureza indenizatória, e não remuneratória (STJ, 1ª Seção, REsp 1.230.957/RS (2011/0009683-6), rel. Min. Mauro Campbell Marques, DJe 18.03.2014).

Não incide a contribuição previdenciária sobre a quantia paga a título de indenização de aviso prévio (Súmula 79 do antigo Tribunal Federal de Recursos).

Da mesma forma, os depósitos do FGTS não integram o salário de contribuição, pois têm como objetivo indenizar o tempo de serviço do empregado (art. 7º, inciso III, da Constituição da República).

Entende-se, ainda, que as conversões em indenização de garantias provisórias no emprego não integram o salário de contribuição, pois substituem a remuneração dos períodos de estabilidade, sem que tenha ocorrido a prestação de trabalho.

Nos termos do art. 60, § 3º, da Lei 8.213/1991, durante os primeiros 15 dias consecutivos ao do afastamento da atividade por motivo de doença (incapacidade temporária), incumbe à empresa pagar ao segurado empregado o seu salário integral.

Entretanto, a jurisprudência do STJ firmou o entendimento de que não incide contribuição previdenciária sobre o valor pago quanto a esse período inicial de afastamento do empregado, por não haver trabalho, o que significa ter natureza jurídica de indenização (STJ, 1ª Seção, REsp 1.230.957/RS (2011/0009683-6), rel. Min. Mauro Campbell Marques, DJe 18.03.2014).

Considera-se salário de contribuição, para o segurado empregado e trabalhador avulso, na condição prevista no art. 12, § 5º, da Lei 8.212/1991 (ao prever que o dirigente sindical mantém, durante o exercício do mandato eletivo, o mesmo enquadramento no Regime Geral de Previdência Social de antes da investidura) a remuneração efetivamente auferida na entidade sindical ou empresa de origem.

Considera-se remuneração do contribuinte individual que trabalha como condutor autônomo de veículo rodoviário, como auxiliar de condutor autônomo de veículo rodoviário, em automóvel cedido em regime de colaboração, nos termos da Lei 6.094/1974, como operador de trator, máquina de terraplenagem, colheitadeira e assemelhados, o montante correspondente a 20% do valor bruto do frete, carreto, transporte de passageiros ou do serviço prestado, observado o limite máximo a que se refere o art. 28, § 5º, da Lei 8.212/1991.

Deve-se ressaltar que o valor mensal do auxílio-acidente integra o salário de contribuição apenas para fins de cálculo do salário de benefício de qualquer aposentadoria (art. 31 da Lei 8.213/1991), mas não incide contribuição previdenciária sobre o auxílio-acidente.

2.22.1. CONTRIBUIÇÃO MÍNIMA MENSAL

O segurado somente terá reconhecida como tempo de contribuição ao Regime Geral de Previdência Social a competência cuja contribuição seja igual ou superior à contribuição mínima mensal exigida para sua categoria, assegurado o agrupamento de contribuições (art. 195, § 14, da Constituição Federal de 1988, incluído pela Emenda Constitucional 103/2019).

Nos termos do art. 29 da Emenda Constitucional 103/2019, até que entre em vigor lei que disponha sobre o § 14 do art. 195 da Constituição Federal de 1988, o segurado que, no somatório de remunerações auferidas no período de um mês, receber remuneração inferior ao limite mínimo mensal do salário de contribuição, poderá:

I – complementar a sua contribuição, de forma a alcançar o limite mínimo exigido;

II – utilizar o valor da contribuição que exceder o limite mínimo de contribuição de uma competência em outra; ou

III – agrupar contribuições inferiores ao limite mínimo de diferentes competências, para aproveitamento em contribuições mínimas mensais.

Os ajustes de complementação ou agrupamento de contribuições previstos nos incisos I, II e III do art. 29 da Emenda Constitucional 103/2019 somente poderão ser feitos ao longo do mesmo ano civil (art. 29, parágrafo único, da Emenda Constitucional 103/2019).

Procura-se, assim, dar cumprimento ao estabelecido no art. 201 da Constituição Federal de 1988, com redação dada pela Emenda Constitucional 103/2019, no sentido de que o Regime Geral de Previdência Social tem *caráter contributivo* e filiação obrigatória, devendo observar critérios que preservem o *equilíbrio financeiro e atuarial*.

A contribuição mínima mensal (art. 195, § 14, da Constituição Federal de 1988) é a que incide sobre o limite mínimo *mensal* do salário de contribuição (art. 29 da Emenda Constitucional 103/2019). Cf. art. 28, § 3º, da Lei 8.212/1991 e art. 214, § 3º, do Regulamento da Previdência Social.

Registre-se que a partir de 13 de novembro de 2019, para fins de aquisição e manutenção da qualidade de segurado[39], de carência, de tempo de contribuição e de cálculo do salário de benefício exigidos para o reconhecimento do direito aos benefícios do Regime Geral de Previdência Social e para fins de contagem recíproca, somente serão consideradas as competências cujo salário de contribuição seja igual ou superior ao limite mínimo mensal do salário de contribuição (art. 19-E do Regulamento da Previdência Social, incluído pelo Decreto 10.410/2020).

Para os fins mencionados, ao segurado que, no somatório de remunerações auferidas no período de um mês, receber remuneração inferior ao limite mínimo mensal do salário de contribuição será assegurado:

I – complementar a contribuição das competências, de forma a alcançar o limite mínimo do salário de contribuição exigido;

II – utilizar o excedente do salário de contribuição superior ao limite mínimo de uma competência para completar o salário de contribuição de outra competência até atingir o limite mínimo; ou

III – agrupar os salários de contribuição inferiores ao limite mínimo de diferentes competências para aproveitamento em uma ou mais competências até que estas atinjam o limite mínimo (art. 19-E, § 1º, do Regulamento da Previdência Social).

Os ajustes de complementação, utilização e agrupamento previstos acima podem ser efetivados, a qualquer tempo, por iniciativa do segurado, hipótese em que se tornarão irreversíveis e irrenunciáveis após processados (art. 19-E, § 2º, do Regulamento da Previdência Social).

---

[39] Esse trecho do art. 19-E do Regulamento da Previdência Social ("para fins de aquisição e manutenção da qualidade de segurado"), que não tem hierarquia de lei, amplia a restrição, de forma prejudicial ao beneficiário. Na realidade, a competência cuja contribuição seja inferior à contribuição mínima mensal, se ausente os ajustes de contribuições (art. 29 da Emenda Constitucional 103/2019), não será reconhecida "como tempo de contribuição" (art. 195, § 14, da Constituição Federal de 1988). A norma constitucional não chega ao extremo de prever a ausência de aquisição e a perda da qualidade de segurado se este receber remuneração inferior ao limite mínimo mensal do salário de contribuição e não efetuar os ajustes de complementação, utilização e agrupamento. Desse modo, é possível entender que essa parte do art. 19-E do Regulamento da Previdência Social do Regulamento da Previdência Social, incluído pelo Decreto 10.410/2020, inova em termos legislativos, em prejuízo do segurado, e contraria as referidas normas de hierarquia constitucional. Cf. ainda Capítulo 4, item 4.8.

A complementação de que trata o inciso I pode ser recolhida até o dia 15 do mês subsequente ao da prestação do serviço e, a partir dessa data, com os acréscimos previstos no art. 35 da Lei 8.212/1991, ou seja, multa de mora e juros de mora, nos termos do art. 61 da Lei 9.430/1996 (art. 19-E, § 3º, do Regulamento da Previdência Social).

Os ajustes de que tratam os incisos II e III (utilização e agrupamento) devem ser efetuados na forma indicada ou autorizada pelo segurado, desde que utilizadas as competências do mesmo ano civil (o qual é considerado o período de 12 meses contados de 1º de janeiro a 31 de dezembro do respectivo ano), em conformidade com o disposto nos § 27-A ao § 27-D do art. 216 do Regulamento da Previdência Social (art. 19-E, § 4º, do Regulamento da Previdência Social).

A efetivação do ajuste previsto no inciso III (agrupamento) não impede o recolhimento da contribuição referente à competência que tenha o salário de contribuição transferido, em todo ou em parte, para agrupamento com outra competência a fim de atingir o limite mínimo mensal do salário de contribuição (art. 19-E, § 5º, do Regulamento da Previdência Social).

Para complementação ou recolhimento da competência que tenha o salário de contribuição transferido, em todo ou em parte, na forma prevista no § 5º do art. 19-E do Regulamento da Previdência Social, deve ser observada a previsão de recolhimento até o dia 15 do mês subsequente ao da prestação do serviço e, a partir dessa data, com os acréscimos previstos no art. 35 da Lei 8.212/1991 (art. 19-E, § 6º, do Regulamento da Previdência Social).

Na hipótese de falecimento do segurado, os mencionados ajustes podem ser solicitados por seus dependentes para fins de reconhecimento de direito para benefício a eles devido até o dia 15 do mês de janeiro subsequente ao do ano civil correspondente, observando-se que os ajustes de que tratam os incisos II e III (utilização e agrupamento) devem ser efetuados na forma indicada ou autorizada pelos dependentes, desde que utilizadas as competências do mesmo ano civil (art. 19-E, § 7º, do Regulamento da Previdência Social).

O segurado que, no somatório de remunerações auferidas no período de um mês, receber remuneração inferior ao limite mínimo mensal do salário de contribuição pode solicitar o ajuste das competências pertencentes ao mesmo ano civil, na forma por ele indicada, ou autorizar que os ajustes sejam feitos automaticamente, para que o limite mínimo mensal do salário de contribuição seja alcançado, por meio da opção por:

I – complementar a sua contribuição, observado que:

a) o recolhimento da complementação deve ser efetuado pelo próprio segurado até o dia 15 do mês seguinte ao da competência de referência e, após essa data, com incidência dos acréscimos legais de que tratam os arts. 238 e 239 do Regulamento da Previdência Social, ou seja, atualização monetária (quando exigida pela legislação de regência), juros de mora e multa;

b) para o empregado, o empregado doméstico e o trabalhador avulso, a complementação deve ser efetuada por meio da aplicação da alíquota de 7,5%, inclusive para o mês em que exista contribuição concomitante na condição de contribuinte individual;

c) para o contribuinte individual que preste serviço a empresa (art. 4º da Lei 10.666/2003), e que contribua exclusivamente nessa condição, a complementação deve ser efetuada por meio da aplicação da alíquota de 20%;

II – utilizar o valor da contribuição que exceder o limite mínimo de uma competência em outra, observado que:

a) para efeito de utilização da contribuição, devem ser considerados os salários de contribuição apurados por categoria, consolidados na competência de origem;

b) o salário de contribuição pode ser utilizado para complementar uma ou mais competências com valor inferior ao limite mínimo, mesmo que em categoria distinta;

c) podem ser utilizados valores excedentes ao limite mínimo do salário de contribuição de mais de uma competência para compor o salário de contribuição de apenas uma competência;

d) utilizado o valor excedente, caso o salário de contribuição da competência favorecida ainda permaneça inferior ao limite mínimo, esse valor pode ser complementado nos termos do disposto no inciso I; ou

III – agrupar contribuições inferiores ao limite mínimo de diferentes competências, para aproveitamento em contribuições mínimas mensais, observado que:

a) as competências que não atingirem o valor mínimo do salário de contribuição podem ser agrupadas desde que o resultado do agrupamento não ultrapasse o valor mínimo do salário de contribuição;

b) na hipótese de o resultado do agrupamento ser inferior ao limite mínimo do salário de contribuição, o segurado pode complementar na forma prevista no inciso I ou utilizar valores excedentes na forma prevista no inciso II;

c) as competências em que tenha havido exercício de atividade e tenham sido zeradas em decorrência do agrupamento podem ser objeto de recolhimento pelo segurado, respeitado o limite mínimo (art. 216, § 27-A, do Regulamento da Previdência Social).

Para fins do disposto no § 27-A do art. 216, o valor da contribuição referente ao décimo terceiro salário não pode ser utilizado em decorrência do disposto no § 7º do art. 28 da Lei 8.212/1991 (art. 216, § 27-B, do Regulamento da Previdência Social).

É vedada a reversão da utilização e do agrupamento de que trata o § 27-A do art. 216 (art. 216, § 27-C, do Regulamento da Previdência Social).

Caso ocorram eventos posteriores que gerem inconsistências no cálculo da contribuição na competência favorecida por complementação, utilização ou agrupamento, essa competência ficará pendente de regularização (art. 216, § 27-D, do Regulamento da Previdência Social).

2.22.2. CONTRIBUIÇÕES NA QUALIDADE DE SEGURADO FACULTATIVO NO PROGRAMA EMERGENCIAL DE MANUTENÇÃO DO EMPREGO E DA RENDA

O Poder Executivo federal pode instituir o Programa Emergencial de Manutenção do Emprego e da Renda, para o enfrentamento das consequências sociais e econômicas de estado de calamidade pública em âmbito nacional ou em âmbito estadual, distrital ou municipal reconhecido pelo Poder Executivo federal (art. 24 da Lei 14.437/2022).

A adoção do Programa Emergencial de Manutenção do Emprego e da Renda deve observar o disposto no regulamento, que estabelecerá a forma e o prazo durante o qual o Programa pode ser adotado, observadas as disponibilidades financeiras e orçamentárias. O mencionado prazo será de até 90 dias, prorrogável enquanto durar o estado de calamidade pública em âmbito nacional ou em âmbito estadual, distrital ou municipal reconhecido pelo Poder Executivo federal.

São medidas do Programa Emergencial de Manutenção do Emprego e da Renda: I – o pagamento do benefício emergencial de manutenção do emprego e da renda (BEm); II – a redução proporcional da jornada de trabalho e do salário; III – a suspensão temporária do contrato de trabalho (art. 25 da Lei 14.437/2022). Cf. Capítulo 7, item 7.19.

O empregador, na forma e no prazo previstos no regulamento de que trata o art. 24 da Lei 14.437/2022, pode acordar a suspensão temporária do contrato de trabalho de seus empregados, de forma setorial, departamental, parcial ou na totalidade dos postos de trabalho (art. 30 da Lei 14.437/2022).

O empregado, durante o período de suspensão temporária do contrato de trabalho: I – faz jus a todos os benefícios concedidos pelo empregador aos seus empregados; II – fica autorizado a recolher para o Regime Geral de Previdência Social na qualidade de segurado facultativo (art. 30, § 3º, da Lei 14.437/2022).

2.23. MATRÍCULA DA EMPRESA

A *matrícula da empresa* é efetuada nos termos e condições estabelecidos pela Secretaria da Receita Federal do Brasil (art. 49 da Lei 8.212/1991).

No caso de obra de construção civil, a matrícula deve ser efetuada mediante comunicação obrigatória do responsável por sua execução, no prazo de 30 dias, contado do início de suas atividades, quando obterá número cadastral básico, de caráter permanente. O não cumprimento dessa obrigação sujeita o responsável ao pagamento de multa, na forma estabelecida no art. 92 da Lei 8.212/1991.

O Departamento Nacional de Registro do Comércio (DNRC), por intermédio das Juntas Comerciais, e os Cartórios de Registro Civil de Pessoas Jurídicas devem prestar, obrigatoriamente, ao Ministério da Economia, ao INSS e à Secretaria da Receita Federal do Brasil todas as informações referentes aos atos constitutivos e alterações posteriores relativos a empresas e entidades neles registradas.

São válidos perante a Secretaria da Receita Federal do Brasil os atos de constituição, alteração e extinção de empresa que estiverem registrados nas juntas comerciais.

Sendo assim, a matrícula da empresa deve ser feita: I – simultaneamente com a inscrição no Cadastro Nacional da Pessoa Jurídica; ou II – perante a Secretaria da Receita Federal do Brasil, no prazo de 30 dias contados do início de suas atividades, quando não sujeita a inscrição no Cadastro Nacional da Pessoa Jurídica (art. 256, *caput*, do Regulamento da Previdência Social).

Independentemente do disposto acima, a Receita Federal do Brasil deve proceder à matrícula: I – de ofício, quando ocorrer omissão; e II – de obra de construção civil, mediante comunicação obrigatória do responsável por sua execução, no prazo do inciso II do *caput* (art. 256, § 1º, do Regulamento da Previdência Social).

A unidade matriculada na forma do art. 256, *caput*, inciso II, e do art. 256, § 1º, receberá certificado de matrícula com número cadastral básico, de caráter permanente.

O não cumprimento do disposto no art. 256, *caput*, inciso II, e do art. 256, § 1º, sujeita o responsável a multa.

A matrícula atribuída pela Secretaria da Receita Federal do Brasil ao produtor rural pessoa física ou ao segurado especial é o documento de inscrição do contribuinte, em substituição à inscrição no Cadastro Nacional de Pessoa Jurídica (CNPJ), a ser apresentado em suas relações com o Poder Público (inclusive para licenciamento sanitário de produtos de origem animal ou vegetal submetidos a processos de beneficiamento ou industrialização artesanal), com as instituições financeiras, para fins de contratação de operações de crédito, e com os adquirentes de sua produção ou fornecedores de sementes, insumos, ferramentas e demais implementos agrícolas.

Para fins de recolhimento das contribuições previdenciárias, a matrícula acima indicada será atribuída ao grupo familiar no ato de sua inscrição.

Entretanto, o disposto acima não se aplica ao licenciamento sanitário de produtos sujeitos à incidência de Imposto sobre Produtos Industrializados ou ao contribuinte cuja inscrição no Cadastro Nacional de Pessoa Jurídica (CNPJ) seja obrigatória.

2.24. ARRECADAÇÃO E RECOLHIMENTO

A *arrecadação* e o *recolhimento* das contribuições ou de outras importâncias devidas à Seguridade Social obedecem às seguintes normas (art. 30 da Lei 8.212/1991):

I – a *empresa* é obrigada a:

a) arrecadar as contribuições dos segurados empregados e trabalhadores avulsos a seu serviço, descontando-as da respectiva remuneração;

b) recolher os valores arrecadados na forma acima, a contribuição a que se refere o art. 22, inciso IV, da Lei 8.212/1991 (15% sobre o valor bruto da nota fiscal ou fatura de prestação de serviços, relativamente a serviços que lhe são prestados por cooperados por intermédio de cooperativas de trabalho), assim como as contribuições a seu cargo (incidentes sobre as remunerações pagas, devidas ou creditadas, a qualquer título, aos segurados empregados, trabalhadores avulsos e contribuintes individuais a seu serviço), até o dia 20 do mês subsequente ao da competência;

c) recolher as contribuições de que trata o art. 23, incisos I e II (contribuições a cargo da empresa provenientes do faturamento e do lucro, destinadas à Seguridade Social), na forma e prazos definidos pela legislação tributária federal vigente;

II – os *segurados contribuinte individual e facultativo* estão obrigados a recolher sua contribuição por iniciativa própria, até o dia 15 do mês seguinte ao da competência;

III – a *empresa adquirente, consumidora ou consignatária ou a cooperativa* são obrigadas a recolher a contribuição de que trata o art. 25 da Lei 8.212/1991 (contribuição do empregador rural pessoa física e a do segurado especial) até o dia 20 do mês subsequente ao da operação de venda ou consignação da produção, independentemente de essas operações terem sido realizadas diretamente com o produtor ou com o intermediário que seja uma pessoa física, na forma estabelecida em Regulamento;

IV – a *empresa adquirente, consumidora ou consignatária ou a cooperativa* ficam sub-rogadas nas obrigações da pessoa física (contribuinte individual) de que trata o art. 12, inciso V, *a*, da Lei 8.212/1991 e do segurado especial pelo cumprimento das obrigações do art. 25 do mesmo diploma legal, independentemente de as operações de venda ou consignação terem sido realizadas diretamente com o produtor ou com o intermediário que seja uma pessoa física, exceto no caso do art. 30, inciso X, da Lei 8.212/1991, na forma estabelecida em Regulamento[40];

---

[40] De acordo com o art. 1º da Resolução 15/2017 do Senado Federal: "É suspensa, nos termos do art. 52, inciso X, da Constituição Federal, a execução do inciso VII do art. 12 da Lei nº 8.212, de 24 de julho de 1991, e a execução do art. 1º da Lei nº 8.540, de 22 de dezembro de 1992, que deu nova redação ao art. 12, inciso V, ao art. 25, incisos I e II, e ao art. 30, inciso IV, da Lei nº 8.212, de 24 de julho de 1991, todos com a redação atualizada até a Lei nº 9.528, de 10 de dezembro de 1997, declarados inconstitucionais por decisão definitiva proferida pelo Supremo Tribunal Federal nos autos do Recurso Extraordinário nº 363.852". Como o art. 30, inciso IV, da Lei 8.212/1991, com redação dada pela Lei 9.528/1997, não foi posteriormente modificado (nem mesmo pela Lei 10.256/2001), há entendimento de que se deve aplicar a sua redação original, ao prever que o adquirente, o consignatário ou a cooperativa ficam sub-rogados nas obrigações do segurado especial pelo cumprimento das obrigações do art. 25 da Lei 8.212/1991, exceto no caso do inciso X do art. 30 da Lei 8.212/1991, na forma estabelecida em regulamento. O art. 16 da Lei 13.606/2018, ao acrescentar o parágrafo único ao art. 6º da Lei 9.528/1997, versou sobre sub-rogação apenas em caso de contribuição do empregador rural pessoa física e do segurado especial para o Serviço Nacional de Aprendizagem Rural (SENAR). No âmbito do STF, foi deferido pedido de notificação para retificação de informações constantes nos sítios eletrônicos da Câmara dos Deputados e da Presidência da República, excluindo-se a referência à suspensão do art. 25, inciso II, e do art. 30, inciso IV, da Lei 8.212/1991 (Pet 8.140/DF, Min. Alexandre de Moraes, j. 03.04.2019). Com isso, há entendimento de que, com o advento da Lei 10.256/2001, permanece em vigor o art. 30, inciso IV, da Lei 8.212/1991, com redação dada pela Lei 9.528/1997. Cf. STF, ADI 4.395/DF. Cf. item 2.16.

V – o *empregador doméstico* fica obrigado a arrecadar e a recolher a contribuição do segurado empregado a seu serviço e a parcela a seu cargo, até o vigésimo dia do mês seguinte ao da competência (redação dada pela Lei 14.438/2022)[41];

VI – o *proprietário*, o *incorporador* definido na Lei 4.591/1964, o *dono da obra ou condômino da unidade imobiliária*, qualquer que seja a forma de contratação da construção, reforma ou acréscimo, são solidários com o construtor, e estes com a subempreiteira, pelo cumprimento das obrigações para com a Seguridade Social, ressalvado o seu direito regressivo contra o executor ou contratante da obra e admitida a retenção de importância a este devida para garantia do cumprimento dessas obrigações, não se aplicando, em qualquer hipótese, o benefício de ordem;

VII – exclui-se da responsabilidade solidária perante a Seguridade Social o adquirente de prédio ou unidade imobiliária que realizar a operação com empresa de comercialização ou incorporador de imóveis, ficando estes solidariamente responsáveis com o construtor;

VIII – nenhuma contribuição à Seguridade Social é devida se a construção residencial unifamiliar, destinada ao uso próprio, de tipo econômico, for executada sem mão de obra assalariada, devendo ser observadas as exigências do Regulamento;

IX – as empresas que integram grupo econômico de qualquer natureza respondem entre si, solidariamente, pelas obrigações decorrentes da Lei 8.212/1991;

X – a pessoa física (contribuinte individual) de que trata o art. 12, inciso V, *a*, da Lei 8.212/1991 e o segurado especial são obrigados a recolher a contribuição de que trata o art. 25 do mesmo diploma legal no prazo estabelecido no art. 30, inciso III, da Lei 8.212/1991 (até o dia 20 do mês subsequente ao da operação de venda ou consignação da produção) caso comercializem a sua produção:

a) no exterior;
b) diretamente, no varejo, ao consumidor pessoa física;
c) à pessoa física (contribuinte individual) de que trata o art. 12, inciso V, *a*, da Lei 8.212/1991;

---

41 Quanto ao prazo, como a redação anterior previa até o dia 7 do mês seguinte ao da competência, essa alteração produz efeitos a partir da data de início da arrecadação por meio da prestação dos serviços digitais de geração de guias do FGTS, para fatos geradores ocorridos a partir dessa data (art. 19, inciso I, alínea *b*, da Lei 14.438/2022).

d) ao segurado especial;

XI – aplica-se o disposto no art. 30, incisos III e IV, da Lei 8.212/1991 à pessoa física não produtor rural que adquire produção para venda no varejo ao consumidor pessoa física;

XII – sem prejuízo do disposto no art. 30, inciso X, da Lei 8.212/1991, o produtor rural pessoa física e o segurado especial são obrigados a recolher, diretamente, a contribuição incidente sobre a receita bruta proveniente:

a) da comercialização de artigos de artesanato elaborados com matéria-prima produzida pelo respectivo grupo familiar;

b) de comercialização de artesanato ou do exercício de atividade artística, observado o disposto no art. 12, § 10, incisos VII e VIII, da Lei 8.212/1991; e

c) de serviços prestados, de equipamentos utilizados e de produtos comercializados no imóvel rural, desde que em atividades turística e de entretenimento desenvolvidas no próprio imóvel, inclusive hospedagem, alimentação, recepção, recreação e atividades pedagógicas, bem como taxa de visitação e serviços especiais;

XIII – o segurado especial é obrigado a arrecadar a contribuição de trabalhadores a seu serviço e a recolhê-la no prazo referido no art. 30, inciso I, *b*, da Lei 8.212/1991 (ou seja, até o dia 20 do mês subsequente ao da competência).

Se não houver expediente bancário nas datas indicadas (art. 30, § 2º, da Lei 8.212/1991):

I – no inciso II do art. 30 da Lei 8.212/1991 (ou seja, segurados contribuinte individual e facultativo, até o dia 15 do mês seguinte ao da competência), o recolhimento deve ser efetuado até o dia útil imediatamente posterior; e

II – na alínea *b* do inciso I (empresa, até o dia 20 do mês subsequente ao da competência) e nos incisos III (empresa adquirente, consumidora ou consignatária ou cooperativa, até o dia 20 do mês subsequente ao da operação de venda ou consignação da produção), V (empregador doméstico, até o vigésimo dia do mês seguinte ao da competência), X (contribuinte individual pessoa física de que trata o art. 12, inciso V, *a*, da Lei 8.212/1991 e segurado especial, até o dia 20 do mês subsequente ao da operação de venda ou consignação da produção, caso comercializem a sua produção) e XIII (segurado especial obrigado a arrecadar a contribuição de trabalhadores a seu serviço e a recolhê-la até o dia 20 do mês subsequente ao da competência) do art. 30 da Lei 8.212/1991, até o dia útil imediatamente anterior.

Nos termos do art. 30, § 3º, da Lei 8.212/1991, aplica-se à entidade sindical e à empresa de origem o disposto no art. 30, inciso I, *a* e *b*, sobre arrecadação e recolhimento, relativamente à remuneração do segurado referido no art. 12, § 5º, do mesmo diploma legal (ao dispor sobre o dirigente sindical que mantém, durante o exercício do mandato eletivo, o mesmo enquadramento no Regime Geral de Previdência Social de antes da investidura).

A empresa ou cooperativa adquirente, consumidora ou consignatária da produção fica obrigada a fornecer ao segurado especial cópia do documento fiscal de entrada da mercadoria, para fins de comprovação da operação e da respectiva contribuição previdenciária (art. 30, § 7º, da Lei 8.212/1991).

Quando o grupo familiar a que o segurado especial estiver vinculado não tiver obtido, no ano, por qualquer motivo, receita proveniente de comercialização de produção deve comunicar a ocorrência à Previdência Social, na forma do Regulamento (art. 30, § 8º, da Lei 8.212/1991).

Quando o segurado especial tiver comercializado sua produção do ano anterior exclusivamente com empresa adquirente, consignatária ou cooperativa, tal fato deve ser comunicado à Previdência Social pelo respectivo grupo familiar (art. 30, § 9º, da Lei 8.212/1991).

O segurado especial responsável pelo grupo familiar que contratar empregados por prazo determinado ou trabalhadores eventuais (na forma do art. 12, § 8º, da Lei 8.212/1991) deve apresentar as informações relacionadas ao registro de trabalhadores, aos fatos geradores, à base de cálculo e aos valores das contribuições devidas à Previdência Social e ao Fundo de Garantia do Tempo de Serviço (FGTS) e outras informações de interesse da Secretaria da Receita Federal do Brasil, do Ministério da Previdência Social, do Ministério do Trabalho e do Conselho Curador do FGTS, por meio de sistema eletrônico com entrada única de dados, e efetuará os recolhimentos por meio de documento único de arrecadação (art. 32-C da Lei 8.212/1991, incluído pela Lei 12.873/2013).

As informações prestadas no referido sistema eletrônico têm caráter declaratório, constituem instrumento hábil e suficiente para a exigência dos tributos e encargos apurados e substituem, conforme regulamentação, a obrigatoriedade de entrega de todas as informações, formulários e declarações a que está sujeito o grupo familiar, inclusive as relativas ao recolhimento do FGTS.

O mencionado segurado especial fica obrigado a arrecadar, até o vigésimo dia do mês seguinte ao da competência: I – as contribuições previstas no art. 30, incisos X, XII e XIII, da Lei 8.212/1991; II – os valores referentes ao FGTS; III – os encargos trabalhistas sob a sua responsabilidade (art. 32-C, § 3º, da Lei 8.212/1991, incluído pela Lei 14.438/2022). Quanto ao prazo, como a redação anterior previa até o dia 7 do mês seguinte ao da competência, essa alteração produz efeitos a partir da data de início da arrecadação por meio da prestação dos serviços digitais de geração de guias do FGTS, para fatos geradores ocorridos a partir dessa data (art. 19, inciso I, alínea *b*, da Lei 14.438/2022).

Os recolhimentos devidos, nos termos do art. 32-C, § 3º, da Lei 8.212/1991, devem ser pagos por meio de documento único de arrecadação. Se não houver expediente bancário na data indicada no art. 32-C, § 3º, da Lei 8.212/1991, o recolhimento deve ser antecipado para o dia útil imediatamente anterior.

Os valores não pagos até a data do vencimento sujeitam-se à incidência de acréscimos e encargos legais na forma prevista na legislação do imposto sobre a renda e proventos de qualquer natureza para as contribuições de caráter tributário, e conforme o art. 22 da Lei 8.036/1990, para os depósitos do FGTS, inclusive no que se refere às multas por atraso.

No caso de rescisão de contrato de trabalho, as contribuições devidas serão recolhidas no mesmo prazo referido no art. 30, inciso I, *b*, da Lei 8.212/1991 (ou seja, até o dia 20 do mês subsequente ao da competência), do mês subsequente à rescisão, computando-se em separado a parcela referente à gratificação natalina (décimo terceiro salário).

Com fundamento na Lei 9.676/1998, é possível ser aumentada, de modo diferenciado, em conjunto ou separadamente, para até três meses, a periodicidade de recolhimento das contribuições previdenciárias, devidas por segurados contribuinte individual e facultativo que recebam um salário mínimo, bem como por empregador doméstico, relativamente a salários de contribuição em valores até o salário mínimo.

Desse modo, é facultado aos segurados contribuinte individual e facultativo, cujos salários de contribuição sejam iguais ao valor de um salário mínimo, optarem pelo recolhimento trimestral das contribuições previdenciárias, com vencimento no dia 15 do mês seguinte ao de cada trimestre civil, prorrogando-se o vencimento para o dia útil subsequente quando não houver expediente bancário no dia 15 (art. 216, § 15, Regulamento da Previdência Social).

A inscrição do segurado no segundo ou terceiro mês do trimestre civil não altera a referida data de vencimento, no caso de opção pelo recolhimento trimestral.

O contribuinte individual contratado por pessoa jurídica obrigada a proceder à arrecadação e ao recolhimento da contribuição por ele devida, cuja remuneração recebida ou creditada no mês, por serviços prestados a ela, for inferior ao limite mínimo do salário de contribuição, é obrigado a complementar sua contribuição mensal, diretamente, mediante a aplicação da alíquota estabelecida no art. 21 da Lei 8.212/1991 sobre o valor resultante da subtração do valor das remunerações recebidas das pessoas jurídicas do valor mínimo do salário de contribuição mensal (art. 216, § 27, do Regulamento da Previdência Social).

2.25. CONTRIBUIÇÕES EM ATRASO

Se o contribuinte não efetuar o recolhimento das contribuições para a Seguridade Social nos prazos legais, incidem os acréscimos decorrentes de correção monetária, juros de mora e multa[42].

O art. 389 do Código Civil prevê que se não for cumprida a obrigação, responde o devedor por perdas e danos, mais juros e atualização monetária segundo índices oficiais regularmente estabelecidos, e honorários de advogado.

Responde o devedor pelos prejuízos a que a sua mora der causa, mais juros, atualização dos valores monetários segundo índices oficiais regularmente estabelecidos e honorários de advogado (art. 395 do Código Civil).

Quando os juros moratórios não forem convencionados, ou o forem sem taxa estipulada, ou quando provierem de determinação da lei, são fixados segundo a taxa que estiver em vigor para a mora do pagamento de impostos devidos à Fazenda Nacional (art. 406 do Código Civil).

Ainda que se não alegue prejuízo, o devedor é obrigado aos juros da mora, que se contam assim às dívidas em dinheiro, bem como às prestações de outra natureza, uma vez que lhes esteja fixado o valor pecuniário por sentença judicial, arbitramento, ou acordo entre as partes (art. 407 do Código Civil).

A *correção monetária* tem como finalidade a simples atualização da quantia, para que se preserve o seu valor real.

Os *juros de mora* decorrem do atraso no pagamento, acrescentando-se ao valor principal devido, já atualizado, o respectivo percentual.

---

42 Cf. Súmula 430 do STJ: "O inadimplemento da obrigação tributária pela sociedade não gera, por si só, a responsabilidade solidária do sócio-gerente". Cf. ainda a Súmula 435 do STJ: "Presume-se dissolvida irregularmente a empresa que deixar de funcionar no seu domicílio fiscal, sem comunicação aos órgãos competentes, legitimando o redirecionamento da execução fiscal para o sócio-gerente".

A *multa*, por sua vez, é sanção de natureza administrativa, decorrente da ausência de recolhimento da contribuição no prazo legal.

Observados os aspectos acima, nos termos do art. 35 da Lei 8.212/1991, os débitos com a União decorrentes das contribuições sociais previstas no art. 11, parágrafo único, *a*, *b* e *c*, da Lei 8.212/1991[43], das contribuições instituídas a título de substituição e das contribuições devidas a terceiros, assim entendidas outras entidades e fundos, não pagos nos prazos previstos em legislação, devem ser acrescidos de multa de mora e juros de mora, nos termos do art. 61 da Lei 9.430/1996.

Desse modo, os débitos para com a União, decorrentes de tributos e contribuições administrados pela Secretaria da Receita Federal do Brasil, cujos fatos geradores ocorrerem a partir de 1º de janeiro de 1997, não pagos nos prazos previstos na legislação específica, devem ser acrescidos de multa de mora, calculada à taxa de 0,33% (três centésimos por cento), por dia de atraso (art. 61 da Lei 9.430/1996).

A multa de mora acima deve ser calculada a partir do primeiro dia subsequente ao do vencimento do prazo previsto para o pagamento do tributo ou da contribuição até o dia em que ocorrer o seu pagamento. O percentual de multa a ser aplicado fica limitado a 20%.

Sobre os débitos a que se refere o art. 61 da Lei 9.430/1996 devem incidir juros de mora calculados à taxa referencial do Sistema Especial de Liquidação e Custódia (SELIC), referida no art. 5º, § 3º, da Lei 9.430/1996, a partir do primeiro dia do mês subsequente ao vencimento do prazo até o mês anterior ao do pagamento e de 1% no mês de pagamento.

No caso, entende-se que a taxa referencial do Sistema Especial de Liquidação e Custódia (SELIC) já engloba a atualização monetária do valor. A sua constitucionalidade é reconhecida pela jurisprudência do Supremo Tribunal Federal (Pleno, RE 582.461/SP, rel. Min. Gilmar Mendes, DJe 18.08.2011).

Conforme o art. 35-A da Lei 8.212/1991, nos casos de lançamento de ofício relativos às contribuições referidas no art. 35 da Lei 8.212/1991[44], aplica-se o disposto no art. 44 da Lei 9.430/1996, que dispõe sobre multas em lançamento de ofício.

---

43 "Parágrafo único. Constituem contribuições sociais: a) as das empresas, incidentes sobre a remuneração paga ou creditada aos segurados a seu serviço; b) as dos empregadores domésticos; c) as dos trabalhadores, incidentes sobre o seu salário de contribuição".

44 Cf. ainda o art. 33, § 3º, da Lei 8.212/1991: "Ocorrendo recusa ou sonegação de qualquer documento ou informação, ou sua apresentação deficiente, a Secretaria da Receita Federal do Brasil pode, sem prejuízo da penalidade cabível, lançar de ofício a importância devida".

Constatado o não recolhimento total ou parcial das contribuições tratadas na Lei 8.212/1991, não declaradas na forma do art. 32 do mesmo diploma legal, a falta de pagamento de benefício reembolsado ou o descumprimento de obrigação acessória, deve ser lavrado auto de infração ou notificação de lançamento (art. 37 da Lei 8.212/1991).

Segundo o art. 39 da Lei 8.212/1991, o débito original e seus acréscimos legais, bem como outras multas previstas em lei, constituem dívida ativa da União, promovendo-se a inscrição em livro próprio daquela resultante das contribuições de que trata o art. 11, parágrafo único, *a*, *b* e *c*, da Lei 8.212/1991.

É facultado aos órgãos competentes, antes de ajuizar a referida cobrança da dívida ativa, promover o protesto de título dado em garantia, que deve ser recebido *pro solvendo*, ou seja, apenas como reforço da dívida, visando ao seu efetivo pagamento.

Devem ser inscritas como dívida ativa da União as contribuições que não tenham sido recolhidas ou parceladas resultantes das informações prestadas no documento a que se refere o art. 32, inciso IV, da Lei 8.212/1991[45].

2.26. RECONHECIMENTO DA FILIAÇÃO, RETROAÇÃO DE DATA DE INÍCIO DE CONTRIBUIÇÃO E INDENIZAÇÃO

O *reconhecimento do tempo de contribuição* é o direito de o segurado ter reconhecido, em qualquer época, o tempo de exercício de atividade anteriormente abrangida pela Previdência Social (art. 121 do Regulamento da Previdência Social, com redação dada pelo Decreto 10.410/2020).

Entende-se por *reconhecimento de filiação* o direito do segurado de ter reconhecido, em qualquer época, o período em que exerceu atividade não abrangida pela Previdência Social, mas que, posteriormente, se tornou de filiação obrigatória, bem como o período não contribuído, anterior ou posterior à inscrição, em que exerceu atividade remunerada sujeita a filiação obrigatória (art. 98 da Instrução Normativa INSS 128/2022).

---

[45] "Art. 32. A empresa é também obrigada a: [...] IV – declarar à Secretaria da Receita Federal do Brasil e ao Conselho Curador do Fundo de Garantia do Tempo de Serviço – FGTS, na forma, prazo e condições estabelecidos por esses órgãos, dados relacionados a fatos geradores, base de cálculo e valores devidos da contribuição previdenciária e outras informações de interesse do INSS ou do Conselho Curador do FGTS".

A *retroação da data do início da contribuição* (DIC), que consiste na manifestação de interesse do contribuinte individual em recolher contribuição relativa a período anterior à sua inscrição, será admitida quando restar comprovado o exercício de atividade remunerada no período, sendo o cálculo da contribuição na forma de indenização prevista no art. 45-A da Lei 8.212/1991 quando se tratar de período decadente, ou na forma de cálculo de regência previsto no art. 35 da Lei 8.212/1991 quando se tratar de período não alcançado pela decadência (art. 99 da Instrução Normativa INSS 128/2022).

Como a inscrição é apenas ato formal, se o segurado obrigatório já era filiado ao Regime Geral de Previdência Social, por exercer atividade remunerada nele inserida, em época anterior à inscrição, nada mais coerente, justo e adequado do que permitir esse recolhimento retroativo das contribuições, para que se possa considerar o período que for pago como tempo de contribuição[46]. Entende-se, porém, que as contribuições previdenciárias recolhidas em atraso, relativas a períodos anteriores ao primeiro pagamento sem atraso, não podem ser consideradas para o início da contagem do período de carência[47], conforme art. 27, inciso II, da Lei 8.213/1991[48].

---

46 Cf. IBRAHIM, Fábio Zambitte. *Curso de direito previdenciário*. 20. ed. Rio de Janeiro: Impetus, 2015. p. 359.

47 "Previdenciário. Recurso especial. Aposentadoria urbana por idade. Contribuinte individual. Recolhimento da contribuição previdenciária em atraso. Cômputo para efeito de carência. Impossibilidade. Art. 27, II, da Lei nº 8.213/1991. Precedentes. Recurso especial provido. 1. É da data do efetivo pagamento da primeira contribuição sem atraso que se inicia a contagem do período de carência quando se tratar de contribuinte individual. 2. As contribuições previdenciárias recolhidas em atraso, em período anterior ao primeiro pagamento sem atraso, não podem ser consideradas para o cômputo do período de carência, nos termos do art. 27, II, da Lei n. 8.213/1991. Precedentes. 3. Recurso especial provido" (STJ, 2ª T., REsp 1.376.961/SE (2013/0091977-3), rel. Min. Mauro Campbell Marques, DJe 04.06.2013).

48 "Previdenciário. Ação rescisória. Violação de literal disposição de lei. Aposentadoria. Invalidez permanente. Contribuições efetuadas com atraso, posteriormente ao primeiro recolhimento efetuado sem atraso. Cômputo para fins de carência. Possibilidade, desde que preservada a condição de segurado. Pedido procedente. 1. É da data do efetivo pagamento da primeira contribuição sem atraso que se inicia a contagem do período de carência quando se tratar de contribuinte individual. Precedentes. 2. Nos termos do art. 27, II, da Lei n. 8.213/1991, não são consideradas, para fins de cômputo do período de carência, as contribuições recolhidas com atraso, referentes a competências anteriores à data do efetivo pagamento da primeira contribuição sem atraso. 3. Impõe-se distinguir, todavia, o recolhimento, com atraso, de contribuições referentes a competências anteriores ao início do período de carência, daquele recolhimento, também efetuado com atraso, de contribuições relativas a competências posteriores ao efetivo pagamento da primeira contribuição sem atraso (início do período de carência). 4. Na segunda hipótese, desde que não haja a perda da condição de segurado, não incide a vedação contida no art. 27, II, da Lei n.

Esclareça-se que para o contribuinte individual, o segurado facultativo e o segurado especial que contribua na forma prevista no § 1º do art. 25 da Lei 8.212/1991 (ou seja, o segurado especial que, além da contribuição obrigatória, contribua, facultativamente, na forma do art. 21 da Lei 8.212/1991), na hipótese de perda da qualidade de segurado (arts. 15, § 4º, e 102 da Lei 8.213/1991), somente serão consideradas, *para fins de carência*, as contribuições efetivadas após novo recolhimento sem atraso, observado o disposto no art. 19-E do Regulamento da Previdência Social, sobre limite mínimo mensal do salário de contribuição (art. 28, § 4º, do Regulamento da Previdência Social, incluído pelo Decreto 10.410/2020). Cf. ainda Capítulo 4, item 4.10.

A Turma Nacional de Uniformização dos Juizados Especiais Federais firmou a seguinte tese (Tema 192): "Contribuinte individual. Recolhimento com atraso das contribuições posteriores ao pagamento da primeira contribuição sem atraso. Perda da qualidade de segurado. Impossibilidade de cômputos das contribuições recolhidas com atraso relativas ao período entre a perda da qualidade de segurado e a sua reaquisição para efeito de carência" (TNU, PEDILEF 2009.71.50.019216-5/RS, rel. Juiz Federal André Carvalho Monteiro, DOU 08.03.2013).

Para o segurado contribuinte individual que exerce atividade por conta própria, segurado especial que esteja contribuindo facultativamente e microempreendedor individual de que tratam os arts. 18-A e 18-C da Lei Complementar 123/2006, a contribuição recolhida com atraso após a perda da qualidade de segurado não será computada para carência (art. 3º da Portaria 1.382/2021 do INSS).

A referida perda da qualidade de segurado deve ser verificada pelo tempo transcorrido entre a última competência considerada para fins de carência e a data do recolhimento da competência em atraso, nos termos do art. 14 do Regulamento da Previdência Social, aprovado pelo Decreto 3.048/1999 (art. 3º, § 1º, da Portaria 1.382/2021 do INSS).

8.213/1991. 5. Hipótese em que o primeiro pagamento sem atraso foi efetuado pela autora em fevereiro de 2001, referente à competência de janeiro de 2001, ao passo que as contribuições recolhidas com atraso dizem respeito às competências de julho a outubro de 2001, posteriores, portanto, à primeira contribuição recolhida sem atraso, sem a perda da condição de segurada. 6. Efetiva ofensa à literalidade da norma contida no art. 27, II, da Lei n. 8.213/1991, na medida em que a sua aplicação ocorreu fora da hipótese que, por intermédio dela, pretendeu o legislador regular. 7. Pedido da ação rescisória procedente" (STJ, 3ª Seção, AR 4.372/SP (2009/0225616-6), rel. Min. Rogerio Schietti Cruz, DJe 18.04.2016).

Observada a necessidade de o primeiro recolhimento ser efetuado em dia, serão considerados para fins de carência os recolhimentos realizados em atraso, desde que o pagamento tenha ocorrido dentro do período de manutenção da qualidade de segurado e na mesma categoria de segurado (art. 3º, § 2º, da Portaria 1.382/2021 do INSS).

O cômputo da carência após a perda da qualidade de segurado reinicia-se a partir do efetivo recolhimento de nova contribuição sem atraso (art. 4º da Portaria 1.382/2021 do INSS). Essa disposição se aplica a todas as espécies de benefícios que exijam carência.

Quando se tratar de retroação da data do início das contribuições (DIC), ainda que com início ocorrido dentro do período de manutenção da qualidade de segurado, após o exercício de atividade em categorias diferenciadas de segurado, a contribuição paga em atraso, independentemente da data em que foi recolhida, não será considerada para fins de carência (art. 5º da Portaria 1.382/2021 do INSS).

O disposto nos arts. 3º, 4º e 5º da Portaria 1.382/2021 não se aplica aos recolhimentos efetuados a título de complementação da contribuição (art. 6º da Portaria 1.382/2021 do INSS).

Para o segurado contribuinte individual que exerce atividade por conta própria, segurado especial que esteja contribuindo facultativamente e microempreendedor individual de que tratam os arts. 18-A e 18-C da Lei Complementar 123/2006, a contribuição recolhida com atraso após a perda da qualidade de segurado pode ser computada para tempo de contribuição, desde que o recolhimento regularmente realizado seja anterior à data do fato gerador do benefício pleiteado (art. 7º da Portaria 1.382/2021 do INSS).

Para fins dessa disposição, presume-se recolhimento regularmente realizado aquele migrado do Cadastro Nacional de Informações Sociais (CNIS), nos termos do art. 19 do Decreto 3.048/1999 (art. 7º, § 1º, da Portaria 1.382/2021 do INSS).

Para cumprimento da referida previsão, no que se refere ao recolhimento anterior à data do fato gerador, deve ser oportunizada a alteração da data de entrada do requerimento (DER) nos requerimentos de benefícios programáveis (art. 7º, § 2º, da Portaria 1.382/2021 do INSS).

Não se aplica o disposto no art. 7º da Portaria 1.382/2021 aos recolhimentos efetuados a título de complementação da contribuição.

Para o segurado contribuinte individual que exerce atividade por conta própria, segurado especial que esteja contribuindo facultativamente e microempreendedor individual de que tratam os arts. 18-A e 18-C da Lei Complementar 123/2006, a contribuição recolhida com atraso após a perda da qualidade de segurado pode ser computada para efeito de manutenção de qualidade de segurado, desde que o recolhimento regularmente realizado seja anterior à data do fato gerador do benefício pleiteado (art. 8º da Portaria 1.382/2021 do INSS).

Para fins dessa disposição, presume-se recolhimento regularmente realizado aquele migrado do Cadastro Nacional de Informações Sociais (CNIS), nos termos do art. 19 do Decreto 3.048/1999 (art. 8º, § 1º, da Portaria 1.382/2021 do INSS).

Não se aplica o disposto no art. 8º da Portaria 1.382/2021 aos recolhimentos efetuados a título de complementação da contribuição.

Para fins de cômputo da carência, do tempo de contribuição, do período básico de cálculo (PBC) e da manutenção da qualidade de segurado, para o segurado contribuinte individual que exerce atividade por conta própria, segurado especial que esteja contribuindo facultativamente e microempreendedor individual de que tratam os arts. 18-A e 18-C da Lei Complementar 123/2006, não devem ser consideradas as contribuições efetuadas em atraso após o fato gerador do benefício pleiteado, independentemente de se referirem a competências anteriores (art. 9º da Portaria 1.382/2021 do INSS).

A previsão do art. 9º da Portaria 1.382/2021 é passível de questionamento, pois exclui os mencionados efeitos das contribuições efetuadas em atraso após o fato gerador do benefício pleiteado, mesmo que se refiram a competências anteriores, em prejuízo dos segurados, sem fundamento legal nesse sentido.

Deve ser considerado para todos os fins o recolhimento realizado dentro do prazo legal de vencimento, mesmo que realizado após o fato gerador do benefício pleiteado, sendo vedado recolhimento pós-óbito (art. 9º, § 1º, da Portaria 1.382/2021 do INSS).

O recolhimento efetuado em atraso após o fato gerador do benefício pleiteado não será computado para nenhum fim, ainda que dentro do prazo de manutenção da qualidade de segurado, observada a possibilidade de alteração da data de entrada do requerimento (DER) para os benefícios programáveis (art. 9º, § 2º, da Portaria 1.382/2021 do INSS).

Não se aplica o disposto no art. 9º da Portaria 1.382/2021 aos recolhimentos efetuados a título de complementação da contribuição.

O disposto no art. 9º da Portaria 1.382/2021 aplica-se aos segurados facultativos.

Para fins de análise do direito adquirido, somente podem ser considerados os recolhimentos em atraso efetuados até a data da verificação do direito. Os recolhimentos com data de pagamento posterior à data da análise do direito não integrarão o cálculo de tempo de contribuição nessa regra, mesmo que se refiram a competências anteriores (art. 9º, § 5º, da Portaria 1.382/2021 do INSS).

Para fins de verificação do tempo de contribuição apurado até 13 de novembro de 2019, utilizado para verificação das regras de transição da aposentadoria por tempo de contribuição com "pedágios" de 50% e de 100%, previstos nos arts. 17 e 20 da Emenda Constitucional 103/2019, os recolhimentos realizados em atraso em data posterior não serão considerados (art. 9º, § 6º, da Portaria 1.382/2021 do INSS).

As previsões dos §§ 5º e 6º do art. 9º da Portaria 1.382/2021 são passíveis de questionamento, pois restringem o reconhecimento do direito adquirido ao benefício (art. 3º da Emenda Constitucional 103/2019), garantido pelo art. 5º, inciso XXXVI, da Constituição da República, e a aplicação das regras de transição da aposentadoria por tempo de contribuição com os "pedágios" de 50% e de 100% (arts. 17 e 20 da Emenda Constitucional 103/2019). Cf. ainda Capítulo 5, itens 5.27, 5.28.3 e 5.28.5.

Todos os recolhimentos em atraso realizados até a data de entrada do requerimento serão considerados, inclusive para cômputo no tempo total calculado para a verificação do direito às regras de transição aplicadas nas aposentadorias por idade, tempo de contribuição, do professor e especial, observado o disposto no § 6º do art. 9º da Portaria 1.382/2021.

Conforme a hipótese, as contribuições previdenciárias relativas a período de filiação reconhecido devem ser recolhidas como débito propriamente ou indenização, sendo distintas as suas formas de cálculo, o que resulta em valores diferentes, normalmente superiores na primeira situação.

Entretanto, quanto ao segurado empregado, incide a previsão do art. 33, § 5º, da Lei 8.212/1991, de modo que o desconto de contribuição e de consignação legalmente autorizadas sempre se presume feito oportuna e regularmente pela empresa a isso obrigada, não lhe sendo lícito alegar omissão para se eximir do recolhimento, ficando diretamente responsável pela importância que deixou de receber ou arrecadou em desacordo com o disposto nesse diploma legal.

Ademais, tendo em vista a previsão do art. 4º da Lei 10.666/2003, entende-se que a partir da competência abril de 2003, o contribuinte individual informado em Guia de Recolhimento do Fundo de Garantia por Tempo de Serviço e Informações à Previdência Social (GFIP) ou em Sistema de Escrituração Fiscal Digital das Obrigações Fiscais, Previdenciárias e Trabalhistas (eSocial) pode ter deferido o pedido de reconhecimento da filiação mediante comprovação do exercício da atividade remunerada, independentemente do efetivo recolhimento das contribuições.

O reconhecimento do tempo de contribuição no período em que o exercício de atividade remunerada não exigia filiação obrigatória à Previdência Social somente deve ser feito por meio de indenização das contribuições relativas ao respectivo período (art. 122 do Regulamento da Previdência Social).

O valor a ser indenizado pode ser objeto de parcelamento por solicitação do segurado à Secretaria Especial da Receita Federal do Brasil do Ministério da Fazenda.

Para fins de contagem recíproca, o tempo de serviço prestado pelo trabalhador rural anteriormente à competência novembro de 1991 somente deve ser reconhecido por meio da indenização (art. 123 do Regulamento da Previdência Social).

O tempo de serviço rural anterior à vigência da Lei 8.213/1991 pode ser utilizado para fins de contagem recíproca, assim entendida aquela que soma tempo de atividade privada, rural ou urbana, ao de serviço público estatutário, desde que sejam recolhidas as respectivas contribuições previdenciárias (Súmula 10 da Turma Nacional de Uniformização dos Juizados Especiais Federais).

O tempo de serviço anterior ou posterior à obrigatoriedade de filiação à Previdência Social só deve ser contado mediante *indenização da contribuição correspondente ao período respectivo*, com acréscimo de juros moratórios de 0,5% ao mês, capitalizados anualmente, e multa de 10% (art. 96, inciso IV, da Lei 8.213/1991).

Nesse sentido, o Superior Tribunal de Justiça firmou a seguinte tese jurídica: "O segurado que tenha provado o desempenho de serviço rurícola em período anterior à vigência da Lei n. 8.213/1991, embora faça jus à expedição de certidão nesse sentido para mera averbação nos seus assentamentos, somente tem direito ao cômputo do aludido tempo rural, no respectivo órgão público empregador, para contagem recíproca no regime estatutário se, com a certidão de tempo de serviço rural, acostar o comprovante de pagamento das respectivas contribuições previdenciárias, na forma da indenização calculada conforme o dispositivo do art. 96, IV, da Lei n. 8.213/1991" (STJ, 1ª Seção, REsp 1.682.682/SP (2017/0165567-0), rel. Min. Og Fernandes, DJe 03.05.2018).

Caso o segurado contribuinte individual manifeste interesse em recolher contribuições relativas a período anterior à sua inscrição, a retroação da data do início das contribuições será autorizada, desde que comprovado o exercício de atividade remunerada no respectivo período (art. 124 do Regulamento da Previdência Social).

O valor do débito pode ser objeto de parcelamento desde que solicitado pelo segurado à Secretaria Especial da Receita Federal do Brasil do Ministério da Fazenda.

Será objeto do cálculo de *indenização* o período de exercício de atividade remunerada na condição de contribuinte individual, desde que alcançado pela decadência, nos termos do art. 45-A da Lei 8.212/1991 (art. 100, inciso II, da Instrução Normativa INSS 128/2022).

O contribuinte individual que pretenda contar como tempo de contribuição, para fins de obtenção de benefício no Regime Geral de Previdência Social ou de contagem recíproca do tempo de contribuição, período de atividade remunerada alcançada pela decadência deve indenizar o INSS (art. 45-A da Lei 8.212/1991).

O valor da indenização acima e da indenização prevista no art. 55, § 1º, da Lei 8.213/1991[49], corresponde a 20%:

I – da média aritmética simples dos maiores salários de contribuição, reajustados, correspondentes a 80% de todo o período contributivo decorrido desde a competência julho de 1994[50]; ou

II – da remuneração sobre a qual incidem as contribuições para o Regime Próprio de Previdência Social a que estiver filiado o interessado, no caso de

---

[49] "§ 1º A averbação de tempo de serviço durante o qual o exercício da atividade não determinava filiação obrigatória ao anterior Regime de Previdência Social Urbana só será admitida mediante o recolhimento das contribuições correspondentes, conforme dispuser o Regulamento, observado o disposto no § 2º. § 2º O tempo de serviço do segurado trabalhador rural, anterior à data de início de vigência desta Lei, será computado independentemente do recolhimento das contribuições a ele correspondentes, exceto para efeito de carência, conforme dispuser o Regulamento".

[50] Com a Emenda Constitucional 103/2019, até que lei discipline o cálculo dos benefícios do Regime Próprio de Previdência Social da União e do Regime Geral de Previdência Social, será utilizada a média aritmética simples dos salários de contribuição e das remunerações adotados como base para contribuições a Regime Próprio de Previdência Social e ao Regime Geral de Previdência Social, ou como base para contribuições decorrentes das atividades militares de que tratam os arts. 42 e 142 da Constituição Federal de 1988, atualizados monetariamente, correspondentes a 100% do período contributivo desde a competência julho de 1994 ou desde o início da contribuição, se posterior àquela competência (art. 26). A referida média será limitada ao valor máximo do salário de contribuição do Regime Geral de Previdência Social para os segurados desse Regime (art. 26, § 1º, da Emenda Constitucional 103/2019). Poderão ser excluídas da média as contribuições que resultem em redução do valor do benefício, desde que mantido o tempo mínimo de contribuição exigido, vedada a utilização do tempo excluído para qualquer finalidade, inclusive para o acréscimo a que se referem os §§ 2º e 5º do art. 26 da Emenda Constitucional 103/2019, para a averbação em outro Regime Previdenciário ou para a obtenção dos proventos de inatividade das atividades de que tratam os arts. 42 e 142 da Constituição Federal de 1988 (art. 26, § 6º, da Emenda Constitucional 103/2019). Cf. Capítulo 5, item 5.2. É possível que essa modificação quanto à forma de cálculo do salário de benefício gere a correspondente alteração da previsão legal sobre a forma de cálculo da indenização das contribuições previdenciárias.

indenização para fins da contagem recíproca de que tratam os arts. 94 a 99 da Lei 8.213/1991, observados o limite máximo previsto no art. 28 da Lei 8.212/1991 (ou seja, o valor atualizado do limite máximo do salário de contribuição) e o disposto em Regulamento (art. 45-A, § 1º, da Lei 8.212/1991).

Sobre os valores apurados na forma do art. 45-A, § 1º, da Lei 8.212/1991, devem incidir juros moratórios de 0,5% ao mês, capitalizados anualmente, limitados ao percentual máximo de 50%, e multa de 10%.

O Superior Tribunal de Justiça firmou a seguinte tese em recurso especial repetitivo: "As contribuições previdenciárias não recolhidas no momento oportuno sofrerão o acréscimo de multa e de juros apenas quando o período a ser indenizado for posterior à edição da Medida Provisória nº 1.523/1996 (convertida na Lei nº 9.528/1997)" (STJ, 1ª Seção, REsp 1.914.019/SC, 2020/0346070-0, rel. Min. Og Fernandes, DJe 20.05.2022).

Entretanto, o disposto no art. 45-A, § 1º, da Lei 8.212/1991 não se aplica aos casos de contribuições em atraso não alcançadas pela decadência do direito de a Previdência constituir o respectivo crédito, obedecendo-se, em relação a elas, às disposições aplicadas às empresas em geral (art. 45-A, § 3º, da Lei 8.212/1991), ou seja, nos termos do art. 35 da Lei 8.212/1991, que remete ao art. 61 da Lei 9.430/1996.

Para comprovar o exercício de atividade remunerada, com vistas à concessão de benefícios, deve ser exigido do contribuinte individual, a qualquer tempo, o recolhimento das correspondentes contribuições (art. 348, § 1º, do Regulamento da Previdência Social). Para apuração e constituição desses créditos, a Seguridade Social deve utilizar como base de incidência o valor da média aritmética simples dos maiores salários de contribuição correspondentes a 80% de todo o período contributivo decorrido desde a competência julho de 1994[51], corrigidos mês a mês pelos mesmos índices utilizados para a obtenção do salário de benefício (ou seja, INPC, conforme art. 41-A, *caput*, da Lei 8.213/1991), observado o limite máximo do salário de contribuição (art. 216, § 7º, do Regulamento da Previdência Social).

Se o segurado manifestar interesse em indenizar contribuições relativas a período em que o exercício de atividade remunerada não exigia filiação obrigatória à Previdência Social, aplica-se, desde que a atividade tenha se tornado de filiação obrigatória, o disposto no parágrafo acima. Para o segurado recolher contribuições relativas a período anterior à sua inscrição também se aplica o disposto acima (art. 216, §§ 9º e 11, do Regulamento da Previdência Social). Entretanto, somente deve ser feito o reconhecimento da filiação nas

---

[51] Cf. nota anterior.

referidas situações após o efetivo recolhimento das contribuições relativas ao período em que for comprovado o exercício da atividade remunerada (art. 216, § 12, do Regulamento da Previdência Social).

No caso de indenização relativa ao exercício de atividade remunerada para fins de contagem recíproca correspondente a período de filiação obrigatória ou não, a base de incidência deve ser a remuneração da data do requerimento sobre a qual incidem as contribuições para o Regime Próprio de Previdência Social a que estiver filiado o interessado, observados os valores atualizados dos limites mínimo e máximo do salário de contribuição (art. 216, § 13, do Regulamento da Previdência Social).

Sobre os salários de contribuição apurados na forma do art. 216, §§ 7º a 11 e 13, do Regulamento da Previdência Social, deve ser aplicada a alíquota de 20%, e o resultado multiplicado pelo número de meses do período a ser indenizado, observada a incidência de juros moratórios de 0,5% ao mês (capitalizados anualmente e limitados ao percentual máximo de 50%) e multa de 10%.

Não obstante, como já mencionado, nos casos de contribuições em atraso de segurado contribuinte individual que não estiverem alcançadas pela decadência do direito de a Previdência Social (União) constituir o respectivo crédito, devem ser obedecidas, em relação a elas, as disposições do art. 35 da Lei 8.212/1991, que prevê o acréscimo de multa de mora e juros de mora, nos termos do art. 61 da Lei 9.430/1996.

Na verdade, entende-se que não se submetem ao cálculo de indenização, devendo ser calculadas de acordo com essa legislação de regência: I – as contribuições em atraso do segurado contribuinte individual não alcançadas pela decadência, inclusive quando o período objeto do cálculo for para fins de contagem recíproca, conforme o disposto no art. 45-A, § 3º, da Lei 8.212/1991; II – as contribuições em atraso do segurado facultativo, observada a exigência de qualidade de segurado nessa categoria para a admissibilidade do pagamento em atraso, nos termos do art. 11, § 4º, do Regulamento da Previdência Social; III – as contribuições em atraso do segurado empregado doméstico, inclusive eventuais diferenças de contribuições recolhidas abaixo do valor devido, a partir de 8 de abril de 1973, data de vigência do Decreto 71.885/1973; IV – a diferença de contribuição recolhida a menor pelo segurado contribuinte individual, facultativo e segurado especial que contribui facultativamente, exclusivamente para alcançar o limite mínimo do salário de contribuição; V – a complementação de contribuição recolhida no Plano Simplificado de Previdência Social (art. 21, § 3º, da Lei 8.212/1991), para fins de cômputo em aposentadoria por tempo de contribuição ou contagem recíproca ou ainda, no caso do segurado facultativo de que trata o art. 21, § 2º, inciso II, alínea *b*, da Lei 8.212/1991, para aproveitamento das contribuições invalidadas; VI – a partir da competência novembro de 2019, a complementação da contribuição para alcançar o limite mínimo do salário de contribuição, quando as remunerações auferidas no mês pelo segurado não atingirem o referido limite, observadas as possibilidades de utilização e agrupamento (art. 103 da Instrução Normativa INSS 128/2022).

Cabe lembrar que a filiação na qualidade de segurado facultativo é ato volitivo que gera efeito somente a partir da inscrição e do primeiro recolhimento, não podendo retroagir e não permitindo o pagamento de contribuições relativas a competências anteriores à data da inscrição (art. 11, § 3º, do Regulamento da Previdência Social).

Além disso, após a inscrição, o segurado facultativo somente pode recolher contribuições em atraso quando não tiver ocorrido perda da qualidade de segurado, conforme o disposto no art. 15, inciso VI, da Lei 8.213/1991 (art. 11, § 4º, do Regulamento da Previdência Social).

Não é admitida a inscrição *post mortem* de segurado contribuinte individual e de segurado facultativo (art. 17, § 7º, da Lei 8.213/1991, incluído pela Lei 13.846/2019).

2.27. RETENÇÃO

A empresa contratante de serviços executados mediante empreitada ou cessão de mão de obra, inclusive em regime de trabalho temporário, deve *reter* 11% do valor bruto da nota fiscal, fatura ou recibo de prestação de serviços e recolher, em nome da empresa cedente da mão de obra (contratada), a importância retida até o dia 20 do mês subsequente ao da emissão da respectiva nota fiscal, fatura ou recibo, ou até o dia útil imediatamente anterior se não houver expediente bancário naquele dia (art. 31 da Lei 8.212/1991).

Deve-se observar, no caso, o disposto no art. 33, § 5º, da Lei 8.212/1991, ao prever que o desconto de contribuição e de consignação legalmente autorizadas sempre se presume feito oportuna e regularmente pela empresa a isso obrigada, não lhe sendo lícito alegar omissão para se eximir do recolhimento, ficando diretamente responsável pela importância que deixou de receber ou arrecadou em desacordo com o disposto no referido diploma legal.

Trata-se de sistemática que tem como objetivo tornar a arrecadação da contribuição previdenciária mais efetiva, considerada válida pela jurisprudência (STF, Pleno, RE 603.191/MT, rel. Min. Ellen Gracie, DJe 05.09.2011).

Ainda quanto ao tema, o valor retido, que deve ser destacado na nota fiscal, fatura ou recibo de prestação de serviços, pode ser compensado por qualquer estabelecimento da empresa cedente da mão de obra (contratada), por ocasião do recolhimento das contribuições destinadas à Seguridade Social que são devidas sobre a folha de pagamento dos seus segurados (art. 31, § 1º, da Lei 8.212/1991).

Na impossibilidade de haver compensação integral na forma anterior, o saldo remanescente deve ser objeto de restituição (art. 31, § 2º, da Lei 8.212/1991).

Assim, em caso de impossibilidade de ocorrer a compensação integral na própria competência, o saldo remanescente pode ser compensado nas competências subsequentes, inclusive na relativa à gratificação natalina, ou ser objeto de restituição.

Para fins de recolhimento e de compensação da importância retida, deve ser considerada como competência aquela que corresponder à data da emissão da nota fiscal, fatura ou recibo.

As importâncias retidas não podem ser compensadas com contribuições arrecadadas para outras entidades (como as contribuições para o chamado sistema "S").

A empresa contratante do serviço deve manter em boa guarda, em ordem cronológica e por contratada, as correspondentes notas fiscais, faturas ou recibos de prestação de serviços, Guias da Previdência Social e Guias de Recolhimento do Fundo de Garantia do Tempo de Serviço e Informações à Previdência Social com comprovante de entrega.

Na contratação de serviços em que a contratada se obriga a fornecer material ou dispor de equipamentos, fica facultada ao contratado a discriminação, na nota fiscal, fatura ou recibo, do valor correspondente ao material ou equipamentos, que deve ser excluído da retenção, desde que contratualmente previsto e devidamente comprovado. Cabe ao Instituto Nacional do Seguro Social normatizar a forma de apuração e o limite mínimo do valor do serviço contido no total da nota fiscal, fatura ou recibo, quando, nessa hipótese, não houver previsão contratual dos valores correspondentes a material ou a equipamentos.

Para os fins da Lei 8.212/1991, entende-se como cessão de mão de obra a colocação à disposição do contratante, em suas dependências ou nas de terceiros, de segurados que realizem serviços contínuos, relacionados ou não com a atividade-fim da empresa, quaisquer que sejam a natureza e a forma de contratação, inclusive por meio de trabalho temporário na forma da Lei 6.019/1974 (art. 31, § 3º, da Lei 8.212/1991).

Enquadram-se nessa situação, além de outros estabelecidos em Regulamento, os seguintes serviços (art. 31, § 4º, da Lei 8.212/1991): limpeza, conservação e zeladoria; vigilância e segurança; empreitada de mão de obra; contratação de trabalho temporário na forma da Lei 6.019/1974.

A respeito do tema, o Regulamento da Previdência Social, no art. 219, explicita que se enquadram nessa situação os seguintes serviços realizados mediante cessão de mão de obra: I – limpeza, conservação e zeladoria; II – vigilância e segurança; III – construção civil; IV – serviços rurais; V – digitação e preparação de dados para processamento; VI – acabamento, embalagem e acondicionamento de produtos; VII – cobrança; VIII – coleta e reciclagem de lixo e resíduos; IX – copa e hotelaria; X – corte e ligação de serviços públicos; XI – distribuição; XII – treinamento e ensino; XIII – entrega de contas e documentos; XIV – ligação e leitura de medidores; XV – manutenção de instalações, de máquinas e de equipamentos; XVI – montagem; XVII – operação de máquinas, equipamentos e veículos; XVIII – operação de pedágio e de terminais de transporte; XIX – operação de transporte de passageiros, inclusive nos casos de concessão ou subconcessão; XX – portaria, recepção e ascensorista; XI – recepção, triagem e movimentação de materiais; XXII – promoção de vendas e eventos; XXIII – secretaria e expediente; XXIV- saúde; XXV – telefonia, inclusive telemarketing.

Os serviços relacionados nos incisos I a V acima estão sujeitos à retenção mencionada quando contratados mediante empreitada de mão de obra.

Ou seja, todos os serviços acima arrolados, quando contratados por meio de cessão de mão de obra, estão sujeitos à retenção em estudo. Entretanto, no caso de realização por meio de empreitada de mão de obra, apenas nos cinco primeiros serviços indicados deve ocorrer a retenção.

O percentual de retenção do valor bruto da nota fiscal ou fatura de prestação de serviços relativa a serviços prestados mediante cessão de mão de obra, inclusive em regime de trabalho temporário, a cargo da empresa contratante, previsto no art. 31 da Lei 8.212/1991, deve ser acrescido de 4%, 3% ou 2%, relativamente aos serviços prestados pelo segurado empregado cuja atividade permita a concessão de aposentadoria especial após 15, 20 ou 25 anos de contribuição, respectivamente (art. 6º da Lei 10.666/2003).

Em se tratando de retenção e recolhimento realizados na forma do art. 31 da Lei 8.212/1991, em nome de consórcio de que tratam os arts. 278 e 279 da Lei 6.404/1976 (como ocorre, por exemplo, no âmbito da construção civil), aplica-se o disposto em todo o mencionado art. 31, observada a participação de cada uma das empresas consorciadas, na forma do respectivo ato constitutivo (art. 31, § 6º, da Lei 8.212/1991).

Esclareça-se que trabalho temporário é aquele prestado por pessoa física contratada por uma empresa de trabalho temporário que a coloca à disposição de uma empresa tomadora de serviços, para atender à necessidade de substituição transitória de pessoal permanente ou à demanda complementar de serviços (art. 2º da Lei 6.019/1974, com redação dada pela Lei 13.429/2017). Nessa hipótese, a contratante é subsidiariamente responsável pelas obrigações trabalhistas referentes ao período em que ocorrer o trabalho temporário, e o recolhimento das contribuições previdenciárias deve observar o disposto no art. 31 da Lei 8.212/1991 (art. 10, § 7º, da Lei 6.019/1974, incluído pela Lei 13.429/2017).

A terceirização, entendida como prestação de serviços a terceiros, é considerada a transferência feita pela contratante da execução de quaisquer de suas atividades, inclusive sua atividade principal, à pessoa jurídica de direito privado prestadora de serviços que possua capacidade econômica compatível com a sua execução (art. 4º-A da Lei 6.019/1974, com redação dada pela Lei 13.467/2017). Nesse caso, a empresa contratante é subsidiariamente responsável pelas obrigações trabalhistas referentes ao período em que ocorrer a prestação de serviços, e o recolhimento das contribuições previdenciárias deve observar o disposto no art. 31 da Lei 8.212/1991 (art. 5º-A, § 5º, da Lei 6.019/1974, incluído pela Lei 13.429/2017).

Tendo em vista o disposto no art. 3º da Lei Complementar 123/2006, conforme esclarece a Súmula 425 do STJ, "a retenção da contribuição para a seguridade social pelo tomador do serviço não se aplica às empresas optantes pelo Simples".

A Administração Pública contratante de serviços, inclusive de construção civil executados por meio de cessão de mão de obra ou empreitada parcial, deve efetuar a retenção prevista no art. 31 da Lei 8.212/1991 (art. 221-A, parágrafo único, do Regulamento da Previdência Social).

De acordo com a Lei de Licitações e Contratos Administrativos, somente o contratado é responsável pelos encargos trabalhistas, previdenciários, fiscais e comerciais resultantes da execução do contrato (art. 121 da Lei 14.133/2021).

Considera-se *contratado* a pessoa física ou jurídica, ou consórcio de pessoas jurídicas, signatária de contrato com a Administração Pública (art. 6º, inciso VIII, da Lei 14.133/2021).

A inadimplência do contratado em relação aos encargos trabalhistas, fiscais e comerciais não transfere à Administração Pública a responsabilidade pelo seu pagamento e não pode onerar o objeto do contrato nem restringir a regularização e o uso das obras e das edificações, inclusive perante o registro de imóveis, ressalvada a hipótese prevista no § 2º do art. 121 da 14.133/2021.

Exclusivamente nas contratações de serviços contínuos com regime de dedicação exclusiva de mão de obra, a Administração Pública responderá solidariamente pelos encargos previdenciários e subsidiariamente pelos encargos trabalhistas se comprovada falha na fiscalização do cumprimento das obrigações do contratado (art. 121, § 2º, da Lei 14.133/2021).

Portanto, conforme a atual previsão legal sobre licitações e contratos administrativos, a responsabilidade solidária da Administração Pública por encargos previdenciários devidos pelo contratado apenas se aplica nas contratações de serviços contínuos com regime de dedicação exclusiva de mão de obra, incidindo se demonstrada a falha na fiscalização pela Administração Pública do cumprimento das obrigações do contratado (culpa *in vigilando*).

Consideram-se serviços contínuos com regime de dedicação exclusiva de mão de obra aqueles cujo modelo de execução contratual exige, entre outros requisitos, que: a) os empregados do contratado fiquem à disposição nas dependências do contratante para a prestação dos serviços; b) o contratado não compartilhe os recursos humanos e materiais disponíveis de uma contratação para execução simultânea de outros contratos; c) o contratado possibilite a fiscalização pelo contratante quanto à distribuição, controle e supervisão dos recursos humanos alocados aos seus contratos (art. 6º, inciso XVI, da Lei 14.133/2021).

O recolhimento das contribuições previdenciárias deve observar o disposto no art. 31 da Lei 8.212/1991, sobre retenção pelo contratante (art. 121, § 5º, da Lei 14.133/2021).

2.28. RESPONSABILIDADE SOLIDÁRIA

Primeiramente, deve-se esclarecer que existe *solidariedade* quando na mesma obrigação concorre mais de um credor (solidariedade ativa), ou mais de um devedor (solidariedade passiva), cada um com direito, ou obrigado, à dívida toda (art. 264 do Código Civil). A solidariedade não se presume, pois resulta da lei ou da vontade das partes.

Quanto ao tema em estudo, a responsabilidade solidária pelo recolhimento da contribuição para a Seguridade Social é prevista pela lei, em certas hipóteses, com o objetivo de se garantir a efetiva arrecadação. Trata-se, portanto, de solidariedade passiva.

Assim, nos termos do art. 275 do Código Civil, o credor (no caso, a União) tem direito a exigir e receber de um ou de alguns dos devedores, parcial ou totalmente, a dívida comum.

Se o pagamento tiver sido parcial, todos os demais devedores continuam obrigados solidariamente pelo resto.

Além disso, não importa em renúncia da solidariedade a propositura de ação pelo credor contra um ou alguns dos devedores.

Como se pode notar, a responsabilidade solidária não se confunde com a meramente subsidiária, o que afasta a incidência de qualquer benefício de ordem entre os devedores. É possível, entretanto, o exercício do direito de regresso.

Nesse sentido, o devedor que satisfez a dívida por inteiro tem direito a exigir de cada um dos codevedores a sua quota, dividindo-se igualmente por todos a do insolvente, se houver, presumindo-se iguais, no débito, as partes de todos os codevedores (art. 283 do Código Civil).

Entretanto, se a dívida solidária interessar exclusivamente a um dos devedores, este responde por toda ela para com aquele que pagar (art. 285 do Código Civil).

As atuais hipóteses de responsabilidade solidária quanto à exigência de contribuições para a Seguridade Social são previstas no art. 30, incisos VI, VII, VIII e IX, da Lei 8.212/1991.

Cabe salientar que nos casos de contratação de serviços executados mediante cessão de mão de obra, inclusive em regime de trabalho temporário, passou a ser aplicável a retenção disciplinada no art. 31 da Lei 8.212/1991.

O proprietário, o incorporador definido na Lei 4.591/1964, o dono da obra ou condômino da unidade imobiliária cuja contratação da construção, reforma ou acréscimo não envolva cessão de mão de obra, são solidários com o construtor, e este e aqueles com a subempreiteira, pelo cumprimento das obrigações para com a Seguridade Social, ressalvado o seu direito regressivo contra o executor ou contratante da obra e admitida a retenção de importância a este devida para garantia do cumprimento dessas obrigações, não se aplicando, em qualquer hipótese, o benefício de ordem (art. 30, inciso VI, da Lei 8.212/1991 e art. 220 do Regulamento da Previdência Social).

Não se considera cessão de mão de obra, para os fins acima, a contratação de construção civil em que a empresa construtora assuma a responsabilidade direta e total pela obra ou repasse o contrato integralmente.

Entende-se, assim, que na chamada empreitada total incide a responsabilidade solidária, conforme art. 30, inciso VI, da Lei 8.212/1991.

Nas empreitadas parciais, em que ocorre a contratação de partes da obra a diversas empresas, por sua vez, aplica-se a retenção pela empresa contratante, conforme art. 31 da Lei 8.212/1991.

O executor da obra deve elaborar, distintamente para cada estabelecimento ou obra de construção civil da empresa contratante, folha de pagamento, Guia de Recolhimento do Fundo de Garantia do Tempo de Serviço e Informações à Previdência Social e Guia da Previdência Social, cujas cópias devem ser exigidas pela empresa contratante quando da quitação da nota fiscal ou fatura, juntamente com o comprovante de entrega daquela Guia.

A responsabilidade solidária em questão é elidida pela comprovação do recolhimento: das contribuições incidentes sobre a remuneração dos segurados, incluída em nota fiscal ou fatura correspondente aos serviços executados, quando corroborada por escrituração contábil; das contribuições incidentes sobre a remuneração dos segurados, aferidas indiretamente nos termos, forma e percentuais previstos pela Secretaria da Receita Federal do Brasil; da retenção permitida no art. 30, inciso VI, da Lei 8.212/1991, e efetivada nos termos do art. 31 do mesmo diploma legal.

Considera-se construtor a pessoa física ou jurídica que executa obra sob sua responsabilidade, no todo ou em parte.

Exclui-se da responsabilidade solidária perante a Seguridade Social o adquirente de prédio ou unidade imobiliária que realize a operação com empresa de comercialização ou com incorporador de imóveis definido na Lei 4.591/1964, ficando estes solidariamente responsáveis com o construtor, na forma prevista no art. 30, inciso VI, da Lei 8.212/1991.

As empresas que integram grupo econômico de qualquer natureza, bem como os produtores rurais integrantes do consórcio simplificado de que trata o art. 25-A da Lei 8.212/1991, respondem entre si, solidariamente, pelas obrigações decorrentes desse diploma legal (arts. 30, inciso IX, e 25-A, § 3º, da Lei 8.212/1991 c/c art. 222 do Regulamento da Previdência Social).

O operador portuário e o Órgão Gestor de Mão de Obra são solidariamente responsáveis pelo pagamento das contribuições previdenciárias e demais obrigações, inclusive acessórias, devidas à Seguridade Social, arrecadadas pela Secretaria da Receita Federal do Brasil, relativamente à requisição de mão de obra de trabalhador avulso, sendo vedada a invocação do benefício de ordem (art. 2º, § 4º, da Lei 9.719/1998).

As empresas tomadoras do trabalho avulso respondem solidariamente pela efetiva remuneração do trabalho contratado e são responsáveis pelo recolhimento dos encargos fiscais e sociais, bem como das contribuições ou de outras importâncias devidas à Seguridade Social, no limite do uso que fizerem do trabalho avulso intermediado pelo sindicato (art. 8º da Lei 12.023/2009).

No caso de *falência* da empresa de trabalho temporário, a empresa tomadora ou cliente é solidariamente responsável pelo recolhimento das contribuições previdenciárias, no tocante ao tempo em que o trabalhador esteve sob suas ordens (art. 16 da Lei 6.019/1974).

Nos termos do art. 42 da Lei 8.212/1991, os administradores de autarquias e fundações públicas, criadas e mantidas pelo Poder Público, de empresas públicas e de sociedades de economia mista sujeitas ao controle da União, dos Estados, do Distrito Federal ou dos Municípios, que estiverem em mora, por mais de 30 dias, quanto ao recolhimento das contribuições previstas nesse diploma legal, tornam-se solidariamente responsáveis pelo respectivo pagamento, ficando ainda sujeitos às proibições do art. 1º e às sanções dos arts. 4º e 7º do Decreto-lei 368/1968.

Frise-se que as disposições sobre retenção e responsabilidade solidária não se aplicam à contratação de serviços por intermédio de cooperativa de trabalho (art. 224-A do Regulamento da Previdência Social), uma vez que possuem disciplina própria quanto ao recolhimento de contribuições previdenciárias.

2.29. OBRIGAÇÕES ACESSÓRIAS

Como *deveres acessórios*, que acompanham e dão suporte às obrigações principais, voltadas à arrecadação e ao recolhimento, a empresa é também obrigada a:

I – preparar folhas de pagamento das remunerações pagas ou creditadas a todos os segurados a seu serviço, de acordo com os padrões e normas estabelecidos pelo órgão competente da Seguridade Social;

II – lançar mensalmente em títulos próprios de sua contabilidade, de forma discriminada, os fatos geradores de todas as contribuições, o montante das quantias descontadas, as contribuições da empresa e os totais recolhidos;

III – prestar à Secretaria da Receita Federal do Brasil todas as informações cadastrais, financeiras e contábeis de seu interesse, na forma por ela estabelecida, bem como os esclarecimentos necessários à fiscalização;

IV – declarar à Secretaria da Receita Federal do Brasil e ao Conselho Curador do Fundo de Garantia do Tempo de Serviço, na forma, prazo e condições estabelecidos por esses órgãos, dados relacionados a fatos geradores, base de cálculo e valores devidos da contribuição previdenciária e outras informações de interesse do INSS ou do Conselho Curador do FGTS;

V – comunicar, mensalmente, aos empregados, por intermédio de documento a ser definido em regulamento, os valores recolhidos sobre o total de sua remuneração ao INSS (art. 32 da Lei 8.212/1991).

A declaração de que trata o inciso IV constitui instrumento hábil e suficiente para a exigência do crédito tributário, e suas informações comporão a base de dados para fins de cálculo e concessão dos benefícios previdenciários.

A empresa deve apresentar o documento a que se refere o inciso IV ainda que não ocorram fatos geradores de contribuição previdenciária, aplicando-se, quando couber, a penalidade prevista no art. 32-A da Lei 8.212/1991, ao prever que o contribuinte que deixar de apresentar a declaração de que trata o art. 32, inciso IV, da Lei 8.212/1991 no prazo fixado ou que a apresentar com incorreções ou omissões deve ser intimado a apresentá-la ou a prestar esclarecimentos e está sujeito às multas ali especificadas[52].

O descumprimento do disposto no inciso IV impede a expedição da certidão de prova de regularidade fiscal perante a Fazenda Nacional.

Em relação aos créditos tributários, os documentos comprobatórios do cumprimento das obrigações de que trata o art. 32 da Lei 8.212/1991 devem ficar arquivados na empresa até que ocorra a prescrição relativa aos créditos decorrentes das operações a que se refiram.

Na atualidade, o documento previsto no art. 32, inciso IV, da Lei 8.212/1991 consubstancia-se no chamado Sistema de Escrituração Digital das Obrigações Fiscais, Previdenciárias e Trabalhistas (eSocial).

O eSocial é o instrumento de unificação da prestação das informações referentes à escrituração das obrigações fiscais, previdenciárias e trabalhistas e tem por finalidade padronizar sua transmissão, validação, armazenamento e distribuição, constituindo ambiente nacional composto por: escrituração digital, contendo informações fiscais, previdenciárias e trabalhistas; aplicação para preenchimento, geração, transmissão, recepção, validação e distribuição

---

[52] Ficam anistiadas as infrações e anuladas as multas por atraso na entrega da Guia de Recolhimento do Fundo de Garantia do Tempo de Serviço e Informações à Previdência Social (GFIP), previstas, respectivamente, na Lei 8.036/1990 e no art. 32-A da Lei 8.212/1991, constituído ou não o crédito, inscrito ou não em dívida ativa, referente a fatos geradores ocorridos até a data de publicação da Lei 14.397/2022 (08.07.2022). Essa disposição aplica-se exclusivamente aos casos em que tenha sido apresentada a GFIP com informações e sem fato gerador de recolhimento do Fundo de Garantia do Tempo de Serviço (FGTS) e não implica restituição ou compensação de quantias pagas.

da escrituração; repositório nacional, contendo o armazenamento da escrituração (Decreto 8.373/2014).

A prestação das informações ao eSocial substitui, na forma disciplinada pelos órgãos ou entidades partícipes, a obrigação de entrega das mesmas informações em outros formulários e declarações a que estão sujeitos: o empregador, inclusive o doméstico, a empresa e os que forem a eles equiparados em lei; o segurado especial, inclusive em relação a trabalhadores que lhe prestem serviço; as pessoas jurídicas de direito público da União, dos Estados, do Distrito Federal e dos Municípios; as demais pessoas jurídicas e físicas que pagarem ou creditarem por si rendimentos sobre os quais tenha incidido retenção do Imposto sobre a Renda Retido na Fonte (IRRF), ainda que em um único mês do ano-calendário.

De forma mais detalhada, o eSocial é composto pelo registro de informações fiscais, previdenciárias e trabalhistas agrupadas em eventos que contêm: I – dados cadastrais dos empregadores, inclusive domésticos, da empresa e a eles equiparados em legislação específica e dos segurados especiais; II – dados cadastrais e contratuais de trabalhadores, incluídos os relacionados ao registro de empregados; III – dados cadastrais, funcionais e remuneratórios dos servidores titulares de cargos efetivos amparados em Regime Próprio de Previdência Social, de todos os poderes, órgãos e entidades do respectivo ente federativo, suas autarquias e fundações, dos magistrados, dos membros do Tribunal de Contas, dos membros do Ministério Público e dos militares; IV – dados cadastrais dos dependentes dos empregados, inclusive domésticos, dos trabalhadores avulsos e dos segurados dos regimes geral e próprios de previdência social; V – dados relacionados às comunicações de acidente de trabalho, às condições ambientais do trabalho e do monitoramento da saúde do trabalhador e dos segurados relacionados no inciso III; VI – dados relacionados à folha de pagamento e outros fatos geradores, bases de cálculo e valores devidos de contribuições previdenciárias, contribuições sociais de que trata a Lei Complementar 110/2001, contribuições sindicais, FGTS e imposto sobre renda retido na fonte; e VII – outras informações de interesse dos órgãos e entidades integrantes do Comitê Gestor do eSocial, no âmbito de suas competências (Resolução eSocial 1/2015).

As informações previdenciárias constantes do eSocial referem-se ao Regime Geral de Previdência Social e aos Regimes Próprios de Previdência Social previstos no art. 1º da Lei 9.717/1998, ou seja, dos servidores públicos da União, dos Estados, do Distrito Federal e dos Municípios, dos militares dos Estados e do Distrito Federal.

A prestação de informação ao eSocial pelas microempresas e empresas de pequeno porte, conforme a Lei Complementar 123/2006, e pelo Microempreendedor Individual (MEI) deve ser efetuada em sistema simplificado, compatível com as especificidades dessas empresas.

As informações prestadas por meio do eSocial substituem as constantes na Guia de Recolhimento do Fundo de Garantia por Tempo de Serviço e Informações à Previdência Social (GFIP), na forma disciplinada no Manual de Orientação do eSocial.

As informações prestadas pelos empregadores devem ser enviadas ao Fundo de Garantia do Tempo de Serviço (FGTS) e armazenadas no repositório nacional.

A escrituração digital em questão é composta pelos registros de eventos tributários, previdenciários e trabalhistas.

O eSocial rege-se pelos seguintes princípios: viabilizar a garantia de direitos previdenciários e trabalhistas; racionalizar e simplificar o cumprimento de obrigações; eliminar a redundância nas informações prestadas pelas pessoas físicas e jurídicas; aprimorar a qualidade de informações das relações de trabalho, previdenciárias e tributárias; conferir tratamento diferenciado às microempresas e empresas de pequeno porte.

O eSocial não implica, em qualquer hipótese, transferência de atribuições e competências entre os órgãos ou entidades partícipes, nem transferência ou compartilhamento de propriedade intelectual de produtos não abrangidos por esse sistema.

Os integrantes do Comitê Gestor terão acesso compartilhado às informações que integram o ambiente nacional do eSocial e farão uso delas no limite de suas respectivas competências e atribuições, não podendo transferi-las a terceiros ou divulgá-las, salvo previsão legal.

As informações de natureza tributária e do FGTS devem observar as regras de sigilo fiscal e bancário, respectivamente.

O Sistema de Escrituração Digital das Obrigações Fiscais, Previdenciárias e Trabalhistas (eSocial) será substituído, em nível federal, por *sistema simplificado* de escrituração digital de obrigações previdenciárias, trabalhistas e fiscais (art. 16 da Lei 13.874/2019).

2.30. FISCALIZAÇÃO

À Secretaria da Receita Federal do Brasil compete planejar, executar, acompanhar e avaliar as atividades relativas à tributação, à fiscalização, à arrecadação, à cobrança e ao recolhimento das contribuições sociais previstas no parágrafo único do art. 11 da Lei 8.212/1991, das contribuições incidentes a título de substituição e das devidas a outras entidades e fundos (art. 33 da Lei 8.212/1991).

É prerrogativa da Secretaria da Receita Federal do Brasil, por intermédio dos Auditores-Fiscais da Receita Federal do Brasil, o exame da contabilidade das empresas, ficando obrigados a prestar todos os esclarecimentos e informações solicitados o segurado e os terceiros responsáveis pelo recolhimento das contribuições previdenciárias e das contribuições devidas a outras entidades e fundos.

A empresa, o segurado da Previdência Social, o serventuário da Justiça, o síndico ou seu representante, o comissário e o liquidante de empresa em liquidação judicial ou extrajudicial são obrigados a exibir todos os documentos e livros relacionados com as contribuições previstas na Lei 8.212/1991.

Ocorrendo recusa ou sonegação de qualquer documento ou informação, ou sua apresentação deficiente, a Secretaria da Receita Federal do Brasil pode, sem prejuízo da penalidade cabível, lançar de ofício a importância devida.

Na falta de prova regular e formalizada pelo sujeito passivo, o montante dos salários pagos pela execução de obra de construção civil pode ser obtido mediante cálculo da mão de obra empregada, proporcional à área construída, de acordo com critérios estabelecidos pela Secretaria da Receita Federal do Brasil, cabendo ao proprietário, dono da obra, condômino da unidade imobiliária ou empresa corresponsável o ônus da prova em contrário.

Cabe ressaltar que o desconto de contribuição e de consignação legalmente autorizadas sempre se presume feito oportuna e regularmente pela empresa a isso obrigada, não lhe sendo lícito alegar omissão para se eximir do recolhimento, ficando diretamente responsável pela importância que deixou de receber ou arrecadou em desacordo com o disposto na Lei 8.212/1991 (art. 33, § 5º).

Se, no exame da escrituração contábil e de qualquer outro documento da empresa, a fiscalização constatar que a contabilidade não registra o movimento real de remuneração dos segurados a seu serviço, do faturamento e do lucro, serão apuradas, por aferição indireta, as contribuições efetivamente devidas, cabendo à empresa o ônus da prova em contrário.

O crédito da Seguridade Social é constituído por meio de notificação de lançamento, de auto de infração e de confissão de valores devidos e não recolhidos pelo contribuinte.

Aplicam-se às contribuições sociais mencionadas no art. 33 da Lei 8.212/1991 as presunções legais de omissão de receita previstas no art. 12, §§ 2º e 3º, do Decreto-Lei 1.598/1977, e nos arts. 40, 41 e 42 da Lei

9.430/1996, sobre omissão de receita no âmbito da legislação do imposto e da legislação tributária federal.

Para fins de fiscalização da Secretaria da Receita Federal do Brasil, o Município, por intermédio do órgão competente, deve fornecer relação de alvarás para construção civil e documentos de "habite-se" concedidos (art. 50 da Lei 8.212/1991).

O art. 42 da Lei Complementar 150/2015, sobre o contrato de trabalho doméstico, prevê ser de responsabilidade do empregador o arquivamento de documentos comprobatórios do cumprimento das obrigações fiscais, trabalhistas e previdenciárias, enquanto essas não prescreverem.

2.31. PROVA DE INEXISTÊNCIA DE DÉBITO

A prova de regularidade fiscal perante a Fazenda Nacional é efetuada mediante apresentação de certidão expedida conjuntamente pela Secretaria da Receita Federal do Brasil e pela Procuradoria-Geral da Fazenda Nacional, referente a todos os créditos tributários federais e à Dívida Ativa da União por elas administrados (Portaria Conjunta RFB/PGFN 1.751/2014)[53].

Essa certidão abrange inclusive os créditos tributários relativos às contribuições sociais previstas no art. 11, parágrafo único, *a*, *b* e *c*, da Lei 8.212/1991 (contribuições previdenciárias), às contribuições instituídas a título de substituição e às contribuições devidas, por lei, a terceiros, inclusive inscritas em Dívida Ativa da União[54].

Entretanto, a prova de regularidade de inscrição e de recolhimento das contribuições do contribuinte individual com a Previdência Social, efetuada mediante a apresentação da Declaração de Regularidade de Situação do Contribuinte Individual, é fornecida exclusivamente pelo Instituto Nacional do Seguro Social.

De acordo com o art. 47 da Lei 8.212/1991, exige-se a Certidão Negativa de Débito (CND), fornecida pelo órgão competente (Secretaria da Receita Federal do Brasil), nos seguintes casos:

I – da empresa:

---

[53] Cf. Súmula 18 da AGU: "Da decisão judicial que determinar a concessão de Certidão Negativa de Débito (CND), em face da inexistência de crédito tributário constituído, não se interporá recurso".

[54] Cf. Súmula 446 do STJ: "Declarado e não pago o débito tributário pelo contribuinte, é legítima a recusa de expedição de certidão negativa ou positiva com efeito de negativa".

a) na contratação com o Poder Público e no recebimento de benefícios ou incentivo fiscal ou creditício concedido por ele;

b) na alienação ou oneração, a qualquer título, de bem imóvel ou direito a ele relativo;

c) na alienação ou oneração, a qualquer título, de bem móvel de valor superior ao legal incorporado ao ativo permanente da empresa;

d) no registro ou arquivamento, no órgão próprio, de ato relativo a baixa ou redução de capital de firma individual, redução de capital social, cisão total ou parcial, transformação ou extinção de entidade ou sociedade comercial ou civil e transferência de controle de cotas de sociedades de responsabilidade limitada;

II – do proprietário, pessoa física ou jurídica, de obra de construção civil, quando de sua averbação no registro de imóveis, salvo no caso do art. 30, inciso VIII, da Lei 8.212/1991, ao prever que nenhuma contribuição à Seguridade Social é devida se a construção residencial unifamiliar, destinada ao uso próprio, de tipo econômico, for executada sem mão de obra assalariada, devendo-se observar as exigências do Regulamento.

A prova de inexistência de débito deve ser exigida da empresa em relação a todas as suas dependências, estabelecimentos e obras de construção civil, independentemente do local onde se encontrem, ressalvado aos órgãos competentes o direito de cobrança de qualquer débito apurado posteriormente.

A prova de inexistência de débito, quando exigível ao incorporador, independe da apresentada no registro de imóveis por ocasião da inscrição do memorial de incorporação.

Fica dispensada a transcrição, em instrumento público ou particular, do inteiro teor do documento comprobatório de inexistência de débito, bastando a referência ao seu número de série e data da emissão, bem como a guarda do documento comprobatório à disposição dos órgãos competentes.

O documento comprobatório de inexistência de débito pode ser apresentado por cópia autenticada, dispensada a indicação de sua finalidade, exceto no caso do art. 47, inciso II, da Lei 8.212/1991.

O prazo de validade da Certidão Negativa de Débito (CND) é de 60 dias, contados da sua emissão, podendo ser ampliado por Regulamento para até 180 dias.

Independe de prova de inexistência de débito:

a) a lavratura ou assinatura de instrumento, ato ou contrato que constitua retificação, ratificação ou efetivação de outro anterior para o qual já foi feita a prova;

b) a constituição de garantia para concessão de crédito rural, em qualquer de suas modalidades, por instituição de crédito pública ou privada, desde que o contribuinte empregador rural pessoa física (art. 25 da Lei 8.212/1991) não seja responsável direto pelo recolhimento de contribuições sobre a sua produção para a Seguridade Social;

c) a averbação prevista no art. 47, inciso II, da Lei 8.212/1991, relativa a imóvel cuja construção tenha sido concluída antes de 22 de novembro de 1966;

d) o recebimento pelos Municípios de transferência de recursos destinados a ações de assistência social, educação, saúde e em caso de calamidade pública;

e) a averbação da construção civil localizada em área objeto de regularização fundiária de interesse social, na forma da Lei 11.977/2009.

O condômino adquirente de unidades imobiliárias de obra de construção civil não incorporada na forma da Lei 4.591/1964 pode obter documento comprobatório de inexistência de débito, desde que comprove o pagamento das contribuições relativas à sua unidade, conforme dispuser o Regulamento.

A prática de ato com inobservância do disposto no art. 47 da Lei 8.212/1991, ou o seu registro, acarreta a responsabilidade solidária dos contratantes e do oficial que lavrar ou registrar o instrumento, sendo o ato nulo para todos os efeitos (art. 48 da Lei 8.212/1991).

Os órgãos competentes podem intervir em instrumento que depender de prova de inexistência de débito, a fim de autorizar sua lavratura, desde que o débito seja pago no ato ou o seu pagamento fique assegurado mediante confissão de dívida fiscal com o oferecimento de garantias reais suficientes, na forma estabelecida em Regulamento.

Em se tratando de alienação de bens do ativo de empresa em regime de liquidação extrajudicial, visando à obtenção de recursos necessários ao pagamento dos credores, independentemente do pagamento ou da confissão de dívida fiscal, a Receita Federal do Brasil pode autorizar a lavratura do respectivo instrumento, desde que o valor do crédito previdenciário conste, regularmente, do quadro geral de credores, devendo ser observada a ordem de preferência legal.

O servidor, o serventuário da Justiça, o titular de serventia extrajudicial e a autoridade ou órgão que infringirem o disposto no art. 47 da Lei 8.212/1991 incorrem em multa aplicada na forma estabelecida no art. 92 do mesmo diploma legal, sem prejuízo da responsabilidade administrativa e penal cabível.

Suspensa a exigibilidade do crédito pelo parcelamento concedido, sem a exigência de garantia, esta não pode ser imposta como condição para o fornecimento da certidão positiva de débito com efeito de negativa, estando regular o parcelamento da dívida, com o cumprimento, no prazo, das obrigações assumidas pelo contribuinte (Súmula 17 da AGU).

2.32. DECADÊNCIA E PRESCRIÇÃO

A prescrição e a decadência têm como objetivo a segurança jurídica e a estabilidade nas relações sociais.

A *prescrição* significa a inexigibilidade da pretensão. Nesse sentido, uma vez violado o direito subjetivo, o seu titular passa a ter a pretensão na sua satisfação. Após o prazo prescricional, essa pretensão se torna inexigível.

Efetivamente, segundo o art. 189 do Código Civil, violado o direito, nasce para o seu titular a pretensão, a qual se extingue, pela prescrição.

A prescrição atinge a pretensão de natureza condenatória, normalmente exercida por meio da respectiva ação judicial. Por isso, embora seja instituto de direito material, a prescrição, normalmente, produz os seus efeitos no âmbito processual. Ou seja, a prescrição é pronunciada no curso da ação ajuizada com pedido de satisfação do direito material que se alega violado.

O art. 487, inciso II, do CPC estabelece que há resolução do mérito quando o juiz decidir, de ofício ou a requerimento, sobre a ocorrência de decadência ou prescrição.

Portanto, entende-se que a prescrição atinge a pretensão de natureza condenatória, a ser normalmente exercida por meio da respectiva ação judicial.

As ações declaratórias não estão sujeitas, em princípio, à prescrição, e as ações constitutivas com prazo previsto em lei para seu ajuizamento estão sujeitas, quanto ao direito potestativo a ser exercido, à decadência.

Quanto à *decadência*, o art. 210 do Código Civil também determina que o juiz deve, de ofício, conhecer da decadência, quando estabelecida em lei.

Conforme o art. 40, § 4º, da Lei 6.830/1980 (Lei de Execução Fiscal), se da decisão que ordenar o arquivamento tiver decorrido o prazo prescricional, o juiz, depois de ouvida a Fazenda Pública, poderá, de ofício, reconhecer a prescrição intercorrente e decretá-la de imediato.

Em execução fiscal, a prescrição ocorrida antes da propositura da ação pode ser decretada de ofício (Súmula 409 do STJ).

A prescrição dos créditos tributários pode ser reconhecida de ofício pela autoridade administrativa, inclusive quanto às contribuições previdenciárias, às contribuições instituídas a título de substituição e às contribuições devidas a terceiros, assim entendidas outras entidades e fundos (art. 53 da Lei 11.941/2009).

No âmbito do Direito Público, o crédito tributário é constituído pelo *lançamento*, entendido como o procedimento administrativo tendente a verificar a ocorrência do fato gerador da obrigação correspondente, determinar a matéria tributável, calcular o montante do tributo devido, identificar o sujeito passivo e, sendo caso, propor a aplicação da penalidade cabível (art. 142 do Código Tributário Nacional).

Compete privativamente à autoridade administrativa constituir o crédito tributário.

A atividade administrativa de lançamento é vinculada e obrigatória, sob pena de responsabilidade funcional.

O crédito da Seguridade Social é constituído por meio de notificação de lançamento, de auto de infração e de confissão de valores devidos e não recolhidos pelo contribuinte (art. 33, § 7º, da Lei 11.941/2009).

As modalidades de lançamento são por declaração, de ofício e por homologação.

O *lançamento por declaração* ocorre quando o sujeito passivo ou o terceiro, na forma da legislação tributária, presta à autoridade administrativa informações sobre matéria de fato, indispensáveis à sua efetivação (art. 147 do Código Tributário Nacional).

De acordo com o art. 32, inciso IV, da Lei 8.212/1991, a empresa é também obrigada a declarar à Secretaria da Receita Federal do Brasil e ao Conselho Curador do Fundo de Garantia do Tempo de Serviço, na forma, prazo e condições estabelecidos por esses órgãos, dados relacionados a fatos geradores, base de cálculo e valores devidos da contribuição previdenciária e outras informações de interesse do INSS ou do Conselho Curador do FGTS.

A entrega de declaração pelo contribuinte reconhecendo débito fiscal constitui o crédito tributário, dispensada qualquer outra providência por parte do fisco (Súmula 436 do STJ).

O *lançamento de ofício* é feito pela autoridade administrativa nos seguintes casos: I – quando a lei assim o determine; II – quando a declaração não seja prestada, por quem de direito, no prazo e na forma da legislação tributária; III – quando a pessoa legalmente obrigada, embora tenha prestado declaração nos termos do inciso anterior, deixe de atender, no prazo e na forma da legislação tributária, a pedido de esclarecimento formulado pela autoridade administrativa, recuse-se a prestá-lo ou não o preste satisfatoriamente, a juízo daquela autoridade; IV – quando se comprove falsidade, erro ou omissão quanto a qualquer elemento definido na legislação tributária como sendo de declaração obrigatória; V – quando se comprove omissão ou inexatidão, por parte da pessoa legalmente obrigada, no exercício da atividade a que se refere o artigo seguinte; VI – quando se comprove ação ou omissão do sujeito passivo, ou de terceiro legalmente obrigado, que dê lugar à aplicação de penalidade pecuniária; VII – quando se comprove que o sujeito passivo, ou terceiro em benefício daquele, agiu com dolo, fraude ou simulação; VIII – quando deva ser apreciado fato não conhecido ou não provado por ocasião do lançamento anterior; IX – quando se comprove que, no lançamento anterior, ocorreu fraude ou falta funcional da autoridade que o efetuou, ou omissão, pela mesma autoridade, de ato ou formalidade especial (art. 149 do Código Tributário Nacional).

A revisão do lançamento de ofício só pode ser iniciada enquanto não extinto o direito da Fazenda Pública.

No âmbito das contribuições para a Seguridade Social, ocorrendo recusa ou sonegação de qualquer documento ou informação, ou sua apresentação deficiente, a Secretaria da Receita Federal do Brasil pode, sem prejuízo da penalidade cabível, lançar de ofício a importância devida (art. 33, § 3º, da Lei 8.212/1991).

Conforme o art. 35-A da Lei 8.212/1991, nos casos de lançamento de ofício relativos às contribuições referidas no art. 35 da Lei 8.212/1991 (ou seja, contribuições previdenciárias, contribuições instituídas a título de substituição e contribuições devidas a terceiros, assim entendidas outras entidades e fundos), aplica-se o disposto no art. 44 da Lei 9.430/1996, que dispõe sobre multas de lançamento de ofício.

O *lançamento por homologação* ocorre quanto aos tributos cuja legislação atribua ao sujeito passivo o dever de antecipar o pagamento sem prévio exame da autoridade administrativa, operando-se pelo ato em que a referida autoridade, ao tomar conhecimento da atividade assim exercida pelo obrigado, expressamente a homologa (art. 150 do Código Tributário Nacional).

Desse modo, o pagamento antecipado pelo obrigado, nos termos do art. 150 do CTN, extingue o crédito, sob condição resolutória da ulterior homologação ao lançamento.

Se a lei não fixar prazo para a homologação, será ele de cinco anos, a contar da ocorrência do fato gerador. Expirado esse prazo sem que a Fazenda Pública se tenha pronunciado, considera-se homologado o lançamento e definitivamente extinto o crédito, salvo se comprovada a ocorrência de dolo, fraude ou simulação (art. 150, § 4º, do Código Tributário Nacional)[55].

No âmbito da Seguridade Social, entende-se que normalmente ocorre lançamento por homologação no recolhimento das contribuições previdenciárias devidas pelos segurados contribuintes individuais e facultativos[56].

Segundo a jurisprudência do Superior Tribunal de Justiça, ao analisar "desconto em folha de contribuição previdenciária": "1. É assente nesta Corte o entendimento de que a contribuição previdenciária é tributo sujeito a lançamento por homologação" (STJ, 1ª Seção, EREsp 1.096.074/SP (2009/0089734-9), rel. Min. Humberto Martins, DJe 16.06.2010)[57].

No Direito Tributário, o prazo de decadência é o do direito de constituir o crédito tributário, o qual se extingue após o transcurso daquele. Nesse sentido, o art. 173 do Código Tributário Nacional dispõe que o direito de a Fazenda Pública constituir o crédito tributário extingue-se após cinco anos, contados: I – do primeiro dia do exercício seguinte àquele em que o lança-

---

55 "13. Por outro lado, a decadência do direito de lançar do Fisco, em se tratando de tributo sujeito a lançamento por homologação, quando ocorre pagamento antecipado inferior ao efetivamente devido, sem que o contribuinte tenha incorrido em fraude, dolo ou simulação, nem sido notificado pelo Fisco de quaisquer medidas preparatórias, obedece a regra prevista na primeira parte do § 4º, do artigo 150, do *Codex* Tributário, segundo o qual, se a lei não fixar prazo a homologação, será ele de cinco anos, a contar da ocorrência do fato gerador [...] 14. A notificação do ilícito tributário, medida indispensável para justificar a realização do ulterior lançamento, afigura-se como *dies a quo* do prazo decadencial quinquenal, em havendo pagamento antecipado efetuado com fraude, dolo ou simulação, regra que configura ampliação do lapso decadencial, *in casu*, reiniciado" (STJ, 1ª Seção, REsp 766.050/PR (2005/0113794-7), rel. Min. Luiz Fux, DJ 25.02.2008).

56 Cf. MARTINS, Sergio Pinto. *Direito da seguridade social*. 35. ed. São Paulo: Atlas, 2015. p. 252.

57 "Tributário. Processual civil. Recurso especial da União. Conhecimento parcial. Ação de repetição de indébito. Contribuição previdenciária descontada na fonte. Servidor público. Tributo sujeito a lançamento por homologação. Precedentes. [...] 2. Recurso especial da União que ultrapassa a barreira de admissibilidade recursal, tão-somente no tocante à discussão sobre a natureza do lançamento do tributo, no caso, contribuição previdenciária de servidor público 3. Nos termos da jurisprudência da Primeira Seção, a contribuição previdenciária é tributo sujeito a lançamento por homologação, não tendo a simples retenção na fonte o condão de transmudar a natureza do lançamento da exação (de lançamento por homologação para lançamento de ofício). Precedentes: EREsp 1.096.074/SP, Rel. Ministro Humberto Martins, Primeira Seção, julgado em 9/6/2010, DJe 16/6/2010; AgRg nos EREsp 216.758/SP, Rel. Ministro Teori Albino Zavascki, Primeira Seção, julgado em 22/3/2006, DJ 10/4/2006, p. 111. 4. Recurso especial da União parcialmente conhecido e, nessa parte, não provido" (STJ, 1ª T., REsp 1.224.723/SC (2010/0222949-7), rel. Min. Sérgio Kukina, DJe 10.09.2019).

mento poderia ter sido efetuado[58]; II – da data em que se tornar definitiva a decisão que houver anulado, por vício formal, o lançamento anteriormente efetuado[59].

O direito de constituir o crédito tributário extingue-se definitivamente com o decurso do prazo decadencial legalmente previsto, contado da data em que tenha sido iniciada a constituição do crédito tributário pela notificação, ao sujeito passivo, de qualquer medida preparatória indispensável ao lançamento (art. 173, parágrafo único, do Código Tributário Nacional)[60].

Quando não houver declaração do débito, o prazo decadencial quinquenal para o Fisco constituir o crédito tributário conta-se exclusivamente na forma do art. 173, inciso I, do CTN, nos casos em que a legislação atribui ao sujeito passivo o dever de antecipar o pagamento sem prévio exame da autoridade administrativa (Súmula 555 do STJ).

Para a melhor compreensão do tema, cabe fazer referência ao seguinte julgado:

---

58 "11. Assim, conta-se do 'do primeiro dia do exercício seguinte àquele em que o lançamento poderia ter sido efetuado' (artigo 173, I, do CTN) o prazo quinquenal para o Fisco constituir o crédito tributário (lançamento de ofício), quando não prevê a lei o pagamento antecipado da exação ou quando, a despeito da previsão legal, o mesmo inocorre, sem a constatação de dolo, fraude ou simulação do contribuinte, bem como inexistindo notificação de qualquer medida preparatória por parte do Fisco. No particular, cumpre enfatizar que 'o primeiro dia do exercício seguinte àquele em que o lançamento poderia ter sido efetuado' corresponde, iniludivelmente, ao primeiro dia do exercício seguinte à ocorrência do fato imponível, sendo inadmissível a aplicação cumulativa dos prazos previstos nos artigos 150, § 4º, e 173, do CTN, em se tratando de tributos sujeitos a lançamento por homologação, a fim de configurar desarrazoado prazo decadencial decenal" (STJ, 1ª Seção, REsp 766.050/PR (2005/0113794-7), rel. Min. Luiz Fux, DJ 25.02.2008).

59 "15. Por fim, o artigo 173, II, do CTN cuida da regra de decadência do direito de a Fazenda Pública constituir o crédito tributário quando sobrevém decisão definitiva, judicial ou administrativa, que anula o lançamento anteriormente efetuado, em virtude da verificação de vício formal. Neste caso, o marco decadencial inicia-se da data em que se tornar definitiva a aludida decisão anulatória" (STJ, 1ª Seção, REsp 766.050/PR (2005/0113794-7), rel. Min. Luiz Fux, DJ 25.02.2008).

60 "12. Por seu turno, nos casos em que inexiste dever de pagamento antecipado (tributos sujeitos a lançamento de ofício) ou quando, existindo a aludida obrigação (tributos sujeitos a lançamento por homologação), há omissão do contribuinte na antecipação do pagamento, desde que inocorrentes quaisquer ilícitos (fraude, dolo ou simulação), tendo sido, contudo, notificado de medida preparatória indispensável ao lançamento, fluindo o termo inicial do prazo decadencial da aludida notificação (artigo 173, parágrafo único, do CTN), independentemente de ter sido a mesma realizada antes ou depois de iniciado o prazo do inciso I, do artigo 173, do CTN" (STJ, 1ª Seção, REsp 766.050/PR (2005/0113794-7), rel. Min. Luiz Fux, DJ 25.02.2008).

"Processual civil. Recurso especial representativo de controvérsia. Artigo 543-C do CPC. Tributário. Tributo sujeito a lançamento por homologação. Contribuição previdenciária. Inexistência de pagamento antecipado. Decadência do direito de o Fisco constituir o crédito tributário. Termo inicial. Artigo 173, I, do CTN. Aplicação cumulativa dos prazos previstos nos artigos 150, § 4º, e 173, do CTN. Impossibilidade. 1. O prazo decadencial quinquenal para o Fisco constituir o crédito tributário (lançamento de ofício) conta-se do primeiro dia do exercício seguinte àquele em que o lançamento poderia ter sido efetuado, nos casos em que a lei não prevê o pagamento antecipado da exação ou quando, a despeito da previsão legal, o mesmo inocorre, sem a constatação de dolo, fraude ou simulação do contribuinte, inexistindo declaração prévia do débito (Precedentes da Primeira Seção: REsp 766.050/PR, Rel. Ministro Luiz Fux, julgado em 28.11.2007, DJ 25.02.2008; AgRg nos EREsp 216.758/SP, Rel. Ministro Teori Albino Zavascki, julgado em 22.03.2006, DJ 10.04.2006; e EREsp 276.142/SP, Rel. Ministro Luiz Fux, julgado em 13.12.2004, DJ 28.02.2005). 2. É que a decadência ou caducidade, no âmbito do Direito Tributário, importa no perecimento do direito potestativo de o Fisco constituir o crédito tributário pelo lançamento, e, consoante doutrina abalizada, encontra-se regulada por cinco regras jurídicas gerais e abstratas, entre as quais figura a regra da decadência do direito de lançar nos casos de tributos sujeitos ao lançamento de ofício, ou nos casos dos tributos sujeitos ao lançamento por homologação em que o contribuinte não efetua o pagamento antecipado (Eurico Marcos Diniz de Santi, 'Decadência e Prescrição no Direito Tributário', 3ª ed., Max Limonad, São Paulo, 2004, págs. 163/210). 3. O *dies a quo* do prazo quinquenal da aludida regra decadencial rege-se pelo disposto no artigo 173, I, do CTN, sendo certo que o 'primeiro dia do exercício seguinte àquele em que o lançamento poderia ter sido efetuado' corresponde, iniludivelmente, ao primeiro dia do exercício seguinte à ocorrência do fato imponível, ainda que se trate de tributos sujeitos a lançamento por homologação, revelando-se inadmissível a aplicação cumulativa/concorrente dos prazos previstos nos artigos 150, § 4º, e 173, do *Codex* Tributário, ante a configuração de desarrazoado prazo decadencial decenal (Alberto Xavier, 'Do Lançamento no Direito Tributário Brasileiro', 3ª ed., Ed. Forense, Rio de Janeiro, 2005, págs. 91/104; Luciano Amaro, 'Direito Tributário Brasileiro', 10ª ed., Ed. Saraiva, 2004, págs. 396/400; e Eurico Marcos Diniz de Santi, 'Decadência e Prescrição no Direito Tributário', 3ª ed., Max Limonad, São Paulo, 2004, págs. 183/199). 5. *In casu*, consoante assente na origem:

(i) cuida-se de tributo sujeito a lançamento por homologação; (ii) a obrigação *ex lege* de pagamento antecipado das contribuições previdenciárias não restou adimplida pelo contribuinte, no que concerne aos fatos imponíveis ocorridos no período de janeiro de 1991 a dezembro de 1994; e (iii) a constituição dos créditos tributários respectivos deu-se em 26.03.2001. 6. Destarte, revelam-se caducos os créditos tributários executados, tendo em vista o decurso do prazo decadencial quinquenal para que o Fisco efetuasse o lançamento de ofício substitutivo. 7. Recurso especial desprovido. Acórdão submetido ao regime do artigo 543-C, do CPC, e da Resolução STJ 08/2008" (STJ, 1ª Seção, REsp 973.733/SC, (2007/0176994-0), rel. Min. Luiz Fux, DJe 18.09.2009).

Ainda no Direito Tributário, o prazo de prescrição é o de cobrança do crédito tributário que foi constituído.

A respeito do tema, o art. 174 do Código Tributário Nacional prevê que a ação para a cobrança do crédito tributário prescreve em cinco anos, contados da data da sua constituição definitiva.

A notificação do auto de infração faz cessar a contagem da decadência para a constituição do crédito tributário; exaurida a instância administrativa com o decurso do prazo para a impugnação ou com a notificação de seu julgamento definitivo e esgotado o prazo concedido pela Administração para o pagamento voluntário, inicia-se o prazo prescricional para a cobrança judicial (Súmula 622 do STJ).

Tendo em vista a natureza tributária das contribuições sociais, nas quais estão inseridas aquelas para a Seguridade Social (arts. 149 e 195 da Constituição da República), os prazos de prescrição e de decadência das contribuições previdenciárias são disciplinados pelo Código Tributário Nacional, o qual foi recepcionado pela Constituição Federal de 1988 como lei complementar (art. 34, § 5º, do Ato das Disposições Constitucionais Transitórias).

O art. 146, inciso III, *b*, da Constituição da República prevê que cabe à lei complementar estabelecer normas gerais em matéria de legislação tributária, especialmente sobre obrigação, lançamento, crédito, prescrição e decadência tributários.

Em razão disso, a Súmula Vinculante 8 do STF dispõe que "são inconstitucionais o parágrafo único do artigo 5º do Decreto-Lei nº 1.569/1977 e os artigos 45 e 46 da Lei nº 8.212/1991, que tratam de prescrição e decadência de crédito tributário".

Por esse motivo, os arts. 45 e 46 da Lei 8.212/1991, que previam prazos diversos de decadência e prescrição dos créditos da Seguridade Social, foram expressamente revogados pela Lei Complementar 128/2008.

A prescrição e a decadência extinguem o crédito tributário (art. 156, inciso V, do Código Tributário Nacional).

A contribuição previdenciária, portanto, também está sujeita aos prazos de decadência e de prescrição previstos no Código Tributário Nacional (arts. 173 e 174).

O direito da União de constituir o crédito tributário para a Previdência Social extingue-se após cinco anos, contados: do primeiro dia do exercício seguinte àquele em que o lançamento poderia ter sido efetuado; da data em que se tornar definitiva a decisão que houver anulado, por vício formal, o lançamento anteriormente efetuado.

O direito de constituir o crédito tributário para a Previdência Social se extingue definitivamente com o decurso do mencionado prazo de cinco anos, contado da data em que tenha sido iniciada a constituição do crédito tributário pela notificação, ao sujeito passivo, de qualquer medida preparatória indispensável ao lançamento.

A ação para a cobrança do crédito tributário para a Previdência Social, por seu turno, prescreve em cinco anos, contados da data da sua constituição definitiva. Ou seja, o direito da União de cobrar os créditos tributários para a Previdência Social, constituídos na forma acima indicada, prescreve em cinco anos.

A prescrição se interrompe: pelo despacho do juiz que ordenar a citação em execução fiscal; pelo protesto judicial; por qualquer ato judicial que constitua em mora o devedor; por qualquer ato inequívoco, ainda que extrajudicial, que importe em reconhecimento do débito pelo devedor (art. 174, parágrafo único, do Código Tributário Nacional).

O pedido de parcelamento fiscal, ainda que indeferido, interrompe o prazo prescricional, pois caracteriza confissão extrajudicial do débito (Súmula 653 do STJ).

A prescrição dos créditos tributários pode ser reconhecida de ofício pela própria autoridade administrativa (art. 53 da Lei 11.941/2009). O reconhecimento de ofício aplica-se inclusive às contribuições sociais previstas no art. 11, parágrafo único, *a*, *b* e *c*, da Lei 8.212/1991 (contribuições previdenciárias), às contribuições instituídas a título de substituição e às contribuições devidas a terceiros, assim entendidas outras entidades e fundos (art. 53, parágrafo único, da Lei 11.941/2009).

Suspendem a exigibilidade do crédito tributário: a moratória; o depósito do seu montante integral; as reclamações e os recursos, nos termos das leis reguladoras do processo tributário administrativo; a concessão de medida liminar em mandado de segurança; a concessão de medida liminar ou de tutela antecipada, em outras espécies de ação judicial; o parcelamento (art. 151 do Código Tributário Nacional).

O disposto no art. 151 do CTN não dispensa o cumprimento das obrigações assessórias dependentes da obrigação principal cujo crédito seja suspenso (ou consequentes da obrigação principal).

O direito da Seguridade Social de apurar e constituir seus créditos extingue-se no prazo de cinco anos, contado: do primeiro dia do exercício seguinte àquele em que o crédito poderia ter sido constituído; ou da data em que se tornar definitiva a decisão que houver anulado, por vício formal, a constituição de crédito anteriormente efetuado (art. 348 do Regulamento da Previdência Social).

O direito da Seguridade Social de cobrar seus créditos, constituídos na forma prevista acima, prescreverá no prazo de cinco anos, contado da data de sua constituição definitiva, observado o disposto nos arts. 151 e 174 do Código Tributário Nacional (art. 349 do Regulamento da Previdência Social).

2.33. RESTITUIÇÃO E COMPENSAÇÃO

A restituição do tributo deve ser feita quando tiver ocorrido recolhimento de valor indevido.

Nesse sentido, o art. 165 do Código Tributário Nacional prevê que o sujeito passivo tem direito, independentemente de prévio protesto, à restituição total ou parcial do tributo, seja qual for a modalidade do seu pagamento nos seguintes casos: I – cobrança ou pagamento espontâneo de tributo indevido ou maior que o devido em face da legislação tributária aplicável, ou da natureza ou circunstâncias materiais do fato gerador efetivamente ocorrido; II – erro na edificação do sujeito passivo, na determinação da alíquota aplicável, no cálculo do montante do débito ou na elaboração ou conferência de qualquer documento relativo ao pagamento; III – reforma, anulação, revogação ou rescisão de decisão condenatória.

O contribuinte pode optar por receber, por meio de precatório ou por compensação, o indébito tributário certificado por sentença declaratória transitada em julgado (Súmula 461 do STJ).

A restituição total ou parcial do tributo também gera o direito à restituição, na mesma proporção, dos juros de mora e das penalidades pecuniárias, salvo as referentes a infrações de caráter formal que não estiverem prejudicadas pela causa da restituição (art. 167 do Código Tributário Nacional).

A restituição vence juros não capitalizáveis, a partir do trânsito em julgado da decisão definitiva que a determinar[61].

Na repetição de indébito tributário, a correção monetária incide a partir do pagamento indevido (Súmula 162 do STJ).

A Taxa Selic, composta por juros de mora e correção monetária, incide nas repetições de indébito tributário (Súmula 35 da Turma Nacional de Uniformização dos Juizados Especiais Federais).

Aplica-se apenas a taxa Selic, em substituição à correção monetária e juros, a partir de 1º de janeiro de 1996, nas compensações ou restituições de contribuições previdenciárias (Súmula 14 da AGU).

O direito de pleitear a restituição extingue-se com o decurso do prazo de cinco anos, contados: I – nas hipóteses do art. 165, incisos I e II, do CTN, da data da extinção do crédito tributário (ou seja, da data do pagamento indevido); II – na hipótese do art. 165, inciso III, do CTN, da data em que se tornar definitiva a decisão administrativa ou passar em julgado a decisão judicial que tenha reformado, anulado, revogado ou rescindido a decisão condenatória (art. 168 do Código Tributário Nacional).

Para efeito de interpretação do art. 168, inciso I, do Código Tributário Nacional, a extinção do crédito tributário ocorre, no caso de tributo sujeito a lançamento por homologação, no momento do pagamento antecipado de que trata o art. 150, § 1º, do mesmo diploma legal (art. 3º da Lei Complementar 118/2005)[62].

O pedido administrativo de compensação ou de restituição não interrompe o prazo prescricional para a ação de repetição de indébito tributário de que trata o art. 168 do CTN nem o da execução de título judicial contra a Fazenda Pública (Súmula 625 do STJ).

Prescreve em dois anos a ação anulatória da decisão administrativa que denegar a restituição (art. 169 do Código Tributário Nacional).

O prazo de prescrição é interrompido pelo início da ação judicial, recomeçando o seu curso, por metade, a partir da data da intimação validamente

---

[61] Cf. Súmula 188 do STJ: "Os juros moratórios, na repetição do indébito tributário, são devidos a partir do trânsito em julgado da sentença".

[62] "Art. 150. O lançamento por homologação, que ocorre quanto aos tributos cuja legislação atribua ao sujeito passivo o dever de antecipar o pagamento sem prévio exame da autoridade administrativa, opera-se pelo ato em que a referida autoridade, tomando conhecimento da atividade assim exercida pelo obrigado, expressamente a homologa. § 1º O pagamento antecipado pelo obrigado nos termos deste artigo extingue o crédito, sob condição resolutória da ulterior homologação ao lançamento".

feita ao representante judicial da Fazenda Pública interessada (no caso das contribuições previdenciárias, a União).

O Supremo Tribunal Federal fixou a seguinte tese de repercussão geral: "É devida a restituição da diferença das contribuições para o Programa de Integração Social – PIS e para o Financiamento da Seguridade Social – Cofins recolhidas a mais, no regime de substituição tributária, se a base de cálculo efetiva das operações for inferior à presumida" (STF, Pleno, RE 596.832/RJ, rel. Min. Marco Aurélio, j. 29.06.2020).

As contribuições sociais previstas no art. 11, parágrafo único, *a*, *b* e *c*, da Lei 8.212/1991 (ou seja, as contribuições previdenciárias), as contribuições instituídas a título de substituição e as contribuições devidas a terceiros somente podem ser restituídas ou compensadas nas hipóteses de pagamento ou recolhimento indevido ou maior que o devido, nos termos e condições estabelecidos pela Secretaria da Receita Federal do Brasil (art. 89 da Lei 8.212/1991)[63].

O valor a ser restituído ou compensado deve ser acrescido de juros obtidos pela aplicação da taxa referencial do Sistema Especial de Liquidação e de Custódia (SELIC) para títulos federais, acumulada mensalmente, a partir do mês subsequente ao do pagamento indevido ou a maior que o devido até o mês anterior ao da compensação ou restituição e de 1% relativamente ao mês em que estiver sendo efetuada (art. 89, § 4º, da Lei 8.212/1991).

Verificada a existência de débito em nome do sujeito passivo, o valor da restituição deve ser utilizado para extingui-lo, total ou parcialmente, mediante compensação (art. 89, § 8º, da Lei 8.212/1991).

Os valores compensados indevidamente serão exigidos com os acréscimos moratórios de que trata o art. 35 da Lei 8.212/1991 (art. 89, § 9º, da Lei 8.212/1991), ou seja, multa de mora e juros de mora, nos termos do art. 61 da Lei 9.430/1996.

Na hipótese de compensação indevida, quando se comprove falsidade da declaração apresentada pelo sujeito passivo, o contribuinte está sujeito à multa isolada aplicada no percentual previsto no art. 44, *caput*, inciso I, da Lei 9.430/1996 (75%), aplicado em dobro, tendo como base de cálculo o valor total do débito indevidamente compensado (art. 89, § 10, da Lei 8.212/1991). Essa disposição não se aplica à compensação efetuada nos termos do art. 74 da Lei 9.430/1996 (art. 89, § 12, da Lei 8.212/1991), ao prever que o sujeito passivo que apurar crédito, inclusive judicial com

---

63 Cf. Súmula 460 do STJ: "É incabível o mandado de segurança para convalidar a compensação tributária realizada pelo contribuinte".

trânsito em julgado, relativo a tributo ou contribuição administrado pela Secretaria da Receita Federal do Brasil, passível de restituição ou de ressarcimento, pode utilizá-lo na compensação de débitos próprios relativos a quaisquer tributos e contribuições administrados por aquele órgão[64].

Aplica-se aos processos de restituição das contribuições de que trata o art. 89 da Lei 8.212/1991 e de reembolso de salário-família e salário-maternidade o rito previsto no Decreto 70.235/1972, que dispõe sobre o processo administrativo fiscal (art. 89, § 11, da Lei 8.212/1991).

Cabe esclarecer que o reembolso se verifica quando o pagamento do benefício ao segurado é feito pela empresa, a qual deduz o respectivo valor das contribuições previdenciárias devidas, o que ocorre no salário-família (art. 68 da Lei 8.213/1991) e no salário-maternidade (art. 72, § 1º, da Lei 8.213/1991).

A dedução e o reembolso relativos a quotas do salário-família e do salário-maternidade e a compensação do adicional de insalubridade a que se refere o § 2º do art. 394-A da CLT devem observar os termos e as condições estabelecidos pela Secretaria Especial da Receita Federal do Brasil do Ministério da Fazenda (art. 255 do Regulamento da Previdência Social).

Registre-se que a empresa pode deduzir do repasse das contribuições à Previdência Social, observado o limite máximo do salário de contribuição ao Regime Geral de Previdência Social, o valor devido, nos termos do § 3º do art. 60 da Lei 8.213/1991 (durante os primeiros 15 dias consecutivos ao do afastamento da atividade por motivo de doença, incumbe à empresa pagar ao segurado empregado o seu salário integral), ao segurado empregado cuja incapacidade temporária para o trabalho seja comprovadamente decorrente de sua contaminação pelo coronavírus (art. 5º da Lei 13.982/2020).

2.34. PROCESSO ADMINISTRATIVO TRIBUTÁRIO

Tendo em vista a natureza tributária das contribuições da Seguridade Social, inclusive previdenciárias, são aplicáveis as regras do processo administrativo de tributos federais.

A Lei 9.784/1999 estabelece as normas básicas sobre o processo administrativo no âmbito da Administração Federal direta e indireta, visando, em

[64] Sobre compensação das contribuições sociais, cf. ainda arts. 26 e 26-A da Lei 11.457/2007.

especial, à proteção dos direitos dos administrados e ao melhor cumprimento dos fins da Administração.

A Administração Pública deve obedecer, entre outros, aos princípios da legalidade, finalidade, motivação, razoabilidade, proporcionalidade, moralidade, ampla defesa, contraditório, segurança jurídica, interesse público e eficiência.

O Decreto 70.235/1972 rege o processo administrativo de determinação e exigência dos créditos tributários da União e o de consulta sobre a aplicação da legislação tributária federal.

O julgamento do processo de exigência de tributos ou contribuições administrados pela Secretaria da Receita Federal do Brasil compete:

I – em primeira instância, às Delegacias da Receita Federal de Julgamento, órgãos de deliberação interna e natureza colegiada da Secretaria da Receita Federal do Brasil;

II – em segunda instância, ao Conselho Administrativo de Recursos Fiscais, órgão colegiado, paritário, integrante da estrutura do Ministério da Fazenda, com atribuição de julgar recursos de ofício e voluntários de decisão de primeira instância, bem como recursos de natureza especial (art. 25 do Decreto 70.235/1972).

O *Conselho Administrativo de Recursos Fiscais* é constituído por seções e pela Câmara Superior de Recursos Fiscais.

As seções do Conselho Administrativo de Recursos Fiscais são especializadas por matéria e constituídas por câmaras. As câmaras podem ser divididas em turmas.

A Câmara Superior de Recursos Fiscais é constituída por turmas, compostas pelos Presidentes e Vice-Presidentes das câmaras.

O Ministro de Estado da Fazenda pode criar, nas seções, turmas especiais, de caráter temporário, com competência para julgamento de processos que envolvam valores reduzidos, que podem funcionar nas cidades onde estão localizadas as Superintendências Regionais da Receita Federal do Brasil.

As turmas da Câmara Superior de Recursos Fiscais são constituídas pelo Presidente do Conselho Administrativo de Recursos Fiscais, pelo Vice-Presidente, pelos Presidentes e pelos Vice-Presidentes das câmaras, respeitada a paridade.

A presidência das turmas da Câmara Superior de Recursos Fiscais é exercida pelo Presidente do Conselho Administrativo de Recursos Fiscais e a vice-presidência, por conselheiro representante dos contribuintes.

Os cargos de Presidente das Turmas da Câmara Superior de Recursos Fiscais, das câmaras, das suas turmas e das turmas especiais são ocupados por conselheiros representantes da Fazenda Nacional, que, em caso de empate, têm o voto de qualidade, e os cargos de Vice-Presidente, por representantes dos contribuintes (art. 25, § 9º, do Decreto 70.235/1972). Em caso de empate no julgamento do processo administrativo de determinação e exigência do crédito tributário, não se aplica o voto de qualidade a que se refere o § 9º do art. 25 do Decreto 70.235/1972, resolvendo-se favoravelmente ao contribuinte (art. 19-E da Lei 10.522/2002, incluído pela Lei 13.988/2020).

Os conselheiros são designados pelo Ministro de Estado da Fazenda para mandato, limitando-se as reconduções, na forma e prazo estabelecidos no regimento interno.

Da decisão em primeira instância administrativa cabe recurso voluntário, total ou parcial, com efeito suspensivo, dentro dos 30 dias seguintes à ciência da decisão (art. 33 do Decreto 70.235/1972).

A autoridade de primeira instância deve recorrer de ofício sempre que a decisão: exonerar o sujeito passivo do pagamento de tributo e encargos de multa de valor total (lançamento principal e valores decorrentes) a ser fixado em ato do Ministro de Estado da Fazenda; deixar de aplicar pena de perda de mercadorias (ou outros bens) cominada à infração denunciada na formalização da exigência (art. 34 do Decreto 70.235/1972).

O recurso de ofício deve ser interposto mediante declaração na própria decisão.

Se o recurso de ofício não for interposto, o servidor que verificar o fato deve representar à autoridade julgadora, por intermédio de seu chefe imediato, no sentido de que seja observada aquela formalidade.

Da decisão de primeira instância não cabe pedido de reconsideração (art. 36 do Decreto 70.235/1972).

Na segunda instância, o julgamento no Conselho Administrativo de Recursos Fiscais é feito conforme dispõe o regimento interno.

Cabe recurso especial à Câmara Superior de Recursos Fiscais, no prazo de 15 dias da ciência do acórdão ao interessado, de decisão que der à lei tributária interpretação divergente da que lhe tenha dado outra Câmara, turma de Câmara, turma especial ou a própria Câmara Superior de Recursos Fiscais.

Na instância especial, não cabe pedido de reconsideração de ato do Ministro da Fazenda que julgar ou decidir as matérias de sua competência (art. 39 do Decreto 70.235/1972).

São definitivas (na esfera administrativa) as decisões: I – de primeira instância esgotado o prazo para recurso voluntário sem que este tenha sido interposto; II – de segunda instância de que não caiba recurso ou, se cabível, quando decorrido o prazo sem sua interposição; III – de instância especial (art. 42 do Decreto 70.235/1972).

São também definitivas as decisões de primeira instância na parte que não for objeto de recurso voluntário ou não estiver sujeita a recurso de ofício.

Especificamente quanto às contribuições previdenciárias (art. 11, parágrafo único, *a*, *b* e *c*, da Lei 8.212/1991), às contribuições instituídas a título de substituição e às contribuições devidas a terceiros, assim entendidas outras entidades e fundos, na forma da legislação em vigor, o processo administrativo fiscal inicia-se: a) com a impugnação tempestiva da Notificação Fiscal de Lançamento de Débito (NFLD) e do Auto de Infração; b) com o recurso contra o cancelamento de isenção, o indeferimento de pedido de isenção, de restituição ou de reembolso.

O preparo do processo compete à autoridade local da Secretaria da Receita Federal do Brasil.

Como indicado anteriormente, o julgamento do processo administrativo em questão compete:

I – em primeira instância, às Delegacias da Receita Federal do Brasil de Julgamento (DRJ), órgãos de deliberação interna e natureza colegiada da Secretaria da Receita Federal do Brasil;

II – em segunda instância, ao Conselho Administrativo de Recursos Fiscais (Portaria RFB 10.875/2007).

A impugnação ou manifestação de inconformidade, formalizada por escrito e instruída com os documentos em que se fundamentar, deve ser apresentada ao órgão preparador no prazo de 30 dias, contados da data da ciência do procedimento a ser impugnado.

Cabe à autoridade julgadora de primeira instância determinar, de ofício ou a requerimento do impugnante, a realização de diligências ou perícias, quando entendê-las necessárias, indeferindo as que forem consideradas prescindíveis ou impraticáveis.

Da decisão não cabe pedido de reconsideração.

Em qualquer fase do processo administrativo, o sujeito passivo pode desistir da impugnação. A desistência pode ser manifestada em petição ou termo nos autos do processo. O pedido de parcelamento, a confissão irretratável da dívida ou a extinção do crédito, por qualquer modalidade, importam em desistência da impugnação.

A autoridade julgadora deve recorrer de ofício nas hipóteses previstas no art. 366 do Regulamento da Previdência Social.

Desse modo, o Presidente de Turma de Julgamento da Delegacia da Receita Federal do Brasil deve recorrer de ofício sempre que a decisão: declarar indevida contribuição ou outra importância apurada pela fiscalização; relevar ou atenuar multa aplicada por infração a dispositivos do Regulamento da Previdência Social.

O recurso de ofício deve ser interposto ao Conselho Administrativo de Recursos Fiscais, que tem a atribuição de julgá-lo.

O Ministro de Estado da Fazenda pode estabelecer limite abaixo do qual é dispensada a interposição do recurso de ofício.

O recurso de ofício deve ser declarado na própria decisão. Não sendo interposto o devido recurso de ofício, o servidor que verificar o fato deve representar à autoridade julgadora, por intermédio do seu chefe imediato, para atender à formalidade.

Das decisões proferidas nos processos administrativos das contribuições sociais mencionadas, cabe recurso voluntário, com efeito suspensivo, dirigido ao Conselho Administrativo de Recursos Fiscais.

Decorrido o prazo sem que o recurso tenha sido interposto, o sujeito passivo deve ser cientificado do trânsito em julgado administrativo e intimado a regularizar sua situação no prazo de 30 dias, contados da ciência da intimação. Esgotados os meios de cobrança amigável, o processo administrativo deve ser encaminhado ao órgão competente para inscrição em Dívida Ativa da União.

O prazo para interposição do recurso é de 30 dias, contados da ciência da decisão.

É inconstitucional a exigência de depósito ou arrolamento prévios de dinheiro ou bens para admissibilidade de recurso administrativo (Súmula Vinculante 21 do STF).

É inconstitucional a exigência de depósito prévio como requisito de admissibilidade de ação judicial na qual se pretenda discutir a exigibilidade de crédito tributário (Súmula Vinculante 28 do STF).

Na esfera administrativa, são definitivas as decisões:

I – de primeira instância: a) depois de esgotado o prazo para recurso voluntário sem que este tenha sido interposto; b) na parte que não foi objeto de recurso voluntário e não estiver sujeita a recurso de ofício; c) quando não couber mais recurso;

II – de segunda instância de que não caiba recurso ou, se cabível, quando decorrido o prazo sem sua interposição;

III – da Câmara Superior de Recursos Fiscais.

Ainda assim, é possível o questionamento na esfera judicial, com fundamento na garantia da inafastabilidade do controle jurisdicional (art. 5º, inciso XXXV, da Constituição da República).

Cabe esclarecer que a propositura de ação judicial pelo sujeito passivo, por qualquer modalidade processual, antes ou posteriormente ao lançamento, com o mesmo objeto, importa em renúncia às instâncias administrativas ou desistência de eventual recurso interposto.

Quando os objetos do processo judicial e do processo administrativo forem diferentes, este deve ter prosseguimento normal quanto à matéria diferenciada.

2.35. CONTRIBUIÇÕES PREVIDENCIÁRIAS NA JUSTIÇA DO TRABALHO

A Constituição Federal de 1988, no art. 114, inciso VIII, incluído pela Emenda Constitucional 45/2004, prevê que compete à Justiça do Trabalho processar e julgar a execução, de ofício, das contribuições sociais previstas no art. 195, incisos I, *a*, e II, e seus acréscimos legais, decorrentes das sentenças que proferir.

A competência da Justiça do Trabalho quanto à matéria em questão foi inicialmente prevista pela Emenda Constitucional 20/1998.

A respeito da eficácia no tempo, o Supremo Tribunal Federal fixou a seguinte tese de repercussão geral: "A Justiça do Trabalho é competente para executar, de ofício, as contribuições previstas no artigo 195, incisos I, alínea *a*, e II, da Carta da República, relativamente a títulos executivos judiciais por si formalizados em data anterior à promulgação da Emenda Constitucional nº 20/1998" (STF, Pleno, RE 595.326/PE, Rel. Min. Marco Aurélio, j. 24.08.2020). Sendo assim, ainda que a ação trabalhista tenha sido ajuizada na vigência da previsão anterior, se a execução das referidas contribuições sociais teve início após a promulgação da Emenda Constitucional 20/1998, a norma que prevê a competência da Justiça Trabalhista tem aplicação imediata.

Logo, compete à Justiça do Trabalho executar, de ofício, quando decorrentes das sentenças que proferir: as contribuições sociais do empregador, da empresa e da entidade a ela equiparada na forma da lei, incidentes sobre a folha de salários e demais rendimentos do trabalho pagos ou creditados, a qualquer título, à pessoa física que lhe preste serviço, mesmo sem vínculo empregatício; as contribuições sociais do trabalhador e dos demais segurados da Previdência Social (podendo ser adotadas alíquotas progressivas de acordo com o valor do salário de contribuição e não incidindo contribuição sobre aposentadoria e pensão concedidas pelo Regime Geral de Previdência Social).

Compete à Justiça do Trabalho a execução, de ofício, da contribuição referente ao Seguro de Acidente de Trabalho (SAT), que tem natureza de contribuição para a seguridade social (arts. 114, inciso VIII, e 195, inciso I, *a*, da Constituição Federal), pois se destina ao financiamento de benefícios relativos à incapacidade do empregado decorrente de infortúnio no trabalho, conforme arts. 11 e 22 da Lei 8.212/1991 (Súmula 454 do TST).

As contribuições sociais destinadas às entidades de serviço social e formação profissional não são executadas pela Justiça do Trabalho (Súmula 64 da AGU).

Em conformidade com o parágrafo único do art. 831 da CLT, no caso de conciliação, o termo que for lavrado valerá como decisão irrecorrível, salvo para a Previdência Social, quanto às contribuições que lhe forem devidas.

As contribuições previdenciárias, portanto, quando decorrentes de acordos e sentenças trabalhistas, devem ser executadas pela Justiça do Trabalho.

No que se refere às contribuições sociais, o art. 876, parágrafo único, da CLT também determina, de forma imperativa, essa execução de ofício.

Prevalece o entendimento de que a Justiça do Trabalho também é competente para a execução das contribuições sociais (previdenciárias) decorrentes de acordos firmados em Comissões de Conciliação Prévia, com fundamento no art. 114, inciso IX, da Constituição da República, no art. 43, § 6º, da Lei 8.212/1991 e nos arts. 876 e 877-A da CLT (TST, SBDI-I, E-RR – 22200-18.2009.5.09.0096, rel. Min. José Roberto Freire Pimenta, DEJT 24.10.2014).

Apesar da previsão do art. 276, § 7º, do Regulamento da Previdência Social, aprovado pelo Decreto 3.048/1999, conforme a atual redação da Súmula 368, item I, do Tribunal Superior do Trabalho: “A Justiça do Trabalho é competente para determinar o recolhimento das contribuições fiscais. A competência da Justiça do Trabalho, quanto à execução das contribuições previdenciárias, limita-se às sentenças condenatórias em pecúnia que proferir e aos valores, objeto de acordo homologado, que integrem o salário de contribuição”.

Da mesma forma, cabe destacar que o art. 876, parágrafo único, da CLT, com redação dada Lei 13.467/2017, passou a prever que: “A Justiça do Trabalho executará, de ofício, as contribuições sociais previstas na alínea *a* do inciso I e no inciso II do *caput* do art. 195 da Constituição Federal, e seus acréscimos legais, relativas ao objeto da condenação constante das sentenças que proferir e dos acordos que homologar”.

Segundo a mencionada previsão constitucional, somente as contribuições previdenciárias que tenham origem na sentença trabalhista, ou seja, dela procedam, é que podem ser executadas neste ramo do Poder Judiciário. Apenas as contribuições incidentes sobre as parcelas de natureza remuneratória, objeto de condenação na decisão, é que são decorrentes desta.

O art. 43, § 2º, da Lei 8.212/1991 é expresso no sentido de que se considera ocorrido o fato gerador das contribuições sociais na data da prestação do serviço.

Mesmo reconhecendo a existência de relação de emprego, este capítulo da sentença (com carga meramente declaratória) não altera a origem e o fato gerador das contribuições decorrentes das remunerações pagas, devidas ou creditadas durante o vínculo de emprego, remunerações estas que não foram objeto de condenação na sentença. Ademais, não se observa a constituição de qualquer relação jurídica, a qual, já existindo antes da sentença, apenas é por esta reconhecida, não havendo que se falar, portanto, em decisão constitutiva.

Assim, o art. 114, inciso VIII, da Constituição da República não permite a execução, pela Justiça do Trabalho, das contribuições previdenciárias relativas às remunerações que não foram objeto de condenação na sentença trabalhista.

A competência da Justiça do Trabalho prevista no artigo 114, inciso VIII, da Constituição Federal de 1988 alcança a execução de ofício das contribuições previdenciárias relativas ao objeto da condenação constante das sentenças que proferir e acordos por ela homologados (Súmula Vinculante 53 do STF).

Com isso, entende-se que a execução das contribuições previdenciárias na Justiça do Trabalho exige a condenação de verbas que integrem a sua base de cálculo nas sentenças trabalhistas, bem como em acordos homologados pelo referido ramo do Poder Judiciário, não abrangendo, entretanto, a mera declaração (ou reconhecimento) do vínculo de emprego.

Tendo em vista os comandos constitucionais e legais em questão, além da liquidação relativa ao crédito de natureza trabalhista, devem ser apurados os valores devidos relativos às contribuições previdenciárias, a serem executadas pela Justiça do Trabalho, decorrentes da sentença proferida. A liquidação, no caso, deve ser feita por meio de cálculos.

Nesse sentido, segundo o art. 879, § 1º-A, da CLT, a liquidação também deve abranger o cálculo das contribuições previdenciárias devidas.

Os cálculos de liquidação podem ser apresentados pelas partes, pelos órgãos auxiliares da Justiça do Trabalho ou pelo perito nomeado pelo juiz (art. 879, §§ 1º-B, 3º e 6º, da CLT), devendo sempre incluir as contribuições previdenciárias devidas.

A atualização do crédito devido à Previdência Social deve observar os critérios próprios, estabelecidos na legislação previdenciária (art. 879, § 4º, da CLT).

O art. 832, § 3º, da CLT estabelece ainda que as decisões cognitivas (ou homologatórias) devem sempre indicar a natureza jurídica das parcelas constantes da condenação (ou do acordo homologado), inclusive o limite de responsabilidade de cada parte pelo recolhimento da contribuição previdenciária, se for o caso.

Ainda quanto a essa questão, a Lei 8.212/1991, no art. 43, § 1º, com redação dada pela Lei 11.941/2009, determina que nas sentenças judiciais (ou nos acordos homologados) em que não figurarem, discriminadamente, as parcelas legais relativas às contribuições sociais, estas incidirão sobre o valor total apurado em liquidação de sentença ou sobre o valor do acordo homologado.

A respeito dos descontos de contribuições previdenciárias decorrentes de sentenças judiciais ou nos acordos homologados, a Lei 8.212/1991, no art. 43, § 2º, prevê que se considera ocorrido o fato gerador das contribuições sociais na data da prestação do serviço.

De acordo com o art. 276 do Regulamento da Previdência Social, nas ações trabalhistas de que resultar o pagamento de direitos sujeitos à incidência de contribuição previdenciária, o recolhimento das importâncias devidas à Seguridade Social deve ser feito no dia dois do mês seguinte ao da liquidação da sentença.

Não obstante, o Tribunal Superior do Trabalho decidiu que a correção monetária e os juros de mora das contribuições previdenciárias, mesmo se decorrentes de decisão judicial trabalhista, devem incidir a partir da data da prestação de serviços, em razão do previsto no art. 43, § 2º, da Lei 8.212/1991. A multa, não obstante, só é devida a partir da citação para o pagamento, após a liquidação dos créditos previdenciários (TST, Pleno, E-RR 1125-36.2010.5.06.0171, rel. Min. Alexandre de Souza Agra Belmonte, DEJT 15.12.2015). Cf. ainda Súmula 368, itens IV e V, do TST.

A Lei 8.212/1991, no art. 43, § 3º, estabelece ainda que as contribuições sociais serão apuradas mês a mês, com referência ao período da prestação de serviços, mediante a aplicação de alíquotas, limites máximos do salário de contribuição e acréscimos legais moratórios vigentes relativamente a cada uma das competências abrangidas, devendo o recolhimento ser efetuado no mesmo prazo em que devam ser pagos os créditos encontrados em liquidação de sentença ou em acordo homologado, sendo que nesse último caso o recolhimento será feito em tantas parcelas quantas as previstas no acordo, nas mesmas datas em que sejam exigíveis e proporcionalmente a cada uma delas.

Sendo assim, a contribuição do empregado no caso de ações trabalhistas deve ser calculada, mês a mês, aplicando-se as alíquotas previstas no art. 20

da Lei 8.212/1991, observado o limite máximo do salário de contribuição (art. 276, § 4º, do Regulamento da Previdência Social).

No caso do pagamento parcelado, as contribuições devidas à Seguridade Social devem ser recolhidas na mesma data e proporcionalmente ao valor de cada parcela (art. 276, § 1º, do Regulamento da Previdência Social).

Na sentença ou no acordo homologado, cujo valor da contribuição previdenciária devida for inferior ao limite mínimo permitido para recolhimento na Guia da Previdência Social, é autorizado o recolhimento dos valores devidos cumulativamente com as contribuições normais de mesma competência (art. 276, § 5º, do Regulamento da Previdência Social).

O recolhimento das contribuições do empregado reclamante deve ser feito na mesma inscrição em que são recolhidas as contribuições devidas pela empresa (art. 276, § 6º, do Regulamento da Previdência Social).

Havendo reconhecimento de vínculo empregatício para empregado doméstico, tanto as contribuições do segurado empregado como as do empregador devem ser recolhidas na inscrição do trabalhador (art. 276, § 8º, do Regulamento da Previdência Social).

No caso de reconhecimento judicial da prestação de serviços em condições que permitam a aposentadoria especial após 15, 20 ou 25 anos de contribuição, serão devidos os acréscimos de contribuição de que trata o § 6º do art. 57 da Lei 8.213/1991 (art. 43, § 4º, da Lei 8.212/1991, incluído pela Lei 11.941/2009).

A responsabilidade pelo recolhimento das contribuições social e fiscal, resultante de condenação judicial referente a verbas remuneratórias, é do empregador e incide sobre o total da condenação. Contudo, a culpa do empregador pelo inadimplemento das verbas remuneratórias não exime a responsabilidade do empregado pelos pagamentos do imposto de renda devido e da contribuição previdenciária que recaia sobre sua quota-parte (Orientação Jurisprudencial 363 da SBDI-I do TST).

O tema também é objeto da Súmula 368 do TST, com a seguinte redação completa:

> "Descontos previdenciários. Imposto de renda. Competência. Responsabilidade pelo recolhimento. Forma de cálculo. Fato gerador. I – A Justiça do Trabalho é competente para determinar o recolhimento das contribuições fiscais. A competência da Justiça do Trabalho, quanto à execução das contribuições previdenciárias, limita-se às sentenças condenatórias em pecúnia que proferir e aos valores, objeto de acordo homologado, que integrem o salário de contribuição. II – É do empregador a responsabilidade pelo recolhimento das contribuições

previdenciárias e fiscais, resultantes de crédito do empregado oriundo de condenação judicial. A culpa do empregador pelo inadimplemento das verbas remuneratórias, contudo, não exime a responsabilidade do empregado pelos pagamentos do imposto de renda devido e da contribuição previdenciária que recaia sobre sua quota-parte. III – Os descontos previdenciários relativos à contribuição do empregado, no caso de ações trabalhistas, devem ser calculados mês a mês, de conformidade com o art. 276, § 4º, do Decreto nº 3.048/1999 que regulamentou a Lei nº 8.212/1991, aplicando-se as alíquotas previstas no art. 198, observado o limite máximo do salário de contribuição. IV – Considera-se fato gerador das contribuições previdenciárias decorrentes de créditos trabalhistas reconhecidos ou homologados em juízo, para os serviços prestados até 4.3.2009, inclusive, o efetivo pagamento das verbas, configurando-se a mora a partir do dia dois do mês seguinte ao da liquidação (art. 276, 'caput', do Decreto nº 3.048/1999). Eficácia não retroativa da alteração legislativa promovida pela Medida Provisória nº 449/2008, posteriormente convertida na Lei nº 11.941/2009, que deu nova redação ao art. 43 da Lei nº 8.212/91. V – Para o labor realizado a partir de 5.3.2009, considera-se fato gerador das contribuições previdenciárias decorrentes de créditos trabalhistas reconhecidos ou homologados em juízo a data da efetiva prestação dos serviços. Sobre as contribuições previdenciárias não recolhidas a partir da prestação dos serviços incidem juros de mora e, uma vez apurados os créditos previdenciários, aplica-se multa a partir do exaurimento do prazo de citação para pagamento, se descumprida a obrigação, observado o limite legal de 20% (art. 61, § 2º, da Lei nº 9.430/96). VI – O imposto de renda decorrente de crédito do empregado recebido acumuladamente deve ser calculado sobre o montante dos rendimentos pagos, mediante a utilização de tabela progressiva resultante da multiplicação da quantidade de meses a que se refiram os rendimentos pelos valores constantes da tabela progressiva mensal correspondente ao mês do recebimento ou crédito, nos termos do art. 12-A da Lei nº 7.713, de 22/12/1988, com a redação conferida pela Lei nº 13.149/2015, observado o procedimento previsto nas Instruções Normativas da Receita Federal do Brasil".

Especificamente quanto ao cálculo das contribuições previdenciárias, o art. 879, § 3º, da CLT prevê que uma vez elaborada a conta (pela parte ou pelos órgãos auxiliares da Justiça do Trabalho, ou, ainda, pelo perito nomeado), o juiz procederá à intimação da União para manifestação, no prazo de 10 dias, sob pena de preclusão.

Após esse prazo, com ou sem a apresentação de manifestação pela União, o juiz profere a decisão de liquidação, com natureza interlocutória.

Se houver a manifestação da União quanto ao cálculo das contribuições previdenciárias, com a discussão da questão, afasta-se a preclusão. Com isso, a União pode renovar a discussão na impugnação à decisão de liquidação, no momento processual dos embargos à execução (art. 884, § 3º, da CLT).

O prazo da impugnação à decisão de liquidação apresentada pela União é o mesmo prazo dos embargos do executado, ou seja, de 30 dias, nos termos do art. 884, *caput*, da CLT, c/c art. 1º-B da Lei 9.494/1997, acrescentado pelo art. 4º da Medida Provisória 2.180-35/2001.

Da sentença proferida pelo juiz, julgando os embargos à execução e as impugnações à decisão de liquidação, é cabível o agravo de petição (art. 897, *a*, da CLT).

Nesse sentido, segundo o art. 884, § 4º, da CLT, devem ser julgados na mesma sentença os embargos e as impugnações à liquidação apresentadas pelos credores trabalhista e previdenciário.

O art. 832, § 3º, da CLT estabelece que as decisões cognitivas ou homologatórias devem sempre indicar a natureza jurídica das parcelas constantes da condenação ou do acordo homologado, inclusive o limite de responsabilidade de cada parte pelo recolhimento da contribuição previdenciária, se for o caso.

Para os fins do § 3º do art. 832 da CLT, salvo na hipótese de o pedido da ação limitar-se expressamente ao reconhecimento de verbas de natureza exclusivamente indenizatória, a parcela referente às verbas de natureza remuneratória não poderá ter como base de cálculo valor inferior: I – ao salário mínimo, para as competências que integram o vínculo empregatício reconhecido na decisão cognitiva ou homologatória; ou II – à diferença entre a remuneração reconhecida como devida na decisão cognitiva ou homologatória e a efetivamente paga pelo empregador, cujo valor total referente a cada competência não será inferior ao salário mínimo (art. 832, § 3º-A, da CLT, incluído pela Lei 13.876/2019).

Caso haja piso salarial da categoria definido por acordo ou convenção coletiva de trabalho, o seu valor deverá ser utilizado como base de cálculo para os fins do § 3º-A do art. 832 da CLT (art. 832, § 3º-B, da CLT, incluído pela Lei 13.876/2019).

Procura-se, assim, estabelecer *parâmetros mínimos* quanto à base de cálculo da contribuição previdenciária e tributos devidos à União (imposto de renda), incidentes sobre as parcelas (constantes da condenação ou do acordo homologado) de natureza remuneratória, no âmbito das decisões de conhecimento ou homologatórias da Justiça do Trabalho.

Cabe lembrar que há os valores mensal, diário e horário do salário mínimo, o mesmo podendo ocorrer quanto ao piso salarial da categoria.

De todo modo, ressalte-se que segundo a Súmula Vinculante 53 do STF: "A competência da Justiça do Trabalho prevista no art. 114, VIII, da Constituição Federal alcança a execução de ofício das contribuições previdenciárias relativas ao objeto da *condenação* constante das sentenças que proferir e acordos por ela homologados" (destaquei).

Nos acordos homologados em que não figurarem, discriminadamente, as parcelas legais de incidência da contribuição previdenciária, esta incide sobre o valor total do acordo homologado (art. 276, § 2º, do Regulamento da Previdência Social).

Não se considera como discriminação de parcelas legais de incidência de contribuição previdenciária a fixação de percentual de verbas remuneratórias e indenizatórias constantes dos acordos homologados, aplicando-se, nesta hipótese, o disposto no parágrafo anterior (art. 276, § 3º, do Regulamento da Previdência Social).

Na reclamação trabalhista, até o trânsito em julgado, as partes são livres para discriminar a natureza das verbas objeto do acordo judicial para efeito do cálculo da contribuição previdenciária, mesmo que tais valores não correspondam aos pedidos ou à proporção das verbas salariais constantes da petição inicial (Súmula 67 da AGU).

O art. 43, § 1º, da Lei 8.212/1991 determina que nas sentenças judiciais ou nos acordos homologados em que não figurarem, discriminadamente, as parcelas legais relativas às contribuições sociais, estas incidirão sobre o valor total apurado em liquidação de sentença ou sobre o valor do acordo homologado.

É devida a incidência das contribuições para a Previdência Social sobre o valor total do acordo homologado em juízo, independentemente do reconhecimento de vínculo de emprego, desde que não haja discriminação das parcelas sujeitas à incidência da contribuição previdenciária, conforme parágrafo único do art. 43 da Lei 8.212/1991, e do art. 195, inciso I, *a*, da Constituição Federal de 1988 (Orientação Jurisprudencial 368 da SBDI-I do TST).

Mesmo que o acordo homologado em juízo seja sem reconhecimento de vínculo de emprego, incide a contribuição previdenciária.

Nos acordos homologados em juízo em que não haja o reconhecimento de vínculo empregatício, é devido o recolhimento da contribuição previdenciária, mediante a alíquota de 20% a cargo do tomador de serviços e de 11% por parte do prestador de serviços, na qualidade de contribuinte individual, sobre o valor total do acordo, respeitado o teto de contribuição. Inteligência do § 4º do art. 30 e do inciso III do art. 22, todos da Lei 8.212/1991 (Orientação Jurisprudencial 398 da SBDI-I do TST).

Ou seja, é exigido o recolhimento da contribuição previdenciária de que trata o art. 22, inciso III, da Lei 8.212/1991 (isto é, a cargo da empresa de 20% sobre o total das remunerações pagas ou creditadas aos segurados contribuintes individuais que lhe prestem serviços), incidente sobre o valor resultante da decisão que reconhecer a ocorrência de prestação de serviço à empresa, mas não o vínculo empregatício, sobre o valor total da condenação ou do acordo homologado, independentemente da natureza da parcela e forma de pagamento (art. 276, § 9º, do Regulamento da Previdência Social).

Cabe esclarecer que é aplicável o disposto no art. 43 da Lei 8.212/1991, sobre descontos de contribuições previdenciárias, aos valores devidos ou pagos nas Comissões de Conciliação Prévia de que trata a Lei 9.958/2000 (art. 43, § 6º, da Lei 8.212/1991).

A União deve ser intimada das decisões homologatórias de acordos que contenham parcela indenizatória, na forma do art. 20 da Lei 11.033/2004 (isto é, pessoalmente, mediante a entrega dos autos com vista), facultada a interposição de recurso relativo aos tributos que lhe forem devidos (art. 832, § 4º, da CLT).

Intimada da sentença, a União pode interpor recurso relativo à discriminação de que trata o § 3º do art. 832 da CLT.

Entende-se que, nesse caso, o recurso cabível é o ordinário, quando se tratar de decisão homologatória de acordo, na fase de conhecimento (art. 895, inciso I, da CLT). Entretanto, se a decisão for proferida na fase ou processo de execução, entende-se que o recurso cabível é o agravo de petição (art. 897, *a*, § 8º, da CLT).

Pode-se dizer que o prazo para o recurso da União, nos casos acima mencionados, é de 16 dias, isto é, em dobro, em razão do art. 1º, inciso III, do Decreto-lei 779/1969.

Nos termos do art. 832, § 6º, da CLT, incluído pela Lei 11.457/2007, o "acordo celebrado após o trânsito em julgado da sentença ou após a elaboração dos cálculos de liquidação de sentença não prejudicará os créditos da União".

A Lei 8.212/1991, no art. 43, § 5º, acrescentado pela Lei 11.941/2009, determina que, na hipótese de acordo ser celebrado após ter sido proferida decisão de mérito, a contribuição será calculada com base no valor do acordo.

É devida a contribuição previdenciária sobre o valor do acordo celebrado e homologado após o trânsito em julgado de decisão judicial, respeitada a proporcionalidade de valores entre as parcelas de natureza salarial e indenizatória deferidas na decisão condenatória e as parcelas objeto do acordo (Orientação Jurisprudencial 376 da SBDI-I do TST).

Na reclamação trabalhista, quando o acordo for celebrado e homologado após o trânsito em julgado, a contribuição previdenciária incidirá sobre o valor do ajuste, respeitada a proporcionalidade das parcelas de natureza salarial e indenizatória deferidas na decisão condenatória (Súmula 74 da AGU).

O Ministro de Estado da Fazenda pode, mediante ato fundamentado, dispensar a manifestação da União nas decisões homologatórias de acordos em que o montante da parcela indenizatória envolvida ocasionar perda de escala decorrente da atuação do órgão jurídico (art. 832, § 7º, da CLT, incluído pela Lei 11.457/2007).

A Lei 11.457/2007, no art. 16, § 3º, inciso II, estabelece que compete à Procuradoria-Geral Federal representar judicial e extrajudicialmente "a União, nos processos da Justiça do Trabalho relacionados com a cobrança de contribuições previdenciárias, de imposto de renda retido na fonte e de multas impostas aos empregadores pelos órgãos de fiscalização das relações do trabalho, mediante delegação da Procuradoria Geral da Fazenda Nacional".

O art. 43, *caput*, da Lei 8.212/1991, dispõe que nas ações trabalhistas de que resultar o pagamento de direitos sujeitos à incidência de contribuição previdenciária, o juiz, sob pena de responsabilidade, deve determinar o imediato recolhimento das importâncias devidas à Seguridade Social.

O art. 876, parágrafo único, da CLT reitera o dever de se executar de ofício as contribuições sociais (previdenciárias), e seus acréscimos legais, relativas ao objeto da condenação constante das sentenças que proferir e dos acordos que homologar.

A execução das contribuições previdenciárias decorrentes de decisões e acordos homologados pela Justiça do Trabalho, portanto, segue o procedimento da execução trabalhista, previsto na CLT, não havendo a inscrição em dívida ativa. A Lei 6.830/1980 apenas é aplicada de forma subsidiária, nos termos do art. 889 da CLT.

É facultado ao devedor o pagamento imediato da parte que entender devida à Previdência Social, sem prejuízo da cobrança de eventuais diferenças encontradas na execução de ofício (art. 878-A da CLT).

Quando se tratar de execução por quantia certa, o juiz ou presidente do tribunal deve mandar expedir mandado de citação do executado, para que efetue o pagamento, inclusive de contribuições sociais devidas à União, em 48 horas, ou garanta a execução, sob pena de penhora (art. 880 da CLT).

O executado que não pagar a importância reclamada, na qual devem ser incluídas as contribuições previdenciárias, pode garantir a execução mediante depósito da quantia correspondente, atualizada e acrescida das despesas processuais, apresentação de seguro garantia judicial ou nomeação de bens à penhora, observada a ordem preferencial estabelecida no art. 835 do Código Processual Civil de 2015 (art. 882 da CLT).

Os recolhimentos das importâncias devidas, referentes às contribuições sociais, serão efetuados nas agências locais da Caixa Econômica Federal ou do Banco do Brasil S.A., por intermédio de documento de arrecadação da Previdência Social, dele se fazendo constar o número do processo (art. 889-A da CLT).

Se for concedido parcelamento pela Secretaria da Receita Federal do Brasil, cabe ao devedor juntar aos autos a comprovação do ajuste, ficando a execução da contribuição social correspondente suspensa até a quitação de todas as parcelas (art. 889-A, § 1º, da CLT).

As Varas do Trabalho devem encaminhar mensalmente à Secretaria da Receita Federal do Brasil informações sobre os recolhimentos efetivados nos autos, salvo se outro prazo for estabelecido em regulamento (art. 889-A, § 2º, da CLT).

CAPÍTULO

3

PREVIDÊNCIA SOCIAL

3.1. REGIMES

A *Previdência Social* é subsistema de proteção social que integra a Seguridade Social. O sistema previdenciário brasileiro, por sua vez, é composto de diversos regimes previdenciários.

Desse modo, tem-se o Regime Geral de Previdência Social e os Regimes Próprios de Previdência Social, bem como o Regime Complementar de Previdência Social Pública e o Regime Complementar de Previdência Privada.

O *Regime Geral de Previdência Social* é administrado pelo Ministério da Previdência Social, e as suas prestações são concedidas pelo Instituto Nacional do Seguro Social.

O Regime Geral de Previdência Social é previsto no art. 201 da Constituição da República.

A competência para legislar sobre o Regime Geral de Previdência Social, evidentemente, é privativa da União (art. 22, inciso XXIII, da Constituição Federal). Nesse sentido, destacam-se a Lei 8.212/1991, sobre custeio, e a Lei 8.213/1991, sobre benefícios do Regime Geral da Previdência Social.

O Ministério do Trabalho e Previdência deve divulgar, mensalmente, o resultado financeiro do Regime Geral de Previdência Social, no qual considerará: I – para fins de aferição do equilíbrio financeiro do regime, as renúncias previdenciárias em adição às receitas realizadas; II – para os demais fins, apenas as receitas efetivamente arrecadadas e as despesas orçamentárias e financeiras efetivamente liquidadas e pagas (art. 80, § 1º, da Lei 8.212/1991, incluído pela Lei 14.360/2022). Para fins de apuração das mencionadas renúncias previdenciárias, devem ser consideradas as informações prestadas pela Secretaria Especial da Receita Federal do Brasil do Ministério da Fazenda (art. 80, § 2º, da Lei 8.212/1991, incluído pela Lei 14.360/2022).

Os *Regimes Próprios da Previdência Social* abrangem os militares dos Estados e do Distrito Federal (art. 42, §§ 1º e 2º, da Constituição da República), os militares das Forças Armadas (art. 142, § 3º, inciso X, da Constituição Federal), bem como os servidores públicos estatutários (servidores titulares de cargos efetivos) cujos entes políticos os tenham instituído (art. 40 da Constituição Federal de 1988). Quanto aos militares, de forma mais precisa, faz-se referência a *Sistemas de Proteção Social*. Cf. Capítulo 9.

Por isso, o art. 24, inciso XII, da Constituição da República prevê que compete à União, aos Estados e ao Distrito Federal legislar concorrentemente sobre previdência social. Compete aos Municípios, por sua vez, legislar sobre assuntos de interesse local, como é o caso de Regimes Próprios de Previdência Social de âmbito municipal, bem como suplementar a legislação federal e a estadual no que couber (art. 30, incisos I e II, da Constituição da República).

A Previdência Complementar do servidor público (art. 40, §§ 14, 15 e 16, da Constituição da República) e a Previdência Complementar privada (art. 202 da Constituição Federal), por sua vez, são facultativas.

3.2. OBJETIVOS

A Previdência Social tem por fim assegurar aos seus beneficiários meios indispensáveis de manutenção, por motivo de incapacidade, idade avançada, tempo de contribuição, desemprego involuntário, encargos de família e reclusão ou morte daqueles de quem dependiam economicamente (art. 3º da Lei 8.212/1991 e art. 1º da Lei 8.213/1991).

O objetivo do sistema previdenciário, assim, é cobrir as contingências sociais indicadas, entendidas como eventos ou situações que deixam os beneficiários (ou seja, segurados ou dependentes) sem condições de prover a subsistência, por meio da concessão, mediante contribuição, dos benefícios de auxílio-doença, aposentadoria por incapacidade permanente, aposentadoria por idade, aposentadoria especial, salário-família, auxílio-reclusão, pensão por morte.

A aposentadoria por tempo de contribuição sem idade mínima, em regra, não é mais prevista com a Emenda Constitucional 103/2019, salvo nos casos de direito adquirido (art. 3º da Emenda Constitucional 103/2019), da regra de transição do art. 17 da Emenda Constitucional 103/2019 e de aposentadoria da pessoa com deficiência, concedida na forma da Lei Complementar 142/2013, conforme art. 22 da Emenda Constitucional 103/2019.

A maternidade também é objeto de cobertura previdenciária, por meio do salário-maternidade.

São previstos, ainda, o auxílio-acidente e os serviços (serviço social, habilitação e reabilitação profissional).

Cabe observar que o desemprego involuntário é coberto pelo seguro-desemprego, o qual, entretanto, não é prestado pelo Regime Geral de Previdência Social (INSS), mas fica a cargo do Fundo de Amparo ao Trabalhador.

Na Previdência Social são asseguradas prestações, mediante contribuição, que visam a assegurar os meios indispensáveis de manutenção dos segurados e dependentes.

Os benefícios previdenciários normalmente são previstos em valores superiores aos benefícios assistenciais, os quais são voltados a atender apenas as necessidades básicas necessárias ao mínimo existencial.

Ainda assim, não é função do sistema previdenciário oferecer aos beneficiários elevados rendimentos, mas sim os meios indispensáveis à vida digna, por não se confundir com investimento financeiro.

O recebimento de valores superiores aos benefícios previdenciários, ademais, pode ser alcançado por meio da contratação voluntária de planos do Regime de Previdência Complementar.

3.3. ABRANGÊNCIA

A abrangência da cobertura da Previdência Social, organizada sob a forma do Regime Geral de Previdência Social, de caráter contributivo e de filiação obrigatória, observados critérios que preservem o equilíbrio financeiro e atuarial, deve atender, na forma da lei, aos seguintes aspectos indicados no art. 201 da Constituição Federal de 1988: cobertura dos eventos de incapacidade temporária ou permanente para o trabalho e idade avançada; proteção à maternidade, especialmente à gestante; proteção ao trabalhador em situação de desemprego involuntário; salário-família e auxílio-reclusão para os dependentes dos segurados de baixa renda; pensão por morte do segurado, homem ou mulher, ao cônjuge ou companheiro e dependentes.

É vedada a adoção de requisitos ou critérios diferenciados para concessão de benefícios, ressalvada, nos termos de lei complementar, a possibilidade de previsão de idade e tempo de contribuição distintos da regra geral para concessão de aposentadoria exclusivamente em favor dos segurados: I – com deficiência, previamente submetidos a avaliação biopsicossocial realizada por equipe multiprofissional e interdisciplinar; II – cujas atividades sejam exercidas com efetiva exposição a agentes químicos, físicos e biológicos prejudiciais à saúde, ou associação desses agentes, vedada a caracterização por categoria profissional ou ocupação (art. 201, § 1º, da Constituição da República).

Nenhum benefício que substitua o salário de contribuição ou o rendimento do trabalho do segurado terá valor mensal inferior ao salário mínimo (art. 201, § 2º, da Constituição Federal de 1988).

Todos os salários de contribuição considerados para o cálculo de benefício serão devidamente atualizados, na forma da lei (art. 201, § 3º, da Constituição da República).

É assegurado o reajustamento dos benefícios para preservar-lhes, em caráter permanente, o valor real, conforme critérios definidos em lei (art. 201, § 4º, da Constituição Federal de 1988).

É vedada a filiação ao Regime Geral de Previdência Social, na qualidade de segurado facultativo, de pessoa participante de regime próprio de previdência (art. 201, § 5º, da Constituição da República).

A gratificação natalina dos aposentados e pensionistas deve ter por base o valor dos proventos do mês de dezembro de cada ano (art. 201, § 6º, da Constituição Federal de 1988).

É assegurada aposentadoria no Regime Geral de Previdência Social, nos termos da lei, obedecidas as condições previstas no art. 201, §§ 7º e 8º, da Constituição da República.

Para fins de aposentadoria, será assegurada a contagem recíproca do tempo de contribuição entre o Regime Geral de Previdência Social e os Regimes Próprios de Previdência Social, e destes entre si, observada a compensação financeira, de acordo com os critérios estabelecidos em lei (art. 201, § 9º, da Constituição da República, com redação dada pela Emenda Constitucional 103/2019).

O tempo de serviço militar exercido nas atividades de que tratam os arts. 42, 142 e 143 da Constituição Federal de 1988 e o tempo de contribuição ao Regime Geral de Previdência Social ou a Regime Próprio de Previdência

Social terão contagem recíproca para fins de inativação militar ou aposentadoria, e a compensação financeira será devida entre as receitas de contribuição referentes aos militares e as receitas de contribuição aos demais regimes (art. 201, § 9º-A, da Constituição Federal de 1988, incluído pela Emenda Constitucional 103/2019).

Lei complementar poderá disciplinar a cobertura de benefícios não programados, inclusive os decorrentes de acidente do trabalho, a ser atendida concorrentemente pelo Regime Geral de Previdência Social e pelo setor privado (art. 201, § 10, da Constituição Federal de 1988, com redação dada pela Emenda Constitucional 103/2019).

A Constituição Federal de 1988, no art. 7º, inciso XXVIII, prevê o seguro contra acidentes de trabalho, a cargo do empregador, sem excluir a indenização a que este está obrigado, quando incorrer em dolo ou culpa. A Lei 8.213/1991 dispõe sobre os benefícios e serviços da Previdência Social, inclusive os decorrentes de acidentes do trabalho.

Os ganhos habituais do empregado, a qualquer título, devem ser incorporados ao salário para efeito de contribuição previdenciária e consequente repercussão em benefícios, nos casos e na forma da lei (art. 201, § 11, da Constituição Federal de 1988).

A lei instituirá sistema especial de inclusão previdenciária, com alíquotas diferenciadas, para atender aos trabalhadores de baixa renda, inclusive os que se encontram em situação de informalidade, e àqueles sem renda própria que se dediquem exclusivamente ao trabalho doméstico no âmbito de sua residência, desde que pertencentes a famílias de baixa renda (art. 201, § 12, da Constituição Federal de 1988, com redação dada pela Emenda Constitucional 103/2019).

A aposentadoria concedida ao segurado de que trata o § 12 do art. 201 da Constituição da República terá valor de um salário mínimo (art. 201, § 13, da Constituição da República, com redação dada pela Emenda Constitucional 103/2019).

É vedada a contagem de tempo de contribuição fictício para efeito de concessão dos benefícios previdenciários e de contagem recíproca (art. 201, § 14, da Constituição Federal de 1988, incluído pela Emenda Constitucional 103/2019).

Lei complementar estabelecerá vedações, regras e condições para a acumulação de benefícios previdenciários (art. 201, § 15, da Constituição da República, incluído pela Emenda Constitucional 103/2019).

Os empregados dos consórcios públicos, das empresas públicas, das sociedades de economia mista e das suas subsidiárias serão aposentados compulsoriamente, observado o cumprimento do tempo mínimo de contribuição, ao atingir a idade máxima de que trata o inciso II do § 1º do art. 40 da Constituição da República, na forma estabelecida em lei (art. 201, § 16, da Constituição Federal de 1988, incluído pela Emenda Constitucional 103/2019).

O Regime de Previdência Privada, de caráter complementar e organizado de forma autônoma em relação ao Regime Geral de Previdência Social, é facultativo, baseado na constituição de reservas que garantam o benefício contratado, e regulado por lei complementar (art. 202 da Constituição da República).

3.4. PRINCÍPIOS

Aplicam-se à Previdência Social os princípios da Seguridade Social, uma vez que integra esse sistema de proteção mais amplo.

Apesar disso, também há princípios específicos da organização da Previdência Social, a seguir indicados:

a) universalidade de participação nos planos previdenciários, mediante contribuição;

b) valor da renda mensal dos benefícios, substitutos do salário de contribuição ou do rendimento do trabalho do segurado, não inferior ao do salário mínimo;

c) cálculo dos benefícios considerando-se os salários de contribuição, corrigidos monetariamente;

d) preservação do valor real dos benefícios;

e) previdência complementar facultativa, custeada por contribuição adicional (art. 3º, parágrafo único, da Lei 8.212/1991).

O art. 2º da Lei 8.213/1991, de forma mais detalhada, dispõe que a Previdência Social é regida pelos seguintes princípios e objetivos:

I – universalidade de participação nos planos previdenciários;

O sistema previdenciário, diversamente das esferas da Saúde e da Assistência Social, caracteriza-se por ser contributivo.

Logo, na Previdência Social a universalidade não tem o alcance mais amplo da Seguridade Social (art. 194, parágrafo único, inciso I, da Constituição da República), em especial da Saúde, pois as prestações previdenciárias somente são devidas mediante a existência de contribuição pelo segurado.

Na verdade, a universalidade, especificamente quanto à Previdência Social, é voltada, em essência, ao *acesso ao sistema*.

Nesse enfoque, mesmo a pessoa não exercendo atividade remunerada como segurada obrigatória do Regime Geral de Previdência Social pode dele participar, filiando-se como segurada facultativa.

Entretanto, é proibida a filiação ao Regime Geral de Previdência Social, na qualidade de segurado facultativo, de pessoa participante de Regime Próprio de Previdência (art. 201, § 5º, da Constituição da República).

Na verdade, só pode se filiar como segurado facultativo aquele que não exerça atividade que o enquadre como segurado obrigatório no Regime Geral de Previdência Social, nem seja segurado de Regime Próprio de Previdência Social.

II – uniformidade e equivalência dos benefícios e serviços às populações urbanas e rurais;

Trata-se do mesmo princípio previsto no art. 194, parágrafo único, inciso II, da Constituição da República, voltado, no caso, às prestações previdenciárias, que abrangem as populações urbanas e rurais, a serem tratadas de forma isonômica, ou seja, de acordo com a igualdade substancial.

Na verdade, apesar de ser aplicável o *princípio da igualdade* no âmbito da Seguridade Social, inclusive no aspecto previdenciário, cabe registrar que a própria Constituição Federal de 1988 possui certas previsões diferenciadas, dispondo de forma mais favorável, por exemplo, à mulher, ao trabalhador rural e ao professor, bem como objetivando a inclusão previdenciária de pessoas em condições sociais e econômicas inferiores.

Quanto ao tema, de modo mais genérico, o art. 5º, *caput*, da Constituição da República prevê que *todos são iguais perante a lei, sem distinção de qualquer natureza*, garantindo-se aos brasileiros e aos estrangeiros residentes no país a inviolabilidade do *direito* à vida, à liberdade, à *igualdade*, à segurança e à propriedade.

Os homens e as mulheres são iguais em direitos e obrigações, *nos termos da Constituição* (art. 5º, inciso I).

Vejamos, entretanto, certos tratamentos diferenciados, com fundamento em critérios lógicos, previstos pela própria Constituição, notadamente no âmbito previdenciário.

É assegurada aposentadoria no Regime Geral de Previdência Social, nos termos da lei, obedecidas as seguintes condições:

I – 65 anos de idade, se homem, e 62 anos de idade, se mulher, observado tempo mínimo de contribuição;

II – 60 anos de idade, se homem, e 55 anos de idade, se mulher, para os trabalhadores rurais e para os que exerçam suas atividades em regime de economia familiar, nestes incluídos o produtor rural, o garimpeiro e o pescador artesanal (art. 201, § 7º, da Constituição da República, com redação dada pela Emenda Constitucional 103/2019).

Portanto, os trabalhadores rurais e os que exerçam suas atividades em regime de economia familiar, nestes incluídos o produtor rural, o garimpeiro e o pescador artesanal possuem requisitos diferenciados e mais benéficos quanto à aposentadoria por idade, certamente em respeito às condições mais difíceis em que normalmente exercem as suas atividades.

Além disso, o requisito de idade a que se refere o inciso I do § 7º do art. 201 da Constituição Federal de 1988 deve ser reduzido em cinco anos, para o professor que comprove tempo de efetivo exercício das funções de magistério na educação infantil e no ensino fundamental e médio fixado em lei complementar (art. 201, § 8º, da Constituição da República, com redação dada pela Emenda Constitucional 103/2019).

É vedada a adoção de requisitos ou critérios diferenciados para concessão de benefícios, ressalvada, nos termos de lei complementar, a possibilidade de previsão de idade e tempo de contribuição distintos da regra geral para concessão de aposentadoria exclusivamente em favor dos segurados: I – com deficiência, previamente submetidos a avaliação biopsicossocial realizada por equipe multiprofissional e interdisciplinar; II – cujas atividades sejam exercidas com efetiva exposição a agentes químicos, físicos e biológicos prejudiciais à saúde, ou associação desses agentes, vedada a caracterização por categoria profissional ou ocupação (art. 201, § 1º, da Constituição da República).

Essas exceções se justificam em razão do exercício de atividades com exposição a agentes prejudiciais à saúde, bem como nos casos de segurados com deficiência, que estão em condições diferenciadas, merecendo tratamento jurídico adequado, coerente e materialmente isonômico em face das suas especificidades.

O produtor, o parceiro, o meeiro e o arrendatário rurais e o pescador artesanal, bem como os respectivos cônjuges, que exerçam suas atividades em regime de economia familiar, sem empregados permanentes, contribuem para a Seguridade Social mediante a aplicação de uma alíquota sobre o resultado da comercialização da produção e fazem jus aos benefícios nos termos da lei (art. 195, § 8º, da Constituição Federal de 1988).

Trata-se de previsão que tem como objetivo, ao estabelecer tratamento diferenciado e juridicamente mais benéfico ao segurado especial, permitir que ele efetivamente contribua e receba as prestações de Seguridade Social, principalmente os benefícios de natureza previdenciária.

III – seletividade e distributividade na prestação dos benefícios;

Aplica-se o princípio da Seguridade Social previsto no art. 194, parágrafo único, inciso III, da Constituição da República, de forma específica, aos benefícios previdenciários, os quais devem ser prestados de forma seletiva, tendo em vista os limites orçamentários na esfera do custeio, concretizando-se, ainda, o objetivo de redistribuição de renda.

IV – cálculo dos benefícios considerando-se os salários de contribuição corrigidos monetariamente;

O salário de contribuição é utilizado para o cálculo do salário de benefício, o qual é a base para se chegar ao valor da renda mensal da maior parte dos benefícios previdenciários.

Sendo assim, os valores dos salários de contribuição, constantes do histórico contributivo do segurado, devem ser atualizados para o cálculo do salário de benefício, a fim de se manter os seus valores reais, mesmo depois do passar do tempo.

V – irredutibilidade do valor dos benefícios de forma a preservar-lhes o poder aquisitivo;

Mesmo com o início do recebimento do benefício previdenciário, o seu valor deve ser atualizado, para que o beneficiário tenha preservado o poder aquisitivo.

A renda mensal do benefício, assim, é conhecida como a renda mensal inicial, uma vez que os valores devem ser atualizados com o passar do tempo, segundo o índice previsto em lei.

Nesse sentido, além da *irredutibilidade do valor dos benefícios* (art. 194, parágrafo único, inciso IV, da Constituição da República), assegura-se o *reajustamento dos benefícios* para preservar-lhes, em caráter permanente, o *valor real*, conforme critérios definidos em lei (art. 201, § 4º, da Constituição da República).

VI – valor da renda mensal dos benefícios substitutos do salário de contribuição ou do rendimento do trabalho do segurado não inferior ao do salário mínimo;

O valor do benefício previdenciário que substitua o salário de contribuição ou a renda do beneficiário não pode ser inferior ao salário mínimo, conforme o art. 201, § 2º, da Constituição da República.

Entretanto, se o benefício previdenciário não tiver essa função de substituição, como ocorre com o auxílio-acidente e o salário-família, não incide a exigência em destaque.

VII – previdência complementar facultativa, custeada por contribuição adicional;

O Regime de Previdência Complementar, assim, é facultativo, ou seja, voluntário, dependendo da adesão e do recolhimento de contribuições adicionais.

Nesse sentido, o Regime de Previdência Privada, de caráter complementar e organizado de forma autônoma em relação ao Regime Geral de Previdência Social, é facultativo, baseado na constituição de reservas que garantam o benefício contratado, e regulado por lei complementar (art. 202 da Constituição da República).

VIII – caráter democrático e descentralizado da gestão administrativa, com a participação do governo e da comunidade, em especial de trabalhadores em atividade, empregadores e aposentados.

Essa participação deve ser efetivada em nível federal, estadual e municipal.

Esse princípio reflete o disposto no art. 194, parágrafo único, inciso VII, da Constituição da República, ao prever o caráter democrático e descentralizado da administração, mediante gestão "quadripartite", com participação dos trabalhadores, dos empregadores, dos aposentados e do Governo nos órgãos colegiados.

Essa previsão tem nítida incidência no Conselho Nacional de Previdência Social, fundamentando a sua composição, conforme a seguir estudado.

Ainda quanto ao caráter *descentralizado* da gestão administrativa da Previdência Social, destaca-se a presença do Instituto Nacional do Seguro Social, como autarquia federal integrante da Administração Pública indireta. Observa-se, assim, a descentralização administrativa, pois o Regime Geral de Previdência Social, de competência da União, tem a administração exercida pelo INSS (art. 7º do Regulamento da Previdência Social).

3.5. CONSELHO NACIONAL DE PREVIDÊNCIA SOCIAL

O art. 3º da Lei 8.213/1991 instituiu o Conselho Nacional de Previdência Social (CNPS), órgão superior de deliberação colegiada, que tem como membros: seis representantes do Governo Federal; nove representantes da sociedade civil (sendo três representantes dos aposentados e pensionistas, três representantes dos trabalhadores em atividade e três representantes dos empregadores).

Os membros do Conselho Nacional de Previdência Social e seus respectivos suplentes são nomeados pelo Presidente da República, tendo os representantes titulares da sociedade civil mandato de dois anos, podendo ser reconduzidos, de imediato, uma única vez.

Os representantes dos trabalhadores em atividade, dos aposentados, dos empregadores e seus respectivos suplentes são indicados pelas centrais sindicais e confederações nacionais.

O Conselho Nacional de Previdência Social reúne-se ordinariamente, uma vez por mês, por convocação de seu Presidente, não podendo ser adiada a reunião por mais de 15 dias se houver requerimento nesse sentido da maioria dos conselheiros.

Pode ser convocada reunião extraordinária por seu Presidente ou a requerimento de 1/3 de seus membros, conforme dispuser o regimento interno do Conselho Nacional de Previdência Social.

As ausências ao trabalho dos representantes dos trabalhadores em atividade, decorrentes das atividades do Conselho, devem ser abonadas, computando-se como jornada efetivamente trabalhada para todos os fins e efeitos legais.

Aos membros do Conselho Nacional de Previdência Social, enquanto representantes dos trabalhadores em atividade, titulares e suplentes, é assegurada a estabilidade no emprego, da nomeação até um ano após o término do mandato de representação, somente podendo ser demitidos por motivo de falta grave, regularmente comprovada por meio de processo judicial.

Compete ao Ministério da Previdência Social proporcionar ao Conselho Nacional de Previdência Social os meios necessários ao exercício de suas competências, para o que conta com uma Secretaria-Executiva do Conselho Nacional de Previdência Social.

Compete ao Conselho Nacional de Previdência Social: estabelecer diretrizes gerais e apreciar as decisões de políticas aplicáveis à Previdência Social; participar, acompanhar e avaliar sistematicamente a gestão previdenciária; apreciar e aprovar os planos e programas da Previdência Social; apreciar e aprovar as propostas orçamentárias da Previdência Social, antes de sua consolidação na proposta orçamentária da Seguridade Social; acompanhar e apreciar, por meio de relatórios gerenciais por ele definidos, a execução dos planos, programas e orçamentos no âmbito da Previdência Social; acompanhar a aplicação da legislação pertinente à Previdência Social; apreciar a prestação de contas anual a ser remetida ao Tribunal de Contas da União, podendo, se for necessário, contratar auditoria externa; estabelecer os valores mínimos em litígio, acima dos quais será exigida a anuência prévia do Procurador-Geral ou do Presidente do INSS para a formalização de desistência ou de transigência judiciais, conforme o disposto no art. 132 da Lei 8.213/1991; elaborar e aprovar seu regimento interno.

As decisões proferidas pelo Conselho Nacional de Previdência Social devem ser publicadas no Diário Oficial da União (art. 4º da Lei 8.213/1991).

Ainda quanto ao tema, compete aos órgãos governamentais: prestar toda e qualquer informação necessária ao adequado cumprimento das competências do Conselho Nacional de Previdência Social, fornecendo inclusive estudos técnicos; encaminhar ao Conselho Nacional de Previdência Social, com antecedência mínima de dois meses do seu envio ao Congresso Nacional, a proposta orçamentária da Previdência Social, devidamente detalhada (art. 5º da Lei 8.213/1991).

Existe ainda, no âmbito da Previdência Social, uma Ouvidoria Geral, cujas atribuições são definidas em regulamento (art. 6º da Lei 8.213/1991).

3.6. PREVIDÊNCIA SOCIAL E ESTATUTO DA PESSOA IDOSA

De acordo com o art. 29 da Lei 10.741/2003, que instituiu o Estatuto da Pessoa Idosa (redação dada pela Lei 14.423/2022), os benefícios de aposentadoria e pensão do Regime Geral da Previdência Social devem observar, na sua *concessão*, critérios de cálculo que preservem o valor real dos salários sobre os quais incidiram contribuição, nos termos da legislação vigente.

Os valores dos benefícios *em manutenção* devem ser reajustados na mesma data de reajuste do salário mínimo, *pro rata*, de acordo com suas respectivas datas de início ou do seu último reajustamento, com base em percentual definido em regulamento, devendo ser observados os critérios estabelecidos pela Lei 8.213/1991.

A perda da condição de segurado não deve ser considerada para a concessão da aposentadoria por idade, desde que a pessoa conte com, no mínimo, o tempo de contribuição correspondente ao exigido para efeito de carência na data de requerimento do benefício (art. 30 da Lei 10.741/2003).

O cálculo do valor do benefício anteriormente previsto (ou seja, aposentadoria por idade) deve observar o disposto no art. 3º, *caput* e § 2º, da

Lei 9.876/1999[1], ou, não havendo salários de contribuição recolhidos a partir da competência de julho de 1994, o disposto no art. 35 da Lei 8.213/1991[2].

O pagamento de parcelas relativas a benefícios, efetuado com atraso por responsabilidade da Previdência Social, deve ser atualizado pelo mesmo índice utilizado para os reajustamentos dos benefícios do Regime Geral de Previdência Social, verificado no período compreendido entre o mês que deveria ter sido pago e o mês do efetivo pagamento (art. 31 da Lei 10.741/2003).

Desse modo, frise-se que, segundo o art. 41-A da Lei 8.213/1991, o valor dos benefícios em manutenção deve ser reajustado, anualmente, na mesma data do reajuste do salário mínimo, *pro rata*, de acordo com suas respectivas datas de início ou do último reajustamento, *com base no Índice Nacional de Preços ao Consumidor (INPC)*, apurado pela Fundação Instituto Brasileiro de Geografia e Estatística (IBGE).

O Dia Mundial do Trabalho, 1º de Maio, é a data-base dos aposentados e pensionistas (art. 32 da Lei 10.741/2003).

---

[1] "Art. 3º Para o segurado filiado à Previdência Social até o dia anterior à data de publicação desta Lei, que vier a cumprir as condições exigidas para a concessão dos benefícios do Regime Geral de Previdência Social, no cálculo do salário de benefício será considerada a média aritmética simples dos maiores salários de contribuição, correspondentes a, no mínimo, oitenta por cento de todo o período contributivo decorrido desde a competência julho de 1994, observado o disposto nos incisos I e II do *caput* do art. 29 da Lei nº 8.213, de 1991, com a redação dada por esta Lei. [...] § 2º No caso das aposentadorias de que tratam as alíneas *b*, *c* e *d* do inciso I do art. 18, o divisor considerado no cálculo da média a que se refere o *caput* e o § 1º não poderá ser inferior a sessenta por cento do período decorrido da competência julho de 1994 até a data de início do benefício, limitado a cem por cento de todo o período contributivo". Cf. art. 26 da Emenda Constitucional 103/2019 (Capítulo 5, item 5.2).

[2] "Art. 35. Ao segurado empregado, inclusive o doméstico, e ao trabalhador avulso que tenham cumprido todas as condições para a concessão do benefício pleiteado, mas não possam comprovar o valor de seus salários de contribuição no período básico de cálculo, será concedido o benefício de valor mínimo, devendo esta renda ser recalculada quando da apresentação de prova dos salários de contribuição".

CAPÍTULO

4

BENEFICIÁRIOS DA PREVIDÊNCIA SOCIAL

4.1. BENEFICIÁRIOS E CONTRIBUINTES

Ao se analisar o Regime Geral da Previdência Social, deve-se distinguir as figuras do contribuinte e do beneficiário.

Na realidade, embora muitas vezes o contribuinte também seja segurado (e, portanto, beneficiário, como ocorre com o empregado urbano e rural), há contribuintes que não são beneficiários, como é o caso da empresa e do empregador doméstico.

O *contribuinte* é o sujeito passivo, isto é, o devedor da contribuição previdenciária. Não se confunde com o responsável pelo recolhimento da referida contribuição.

O art. 33, § 5º, da Lei 8.212/1991 expressamente prevê que o desconto de contribuição e de consignação legalmente autorizadas sempre se presume feito oportuna e regularmente pela empresa a isso obrigada, não lhe sendo lícito alegar omissão para se eximir do recolhimento, ficando diretamente responsável pela importância que deixou de receber ou arrecadou em desacordo com o disposto no mencionado diploma legal.

Cabe ao Estado fiscalizar a regularidade de tais recolhimentos, aplicando as sanções devidas ao responsável pela arrecadação previdenciária.

Nesse sentido, o art. 33 da Lei 8.212/1991 dispõe ser atribuição da Secretaria da Receita Federal do Brasil planejar, executar, acompanhar e avaliar as atividades relativas à tributação, à fiscalização, à arrecadação, à cobrança e ao recolhimento das contribuições sociais previstas no art. 11, parágrafo único, desse mesmo diploma legal, que dispõe sobre as contribuições para a Seguridade Social, das contribuições incidentes a título de substituição e das devidas a outras entidades e fundos.

Nesse contexto, é prerrogativa da Secretaria da Receita Federal do Brasil, por intermédio dos Auditores-Fiscais da Receita Federal do Brasil, o exame da contabilidade das empresas, ficando obrigados a prestar todos os esclarecimentos e informações solicitados o segurado e os terceiros responsáveis pelo recolhimento das contribuições previdenciárias e das contribuições devidas a outras entidades e fundos.

A empresa, o segurado da Previdência Social, o serventuário da Justiça, o síndico ou seu representante, o comissário e o liquidante de empresa em liquidação judicial ou extrajudicial são obrigados a exibir todos os documentos e livros relacionados com as contribuições previstas na Lei 8.212/1991, que dispõe sobre a organização da Seguridade Social e institui o Plano de Custeio.

Ocorrendo recusa ou sonegação de qualquer documento ou informação, ou sua apresentação deficiente, a Secretaria da Receita Federal do Brasil pode, sem prejuízo da penalidade cabível, lançar de ofício a importância devida.

Na falta de prova regular e formalizada pelo sujeito passivo, o montante dos salários pagos pela execução de obra de construção civil pode ser obtido mediante cálculo da mão de obra empregada, proporcional à área construída, de acordo com critérios estabelecidos pela Secretaria da Receita Federal do Brasil, cabendo ao proprietário, dono da obra, condômino da unidade imobiliária ou empresa corresponsável o ônus da prova em contrário.

Se, no exame da escrituração contábil e de qualquer outro documento da empresa, a fiscalização constatar que a contabilidade não registra o movimento real de remuneração dos segurados a seu serviço, do faturamento e do lucro, devem ser apuradas, por aferição indireta, as contribuições efetivamente devidas, cabendo à empresa o ônus da prova em contrário.

O crédito da Seguridade Social é constituído por meio de notificação de lançamento, de auto de infração e de confissão de valores devidos e não recolhidos pelo contribuinte.

Os *contribuintes* do Regime Geral da Previdência Social abrangem os *segurados,* a *empresa* e o *empregador doméstico* (arts. 12 e 15 Lei 8.212/1991).

Considera-se *empresa* a firma individual ou sociedade que assume o risco de atividade econômica urbana ou rural, com fins lucrativos ou não, bem como os órgãos e entidades da Administração Pública direta, indireta ou fundacional (art. 14, inciso I, da Lei 8.213/1991).

Considera-se *empregador doméstico* a pessoa ou família que admite a seu serviço, sem finalidade lucrativa, empregado doméstico (art. 14, inciso II, da Lei 8.213/1991).

Ademais, *equiparam-se a empresa*, para os efeitos da Lei 8.212/1991 e da Lei 8.213/1991, *o contribuinte individual e a pessoa física na condição de proprietário ou dono de obra de construção civil, em relação a segurado que lhe presta serviço*, bem como a cooperativa, a associação ou a entidade de qualquer natureza ou finalidade, a missão diplomática e a repartição consular de carreira estrangeiras. Também se equipara a empresa o operador portuário e o órgão gestor de mão de obra de que trata a Lei 12.815/2013 (art. 12, parágrafo único, inciso III, do Regulamento da Previdência Social).

Os *beneficiários* da Previdência Social, por seu turno, englobam os *segurados* e os *dependentes* (art. 10 da Lei 8.213/1991).

Os segurados e os dependentes são, evidentemente, sempre pessoas físicas (naturais).

4.2. SEGURADOS

Os segurados podem ser classificados em obrigatórios e facultativos.

Os *segurados obrigatórios* englobam o empregado, o empregado doméstico, o trabalhador avulso, o contribuinte individual e o segurado especial.

Cabe esclarecer que todo aquele que exercer, concomitantemente, mais de uma atividade remunerada sujeita ao Regime Geral de Previdência Social é obrigatoriamente filiado em relação a cada uma delas (art. 11, § 2º, da Lei 8.213/1991).

Ademais, o aposentado pelo Regime Geral de Previdência Social que estiver exercendo ou que voltar a exercer atividade abrangida por esse Regime é *segurado obrigatório* em relação a essa atividade, ficando sujeito às contribuições de que trata a Lei 8.212/1991, para fins de custeio da Seguridade Social (art. 11, § 3º, da Lei 8.213/1991).

4.3. SEGURADOS OBRIGATÓRIOS

Como anteriormente indicado, os segurados obrigatórios podem ser: empregado, empregado doméstico, trabalhador avulso, contribuinte individual e segurado especial.

4.3.1. EMPREGADO

São segurados obrigatórios da Previdência Social na condição de *empregado* (art. 11, inciso I, da Lei 8.213/1991):

a) A pessoa física que presta serviço de natureza urbana ou rural à empresa, em caráter não eventual, sob sua subordinação e mediante remuneração, inclusive como diretor empregado.

Sendo assim, no rol dos segurados obrigatórios tem-se o *empregado*, ou seja, o trabalhador (*pessoa física*) que presta serviços *não eventuais*, de forma *subordinada* (sob a "dependência" do empregador), com *pessoalidade* e mediante *remuneração*.

De acordo com o critério adotado no art. 9º, § 4º, do Regulamento da Previdência Social, entende-se por *serviço prestado em caráter não eventual* aquele relacionado direta ou indiretamente com as *atividades normais da empresa*.

Nos termos do art. 129 da Lei 11.196/2005, para fins fiscais e previdenciários, a prestação de serviços intelectuais, inclusive os de natureza científica, artística ou cultural, em caráter personalíssimo ou não, com ou sem a designação de quaisquer obrigações a sócios ou empregados da *sociedade prestadora de serviços*, quando por esta realizada, se sujeita tão somente à legislação aplicável às pessoas jurídicas, sem prejuízo da observância do disposto no art. 50 do Código Civil.

O referido dispositivo legal estabelece que as *pessoas jurídicas* prestadoras de serviços intelectuais, incluídos os de natureza científica, artística ou cultural, sujeitam-se apenas ao regime fiscal e previdenciário das pessoas jurídicas. Admite-se, entretanto, a desconsideração da personalidade jurídica da sociedade, em caso de abuso da personalidade jurídica, caracterizado pelo desvio de finalidade ou pela confusão patrimonial.

O Supremo Tribunal Federal declarou a *constitucionalidade* do art. 129 da Lei 11.196/2005 (STF, Pleno, ADC 66/DF, rel. Min. Cármen Lúcia, j. 21.12.2020).

Prevaleceu o entendimento de que essa norma legal está em harmonia com os preceitos constitucionais, notadamente com o art. 1º, inciso IV, da

Constituição Federal de 1988, ao prever que a República Federativa do Brasil tem como fundamentos, entre outros, os valores sociais do trabalho e da livre iniciativa. Nesse contexto, é livre o exercício de qualquer trabalho, ofício ou profissão, atendidas as qualificações profissionais que a lei estabelecer (art. 5º, inciso XIII, da Constituição da República). Além disso, é assegurado a todos o livre exercício de qualquer atividade econômica, independentemente de autorização de órgãos públicos, salvo nos casos previstos em lei (art. 170, parágrafo único, da Constituição Federal de 1988).

Ainda assim, a contratação de pessoa jurídica para a prestação de serviços intelectuais, conforme o caso concreto, pode ser objeto de verificação quanto à legalidade e regularidade, por não se admitir a fraude à lei (art. 9º da CLT e art. 166, inciso VI, do Código Civil), o abuso de direito (art. 187 do Código Civil) e o abuso da personalidade jurídica (art. 50 do Código Civil).

O empregado, portanto, é aquele trabalhador que possui relação de emprego com o empregador, decorrente de contrato de trabalho, com a presença dos requisitos dos arts. 2º e 3º da Consolidação das Leis do Trabalho.

A presente hipótese inclui tanto o *empregado urbano*, regido pela CLT, como o *empregado rural*, conforme a Lei 5.889/1973.

O empregado rural é a pessoa física que, em propriedade rural ou prédio rústico, presta serviços de natureza não eventual ao *empregador rural*, sob a dependência deste (ou seja, com subordinação) e mediante salário (art. 2º da Lei 5.889/1973).

Logo, no caso do empregado rural, a sua caracterização depende, essencialmente, da caracterização do empregador como rural.

Considera-se empregador rural a pessoa física ou jurídica, proprietária ou não, que explore atividade agroeconômica, em caráter permanente ou temporário, diretamente ou por meio de prepostos e com auxílio de empregados (art. 3º da Lei 5.889/1973).

O empregador rural, portanto, é aquele que exerce *atividade agroeconômica*. Com isso, o empregado que presta serviço ao empregador rural é considerado rural.

Na atualidade, tem-se admitido, mesmo no âmbito rural, a presença de *categoria profissional diferenciada* (ou seja, que se forma dos empregados que exerçam profissões ou funções diferenciadas por força de estatuto profissional especial ou em consequência de condições de vida singulares), conforme art. 511, § 3º, da CLT e art. 19 da Lei 5.889/1973.

Inclui-se na atividade agroeconômica a exploração industrial em estabelecimento agrário não compreendido na Consolidação das Leis do Trabalho e a exploração do turismo rural "ancilar" (ou seja, de forma acessória) à exploração agroeconômica (art. 3º, § 1º, da Lei 5.889/1973).

No caso da chamada indústria rural, entende-se que o empregador continua sendo rural, quando não ocorre a transformação da natureza do produto, como o primeiro tratamento dos produtos agrários "in natura"[1].

Assim, consideram-se como exploração industrial em estabelecimento agrário as atividades que compreendem o primeiro tratamento dos produtos agrários *in natura* sem transformá-los em sua natureza, tais como: I – o beneficiamento, a primeira modificação e o preparo dos produtos agropecuários e hortigranjeiros e das matérias-primas de origem animal ou vegetal para posterior venda ou industrialização; II – o aproveitamento dos subprodutos provenientes das operações de preparo e modificação dos produtos *in natura* de que trata o inciso I (art. 84, § 4º, do Decreto 10.854/2021).

Para fins do disposto acima, não se considera indústria rural aquela que, ao operar a primeira modificação do produto agrário, transforme a sua natureza a ponto de perder a condição de matéria-prima (art. 84, § 5º, do Decreto 10.854/2021).

O empregado que trabalha em empresa de reflorestamento, cuja atividade está diretamente ligada ao manuseio da terra e de matéria-prima, é rurícola e não industriário, nos termos do art. 2º, § 4º, do Decreto 73.626/1974 (art. 84, § 4º, do Decreto 10.854/2021), pouco importando que o fruto de seu trabalho seja destinado à indústria. Assim, aplica-se a prescrição própria dos rurícolas aos direitos desses empregados (Orientação Jurisprudencial 38 da SBDI-I do TST).

O *diretor empregado*, ou seja, quando presente a subordinação jurídica na forma de exercício da atividade, também é considerado segurado empregado, como se depreende da parte final da Súmula 269 do TST[2].

Considera-se *diretor empregado* o que, participando ou não do risco econômico do empreendimento, seja contratado ou promovido para cargo

---

[1] Cf. ainda Súmula 578 do STJ: "Os empregados que laboram no cultivo da cana-de-açúcar para empresa agroindustrial ligada ao setor sucroalcooleiro detêm a qualidade de rurícola, ensejando a isenção do FGTS desde a edição da Lei Complementar nº 11/1971 até a promulgação da Constituição Federal de 1988".

[2] Cf. Súmula 269 do TST: "Relação de emprego. Contrato de trabalho. Diretor eleito. Cômputo do período como tempo de serviço. CLT, arts. 2º, 3º, 4º e 449. O empregado eleito para ocupar cargo de diretor tem o respectivo contrato de trabalho suspenso, não se computando o tempo de serviço deste período, salvo se permanecer a subordinação jurídica inerente à relação de emprego".

de direção das sociedades anônimas, mantendo as características inerentes à relação de emprego (art. 9º, § 2º, do Regulamento de Previdência Social).

O dirigente sindical mantém, durante o exercício do mandato eletivo, o mesmo enquadramento no Regime Geral de Previdência Social de antes da investidura (art. 11, § 4º, da Lei 8.213/1991).

Na verdade, considera-se de *licença não remunerada*, salvo assentimento da empresa ou cláusula contratual, o tempo em que o empregado se ausentar do trabalho no desempenho das funções de dirigente sindical (art. 543, § 2º, da CLT).

Logo, se o dirigente sindical era empregado, mantém essa mesma condição de segurado especial.

O vínculo empregatício mantido entre cônjuges ou companheiros não impede o reconhecimento da qualidade de segurado do empregado, excluído o doméstico (art. 9º, § 27, do Regulamento da Previdência Social, incluído pelo Decreto 10.410/2020).

b) A pessoa física que, contratado por empresa de trabalho temporário, na forma prevista em legislação específica, por prazo não superior a 180 dias, consecutivos ou não, prorrogável por até 90 dias, presta serviço para atender a necessidade transitória de substituição de pessoal regular e permanente ou a acréscimo extraordinário de serviço de outras empresas.

Na atualidade, o *trabalhador temporário* é a pessoa física contratada por uma empresa de trabalho temporário que a coloca à disposição de uma empresa tomadora de serviços, para atender à necessidade de substituição transitória de pessoal permanente ou à demanda complementar de serviços (art. 2º da Lei 6.019/1974, com redação dada pela Lei 13.429/2017).

É proibida a contratação de trabalho temporário para a substituição de trabalhadores em greve, salvo nos casos previstos em lei (art. 2º, § 1º, da Lei 6.019/1974).

Considera-se complementar a demanda de serviços que seja oriunda de fatores imprevisíveis ou, quando decorrente de fatores previsíveis, tenha natureza intermitente, periódica ou sazonal (art. 2º, § 2º, da Lei 6.019/1974).

Não se consideram demanda complementar de serviços: as demandas contínuas ou permanentes; as demandas decorrentes da abertura de filiais (art. 43, parágrafo único, do Decreto 10.854/2021).

Considera-se substituição transitória de pessoal permanente a substituição de trabalhador permanente da empresa tomadora de serviços ou cliente afastado por motivo de suspensão ou interrupção do contrato de trabalho, tais como férias, licenças e outros afastamentos previstos em lei (art. 43, inciso V, do Decreto 10.854/2021).

O contrato de trabalho temporário, em relação ao mesmo empregador, não pode exceder ao prazo de 180 dias, consecutivos ou não. O contrato pode ser prorrogado por até 90 dias, consecutivos ou não, além do mencionado prazo, quando comprovada a manutenção das condições que o ensejaram (art. 10, §§ 1º e 2º, da Lei 6.019/1974, acrescentados pela Lei 13.429/2017).

O art. 66 do Decreto 10.854/2021 esclarece que o prazo de duração do contrato individual de trabalho temporário não será superior a 180 dias corridos, independentemente de a prestação de serviço ocorrer em dias consecutivos ou não. O contrato, comprovada a manutenção das condições que ensejaram a contratação temporária, pode ser prorrogado apenas uma vez, além do referido prazo, por até 90 dias corridos, independentemente de a prestação de trabalho ocorrer em dias consecutivos ou não.

Trata-se de modalidade em que, de forma excepcional, apenas para hipóteses de necessidade de substituição transitória de pessoal permanente ou à demanda complementar de serviços, admite-se a referida intermediação de mão de obra.

De todo modo, o trabalhador temporário é segurado obrigatório, inserido na modalidade de empregado.

c) O brasileiro ou o estrangeiro domiciliado e contratado no Brasil para trabalhar como empregado em sucursal ou agência de empresa nacional no exterior.

A Lei 7.064/1982 regula a situação de trabalhadores contratados no Brasil ou transferidos por seus empregadores para prestar serviço no exterior.

Tem-se, aqui, hipótese de extraterritorialidade da lei previdenciária.

d) A pessoa física que presta serviço no Brasil a missão diplomática ou a repartição consular de carreira estrangeira e a órgãos a elas subordinados, ou a membros dessas missões e repartições, excluídos o não brasileiro sem residência permanente no Brasil e o brasileiro amparado pela legislação previdenciária do país da respectiva missão diplomática ou repartição consular.

e) O brasileiro civil que trabalha para a União, no exterior, em organismos oficiais brasileiros ou internacionais dos quais o Brasil seja membro efetivo, ainda que lá domiciliado e contratado, salvo se segurado na forma da legislação vigente do país do domicílio.

Portanto, é segurado da Previdência Social, na condição de empregado, o brasileiro *civil* que trabalha para a *União*, no exterior, por exemplo, em embaixada, em organismos oficiais brasileiros ou internacionais dos quais o

Brasil seja membro efetivo (como a Organização Internacional do Trabalho e a Organização das Nações Unidas), ainda que lá domiciliado e contratado, exceto se já for segurado de acordo com a legislação do país de domicílio.

f) O brasileiro ou estrangeiro domiciliado e contratado no Brasil para trabalhar como empregado em empresa domiciliada no exterior, cuja maioria do capital votante pertença a empresa brasileira de capital nacional.

g) O servidor público ocupante de cargo em comissão, sem vínculo efetivo com a União, autarquias, inclusive em regime especial, e fundações públicas federais.

Isso é confirmado pelo art. 1º da Lei 8.647/1993, ao prever que o servidor público civil ocupante de cargo em comissão, sem vínculo efetivo com a União, autarquias, inclusive em regime especial, e fundações públicas federais, vincula-se obrigatoriamente ao Regime Geral de Previdência Social de que trata a Lei 8.213/1991[3].

Na realidade, é segurado obrigatório do Regime Geral de Previdência Social, na condição de empregado, o agente público ocupante, exclusivamente, de cargo em comissão declarado em lei de livre nomeação e exoneração, de outro cargo temporário, inclusive mandato eletivo, ou de emprego público (art. 40, § 13, da Constituição da República Federativa do Brasil, com redação dada pela Emenda Constitucional 103/2019).

A Lei 8.112, de 11 de dezembro de 1990, não modificou a situação do servidor celetista anteriormente aposentado pela Previdência Social Urbana (Súmula 20 da Turma Nacional de Uniformização dos Juizados Especiais Federais).

A previsão em destaque também se aplica ao ocupante de cargo de Ministro de Estado, de Secretário Estadual, Distrital ou Municipal, sem vínculo efetivo com a União, Estados, Distrito Federal e Municípios, suas autarquias, ainda que em regime especial, e fundações (art. 11, § 5º, da Lei 8.213/1991).

Cabe esclarecer que o servidor civil ocupante de cargo efetivo ou o militar da União, dos Estados, do Distrito Federal ou dos Municípios, bem

---

[3] "[...] 4. A nomeação para cargo comissionado após a Lei nº 8.647, de 1993, não gera direito ao cálculo dos proventos de aposentadoria pelo regime estatutário, mas pelo Regime Geral da Previdência Social, nos moldes do cargo ocupado pelo impetrante à época da edição da Lei. A Lei submeteu os detentores de cargos em comissão ao Regime Geral da Previdência Social. 5. Mandado de segurança denegado" (STF, Pleno, MS 24.024/DF, rel. p/ ac. Min. Gilmar Mendes, *DJ* 24.10.2003).

como o das respectivas autarquias e fundações, são excluídos do Regime Geral de Previdência Social, *desde que amparados por Regime Próprio de Previdência Social* (art. 12 da Lei 8.213/1991).

Logo, se não estiverem abrangidos por Regime Próprio, como na hipótese de ausência de sua instituição pelo ente político, serão considerados segurados obrigatórios do Regime Geral da Previdência Social.

Além disso, caso o servidor ou o militar venham a exercer, concomitantemente, uma ou mais atividades abrangidas pelo Regime Geral de Previdência Social, tornam-se segurados obrigatórios em relação a essas atividades.

Se o servidor ou o militar, amparados por Regime Próprio de Previdência Social, forem requisitados para outro órgão ou entidade cujo regime previdenciário não permita a filiação, nessa condição, permanecem vinculados ao regime de origem, obedecidas as regras que cada ente estabeleça acerca de sua contribuição.

Desse modo, são segurados obrigatórios da Previdência Social, na condição de *empregado*: o servidor da União, Estado, Distrito Federal ou Município, incluídas suas autarquias e fundações, ocupante, exclusivamente, de *cargo em comissão* declarado em lei de livre nomeação e exoneração; o servidor do Estado, Distrito Federal ou Município, bem como o das respectivas autarquias e fundações, ocupante de cargo efetivo, desde que, nessa qualidade, *não esteja amparado por Regime Próprio de Previdência Social*; o servidor contratado pela União, Estado, Distrito Federal ou Município, bem como pelas respectivas autarquias e fundações, *por tempo determinado*, para atender a *necessidade temporária de excepcional interesse público*, nos termos do art. 37, inciso IX, da Constituição Federal de 1988; o servidor da União, Estado, Distrito Federal ou Município, incluídas suas autarquias e fundações, ocupante de *emprego público* (art. 9º do Regulamento da Previdência Social, aprovado pelo Decreto 3.048/1999).

A Turma Nacional de Uniformização dos Juizados Especiais Federais fixou a seguinte tese (Tema 209): "O labor prestado à Administração Pública, sob contratação reputada nula pela falta de realização de prévio concurso público, produz efeitos previdenciários, desde que ausente simulação ou fraude na investidura ou contratação, tendo em vista que a relação jurídica previdenciária inerente ao RGPS, na modalidade de segurado empregado, é relativamente independente da relação jurídica de trabalho a ela subjacente" (TNU, PEDILEF 0502656-69.2018.4.05.8404/RN, rel. Juiz Federal José Francisco Andreotti Spizzirri, DJe 23.09.2019).

h) O que exerce *mandato eletivo* federal, estadual, distrital ou municipal, desde que não vinculado a Regime Próprio de Previdência Social.

Aplica-se ao agente público ocupante de cargo temporário, inclusive *mandato eletivo*, o Regime Geral de Previdência Social (art. 40, § 13, da Constituição Federal de 1988, com redação dada pela Emenda Constitucional 103/2019). Cf. ainda Capítulo 9, item 9.14.3.

i) O empregado de organismo oficial internacional ou estrangeiro em funcionamento no Brasil, salvo quando coberto por Regime Próprio de Previdência Social.

O art. 9º, inciso I, do Regulamento da Previdência Social (aprovado pelo Decreto 3.048/1999) faz menção, ainda, aos seguintes segurados obrigatórios, na condição de *empregado*:

> – o brasileiro civil que presta serviços à União no exterior, em repartições governamentais brasileiras, que seja lá domiciliado e contratado, inclusive o auxiliar local de que tratam os arts. 56 e 57 da Lei 11.440/2006 (que institui o regime jurídico dos servidores do serviço exterior brasileiro), este desde que, em razão de proibição legal, não possa filiar-se ao sistema previdenciário local;
>
> – o bolsista e o estagiário que prestam serviços a empresa, *em desacordo* com a Lei 11.788/2008 (que dispõe sobre o estágio de estudantes);
>
> – o escrevente e o auxiliar contratados por titular de serviços notariais e de registro a partir de 21 de novembro de 1994, bem como aquele que optou pelo Regime Geral de Previdência Social, em conformidade com a Lei 8.935/1994;
>
> – o trabalhador rural contratado por produtor rural pessoa física, na forma do art. 14-A da Lei 5.889/1973, para o exercício de atividades de natureza temporária por prazo não superior a dois meses dentro do período dc um ano;
>
> – aquele contratado como trabalhador intermitente para a prestação de serviços, com subordinação, de forma não contínua, com alternância de períodos de prestação de serviços e de inatividade, em conformidade com o disposto no § 3º do art. 443 da CLT.

Cabe esclarecer que o magistrado da Justiça Eleitoral, nomeado na forma do art. 119, inciso II, ou do art. 120, § 1º, inciso III, da Constituição Federal de 1988, mantém o mesmo enquadramento no Regime Geral de Previdência Social de antes da investidura no cargo (art. 9º, § 11, do Regulamento da Previdência Social).

A Lei 7.998/1990 regula o programa do seguro-desemprego, o abono salarial, institui o fundo de amparo ao trabalhador (FAT) e dá outras providências. A Lei 10.779/2003 dispõe sobre a concessão do benefício de seguro desemprego, durante o período de defeso, ao pescador profissional que exerce a atividade pesqueira de forma artesanal.

4.3.2. EMPREGADO DOMÉSTICO

O art. 7º, parágrafo único, da Constituição da República, com redação dada pela Emenda Constitucional 72/2013, assegura à categoria dos trabalhadores domésticos, atendidas as condições estabelecidas em lei e observada a simplificação do cumprimento das obrigações tributárias, principais e acessórias, decorrentes da relação de trabalho e suas peculiaridades, a sua *integração à Previdência Social*.

Nesse sentido, conforme o art. 20 da Lei Complementar 150/2015, o empregado doméstico é *segurado obrigatório da Previdência Social*, sendo-lhe devidas, na forma da Lei 8.213/1991, as prestações nela arroladas, atendido o disposto na mencionada Lei Complementar e observadas as características especiais do trabalho doméstico.

Portanto, é segurado obrigatório da Previdência Social na condição de *empregado doméstico* aquele que presta serviço de natureza contínua, mediante remuneração, a pessoa ou família, no âmbito residencial desta, em atividade sem fins lucrativos (art. 11, inciso II, da Lei 8.213/1991).

O empregado doméstico é considerado o trabalhador que presta serviços de forma contínua, subordinada, onerosa e pessoal e de *finalidade não lucrativa* à pessoa (física) ou à família, no âmbito residencial destas, *por mais de dois dias por semana*, conforme art. 1º da Lei Complementar 150/2015, sobre o contrato de trabalho doméstico.

Diversamente da Consolidação das Leis do Trabalho, que utiliza a expressão "não eventual" (art. 3º), a lei específica sobre o contrato de trabalho doméstico, atualmente em vigor, exige a continuidade na prestação de serviços *por mais de dois dias por semana* para a configuração dessa modalidade de vínculo de emprego.

O Decreto 6.481/2008 aprovou a *Lista das Piores Formas de Trabalho Infantil* (Lista TIP), na forma do Anexo, de acordo com o disposto nos arts. 3º, *d*, e 4º da Convenção 182 da Organização Internacional do Trabalho, aprovada pelo Decreto Legislativo 178/1999 e promulgada pelo Decreto 3.597/2000 (atualmente Decreto 10.088/2019).

É proibido o trabalho do menor de 18 anos nas atividades descritas na Lista TIP, a qual inclui o *trabalho doméstico*.

Desse modo, é vedada a contratação de menor de 18 anos para desempenho de trabalho doméstico, de acordo com a Convenção 182, de 1999, da Organização Internacional do Trabalho (OIT), e com o Decreto 6.481/2008.

4.3.3. CONTRIBUINTE INDIVIDUAL

São segurados obrigatórios da Previdência Social na condição de *contribuinte individual* (art. 11, inciso V, da Lei 8.213/1991):

a) a pessoa física, proprietária ou não, que explora atividade agropecuária, a qualquer título, em caráter permanente ou temporário, em área superior a quatro módulos fiscais; ou, quando em área igual ou inferior a quatro módulos fiscais ou atividade pesqueira, com auxílio de empregados ou por intermédio de prepostos; ou ainda nas hipóteses do art. 11, §§ 9º e 10, da Lei 8.213/1991, ao prever casos em que a condição de segurado especial é excluída;

b) a pessoa física, proprietária ou não, que explora atividade de extração mineral (garimpo), em caráter permanente ou temporário, diretamente ou por intermédio de prepostos, com ou sem o auxílio de empregados, utilizados a qualquer título, ainda que de forma não contínua;

c) o ministro de confissão religiosa e o membro de instituto de vida consagrada, de congregação ou de ordem religiosa;

d) Revogada pela Lei 9.876/1999;

e) o brasileiro civil que trabalha no exterior para organismo oficial internacional do qual o Brasil é membro efetivo, ainda que lá domiciliado e contratado, salvo quando coberto por Regime Próprio de Previdência Social;

f) o titular de firma individual urbana ou rural, o diretor não empregado e o membro de conselho de administração de sociedade anônima, o sócio solidário, o sócio de indústria, o sócio gerente e o sócio cotista que recebam remuneração decorrente de seu trabalho em empresa urbana ou rural, e o associado eleito para cargo de direção em cooperativa, associação ou entidade de qualquer natureza ou finalidade, bem como o síndico ou administrador eleito para exercer atividade de direção condominial, desde que recebam remuneração;

Entende-se que a isenção concedida ao síndico quanto ao pagamento do valor da mensalidade de condomínio equivale à remuneração (indireta), o que o enquadra como segurado obrigatório contribuinte individual[4].

g) a pessoa física que presta serviço de natureza urbana ou rural, em caráter eventual, a uma ou mais empresas, sem relação de emprego;

---

[4] Cf. SANTOS, Marisa Ferreira dos. *Direito previdenciário esquematizado*. 5. ed. São Paulo: Saraiva, 2015. p. 174.

Trata-se do *trabalhador eventual*, isto é, que presta serviços de modo esporádico, ou seja, casual.

Discute-se a respeito de sua caracterização, havendo entendimento de que o trabalho eventual seria o que não integra as atividades normais e essenciais da empresa.

A rigor, o trabalhador eventual é o que não se fixa a uma fonte tomadora dos serviços, de modo que não há uma repetição automática da prestação dos serviços ao longo do tempo.

Conforme o art. 9º, § 4º, do Regulamento da Previdência Social, entende-se por serviço prestado em caráter não eventual aquele relacionado direta ou indiretamente com as atividades normais da empresa. Logo, interpretando-se essa disposição a *contrario sensu*, o trabalho eventual seria aquele que não se relaciona com as atividades normais da empresa.

Por não se configurar a relação de emprego, o eventual é segurado obrigatório, enquadrado como contribuinte individual.

h) a pessoa física que exerce, por conta própria, atividade econômica de natureza urbana, com fins lucrativos ou não.

Tem-se aqui o *trabalhador autônomo*, ou seja, que presta serviço de forma não subordinada, o que afasta a existência de vínculo de emprego.

O trabalhador autônomo presta serviços por conta própria, organizando e coordenando a sua própria atividade. Embora não seja empregado (art. 442-B da CLT), é segurado obrigatório, na condição de contribuinte individual.

No serviço de transporte remunerado privado individual de passageiro (assim considerado o serviço remunerado de transporte de passageiros, não aberto ao público, para a realização de viagens individualizadas ou compartilhadas solicitadas exclusivamente por usuários previamente cadastrados em aplicativos ou outras plataformas de comunicação em rede), exige-se a inscrição do motorista como *contribuinte individual* do Instituto Nacional do Seguro Social, nos termos do art. 11, inciso V, *h*, da Lei 8.213/1991 (art. 11-A, parágrafo único, da Lei 12.587/2012, incluído pela Lei 13.640/2018).

A inscrição como segurado contribuinte individual deve ser feita diretamente pelo motorista de transporte remunerado privado individual de passageiros, preferencialmente pelos canais eletrônicos de atendimento do INSS. O motorista pode optar pela inscrição como microempreendedor individual, desde que atenda aos requisitos de que trata o art. 18-A da Lei Complementar 123/2006 (art. 2º do Decreto 9.792/2019).

A comprovação da inscrição perante as empresas responsáveis por aplicativos ou por outras plataformas digitais de transporte remunerado privado individual de passageiros é de responsabilidade do motorista e caberá ao INSS fornecer os respectivos comprovantes, preferencialmente por meio de seus canais eletrônicos de atendimento (art. 3º do Decreto 9.792/2019).

O motorista de transporte remunerado privado individual de passageiros deve recolher sua contribuição ao Regime Geral de Previdência Social por iniciativa própria, nos termos do art. 30, inciso II, da Lei 8.212/1991 (art. 4º do Decreto 9.792/2019).

O art. 9º, § 15, do Regulamento da Previdência Social indica os seguintes contribuintes individuais abrangidos pelas hipóteses de trabalhadores eventuais e autônomos:

– aquele que trabalha como condutor autônomo de veículo rodoviário, inclusive como taxista ou motorista de transporte remunerado privado individual de passageiros, ou como operador de trator, máquina de terraplenagem, colheitadeira e assemelhados, sem vínculo empregatício;

– aquele que exerce atividade de auxiliar de condutor autônomo de veículo rodoviário, em automóvel cedido em regime de colaboração, nos termos da Lei 6.094/1974;

– aquele que, pessoalmente, por conta própria e a seu risco, exerce pequena atividade comercial em via pública ou de porta em porta, como comerciante ambulante, nos termos da Lei 6.586/1978;

– o trabalhador associado a cooperativa que, nessa qualidade, presta serviços a terceiros;

– o membro de conselho fiscal de sociedade por ações;

– aquele que presta serviço de natureza não contínua, por conta própria, a pessoa ou família, no âmbito residencial desta, em atividade sem fins lucrativos, até dois dias por semana;

– o notário ou tabelião e o oficial de registros ou registrador, titular de cartório, que detêm a delegação do exercício da atividade notarial e de registro, não remunerados pelos cofres públicos, admitidos a partir de 21 de novembro de 1994;

– aquele que, na condição de pequeno feirante, compra para revenda produtos hortifrutigranjeiros ou assemelhados;

– a pessoa física que edifica obra de construção civil;

– o médico residente de que trata a Lei 6.932/1981;

– o pescador que trabalha em regime de parceria, meação ou arrendamento, em embarcação de médio ou grande porte, nos termos da Lei 11.959/2009;

– o incorporador de que trata o art. 29 da Lei 4.591/1964;

– o bolsista da Fundação Habitacional do Exército contratado em conformidade com a Lei 6.855/1980;

– o árbitro e seus auxiliares que atuam em conformidade com a Lei 9.615/1998 (atualmente, Lei 14.597/2023);

– o membro de conselho tutelar de que trata o art. 132 da Lei 8.069/1990, quando remunerado;

– o interventor, o liquidante, o administrador especial e o diretor fiscal de instituição financeira, empresa ou entidade bancária (ou seja, de banco comercial, banco de investimento, banco de desenvolvimento, caixa econômica, sociedade de crédito, financiamento e investimento, sociedade de crédito imobiliário, inclusive associação de poupança e empréstimo, sociedade corretora, distribuidora de títulos e valores mobiliários, inclusive bolsa de mercadorias e de valores, empresa de arrendamento mercantil, cooperativa de crédito, empresa de seguros privados e de capitalização, agente autônomo de seguros privados e de crédito e entidade de previdência privada, aberta e fechada);

– o transportador autônomo de cargas e o transportador autônomo de cargas auxiliar, nos termos do disposto na Lei 11.442/2007;

– o repentista de que trata a Lei 12.198/2010 (repentista é o profissional que utiliza o improviso rimado como meio de expressão artística cantada, falada ou escrita, compondo de imediato ou recolhendo composições de origem anônima ou da tradição popular), desde que não se enquadre na condição de empregado, em relação à referida atividade;

– o artesão de que trata a Lei 13.180/2015 (artesão é toda pessoa física que desempenha suas atividades profissionais de forma individual, associada ou cooperativada), desde que não se enquadre em outras categorias de segurado obrigatório do Regime Geral de Previdência Social em relação à referida atividade.

Cabe ainda destacar as seguintes hipóteses de contribuintes individuais explicitadas de forma mais detalhada no art. 9º, inciso V, do Regulamento da Previdência Social:

– desde que receba remuneração decorrente de trabalho na empresa:

1) o empresário individual e o titular de empresa individual de responsabilidade limitada, urbana ou rural;
2) o diretor não empregado e o membro de conselho de administração de sociedade anônima;

3) o sócio de sociedade em nome coletivo;
4) o sócio solidário, o sócio gerente, o sócio cotista e o administrador, quanto a este último, quando não for empregado em sociedade limitada, urbana ou rural.

Considera-se *diretor não empregado* o que, participando ou não do risco econômico do empreendimento, seja eleito, por assembleia geral dos acionistas, para cargo de direção das sociedades anônimas, não mantendo as características inerentes à relação de emprego.

– o associado eleito para cargo de direção em cooperativa, associação ou entidade de qualquer natureza ou finalidade, bem como o síndico ou administrador eleito para exercer atividade de direção condominial, desde que recebam remuneração;

– o aposentado de qualquer regime previdenciário nomeado magistrado classista temporário da Justiça do Trabalho[5], ou nomeado magistrado da Justiça Eleitoral, na forma do art. 119, inciso II, ou do art. 120, § 1º, inciso III, da Constituição Federal de 1988;

– o cooperado de cooperativa de produção que, nesta condição, presta serviço à sociedade cooperativa mediante remuneração ajustada ao trabalho executado;

– o Microempreendedor Individual (MEI) de que tratam os arts. 18-A e 18-C da Lei Complementar 123/2006, que opte pelo recolhimento dos impostos e contribuições abrangidos pelo Simples Nacional em valores fixos mensais;

– o médico participante do Projeto Mais Médicos para o Brasil, instituído pela Lei 12.871/2013, exceto na hipótese de cobertura securitária específica estabelecida por organismo internacional ou filiação a regime de seguridade social em seu país de origem, com o qual a República Federativa do Brasil mantenha acordo de seguridade social;

– o médico em curso de formação no âmbito do Programa Médicos pelo Brasil, instituído pela Lei 13.958/2019.

É considerado microempreendedor individual (MEI) o empresário individual a que se refere o art. 966 do Código Civil, ou o empreendedor que exerça as atividades de industrialização, comercialização e prestação de serviços no âmbito rural, que tenha auferido receita bruta no ano-calendário imediatamente anterior até o limite estabelecido no art. 18-A da Lei

[5] Esse grupo de segurados tende a não mais existir, pois a Emenda Constitucional 24/1999 extinguiu a representação classista na Justiça do Trabalho.

Complementar 123/2006, que tenha optado pelo Simples Nacional e não esteja impedido de optar pela sistemática de recolhimento dos impostos e contribuições abrangidos pelo Simples Nacional em valores fixos mensais (art. 9º, § 26, do Regulamento da Previdência Social, incluído pelo Decreto 10.410/2020).

4.3.4. TRABALHADOR AVULSO

É segurado obrigatório da Previdência Social na condição de *trabalhador avulso* quem presta, a diversas empresas, sem vínculo empregatício, serviço de natureza urbana ou rural (art. 11, inciso VI, da Lei 8.213/1991).

O trabalhador avulso é a pessoa física que presta serviços a diversas empresas e tomadores, de natureza urbana ou rural, sem vínculo empregatício.

O avulso diferencia-se do trabalhador eventual, pois a prestação dos serviços é intermediada pelo sindicato da categoria profissional ou pelo Órgão Gestor de Mão de Obra. Ademais, a Constituição Federal de 1988, no art. 7º, inciso XXXIV, garante igualdade de direitos entre o trabalhador com vínculo empregatício permanente e o trabalhador avulso.

O trabalho avulso é comum na área portuária, com a presença do Órgão Gestor de Mão de Obra na administração e no fornecimento da mão de obra do *trabalhador portuário avulso*, conforme previsto na Lei 12.815/2013.

Apesar disso, também existe o *trabalhador avulso não portuário*, em que a prestação do serviço é intermediada pelo sindicato da categoria profissional, com a divulgação de escalas de trabalho dos avulsos, com a observância do rodízio entre os trabalhadores, em atividades de movimentação de mercadorias em geral, segundo dispõe a Lei 12.023/2009.

Desse modo, o trabalhador avulso é aquele que:

a) sindicalizado ou não, preste serviço de natureza urbana ou rural a diversas empresas, ou equiparados, sem vínculo empregatício, com intermediação obrigatória do órgão gestor de mão de obra, nos termos do disposto na Lei 12.815/2013, ou do sindicato da categoria, assim considerados: 1) o trabalhador que exerça atividade portuária de capatazia, estiva, conferência e conserto de carga e vigilância de embarcação e bloco; 2) o trabalhador de estiva de mercadorias de qualquer natureza, inclusive carvão e minério; 3) o trabalhador em alvarenga (embarcação para carga e descarga de navios); 4) o amarrador de embarcação; 5) o ensacador de café, cacau, sal e similares; 6) o trabalhador na indústria de extração de sal; 7) o carregador de bagagem em porto; 8) o prático de barra em porto; 9) o guindasteiro; 10) o classificador, o movimentador e o empacotador de mercadorias em portos;

b) exerça atividade de movimentação de mercadorias em geral, nos termos do disposto na Lei 12.023/2009, em áreas urbanas ou rurais, sem vínculo empregatício, com intermediação obrigatória do sindicato da categoria, por meio de acordo ou convenção coletiva de trabalho, nas atividades de: 1) cargas e descargas de mercadorias a granel e ensacados, costura, pesagem, embalagem, enlonamento, ensaque, arrasto, posicionamento, acomodação, reordenamento, reparação de carga, amostragem, arrumação, remoção, classificação, empilhamento, transporte com empilhadeiras, paletização, ova e desova de vagões, carga e descarga em feiras livres e abastecimento de lenha em secadores e caldeiras; 2) operação de equipamentos de carga e descarga; 3) pré-limpeza e limpeza em locais necessários às operações ou à sua continuidade (art. 9º, inciso VI, do Regulamento da Previdência Social, com redação dada pelo Decreto 10.410/2020).

4.3.5. SEGURADO ESPECIAL

O segurado especial é, em essência, o pequeno produtor rural e o pescador artesanal, previstos no art. 195, § 8º, da Constituição da República.

Nesse sentido, o *produtor*, o *parceiro*, o *meeiro* e o *arrendatário rurais* e o *pescador artesanal*, bem como os respectivos *cônjuges*, que exerçam suas atividades em *regime de economia familiar*, *sem empregados permanentes*, contribuem para a Seguridade Social mediante a aplicação de uma alíquota sobre o resultado da comercialização da produção e têm direito aos benefícios nos termos da lei.

Desse modo, conforme o art. 11, inciso VII, da Lei 8.213/1991, é segurado obrigatório da Previdência Social, na condição de *segurado especial*, a *pessoa física* residente no imóvel rural ou em aglomerado urbano ou rural próximo a ele que, *individualmente ou em regime de economia familiar*, ainda que com o auxílio eventual de terceiros, na condição de:

a) *produtor* (proprietário, usufrutuário, possuidor, assentado, parceiro ou meeiro outorgados, comodatário ou arrendatário rurais) que explore atividade: agropecuária em área de até quatro módulos fiscais; de seringueiro ou extrativista vegetal (que exerça suas atividades nos termos do art. 2º, *caput*, inciso XII, da Lei 9.985/2000)[6], e faça dessas atividades o principal meio de vida;

---

[6] "Art. 2º Para os fins previstos nesta Lei, entende-se por: XII – extrativismo: sistema de exploração baseado na coleta e extração, de modo sustentável, de recursos naturais renováveis".

O módulo fiscal é previsto no art. 50 da Lei 4.504/1964, que dispõe sobre o Estatuto da Terra, sendo utilizado para o cálculo do Imposto Territorial Rural.

O número de módulos fiscais de um imóvel rural é obtido dividindo-se a sua área aproveitável total pelo modulo fiscal do Município.

O módulo fiscal *de cada Município*, expresso em hectares, é determinado levando-se em conta os seguintes fatores: a) o tipo de exploração predominante no Município: hortifrutigranjeira; cultura permanente; cultura temporária; pecuária; florestal; b) a renda obtida no tipo de exploração predominante; c) outras explorações existentes no Município que, embora não predominantes, sejam expressivas em função da renda ou da área utilizada; d) o conceito de "propriedade familiar", definido no art. 4º, inciso II, da Lei 4.504/1964[7].

Constitui área aproveitável do imóvel rural a que for passível de exploração agrícola, pecuária ou florestal. Não se considera aproveitável: a área ocupada por benfeitoria; a área ocupada por floresta ou mata de efetiva preservação permanente, ou reflorestada com essências nativas; a área comprovadamente imprestável para qualquer exploração agrícola, pecuária ou florestal.

Cabe registrar que a Súmula 30 da Turma Nacional de Uniformização dos Juizados Especiais Federais assim prevê: "Tratando-se de demanda previdenciária, o fato de o imóvel ser superior ao módulo rural não afasta, por si só, a qualificação de seu proprietário como segurado especial, desde que comprovada, nos autos, a sua exploração em regime de economia familiar".

O Superior Tribunal de Justiça fixou a seguinte tese em recurso especial repetitivo: "O tamanho da propriedade não descaracteriza, por si só, o regime de economia familiar, caso estejam comprovados os demais requisitos legais para a concessão da aposentadoria por idade rural" (STJ, 1ª Seção, 1.947.404/RS, 2021/0061237-9, rel. Min. Benedito Gonçalves, j. 23.11.2022).

b) *pescador artesanal* ou a este assemelhado que faça da pesca profissão habitual ou principal meio de vida;

---

7 "Art. 4º Para os efeitos desta Lei, definem-se: I – 'Imóvel Rural', o prédio rústico, de área contínua qualquer que seja a sua localização que se destina à exploração extrativa agrícola, pecuária ou agroindustrial, quer através de planos públicos de valorização, quer através de iniciativa privada; II – 'Propriedade Familiar', o imóvel rural que, direta e pessoalmente explorado pelo agricultor e sua família, lhes absorva toda a força de trabalho, garantindo-lhes a subsistência e o progresso social e econômico, *com área máxima fixada para cada região e tipo de exploração*, e eventualmente trabalho com a ajuda de terceiros; III – 'Módulo Rural', a área fixada nos termos do inciso anterior".

c) *cônjuge* ou *companheiro*, bem como *filho maior de 16 anos de idade ou a este equiparado*, do segurado de que tratam as alíneas *a* e *b* acima, que, comprovadamente, trabalhem com o grupo familiar respectivo.

O *enteado* e o *menor tutelado* equiparam-se ao filho mediante declaração do segurado e desde que comprovada a dependência econômica na forma estabelecida no Regulamento (art. 16, § 2º, da Lei 8.213/1991).

Portanto, são segurados especiais não apenas a pessoa física residente em imóvel rural ou aglomerado urbano ou rural próximo a ele que, individualmente ou em regime de economia familiar, seja *produtor, parceiro, meeiro, pescador artesanal* (e figuras semelhantes acima indicadas), mas também o seu *cônjuge* ou *companheiro* e o *filho maior de 16 anos* ou a este equiparado.

A circunstância de um dos integrantes do núcleo familiar desempenhar atividade urbana não implica, por si só, a descaracterização do trabalhador rural como segurado especial, condição que deve ser analisada no caso concreto (Súmula 41 da Turma Nacional de Uniformização dos Juizados Especiais Federais).

Entende-se como *regime de economia familiar* a atividade em que o trabalho dos membros da família é indispensável à própria subsistência e ao desenvolvimento socioeconômico do núcleo familiar, sendo exercido em condições de mútua dependência e colaboração, *sem a utilização de empregados permanentes* (art. 11, § 1º, da Lei 8.213/1991).

Para serem considerados segurados especiais, o cônjuge ou companheiro e os filhos maiores de 16 anos ou os a estes equiparados devem ter participação ativa nas atividades rurais do grupo familiar (art. 11, § 6º, da Lei 8.213/1991).

O grupo familiar pode se utilizar de empregados contratados por prazo determinado ou de trabalhador eventual (conforme art. 11, *caput*, inciso V, *g*, da Lei 8.213/1991), à razão de *no máximo 120 pessoas por dia no ano civil*, em períodos corridos ou intercalados ou, ainda, por tempo equivalente em horas de trabalho, não sendo computado nesse prazo o período de afastamento em decorrência da percepção de auxílio-doença (art. 11, § 7º, da Lei 8.213/1991).

Cabe ressaltar que *não descaracteriza a condição de segurado especial*: a outorga, por meio de contrato escrito de parceria, meação ou comodato, de até 50% de imóvel rural cuja área total não seja superior a quatro módulos fiscais, desde que outorgante e outorgado continuem a exercer a respectiva atividade, individualmente ou em regime de economia familiar; a exploração da atividade turística da propriedade rural, inclusive com hospedagem, por não mais de 120 dias ao ano; a participação em plano de Previdência Complementar instituído por entidade classista a que seja associado em razão da condição de trabalhador rural ou de produtor rural em regime de economia familiar; ser beneficiário ou fazer parte de grupo familiar que tem algum componente que seja beneficiário de programa assistencial oficial de governo; a utilização pelo próprio grupo familiar, na exploração da atividade, de processo de beneficiamento ou industrialização artesanal, na forma do art. 25, § 11, da Lei 8.212/1991[8]; a associação em cooperativa agropecuária ou de crédito rural; a incidência do Imposto Sobre Produtos Industrializados (IPI) sobre o produto das atividades desenvolvidas nos termos do art. 11, § 12, da Lei 8.213/1991, que prevê a participação do segurado especial em sociedade empresária, em sociedade simples, como empresário individual, como titular de empresa individual de responsabilidade limitada (EIRELI) de objeto ou âmbito agrícola, agroindustrial ou agroturístico, considerada microempresa nos termos da Lei Complementar 123/2006 (art. 11, § 8º, da Lei 8.213/1991); a participação em programas e ações de pagamento por serviços ambientais (art. 12, § 9º, da Lei 8.212/1991)[9].

Entretanto, não é segurado especial o membro de grupo familiar que possuir *outra fonte de rendimento*, exceto se decorrente de: benefício de pensão por morte, auxílio-acidente ou auxílio-reclusão, cujo valor não supere o do menor benefício da Previdência Social; benefício concedido ao segurado qualificado como segurado especial, independentemente do valor (art. 9º, § 8º, inciso I-A, do Regulamento da Previdência Social); benefício previdenciário pela participação em plano de Previdência Complementar ins-

---

8 "§ 11. Considera-se processo de beneficiamento ou industrialização artesanal aquele realizado diretamente pelo próprio produtor rural pessoa física, desde que não esteja sujeito à incidência do Imposto Sobre Produtos Industrializados – IPI".

9 A Lei 14.119/2021 institui a política nacional de pagamento por serviços ambientais. Para os fins da Lei 14.119/2021, consideram-se: I – ecossistema: complexo dinâmico de comunidades vegetais, animais e de microrganismos e o seu meio inorgânico que interagem como uma unidade funcional; II – serviços ecossistêmicos: benefícios relevantes para a sociedade gerados pelos ecossistemas, em termos de manutenção, recuperação ou melhoria das condições ambientais; III – serviços ambientais: atividades individuais ou coletivas que favorecem a manutenção, a recuperação ou a melhoria dos serviços ecossistêmicos; III – serviços ambientais: atividades individuais ou coletivas que favorecem a manutenção, a recuperação ou a melhoria dos serviços ecossistêmicos; IV – *pagamento por serviços ambientais*: transação de natureza voluntária, mediante a qual um pagador de serviços ambientais transfere a um provedor desses serviços recursos financeiros ou outra forma de remuneração, nas condições acertadas, respeitadas as disposições legais e regulamentares pertinentes; V – pagador de serviços ambientais: poder público, organização da sociedade civil ou agente privado, pessoa física ou jurídica, de âmbito nacional ou internacional, que provê o pagamento dos serviços ambientais; VI – provedor de serviços ambientais: pessoa física ou jurídica, de direito público ou privado, ou grupo familiar ou comunitário que, preenchidos os critérios de elegibilidade, mantém, recupera ou melhora as condições ambientais dos ecossistemas (art. 2º).

tituído nos termos do art. 11, § 8º, inciso III, da Lei 8.213/1991 (ao prever que não descaracteriza a condição de segurado especial a participação em plano de Previdência Complementar instituído por entidade classista a que seja associado em razão da condição de trabalhador rural ou de produtor rural em regime de economia familiar); exercício de atividade remunerada em período não superior a 120 dias, corridos ou intercalados, no ano civil, observado o disposto no art. 12, § 13, da Lei 8.212/1991 (que versa sobre a não dispensa do recolhimento da contribuição devida em relação ao exercício dessa atividade); exercício de mandato eletivo de dirigente sindical de organização da categoria de trabalhadores rurais; exercício de mandato de vereador do Município em que desenvolve a atividade rural ou de dirigente de cooperativa rural constituída, exclusivamente, por segurados especiais, observado o disposto no art. 12, § 13, da Lei 8.212/1991 (que versa sobre a não dispensa do recolhimento da contribuição devida em relação ao exercício dessa atividade); parceria ou meação outorgada na forma e condições estabelecidas no art. 11, § 8º, inciso I, da Lei 8.213/1991[10]; atividade artesanal desenvolvida com matéria-prima produzida pelo respectivo grupo familiar, podendo ser utilizada matéria-prima de outra origem, desde que a renda mensal obtida na atividade não exceda ao menor benefício de prestação continuada da Previdência Social; atividade artística, desde que em valor mensal inferior ao menor benefício de prestação continuada da Previdência Social (art. 11, § 9º, da Lei 8.213/1991).

O segurado especial fica *excluído* dessa categoria:

I – a contar do primeiro dia do mês em que:

a) deixar de satisfazer as condições estabelecidas no art. 11, *caput*, inciso VII, da Lei 8.213/1991, que prevê os requisitos para a configuração do segurado especial, sem prejuízo do disposto no art. 15 (sobre os *períodos de graça*, em que é mantida a qualidade de segurado, independentemente de contribuições), ou exceder qualquer dos limites estabelecidos no art. 11, § 8º, inciso I, do mesmo diploma legal;

b) enquadrar-se em qualquer outra categoria de segurado obrigatório do Regime Geral de Previdência Social, ressalvado o disposto no art. 11,

---

10 "§ 8º Não descaracteriza a condição de segurado especial: I – a outorga, por meio de contrato escrito de parceria, meação ou comodato, de até 50% (cinquenta por cento) de imóvel rural cuja área total não seja superior a 4 (quatro) módulos fiscais, desde que outorgante e outorgado continuem a exercer a respectiva atividade, individualmente ou em regime de economia familiar".

§ 9º, incisos III, V, VII e VIII[11], e § 12[12], sem prejuízo do disposto no art. 15 (sobre os *períodos de graça*), ambos da Lei 8.213/1991;

c) tornar-se segurado obrigatório de outro regime previdenciário;

d) participar de sociedade empresária, de sociedade simples, como empresário individual ou como titular de empresa individual de responsabilidade limitada em desacordo com as limitações impostas pelo já mencionado art. 11, § 12, da Lei 8.213/1991;

II – a contar do primeiro dia do mês subsequente ao da ocorrência, quando o grupo familiar a que pertence exceder o limite de:

a) utilização de terceiros na exploração da atividade a que se refere o art. 11, § 7º, da Lei 8.213/1991[13];

b) dias em atividade remunerada estabelecidos no art. 11, § 9º, inciso III, da Lei 8.213/1991[14];

---

[11] "§ 9º Não é segurado especial o membro de grupo familiar que possuir outra fonte de rendimento, exceto se decorrente de: [...] III – exercício de atividade remunerada em período não superior a 120 (cento e vinte) dias, corridos ou intercalados, no ano civil, observado o disposto no § 13 do art. 12 da Lei nº 8.212, de 24 de julho de 1991; [...] V – exercício de mandato de vereador do Município em que desenvolve a atividade rural ou de dirigente de cooperativa rural constituída, exclusivamente, por segurados especiais, observado o disposto no § 13 do art. 12 da Lei nº 8.212, de 24 de julho de 1991; [...] VII – atividade artesanal desenvolvida com matéria-prima produzida pelo respectivo grupo familiar, podendo ser utilizada matéria-prima de outra origem, desde que a renda mensal obtida na atividade não exceda ao menor benefício de prestação continuada da Previdência Social; e VIII – atividade artística, desde que em valor mensal inferior ao menor benefício de prestação continuada da Previdência Social".

[12] "§ 12. A participação do segurado especial em sociedade empresária, em sociedade simples, como empresário individual ou como titular de empresa individual de responsabilidade limitada de objeto ou âmbito agrícola, agroindustrial ou agroturístico, considerada microempresa nos termos da Lei Complementar nº 123, de 14 de dezembro de 2006, não o exclui de tal categoria previdenciária, desde que, mantido o exercício da sua atividade rural na forma do inciso VII do *caput* e do § 1º, a pessoa jurídica componha-se apenas de segurados de igual natureza e sedie-se no mesmo Município ou em Município limítrofe àquele em que eles desenvolvam suas atividades".

[13] "§ 7º O grupo familiar poderá utilizar-se de empregados contratados por prazo determinado ou de trabalhador de que trata a alínea *g* do inciso V do *caput*, à razão de no máximo 120 (cento e vinte) pessoas por dia no ano civil, em períodos corridos ou intercalados ou, ainda, por tempo equivalente em horas de trabalho, não sendo computado nesse prazo o período de afastamento em decorrência da percepção de auxílio-doença".

[14] "§ 9º Não é segurado especial o membro de grupo familiar que possuir outra fonte de rendimento, exceto se decorrente de: [...] III – exercício de atividade remunerada em período não superior a 120 (cento e vinte) dias, corridos ou intercalados, no ano civil, observado o disposto no § 13 do art. 12 da Lei nº 8.212, de 24 de julho de 1991".

c) dias de hospedagem a que se refere o art. 11, § 8º, inciso II, da Lei 8.213/1991[15] (art. 11, § 10, da Lei 8.213/1991).

A previsão legal no sentido de que é *contribuinte individual* a pessoa física, proprietária ou não, que explora atividade agropecuária, a qualquer título, em caráter permanente ou temporário, *em área superior a quatro módulos fiscais*; ou, quando em área igual ou inferior a quatro módulos fiscais ou atividade pesqueira, com auxílio de empregados ou por intermédio de prepostos (conforme art. 11, *caput*, inciso V, *a*, da Lei 8.213/1991) também se aplica ao cônjuge ou companheiro do produtor que participe da atividade rural por este explorada (art. 11, § 11, da Lei 8.213/1991).

A participação do segurado especial em sociedade empresária, em sociedade simples, como empresário individual ou como titular de empresa individual de responsabilidade limitada (EIRELI) de objeto ou âmbito agrícola, agroindustrial ou agroturístico, considerada microempresa nos termos da Lei Complementar 123/2006, não o exclui de tal categoria previdenciária, desde que, mantido o exercício da sua atividade rural como segurado especial (na forma do art. 11, *caput*, inciso VII, e § 1º, da Lei 8.213/1991), a pessoa jurídica componha-se apenas de segurados de igual natureza e sedie-se no mesmo Município ou em Município limítrofe àquele em que eles desenvolvam suas atividades (art. 11, § 12, da Lei 8.213/1991).

É importante destacar que, segundo a previsão do art. 39 da Lei 8.213/1991, para os segurados especiais fica garantida a concessão:

> I – de aposentadoria por idade ou por invalidez, de auxílio-doença, de auxílio-reclusão ou de pensão, *no valor de um salário mínimo*, e de auxílio-acidente, conforme disposto no art. 86 da Lei 8.213/1991, desde que comprovem o exercício de atividade rural, ainda que de forma descontínua, no período imediatamente anterior ao requerimento do benefício, igual ao número de meses correspondentes à carência do benefício requerido, observado o disposto nos arts. 38-A e 38-B da Lei 8.213/1991[16]; ou

[15] "§ 8º Não descaracteriza a condição de segurado especial: [...] II – a exploração da atividade turística da propriedade rural, inclusive com hospedagem, por não mais de 120 (cento e vinte) dias ao ano".

[16] Cf. Súmula 32 da AGU: "Para fins de concessão dos benefícios dispostos nos artigos 39, inciso I e seu parágrafo único, e 143 da Lei nº 8.213, de 24 de julho de 1991, serão considerados como início razoável de prova material documentos públicos e particulares dotados de fé pública, desde que não contenham rasuras ou retificações recentes, nos quais conste expressamente a qualificação do segurado, de seu cônjuge, enquanto casado, ou companheiro, enquanto durar a união estável, ou de seu ascendente, enquanto dependente deste, como rurícola, lavrador ou agricultor, salvo a existência de prova em contrário".

II – dos benefícios especificados na Lei 8.213/1991, observados os critérios e a forma de cálculo que estiverem estabelecidos, *desde que contribuam facultativamente para a Previdência Social*, na forma prevista no Plano de Custeio da Seguridade Social.

Entende-se que o segurado especial, na hipótese do art. 39, inciso I, da Lei 8.213/1991, tem direito ao auxílio-acidente no valor mensal de metade (50%) do salário mínimo (arts. 29, § 6º, e 86, § 1º, da Lei 8.213/1991).

O trabalhador rural, na condição de segurado especial, sujeito à contribuição obrigatória sobre a produção rural comercializada, somente faz jus à aposentadoria por tempo de contribuição, se recolher contribuições facultativas (Súmula 272 do STJ).

Para a segurada especial fica garantida a concessão do salário-maternidade no valor de um salário mínimo, desde que comprove o exercício de atividade rural, ainda que de forma descontínua, nos 12 meses imediatamente anteriores ao do início do benefício (art. 39, parágrafo único, da Lei 8.213/1991). Entretanto, tendo em vista a previsão do art. 25, inciso III, da Lei 8.213/1991, prevalece o entendimento de que é devido o salário-maternidade à segurada especial, desde que comprove o exercício de atividade rural nos últimos *10 meses* imediatamente anteriores à data do parto ou do requerimento do benefício, quando requerido antes do parto, mesmo que de forma descontínua (art. 93, § 2º, do Regulamento da Previdência Social, aprovado pelo Decreto 3.048/1999).

4.4. SEGURADOS FACULTATIVOS

O *segurado facultativo* é a pessoa física que se filia ao Regime Geral de Previdência Social, mediante contribuição, desde que não esteja incluído nas disposições do art. 11 da Lei 8.213/1991, que trata dos segurados obrigatórios.

Os *segurados facultativos*, portanto, são aqueles que, mesmo não exercendo atividade remunerada, têm a possibilidade de se filiar ao Regime Geral de Previdência Social, mediante contribuição, a partir de 16 anos de idade, como é o caso do estudante e da dona de casa.

Entende-se que o segurado facultativo precisa ter no mínimo 16 anos de idade, e não mais 14 anos, conforme previa o art. 13 da Lei 8.213/1991, uma vez que, nos termos do art. 7º, inciso XXXIII, da Constituição da República (com redação dada pela Emenda Constitucional 20/1998), proíbe-se qualquer trabalho aos menores de 16 anos, salvo na condição de aprendiz (a partir de 14 anos). O aprendiz, entretanto, é empregado (art. 428 da CLT), ou seja, segurado obrigatório da Previdência Social.

Isso é confirmado pelo art. 11 do Regulamento da Previdência Social, aprovado pelo Decreto 3.048/1999, ao dispor que é segurado facultativo *o maior de 16 anos de idade* que se filiar ao Regime Geral de Previdência Social, mediante contribuição, desde que não esteja exercendo atividade remunerada que o enquadre como segurado obrigatório da Previdência Social.

Podem se filiar facultativamente, entre outros: aquele que se dedique exclusivamente ao trabalho doméstico no âmbito de sua residência; o síndico de condomínio, *quando não remunerado*; o estudante; o brasileiro que acompanha cônjuge que presta serviço no exterior; aquele que deixou de ser segurado obrigatório da Previdência Social; o membro de conselho tutelar de que trata o art. 132 da Lei 8.069/1990 (que dispõe sobre o Estatuto da Criança e do Adolescente), quando não esteja vinculado a qualquer regime de Previdência Social; o estagiário que preste serviços a empresa nos termos do disposto na Lei 11.788/2008; o bolsista que se dedique em tempo integral a pesquisa, curso de especialização, pós-graduação, mestrado ou doutorado, no Brasil ou no exterior, desde que não esteja vinculado a qualquer regime de Previdência Social; o presidiário que não exerce atividade remunerada nem esteja vinculado a qualquer regime de Previdência Social; o brasileiro residente ou domiciliado no exterior; o segurado recolhido à prisão sob regime fechado ou semiaberto, que, nesta condição, preste serviço, dentro ou fora da unidade penal, a uma ou mais empresas, com ou sem intermediação da organização carcerária ou entidade afim, ou que exerce atividade artesanal por conta própria; o atleta beneficiário da Bolsa-Atleta não filiado a Regime Próprio de Previdência Social ou não enquadrado em uma das hipóteses de segurado obrigatório da Previdência Social.

O segurado pode contribuir facultativamente durante os períodos de afastamento ou de inatividade, desde que não receba remuneração nesses períodos e não exerça outra atividade que o vincule ao Regime Geral de Previdência Social ou a Regime Próprio de Previdência Social (art. 11, § 5º, do Regulamento da Previdência Social, incluído pelo Decreto 10.410/2020).

É vedada a filiação ao Regime Geral de Previdência Social, na qualidade de segurado facultativo, de pessoa participante de Regime Próprio de Previdência Social (art. 201, § 5º, da Constituição da República), salvo na hipótese de afastamento sem vencimento e desde que não permitida, nesta condição, contribuição ao respectivo Regime Próprio.

O beneficiário da bolsa-atleta com idade igual ou superior a 16 anos que não seja filiado a Regime Próprio de Previdência Social ou que não esteja enquadrado em uma das hipóteses do art. 11 da Lei 8.213/1991 pode se filiar ao Regime Geral de Previdência Social como segurado facultativo (art. 51, § 6º, da Lei 14.597/2023).

A filiação na qualidade de segurado facultativo representa *ato volitivo*, gerando efeito somente a partir da inscrição e do primeiro recolhimento, não podendo retroagir e não permitindo o pagamento de contribuições relativas a competências anteriores à da data da inscrição (art. 11, § 3º, do Regulamento da Previdência Social).

Após a inscrição, o segurado facultativo somente pode recolher contribuições em atraso quando não tiver ocorrido perda da qualidade de segurado, observando o chamado *período de graça*, conforme art. 15, inciso VI, da Lei 8.213/1991 (art. 11, § 4º, do Regulamento da Previdência Social).

4.5. DEPENDENTES

Ainda no que se refere aos beneficiários da Previdência Social, cabe destacar os *dependentes*, os quais são as pessoas físicas indicadas em lei que possuem vínculo com o segurado, tendo direito a certos benefícios e serviços do Regime Geral de Previdência Social (pensão por morte, auxílio-reclusão, serviço social e reabilitação profissional, conforme art. 18, incisos II e III, da Lei 8.213/1991).

Nesse sentido, segundo o art. 16 da Lei 8.213/1991, alterado pela Lei 13.146/2015, são beneficiários do Regime Geral de Previdência Social, na condição de *dependentes do segurado*:

– Classe I: o *cônjuge*, a *companheira*, o *companheiro* e o *filho não emancipado*, de qualquer condição, *menor de 21 anos* ou *inválido* ou que tenha *deficiência intelectual ou mental* ou *deficiência grave*.

Considera-se companheira ou companheiro a pessoa que, sem ser casada, mantém união estável com o segurado ou com a segurada, de acordo com o art. 226, § 3º, da Constituição Federal de 1988[17].

Considera-se união estável aquela configurada na convivência pública, contínua e duradoura entre pessoas, estabelecida com intenção de constituição de família, observado o art. 1.723, § 1º, do Código Civil[18], desde que comprovado o vínculo.

---

[17] "§ 3º Para efeito da proteção do Estado, é reconhecida a união estável entre o homem e a mulher como entidade familiar, devendo a lei facilitar sua conversão em casamento".

[18] "Art. 1.723. É reconhecida como entidade familiar a união estável entre o homem e a mulher, configurada na convivência pública, contínua e duradoura e estabelecida com o objetivo de constituição de família. § 1º A união estável não se constituirá se ocorrerem os impedimentos do art. 1.521; não se aplicando a incidência do inciso VI no caso de a pessoa casada se achar

A prova de união estável exige início de prova material contemporânea dos fatos, produzido em período não superior a 24 meses anterior à data do óbito ou do recolhimento à prisão do segurado, não admitida a prova exclusivamente testemunhal, exceto na ocorrência de motivo de força maior ou caso fortuito, conforme disposto no regulamento (art. 16, § 5º, da Lei 8.213/1991, incluído pela Lei 13.846/2019).

Na hipótese do art. 77, § 2º, inciso V, alínea *c*, da Lei 8.213/1991 (sobre pensão por morte a cônjuge ou companheiro, se o óbito tiver ocorrido depois de vertidas 18 contribuições mensais e pelo menos dois anos após o início do casamento ou da união estável), a par da exigência do art. 16, § 5º, da Lei 8.213/1991, deve ser apresentado, ainda, início de prova material que comprove união estável por pelo menos dois anos antes do óbito do segurado (art. 16, § 6º, da Lei 8.213/1991, incluído pela Lei 13.846/2019).

Prevalece o entendimento de que se houver impedimento legal ao reconhecimento de união estável, ou seja, no concubinato, não há direito a benefício previdenciário em favor da concubina. A proteção do Estado à união estável alcança apenas as situações legítimas e nestas não está incluído o concubinato (STF, 1ª T., RE 590.779/ES, rel. Min. Marco Aurélio, DJe 26.03.2009).

O Supremo Tribunal Federal fixou a seguinte tese de repercussão geral: "A preexistência de casamento ou de união estável de um dos conviventes, ressalvada a exceção do artigo 1.723, § 1º, do Código Civil, impede o reconhecimento de novo vínculo referente ao mesmo período, inclusive para fins previdenciários, em virtude da consagração do dever de fidelidade e da monogamia pelo ordenamento jurídico-constitucional brasileiro" (STF, Pleno, RE 1.045.273/SE, rel. Min. Alexandre de Moraes, j. 21.12.2020).

Na mesma linha, o Supremo Tribunal Federal fixou a seguinte tese de repercussão geral: "É incompatível com a Constituição Federal o reconhecimento de direitos previdenciários (pensão por morte) à pessoa que manteve, durante longo período e com aparência familiar, união com outra casada, porquanto o concubinato não se equipara, para fins de proteção estatal, às uniões afetivas resultantes do casamento e da união estável" (STF, Pleno, RE 883.168/SC, rel. Min. Dias Toffoli, j. 03.08.2021).

Ainda quanto ao tema, cabe salientar que o Supremo Tribunal Federal firmou o entendimento quanto à possibilidade de reconhecimento da união estável entre pessoas do mesmo sexo (STF, Pleno, ADPF 132/RJ, rel. Min. Ayres Britto, DJe 14.10.2011).

---

separada de fato ou judicialmente. § 2º As causas suspensivas do art. 1.523 não impedirão a caracterização da união estável".

Na esfera previdenciária, de acordo com a Portaria MPS 513/2010, publicada no DOU de 10 de dezembro de 2010, *o companheiro ou a companheira do mesmo sexo de segurado inscrito no Regime Geral de Previdência Social integra o rol dos dependentes* e, desde que comprovada a união estável, concorre, para fins de pensão por morte e de auxílio-reclusão, com os dependentes preferenciais de que trata o art. 16, inciso I, da Lei 8.213/1991, para óbito ou reclusão ocorridos a partir de 5 de abril de 1991, conforme o disposto no art. 145 do mesmo diploma legal, revogado pela Medida Provisória 2.187-13/2001.

Frise-se que, nos termos do art. 76, § 2º, da Lei 8.213/1991, na concessão da pensão por morte, o *cônjuge divorciado ou separado judicialmente ou de fato que recebia pensão de alimentos* concorre em igualdade de condições com os dependentes da Classe I, referidos no art. 16, inciso I, da Lei 8.213/1991. A mesma regra é aplicável também ao auxílio-reclusão (art. 80 da Lei 8.213/1991).

A mulher que renunciou aos alimentos na separação judicial tem direito à pensão previdenciária por morte do ex-marido, comprovada a necessidade econômica superveniente (Súmula 336 do STJ).

A pensão por morte, devida ao filho até os 21 anos de idade, não se prorroga pela pendência do curso universitário (Súmula 37 da Turma Nacional de Uniformização dos Juizados Especiais Federais).

Como visto anteriormente, para ser dependente, o filho precisa ser *não emancipado*, de qualquer condição, *menor de 21 anos* ou *inválido* ou que tenha *deficiência intelectual ou mental* ou *deficiência grave*.

Portanto, o art. 16, inciso I, da Lei 8.213/1991 exige que o filho seja não emancipado.

A respeito da *emancipação*, conforme o art. 5º, parágrafo único, do Código Civil, cessa, para os menores, a incapacidade: pela concessão dos pais, ou de um deles na falta do outro, mediante instrumento público, independentemente de homologação judicial, ou por sentença do juiz, ouvido o tutor, se o menor tiver 16 anos completos; pelo casamento; pelo exercício de emprego público efetivo; pela colação de grau em curso de ensino superior; pelo estabelecimento civil ou comercial, ou pela existência de relação de emprego, desde que, em função deles, o menor com 16 anos completos tenha economia própria.

Entretanto, registre-se que o art. 17, inciso III, do Regulamento da Previdência Social, ao versar sobre a perda da qualidade de dependente para o filho, o irmão, o enteado ou o menor tutelado, não prevê a hipótese de colação de grau em curso de ensino superior.

Entende-se que a união estável do filho ou do irmão entre os 16 e antes dos 18 anos de idade não constitui causa de emancipação.

O *enteado* e o *menor tutelado* equiparam-se ao filho mediante *declaração do segurado* e desde que seja *comprovada a dependência econômica* na forma estabelecida no Regulamento da Previdência Social (art. 16, § 2º, da Lei 8.213/1991).

A lei em vigor não mais prevê como dependente a pessoa assim designada pelo segurado.

Não há direito adquirido à condição de dependente de pessoa designada, quando o falecimento do segurado se deu após o advento da Lei 9.032/1995 (Súmula 4 da Turma Nacional de Uniformização dos Juizados Especiais Federais).

Esclareça-se que os filhos menores são postos em *tutela* com o falecimento dos pais, ou sendo estes julgados ausentes, e em caso de os pais decaírem do poder familiar (art. 1.728 do Código Civil).

Desse modo, equiparam-se a filho, na condição de dependente de que trata o inciso I do art. 16 da Lei 8.213/1991, exclusivamente o enteado e o menor tutelado, desde que comprovada a dependência econômica (art. 16, § 3º, do Regulamento da Previdência Social, com redação dada pelo Decreto 10.410/2020).

O menor sob tutela somente pode ser equiparado aos filhos do segurado mediante apresentação de termo de tutela (art. 16, § 4º, do Regulamento da Previdência Social).

Discutia-se, ainda, se o *menor sob guarda* seria considerado dependente para fins previdenciários.

A guarda obriga a prestação de assistência material, moral e educacional à criança ou adolescente, conferindo a seu detentor o direito de opor-se a terceiros, inclusive aos pais (art. 33 da Lei 8.069/1990). A guarda destina-se a regularizar a posse de fato, podendo ser deferida, liminar ou incidentalmente, nos procedimentos de tutela e adoção, exceto no de adoção por estrangeiros (art. 33, § 1º, da Lei 8.069/1990). Excepcionalmente, é possível o deferimento da guarda, fora dos casos de tutela e adoção, para atender a situações peculiares ou suprir a falta eventual dos pais ou responsável, podendo ser deferido o direito de representação para a prática de atos determinados (art. 33, § 2º, da Lei 8.069/1990).

O art. 33, § 3º da Lei 8.069/1990 (Estatuto da Criança e do Adolescente) prevê que a guarda confere à criança ou adolescente a condição de dependente, para todos os fins e efeitos de direito, inclusive previdenciários.

Na jurisprudência, inicialmente entendia-se que o menor sob guarda não integrava o rol de dependentes no Regime Geral de Previdência Social, pois o art. 16, § 2º, da Lei 8.213/1991 seria norma específica na esfera previdenciária, que afastaria a aplicação da disposição geral constante do art. 33, § 3º, da Lei 8.069/1990[19]. Entretanto, posteriormente, passou a prevalecer o entendimento de que o menor sob guarda também seria dependente no Regime Geral de Previdência Social[20], conforme tese fixada pelo STJ em recurso especial repetitivo[21].

---

[19] "Previdenciário. Pensão por morte. Menor sob guarda. Medida Provisória n. 1.523/96 (Lei n. 9.528/97). Exclusão do menor sob guarda do rol dos dependentes da Previdência Social. Estatuto da Criança e do Adolescente. Prevalência da norma previdenciária. Recurso especial provido. 1. O art. 557 do CPC autoriza ao relator decidir o recurso, com fundamento na jurisprudência dominante, de forma monocrática, não ofendendo, assim, o princípio da colegialidade. 2. O tema controvertido diz respeito à possibilidade de concessão, ao menor sob guarda, de pensão por morte. O entendimento desta Corte encontra-se uniformizado no sentido de que a Lei 9.528/97, norma previdenciária específica, prevalece em relação ao art. 33, § 3º, do Estatuto da Criança e do Adolescente, sendo aplicável às hipóteses em que o óbito ocorreu a partir de sua vigência. 3. Precedentes: AgRg no REsp 1.141.788/RS, rel. Ministro Rogerio Schietti Cruz, 6ª T., j. 06.11.2014, DJe 24.11.2014; EREsp 859.277/PE, rel. Ministra Alderita Ramos de Oliveira – Desembargadora Convocada do TJ/PE, 3ª Seção, DJe 27.02.2013; REsp 1.328.300/RS, rel. Ministra Eliana Calmon, 2ª T., DJe 25.04.2013. Agravo regimental improvido" (STJ, 2ª T., AgRg no REsp 1.482.391/PR (2014/0238628-3), rel. Min. Humberto Martins, DJe 20.04.2015).

[20] "Previdenciário. Pensão por morte. Menor sob guarda. Alterações legislativas. Art. 16 da Lei n. 8.213/90. Modificação pela MP n. 1.523/96, convertida na Lei n. 9.528/97. Confronto com o art. 33, § 3º, do ECA. Art. 227 da Constituição. Interpretação conforme. Princípio da proteção integral e preferencial da criança e do adolescente. 1. Ao menor sob guarda deve ser assegurado o direito ao benefício da pensão por morte mesmo se o falecimento se deu após a modificação legislativa promovida pela Lei n. 9.528/97 na Lei n. 8.213/90. 2. O art. 33, § 3º da Lei n. 8.069/90 deve prevalecer sobre a modificação legislativa promovida na lei geral da previdência social porquanto, nos termos do art. 227 da Constituição, é norma fundamental o princípio da proteção integral e preferência da criança e do adolescente. 3. Embargos de divergência acolhidos" (STJ, Corte Especial, EREsp 1.141.788/RS (2009/0098910-5), rel. Min. João Otávio de Noronha, DJe 16.12.2016).

[21] "O menor sob guarda tem direito à concessão do benefício de pensão por morte do seu mantenedor, comprovada a sua dependência econômica, nos termos do art. 33, § 3º, do

O Supremo Tribunal Federal, ao julgar procedente ação direta de inconstitucionalidade, conferiu interpretação conforme ao § 2º do art. 16 da Lei 8.213/1991, para contemplar, em seu âmbito de proteção, o "menor sob guarda" (STF, Pleno, ADI 4.878/DF, red. p/ ac. Min. Edson Fachin, j. 08.06.2021)[22].

Estatuto da Criança e do Adolescente, ainda que o óbito do instituidor da pensão seja posterior à vigência da Medida Provisória 1.523/96, reeditada e convertida na Lei 9.528/97. Funda-se essa conclusão na qualidade de Lei especial do Estatuto da Criança e do Adolescente (8.069/90), frente à legislação previdenciária" (STJ, 1ª Seção, REsp 1.411.258/RS (2013/0339203-9), rel. Min. Napoleão Nunes Maia Filho, DJe 21.02.2018).

[22] "Ações diretas de inconstitucionalidade. Julgamento conjunto. Direito Constitucional. Direito Previdenciário. Artigo 16, § 2º, da Lei nº 8.213/1991. Redação conferida pela Lei nº 9.528/1997. Menor sob guarda. Proteção previdenciária. Doutrina da proteção integral. Princípio da prioridade absoluta. Art. 227, CRFB. Interpretação conforme, para reconhecer o menor sob guarda dependente para fins de concessão de benefício previdenciário, desde que comprovada a dependência econômica. 1. Julgamento conjunto da ADI nº 4.878 e da ADI nº 5.083, que impugnam o artigo 16, § 2º, da Lei nº 8.213/1991, na redação conferida pela Lei nº 9.528/1997, que retirou o 'menor sob guarda' do rol de dependentes para fins de concessão de benefício previdenciário. 2. A Constituição de 1988, no art. 227, estabeleceu novos paradigmas para a disciplina dos direitos de crianças e de adolescentes, no que foi em tudo complementada pelo Estatuto da Criança e do Adolescente (Lei nº 8.069/1990). Adotou-se a doutrina da proteção integral e o princípio da prioridade absoluta, que ressignificam o status protetivo, reconhecendo-se a especial condição de crianças e adolescentes enquanto pessoas em desenvolvimento. 3. Embora o 'menor sob guarda' tenha sido excluído do rol de dependentes da legislação previdenciária pela alteração promovida pela Lei nº 9.528/1997, ele ainda figura no comando contido no art. 33, § 3º, do Estatuto da Criança e do Adolescente (Lei nº 8.069/1990), que assegura que a guarda confere à criança ou adolescente a condição de dependente, para todos os fins e direitos, inclusive previdenciários. 4. O deferimento judicial da guarda, seja nas hipóteses do art. 1.584, § 5º, do Código Civil (Lei nº 10.406/2002); seja nos casos do art. 33, do Estatuto da Criança e do Adolescente (Lei nº 8.069/1990), deve observar as formalidades legais, inclusive a intervenção obrigatória do Ministério Público. A fiel observância dos requisitos legais evita a ocorrência de fraudes, que devem ser combatidas sem impedir o acesso de crianças e de adolescentes a seus direitos previdenciários. 5. A interpretação constitucionalmente adequada é a que assegura ao 'menor sob guarda' o direito à proteção previdenciária, porque assim dispõe o Estatuto da Criança e do Adolescente e também porque direitos fundamentais devem observar o princípio da máxima eficácia. Prevalência do compromisso constitucional contido no art. 227, § 3º, VI, CRFB. 6. ADI 4.878 julgada procedente e ADI 5.083 julgada parcialmente procedente para conferir interpretação conforme ao § 2º do art. 16, da Lei nº 8.213/1991, para contemplar, em seu âmbito de proteção, o 'menor sob guarda', na categoria de dependentes do Regime Geral de Previdência Social, em consonância com o princípio da proteção integral e da prioridade absoluta, nos termos do art. 227 da Constituição da República, desde que comprovada a dependência econômica, nos termos em que exige a legislação previdenciária (art. 16, § 2º, Lei 8.213/1991 e Decreto 3.048/1999)" (STF, Pleno, ADI 4.878/DF, red. p/ ac. Min. Edson Fachin, DJe 06.08.2021).

Na atualidade, equiparam-se a filho, para fins de recebimento da pensão por morte, *exclusivamente* o enteado e o menor tutelado, desde que comprovada a dependência econômica (art. 23, § 6º, da Emenda Constitucional 103/2019). Com isso, o menor sob guarda deixou de ser equiparado a filho para fins de recebimento da pensão por morte, o que pode caracterizar retrocesso na proteção social e desrespeito ao princípio de proteção integral e prioritária da criança e do adolescente (art. 227 da Constituição Federal de 1988).

– Classe II: os *pais*.

A respeito do tema, de acordo com a Súmula 229 do antigo TFR: "A mãe do segurado tem direito a pensão previdenciária, em caso de morte do filho, se provada a dependência econômica, mesmo não exclusiva".

Na jurisprudência, em situações específicas de criação do segurado pelos avós como se fosse aquele filho, em razão do falecimento dos pais, e demonstrada a dependência econômica dos avós em relação ao segurado falecido, já houve casos de reconhecimento do direito à pensão por morte[23].

– Classe III: o *irmão não emancipado*, de qualquer condição, *menor de 21 anos* ou *inválido* ou que tenha *deficiência intelectual ou mental* ou *deficiência grave*.

Logo, para ser dependente, o irmão precisa ser não emancipado, menor de 21 anos ou inválido ou que tenha deficiência intelectual ou mental ou deficiência grave, conforme o art. 16, inciso III, da Lei 8.213/1991, alterada pela Lei 13.146/2015.

A existência de dependente de qualquer das classes acima exclui do direito às prestações os das classes seguintes. Vale dizer, se houver dependente de

---

[23] "Previdenciário. Pensão por morte. Avô. Óbito do neto. Situação especialíssima dos autos. Neto que fora criado como se filho fosse, em decorrência da morte de seus pais. Possibilidade. 1. A teor do art. 16 da Lei nº 8.213/91, o avô não é elencado no rol dos dependentes do segurado, razão pela qual, a princípio não faria jus à pensão gerada pelo óbito do neto em cuja companhia vivia. 2. Presença, nos autos, de hipótese singular, em que a criação do segurado pelo avô, desde o nascimento, acrescida da morte precoce de seus pais, demonstram que o segurado tinha para com o Autor, na verdade, uma relação filial, embora sanguínea e legalmente fosse neto. 3. Impossibilidade de exigência da adequação legal da relação que existia à real situação fática, uma vez que é vedada a adoção do neto pelo avô, a teor do disposto no art. 42, § 1º, do Estatuto da Criança e do Adolescente. 4. Direito à pensão por morte reconhecido. 5. Recurso especial conhecido e provido" (STJ, 5ª T., REsp 528.987/SP, 2003/0072683-4, rel. Min. Laurita Vaz, DJ 09.12.2003). Cf. ainda STJ, 2ª T., REsp 1.574.859/SP, 2015/0318735-3, rel. Min. Mauro Campbell Marques, DJe 14.11.2016.

classe superior, mesmo havendo dependente de classe inferior, este não tem direito ao benefício previdenciário.

Os dependentes de uma mesma classe concorrem em igualdade de condições. Ou seja, se houver mais de um dependente da mesma classe, o benefício previdenciário deve ser dividido em partes iguais.

Entende-se que a comprovação (ou presunção) da dependência, respeitada a sequência das classes, exclui definitivamente o direito dos dependentes das classes seguintes. Logo, com o falecimento do dependente de classe superior, o benefício não se transfere aos dependentes das classes inferiores, mas apenas aos dependentes da mesma classe[24].

A dependência econômica das pessoas indicadas na Classe I (cônjuge, companheira, companheiro e filho não emancipado, de qualquer condição, menor de 21 anos ou inválido ou que tenha deficiência intelectual ou mental ou deficiência grave) é *presumida*.

Entende-se, no caso, que se trata de presunção legal e absoluta.

Não obstante, especificamente quanto ao enteado e ao menor tutelado, equiparados ao filho mediante declaração do segurado, como visto acima, exige-se a comprovação da dependência econômica (art. 16, § 2º, da Lei 8.213/1991).

A dependência econômica das pessoas indicadas nas Classes II e III (pais e irmão não emancipado, de qualquer condição, menor de 21 anos ou inválido ou que tenha deficiência intelectual ou mental ou deficiência grave), por sua vez, deve ser *comprovada*.

Prevalece o entendimento de que a dependência econômica pode ser parcial ou total, devendo, no entanto, ser permanente.

Para o dependente inválido ou com deficiência intelectual, mental ou grave, sua condição pode ser reconhecida previamente ao óbito do segurado, por meio de avaliação biopsicossocial realizada por equipe multiprofissional e interdisciplinar, observada revisão periódica na forma da legislação (art. 23, § 5º, da Emenda Constitucional 103/2019).

A prova de dependência econômica exige início de prova material contemporânea dos fatos, produzido em período não superior a 24 meses anterior à data do óbito ou do recolhimento à prisão do segurado, não admitida a prova exclusivamente testemunhal, exceto na ocorrência de motivo de força

---

[24] Cf. IBRAHIM, Fábio Zambitte. *Curso de direito previdenciário*. 20. ed. Rio de Janeiro: Impetus, 2015. p. 524.

maior ou caso fortuito, conforme disposto no regulamento (art. 16, § 5º, da Lei 8.213/1991, incluído pela Lei 13.846/2019).

Será excluído definitivamente da condição de dependente quem tiver sido condenado criminalmente por sentença com trânsito em julgado, como autor, coautor ou partícipe de homicídio doloso, ou de tentativa desse crime, cometido contra a pessoa do segurado, ressalvados os absolutamente incapazes e os inimputáveis (art. 16, § 7º, da Lei 8.213/1991, incluído pela Lei 13.846/2019).

A *perda da qualidade de dependente* ocorre:

> I – para o cônjuge, pelo divórcio ou pela separação judicial ou de fato, enquanto não lhe for assegurada a prestação de alimentos, pela anulação do casamento, pelo óbito ou por sentença judicial transitada em julgado;
>
> II – para a companheira ou companheiro, pela cessação da união estável com o segurado ou a segurada, enquanto não lhe for garantida a prestação de alimentos;
>
> III – ao completar 21 anos de idade, para o filho, o irmão, o enteado ou o menor tutelado, ou nas seguintes hipóteses, se ocorridas anteriormente a essa idade: a) casamento; b) início do exercício de emprego público efetivo; c) constituição de estabelecimento civil ou comercial ou pela existência de relação de emprego, desde que, em função deles, o menor com 16 anos completos tenha economia própria; ou d) concessão de emancipação, pelos pais, ou por um deles na falta do outro, por meio de instrumento público, independentemente de homologação judicial, ou por sentença judicial, ouvido o tutor, se o menor tiver 16 anos completos;
>
> IV – para os dependentes em geral: pela cessação da invalidez ou da deficiência intelectual, mental ou grave; ou pelo falecimento (art. 17 do Regulamento da Previdência Social).

Cf. ainda Capítulo 5, item 5.20.

4.6. FILIAÇÃO

A *filiação* é entendida como a relação jurídica existente entre os segurados e a Previdência Social.

Sendo assim, quanto aos segurados, pode-se dizer que a filiação é o vínculo que se estabelece entre as pessoas que contribuem e a Previdência Social, decorrendo direitos e obrigações (art. 20 do Regulamento da Previdência Social).

A filiação do segurado ao Regime Geral de Previdência Social ocorre de forma *automática*, ou seja, com o exercício de alguma atividade remunerada pela pessoa física, que a enquadre como segurado, a filiação já ocorre de forma obrigatória.

Nesse sentido, o art. 201 da Constituição prevê que o Regime Geral de Previdência Social tem caráter contributivo e *filiação obrigatória*.

Portanto, o exercício de atividade remunerada sujeita a filiação obrigatória ao Regime Geral de Previdência Social.

Além disso, concretizando a universalidade de acesso ao sistema previdenciário, quem não exerce atividade remunerada, não se enquadrando em nenhuma hipótese de segurado obrigatório, pode se filiar como *segurado facultativo*.

A filiação na qualidade de segurado facultativo decorre de ato de vontade, gerando efeito somente a partir da inscrição e do primeiro recolhimento, não podendo retroagir e não permitindo o pagamento de contribuições relativas a competências anteriores à data da inscrição (art. 11, § 3º, do Regulamento da Previdência Social), sendo ressalvado que aos segurados optantes pelo recolhimento trimestral, o período de carência é contado a partir do mês de inscrição do segurado, desde que efetuado o recolhimento da primeira contribuição no prazo legal estipulado.

Portanto, a filiação à Previdência Social decorre automaticamente do exercício de atividade remunerada para os segurados obrigatórios.

Diversamente, quanto ao segurado facultativo, a filiação à Previdência Social decorre da inscrição formalizada com o pagamento da primeira contribuição.

A filiação do trabalhador rural contratado por produtor rural pessoa física por prazo de até dois meses dentro do período de um ano, para o exercício de atividades de natureza temporária, decorre automaticamente de sua inclusão na Guia de Recolhimento do Fundo de Garantia do Tempo de Serviço e Informações à Previdência Social (GFIP), mediante identificação específica (art. 14-A da Lei 5.889/1973, acrescentado pela Lei 11.718/2008).

O exercício de atividade prestada de forma gratuita e o serviço voluntário, nos termos do disposto na Lei 9.608/1998, não geram filiação obrigatória ao Regime Geral de Previdência Social.

Cabe esclarecer que todo aquele que exercer, concomitantemente, mais de uma atividade remunerada sujeita ao Regime Geral de Previdência Social é obrigatoriamente filiado em relação a cada uma delas (art. 11, § 2º, da Lei 8.213/1991).

4.7. INSCRIÇÃO

A *inscrição* não se confunde com a filiação, acima estudada.

A inscrição é ato formal do beneficiário, de natureza administrativa, perante o órgão da Previdência Social.

A inscrição pode ser do segurado e dos dependentes (art. 17 da Lei 8.213/1991).

Considera-se inscrição de segurado para os efeitos da Previdência Social o ato pelo qual o segurado é *cadastrado* no Regime Geral de Previdência Social, por meio da comprovação dos dados pessoais, na forma a seguir exposta (art. 18 do Regulamento da Previdência Social, aprovado pelo Decreto 3.048/1999).

A inscrição do *empregado* ocorre pelo empregador, por meio da formalização do contrato de trabalho e, a partir da obrigatoriedade do uso do Sistema de Escrituração Digital das Obrigações Fiscais, Previdenciárias e Trabalhistas (eSocial), instituído pelo Decreto 8.373/2014, ou do sistema que venha a substituí-lo, por meio do registro contratual eletrônico realizado nesse Sistema.

A inscrição do *trabalhador avulso* é feita pelo cadastramento e pelo registro no órgão gestor de mão de obra, no caso de trabalhador portuário, ou no sindicato, no caso de trabalhador não portuário, e a partir da obrigatoriedade do uso do Sistema de Escrituração Digital das Obrigações Fiscais, Previdenciárias e Trabalhistas (eSocial), ou do sistema que venha a substituí-lo, por meio do cadastramento e do registro eletrônico realizado nesse Sistema.

A inscrição do *empregado doméstico* ocorre pelo empregador, por meio do registro contratual eletrônico realizado no Sistema de Escrituração Digital das Obrigações Fiscais, Previdenciárias e Trabalhistas (eSocial).

A inscrição do *contribuinte individual* é realizada: a) por ato próprio, por meio do cadastramento de informações para identificação e reconhecimento da atividade, hipótese em que o Instituto Nacional do Seguro Social pode solicitar a apresentação de documento que comprove o exercício da atividade declarada; b) pela cooperativa de trabalho ou pela pessoa jurídica a quem preste serviço, no caso de cooperados ou contratados, respectivamente, se ainda não inscritos no Regime Geral de Previdência Social; c) pelo microempreendedor individual (MEI), por meio do sítio eletrônico do Portal do Empreendedor.

A inscrição do *segurado especial* é feita, preferencialmente, pelo titular do grupo familiar que se enquadre em uma das condições previstas no inciso VII do art. 11 da Lei 8.213/1991, hipótese em que o INSS pode solicitar a apresentação de documento que comprove o exercício da atividade declarada.

A inscrição do *segurado facultativo* se dá por ato próprio, por meio do cadastramento de informações pessoais que permitam a sua identificação, desde que não exerça atividade que o enquadre na categoria de segurado obrigatório.

A inscrição do segurado em qualquer categoria acima mencionada exige a idade mínima de 16 anos, tendo em vista a idade mínima prevista no art. 7º, inciso XXXIII, da Constituição da República, com redação dada pela Emenda Constitucional 20/1998.

O dispositivo constitucional em questão admite, entretanto, o trabalho na condição de aprendiz, a partir de 14 anos. O aprendiz, assim, por ser *empregado*, é filiado e inscrito no Regime Geral de Previdência Social como segurado obrigatório.

Cabe fazer menção, ainda, à hipótese de *trabalho proibido*, mais especificamente do que foi exercido por empregado sem a idade mínima exigida.

Nesse caso, que não se confunde com o chamado trabalho ilícito (ou seja, cujo próprio objeto é delituoso e gera nulidade absoluta), prevalece o entendimento de que a nulidade seria apenas *ex nunc*, de modo que os efeitos do contrato de trabalho devem ser reconhecidos, inclusive na esfera previdenciária, mesmo porque a norma constitucional que tutela o menor não pode ser interpretada justamente em seu prejuízo.

Com isso, nesse caso de trabalho proibido, torna-se possível a inscrição do empregado menor, pois a situação já se consumou e não haveria como retornar ao estado anterior.

Todo aquele que exercer, concomitantemente, mais de uma atividade remunerada sujeita ao Regime Geral de Previdência Social deve ser obrigatoriamente inscrito em relação a cada uma delas.

Se estiverem presentes os pressupostos da filiação, admite-se a inscrição *post mortem* do segurado especial. Nessa hipótese, caso não seja comprovada a condição de segurado especial, pode ser atribuído Número de Inscrição do Trabalhador (NIT) especificamente para fins de requerimento do benefício previdenciário.

A comprovação dos dados pessoais e de outros elementos necessários e úteis à caracterização do segurado pode ser exigida pelo INSS, a qualquer tempo, para fins de atualização cadastral, inclusive para a concessão de benefício.

A inscrição do segurado especial deve ser feita de forma a vinculá-lo ao respectivo grupo familiar e conterá, além das informações pessoais, a identificação da propriedade em que desenvolve a atividade e a que título, se nela reside ou o Município onde reside e, quando for o caso, a identificação e inscrição da pessoa responsável pelo grupo familiar (art. 17, § 4º, da Lei 8.213/1991).

O segurado especial integrante de grupo familiar que não seja proprietário ou dono do imóvel rural em que desenvolve sua atividade deve informar, no ato da inscrição, conforme o caso, o nome do parceiro ou meeiro outorgante, arrendador, comodante ou assemelhado (art. 17, § 5º, da Lei 8.213/1991).

Não é admitida a inscrição *post mortem* de segurado contribuinte individual e de segurado facultativo (art. 17, § 7º, da Lei 8.213/1991, incluído pela Lei 13.846/2019).

Deve-se fazer referência, ainda, ao chamado *Cadastro Nacional de Informações Sociais* (CNIS), o qual contém informações relevantes, sobre o segurado, no âmbito do Regime Geral de Previdência Social.

A identificação do trabalhador no Cadastro Nacional de Informações Sociais (CNIS) pode ser feita: pelo Número de Inscrição do Trabalhador (NIT), único, pessoal e intransferível, independentemente de alterações de categoria profissional; ou pelo Cadastro de Pessoas Físicas (CPF).

Ao segurado cadastrado no Programa de Integração Social (PIS), no Programa de Formação do Patrimônio do Servidor Público (PASEP) ou no Número de Identificação Social (NIS) não cabe novo cadastramento.

Desse modo, os dados constantes do Cadastro Nacional de Informações Sociais (CNIS) relativos a vínculos, remunerações e contribuições valem como *prova de filiação à Previdência Social*, tempo de contribuição e salários de contribuição (art. 19 do Regulamento da Previdência Social).

O segurado pode solicitar, a qualquer tempo, a inclusão, a exclusão, a ratificação ou a retificação de suas informações constantes do CNIS, com a apresentação de documentos comprobatórios dos dados divergentes, conforme critérios definidos pelo INSS, independentemente de requerimento de benefício, exceto na hipótese de justificação administrativa.

Informações inseridas extemporaneamente no CNIS, independentemente de serem inéditas ou retificadoras de dados anteriormente informados, somente devem ser aceitas se corroboradas por documentos que comprovem a sua regularidade.

Para o exercício de suas competências, o INSS terá acesso às informações do segurado relativas aos períodos em que tenha sido registrada deficiência leve, moderada ou grave, identificada em decorrência de avaliação biopsicossocial realizada por equipe multiprofissional e interdisciplinar, para fins de reconhecimento e manutenção de direitos.

Devem constar do CNIS as informações dos segurados e beneficiários dos Regimes Próprios de Previdência Social para fins de verificação das situações que impactem no reconhecimento de direitos e na concessão e no pagamento de benefícios pelo Regime Geral de Previdência Social.

O empregado com contrato de trabalho intermitente terá identificação específica em instrumento de prestação de informações à Previdência Social, de forma a permitir a identificação dos períodos de prestação serviços e dos períodos de inatividade.

Os recolhimentos efetuados na época apropriada constantes do CNIS serão reconhecidos automaticamente, observados a contribuição mínima mensal e os ajustes de complementação, utilização e agrupamento de contribuições, dispensada a comprovação do exercício da atividade (art. 19, § 12, do Regulamento da Previdência Social).

Para fins de benefícios previdenciários, os períodos de vínculos que corresponderem a serviços prestados na condição de servidor estatutário somente devem ser considerados mediante apresentação de Certidão de Tempo de Contribuição fornecida pelo órgão público competente, salvo se o órgão de vinculação do servidor não tiver instituído Regime Próprio de Previdência Social (art. 19-A do Regulamento da Previdência Social).

Na hipótese de não constarem do CNIS as informações sobre atividade, vínculo, remunerações ou contribuições, ou de haver dúvida sobre a regularidade das informações existentes, o período somente será confirmado por meio da apresentação de documentos contemporâneos dos fatos a serem comprovados, com menção às datas de início e de término e, quando se tratar de trabalhador avulso, à duração do trabalho e à condição em que tiver sido prestada a atividade (art. 19-B do Regulamento da Previdência Social).

O Ministério da Economia deve manter sistema de cadastro dos segurados especiais no CNIS e pode firmar acordo de cooperação com o Ministério da Agricultura, Pecuária e Abastecimento e com outros órgãos da administração pública federal, estadual, distrital e municipal para a manutenção e a gestão do sistema de cadastro (art. 19-D do Regulamento da Previdência Social).

O INSS deve utilizar as informações constantes do mencionado cadastro para fins de comprovação da condição e do exercício da atividade rural do segurado especial e do seu grupo familiar.

A obrigação do INSS de promover a instrução de requerimentos e a comprovação de requisitos legais para o reconhecimento de direitos não afasta a obrigação de o interessado ou o seu representante juntar ao requerimento toda a documentação útil à comprovação do direito, principalmente em relação aos fatos que não constem da base de dados da Previdência Social (art. 19-F do Regulamento da Previdência Social).

Incumbe ao dependente promover a sua inscrição *quando do requerimento do benefício a que estiver habilitado* (art. 17, § 1º, da Lei 8.213/1991).

Mais especificamente, a inscrição do dependente do segurado deve ser promovida quando do requerimento do benefício a que tiver direito, mediante a apresentação dos seguintes documentos (art. 22 do Regulamento da Previdência Social):

– para os dependentes preferenciais (Classe I):

a) cônjuge e filhos: certidões de casamento e de nascimento;

b) companheira ou companheiro: documento de identidade e certidão de casamento com averbação da separação judicial ou divórcio, quando um dos companheiros ou ambos já tiverem sido casados, ou de óbito, se for o caso;

c) equiparado a filho: certidão judicial de tutela e, em se tratando de enteado, certidão de casamento do segurado e de nascimento do dependente, observada a necessidade de comprovação da dependência econômica;

– pais (Classe II): certidão de nascimento do segurado e documentos de identidade daqueles;

– irmão (Classe III): certidão de nascimento.

Para comprovação do vínculo e da dependência econômica, conforme o caso, devem ser apresentados, no mínimo, dois documentos, e podem ser aceitos, entre outros: certidão de nascimento de filho havido em comum; certidão de casamento religioso; declaração do imposto de renda do segurado, em que conste o interessado como seu dependente; disposições testamentárias; declaração especial feita perante tabelião; prova de mesmo domicílio; prova de encargos domésticos evidentes e existência de sociedade ou comunhão nos atos da vida civil; procuração ou fiança reciprocamente outorgada; conta bancária conjunta; registro em associação de qualquer natureza, onde conste o interessado como dependente do segurado; anotação constante de ficha ou livro de registro de empregados; apólice de seguro da qual conste o segurado como instituidor do seguro e a pessoa interessada como sua beneficiária; ficha de tratamento em instituição de assistência médica, da qual conste o segurado como responsável; escritura de compra e venda de imóvel pelo segurado em nome de dependente; declaração de não emancipação do dependente menor de vinte e um anos; *quaisquer outros que possam levar à convicção do fato a comprovar* (art. 22, § 3º, do Regulamento da Previdência Social). Trata-se, assim, de rol exemplificativo.

Como já mencionado, as provas de união estável e de dependência econômica exigem início de prova material contemporânea dos fatos, produzido em período não superior a 24 meses anterior à data do óbito ou do recolhimento à prisão do segurado, não admitida a prova exclusivamente testemunhal, exceto na ocorrência de motivo de força maior ou caso fortuito, conforme disposto no regulamento (art. 16, § 5º, da Lei 8.213/1991, incluído pela Lei 13.846/2019).

Na hipótese do art. 77, § 2º, inciso V, alínea *c*, da Lei 8.213/1991 (sobre pensão por morte a cônjuge ou companheiro, se o óbito tiver ocorrido depois de vertidas 18 contribuições mensais e pelo menos dois anos após o início do casamento ou da união estável), a par da exigência do art. 16, § 5º, da Lei 8.213/1991, deve ser apresentado, ainda, início de prova material que comprove união estável por pelo menos dois anos antes do óbito do segurado (art. 16, § 6º, da Lei 8.213/1991, incluído pela Lei 13.846/2019).

Caso o dependente só possua um dos documentos a que se refere o § 3º do art. 22 do Regulamento da Previdência Social produzido em período não superior a 24 meses anteriores à data do óbito ou do recolhimento à prisão, a comprovação de vínculo ou de dependência econômica para esse período pode ser suprida por justificação administrativa.

O fato superveniente que importe em exclusão ou inclusão de dependente deve ser comunicado ao Instituto Nacional do Seguro Social, com as provas cabíveis.

No caso de dependente inválido ou com deficiência intelectual, mental ou grave, para fins de inscrição e concessão de benefício, a invalidez deve ser comprovada por meio de exame médico-pericial a cargo da Perícia Médica Federal e a deficiência, por meio de avaliação biopsicossocial realizada por equipe multiprofissional e interdisciplinar.

O dependente menor de 21 anos de idade deve apresentar declaração para atestar a não ocorrência das hipóteses previstas no inciso III do art. 17 do Regulamento da Previdência Social, sobre perda da qualidade de dependente para o filho, o irmão, o enteado ou o menor tutelado (emancipação).

Os dependentes excluídos de tal condição em razão de lei têm suas inscrições tornadas nulas de pleno direito.

No caso de equiparado a filho, a inscrição deve ser feita mediante a comprovação da equiparação por documento escrito do segurado falecido manifestando essa intenção, da dependência econômica e da declaração de que não tenha sido emancipado.

Os pais ou irmãos devem, para fins de concessão de benefícios, comprovar a inexistência de dependentes preferenciais, mediante declaração firmada perante o Instituto Nacional do Seguro Social.

4.8. MANUTENÇÃO DA QUALIDADE DE SEGURADO

A Previdência Social, como já mencionado, é regime contributivo da Seguridade Social.

Sendo assim, para fazer jus às prestações previdenciárias, em princípio, exige-se que o segurado esteja recolhendo as contribuições devidas ao Regime Geral de Previdência Social.

Existe, entretanto, um período em que o segurado mantém a sua qualidade de segurado.

Nesse sentido, o chamado *período de graça* é aquele no qual o segurado se mantém filiado, tendo direito de receber benefícios e serviços da Previdência Social, mesmo sem efetuar contribuições ao sistema previdenciário.

Mantém a qualidade de segurado, independentemente de contribuições (art. 15 da Lei 8.213/1991):

> I – sem limite de prazo, quem está em gozo de benefício, exceto do auxílio-acidente;
>
> II – até 12 meses após a cessação de benefício por incapacidade (art. 13, inciso II, do Regulamento da Previdência Social, com redação dada pelo Decreto 10.491/2020) ou até 12 meses após a cessação das contribuições, o segurado que deixar de exercer atividade remunerada abrangida pela Previdência Social ou estiver suspenso ou licenciado sem remuneração;
>
> III – até 12 meses após cessar a segregação, o segurado acometido de doença de segregação compulsória;
>
> IV – até 12 meses após o livramento, o segurado detido ou recluso;
>
> V – até três meses após o licenciamento, o segurado incorporado às Forças Armadas para prestar serviço militar;
>
> VI – até seis meses após a cessação das contribuições, o segurado facultativo.

O prazo do inciso II, acima indicado, deve ser prorrogado para até 24 meses se o segurado já tiver pago mais de 120 contribuições mensais sem interrupção que acarrete a perda da qualidade de segurado (art. 15, § 1º, da Lei 8.213/1991).

Aplica-se o disposto no inciso II, bem como essa prorrogação, ao segurado que se desvincular de Regime Próprio de Previdência Social.

A Turma Nacional de Uniformização dos Juizados Especiais Federais fixou a seguinte tese (Tema 255): "O pagamento de mais de 120 (cento e vinte) contribuições mensais, sem interrupção que acarrete a perda da qualidade de segurado, garante o direito à prorrogação do período de graça, previsto no § 1º, do art. 15 da Lei 8.213/1991, mesmo nas filiações posteriores àquela na qual a exigência foi preenchida, independentemente do número de vezes em que foi exercido" (TNU, PEDILEF 0509717-14.2018.4.05.8102/CE, rel. p/ ac. Juiz Federal Fábio de Souza Silva, DJe 27.10.2020).

O prazo do inciso II (12 meses) ou o prazo do § 1º do art. 15 da Lei 8.213/1991 (24 meses) devem ser acrescidos de 12 meses para o segurado desempregado, desde que comprovada essa situação pelo registro no órgão próprio do Ministério do Trabalho (art. 15, § 2º, da Lei 8.213/1991).

A Turma Nacional de Uniformização dos Juizados Especiais Federais fixou a seguinte tese (Tema 239): "A prorrogação da qualidade de segurado por desemprego involuntário, nos moldes do § 2º do art. 15 da Lei 8.213/1991, se estende ao segurado contribuinte individual se comprovada a cessação da atividade econômica por ele exercida por causa involuntária, além da ausência de atividade posterior" (TNU, PEDILEF 0504272-91.2018.4.05.8400/RN, rel. Juiz Federal Atanair Nasser Ribeiro Lopes, DJe 30.04.2021).

Cabe salientar que a mencionada previsão de registro no órgão próprio do Ministério do Trabalho não é interpretada de forma rigorosa pela jurisprudência para a prorrogação do mencionado prazo, podendo a situação de desemprego ser demonstrada por outros meios.

A ausência de registro em órgão do Ministério do Trabalho não impede a comprovação do desemprego por outros meios admitidos em Direito (Súmula 27 da Turma Nacional de Uniformização dos Juizados Especiais Federais).

Para essa demonstração, entretanto, entende-se que não é suficiente a simples ausência de anotação na Carteira de Trabalho e Previdência Social (STJ, 3ª Seção, Pet 7.115/PR (2009/0041540-2), rel. Min. Napoleão Nunes Maia Filho, DJe 06.04.2010).

A Turma Nacional de Uniformização dos Juizados Especiais Federais fixou a seguinte tese (Tema 251): "O início da contagem do período de graça para o segurado que se encontra em gozo de auxílio-doença, para fins de aplicação do disposto no artigo 15, inciso II e §§ 1º e 2º, da Lei 8.213/1991, é o primeiro dia do mês seguinte à data de cessação do benefício previdenciário por incapacidade" (TNU, PEDILEF 0501223-27.2018.4.05.8405/RN, rel. Juíza Federal Isadora Segalla Afanasieff, DJe 21.10.2020).

A Turma Nacional de Uniformização dos Juizados Especiais Federais fixou ainda a seguinte tese (Tema 300): "Quando o empregador não autorizar o retorno do segurado, por considerá-lo incapacitado, mesmo após a cessação de benefício por incapacidade pelo INSS, a sua qualidade de segurado se mantém até o encerramento do vínculo de trabalho, que ocorrerá com a rescisão contratual, quando dará início a contagem do período de graça do art. 15, II, da Lei n. 8.213/1991" (TNU, PEDILEF 0513030-88.2020.4.05.8400/RN, rel. Juiz Federal Gustavo Melo Barbosa, DJe 13.12.2022).

Para o contribuinte individual, o período de manutenção da qualidade de segurado inicia-se no primeiro dia do mês subsequente ao da última contribuição com valor igual ou superior ao [valor sobre o] salário mínimo (art. 13, § 7º, do Regulamento da Previdência Social, incluído pelo Decreto 10.410/2020). O limite mínimo do salário de contribuição para o segurado contribuinte individual corresponde ao salário mínimo, tomado no seu valor mensal (art. 214, § 3º, inciso I, do Regulamento da Previdência Social).

O segurado que receber remuneração inferior ao limite mínimo mensal do salário de contribuição somente manterá a qualidade de segurado se efetuar os ajustes de complementação, utilização e agrupamento a que se referem o § 1º do art. 19-E e o § 27-A do art. 216 do Regulamento da Previdência Social (art. 13, § 8º, do Regulamento da Previdência Social, incluído pelo Decreto 10.410/2020). De acordo com essa previsão, o segurado que receber remuneração inferior ao limite mínimo mensal do salário de contribuição, mas não efetuar os ajustes de complementação, utilização e agrupamento, não manterá a qualidade de segurado.

Como se pode notar, essa disposição do Regulamento, que não tem hierarquia de lei, amplia a restrição, de forma prejudicial ao beneficiário, pois não manter a qualidade de segurado significa não estar nem mesmo no período de graça. Entretanto, na realidade, a competência cuja contribuição seja inferior à contribuição mínima mensal, se ausente os ajustes de contribuições (art. 29 da Emenda Constitucional 103/2019), não será reconhecida "como tempo de contribuição" (art. 195, § 14, da Constituição Federal de 1988). Ou seja, a norma constitucional não chega ao extremo de prever a perda da qualidade de segurado se este receber remuneração inferior ao limite mínimo mensal do salário de contribuição e não efetuar os ajustes de complementação, utilização e agrupamento. Desse modo, é possível entender que o art. 13, § 8º, do Regulamento da Previdência Social, incluído pelo Decreto 10.410/2020, inova em termos legislativos, em prejuízo do segurado, e contraria as referidas normas de hierarquia constitucional. Cf. ainda Capítulo 2, item 2.22.1.

Durante os prazos indicados o segurado conserva todos os seus direitos perante a Previdência Social (art. 15, § 3º, da Lei 8.213/1991).

O período de *manutenção* da qualidade de segurado, evidentemente, pressupõe que a pessoa já tinha a qualidade de segurado antes de se iniciar do período de graça.

O momento exato da efetiva perda da qualidade de segurando, entretanto, não é o término do período de graça propriamente.

Na verdade, a perda da qualidade de segurado ocorre no dia seguinte ao do término do prazo fixado no Plano de Custeio da Seguridade Social para o recolhimento da contribuição referente ao mês imediatamente posterior ao do final dos prazos fixados no art. 15 e seus parágrafos da Lei 8.213/1991 (art. 15, § 4º, da Lei 8.213/1991).

Ou seja, o reconhecimento da perda da qualidade de segurado no termo final dos prazos fixados no art. 15 da Lei 8.213/1991 somente ocorre *no dia seguinte ao do vencimento da contribuição do contribuinte individual relativa ao mês imediatamente posterior ao término daqueles prazos* (de períodos de graça), conforme art. 14 do Regulamento da Previdência Social.

Desse modo, cabe lembrar que o segurado contribuinte individual é obrigado a recolher a sua contribuição por iniciativa própria, até o dia 15 do mês seguinte ao da competência (art. 30, inciso II, da Lei 8.212/1991). Se não houver expediente bancário na data indicada, o recolhimento deve ser efetuado até o dia útil imediatamente posterior (art. 30, § 2º, inciso I, da Lei 8.212/1991).

4.9. PERDA DA QUALIDADE DE SEGURADO

Como mencionado anteriormente, a *perda da qualidade de segurado* ocorre somente no dia seguinte ao do término do prazo fixado no Plano de Custeio da Seguridade Social para recolhimento da contribuição referente ao mês imediatamente posterior ao do final dos prazos fixados acima (art. 15, § 4º, da Lei 8.213/1991).

Vale dizer, o momento da perda da qualidade de segurado é no dia seguinte ao do término do prazo fixado para recolhimento da contribuição referente ao mês imediatamente posterior ao do final dos prazos fixados (como períodos de graça) no art. 15 da Lei 8.213/1991.

O Regulamento da Previdência Social prevê que o reconhecimento da perda da qualidade de segurado no termo final dos prazos fixados como período de graça ocorre no dia seguinte (ou seja, 16) ao do vencimento da contribuição do contribuinte individual relativa ao mês imediatamente posterior ao término daqueles prazos (art. 14).

A perda da qualidade de segurado importa em caducidade dos direitos inerentes a essa qualidade (art. 102 da Lei 8.213/1991).

Cabe ressaltar que a perda da qualidade de segurado não prejudica o direito à aposentadoria para cuja concessão todos os requisitos tenham sido preenchidos, segundo a legislação em vigor à época em que estes requisitos foram atendidos. Assegura-se, portanto, o *direito adquirido*.

Não deve ser concedida pensão por morte aos dependentes do segurado que falecer após a perda dessa qualidade, *salvo se preenchidos os requisitos para obtenção da aposentadoria na forma acima indicada*.

O art. 3º da Lei 10.666/2003 expressamente prevê que a perda da qualidade de segurado não é considerada para a concessão das aposentadorias por tempo de contribuição e especial.

Na hipótese de aposentadoria por idade, a perda da qualidade de segurado não é considerada para a concessão desse benefício, desde que o segurado conte com, no mínimo, o tempo de contribuição correspondente ao exigido para efeito de carência na data do requerimento do benefício (ou seja, 180 contribuições mensais).

Nesse sentido, entende-se ser desnecessário o preenchimento simultâneo das condições para a aposentadoria por idade, uma vez que isso não é exigido pelo art. 102, § 1º, da Lei 8.213/1991. Desse modo, não há óbice à concessão desse benefício previdenciário ainda que, quando do implemento da idade, já se tenha perdido a qualidade de segurado. Se o segurado, além de contar com a idade mínima para a obtenção do referido benefício, cumpriu o período de carência previsto pela legislação previdenciária, não importa que esses requisitos não tenham ocorrido simultaneamente (STJ, 3ª Seção, EREsp 776.110/SP (2006/0046730-3), rel. Min. Og Fernandes, DJe 22.03.2010).

Para a concessão de benefício por incapacidade, não será considerada a perda da qualidade de segurado decorrente da própria moléstia incapacitante (Súmula 26 da AGU).

O segurado que deixa de contribuir, involuntariamente, justamente em razão da incapacidade para o trabalho, portanto, não perde a qualidade de segurado para o recebimento de aposentadoria por invalidez ou de auxílio-doença, ainda que não exercido esse direito anteriormente ou durante o período de graça.

4.10. CARÊNCIA

O *período de carência* é o número mínimo de contribuições mensais indispensáveis para que o beneficiário faça jus ao benefício, consideradas a partir do transcurso do primeiro dia dos meses de suas competências (art. 24 da Lei 8.213/1991).

Em razão da Emenda Constitucional 103/2019, período de carência é o tempo correspondente ao número mínimo de contribuições mensais indispensáveis para que o beneficiário faça jus ao benefício, consideradas as competências cujo salário de contribuição seja igual ou superior ao seu limite mínimo mensal (art. 26 do Regulamento da Previdência Social, com redação dada pelo Decreto 10.410/2020).

Especificamente para o segurado especial, considera-se período de carência, para fins de concessão dos benefícios de que trata o art. 39, inciso I, da Lei 8.213/1991, o tempo mínimo de efetivo exercício de atividade rural, ainda que de forma descontínua, igual à quantidade de meses necessária à concessão do benefício requerido (art. 26, § 1º, do Regulamento da Previdência Social).

Não é computado para efeito de carência o tempo de atividade do trabalhador rural anterior à competência novembro de 1991, justamente porque nessa época, anterior à Lei 8.212/1991 (art. 26, § 3º, do Regulamento da Previdência Social), não havia recolhimento de contribuição pelo trabalhador rural.

Deve ser considerado, para efeito de carência, o tempo de contribuição para o Plano de Seguridade Social do Servidor Público anterior à Lei 8.647/1993[25], efetuado pelo servidor público ocupante de cargo em comissão sem vínculo efetivo com a União, autarquias, ainda que em regime especial, e fundações públicas federais (art. 26, § 2º, do Regulamento da Previdência Social).

As contribuições vertidas para Regime Próprio de Previdência Social devem ser consideradas para todos os efeitos, inclusive para os de carência (art. 26, § 5º, do Regulamento da Previdência Social).

Trata-se da hipótese de servidor estatutário que integrava Regime Próprio de Previdência, mas deixa o serviço público, passando a exercer atividade como segurado obrigatório do Regime Geral de Previdência Social ou se filia a ele como segurado facultativo.

Ademais, aplica-se ao segurado que se desvincular de Regime Próprio de Previdência Social a regra de que mantém a qualidade de segurado, indepen-

[25] "Art. 1º O servidor público civil ocupante de cargo em comissão, sem vínculo efetivo com a União, Autarquias, inclusive em regime especial, e Fundações Públicas Federais, vincula-se obrigatoriamente ao Regime Geral de Previdência Social de que trata a Lei nº 8.213, de 24 de julho de 1991".

dentemente de contribuições, até 12 meses após a cessação de benefício por incapacidade ou até 12 meses após a cessação das contribuições, o segurado que deixar de exercer atividade remunerada abrangida pela Previdência Social ou estiver suspenso ou licenciado sem remuneração. Esse prazo é prorrogado para até 24 meses se o segurado já tiver pago mais de 120 contribuições mensais sem interrupção que acarrete a perda da qualidade de segurado (arts. 13, § 4º, e 26, § 5º, do Regulamento da Previdência Social).

Mesmo porque para efeito dos benefícios previstos no Regime Geral de Previdência Social ou no serviço público é assegurada a contagem recíproca do tempo de contribuição na atividade privada, rural e urbana, e do tempo de contribuição ou de serviço na Administração Pública, hipótese em que os diferentes sistemas de Previdência Social devem se compensar financeiramente (art. 94 da Lei 8.213/1991).

Aliás, a Constituição Federal de 1988 prevê que para fins de aposentadoria, será assegurada a contagem recíproca do tempo de contribuição entre o Regime Geral de Previdência Social e os Regimes Próprios de Previdência Social, e destes entre si, observada a compensação financeira, de acordo com os critérios estabelecidos em lei (art. 201, § 9º, da CF/1988, com redação dada pela Emenda Constitucional 103/2019).

O art. 27-A da Lei 8.213/1991, com redação dada pela Lei 13.846/2019, prevê que na hipótese de *perda da qualidade de segurado*, para fins da concessão dos benefícios de auxílio-doença (auxílio por incapacidade temporária), de aposentadoria por invalidez (aposentadoria por incapacidade permanente), de salário-maternidade e de auxílio-reclusão, o segurado deverá contar, a partir da data da nova filiação à Previdência Social, com *metade* dos períodos previstos nos incisos I, III e IV do *caput* do art. 25 da Lei 8.213/1991.

Portanto, havendo perda da qualidade de segurado, pode-se dizer que a *carência de reingresso*, a partir da nova filiação à Previdência Social: para a concessão de auxílio-doença e aposentadoria por invalidez é de seis contribuições mensais; para a concessão de salário-maternidade (nos casos das seguradas indicadas no art. 25, inciso III, da Lei 8.213/1991) é de cinco contribuições mensais; e para a concessão de auxílio-reclusão é de 12 contribuições mensais.

Ainda assim, entende-se que o período completo de carência para a concessão do benefício deve ser observado mesmo pelo segurado que se filie novamente à Previdência Social. Desse modo, a interpretação mais adequada é no sentido de que o segurado que alcançar essa carência de reingresso (a partir da nova filiação) pode computar as contribuições feitas anteriormente à perda da qualidade de segurado para obter a carência total exigida para o recebimento do benefício previdenciário.

Logo, na hipótese de perda da qualidade de segurado, para fins da concessão dos benefícios de auxílio por incapacidade temporária, de aposentadoria por incapacidade permanente, de salário-maternidade e de auxílio-reclusão, as contribuições anteriores à perda somente serão computadas para fins de carência depois que o segurado contar, a partir da nova filiação ao Regime Geral de Previdência Social, com metade do número de contribuições exigidas para o cumprimento do período de carência definido no art. 25 da Lei 8.213/1991 (art. 27-A do Regulamento da Previdência Social, com redação dada pelo Decreto 10.410/2020). Aplica-se essa previsão ao segurado oriundo de Regime Próprio de Previdência Social que se filiar ao Regime Geral de Previdência Social após os prazos (de manutenção da qualidade de segurado) a que se refere o inciso II (até 12 meses após a cessação de benefício por incapacidade ou até 12 meses após a cessação das contribuições) e o § 1º (até 24 meses após a cessação de benefício por incapacidade ou até 24 meses após a cessação das contribuições, se o segurado já tiver pago mais de 120 contribuições mensais sem interrupção que acarrete a perda da qualidade de segurado) do art. 15 da Lei 8.213/1991 (art. 27-A, parágrafo único, do Regulamento da Previdência Social).

Deve-se salientar que a perda da qualidade de segurado não é considerada para a concessão das aposentadorias por tempo de contribuição, especial e por idade (art. 3º da Lei 10.666/2003).

A concessão das prestações pecuniárias do Regime Geral de Previdência Social depende dos seguintes *períodos de carência* (art. 25 da Lei 8.213/1991):

> I – auxílio-doença (auxílio por incapacidade temporária) e aposentadoria por invalidez (aposentadoria por incapacidade permanente): 12 contribuições mensais;
>
> II – aposentadoria por idade (aposentadoria programada, por idade do trabalhador rural e especial), aposentadoria por tempo de contribuição (não mais prevista, em regra, com a Emenda Constitucional 103/2019, salvo nos casos de direito adquirido, da regra de transição do art. 17 da Emenda Constitucional 103/2019 e de aposentadoria da pessoa com deficiência, concedida na forma da Lei Complementar 142/2013, conforme art. 22 da Emenda Constitucional 103/2019) e aposentadoria especial: 180 contribuições mensais;
>
> III – salário-maternidade para a segurada contribuinte individual, a segurada especial (que contribua facultativamente, nos termos do art. 39, inciso

II, da Lei 8.213/1991) e a segurada facultativa: 10 contribuições mensais, respeitado o disposto no art. 39, parágrafo único, da Lei 8.213/1991[26];

IV – auxílio-reclusão: 24 contribuições mensais.

Em caso de parto antecipado, o período de carência do salário-maternidade deve ser reduzido em número de contribuições equivalente ao número de meses em que o parto foi antecipado.

A rigor, o período de carência (art. 24 da Lei 8.213/1991) não se confunde com o tempo de contribuição (art. 55 da Lei 8.213/1991, art. 4º da Emenda Constitucional 20/1998 e art. 201, § 14, da Constituição da República).

Sendo assim, cabe ressaltar que o segurado de que trata o inciso I do § 7º do art. 201 da Constituição Federal de 1988 filiado ao Regime Geral de Previdência Social até a data de entrada em vigor da Emenda Constitucional 103/2019 poderá aposentar-se quando preencher, cumulativamente, os seguintes requisitos: I – 60 anos de idade, se mulher, e 65 anos de idade, se homem; e II – 15 anos de contribuição, para ambos os sexos (art. 18 da Emenda Constitucional 103/2019).

A partir de 1º de janeiro de 2020, a idade de 60 anos da mulher, prevista no inciso I do art. 18 da Emenda Constitucional 103/2019, será acrescida em seis meses a cada ano, até atingir 62 anos de idade (art. 18, § 1º, da Emenda Constitucional 103/2019).

Até que lei disponha sobre o tempo de contribuição a que se refere o inciso I do § 7º do art. 201 da Constituição Federal de 1988, o segurado filiado ao Regime Geral de Previdência Social após a data de entrada em vigor da Emenda Constitucional 103/2019 será aposentado aos 62 anos de idade, se mulher, 65 anos de idade, se homem, 15 anos de tempo de contribuição, se mulher, e 20 anos de tempo de contribuição, se homem (art. 19 da Emenda Constitucional 103/2019). Cf. Capítulo 8, item 5.8.

Como regra de transição, para o segurado inscrito na Previdência Social urbana até 24 de julho de 1991, bem como para o trabalhador e o empregador rural cobertos pela Previdência Social rural, a carência das aposentadorias por idade, por tempo de serviço (tempo de contribuição) e especial obedece

---

[26] Como esclarece o art. 93, § 2º, do Regulamento da Previdência Social, será devido o salário-maternidade à segurada especial, *desde que comprove o exercício de atividade rural nos últimos dez meses imediatamente anteriores à data do parto ou do requerimento do benefício, quando requerido antes do parto*, mesmo que de forma descontínua, aplicando-se, quando for o caso, o disposto no parágrafo único do art. 29 [em caso de parto antecipado, o período de carência a que se refere o inciso III será reduzido em número de contribuições equivalente ao número de meses em que o parto foi antecipado].

à tabela prevista no art. 142 da Lei 8.213/1991, levando-se em conta o ano em que o segurado implementou todas as condições necessárias à obtenção do benefício.

Para efeito de aposentadoria urbana por idade, a tabela progressiva de carência prevista no art. 142 da Lei 8.213/1991 deve ser aplicada em função do *ano em que o segurado completa a idade mínima para concessão do benefício*, ainda que o período de carência só seja preenchido posteriormente (Súmula 44 da Turma Nacional de Uniformização dos Juizados Especiais Federais)[27].

Independe de carência a concessão das seguintes prestações (art. 26 da Lei 8.213/1991):

I – pensão por morte, salário-família e auxílio-acidente;

---

[27] "Previdenciário. Recurso especial. Aposentadoria por idade urbana. Preenchimento simultâneo dos requisitos. Desnecessidade. Regra de transição do art. 142 da Lei de Benefícios. Precedentes. Recurso especial conhecido e provido. 1. *Tendo a parte recorrente sido filiada ao sistema antes da edição da Lei 8.213/1991, a ela deve ser aplicada, para fins de cômputo de carência necessária à concessão da aposentadoria por idade, a regra de transição disposta no art. 142 da Lei de Benefícios*. 2. Deve beneficiar-se da regra de transição o segurado que estava vinculado ao Regime Geral da Previdência Social, mas que, por ocasião da nova Lei não mantivesse a qualidade de segurado, desde que retorne ao sistema. 3. A implementação dos requisitos para a aposentadoria por idade urbana pode dar-se em momentos diversos, sem simultaneidade. Mas, *uma vez que o segurado atinja o limite de idade fixado, o prazo de carência está consolidado, não podendo mais ser alterado*. A interpretação a ser dada ao art. 142 da referida Lei deve ser finalística, em conformidade com os seus objetivos, que estão voltados à proteção do segurado que se encontre no período de transição ali especificado, considerando o aumento da carência de 60 contribuições para 180 e que atinjam a idade nele fixada. 4. Com o advento da Lei 10.666/2003, que passou a disciplinar especificamente a questão da dissociação dos requisitos para obtenção do benefício, a nova sistemática não faz distinção entre o tempo anterior e o posterior à perda da qualidade de segurado. 5. O acórdão recorrido deve ser reformado, porque está em dissonância com a jurisprudência do STJ que admite a aplicação do art. 142 combinado com o § 1º do art. 3º da Lei 10.666/2003. Observância do incidente de uniformização de jurisprudência, Pet 7.476/PR. 6. *O segurado que não implementa a carência legalmente exigida quando atingido o requisito etário, pode cumpri-la posteriormente pelo mesmo número de contribuições previstas para essa data. Não haverá nesta hipótese um novo enquadramento na tabela contida no art. 142 da Lei 8.213/1991*, como entendeu o Tribunal *a quo*. 7. Recurso especial conhecido e provido, determinando-se ao INSS que refaça a contagem da carência com base na data em que a segurada atingiu a idade mínima. Inversão do ônus da sucumbência. Honorários advocatícios fixados em 10% sobre o valor da condenação" (STJ, 2ª T., REsp 1.412.566/RS (2013/0344384-6), rel. Min. Mauro Campbell Marques, DJe 02.04.2014).

II – auxílio-doença (auxílio por incapacidade temporária) e aposentadoria por invalidez (aposentadoria por incapacidade permanente) nos casos de *acidente de qualquer natureza ou causa* e de *doença profissional ou do trabalho*, bem como nos casos de segurado que, após filiar-se ao Regime Geral de Previdência Social, for acometido de alguma das doenças e afecções especificadas em lista elaborada pelos Ministérios da Saúde e da Previdência Social, atualizada a cada três anos, de acordo com os critérios de estigma, deformação, mutilação, deficiência ou outro fator que lhe confira especificidade e gravidade que mereçam tratamento particularizado[28];

III – os benefícios concedidos na forma do art. 39, inciso I, da Lei 8.213/1991[29], aos segurados especiais;

IV – serviço social;

V – reabilitação profissional;

VI – salário-maternidade para as seguradas que sejam empregada, trabalhadora avulsa e empregada doméstica.

[28] Cf. art. 151 da Lei 8.213/1991: "Até que seja elaborada a lista de doenças mencionada no inciso II do art. 26, independe de carência a concessão de auxílio-doença e de aposentadoria por invalidez ao segurado que, após filiar-se ao RGPS, for acometido das seguintes doenças: tuberculose ativa, hanseníase, alienação mental, esclerose múltipla, hepatopatia grave, neoplasia maligna, cegueira, paralisia irreversível e incapacitante, cardiopatia grave, doença de Parkinson, espondiloartrose anquilosante, nefropatia grave, estado avançado da doença de Paget (osteíte deformante), síndrome da deficiência imunológica adquirida (aids) ou contaminação por radiação, com base em conclusão da medicina especializada". A Turma Nacional de Uniformização dos Juizados Especiais Federais firmou a seguinte tese (Tema 220): "1. O rol do inciso II do art. 26 da Lei 8.213/1991 é exaustivo. 2. A lista de doenças mencionada no inciso II, atualmente regulamentada pelo art. 151 da Lei 8.213/1991, não é taxativa, admitindo interpretação extensiva, desde que demonstrada a especificidade e gravidade que mereçam tratamento particularizado. 3. A gravidez de alto risco, com recomendação médica de afastamento do trabalho por mais de 15 dias consecutivos, autoriza a dispensa de carência para acesso aos benefícios por incapacidade" (TNU, PEDILEF 5004376-97.2017.4.04.7113/RS, rel. p/ ac. Min. Ricardo Villas Bôas Cueva, DJe 30.04.2021).

[29] "Art. 39. Para os segurados especiais, referidos no inciso VII do art. 11 desta Lei, fica garantida a concessão: I – de aposentadoria por idade ou por invalidez, de auxílio-doença, de auxílio-reclusão ou de pensão, no valor de 1 (um) salário mínimo, e de auxílio-acidente, conforme disposto no art. 86 desta Lei, desde que comprovem o exercício de atividade rural, ainda que de forma descontínua, no período imediatamente anterior ao requerimento do benefício, igual ao número de meses correspondentes à carência do benefício requerido, observado o disposto nos arts. 38-A e 38-B desta Lei". Cf. ainda a Súmula 54 da Turma Nacional de Uniformização dos Juizados Especiais Federais: "Para a concessão de aposentadoria por idade de trabalhador rural, o tempo de exercício de atividade equivalente à carência deve ser aferido no período imediatamente anterior ao requerimento administrativo *ou à data do implemento da idade mínima*".

Cabe esclarecer que o auxílio-acidente, decorrente de acidente de qualquer natureza, não exige carência para a concessão, pois a norma legal, quanto ao referido benefício, não faz restrição quanto ao tema.

Entende-se como a*cidente de qualquer natureza ou causa* aquele de origem traumática e por exposição a agentes exógenos, físicos, químicos ou biológicos, que acarrete lesão corporal ou perturbação funcional que cause a morte ou a perda ou a redução permanente ou temporária da capacidade laborativa (art. 30, § 1º, do Regulamento da Previdência Social).

A Portaria Interministerial 22/2022 do Ministério do Trabalho e Previdência e do Ministério da Saúde estabelece a lista de doenças e afecções que isentam de carência a concessão de benefícios por incapacidade, conforme disposto no art. 26, inciso II, da Lei 8.213/1991.

Para cômputo do período de carência, devem ser consideradas as contribuições (art. 27 da Lei 8.213/1991, com redação dada pela Lei Complementar 150/2015):

> I – referentes ao período a partir da data de *filiação* ao Regime Geral de Previdência Social (RGPS), no caso dos segurados empregados, inclusive os domésticos, e dos trabalhadores avulsos;
>
> II – realizadas a contar da data de efetivo pagamento da *primeira contribuição sem atraso*, não sendo consideradas para este fim as contribuições recolhidas com atraso referentes a competências anteriores, no caso dos segurados contribuinte individual, especial e facultativo. Cf. ainda Capítulo 2, item 2.26.

A diferenciação acima decorre da previsão do art. 33, § 5º, da Lei 8.212/1991, ao prever que *o desconto de contribuição e de consignação legalmente autorizadas sempre se presume feito oportuna e regularmente pela empresa a isso obrigada*, não lhe sendo lícito alegar omissão para se eximir do recolhimento, ficando diretamente responsável pela importância que deixou de receber ou arrecadou em desacordo com o disposto no mencionado diploma legal.

Além disso, nos termos do art. 4º da Lei 10.666/2003, fica a empresa obrigada a arrecadar a contribuição do segurado contribuinte individual a seu serviço, descontando-a da respectiva remuneração, e a recolher o valor arrecadado juntamente com a contribuição a seu cargo até o dia 20 do mês seguinte ao da competência, ou até o dia útil imediatamente anterior se não houver expediente bancário naquele dia.

As cooperativas de trabalho também devem arrecadar a contribuição social dos seus associados como contribuinte individual e recolher o valor arrecadado até o dia 20 do mês subsequente ao de competência a que se referir, ou até o dia útil imediatamente anterior se não houver expediente bancário naquele dia.

A cooperativa de trabalho e a pessoa jurídica são obrigadas a efetuar a inscrição no Instituto Nacional do Seguro Social (INSS) dos seus cooperados e contratados, respectivamente, como contribuintes individuais, se ainda não inscritos.

O disposto no art. 4º da Lei 10.666/2003, entretanto, *não se aplica* ao contribuinte individual, quando contratado por outro contribuinte individual equiparado a empresa (ou seja, pessoa física, conforme art. 14, parágrafo único, da Lei 8.213/1991) ou por produtor rural pessoa física ou por missão diplomática e repartição consular de carreira estrangeiras, nem ao brasileiro civil que trabalha no exterior para organismo oficial internacional do qual o Brasil é membro efetivo.

O contribuinte individual a que se refere o art. 4º da Lei 10.666/2001 é obrigado a complementar, diretamente, a contribuição até o valor mínimo mensal do salário de contribuição, quando as remunerações recebidas no mês, por serviços prestados a pessoas jurídicas, forem inferiores a este.

Confirmando o exposto, considera-se presumido o recolhimento das contribuições do contribuinte individual prestador de serviço a pessoa jurídica, a partir da competência abril de 2003, por força da Medida Provisória 83/2002, convertida na Lei 10.666/2003 (art. 2º, § 1º, da Portaria 1.382/2021 do INSS).

Sendo assim, pode-se dizer que para efeito de carência considera-se presumido o recolhimento das contribuições do segurado empregado, do trabalhador avulso e, relativamente ao contribuinte individual, a partir da competência abril de 2003, as contribuições dele descontadas pela empresa (art. 26, § 4º, do Regulamento da Previdência Social)[30].

Para fins de carência, no caso de segurado empregado doméstico, considera-se presumido o recolhimento das contribuições dele descontadas pelo

---

[30] Cf. Lei 8.212/1991: "Art. 30. A arrecadação e o recolhimento das contribuições ou de outras importâncias devidas à Seguridade Social obedecem às seguintes normas: I – a empresa é obrigada a: a) arrecadar as contribuições dos segurados empregados e trabalhadores avulsos a seu serviço, descontando-as da respectiva remuneração; b) recolher os valores arrecadados na forma da alínea *a* deste inciso, a contribuição a que se refere o inciso IV do art. 22 desta Lei, assim como as contribuições a seu cargo incidentes sobre as remunerações pagas, devidas ou creditadas, a qualquer título, aos segurados empregados, trabalhadores avulsos e contribuintes individuais a seu serviço até o dia 20 (vinte) do mês subsequente ao da competência; c) recolher as contribuições de que tratam os incisos I e II do art. 23, na forma e prazos definidos pela legislação tributária federal vigente".

empregador doméstico, a partir da competência junho de 2015 (art. 26, § 4º-A, do Regulamento da Previdência Social).

Para o segurado empregado doméstico filiado ao Regime Geral de Previdência Social nessa condição até 31 de maio de 2015, o período de carência será contado a partir da data do efetivo recolhimento da primeira contribuição sem atraso (art. 26, § 4º-B, do Regulamento da Previdência Social).

Para o período de filiação comprovado como empregado doméstico sem a comprovação do recolhimento ou sem a comprovação da primeira contribuição sem atraso, deve ser reconhecido o direito ao benefício na forma prevista no § 2º do art. 36 do Regulamento da Previdência Social (no sentido de que deve ser considerado, para o cálculo do benefício referente ao período sem comprovação do valor do salário de contribuição, o valor do salário mínimo e essa renda será recalculada quando da apresentação de prova dos salários de contribuição), independentemente da categoria do segurado na data do requerimento (art. 26, § 4º-C, do Regulamento da Previdência Social). Cf. ainda Capítulo 5, item 5.3.

Para fins de carência, as contribuições anteriores à data de publicação da Emenda Constitucional 103/2019 devem ser consideradas em conformidade com a legislação vigente à época (art. 26, § 6º, do Regulamento da Previdência Social).

De forma sistemática, o período de carência é contado:

> I – para o segurado empregado, inclusive o doméstico, e o trabalhador avulso, a partir da data de sua filiação ao Regime Geral de Previdência Social;
>
> II – para o segurado contribuinte individual, observado o disposto no § 4º do art. 26 do Regulamento da Previdência Social (para efeito de carência, considera-se presumido o recolhimento das contribuições do segurado empregado, do trabalhador avulso e, relativamente ao contribuinte individual, a partir da competência abril de 2003, as contribuições dele descontadas pela empresa), e o segurado facultativo, inclusive o segurado especial que contribua na forma prevista no § 1º do art. 25 da Lei 8.212/1991 (ou seja, o segurado especial que, além da contribuição obrigatória, contribua, facultativamente, na forma do art. 21 da Lei 8.212/1991), a partir da data do efetivo recolhimento da primeira contribuição sem atraso, e não serão consideradas, para esse fim, as contribuições recolhidas com atraso referentes a competências anteriores, observado, quanto ao segurado facultativo, o disposto nos §§ 3º e 4º do art. 11 do Regulamento da Previdência Social (art. 28 do Regulamento da Previdência Social, com redação dada pelo Decreto 10.410/2020).

A filiação na qualidade de segurado facultativo é ato volitivo que gera efeito somente a partir da inscrição e do primeiro recolhimento, não podendo retroagir e não permitindo o pagamento de contribuições relativas a competências anteriores à data da inscrição (art. 11, § 3º, do Regulamento da Previdência Social). Após a inscrição, o segurado facultativo somente pode recolher contribuições em atraso quando não tiver ocorrido perda da qualidade de segurado, conforme o disposto no art. 15, inciso VI, da Lei 8.213/1991 (art. 11, § 4º, do Regulamento da Previdência Social).

Para o segurado especial que não contribui na forma do § 1º do art. 25 da Lei 8.212/1991 (ou seja, o segurado especial que não contribui facultativamente), o período de carência de que trata o § 1º do art. 26 do Regulamento da Previdência Social é contado a partir do efetivo exercício da atividade rural, mediante comprovação (art. 28, § 1º, do Regulamento da Previdência Social).

Para o contribuinte individual, o segurado facultativo e o segurado especial que contribua na forma prevista no § 1º do art. 25 da Lei 8.212/1991 (ou seja, o segurado especial que, além da contribuição obrigatória, contribua, facultativamente, na forma do art. 21 da Lei 8.212/1991), optantes pelo recolhimento trimestral na forma prevista no § 15 do art. 216 do Regulamento da Previdência Social, o período de carência é contado a partir do mês de inscrição do segurado, desde que efetuado o recolhimento da primeira contribuição no prazo estipulado no referido § 15, ou seja, no dia 15 do mês seguinte ao trimestre civil, prorrogando-se o vencimento para o dia útil subsequente quando não houver expediente bancário no dia 15 (art. 28, § 3º, do Regulamento da Previdência Social).

Para o contribuinte individual, o segurado facultativo e o segurado especial que contribua na forma prevista no § 1º do art. 25 da Lei 8.212/1991 (o segurado especial que, além da contribuição obrigatória, contribua, facultativamente, na forma do art. 21 da Lei 8.212/1991), na hipótese de perda da qualidade de segurado (arts. 15, § 4º, e 102 da Lei 8.213/1991), somente serão consideradas, para fins de carência, as contribuições efetivadas após novo recolhimento sem atraso, observado o disposto no art. 19-E do Regulamento da Previdência Social, sobre limite mínimo mensal do salário de contribuição (art. 28, § 4º, do Regulamento da Previdência Social).

Nessa linha, a Turma Nacional de Uniformização dos Juizados Especiais Federais firmou a seguinte tese (Tema 192): "Contribuinte individual. Recolhimento com atraso das contribuições posteriores ao pagamento da primeira contribuição sem atraso. Perda da qualidade de segurado. Impossibilidade de cômputos das contribuições recolhidas com atraso relativas ao período entre a perda da qualidade de segurado e a sua reaquisição para efeito de carência" (TNU, PEDILEF 2009.71.50.019216-5/RS, rel. Juiz Federal André Carvalho Monteiro, DOU 08.03.2013).

Embora o art. 55, inciso II, da Lei 8.213/1991 disponha sobre a contagem do tempo de contribuição para a respectiva aposentadoria, cabe fazer referência ao entendimento, firmado antes da Emenda Constitucional 103/2019, no sentido de ser possível considerar o período em que o segurado esteve em gozo de benefício por incapacidade (auxílio-doença ou aposentadoria por invalidez) *também para fins de carência*, desde que intercalados com períodos contributivos, ou seja, de atividade laboral.

Nesse sentido, decidiu-se ser possível considerar o período em que o segurado esteve no gozo de benefício por incapacidade (auxílio-doença ou aposentadoria por invalidez) para fins de carência, desde que intercalados com períodos contributivos. Se o período em que o segurado esteve no gozo de benefício por incapacidade é excepcionalmente considerado como tempo ficto de contribuição, não se justifica interpretar a norma de maneira distinta para fins de carência, desde que intercalado com atividade laborativa (STJ, 6ª T., AgRg no REsp 1.271.928/RS (2011/0191760-1), rel. Min. Rogerio Schietti Cruz, DJe 03.11.2014).

O Supremo Tribunal Federal decidiu (RE 583.834/PR-RG) que devem ser computados, para fins de concessão de aposentadoria por invalidez, os períodos em que o segurado tenha usufruído do benefício de auxílio-doença, desde que intercalados com atividade laborativa. O STF tem decidido que o referido entendimento se aplica, inclusive, para fins de cômputo da carência, e não apenas para cálculo do tempo de contribuição (STF, 1ª T., AgR-ARE 746.835/RS, rel. Min. Dias Toffoli, DJe 07.10.2014).

Frise-se que as hipóteses descritas na legislação vigente que correspondam a tempo de contribuição fictício apenas serão contadas no Regime Geral de Previdência Social até a Emenda Constitucional 103/2019 para fins de concessão de aposentadoria. A partir da entrada em vigor da Emenda Constitucional 103/2019, deve-se observar o disposto no § 14 do art. 201 da Constituição Federal de 1988, no sentido de ser vedada a contagem de tempo de contribuição fictício para efeito de concessão dos benefícios previdenciários e de contagem recíproca (art. 25 da Emenda Constitucional 103/2019).

Nos termos do art. 19-C, § 1º, do Regulamento da Previdência Social, deve ser computado o tempo intercalado de recebimento de benefício por incapacidade, na forma do disposto no inciso II do art. 55 da Lei 8.213/1991, exceto para efeito de carência. Essa exclusão para fins de carência, entretanto, pode ser objeto de questionamento, notadamente em face do entendimento jurisprudencial em sentido diverso, conforme acima exposto.

A respeito do tema, o Supremo Tribunal Federal fixou a seguinte tese de repercussão geral: "É constitucional o cômputo, para fins de carência, do período no qual o segurado esteve em gozo do benefício de auxílio-doença, desde que intercalado com atividade laborativa" (STF, Pleno, RG-RE 1.298.832/RS, rel. Min. Luiz Fux, DJe 25.02.2021).

CAPÍTULO

5

PRESTAÇÕES DO REGIME GERAL DE PREVIDÊNCIA SOCIAL

5.1. CLASSIFICAÇÃO

As *prestações* previdenciárias podem ser classificadas em benefícios e serviços. Os *benefícios* são prestações em pecúnia. Os *serviços*, por sua vez, são prestações não pecuniárias, ou seja, imateriais, como obrigações de fazer.

As prestações previdenciárias podem ser devidas ao segurado, ao dependente e ao segurado e dependente.

Nesse sentido, o Regime Geral de Previdência Social compreende as seguintes prestações, devidas inclusive em razão de eventos decorrentes de acidente do trabalho, expressas em benefícios e serviços (art. 18 da Lei 8.213/1991):

I – *quanto ao segurado*: aposentadoria por invalidez (aposentadoria por incapacidade permanente); aposentadoria por idade (aposentadoria programada e aposentadoria por idade do trabalhador rural); aposentadoria por tempo de contribuição (não mais prevista, em regra, com a Emenda Constitucional 103/2019, salvo nos casos de direito adquirido, da regra de transição do art. 17 da Emenda Constitucional 103/2019 e de aposentadoria da pessoa com deficiência, concedida na forma da Lei Complementar 142/2013, conforme art. 22 da Emenda Constitucional 103/2019); aposentadoria especial; auxílio-doença (auxílio por incapacidade temporária); salário-família; salário-maternidade; auxílio-acidente;

II – *quanto ao dependente*: pensão por morte; auxílio-reclusão;

III – *quanto ao segurado e dependente*: a) (revogada pela Lei 9.032/1995); b) serviço social; c) reabilitação profissional.

Somente podem se beneficiar do auxílio-acidente os segurados nas condições de empregado, empregado doméstico, trabalhador avulso e segurado especial.

Cabe esclarecer que o aposentado pelo Regime Geral de Previdência Social que permanecer em atividade sujeita a esse Regime, ou a ele retornar, não faz jus a prestação alguma da Previdência Social em decorrência do exercício dessa atividade, exceto ao salário-família e à reabilitação profissional, quando empregado, inclusive o doméstico, ou trabalhador avulso, e ao salário-maternidade (art. 18, § 2º, da Lei 8.213/1991 e art. 173 do Regulamento da Previdência Social).

O segurado *contribuinte individual*, que trabalhe por conta própria, sem relação de trabalho com empresa ou equiparado, e o segurado facultativo que contribuam na forma do art. 21, § 2º, da Lei 8.212/1991, ou seja, com as alíquotas de 11% ou de 5% sobre o valor do limite mínimo mensal do salário de contribuição, não fazem jus à aposentadoria por tempo de contribuição (não mais prevista, em regra, com a Emenda Constitucional 103/2019, salvo nos casos de direito adquirido, da regra de transição do art. 17 da Emenda Constitucional 103/2019 e de aposentadoria da pessoa com deficiência, concedida na forma da Lei Complementar 142/2013, conforme art. 22 da Emenda Constitucional 103/2019).

Os benefícios referidos no art. 18 da 8.213/1991 podem ser solicitados, pelos interessados, aos Oficiais de Registro Civil das Pessoas Naturais, que encaminharão, eletronicamente, requerimento e respectiva documentação comprobatória de seu direito para deliberação e análise do Instituto Nacional do Seguro Social (INSS), nos termos do regulamento (art. 18, § 4º, da Lei 8.213/1991, incluído pela Lei 13.846/2019).

Cabe ainda fazer referência à orientação firmada pela jurisprudência, no sentido de que de que, respeitado o contraditório, em matéria previdenciária, deve haver certa flexibilidade no exame da pretensão formulada na petição inicial, quando preenchidos os requisitos legais para a concessão do benefício.

Nesse sentido, em matéria previdenciária, deve-se flexibilizar a análise do pedido contido na petição inicial, não entendendo como julgamento *extra* ou *ultra petita* a concessão de benefício diverso do requerido na inicial, desde que o autor preencha os requisitos legais do benefício deferido (STJ, 2ª Turma, AgRg no AREsp 574.838/SP (2014/0222854-5), rel. Min. Humberto Martins, DJe 30.10.2014).

5.2. SALÁRIO DE BENEFÍCIO

Salário de benefício é o valor básico utilizado para o cálculo da renda mensal dos benefícios de prestação continuada, inclusive aqueles regidos por normas especiais, exceto: o salário-família; a pensão por morte; o salário-maternidade; o auxílio-reclusão; os demais benefícios previstos em legislação especial (art. 31 do Regulamento da Previdência Social). Trata-se, portanto, da base de cálculo da renda mensal inicial de benefícios previdenciários.

Sendo assim, o valor do benefício de prestação continuada, inclusive o regido por norma especial e o decorrente de acidente do trabalho, exceto o salário-família e o salário-maternidade, deve ser calculado com base no salário de benefício (art. 28 da Lei 8.213/1991).

A pensão por morte, na verdade, é calculada sobre a aposentadoria que o segurado recebia (se já estivesse aposentado) ou sobre a aposentadoria por incapacidade permanente que teria direito na data do óbito (art. 23 da Emenda Constitucional 103/2019). As aposentadorias, por sua vez, são calculadas sobre o salário de benefício.

O valor do auxílio-reclusão é apurado na forma do cálculo aplicável à pensão por morte, não podendo exceder o valor de um salário mínimo (art. 27, § 1º, da Emenda Constitucional 103/2019).

Até a entrada em vigor da Emenda Constitucional 103/2019, o salário de benefício consistia, para os benefícios de aposentadoria por idade e aposentadoria por tempo de contribuição, na média aritmética simples dos *maiores salários de contribuição* correspondentes a 80% de todo o período contributivo, multiplicada pelo fator previdenciário (art. 29, inciso I, da Lei 8.213/1991).

Entretanto, era garantido ao segurado com direito a aposentadoria por idade a *opção* pela não aplicação do fator previdenciário (art. 7º da Lei 9.876/1999).

Além disso, antes da Emenda Constitucional 103/2019, o segurado que preenchesse o requisito para a aposentadoria por tempo de contribuição *podia optar pela não incidência do fator previdenciário*, no cálculo de sua aposentadoria, quando o total resultante da soma de sua idade e de seu tempo de contribuição, incluídas as frações, na data de requerimento da aposentadoria, for: igual ou superior a 95 pontos, se *homem*, observando o tempo mínimo de contribuição de 35 anos; ou igual ou superior a 85 pontos, se *mulher*, observando o tempo mínimo de contribuição de 30 anos (art. 29-C da Lei 8.213/1991).

Para os fins do disposto nessa previsão, eram somadas as frações em *meses completos* de tempo de contribuição e idade.

As somas de idade e de tempo de contribuição previstas acima seriam *majoradas em um ponto* em: 31 de dezembro de 2018; 31 de dezembro de 2020; 31 de dezembro de 2022; 31 de dezembro de 2024; 31 de dezembro de 2026 (art. 29-C, § 2º, da Lei 8.213/1991). Essa previsão de progressão decorre da tendência de aumento da expectativa de sobrevida da população brasileira.

Para efeito de aplicação do disposto no art. 29-C, *caput* e § 2º, da Lei 8.213/1991, o tempo mínimo de contribuição do professor e da professora que comprovassem exclusivamente tempo de efetivo exercício de magistério na educação infantil e no ensino fundamental e médio era de, respectivamente, 30 e 25 anos, e deveriam ser acrescidos cinco pontos à soma da idade com o tempo de contribuição. Tratava-se, assim, de dispositivo específico, decorrente da determinação do art. 201, § 8º, da Constituição da República.

Ao segurado que alcançasse o requisito necessário ao exercício da opção de que trata o art. 29-C, *caput*, da Lei 8.213/1991 e deixasse de requerer aposentadoria era assegurado o direito à opção com a aplicação da pontuação exigida *na data do cumprimento do requisito*, nos termos do referido art. 29-C da Lei 8.213/1991.

A fórmula do art. 29-C da Lei 8.213/1991, com o fim de se poder optar pela não incidência do fator previdenciário, não é mais prevista com a Emenda Constitucional 103/2019, podendo ter aplicação, entretanto, em caso de direito adquirido (art. 3º, § 2º, da Emenda Constitucional 103/2019). Há previsão de regras de transição que utilizam o sistema de pontos (arts. 4º, 15 e 21 da Emenda Constitucional 103/2019), mas não como fórmula para cálculo do valor do benefício propriamente.

Se mais vantajoso, fica assegurado o direito à aposentadoria, nas condições legalmente previstas na data do cumprimento de todos os requisitos necessários à obtenção do benefício, ao segurado que, tendo completado 35 anos de serviço, se homem, ou 30 anos, se mulher, optou por permanecer em atividade (art. 122 da Lei 8.213/1991).

Nessa linha, conforme decidido pelo Supremo Tribunal Federal: "Aposentadoria. Proventos. Cálculo. Cumpre observar o quadro mais favorável ao beneficiário, pouco importando o decesso remuneratório ocorrido em data posterior ao implemento das condições legais. Considerações sobre o instituto do direito adquirido, na voz abalizada da relatora – ministra Ellen Gracie –, subscritas pela maioria" (STF, Pleno, RE 630.501/RS, rel. p/ ac. Min. Marco Aurélio, DJe 26.08.2013).

Até a entrada em vigor da Emenda Constitucional 103/2019, o salário de benefício consistia, para os benefícios de aposentadoria por invalidez, aposentadoria especial, auxílio-doença, auxílio-acidente, na média aritmética simples dos *maiores salários de contribuição* correspondentes a 80% de todo o período contributivo (art. 29, inciso II, da Lei 8.213/1991).

Antes da Emenda Constitucional 103/2019, para o segurado filiado à Previdência Social até o dia anterior à data de publicação da Lei 9.876/1999 (ou seja, até o dia 28.11.1999), que viesse a cumprir as condições exigidas para a concessão dos benefícios do Regime Geral de Previdência Social, no cálculo do salário de benefício deveria ser considerada a média aritmética simples dos maiores salários de contribuição, correspondentes a, no mínimo, 80% de todo o período contributivo decorrido *desde a competência julho de 1994*, observado o disposto nos incisos I e II do art. 29 da Lei 8.213/1991 (art. 3º da Lei 9.876/1999).

Antes da Emenda Constitucional 103/2019, no caso das aposentadorias por idade, por tempo de contribuição e especial (art. 18, inciso I, *b*, *c* e *d*, da Lei 8.213/1991), o divisor considerado no cálculo da referida média não podia ser inferior a 60% do período decorrido da competência julho de 1994 até a data de início do benefício, limitado a 100% de todo o período contributivo (art. 3º, § 2º, da Lei 9.876/1999)[1].

---

[1] "Previdenciário. Aposentadoria urbana por idade. Revisão. Salário de benefício. Média aritmética simples. Divisor. Número de contribuições. Impossibilidade. Art. 3º, § 2º, da Lei 9.876/1999. 1. A tese do recorrente é que, no cálculo da renda mensal inicial de seu benefício previdenciário, deve ser utilizado como divisor mínimo para apuração da média aritmética dos salários de contribuição o número efetivo de contribuições. Tal tese não tem amparo legal. 2. Quando o segurado, submetido à regra de transição prevista no art. 3º, § 2º, da Lei 9.876/99, não contribui ao menos pelo tempo correspondente a 60% do período básico de cálculo, os salários de contribuição existentes são somados, e o resultado dividido pelo número equivalente a 60% (sessenta por cento) do período básico de cálculo. Precedentes do STJ. 3. Ficou consignado no julgamento do REsp 1.141.501/SC, em que se analisava hipótese análoga à presente, que 'após o advento da Lei 9.876/99, o período básico de cálculo para os segurados que já estavam filiados ao sistema previdenciário passou a ser o lapso compreendido entre julho de 1994 e a data do requerimento do benefício, de acordo com a regra de transição estabelecida no art. 3º da citada lei. Nesse período, é considerada a média aritmética simples dos maiores salários de contribuição, correspondentes a, no mínimo, 80% de todo o período contributivo decorrido, desde a competência de julho de 1994, sendo que o divisor considerado no cálculo da média não poderá ser inferior a 60% do período decorrido da competência julho de 1994 até a data

A Turma Nacional de Uniformização dos Juizados Especiais Federais fixou a seguinte tese (Tema 203): "Para fins de interpretação da regra constante do art. 3º, § 2º, da Lei n. 9.876/1999, aplicável aos segurados filiados à Previdência Social até o dia anterior à data de sua publicação, o divisor a ser utilizado para o cálculo do salário de benefício não precisa corresponder a um percentual, no mínimo, equivalente ao número de contribuições vertidas" (TNU, PEDILEF 0004024-81.2011.4.01.3311/BA, rel. p/ ac. Juiz Federal Gustavo Melo Barbosa, DJe 23.10.2020).

Ressalte-se que o Superior Tribunal de Justiça fixou a seguinte tese jurídica em recurso repetitivo: "Aplica-se a regra definitiva prevista no art. 29, I e II, da Lei 8.213/1991, na apuração do salário de benefício, quando mais favorável do que a regra de transição contida no art. 3º da Lei 9.876/1999, aos segurados que ingressaram no Regime Geral da Previdência Social até o dia anterior à publicação da Lei 9.876/1999" (STJ, 1ª Seção, REsp 1.596.203/PR e REsp 1.554.596/SC, rel. Min. Napoleão Nunes Maia Filho, j. 11.12.2019)[2].

---

de início do benefício, limitado a 100% de todo o período contributivo (...). Assim sendo, no caso do segurado não ter contribuído, ao menos, pelo tempo correspondente a 60% do período básico de cálculo, os salários de contribuição vertidos entre julho de 1994 e a data do requerimento do benefício são somados e o resultado dividido pelo número equivalente a 60% do período básico de cálculo'. 4. Recurso Especial não provido" (STJ, 2ª T., REsp 1.655.712/PR, 2017/0038266-0, rel. Min. Herman Benjamin, DJe 30.06.2017).

2 "Previdenciário. Recurso especial afetado como repetitivo. Enunciado administrativo 3/STJ. Revisão de benefício. Sobreposição de normas. Aplicação da regra definitiva prevista no art. 29, I e II, da Lei 8.213/1991, na apuração do salário de benefício, quando mais favorável do que a regra de transição contida no art. 3º da Lei 9.876/1999, aos segurados que ingressaram no sistema antes de 26.11.1999 (data de edição da Lei 9.876/1999). Concretização do direito ao melhor benefício. Parecer do MPF pelo desprovimento do feito. Recurso especial do segurado provido. 1. A Lei 9.876/1999 adotou nova regra de cálculo dos benefícios previdenciário, ampliando gradualmente a sua base de cálculo dos benefícios que passou a corresponder aos maiores salários de contribuição relativos a 80% de todo o período contributivo do Segurado, substituindo a antiga regra que determinava o valor do benefício a partir da média aritmética simples dos 36 últimos salários de contribuição dos meses anteriores ao do afastamento do Segurado da atividade ou da data da entrada do requerimento administrativo. 2. A nova lei trouxe, também, uma regra de transição, em seu art. 3º, estabelecendo que no cálculo do salário de benefício dos Segurados filiados à Previdência Social até o dia anterior à data de publicação da Lei 9.876/1999, o período básico de cálculo só abarcaria as contribuições vertidas a partir de julho de 1994 (estabilização econômica do Plano Real). 3. A regra transitória deve ser vista em seu caráter protetivo, como é típico do Direito Previdenciário. O propósito do art. 3º da Lei 9.876/1999 e seus parágrafos foi estabelecer regras de transição que garantissem que os Segurados não fossem atingidos de forma abrupta por regras mais rígidas de cálculo dos benefícios. 4. Nesse passo, não se harmoniza com o Direito Previdenciário admitir que tendo o Segurado recolhido melhores contribuições antes de julho de 1994, tais pagamentos

O Supremo Tribunal Federal fixou a seguinte tese de repercussão geral: "O segurado que implementou as condições para o benefício previdenciário após a vigência da Lei 9.876, de 26.11.1999, e antes da vigência das novas regras constitucionais, introduzidas pela EC 103/2019, tem o direito de optar pela regra definitiva, caso esta lhe seja mais favorável" (STF, Pleno, RE 1.276.977/DF, rel. p/ ac. Min. Alexandre de Moraes, j. 01.12.2022)[3].

---

sejam simplesmente descartados no momento da concessão de seu benefício, sem analisar as consequências da medida na apuração do seu valor (do benefício), sob pena de infringência ao princípio da contrapartida. 5. É certo que o sistema de Previdência Social é regido pelo princípio contributivo, decorrendo de tal princípio a consequência de haver, necessariamente, uma relação entre custeio e benefício, não se afigurando razoável que o Segurado realize contribuições e não possa se utilizar delas no cálculo de seu benefício. 6. A concessão do benefício previdenciário deve ser regida pela regra da prevalência da condição mais vantajosa ou mais benéfica ao Segurado, nos termos da orientação do STF e do STJ. Assim, é direito do Segurado o recebimento de prestação previdenciária mais vantajosa dentre aquelas cujos requisitos cumpre, assegurando, consequentemente, a prevalência do critério de cálculo que lhe proporcione a maior renda mensal possível, a partir do histórico de suas contribuições. 7. Desse modo, impõe-se reconhecer a possibilidade de aplicação da regra definitiva prevista no art. 29, I e II, da Lei 8.213/1991, na apuração do salário de benefício, quando se revelar mais favorável do que a regra de transição contida no art. 3º da Lei 9.876/1999, respeitados os prazos prescricionais e decadenciais. Afinal, por uma questão de racionalidade do sistema normativo, a regra de transição não pode ser mais gravosa do que a regra definitiva. 8. Com base nessas considerações, sugere-se a fixação da seguinte tese: Aplica-se a regra definitiva prevista no art. 29, I e II, da Lei 8.213/1991, na apuração do salário de benefício, quando mais favorável do que a regra de transição contida no art. 3º da Lei 9.876/1999, aos Segurados que ingressaram no Regime Geral da Previdência Social até o dia anterior à publicação da Lei 9.876/1999. 9. Recurso Especial do Segurado provido" (STJ, 1ª Seção, REsp 1.596.203/PR, 2016/0092783-9, rel. Min. Napoleão Nunes Maia Filho, DJe 17.12.2019).

[3] "Recurso extraordinário. Tributário. Tema 1102 da repercussão geral. Possibilidade de revisão de benefício previdenciário mediante a aplicação da regra definitiva do artigo 29, incisos I e II, da Lei 8.213/1991, quando mais favorável do que a regra de transição contida no artigo 3º da Lei 9.876/1999, aos segurados que ingressaram no Regime Geral de Previdência Social antes da publicação da referida Lei 9.876/1999, ocorrida em 26/11/1999. Direito de opção garantido ao segurado. 1. A controvérsia colocada neste precedente com repercussão geral reconhecida consiste em definir se o segurado do INSS que ingressou no sistema previdenciário até o dia anterior à publicação da Lei 9.876, em 26 de novembro de 1999, pode optar, para o cálculo do seu salário de benefício, pela regra definitiva prevista no art. 29, I e II, da Lei 8.213/1991 quando essa lhe for mais favorável do que a previsão da lei, no art. 3º, de uma regra transitória, por lhe assegurar um benefício mais elevado. 2. O INSS argumenta que a única regra legal aplicável ao cálculo de todos os segurados, sejam eles filiados ao RGPS antes ou após a vigência da Lei 9.876/1999, é aquela que limita o cômputo para aposentadoria apenas às contribuições vertidas a partir de julho de 1994, 'os primeiros, por expresso imperativo legal; os últimos, por consequência lógica da filiação ocorrida após 1999'. Desse modo, não haveria que se falar em inclusão do período contributivo anterior a tal marco temporal. 3. A partir da leitura da exposição de motivos do Projeto de Lei que originou a Lei 9.876/1999 e

É garantido ao segurado que até o dia anterior à data de publicação da Lei 9.876/1999 (ou seja, até o dia 28.11.1999) tenha cumprido os requisitos para a concessão de benefício o cálculo segundo as regras até então vigentes (art. 6º da Lei 9.876/1999).

O auxílio-doença e a aposentadoria por invalidez não precedida de auxílio-doença, quando concedidos na vigência da Lei 9.876/1999, devem ter o salário de benefício apurado com base na média aritmética simples dos maiores salários de contribuição correspondentes a 80% do período contributivo, independentemente da data de filiação do segurado ou do número de contribuições mensais no período contributivo (Súmula 57 da Turma Nacional de Uniformização dos Juizados Especiais Federais).

Os salários de contribuição utilizados no cálculo do valor de benefício devem ser considerados respeitando-se os limites mínimo e máximo vigentes nos meses a que se referirem (art. 135 da Lei 8.213/1991).

---

os argumentos aduzidos no acórdão recorrido, depreende-se que a regra definitiva veio para privilegiar no cálculo da renda inicial do benefício a integralidade do histórico contributivo. A limitação imposta pela regra transitória a julho de 1994 teve escopo de minimizar eventuais distorções causadas pelo processo inflacionário nos rendimentos dos trabalhadores. 4. A regra transitória, portanto, era favorecer os trabalhadores com menor escolaridade, inserção menos favorável no mercado de trabalho, que tenham uma trajetória salarial mais ou menos linear, só que, em alguns casos, isso se mostrou pior para o segurado, e não favorável como pretendia o legislador na aplicação específica de alguns casos concretos. 5. A regra transitória acabou aumentando o fosso entre aqueles que ganham mais e vão progredindo e, ao longo do tempo, ganhando mais, daqueles que têm mais dificuldades em virtude da menor escolaridade e a sua média salarial vai diminuindo. Acabou-se ampliando a desigualdade social e a distribuição de renda, que não era essa hipótese prevista, inclusive, pelo legislador. 6. Admitir-se que norma transitória importe em tratamento mais gravoso ao segurado mais antigo em comparação ao novo segurado contraria o princípio da isonomia, que enuncia dever-se tratar desigualmente os desiguais, na medida de sua desigualdade, a fim de conferir-lhes igualdade material, nunca de prejudicá-los. 7. Efetivamente, os segurados que reuniram os requisitos para obtenção do benefício na vigência do art. 29 da Lei 8.213/1991, com a redação da Lei 9.876/1999, podem ter a sua aposentadoria calculada tomando em consideração todo o período contributivo, ou seja, abarcando as contribuições desde o seu início, as quais podem ter sido muito maiores do que aquelas vertidas após 1994, em decorrência da redução salarial com a consequente diminuição do valor recolhido à Previdência. 8. Recurso Extraordinário a que se nega provimento. Tese de julgamento: 'O segurado que implementou as condições para o benefício previdenciário após a vigência da Lei 9.876, de 26 de novembro de 1999, e antes da vigência das novas regras constitucionais introduzidas pela EC em 103/2019, que tornou a regra transitória definitiva, tem o direito de optar pela regra definitiva, acaso esta lhe seja mais favorável'" (STF, Pleno, RE 1.276.977/ DF, rel. p/ ac. Min. Alexandre de Moraes, DJe 13.04.2023).

O valor do salário de benefício não pode ser inferior ao de um salário mínimo, nem superior ao do limite máximo do salário de contribuição na data de início do benefício (art. 29, § 2º, da Lei 8.213/1991).

A Constituição da República, no art. 201, § 11, dispõe que os *ganhos habituais* do empregado, a qualquer título, devem ser incorporados ao salário para efeito de contribuição previdenciária e consequente repercussão em benefícios, nos casos e na forma da lei.

A contribuição social a cargo do empregador incide sobre ganhos habituais do empregado, quer anteriores ou posteriores à Emenda Constitucional 20/1998 (STF, Pleno, RE 565.160/SC, rel. Min. Marco Aurélio, j. 29.03.2017).

Sendo assim, nos termos do art. 29, § 3º, da Lei 8.213/1991, devem ser considerados para cálculo do salário de benefício os *ganhos habituais do segurado empregado*, a qualquer título, sob a forma de moeda corrente ou de utilidades, sobre os quais tenha incidido contribuições previdenciárias, exceto o décimo terceiro salário (gratificação natalina).

Dessa forma, o décimo terceiro salário, previsto no art. 7º, inciso VIII, da Constituição da República, integra o salário de contribuição apenas para fins de incidência da contribuição previdenciária, mas não para o cálculo de benefício (art. 28, § 7º, da Lei 8.212/1991), mesmo porque o beneficiário tem direito ao abono anual quando, durante o ano, receber auxílio-doença, auxílio-acidente ou aposentadoria, pensão por morte ou auxílio-reclusão (art. 40 da Lei 8.213/1991).

A partir da entrada em vigor da Lei 8.870/1994, o décimo terceiro salário não integra o salário de contribuição para fins de cálculo do salário de benefício (Súmula 83 da Turma Nacional de Uniformização dos Juizados Especiais Federais).

Não deve ser considerado, para o cálculo do salário de benefício, o aumento dos salários de contribuição que exceder o limite legal, inclusive o voluntariamente concedido nos 36 meses imediatamente anteriores ao início do benefício, salvo se homologado pela Justiça do Trabalho, resultante de promoção regulada por normas gerais da empresa, admitida pela legislação do trabalho, de sentença normativa ou de reajustamento salarial obtido pela categoria respectiva (art. 29, § 4º, da Lei 8.213/1991).

Se, no período básico de cálculo, o segurado tiver recebido benefícios por incapacidade, a sua duração deve ser contada, considerando-se como salário de contribuição, no período, o salário de benefício que serviu de base para o cálculo da renda mensal, reajustado nas mesmas épocas e bases dos benefícios em geral, não podendo ser inferior ao valor de um salário mínimo (art. 29, § 5º, da Lei 8.213/1991), nem superior ao limite máximo do salário de contribuição (art. 29, § 2º, da Lei 8.213/1991).

Trata-se, na verdade, de previsão aplicável apenas na hipótese de períodos de recebimento de auxílio-doença ou de aposentadoria por invalidez (incapacidade permanente) que forem *intercalados* com períodos contributivos decorrentes de recebimento de remuneração em razão de retorno à atividade ou de recolhimento de contribuição previdenciária. Cf. STF, Pleno, RE 583.834/SC, rel. Min. Ayres Britto, DJe 14.02.2012.

Efetivamente, conforme o art. 55, inciso II, da Lei 8.213/1991, compreende-se no tempo de serviço (ou seja, de contribuição) o tempo intercalado em que o segurado esteve em gozo de auxílio-doença ou aposentadoria por invalidez.

Quanto ao período anterior à Emenda Constitucional 103/2019, a renda mensal inicial (RMI) alusiva ao benefício de aposentadoria por invalidez precedido de auxílio-doença será apurada na forma do art. 36, § 7º, do Decreto 3.048/1999, observando-se, porém, os critérios previstos no art. 29, § 5º, da Lei 8.213/1991, quando intercalados períodos de afastamento e de atividade laboral (Súmula 557 do STJ).

Antes da Emenda Constitucional 103/2019, nos termos do art. 36, § 7º, do Regulamento da Previdência Social (revogado pelo Decreto 10.410/2020), a *renda mensal inicial da aposentadoria por invalidez concedida por transformação de auxílio-doença* deve ser de 100% do salário de benefício que serviu de base para o cálculo da renda mensal inicial do auxílio-doença, reajustado pelos mesmos índices de correção dos benefícios em geral.

Quando *intercalados* períodos de afastamento e de atividade laboral (ou de recolhimento de contribuição previdenciária), aplica-se o referido art. 29, § 5º, da Lei 8.213/1991, ou seja, se, no período básico de cálculo, o segurado tiver recebido benefícios por incapacidade, a sua duração deve ser contada, considerando-se como salário de contribuição, no período, o salário de benefício que serviu de base para o cálculo da renda mensal, reajustado nas mesmas épocas e bases dos benefícios em geral, não podendo ser inferior ao valor de um salário mínimo nem superior ao limite máximo do salário de contribuição (art. 32, § 6º, do Regulamento da Previdência Social).

Com a Emenda Constitucional 103/2019, o mencionado art. 36, § 7º, do Regulamento da Previdência Social foi revogado pelo Decreto 10.410/2020. Ainda assim, entende-se que o art. 29, § 5º, da Lei 8.213/1991 permanece aplicável, pois corresponde ao art. 32, § 6º, do Regulamento da Previdência Social, o qual foi mantido pelo Decreto 10.410/2020.

Esclareça-se que, exceto para o salário-família e o auxílio-acidente, deve ser pago o valor mínimo de benefício para as prestações que independem de carência, quando não houver salário de contribuição no período básico de cálculo (art. 32, § 7º, do Regulamento da Previdência Social).

Para fins de apuração do salário de benefício de qualquer aposentadoria precedida de auxílio-acidente, o valor mensal deste deve ser somado ao salário de contribuição antes da aplicação da correção, não podendo o total apurado ser superior ao limite máximo do salário de contribuição (art. 32, § 8º, do Regulamento da Previdência Social).

Para os segurados que sejam contribuinte individual e facultativo (cujos salários de contribuição sejam iguais ao valor de um salário mínimo) optantes pelo recolhimento trimestral das contribuições previdenciárias[4] (com vencimento no dia 15 do mês seguinte ao de cada trimestre civil, prorrogando-se o vencimento para o dia útil subsequente quando não houver expediente bancário) que tenham solicitado qualquer benefício previdenciário, o salário de benefício consiste na média aritmética simples de todos os salários de contribuição integrantes da contribuição trimestral, desde que efetivamente recolhidos (art. 32, § 10, do Regulamento da Previdência Social).

O salário de benefício do segurado especial consiste no valor equivalente ao salário mínimo, ressalvado o disposto no art. 39, inciso II (que dispõe sobre a contribuição facultativa pelo segurado especial)[5], e no art. 48, §§ 3º e 4º, da Lei 8.213/1991 (art. 29, § 6º, da Lei 8.213/1991).

Tendo em vista a previsão do art. 201, *caput*, da Constituição da República, no sentido de que devem ser observados critérios que preservem o equilíbrio financeiro e atuarial na Previdência Social, o Supremo Tribunal Federal decidiu ser constitucional a previsão legal do *fator previdenciário* (STF, Pleno, MC-ADI 2.111/DF, rel. Min. Sydney Sanches, j. 16.03.2000, DJ 05.12.2003).

Prevalece o entendimento de que o fator previdenciário incidia na aposentadoria por tempo de contribuição[6] do *professor*, pois a redução do tempo de contribuição que era estabelecida na redação anterior do art. 201,

---

[4] Cf. Lei 9.676/1998, que dispõe sobre a periodicidade de recolhimento das contribuições previdenciárias.

[5] "Art. 39. Para os segurados especiais, referidos no inciso VII do art. 11 desta Lei, fica garantida a concessão: [...] II – dos benefícios especificados nesta Lei, observados os critérios e a forma de cálculo estabelecidos, desde que contribuam facultativamente para a Previdência Social, na forma estipulada no Plano de Custeio da Seguridade Social".

[6] A aposentadoria por tempo de contribuição não é mais prevista, em regra, com a Emenda Constitucional 103/2019, salvo nos casos de direito adquirido (art. 3º da Emenda Constitucional 103/2019), da regra de transição do art. 17 da Emenda Constitucional 103/2019 e de aposentadoria da pessoa com deficiência, concedida na forma da Lei Complementar 142/2013, conforme art. 22 da Emenda Constitucional 103/2019.

§ 8º, da Constituição Federal de 1988 não significava que se tratasse de aposentadoria especial.

Desse modo, havendo o preenchimento dos requisitos necessários à obtenção do benefício após a edição da Lei 9.876/1999, não se pode excluir o fator previdenciário do cálculo da aposentadoria por tempo de contribuição do professor (STJ, 1ª T., AgInt no REsp 1.659.838/PR (2017/0054962-4), rel. Min. Sérgio Kukina, DJe 27.10.2017).

O Supremo Tribunal Federal fixou a seguinte tese de repercussão geral: "É constitucional o fator previdenciário previsto no art. 29, *caput*, incisos e parágrafos, da Lei 8.213/1991, com a redação dada pelo art. 2º da Lei 9.876/1999" (STF, Pleno, RG-RE 1.221.630/SC, rel. Min. Dias Toffoli, j. 04.06.2020, DJe 19.06.2020).

O Superior Tribunal de Justiça decidiu que o cálculo da renda mensal inicial da aposentadoria por tempo de contribuição de professores vinculados ao Regime Geral de Previdência Social está sujeito à incidência do fator previdenciário. Conforme tese fixada em recurso especial repetitivo, a aplicação dessa fórmula de cálculo se limita aos docentes que reunirem os requisitos necessários para a obtenção do benefício a partir de 29 de novembro de 1999, data de início de vigência da Lei 9.876/1999, que criou o fator previdenciário. Esclareceu-se que o entendimento relativo à incidência do fator previdenciário na aposentadoria de professor por tempo de contribuição abrange apenas as ações em andamento, não valendo para os processos transitados em julgado (STJ, 1ª Seção, REsp 1.799.305/PE, 2018/0254355-4, rel. Min. Mauro Campbell Marques, j. 10.02.2021).

Nesse sentido, o Superior Tribunal de Justiça firmou a seguinte tese em recurso especial repetitivo: "Incide o fator previdenciário no cálculo da renda mensal inicial de aposentadoria por tempo de contribuição de professor vinculado ao Regime Geral de Previdência Social, independente da data de sua concessão, quando a implementação dos requisitos necessários à obtenção do benefício se der após o início da vigência da Lei 9.876/1999, ou seja, a partir de 29/11/1999" (STJ, 1ª Seção, REsp 1.799.305/PE, 2018/0254355-4, rel. Min. Mauro Campbell Marques, DJe 26.03.2021).

O *fator previdenciário* deve ser calculado considerando-se a *idade*, a *expectativa de sobrevida* e o *tempo de contribuição* do segurado ao se aposentar (art. 29, § 7º, da Lei 8.213/1991), segundo a fórmula constante do Anexo da Lei 8.213/1991 (Lei 9.876/1999).

Para efeito do disposto acima, a expectativa de sobrevida do segurado na idade da aposentadoria deve ser obtida a partir da tábua completa de mortalidade construída pela Fundação Instituto Brasileiro de Geografia e

Estatística (IBGE), considerando-se a média nacional única para ambos os sexos (art. 29, § 8º, da Lei 8.213/1991).

Para efeito da aplicação do fator previdenciário, ao tempo de contribuição do segurado devem ser adicionados: cinco anos, quando se tratar de mulher; cinco anos, quando se tratar de professor que comprove exclusivamente tempo de efetivo exercício das funções de magistério na educação infantil e no ensino fundamental e médio; dez anos, quando se tratar de professora que comprove exclusivamente tempo de efetivo exercício das funções de magistério na educação infantil e no ensino fundamental e médio (art. 29, § 9º, da Lei 8.213/1991).

O benefício concedido nos termos da regra de transição prevista no art. 17 da Emenda Constitucional 103/2019 terá seu valor apurado de acordo com a média aritmética simples dos salários de contribuição e das remunerações calculada na forma da lei, multiplicada pelo *fator previdenciário*, calculado na forma do disposto nos §§ 7º a 9º do art. 29 da Lei 8.213/1991. Cf. ainda Capitulo 5, item 5.28.3.

Até que lei discipline o cálculo dos benefícios do Regime Próprio de Previdência Social da União e do Regime Geral de Previdência Social, deve ser utilizada a média aritmética simples dos salários de contribuição e das remunerações adotados como base para contribuições a Regime Próprio de Previdência Social e ao Regime Geral de Previdência Social, ou como base para contribuições decorrentes das atividades militares de que tratam os arts. 42 e 142 da Constituição Federal de 1988, atualizados monetariamente, correspondentes a 100% do período contributivo desde a competência julho de 1994 ou desde o início da contribuição, se posterior àquela competência (art. 26 da Emenda Constitucional 103/2019).

A média a que se refere o art. 26, *caput*, da Emenda Constitucional 103/2019 será limitada ao valor máximo do salário de contribuição do Regime Geral de Previdência Social para os segurados desse Regime e para o servidor que ingressou no serviço público em cargo efetivo após a implantação do Regime de Previdência Complementar ou que tenha exercido a opção correspondente, nos termos do disposto nos §§ 14 a 16 do art. 40 da Constituição Federal de 1988 (art. 26, § 1º, da Emenda Constitucional 103/2019).

Conclui-se, assim, que o salário de benefício a ser utilizado para o cálculo dos benefícios previdenciários, inclusive aqueles previstos em acordo internacional, consiste no resultado da média aritmética simples dos salários de contribuição e das remunerações adotadas como base para contribuições a Regime Próprio de Previdência Social ou como base para contribuições decorrentes das atividades militares de que tratam os art. 42 e art. 142 da Constituição Federal de 1988, considerados para a concessão do benefício, atualizados monetariamente, correspondentes a 100% do período contributivo desde a competência julho de 1994 ou desde o início da contribuição, se posterior a essa competência (art. 32 do Regulamento da Previdência Social, com redação dada pelo Decreto 10.410/2020).

O valor do salário de benefício não será inferior ao de um salário mínimo, nem superior ao limite máximo do salário de contribuição na data de início do benefício.

Considera-se período contributivo: I – para o empregado, inclusive o doméstico, e o trabalhador avulso: o conjunto de competências em que houve ou deveria ter havido contribuição em razão do exercício de atividade remunerada sujeita à filiação obrigatória ao Regime Geral de Previdência Social, observado o disposto no art. 19-E do Regulamento da Previdência Social (sobre limite mínimo mensal do salário de contribuição); II – para os demais segurados, inclusive o facultativo: o conjunto de meses de efetiva contribuição ao Regime Geral de Previdência Social (art. 32, § 22, do Regulamento da Previdência Social).

Frise-se que para o segurado filiado à Previdência Social até julho de 1994, no cálculo do salário de benefício das aposentadorias, exceto a aposentadoria por incapacidade permanente, o divisor considerado no cálculo da média dos salários de contribuição não pode ser inferior a 108 meses (art. 135-A da Lei 8.213/1991, incluído pela Lei 14.331/2022).

O INSS deve utilizar as informações constantes no Cadastro Nacional de Informações Sociais (CNIS) sobre os vínculos e as remunerações dos segurados, para fins de cálculo do salário de benefício, comprovação de filiação ao Regime Geral de Previdência Social, tempo de contribuição e relação de emprego (art. 29-A da Lei 8.213/1991).

O INSS tem até 180 dias, contados a partir da solicitação do pedido, para fornecer ao segurado as informações previstas anteriormente.

O segurado pode solicitar, a qualquer momento, a inclusão, exclusão ou retificação de informações constantes do CNIS, com a apresentação de documentos comprobatórios dos dados divergentes, conforme critérios definidos pelo INSS.

A aceitação de informações relativas a vínculos e remunerações inseridas extemporaneamente no CNIS, inclusive retificações de informações anteriormente inseridas, fica condicionada à comprovação dos dados ou das divergências apontadas, conforme critérios definidos em regulamento.

Considera-se extemporânea a inserção de dados decorrentes de documento inicial ou de retificação de dados anteriormente informados, quando o documento ou a retificação, ou a informação retificadora, forem apresentados após os prazos estabelecidos em regulamento.

Havendo dúvida sobre a regularidade do vínculo incluído no CNIS e inexistência de informações sobre remunerações e contribuições, o INSS exigirá a apresentação dos documentos que serviram de base à anotação, sob pena de exclusão do período.

O art. 201, § 3º, da Constituição da República determina que todos os salários de contribuição considerados para o cálculo de benefício devem ser devidamente *atualizados*, na forma da lei.

Nesse sentido, o art. 29-B da Lei 8.213/1991 prevê que os salários de contribuição considerados no cálculo do valor do benefício devem ser corrigidos mês a mês de acordo com a variação integral do *Índice Nacional de Preços ao Consumidor* (INPC), calculado pela Fundação Instituto Brasileiro de Geografia e Estatística – IBGE.

Entretanto, quanto ao período anterior a 5 de outubro de 1988, a Súmula 456 do STJ esclarece que é incabível a correção monetária dos salários de contribuição considerados no cálculo do salário de benefício de auxílio-doença, aposentadoria por invalidez, pensão ou auxílio-reclusão concedidos antes da vigência da Constituição Federal de 1988.

O valor mensal do auxílio-acidente integra o salário de contribuição, para fins de cálculo do salário de benefício de qualquer aposentadoria (art. 31 da Lei 8.213/1991).

5.2.1. ATIVIDADES CONCOMITANTES

O salário de benefício do segurado que contribuir em razão de *atividades concomitantes* deve ser calculado com base na soma dos salários de contribuição das atividades exercidas na data do requerimento ou do óbito, ou no período básico de cálculo, observado o disposto no art. 29 da Lei 8.213/1991, que versa sobre o salário de benefício (art. 32 da Lei 8.213/1991, com redação dada pela Lei 13.846/2019).

Os incisos I, II e III do art. 32 da Lei 8.213/1991 foram revogados pela Lei 13.846/2019[7].

---

[7] Cabe registrar o entendimento de que em razão da extinção da antiga escala de salário-base, já teria ocorrido a derrogação do art. 32 da Lei 8.213/1991, em sua redação original, conforme Lei 9.876/1999 e art. 9º da Lei 10.666/2003. Nesse sentido, destaca-se a seguinte tese firmada pela TNU (Tema 167): "O cálculo do salário de benefício do segurado que contribuiu em razão

O disposto no art. 32 da Lei 8.213/1991 não se aplica ao segurado que, em obediência ao limite máximo do salário de contribuição, contribuiu apenas por uma das atividades concomitantes (art. 32, § 1º, da Lei 8.213/1991, com redação dada pela Lei 13.846/2019).

Não se aplica o disposto no art. 32 da Lei 8.213/1991 ao segurado que tenha sofrido redução do salário de contribuição das atividades concomitantes em respeito ao limite máximo desse salário (art. 32, § 2º, da Lei 8.213/1991, com redação dada pela Lei 13.846/2019).

5.3. RENDA MENSAL DO BENEFÍCIO

Cabe examinar qual o valor da *renda mensal inicial* do benefício previdenciário.

O art. 201, § 2º, da Constituição da República prevê que nenhum benefício que substitua o salário de contribuição ou o rendimento do trabalho do segurado terá valor mensal inferior ao salário mínimo.

Nesse sentido, o art. 33 da Lei 8.213/1991 dispõe que a renda mensal do benefício de prestação continuada que substituir o salário de contribuição ou o rendimento do trabalho do segurado não pode ter valor inferior ao do salário mínimo, nem superior ao do limite máximo do salário de contribuição, ressalvado o disposto no art. 45 do mesmo diploma legal, ao prever que o valor da aposentadoria por invalidez (aposentadoria por incapacidade permanente) do segurado que necessitar da assistência permanente de outra pessoa deve ser acrescido de 25%. Esse acréscimo é devido ainda que o valor da aposentadoria atinja o limite máximo legal, e deve ser recalculado quando o benefício que lhe deu origem for reajustado. O mencionado acréscimo cessará com a morte do aposentado, não sendo incorporado ao valor da pensão por morte (art. 45 do Regulamento da Previdência Social, com redação dada pelo Decreto 10.410/2020).

---

de atividades concomitantes vinculadas ao RGPS e implementou os requisitos para concessão do benefício em data posterior a 01/04/2003 deve se dar com base na soma integral dos salários de contribuição (anteriores e posteriores a 04/2003) limitados ao teto" (Turma Nacional de Uniformização dos Juizados Especiais Federais, Processo 5003449-95.2016.4.04.7201, rel. Juiz Federal Guilherme Bollorini, red. Juíza Federal Luísa Hickel Gamba, DOU 05.03.2018). O Superior Tribunal de Justiça fixou a seguinte tese em recurso repetitivo: "Após o advento da Lei 9.876/1999, e para fins de cálculo do benefício de aposentadoria, no caso do exercício de atividades concomitantes pelo segurado, o salário de contribuição deverá ser composto da soma de todas as contribuições previdenciárias por ele vertidas ao sistema, respeitado o teto previdenciário" (STJ, 1ª Seção, REsp 1.870.793/RS, 2020/0087444-3, rel. Min. Sérgio Kukina, DJe 24.05.2022).

A respeito do teto (limite máximo) da renda mensal dos benefícios do Regime Geral de Previdência Social concedidos anteriormente à vigência das Emendas Constitucionais 20/1998 e 41/2003, o Supremo Tribunal Federal fixou a seguinte tese de repercussão geral: "Não ofende o ato jurídico perfeito a aplicação imediata do art. 14 da Emenda Constitucional 20/1998 e do art. 5º da Emenda Constitucional 41/2003 aos benefícios previdenciários limitados a teto do Regime Geral de Previdência estabelecido antes da vigência dessas normas, de modo a que passem a observar o novo teto constitucional" (STF, Pleno, RE 564.354/SE, rel. Min. Cármen Lúcia, DJe 15.02.2011). Ao esclarecer o tema, o Supremo Tribunal Federal fixou ainda a seguinte tese de repercussão geral: "Os benefícios concedidos entre 05.10.1988 e 05.04.1991 (período do buraco negro) não estão, em tese, excluídos da possibilidade de readequação segundo os tetos instituídos pelas EC's nº 20/1998 e 41/2003, a ser aferida caso a caso, conforme os parâmetros definidos no julgamento do RE 564.354, em regime de repercussão geral" (STF, Pleno, RG-RE 937.595/SP, rel. Min. Roberto Barroso, DJe 16.05.2017).

No cálculo do valor da renda mensal do benefício, inclusive o decorrente de acidente do trabalho, devem ser computados (art. 34 da Lei 8.213/1991, com redação dada pela Lei Complementar 150/2015):

– para o segurado empregado, inclusive o doméstico, e o trabalhador avulso, os salários de contribuição referentes aos meses de contribuições devidas, *ainda que não recolhidas pela empresa ou pelo empregador doméstico*, sem prejuízo da respectiva cobrança e da aplicação das penalidades cabíveis, observando o disposto no art. 29-A, § 5º, da Lei 8.213/1991 (no sentido de que havendo dúvida sobre a regularidade do vínculo incluído no Cadastro Nacional de Informações Sociais – CNIS e inexistência de informações sobre remunerações e contribuições, o INSS exigirá a apresentação dos documentos que serviram de base à anotação, sob pena de exclusão do período);

– para o segurado empregado, inclusive o doméstico, o trabalhador avulso e o segurado especial, *o valor mensal do auxílio-acidente*, considerado como salário de contribuição para fins de concessão de qualquer aposentadoria, nos termos do art. 31 da Lei 8.213/1991;

– para os demais segurados, os salários de contribuição referentes aos meses de contribuições efetivamente recolhidas.

Ao segurado empregado, inclusive o doméstico, e ao trabalhador avulso que tenham cumprido todas as condições para a concessão do benefício pleiteado, mas não possam comprovar o valor de seus salários de contribuição no período básico de cálculo, deve ser concedido o benefício de valor mínimo, devendo esta renda ser recalculada quando da apresentação de prova dos salários de contribuição (art. 35 da Lei 8.213/1991).

De forma mais detalhada, no caso de segurado empregado, inclusive o doméstico, e de trabalhador avulso que tenham cumprido todas as condições para a concessão do benefício pleiteado, mas não possam comprovar o valor dos seus salários de contribuição no período básico de cálculo, deve ser considerado, para o cálculo do benefício referente ao período sem comprovação do valor do salário de contribuição, o valor do salário mínimo e essa renda será recalculada quando da apresentação de prova dos salários de contribuição (art. 36, § 2º, do Regulamento da Previdência Social).

Para o período de filiação comprovado como empregado doméstico sem a comprovação do recolhimento ou sem a comprovação da primeira contribuição sem atraso, deve ser reconhecido o direito ao benefício na forma prevista no art. 36, § 2º, do Regulamento da Previdência Social, independentemente da categoria do segurado na data do requerimento (art. 26, § 4º-C, do Regulamento da Previdência Social, incluído pelo Decreto 10.410/2020).

Para o segurado empregado doméstico que, tendo satisfeito as condições exigidas para a concessão do benefício requerido, não comprovar o efetivo recolhimento das contribuições devidas, será concedido o benefício de valor mínimo, devendo sua renda ser recalculada quando da apresentação da prova do recolhimento das contribuições (art. 36 da Lei 8.213/1991).

Para os requerimentos de benefícios realizados a partir de 1º de julho de 2020 (data da entrada em vigor do Decreto 10.410/2020, que alterou o Regulamento da Previdência Social), o período de filiação como empregado doméstico até maio de 2015 (período anterior à entrada em vigor da Lei Complementar 150/2015), ainda que sem a comprovação do recolhimento ou sem a comprovação da primeira contribuição em dia, será reconhecido para todos os fins desde que devidamente comprovado o vínculo laboral (art. 10 da Portaria 1.382/2021 do INSS).

Na hipótese de validação de períodos nos termos acima indicados, na ausência de comprovação do recolhimento deve ser informado o valor do salário mínimo no período básico de cálculo. O benefício calculado nesses termos pode ser revisto quando da apresentação de prova do recolhimento.

O benefício concedido com a validação de períodos nos termos acima indicados deve ser calculado levando-se em conta a possibilidade de ser concedido com valor superior a um salário mínimo, independentemente da categoria do segurado na data de entrada do requerimento (DER).

A concessão de benefício no valor do salário mínimo para o empregado doméstico que não conseguir comprovar a carência em contribuições, em razão de não comprovar o efetivo recolhimento das contribuições devidas até maio de 2015, e que esteja em exercício desta atividade ou na qualidade desta na data de entrada do requerimento (DER), na forma do art. 36 da Lei 8.213/1991, aplica-se somente aos requerimentos realizados até o dia 30 de junho de 2020, ou seja, antes da entrada em vigor do Decreto 10.410/2020, que alterou o Regulamento da Previdência Social (art. 11 da Portaria 1.382/2021 do INSS).

Frise-se que para o segurado empregado doméstico filiado ao Regime Geral de Previdência Social nessa condição até 31 de maio de 2015, o período de carência será contado a partir da data do efetivo recolhimento da primeira contribuição sem atraso (art. 26, § 4º-B, do Regulamento da Previdência Social, incluído pelo Decreto 10.410/2020).

Para o período de filiação como empregado doméstico a partir de 2 de junho de 2015 (data da entrada em vigor da Lei Complementar 150/2015), sem a comprovação do valor do salário de contribuição no período básico de cálculo, deve ser considerado, para o cálculo do benefício, referente ao período sem comprovação do valor do salário de contribuição, o valor do salário mínimo, e essa renda será recalculada quando da apresentação de prova dos salários de contribuição (art. 12 da Portaria 1.382/2021 do INSS).

Ressalte-se que para fins de carência, no caso de segurado empregado doméstico, considera-se presumido o recolhimento das contribuições dele descontadas pelo empregador doméstico, a partir da competência junho de 2015 (art. 26, § 4º-A, do Regulamento da Previdência Social, incluído pelo Decreto 10.410/2020). Cf. ainda Capítulo 10, item 4.10.

A renda mensal inicial, uma vez *recalculada* de acordo com o disposto no art. 35 da Lei 8.213/1991, deve ser *reajustada* como a dos benefícios correspondentes com igual data de início e substituirá, a partir da data do requerimento de revisão do valor do benefício, a renda mensal que prevalecia até então (art. 37 da Lei 8.213/1991).

Sem prejuízo do disposto no art. 35 da Lei 8.213/1991, cabe à Previdência Social manter *cadastro dos segurados* com todos os informes necessários para o cálculo da renda mensal dos benefícios (art. 38 da Lei 8.213/1991).

O Ministério da Economia deve manter sistema de cadastro dos segurados especiais no Cadastro Nacional de Informações Sociais (CNIS), observado o disposto nos §§ 4º e 5º do art. 17 da Lei 8.213/1991 (sobre a inscrição do segurado especial), e pode firmar acordo de cooperação com o Ministério da Agricultura, Pecuária e Abastecimento e com outros órgãos da administração pública federal, estadual, distrital e municipal para a manutenção e a gestão do sistema de cadastro (art. 38-A da Lei 8.213/1991, com redação dada pela Lei 13.846/2019).

O referido sistema deve prever a manutenção e a atualização anual do cadastro e conterá as informações necessárias à caracterização da condição de segurado especial, nos termos do disposto no regulamento (art. 38-A, § 1º, da Lei 8.213/1991).

Da aplicação do disposto no art. 38-A da Lei 8.213/1991 não pode resultar nenhum ônus para os segurados, sem prejuízo do disposto no § 4º do art. 38-A da Lei 8.213/1991 (art. 38-A, § 2º, da Lei 8.213/1991).

O INSS, no ato de habilitação ou de concessão de benefício, deve verificar a condição de segurado especial e, *se for o caso*, o pagamento da contribuição previdenciária, nos termos da Lei 8.212/1991, considerando, dentre outros, o que consta do Cadastro Nacional de Informações Sociais (CNIS) de que trata o art. 29-A da Lei 8.213/1991 (art. 38-A, § 3º, da Lei 8.213/1991).

A atualização anual de que trata o § 1º do art. 38-A da Lei 8.213/1991 deve ser feita até 30 de junho do ano subsequente (art. 38-A, § 4º, da Lei 8.213/1991, incluído pela Lei 13.846/2019). É vedada a atualização de que trata o § 1º do art. 38-A da Lei 8.213/1991 após o prazo de cinco anos, contado da data estabelecida no § 4º do art. 38-A da Lei 8.213/1991 (art. 38-A, § 5º, da Lei 8.213/1991, incluído pela Lei 13.846/2019).

Decorrido o prazo de cinco anos de que trata o § 5º do art. 38-A da Lei 8.213/1991, o segurado especial só poderá computar o período de trabalho rural se efetuados em época própria a comercialização da produção e o recolhimento da contribuição prevista no art. 25 da Lei 8.212/1991 (art. 38-A, § 6º, da Lei 8.213/1991, incluído pela Lei 13.846/2019).

Às Colônias de Pescadores regularmente constituídas é assegurado o direito de firmar acordo de cooperação com o Ministério do Trabalho e Previdência para a manutenção e a gestão do sistema de cadastro dos segurados especiais de que trata o art. 38-A da Lei 8.213/1991, referente aos pescadores artesanais (art. 3º, inciso VIII, da Lei 11.699/2008, incluído pela Lei 14.441/2022).

O INSS deve utilizar as informações constantes do mencionado cadastro de que trata o art. 38-A da Lei 8.213/1991 (Cadastro Nacional de Informações Sociais) para fins de comprovação do exercício da atividade e da condição do segurado especial e do respectivo grupo familiar (art. 38-B da Lei 8.213/1991, acrescentado pela Lei 13.134/2015).

A partir de 1º de janeiro de 2023, a comprovação da condição e do exercício da atividade rural do segurado especial deve ocorrer, exclusivamente, pelas informações constantes do cadastro a que se refere o art. 38-A da Lei 8.213/1991, ou seja, do Cadastro Nacional de Informações Sociais (art. 38-B, § 1º, da Lei 8.213/1991, incluído pela Lei 13.846/2019).

Para o período anterior a 1º de janeiro de 2023, o segurado especial deve comprovar o tempo de exercício da atividade rural por meio de autodeclaração ratificada por entidades públicas credenciadas, nos termos do art. 13 da Lei 12.188/2010 (no sentido de que o credenciamento de Entidades Executoras do Programa Nacional de Assistência Técnica e Extensão Rural na Agricultura Familiar e na Reforma Agrária – Pronater deve ser realizado pelos Conselhos Estaduais de Desenvolvimento Sustentável e da Agricultura Familiar ou órgãos similares), e por outros órgãos públicos, na forma prevista no regulamento (art. 38-B, § 2º, da Lei 8.213/1991, incluído pela Lei 13.846/2019).

Até 1º de janeiro de 2025, o cadastro de que trata o art. 38-A da Lei 8.213/1991 poderá ser realizado, atualizado e corrigido, sem prejuízo do prazo de que trata o § 1º do art. 38-B da Lei 8.213/1991 e da regra permanente prevista nos §§ 4º e 5º do art. 38-A da Lei 8.213/1991 (art. 38-B, § 3º, da Lei 8.213/1991, incluído pela Lei 13.846/2019).

Na hipótese de divergência de informações entre o cadastro e outras bases de dados, para fins de reconhecimento do direito ao benefício, o INSS pode exigir a apresentação dos documentos referidos no art. 106 da Lei 8.213/1991, sobre comprovação do exercício de atividade rural (art. 38-B, § 4º, da Lei 8.213/1991, incluído pela Lei 13.846/2019).

O cadastro e os prazos de que tratam o art. 38-B e o art. 38-A da Lei 8.213/1991 devem ser amplamente divulgados por todos os meios de comunicação cabíveis para que todos os cidadãos tenham acesso à informação sobre a existência do referido cadastro e a obrigatoriedade de registro (art. 38-B, § 5º, da Lei 8.213/1991, incluído pela Lei 13.846/2019).

Para os *segurados especiais*, fica garantida a concessão (art. 39 da Lei 8.213/1991):

> I – de aposentadoria por idade ou por invalidez, de auxílio-doença, de auxílio-reclusão ou de pensão, no valor de um salário mínimo, e de auxílio-acidente, conforme disposto no art. 86 da Lei 8.213/1991, desde que comprovem o exercício de atividade rural, ainda que de forma descontínua, no período imediatamente anterior ao requerimento do benefício, igual ao número de meses correspondentes à carência do benefício requerido, observado o disposto nos arts. 38-A e 38-B da Lei 8.213/1991; ou
>
> II – dos benefícios especificados na Lei 8.213/1991, observados os critérios e a forma de cálculo que lhes sejam estabelecidos, desde que contribuam *facultativamente* para a Previdência Social, na forma estipulada no Plano de Custeio da Seguridade Social, instituído pela Lei 8.212/1991.

Entende-se que o segurado especial, na hipótese do art. 39, inciso I, da Lei 8.213/1991, tem direito ao auxílio-acidente no valor mensal de metade (50%) do salário mínimo (arts. 29, § 6º, e 86, § 1º, da Lei 8.213/1991).

O trabalhador rural, na condição de segurado especial, sujeito à contribuição obrigatória sobre a produção rural comercializada, somente faz jus à aposentadoria por tempo de contribuição se recolher contribuições facultativas (Súmula 272 do STJ).

Nesse sentido, o art. 25 da Lei 8.212/1991 prevê que a contribuição do empregador rural pessoa física, em substituição à contribuição da empresa (art. 22, incisos I e II), e a do segurado especial, destinada à Seguridade Social, é de: 1,2% da receita bruta proveniente da comercialização da sua produção; 0,1% da receita bruta proveniente da comercialização da sua produção para financiamento das prestações por acidente do trabalho.

Entretanto, o segurado especial, além da contribuição obrigatória referida acima, pode contribuir, *facultativamente*, na forma do art. 21 da Lei 8.212/1991, o qual prevê que a alíquota de contribuição dos segurados contribuinte individual e facultativo é de *20% sobre o respectivo salário de contribuição*.

Além disso, cabe ressaltar que para a segurada especial fica garantida a concessão do salário-maternidade no valor de um salário mínimo, desde que comprove o exercício de atividade rural, ainda que de forma descontínua, nos 12 meses imediatamente anteriores ao do início do benefício (art. 39, parágrafo único, da Lei 8.213/1991). Entretanto, tendo em vista a previsão do art. 25, inciso III, da Lei 8.213/1991, prevalece o entendimento de que é devido o salário-maternidade à segurada especial, desde que comprove o exercício de atividade rural nos últimos *10 meses* imediatamente anteriores à data do parto ou do requerimento do benefício, quando requerido antes do parto, mesmo que de forma descontínua (art. 93, § 2º, do Regulamento da Previdência Social, aprovado pelo Decreto 3.048/1999).

Antes da Emenda Constitucional 103/2019, a renda mensal inicial da aposentadoria por invalidez concedida por transformação de auxílio-doença deveria ser de 100% do salário de benefício que serviu de base para o cálculo da renda mensal inicial do auxílio-doença, reajustado pelos mesmos índices de correção dos benefícios em geral (art. 36, § 7º, do Regulamento da Previdência Social, revogado pelo Decreto 10.410/2020)[8].

[8] "Constitucional. Previdenciário. Regime Geral da Previdência Social. Caráter contributivo. Aposentadoria por invalidez. Auxílio-doença. Competência regulamentar. Limites. 1. O caráter contributivo do regime geral da Previdência Social (*caput* do art. 201 da CF) a princípio im-

Quando *intercalados períodos de afastamento e de atividade laboral* (ou de recolhimento de contribuição previdenciária), conforme o art. 29, § 5º, da Lei 8.213/1991, se, no período básico de cálculo, o segurado tiver recebido benefícios por incapacidade, a sua duração deve ser contada, considerando-se como salário de contribuição, no período, o salário de benefício que serviu de base para o cálculo da renda mensal, reajustado nas mesmas épocas e bases dos benefícios em geral, não podendo ser inferior ao valor de um salário mínimo[9].

Antes da Emenda Constitucional 103/2019, a renda mensal do benefício de prestação continuada era calculada aplicando-se sobre o salário de benefício os seguintes percentuais (art. 39 do Regulamento da Previdência Social, em sua redação original, e art. 188-F do RPS):

I – auxílio-doença: 91% do salário de benefício;

II – aposentadoria por invalidez: 100% do salário de benefício;

III – aposentadoria por idade: 70% do salário de benefício, mais 1% deste por grupo de 12 contribuições mensais, até o máximo de 30%;

---

pede a contagem de tempo ficto de contribuição. 2. O § 5º do art. 29 da Lei nº 8.213/1991 (Lei de Benefícios da Previdência Social – LBPS) é exceção razoável à regra proibitiva de tempo de contribuição ficto com apoio no inciso II do art. 55 da mesma Lei. E é aplicável somente às situações em que a aposentadoria por invalidez seja precedida do recebimento de auxílio-doença durante período de afastamento intercalado com atividade laborativa, em que há recolhimento da contribuição previdenciária. Entendimento, esse, que não foi modificado pela Lei nº 9.876/99. 3. O § 7º do art. 36 do Decreto nº 3.048/1999 não ultrapassou os limites da competência regulamentar porque apenas explicitou a adequada interpretação do inciso II e do § 5º do art. 29 em combinação com o inciso II do art. 55 e com os arts. 44 e 61, todos da Lei nº 8.213/1991. 4. A extensão de efeitos financeiros de lei nova a benefício previdenciário anterior à respectiva vigência ofende tanto o inciso XXXVI do art. 5º quanto o § 5º do art. 195 da Constituição Federal. Precedentes: REs 416.827 e 415.454, ambos da relatoria do Ministro Gilmar Mendes. 5. Recurso extraordinário com repercussão geral a que se dá provimento" (STF, Pleno, RE 583.834/SC, rel. Min. Ayres Britto, DJe 14.02.2012).

9 De acordo com o art. 19-C, § 1º, do Regulamento da Previdência Social, será computado o tempo intercalado de recebimento de benefício por incapacidade, na forma do disposto no inciso II do art. 55 da Lei 8.213/1991, exceto para efeito de carência. Cf. art. 55, inciso II, da Lei 8.213/1991: "Art. 55. O tempo de serviço será comprovado na forma estabelecida no Regulamento, compreendendo, além do correspondente às atividades de qualquer das categorias de segurados de que trata o art. 11 desta Lei, mesmo que anterior à perda da qualidade de segurado: [...] II – o tempo intercalado em que esteve em gozo de auxílio-doença ou aposentadoria por invalidez". Cf. ainda Capítulo 4, item 4.10, parte final. Cf. STF, RG-RE 1.298.832/RS.

IV – aposentadoria por tempo de contribuição:

a) para a mulher: 100% do salário de benefício aos 30 anos de contribuição;

b) para o homem: 100% do salário de benefício aos 35 anos de contribuição;

c) 100% do salário de benefício, para o professor aos 30 anos, e para a professora aos 25 anos de contribuição e de efetivo exercício em função de magistério na educação infantil, no ensino fundamental ou no ensino médio;

d) 100% do salário de benefício, para o segurado que comprovar, na condição de pessoa com deficiência, o tempo de contribuição devido nas hipóteses do art. 3º, incisos I, II e III, da Lei Complementar 142/2013;

V – aposentadoria especial: 100% do salário de benefício;

VI – auxílio-acidente: 50% do salário de benefício.

Para efeito do percentual de acréscimo de que trata o inciso III, assim considerado o relativo a cada grupo de 12 contribuições mensais, presumia-se efetivado o recolhimento correspondente quando se tratar de segurado empregado ou trabalhador avulso.

Antes da Emenda Constitucional 103/2019, o valor mensal da pensão por morte ou do auxílio-reclusão era de 100% do valor da aposentadoria que o segurado recebia ou daquela a que teria direito se estivesse aposentado por invalidez na data de seu falecimento.

Se na data do óbito o segurado estiver recebendo aposentadoria e auxílio-acidente, o valor mensal da pensão por morte era calculado conforme o disposto no parágrafo anterior, não incorporando o valor do auxílio-acidente.

Com a Emenda Constitucional 103/2019, não é mais prevista, em regra, a aposentadoria por tempo de contribuição sem idade mínima, salvo nos casos de direito adquirido (art. 3º da Emenda Constitucional 103/2019), da regra de transição do art. 17 da Emenda Constitucional 103/2019 e de aposentadoria da pessoa com deficiência, concedida na forma da Lei Complementar 142/2013, conforme art. 22 da Emenda Constitucional 103/2019.

Nos termos do art. 26, § 2º, da Emenda Constitucional 103/2019, o valor do benefício de *aposentadoria* corresponderá a 60% da média aritmética definida na forma prevista no *caput* e no § 1º do art. 26 da Emenda Constitucional 103/2019, com acréscimo de dois pontos percentuais para cada ano de contribuição que exceder o tempo de 20 anos de contribuição nos casos:

I – do inciso II do § 6º do art. 4º[10], do § 4º do art. 15[11], do § 3º do art.

---

[10] Servidor público federal que tenha ingressado no serviço público em cargo efetivo até a data de entrada em vigor da Emenda Constitucional 103/2019 quando preencher, cumulativamente, os requisitos ali indicados. "Art. 4º O servidor público federal que tenha ingressado no serviço público em cargo efetivo até a data de entrada em vigor desta Emenda Constitucional poderá aposentar-se voluntariamente quando preencher, cumulativamente, os seguintes requisitos: I – 56 (cinquenta e seis) anos de idade, se mulher, e 61 (sessenta e um) anos de idade, se homem, observado o disposto no § 1º; II – 30 (trinta anos) de contribuição, se mulher, e 35 (trinta e cinco) anos de contribuição, se homem; III – 20 (vinte) anos de efetivo exercício no serviço público; IV – 5 (cinco) anos no cargo efetivo em que se der a aposentadoria; e V – somatório da idade e do tempo de contribuição, incluídas as frações, equivalente a 86 (oitenta e seis) pontos, se mulher, e 96 (noventa e seis) pontos, se homem, observado o disposto nos §§ 2º e 3º. § 1º A partir de 1º de janeiro de 2022, a idade mínima a que se refere o inciso I do *caput* será de 57 (cinquenta e sete) anos de idade, se mulher, e 62 (sessenta e dois) anos de idade, se homem. § 2º A partir de 1º de janeiro de 2020, a pontuação a que se refere o inciso V do *caput* será acrescida a cada ano de 1 (um) ponto, até atingir o limite de 100 (cem) pontos, se mulher, e de 105 (cento e cinco) pontos, se homem. § 3º A idade e o tempo de contribuição serão apurados em dias para o cálculo do somatório de pontos a que se referem o inciso V do *caput* e o § 2º. § 4º Para o titular do cargo de professor que comprovar exclusivamente tempo de efetivo exercício das funções de magistério na educação infantil e no ensino fundamental e médio, os requisitos de idade e de tempo de contribuição de que tratam os incisos I e II do *caput* serão: I – 51 (cinquenta e um) anos de idade, se mulher, e 56 (cinquenta e seis) anos de idade, se homem; II – 25 (vinte e cinco) anos de contribuição, se mulher, e 30 (trinta) anos de contribuição, se homem; e III – 52 (cinquenta e dois) anos de idade, se mulher, e 57 (cinquenta e sete) anos de idade, se homem, a partir de 1º de janeiro de 2022. § 5º O somatório da idade e do tempo de contribuição de que trata o inciso V do *caput* para as pessoas a que se refere o § 4º, incluídas as frações, será de 81 (oitenta e um) pontos, se mulher, e 91 (noventa e um) pontos, se homem, aos quais serão acrescidos, a partir de 1º de janeiro de 2020, 1 (um) ponto a cada ano, até atingir o limite de 92 (noventa e dois) pontos, se mulher, e de 100 (cem) pontos, se homem. § 6º Os proventos das aposentadorias concedidas nos termos do disposto neste artigo corresponderão: I – à totalidade da remuneração do servidor público no cargo efetivo em que se der a aposentadoria, observado o disposto no § 8º, para o servidor público que tenha ingressado no serviço público em cargo efetivo até 31 de dezembro de 2003 e que não tenha feito a opção de que trata o § 16 do art. 40 da Constituição Federal, desde que tenha, no mínimo, 62 (sessenta e dois) anos de idade, se mulher, e 65 (sessenta e cinco) anos de idade, se homem, ou, para os titulares do cargo de professor de que trata o § 4º, 57 (cinquenta e sete) anos de idade, se mulher, e 60 (sessenta) anos de idade, se homem; II – ao valor apurado na forma da lei, para o servidor público não contemplado no inciso I".

[11] Segurado filiado ao Regime Geral de Previdência Social até a data de entrada em vigor da Emenda Constitucional 103/2019 quando forem preenchidos, cumulativamente, os requisitos ali indicados. "Art. 15. Ao segurado filiado ao Regime Geral de Previdência Social até a data de entrada em vigor desta Emenda Constitucional, fica assegurado o direito à aposentadoria quando forem preenchidos, cumulativamente, os seguintes requisitos: I – 30 (trinta) anos de contribuição, se mulher, e 35 (trinta e cinco) anos de contribuição, se homem; e II – somatório da idade e do tempo de contribuição, incluídas as frações, equivalente a 86 (oitenta e seis) pontos, se mulher, e 96 (noventa e seis) pontos, se homem, observado o disposto nos §§ 1º e 2º. § 1º A partir de 1º

16[12] e do § 2º do art. 18[13] da Emenda Constitucional 103/2019;

II – do § 4º do art. 10 da Emenda Constitucional 103/2019[14], ressalvado o disposto no inciso II do § 3º e no § 4º do art. 26 da Emenda Constitucional 103/2019;

---

de janeiro de 2020, a pontuação a que se refere o inciso II do *caput* será acrescida a cada ano de 1 (um) ponto, até atingir o limite de 100 (cem) pontos, se mulher, e de 105 (cento e cinco) pontos, se homem. § 2º A idade e o tempo de contribuição serão apurados em dias para o cálculo do somatório de pontos a que se referem o inciso II do *caput* e o § 1º. § 3º Para o professor que comprovar exclusivamente 25 (vinte e cinco) anos de contribuição, se mulher, e 30 (trinta) anos de contribuição, se homem, em efetivo exercício das funções de magistério na educação infantil e no ensino fundamental e médio, o somatório da idade e do tempo de contribuição, incluídas as frações, será equivalente a 81 (oitenta e um) pontos, se mulher, e 91 (noventa e um) pontos, se homem, aos quais serão acrescidos, a partir de 1º de janeiro de 2020, 1 (um) ponto a cada ano para o homem e para a mulher, até atingir o limite de 92 (noventa e dois) pontos, se mulher, e 100 (cem) pontos, se homem. § 4º O valor da aposentadoria concedida nos termos do disposto neste artigo será apurado na forma da lei".

12 Segurado filiado ao Regime Geral de Previdência Social até a data de entrada em vigor da Emenda Constitucional 103/2019 quando preencher, cumulativamente, os requisitos ali indicados. "Art. 16. Ao segurado filiado ao Regime Geral de Previdência Social até a data de entrada em vigor desta Emenda Constitucional fica assegurado o direito à aposentadoria quando preencher, cumulativamente, os seguintes requisitos: I – 30 (trinta) anos de contribuição, se mulher, e 35 (trinta e cinco) anos de contribuição, se homem; e II – idade de 56 (cinquenta e seis) anos, se mulher, e 61 (sessenta e um) anos, se homem. § 1º A partir de 1º de janeiro de 2020, a idade a que se refere o inciso II do *caput* será acrescida de 6 (seis) meses a cada ano, até atingir 62 (sessenta e dois) anos de idade, se mulher, e 65 (sessenta e cinco) anos de idade, se homem. § 2º Para o professor que comprovar exclusivamente tempo de efetivo exercício das funções de magistério na educação infantil e no ensino fundamental e médio, o tempo de contribuição e a idade de que tratam os incisos I e II do *caput* deste artigo serão reduzidos em 5 (cinco) anos, sendo, a partir de 1º de janeiro de 2020, acrescidos 6 (seis) meses, a cada ano, às idades previstas no inciso II do *caput*, até atingirem 57 (cinquenta e sete) anos, se mulher, e 60 (sessenta) anos, se homem. § 3º O valor da aposentadoria concedida nos termos do disposto neste artigo será apurado na forma da lei".

13 Segurado de que trata o inciso I do § 7º do art. 201 da Constituição Federal de 1988 filiado ao Regime Geral de Previdência Social até a data de entrada em vigor da Emenda Constitucional quando preencher, cumulativamente, os requisitos ali indicados. "Art. 18. O segurado de que trata o inciso I do § 7º do art. 201 da Constituição Federal filiado ao Regime Geral de Previdência Social até a data de entrada em vigor desta Emenda Constitucional poderá aposentar-se quando preencher, cumulativamente, os seguintes requisitos: I – 60 (sessenta) anos de idade, se mulher, e 65 (sessenta e cinco) anos de idade, se homem; e II – 15 (quinze) anos de contribuição, para ambos os sexos. § 1º A partir de 1º de janeiro de 2020, a idade de 60 (sessenta) anos da mulher, prevista no inciso I do *caput*, será acrescida em 6 (seis) meses a cada ano, até atingir 62 (sessenta e dois) anos de idade. § 2º O valor da aposentadoria de que trata este artigo será apurado na forma da lei".

14 Até que entre em vigor lei federal que discipline os benefícios do Regime Próprio de Previdência Social dos servidores da União (servidores públicos federais). "Art. 10. Até que entre

III – de aposentadoria por incapacidade permanente aos segurados do Regime Geral de Previdência Social, ressalvado o disposto no inciso II do § 3º do art. 26 da Emenda Constitucional 103/2019; e

---

em vigor lei federal que discipline os benefícios do regime próprio de previdência social dos servidores da União, aplica-se o disposto neste artigo. § 1º Os servidores públicos federais serão aposentados: I – voluntariamente, observados, cumulativamente, os seguintes requisitos: a) 62 (sessenta e dois) anos de idade, se mulher, e 65 (sessenta e cinco) anos de idade, se homem; e b) 25 (vinte e cinco) anos de contribuição, desde que cumprido o tempo mínimo de 10 (dez) anos de efetivo exercício no serviço público e de 5 (cinco) anos no cargo efetivo em que for concedida a aposentadoria; II – por incapacidade permanente para o trabalho, no cargo em que estiverem investidos, quando insuscetíveis de readaptação, hipótese em que será obrigatória a realização de avaliações periódicas para verificação da continuidade das condições que ensejaram a concessão da aposentadoria; ou III – compulsoriamente, na forma do disposto no inciso II do § 1º do art. 40 da Constituição Federal. § 2º Os servidores públicos federais com direito a idade mínima ou tempo de contribuição distintos da regra geral para concessão de aposentadoria na forma dos §§ 4º-B, 4º-C e 5º do art. 40 da Constituição Federal poderão aposentar-se, observados os seguintes requisitos: I – o policial civil do órgão a que se refere o inciso XIV do *caput* do art. 21 da Constituição Federal, o policial dos órgãos a que se referem o inciso IV do *caput* do art. 51, o inciso XIII do *caput* do art. 52 e os incisos I a III do *caput* do art. 144 da Constituição Federal e o ocupante de cargo de agente federal penitenciário ou socioeducativo, aos 55 (cinquenta e cinco) anos de idade, com 30 (trinta) anos de contribuição e 25 (vinte e cinco) anos de efetivo exercício em cargo dessas carreiras, para ambos os sexos; II – o servidor público federal cujas atividades sejam exercidas com efetiva exposição a agentes químicos, físicos e biológicos prejudiciais à saúde, ou associação desses agentes, vedada a caracterização por categoria profissional ou ocupação, aos 60 (sessenta) anos de idade, com 25 (vinte e cinco) anos de efetiva exposição e contribuição, 10 (dez) anos de efetivo exercício de serviço público e 5 (cinco) anos no cargo efetivo em que for concedida a aposentadoria; III – o titular do cargo federal de professor, aos 60 (sessenta) anos de idade, se homem, aos 57 (cinquenta e sete) anos, se mulher, com 25 (vinte e cinco) anos de contribuição exclusivamente em efetivo exercício das funções de magistério na educação infantil e no ensino fundamental e médio, 10 (dez) anos de efetivo exercício de serviço público e 5 (cinco) anos no cargo efetivo em que for concedida a aposentadoria, para ambos os sexos. § 3º A aposentadoria a que se refere o § 4º-C do art. 40 da Constituição Federal observará adicionalmente as condições e os requisitos estabelecidos para o Regime Geral de Previdência Social, naquilo em que não conflitarem com as regras específicas aplicáveis ao regime próprio de previdência social da União, vedada a conversão de tempo especial em comum.

IV – do § 2º do art. 19[15] e do § 2º do art. 21[16] da Emenda Constitucional 103/2019, ressalvado o disposto no § 5º do art. 26 da Emenda Constitucional

---

§ 4º Os proventos das aposentadorias concedidas nos termos do disposto neste artigo serão apurados na forma da lei".

15 Segurado filiado ao Regime Geral de Previdência Social após a data de entrada em vigor da Emenda Constitucional 103/2019, até que lei disponha sobre o tempo de contribuição a que se refere o inciso I do § 7º do art. 201 da Constituição Federal de 1988 e até que lei complementar disponha sobre a redução de idade mínima ou tempo de contribuição prevista nos §§ 1º e 8º do art. 201 da Constituição Federal de 1988. "Art. 19. Até que lei disponha sobre o tempo de contribuição a que se refere o inciso I do § 7º do art. 201 da Constituição Federal, o segurado filiado ao Regime Geral de Previdência Social após a data de entrada em vigor desta Emenda Constitucional será aposentado aos 62 (sessenta e dois) anos de idade, se mulher, 65 (sessenta e cinco) anos de idade, se homem, com 15 (quinze) anos de tempo de contribuição, se mulher, e 20 (vinte) anos de tempo de contribuição, se homem. § 1º Até que lei complementar disponha sobre a redução de idade mínima ou tempo de contribuição prevista nos §§ 1º e 8º do art. 201 da Constituição Federal, será concedida aposentadoria: I – aos segurados que comprovem o exercício de atividades com efetiva exposição a agentes químicos, físicos e biológicos prejudiciais à saúde, ou associação desses agentes, vedada a caracterização por categoria profissional ou ocupação, durante, no mínimo, 15 (quinze), 20 (vinte) ou 25 (vinte e cinco) anos, nos termos do disposto nos arts. 57 e 58 da Lei nº 8.213, de 24 de julho de 1991, quando cumpridos: a) 55 (cinquenta e cinco) anos de idade, quando se tratar de atividade especial de 15 (quinze) anos de contribuição; b) 58 (cinquenta e oito) anos de idade, quando se tratar de atividade especial de 20 (vinte) anos de contribuição; ou c) 60 (sessenta) anos de idade, quando se tratar de atividade especial de 25 (vinte e cinco) anos de contribuição; II – ao professor que comprove 25 (vinte e cinco) anos de contribuição exclusivamente em efetivo exercício das funções de magistério na educação infantil e no ensino fundamental e médio e tenha 57 (cinquenta e sete) anos de idade, se mulher, e 60 (sessenta) anos de idade, se homem. § 2º O valor das aposentadorias de que trata este artigo será apurado na forma da lei".

16 Segurado ou servidor público federal que se tenha filiado ao Regime Geral de Previdência Social ou ingressado no serviço público em cargo efetivo até a data de entrada em vigor da Emenda Constitucional 103/2019, cujas atividades tenham sido exercidas com efetiva exposição a agentes químicos, físicos e biológicos prejudiciais à saúde, ou associação desses agentes, desde que cumpridos os requisitos ali indicados. "Art. 21. O segurado ou o servidor público federal que se tenha filiado ao Regime Geral de Previdência Social ou ingressado no serviço público em cargo efetivo até a data de entrada em vigor desta Emenda Constitucional cujas atividades tenham sido exercidas com efetiva exposição a agentes químicos, físicos e biológicos prejudiciais à saúde, ou associação desses agentes, vedada a caracterização por categoria profissional ou ocupação, desde que cumpridos, no caso do servidor, o tempo mínimo de 20 (vinte) anos de efetivo exercício no serviço público e de 5 (cinco) anos no cargo efetivo em que for concedida a aposentadoria, na forma dos arts. 57 e 58 da Lei nº 8.213, de 24 de julho de 1991, poderão aposentar-se quando o total da soma resultante da sua idade e do tempo de contribuição e o tempo de efetiva exposição forem, respectivamente, de: I – 66 (sessenta e seis) pontos e 15 (quinze) anos de efetiva exposição; II – 76 (setenta e seis) pontos e 20 (vinte) anos de efetiva exposição; e III – 86 (oitenta e seis) pontos e 25 (vinte e cinco) anos de efetiva exposição. § 1º A idade e o tempo de contribuição serão apurados em dias para o cálculo do somatório de pontos a que se refere o *caput*. § 2º O valor da aposentadoria de que trata este artigo será apurado na forma da lei".

103/2019.

Conforme o art. 26, § 3º, da Emenda Constitucional 103/2019, o valor do benefício de aposentadoria corresponderá a 100% da média aritmética definida na forma prevista no *caput* e no § 1º do art. 26 da Emenda Constitucional 103/2019:

I – no caso do inciso II do § 2º do art. 20[17] da Emenda Constitucional 103/2019;

II – no caso de aposentadoria por incapacidade permanente, quando decorrer de acidente de trabalho, de doença profissional e de doença do trabalho.

O acréscimo a que se refere o § 2º do art. 26 da Emenda Constitucional 103/2019 deve ser aplicado para cada ano que exceder 15 anos de tempo de contribuição para os segurados de que tratam a alínea *a* do inciso I do § 1º

---

[17] Segurado do Regime Geral de Previdência Social que se tenha filiado ao Regime Geral de Previdência Social até a data de entrada em vigor da Emenda Constitucional 103/2019 e servidor público federal que tenha ingressado no serviço público em cargo efetivo até a data de entrada em vigor da Emenda Constitucional 103/2019, mas depois de 31 de dezembro de 2003, quando preencherem, cumulativamente, os requisitos ali indicados. "Art. 20. O segurado ou o servidor público federal que se tenha filiado ao Regime Geral de Previdência Social ou ingressado no serviço público em cargo efetivo até a data de entrada em vigor desta Emenda Constitucional poderá aposentar-se voluntariamente quando preencher, cumulativamente, os seguintes requisitos: I – 57 (cinquenta e sete) anos de idade, se mulher, e 60 (sessenta) anos de idade, se homem; II – 30 (trinta) anos de contribuição, se mulher, e 35 (trinta e cinco) anos de contribuição, se homem; III – para os servidores públicos, 20 (vinte) anos de efetivo exercício no serviço público e 5 (cinco) anos no cargo efetivo em que se der a aposentadoria; IV – período adicional de contribuição correspondente ao tempo que, na data de entrada em vigor desta Emenda Constitucional, faltaria para atingir o tempo mínimo de contribuição referido no inciso II. § 1º Para o professor que comprovar exclusivamente tempo de efetivo exercício das funções de magistério na educação infantil e no ensino fundamental e médio serão reduzidos, para ambos os sexos, os requisitos de idade e de tempo de contribuição em 5 (cinco) anos. § 2º O valor das aposentadorias concedidas nos termos do disposto neste artigo corresponderá: I – em relação ao servidor público que tenha ingressado no serviço público em cargo efetivo até 31 de dezembro de 2003 e que não tenha feito a opção de que trata o § 16 do art. 40 da Constituição Federal, à totalidade da remuneração no cargo efetivo em que se der a aposentadoria, observado o disposto no § 8º do art. 4º; e II – em relação aos demais servidores públicos e aos segurados do Regime Geral de Previdência Social, ao valor apurado na forma da lei".

do art. 19[18] e o inciso I do art. 21[19] da Emenda Constitucional 103/2019 e para as mulheres filiadas ao Regime Geral de Previdência Social (art. 26, § 5º, da Emenda Constitucional 103/2019).

---

[18] Segurados filiados ao Regime Geral de Previdência Social após a data de entrada em vigor da Emenda Constitucional 103/2019 e que comprovem o exercício de atividades com efetiva exposição a agentes químicos, físicos e biológicos prejudiciais à saúde, ou associação desses agentes, quando cumpridos 55 anos de idade, quando se tratar de atividade especial de 15 anos de contribuição. "Art. 19. Até que lei disponha sobre o tempo de contribuição a que se refere o inciso I do § 7º do art. 201 da Constituição Federal, o segurado filiado ao Regime Geral de Previdência Social após a data de entrada em vigor desta Emenda Constitucional será aposentado aos 62 (sessenta e dois) anos de idade, se mulher, 65 (sessenta e cinco) anos de idade, se homem, com 15 (quinze) anos de tempo de contribuição, se mulher, e 20 (vinte) anos de tempo de contribuição, se homem. § 1º Até que lei complementar disponha sobre a redução de idade mínima ou tempo de contribuição prevista nos §§ 1º e 8º do art. 201 da Constituição Federal, será concedida aposentadoria: I – aos segurados que comprovem o exercício de atividades com efetiva exposição a agentes químicos, físicos e biológicos prejudiciais à saúde, ou associação desses agentes, vedada a caracterização por categoria profissional ou ocupação, durante, no mínimo, 15 (quinze), 20 (vinte) ou 25 (vinte e cinco) anos, nos termos do disposto nos arts. 57 e 58 da Lei nº 8.213, de 24 de julho de 1991, quando cumpridos: a) 55 (cinquenta e cinco) anos de idade, quando se tratar de atividade especial de 15 (quinze) anos de contribuição; b) 58 (cinquenta e oito) anos de idade, quando se tratar de atividade especial de 20 (vinte) anos de contribuição; ou c) 60 (sessenta) anos de idade, quando se tratar de atividade especial de 25 (vinte e cinco) anos de contribuição".

[19] Segurado ou servidor público federal que se tenha filiado ao Regime Geral de Previdência Social ou ingressado no serviço público em cargo efetivo até a data de entrada em vigor da Emenda Constitucional 103/2019, cujas atividades tenham sido exercidas com efetiva exposição a agentes químicos, físicos e biológicos prejudiciais à saúde, ou associação desses agentes, desde que cumpridos, no caso do servidor, o tempo mínimo de 20 anos de efetivo exercício no serviço público e de cinco anos no cargo efetivo em que for concedida a aposentadoria, quando o total da soma resultante da sua idade e do tempo de contribuição e o tempo de efetiva exposição forem, respectivamente, de 66 pontos e 15 anos de efetiva exposição. "Art. 21. O segurado ou o servidor público federal que se tenha filiado ao Regime Geral de Previdência Social ou ingressado no serviço público em cargo efetivo até a data de entrada em vigor desta Emenda Constitucional cujas atividades tenham sido exercidas com efetiva exposição a agentes químicos, físicos e biológicos prejudiciais à saúde, ou associação desses agentes, vedada a caracterização por categoria profissional ou ocupação, desde que cumpridos, no caso do servidor, o tempo mínimo de 20 (vinte) anos de efetivo exercício no serviço público e de 5 (cinco) anos no cargo efetivo em que for concedida a aposentadoria, na forma dos arts. 57 e 58 da Lei nº 8.213, de 24 de julho de 1991, poderão aposentar-se quando o total da soma resultante da sua idade e do tempo de contribuição e o tempo de efetiva exposição forem, respectivamente, de: I – 66 (sessenta e seis) pontos e 15 (quinze) anos de efetiva exposição; II – 76 (setenta e seis) pontos e 20 (vinte) anos de efetiva exposição; e III – 86 (oitenta e seis) pontos e 25 (vinte e cinco) anos de efetiva exposição. § 1º A idade e o tempo de contribuição serão apurados em dias para o cálculo do somatório de pontos a que se refere o *caput*".

Logo, o valor do benefício de aposentadoria no Regime Geral de Previdência Social, em regra, corresponde a 60% da média aritmética dos salários de contribuição e das remunerações (art. 26, *caput* e § 1º, da Emenda Constitucional 103/2019), com acréscimo de dois pontos percentuais para cada ano de contribuição que exceder o tempo de 20 anos de contribuição (art. 26, § 2º, da Emenda Constitucional 103/2019) no caso dos homens. No caso das mulheres filiadas ao Regime Geral de Previdência Social, o acréscimo de dois pontos percentuais deve ser aplicado para cada ano que exceder 15 anos de tempo de contribuição (art. 26, § 5º, da Emenda Constitucional 103/2019). Sendo assim, chega-se a 100% da média aritmética: para as mulheres, com 35 anos de contribuição; para os homens, com 40 anos de contribuição.

Podem ser excluídas da média as contribuições que resultem em redução do valor do benefício, desde que mantido o tempo mínimo de contribuição exigido, vedada a utilização do tempo excluído para qualquer finalidade, inclusive para o acréscimo a que se referem os §§ 2º e 5º do art. 26 da Emenda Constitucional 103/2019, para a averbação em outro Regime Previdenciário ou para a obtenção dos proventos de inatividade das atividades de que tratam os arts. 42 e 142 da Constituição Federal de 1988 (art. 26, § 6º, da Emenda Constitucional 103/2019). Entende-se que essa previsão sobre possibilidade de exclusão de contribuições (por fazer referência a tempo mínimo de contribuição, o que, a rigor, não se confunde com carência) não se aplica aos benefícios previdenciários não programáveis.

Nesse sentido, para fins do cálculo das aposentadorias programadas para as quais seja exigido tempo mínimo de contribuição, podem ser excluídas do cálculo da média dos salários de contribuição e das remunerações adotadas como base para contribuições a Regime Próprio de Previdência Social ou como base para contribuições decorrentes das atividades militares de que tratam os art. 42 e art. 142 da Constituição Federal de 1988, utilizado para definição do salário de benefício, as contribuições que resultem em redução do valor do benefício (art. 32, § 24, do Regulamento da Previdência Social, incluído pelo Decreto 10.410/2020).

Para fins da mencionada exclusão, consideram-se programadas as aposentadorias programada, especial e por idade do trabalhador rural e as aposentadorias transitórias por idade e por tempo de contribuição, para as quais se exige tempo mínimo de contribuição.

A referida exclusão das contribuições não altera o direito à aposentadoria previamente reconhecido, desde que mantida a quantidade de contribuições equivalentes ao período de carência e observado o tempo mínimo de contribuição necessário à elegibilidade da aposentadoria requerida.

É vedada a utilização das contribuições excluídas na forma acima prevista para qualquer finalidade, inclusive para: o acréscimo do percentual da renda mensal; o somatório de pontos das aposentadorias por tempo de contribuição e especial; o cumprimento de período adicional exigido para as aposentadorias por tempo de contribuição; a averbação em outro regime previdenciário; a obtenção dos proventos de inatividade de que tratam os art. 42 e art. 142 da Constituição Federal de 1988.

Os benefícios calculados nos termos do disposto no art. 26 da Emenda Constitucional 103/2019 devem ser reajustados nos termos estabelecidos para o Regime Geral de Previdência Social (art. 26, § 7º, da Emenda Constitucional 103/2019).

O valor dos benefícios do Regime Geral de Previdência Social em manutenção deve ser reajustado, anualmente, na mesma data do reajuste do salário mínimo, *pro rata*, de acordo com suas respectivas datas de início ou do último reajustamento, com base no Índice Nacional de Preços ao Consumidor (INPC), apurado pela Fundação Instituto Brasileiro de Geografia e Estatística (IBGE), conforme art. 41-A, *caput*, da Lei 8.213/1991, incluído pela Lei 11.430/2006.

Em se tratando de direito adquirido, os proventos de aposentadoria devidos ao segurado a que se refere o *caput* do art. 3º da Emenda Constitucional 103/2019 e as pensões por morte devidas aos seus dependentes serão apurados de acordo com a legislação em vigor à época em que foram atendidos os requisitos nela estabelecidos para a concessão desses benefícios (art. 3º, § 2º, da Emenda Constitucional 103/2019). Quanto ao tema, esclareça-se que a concessão de aposentadoria ao servidor público federal vinculado a Regime Próprio de Previdência Social e ao segurado do Regime Geral de Previdência Social e de pensão por morte aos respectivos dependentes será assegurada, a qualquer tempo, desde que tenham sido cumpridos os requisitos para obtenção desses benefícios até a data de entrada em vigor da Emenda Constitucional 103/2019, observados os critérios da legislação vigente na data em que foram atendidos os requisitos para a concessão da aposentadoria ou da pensão por morte (art. 3º da Emenda Constitucional 103/2019). Cf. ainda Capítulo 5, item 5.27.

O valor da pensão por morte é calculado conforme o art. 23 da Emenda Constitucional 103/2019. Cf. Capítulo 5, item 5.20.

Até que lei discipline o valor do auxílio-reclusão (inciso IV do art. 201 da Constituição Federal de 1988), seu cálculo será realizado na forma daquele aplicável à pensão por morte, não podendo exceder o valor de um salário mínimo (art. 27, § 1º, da Emenda Constitucional 103/2019). Cf. Capítulo 5, item 5.21.

Nota-se que a forma de cálculo do valor dos benefícios de auxílio--doença e de auxílio-acidente não foi objeto de modificação pela Emenda Constitucional 103/2019, de modo que permanecem aplicáveis as previsões legais em vigor sobre a renda mensal desses benefícios (arts. 61 e 86, § 1º, da Lei 8.213/1991), conforme acima indicado (91% e 50% do salário de benefício, respectivamente).

Esclareça-se que para fins da aplicação dos percentuais sobre o salário de benefício, para cálculo da renda mensal inicial do benefício, presume-se como efetivado o recolhimento correspondente, quando se tratar de segurado empregado, inclusive o doméstico, e de trabalhador avulso, observado o disposto no art. 19-E do Regulamento da Previdência Social, sobre limite mínimo mensal do salário de contribuição (art. 39, § 1º, do Regulamento da Previdência Social).

O auxílio-doença não pode exceder a média aritmética simples dos últimos 12 salários de contribuição, inclusive em caso de remuneração variável, ou, se não alcançado o número de 12, a média aritmética simples dos salários de contribuição existentes (art. 29, § 10, da Lei 8.213/1991).

Ainda quanto à renda mensal do benefício, deve-se esclarecer que a renda mensal da aposentadoria devida ao *segurado com deficiência* deve ser calculada aplicando-se sobre o salário de benefício, apurado em conformidade com o disposto no art. 29 da Lei 8.213/1991 (entretanto, segundo entendimento do INSS e art. 70-J do Regulamento da Previdência Social, mesmo nesse caso, deve ser observado o art. 26 da Emenda Constitucional 103/2019), os seguintes percentuais:

– 100%, no caso da aposentadoria de que tratam os incisos I, II e III do art. 3º da Lei Complementar 142/2013;

– 70% mais 1% do salário de benefício por grupo de 12 contribuições mensais até o máximo de 30%, no caso de aposentadoria por idade (art. 8º da Lei Complementar 142/2013).

Até que lei discipline o inciso I do § 1º do art. 201 da Constituição Federal de 1988, a aposentadoria da pessoa com deficiência segurada do Regime Geral de Previdência Social deve ser concedida na forma da Lei Complementar 142/2013, inclusive quanto aos critérios de cálculo dos benefícios (art. 22 da Emenda Constitucional 103/2019).

Conforme tese de repercussão geral fixada pelo STF: "Para o cálculo da renda mensal inicial, cumpre observar o quadro mais favorável ao beneficiário, pouco importando o decesso remuneratório ocorrido em data posterior ao implemento das condições legais para a aposentadoria, respeitadas a decadência do direito à revisão e a prescrição quanto às prestações vencidas" (Pleno, RE 630.501/RS, rel. p/ ac. Min. Marco Aurélio, DJe 26.08.2013).

Se mais vantajoso, fica assegurado o direito à aposentadoria, nas condições legalmente previstas na data do cumprimento de todos os requisitos ao segurado que tiver optado por permanecer em atividade (art. 181-D do Regulamento da Previdência Social, incluído pelo Decreto 10.410/2020).

Para fins dessa previsão, o valor inicial da aposentadoria, apurado conforme as regras vigentes na data em que todos os requisitos tiverem sido cumpridos, deve ser comparado com o valor da aposentadoria calculada na data de entrada do requerimento, hipótese em que será mantido o benefício mais vantajoso e deve ser considerada como data de início do benefício a data de entrada do requerimento, observado o disposto no art. 49 da Lei 8.213/1991, sobre a data inicial em que a aposentadoria por idade (aposentadoria programada) é devida. A renda mensal inicial, apurada nessa forma, deve ser reajustada pelos índices de reajustamento aplicados aos benefícios até a data de entrada do requerimento e não será devido qualquer pagamento relativamente a período anterior a essa data.

5.4. REAJUSTAMENTO

É assegurado o reajustamento dos benefícios para preservar-lhes, em caráter permanente, o valor real, conforme critérios definidos em lei (art. 201, § 4º, da Constituição Federal de 1988).

Nesse sentido, o art. 41-A, *caput*, da Lei 8.213/1991 prevê que o valor dos benefícios em manutenção deve ser reajustado, anualmente, na mesma data do reajuste do salário mínimo, *pro rata*, de acordo com suas respectivas datas de início ou do último reajustamento, com base no Índice Nacional de Preços ao Consumidor (INPC), apurado pela Fundação Instituto Brasileiro de Geografia e Estatística (IBGE).

Nenhum benefício reajustado pode exceder o limite máximo do salário de benefício na data do reajustamento, respeitados os direitos adquiridos. Como mencionado anteriormente, os benefícios calculados nos termos do disposto no art. 26 da Emenda Constitucional 103/2019 devem ser reajustados nos termos estabelecidos para o Regime Geral de Previdência Social (art. 26, § 7º, da Emenda Constitucional 103/2019).

5.5. PAGAMENTO

Os benefícios com renda mensal superior a um salário mínimo devem ser pagos do primeiro ao quinto dia útil do mês subsequente ao de sua competência, observada a distribuição proporcional do número de beneficiários por dia de pagamento (art. 41-A, § 2º, da Lei 8.213/1991).

Os benefícios com renda mensal no valor de até um salário mínimo devem ser pagos no período compreendido entre o quinto dia útil que anteceder o final do mês de sua competência e o quinto dia útil do mês subsequente, observada a distribuição proporcional dos beneficiários por dia de pagamento. Considera-se dia útil aquele de expediente bancário com horário normal de atendimento.

O primeiro pagamento do benefício deve ser efetuado até 45 dias após a data da apresentação, pelo segurado, da documentação necessária a sua concessão.

Para os benefícios que tenham sido majorados devido à elevação do salário mínimo, o referido aumento deve ser compensado no momento da aplicação do disposto no art. 41-A, *caput*, da Lei 8.213/1991, de acordo com normas a serem baixadas pelo Ministério da Previdência Social.

Cabe esclarecer que o pagamento dos benefícios da Seguridade Social deve ser realizado por intermédio da rede bancária ou por outras formas definidas pelo Ministério da Previdência Social (art. 60 da Lei 8.212/1991).

O benefício deve ser pago diretamente ao beneficiário, salvo em caso de ausência, moléstia contagiosa ou impossibilidade de locomoção, quando será pago a procurador, cujo mandato não terá prazo superior a doze meses, podendo ser renovado (art. 109 da Lei 8.213/1991).

A impressão digital do beneficiário incapaz de assinar, aposta na presença de servidor da Previdência Social, vale como assinatura para quitação de pagamento de benefício.

O benefício devido ao segurado ou dependente civilmente incapaz deve ser feito ao cônjuge, pai, mãe, tutor ou curador, admitindo-se, na sua falta e por período não superior a seis meses, o pagamento a herdeiro necessário, mediante termo de compromisso firmado no ato do recebimento (art. 110 da Lei 8.213/1991).

Para efeito de curatela, no caso de interdição do beneficiário, a autoridade judiciária pode louvar-se no laudo médico-pericial da Previdência Social (art. 110, § 1º, da Lei 8.213/1991).

O dependente excluído, na forma do § 7º do art. 16 da Lei 8.213/1991, ou que tenha a parte provisoriamente suspensa, na forma do § 7º do art. 77 da Lei 8.213/1991, não pode representar outro dependente para fins de recebimento e percepção do benefício (art. 110, § 2º, da Lei 8.213/1991, incluído pela Lei 13.846/2019).

O dependente que perde o direito à pensão por morte, na forma do § 1º do art. 74 da Lei 8.213/1991, não pode representar outro dependente para fins de recebimento e percepção do benefício (art. 110, § 3º, da Lei 8.213/1991, incluído pela Lei 13.846/2019).

No ato de requerimento de benefícios operacionalizados pelo INSS, *não deve ser exigida apresentação de termo de curatela de titular ou de beneficiário com deficiência*, observados os procedimentos estabelecidos em regulamento (art. 110-A da Lei 8.213/1991, incluído pela Lei 13.146/2015).

Essa previsão decorre da atual previsão da Lei Brasileira de Inclusão da Pessoa com Deficiência (Estatuto da Pessoa com Deficiência), no sentido de que a pessoa com deficiência tem assegurado o direito ao exercício de sua capacidade legal em igualdade de condições com as demais pessoas (art. 84 da Lei 13.146/2015). Nesse enfoque, apenas quando necessário é que a pessoa com deficiência deve ser submetida à curatela, conforme a lei. Faculta-se à pessoa com deficiência a adoção de processo de tomada de decisão apoiada.

Observa-se, portanto, que a definição de curatela de pessoa com deficiência constitui medida protetiva *extraordinária*, proporcional às necessidades e às circunstâncias de cada caso, e deve durar o menor tempo possível. Os curadores são obrigados a prestar, anualmente, contas de sua administração ao juiz, apresentando o balanço do respectivo ano.

A curatela afeta tão somente os atos relacionados aos direitos de natureza patrimonial e negocial (art. 85 da Lei 13.146/2015). A definição da curatela não alcança o direito ao próprio corpo, à sexualidade, ao matrimônio, à privacidade, à educação, à saúde, ao trabalho e ao voto. Sendo assim, a curatela constitui *medida extraordinária*, devendo constar da sentença as razões e motivações de sua definição, preservados os interesses do curatelado.

No caso de pessoa em situação de institucionalização, ao nomear curador, o juiz deve dar preferência a pessoa que tenha vínculo de natureza familiar, afetiva ou comunitária com o curatelado.

Para emissão de documentos oficiais, não deve ser exigida a situação de curatela da pessoa com deficiência (art. 86 da Lei 13.146/2015).

Em casos de relevância e urgência e a fim de proteger os interesses da pessoa com deficiência em situação de curatela, é lícito ao juiz, ouvido o Ministério Público, de ofício ou a requerimento do interessado, nomear, desde logo, curador provisório, o qual está sujeito, no que couber, às disposições do Código de Processo Civil (art. 87 da Lei 13.146/2015).

O segurado menor pode, conforme dispuser o Regulamento, firmar recibo de benefício, independentemente da presença dos pais ou do tutor (art. 111 da Lei 8.213/1991).

O valor não recebido em vida pelo segurado só é pago aos seus dependentes habilitados à pensão por morte ou, na falta deles, aos seus sucessores na forma da lei civil, independentemente de inventário ou arrolamento (art. 112 da Lei 8.213/1991).

A respeito do tema, o Superior Tribunal de Justiça fixou as seguintes teses em recurso especial repetitivo: "(i) O disposto no art. 112 da Lei n. 8.213/1991, segundo o qual 'o valor não recebido em vida pelo segurado só será pago aos seus dependentes habilitados à pensão por morte ou, na falta deles, aos seus sucessores na forma da lei civil, independentemente de inventário ou arrolamento', é aplicável aos âmbitos judicial e administrativo; (ii) Os pensionistas detêm legitimidade ativa para pleitear, por direito próprio, a revisão do benefício derivado (pensão por morte) - caso não alcançada pela decadência -, fazendo jus a diferenças pecuniárias pretéritas não prescritas, decorrentes da pensão recalculada; (iii) Caso não decaído o direito de revisar a renda mensal inicial do benefício originário do segurado instituidor, os pensionistas poderão postular a revisão da aposentadoria, a fim de auferirem eventuais parcelas não prescritas resultantes da readequação do benefício original, bem como os reflexos na graduação econômica da pensão por morte; e (iv) À falta de dependentes legais habilitados à pensão por morte, os sucessores (herdeiros) do segurado instituidor, definidos na lei civil, são partes legítimas para pleitear, por ação e em nome próprios, a revisão do benefício original – salvo se decaído o direito ao instituidor – e, por conseguinte, de haverem eventuais diferenças pecuniárias não prescritas, oriundas do recálculo da aposentadoria do *de cujus*" (STJ, 1ª Seção, REsp 1.856.967/ES, 2020/0005517-9, rel. Min. Regina Helena Costa, DJe 28.06.2021).

O benefício pode ser pago mediante depósito em conta corrente ou por autorização de pagamento, conforme se dispuser em Regulamento (art. 113 da Lei 8.213/1991).

Como regra, os pagamentos dos benefícios de prestação continuada não podem ser antecipados (art. 169 do Regulamento da Previdência Social, aprovado pelo Decreto 3.048/1999).

Excepcionalmente, nas hipóteses de estado de calamidade pública, reconhecidas por ato do Poder Executivo federal, o INSS pode, nos termos estabelecidos em ato do Secretário Especial de Previdência e Trabalho do Ministério da Economia, antecipar aos beneficiários domiciliados nos respectivos Municípios: I – o cronograma de pagamento dos benefícios de prestação continuada previdenciária e assistencial, enquanto perdurar o estado de calamidade; II – o valor correspondente a uma renda mensal do benefício devido, excetuados os temporários, mediante opção dos beneficiários (art. 169, § 1º, do Regulamento da Previdência Social, com redação dada pelo Decreto 9.700/2019).

O valor antecipado de que trata o inciso II deve ser ressarcido de forma parcelada, mediante desconto da renda do benefício, para esse fim equiparado ao crédito decorrente de pagamento de benefício além do devido, nos termos do referido ato do Secretário Especial de Previdência e Trabalho do Ministério da Economia (art. 169, § 2º, do Regulamento da Previdência Social).

O benefício previdenciário é *impenhorável*.

Desse modo, salvo quanto a valor devido à Previdência Social e a desconto autorizado pela Lei 8.213/1991, ou derivado da obrigação de prestar alimentos, reconhecida em sentença judicial, o benefício não pode ser objeto de penhora, arresto ou sequestro, sendo nula de pleno direito a sua venda ou cessão, ou a constituição de qualquer ônus sobre ele, bem como a outorga de poderes irrevogáveis ou em causa própria para o seu recebimento (art. 114 da Lei 8.213/1991).

O art. 833, inciso IV, do Código de Processo Civil prevê que são *impenhoráveis* os vencimentos, os subsídios, os soldos, os salários, as remunerações, os *proventos de aposentadoria*, as *pensões*, os pecúlios e os montepios, bem como as quantias recebidas por liberalidade de terceiro e destinadas ao sustento do devedor e de sua família, os ganhos de trabalhador autônomo e os honorários de profissional liberal, ressalvado o § 2º do referido dispositivo legal.

O art. 833, § 2º, do CPC determina que o disposto acima não se aplica à hipótese de penhora para pagamento de prestação alimentícia, independentemente de sua origem, bem como às importâncias excedentes a 50 salários mínimos mensais.

Podem ser descontados dos benefícios: I – contribuições devidas pelo segurado à Previdência Social; II – pagamento administrativo ou judicial de benefício previdenciário ou assistencial indevido, ou além do devido, inclusive na hipótese de cessação do benefício pela revogação de decisão judicial, em valor que não exceda 30% da sua importância, nos termos do regulamento; III – Imposto de Renda retido na fonte; IV – pensão de alimentos decretada em sentença judicial; V – mensalidades de associações e demais entidades de aposentados legalmente reconhecidas, desde que autorizadas por seus filiados; VI – pagamento de empréstimos, financiamentos e operações de arrendamento mercantil concedidos por instituições financeiras e sociedades de arrendamento mercantil, ou por entidades fechadas ou abertas de previdência complementar, públicas e privadas, quando expressamente autorizado pelo beneficiário, até o limite de 45% do valor do benefício, sendo 35% destinados exclusivamente a empréstimos, financiamentos e arrendamentos mercantis, 5% destinados exclusivamente à amortização de despesas contraídas por meio de cartão de crédito consignado ou à utilização com a finalidade de saque por meio de cartão de crédito consignado e 5% destinados exclusivamente à amortização de despesas contraídas por meio de cartão consignado de benefício ou à utilização com a finalidade de saque por meio de cartão consignado de benefício (art. 115 da Lei 8.213/1991).

Na hipótese do inciso II do art. 115 da Lei 8.213/1991, o desconto deve ser feito em parcelas, conforme dispuser o regulamento, salvo má-fé.

Na hipótese dos incisos II e VI do art. 115 da Lei 8.213/1991, haverá prevalência do desconto do inciso II.

Devem ser inscritos em dívida ativa pela Procuradoria-Geral Federal os créditos constituídos pelo INSS em decorrência de benefício previdenciário ou assistencial pago indevidamente ou além do devido, inclusive na hipótese de cessação do benefício pela revogação de decisão judicial, nos termos da Lei 6.830/1980, para a execução judicial (art. 115, § 3º, da Lei 8.213/1991, com redação dada pela Lei 13.846/2019).

Deve ser objeto de inscrição em dívida ativa, para os fins do disposto no § 3º do art. 115 da Lei 8.213/1991, em conjunto ou separadamente, o terceiro beneficiado que sabia ou deveria saber da origem do benefício pago indevidamente em razão de fraude, de dolo ou de coação, desde que devidamente identificado em procedimento administrativo de responsabilização (art. 115, § 4º, da Lei 8.213/1991, incluído pela Lei 13.846/2019).

O procedimento de que trata o § 4º do art. 115 da Lei 8.213/1991 deve ser disciplinado em regulamento, nos termos da Lei 9.784/1999 (que regula processo administrativo no âmbito da administração federal direta e indireta), e no art. 27 do Decreto-Lei 4.657/1942[20], o qual prevê que decisão do

[20] "Art. 27. A decisão do processo, nas esferas administrativa, controladora ou judicial, poderá impor compensação por benefícios indevidos ou prejuízos anormais ou injustos resultantes do processo ou da conduta dos envolvidos. § 1º A decisão sobre a compensação será motivada, ouvidas previamente as partes sobre seu cabimento, sua forma e, se for o caso, seu valor. § 2º

processo, nas esferas administrativa, controladora ou judicial, pode impor compensação por benefícios indevidos ou prejuízos anormais ou injustos resultantes do processo ou da conduta dos envolvidos (art. 115, § 5º, da Lei 8.213/1991, incluído pela Lei 13.846/2019).

De acordo com a tese jurídica firmada pelo Superior Tribunal de Justiça em recurso repetitivo: "A reforma da decisão que antecipa a tutela obriga o autor da ação a devolver os benefícios previdenciários indevidamente recebidos" (STJ, 1ª Seção, REsp 1.401.560/MT, (2012/0098530-1), rel. p/ ac. Min. Ari Pargendler, DJe 13.10.2015).

Entretanto, há decisão do Supremo Tribunal Federal, inclusive em caso de tutela antecipada posteriormente revogada, no sentido de que o benefício previdenciário recebido de boa-fé pelo segurado, em decorrência de decisão judicial, não está sujeito à repetição de indébito, em razão do seu caráter alimentar. Assim, a decisão judicial que reconhece a impossibilidade de descontos dos valores indevidamente recebidos pelo segurado não implica declaração de inconstitucionalidade do art. 115 da Lei 8.213/1991 (STF, 1ª T., AgR-ARE 734.242/DF, rel. Min. Roberto Barroso, DJe 08.09.2015).

Na atualidade, como já mencionado, pode ser *descontados* dos benefícios o pagamento administrativo ou judicial de benefício previdenciário ou assistencial indevido, ou além do devido, *inclusive na hipótese de cessação do benefício pela revogação de decisão judicial*, em valor que não exceda 30% da sua importância, nos termos do regulamento (art. 115, inciso II, da Lei 8.213/1991, com redação dada pela Lei 13.846/2019).

O Superior Tribunal de Justiça reafirmou a tese jurídica contida no REsp 1.401.560/MT (Tema Repetitivo 692), com acréscimo redacional para ajuste à nova legislação de regência, nos seguintes termos: "A reforma da decisão que antecipa os efeitos da tutela final obriga o autor da ação a devolver os valores dos benefícios previdenciários ou assistenciais recebidos, o que pode ser feito por meio de desconto em valor que não exceda 30% (trinta por cento) da importância de eventual benefício que ainda lhe estiver sendo pago" (STJ, 1ª Seção, Pet 12.482/DF, 2018/0326281-2, rel. Min. Og Fernandes, DJe 24.05.2022).

Cabe ressaltar que foi feita a seguinte ressalva no mencionado julgamento proferido pelo Superior Tribunal de Justiça: "19. Situação diversa é a da tutela de urgência cuja revogação se dá em razão de mudança superveniente da jurisprudência então dominante. Nesses casos, a superação do precedente

---

Para prevenir ou regular a compensação, poderá ser celebrado compromisso processual entre os envolvidos".

deverá ser acompanhada da indispensável modulação dos efeitos, a juízo do Tribunal que está promovendo a alteração jurisprudencial, como determina o art. 927, § 3º, do CPC. Assim, como diz a norma, o próprio juízo de superação 'de jurisprudência dominante do Supremo Tribunal Federal e dos tribunais superiores ou daquela oriunda de julgamento de casos repetitivos' deve ser acompanhado da modulação dos efeitos da alteração no interesse social e no da segurança jurídica. Dessa forma, uma eventual guinada jurisprudencial não resultará, em princípio, na devolução de valores recebidos por longo prazo devido à cassação de tutela de urgência concedida com base em jurisprudência dominante à época em que deferida, bastando que o tribunal, ao realizar a superação, determine a modulação dos efeitos" (STJ, 1ª Seção, Pet 12.482/DF, 2018/0326281-2, rel. Min. Og Fernandes, DJe 24.05.2022).

Não estão sujeitos à repetição os valores recebidos de boa-fé pelo servidor público, em decorrência de errônea ou inadequada interpretação da lei por parte da Administração Pública (Súmula 34 da AGU, restabelecida pela Súmula 72).

Nesse sentido, o Superior Tribunal de Justiça fixou a seguinte tese em recurso repetitivo: "Quando a Administração Pública interpreta erroneamente uma lei, resultando em pagamento indevido ao servidor, cria-se uma falsa expectativa de que os valores recebidos são legais e definitivos, impedindo, assim, que ocorra desconto dos mesmos, ante a boa-fé do servidor público" (STJ, 1ª Seção, REsp 1.244.182/PB, 2011/0059104-1, rel. Min. Benedito Gonçalves, DJe 19.10.2012).

Nessa linha, nas hipóteses de interpretação errônea ou má aplicação da lei pela Administração Pública (INSS), em que o segurado recebeu de boa-fé o benefício previdenciário, de natureza alimentar, assegura-se o direito de não devolução de valores recebidos indevidamente. Cf. STJ, 1ª T., REsp 1.550.569/SC, 2015/0211085-4, rel. Min. Regina Helena Costa, DJe 18.05.2016.

No entanto, em se tratando de pagamento indevido de benefício decorrente de erro não relacionado a interpretação de lei, o Superior Tribunal de Justiça fixou a seguinte tese em recurso repetitivo: "Com relação aos pagamentos indevidos aos segurados decorrentes de erro administrativo (material ou operacional), não embasado em interpretação errônea ou equivocada da lei pela Administração, são repetíveis os valores, sendo legítimo o seu desconto no percentual de até 30% do valor do benefício mensal, ressalvada a hipótese em que o segurado, diante do caso concreto, comprova sua boa-fé objetiva, sobretudo com demonstração de que não lhe era possível constatar o pagamento indevido". Houve modulação dos efeitos definidos nessa decisão, em respeito à segurança jurídica, considerando o interesse social e a repercussão do tema. Desse modo, a referida decisão somente deve atingir os processos que tenham sido distribuídos, na primeira instância, a partir da publicação do acórdão (STJ, 1ª Seção, REsp 1.381.734/RN, 2013/0151218-2, rel. Min. Benedito Gonçalves, DJe 23.04.2021).

Se, na data de entrada do requerimento do benefício, o segurado não satisfizer os requisitos para o reconhecimento do direito, mas implementá-los em momento posterior, antes da decisão do INSS, o requerimento pode ser reafirmado para a data em que satisfizer os requisitos, que será fixada como início do benefício, exigindo-se, para tanto, a concordância formal do interessado, admitida a sua manifestação de vontade por meio eletrônico (art. 176-D do Regulamento da Previdência Social, incluído pelo Decreto 10.410/2020). Trata-se da reafirmação data de entrada do requerimento (DER), reconhecida, no caso, no âmbito administrativo.

A reafirmação da data de entrada do requerimento administrativo (DER), considerada fenômeno típico do Direito Previdenciário e do Direito Processual Civil Previdenciário, ocorre "quando se reconhece o benefício por fato superveniente ao requerimento, fixando-se a data de início do benefício para o momento do adimplemento dos requisitos legais do benefício previdenciário". A respeito do tema, o Superior Tribunal de Justiça fixou a seguinte tese jurídica em recurso repetitivo: "É possível a reafirmação da DER (Data de Entrada do Requerimento) para o momento em que implementados os requisitos para a concessão do benefício, mesmo que isso se dê no interstício entre o ajuizamento da ação e a entrega da prestação jurisdicional nas instâncias ordinárias, nos termos dos arts. 493 e 933 do CPC/2015, observada a causa de pedir" (STJ, 1ª Seção, REsp 1.727.063/SP, 2018/0046508-9, rel. Min. Mauro Campbell Marques, DJe 02.12.2019).

O Superior Tribunal de Justiça rejeitou embargos de declaração opostos pelo segurado do INSS, cabendo registrar os seguintes esclarecimentos: "3. A reafirmação da DER (Data de Entrada do Requerimento) é dada às instâncias ordinárias, vale dizer, primeiro e segundo graus de jurisdição. 4. Omissão quanto ao ônus da sucumbência não há, posto que foi definido que haverá sucumbência se o INSS opuser-se ao pedido de reconhecimento de fato novo, hipótese em que os honorários de advogado terão como base de cálculo o valor da condenação, a ser apurada na fase de liquidação, computando-se o benefício previdenciário a partir da data fixada na decisão que entregou a prestação jurisdicional" (STJ, 1ª Seção, EDcl no REsp 1.727.063/SP, 2018/0046508-9, rel. Min. Mauro Campbell Marques, DJe 21.05.2020).

O Superior Tribunal de Justiça acolheu embargos de declaração opostos pelo INSS, sem efeitos modificativos, devendo-se destacar os seguintes esclarecimentos: "3. Conforme delimitado no acórdão embargado, quanto aos valores retroativos, não se pode considerar razoável o pagamento de parcelas pretéritas, pois o direito é reconhecido no curso do processo, após o ajuizamento da ação, devendo ser fixado o termo inicial do benefício pela decisão que reconhecer o direito, na data em que preenchidos os requisitos para concessão do benefício, em diante, sem pagamento de valores pretéritos. 4. O prévio requerimento administrativo já foi tema decidido pelo Supremo Tribunal Federal, julgamento do RE 641.240/MG. Assim, mister o prévio requerimento administrativo, para posterior ajuizamento da ação, nas hipóteses ali delimitadas, o que não corresponde à tese sustentada de que a reafirmação da DER implica na burla do novel requerimento. 5. Quanto à mora, é sabido que a execução contra o INSS possui dois tipos de obrigações: a primeira consiste na implantação do benefício, a segunda, no pagamento de parcelas vencidas a serem liquidadas e quitadas pela via do precatório ou do RPV. No caso de o INSS não efetivar a implantação do benefício, primeira obrigação oriunda de sua condenação, no prazo razoável de até quarenta e cinco dias, surgirão, a partir daí, parcelas vencidas oriundas de sua mora. Nessa hipótese deve haver a fixação dos juros, embutidos no requisitório de pequeno valor. 6. Quanto à obscuridade apontada, referente ao momento processual oportuno para se reafirmar a DER, afirma-se que o julgamento do recurso de apelação pode ser convertido em diligência para o fim de produção da prova" (STJ, 1ª Seção, EDcl no REsp 1.727.063/SP, 2018/0046508-9, rel. Min. Mauro Campbell Marques, DJe 21.05.2020).

O Superior Tribunal de Justiça rejeitou segundos embargos de declaração, cabendo destacar o seguinte esclarecimento: "2. A assertiva de que não são devidas parcelas anteriores ao ajuizamento da ação reforça o entendimento firmado de que o termo inicial para pagamento do benefício corresponde ao momento processual em que reconhecidos os requisitos do benefício; não há quinquênio anterior a ser pago. Se preenchidos os requisitos antes do ajuizamento da ação, não ocorrerá a reafirmação da DER, fenômeno que instrumentaliza o processo previdenciário de modo a garantir sua duração razoável, tratando-se de prestação jurisdicional de natureza fundamental" (STJ, 1ª Seção, EDcl nos EDcl no REsp 1.727.063/SP, 2018/0046508-9, rel. Min. Mauro Campbell Marques, DJe 04.09.2020).

Cabe ao INSS conceder o benefício mais vantajoso ao requerente ou benefício diverso do requerido, desde que os elementos constantes do processo administrativo assegurem o reconhecimento desse direito (art. 176-E do Regulamento da Previdência Social, incluído pelo Decreto 10.410/2020). Na hipótese de direito à concessão de benefício diverso do requerido, cabe ao INSS notificar o segurado para que este manifeste expressamente a sua opção pelo benefício, observado o disposto no art. 176-D do Regulamento da Previdência Social.

Se mais vantajoso, fica assegurado o direito à aposentadoria, nas condições legalmente previstas na data do cumprimento de todos os requisitos ao segurado que tiver optado por permanecer em atividade (art. 181-D do Regulamento da Previdência Social, incluído pelo Decreto 10.410/2020).

Para fins dessa previsão, o valor inicial da aposentadoria, apurado conforme as regras vigentes na data em que todos os requisitos tiverem sido cumpridos, deve ser comparado com o valor da aposentadoria calculada na data de entrada do requerimento, hipótese em que será mantido o benefício mais vantajoso e deve ser considerada como data de início do benefício a data de entrada do requerimento, observado o disposto no art. 49 da Lei 8.213/1991, sobre a data inicial em que a aposentadoria por idade (aposentadoria programada) é devida. A renda mensal inicial, apurada nessa forma, deve ser reajustada pelos índices de reajustamento aplicados aos benefícios até a data de entrada do requerimento e não será devido qualquer pagamento relativamente a período anterior a essa data.

O Superior Tribunal de Justiça fixou a seguinte tese em recurso especial repetitivo: "O segurado tem direito de opção pelo benefício mais vantajoso concedido administrativamente, no curso de ação judicial em que se reconheceu benefício menos vantajoso. Em cumprimento de sentença, o segurado possui o direito à manutenção do benefício previdenciário concedido administrativamente no curso da ação judicial e, concomitantemente, à execução das parcelas do benefício reconhecido na via judicial, limitadas à data de implantação daquele conferido na via administrativa" (STJ, 1ª Seção, REsp 1.767.789/PR, 2018/0231338-3, rel. Min. Herman Benjamin, DJe 01.07.2022).

Deve-se fornecer ao beneficiário um demonstrativo minucioso das importâncias pagas, discriminando-se o valor da mensalidade, as diferenças eventualmente pagas com o período a que se referem e os descontos efetuados (art. 116 da Lei 8.213/1991).

Empresas, sindicatos e entidades fechadas de previdência complementar podem, mediante celebração de acordo de cooperação técnica com o INSS, encarregar-se, relativamente a seus empregados, associados ou beneficiários, de requerer benefícios previdenciários por meio eletrônico, preparando-os e instruindo-os nos termos do acordo (art. 117 da Lei 8.213/1991, com redação dada pela Lei 14.020/2020).

Empresas, sindicatos e entidades fechadas de previdência complementar podem realizar o pagamento integral dos benefícios previdenciários devidos a seus beneficiários, mediante celebração de contrato com o INSS, dispensada a licitação (art. 117-A da Lei 8.213/1991, incluído pela Lei 14.020/2020). Os contratos em questão devem prever as mesmas obrigações, condições e valores devidos pelas instituições financeiras responsáveis pelo pagamento dos benefícios pelo INSS. As referidas obrigações, condições e valores devem ser definidos em ato próprio do INSS.

O INSS deve implementar e manter *processo administrativo eletrônico* para requerimento de benefícios e serviços e disponibilizará canais eletrônicos de atendimento (art. 124-A da Lei 8.213/1991, incluído pela Lei 13.846/2019).

O INSS deve facilitar o atendimento, o requerimento, a concessão, a manutenção e a revisão de benefícios por meio eletrônico e implementará procedimentos automatizados, de atendimento e prestação de serviços por meio de atendimento telefônico ou de canais remotos (art. 124-A, § 1º, da Lei 8.213/1991, incluído pela Lei 13.846/2019). As ligações telefônicas realizadas de telefone fixo ou móvel que visem à solicitação dos referidos serviços devem ser gratuitas e serão consideradas de utilidade pública (art. 124-A, § 4º, da Lei 8.213/1991, incluído pela Lei 14.199/2021).

Podem ser celebrados acordos de cooperação, na modalidade de adesão, com órgãos e entidades da União, dos Estados, do Distrito Federal e dos Municípios, para a recepção de documentos e o apoio administrativo às atividades do INSS que demandem serviços presenciais (art. 124-A, § 2º, da Lei 8.213/1991, incluído pela Lei 13.846/2019).

A implementação de serviços eletrônicos deve prever mecanismos de controle preventivos de fraude e de identificação segura do cidadão (art. 124-A, § 3º, da Lei 8.213/1991, incluído pela Lei 13.846/2019).

5.6. SISTEMA INTEGRADO DE DADOS

O art. 12 da Emenda Constitucional 103/2019 dispõe que a União instituirá sistema integrado de dados relativos às remunerações, proventos e pensões dos segurados dos Regimes de Previdência Social de que tratam os arts. 40, 201 e 202 da Constituição Federal de 1988, aos benefícios dos programas de Assistência Social de que trata o art. 203 da Constituição da República e às remunerações, proventos de inatividade e pensão por morte decorrentes das atividades militares de que tratam os arts. 42 e 142 da Constituição Federal de 1988, em interação com outras bases de dados, ferramentas e plataformas, para o fortalecimento de sua gestão, governança e transparência e o cumprimento das disposições estabelecidas nos incisos XI[21] e XVI[21] do art. 37 da Constituição da República.

A União, os Estados, o Distrito Federal e os Municípios e os órgãos e entidades gestoras dos regimes, dos sistemas e dos programas a que se refere o art. 12, *caput*, da Emenda Constitucional 103/2019 disponibilizarão as informações necessárias para a estruturação do sistema integrado de dados e terão acesso ao compartilhamento das referidas informações, na forma da legislação (art. 12, § 1º, da Emenda Constitucional 103/2019).

É vedada a transmissão das informações de que trata o art. 12 da Emenda Constitucional 103/2019 a qualquer pessoa física ou jurídica para a prática de atividade não relacionada à fiscalização dos regimes, dos sistemas e dos programas a que se refere o art. 12, *caput*, da Emenda Constitucional 103/2019 (art. 12, § 2º, da Emenda Constitucional 103/2019).

O INSS, para o exercício de suas competências, observado o disposto nos incisos XI e XII do art. 5º da Constituição Federal de 1988[23] e na Lei 13.709/2018 (que dispõe sobre a proteção de dados pessoais), terá acesso aos dados necessários para a análise, a concessão, a revisão e a manutenção de benefícios por ele administrados, em especial aos dados: dos registros e dos prontuários eletrônicos do Sistema Único de Saúde (SUS), administrados

---

21 "XI – a remuneração e o subsídio dos ocupantes de cargos, funções e empregos públicos da administração direta, autárquica e fundacional, dos membros de qualquer dos Poderes da União, dos Estados, do Distrito Federal e dos Municípios, dos detentores de mandato eletivo e dos demais agentes políticos e os proventos, pensões ou outra espécie remuneratória, percebidos cumulativamente ou não, incluídas as vantagens pessoais ou de qualquer outra natureza, não poderão exceder o subsídio mensal, em espécie, dos Ministros do Supremo Tribunal Federal, aplicando-se como limite, nos Municípios, o subsídio do Prefeito, e nos Estados e no Distrito Federal, o subsídio mensal do Governador no âmbito do Poder Executivo, o subsídio dos Deputados Estaduais e Distritais no âmbito do Poder Legislativo e o subsidio dos Desembargadores do Tribunal de Justiça, limitado a noventa inteiros e vinte e cinco centésimos por cento do subsídio mensal, em espécie, dos Ministros do Supremo Tribunal Federal, no âmbito do Poder Judiciário, aplicável este limite aos membros do Ministério Público, aos Procuradores e aos Defensores Públicos".

22 "XVI – é vedada a acumulação remunerada de cargos públicos, exceto, quando houver compatibilidade de horários, observado em qualquer caso o disposto no inciso XI: a) a de dois cargos de professor; b) a de um cargo de professor com outro técnico ou científico; c) a de dois cargos ou empregos privativos de profissionais de saúde, com profissões regulamentadas".

23 "XI – a casa é asilo inviolável do indivíduo, ninguém nela podendo penetrar sem consentimento do morador, salvo em caso de flagrante delito ou desastre, ou para prestar socorro, ou, durante o dia, por determinação judicial; XII – é inviolável o sigilo da correspondência e das comunicações telegráficas, de dados e das comunicações telefônicas, salvo, no último caso, por ordem judicial, nas hipóteses e na forma que a lei estabelecer para fins de investigação criminal ou instrução processual penal".

pelo Ministério da Saúde; dos documentos médicos mantidos por entidades públicas e privadas, sendo necessária, no caso destas últimas, a celebração de convênio para garantir o acesso; de movimentação das contas do Fundo de Garantia do Tempo de Serviço (FGTS), instituído pela Lei 5.107/1966, mantidas pela Caixa Econômica Federal (art. 124-B da Lei 8.213/1991, incluído pela Lei 13.846/2019).

O servidor responsável pela análise dos pedidos dos benefícios previstos na Lei 8.213/1991 deve *motivar* suas decisões ou opiniões técnicas e responderá pessoalmente apenas na hipótese de dolo ou erro grosseiro (art. 124-C da Lei 8.213/1991, incluído pela Lei 13.846/2019).

A administração pública federal deve desenvolver ações de segurança da informação e comunicações, incluídas as de segurança cibernética, de segurança das infraestruturas, de qualidade dos dados e de segurança de interoperabilidade de bases governamentais, e efetuará a sua integração, inclusive com as bases de dados e informações dos Estados, dos Municípios e do Distrito Federal, com o objetivo de atenuar riscos e inconformidades em pagamentos de benefícios sociais (art. 124-D da Lei 8.213/1991, incluído pela Lei 13.846/2019).

O Ministério da Previdência Social e o INSS devem manter programa permanente de revisão da concessão e da manutenção dos benefícios da Previdência Social, a fim de apurar irregularidades e falhas existentes (art. 11 da Lei 10.666/2003).

Havendo indício de irregularidade na concessão ou na manutenção de benefício, a Previdência Social deve notificar o beneficiário para apresentar defesa, provas ou documentos de que dispuser, no prazo de dez dias.

Essa notificação deve ser feita por via postal com aviso de recebimento e, não comparecendo o beneficiário nem apresentando defesa, será *suspenso* o benefício, com notificação ao beneficiário.

Decorrido o prazo concedido pela notificação postal, sem que tenha havido resposta, ou caso seja considerada pela Previdência Social como insuficiente ou improcedente a defesa apresentada, o benefício será *cancelado*, dando-se conhecimento da decisão ao beneficiário.

Deve-se observar, assim, o contraditório na esfera administrativa, antes da suspensão ou do cancelamento do pagamento do benefício previdenciário.

A suspeita de fraude na concessão de benefício previdenciário não enseja, de plano, a sua suspensão ou cancelamento, mas dependerá de apuração em procedimento administrativo, observados os princípios do contraditório e da ampla defesa (Súmula 15 da AGU).

O art. 69 da Lei 8.212/1991, com redação dada pela Lei 13.846/2019, prevê que o Instituto Nacional do Seguro Social (INSS) deve manter programa permanente de revisão da concessão e da manutenção dos benefícios por ele administrados, a fim de apurar irregularidades ou erros materiais.

Na hipótese de haver indícios de irregularidade ou erros materiais na concessão, na manutenção ou na revisão do benefício, o INSS notificará o beneficiário, o seu representante legal ou o seu procurador para apresentar defesa, provas ou documentos dos quais dispuser, no prazo de: I – 30 dias, no caso de trabalhador urbano; II – 60 dias, no caso de trabalhador rural individual e avulso, agricultor familiar ou segurado especial.

Os parágrafos do art. 69 da Lei 8.212/1991 dispõem sobre o procedimento a respeito da matéria, versando a respeito da suspensão e da cessação do benefício, bem como do recenseamento para atualização do cadastro dos beneficiários, da realização anual da comprovação de vida e do bloqueio do pagamento do benefício.

Os postos de benefícios devem adotar como prática o cruzamento das informações declaradas pelos segurados com os dados de cadastros de empresas e de contribuintes em geral quando da concessão de benefícios (art. 74 da Lei 8.212/1991).

O Instituto Nacional do Seguro Social (INSS) deve proceder ao recadastramento de todos aqueles que, por intermédio de procuração, recebem benefícios da Previdência Social (art. 76 da Lei 8.212/1991). O documento de procuração deve ser revalidado, anualmente, nos termos de norma definida pelo INSS (art. 76, § 1º, da Lei 8.212/1991, incluído pela Lei 14.199/2021).

Na hipótese de pagamento indevido de benefício a pessoa não autorizada, ou após o óbito do titular do benefício, a instituição financeira é responsável pela devolução dos valores ao INSS, em razão do descumprimento das obrigações a ela impostas por lei ou por força contratual (art. 76, § 2º, da Lei 8.212/1991, incluído pela Lei 14.199/2021).

Ficam instituídos, no âmbito do Instituto Nacional do Seguro Social (INSS):

I – o Programa Especial para Análise de Benefícios com Indícios de Irregularidade (Programa Especial), com o objetivo de analisar processos que apresentem indícios de irregularidade ou potencial risco de realização de gastos indevidos na concessão, no recurso ou na revisão de benefícios administrados pelo INSS;

II – o Programa de Revisão de Benefícios por Incapacidade (Programa de Revisão), com o objetivo de revisar: a) os benefícios por incapacidade mantidos sem perícia pelo INSS por período superior a seis meses e que não possuam data de cessação estipulada ou indicação de reabilitação profissional; e b) outros benefícios de natureza previdenciária, assistencial, trabalhista ou tributária (art. 1º da Lei 13.846/2019).

O Programa Especial durará até 31 de dezembro de 2020 e poderá ser prorrogado até 31 de dezembro de 2022 por ato fundamentado do Presidente do INSS.

Integrará o Programa Especial, observado o disposto no art. 2º, § 1º, da Lei 13.846/2019, a análise de processos administrativos de requerimento inicial e de revisão de benefícios administrados pelo INSS com prazo legal para conclusão expirado e que represente acréscimo real à capacidade operacional regular de conclusão de requerimentos, individualmente considerada, conforme estabelecido em ato do Presidente do INSS (art. 1º, § 2º, da Lei 13.846/2019, com redação dada pela Lei 14.441/2022).

O Programa de Revisão durará até 31 de dezembro de 2020 e poderá ser prorrogado até 31 de dezembro de 2022 por ato fundamentado do Ministro de Estado da Economia.

Integrarão o Programa de Revisão: I – o acompanhamento por médico-perito de processos judiciais de benefícios por incapacidade; II – o exame médico pericial presencial realizado nas unidades de atendimento da Previdência Social cujo prazo máximo de agendamento de perícia médica for superior a 45 dias (art. 1º, § 4º, da Lei 13.846/2019, com redação dada pela Lei 14.441/2022).

O Programa Especial e o Programa de Revisão não afetarão a regularidade dos atendimentos e dos agendamentos nas agências da Previdência Social.

Para a execução dos referidos Programas, ficam instituídos, até 31 de dezembro de 2020:

I – o Bônus de Desempenho Institucional por Análise de Benefícios com Indícios de Irregularidade do Monitoramento Operacional de Benefícios (BMOB);

II – o Bônus de Desempenho Institucional por Perícia Médica em Benefícios por Incapacidade (BPMBI) (art. 2º da Lei 13.846/2019).

A implementação e o pagamento do BMOB e do BPMBI ficam condicionados à expressa autorização em anexo próprio da lei orçamentária anual com a respectiva dotação prévia, nos termos do § 1º do art. 169 da Constituição Federal de 1988 (art. 2º, § 1º, da Lei 13.846/2019).

A concessão do BMOB e do BPMBI poderá ser prorrogada por ato do Ministro de Estado da Economia, e a prorrogação do BMOB ficará condicionada à implementação de controles internos que atenuem os riscos de concessão de benefícios irregulares.

Ficam prorrogados até 31 de dezembro de 2022: I – o Programa de Revisão de Benefícios por Incapacidade (Programa de Revisão), de que trata o inciso II do art. 1º da Lei 13.846/2019; II – o Bônus de Desempenho Institucional por Análise de Benefícios com Indícios de Irregularidade do Monitoramento Operacional de Benefícios (BMOB) de que trata o inciso I do art. 2º da Lei 13.846/2019; III – o Bônus de Desempenho Institucional por Perícia Médica em Benefícios por Incapacidade (BPMBI) de que trata o inciso II do art. 2º da Lei 13.846/2019 (art. 1º da Portaria 423/2020 do Ministério da Economia).

O BMOB será devido aos servidores públicos federais ativos que estejam em exercício no INSS e concluam a análise de processos do Programa Especial (art. 3º da Lei 13.846/2019).

O BPMBI será devido aos ocupantes do cargo de Perito Médico Federal, integrante da carreira de Perito Médico Federal, do cargo de Perito Médico da Previdência Social, integrante da carreira de Perícia Médica da Previdência Social, de que trata a Lei 10.876/2004, e do cargo de Supervisor Médico-Pericial, integrante da carreira de Supervisor Médico-Pericial, de que trata a Lei 9.620/1998, para cada perícia médica extraordinária realizada no âmbito do Programa de Revisão, na forma estabelecida em ato do Secretário Especial de Previdência e Trabalho do Ministério da Economia (art. 10 da Lei 13.846/2019).

Aplica-se o pagamento de que trata o art. 10 da Lei 13.846/2019 às tarefas extraordinárias a que se refere o art. 1º, § 4º, da Lei 13.846/2019 (art. 10, § 3º, da Lei 13.846/2019, com redação dada pela Lei 14.441/2022).

Os bônus de que tratam os incisos I e II do art. 2º da Lei 13.846/2019 são renomeados, respectivamente, para: I – Tarefa Extraordinária de Redução de Fila e Combate à Fraude (Terf); II – Perícia Extraordinária de Redução de Fila e Combate à Fraude (Perf) (art. 7º da Lei 14.441/2022).

5.7. APOSENTADORIA POR INCAPACIDADE PERMANENTE

O art. 201, inciso I, da Constituição Federal de 1988, com redação dada pela Emenda Constitucional 103/2019, prevê a cobertura do evento (ou seja, contingência social) de *incapacidade permanente para o trabalho* pelo Regime Geral de Previdência Social.

Na hipótese de segurado facultativo, a expressão "para o trabalho" nem sempre se revela adequada, mas entende-se que também tem direito à cobertura previdenciária em questão, quando se tratar de incapacidade permanente para a sua atividade habitual.

A aposentadoria por invalidez passa a ser denominada aposentadoria por incapacidade permanente.

A *aposentadoria por invalidez* (aposentadoria por incapacidade permanente), uma vez cumprida, quando for o caso[24], a carência exigida (ou seja, 12 contribuições mensais, de acordo com o art. 25, inciso I, da Lei 8.213/1991), é devida ao segurado que, estando ou não em gozo de auxílio-doença, for considerado *incapaz* e *insusceptível de reabilitação para o exercício de atividade que lhe garanta a subsistência*, e deve ser-lhe paga enquanto permanecer nesta condição (art. 42 da Lei 8.213/1991).

A aposentadoria por invalidez, assim, é devida no caso de *incapacidade total e permanente* para o trabalho (STJ, 2ª T., AgRg no AREsp 449.922/SP (2013/0408589-0), rel. Min. Humberto Martins, DJe 27.02.2014).

Entretanto, essa incapacidade deve ser verificada em conformidade com as condições pessoais e sociais do segurado.

Uma vez reconhecida a incapacidade parcial para o trabalho, o juiz deve analisar as condições pessoais e sociais do segurado para a concessão de aposentadoria por invalidez (Súmula 47 da Turma Nacional de Uniformização dos Juizados Especiais Federais).

Comprovado que o requerente de benefício é portador do vírus HIV, cabe ao julgador verificar as condições pessoais, sociais, econômicas e culturais, de forma a analisar a incapacidade em sentido amplo, em face da elevada estigmatização social da doença (Súmula 78 da Turma Nacional de Uniformização dos Juizados Especiais Federais).

A Turma Nacional de Uniformização dos Juizados Especiais Federais firmou a seguinte tese (Tema 274): "É possível a concessão de aposentadoria por invalidez, após análise das condições sociais, pessoais, econômicas e culturais, existindo incapacidade parcial e permanente, no caso de outras doenças que não se relacionem com o vírus HIV, mas que sejam estigmatizantes e impactem significativa e negativamente na funcionalidade social do segurado, entendida esta como o potencial de acesso e permanência no mercado de trabalho" (TNU, PEDI-LEF 0512288-77.2017.4.05.8300/PE, rel. Juiz Federal Luis Eduardo Bianchi Cerqueira, DJe 30.09.2021).

---

[24] Cf. art. 26 da Lei 8.213/1991: "Independe de carência a concessão das seguintes prestações: [...] II – auxílio-doença e aposentadoria por invalidez nos casos de acidente de qualquer natureza ou causa e de doença profissional ou do trabalho, bem como nos casos de segurado que, após filiar-se ao RGPS, for acometido de alguma das doenças e afecções especificadas em lista elaborada pelos Ministérios da Saúde e da Previdência Social, atualizada a cada 3 (três) anos, de acordo com os critérios de estigma, deformação, mutilação, deficiência ou outro fator que lhe confira especificidade e gravidade que mereçam tratamento particularizado".

A concessão de aposentadoria por invalidez (aposentadoria por incapacidade permanente) depende da verificação da condição de incapacidade mediante *exame médico-pericial* a cargo da Previdência Social, podendo o segurado, às suas expensas, fazer-se acompanhar de médico de sua confiança (art. 42, § 1º, da Lei 8.213/1991).

A doença ou lesão de que o segurado já era portador ao filiar-se ao Regime Geral de Previdência Social não lhe confere direito à aposentadoria por invalidez (aposentadoria por incapacidade permanente), salvo quando a incapacidade sobrevier por motivo de progressão ou agravamento dessa doença ou lesão (art. 42, § 2º, da Lei 8.213/1991).

Na verdade, entende-se que se a *incapacidade*, em si, for anterior à filiação ao Regime Geral de Previdência Social a aposentadoria por invalidez (aposentadoria por incapacidade permanente) não é devida.

Não há direito a auxílio-doença ou a aposentadoria por invalidez quando a incapacidade para o trabalho é preexistente ao reingresso do segurado no Regime Geral de Previdência Social (Súmula 53 da Turma Nacional de Uniformização dos Juizados Especiais Federais).

A aposentadoria por invalidez (aposentadoria por incapacidade permanente) é devida a partir do dia imediato ao da cessação do auxílio-doença, ressalvado o disposto abaixo (art. 43 da Lei 8.213/1991).

Concluindo a perícia médica inicial pela existência de *incapacidade total e definitiva para o trabalho*, a aposentadoria por invalidez (aposentadoria por incapacidade permanente) é devida:

a) ao *segurado empregado*, a contar do 16º dia do afastamento da atividade ou a partir da entrada do requerimento, se entre o afastamento e a entrada do requerimento tiverem decorrido mais de 30 dias.

b) ao *segurado empregado doméstico, trabalhador avulso, contribuinte individual, especial e facultativo*, a contar da data do início da incapacidade ou da data da entrada do requerimento, se entre essas datas decorrerem mais de 30 dias.

Durante os primeiros 15 dias de afastamento da atividade por motivo de invalidez (incapacidade permanente), cabe à empresa pagar ao segurado empregado o salário.

O segurado aposentado por invalidez (incapacidade permanente) pode ser convocado *a qualquer momento* para avaliação das condições que ensejaram o afastamento ou a aposentadoria, concedida judicial ou administrativamente, observado o disposto no art. 101 da Lei 8.213/1991 (art. 43, § 4º, da Lei 8.213/1991, acrescentado pela Lei 13.457/2017).

A pessoa com HIV/aids é dispensada da avaliação referida no § 4º do art. 43 da Lei 8.213/1991. Desse modo, a pessoa com HIV/aids aposentada por invalidez (incapacidade permanente) fica dispensada da mencionada reavaliação pericial (art. 43, § 5º, da Lei 8.213/1991, incluído pela Lei 13.847/2019).

A Turma Nacional de Uniformização dos Juizados Especiais Federais fixou a seguinte tese (Tema 266): "A dispensa de avaliação a que se refere o art. 43, § 5º, da Lei n. 8.213/1991, com a redação dada pela Lei n. 13.847/2019, não alcançará os benefícios cessados antes da sua edição" (TNU, PEDILEF 5017999-45.2018.4.04.7001/PR, rel. p/ ac. Juiz Federal Fábio de Souza Silva, DJe 26.02.2021).

Ausente requerimento administrativo no INSS, o termo inicial para a implantação da aposentadoria por invalidez concedida judicialmente será a data da citação válida (Súmula 576 do STJ).

Desse modo, não havendo requerimento administrativo anterior ao ajuizamento da ação, entende-se que a aposentadoria por invalidez (aposentadoria por incapacidade permanente) é devida a partir da citação do INSS, e não da ciência do laudo pericial juntado aos autos, o qual não constitui o direito postulado, referindo-se apenas a meio de prova.

A citação válida informa o litígio, constitui em mora a autarquia previdenciária federal e deve ser considerada como termo inicial para a implantação da aposentadoria por invalidez concedida na via judicial quando ausente a prévia postulação administrativa (STJ, 1ª Seção, REsp 1.369.165/SP (2013/0060882-0), rel. Min. Benedito Gonçalves, DJe 07.03.2014).

Nos termos do art. 240 do CPC, a citação válida, ainda quando ordenada por juízo incompetente, induz litispendência, torna litigiosa a coisa e constitui em mora o devedor (ressalvado o disposto nos arts. 397 e 398 do Código Civil). A prova pericial produzida, no caso, tem como objetivo demonstrar a condição de incapacidade total e permanente do segurado (arts. 369 e 464 a 480 do CPC). O laudo pericial, desse modo, somente comprova a situação de fato que existia anteriormente. Trata-se, assim, de questão meramente probatória, que não se confunde com a constituição do direito material postulado e já existente, a ser reconhecido pela decisão judicial condenatória desde a citação, por ser o ato pelo qual o réu é convocado para integrar a relação processual (art. 238 do CPC), tomando ciência da demanda.

A concessão de aposentadoria por incapacidade permanente, inclusive quando precedida de auxílio por incapacidade temporária concedido segurado que exercer mais de uma atividade abrangida pela Previdência Social, fica condicionada ao afastamento do segurado de todas as suas atividades (art. 44, § 3º, do Regulamento da Previdência Social).

Antes da Emenda Constitucional 103/2019, a aposentadoria por invalidez (aposentadoria por incapacidade permanente), inclusive a decorrente de acidente do trabalho, consistia em uma renda mensal correspondente a 100% do salário de benefício (art. 44 da Lei 8.213/1991).

No período anterior à Emenda Constitucional 103/2019, se o acidentado do trabalho estivesse em gozo de auxílio-doença, o valor da aposentadoria por invalidez (aposentadoria por incapacidade permanente) seria igual ao do auxílio-doença, se este, por força de reajustamento, fosse superior ao previsto acima (art. 44, § 2º, da Lei 8.213/1991).

Conforme já mencionado, antes da Emenda Constitucional 103/2019, a renda mensal inicial da aposentadoria por invalidez (incapacidade permanente) concedida por *transformação de auxílio-doença* deveria ser de 100% do salário de benefício que serviu de base para o cálculo da renda mensal inicial do auxílio-doença, reajustado pelos mesmos índices de correção dos benefícios em geral (art. 36, § 7º, do Regulamento da Previdência Social, revogado pelo Decreto 10.410/2020), critério esse que foi considerado válido pelo Supremo Tribunal Federal (STF, Pleno, RE 583.834/SC, rel. Min. Ayres Britto, DJe 14.02.2012).

Quanto ao período anterior à Emenda Constitucional 103/2019, a renda mensal inicial (RMI) alusiva ao benefício de aposentadoria por invalidez precedido de auxílio-doença será apurada na forma do art. 36, § 7º, do Decreto 3.048/1999, observando-se, porém, os critérios previstos no art. 29, § 5º, da Lei 8.213/1991, quando intercalados períodos de afastamento e de atividade laboral (Súmula 557 do STJ).

Com a Emenda Constitucional 103/2019, o valor do benefício de aposentadoria por incapacidade permanente aos segurados do Regime Geral de Previdência Social deve ser calculado na forma do art. 26, § 2º, inciso III, da Emenda Constitucional 103/2019, ressalvado o disposto no inciso II do § 3º do art. 26 da Emenda Constitucional 103/2019.

Sendo assim, o valor do benefício de aposentadoria (renda mensal do benefício) corresponderá a 60% da média aritmética dos salários de contribuição e das remunerações (art. 26, *caput* e § 1º, da Emenda Constitucional 103/2019), com acréscimo de dois pontos percentuais para cada ano de contribuição que exceder o tempo de 20 anos de contribuição (art. 26, § 2º, da Emenda Constitucional 103/2019). O acréscimo de dois pontos percentuais deve ser aplicado para cada ano que exceder 15 anos de tempo de contribuição para as mulheres filiadas ao Regime Geral de Previdência Social (art. 26, § 5º, da Emenda Constitucional 103/2019).

O valor do benefício de aposentadoria corresponderá a 100% da média aritmética dos salários de contribuição e das remunerações (art. 26, *caput* e § 1º, da Emenda Constitucional 103/2019) no caso de aposentadoria por incapacidade permanente, quando decorrer de acidente de trabalho, de doença profissional e de doença do trabalho (art. 26, § 3º, inciso II, da Emenda Constitucional 103/2019).

Se, no período básico de cálculo, o segurado tiver recebido benefício por incapacidade, deve-se considerar como salário de contribuição, no período, o salário de benefício que serviu de base para o cálculo da renda mensal, reajustado nas mesmas épocas e nas mesmas bases dos benefícios em geral, não podendo ser inferior ao salário mínimo nem superior ao limite máximo do salário de contribuição (art. 29, § 5º, da Lei 8.213/1991 e art. 32, § 6º, do Regulamento da Previdência Social, mantido pelo Decreto 10.410/2020).

O valor da aposentadoria por invalidez (incapacidade permanente) do *segurado que necessitar da assistência permanente de outra pessoa* deve ser acrescido de 25% (art. 45 da Lei 8.213/1991).

A lei não exige que essa assistência seja prestada por alguém da família ou por pessoa remunerada com essa finalidade, nem faz restrições quanto a esse aspecto, não cabendo ao intérprete fazê-lo.

O Anexo I do Regulamento da Previdência Social apresenta a relação das situações em que o aposentado por invalidez tem direito ao referido acréscimo de 25%: cegueira total; perda de nove dedos das mãos ou superior a esta; paralisia dos dois membros superiores ou inferiores; perda dos membros inferiores, acima dos pés, quando a prótese for impossível; perda de uma das mãos e de dois pés, ainda que a prótese seja possível; perda de um membro superior e outro inferior, quando a prótese for impossível; alteração das faculdades mentais com grave perturbação da vida orgânica e social; doença que exija permanência contínua no leito; incapacidade permanente para as atividades da vida diária.

Entende-se, entretanto, que se trata de rol exemplificativo[25].

O acréscimo em questão: é devido ainda que o valor da aposentadoria atinja o limite máximo legal; deve ser recalculado quando o benefício que lhe deu origem for reajustado; cessa com a morte do aposentado, não sendo incorporável ao valor da pensão.

A Turma Nacional de Uniformização dos Juizados Especiais Federais firmou a seguinte tese (Tema 275): "O termo inicial do adicional de 25% do art. 45 da Lei 8.213/1991, concedido judicialmente, deve ser: I - a data

---

[25] Cf. IBRAHIM, Fábio Zambitte. *Curso de direito previdenciário*. 20. ed. Rio de Janeiro: Impetus, 2015. p. 594.

de início da aposentadoria por invalidez (aposentadoria por incapacidade permanente), independentemente de requerimento específico, se nesta data já estiver presente a necessidade da assistência permanente de outra pessoa; II - a data do primeiro exame médico de revisão da aposentadoria por invalidez no âmbito administrativo, na forma do art. 101 da Lei 8.213/1991, independentemente de requerimento específico, no qual o INSS tenha negado ou deixado de reconhecer o direito ao adicional, se nesta data já estiver presente a necessidade da assistência permanente de outra pessoa; III - a data do requerimento administrativo específico do adicional, se nesta data já estiver presente a necessidade da assistência permanente de outra pessoa; IV - a data da citação, na ausência de qualquer dos termos iniciais anteriores, se nesta data já estiver presente a necessidade da assistência permanente de outra pessoa; V - a data da realização da perícia judicial, se não houver elementos probatórios que permitam identificar fundamentadamente a data de início da necessidade da assistência permanente de outra pessoa em momento anterior" (TNU, PEDILEF 5002674-54.2019.4.04.7208/SC, rel. Juiz Federal Luis Eduardo Bianchi Cerqueira, DJe 21.06.2021).

Cabe registrar o entendimento de parte da jurisprudência no sentido de que o mencionado acréscimo de 25% também pode ser estendido às aposentadorias por idade e por tempo de contribuição de segurado que necessite da assistência permanente de outra pessoa, ou seja, quando presentes os mencionados requisitos do art. 45 da Lei 8.213/1991 (Turma Nacional de Uniformização dos Juizados Especiais Federais – TNU, Processo 5011904-42.2013.404.7205, rel. Juiz Federal Marcos Antônio Garapa de Carvalho, DOU 04.03.2016).

Observa-se, entretanto, não haver previsão legal expressa a respeito desse acréscimo em aposentadorias que não sejam por invalidez, sabendo-se que nenhum benefício ou serviço da Seguridade Social pode ser criado, majorado ou *estendido* sem a correspondente fonte de custeio total (art. 195, § 5º, da Constituição da República). No sentido da impossibilidade dessa extensão: STJ, 5ª T., REsp 1.243.183/RS (2011/0053937-1), rel. Min. Ribeiro Dantas, DJe 28.03.2016.

De todo modo, ainda quanto ao tema, o Superior Tribunal de Justiça chegou a fixar a seguinte tese em recurso repetitivo: "Comprovadas a invalidez e a necessidade de assistência permanente de terceiro, é devido o acréscimo de 25% (vinte e cinco por cento), previsto no art. 45 da Lei n. 8.213/91, a todos os aposentados pelo RGPS, independentemente da modalidade de aposentadoria" (STJ, 1ª Seção, REsp 1.648.305/RS (2017/0009005-5), REsp

1.720.805/RJ (2018/0020632-2), rel. p/ ac. Min. Regina Helena Costa, j. 22.08.2018).

Sendo assim, prevaleceu no STJ o entendimento de que o mencionado acréscimo teria natureza assistencial, o que seria confirmado por cessar o seu pagamento com a morte do aposentado, devendo ser aplicado também às demais espécies de aposentadorias, com fundamento nos princípios da dignidade da pessoa humana e da isonomia, como forma de garantia dos direitos sociais[26].

---

[26] "Previdenciário e processual civil. Recurso especial repetitivo. Código de Processo Civil de 2015. Aplicabilidade. Aposentadoria por invalidez. 'Auxílio-acompanhante'. Adicional de 25% (vinte e cinco por cento) previsto no art. 45 da Lei n. 8.213/91. Necessidade de assistência permanente de terceiro. Comprovação. Extensão a outras espécies de aposentadoria. Possibilidade. Princípios da dignidade da pessoa humana e da isonomia. Garantia dos direitos sociais. Convenção Internacional sobre os direitos das pessoas com deficiência (Nova Iorque, 2007). Interpretação jurisprudencial de acordo com princípios constitucionais. Fato gerador. Benefício de caráter assistencial, personalíssimo e intransferível. Desnecessidade de prévia fonte de custeio. Tese firmada sob o rito dos recursos especiais repetitivos. Art. 1.036 e seguintes do CPC/2015. Recurso especial do INSS improvido. I – Consoante o decidido pelo Plenário desta Corte na sessão realizada em 09.03.2016, o regime recursal será determinado pela data da publicação do provimento jurisdicional impugnado. *In casu*, aplica-se o Código de Processo Civil de 2015. II – Cinge-se a controvérsia à possibilidade de extensão do 'auxílio-acompanhante', previsto no art. 45 da Lei n. 8.213/91 aos segurados aposentados por invalidez, às demais espécies de aposentadoria do Regime Geral da Previdência Social – RGPS. III – O 'auxílio-acompanhante' consiste no pagamento do adicional de 25% (vinte e cinco por cento) sobre o valor do benefício ao segurado aposentado por invalidez, que necessite de assistência permanente de terceiro para a realização de suas atividades e cuidados habituais, no intuito de diminuir o risco social consubstanciado no indispensável amparo ao segurado, podendo, inclusive, sobrepujar o teto de pagamento dos benefícios do Regime Geral de Previdência Social. IV – Tal benefício possui caráter assistencial porquanto: a) o fato gerador é a necessidade de assistência permanente de outra pessoa a qual pode estar presente no momento do requerimento administrativo da aposentadoria por invalidez ou ser-lhe superveniente; b) sua concessão pode ter ou não relação com a moléstia que deu causa à concessão do benefício originário; e c) o pagamento do adicional cessará com a morte do aposentado, não sendo incorporado ao valor da pensão por morte, circunstância própria dos benefícios assistenciais que, pela ausência de contribuição, são personalíssimos e, portanto, intransferíveis aos dependentes. V – A pretensão em análise encontra respaldo nos princípios da dignidade da pessoa humana e da isonomia, bem como na garantia dos direitos sociais, contemplados, respectivamente, nos arts. 1º, III, 5º, *caput*, e 6º, da Constituição da República. VI – O Estado brasileiro é signatário da Convenção Internacional sobre os Direitos das Pessoas com Deficiência de Nova Iorque, de 2007, admitida com status de emenda constitucional, nos termos do art. 5º, § 3º, da Constituição da República. Promulgada pelo Decreto n. 6.949/09, a Convenção, em seu art. 1º, ostenta o propósito de '(...) promover, proteger e assegurar o exercício pleno e equitativo de todos os direitos humanos e liberdades fundamentais por todas as pessoas com deficiência e promover o respeito pela sua dignidade inerente', garantindo, ainda, em seus arts. 5º e 28, tratamento isonômico e proteção da pessoa

No âmbito do Supremo Tribunal Federal, deu-se provimento a agravo regimental, na forma do art. 1.021, § 2º, do CPC, para suspender todos os processos, individuais ou coletivos, em qualquer fase e em todo o território nacional, que versem sobre a extensão do "auxílio-acompanhante", previsto no art. 45 da Lei 8.213/1991, para os segurados aposentados por invalidez, às demais espécies de aposentadoria do Regime Geral da Previdência Social (STF, 1ª T., AgR-Pet 8.002/RS, rel. Min. Luiz Fux, DJe 01.08.2019).

Posteriormente, o Supremo Tribunal Federal deu provimento a recurso extraordinário para: a) declarar a impossibilidade de concessão e extensão do "auxílio-acompanhante" para todas as espécies de aposentadoria, com a fixação da seguinte tese de repercussão geral: "No âmbito do Regime Geral de Previdência Social (RGPS), somente lei pode criar ou ampliar benefícios e vantagens previdenciárias, não havendo, por ora, previsão de extensão do auxílio da grande invalidez a todas às espécies de aposentadoria"; b) modular os efeitos da tese de repercussão geral, de forma a se preservarem os direitos dos segurados cujo reconhecimento judicial tenha se dado por decisão transitada em julgado até a data deste julgamento; d) declarar a irrepetibilidade dos valores alimentares recebidos de boa-fé por força de decisão judicial ou administrativa até a proclamação do resultado deste julgamento (STF, Pleno, RE 1.221.446/RJ, rel. Min. Dias Toffoli, j. 21.06.2021).

O segurado em gozo de auxílio por incapacidade temporária, auxílio-acidente ou aposentadoria por incapacidade permanente e o pensionista inválido, cujos benefícios tenham sido concedidos judicial ou administrativamente, estão obrigados, sob pena de suspensão do benefício, a submeter-se a: I – exame médico a cargo da Previdência Social para avaliação das condições que ensejaram sua concessão ou manutenção; II – processo de reabilitação profissional prescrito e custeado pela Previdência Social; III – tratamento oferecido gratuitamente, exceto o cirúrgico e a transfusão de sangue, que são facultativos (art. 101 da Lei 8.213/1991, com redação dada pela Lei 14.441/2022).

A Turma Nacional de Uniformização dos Juizados Especiais Federais fixou a seguinte tese (Tema 272): "A circunstância de a recuperação da capacidade depender de intervenção cirúrgica não autoriza, automaticamente, a concessão de aposentadoria por invalidez (aposentadoria por incapacida-

---

com deficiência, inclusive na seara previdenciária. VII – A 1ª Seção desta Corte, em mais de uma oportunidade, prestigiou os princípios da dignidade da pessoa humana e da isonomia com vista a iluminar e desvendar a adequada interpretação de dispositivos legais (REsp n. 1.355.052/SP, Rel. Min. Benedito Gonçalves, DJe de 05.11.2015 e do REsp n. 1.411.258/RS, Rel. Min. Napoleão Nunes Maia Filho, DJe de 21.02.2018, ambos submetidos ao rito do de permanente), sendo necessário verificar a inviabilidade de reabilitação profissional, consideradas as condições pessoais do segurado, e a sua manifestação inequívoca a respeito da recusa ao procedimento cirúrgico" (TNU, PEDILEF 0211995-08.2017.4.02.5151/RJ, rel. p/ ac. Juiz Federal Gustavo Melo Barbosa, DJe 15.02.2022).

Consoante o art. 95 da Lei Brasileira da Inclusão da Pessoa com Deficiência (Lei 13.146/2015), é vedado exigir o comparecimento da pessoa com deficiência perante os órgãos públicos, quando seu deslocamento, em razão de sua limitação funcional e condições de acessibilidade, imponha-lhe ônus desproporcional e indevido, hipótese na qual devem ser observados os seguintes procedimentos: quando for de interesse do poder público, o agente deve promover o contato necessário com a pessoa com deficiência em sua residência; quando for de interesse da pessoa com deficiência, esta deve apresentar solicitação de atendimento domiciliar ou fará representar-se por procurador constituído para esta finalidade.

Desse modo, *é assegurado à pessoa com deficiência atendimento domiciliar pela perícia médica e social do INSS*, pelo serviço público de saúde ou pelo serviço privado de saúde, contratado ou conveniado, que integre o Sistema Único de Saúde (SUS), pelas entidades da rede socioassistencial integrantes do Sistema Único de Assistência Social (SUAS), *quando seu deslocamento, em razão de sua limitação funcional e condições de acessibilidade, imponha-lhe ônus desproporcional e indevido*.

De acordo com o art. 475 da Consolidação das Leis do Trabalho, o empregado aposentado por invalidez tem *suspenso* o seu contrato de trabalho durante o prazo fixado pelas leis de Previdência Social para a efetivação do benefício.

---

art. 543-C do Código de Processo Civil de 1973). VIII – A aplicação do benefício às demais modalidades de aposentadoria independe da prévia indicação da fonte de custeio porquanto o 'auxílio-acompanhante' não consta no rol do art. 18 da Lei n. 8.213/91, o qual elenca os benefícios e serviços devidos aos segurados do Regime Geral de Previdência Social e seus dependentes. IX – Diante de tal quadro, impõe-se a extensão do 'auxílio- acompanhante' a todos os aposentados que, inválidos, comprovem a necessidade de ajuda permanente de outra pessoa, independentemente do fato gerador da aposentadoria. X – Tese jurídica firmada: '*Comprovadas a invalidez e a necessidade de assistência permanente de terceiro, é devido o acréscimo de 25% (vinte e cinco por cento), previsto no art. 45 da Lei n. 8.213/91, a todos os aposentados pelo RGPS, independentemente da modalidade de aposentadoria*'. XI – Recurso julgado sob a sistemática dos recursos especiais representativos de controvérsia (art. 1.036 e seguintes do CPC/2015 e art. 256-N e seguintes do RISTJ). XII – Recurso Especial do INSS improvido" (STJ, 1ª Seção, REsp 1.720.805/RJ (2018/0020632-2), rel. p/ ac. Min. Regina Helena Costa, DJe 26.09.2018).

Assim, na aposentadoria por invalidez (incapacidade permanente) fica suspenso o contrato de trabalho, eis que, em princípio, esta não é considerada definitiva.

Cancelada a aposentadoria por invalidez, mesmo após cinco anos, o trabalhador tem direito de retornar ao emprego, facultado, porém, ao empregador, indenizá-lo na forma da lei (Súmula 160 do TST).

O art. 101, § 1º, da Lei 8.213/1991 prevê que o aposentado por invalidez e o pensionista inválido que não tenham retornado à atividade estão isentos do exame médico perante a Previdência Social: I – após completarem 55 anos ou mais de idade e quando decorridos 15 anos da data da concessão da aposentadoria por invalidez ou do auxílio-doença que a precedeu; ou II – após completarem 60 anos de idade.

Com isso, há possibilidade de se entender que, após as referidas idades, a situação passa a ter contornos mais definitivos, permitindo a extinção do contrato de trabalho pelo empregador.

Essa desnecessidade de exame médico não se aplica quando tem as seguintes finalidades: verificar a necessidade de assistência permanente de outra pessoa para a concessão do acréscimo de 25% sobre o valor da aposentadoria por invalidez; verificar a recuperação da capacidade de trabalho, mediante solicitação do aposentado ou pensionista que se julgar apto; subsidiar autoridade judiciária na concessão de curatela, conforme dispõe o art. 110 da Lei 8.213/1991 (art. 101, § 2º, da Lei 8.213/1991).

Entende-se que o aposentado por incapacidade permanente, ainda que tenha implementado as condições de que o trata o art. 101, § 1º, da Lei 8.213/1991, será submetido ao exame médico-pericial quando necessário para apuração de fraude (art. 46, § 4º, do Regulamento da Previdência Social, incluído pelo Decreto 10.410/2020).

A perícia de que trata o art. 101 da Lei 8.213/1991 terá acesso aos prontuários médicos do periciado no Sistema Único de Saúde (SUS), desde que haja a prévia anuência do periciado e seja garantido o sigilo sobre os dados dele (art. 101, § 4º, da Lei 8.213/1991, acrescentado pela Lei 13.457/2017).

É assegurado o atendimento domiciliar e hospitalar pela perícia médica e social do INSS ao segurado com dificuldades de locomoção, quando seu deslocamento, em razão de sua limitação funcional e de condições de acessibilidade, imponha-lhe ônus desproporcional e indevido, nos termos do regulamento (art. 101, § 5º, da Lei 8.213/1991, acrescentado pela Lei 13.457/2017).

A avaliação de que trata o art. 101, inciso I, da Lei 8.213/1991 pode ser realizada de forma remota ou por análise documental, observado o disposto nos art. 60, § 14[27], e art. 101, § 7º, da Lei 8.213/1991 (art. 101, § 6º, da Lei 8.213/1991, incluído pela Lei 14.441/2022). Ato do Ministro de Estado do Trabalho e Previdência deve dispor sobre as hipóteses de substituição de exame pericial presencial por exame remoto e as condições e as limitações para sua realização (art. 101, § 7º, da Lei 8.213/1991, incluído pela Lei 14.441/2022).

O aposentado por invalidez (incapacidade permanente) que retornar voluntariamente à atividade tem a sua aposentadoria *automaticamente cancelada*, a partir da data do retorno (art. 46 da Lei 8.213/1991).

A justificativa desse cancelamento decorre de ser o benefício em questão devido quando o segurado está incapacitado para exercer qualquer atividade que permita a sua subsistência, o que seria incompatível com o seu retorno à atividade.

Em razão da necessidade de subsistência do segurado, o Superior Tribunal de Justiça firmou a seguinte tese em recurso repetitivo: "No período entre o indeferimento administrativo e a efetiva implantação de auxílio-doença ou de aposentadoria por invalidez, mediante decisão judicial, o segurado do RPGS tem direito ao recebimento conjunto das rendas do trabalho exercido, ainda que incompatível com sua incapacidade laboral, e do respectivo benefício previdenciário pago retroativamente" (STJ, 1ª Seção, REsp 1.786.590/SP, 2018/0313709-2, rel. Min. Herman Benjamin, DJe 01.07.2020).

O aposentado por incapacidade permanente que se julgar apto a retornar à atividade deverá solicitar ao INSS a realização de nova avaliação médico-pericial (art. 47 do Regulamento da Previdência Social). Na hipótese de a Perícia Médica Federal concluir pela recuperação da capacidade laborativa, a aposentadoria do segurado será cancelada, observado o disposto no art. 47 da Lei 8.213/1991.

Verificada a *recuperação da capacidade de trabalho do aposentado por invalidez* (incapacidade permanente), deve ser observado o seguinte procedimento (art. 47 da Lei 8.213/1991):

> I – quando a recuperação ocorrer dentro de cinco anos, contados da data do início da aposentadoria por invalidez ou do auxílio-doença que a antecedeu sem interrupção, o benefício cessa: a) de imediato, para o se-

[27] Ato do Ministro de Estado do Trabalho e Previdência pode estabelecer as condições de dispensa da emissão de parecer conclusivo da perícia médica federal quanto à incapacidade laboral, hipótese na qual a concessão do benefício de que trata o art. 60 da Lei 8.213/1991 (auxílio por incapacidade temporária) será feita por meio de análise documental, incluídos atestados ou laudos médicos, realizada pelo INSS (art. 60, § 14, da Lei 8.213/1991).

gurado empregado que tiver direito a retornar à função que desempenhava na empresa quando se aposentou, na forma da legislação trabalhista, valendo como documento, para tal fim, o certificado de capacidade fornecido pela Previdência Social; ou b) após tantos meses quantos forem os anos de duração do auxílio-doença ou da aposentadoria por invalidez, para os demais segurados;

II – quando a recuperação for parcial, ou ocorrer após o período do inciso I, ou ainda quando o segurado for declarado apto para o exercício de trabalho diverso do qual habitualmente exercia, a aposentadoria deve ser mantida, sem prejuízo da volta à atividade: a) no seu valor integral, durante seis meses contados da data em que for verificada a recuperação da capacidade; b) com redução de 50%, no período seguinte de seis meses; c) com redução de 75%, também por igual período de seis meses, ao término do qual cessará definitivamente.

Conforme o art. 475, § 1º, da CLT, se o empregado recuperar a capacidade de trabalho, sendo a aposentadoria por invalidez cancelada, deve ser-lhe assegurado o direito à função que ocupava ao tempo da aposentadoria, facultado, porém, ao empregador, o direito de indenizá-lo por rescisão do contrato de trabalho.

No sistema em vigor, com a dispensa sem justa causa, o empregado tem direito à indenização compensatória de 40% do FGTS, além de levantar os depósitos da conta vinculada.

Se o empregador tiver admitido empregado substituto para o aposentado por invalidez (incapacidade permanente), pode rescindir o contrato de trabalho do primeiro sem indenização, desde que tenha havido ciência inequívoca da interinidade na celebração da avença.

O segurado que retornar à atividade pode requerer, a qualquer tempo, novo benefício, tendo este processamento normal (art. 50 do Regulamento da Previdência Social).

Observadas as regras sobre vedação de recebimento conjunto de benefícios do Regime Geral de Previdência Social, caso haja requerimento de novo benefício durante os períodos a que se refere o art. 47 da Lei 8.213/1991, cabe ao segurado optar por um dos benefícios, assegurada a opção pelo benefício mais vantajoso.

Na hipótese de opção pelo recebimento de novo benefício, cuja duração se encerre antes da cessação do benefício decorrente do disposto no art. 47 da Lei 8.213/1991, o pagamento deste pode ser restabelecido pelo período remanescente, respeitadas as reduções correspondentes.

5.8. APOSENTADORIA POR IDADE (APOSENTADORIA PROGRAMADA)

O Regime Geral de Previdência Social deve atender a cobertura do evento (isto é, contingência social) de *idade avançada*, conforme art. 201, inciso I, da Constituição da República.

É assegurada aposentadoria no Regime Geral de Previdência Social, nos termos da lei, obedecidas as seguintes condições: 65 anos de idade, se homem, e 62 anos de idade, se mulher, observado tempo mínimo de contribuição (art. 201, § 7º, inciso I, da Constituição Federal de 1988, com redação dada pela Emenda Constitucional 103/2019).

Logo, nessa modalidade de aposentadoria, além da idade, passa a ser exigido certo tempo de contribuição. Trata-se da atualmente denominada aposentadoria programada.

Com a Emenda Constitucional 103/2019, não é mais prevista, em regra, a aposentadoria por tempo de contribuição sem idade mínima, salvo nos casos de direito adquirido (art. 3º da Emenda Constitucional 103/2019), da regra de transição do art. 17 da Emenda Constitucional 103/2019 e de aposentadoria da pessoa com deficiência, concedida na forma da Lei Complementar 142/2013, conforme art. 22 da Emenda Constitucional 103/2019.

De acordo com o art. 18 da Emenda Constitucional 103/2019, o segurado de que trata o inciso I do § 7º do art. 201 da Constituição Federal de 1988 filiado ao Regime Geral de Previdência Social até a data de entrada em vigor da Emenda Constitucional 103/2019 poderá aposentar-se quando preencher, cumulativamente, os seguintes requisitos:

I – 60 anos de idade, se mulher, e 65 anos de idade, se homem; e

II – 15 anos de contribuição, para ambos os sexos.

A partir de 1º de janeiro de 2020, a idade de 60 anos da mulher, prevista no inciso I do *caput* do art. 18 da Emenda Constitucional 103/2019, será acrescida em seis meses a cada ano, até atingir 62 anos de idade (art. 18, § 1º, da Emenda Constitucional 103/2019).

Entende-se que a carência exigida é de 180 contribuições mensais, para ambos os sexos (art. 188-H, inciso III, do Regulamento da Previdência Social, incluído pelo Decreto 10.410/2020).

O valor da aposentadoria de que trata o art. 18 da Emenda Constitucional 103/2019 será apurado na forma da lei (art. 18, § 2º, da Emenda Constitucional 103/2019).

O valor da referida aposentadoria corresponde a 60% do salário de benefício definido na forma prevista no art. 26 da Emenda Constitucional 103/2019, com acréscimo de dois pontos percentuais para cada ano de contribuição que exceder o tempo de 20 anos de contribuição, para os homens, e de 15 anos de contribuição, para as mulheres (art. 188-H, § 3º, do Regulamento da Previdência Social).

Até que lei disponha sobre o tempo de contribuição a que se refere o inciso I do § 7º do art. 201 da Constituição Federal de 1988, o segurado filiado ao Regime Geral de Previdência Social após a data de entrada em vigor da Emenda Constitucional 103/2019 será aposentado aos 62 anos de idade, se mulher, 65 anos de idade, se homem, 15 anos de tempo de contribuição, se mulher, e 20 anos de tempo de contribuição, se homem (art. 19 da Emenda Constitucional 103/2019).

Para fins de apuração do referido tempo de contribuição, é vedada a inclusão de tempo fictício (art. 51, § 1º, do Regulamento da Previdência Social, com redação dada pelo Decreto 10.410/2020).

O valor da aposentadoria de que trata o art. 19 da Emenda Constitucional 103/2019 será apurado na forma da lei (art. 19, § 2º, da Emenda Constitucional 103/2019).

O valor da aposentadoria programada corresponde a 60% do salário de benefício definido na forma prevista no art. 26 da Emenda Constitucional 103/2019, com acréscimo de dois pontos percentuais para cada ano de contribuição que exceder o tempo de 20 anos de contribuição, para os homens, ou de 15 anos de contribuição, para as mulheres (art. 53 do Regulamento da Previdência Social, com redação dada pelo Decreto 10.491/2020).

Conforme o art. 48 da Lei 8.213/1991, a *aposentadoria por idade* é devida ao segurado que, cumprida a carência exigida (180 contribuições mensais, de acordo com o art. 25, inciso II, da Lei 8.213/1991), completar a idade necessária. Com a Emenda Constitucional 103/2019, o tempo de contribuição mínimo também é exigido.

A rigor, o período de carência (art. 24 da Lei 8.213/1991) não se confunde com o tempo de contribuição (art. 55 da Lei 8.213/1991, art. 4º da Emenda Constitucional 20/1998 e art. 201, § 14, da Constituição da República).

Esclareça-se que mesmo na aposentadoria por tempo de contribuição, antes da Emenda Constitucional 103/2019, além do requisito do tempo de contribuição, também se exige o cumprimento do período de carência (art. 25, inciso II, da Lei 8.213/1991).

Cabe alertar que para os períodos contributivos a partir da vigência da Emenda Constitucional 103/2019, o segurado somente terá reconhecida como tempo de contribuição ao Regime Geral de Previdência Social a competência cuja contribuição seja igual ou superior à *contribuição mínima mensal* exigida para sua categoria, assegurado o agrupamento de contribuições (art. 195, § 14, da Constituição da República, incluído pela Emenda Constitucional 103/2019). Cf. Capítulo 2, item 2.22.1.

A respeito da contagem do tempo de contribuição, cf. ainda Capítulo 5, item 5.15.

Quanto à data do início, a aposentadoria por idade é devida:

I – ao segurado empregado, inclusive o doméstico, a partir: a) da data do *desligamento do emprego*, quando requerida até essa data ou até 90 dias depois dela; ou b) da *data do requerimento*, quando não houver desligamento do emprego ou quando for requerida após o prazo previsto na alínea *a*;

II – para os demais segurados, da *data da entrada do requerimento* (art. 49 da Lei 8.213/1991).

Cabe à lei instituir *sistema especial de inclusão previdenciária*, com alíquotas diferenciadas, para atender aos trabalhadores de baixa renda, inclusive os que se encontram em situação de informalidade, e àqueles sem renda própria que se dediquem exclusivamente ao trabalho doméstico no âmbito de sua residência, desde que pertencentes a famílias de baixa renda (art. 201, § 12, da Constituição Federal de 1988, com redação dada pela Emenda Constitucional 103/2019).

A aposentadoria concedida ao segurado de que trata o § 12 do art. 201 da Constituição da República terá valor de um salário mínimo (art. 201, § 13, da Constituição Federal de 1988, com redação dada pela Emenda Constitucional 103/2019).

Com a Emenda Constitucional 103/2019, deixou de constar na hipótese em questão, ou seja, no sistema especial de inclusão previdenciária, a previsão de carências inferiores às vigentes para os demais segurados do Regime Geral de Previdência Social.

A respeito do tema, o art. 21, § 2º, da Lei 8.212/1991, com redação dada pela Lei 12.470/2011, prevê que no caso de opção pela exclusão do direito ao benefício de aposentadoria por tempo de contribuição (não mais prevista, em regra, com a Emenda Constitucional 103/2019, salvo nos casos de direito adquirido, da regra de transição do art. 17 da Emenda Constitucional 103/2019 e de aposentadoria da pessoa com deficiência, concedida na forma da Lei Complementar 142/2013, conforme art. 22 da Emenda Constitucional

103/2019), a alíquota de contribuição incidente sobre o limite mínimo mensal do salário de contribuição será de:

I – 11%, no caso do segurado contribuinte individual, ressalvado o disposto no inciso II, que trabalhe por conta própria, sem relação de trabalho com empresa ou equiparado, e do segurado facultativo, observado o disposto no inciso II, alínea *b*;

II – 5%:

a) no caso do microempreendedor individual, de que trata o art. 18-A da Lei Complementar 123/2006; e

b) do segurado facultativo sem renda própria que se dedique exclusivamente ao trabalho doméstico no âmbito de sua residência, desde que pertencente à família de baixa renda.

O segurado que tiver contribuído na forma do art. 21, § 2º, da Lei 8.212/1991, e pretenda contar o tempo de contribuição correspondente para fins de obtenção da aposentadoria por tempo de contribuição ou da contagem recíproca do tempo de contribuição a que se refere o art. 94 da Lei 8.213/1991, deve complementar a contribuição mensal mediante recolhimento, sobre o valor correspondente ao limite mínimo mensal do salário de contribuição em vigor na competência a ser complementada, da diferença entre o percentual pago e o de 20%, acrescido dos juros moratórios de que trata o art. 5º, § 3º, da Lei 9.430/1996, conforme art. 21, § 3º, da Lei 8.212/1991.

Considera-se de *baixa renda*, para os fins do disposto no art. 21, § 2º, inciso II, alínea *b*, da Lei 8.212/1991, a família inscrita no Cadastro Único para Programas Sociais do Governo Federal (CadÚnico) cuja renda mensal seja de até dois salários mínimos (art. 21, § 4º, da Lei 8.212/1991).

A contribuição complementar a que se refere o art. 21, § 3º, da Lei 8.212/1991 será exigida a qualquer tempo, sob pena de indeferimento do benefício (art. 21, § 5º, da Lei 8.212/1991), ou seja, da referida aposentadoria por tempo de contribuição (não mais prevista, em regra, com a Emenda Constitucional 103/2019, salvo nos casos de direito adquirido, da regra de transição do art. 17 da Emenda Constitucional 103/2019 e de aposentadoria da pessoa com deficiência, concedida na forma da Lei Complementar 142/2013, conforme art. 22 da Emenda Constitucional 103/2019).

Ainda quanto à aposentadoria programada (201, § 7º, inciso I, da Constituição da República), o período pelo qual os segurados contribuinte individual e facultativo tiverem contribuído na forma prevista no art. 21, § 2º, da Lei 8.212/1991 (art. 199-A do Regulamento da Previdência Social, a respeito de alíquotas de contribuição de 11% e 5% incidentes sobre o limite mínimo mensal do salário de contribuição) *será considerado como tempo de contribuição*, observada a restrição estabelecida no art. 21, § 3º, da Lei 8.212/1991 (art. 199-A, § 2º, do Regulamento da Previdência Social), no sentido de que o segurado, inclusive aquele com deficiência, que tenha contribuído na forma do art. 21, § 2º, da Lei 8.212/1991 e pretenda contar o tempo de contribuição correspondente para fins de obtenção de *aposentadoria por tempo de contribuição ou de contagem recíproca do tempo de contribuição* deve complementar a contribuição mensal (art. 51, § 2º, do Regulamento da Previdência Social, com redação dada pelo Decreto 10.410/2020).

Sendo assim, o período em que o segurado contribuinte individual e facultativo tiverem contribuído com base na alíquota reduzida de 5% ou 11% será considerado para fins de concessão da aposentadoria programada, bem como da aposentadoria por idade (art. 216, § 1º, da Instrução Normativa INSS 128/2022). Caso seja efetuada a complementação das contribuições para o percentual de 20%, o período em que o segurado contribuinte individual ou facultativo, inclusive aquele com deficiência, tiverem contribuído com base na alíquota reduzida de 5% ou 11% poderá ser considerado para fins de concessão da contagem recíproca e da aposentadoria por tempo de contribuição (art. 216, § 2º, da Instrução Normativa INSS 128/2022).

A aposentadoria por idade pode ser requerida pela empresa, desde que o segurado empregado tenha cumprido o período de carência e completado 70 anos de idade, se do sexo masculino, ou 65 anos, se do sexo feminino, sendo a aposentadoria, nesse caso, *compulsória*, garantindo-se ao empregado a indenização prevista na legislação trabalhista, considerada como data da rescisão do contrato de trabalho a imediatamente anterior à do início da aposentadoria (art. 51 da Lei 8.213/1991).

No Regime Geral de Previdência Social, portanto, a aposentadoria compulsória prevista na Lei 8.213/1991, que pode ocorrer nas idades acima especificadas, não é automática, mas decorre de requerimento da empresa.

Logo, especificamente na *aposentadoria compulsória* por idade, ocorre a extinção do contrato de trabalho, mas é devida ao empregado a indenização compensatória de 40% do FGTS, bem como o levantamento dos depósitos da conta vinculada. Trata-se de hipótese não muito comum na prática e que, em tese, poderia ter a sua constitucionalidade questionada, tendo em vista que essa modalidade de aposentadoria, no Regime Geral de Previdência Social, não é prevista no art. 201 da Constituição da República, salvo na hipótese do § 16, incluído pela Emenda Constitucional 103/2019. Cf. Capítulo 5, item 5.13.

5.9. APOSENTADORIA POR IDADE DO TRABALHADOR RURAL

É assegurada aposentadoria no Regime Geral de Previdência Social, nos termos da lei, obedecidas as seguintes condições: 60 anos de idade, se homem, e 55 anos de idade, se mulher, para os trabalhadores rurais e para os que exerçam suas atividades em regime de economia familiar, nestes incluídos o produtor rural, o garimpeiro e o pescador artesanal (art. 201, § 7º, inciso II, da Constituição Federal de 1988, com redação dada pela Emenda Constitucional 103/2019).

A previsão de idade reduzida aos trabalhadores rurais e aos que exerçam suas atividades em regime de economia familiar, nestes incluídos o produtor rural, o garimpeiro e o pescador artesanal, foi mantida pela Emenda Constitucional 103/2019, o que está em consonância com o princípio da igualdade substancial (arts. 3º e 5º da Constituição da República).

Nessa linha, compete ao Poder Público, nos termos da lei, organizar a Seguridade Social, com base, entre outros objetivos, no princípio da uniformidade e equivalência dos benefícios e serviços às populações urbanas e rurais (art. 194, parágrafo único, inciso III, da Constituição Federal de 1988).

A aposentadoria por idade do trabalhador rural é devida aos segurados empregado rural, contribuinte individual (trabalhador eventual rural), trabalhador avulso rural, segurado especial e aos segurados garimpeiros que trabalhem, comprovadamente, em regime de economia familiar (art. 56 do Regulamento da Previdência Social).

De acordo com o art. 25, inciso II, da Lei 8.213/1991, a concessão da aposentadoria por idade no Regime Geral de Previdência Social depende do período de carência de 180 contribuições mensais. Período de carência é o número mínimo de contribuições mensais indispensáveis para que o beneficiário faça jus ao benefício, consideradas a partir do transcurso do primeiro dia dos meses de suas competências (art. 24 da Lei 8.213/1991).

O art. 195, § 8º, da Constituição da República estabelece que o produtor, o parceiro, o meeiro e o arrendatário rurais e o pescador artesanal, bem como os respectivos cônjuges, que exerçam suas atividades em regime de economia familiar, sem empregados permanentes, contribuirão para a Seguridade Social mediante a aplicação de uma alíquota sobre o resultado da comercialização da produção e farão jus aos benefícios nos termos da lei. Trata-se do *segurado especial* do Regime Geral de Previdência Social (art. 11, inciso VII, da Lei 8.213/1991).

Entende-se que as referidas previsões não violam o princípio da isonomia, nem se constituem em tratamento discriminatório, mas buscam concretizar a igualdade substancial, por meio do tratamento diferenciado de pessoas que estão em situação desfavorecida, com fundamento em critérios lógicos e plenamente justificáveis[28].

Nesse enfoque, os trabalhadores rurais e os que exerçam suas atividades em regime de economia familiar, nestes incluídos o produtor rural, o garimpeiro e o pescador artesanal, normalmente estão expostos a condições mais difíceis e penosas de labor, muitas vezes com menor expectativa de sobrevida. Os segurados especiais normalmente têm renda em valores mais reduzidos, com maior dificuldade de efetuar e comprovar as contribuições para a Seguridade Social.

Para os segurados especiais, referidos no art. 11, inciso VII, da Lei 8.213/1991, fica garantida a concessão: I – de aposentadoria por idade ou por invalidez (aposentadoria por incapacidade permanente), de auxílio-doença (auxílio por incapacidade temporária), de auxílio-reclusão ou de pensão, no valor de um salário mínimo, e de auxílio-acidente, conforme disposto no art. 86 da Lei 8.213/1991, desde que comprovem o exercício de atividade rural, ainda que de forma descontínua, no período imediatamente anterior ao requerimento do benefício, igual ao número de meses correspondentes à carência do benefício requerido, observado o disposto nos arts. 38-A e 38-B da Lei 8.213/1991; ou II – dos benefícios especificados na Lei 8.213/1991, observados os critérios e a forma de cálculo estabelecidos, desde que contribuam facultativamente para a Previdência Social, na forma estipulada no Plano de Custeio da Seguridade Social (art. 39 da Lei 8.213/1991).

Será devido o salário-maternidade à segurada especial, desde que comprove o exercício de atividade rural nos últimos 10 meses imediatamente anteriores à data do parto ou do requerimento do benefício, quando requerido antes do parto, mesmo que de forma descontínua (art. 93, § 2º, do Regulamento da Previdência Social, aprovado pelo Decreto 3.048/1999).

Frise-se que independem de carência os benefícios concedidos na forma do inciso I do art. 39 da Lei 8.213/1991, aos segurados especiais referidos no inciso VII do art. 11 da Lei 8.213/1991 (art. 26, inciso III, da Lei 8.213/1991).

---

[28] Cf. MELLO, Celso Antônio Bandeira de. *O conteúdo jurídico do princípio da igualdade*. 3. ed., 19. tir. São Paulo: Malheiros, 2010. p. 39: “a lei não pode conceder tratamento específico, vantajoso ou desvantajoso, em atenção a traços e circunstâncias peculiarizadoras de uma categoria de indivíduos se não houver adequação racional entre o elemento diferencial e o regime dispensado aos que se inserem na categoria diferenciada”.

Para o segurado especial, considera-se período de carência, para fins de concessão dos benefícios de que trata o inciso I do art. 39 da Lei 8.213/1991, o tempo mínimo de efetivo exercício de atividade rural, ainda que de forma descontínua, igual à quantidade de meses necessária à concessão do benefício requerido (art. 26, § 1º, do Regulamento da Previdência Social).

Desse modo, para fins de aposentadoria por idade do trabalhador rural, o segurado especial deve comprovar o efetivo exercício de atividade rural, ainda que de forma descontínua, no período imediatamente anterior ao requerimento do benefício ou, conforme o caso, ao mês em que tiver cumprido o requisito etário, por tempo igual ao número de meses de contribuição correspondente à carência do benefício pretendido, computados os períodos pelos quais o segurado especial tenha recebido os rendimentos a que se referem os incisos III ao VIII do § 9º do art. 11 da Lei 8.213/1991.

A Turma Nacional de Uniformização dos Juizados Especiais Federais fixou a seguinte tese (Tema 301): "Cômputo do Tempo de Trabalho Rural I. Para a aposentadoria por idade do trabalhador rural não será considerada a perda da qualidade de segurado nos intervalos entre as atividades rurícolas. Descaracterização da condição de segurado especial II. A condição de segurado especial é descaracterizada a partir do 1º dia do mês seguinte ao da extrapolação dos 120 dias de atividade remunerada no ano civil (Lei 8.213/91, art. 11, § 9º, III); III. Cessada a atividade remunerada referida no item II e comprovado o retorno ao trabalho de segurado especial, na forma do art. 55, § 3º, da Lei 8.213/91, o trabalhador volta a se inserir imediatamente no VII, do art. 11 da Lei 8.213/91, ainda que no mesmo ano civil" (TNU, PEDILEF 0501240-10.2020.4.05.8303/PE, rel. p/ ac. Juiz Federal Fábio de Souza Silva, DJe 16.09.2022).

O valor da renda mensal da referida aposentadoria para os trabalhadores rurais que sejam empregado rural, trabalhador eventual (contribuinte individual) e trabalhador avulso, para o garimpeiro e para o segurado especial que contribua facultativamente corresponde a 70% do salário de benefício definido na forma prevista no art. 26 da Emenda Constitucional 103/2019, com acréscimo de um ponto percentual para cada ano de contribuição (art. 56, § 2º, do Regulamento da Previdência Social, com redação dada pelo Decreto 10.410/2020).

O valor da renda mensal do benefício para os trabalhadores rurais que sejam segurados especiais é de um salário mínimo.

O segurado especial que contribui facultativamente na forma prevista no inciso II do art. 39 da Lei 8.213/1991 somente faz jus à aposentadoria com valor apurado na forma prevista no § 2º do art. 56 do Regulamento da Previdência Social após o cumprimento do período de carência exigido, hipótese em que não deve ser considerado como período de carência o tempo de atividade rural não contributivo.

5.9.1. COMPROVAÇÃO DA CONDIÇÃO DE SEGURADO ESPECIAL E DO EXERCÍCIO DA ATIVIDADE RURAL

Nos termos do art. 48, § 1º, da Lei 8.213/1991, os limites de idade fixados para a aposentadoria são reduzidos para 60 e 55 e cinco anos no caso de *trabalhadores rurais*, respectivamente homens e mulheres, que sejam segurados obrigatórios nas condições de empregado rural, contribuinte individual que presta serviço de natureza rural, em caráter eventual, a uma ou mais empresas, sem relação de emprego, trabalhador avulso rural e segurado especial.

Para os efeitos do disposto acima, o trabalhador rural deve comprovar o efetivo exercício de atividade rural, ainda que de forma descontínua, no período *imediatamente anterior* ao requerimento do benefício, por tempo igual ao número de meses de contribuição correspondente à carência do benefício pretendido (art. 48, § 2º, da Lei 8.213/1991).

Para a concessão de aposentadoria por idade de trabalhador rural, o tempo de exercício de atividade equivalente à carência deve ser aferido no período imediatamente anterior ao requerimento administrativo *ou à data do implemento da idade mínima* (Súmula 54 da Turma Nacional de Uniformização dos Juizados Especiais Federais).

O exercício de atividade urbana intercalada não impede a concessão de benefício previdenciário de trabalhador rural, condição que deve ser analisada no caso concreto (Súmula 46 da Turma Nacional de Uniformização dos Juizados Especiais Federais).

No caso de ausência de prova material que demonstre a atividade rural, segundo o entendimento que prevaleceu na jurisprudência do Superior Tribunal de Justiça, ocorre carência de pressuposto de constituição e desenvolvimento válido do processo, acarretando a extinção do feito sem julgamento do mérito, de modo que a ação pode ser reproposta, dispondo a parte dos elementos necessários para comprovar o seu direito (STJ, Corte Especial, REsp 1.352.721/SP (2012/0234217-1), rel. Min. Napoleão Nunes Maia Filho, DJe 28.04.2016).

O Ministério da Economia deve manter sistema de *cadastro dos segurados especiais* no Cadastro Nacional de Informações Sociais (CNIS), observado o disposto nos §§ 4º e 5º do art. 17 da Lei 8.213/1991 (sobre a inscrição do segurado especial), e pode firmar acordo de cooperação com o Ministério da Agricultura, Pecuária e Abastecimento e com outros órgãos da administração pública federal, estadual, distrital e municipal para a manutenção e a gestão do sistema de cadastro (art. 38-A da Lei 8.213/1991, com redação dada pela Lei 13.846/2019).

O referido sistema deve prever a manutenção e a atualização anual do cadastro e conterá as informações necessárias à caracterização da condição de segurado especial, nos termos do disposto no regulamento (art. 38-A, § 1º, da Lei 8.213/1991).

A manutenção e a atualização devem ocorrer por meio da apresentação, pelo segurado especial, de declaração anual ou de documento equivalente, conforme definido em ato do Secretário Especial de Previdência e Trabalho do Ministério da Economia (art. 19-D, § 2º, do Regulamento da Previdência Social).

Da aplicação do disposto no art. 38-A da Lei 8.213/1991 não pode resultar nenhum ônus para os segurados, sem prejuízo do disposto no § 4º do art. 38-A da Lei 8.213/1991 (art. 38-A, § 2º, da Lei 8.213/1991).

O INSS, no ato de habilitação ou de concessão de benefício, deve verificar a condição de segurado especial e, se for o caso, o pagamento da contribuição previdenciária, nos termos da Lei 8.212/1991, considerando, dentre outros, o que consta do Cadastro Nacional de Informações Sociais (CNIS) de que trata o art. 29-A da Lei 8.213/1991 (art. 38-A, § 3º, da Lei 8.213/1991).

A atualização anual de que trata o § 1º do art. 38-A da Lei 8.213/1991 deve ser feita até 30 de junho do ano subsequente (art. 38-A, § 4º, da Lei 8.213/1991, incluído pela Lei 13.846/2019). É vedada a atualização de que trata o § 1º do art. 38-A da Lei 8.213/1991 após o prazo de cinco anos, contado da data estabelecida no § 4º do art. 38-A da Lei 8.213/1991 (art. 38-A, § 5º, da Lei 8.213/1991, incluído pela Lei 13.846/2019).

Decorrido o prazo de cinco anos de que trata o § 5º do art. 38-A da Lei 8.213/1991, o segurado especial só poderá computar o período de trabalho rural se efetuados em época própria a comercialização da produção e o recolhimento da contribuição prevista no art. 25 da Lei 8.212/1991 (art. 38-A, § 6º, da Lei 8.213/1991, incluído pela Lei 13.846/2019).

O INSS deve utilizar as informações constantes do mencionado cadastro de que trata o art. 38-A da Lei 8.213/1991 (Cadastro Nacional de Informações Sociais) para fins de comprovação do exercício da atividade e da condição do segurado especial e do respectivo grupo familiar (art. 38-B da Lei 8.213/1991, acrescentado pela Lei 13.134/2015).

A partir de 1º de janeiro de 2023, a comprovação da condição e do exercício da atividade rural do segurado especial deve ocorrer, exclusivamente, pelas informações constantes do cadastro a que se refere o art. 38-A da Lei 8.213/1991, ou seja, do Cadastro Nacional de Informações Sociais (art. 38-B, § 1º, da Lei 8.213/1991, incluído pela Lei 13.846/2019).

O referido prazo será prorrogado até que 50% dos segurados especiais, apurados conforme quantitativo da Pesquisa Nacional por Amostra de Domicílios Contínua, estejam inseridos no sistema de cadastro dos segurados especiais no CNIS mantido pelo Ministério da Economia (art. 19-D, § 18, do Regulamento da Previdência Social). O fim dessa prorrogação será definido em ato do Secretário Especial de Previdência e Trabalho do Ministério da Economia (art. 19-D, § 19, do Regulamento da Previdência Social).

Para o período anterior a 1º de janeiro de 2023, o segurado especial deve comprovar o tempo de exercício da atividade rural por meio de autodeclaração ratificada por entidades públicas credenciadas, nos termos do art. 13 da Lei 12.188/2010 (no sentido de que o credenciamento de Entidades Executoras do Programa Nacional de Assistência Técnica e Extensão Rural na Agricultura Familiar e na Reforma Agrária – Pronater deve ser realizado pelos Conselhos Estaduais de Desenvolvimento Sustentável e da Agricultura Familiar ou órgãos similares), e por outros órgãos públicos, na forma prevista no regulamento (art. 38-B, § 2º, da Lei 8.213/1991, incluído pela Lei 13.846/2019).

Tendo em vista essa remissão ao Regulamento da Previdência Social, de acordo com o art. 19-D, § 10, para o mencionado período anterior a 1º de janeiro de 2023, o segurado especial comprovará o exercício da atividade rural por meio de autodeclaração ratificada por entidades públicas credenciadas, nos termos do disposto no art. 13 da Lei 12.188/2010 e por outros órgãos públicos, devendo ser observado o seguinte: I – a autodeclaração deve ser feita por meio do preenchimento de formulários que serão disponibilizados pelo INSS; II – a ratificação da autodeclaração deve ser realizada por meio de informações obtidas das bases de dados da Secretaria de Agricultura Familiar e Cooperativismo do Ministério da

Agricultura, Pecuária e Abastecimento e de outras bases de dados a que o INSS tiver acesso; III – as informações obtidas por meio de consultas às bases de dados governamentais que forem consideradas insuficientes para o reconhecimento do exercício da atividade rural alegada podem ser complementadas por prova documental que seja contemporânea ao período informado.

Conforme o art. 25, § 1º, da Emenda Constitucional, para fins de comprovação de atividade rural exercida até a data de entrada em vigor da Emenda Constitucional 103/2019, o prazo de que tratam os §§ 1º e 2º do art. 38-B da Lei 8.213, de 24 de julho de 1991, será *prorrogado* até a data em que o Cadastro Nacional de Informações Sociais (CNIS) atingir a cobertura mínima de 50% dos trabalhadores de que trata o § 8º do art. 195 da Constituição Federal, apurada conforme quantitativo da Pesquisa Nacional por Amostra de Domicílios Contínua (Pnad).

Até 1º de janeiro de 2025, o cadastro de que trata o art. 38-A da Lei 8.213/1991 poderá ser realizado, atualizado e corrigido, sem prejuízo do prazo de que trata o § 1º do art. 38-B da Lei 8.213/1991 e da regra permanente prevista nos §§ 4º e 5º do art. 38-A da Lei 8.213/1991 (art. 38-B, § 3º, da Lei 8.213/1991, incluído pela Lei 13.846/2019).

Na hipótese de divergência de informações entre o cadastro e outras bases de dados, para fins de reconhecimento do direito ao benefício, o INSS pode exigir a apresentação dos documentos referidos no art. 106 da Lei 8.213/1991, sobre comprovação do exercício de atividade rural (art. 38-B, § 4º, da Lei 8.213/1991, incluído pela Lei 13.846/2019).

As informações obtidas e acolhidas pelo INSS diretamente de bancos de dados disponibilizados por órgãos do Poder Público devem ser utilizadas para validar ou invalidar informação para o cadastramento do segurado especial e, quando for o caso, para deixar de reconhecer o segurado nessa condição (art. 19-D, § 17, do Regulamento da Previdência Social).

O cadastro e os prazos de que tratam o art. 38-B e o art. 38-A da Lei 8.213/1991 devem ser amplamente divulgados por todos os meios de comunicação cabíveis para que todos os cidadãos tenham acesso à informação sobre a existência do referido cadastro e a obrigatoriedade de registro (art. 38-B, § 5º, da Lei 8.213/1991, incluído pela Lei 13.846/2019).

A comprovação do exercício de atividade rural será feita, *complementarmente* à autodeclaração de que trata o § 2º e ao cadastro de que trata o

§ 1º, ambos do art. 38-B da Lei 8.213/1991, por meio de, entre outros: I – contrato individual de trabalho ou Carteira de Trabalho e Previdência Social; II – contrato de arrendamento, parceria ou comodato rural; III – (revogado); IV – Declaração de Aptidão ao Programa Nacional de Fortalecimento da Agricultura Familiar, de que trata o inciso II do *caput* do art. 2º da Lei 12.188/2010 (documento que identifica os beneficiários do Programa Nacional de Fortalecimento da Agricultura Familiar – PRONAF), ou por documento que a substitua; V – bloco de notas do produtor rural; VI – notas fiscais de entrada de mercadorias emitidas pela empresa adquirente da produção, com indicação do nome do segurado como vendedor; VII – documentos fiscais relativos a entrega de produção rural à cooperativa agrícola, entreposto de pescado ou outros, com indicação do segurado como vendedor ou consignante; VIII – comprovantes de recolhimento de contribuição à Previdência Social decorrentes da comercialização da produção; IX – cópia da declaração de imposto de renda, com indicação de renda proveniente da comercialização de produção rural; ou X – licença de ocupação ou permissão outorgada pelo INCRA (art. 106 da Lei 8.213/1991).

Como a Lei 13.846/2019 revogou o inciso III do art. 106 da Lei 8.213/1991, não é mais admitida para a comprovação do exercício de atividade rural a declaração fundamentada de sindicato que represente o trabalhador rural ou, quando for o caso, de sindicato ou colônia de pescadores, ainda que homologada pelo Instituto Nacional do Seguro Social.

A condição de segurado especial dos índios deve ser comprovada por meio de certidão fornecida pela Fundação Nacional do Índio (Funai) que: I – conterá a identificação da entidade e de seu emitente, com a indicação do mandato, se for o caso; II – será fornecida em duas vias, em papel timbrado, com numeração sequencial controlada e ininterrupta; III – conterá a identificação, a qualificação pessoal do beneficiário e a categoria de produtor a que pertença; IV – consignará os documentos e as informações que tenham servido de base para a sua emissão e, se for o caso, a origem dos dados extraídos de registros existentes na própria entidade declarante ou em outro órgão, entidade ou empresa, desde que idôneos e acessíveis à previdência social; V – não conterá informação referente a período anterior ao início da atividade da entidade declarante, exceto se baseada em documento que constitua prova material do exercício dessa atividade; VI – consignará os dados relativos ao período e à forma de exercício da atividade rural nos termos estabelecidos pelo INSS (art. 19-D, § 13, do Regulamento da Previdência Social, incluído pelo Decreto 10.410/2020).

A comprovação do tempo de serviço para os fins da Lei 8.213/1991, inclusive mediante justificativa administrativa ou judicial, observado o disposto no art. 108 da Lei 8.213/1991[29], só produzirá efeito quando for baseada em início de prova material contemporânea dos fatos, não admitida a prova exclusivamente testemunhal, exceto na ocorrência de motivo de força maior ou caso fortuito, na forma prevista no regulamento (art. 55, § 3º, da Lei 8.213/1991, com redação dada pela Lei 13.846/2019).

A prova exclusivamente testemunhal não basta a comprovação da atividade rurícola, para efeito da obtenção de benefício previdenciário (Súmula 149 do STJ).

Para a concessão de aposentadoria rural por idade, não se exige que o início de prova material corresponda a todo o período equivalente à carência do benefício (Súmula 14 da Turma Nacional de Uniformização dos Juizados Especiais Federais).

Para fins de comprovação do tempo de labor rural, o início de prova material deve ser contemporâneo à época dos fatos a provar (Súmula 34 da Turma Nacional de Uniformização dos Juizados Especiais Federais).

É possível reconhecer o tempo de serviço rural anterior ao documento mais antigo apresentando, desde que amparado em convincente prova testemunhal colhida sob o contraditório (Súmula 577 do STJ).

A certidão de casamento ou outro documento idôneo que evidencie a condição de trabalhador rural do cônjuge constitui início razoável de prova material da atividade rurícola (Súmula 6 da Turma Nacional de Uniformização dos Juizados Especiais Federais).

Os trabalhadores rurais mencionados no § 1º do art. 48 da Lei 8.213/1991 que não atendam ao disposto no § 2º do art. 48 da Lei 8.213/1991 (comprovação do efetivo exercício de atividade rural, ainda que de forma descontínua, no período imediatamente anterior ao requerimento do benefício, por tempo igual ao número de meses de contribuição correspondente à carência do benefício pretendido), mas que satisfaçam essa condição, caso sejam considerados períodos de contribuição sob outras categorias de segurado, fazem jus

---

[29] "Art. 108. Mediante justificação processada perante a Previdência Social, observado o disposto no § 3º do art. 55 e na forma estabelecida no Regulamento, poderá ser suprida a falta de documento ou provado ato do interesse de beneficiário ou empresa, salvo no que se refere a registro público".

ao benefício (aposentadoria) ao completarem 65 anos de idade, se homem, e 60 anos, se mulher[30] (art. 48, § 3º, da Lei 8.213/1991).

Nesse caso, o cálculo da renda mensal do benefício deve ser apurado com base na média aritmética simples dos maiores salários de contribuição correspondentes a 80% de todo o período contributivo (art. 29, inciso II, da Lei 8.213/1991)[31], considerando-se como salário de contribuição mensal do período como segurado especial o limite mínimo de salário de contribuição da Previdência Social (art. 48, § 4º, da Lei 8.213/1991). Com a Emenda Constitucional 103/2019, exige-se ainda o tempo mínimo de contribuição (art. 201, § 7º, inciso I, da Constituição da República e arts. 18 e 19 da Emenda Constitucional 103/2019).

Trata-se da chamada aposentadoria por idade "híbrida".

Desse modo, os trabalhadores rurais que não atendam ao disposto no art. 201, § 7º, inciso II, da Constituição Federal de 1988, mas que satisfaçam essa condição, se considerados períodos de contribuição sob outras categorias de segurado, fazem jus ao benefício ao atenderem os requisitos definidos no art. 19 da Emenda Constitucional 103/2019 (art. 57 do Regulamento da Previdência Social, com redação dada pelo Decreto 10.410/2020).

Para fins dessa previsão, o valor da renda mensal da aposentadoria deve ser apurado na forma do disposto no art. 26, §§ 2º e 5º, da Emenda Consti-

---

30 Com a Emenda Constitucional 103/2019, 62 anos de idade, se mulher (art. 201, § 7º, inciso I, da Constituição da República). Para a segurada filiada ao Regime Geral de Previdência Social até a data de entrada em vigor da Emenda Constitucional 103/2019, deve-se observar a regra de transição do art. 18 da Emenda Constitucional 103/2019.

31 Com a Emenda Constitucional 103/2019, até que lei discipline o cálculo dos benefícios do Regime Próprio de Previdência Social da União e do Regime Geral de Previdência Social, será utilizada a média aritmética simples dos salários de contribuição e das remunerações adotados como base para contribuições a Regime Próprio de Previdência Social e ao Regime Geral de Previdência Social, ou como base para contribuições decorrentes das atividades militares de que tratam os arts. 42 e 142 da Constituição Federal de 1988, atualizados monetariamente, correspondentes a 100% do período contributivo desde a competência julho de 1994 ou desde o início da contribuição, se posterior àquela competência (art. 26). A referida média será limitada ao valor máximo do salário de contribuição do Regime Geral de Previdência Social para os segurados desse Regime (art. 26, § 1º, da Emenda Constitucional 103/2019). Poderão ser excluídas da média as contribuições que resultem em redução do valor do benefício, desde que mantido o tempo mínimo de contribuição exigido, vedada a utilização do tempo excluído para qualquer finalidade, inclusive para o acréscimo a que se referem os §§ 2º e 5º do art. 26 da Emenda Constitucional 103/2019, para a averbação em outro Regime Previdenciário ou para a obtenção dos proventos de inatividade das atividades de que tratam os arts. 42 e 142 da Constituição Federal de 1988 (art. 26, § 6º, da Emenda Constitucional 103/2019). Cf. Capítulo 5, item 5.2.

tucional 103/2019, considerando-se como salário de contribuição mensal do período como segurado especial o salário mínimo.

O disposto no art. 57 do Regulamento da Previdência Social aplica-se ainda que, na oportunidade do requerimento da aposentadoria, o segurado não se enquadre como trabalhador rural.

Segundo a jurisprudência, o § 3º do art. 48 da Lei 8.213/1991, com a redação dada pela Lei 11.718/2008, estabelece forma de aposentadoria por idade híbrida de regimes de trabalho, contemplando os trabalhadores rurais que migraram temporária ou definitivamente para o meio urbano e que não têm período de carência suficiente para a aposentadoria prevista para os trabalhadores urbanos (art. 48, *caput*, da Lei 8.213/1991) e para os rurais (§§ 1º e 2º do art. 48 da Lei 8.213/1991). Seja qual for a predominância do labor misto no período de carência ou o tipo de trabalho exercido no momento do preenchimento do requisito etário ou do requerimento administrativo, o trabalhador tem direito a se aposentar com as idades indicadas no § 3º do art. 48 da Lei 8.213/1991, desde que cumprida a carência com a utilização de labor urbano ou rural. Se a carência foi cumprida exclusivamente como trabalhador urbano, sob esse regime o segurado será aposentado (*caput* do art. 48), o que vale também para o labor exclusivamente rurícola (§§ 1º e 2º da Lei 8.213/1991). Se os arts. 26, inciso III, e 39, inciso I, da Lei 8.213/1991 dispensam o recolhimento de contribuições para fins de aposentadoria por idade rural, exigindo apenas a comprovação do labor campesino, tal situação deve ser considerada para fins do cômputo da carência prevista no art. 48, § 3º, da Lei 8.213/1991, não sendo, portanto, exigível o recolhimento das contribuições (STJ, 2ª T., AgRg no REsp 1.497.086/PR (2014/0296580-0), rel. Min. Herman Benjamin, DJe 06.04.2015).

A respeito do tema, o Superior Tribunal de Justiça fixou a seguinte tese em recurso repetitivo: "O tempo de serviço rural, ainda que remoto e descontínuo, anterior ao advento da Lei 8.213/1991, pode ser computado para fins da carência necessária à obtenção da aposentadoria híbrida por idade, ainda que não tenha sido efetivado o recolhimento das contribuições, nos termos do art. 48, § 3º, da Lei 8.213/1991, seja qual for a predominância do labor misto exercido no período de carência ou o tipo de trabalho exercido no momento do implemento do requisito etário ou do requerimento administrativo" (STJ, 1ª Seção, REsp 1.674.221/SP (2017/0120549-0), rel. Min. Napoleão Nunes Maia Filho, DJe 04.09.2019)[32].

[32] "4. A aposentadoria híbrida consagra o princípio constitucional de uniformidade e equivalência dos benefícios e serviços às populações urbanas e rurais, conferindo proteção àqueles Trabalhadores que migraram, temporária ou definitivamente, muitas vezes acossados pela penúria, para o meio

Nesse sentido, o Superior Tribunal de Justiça esclareceu os seguintes aspectos: "2. O acórdão é claro ao consignar que o tempo de serviço rural, ainda que remoto e descontínuo, anterior ao advento da Lei 8.213/1991, pode ser computado para fins da carência necessária à obtenção da aposentadoria híbrida por idade, ainda que não tenha sido efetivado o recolhimento das contribuições, nos termos do art. 48, § 3º, da Lei 8.213/1991, seja qual for a predominância do labor misto exercido no período de carência ou o tipo de trabalho exercido no momento do implemento do requisito etário ou do requerimento administrativo. 3. Assim, fica claro que o tempo de serviço rural pode ser computado, para fins de carência para a concessão de aposentadoria híbrida, seja qual for o momento em que foi exercido, seja ele anterior ou não a 1991. 4. Esta Corte, no julgamento do REsp. 1.354.908/SP, representativo da controvérsia, Rel. Min. Mauro Campbell Marques, DJe 10.2.2016, estabeleceu que o segurado especial tem que comprovar o exercício de atividade campesina no momento anterior ao implemento da idade mínima para fins de concessão de aposentadoria rural, o que não se amolda à hipótese dos autos. Como já delineado no acórdão, a aposentadoria híbrida, nos exatos termos do art. 48,

---

urbano, em busca de uma vida mais digna, e não conseguiram implementar os requisitos para a concessão de qualquer aposentadoria, encontrando-se em situação de extrema vulnerabilidade social. 5. A inovação legislativa objetivou conferir o máximo aproveitamento e valorização ao labor rural, ao admitir que o Trabalhador que não preenche os requisitos para concessão de aposentadoria rural ou aposentadoria urbana por idade possa integrar os períodos de labor rural com outros períodos contributivos em modalidade diversa de Segurado, para fins de comprovação da carência de 180 meses para a concessão da aposentadoria híbrida, desde que cumprido o requisito etário de 65 anos, se homem, e 60 anos, se mulher. 6. Analisando o tema, esta Corte é uníssona ao reconhecer a possibilidade de soma de lapsos de atividade rural, ainda que anteriores à edição da Lei 8.213/1991, sem necessidade de recolhimento de contribuições ou comprovação de que houve exercício de atividade rural no período contemporâneo ao requerimento administrativo ou implemento da idade, para fins de concessão de aposentadoria híbrida, desde que a soma do tempo de serviço urbano ou rural alcance a carência exigida para a concessão do benefício de aposentadoria por idade. 7. A tese defendida pela Autarquia Previdenciária, de que o Segurado deve comprovar o exercício de período de atividade rural nos últimos quinze anos que antecedem o implemento etário, criaria uma nova regra que não encontra qualquer previsão legal. Se revela, assim, não só contrária à orientação jurisprudencial desta Corte Superior, como também contraria o objetivo da legislação previdenciária. 8. Não admitir o cômputo do trabalho rural exercido em período remoto, ainda que o Segurado não tenha retornado à atividade campesina, tornaria a norma do art. 48, § 3º, da Lei 8.213/1991 praticamente sem efeito, vez que a realidade demonstra que a tendência desses Trabalhadores é o exercício de atividade rural quando mais jovens, migrando para a atividade urbana com o avançar da idade. Na verdade, o entendimento contrário, expressa, sobretudo, a velha posição preconceituosa contra o Trabalhador Rural, máxime se do sexo feminino" (STJ, 1ª Seção, REsp 1.674.221/SP (2017/0120549-0), rel. Min. Napoleão Nunes Maia Filho, DJe 04.09.2019).

§ 3º, da Lei 8.213/1991, é devida exatamente àqueles trabalhadores rurais que não preenchem os requisitos fixados no § 2º do mesmo dispositivo, não havendo que se falar em necessidade de comprovação da atividade rural em período anterior ao implemento etário. 5. Não há que se falar em violação aos princípios do equilíbrio financeiro e atuarial e da precedência do custeio, uma vez que no presente recurso não há o reconhecimento de direito previdenciário não previsto em lei; ao contrário, firmou-se aqui, tão somente, a literal aplicação do disposto no art. 48, § 3º, da Lei 8.213/1991. Nesse passo, o cálculo envolvendo o equilíbrio financeiro e atuarial e a precedência de custeio foram já objeto de análise do legislador quando instituiu a nova política previdenciária introduzida pela Lei 11.718/2008. 6. A vedação disposta no art. 55 da Lei 8.213/1991, que impede o cômputo da atividade rural para fins de carência, se dirige à concessão de aposentadoria por tempo de contribuição, não havendo que se falar em óbice para cômputo para aposentadoria por idade, como é a aposentadoria híbrida. 7. É entendimento pacífico desta Corte que os rurícolas em atividade por ocasião da Lei de Benefícios, foram dispensados do recolhimento das contribuições relativas ao exercício do trabalho no campo, substituindo a carência pela comprovação do efetivo desempenho do labor agrícola, nos termos dos arts. 26, III, e 39, I, da Lei 8.213/1991" (STJ, 1ª Seção, EDcl no REsp 167.4221/SP (2017/0120549-0), rel. Min. Napoleão Nunes Maia Filho, DJe 02.12.2019).

Cabe ressaltar que o art. 143 da Lei 8.213/1991 estabeleceu regra de transição, ao prever que o *trabalhador rural* ora enquadrado como segurado obrigatório no Regime Geral de Previdência Social, nas condições de empregado ou de segurado especial, pode requerer *aposentadoria por idade*, no valor de um salário mínimo, durante 15 anos, contados a partir da data de vigência da Lei 8.213/1991 (ou seja, 25.07.1991), desde que comprove o exercício de atividade rural, ainda que descontínua, no período imediatamente anterior ao requerimento do benefício, em número de meses idêntico à carência do referido benefício (ou seja, 180 contribuições mensais, de acordo com o art. 25, inciso II, da Lei 8.213/1991).

De acordo com o art. 2º da Lei 11.718/2008, para o *trabalhador rural empregado*, o prazo previsto no art. 143 da Lei 8.213/1991 ficou prorrogado até o dia 31 de dezembro de 2010.

Aplica-se o disposto acima também ao trabalhador rural enquadrado na categoria de segurado contribuinte individual que presta serviços de natureza rural, em caráter eventual, a uma ou mais empresas, sem relação de emprego.

Ainda com previsão de regra transitória, na concessão de aposentadoria por idade do *empregado rural*, em valor equivalente ao salário mínimo, devem ser contados para efeito de carência (art. 3º da Lei 11.718/2008):

I – até 31 de dezembro de 2010, a atividade comprovada na forma do art. 143 da Lei n. 8.213, de 24 de julho de 1991;

II – de janeiro de 2011 a dezembro de 2015, cada mês comprovado de emprego, multiplicado por 3, limitado a 12 meses, dentro do respectivo ano civil; e

III – de janeiro de 2016 a dezembro de 2020, cada mês comprovado de emprego, multiplicado por 2, limitado a 12 meses dentro do respectivo ano civil.

Aplica-se o disposto no art. 3º, *caput* e inciso I, da Lei 11.718/2008, ao trabalhador rural enquadrado na categoria de segurado contribuinte individual que comprovar a prestação de serviço de natureza rural, em caráter eventual, a uma ou mais empresas, sem relação de emprego.

A Súmula 76 da Turma Nacional de Uniformização dos Juizados Especiais Federais esclarece que: "A averbação de tempo de serviço rural não contributivo não permite majorar o coeficiente de cálculo da renda mensal inicial de aposentadoria por idade previsto no art. 50 da Lei n. 8.213/91".

5.10. APOSENTADORIA DO PROFESSOR (APOSENTADORIA PROGRAMADA DO PROFESSOR)

Antes da Emenda Constitucional 103/2019, era assegurada aposentadoria por tempo de contribuição no Regime Geral de Previdência Social, nos termos da lei, obedecidas as seguintes condições: 35 anos de contribuição, se homem, e 30 anos de contribuição, se mulher (art. 201, § 7º, inciso I, da Constituição Federal de 1988, incluído pela Emenda Constitucional 20/1998). Os mencionados requisitos eram reduzidos em cinco anos para o professor que comprovasse exclusivamente tempo de efetivo exercício das funções de magistério na educação infantil e no ensino fundamental e médio (art. 201, § 8º, da Constituição da República, com redação dada pela Emenda Constitucional 20/1998).

O professor universitário deixou de ser contemplado com a aposentadoria por tempo de contribuição diferenciada de professor desde a Emenda Constitucional 20/1998. Porém, em razão do direito adquirido, é assegurada a concessão de aposentadoria, a qualquer tempo, ao segurado que, até 16 de dezembro de 1998, tenha cumprido os requisitos para a obtenção desse benefício, com base nos critérios da legislação então vigente (art. 3º da Emenda Constitucional 20/1998).

Entende-se ainda que, em razão de regra de transição (art. 9º, § 2º, da Emenda Constitucional 20/1998), o professor, inclusive o universitário, que não implementou as condições para aposentadoria por tempo de serviço de professor até 16 de dezembro de 1998, vigência da Emenda Constitucional 20/1998, pode ter contado o tempo de atividade de magistério exercido até esta data, com acréscimo de 17% para o homem, e de 20% para a mulher, se optar por aposentadoria por tempo de contribuição, independentemente de idade e do período adicional de contribuição ("pedágio"), desde que cumpridos 35 anos de contribuição para o homem, e 30 anos para a mulher, exclusivamente em funções de magistério, respeitada a data limite até 13 de novembro de 2019, data da publicação da Emenda Constitucional 103/2019 (art. 251, § 1º, da Instrução Normativa INSS 128/2022).

O art. 9º da Emenda Constitucional 20/1998 foi revogado pela Emenda Constitucional 103/2019 (art. 35, inciso II). Entretanto, o direito adquirido de quem preencheu os requisitos dessa regra de transição durante a sua vigência deve ser resguardado (art. 3º da Emenda Constitucional 103/2019). Cf. ainda Capítulo 1, item 1.13.1, e Capítulo 5, item 5.27.

Na atualidade, o requisito de idade a que se refere o inciso I do § 7º do art. 201 da Constituição Federal de 1988 (65 anos de idade, se homem, e 62 anos de idade, se mulher) será *reduzido em cinco anos*, para o professor que comprove tempo de efetivo exercício das funções de magistério na educação infantil e no ensino fundamental e médio fixado em lei complementar (art. 201, § 8º, da Constituição Federal de 1988, com redação dada pela Emenda Constitucional 103/2019).

Até que lei complementar disponha sobre a redução de idade mínima ou tempo de contribuição prevista no § 8º do art. 201 da Constituição Federal de 1988, será concedida aposentadoria ao professor que comprove 25 anos de contribuição exclusivamente em efetivo exercício das funções de magistério na educação infantil e no ensino fundamental e médio e possua 57 anos de idade, se mulher, e 60 anos de idade, se homem (art. 19, § 1º, inciso II, da Emenda Constitucional 103/2019).

O valor da aposentadoria de que trata o art. 19 da Emenda Constitucional 103/2019 será apurado na forma da lei (art. 19, § 2º, da Emenda Constitucional 103/2019).

O valor da aposentadoria programada do professor corresponde a 60% do salário de benefício definido na forma prevista no art. 26 da Emenda Constitucional 103/2019, com acréscimo de dois pontos percentuais para cada ano de contribuição que exceder o tempo de 20 anos de contribuição, para os homens, ou de 15 anos de contribuição, para as mulheres (art. 54, § 1º, do Regulamento da Previdência Social, incluído pelo Decreto 10.410/2020).

A Lei 9.394/1996, que estabelece as diretrizes e bases da educação nacional, no art. 67, § 2º, incluído pela Lei 11.301/2006, esclarece que para os efeitos do disposto nos arts. 40, § 5º, e 201, § 8º, da Constituição Federal de 1988, são consideradas funções de magistério as exercidas por professores e especialistas em educação no desempenho de atividades educativas, quando exercidas em estabelecimento de educação básica em seus diversos níveis e modalidades, incluídas, além do exercício da docência, as de direção de unidade escolar e as de coordenação e assessoramento pedagógico.

Nesse sentido, consoante a jurisprudência, a função de magistério não se circunscreve apenas ao trabalho em sala de aula, abrangendo também a preparação de aulas, a correção de provas, o atendimento aos pais e alunos, a coordenação e o assessoramento pedagógico e, ainda, a direção de unidade escolar. As funções de direção, coordenação e assessoramento pedagógico integram a carreira do magistério, desde que exercidos, em estabelecimentos de ensino básico, por professores de carreira, excluídos os especialistas em educação, fazendo jus aqueles que as desempenham ao regime especial de aposentadoria estabelecido nos arts. 40, § 5º, e 201, § 8º, da Constituição Federal (STF, Pleno, ADI 3.772/DF, rel. p/ ac. Min. Ricardo Lewandowski, DJe 29.10.2009).

Com isso, deixou de ser aplicável a Súmula 726 do STF, a qual, de forma mais restritiva, previa que para "efeito de aposentadoria especial de professores, não se computa o tempo de serviço prestado fora da sala de aula".

A comprovação da condição de professor deve ser feita por meio da apresentação: I – do diploma registrado nos órgãos competentes federais e estaduais ou de documento que comprove a habilitação para o exercício do magistério, na forma prevista em lei específica; e II – dos registros em carteira profissional ou Carteira de Trabalho e Previdência Social complementados, quando for o caso, por declaração do estabelecimento de ensino no qual tenha sido exercida a atividade, sempre que essa informação for necessária para caracterização do efetivo exercício da função de magistério (art. 54, § 3º, do Regulamento da Previdência Social, incluído pelo Decreto 10.410/2020).

5.11. APOSENTADORIA ESPECIAL

A *aposentadoria especial* é benefício previdenciário assegurado no plano constitucional, com natureza de direito fundamental e social, integrando, assim, o sistema da Seguridade Social, em sua vertente contributiva.

É vedada a adoção de requisitos ou critérios diferenciados para concessão de benefícios, ressalvada, nos termos de lei complementar, a possibilidade de previsão de idade e tempo de contribuição distintos da regra geral para concessão de aposentadoria exclusivamente em favor dos segurados cujas atividades sejam exercidas com efetiva exposição a agentes químicos, físicos e biológicos prejudiciais à saúde, ou associação desses agentes, vedada a caracterização por categoria profissional ou ocupação (art. 201, § 1º, inciso II, da Constituição Federal de 1988, incluído pela Emenda Constitucional 103/2019).

Com a Emenda Constitucional 103/2019, não mais se menciona o exercício de atividades prejudiciais à integridade física. Entretanto, defende-se que essa questão, envolvendo a aposentadoria especial decorrente do trabalho em condições de periculosidade, deve ser objeto de adequada delimitação na lei complementar indicada, inclusive com fundamento no princípio da universalidade da cobertura, inerente à Seguridade Social (art. 194, parágrafo único, inciso I, da Constituição Federal de 1988).

De acordo com o art. 19, § 1º, inciso I, da Emenda Constitucional 103/2019, até que lei complementar disponha sobre a redução de idade mínima ou tempo de contribuição prevista no § 1º do art. 201 da Constituição Federal de 1988, será concedida aposentadoria aos segurados que comprovem o exercício de atividades com efetiva exposição a agentes químicos, físicos e biológicos prejudiciais à saúde, ou associação desses agentes, vedada a caracterização por categoria profissional ou ocupação, durante, no mínimo, 15, 20 ou 25 anos, nos termos do disposto nos arts. 57 e 58 da Lei 8.213/1991, quando cumpridos:

a) 55 anos de idade, quando se tratar de atividade especial de 15 anos de contribuição;
b) 58 anos de idade, quando se tratar de atividade especial de 20 anos de contribuição; ou
c) 60 anos de idade, quando se tratar de atividade especial de 25 anos de contribuição.

Como se pode notar, além da necessidade de comprovação do exercício de atividades com efetiva exposição a agentes químicos, físicos e biológicos prejudiciais à saúde, ou associação desses agentes, durante 15, 20 ou 25 anos, exige-se certa idade mínima do segurado, que varia conforme o tempo de contribuição da modalidade de atividade especial, o que pode se revelar injusto e tornar bastante difícil a concessão da aposentadoria especial. Essa exigência de idade mínima para a aposentadoria especial, em termos práticos, pode dificultar que o segurado consiga se afastar da atividade prejudicial à saúde, mesmo tendo cumprido o tempo de exposição e contribuição.

O valor da aposentadoria de que trata o art. 19 da Emenda Constitucional 103/2019 será apurado na forma da lei (art. 19, § 2º, da Emenda Constitucional 103/2019).

O valor da aposentadoria especial corresponde a 60% do salário de benefício definido na forma prevista no art. 26 da Emenda Constitucional 103/2019, com acréscimo de dois pontos percentuais para cada ano de contribuição que exceder o tempo de 20 anos de contribuição exceto no caso da aposentadoria especial aos 55 anos de idade, quando se tratar de atividade especial de 15 anos de contribuição e das mulheres, cujo acréscimo deve ser aplicado para cada ano de contribuição que exceder 15 anos de contribuição (art. 67 do Regulamento da Previdência Social, com redação dada pelo Decreto 10.410/2020).

A aposentadoria especial é devida, uma vez cumprida a carência exigida (180 contribuições mensais, conforme art. 25, inciso II, do mesmo diploma legal), ao segurado que tiver trabalhado sujeito a condições especiais que prejudiquem a saúde ou a integridade física, durante 15, 20 ou 25 anos, conforme dispuser a lei (art. 57 da Lei 8.213/1991)[33].

O art. 64 do Regulamento da Previdência Social, com redação dada pelo Decreto 10.410/2020, prevê que a aposentadoria especial, uma vez cumprido o período de carência exigido, é devida ao segurado empregado, trabalhador avulso e contribuinte individual, este último somente quando cooperado filiado a cooperativa de trabalho ou de produção, que comprove o exercício de atividades com efetiva exposição a agentes químicos, físicos e biológicos prejudiciais à saúde, ou a associação desses agentes, de forma permanente, não ocasional nem intermitente, vedada a caracterização por categoria profis-

[33] "4. Com razão a parte embargante, isso porque ficou consignado no voto-vista da eminente Ministra Assusete Magalhães, que em que pese a atual redação do art. 201, § 1º, II, da Constituição Federal, dada pela EC 103/2019, a matéria relativa à aposentadoria especial, na forma da EC 103/2019, não é auto-executável, estando a depender de lei complementar regulamentadora, de tal sorte que subsiste a legislação infraconstitucional, que prevê, no art. 57 da Lei 8.213/91, aposentadoria especial pelo trabalho em condições que prejudiquem a integridade física, bem como no seu § 4º, que 'o segurado deverá comprovar, além do tempo de trabalho, exposição aos agentes nocivos químicos, físicos, biológicos ou associação de agentes prejudiciais à saúde ou à integridade física, pelo período equivalente ao exigido para a concessão do benefício' (fls. 638/639). 5. A Primeira Seção deste egrégio Superior Tribunal de Justiça, em conformidade dos votos e das notas taquigráficas, por unanimidade, conheceu parcialmente do Recurso Especial e, nessa parte, negou-lhe provimento, nos termos da reformulação de voto do Ministro Relator, o então eminente Ministro Napoleão Nunes Maia Filho, que aderiu às sugestões conferidas pelo voto-vista da Ministra Assusete Magalhães, o qual foi acatado em sua integralidade por todos os Ministros da Primeira Seção (fls. 610/613)" (STJ, 1ª Seção, EDcl no REsp 1.830.508/RS, 2019/0139310-3, rel. Des. Conv. Manoel Erhardt, DJe 28.09.2021).

sional ou ocupação, durante, no mínimo, 15, 20 ou 25 anos, e que cumprir os requisitos ali indicados.

Entretanto, segundo a jurisprudência, essa restrição quanto ao contribuinte individual não é válida, por não ser prevista na Lei 8.213/1991.

Nesse sentido, entende-se que é possível a concessão de aposentadoria especial ao segurado contribuinte individual não cooperado, pois o *caput* do art. 57 da Lei 8.213/1991 não faz qualquer diferenciação entre as diversas categorias de segurados, estabelecendo como requisitos para a concessão da aposentadoria especial somente a condição de segurado, o cumprimento da carência legal e a comprovação do exercício de atividade especial pelo período de 15, 20 ou 25 anos. O art. 64 do Decreto 3.048/1999, ao limitar a concessão do benefício aposentadoria especial e, portanto, o reconhecimento do tempo de serviço especial, ao segurado empregado, trabalhador avulso e contribuinte individual cooperado, extrapola os limites da Lei de Benefícios que se propôs a regulamentar, razão pela qual deve ser reconhecida sua ilegalidade. Desse modo, é possível a concessão de aposentadoria especial ao contribuinte individual não cooperado que cumpra a carência e comprove, nos termos da lei vigente no momento da prestação do serviço, o exercício de atividade sob condições especiais que prejudiquem a sua saúde ou sua integridade física pelo período de 15, 20 ou 25 anos (STJ, 2ª T., AgRg no REsp 1.535.538/RS (2015/0131106-4), rel. Min. Mauro Campbell Marques, DJe 05.11.2015). Cf. ainda STJ, 2ª T., REsp 1.793.029/RS (2019/0002659-2), Rel. Min. Herman Benjamin, DJe 30.05.2019.

Quanto à data de início do benefício, a aposentadoria especial é devida (arts. 49 e 57, § 2º, da Lei 8.213/1991):

- ao segurado empregado, a partir da data do *desligamento do emprego*, quando requerida até essa data ou até 90 dias depois dela, ou a partir da *data do requerimento*, quando não houver desligamento do emprego ou quando for requerida após o prazo previsto acima;
- para os demais segurados, da *data da entrada do requerimento*.

A concessão da aposentadoria especial depende de comprovação pelo segurado, perante o Instituto Nacional do Seguro Social (INSS), do tempo de trabalho permanente, não ocasional nem intermitente, em *condições especiais que prejudiquem a saúde ou a integridade física*, durante o período mínimo fixado (art. 57, § 3º da Lei 8.213/1991).

O segurado contribuinte individual pode obter reconhecimento de atividade especial para fins previdenciários, desde que consiga comprovar exposição a agentes nocivos à saúde ou à integridade física (Súmula 62 da Turma Nacional de Uniformização dos Juizados Especiais Federais).

Desse modo, o segurado deve comprovar, além do tempo de trabalho, exposição aos *agentes nocivos químicos, físicos, biológicos ou associação de agentes prejudiciais à saúde ou à integridade física*, pelo período equivalente ao exigido para a concessão do benefício (art. 57, § 4º, da Lei 8.213/1991).

Vale dizer, a concessão da aposentadoria especial depende da comprovação, durante o período mínimo legalmente fixado: do tempo de trabalho permanente, não ocasional nem intermitente; da exposição do segurado aos agentes nocivos químicos, físicos, biológicos ou a associação de agentes prejudiciais à saúde ou à integridade física.

Considera-se *tempo de trabalho permanente* aquele que é exercido de forma não ocasional nem intermitente, no qual a exposição do empregado, do trabalhador avulso ou do cooperado (contribuinte individual) ao agente nocivo seja indissociável da produção do bem ou da prestação do serviço (art. 65 do Regulamento da Previdência Social).

Aplica-se o disposto acima aos períodos de descanso determinados pela legislação trabalhista, inclusive ao período de férias, e aos de percepção de salário-maternidade, desde que, à data do afastamento, o segurado estivesse exposto aos fatores de risco (art. 65, parágrafo único, do Regulamento da Previdência Social, com redação dada pelo Decreto 10.410/2020).

Cabe ressaltar que o Superior Tribunal de Justiça fixou a seguinte tese em recurso repetitivo: "O segurado que exerce atividades em condições especiais, quando em gozo de auxílio-doença, seja acidentário ou previdenciário [não acidentário], faz jus ao cômputo desse mesmo período como tempo de serviço especial" (STJ, 1ª Seção, REsp 1.759.098/RS (2018/0204454-9), rel. Min. Napoleão Nunes Maia Filho, DJe 01.08.2019)[34].

Esse entendimento, entretanto, foi firmado antes da Emenda Constitucional 103/2019, que estabelece a necessidade de *efetiva* exposição a agentes químicos, físicos e biológicos prejudiciais à saúde, ou associação desses agentes, para fins de aposentadoria especial (art. 201, § 1º, inciso II, da Constituição da República). Nessa linha, o Decreto 10.410/2020, ao modificar o parágrafo único do art. 65 do Regulamento da Previdência Social, deixou de considerar o período de afastamento do segurado decorrente de gozo de auxílio-doença ou aposentadoria por invalidez (mesmo acidentários) como tempo para fins de aposentadoria especial.

---

34 "9. Impõe-se reconhecer que o Segurado faz jus à percepção de benefício por incapacidade temporária, independente de sua natureza, sem que seu recebimento implique em qualquer prejuízo na contagem de seu tempo de atividade especial" (STJ, 1ª Seção, REsp 1.759.098/RS (2018/0204454-9), rel. Min. Napoleão Nunes Maia Filho, DJe 01.08.2019).

Para reconhecimento de condição especial de trabalho antes de 29.04.1995, a exposição a agentes nocivos à saúde ou à integridade física não precisa ocorrer de forma permanente (Súmula 49 da Turma Nacional de Uniformização dos Juizados Especiais Federais).

De acordo com o art. 25, § 2º, da Emenda Constitucional 103/2019, será reconhecida a conversão de tempo especial em comum, na forma prevista na Lei 8.213, de 24 de julho de 1991, ao segurado do Regime Geral de Previdência Social que comprovar tempo de efetivo exercício de atividade sujeita a condições especiais que efetivamente prejudiquem a saúde, cumprido até a data de entrada em vigor da Emenda Constitucional 103/2019, vedada a conversão para o tempo cumprido após essa data.

Assim, conforme o art. 57, § 5º, da Lei 8.213/1991, incluído pela Lei 9.032/1995, o tempo de trabalho exercido sob condições especiais que sejam ou venham a ser consideradas prejudiciais à saúde ou à integridade física deve ser somado, após a respectiva conversão, ao tempo de trabalho exercido em atividade comum, segundo critérios estabelecidos pelo Ministério da Previdência Social, para efeito de concessão de qualquer benefício.

O servidor público ex-celetista que trabalhava sob condições especiais antes de migrar para o regime estatutário tem direito adquirido à conversão do tempo de atividade especial em tempo comum com o devido acréscimo legal, para efeito de contagem recíproca no regime previdenciário próprio dos servidores públicos (Súmula 66 da Turma Nacional de Uniformização dos Juizados Especiais Federais). A respeito do tema, cf. Capítulo 9, item 9.9.22.

A *conversão de tempo de atividade sob condições especiais em tempo de atividade comum* é feita de acordo com a tabela prevista no art. 188-P, § 5º, do Regulamento da Previdência Social, incluído pelo Decreto 10.410/2020.

A caracterização e a comprovação do tempo de atividade sob condições especiais devem obedecer ao disposto na legislação em vigor à época da prestação do serviço (art. 188-P, § 6º, do Regulamento da Previdência Social, incluído pelo Decreto 10.410/2020).

É possível a conversão do tempo de serviço especial em comum do trabalho prestado em qualquer período (Súmula 50 da Turma Nacional de Uniformização dos Juizados Especiais Federais).

A conversão do tempo de atividade especial em comum deve ocorrer com aplicação do fator multiplicativo em vigor na data da concessão da aposentadoria (Súmula 55 da Turma Nacional de Uniformização dos Juizados Especiais Federais).

Para o segurado que houver exercido duas ou mais atividades sujeitas a agentes químicos, físicos e biológicos prejudiciais à saúde, ou a associação desses agentes, sem completar em quaisquer delas o prazo mínimo exigido para a aposentadoria especial, os respectivos períodos de exercício devem ser somados após conversão, hipótese em que será considerada a atividade preponderante para efeito de enquadramento (art. 66 do Regulamento da Previdência Social, com redação dada pelo Decreto 10.410/2020).

Para fins do disposto acima não devem ser considerados os períodos em que a atividade exercida não estava sujeita a condições especiais (art. 66, § 1º, do Regulamento da Previdência Social).

A mencionada conversão deve ser feita segundo a tabela prevista no art. 66, § 2º, do Regulamento da Previdência Social.

A atividade preponderante será aquela pela qual o segurado tenha contribuído por mais tempo, antes da conversão, e deve servir como parâmetro para definir o tempo mínimo necessário para a aposentadoria especial e para a conversão (art. 66, § 3º, do Regulamento da Previdência Social, incluído pelo Decreto 10.410/2020).

Nos termos da Súmula 85 da Turma Nacional de Uniformização dos Juizados Especiais Federais: "É possível a conversão de tempo comum em especial de *período(s) anterior(es) ao advento da Lei nº 9.032/95* (que alterou a redação do § 3º do art. 57 da Lei nº 8.213/91), desde que todas as condições legais para a concessão do benefício pleiteado tenham sido atendidas antes da publicação da referida lei, independentemente da data de entrada do requerimento (DER)".

No que se refere ao período a partir de 29.04.1995 até a data de entrada em vigor da Emenda Constitucional 103/2019, o que se admite é a conversão de tempo de trabalho exercido sob condições especiais em tempo de atividade comum (art. 57, § 5º, da Lei 8.213/1991, incluído pela Lei 9.032/1995).

Quanto ao tempo cumprido após a data de entrada em vigor da Emenda Constitucional 103/2019, é vedada a conversão de tempo especial em comum (art. 25, § 2º, da Emenda Constitucional 103/2019).

O benefício em questão é financiado com os recursos provenientes da contribuição de que trata o art. 22, inciso II, da Lei 8.212/1991[35], cujas

---

[35] "Art. 22. A contribuição a cargo da empresa, destinada à Seguridade Social, além do disposto no art. 23, é de: [...] II – para o financiamento do benefício previsto nos arts. 57 e 58 da Lei nº 8.213, de 24 de julho de 1991, e daqueles concedidos em razão do grau de incidência de incapacidade laborativa decorrente dos riscos ambientais do trabalho, sobre o total das remunerações pagas ou creditadas, no decorrer do mês, aos segurados empregados e trabalhadores avulsos: a) 1% (um por cento) para as empresas em cuja atividade preponderante o risco de acidentes do trabalho seja considerado leve; b) 2% (dois por cento) para as empresas em cuja atividade preponderante

alíquotas devem ser *acrescidas* de 12%, 9% ou 6%, conforme a atividade exercida pelo segurado a serviço da empresa permita a concessão de aposentadoria especial após 15, 20 ou 25 anos de contribuição, respectivamente (art. 57, § 6º, da Lei 8.213/1991).

O acréscimo acima incide exclusivamente sobre a remuneração do segurado sujeito às condições especiais referidas no art. 57 da Lei 8.213/1991 (art. 57, § 7º, da Lei 8.213/1991).

Aplica-se o disposto no art. 46 da Lei 8.213/1991 ao segurado em gozo de aposentadoria especial que continuar no exercício de atividade ou operação que o sujeite aos agentes nocivos constantes da relação referida no art. 58 do mesmo diploma legal (art. 57, § 8º, da Lei 8.213/1991).

Desse modo, o aposentado que continuar ou retornar voluntariamente a exercer *trabalho em condições especiais que prejudiquem a saúde ou a integridade física* tem a sua aposentadoria especial *automaticamente cancelada*, a partir da data do retorno.

Esse cancelamento, assim, apenas ocorre se houver o retorno a trabalho com efetiva exposição a agentes químicos, físicos e biológicos prejudiciais à saúde, e não a atividade laborativa comum, ou seja, em condições normais de salubridade.

Vale dizer, o segurado que retornar ao exercício de atividade ou operação que o sujeite aos riscos e agentes nocivos, ou nele permanecer, na mesma ou em outra empresa, qualquer que seja a forma de prestação do serviço ou categoria de segurado, será imediatamente notificado da cessação do pagamento de sua aposentadoria especial, no prazo de 60 dias contado da data de emissão da notificação, salvo comprovação, nesse prazo, de que o exercício dessa atividade ou operação foi encerrado (art. 69, parágrafo único, do Regulamento da Previdência Social).

A respeito do tema, o Supremo Tribunal Federal fixou a seguinte tese de repercussão geral: "(i) é constitucional a vedação de continuidade da percepção de aposentadoria especial se o beneficiário permanece laborando em atividade especial ou a ela retorna, seja essa atividade especial aquela que ensejou a aposentação precoce ou não; (ii) nas hipóteses em que o segurado solicitar a aposentadoria e continuar a exercer o labor especial, a data de início do benefício será a data de entrada do requerimento, remontando a esse marco, inclusive, os efeitos financeiros; efetivada, contudo, seja na via administrativa,

esse risco seja considerado médio; c) 3% (três por cento) para as empresas em cuja atividade preponderante esse risco seja considerado grave".

seja na judicial, a implantação do benefício, uma vez verificada a continuidade ou o retorno ao labor nocivo, cessará o pagamento do benefício previdenciário em questão". Foram modulados os efeitos da tese de repercussão geral, de forma a preservar os segurados que tiveram o direito reconhecido por decisão judicial transitada em julgado até a data desse julgamento. Foi declarada a irrepetibilidade dos valores alimentares recebidos de boa-fé, por força de decisão judicial ou administrativa, até a proclamação do resultado desse julgamento (STF, Pleno, ED-RE 791.961/PR, rel. Min. Dias Toffoli, j. 24.02.2021, DJe 12.03.2021).

O Supremo Tribunal Federal modulou os efeitos, excepcionalmente e temporalmente, da incidência do referido acórdão, no tocante aos profissionais de saúde constantes do rol do art. 3º-J da Lei 13.979/2020, e que estejam trabalhando diretamente no combate à epidemia da covid-19, ou prestando serviços de atendimento a pessoas atingidas pela doença em hospitais ou instituições congêneres, públicos ou privados, ficando suspensos os efeitos do acórdão proferido nos autos, enquanto estiver vigente a referida Lei, que dispõe sobre as medidas de emergência de saúde pública de importância internacional decorrente do coronavírus (STF, Pleno, ED-RE 791.961/PR, rel. Min. Dias Toffoli, j. 04.10.2021, DJe 04.11.2021).

O referido art. 58 da Lei 8.213/1991 prevê que a relação dos *agentes nocivos* químicos, físicos e biológicos ou associação de agentes prejudiciais à saúde ou à integridade física, considerados para fins de concessão da aposentadoria especial, deve ser definida pelo Poder Executivo.

Tendo em vista o aspecto nitidamente técnico envolvido quanto ao tema, a lei remete a sua regulamentação à esfera jurídico-normativa de natureza administrativa.

Portanto, a relação dos agentes nocivos químicos, físicos, biológicos ou associação de agentes prejudiciais à saúde ou à integridade física, considerados para fins de concessão de aposentadoria especial, consta do Anexo IV do Regulamento da Previdência Social, aprovado pelo Decreto 3.048/1999.

Na esfera administrativa, o INSS entende que a mencionada relação tem natureza taxativa. Em sentido divergente, pode-se defender que a existência de outros agentes nocivos, devidamente comprovada por meio de formulário emitido pela empresa, com base em laudo técnico de condições ambientais do trabalho, também deve ser considerada para os fins de aposentadoria especial[36].

---

[36] Cf. IBRAHIM, Fábio Zambitte. *Curso de direito previdenciário*. 20. ed. Rio de Janeiro: Impetus, 2015. p. 630. Cf. ainda a Súmula 198 do antigo TFR: "Atendidos os demais requisitos, é devida

Nesse sentido, o Superior Tribunal de Justiça fixou a seguinte tese jurídica em recurso especial repetitivo: "As normas regulamentadoras que estabelecem os casos de agentes e atividades nocivos à saúde do trabalhador são exemplificativas, podendo ser tido como distinto o labor que a técnica médica e a legislação correlata considerarem como prejudiciais ao obreiro, desde que o trabalho seja permanente, não ocasional, nem intermitente, em condições especiais (art. 57, § 3º, da Lei 8.213/1991)" (STJ, 1ª Seção, REsp 1.306.113/SC (2012/0035798-8) rel. Min. Herman Benjamin, DJe 07.03.2013).

A Turma Nacional de Uniformização dos Juizados Especiais Federais fixou a seguinte tese (Tema 282): "A atividade de vigia ou de vigilante é considerada especial por equiparação à atividade de guarda prevista no código 2.5.7 do Decreto 53.831/64, até a edição da Lei n. 9.032/1995, independentemente do uso de arma de fogo, desde que haja comprovação da equiparação das condições de trabalho, por qualquer meio de prova" (TNU, PEDILEF 5007156-87.2019.4.04.7000/PR, rel. p/ ac. Juíza Federal Susana Sbrogio Galia, DJe 09.05.2022).

O Superior Tribunal de Justiça fixou ainda a seguinte tese em recurso especial repetitivo: "É possível o reconhecimento da especialidade da atividade de vigilante, mesmo após EC 103/2019, com ou sem o uso de arma de fogo, em data posterior à Lei 9.032/1995 e ao Decreto 2.172/1997, desde que haja a comprovação da efetiva nocividade da atividade, por qualquer meio de prova até 5.3.1997, momento em que se passa a exigir apresentação de laudo técnico ou elemento material equivalente, para comprovar a permanente, não ocasional nem intermitente, exposição à atividade nociva, que coloque em risco a integridade física do segurado" (STJ, 1ª Seção, EDcl no REsp 1.830.508/RS, 2019/0139310-3, rel. Des. Conv. Manoel Erhardt, DJe 28.09.2021).

A Secretaria Especial de Previdência e Trabalho do Ministério da Economia deve promover a elaboração de estudos com base em critérios técnicos e científicos para atualização periódica do disposto no Anexo IV do Regulamento da Previdência Social (art. 68, § 1º, do Regulamento da Previdência Social).

A Turma Nacional de Uniformização dos Juizados Especiais Federais fixou a seguinte tese (Tema 298): "A partir da vigência do Decreto 2.172/97, a indicação genérica de exposição a 'hidrocarbonetos' ou 'óleos e graxas', ainda que de origem mineral, não é suficiente para caracterizar a atividade

---

a aposentadoria especial, se perícia judicial constata que a atividade exercida pelo segurado é perigosa, insalubre ou penosa, mesmo não inscrita em regulamento".

como especial, sendo indispensável a especificação do agente nocivo" (TNU, PEDILEF 5001319-31.2018.4.04.7115/RS, rel. p/ ac. Juiz Federal Fábio de Souza Silva, DJe 23.06.2022).

Atendidas as demais condições legais, considera-se especial, no âmbito do RGPS, a atividade exercida com exposição a ruído superior a 80 decibéis até 05/03/1997, superior a 90 decibéis desta data até 18/11/2003, e superior a 85 decibéis a partir de então (Súmula 29 da AGU).

Nessa linha, o Superior Tribunal de Justiça fixou a seguinte tese em recurso especial repetitivo: "O limite de tolerância para configuração da especialidade do tempo de serviço para o agente ruído deve ser de 90 dB no período de 6.3.1997 a 18.11.2003, conforme Anexo IV do Decreto 2.172/1997 e Anexo IV do Decreto 3.048/1999, sendo impossível aplicação retroativa do Decreto 4.882/2003, que reduziu o patamar para 85 dB, sob pena de ofensa ao art. 6º da LINDB (ex-LICC)" (STJ, 1ª Seção, REsp 1.398.260/PR, 2013/0268413-2, rel. Min. Herman Benjamin, DJe 05.12.2014).

O Superior Tribunal de Justiça fixou ainda a seguinte tese em recurso especial repetitivo: "O reconhecimento do exercício de atividade sob condições especiais pela exposição ao agente nocivo ruído, quando constatados diferentes níveis de efeitos sonoros, deve ser aferido por meio do Nível de Exposição Normalizado (NEN). Ausente essa informação, deverá ser adotado como critério o nível máximo de ruído (pico de ruído), desde que perícia técnica judicial comprove a habitualidade e a permanência da exposição ao agente nocivo na produção do bem ou na prestação do serviço" (STJ, 1ª Seção, REsp 1.886.795/RS, 2020/0190666-6, rel. Min. Gurgel de Faria, DJe 25.11.2021)[37].

---

[37] "Processual Civil e Previdenciário. Recurso especial representativo da controvérsia. Aposentadoria especial. Agente nocivo ruído. Nível de intensidade variável. Habitualidade e permanência. Metodologia do nível de exposição normalizado - NEN. Regra. Critério do nível máximo de ruído (pico de ruído). Ausência do NEN. Adoção. 1. A Lei de Benefícios da Previdência Social, em seu art. 57, § 3º, disciplina que a aposentadoria especial será devida, uma vez cumprida a carência, ao segurado que comprovar tempo de trabalho permanente, não ocasional nem intermitente, em condições especiais que prejudiquem a saúde ou a integridade física, durante o período mínimo fixado em lei, sendo certo que a exigência legal de habitualidade e permanência não pressupõe a exposição contínua ao agente nocivo durante toda a jornada de trabalho. 2. A questão central objeto deste recurso versa acerca da possibilidade de reconhecimento do exercício de atividade sob condições especiais pela exposição ao agente ruído, quando constatados diferentes níveis de efeitos sonoros, considerando-se apenas o nível máximo aferido (critério 'pico de ruído'), a média aritmética simples ou o Nível de Exposição Normalizado (NEN). 3. A Lei n. 8.213/1991, no § 1º do art. 58, estabelece que a comprovação da efetiva exposição do segurado aos agentes nocivos será feita por formulário com base em Laudo Técnico de Condições Ambientais do Trabalho - LTCAT nos termos da legislação trabalhista. 4. A partir

Como se observa, o simples critério de exercício de atividade profissional, por si só, desde a Lei 9.032/1995 não é mais adotado pela legislação em vigor para o enquadramento da atividade como especial, como existia anteriormente[38].

A Emenda Constitucional 18/1981 excluiu a atividade de professor do rol de atividades abrangidas pela aposentadoria especial, por passar a ter direito à aposentadoria por tempo de serviço (tempo de contribuição) com requisitos diferenciados. Desse modo, a atividade de professor não tem mais como ser

---

do Decreto n. 4.882/2003 é que se tornou exigível, no LTCAT e no Perfil Profissiográfico Previdenciário (PPP), a referência ao critério Nível de Exposição Normalizado - NEN (também chamado de média ponderada) em nível superior à pressão sonora de 85 dB, a fim de permitir que a atividade seja computada como especial. 5. Para os períodos de tempo de serviço especial anteriores à edição do referido Decreto, que alterou o Regulamento da Previdência Social, não há que se requerer a demonstração do NEN, visto que a comprovação do tempo de serviço especial deve observar o regramento legal em vigor por ocasião do desempenho das atividades. 6. Descabe aferir a especialidade do labor mediante adoção do cálculo pela média aritmética simples dos diferentes níveis de pressão sonora, pois esse critério não leva em consideração o tempo de exposição ao agente nocivo durante a jornada de trabalho. 7. Se a atividade especial somente for reconhecida na via judicial, e não houver indicação do NEN no PPP, ou no LTCAT, caberá ao julgador solver a controvérsia com base na perícia técnica realizada em juízo, conforme disposto no art. 369 do CPC/2015 e na jurisprudência pátria, consolidada na Súmula 198 do extinto Tribunal Federal de Recursos, observado o critério do pico de ruído. 8. Para os fins do art. 1.039, CPC/2015, firma-se a seguinte tese: 'O reconhecimento do exercício de atividade sob condições especiais pela exposição ao agente nocivo ruído, quando constatados diferentes níveis de efeitos sonoros, deve ser aferido por meio do Nível de Exposição Normalizado (NEN). Ausente essa informação, deverá ser adotado como critério o nível máximo de ruído (pico de ruído), desde que perícia técnica judicial comprove a habitualidade e a permanência da exposição ao agente nocivo na produção do bem ou na prestação do serviço'. 9. *In casu,* o acórdão do Tribunal de origem manteve a sentença que concedeu ao segurado a aposentadoria especial, consignando ser possível o reconhecimento do labor especial por exposição a ruído variável baseado nos picos de maior intensidade, quando não houver informação da média de ruído apurada segundo a metodologia da FUNDACENTRO, motivo pelo qual merece ser mantido. 10. Recurso da autarquia desprovido" (STJ, 1ª Seção, REsp 1.886.795/RS, 2020/0190666-6, rel. Min. Gurgel de Faria, DJe 25.11.2021).

[38] Anteriormente, a Súmula 26 da Turma Nacional de Uniformização dos Juizados Especiais Federais assim previa: "A atividade de vigilante enquadra-se como especial, equiparando-se à de guarda, elencada no item 2.5.7. do Anexo III do Decreto n. 53.831/64". Ainda quanto a essa época anterior, a Súmula 70 da Turma Nacional de Uniformização dos Juizados Especiais Federais dispunha que: "A atividade de tratorista pode ser equiparada à de motorista de caminhão para fins de reconhecimento de atividade especial mediante enquadramento por categoria profissional". Cf. também a Súmula 82 da Turma Nacional de Uniformização dos Juizados Especiais Federais: "O código 1.3.2 do quadro anexo ao Decreto n. 53.831/64, além dos profissionais da área da saúde, contempla os trabalhadores que exercem atividades de serviços gerais em limpeza e higienização de ambientes hospitalares".

considerada como especial, exceto quanto à atividade exercida anteriormente à modificação constitucional.

Desse modo, para efeito de aposentadoria, não é possível a conversão do tempo de magistério em tempo de exercício comum. Ressalva-se desse entendimento apenas o período anterior à Emenda Constitucional 18/1981, uma vez que nela reside o marco temporal a partir do qual a aposentadoria do professor deixou de ser aposentadoria especial para caracterizar-se como espécie de benefício por tempo de contribuição, com o requisito etário reduzido (STF, 1ª T., RE 787.582/RS, rel. Min. Dias Toffoli, DJe 04.11.2014).

A avaliação qualitativa de riscos e agentes prejudiciais à saúde deve ser comprovada pela descrição: das circunstâncias de exposição ocupacional a determinado agente ou associação de agentes prejudiciais à saúde presentes no ambiente de trabalho durante toda a jornada de trabalho; de todas as fontes e possibilidades de liberação dos agentes mencionados; dos meios de contato ou exposição dos trabalhadores, as vias de absorção, a intensidade da exposição, a frequência e a duração do contato (art. 68, § 2º, do Regulamento da Previdência Social).

A comprovação da *efetiva exposição* do segurado aos agentes nocivos deve ser feita mediante formulário, na forma estabelecida pelo Instituto Nacional do Seguro Social (INSS), emitido pela empresa ou seu preposto, com base em *laudo técnico de condições ambientais do trabalho* expedido por médico do trabalho ou engenheiro de segurança do trabalho, nos termos da legislação trabalhista (art. 58, § 1º, da Lei 8.213/1991).

O mero contato do pedreiro com o cimento não caracteriza condição especial de trabalho para fins previdenciários (Súmula 71 da Turma Nacional de Uniformização dos Juizados Especiais Federais).

Os agentes reconhecidamente cancerígenos para humanos, listados pela Secretaria Especial de Previdência e Trabalho do Ministério da Economia, devem ser avaliados em conformidade com as disposições sobre aposentadoria especial e, caso sejam adotadas as medidas de controle previstas na legislação trabalhista que eliminem a nocividade, será descaracterizada a efetiva exposição (art. 68, § 4º, do Regulamento da Previdência Social, com redação dada pelo Decreto 10.410/2020).

Quanto ao tema em estudo, é importante salientar que do laudo técnico acima referido devem constar: *informação sobre a existência de tecnologia de proteção coletiva ou individual que diminua a intensidade do agente agressivo a limites de tolerância*; recomendação sobre a sua adoção pelo estabelecimento respectivo (art. 58, § 2º, da Lei 8.213/1991).

A empresa que não mantiver laudo técnico atualizado com referência aos agentes nocivos existentes no ambiente de trabalho de seus trabalhadores ou que emitir documento de comprovação de efetiva exposição em desacordo com o respectivo laudo estará sujeita à penalidade prevista no art. 133 da Lei 8.213/1991 (ou seja, multa).

O laudo pericial não contemporâneo ao período trabalhado é apto à comprovação da atividade especial do segurado (Súmula 68 da Turma Nacional de Uniformização dos Juizados Especiais Federais).

Esclareça-se que a cooperativa de trabalho e a empresa contratada para prestar serviços mediante cessão ou empreitada de mão de obra também devem atender ao disposto acima (ou seja, emissão do formulário) com base nos laudos técnicos de condições ambientais de trabalho emitidos pela empresa contratante, quando o serviço for prestado em estabelecimento da contratante (tomadora).

Nas avaliações ambientais devem ser considerados, além do disposto no Anexo IV do Regulamento da Previdência Social, a metodologia e os procedimentos de avaliação estabelecidos pela Fundação Jorge Duprat Figueiredo de Segurança e Medicina do Trabalho – FUNDACENTRO (art. 68, § 12, do Regulamento da Previdência Social). Na hipótese de não terem sido estabelecidos pela FUNDACENTRO a metodologia e os procedimentos de avaliação, cabe ao Ministério da Economia indicar outras instituições para estabelecê-los (art. 68, § 13, do Regulamento da Previdência Social).

Ademais, a empresa deve elaborar e manter atualizado o chamado *perfil profissiográfico*, abrangendo as atividades desenvolvidas pelo trabalhador e fornecer a este, quando da rescisão do contrato de trabalho, cópia autêntica desse documento (art. 58, § 4º, da Lei 8.213/1991).

Considera-se perfil profissiográfico previdenciário o documento que contenha o histórico laboral do trabalhador, elaborado de acordo com o modelo instituído pelo INSS (art. 68, § 9º, do Regulamento da Previdência Social).

O trabalhador ou o seu preposto terá acesso às informações prestadas pela empresa sobre o seu perfil profissiográfico previdenciário e poderá, inclusive, solicitar a retificação de informações que estejam em desacordo com a realidade do ambiente de trabalho, conforme orientação estabelecida em ato do Ministro de Estado da Economia (art. 68, § 10, do Regulamento da Previdência Social).

De acordo com a jurisprudência, "em regra, trazido aos autos o Perfil Profissiográfico Previdenciário (PPP), dispensável se faz, para o reconhecimento e contagem do tempo de serviço especial do segurado, a juntada do respectivo Laudo Técnico de Condições Ambientais de Trabalho (LTCAT)", uma vez que "o PPP já é elaborado com base nos dados existentes no LTCAT, ressalvando-se, entretanto, a necessidade da também apresentação desse laudo quando idoneamente impugnado o conteúdo do PPP" (STJ, 1ª Seção, Pet 10.262/RS (2013/0404814-0), rel. Min. Sérgio Kukina, DJe 16.02.2017).

A partir 1º de janeiro de 2023, o perfil profissiográfico previdenciário (PPP) será emitido exclusivamente em meio eletrônico, a partir das informações constantes nos eventos de Segurança e Saúde no Trabalho (SST) no Sistema Simplificado de Escrituração Digital das Obrigações Previdenciárias, Trabalhistas e Fiscais (eSocial), para os segurados das empresas obrigadas (art. 1º da Portaria 313/2021 do Ministério do Trabalho e Previdência, com redação dada pela Portaria 1.010/2021).

O perfil profissiográfico previdenciário em meio eletrônico corresponde ao histórico laboral do trabalhador a partir de 1º de janeiro de 2023 (art. 2º da Portaria 313/2021 do Ministério do Trabalho e Previdência, com redação dada pela Portaria 1.010/2021). O perfil profissiográfico previdenciário em meio físico não será aceito para comprovação de direitos perante a Previdência Social para períodos trabalhados a partir de 1º de janeiro de 2023.

A partir de sua implantação, o perfil profissiográfico previdenciário em meio eletrônico deve ser preenchido para todos os segurados empregados, trabalhadores avulsos e cooperados vinculados à cooperativa de trabalho ou de produção, independentemente do ramo de atividade da empresa e da exposição a agentes nocivos (art. 6º da Portaria 313/2021 do Ministério do Trabalho e Previdência, com redação dada pela Portaria 1.010/2021).

Cabe ao INSS adotar as providências necessárias à recepção das informações do perfil profissiográfico previdenciário em meio eletrônico e à disponibilização de tais informações ao segurado a partir de 1º de janeiro de 2023 (art. 7º da Portaria 313/2021 do Ministério do Trabalho e Previdência, com redação dada pela Portaria 1.010/2021).

Questiona-se se o fornecimento do equipamento de proteção individual ao empregado exclui, ou não, o direito do segurado ao recebimento da aposentadoria especial.

A respeito do tema, segundo a Súmula 9 da Turma Nacional de Uniformização dos Juizados Especiais Federais: "Aposentadoria Especial. Equipamento de Proteção Individual. O uso de Equipamento de Proteção Individual (EPI), ainda que elimine a insalubridade, no caso de exposição a ruído, não descaracteriza o tempo de serviço especial prestado" (DJ 05.11.2003).

A eficácia do EPI não obsta o reconhecimento de atividade especial exercida antes de 03.12.1998, data de início da vigência da Medida Provisória 1.729/1998, convertida na Lei 9.732/1998 (Súmula 87 da TNU).

A empresa é obrigada a fornecer aos empregados, gratuitamente, *equipamento de proteção individual* adequado ao risco e em perfeito estado de conservação e funcionamento, sempre que as medidas de ordem geral não ofereçam completa proteção contra os riscos de acidentes e danos à saúde dos empregados (art. 166 da CLT).

Considera-se equipamento de proteção individual (EPI) o dispositivo ou produto de uso individual utilizado pelo trabalhador, concebido e fabricado para oferecer *proteção contra os riscos ocupacionais* existentes no ambiente de trabalho (Norma Regulamentadora 6, com redação aprovada pela Portaria 2.175/2022 do Ministério do Trabalho e Previdência, item 6.3.1).

Entende-se como equipamento conjugado de proteção individual todo aquele utilizado pelo trabalhador, composto por vários dispositivos que o fabricante tenha conjugado contra um ou mais riscos ocupacionais existentes no ambiente de trabalho (NR 6, item 6.3.2).

A preferência, na verdade, é quanto à adoção de medidas de ordem geral, inclusive com a adoção de equipamentos de proteção coletiva, com vistas à existência e manutenção do meio ambiente de trabalho salubre e seguro.

Sendo assim, a eliminação ou a neutralização da insalubridade ocorre: com a adoção de medidas que conservem o ambiente de trabalho dentro dos limites de tolerância; com a *utilização de equipamentos de proteção individual ao trabalhador, que diminuam a intensidade do agente agressivo a limites de tolerância* (art. 191 da CLT).

A eliminação da insalubridade mediante fornecimento de aparelhos protetores aprovados pelo órgão competente do Poder Executivo exclui a percepção do respectivo adicional (Súmula 80 do Tribunal Superior do Trabalho).

Não é suficiente, entretanto, apenas o fornecimento do equipamento de proteção individual pelo empregador.

O simples fornecimento do aparelho de proteção pelo empregador não o exime do pagamento do adicional de insalubridade. Cabe-lhe tomar as medidas que conduzam à diminuição ou eliminação da nocividade, entre as quais as relativas ao *uso efetivo do equipamento pelo empregado* (Súmula 289 do TST).

Considerando os parâmetros normativos expostos, o Supremo Tribunal Federal fixou a seguinte tese de repercussão geral: "O direito à aposentadoria especial pressupõe a efetiva exposição do trabalhador a agente nocivo a sua saúde, de modo que, se o Equipamento de Proteção Individual (EPI) for realmente capaz de neutralizar a nocividade, não haverá respaldo constitucional à aposentadoria especial" (STF, Pleno, ARE 664.335/SC, rel. Min. Luiz Fux, DJe 12.02.2015).

Trata-se de decisão em harmonia com a interpretação sistemática das normas incidentes sobre a aposentadoria especial, considerando, notadamente, os §§ 1º e 2º do art. 58 da Lei 8.213/1991, acima indicados, sobre a comprovação da efetiva exposição aos agentes nocivos com base em *laudo técnico de condições ambientais do trabalho*, no qual devem constar: *informação sobre a existência de tecnologia de proteção coletiva ou individual que diminua a intensidade do agente agressivo a limites de tolerância*; e recomendação sobre a sua adoção pelo estabelecimento respectivo.

Nota-se, ainda, que cada caso merece exame específico e cuidadoso, com o fim de se verificar o exercício, pelo segurado, de atividades com *efetiva exposição a condições especiais*, que não tenham sido eliminadas nem neutralizadas, as quais sejam consideradas prejudiciais à saúde.

A Turma Nacional de Uniformização dos Juizados Especiais Federais fixou a seguinte tese (Tema 213): "I – A informação no Perfil Profissiográfico Previdenciário (PPP) sobre a existência de Equipamento de Proteção Individual (EPI) eficaz pode ser fundamentadamente desafiada pelo segurado perante a Justiça Federal, desde que exista impugnação específica do formulário na causa de pedir, onde tenham sido motivadamente alegados: (i) a ausência de adequação ao risco da atividade; (ii) a inexistência ou irregularidade do certificado de conformidade; (iii) o descumprimento das normas de manutenção, substituição e higienização; (iv) a ausência ou insuficiência de orientação e treinamento sobre o uso o uso adequado, guarda e conservação; ou (v) qualquer outro motivo capaz de conduzir à conclusão da ineficácia do EPI. II – Considerando que o Equipamento de Proteção Individual (EPI) apenas obsta a concessão do reconhecimento do trabalho em condições especiais quando for realmente capaz de neutralizar o agente nocivo, havendo divergência real ou dúvida razoável sobre a sua real eficácia, provocadas por impugnação fundamentada e consistente do segurado, o período trabalhado deverá ser reconhecido como especial" (TNU, PEDILEF 0004439-44.2010.4.03.6318/SP, rel. Juiz Federal Fábio de Souza Silva, DJe 25.06.2020).

Além disso, de acordo com a segunda tese de repercussão geral fixada pelo Supremo Tribunal Federal: "Na hipótese de exposição do trabalhador a ruído acima dos limites legais de tolerância, a declaração do empregador, no âmbito do Perfil Profissiográfico Previdenciário (PPP), da eficácia do Equipamento de Proteção Individual (EPI), não descaracteriza o tempo de serviço especial para aposentadoria" (STF, Pleno, ARE 664.335/SC, rel. Min. Luiz Fux, DJe 12.02.2015).

Isso porque não há como garantir a completa eliminação dos efeitos prejudiciais à saúde do ruído com a simples utilização do equipamento de proteção individual, pois há vários fatores que influenciam na sua eficácia, e muitos deles não são passíveis de efetivo controle pelas empresas e trabalhadores.

A efetiva exposição a agente prejudicial à saúde configura-se quando, mesmo após a adoção das medidas de controle previstas na legislação trabalhista, a nocividade não seja eliminada ou neutralizada (art. 64, § 1º, do Regulamento da Previdência Social).

Para os fins acima indicados, considera-se:

I – eliminação: a adoção de medidas de controle que efetivamente impossibilitem a exposição ao agente prejudicial à saúde no ambiente de trabalho;

II – neutralização: a adoção de medidas de controle que reduzam a intensidade, a concentração ou a dose do agente prejudicial à saúde ao limite de tolerância previsto neste Regulamento ou, na sua ausência, na legislação trabalhista (art. 64, § 1º-A, do Regulamento da Previdência Social).

Para fins da aposentadoria especial, a exposição aos agentes químicos, físicos e biológicos prejudiciais à saúde, ou a associação desses agentes, deve superar os limites de tolerância estabelecidos segundo critérios quantitativos ou estar caracterizada de acordo com os critérios da avaliação qualitativa (art. 64, § 2º, do Regulamento da Previdência Social).

Deve-se salientar que as disposições legais acima estudadas, sobre aposentadoria especial do segurado filiado ao Regime Geral de Previdência Social, aplicam-se, também, ao *cooperado filiado à cooperativa de trabalho e de produção que trabalha sujeito a condições especiais que prejudiquem a sua saúde* (art. 1º da Lei 10.666/2003).

Sendo assim, é devida *contribuição adicional* de 9%, 7% ou 5%, a cargo da *empresa tomadora de serviços de cooperado filiado a cooperativa de trabalho*, incidente sobre o valor bruto da nota fiscal ou fatura de prestação de serviços, conforme a atividade exercida pelo cooperado permita a concessão de aposentadoria especial após 15, 20 ou 25 anos de contribuição, respectivamente. No entanto, o Supremo Tribunal Federal decidiu ser inconstitucional a contribuição previdenciária prevista no art. 22, inciso IV, da Lei 8.212/1991, com redação dada pela Lei 9.876/1999 (RE 595.838), com essa mesma sistemática do art. 1º, § 1º, da Lei 10.666/2003. Sendo assim, a Secretaria da Receita Federal do Brasil não constituirá crédito tributário decorrente da contribuição de que trata o § 1º do art. 1º da Lei 10.666/2003, que instituiu contribuição adicional àquela prevista no inciso IV do art. 22 da Lei 8.212/1991, para fins de custeio de aposentadoria especial para cooperados filiados a cooperativas de trabalho (art. 2º do Ato Declaratório Interpretativo RFB 5/2015). Cf. Capítulo 2, item 2.11.

É devida *contribuição adicional* de 12%, 9% ou 6%, a cargo da *cooperativa de produção*, incidente sobre a remuneração paga, devida ou creditada ao cooperado filiado, na hipótese de exercício de atividade que autorize a concessão de aposentadoria especial após 15, 20 ou 25 anos de contribuição, respectivamente (art. 1º, § 2º, da Lei 10.666/2003).

Considera-se *cooperativa de produção* aquela em que os seus associados contribuem com serviços laborativos ou profissionais para a produção em comum de bens, quando a cooperativa detenha por qualquer forma os meios de produção.

5.12. APOSENTADORIA DA PESSOA COM DEFICIÊNCIA

É vedada a adoção de requisitos ou critérios diferenciados para concessão de benefícios, ressalvada, nos termos de lei complementar, a possibilidade de previsão de idade e tempo de contribuição distintos da regra geral para concessão de aposentadoria exclusivamente em favor dos segurados com deficiência, previamente submetidos a avaliação biopsicossocial realizada por equipe multiprofissional e interdisciplinar (art. 201, § 1º, inciso I, da Constituição Federal de 1988, incluído pela Emenda Constitucional 103/2019).

Até que lei discipline o inciso I do § 1º do art. 201 da Constituição Federal de 1988, a aposentadoria da pessoa com deficiência segurada do Regime Geral de Previdência Social será concedida na forma da Lei Complementar 142, de 8 de maio de 2013, inclusive quanto aos critérios de cálculo dos benefícios (art. 22 da Emenda Constitucional 103/2019).

Cabe ressaltar que foi instituída a Lei Brasileira de Inclusão da Pessoa com Deficiência (Estatuto da Pessoa com Deficiência – Lei 13.146/2015), destinada a assegurar e a promover, em condições de igualdade, o exercício dos direitos e das liberdades fundamentais por pessoa com deficiência, visando à sua inclusão social e cidadania (art. 1º).

O mencionado diploma legal tem como base a Convenção sobre os Direitos das Pessoas com Deficiência e seu Protocolo Facultativo, ratificados pelo Congresso Nacional por meio do Decreto Legislativo 186/2008, em conformidade com o procedimento previsto no art. 5º, § 3º, da Constituição da República, em vigor para o Brasil, no plano jurídico externo, desde 31 de agosto de 2008, e promulgados pelo Decreto 6.949/2009, data de início de sua vigência no plano interno.

Considera-se *pessoa com deficiência* aquela que tem impedimento de longo prazo de natureza física, mental, intelectual ou sensorial, o qual, em interação com uma ou mais barreiras[39], pode obstruir sua participação plena

[39] "Art. 3º Para fins de aplicação desta Lei, consideram-se: [...] IV – barreiras: qualquer entrave, obstáculo, atitude ou comportamento que limite ou impeça a participação social da pessoa, bem

e efetiva na sociedade em igualdade de condições com as demais pessoas (art. 2º da Lei 13.146/2015).

A avaliação da deficiência, quando necessária, deve ser biopsicossocial, realizada por equipe multiprofissional e interdisciplinar e considerará: os impedimentos nas funções e nas estruturas do corpo; os fatores socioambientais, psicológicos e pessoais; a limitação no desempenho de atividades; a restrição de participação (art. 2º, § 1º, da Lei 13.146/2015). O Poder Executivo deve criar instrumentos para avaliação da deficiência (art. 2º, § 2º, da Lei 13.146/2015).

Fica a visão monocular classificada como deficiência sensorial, do tipo visual, para todos os efeitos legais (art. 1º da Lei 14.126/2021). O previsto no art. 2º, § 2º, da Lei 13.146/2015 (Estatuto da Pessoa com Deficiência) aplica-se à visão monocular.

É assegurado à pessoa com deficiência *atendimento domiciliar pela perícia médica e social do Instituto Nacional do Seguro Social (INSS)*, pelo serviço público de saúde ou pelo serviço privado de saúde, contratado ou conveniado, que integre o Sistema Único de Saúde (SUS) e pelas entidades da rede socioassistencial integrantes do Sistema Único de Assistência Social (SUAS), *quando seu deslocamento, em razão de sua limitação funcional e de condições de acessibilidade, imponha-lhe ônus desproporcional e indevido* (art. 95, parágrafo único, da Lei 13.146/2015).

Esclareça-se que os direitos, os prazos e as obrigações previstos na Lei Brasileira de Inclusão da Pessoa com Deficiência (Estatuto da Pessoa com Deficiência) não excluem os já estabelecidos em outras legislações, inclusive em pactos, tratados, convenções e declarações internacionais aprovados e pro-

---

como o gozo, a fruição e o exercício de seus direitos à acessibilidade, à liberdade de movimento e de expressão, à comunicação, ao acesso à informação, à compreensão, à circulação com segurança, entre outros, classificadas em: a) barreiras urbanísticas: as existentes nas vias e nos espaços públicos e privados abertos ao público ou de uso coletivo; b) barreiras arquitetônicas: as existentes nos edifícios públicos e privados; c) barreiras nos transportes: as existentes nos sistemas e meios de transportes; d) barreiras nas comunicações e na informação: qualquer entrave, obstáculo, atitude ou comportamento que dificulte ou impossibilite a expressão ou o recebimento de mensagens e de informações por intermédio de sistemas de comunicação e de tecnologia da informação; e) barreiras atitudinais: atitudes ou comportamentos que impeçam ou prejudiquem a participação social da pessoa com deficiência em igualdade de condições e oportunidades com as demais pessoas; f) barreiras tecnológicas: as que dificultam ou impedem o acesso da pessoa com deficiência às tecnologias".

mulgados pelo Congresso Nacional, e devem ser aplicados em conformidade com as demais normas internas e acordos internacionais vinculantes sobre a matéria (art. 121 da Lei 13.146/2015).

Prevalece, assim, a *norma mais benéfica* à pessoa com deficiência.

Segundo o art. 41 da Lei 13.146/2015, a pessoa com deficiência segurada do Regime Geral de Previdência Social (RGPS) tem direito à aposentadoria nos termos da Lei Complementar 142, de 8 de maio de 2013.

A Lei Complementar 142/2013 regulamenta a concessão de aposentadoria da pessoa com deficiência segurada do Regime Geral de Previdência Social.

Para o reconhecimento do direito à aposentadoria em questão, considera-se pessoa com deficiência aquela que tem *impedimentos de longo prazo de natureza física, mental, intelectual ou sensorial*, os quais, em interação com diversas barreiras, *podem obstruir sua participação plena e efetiva na sociedade em igualdade de condições com as demais pessoas* (art. 2º da Lei Complementar 142/2013).

Nota-se que o referido conceito é justamente o previsto na Convenção Internacional sobre os Direitos das Pessoas com Deficiência, de 2007, promulgada pelo Decreto 6.949/2009, que foi aprovada pelo Decreto Legislativo 186/2008, conforme o procedimento do art. 5º, § 3, da Constituição da República, ou seja, tendo a mesma hierarquia de emenda constitucional.

É assegurada a concessão de aposentadoria pelo Regime Geral de Previdência Social ao segurado com deficiência, observadas as seguintes condições (art. 3º da Lei Complementar 142/2013):

> I – aos 25 anos de tempo de contribuição, se homem, e 20 anos, se mulher, no caso de segurado com *deficiência grave*;
>
> II – aos 29 anos de tempo de contribuição, se homem, e 24 anos, se mulher, no caso de segurado com *deficiência moderada*;
>
> III – aos 33 anos de tempo de contribuição, se homem, e 28 anos, se mulher, no caso de segurado com *deficiência leve*; ou
>
> IV – aos 60 anos de idade, se homem, e 55 anos de idade, se mulher, independentemente do grau de deficiência, desde que cumprido tempo mínimo de contribuição de 15 anos e comprovada a existência de deficiência durante igual período.

Cabe ao Regulamento do Poder Executivo definir as deficiências grave, moderada e leve para os fins da Lei Complementar 142/2013.

A *avaliação da deficiência* deve ser *médica e funcional*, nos termos do Regulamento (art. 4º da Lei Complementar 142/2013).

O *grau de deficiência* deve ser atestado por *perícia própria* do Instituto Nacional do Seguro Social, por meio de instrumentos desenvolvidos para esse fim (art. 5º da Lei Complementar 142/2013).

Cabe esclarecer que a concessão da aposentadoria por tempo de contribuição ou por idade ao segurado que tenha reconhecido, após ter sido submetido a avaliação biopsicossocial realizada por equipe multiprofissional e interdisciplinar, grau de deficiência leve, moderada ou grave está condicionada à comprovação da condição de pessoa com deficiência na data da entrada do requerimento ou na data da implementação dos requisitos para o benefício (art. 70-A do Regulamento da Previdência Social).

A critério do INSS, o segurado com deficiência deve, a qualquer tempo, submeter-se à referida avaliação (art. 70-H do Regulamento da Previdência Social).

Para efeito de concessão da aposentadoria da pessoa com deficiência, a avaliação biopsicossocial realizada por equipe multiprofissional e interdisciplinar deve, entre outros aspectos: avaliar o segurado e fixar a data provável do início da deficiência e o seu grau; identificar a ocorrência de variação no grau de deficiência e indicar os respectivos períodos em cada grau (art. 70-D do Regulamento da Previdência Social).

A aposentadoria *por tempo de contribuição* do segurado com deficiência, cumprida a carência, é devida ao segurado empregado, inclusive o doméstico, trabalhador avulso, contribuinte individual e facultativo (art. 70-B do Regulamento da Previdência Social).

A aposentadoria *por idade* da pessoa com deficiência, cumprida a carência, é devida ao segurado aos 60 anos de idade, se homem, e 55 anos de idade, se mulher (art. 70-C do Regulamento da Previdência Social). Para efeitos de concessão da aposentadoria por idade, o segurado deve contar com no mínimo 15 anos de tempo de contribuição, cumpridos na condição de pessoa com deficiência, independentemente do grau.

A contagem de tempo de contribuição na condição de segurado com deficiência deve ser objeto de comprovação, exclusivamente, na forma da Lei Complementar 142/2013 (art. 6º).

A existência de deficiência anterior à data da vigência da Lei Complementar 142/2013 deve ser certificada, inclusive quanto ao seu grau, por ocasião da primeira avaliação, sendo obrigatória a fixação da data provável do início da deficiência.

A comprovação de tempo de contribuição na condição de segurado com deficiência em período anterior à entrada em vigor da Lei Complementar 142/2013 não é admitida por meio de prova exclusivamente testemunhal.

Se o segurado, após a filiação ao Regime Geral de Previdência Social, tornar-se pessoa com deficiência, ou tiver seu grau de deficiência alterado, os parâmetros mencionados no art. 3º da Lei Complementar 142/2013 devem ser proporcionalmente ajustados, considerando-se o número de anos em que o segurado exerceu atividade laboral sem deficiência e com deficiência, observado o grau de deficiência correspondente, nos termos do Regulamento do Poder Executivo (art. 7º da Lei Complementar 142/2013).

Nesse sentido, para o segurado que, após a filiação ao Regime Geral de Previdência Social, tornar-se pessoa com deficiência, ou tiver seu grau alterado, os parâmetros mencionados nos incisos I, II e III do art. 3º da Lei Complementar 142/2013 devem ser proporcionalmente ajustados e os respectivos períodos serão somados após conversão, conforme as tabelas do art. 70-E do Regulamento da Previdência Social, considerando o grau de deficiência preponderante.

Deve-se esclarecer que o grau de deficiência preponderante é aquele em que o segurado cumpriu maior tempo de contribuição, antes da conversão, e deve servir como parâmetro para definir o tempo mínimo necessário para a aposentadoria por tempo de contribuição da pessoa com deficiência e para a conversão (art. 70-E, § 1º, do Regulamento da Previdência Social).

Quando o segurado contribuiu alternadamente na condição de pessoa sem deficiência e com deficiência, os respectivos períodos podem ser somados, após aplicação da conversão de que trata o art. 70-E do Regulamento da Previdência Social (art. 70-E, § 2º, do Regulamento da Previdência Social).

A *renda mensal da aposentadoria* devida ao segurado com deficiência deve ser calculada aplicando-se sobre o salário de benefício, apurado em conformidade com o disposto no art. 29 da Lei 8.213/1991 (entretanto, segundo entendimento do INSS e art. 70-J do Regulamento da Previdência Social, mesmo nesse caso, deve ser observado o art. 26 da Emenda Constitucional 103/2019), os seguintes percentuais:

I – 100%, no caso da aposentadoria de que tratam os incisos I, II e III do art. 3º da Lei Complementar 142/2013; ou

II – 70% mais 1% do salário de benefício por grupo de 12 contribuições mensais até o máximo de 30%, no caso de aposentadoria por idade (art. 8º da Lei Complementar 142/2013).

Aplicam-se à pessoa com deficiência de que trata a Lei Complementar 142/2013:

> I – o fator previdenciário nas aposentadorias, *se resultar em renda mensal de valor mais elevado*;
>
> II – a contagem recíproca do tempo de contribuição na condição de segurado com deficiência relativo à filiação ao Regime Geral de Previdência Social, ao Regime Próprio de Previdência do servidor público ou a Regime de Previdência militar, devendo os regimes compensar-se financeiramente;
>
> III – as regras de pagamento e de recolhimento das contribuições previdenciárias contidas na Lei 8.212/1991;
>
> IV – as demais normas relativas aos benefícios do Regime Geral de Previdência Social;
>
> V – a percepção de qualquer outra espécie de aposentadoria estabelecida na Lei 8.213/1991, que lhe seja mais vantajosa do que as opções apresentadas na Lei Complementar 142/2013 (art. 9º).

Frise-se que a redução do tempo de contribuição prevista na Lei Complementar em questão *não pode ser acumulada, no tocante ao mesmo período contributivo*, com a redução assegurada aos casos de atividades exercidas sob condições especiais que prejudiquem a saúde ou a integridade física (art. 10 da Lei Complementar 142/2013).

É garantida a conversão do tempo de contribuição cumprido em condições especiais que prejudiquem a saúde ou a integridade física do segurado, inclusive da pessoa com deficiência, para fins da aposentadoria *por tempo de contribuição* do segurado com deficiência, se resultar mais favorável ao segurado, conforme tabela prevista no art. 70-F, § 1º, do Regulamento da Previdência Social. Entretanto, é vedada a conversão do tempo de contribuição da pessoa com deficiência para fins de concessão da aposentadoria especial (art. 70-F, § 2º, do Regulamento da Previdência Social).

Para a aposentadoria *por idade* concedida a pessoa com deficiência, será assegurada, exclusivamente para fins de cálculo do valor da renda mensal, a conversão do período de exercício de atividade sujeito a condições especiais que prejudiquem a sua saúde ou a sua integridade física, cumprido na condição de pessoa com deficiência até 13 de novembro de 2019, vedado o cômputo do tempo convertido para fins de carência (art. 188-Q do Regulamento da Previdência Social, incluído pelo Decreto 10.410/2020).

5.13. APOSENTADORIA COMPULSÓRIA

No Regime Geral de Previdência Social, a aposentadoria por idade pode ser requerida pela empresa, desde que o segurado empregado tenha cumprido o período de carência e completado 70 anos de idade, se do sexo masculino, ou 65 anos, se do sexo feminino, sendo a aposentadoria, nesse caso, *compulsória*, garantindo-se ao empregado a indenização prevista na legislação trabalhista, considerada como data da rescisão do contrato de trabalho a imediatamente anterior à do início da aposentadoria (art. 51 da Lei 8.213/1991).

Os empregados dos consórcios públicos, das empresas públicas, das sociedades de economia mista e das suas subsidiárias serão *aposentados compulsoriamente*, observado o cumprimento do tempo mínimo de contribuição, ao atingir a idade máxima de que trata o inciso II do § 1º do art. 40 da Constituição Federal de 1988, na forma estabelecida em lei (art. 201, § 16, da Constituição Federal de 1988, incluído pela Emenda Constitucional 103/2019).

Essa previsão, assim, depende de disciplina em lei para ser aplicada. Cabe esclarecer que a Lei Complementar 152/2015 não trata de aposentadoria compulsória dos empregados indicados no art. 201, § 16, da Constituição Federal de 1988, incluído pela Emenda Constitucional 103/2019.

Nos termos do art. 40, § 1º, inciso II, da Constituição Federal de 1988, com redação dada pela Emenda Constitucional 88/2015, os servidores titulares de cargos efetivos abrangidos pelo Regime Próprio de Previdência Social de que trata o art. 40 da Constituição da República serão aposentados compulsoriamente, com proventos proporcionais ao tempo de contribuição, aos 70 anos de idade, ou aos 75 anos de idade, na forma de lei complementar. A Lei Complementar 152/2015 dispõe sobre a aposentadoria compulsória por idade (aos 75 anos de idade), com proventos proporcionais, no âmbito da União, dos Estados, do Distrito Federal e dos Municípios, dos agentes públicos aos quais se aplica o art. 40, § 1º, inciso II, da Constituição Federal de 1988 (art. 1º).

As empresas públicas, as sociedades de economia mista e suas subsidiárias que explorem atividade econômica de produção ou comercialização de bens ou de prestação de serviços integram a administração pública indireta, têm natureza de direito privado e o regime trabalhista aplicável é o da Consolidação das Leis do Trabalho (art. 173, § 1º, inciso II, da Constituição Federal de 1988).

O consórcio público, com personalidade jurídica de direito público ou privado, deve observar as normas de direito público no que concerne à realização de licitação, à celebração de contratos, à prestação de contas e à admissão de pessoal, que será regido pela Consolidação das Leis do Trabalho (art. 6º, § 2º, da Lei 11.107/2005, com redação dada pela Lei 13.822/2019).

5.14. APOSENTADORIA POR TEMPO DE CONTRIBUIÇÃO

Antes da Emenda Constitucional 103/2019, a Constituição da República, no art. 201, § 7º, inciso I (incluído pela Emenda Constitucional 20/1998), assegurava a aposentadoria no Regime Geral de Previdência Social aos 35 anos de contribuição, se homem, e 30 anos de contribuição, se mulher.

Os mencionados requisitos eram reduzidos em cinco anos para o professor que comprovasse exclusivamente tempo de efetivo exercício das funções de magistério na educação infantil e no ensino fundamental e médio (art. 201, § 8º, da Constituição Federal, na redação dada pela Emenda Constitucional 20/1998).

Tratava-se da *aposentadoria por tempo de contribuição*, que havia substituído a chamada aposentadoria por tempo de serviço.

Como o benefício em questão era devido independentemente de idade mínima, parte da doutrina entendia que não haveria nenhuma contingência social (no sentido de evento que gere estado de necessidade) a ser coberta nesse caso, mas apenas a concessão de aposentadoria a quem tivesse alcançado certo tempo de contribuição[40].

De todo modo, cabe registrar que o art. 1º da Lei 8.213/1991 dispõe que a Previdência Social, mediante contribuição, tem por fim assegurar aos seus beneficiários meios indispensáveis de manutenção, por motivo, no caso, de "tempo de serviço", que foi substituído pelo tempo de contribuição, que era previsto como evento coberto na esfera previdenciária.

A concessão da aposentadoria por tempo de contribuição dependia do período de carência de 180 contribuições mensais (art. 25, inciso II, da Lei 8.213/1991).

Com o advento da Emenda Constitucional 103/2019, a aposentadoria por tempo de contribuição sem idade mínima, em regra, não é mais prevista, salvo nos casos de direito adquirido (art. 3º da Emenda Constitucional 103/2019),

---

40 Cf. LEITÃO, André Studart; MEIRINHO, Augusto Grieco Sant'Anna. Manual de direito previdenciário. 4. ed. São Paulo: Saraiva, 2016. p. 378-379.

da regra de transição do art. 17 da Emenda Constitucional 103/2019 e de aposentadoria da pessoa com deficiência, concedida na forma da Lei Complementar 142/2013, conforme art. 22 da Emenda Constitucional 103/2019.

Tendo em vista a irretroatividade das normas jurídicas no tempo, quem já havia preenchido os requisitos dessa aposentadoria no período anterior à entrada em vigor da Emenda Constitucional 103/2019 e estava aposentado por tempo de contribuição não é por ela alcançado.

Da mesma forma, quem preencheu os requisitos da aposentadoria por tempo de contribuição até a data anterior ao início da vigência da Emenda Constitucional 103/2019 tem direito adquirido, o qual é assegurado pelo art. 5º, inciso XXXVI, da Constituição da República.

Nessa linha, o art. 3º da Emenda Constitucional 103/2019 dispõe que a concessão de aposentadoria ao servidor público federal vinculado a Regime Próprio de Previdência Social e ao segurado do Regime Geral de Previdência Social e de pensão por morte aos respectivos dependentes será assegurada, a qualquer tempo, desde que tenham sido cumpridos os requisitos para obtenção desses benefícios até a data de entrada em vigor da Emenda Constitucional 103/2019, observados os critérios da legislação vigente na data em que foram atendidos os requisitos para a concessão da aposentadoria ou da pensão por morte.

O segurado especial que contribuísse, facultativamente, na forma do art. 39, inciso II, da Lei 8.213/1991 e art. 25, § 1º, da Lei 8.212/1991, somente fazia jus à aposentadoria por idade, tempo de contribuição e especial após o cumprimento da carência exigida para esses benefícios, não sendo considerado como período de carência o tempo de atividade rural não contributivo.

O trabalhador rural, na condição de segurado especial, sujeito à contribuição obrigatória sobre a produção rural comercializada, somente fazia jus à aposentadoria por tempo de contribuição se recolhesse contribuições facultativas (Súmula 272 do STJ).

A aposentadoria por tempo de contribuição consistia em uma renda mensal de 100% por cento do salário de benefício aos 35 anos de contribuição, para o homem, e aos 30 anos de contribuição, para a mulher.

Quanto à data do início, a aposentadoria por tempo de contribuição era devida (arts. 49 e 54 da Lei 8.213/1991):

> – ao segurado empregado, inclusive o doméstico, a partir da data do *desligamento do emprego*, quando requerida até essa data ou até 90 dias depois dela, ou a partir da *data do requerimento*, quando não houvesse desligamento do emprego ou quando for requerida após o prazo previsto acima;

– para os demais segurados, da *data da entrada do requerimento*.

Quando o segurado houver preenchido os requisitos legais para concessão da aposentadoria por tempo de contribuição na data do requerimento administrativo, esta data será o termo inicial da concessão do benefício (Súmula 33 da Turma Nacional de Uniformização dos Juizados Especiais Federais).

A Constituição da República, desde a Emenda Constitucional 20/1998, não prevê mais a aposentadoria *proporcional* por tempo de serviço, ficando resguardado o direito adquirido de quem preencheu os seus requisitos até essa modificação (art. 3º da Emenda Constitucional 20/1998). O art. 9º, § 1º, da Emenda Constitucional 20/1998 estabeleceu regra de transição a respeito[41]. O art. 9º da Emenda Constitucional 20/1998 foi revogado pela Emenda Constitucional 103/2019 (art. 35, inciso II), mas o direito adquirido de quem preencheu os requisitos dessa regra de transição durante a sua vigência deve ser resguardado (art. 3º da Emenda Constitucional 103/2019). Cf. ainda Capítulo 1, item 1.13.1, e Capítulo 5, item 5.27.

5.15. CONTAGEM DO TEMPO DE CONTRIBUIÇÃO

De acordo com o art. 4º da Emenda Constitucional 20/1998, observado o disposto no art. 40, § 10, da Constituição Federal de 1988, ao prever que a lei não pode estabelecer qualquer forma de contagem de tempo de contribuição fictício, o tempo de serviço considerado pela legislação vigente para efeito de aposentadoria, cumprido até que a lei discipline a matéria, deve ser contado como *tempo de contribuição*.

Portanto, considera-se como de contribuição o tempo de serviço previsto na legislação ainda em vigor.

Considera-se tempo de contribuição aquele correspondente ao número de contribuições compreendido entre o primeiro recolhimento ao Regime Geral

---

[41] O segurado que tivesse se filiado ao Regime Geral de Previdência Social até a data de publicação da Emenda Constitucional 20/1998 (16.12.1998) podia se aposentar com valores proporcionais ao tempo de contribuição, quando atendidas as seguintes condições (cumulativas): I – contasse com 53 anos de idade, se homem, e 48 anos de idade, se mulher; e II – contasse tempo de contribuição igual, no mínimo, à soma de: a) 30 anos, se homem, e 25 anos, se mulher; e b) um período adicional de contribuição equivalente a 40% do tempo que, na data da publicação da Emenda Constitucional 20/1998 (16.12.1998), faltaria para atingir o limite de tempo constante da alínea anterior ("pedágio"). Preenchidos os requisitos acima, o valor da mencionada aposentadoria proporcional seria equivalente a 70% do valor da aposentadoria integral, acrescido de 5% por ano de contribuição que supere a soma a que se refere o inciso anterior, até o limite de 100%.

de Previdência Social, igual ou superior ao limite mínimo estabelecido, até o fato gerador do benefício pleiteado (art. 206 da Instrução Normativa INSS 128/2022).

Para períodos anteriores a 13 de novembro de 2019, data da publicação da Emenda Constitucional 103/2019, considera-se como tempo de contribuição o tempo contado de data a data, desde o início até a data do desligamento de atividade abrangida pela Previdência Social ou até a data do fato gerador do benefício pleiteado, descontados os períodos legalmente estabelecidos.

A partir de 13 de novembro de 2019, data da publicação da Emenda Constitucional 103/2019, incluindo a competência de novembro, o tempo de contribuição deve ser considerado em sua forma integral, independentemente do número de dias trabalhados, ressalvada as competências com salário de contribuição abaixo do limite mínimo estabelecido.

Nesse sentido, de acordo com o art. 19-C, § 2º, do Regulamento da Previdência Social, as competências em que o salário de contribuição mensal tenha sido igual ou superior ao limite mínimo devem ser computadas integralmente como tempo de contribuição, independentemente da quantidade de dias trabalhados.

É vedada a contagem de tempo de contribuição fictício para efeito de concessão dos benefícios previdenciários e de contagem recíproca (art. 201, § 14, da Constituição Federal de 1988, incluído pela Emenda Constitucional 103/2019).

O tempo de contribuição fictício se opõe ao que é real ou verdadeiro, isto é, ao tempo de atividade com a correspondente contribuição previdenciária.

Entretanto, segundo o art. 25 da Emenda Constitucional 103/2019, será assegurada a contagem de tempo de contribuição fictício no Regime Geral de Previdência Social decorrente de hipóteses descritas na legislação vigente até a data de entrada em vigor da Emenda Constitucional 103/2019 para fins de concessão de aposentadoria, observando-se, a partir da sua entrada em vigor, o disposto no § 14 do art. 201 da Constituição Federal de 1988.

Nota-se que a previsão do art. 25 da Emenda Constitucional 103/2019 não abrange a contagem recíproca, pois diz respeito apenas à aposentadoria no Regime Geral de Previdência Social.

Nos termos do art. 55 da Lei 8.213/1991, o tempo de serviço (considerado tempo de contribuição) deve ser comprovado na forma estabelecida no Regulamento, compreendendo, além do correspondente às atividades de qualquer das categorias de segurados de que trata o art. 11 desse diploma legal (empregado, empregado doméstico, trabalhador avulso, contribuinte individual, segurado especial), mesmo que anterior à perda da qualidade de segurado:

I – o tempo de serviço militar, inclusive o voluntário, e o previsto no art. 143, § 1º, da Constituição Federal de 1988, ainda que anterior à filiação ao Regime Geral de Previdência Social, desde que não tenha sido contado para inatividade remunerada nas Forças Armadas ou aposentadoria no serviço público;

II – o tempo intercalado em que esteve em gozo de auxílio-doença ou aposentadoria por invalidez (aposentadoria por incapacidade permanente);

III – o tempo de contribuição efetuada como segurado facultativo;

IV – o tempo de serviço referente ao exercício de mandato eletivo federal, estadual ou municipal, desde que não tenha sido contado para efeito de aposentadoria por outro regime de Previdência Social;

V – o tempo de contribuição efetuado por segurado depois de ter deixado de exercer atividade remunerada que o enquadrava como segurado obrigatório (conforme art. 11 da Lei 8.213/1991);

VI – o tempo de contribuição efetuado com base nos arts. 8º e 9º da Lei 8.162/1991, pelo segurado servidor público ocupante de cargo em comissão, sem vínculo efetivo com a União, autarquias, inclusive em regime especial, e fundações públicas federais (art. 11, inciso I, *g*, da Lei 8.213/1991), sendo tais contribuições computadas para efeito de carência.

Esclareça-se que a falta do aviso prévio por parte do empregador dá ao empregado o direito aos salários correspondentes ao prazo do aviso, garantida sempre a integração desse período no seu tempo de serviço (art. 487, § 1º, da CLT).

Nesse contexto, segundo a Orientação Jurisprudencial 82 da SBDI-I do TST: "Aviso prévio. Baixa na CTPS. A data de saída a ser anotada na CTPS deve corresponder à do término do prazo do aviso prévio, ainda que indenizado".

A Turma Nacional de Uniformização dos Juizados Especiais Federais fixou a seguinte tese (Tema 250): "O período de aviso prévio indenizado é válido para todos os fins previdenciários, inclusive como tempo de contribuição para obtenção de aposentadoria" (TNU, PEDILEF 0515850-48.2018.4.05.8013/AL, rel. Juíza Federal Susana Sbrogio Galia, DJe 26.02.2021).

Nos termos do art. 19-C do Regulamento da Previdência Social, incluído pelo Decreto 10.410/2020, considera-se tempo de contribuição o tempo correspondente aos períodos para os quais tenha havido contribuição obrigatória ou facultativa ao Regime Geral de Previdência Social, entre outros, o período:

I – de contribuição efetuada por segurado que tenha deixado de exercer atividade remunerada que o enquadrasse como segurado obrigatório da Previdência Social;

II – em que a segurada tenha recebido salário-maternidade;

III – de licença remunerada, desde que tenha havido desconto de contribuições;

IV – em que o segurado tenha sido colocado em disponibilidade remunerada pela empresa, desde que tenha havido desconto de contribuições;

V – de atividade patronal ou autônoma, exercida anteriormente à vigência da Lei 3.807/1960, desde que tenha sido indenizado conforme o disposto no art. 122 do Regulamento da Previdência Social;

VI – de atividade na condição de empregador rural, desde que tenha havido contribuição na forma prevista na Lei 6.260/1975, e indenização do período anterior, conforme o disposto no art. 122 do Regulamento da Previdência Social;

VII – de exercício de mandato eletivo federal, estadual, distrital ou municipal, desde que tenha havido contribuição na época apropriada e este não tenha sido contado para fins de aposentadoria por outro Regime de Previdência Social;

VIII – de licença, afastamento ou inatividade sem remuneração do segurado empregado, inclusive o doméstico e o intermitente, desde que tenha havido contribuição facultativa na forma prevista no § 5º do art. 11 do Regulamento da Previdência Social;

IX – em que o segurado contribuinte individual e o segurado facultativo tenham contribuído na forma prevista no art. 199-A do Regulamento da Previdência Social, observado o disposto em seu § 2º.

Deve ser computado o tempo intercalado de recebimento de benefício por incapacidade, na forma do disposto no inciso II do art. 55 da Lei 8.213/1991, exceto para efeito de carência (art. 19-C, § 1º, do Regulamento da Previdência Social). Cf. ainda Capítulo 4, item 4.10, parte final. Cf. STF, RG-RE 1.298.832/RS.

As competências em que o salário de contribuição mensal tenha sido igual ou superior ao limite mínimo devem ser computadas integralmente como tempo de contribuição, independentemente da quantidade de dias trabalhados (art. 19-C, § 2º, do Regulamento da Previdência Social).

Na hipótese de o débito ser objeto de parcelamento, o período correspondente ao parcelamento somente será computado para fins de concessão de benefício no Regime Geral de Previdência Social e de emissão de certidão de tempo de contribuição para fins de contagem recíproca após a comprovação da quitação dos valores devidos (art. 19-C, § 3º, do Regulamento da Previdência Social).

Conforme o art. 188-G do Regulamento da Previdência Social, incluído pelo Decreto 10.410/2020, o tempo de contribuição até 13 de novembro de 2019 deve ser contado de data a data, desde o início da atividade até a data do desligamento, considerados, além daqueles referidos no art. 19-C do Regulamento da Previdência Social, os seguintes períodos:

I – o tempo de serviço militar, exceto se já contado para inatividade remunerada nas Forças Armadas ou auxiliares ou para aposentadoria no serviço público federal, estadual, distrital ou municipal, ainda que anterior à filiação ao Regime Geral de Previdência Social, obrigatório, voluntário ou alternativo, assim considerado o tempo atribuído pelas Forças Armadas àqueles que, após o alistamento, alegaram imperativo de consciência, entendido como tal aquele decorrente de crença religiosa ou de convicção filosófica ou política, para se eximirem de atividades de caráter militar;

II – o tempo em que o anistiado político esteve compelido ao afastamento de suas atividades profissionais, em decorrência de punição ou de fundada ameaça de punição, por motivo exclusivamente político, situação que será comprovada nos termos do disposto na Lei 10.559/2002;

III – o tempo de serviço público federal, estadual, distrital ou municipal, inclusive aquele prestado a autarquia, sociedade de economia mista ou fundação instituída pelo Poder Público, regularmente certificado na forma prevista na Lei 3.841/1960, desde que a certidão tenha sido requerida na entidade para a qual o serviço tenha sido prestado até 30 de setembro de 1975, data imediatamente anterior ao início da vigência da Lei 6.226/1975;

IV – o tempo de serviço do segurado trabalhador rural anterior à competência novembro de 1991;

V – o tempo de exercício de mandato classista junto a órgão de deliberação coletiva em que, nessa qualidade, tenha havido contribuição para a previdência social;

VI – o tempo de serviço prestado à Justiça dos Estados, às serventias extrajudiciais e às escrivanias judiciais, desde que não tenha havido remuneração pelo erário e que a atividade não estivesse, à época, vinculada a regime próprio de previdência social;

VII – o tempo de atividade dos auxiliares locais de nacionalidade brasileira no exterior amparados pela Lei 8.745/1993, anteriormente a 1º de janeiro de 1994, desde que a sua situação previdenciária esteja regularizada no INSS;

VIII – o tempo de contribuição efetuado pelo servidor público de que tratam as alíneas *i*, *j* e *l* do inciso I do art. 9º[42] e o § 2º do art. 26[43] do Regulamento da Previdência Social, com fundamento do disposto nos art. 8º e art. 9º da Lei 8.162/1991, e no art. 2º da Lei 8.688/1993;

IX – o tempo exercido na condição de aluno-aprendiz referente ao período de aprendizado profissional realizado em escola técnica, desde que comprovados a remuneração pelo erário, mesmo que indireta, e o vínculo empregatício[44].

O tempo de contribuição de que trata o art. 188-G do Regulamento da Previdência Social deve ser considerado para fins de cálculo do valor da renda mensal de qualquer benefício.

O tempo de gozo de auxílio-doença ou de aposentadoria por invalidez não decorrentes de acidente de trabalho só pode ser computado como tempo de contribuição ou para fins de carência quando intercalado entre períodos nos quais houve recolhimento de contribuições para a Previdência Social (Súmula 73 da Turma Nacional de Uniformização dos Juizados Especiais Federais).

A prestação de serviço rural por menor de 12 a 14 anos, até o advento da Lei 8.213, de 24 de julho de 1991, devidamente comprovada, pode ser

---

42 "Art. 9º São segurados obrigatórios da previdência social as seguintes pessoas físicas: I – como empregado: [...] i) o servidor da União, Estado, Distrito Federal ou Município, incluídas suas autarquias e fundações, ocupante, exclusivamente, de cargo em comissão declarado em lei de livre nomeação e exoneração; j) o servidor do Estado, Distrito Federal ou Município, bem como o das respectivas autarquias e fundações, ocupante de cargo efetivo, desde que, nessa qualidade, não esteja amparado por regime próprio de previdência social; l) o servidor contratado pela União, Estado, Distrito Federal ou Município, bem como pelas respectivas autarquias e fundações, por tempo determinado, para atender a necessidade temporária de excepcional interesse público, nos termos do inciso IX do art. 37 da Constituição Federal".

43 "§ 2º Será considerado, para efeito de carência, o tempo de contribuição para o Plano de Seguridade Social do Servidor Público anterior à Lei nº 8.647, de 13 de abril de 1993, efetuado pelo servidor público ocupante de cargo em comissão sem vínculo efetivo com a União, autarquias, ainda que em regime especial, e fundações públicas federais".

44 Cf. Súmula 18 da Turma Nacional de Uniformização dos Juizados Especiais Federais: "Para fins previdenciários, o cômputo do tempo de serviço prestado como aluno-aprendiz exige a comprovação de que, durante o período de aprendizado, houve simultaneamente: (i) retribuição consubstanciada em prestação pecuniária ou em auxílios materiais; (ii) à conta do Orçamento; (iii) a título de contraprestação por labor; (iv) na execução de bens e serviços destinados a terceiros". Cf. ainda a Súmula 24 da AGU: "É permitida a contagem, como tempo de contribuição, do tempo exercido na condição de aluno-aprendiz referente ao período de aprendizado profissional realizado em escolas técnicas, desde que comprovada a remuneração, mesmo que indireta, à conta do orçamento público e o vínculo empregatício".

reconhecida para fins previdenciários (Súmula 5 da Turma Nacional de Uniformização dos Juizados Especiais Federais).

Nessa linha, segundo entendimento firmado pela jurisprudência: "a legislação, ao vedar o trabalho infantil, teve por escopo a sua proteção, tendo sido estabelecida a proibição em benefício do menor e não em seu prejuízo. Reconhecendo, assim, que os menores de idade não podem ser prejudicados em seus direitos trabalhistas e previdenciário, quando comprovado o exercício de atividade laboral na infância" (STJ, 1ª T., AgInt no AREsp 956.558/SP, 2016/0194543-9, rel. Min. Napoleão Nunes Maia Filho, DJe 17.06.2020).

A Turma Nacional de Uniformização dos Juizados Especiais Federais firmou a seguinte tese (Tema 219): "É possível o cômputo do tempo de serviço rural exercido por pessoa com idade inferior a 12 (doze) anos na época da prestação do labor campesino" (TNU, PEDILEF 5008955-78.2018.4.04.7202/SC, rel. Juiz Federal Jairo da Silva Pinto, DJe 23.06.2022).

A averbação de tempo de contribuição durante o qual o exercício da atividade não determinava filiação obrigatória ao anterior Regime de Previdência Social urbana só é admitida mediante o recolhimento das contribuições correspondentes (art. 55, § 1º, da Lei 8.213/1991).

O tempo de serviço do segurado trabalhador rural, anterior à data de início de vigência da Lei 8.213/1991, deve ser computado independentemente do recolhimento das contribuições a ele correspondentes, exceto para efeito de carência (art. 55, § 2º, da Lei 8.213/1991).

O tempo de serviço do segurado trabalhador rural anterior ao advento da Lei 8.213/1991, sem o recolhimento de contribuições previdenciárias, pode ser considerado para a concessão de benefício previdenciário do Regime Geral de Previdência Social (RGPS), exceto para efeito de carência, conforme a regra do art. 55, § 2º, da Lei 8.213/1991 (Súmula 24 da Turma Nacional de Uniformização dos Juizados Especiais Federais).

Para concessão de aposentadoria no RGPS, é permitido o cômputo do tempo de serviço rural exercido anteriormente à Lei 8.213, de 24 de julho de 1991, independente do recolhimento das contribuições sociais respectivas, exceto para efeito de carência (Súmula 27 da AGU).

A comprovação do tempo de serviço para os fins da Lei 8.213/1991, inclusive mediante justificativa administrativa ou judicial, observado o disposto no art. 108 da Lei 8.213/1991[45], só produzirá efeito quando for baseada em *início de prova material contemporânea dos fatos*, não sendo admitida a

---

[45] "Art. 108. Mediante justificação processada perante a Previdência Social, observado o disposto no § 3º do art. 55 e na forma estabelecida no Regulamento, poderá ser suprida a falta de

prova exclusivamente testemunhal, exceto na ocorrência de motivo de força maior ou caso fortuito, na forma prevista no regulamento (art. 55, § 3º, da Lei 8.213/1991, com redação dada pela Lei 13.846/2019).

A Turma Nacional de Uniformização dos Juizados Especiais Federais fixou a seguinte tese (Tema 240): "I) É extemporânea a anotação de vínculo empregatício em CTPS, realizada voluntariamente pelo empregador após o término do contrato de trabalho; (II) Essa anotação, desacompanhada de outros elementos materiais de prova a corroborá-la, não serve como início de prova material para fins previdenciários" (TNU, PEDILEF 0500540-27.2017.4.05.8307/PE, rel. Juiz Federal Ivanir César Ireno Júnior, DJe 26.03.2021).

Cabe lembrar que os dados constantes do Cadastro Nacional de Informações Sociais (CNIS) relativos a vínculos, remunerações e contribuições valem como prova de filiação à Previdência Social, tempo de contribuição e salários de contribuição (art. 19 do Regulamento da Previdência Social).

Na hipótese de não constarem do CNIS as informações sobre atividade, vínculo, remunerações ou contribuições, ou de haver dúvida sobre a regularidade das informações existentes, o período somente será confirmado por meio da apresentação de documentos contemporâneos dos fatos a serem comprovados, com menção às datas de início e de término e, quando se tratar de trabalhador avulso, à duração do trabalho e à condição em que tiver sido prestada a atividade (art. 19-B do Regulamento da Previdência Social, incluído pelo Decreto 10.410/2020).

Além dos dados constantes do CNIS a que se refere o art. 19 do Regulamento da Previdência Social, observada a forma de filiação do trabalhador ao Regime Geral de Previdência Social, os seguintes documentos devem ser considerados para fins de comprovação do tempo de contribuição, desde que contemporâneos aos fatos a serem comprovados:

I – carteira profissional ou Carteira de Trabalho e Previdência Social;

II – contrato individual de trabalho;

III – contrato de trabalho por pequeno prazo, na forma prevista no § 3º do art. 14-A da Lei 5.889/1973;

IV – carteira de férias;

V – carteira sanitária;

VI – caderneta de matrícula;

---

documento ou provado ato do interesse de beneficiário ou empresa, salvo no que se refere a registro público".

VII – caderneta de contribuição dos extintos institutos de aposentadoria e pensões;

VIII – caderneta de inscrição pessoal visada: a) pela Capitania dos Portos; b) pela Superintendência do Desenvolvimento da Pesca; ou c) pelo Departamento Nacional de Obras Contra as Secas;

IX – declaração da Secretaria Especial da Receita Federal do Brasil do Ministério da Fazenda;

X – certidão de inscrição em órgão de fiscalização profissional, acompanhada de documento que prove o exercício da atividade;

XI – contrato social, acompanhado de seu distrato, e, quando for o caso, ata de assembleia geral e registro de empresário;

XII – certificado de sindicato ou órgão gestor de mão de obra que agrupe trabalhadores avulsos;

XIII – extrato de recolhimento do FGTS;

XIV – recibos de pagamento (art. 19-B, § 1º, do Regulamento da Previdência Social).

Os documentos necessários à atualização do CNIS e à análise de requerimentos de benefícios e serviços podem ser apresentados em cópias simples, em meio físico ou eletrônico, dispensada a sua autenticação, exceto nas hipóteses em que haja previsão legal expressa e de dúvida fundada quanto à autenticidade ou à integridade do documento, ressalvada a possibilidade de o INSS exigir, a qualquer tempo, os documentos originais para fins do disposto no art. 179 do Regulamento da Previdência Social (sobre programa permanente de revisão da concessão e da manutenção dos benefícios a fim de apurar irregularidades ou erros materiais), situação em que o responsável pela apresentação das cópias fica sujeito às sanções administrativas, civis e penais aplicáveis (art. 19-B, § 2º, do Regulamento da Previdência Social).

Caso os documentos apresentados não sejam suficientes para a comprovação de atividade, vínculo ou remunerações, estes podem ser corroborados por pesquisa, na forma prevista no § 5º do art. 19-B, ou justificação administrativa, conforme o caso (art. 19-B, § 3º, do Regulamento da Previdência Social).

Na falta de documento contemporâneo, podem ser aceitos declaração do empregador ou de seu preposto, atestado de empresa ainda existente ou certificado ou certidão de entidade oficial dos quais constem os dados previstos no art. 19-B, desde que extraídos de registros existentes, que devem ser confirmados pelo INSS na forma prevista no § 5º do art. 19-B, exceto se fornecidas por órgão público (art. 19-B, § 4º, do Regulamento da Previdência Social).

A empresa deve disponibilizar a servidor designado por dirigente do INSS as informações e os registros de que dispuser, relativamente a segurado a seu serviço e previamente identificado, para fins de instrução ou revisão de processo de reconhecimento de direitos e outorga de benefícios do Regime Geral de Previdência Social e para inclusão, exclusão, ratificação ou retificação das informações constantes do CNIS, conforme critérios definidos pelo INSS, independentemente de requerimento de benefício (art. 19-B, § 5º, do Regulamento da Previdência Social).

Somente devem ser exigidos certidões ou documentos expedidos por órgãos públicos quando não for possível a sua obtenção diretamente do órgão ou da entidade responsável pela base de dados oficial (art. 19-B, § 6º, do Regulamento da Previdência Social).

Serão realizados exclusivamente pela Secretaria Especial da Receita Federal do Brasil do Ministério da Fazenda os acertos de: inclusão de recolhimento, alterações de valor autenticado ou data de pagamento da Guia da Previdência Social ou do documento que venha a substituí-la; transferência de contribuição com identificador de pessoa jurídica ou equiparada para o CNIS; inclusão da contribuição liquidada por meio de parcelamento (art. 19-B, § 7º, do Regulamento da Previdência Social).

A Carteira de Trabalho e Previdência Social (CTPS) em relação à qual não se aponta defeito formal que lhe comprometa a fidedignidade goza de presunção relativa de veracidade, formando prova suficiente de tempo de serviço para fins previdenciários, ainda que a anotação de vínculo de emprego não conste no Cadastro Nacional de Informações Sociais – CNIS (Súmula 75 da Turma Nacional de Uniformização dos Juizados Especiais Federais).

Para fins de comprovação do tempo de labor rural, o início de prova material deve ser contemporâneo à época dos fatos a provar (Súmula 34 da Turma Nacional de Uniformização dos Juizados Especiais Federais).

É possível reconhecer o tempo de serviço rural anterior ao documento mais antigo apresentando, desde que amparado em convincente prova testemunhal colhida sob o contraditório (Súmula 577 do STJ).

A anotação na CTPS decorrente de sentença trabalhista homologatória constitui início de prova material para fins previdenciários (Súmula 31 da Turma Nacional de Uniformização dos Juizados Especiais Federais).

Segundo a jurisprudência do STJ, a *sentença trabalhista* pode ser considerada como início de prova material para a obtenção de benefício previdenciário (com o objetivo de comprovação do tempo de serviço, nos termos do art. 55, § 3º, da Lei 8.213/1991), ainda que o INSS não tenha integrado a respectiva lide, desde que fundada em elementos que evidenciem o período trabalhado e a função exercida pelo trabalhador (STJ, 1ª T., AgRg no AREsp 359.425/PE (2013/0184418-0), rel. Min. Regina Helena Costa, DJe 05.08.2015).

Do mesmo modo, a *sentença trabalhista homologatória de acordo* pode ser considerada como início de prova material se fundada em elementos que demonstrem o labor exercido na função e os períodos alegados pelo trabalhador, sendo, dessa forma, apta a comprovar o tempo de serviço enunciado no art. 55, § 3º, da Lei 8.213/1991 (STJ, 2ª T., AgRg no AREsp 817.763/SP (2015/0297150-5), rel. Min. Herman Benjamin, DJe 19.05.2016).

A respeito do tema, o Superior Tribunal de Justiça, em pedido de uniformização de interpretação de lei, firmou a seguinte tese jurídica: "A sentença trabalhista homologatória de acordo somente será considerada início válido de prova material, para os fins do art. 55, § 3º, da Lei 8.213/91, quando fundada em elementos probatórios contemporâneos dos fatos alegados, aptos a evidenciar o exercício da atividade laboral, o trabalho desempenhado e o respectivo período que se pretende ter reconhecido, em ação previdenciária" (STJ, 1ª Seção, PUIL 293/PR, 2014/0052438-6, rel. p/ ac. Min. Assusete Magalhães, DJe 20.12.2022).

O tempo de serviço (considerado tempo de contribuição) de que trata o art. 55 da Lei 8.213/1991 deve ser considerado para cálculo do valor da renda mensal de qualquer benefício (art. 107 da Lei 8.213/1991).

Cabe destacar que a apresentação de documentação incompleta não constitui motivo para recusa do requerimento de benefício (art. 105 da Lei 8.213/1991).

Mediante justificação processada perante a Previdência Social, observado o disposto no art. 55, § 3º, da Lei 8.213 (o qual exige início de prova material contemporânea dos fatos) e na forma estabelecida no Regulamento, pode ser suprida a falta de documento ou provado ato do interesse de beneficiário ou empresa, salvo no que se refere a registro público (art. 108 da Lei 8.213/1991).

A *justificação administrativa* constitui meio para suprir a falta ou a insuficiência de documento ou para produzir prova de fato ou circunstância de interesse dos beneficiários perante a Previdência Social (art. 142 do Regulamento da Previdência Social).

Não se admite a justificação administrativa quando o fato a comprovar exigir registro público de casamento, de idade ou de óbito, ou de qualquer ato jurídico para o qual a lei prescreva forma especial.

A justificação administrativa é parte do processo de atualização de dados do Cadastro Nacional de Informações Sociais (CNIS) ou de reconhecimento de direitos, vedada a sua tramitação na condição de processo autônomo.

Quando a concessão do benefício depender de documento ou de prova de ato ao qual o segurado não tenha acesso, exceto quanto a registro público ou início de prova material, a justificação administrativa deve ser oportunizada. A prova material somente terá validade para a pessoa referida no documento, vedada a sua utilização por outras pessoas.

A justificação administrativa ou judicial, para fins de comprovação de tempo de contribuição, dependência econômica, identidade e relação de parentesco, somente produzirá efeito quando for baseada em início de prova material contemporânea dos fatos e não serão admitidas as provas exclusivamente testemunhais (art. 143 do Regulamento da Previdência Social).

Será dispensado o início de prova material quando houver ocorrência de motivo de força maior ou de caso fortuito.

Caracteriza motivo de *força maior* ou *caso fortuito* a verificação de ocorrência notória, tais como incêndio, inundação ou desmoronamento, que tenha atingido a empresa na qual o segurado alegue ter trabalhado, devendo ser comprovada mediante registro da ocorrência policial feito em época própria ou apresentação de documentos contemporâneos dos fatos, e verificada a correlação entre a atividade da empresa e a profissão do segurado.

Se a empresa não estiver mais em atividade, deverá o interessado juntar prova oficial de sua existência no período que pretende comprovar.

No caso dos segurados nas condições de empregado doméstico e contribuinte individual, após a homologação do processo, este deve ser encaminhado ao setor competente de arrecadação para levantamento e cobrança do crédito.

A homologação da *justificação judicial* processada com base em prova exclusivamente testemunhal dispensa a justificação administrativa, desde que complementada com início de prova material contemporânea dos fatos (art. 144 do Regulamento da Previdência Social). A inclusão, a exclusão, a ratificação e a retificação de vínculos, remunerações e contribuições, ainda que reconhecidos em ação trabalhista transitada em julgado, dependem da existência de início de prova material contemporânea dos fatos.

A justificação judicial, na verdade, tem natureza jurídica de procedimento de jurisdição voluntária, entendida como administração pública de interesses privados, não se observando, na justificação em si, o conflito de interesses qualificado por pretensão resistida (*lide*), conforme arts. 719 e seguintes do Código de Processo Civil.

No âmbito judicial, também se admite a *produção antecipada da prova* nos casos em que: haja fundado receio de que venha a tornar-se impossível ou muito difícil a verificação de certos fatos na pendência da ação; a prova a ser produzida seja suscetível de viabilizar a autocomposição ou outro meio adequado de solução de conflito; o prévio conhecimento dos fatos possa justificar ou evitar o ajuizamento de ação (art. 381 do CPC).

Cabe ação declaratória para reconhecimento de tempo de serviço para fins previdenciários (Súmula 242 do STJ).

A prova exclusivamente testemunhal não basta a comprovação da atividade rurícola, para efeito da obtenção de benefício previdenciário (Súmula 149 do STJ).

Para o processamento de justificação administrativa, o interessado deve apresentar requerimento no qual exponha, clara e minuciosamente, os pontos que pretende justificar, além de indicar testemunhas idôneas, em número não inferior a dois nem superior a seis, cujos depoimentos possam levar à convicção da veracidade do que se pretende comprovar (art. 145 do Regulamento da Previdência Social).

As testemunhas, no dia e no horário marcados, devem ser inquiridas a respeito dos pontos que forem objeto da justificação.

Não podem ser testemunhas: os menores de 16 anos; o cônjuge, o companheiro ou a companheira, os ascendentes, os descendentes e os colaterais, até o terceiro grau, por consanguinidade ou afinidade (art. 146 do Regulamento da Previdência Social). A pessoa com deficiência poderá testemunhar em igualdade de condições com as demais pessoas e lhe serão assegurados todos os recursos de tecnologia assistiva.

Não cabe recurso (administrativo) da decisão da autoridade competente do Instituto Nacional do Seguro Social que considerar eficaz ou ineficaz a justificação administrativa (art. 147 do Regulamento da Previdência Social).

A justificação administrativa deve ser avaliada globalmente quanto à forma e ao mérito, valendo perante o Instituto Nacional do Seguro Social para os fins especificamente visados, caso seja considerada eficaz (art. 148 do Regulamento da Previdência Social).

A justificação administrativa é processada sem ônus para o interessado e nos termos das instruções do Instituto Nacional do Seguro Social (art. 149 do Regulamento da Previdência Social).

Aos autores de declarações falsas, prestadas em justificações processadas perante a Previdência Social, serão aplicadas as penas previstas no art. 299 do Código Penal, que prevê o crime de falsidade ideológica[46] (art. 150 do Regulamento da Previdência Social).

Somente será admitido o processamento de justificação administrativa quando necessário para corroborar o início de prova material apto a demonstrar a plausibilidade do que se pretende comprovar (art. 151 do Regulamento da Previdência Social).

A respeito da possibilidade de se considerar o tempo de contribuição posterior ao ajuizamento da ação, reafirmando-se a data de entrada do requerimento para o momento de implementação dos requisitos necessários à concessão de benefício previdenciário, o Superior Tribunal de Justiça fixou a seguinte tese jurídica em recurso repetitivo: "É possível a reafirmação da DER (Data de Entrada do Requerimento) para o momento em que implementados os requisitos para a concessão do benefício, mesmo que isso se dê no interstício entre o ajuizamento da ação e a entrega da prestação jurisdicional nas instâncias ordinárias, nos termos dos arts. 493 e 933 do CPC/2015, observada a causa de pedir" (STJ, 1ª Seção, REsp 1.727.063/SP, 2018/0046508-9, rel. Min. Mauro Campbell Marques, DJe 02.12.2019). Cf. ainda Capítulo 5, item 5.5.

5.16. CONTAGEM RECÍPROCA DO TEMPO DE CONTRIBUIÇÃO

Para fins de aposentadoria, é assegurada a contagem recíproca do tempo de contribuição entre o Regime Geral de Previdência Social e os Regimes Próprios de Previdência Social, e destes entre si, observada a compensação financeira, de acordo com os critérios estabelecidos em lei (art. 201, § 9º, da Constituição Federal de 1988, com redação dada pela Emenda Constitucional 103/2019).

---

[46] "Art. 299. Omitir, em documento público ou particular, declaração que dele devia constar, ou nele inserir ou fazer inserir declaração falsa ou diversa da que devia ser escrita, com o fim de

O tempo de serviço militar exercido nas atividades de que tratam os arts. 42[47], 142[48] e 143[49] da Constituição da República e o tempo de contribuição ao Regime Geral de Previdência Social ou a Regime Próprio de Previdência Social terão contagem recíproca para fins de inativação militar ou aposentadoria, e a compensação financeira será devida entre as receitas de contribuição referentes aos militares e as receitas de contribuição aos demais regimes (art. 201, § 9º-A, da Constituição Federal de 1988, com redação dada pela Emenda Constitucional 103/2019).

Para efeito dos benefícios previstos no Regime Geral de Previdência Social ou no serviço público é assegurada a contagem recíproca do tempo de contribuição na atividade privada, rural e urbana, e do tempo de contribuição ou de serviço na administração pública, hipótese em que os diferentes sistemas de Previdência Social se compensarão financeiramente (art. 94 da Lei 8.213/1991, com redação dada pela Lei 9.711/1998).

A compensação financeira deve ser feita ao sistema a que o interessado estiver vinculado ao requerer o benefício pelos demais sistemas, em relação aos respectivos tempos de contribuição ou de serviço, conforme dispuser o regulamento (art. 94, § 1º, da Lei 8.213/1991).

Não será computado como tempo de contribuição, para efeito dos benefícios previstos em Regimes Próprios de Previdência Social, o período em que o segurado contribuinte individual ou facultativo tiver contribuído na forma do § 2º do art. 21 da Lei 8.212/1991[50], salvo se complementadas

---

prejudicar direito, criar obrigação ou alterar a verdade sobre fato juridicamente relevante: Pena – reclusão, de um a cinco anos, e multa, se o documento é público, e reclusão de um a três anos, e multa, de quinhentos mil réis a cinco contos de réis, se o documento é particular. Parágrafo único. Se o agente é funcionário público, e comete o crime prevalecendo-se do cargo, ou se a falsificação ou alteração é de assentamento de registro civil, aumenta-se a pena de sexta parte".

47 "Art. 42. Os membros das Polícias Militares e Corpos de Bombeiros Militares, instituições organizadas com base na hierarquia e disciplina, são militares dos Estados, do Distrito Federal e dos Territórios".

48 "Art. 142. As Forças Armadas, constituídas pela Marinha, pelo Exército e pela Aeronáutica, são instituições nacionais permanentes e regulares, organizadas com base na hierarquia e na disciplina, sob a autoridade suprema do Presidente da República, e destinam-se à defesa da Pátria, à garantia dos poderes constitucionais e, por iniciativa de qualquer destes, da lei e da ordem".

49 "Art. 143. O serviço militar é obrigatório nos termos da lei".

50 "§ 2º No caso de opção pela exclusão do direito ao benefício de aposentadoria por tempo de contribuição, a alíquota de contribuição incidente sobre o limite mínimo mensal do salário de contribuição será de: I – 11% (onze por cento), no caso do segurado contribuinte individual, ressalvado o disposto no inciso II, que trabalhe por conta própria, sem relação de trabalho com

as contribuições na forma do § 3º do art. 21 da Lei 8.212/1991[51] (art. 94, § 2º, da Lei 8.213/1991).

Para fins de contagem recíproca, é vedada: I – conversão do tempo de contribuição exercido em atividade sujeita a condições especiais, nos termos do disposto no art. 66 do Regulamento da Previdência Social (atividades sujeitas a agentes químicos, físicos e biológicos prejudiciais à saúde, ou a associação desses agentes); II – conversão do tempo cumprido pelo segurado com deficiência, reconhecida na forma do art. 70-D do Regulamento da Previdência Social (avaliação biopsicossocial realizada por equipe multiprofissional e interdisciplinar), em tempo de contribuição comum; III – a contagem de qualquer tempo de serviço fictício (art. 125, § 1º, do Regulamento da Previdência Social). Cf. Capítulo 9, item 9.9.22.

Admite-se a aplicação da contagem recíproca de tempo de contribuição no âmbito dos tratados, convenções ou acordos internacionais de Previdência Social (art. 125, § 2º, do Regulamento da Previdência Social).

É permitida a emissão de certidão de tempo de contribuição para períodos de contribuição posteriores à data da aposentadoria no Regime Geral de Previdência Social, observado o disposto no art. 19-E do Regulamento da Previdência Social, sobre limite mínimo mensal do salário de contribuição (art. 125, § 3º, do Regulamento da Previdência Social).

Para efeito de contagem recíproca, o período em que os segurados contribuinte individual e facultativo tiverem contribuído na forma prevista no § 2º do art. 21 da Lei 8.212/1991 só será computado se forem complementadas as contribuições na forma prevista no § 3º do art. 21 da Lei 8.212/1991 (art. 125, § 4º, do Regulamento da Previdência Social).

Para efeito de contagem recíproca, a partir de 14 de novembro de 2019, somente serão consideradas as competências cujos salários de contribuição

---

empresa ou equiparado e do segurado facultativo, observado o disposto na alínea *b* do inciso II deste parágrafo; II – 5% (cinco por cento): a) no caso do microempreendedor individual, de que trata o art. 18-A da Lei Complementar 123, de 14 de dezembro de 2006; e b) do segurado facultativo sem renda própria que se dedique exclusivamente ao trabalho doméstico no âmbito de sua residência, desde que pertencente a família de baixa renda".

[51] "§ 3º O segurado que tenha contribuído na forma do § 2º deste artigo e pretenda contar o tempo de contribuição correspondente para fins de obtenção da aposentadoria por tempo de contribuição ou da contagem recíproca do tempo de contribuição a que se refere o art. 94 da Lei 8.213, de 24 de julho de 1991, deverá complementar a contribuição mensal mediante recolhimento, sobre o valor correspondente ao limite mínimo mensal do salário de contribuição em vigor na competência a ser complementada, da diferença entre o percentual pago e o de 20% (vinte por cento), acrescido dos juros moratórios de que trata o § 3º do art. 5º da Lei 9.430, de 27 de dezembro de 1996".

tenham valor igual ou superior ao limite mínimo mensal do salário de contribuição para o Regime Geral de Previdência Social, observado o disposto no art. 19-E do Regulamento da Previdência Social (art. 125, § 4º-A, do Regulamento da Previdência Social, incluído pelo Decreto 10.410/2020).

Nos termos do art. 96 da Lei 8.213/1991, o tempo de contribuição ou de serviço será contado de acordo com a legislação pertinente, observadas as normas seguintes:

I – não será admitida a contagem em dobro ou em outras condições especiais;

II – é vedada a contagem de tempo de serviço público com o de atividade privada, quando concomitantes;

III – não será contado por um sistema o tempo de serviço utilizado para concessão de aposentadoria pelo outro;

IV – o tempo de serviço anterior ou posterior à obrigatoriedade de filiação à Previdência Social só será contado mediante indenização da contribuição correspondente ao período respectivo, com acréscimo de juros moratórios de 0,5% ao mês, capitalizados anualmente, e multa de 10%;

V – é vedada a emissão de Certidão de Tempo de Contribuição (CTC) com o registro exclusivo de tempo de serviço, sem a comprovação de contribuição efetiva, exceto para o segurado empregado, empregado doméstico, trabalhador avulso e, a partir de 1º de abril de 2003, para o contribuinte individual que presta serviço a empresa obrigada a arrecadar a contribuição a seu cargo, observado o disposto no art. 4º da Lei 10.666/2003;

VI – a Certidão de Tempo de Contribuição (CTC) somente poderá ser emitida por Regime Próprio de Previdência Social para ex-servidor;

VII – é vedada a contagem recíproca de tempo de contribuição do Regime Geral de Previdência Social (RGPS) por Regime Próprio de Previdência Social sem a emissão da Certidão de Tempo de Contribuição (CTC) correspondente, ainda que o tempo de contribuição referente ao RGPS tenha sido prestado pelo servidor público ao próprio ente instituidor;

VIII – é vedada a desaverbação de tempo em Regime Próprio de Previdência Social quando o tempo averbado tiver gerado a concessão de vantagens remuneratórias ao servidor público em atividade;

IX – para fins de elegibilidade às aposentadorias especiais referidas no § 4º do art. 40 e no § 1º do art. 201 da Constituição Federal de 1988, os períodos reconhecidos pelo Regime Previdenciário de origem como de tempo especial, sem conversão em tempo comum, deverão estar incluídos nos períodos de contribuição compreendidos na Certidão de Tempo de Contribuição (CTC) e discriminados de data a data.

O disposto no inciso V do art. 96 da Lei 8.213/1991 não se aplica ao tempo de serviço anterior à edição da Emenda Constitucional 20/1998, que tenha sido equiparado por lei a tempo de contribuição.

A Turma Nacional de Uniformização dos Juizados Especiais Federais fixou a seguinte tese (Tema 278): "I - O(A) segurado(a) que trabalhava sob condições especiais e passou, sob qualquer condição, para regime previdenciário diverso, tem direito à expedição de certidão desse tempo identificado como especial, discriminado de data a data, ficando a conversão em comum e a contagem recíproca à critério do regime de destino, nos termos do art. 96, IX, da Lei nº 8.213/1991; II - Na contagem recíproca entre o Regime Geral da Previdência Social - RGPS e o Regime Próprio da União, é possível a conversão de tempo especial em comum, cumprido até o advento da EC nº 103/2019" (TNU, PEDILEF 5005679-21.2018.4.04.7111/RS, rel. Juiz Federal Gustavo Melo Barbosa, DJe 27.09.2021).

Nessa linha, considerando a decisão do Supremo Tribunal Federal no Recurso Extraordinário 1.014.286, registre-se o entendimento de que, quanto ao período até a data de entrada em vigor da Emenda Constitucional 103/2019, é permitida a conversão do tempo especial em comum, mesmo ao servidor público, com o objetivo de contagem recíproca do tempo de contribuição. Cf. STJ, 2ª T., REsp 1.592.380/SC, 2016/0091037-7, rel. Min. Francisco Falcão, DJe 10.02.2022.

O tempo de serviço rural anterior à vigência da Lei 8.213/91 pode ser utilizado para fins de contagem recíproca, assim entendida aquela que soma tempo de atividade privada, rural ou urbana, ao de serviço público estatutário, desde que sejam recolhidas as respectivas contribuições previdenciárias (Súmula 10 da Turma Nacional de Uniformização dos Juizados Especiais Federais).

A respeito do tema, o Superior Tribunal de Justiça firmou a seguinte tese jurídica: "O segurado que tenha provado o desempenho de serviço rurícola em período anterior à vigência da Lei 8.213/1991, embora faça jus à expedição de certidão nesse sentido para mera averbação nos seus assentamentos, somente tem direito ao cômputo do aludido tempo rural, no respectivo órgão público empregador, para contagem recíproca no regime estatutário se, com a certidão de tempo de serviço rural, acostar o comprovante de pagamento das respectivas contribuições previdenciárias, na forma da indenização calculada conforme o dispositivo do art. 96, IV, da Lei 8.213/1991" (STJ, 1ª Seção, REsp 1.682.682/SP (2017/0165567-0), rel. Min. Og Fernandes, DJe 03.05.2018).

O benefício resultante de contagem de tempo de contribuição ou de serviço será concedido e pago pelo sistema a que o interessado estiver vinculado ao requerê-lo, e calculado na forma da respectiva legislação (art. 99 da Lei 8.213/1991).

A compensação financeira entre o Regime Geral de Previdência Social e os Regimes Próprios de Previdência Social dos servidores da União, dos Estados, do Distrito Federal e dos Municípios, na hipótese de contagem recíproca de tempos de contribuição, deve obedecer às disposições da Lei 9.796/1999.

Considera-se Regime Previdenciário *de origem* aquele ao qual o segurado ou servidor público esteve vinculado sem que dele receba aposentadoria ou tenha gerado pensão para seus dependentes (art. 2º, inciso I, da Lei 9.796/1998).

O Regime Previdenciário *instituidor* é o responsável pela concessão e pagamento de benefício de aposentadoria ou pensão dela decorrente a segurado ou servidor público ou a seus dependentes com cômputo de tempo de contribuição no âmbito do regime de origem (art. 2º, inciso II, da Lei 9.796/1998).

Os Regimes Próprios de Previdência de servidores da União, dos Estados, do Distrito Federal e dos Municípios só podem ser considerados regimes de origem quando o Regime Geral de Previdência Social for o regime instituidor.

Na hipótese de o Regime Próprio de Previdência de servidor público não possuir personalidade jurídica própria, atribuem-se ao respectivo ente federado as obrigações e direitos previstos na Lei 9.796/1999.

O Regime Geral de Previdência Social, como regime instituidor, tem direito de receber de cada regime de origem compensação financeira (art. 3º da Lei 9.796/1999).

O Regime Geral de Previdência Social deve apresentar a cada regime de origem os seguintes dados referentes a cada benefício concedido com cômputo de tempo de contribuição no âmbito daquele regime de origem: I – identificação do segurado e, se for o caso, de seu dependente; II – a renda mensal inicial e a data de início do benefício; III – o percentual do tempo de serviço total do segurado correspondente ao tempo de contribuição no âmbito daquele regime de origem.

Cada regime de origem deve pagar ao Regime Geral de Previdência Social, para cada mês de competência do benefício, o valor resultante da multiplicação da renda mensal do benefício pelo percentual obtido na forma do inciso III (ou seja, correspondente ao tempo de contribuição no âmbito do regime de origem). Esse valor deve ser reajustado nas mesmas datas e pelos mesmos índices de reajustamento do benefício pela Previdência Social, devendo o Regime Geral de Previdência Social comunicar a cada regime de origem o total por ele devido em cada mês como compensação financeira.

A compensação financeira referente a cada benefício não pode exceder o resultado da multiplicação do percentual obtido na forma do inciso III pela renda mensal do maior benefício da mesma espécie pago diretamente pelo regime de origem.

O regime de origem deve informar ao Regime Geral de Previdência Social, na forma do regulamento, a maior renda mensal de cada espécie de benefício por ele pago diretamente.

Aplica-se o disposto no art. 3º da Lei 9.796/1999 aos períodos de contribuição utilizados para fins de concessão de aposentadoria pelo INSS em decorrência de acordos internacionais.

Cada Regime Próprio de Previdência de servidor público tem direito, como regime instituidor, de receber do Regime Geral de Previdência Social, enquanto regime de origem, compensação financeira (art. 4º da Lei 9.796/1999).

O regime instituidor deve apresentar ao Regime Geral de Previdência Social, além das normas que o regem, os seguintes dados referentes a cada benefício concedido com cômputo de tempo de contribuição no âmbito do Regime Geral de Previdência Social: I – identificação do servidor público e, se for o caso, de seu dependente; II – o valor dos proventos da aposentadoria ou pensão dela decorrente e a data de início do benefício; III – o tempo de serviço total do servidor e o correspondente ao tempo de contribuição ao Regime Geral de Previdência Social.

Com base nas informações referidas no parágrafo anterior, o Regime Geral de Previdência Social deve calcular qual seria a renda mensal inicial daquele benefício segundo as normas do Regime Geral de Previdência Social.

A compensação financeira devida pelo Regime Geral de Previdência Social, relativa ao primeiro mês de competência do benefício, deve ser calculada com base no valor do benefício pago pelo regime instituidor ou na renda mensal do benefício calculada na forma do parágrafo anterior, o que for menor.

O valor dessa compensação financeira corresponde à multiplicação do montante ali especificado pelo percentual correspondente ao tempo de contribuição ao Regime Geral de Previdência Social no tempo de serviço total do servidor público.

O valor da compensação financeira devida pelo Regime Geral de Previdência Social deve ser reajustado nas mesmas datas e pelos mesmos índices de reajustamento dos benefícios da Previdência Social, mesmo que tenha prevalecido, no primeiro mês, o valor do benefício pago pelo regime instituidor.

O Instituto Nacional do Seguro Social deve manter cadastro atualizado de todos os benefícios objeto de compensação financeira, totalizando o quanto deve para cada Regime Próprio de Previdência dos Servidores da União, dos Estados, do Distrito Federal e dos Municípios, bem como o montante devido por cada um deles para o Regime Geral de Previdência Social, como compensação financeira e pelo não recolhimento de contribuições previdenciárias no prazo legal (art. 6º da Lei 9.796/1999).

Os desembolsos pelos regimes de origem só serão feitos para os regimes instituidores que se mostrem credores no cômputo da compensação financeira devida de lado a lado e dos débitos pelo não recolhimento de contribuições previdenciárias no prazo legal.

Os valores não desembolsados devem ser contabilizados como pagamentos efetivos, devendo o INSS registrar mensalmente essas operações e informar a cada Regime Próprio de Previdência de Servidor público os valores a ele referentes.

O Instituto Nacional do Seguro Social deve comunicar o total que cada regime de origem deve desembolsar até o dia 30 de cada mês, devendo os desembolsos ser feitos até o quinto dia útil do mês subsequente (art. 6º, § 2º, da Lei 9.796/1999).

Sendo inviável financeiramente para um regime de origem desembolsar de imediato os valores relativos à compensação financeira, em função dos valores em atraso, podem os regimes de origem e instituidor firmar termo de parcelamento dos desembolsos atualizando-se os valores devidos nas mesmas datas e pelos mesmos índices de reajustamento dos benefícios de prestação continuada da Previdência Social.

Os regimes instituidores devem comunicar de imediato aos regimes de origem qualquer revisão no valor do benefício objeto de compensação financeira ou sua extinção total ou parcial, cabendo ao Instituto Nacional do Seguro Social registrar as alterações no cadastro a que se refere o artigo anterior (art. 7º da Lei 9.796/1999).

Constatado o não cumprimento do disposto acima, as parcelas pagas indevidamente pelo regime de origem devem ser registradas em dobro, no mês seguinte ao da constatação, como débito daquele regime.

Na hipótese de descumprimento do prazo de desembolso estipulado no art. 6º, § 2º, da Lei 9.796/1999 ou de descumprimento do prazo de análise dos requerimentos estipulado em regulamento, devem ser aplicadas as mesmas normas em vigor para atualização dos valores dos recolhimentos em atraso de contribuições previdenciárias arrecadadas pelo Instituto Nacional do Seguro Social (art. 8º da Lei 9.796/1999, com redação dada pela Lei 13.846/2019).

Na hipótese de o Regime Previdenciário Próprio dos Servidores da União, dos Estados, do Distrito Federal ou do Município possuir personalidade jurídica própria, os respectivos entes federados respondem solidariamente pelas obrigações previstas na Lei 9.796/1999.

A compensação financeira entre os Regimes Próprios de Previdência Social da União, dos Estados, do Distrito Federal e dos Municípios, na hipótese de contagem recíproca de tempos de contribuição, deve obedecer, no que couber, às disposições da Lei 9.796/1999 (art. 8º-A da Lei 9.796/1999).

Cabe ao regulamento estabelecer as disposições específicas a serem observadas na compensação financeira entre os Regimes Próprios de Previdência Social, inclusive no que se refere ao período de estoque e às condições para seu pagamento, admitido o parcelamento. O ente federativo que não aderir à compensação financeira com os demais Regimes Próprios de Previdência Social ou inadimplir suas obrigações terá suspenso o recebimento dos valores devidos pela compensação com o regime geral de previdência social, na forma estabelecida no regulamento (art. 8º-A, §§ 1º e 2º, da Lei 9.796/1999, incluídos pela Lei 13.846/2019).

Para fins de compensação financeira entre o Regime Geral de Previdência Social (RGPS) e o Regime Próprio de Previdência Social (RPPS) da União, dos Estados, do Distrito Federal e dos Municípios, os regimes instituidores apresentarão aos regimes de origem os dados relativos aos benefícios em manutenção em 5 de maio de 1999 concedidos a partir de 5 de outubro de 1988 (art. 12 da Lei 10.666/2003).

5.17. AUXÍLIO-DOENÇA (AUXÍLIO POR INCAPACIDADE TEMPORÁRIA)

A Constituição da República, no art. 201, inciso I, com redação dada pela Emenda Constitucional 103/2019, prevê a cobertura do evento (ou seja, contingência social) de *incapacidade temporária para o trabalho* pelo Regime Geral de Previdência Social.

Registre-se que no caso de segurado facultativo, a expressão "para o trabalho" nem sempre se revela adequada, mas entende-se que também tem direito à cobertura previdenciária em questão, quando se tratar de incapacidade temporária para a sua atividade habitual.

O *auxílio-doença* (auxílio por incapacidade temporária), assim, é devido ao segurado que, havendo cumprido, quando for o caso[52], o período de carência exigido na Lei 8.213/1991 (ou seja, 12 contribuições mensais, nos termos do art. 25, inciso I, da Lei 8.213/1991), ficar *incapacitado para o seu trabalho ou para a sua atividade habitual por mais de 15 dias consecutivos* (art. 59 da Lei 8.213/1991).

Não é devido o auxílio-doença ao segurado que se filiar ao Regime Geral de Previdência Social já portador da doença ou da lesão invocada como causa para o benefício, exceto quando a incapacidade sobrevier por motivo de progressão ou agravamento da doença ou da lesão (art. 59, § 1º, da Lei 8.213/1991).

Na verdade, entende-se que se a *incapacidade*, em si, for anterior à filiação ao Regime Geral de Previdência Social o auxílio-doença não é devido.

Não é devido o auxílio-doença para o segurado recluso em regime fechado (art. 59, § 2º, da Lei 8.213/1991, incluído pela Lei 13.846/2019).

O segurado em gozo de auxílio-doença na data do recolhimento à prisão terá o benefício suspenso (art. 59, § 3º, da Lei 8.213/1991, incluído pela Lei 13.846/2019). Essa suspensão será de até 60 dias, contados da data do recolhimento à prisão, cessado o benefício após o referido prazo (art. 59, § 4º, da Lei 8.213/1991, incluído pela Lei 13.846/2019). Na hipótese de o segurado ser colocado em liberdade antes do prazo previsto no § 4º do art. 59 da Lei 8.213/1991 (60 dias), o benefício deve ser restabelecido a partir da data da soltura (art. 59, § 5º, da Lei 8.213/1991, incluído pela Lei 13.846/2019).

Em caso de prisão declarada ilegal, o segurado tem direito à percepção do benefício por todo o período devido (art. 59, § 6º, da Lei 8.213/1991, incluído pela Lei 13.846/2019).

O disposto nos §§ 2º, 3º, 4º, 5º e 6º do art. 59 da Lei 8.213/1991 aplica-se somente aos benefícios dos segurados que forem recolhidos à prisão a partir da data de publicação da Lei 13.846/2019 (art. 59, § 7º, da Lei 8.213/1991, incluído pela Lei 13.846/2019).

---

[52] "Art. 26. Independe de carência a concessão das seguintes prestações: [...] II – auxílio-doença e aposentadoria por invalidez nos casos de acidente de qualquer natureza ou causa e de doença profissional ou do trabalho, bem como nos casos de segurado que, após filiar-se ao RGPS, for acometido de alguma das doenças e afecções especificadas em lista elaborada pelos Ministérios da Saúde e da Previdência Social, atualizada a cada 3 (três) anos, de acordo com os critérios de estigma, deformação, mutilação, deficiência ou outro fator que lhe confira especificidade e gravidade que mereçam tratamento particularizado".

O segurado recluso em cumprimento de pena em regime aberto ou semiaberto tem direito ao auxílio-doença (art. 59, § 8º, da Lei 8.213/1991, incluído pela Lei 13.846/2019).

O auxílio-doença é devido, independentemente de carência, aos segurados obrigatório e facultativo, quando sofrerem acidente de qualquer natureza.

O auxílio-doença é devido ao *segurado empregado* a contar do 16º dia do afastamento da atividade, e, no caso dos *demais segurados*, a contar da data do início da incapacidade e enquanto ele permanecer incapaz (art. 60 da Lei 8.213/1991).

Como o auxílio-doença somente é devido ao segurado que ficar incapacitado para o seu trabalho ou para a sua atividade habitual *por mais de 15 dias consecutivos* (art. 59 da Lei 8.213/1991), entende-se que se o afastamento durar mais de 15 dias, o *segurado que não seja empregado* terá direito ao auxílio-doença a partir da data do início da incapacidade.

Quando requerido por segurado afastado da atividade por mais de 30 dias, o auxílio-doença é devido a contar da data da entrada do requerimento (art. 60, § 1º, da Lei 8.213/1991).

Sendo assim, de forma sistematizada, o auxílio-doença é devido:

> I – a contar do 16º dia do afastamento da atividade para o segurado empregado, exceto o doméstico;
>
> II – a contar da data do início da incapacidade, para os demais segurados, desde que o afastamento seja superior a 15 dias;
>
> III – a contar da data de entrada do requerimento, quando requerido após o 30º dia do afastamento da atividade, para todos os segurados (art. 72 do Regulamento da Previdência Social).

Durante os primeiros 15 dias consecutivos de afastamento da atividade por motivo de doença (incapacidade temporária), compete à empresa pagar o salário ao *segurado empregado* (art. 60, § 3º, da Lei 8.213/1991 e art. 75 do Regulamento da Previdência Social).

Quando o acidentado não se afastar do trabalho no dia do acidente, os 15 dias de responsabilidade da empresa pela sua remuneração integral são contados a partir da data do afastamento (art. 72, § 1º, do Regulamento da Previdência Social).

O auxílio por incapacidade temporária é devido durante o curso de reclamação trabalhista relacionada com a rescisão do contrato de trabalho, ou após a decisão final, desde que implementadas as condições mínimas para a concessão do benefício (art. 72, § 3º, do Regulamento da Previdência Social).

Quando a incapacidade ultrapassar o período de 15 dias consecutivos, o segurado deve ser encaminhado ao INSS para avaliação médico-pericial (art. 75, § 2º, do Regulamento da Previdência Social).

Se concedido novo benefício decorrente do mesmo motivo que gerou a incapacidade no prazo de 60 dias, contado da data da cessação do benefício anterior, a empresa fica desobrigada do pagamento relativo aos 15 primeiros dias de afastamento, prorrogando-se o benefício anterior e descontando-se os dias trabalhados, se for o caso (art. 75, § 3º, do Regulamento da Previdência Social).

Se o segurado empregado, por motivo de incapacidade, afastar-se do trabalho durante o período de 15 dias, retornar à atividade no 16º dia e voltar a se afastar no prazo de 60 dias, contado da data de seu retorno, em decorrência do mesmo motivo que gerou a incapacidade, este fará jus ao auxílio por incapacidade temporária a partir da data do novo afastamento (art. 75, § 4º, do Regulamento da Previdência Social). Na referida hipótese, se o retorno à atividade tiver ocorrido antes do período de 15 dias do afastamento, o segurado fará jus ao auxílio por incapacidade temporária a partir do dia seguinte ao que completar aquele período (art. 75, § 5º, do Regulamento da Previdência Social).

Na impossibilidade de realização do exame médico-pericial inicial antes do término do período de recuperação indicado pelo médico assistente em documentação, o empregado é autorizado a retornar ao trabalho no dia seguinte à data indicada pelo médico assistente, mantida a necessidade de comparecimento do segurado à perícia na data agendada (art. 75, § 6º, do Regulamento da Previdência Social).

A empresa que dispuser de serviço médico, próprio ou em convênio, tem a seu cargo o exame médico e o abono das faltas correspondentes ao referido período dos primeiros 15 dias, somente devendo encaminhar o segurado à perícia médica da Previdência Social quando a incapacidade ultrapassar 15 dias (art. 60, § 4º, da Lei 8.213/1991)[53].

Registre-se que durante período de emergência em saúde pública decorrente da covid-19, a imposição de isolamento dispensa o empregado da

[53] Cf. Súmula 15 do TST: "Atestado médico. A justificação da ausência do empregado motivada por doença, para a percepção do salário-enfermidade e da remuneração do repouso semanal, deve observar a ordem preferencial dos atestados médicos estabelecida em lei". Cf. ainda a Súmula 282 do TST: "Abono de faltas. Serviço médico da empresa. Ao serviço médico da empresa ou ao mantido por esta última mediante convênio compete abonar os primeiros 15 (quinze) dias de ausência ao trabalho".

comprovação de doença por sete dias (art. 6º, § 4º, da Lei 605/1949, incluído pela Lei 14.128/2021).

Isolamento significa a separação de pessoas doentes ou contaminadas de outros, de maneira a evitar a contaminação ou a propagação do coronavírus (art. 2º, inciso I, da Lei 13.979/2020). O art. 6º, § 4º, da Lei 605/1949, incluído pela Lei 14.128/2021, versa sobre a "imposição de isolamento". Logo, trata-se de medida de isolamento determinada por prescrição médica ao paciente (art. 3º, § 2º, da Portaria 356/2020 do Ministério da Saúde). Não será indicada medida de isolamento quando o diagnóstico laboratorial for negativo para o coronavírus (art. 3º, § 3º, da Portaria 356/2020).

A medida de isolamento pode ser determinada por prescrição médica por um prazo máximo de 14 dias, podendo se estender por até igual período, conforme resultado laboratorial que comprove o risco de transmissão (art. 3º, § 1º, da Portaria 356/2020 do Ministério da Saúde).

Sendo assim, no caso de imposição de isolamento em razão da covid-19, o trabalhador pode apresentar como justificativa válida, no oitavo dia de afastamento, além do atestado médico, documento de unidade de saúde do Sistema Único de Saúde (SUS) ou documento eletrônico regulamentado pelo Ministério da Saúde (art. 6º, § 5º, da Lei 605/1949, incluído pela Lei 14.128/2021).

Foi declarado o encerramento da emergência em saúde pública de importância nacional (Espin) em decorrência da infecção humana pelo novo coronavírus (2019-nCov), de que tratava a Portaria 188/2020 (Portaria 913/2022 do Ministério da Saúde, com entrada em vigor 30 dias após a data de sua publicação, ocorrida em 22.04.2022).

O Instituto Nacional do Seguro Social (INSS) fica autorizado, até 31 de dezembro de 2021, a conceder o benefício de auxílio por incapacidade temporária de que trata o art. 59 da Lei 8.213/1991 mediante apresentação pelo requerente de atestado médico e de documentos complementares que comprovem a doença informada no atestado como causa da incapacidade (art. 6º da Lei 14.131/2021). Os requisitos para a apresentação e a forma de análise do atestado médico e dos documentos complementares são estabelecidos em ato conjunto da Secretaria Especial de Previdência e Trabalho do Ministério da Economia e do INSS.

O procedimento estabelecido no art. 6º da Lei 14.131/2021 será adotado em caráter excepcional e a duração do benefício por incapacidade temporária dele resultante não terá duração superior a 90 dias. O INSS deve cientificar o requerente, no momento do requerimento, de que o benefício concedido com base no art. 6º da Lei 14.131/2021 não está sujeito a pedido de prorrogação e de que eventual necessidade de acréscimo ao período inicialmente concedido, ainda que inferior a 90 dias, estará sujeita a novo requerimento.

O Supremo Tribunal Federal reconheceu ser constitucional o disposto no art. 6º da Lei 14.131/2021 (STF, Pleno, ADI 6.928/DF, rel. Min. Cármen Lúcia, j. 23.11.2021).

Na esfera judicial, quanto à produção de prova, a Turma Nacional de Uniformização dos Juizados Especiais Federais fixou a seguinte tese (Tema 288): "Em resposta emergencial e preventiva, para evitar o risco de transmissão e contágio por coronavírus (SARS-CoV-2) durante a crise pandêmica, é possível a dispensa de perícia médica para concessão de benefício por incapacidade laboral, quando apresentados pareceres técnicos ou documentos médicos elucidativos, suficientes à formação da convicção judicial, desde que observado o contraditório, a ampla defesa e o princípio da não surpresa" (TNU, PEDILEF 0507847-64.2019.4.05.8500/SE, rel. Juíza Federal Susana Sbrogio Galia, DJe 16.02.2022).

Ato do Ministro de Estado do Trabalho e Previdência pode estabelecer as condições de dispensa da emissão de parecer conclusivo da perícia médica federal quanto à incapacidade laboral, hipótese na qual a concessão do benefício de que trata o art. 60 da Lei 8.213/1991 (auxílio por incapacidade temporária) será feita por meio de análise documental, incluídos atestados ou laudos médicos, realizada pelo INSS (art. 60, § 14, da Lei 8.213/1991, incluído pela Lei 14.441/2022).

A Previdência Social deve processar, de ofício, o benefício quando tiver ciência da incapacidade do segurado sem que este tenha requerido auxílio por incapacidade temporária (art. 76 do Regulamento da Previdência Social).

É facultado à empresa protocolar requerimento de auxílio por incapacidade temporária ou documento dele originário de seu empregado ou de contribuinte individual a ela vinculado ou a seu serviço, na forma estabelecida pelo INSS (art. 76-A do Regulamento da Previdência Social).

A empresa terá acesso às decisões administrativas de benefícios requeridos por seus empregados, resguardadas as informações consideradas sigilosas, na forma estabelecida em ato do INSS (art. 76-B do Regulamento da Previdência Social).

Para o recebimento do auxílio-doença, não se exige que a incapacidade seja total, ou seja, para quaisquer atividades laborativas que permitam a subsistência o segurado. Mesmo sendo a *incapacidade parcial*, para a realização do trabalho ou atividade habitual do segurado, o benefício é devido.

Nesse sentido, é devido o auxílio-doença ao segurado considerado parcialmente incapaz para o trabalho, mas suscetível de reabilitação profissional para o exercício de outras atividades laborais (STJ, 6ª T., REsp 501.267/SP (2003/0018983-4), rel. Min. Hamilton Carvalhido, DJ 28.06.2004).

A Lei 8.213/1991 não faz distinção quanto à incapacidade, se deve ser total ou parcial; assim, não é possível restringir o benefício ao segurado, deferindo-o, tão somente, quando a desventurada incapacidade for parcial (STJ, 5ª T., REsp 699.920/SP (2004/0156485-7), rel. Min. José Arnaldo da Fonseca, DJ 14.03.2005).

O julgador não é obrigado a analisar as condições pessoais e sociais quando não reconhecer a incapacidade do requerente para a sua atividade habitual (Súmula 77 da Turma Nacional de Uniformização dos Juizados Especiais Federais).

Comprovado que o requerente de benefício é portador do vírus HIV, cabe ao julgador verificar as condições pessoais, sociais, econômicas e culturais, de forma a analisar a incapacidade em sentido amplo, em face da elevada estigmatização social da doença (Súmula 78 da Turma Nacional de Uniformização dos Juizados Especiais Federais).

O benefício em questão normalmente é devido de forma temporária, ou seja, até a reabilitação do segurado, distinguindo-se da aposentadoria por invalidez.

O auxílio-doença é um benefício previdenciário de certa duração e renovável a cada oportunidade em que o segurado dele necessite. É um benefício pago em decorrência de incapacidade temporária (STJ, 2ª T., AgRg no REsp 145.8133/SC (2014/0134633-0), rel. Min. Mauro Campbell Marques, DJe 20.10.2014).

Será concedido auxílio-doença ao segurado considerado *temporariamente incapaz para o trabalho ou sua atividade habitual*, de forma total ou parcial, atendidos os demais requisitos legais, entendendo-se por incapacidade parcial aquela que permita sua reabilitação para outras atividades laborais (Súmula 25 da AGU).

Há casos, ainda, em que o segurado, mesmo estando efetivamente incapacitado para as atividades habitualmente exercidas, acaba realizando atividade laboral, para que possa manter a subsistência. A respeito do tema, a Súmula 72 da Turma Nacional de Uniformização dos Juizados Especiais Federais assim previa: "É possível o recebimento de benefício por incapacidade durante período em que houve exercício de atividade remunerada quando comprovado que o segurado estava incapaz para as atividades habituais na época em que trabalhou".

Conforme o art. 60, § 6º, da Lei 8.213/1991, incluído pela Lei 13.135/2015, o segurado que durante o gozo do auxílio-doença vier a exercer atividade que lhe garanta subsistência pode ter o benefício cancelado a partir do retorno à atividade. Nessa hipótese, caso o segurado, durante o gozo do auxílio-doença, venha a exercer atividade diversa daquela que gerou o benefício, deve ser verificada a incapacidade para cada uma das atividades exercidas (art. 60, § 7º, da Lei 8.213/1991, acrescentado pela Lei 13.135/2015).

A Turma Nacional de Uniformização dos Juizados Especiais Federais firmou a seguinte tese (Tema 259): "É possível a cumulação de benefício de auxílio-doença (auxílio por incapacidade temporária) com o exercício de mandato eletivo de vereador, desde que observado o disposto no § 7º do art. 60 da Lei nº 8.213/1991" (TNU, PEDILEF 5000657-46.2018.4.04.7219/SC, rel. Juiz Federal Jairo da Silva Pinto, DJe 30.04.2021).

Esclareça-se ainda que o Superior Tribunal de Justiça firmou a seguinte tese em recurso repetitivo: "No período entre o indeferimento administrativo e a efetiva implantação de auxílio-doença ou de aposentadoria por invalidez, mediante decisão judicial, o segurado do RPGS tem direito ao recebimento conjunto das rendas do trabalho exercido, ainda que incompatível com sua incapacidade laboral, e do respectivo benefício previdenciário pago retroativamente" (STJ, 1ª Seção, REsp 1.786.590/SP, 2018/0313709-2, rel. Min. Herman Benjamin, DJe 01.07.2020).

O auxílio-doença, inclusive o decorrente de acidente do trabalho, consiste em uma renda mensal correspondente a 91% do salário de benefício (art. 61 da Lei 8.213/1991).

Entretanto, como valor máximo, o auxílio-doença não pode exceder a média aritmética simples dos últimos 12 salários de contribuição, inclusive no caso de remuneração variável, ou, se não alcançado o número de 12, a média aritmética simples dos salários de contribuição existentes (art. 29, § 10, da Lei 8.213/1991, acrescentado pela Lei 13.135/2015).

Após a cessação do auxílio por incapacidade temporária decorrente de acidente de qualquer natureza ou causa, independentemente de o segurado ter retornado ou não ao trabalho, se houver agravamento ou sequela que resulte na reabertura do benefício, a renda mensal será igual a 91% do valor do salário de benefício do auxílio por incapacidade temporária cessado, observado o disposto no § 10 do art. 29 da Lei 8.213/1991, corrigido até o mês anterior ao da reabertura do benefício pelos mesmos índices de correção empregados no cálculo dos benefícios em geral (art. 39, § 5º, do Regulamento da Previdência Social).

O segurado em gozo de auxílio-doença, insuscetível de recuperação para sua atividade habitual, deverá submeter-se a processo de *reabilitação profissional* para o exercício de outra atividade (art. 62 da Lei 8.213/1991). O referido benefício será mantido até que o segurado seja considerado reabilitado para o desempenho de atividade que lhe garanta a subsistência ou, quando considerado não recuperável, seja aposentado por invalidez (art. 62, § 1º, da Lei 8.213/1991).

A alteração das atribuições e responsabilidades do segurado compatíveis com a limitação que tenha sofrido em sua capacidade física ou mental não configura desvio de cargo ou função do segurado reabilitado ou que estiver em processo de reabilitação profissional a cargo do INSS (art. 62, § 2º, da Lei 8.213/1991, incluído pela Lei 13.846/2019).

O segurado empregado, inclusive o doméstico, em gozo de auxílio-doença deve ser considerado pela empresa e pelo empregador doméstico como licenciado (art. 63 da Lei 8.213/1991).

Nesse sentido, o art. 476 da Consolidação das Leis do Trabalho dispõe que, em caso de "seguro-doença ou auxílio-enfermidade" (atualmente previsto como auxílio-doença) o empregado é considerado em licença não remunerada, durantc o prazo desse benefício.

Entretanto, quanto ao tema, pode existir norma dispondo de forma mais favorável ao empregado, por exemplo, em regulamento de empresa, contrato individual de trabalho ou instrumento normativo trabalhista.

Com isso, a empresa que garantir ao segurado licença remunerada fica obrigada a pagar-lhe durante o período de auxílio-doença a eventual diferença entre o valor deste e a importância garantida pela licença.

O auxílio por incapacidade temporária do *segurado que exercer mais de uma atividade* abrangida pela Previdência Social é devido mesmo no caso de incapacidade apenas para o exercício de uma delas, hipótese em que o segurado deverá informar a Perícia Médica Federal a respeito de todas as atividades que estiver exercendo (art. 73 do Regulamento da Previdência Social).

Na referida hipótese, o auxílio por incapacidade temporária deve ser concedido em relação à atividade para a qual o segurado estiver incapacitado, consideradas para fins de carência somente as contribuições relativas a essa atividade.

Se nas várias atividades o segurado exercer a mesma profissão, exige-se de imediato o afastamento de todas.

Constatada durante o recebimento do auxílio por incapacidade temporária concedido nos termos acima a incapacidade do segurado para cada uma das demais atividades, o valor do benefício deve ser revisto com base nos salários de contribuição de cada uma das atividades. Nessa hipótese, o salário de benefício do auxílio por incapacidade temporária deve ser calculado com base na soma dos salários de contribuição referentes às atividades para as quais o segurado seja considerado incapacitado (art. 34, § 5º, do Regulamento da Previdência Social).

O segurado que, durante o gozo do auxílio por incapacidade temporária, vier a exercer atividade remunerada que lhe garanta a subsistência pode ter o benefício cancelado a partir do retorno à atividade. Nessa hipótese, caso a atividade remunerada exercida seja diversa daquela que gerou o benefício, deve ser verificada a incapacidade para cada uma das atividades exercidas.

Quando o *segurado que exercer mais de uma atividade* for considerado definitivamente incapacitado para uma delas, o auxílio por incapacidade temporária deve ser mantido indefinidamente, hipótese em que não cabe a concessão de aposentadoria por incapacidade permanente enquanto a incapacidade não se estender às demais atividades (art. 74 do Regulamento da Previdência Social). Nessa situação, o segurado somente pode se transferir das demais atividades que exerce após o conhecimento da reavaliação médico-pericial.

O Instituto Nacional do Seguro Social deve rever os benefícios, inclusive os concedidos por acidente do trabalho, ainda que concedidos judicialmente, para avaliar a persistência, atenuação ou agravamento da incapacidade para o trabalho alegada como causa para a sua concessão (art. 71 da Lei 8.212/1991)[54]. É cabível a concessão de liminar nas ações rescisórias e revisional, para suspender a execução do julgado rescindendo ou revisando, em caso de fraude ou erro material comprovado.

Registre-se o entendimento de que uma vez concedido o auxílio-doença pela via judicial, se o INSS constatar que o beneficiário não mais preenche o requisito da incapacidade exigida para a obtenção do benefício, cabe a ele propor ação revisional, nos termos do art. 505, inciso I, do CPC, por ser o meio adequado para a verificação da permanência ou não da incapacidade autorizadora do benefício (STJ, 5ª T., AgRg no REsp 1.221.394/RS (2010/0208516-7), rel. Min. Jorge Mussi, DJe 24.10.2013).

Nesse sentido, deferida a aposentadoria por invalidez judicialmente, pode a autarquia previdenciária rever a concessão do benefício, uma vez tratar-se de relação jurídica continuativa, desde que por meio de ação judicial, nos termos do art. 505, inciso I, do CPC, em respeito ao princípio do paralelis-

---

[54] Cf. MARTINS, Sergio Pinto. *Comentários à Lei nº 8.212/91*: custeio da seguridade social. São Paulo: Atlas, 2013. p. 245.

mo das formas (STJ, 6ª T., REsp 1.201.503/RS, rel. Min. Maria Thereza de Assis Moura, DJe 26.11.2012)[55].

O auxílio por incapacidade temporária cessa pela recuperação da capacidade para o trabalho, pela concessão de aposentadoria por incapacidade permanente ou, na hipótese de o evento causador da redução da capacidade laborativa ser o mesmo que gerou o auxílio por incapacidade temporária, pela concessão do auxílio acidente (art. 78 do Regulamento da Previdência Social).

Sempre que possível, o ato de concessão ou de reativação de auxílio-doença, judicial ou administrativo, deve fixar o prazo estimado para a duração do benefício (art. 60, § 8º, da Lei 8.213/1991). Na ausência de fixação desse prazo, o benefício cessará após o prazo de 120 dias, contado da data de concessão ou de reativação do auxílio-doença, exceto se o segurado requerer a sua prorrogação perante o INSS, na forma do Regulamento, observado o disposto no art. 62 da Lei 8.213/1991, anteriormente indicado, que prevê a reabilitação profissional (art. 60, § 9º, da Lei 8.213/1991).

Caso o prazo concedido para a recuperação se revelar insuficiente, o segurado pode solicitar a sua prorrogação, na forma estabelecida pelo INSS.

A comunicação da concessão do auxílio por incapacidade temporária deve conter as informações necessárias para o requerimento de sua prorrogação.

O segurado que se considerar capaz antes do prazo estabelecido pela Perícia Médica Federal no ato da concessão ou da prorrogação do auxílio por incapacidade temporária somente retornará ao trabalho após nova avaliação médico-pericial.

O segurado pode desistir do requerimento de prorrogação antes da realização do exame médico-pericial, hipótese em que o benefício será mantido até a data da sua desistência, desde que posterior à data de cessação estabelecida pela Perícia Médica Federal.

O segurado que não concordar com o resultado da avaliação sobre o prazo estimado para a duração do benefício pode apresentar, no prazo de

---

55 Em sentido divergente: "O que a jurisprudência desta Corte exige não é a aplicação do princípio do paralelismo das formas, é a concessão do contraditório, da ampla defesa e do devido processo legal, sempre que houver necessidade de revisão do benefício previdenciário, *por meio do processo administrativo previdenciário*, impedindo com isso, o cancelamento unilateral por parte da autarquia, sem oportunizar apresentação de provas que entenderem necessárias" (STJ, 2ª T., REsp 1.429.976/CE (2014/0008223-1), rel. Min. Humberto Martins, DJe 24.02.2014).

30 dias, recurso da decisão proferida pela Perícia Médica Federal perante o Conselho de Recursos da Previdência Social (CRPS), cuja análise médico-pericial, se necessária, será feita por perito médico federal diverso daquele que tenha realizado o exame anterior.

A Turma Nacional de Uniformização dos Juizados Especiais Federais, "por não vislumbrar ilegalidade na fixação de data estimada para a cessação do auxílio-doença, ou mesmo na convocação do segurado para nova avaliação da persistência das condições que levaram à concessão do benefício na via judicial", firmou as seguintes teses (Tema 164): "a) os benefícios de auxílio-doença concedidos judicial ou administrativamente, sem Data de Cessação de Benefício (DCB), ainda que anteriormente à edição da MP nº 739/2016, podem ser objeto de revisão administrativa, na forma e prazos previstos em lei e demais normas que regulamentam a matéria, por meio de prévia convocação dos segurados pelo INSS, para avaliar se persistem os motivos de concessão do benefício; b) os benefícios concedidos, reativados ou prorrogados posteriormente à publicação da MP nº 767/2017, convertida na Lei nº 13.457/2017, devem, nos termos da lei, ter a sua DCB fixada, sendo desnecessária, nesses casos, a realização de nova perícia para a cessação do benefício; c) em qualquer caso, o segurado poderá pedir a prorrogação do benefício, com garantia de pagamento até a realização da perícia médica" (TNU, PEDILEF 0500774-49.2016.4.05.8305/PE, rel. Juiz Federal Fernando Moreira Gonçalves, DJe 23.04.2018).

A Turma Nacional de Uniformização dos Juizados Especiais Federais fixou a seguinte tese (Tema 246): "I – Quando a decisão judicial adotar a estimativa de prazo de recuperação da capacidade prevista na perícia, o termo inicial é a data da realização do exame, sem prejuízo do disposto no art. 479 do CPC, devendo ser garantido prazo mínimo de 30 dias, desde a implantação, para viabilizar o pedido administrativo de prorrogação. II – Quando o ato de concessão (administrativa ou judicial) não indicar o tempo de recuperação da capacidade, o prazo de 120 dias, previsto no § 9º, do art. 60 da Lei 8.213/1991, deve ser contado a partir da data da efetiva implantação ou restabelecimento do benefício no sistema de gestão de benefícios da autarquia" (TNU, PEDILEF 0500881-37.2018.4.05.8204/PB, rel. p/ ac. Juiz Federal Juiz Federal Fábio de Souza Silva, DJe 24.11.2020).

A Turma Nacional de Uniformização dos Juizados Especiais Federais fixou ainda a seguinte tese (Tema 277): "O direito à continuidade do benefício por incapacidade temporária com estimativa de DCB [data da cessação do benefício] (alta programada) pressupõe, por parte do segurado, pedido de prorrogação (§ 9º, art. 60 da Lei n. 8.213/1991), recurso administrativo ou pedido de reconsideração, quando previstos normativamente, sem o quê não se configura interesse de agir em juízo" (TNU, PEDILEF 0500255-75.2019.4.05.8303/PE, rel. Juiz Federal Francisco Glauber Pessoa Alves, DJe 17.03.2022).

O segurado em gozo de auxílio-doença, concedido judicial ou administrativamente, pode ser convocado *a qualquer momento* para avaliação das condições que ensejaram sua concessão ou manutenção, observado o disposto no art. 101 da Lei 8.213/1991. O segurado que não concordar com o resultado dessa avaliação pode apresentar, no prazo máximo de 30 dias, recurso da decisão da administração perante o Conselho de Recursos da Previdência Social, cuja análise médica pericial, se necessária, será feita pelo assistente técnico médico da Junta de Recursos da Previdência Social, perito diverso daquele que indeferiu o benefício (art. 60, §§ 10 e 11, da Lei 8.213/1991).

Cabe registrar que a jurisprudência majoritária não admite o cancelamento automático de benefício previdenciário, por ser necessária a instauração de procedimento administrativo com esse objetivo. Nesse sentido, "a jurisprudência que vem se firmando no âmbito do STJ é no sentido de que não se pode proceder ao cancelamento automático do benefício previdenciário, ainda que diante de desídia do segurado em proceder a nova perícia perante o INSS, sem que haja prévio procedimento administrativo, sob pena de ofensa aos princípios da ampla defesa e do contraditório" (STJ, REsp 1.597.725/MT (2016/0100172-0), rel. Min. Herman Benjamin, DJe 03.06.2016).

O segurado em gozo de auxílio por incapacidade temporária, auxílio-acidente ou aposentadoria por incapacidade permanente e o pensionista inválido, cujos benefícios tenham sido concedidos judicial ou administrativamente, estão obrigados, sob pena de suspensão do benefício, a submeter-se a: I – exame médico a cargo da Previdência Social para avaliação das condições que ensejaram sua concessão ou manutenção; II – processo de reabilitação profissional prescrito e custeado pela Previdência Social; III – tratamento oferecido gratuitamente, exceto o cirúrgico e a transfusão de sangue, que são facultativos (art. 101 da Lei 8.213/1991, com redação dada pela Lei 14.441/2022).

A perícia de que trata o art. 101 da Lei 8.213/1991 terá acesso aos prontuários médicos do periciado no Sistema Único de Saúde (SUS), desde que haja a prévia anuência do periciado e seja garantido o sigilo sobre os dados dele (art. 101, § 4º, da Lei 8.213/1991, acrescentado pela Lei 13.457/2017).

É assegurado o atendimento domiciliar e hospitalar pela perícia médica e social do INSS ao segurado com dificuldades de locomoção, quando seu deslocamento, em razão de sua limitação funcional e de condições de acessibilidade, imponha-lhe ônus desproporcional e indevido, nos termos do regulamento (art. 101, § 5º, da Lei 8.213/1991, acrescentado pela Lei 13.457/2017).

A avaliação de que trata o art. 101, inciso I, da Lei 8.213/1991 pode ser realizada de forma remota ou por análise documental, observado o disposto nos art. 60, § 14, e art. 101, § 7º, da Lei 8.213/1991 (art. 101, § 6º, da Lei 8.213/1991, incluído pela Lei 14.441/2022). Ato do Ministro de Estado do Trabalho e Previdência deve dispor sobre as hipóteses de substituição de exame pericial presencial por exame remoto e as condições e as limitações para sua realização (art. 101, § 7º, da Lei 8.213/1991, incluído pela Lei 14.441/2022).

O art. 9º, § 2º, inciso II, da Lei 11.340/2006 prevê que o juiz deve assegurar à mulher em situação de violência doméstica e familiar, para preservar sua integridade física e psicológica manutenção do vínculo trabalhista, quando necessário o afastamento do local de trabalho, por até seis meses.

A respeito do tema, segundo o entendimento firmado pelo Superior Tribunal de Justiça: "3. Incide o auxílio-doença, diante da falta de previsão legal, referente ao período de afastamento do trabalho, quando reconhecida ser decorrente de violência doméstica e familiar, pois tal situação advém da ofensa à integridade física e psicológica da mulher e deve ser equiparada aos casos de doença da segurada, por meio de interpretação extensiva da Lei Maria da Penha. 4. Cabe ao empregador o pagamento dos quinze primeiros dias de afastamento da empregada vítima de violência doméstica e familiar e fica a cargo do INSS o pagamento do restante do período de afastamento estabelecido pelo juiz, com necessidade de apresentação de atestado que confirme estar a ofendida incapacitada para o trabalho e desde que haja aprovação do afastamento pela perícia do INSS, por incidência do auxílio-doença, aplicado ao caso por meio de interpretação analógica" (STJ, 6ª T., REsp 1.757.775/SP (2018/0193975-8), rel. Min. Rogerio Schietti Cruz, DJe 02.09.2019).

No referido caso, argumentou-se que conforme o art. 203 da Constituição Federal de 1988: "A Assistência Social será prestada a quem dela necessitar, independentemente de contribuição à Seguridade Social". Além disso, decidiu-se que "ao invés do atestado de saúde, há necessidade de apresentação do documento de homologação ou determinação judicial de afastamento do trabalho em decorrência de violência doméstica e familiar para comprovar que a ofendida está incapacitada a comparecer ao local de trabalho" (STJ, 6ª T., REsp 1.757.775/SP (2018/0193975-8), rel. Min. Rogerio Schietti Cruz, j. 20.08.2019, trecho do voto).

Apesar do entendimento que prevaleceu na mencionada decisão, deve-se ressaltar que o auxílio-doença, na verdade, é direito de natureza previdenciária (art. 201 da Constituição Federal de 1988 e art. 59 da Lei 8.213/1991), e não da Assistência Social (art. 203 da Constituição da República). Além disso, nenhum benefício ou serviço da Seguridade Social pode ser estendido, como ocorreu na hipótese, sem a correspondente fonte de custeio total (art. 195, § 5º, da Constituição Federal de 1988).

5.18. SALÁRIO-FAMÍLIA

A Constituição da República, no art. 7º, inciso XII, com redação dada pela Emenda Constitucional 20/1998, assegura aos trabalhadores urbanos e rurais o direito ao *salário-família*, a ser pago em razão do dependente do trabalhador de baixa renda nos termos da lei.

Não se trata, entretanto, de direito trabalhista, mas sim de natureza previdenciária. Tanto é assim que o art. 201 da Constituição Federal de 1988, inciso IV, também com redação dada pela Emenda Constitucional 20/1998, dispõe que o Regime Geral de Previdência Social deve atender, na forma da lei, a salário-família "para os dependentes dos segurados de baixa renda".

Na verdade, o salário-família é benefício previdenciário devido aos segurados (art. 18, inciso I, *f*, da Lei 8.213/1991), e não aos dependentes, embora decorra da existência de filhos ou equiparados nas condições legais.

Cabe lembrar que o aposentado pelo Regime Geral de Previdência Social (RGPS) que permanecer em atividade sujeita a esse Regime, ou a ele retornar, não faz jus a prestação alguma da Previdência Social em decorrência do exercício dessa atividade, exceto ao *salário-família* e à reabilitação profissional, quando empregado, inclusive o doméstico, ou trabalhador avulso, e ao salário-maternidade (art. 18, § 2º, da Lei 8.213/1991 e art. 173 do Regulamento da Previdência Social).

Quanto ao benefício em questão, o art. 65 da Lei 8.213/1991 dispõe que o salário-família é devido, mensalmente, ao *segurado empregado, inclusive o doméstico*, e ao *segurado trabalhador avulso*, na proporção do respectivo número de filhos ou equiparados nos termos do art. 16, § 2º, do referido diploma legal, observado o disposto no art. 66, que dispõe sobre o valor da cota do salário-família por filho ou equiparado de qualquer condição, até 14 anos de idade ou inválido de qualquer idade.

O art. 7º, parágrafo único, da Constituição da República, com redação dada pela Emenda Constitucional 72/2013, estendeu ao *empregado doméstico* o direito ao salário-família. Sendo assim, com a regulamentação do dispositivo constitucional, conforme a Lei Complementar 150/2015, o empregado doméstico também passou a ter direito a esse benefício previdenciário.

O *aposentado* por invalidez ou por idade e os demais aposentados com 65 anos ou mais de idade, se do sexo masculino, ou 60 anos ou mais, se do feminino, também têm direito ao salário-família, pago juntamente com a aposentadoria (art. 65, parágrafo único, da Lei 8.213/1991).

O salário-família é devido aos trabalhadores rurais somente após a vigência da Lei 8.213, de 24.07.1991 (Súmula 344 do TST).

O salário-família independe de carência, conforme art. 26, inciso I, da Lei 8.213/1991.

As cotas do salário-família são devidas conforme o número de filhos ou equiparados de qualquer condição, até 14 anos de idade ou inválido de qualquer idade.

O valor da cota do salário-família, devida por filho ou equiparado de qualquer condição, até 14 anos de idade ou inválido de qualquer idade, depende da remuneração mensal do segurado.

Com a Emenda Constitucional 20/1998, o salário-família é concedido apenas aos segurados de *baixa renda*, ou seja, que tenham renda bruta mensal igual ou inferior a certo valor, que, até a publicação da lei, devem ser corrigidos pelos mesmos índices aplicados aos benefícios do Regime Geral de Previdência Social.

Até que lei discipline o acesso ao salário-família de que trata o inciso IV do art. 201 da Constituição Federal de 1988, esse benefício será concedido apenas àqueles que tenham renda bruta mensal igual ou inferior a R$ 1.364,43, que devem ser corrigidos pelos mesmos índices aplicados aos benefícios do Regime Geral de Previdência Social (art. 27 da Emenda Constitucional 103/2019).

O valor dos benefícios do Regime Geral de Previdência Social em manutenção deve ser reajustado, anualmente, na mesma data do reajuste do salário mínimo, *pro rata*, de acordo com suas respectivas datas de início ou do último reajustamento, com base no Índice Nacional de Preços ao Consumidor (INPC), apurado pela Fundação Instituto Brasileiro de Geografia e Estatística (IBGE), conforme art. 41-A, *caput*, da Lei 8.213/1991, incluído pela Lei 11.430/2006.

Até que lei discipline o valor do salário-família de que trata o inciso IV do art. 201 da Constituição Federal de 1988, seu valor será de R$ 46,54 (art. 27, § 2º, da Emenda Constitucional 103/2019). Na realidade, trata-se do valor da cota do salário-família. Como já mencionado, as cotas do salário-família são devidas conforme o número de filhos ou equiparados de qualquer condição, até 14 anos de idade ou inválido de qualquer idade.

O salário-família é devido, mensalmente, ao segurado empregado, inclusive o doméstico, e ao trabalhador avulso com salário de contribuição inferior ou igual a R$ 1.425,56, na proporção do respectivo número de filhos ou de enteados e de menores tutelados, desde que comprovada a dependência econômica dos dois últimos (art. 81 do Regulamento da Previdência Social, com redação dada pelo Decreto 10.410/2020). O mencionado valor deve ser corrigido anualmente, na forma anteriormente exposta.

O valor da cota do salário-família por filho ou por enteado e por menor tutelado, desde que comprovada a dependência econômica dos dois últimos, até 14 anos de idade ou inválido, é de R$ 48,62 (art. 83 do Regulamento da Previdência Social, com redação dada pelo Decreto 10.410/2020). O referido valor deve ser reajustado, anualmente, na mesma data do reajuste do salário mínimo, com base no INPC.

O valor da cota do salário-família por filho ou equiparado de qualquer condição, até 14 anos de idade, ou inválido de qualquer idade, a partir de 1º de janeiro de 2023, é de R$ 59,82 para o segurado com remuneração mensal não superior a R$ R$ 1.754,18 (art. 4º da Portaria Interministerial 26/2023 do Ministério da Previdência Social e do Ministério da Fazenda).

Para fins do pagamento da cota do salário-família, considera-se remuneração mensal do segurado o valor total do respectivo salário de contribuição, *ainda que resultante da soma dos salários de contribuição correspondentes a atividades simultâneas*.

Cabe esclarecer que o direito à cota do salário-família é definido em razão da remuneração que seria devida ao empregado no mês, independentemente do número de dias efetivamente trabalhados.

Todas as importâncias que integram o salário de contribuição devem ser consideradas como parte integrante da remuneração do mês, exceto o décimo terceiro salário e o adicional de férias previsto no art. 7º, inciso XVII, da Constituição Federal de 1988, para efeito de definição do direito à cota do salário-família.

A cota do salário-família é devida proporcionalmente aos dias trabalhados nos meses de admissão e demissão do empregado.

Como o salário-família não substitui o salário de contribuição, nem o rendimento do trabalho do segurado, mas apenas serve para *complementar a renda*, nas condições já indicadas, o seu valor pode ser inferior ao salário mínimo, o que está em consonância com a previsão do art. 201, § 2º, da Constituição da República.

O pagamento do salário-família é condicionado à apresentação da certidão de nascimento do filho ou da documentação relativa ao equiparado ou ao inválido, e à apresentação anual de atestado de vacinação obrigatória e de comprovação de frequência à escola do filho ou equiparado, nos termos do Regulamento (art. 67 da Lei 8.213/1991).

O *empregado doméstico* deve apresentar apenas a certidão de nascimento referida acima.

Nesse sentido, o pagamento do salário-família é devido a partir da data de apresentação da certidão de nascimento do filho ou da documentação relativa ao enteado e ao menor tutelado, desde que comprovada a dependência econômica dos dois últimos, e fica condicionado à apresentação anual de atestado de vacinação obrigatória dos referidos dependentes, de até seis anos de idade, e de comprovação semestral de frequência à escola dos referidos dependentes, a partir de quatro anos de idade (art. 84 do Regulamento da Previdência Social, com redação dada pelo Decreto 10.410/2020).

Para recebimento do salário-família, o empregado doméstico deve apresentar ao seu empregador apenas a certidão de nascimento do filho ou a documentação relativa ao enteado e ao menor tutelado, desde que comprovada a dependência econômica dos dois últimos (art. 84, § 5º, do Regulamento da Previdência Social, incluído pelo Decreto 10.410/2020).

Na hipótese de o segurado empregado ou de o trabalhador avulso não apresentar o atestado de vacinação obrigatória e a comprovação de frequência escolar do filho, do enteado ou do menor tutelado, desde que comprovada a dependência econômica dos dois últimos, nas datas definidas pelo INSS, o benefício do salário-família será suspenso até que a documentação seja apresentada (art. 84, § 2º, do Regulamento da Previdência Social, com redação dada pelo Decreto 10.410/2020).

Não é devido salário-família no período entre a suspensão do benefício motivada pela falta de comprovação da frequência escolar e a sua reativação, exceto se provada a frequência escolar regular no período (art. 84, § 3º, do Regulamento da Previdência Social, com redação dada pelo Decreto 10.410/2020).

A comprovação semestral de frequência escolar deve ser feita por meio da apresentação de documento emitido pela escola, na forma estabelecida na legislação específica, em nome do aluno, no qual conste o registro de frequência regular, ou de atestado do estabelecimento de ensino que comprove a regularidade da matrícula e a frequência escolar do aluno (art. 84, § 4º, do Regulamento da Previdência Social, com redação dada pelo Decreto 10.410/2020).

Para efeito de concessão e manutenção do salário-família, o segurado deve firmar *termo de responsabilidade*, no qual se comprometerá a comunicar à empresa, ao empregador doméstico ou ao INSS, conforme o caso, qualquer fato ou circunstância que determine a perda do direito ao benefício e ficará sujeito, em caso de descumprimento, às sanções penais e trabalhistas (art. 89 do Regulamento da Previdência Social).

A falta de comunicação oportuna de fato que implique cessação do salário-família e a prática, pelo segurado, de fraude de qualquer natureza para o seu recebimento autorizam a empresa, o empregador doméstico ou o INSS, conforme o caso, a descontar dos pagamentos de cotas devidas em relação a outros filhos, enteados ou menores tutelados ou, na falta delas, do próprio salário do segurado ou da renda mensal do seu benefício, o valor das cotas indevidamente recebidas, sem prejuízo das sanções penais cabíveis (art. 90 do Regulamento da Previdência Social).

A invalidez do filho, do enteado ou do menor tutelado, desde que comprovada a dependência econômica dos dois últimos, maior de 14 anos de idade deve ser verificada em exame médico-pericial realizado pela Perícia Médica Federal (art. 85 do Regulamento da Previdência Social).

As cotas do salário-família devem ser pagas pela empresa ou pelo empregador doméstico, mensalmente, junto com o salário, efetivando-se a compensação quando do recolhimento das contribuições, conforme dispuser o Regulamento (art. 68 da Lei 8.213/1991).

Mais especificamente, as cotas do salário-família pagas pela empresa ou pelo empregador doméstico devem ser *deduzidas* quando do recolhimento das contribuições (art. 82, § 4º, do Regulamento da Previdência Social, com redação dada pelo Decreto 10.410/2020).

A empresa e o empregador doméstico devem conservar, durante o prazo decadencial de que trata o art. 348 do Regulamento da Previdência Social (cinco anos), os comprovantes dos pagamentos e as cópias das certidões correspondentes, para exame pela fiscalização (art. 84, § 1º, do Regulamento da Previdência Social, com redação dada pelo Decreto 10.410/2020).

Quando o pagamento do salário não for mensal, o salário-família deve ser pago juntamente com o último pagamento relativo ao mês.

O salário-família devido ao trabalhador avulso pode ser recebido pelo sindicato de classe respectivo, que se incumbe de elaborar as folhas correspondentes e de distribuí-lo (art. 69 da Lei 8.213/1991).

Sistematizando, o salário-família deve ser pago mensalmente:

I – ao empregado, inclusive o doméstico, pela empresa ou pelo empregador doméstico, juntamente com o salário, e ao trabalhador avulso, pelo sindicato ou órgão gestor de mão de obra, por meio de convênio;

II – ao empregado, inclusive o doméstico, e ao trabalhador avulso aposentados por incapacidade permanente ou em gozo de auxílio por incapacidade temporária, pelo INSS, juntamente com o benefício;

III – ao trabalhador rural aposentado por idade aos 60 anos, se do sexo masculino, ou 55 anos, se do sexo feminino, pelo Instituto Nacional do Seguro Social, juntamente com a aposentadoria; e

IV – aos demais empregados, inclusive os domésticos, e aos trabalhadores avulsos aposentados aos 65 anos de idade, se homem, ou aos 60 anos, se mulher, pelo INSS, juntamente com a aposentadoria (art. 82 do Regulamento da Previdência Social).

No caso do inciso I, quando o salário do empregado não for mensal, o salário-família deve ser pago juntamente com o último pagamento relativo ao mês.

O salário-família correspondente ao mês de afastamento do trabalho será pago integralmente pela empresa, pelo empregador doméstico ou pelo sindicato ou pelo órgão gestor de mão de obra, conforme o caso, e, ao mês da cessação de benefício, pelo INSS (art. 86 do Regulamento da Previdência Social).

O empregado, inclusive o doméstico, ou o trabalhador avulso deve dar quitação à empresa ou ao empregador doméstico de cada recebimento mensal do salário-família, na própria folha de pagamento ou por outra forma admitida, de modo que a quitação fique claramente caracterizada (art. 91 do Regulamento da Previdência Social).

O salário-família do trabalhador avulso independe do número de dias trabalhados no mês, devendo o seu pagamento corresponder ao valor integral da cota.

Quando o pai e a mãe são segurados empregados, inclusive domésticos, ou trabalhadores avulsos, ambos têm direito ao salário-família (art. 82, § 3º, do Regulamento da Previdência Social).

Tendo havido divórcio, separação judicial ou de fato dos pais, ou em caso de abandono legalmente caracterizado ou perda do poder familiar, o salário-família passa a ser pago diretamente àquele a cujo cargo ficar o sustento do menor, ou a outra pessoa, se houver determinação judicial nesse sentido.

A cota do salário-família não se incorpora, para qualquer efeito, ao salário ou ao benefício (art. 70 da Lei 8.213/1991).

O direito ao salário-família *cessa automaticamente* nas seguintes hipóteses:

– por morte do filho, do enteado ou do menor tutelado, a contar do mês seguinte ao do óbito;

– quando o filho, o enteado ou o menor tutelado completar 14 anos de idade, exceto se inválido, a contar do mês seguinte ao da data do aniversário;

– pela recuperação da capacidade do filho, do enteado ou do menor tutelado inválido, a contar do mês seguinte ao da cessação da incapacidade;

– pelo desemprego do segurado (art. 88 do Regulamento da Previdência Social).

5.19. SALÁRIO-MATERNIDADE

A Convenção 103 da Organização Internacional do Trabalho, de 1952, sobre o amparo à maternidade, aprovada pelo Decreto Legislativo 20/1965 e promulgada pelo Decreto 58.820/1966 (atualmente Decreto 10.088/2019), assegura a licença de maternidade (art. 3º), com direito a prestações em espécie e a assistência médica (art. 4º), prevendo que em hipótese alguma o empregador deve ser tido como pessoalmente responsável pelo custo das prestações devidas às mulheres que emprega (art. 4º, item 8). Ou seja, o pagamento relativo ao período de licença-maternidade deve ficar a cargo da Previdência Social, justamente para se evitar a discriminação no mercado de trabalho.

O art. 6º da Constituição da República assegura, como direito social, de natureza fundamental, a *proteção à maternidade*.

Desse modo, na esfera do Regime Geral de Previdência Social deve-se proteger a maternidade, especialmente a gestante, conforme art. 201, inciso II, da Constituição Federal de 1988.

A rigor, o *salário-maternidade*, como benefício previdenciário, não se confunde com a licença-maternidade, a qual tem natureza trabalhista, dizendo respeito à interrupção do contrato de trabalho, conforme arts. 392 e seguintes da CLT.

O art. 7º da Constituição da República, nos incisos XVIII e XIX, prevê, no rol de direitos dos trabalhadores urbanos e rurais, a licença à gestante, sem prejuízo do emprego e do salário, com a duração de 120 dias, bem como a licença-paternidade, nos termos fixados em lei.

O salário-maternidade é devido à segurada da Previdência Social, durante 120 dias, com início no período entre 28 dias antes do parto e a data de ocorrência deste, observadas as situações e condições previstas na legislação no que concerne à proteção à maternidade (art. 71 da Lei 8.213/1991).

Em casos excepcionais, os períodos de repouso anterior e posterior ao parto podem ser aumentados de mais duas semanas, por meio de atestado médico específico submetido à avaliação médico-pericial (art. 93, § 3º, do Regulamento da Previdência Social).

Em caso de parto antecipado ou não, a segurada tem direito aos 120 dias previstos no art. 71 da Lei 8.213/1991 (art. 93, § 4º, do Regulamento da Previdência Social).

O Supremo Tribunal Federal conheceu de ação direta de inconstitucionalidade como arguição de descumprimento de preceito fundamental e, ratificando a medida cautelar, julgou procedente o pedido formulado para conferir interpretação conforme à Constituição ao art. 392, § 1º, da CLT, assim como ao art. 71 da Lei 8.213/1991 e, por arrastamento, ao art. 93 do seu Regulamento (Decreto 3.048/1999), de modo a se considerar como termo inicial da licença-maternidade e do respectivo salário-maternidade a alta hospitalar do recém-nascido e/ou de sua mãe, o que ocorrer por último, prorrogando-se em todo o período o benefício, quando o período de internação exceder as duas semanas previstas no art. 392, § 2º, da CLT, e no art. 93, § 3º, do Decreto 3.048/1999 (STF, Pleno, ADI 6.327/DF, rel. Min. Edson Fachin, j. 24.10.2022).

No caso de mães de crianças nascidas até 31 de dezembro de 2019 acometidas por sequelas neurológicas decorrentes da síndrome congênita do *zika* vírus, será observado o seguinte: I – a licença-maternidade de que trata o art. 392 da CLT será de 180 dias; II – o salário-maternidade de que trata o art. 71 da Lei 8.213/1991 será devido por 180 dias (art. 5º da Lei 13.985/2020).

Incide correção monetária sobre o salário-maternidade desde a época do parto, independentemente da data do requerimento administrativo (Súmula 45 da Turma Nacional de Uniformização dos Juizados Especiais Federais).

O salário-maternidade é devido inclusive no caso de natimorto (art. 358 da Instrução Normativa INSS 128/2022).

Na hipótese de *aborto não criminoso*, comprovado mediante atestado médico, a segurada tem direito ao salário-maternidade correspondente a duas semanas (art. 93, § 5º, do Regulamento da Previdência Social).

Ao *segurado ou segurada* da Previdência Social que *adotar ou obtiver guarda judicial* para fins de adoção de criança também é devido salário-maternidade pelo período de 120 dias (art. 71-A da Lei 8.213/1991).

O art. 392-A da CLT, com redação dada pela Lei 13.509/2017, prevê que à empregada que adotar ou obtiver guarda judicial para fins de adoção de *criança ou adolescente* será concedida *licença-maternidade* nos termos do art. 392 da Consolidação das Leis do Trabalho, ou seja, de 120 dias, sem prejuízo do emprego e do salário.

Como o salário-maternidade é o benefício previdenciário devido justamente durante a licença-maternidade da segurada empregada, com fundamento no princípio constitucional da igualdade, é possível dizer que o salário-maternidade passa a ser devido à segurada empregada (ou ao segurado empregado) em caso de adoção ou guarda judicial para fins de adoção de *criança ou adolescente*.

Considera-se *criança* a pessoa até 12 anos de idade incompletos, e *adolescente* aquela entre 12 e 18 anos de idade (art. 2º da Lei 8.069/1990).

Entretanto, registre-se que segundo o art. 93-A do Regulamento da Previdência Social, com redação dada pelo Decreto 10.410/1999, o salário-maternidade é devido ao segurado ou à segurada da Previdência Social que adotar ou obtiver guarda judicial, para fins de adoção de criança de até 12 anos de idade, pelo período de 120 dias.

O salário-maternidade é devido ao segurado ou à segurada independentemente de a mãe biológica ter recebido o mesmo benefício quando do nascimento da criança.

O salário-maternidade não é devido quando o termo de guarda não contiver a observação de que é para fins de adoção ou só contiver o nome do cônjuge ou companheiro.

Para a concessão do salário-maternidade é indispensável: que conste da nova certidão de nascimento da criança o nome do segurado ou da segurada adotante; ou no caso do termo de guarda para fins de adoção, que conste o nome do segurado ou da segurada guardião.

Na hipótese de haver adoção ou guarda judicial para adoção de mais de uma criança, será devido somente um salário-maternidade.

O salário-maternidade do segurado ou segurada que adotar ou obtiver guarda judicial para fins de adoção de criança é pago diretamente pela Previdência Social (art. 71-A, § 1º, da Lei 8.213/1991).

Ressalvado o pagamento do salário-maternidade à mãe biológica e o disposto no art. 71-B da Lei 8.213/1991, *não pode ser concedido o benefício a mais de um segurado, decorrente do mesmo processo de adoção ou guarda*, ainda que os cônjuges ou companheiros estejam submetidos a Regime Próprio de Previdência Social (art. 71-A, § 2º, da Lei 8.213/1991).

No caso de *falecimento da segurada ou segurado que fizer jus ao recebimento do salário-maternidade*, o benefício deve ser pago, por todo o período ou pelo tempo restante a que teria direito, ao cônjuge ou companheiro sobrevivente que tenha a qualidade de segurado, exceto no caso do falecimento do filho ou de seu abandono, observadas as normas aplicáveis ao salário-maternidade (art. 71-B da Lei 8.213/1991)[56].

O pagamento do benefício no caso acima deve ser requerido até o último dia do prazo previsto para o término do salário-maternidade originário (art. 71-B, § 1º, da Lei 8.213/1991).

Na hipótese em questão, ou seja, de falecimento da segurada ou segurado que fizer jus ao recebimento do salário-maternidade, o benefício é pago diretamente pela Previdência Social durante o período entre a data do óbito e o último dia do término do salário-maternidade originário e deve ser calculado sobre:

– a remuneração integral, para o empregado e trabalhador avulso;

– o último salário de contribuição, para o empregado doméstico;

– 1/12 da soma dos 12 últimos salários de contribuição, apurados em um período não superior a 15 meses, para o contribuinte individual, facultativo e desempregado;

– o valor do salário mínimo, para o segurado especial (art. 71-B, § 2º, da Lei 8.213/1991).

Aplica-se o disposto no art. 71-B da Lei 8.213/2001 também ao segurado (ou seja, do sexo masculino) que *adotar ou obtiver guarda judicial para fins de adoção*.

A Turma Nacional de Uniformização dos Juizados Especiais Federais chegou a firmar a seguinte tese (Tema 236): "É cabível a concessão de salário-maternidade em favor do genitor segurado em caso de óbito da mãe ocorrido

[56] Cf. LEITÃO, André Studart; MEIRINHO, Augusto Grieco Sant'Anna. *Manual de direito previdenciário*. 4. ed. São Paulo: Saraiva, 2016. p. 448: "Havendo a morte do(a) titular do benefício originário, *outro benefício*, diferente do primeiro, será concedido durante o período remanescente (entre a data do óbito e o último dia do término do salário-maternidade originário). Não é à toa que o art. 71-B expressamente condiciona o deferimento da prestação à exigência de que o cônjuge ou companheiro(a) sobrevivente ostente a qualidade de segurado. Além do mais, não há vinculação entre o valor mensal do benefício originário e o valor mensal do benefício derivado, o qual será recalculado, nos termos do art. 71-B, § 2º. Finalmente, a percepção do salário-maternidade pressupõe que o cônjuge ou companheiro(a) sobrevivente afaste-se do trabalho ou da atividade desempenhada, sob pena de suspensão do benefício. *Assim, trata-se de outro benefício, e não da percepção de valores residuais*" (destaques do original).

após o parto, pelo período remanescente do benefício, ainda quando o óbito tenha ocorrido antes da entrada em vigor da Lei n. 12.873/2013 (que incluiu o art. 71-B na Lei 8.213/1991)" (TNU, PEDILEF 0072880-17.2013.4.01.3800/MG, rel. Juíza Federal Polyana Falcão Brito, DJe 26.02.2021). Entretanto, no âmbito do Supremo Tribunal Federal, decidiu-se em sentido divergente: "Desse modo, se não existia, à época do falecimento da mãe, previsão de outorga do salário-maternidade ao genitor pelo tempo restante de percepção do benefício – o que só veio a ocorrer com a entrada em vigor da Lei n. 12.873/2013 –, a concessão do salário-maternidade sem previsão legal ofende o princípio *tempus regit actum*, bem assim viola a orientação constitucional quanto a se ter a indicação prévia da fonte de custeio (CF, art. 195, § 5º)" (STF, RE 1.333.622/MG, rel. Min. Nunes Marques, DJe 28.06.2022).

A percepção do salário-maternidade, inclusive o previsto no art. 71-B da Lei 8.213/1991, está condicionada ao *afastamento do segurado do trabalho ou da atividade desempenhada*, sob pena de suspensão do benefício (art. 71-C da Lei 8.213/1991).

A concessão do salário-maternidade para as seguradas nas condições de contribuinte individual, segurada especial e segurada facultativa depende do período de carência de 10 contribuições mensais, respeitado o art. 39, parágrafo único, da Lei 8.213/1991 (art. 25, inciso III, da Lei 8.213/1991).

Desse modo, entende-se que para a segurada especial fica garantida a concessão do salário-maternidade no valor de um salário mínimo, desde que comprove o exercício de atividade rural, ainda que de forma descontínua, nos 10 meses imediatamente anteriores ao do início do benefício.

Portanto, é devido o salário-maternidade à segurada especial, desde que comprove o exercício de atividade rural nos últimos 10 meses imediatamente anteriores à data do parto ou do requerimento do benefício, quando requerido antes do parto, mesmo que de forma descontínua (art. 93, § 2º, do Regulamento da Previdência Social, aprovado pelo Decreto 3.048/1999).

Em caso de parto antecipado, o período de carência deve ser reduzido em número de contribuições equivalente ao número de meses em que o parto foi antecipado.

Independe de carência a concessão do salário-maternidade para as seguradas que sejam empregada, trabalhadora avulsa e empregada doméstica (art. 26, inciso VI, da Lei 8.213/1991).

O salário-maternidade para a segurada empregada ou trabalhadora avulsa consiste em uma *renda mensal igual a sua remuneração integral* (art. 72 da Lei 8.213/1991).

Cabe à empresa pagar o salário-maternidade devido à respectiva empregada gestante, efetivando-se a compensação, observado o disposto no art. 248 da Constituição Federal, quando do recolhimento das contribuições incidentes sobre a folha de salários e demais rendimentos pagos ou creditados, a qualquer título, à pessoa física que lhe preste serviço (art. 72, § 1º, da Lei 8.213/1991).

O art. 248 da Constituição da República, com redação dada pela Emenda Constitucional 20/1998, prevê que os benefícios pagos, a qualquer título, pelo órgão responsável pelo Regime Geral de Previdência Social, ainda que à conta do Tesouro Nacional, e os não sujeitos ao limite máximo de valor fixado para os benefícios concedidos por esse Regime, devem observar os limites fixados no art. 37, inciso XI, o qual prevê o subsídio mensal, em espécie, dos Ministros do Supremo Tribunal Federal.

Sendo assim, o salário-maternidade não está sujeito ao teto do Regime Geral de Previdência Social, mas apenas ao valor correspondente ao subsídio dos Ministros do STF.

Com isso, mesmo no caso de segurada empregada que receba remuneração superior, a mencionada compensação do valor do salário-maternidade somente é devida até o limite previsto nos arts. 37, inciso XI, e 248, da Constituição da República.

Entretanto, cabe registrar o entendimento de que essa limitação ao valor do subsídio dos Ministros do STF, inserida pelo poder constituinte derivado de reforma, não seria constitucional, ou seja, válida, por contrariar cláusulas pétreas voltadas a assegurar o direito fundamental à maternidade e que proíbem a discriminação (art. 60, § 4º, da Constituição da República).

A empregada deve dar quitação à empresa dos recolhimentos mensais do salário-maternidade na própria folha de pagamento ou por outra forma admitida, de modo que a quitação fique plena e claramente caracterizada (art. 94, § 3º, do Regulamento da Previdência Social).

O art. 394-A da CLT, com redação dada pela Lei 13.467/2017, dispõe que sem prejuízo de sua remuneração, nesta incluído o valor do adicional de insalubridade, a empregada deve ser afastada de: I – atividades consideradas insalubres em grau máximo, enquanto durar a gestação; II – atividades consideradas insalubres em grau médio ou mínimo, durante a gestação; III – atividades consideradas insalubres em qualquer grau, durante a lactação. Cf. STF, Pleno, ADI 5.938/DF, rel. Min. Alexandre de Moraes, j. 29.05.2019.

Cabe à empresa pagar o adicional de insalubridade à gestante ou à lactante, efetivando-se a *compensação*, observado o disposto no art. 248 da Constituição Federal de 1988, por ocasião do recolhimento das contribuições incidentes sobre a folha de salários e demais rendimentos pagos ou creditados, a qualquer título, à pessoa física que lhe preste serviço (art. 394-A, § 2º, da CLT, acrescentado pela Lei 13.467/2017).

Quando não for possível que a gestante ou a lactante afastada nos termos do art. 394-A, *caput*, da CLT exerça suas atividades em local salubre na empresa, a hipótese deve ser considerada como *gravidez de risco* e ensejará a percepção de salário-maternidade nos termos da Lei 8.213/1991, durante todo o período de afastamento (art. 394-A, § 3º, da CLT, incluído pela Lei 13.467/2017).

Cabe o registro de que, no caso do art. 394-A, § 3º, da CLT, por se tratar de extensão de benefício previdenciário (que integra a Seguridade Social), caberia à norma legal indicar a correspondente fonte de custeio total, em atendimento à exigência do art. 195, § 5º, da Constituição da República.

A empresa deve conservar, durante o prazo decadencial de que trata o art. 348 do Regulamento da Previdência Social (cinco anos), os comprovantes dos pagamentos, os atestados e as cópias das certidões correspondentes para exame pela fiscalização (art. 94, § 4º, do Regulamento da Previdência Social, com redação dada pelo Decreto 10.410/2020).

O salário-maternidade devido à trabalhadora avulsa e à empregada do microempreendedor individual de que trata o art. 18-A da Lei Complementar 123/2006 é pago diretamente pela Previdência Social (art. 72, § 3º, da Lei 8.213/1991).

Assegurado o valor de um salário mínimo, o salário-maternidade para as demais seguradas, pago diretamente pela Previdência Social, consiste:

I – em um valor correspondente ao do seu último salário de contribuição, para a segurada empregada doméstica[57];

II – em 1/12 do valor sobre o qual incidiu sua última contribuição anual, para a segurada especial;

III – em 1/12 da soma dos doze últimos salários de contribuição, apurados em um período não superior a 15 meses, para as demais seguradas (art. 73 da Lei 8.213/1991).

---

[57] Cf. LEITÃO, André Studart; MEIRINHO, Augusto Grieco Sant'Anna. *Manual de direito previdenciário*. 4. ed. São Paulo: Saraiva, 2016. p. 452: "Essa disposição do art. 73 da Lei n. 8.213/91 é bastante questionável após o entendimento firmado pelo STF, afinal, o parágrafo único do art. 7º da CF/88, desde sempre, garantiu às empregadas domésticas o direito à licença à gestante sem prejuízo da remuneração. A EC n. 72/2013 e a LC n. 150/2015 ratificaram esse direito".

A segurada que exerça atividades concomitantes faz jus ao salário-maternidade relativo a cada atividade para a qual tenha cumprido os requisitos exigidos, observadas as seguintes condições: I – na hipótese de uma ou mais atividades ter remuneração ou salário de contribuição inferior ao salário mínimo mensal, o benefício somente é devido se o somatório dos valores auferidos em todas as atividades for igual ou superior a um salário mínimo mensal; II – o salário-maternidade relativo a uma ou mais atividades pode ser inferior ao salário mínimo mensal; III – o valor global do salário-maternidade, consideradas todas as atividades, não pode ser inferior ao salário-mínimo mensal (art. 98 do Regulamento da Previdência Social).

Nos meses de início e término do salário-maternidade da segurada empregada, inclusive da doméstica, o salário-maternidade deve ser proporcional aos dias de afastamento do trabalho (art. 99 do Regulamento da Previdência Social).

O salário-maternidade da segurada trabalhadora avulsa, pago diretamente pela Previdência Social, consiste em renda mensal igual à sua remuneração integral, observado o disposto no art. 19-E do Regulamento da Previdência Social (sobre limite mínimo mensal do salário de contribuição), hipótese em que se aplica à renda mensal do benefício o disposto sobre contribuição do segurado trabalhador avulso (art. 100 do Regulamento da Previdência Social).

O salário-maternidade devido à empregada do microempreendedor individual (MEI) será pago diretamente pela Previdência Social e o valor da contribuição previdenciária deve ser deduzido da renda mensal do benefício (art. 100-A do Regulamento da Previdência Social, incluído pelo Decreto 10.410/2020). Cabe ao microempreendedor individual recolher a contribuição previdenciária a seu cargo durante a percepção do salário-maternidade pela segurada a seu serviço.

O salário-maternidade devido à empregada intermitente será pago diretamente pela Previdência Social, observado o disposto no art. 19-E do Regulamento da Previdência Social (sobre limite mínimo mensal do salário de contribuição), o valor da contribuição previdenciária deve ser deduzido da renda mensal do benefício e não será aplicado o disposto no art. 72 da Lei 8.213/1991 (art. 100-B do Regulamento da Previdência Social, incluído pelo Decreto 10.410/2020).

O salário-maternidade nessa hipótese (empregada intermitente) consiste na média aritmética simples das remunerações apuradas no período referente aos 12 meses que antecederem o parto, a adoção ou a obtenção da guarda para fins de adoção. Na hipótese de empregos intermitentes concomitantes, a referida média aritmética deve ser calculada em relação a todos os empregos e será pago somente um salário-maternidade. A contribuição previdenciária a cargo da empresa terá como base de cálculo a soma das remunerações pagas no período de 12 meses anteriores à data de início do salário-maternidade, dividida pelo número de meses em que houve remuneração.

O salário-maternidade devido à empregada com jornada parcial cujo salário de contribuição seja inferior ao seu limite mínimo mensal, observado o disposto no art. 19-E do Regulamento da Previdência Social (sobre limite mínimo mensal do salário de contribuição), será pago diretamente pela Previdência Social, e o valor da contribuição previdenciária deve ser deduzido da renda mensal do benefício (art. 100-C do Regulamento da Previdência Social, incluído pelo Decreto 10.410/2020). Nessa hipótese, o valor do salário-maternidade será de um salário mínimo.

Na hipótese de empregos parciais concomitantes, se o somatório dos rendimentos auferidos em todos os empregos for igual ou superior ao limite mínimo mensal do salário de contribuição, o salário-maternidade será pago pelas empresas, observada a previsão de que o valor global do salário-maternidade, consideradas todas as atividades, não pode ser inferior ao salário mínimo mensal. Para os mencionados fins, a empresa que pagar remuneração inferior ao limite mínimo mensal do salário de contribuição deve exigir da empregada cópia dos comprovantes de pagamento efetuado pelas demais empresas. A empresa deve conservar, durante o prazo decadencial de que trata o art. 348 do Regulamento da Previdência Social (cinco anos), os referidos comprovantes de pagamento, para exame pela fiscalização.

No caso de empregada com jornada parcial, cabe à empresa recolher a contribuição previdenciária a seu cargo durante a percepção do salário-maternidade pela segurada a seu serviço, mesmo na hipótese de o benefício ser pago pela Previdência Social. Essa contribuição terá como base de cálculo a remuneração integral que a empresa pagava à empregada antes da percepção do salário-maternidade.

Ressalte-se, entretanto, que o Supremo Tribunal Federal declarou, incidentalmente, a inconstitucionalidade da incidência de contribuição previdenciária sobre o salário-maternidade, prevista no art. 28, § 2º, da Lei 8.212/1991, e da parte final da alínea *a* do § 9º da Lei 8.212/1991. Foi fixada a seguinte tese de repercussão geral: "É inconstitucional a incidência de contribuição previdenciária a cargo do empregador sobre o salário-maternidade" (STF, Pleno, RE 576.967/PR, rel. Min. Roberto Barroso, j. 05.08.2020). Cf. Capítulo 2, item 2.22.

Compete à interessada instruir o requerimento do salário-maternidade com os atestados médicos necessários (art. 95 do Regulamento da Previdência Social). Quando o benefício for requerido após o parto, o documento comprobatório é a Certidão de Nascimento, podendo, no caso de dúvida, a segurada ser submetida à avaliação pericial junto ao Instituto Nacional do Seguro Social.

Mais especificamente, o documento comprobatório para requerimento do salário-maternidade da segurada que mantenha essa qualidade é a certidão de nascimento do filho, exceto nos casos de aborto espontâneo, quando deve ser apresentado atestado médico, e no de adoção ou guarda para fins de adoção, caso em que deve constar da nova certidão de nascimento da criança, ou do termo de guarda, o nome da segurada adotante ou guardiã, bem como, deste último, tratar-se de guarda para fins de adoção.

O evento gerador do benefício em questão deve ocorrer, em qualquer hipótese, dentro do período de graça, ou seja, de manutenção da qualidade de segurado.

O início do afastamento do trabalho da segurada empregada, inclusive da doméstica, será determinado com base em atestado médico ou certidão de nascimento do filho (art. 96 do Regulamento da Previdência Social).

O art. 97 do Regulamento da Previdência Social prevê que o salário-maternidade da segurada empregada é devido pela Previdência Social enquanto existir relação de emprego, observadas as regras quanto ao pagamento desse benefício pela empresa.

Na realidade, o benefício em questão é devido enquanto for mantida a qualidade de segurado, nos termos do art. 15 da Lei 8.213/1991.

Nesse sentido, durante o período de graça, a segurada desempregada faz jus ao recebimento do salário-maternidade, situação em que o benefício deve ser pago diretamente pela Previdência Social (art. 97, parágrafo único, do Regulamento da Previdência Social, com redação dada pelo Decreto 10.410/2020).

Como explicita a jurisprudência, o salário-maternidade é devido à segurada da Previdência Social, durante 120 dias, com início no período entre 28 dias antes do parto e data da ocorrência deste. A legislação previdenciária garante a manutenção da qualidade de segurado, até 12 meses após a cessação das contribuições, ao segurado que deixar de exercer atividade remunerada. A segurada tem direito ao salário-maternidade enquanto mantiver esta condição, pouco importando eventual situação de desemprego. O fato de ser da empresa a atribuição de pagar o salário-maternidade da segurada empregada não afasta a natureza de benefício previdenciário, que deve ser pago, no caso em questão, diretamente pela Previdência Social. A responsabilidade final pelo pagamento do benefício é do INSS, uma vez que a empresa empregadora tem direito a efetuar compensação com as contribuições incidentes sobre a folha de salários e demais rendimentos (STJ, 2ª T., REsp 1.309.251/RS (2012/0030825-8), rel. Min. Mauro Campbell Marques, DJe 28.05.2013).

Aplica-se à segurada desempregada, desde que mantida a qualidade de segurada, na forma prevista no art. 15 da Lei 8.213/1991, o disposto no inciso III do art. 73 da Lei 8.213/1991 (art. 73, parágrafo único, da Lei 8.213/1991, incluído pela Lei 13.846/2019).

O salário-maternidade não pode ser acumulado com benefício por incapacidade (art. 102 do Regulamento da Previdência Social).

Quando ocorrer incapacidade em concomitância com o período de pagamento do salário-maternidade, o benefício por incapacidade deve, conforme o caso, ser suspenso enquanto perdurar o referido pagamento, ou ter sua data de início adiada para o primeiro dia seguinte ao término do período de 120 dias.

A segurada aposentada que retornar à atividade faz jus ao pagamento do salário-maternidade, desde que preenchidos os requisitos legais (art. 103 do Regulamento da Previdência Social).

Cabe ainda registrar que a Lei 11.770/2008 instituiu o Programa Empresa Cidadã, destinado a *prorrogar por 60 dias a duração da licença-maternidade* mediante concessão de *incentivo fiscal*.

Não se trata, assim, de instituto com natureza previdenciária, mesmo porque não é devido o salário-maternidade nesse período de prorrogação da licença em questão.

Na atualidade, é instituído o Programa Empresa Cidadã, destinado a prorrogar:

> I – por 60 dias a duração da *licença-maternidade* prevista no art. 7º, inciso XVIII, da Constituição Federal de 1988;
>
> II – por 15 dias a duração da *licença-paternidade*, nos termos da Lei 11.770/2008, além dos cinco dias estabelecidos no art. 10, § 1º, do Ato das Disposições Constitucionais Transitórias (art. 1º da Lei 11.770/2008, com redação dada pela Lei 13.257/2016).

Essa prorrogação:

> I – deve ser garantida à *empregada da pessoa jurídica que aderir ao Programa*, desde que a empregada a requeira até o final do primeiro mês após o parto, e será concedida imediatamente após a fruição da licença-

-maternidade de que trata o art. 7º, inciso XVIII, da Constituição Federal de 1988;

II – deve ser garantida ao *empregado da pessoa jurídica que aderir ao Programa*, desde que o empregado a requeira no prazo de dois dias úteis após o parto e comprove participação em programa ou atividade de orientação sobre paternidade responsável.

A prorrogação deve ser garantida, na mesma proporção, à empregada e ao empregado que adotar ou obtiver guarda judicial para fins de adoção de criança. Frise-se que, na atualidade, à empregada que adotar ou obtiver guarda judicial para fins de adoção de *criança ou adolescente* deve ser concedida licença-maternidade (art. 392-A da CLT, com redação dada pela Lei 13.509/2017).

O empregado pode deixar de comparecer ao serviço sem prejuízo do salário por cinco dias consecutivos, em caso de nascimento de filho, de adoção ou de guarda compartilhada (art. 473, inciso III, da CLT, com redação dada pela Lei 14.457/2022).

Entretanto, cabe esclarecer que a *licença-paternidade* (e sua prorrogação) não tem natureza de benefício previdenciário no Regime Geral de Previdência Social (art. 201 da Constituição da República), mas apenas de interrupção do contrato de trabalho, tendo em vista a ausência de prestação de serviço pelo empregado, com o direito ao salário a ser pago pelo empregador (art. 7º, inciso XIX, da Constituição Federal de 1988 e art. 10, § 1º, do Ato das Disposições Constitucionais Transitórias).

A prorrogação por 60 dias da duração da licença-maternidade pode ser compartilhada entre a empregada e o empregado requerente, desde que ambos sejam empregados de pessoa jurídica aderente ao Programa Empresa Cidadã e que a decisão seja adotada conjuntamente, na forma estabelecida em regulamento (art. 1º, § 3º, da Lei 11.770/2008, incluído pela Lei 14.457/2022). Nessa hipótese, a prorrogação pode ser usufruída pelo empregado da pessoa jurídica que aderir ao Programa Empresa Cidadã somente após o término da licença-maternidade, desde que seja requerida com 30 dias de antecedência (art. 1º, § 4º, da Lei 11.770/2008, incluído pela Lei 14.457/2022).

Fica a empresa participante do Programa Empresa Cidadã autorizada a substituir o período de prorrogação da licença-maternidade de que trata o art. 1º, inciso I, da Lei 11.770/2008 (60 dias) pela redução de jornada de trabalho em 50% pelo período de 120 dias (art. 1º-A da Lei 11.770/2008, incluído pela Lei 14.457/2022). São requisitos para efetuar a referida substituição: pagamento integral do salário à empregada ou ao empregado pelo período de 120 dias; e acordo individual firmado entre o empregador e a empregada ou o empregado interessados em adotar a medida. A mencionada substituição pode ser concedida na forma prevista no art. 1º, § 3º, da Lei 11.770/2008 (compartilhada entre a empregada e o empregado).

Autoriza-se a Administração Pública, direta, indireta e fundacional, a instituir programa que garanta prorrogação da licença-maternidade para suas servidoras, nos termos do que prevê o art. 1º da Lei 11.770/2008 (art. 2º).

Durante o período de prorrogação da licença-maternidade e da licença-paternidade:

> I – a empregada tem direito à remuneração integral, nos mesmos moldes devidos no período de percepção do salário-maternidade pago pelo Regime Geral de Previdência Social (RGPS);
>
> II – o empregado tem direito à remuneração integral (art. 3º da Lei 11.770/2008, com redação dada pela Lei 13.257/2016).

Confirma-se, portanto, que o salário-maternidade (como benefício previdenciário) não é devido no período de prorrogação, mas sim a remuneração integral. Tanto é assim que a pessoa jurídica tributada com base no lucro real pode *deduzir do imposto devido*, em cada período de apuração, *o total da remuneração integral da empregada e do empregado que tiver sido pago nos dias de prorrogação de sua licença-maternidade e de sua licença-paternidade*, vedada a dedução como despesa operacional (art. 5º da Lei 11.770/2008, com redação dada pela Lei 13.257/2016).

No período de prorrogação da licença-maternidade e da licença-paternidade de que trata a Lei 11.770/2008, a empregada e o empregado não podem exercer nenhuma atividade remunerada, e a criança deve ser mantida sob seus cuidados (art. 4º da Lei 11.770/2008, com redação dada pela Lei 13.257/2016).

Em caso de descumprimento dessa previsão, a empregada e o empregado perdem o direito à prorrogação.

A empregada gestante, inclusive a doméstica, pode participar do Programa Emergencial de Manutenção do Emprego e da Renda, devendo ser observadas as condições estabelecidas na Lei 14.020/2020 (art. 22).

Ocorrido o evento caracterizador do início do benefício de salário-maternidade, nos termos do art. 71 da Lei 8.213/1991 (devido à segurada da Previdência Social durante 120 dias, com início no período entre 28 dias antes do parto e a data de ocorrência deste):

I – o empregador deverá efetuar a imediata comunicação ao Ministério da Economia, nos termos estabelecidos no ato de que trata o § 4º do art. 5º da Lei 14.020/2020;

II – a aplicação das medidas de que trata o art. 3º da Lei 14.020/2020 (pagamento do benefício emergencial de preservação do emprego e da renda, redução proporcional de jornada de trabalho e de salário e suspensão temporária do contrato de trabalho) será interrompida;

III – o salário-maternidade será pago à empregada nos termos do art. 72 da Lei 8.213/1991 (renda mensal igual a sua remuneração integral), e à empregada doméstica nos termos do inciso I do art. 73 da Lei 8.213/1991 (valor correspondente ao do seu último salário de contribuição), considerando-se como remuneração integral ou último salário de contribuição os valores a que teriam direito sem a aplicação das medidas previstas nos incisos II (redução proporcional de jornada de trabalho e de salário) e III (suspensão temporária do contrato de trabalho) do art. 3º da Lei 14.020/2020 (art. 22, § 1º, da Lei 14.020/2020).

Aplica-se o disposto no art. 22 da Lei 14.020/2020 ao segurado ou segurada da Previdência Social que adotar ou obtiver guarda judicial para fins de adoção, observado o art. 71-A da Lei 8.213/1991 (devido salário-maternidade pelo período de 120 dias), devendo o salário-maternidade ser pago diretamente pela Previdência Social (art. 22, § 2º, da Lei 14.020/2020).

5.20. PENSÃO POR MORTE

A morte é contingência social a ser coberta pela Previdência Social, por deixar os dependentes sem a renda do segurado falecido.

Nesse sentido, conforme o art. 201, inciso V, da Constituição da República, o Regime Geral da Previdência Social deve cobrir o evento morte, por meio da concessão de pensão por morte do segurado, homem ou mulher, ao cônjuge ou companheiro e dependentes, observado o mandamento de que nenhum benefício que substitua o salário de contribuição ou o rendimento do trabalho do segurado pode ter valor mensal inferior ao salário mínimo.

Trata-se, portanto, de benefício previdenciário devido aos dependentes.

A *pensão por morte* é devida ao conjunto dos dependentes do segurado que falecer, sendo aposentado ou não, a contar da data:

I – do óbito, quando requerida em até 180 dias após o óbito, para os filhos menores de 16 anos, ou em até 90 dias após o óbito, para os demais dependentes;

II – do requerimento, quando requerida após os prazos previstos no inciso anterior;

III – da decisão judicial, no caso de morte presumida (art. 74 da Lei 8.213/1991).

Se não houver requerimento administrativo, mas apenas ação judicial postulando a pensão por morte, se o pedido de recebimento do benefício for acolhido, entende-se que é devido a partir da data da citação do Instituto Nacional do Seguro Social.

A lei aplicável à concessão de pensão previdenciária por morte é aquela vigente na data do óbito do segurado (Súmula 340 do STJ).

Independe de carência a concessão de pensão por morte (art. 26, inciso I, da Lei 8.213/1991).

Para fins de concessão de pensão por morte, é incabível a regularização do recolhimento de contribuições de segurado contribuinte individual posteriormente a seu óbito, exceto quando as contribuições devam ser arrecadadas por empresa tomadora de serviços (Súmula 52 da Turma Nacional de Uniformização dos Juizados Especiais Federais).

Se preenchidos os requisitos legais, os dependentes têm direito ao benefício em questão se estiver mantida a qualidade de segurado, conforme as regras do art. 15 da Lei 8.213/1991, que dispõe sobre o chamado período de graça.

Nesse sentido, a qualidade de segurado indica a existência de vínculo entre o trabalhador e a Previdência Social, cabendo ao art. 15 da Lei 8.213/1991 estabelecer condições para que ele mantenha tal qualidade no chamado período de graça, no qual há a extensão da cobertura previdenciária, independentemente de contribuições. Ocorrendo o óbito durante o chamado período de graça, não há falar em perda da qualidade de segurado do *de cujus*, razão pela qual seus dependentes fazem jus à pensão por morte (STJ, 6ª T., AgRgRD no REsp 439.021/RJ, rel. Min. Maria Thereza de Assis Moura, DJe 06.10.2008).

Apenas é possível a concessão de pensão por morte nos casos em que falecido possua, na data do óbito, qualidade de segurado ou direito adquirido a qualquer aposentadoria (TNU, Incidente de Uniformização 200563060152932, rel. Juiz Federal Cláudio Roberto Canata, DJ 16.01.2009).

Além disso, se o segurado preencheu os requisitos, tendo direito ao recebimento de qualquer modalidade de aposentadoria (por invalidez, por tempo de contribuição, por idade e especial), os seus dependentes têm direito à pensão por morte, ainda que tenha ocorrido a perda da qualidade de segurado antes do óbito.

Nesse sentido, o art. 102, § 2º, da Lei 8.213/1991 prevê que não será concedida pensão por morte aos dependentes do segurado que falecer após a perda dessa qualidade, nos termos do art. 15 desse diploma legal, *salvo se preenchidos os requisitos para obtenção da aposentadoria*, ou seja, exceto se o segurado já tinha direito adquirido de se aposentar.

É devida a pensão por morte aos dependentes do segurado que, apesar de ter perdido essa qualidade, preencheu os requisitos legais para a obtenção de aposentadoria até a data do seu óbito (Súmula 416 do STJ).

Perde o direito à pensão por morte o condenado criminalmente por sentença com trânsito em julgado, como autor, coautor ou partícipe de homicídio doloso, ou de tentativa desse crime, cometido contra a pessoa do segurado, ressalvados os absolutamente incapazes e os inimputáveis (art. 74, § 1º, da Lei 8.213/1991, com redação dada pela Lei 13.846/2019). Trata-se de disposição semelhante à hipótese de *exclusão da sucessão*, prevista no art. 1.814, inciso I, do Código Civil.

Justamente em razão da garantia constitucional da *presunção de inocência* (art. 5º, inciso LVII), para a perda do direito ao benefício previdenciário é necessário o trânsito em julgado da condenação criminal do referido dependente.

Perde o direito à pensão por morte o cônjuge, o companheiro ou a companheira se comprovada, a qualquer tempo, *simulação ou fraude no casamento ou na união estável*, ou a *formalização desses com o fim exclusivo de constituir benefício previdenciário*, apuradas em processo judicial no qual deve ser assegurado o direito ao contraditório e à ampla defesa (art. 74, § 2º, da Lei 8.213/1991).

Ajuizada a ação judicial para reconhecimento da condição de dependente, este pode requerer a sua *habilitação provisória* ao benefício de pensão por morte, exclusivamente para fins de rateio dos valores com outros dependentes, sendo vedado o pagamento da respectiva cota até o trânsito em julgado da respectiva ação, ressalvada a existência de decisão judicial em contrário (art. 74, § 3º, da Lei 8.213/1991, incluído pela Lei 13.846/2019).

Nas ações em que o INSS for parte, este pode proceder de ofício à habilitação excepcional da referida pensão, apenas para efeitos de rateio, descontando-se os valores referentes a esta habilitação das demais cotas, vedado o pagamento da respectiva cota até o trânsito em julgado da respectiva ação, ressalvada a existência de decisão judicial em contrário (art. 74, § 4º, da Lei 8.213/1991, incluído pela Lei 13.846/2019).

Julgada improcedente a ação prevista no § 3º ou § 4º do art. 74 da Lei 8.213/1991, o valor retido deve ser corrigido pelos índices legais de reajustamento e será pago de forma proporcional aos demais dependentes, de acordo com as suas cotas e o tempo de duração de seus benefícios (art. 74, § 5º, da Lei 8.213/1991, incluído pela Lei 13.846/2019).

Em qualquer caso, fica assegurada ao INSS a cobrança dos valores indevidamente pagos em função de nova habilitação (art. 74, § 6º, da Lei 8.213/1991, incluído pela Lei 13.846/2019).

Antes da Emenda Constitucional 103/2019, o valor mensal da pensão por morte era de 100% do valor da aposentadoria que o segurado recebia ou daquela a que teria direito se estivesse aposentado por invalidez na data de seu falecimento (art. 75 da Lei 8.213/1991).

A pensão por morte concedida a dependente de segurado do Regime Geral de Previdência Social será equivalente a uma cota familiar de 50% do valor da aposentadoria recebida pelo segurado ou daquela a que teria direito se fosse aposentado por incapacidade permanente na data do óbito, acrescida de cotas de 10 pontos percentuais por dependente, até o máximo de 100% (art. 23 da Emenda Constitucional 103/2019).

O Supremo Tribunal Federal julgou improcedente o pedido formulado em ação direta de inconstitucionalidade e fixou a seguinte tese de julgamento: "É constitucional o art. 23, *caput*, da Emenda Constitucional nº 103/2019, que fixa novos critérios de cálculo para a pensão por morte no Regime Geral e nos Regimes Próprios de Previdência Social" (STF, Pleno, ADI 7.051/DF, rel. Min. Roberto Barroso, j. 26.06.2023).

As cotas por dependente cessarão com a perda dessa qualidade e não serão reversíveis aos demais dependentes, preservado o valor de 100% da pensão por morte, quando o número de dependentes remanescente for igual ou superior a cinco (art. 23, § 1º, da Emenda Constitucional 103/2019).

Anteriormente, no Regime Geral de Previdência Social, conforme o art. 77, § 1º, da Lei 8.213/1991, com redação dada pela Lei 9.032/1995, revertia em favor dos demais (pensionistas) a parte daquele cujo direito à pensão cessasse. Com a Emenda Constitucional 103/2019, essa previsão deixa de ser aplicada quanto às cotas de 10 pontos percentuais por dependente.

Na hipótese de existir dependente inválido ou com deficiência intelectual, mental ou grave, o valor da pensão por morte de que trata o *caput* do art. 23 da Emenda Constitucional 103/2019 será equivalente a 100% da aposentadoria recebida pelo segurado ou daquela a que teria direito se fosse aposentado por incapacidade permanente na data do óbito, até o limite máximo de benefícios do Regime Geral de Previdência Social (art. 23, § 2º, inciso I, da Emenda Constitucional 103/2019).

Quando não houver mais dependente inválido ou com deficiência intelectual, mental ou grave, o valor da pensão será recalculado na forma do disposto no *caput* e no § 1º do art. 23 da Emenda Constitucional 103/2019 (art. 23, § 3º, da Emenda Constitucional 103/2019).

De acordo com o art. 106, § 3º, do Regulamento da Previdência Social, incluído pelo Decreto 10.410/2020, o valor da pensão deve ser recalculado quando: a invalidez ou deficiência intelectual, mental ou grave sobrevier à data do óbito, enquanto estiver mantida a qualidade de dependente; ou deixar de haver dependente inválido ou com deficiência intelectual, mental ou grave.

O tempo de duração da pensão por morte e das cotas individuais por dependente até a perda dessa qualidade, o rol de dependentes e sua qualificação e as condições necessárias para enquadramento serão aqueles estabelecidos na Lei 8.213, de 24 de julho de 1991 (art. 23, § 4º, da Emenda Constitucional 103/2019).

O valor da pensão por morte, no caso de morte de segurado recluso que tenha contribuído para a Previdência Social durante o período de reclusão, deve ser calculado de modo a considerar o tempo de contribuição adicional e os correspondentes salários de contribuição (art. 80, § 8º, da Lei 8.213/1991 e art. 106, § 1º, do Regulamento da Previdência Social).

São beneficiários do Regime Geral de Previdência Social, na condição de *dependentes* do segurado:

– Classe I: o cônjuge, a companheira, o companheiro e o filho não emancipado, de qualquer condição, menor de 21 anos ou inválido ou que tenha deficiência intelectual ou mental ou deficiência grave;

– Classe II: os pais;

Cabe registrar que em situações específicas de criação do segurado pelos avós como se aquele fosse filho, em razão do falecimento dos pais, e demonstrada a dependência econômica dos avós em relação ao segurado falecido, há julgados em que se reconheceu o direito à pensão por morte[58].

---

[58] "Previdenciário. Recurso especial. Enunciado administrativo 2/STJ. Pensão por morte. Regime Geral de Previdência Social. Óbito do neto. Avós na condição de pais. Rol do artigo 16 da Lei 8.213/1991 taxativo. Adequação legal da relação jurídica familiar. Artigo 74 da Lei 8.213/1991. Direito à pensão reconhecido. Recurso especial conhecido e provido. 1. A questão recursal gira em torno do reconhecimento do direito dos avós do segurado falecido receberem pensão por morte, nos termos dos artigos 16 e 74 da Lei 8.213/1991, em razão de terem sido os responsáveis pela criação do neto, falecido em 11/11/2012, ocupando verdadeiro papel de genitores. 2. O benefício pensão por morte está disciplinado nos artigos 74 a 79 da Lei de Benefícios, regulamentados pelos artigos 105 a 115 do Decreto 3.048/1999. É devido exclusivamente aos dependentes do segurado falecido, com o intuito de amenizar as necessidades sociais e econômicas decorrentes do evento morte, no núcleo familiar. 3. O benefício pensão por morte é direcionado aos dependentes do segurado, divididos em classes, elencados no artigo 16 da Lei 8.213/1991, rol considerado taxativo. A qualidade de dependente é determinada pela previsão legal e também pela dependência econômica, ora real, ora presumida. A segunda classe de dependentes inclui apenas os pais. 4. No caso concreto, são incontroversos os fatos relativos ao

– Classe III: o irmão não emancipado, de qualquer condição, menor de 21 anos ou inválido ou que tenha deficiência intelectual ou mental ou deficiência grave (art. 16 da Lei 8.213/1991, alterado pela Lei 13.146/2015).

A existência de dependente de qualquer das classes acima exclui do direito às prestações os das classes seguintes (art. 16, § 1º, da Lei 8.213/1991).

O enteado e o menor tutelado equiparam-se ao filho mediante declaração do segurado e desde que comprovada a dependência econômica na forma estabelecida no Regulamento (art. 16, § 2º, da Lei 8.213/1991). Cf. Capítulo 4, item 4.5.

Discutia-se, ainda, se o *menor sob guarda* seria considerado dependente para fins previdenciários (art. 33 da Lei 8.069/1990).

O Superior Tribunal de Justiça havia firmado o entendimento de que o menor sob guarda deve ser considerado dependente para fins previdenciários, tendo direito de receber pensão por morte, uma vez que o art. 33 da Lei 8.069/1990 prevalece sobre a modificação na Lei 8.213/1991 feita pela Lei 9.528/1997, em consonância com o art. 227 da Constituição da República e o princípio da proteção integral e preferencial da criança e do adolescente (STJ, Corte Especial, EREsp 1.141.788/RS, rel. Min. João Otávio de Noronha, j. 07.12.2016)[59].

óbito, a qualidade de segurado, a condição dos avós do falecido similar ao papel de genitores, pois o criaram desde seus dois anos de vida, em decorrência do óbito dos pais naturais, e a dependência econômica dos avós em relação ao segurado falecido. 5. O fundamento adotado pelo Tribunal *a quo* de que a falta de previsão legal de pensão aos avós não legitima o reconhecimento do direito ao benefício previdenciário não deve prevalecer. Embora os avós não estejam elencados no rol de dependentes, a criação do segurado falecido foi dada por seus avós, ora recorrentes. Não se trata de elastecer o rol legal, mas identificar quem verdadeiramente ocupou a condição de pais do segurado. 6. Direito à pensão por morte reconhecido. 7. Recurso especial conhecido e provido. Sentença restabelecida" (STJ, 2ª T., REsp 1.574.859/SP, 2015/0318735-3, rel. Min. Mauro Campbell Marques, DJe 14.11.2016). Cf. ainda STJ, 5ª T., REsp 528.987/SP, 2003/0072683-4, rel. Min. Laurita Vaz, DJ 09.12.2003.

59 "Previdenciário. Pensão por morte. Menor sob guarda. Alterações legislativas. Art. 16 da Lei n. 8.213/90. Modificação pela MP n. 1.523/96, convertida na Lei n. 9.528/97. Confronto com o art. 33, § 3º, do ECA. Art. 227 da Constituição. Interpretação conforme. Princípio da proteção integral e preferencial da criança e do adolescente. 1. Ao menor sob guarda deve ser assegurado o direito ao benefício da pensão por morte mesmo se o falecimento se deu após a modificação legislativa promovida pela Lei n. 9.528/97 na Lei n. 8.213/90. 2. O art. 33, § 3º da Lei n. 8.069/90 deve prevalecer sobre a modificação legislativa promovida na lei geral da previdência social porquanto, nos termos do art. 227 da Constituição, é norma fundamental o princípio da proteção integral e preferência da criança e do adolescente. 3. Embargos de divergência acolhidos" (STJ, Corte Especial, EREsp 1.141.788/RS, 2009/0098910-5, rel. Min. João Otávio de Noronha, DJe 16.12.2016).

Nesse sentido, o Superior Tribunal de Justiça fixou a seguinte tese no âmbito de recurso especial repetitivo: "O menor sob guarda tem direito à concessão do benefício de pensão por morte do seu mantenedor, comprovada a sua dependência econômica, nos termos do art. 33, § 3º, do Estatuto da Criança e do Adolescente, ainda que o óbito do instituidor da pensão seja posterior à vigência da Medida Provisória 1.523/96, reeditada e convertida na Lei 9.528/97. Funda-se essa conclusão na qualidade de Lei especial do Estatuto da Criança e do Adolescente (8.069/90), frente à legislação previdenciária" (STJ, 1ª Seção, REsp 1.411.258/RS, 2013/0339203-9, rel. Min. Napoleão Nunes Maia Filho, DJe 21.02.2018).

O Supremo Tribunal Federal, ao julgar procedente ação direta de inconstitucionalidade, conferiu interpretação conforme ao § 2º do art. 16 da Lei 8.213/1991, para contemplar, em seu âmbito de proteção, o "menor sob guarda" (STF, Pleno, ADI 4.878/DF, red. p/ ac. Min. Edson Fachin, j. 08.06.2021).

Com a Emenda Constitucional 103/2019, equiparam-se a filho, para fins de recebimento da pensão por morte, *exclusivamente* o enteado e o menor tutelado, desde que comprovada a dependência econômica (art. 23, § 6º, da Emenda Constitucional 103/2019). Com isso, o menor sob guarda deixou de ser equiparado a filho para fins de recebimento da pensão por morte, o que pode caracterizar retrocesso na proteção social e desrespeito ao princípio de proteção integral e prioritária da criança e do adolescente.

Segundo determinação constitucional, é dever da família, da sociedade e do Estado assegurar à criança, ao adolescente e ao jovem, *com absoluta prioridade*, o direito à vida, à saúde, à alimentação, à educação, ao lazer, à profissionalização, à cultura, à dignidade, ao respeito, à liberdade e à convivência familiar e comunitária, além de colocá-los a salvo de toda forma de negligência, discriminação, exploração, violência, crueldade e opressão (art. 227 da Constituição da República, com redação dada pela Emenda Constitucional 65/2010). O direito a proteção especial abrangerá, entre outros aspectos, a garantia de *direitos previdenciários* e trabalhistas (art. 227, § 3º, inciso II, da Constituição Federal de 1988).

Considera-se companheira ou companheiro a pessoa que, sem ser casada, mantém união estável com o segurado ou com a segurada, de acordo com o § 3º do art. 226 da Constituição Federal de 1988 (art. 16, § 3º, da Lei 8.213/1991).

De acordo com a Portaria MPS 513/2010, *o companheiro ou a companheira do mesmo sexo de segurado inscrito no Regime Geral de Previdência Social integra o rol dos dependentes* e, desde que comprovada a união estável, concorre, para fins de pensão por morte e de auxílio-reclusão, com os dependentes preferenciais de que trata o art. 16, inciso I, da Lei 8.213/1991, para óbito ou reclusão ocorridos a partir de 5 de abril de 1991 (conforme o disposto no art. 145 do mesmo diploma legal, revogado pela Medida Provisória 2.187-13/2001).

A dependência econômica das pessoas indicadas no art. 16, inciso I, da Lei 8.213/1991 é presumida e a das demais deve ser comprovada (art. 16, § 4º, da Lei 8.213/1991).

A Turma Nacional de Uniformização dos Juizados Especiais Federais fixou a seguinte tese (Tema 226): "A dependência econômica do cônjuge ou do companheiro relacionados no inciso I do art. 16 da Lei 8.213/1991, em atenção à presunção disposta no § 4º do mesmo dispositivo legal, é absoluta" (TNU, PEDILEF 0030611-06.2012.4.03.6301/SP, rel. Juiz Federal Atanair Nasser Ribeiro Lopes, DJe 26.03.2021).

As provas de união estável e de dependência econômica exigem *início de prova material contemporânea dos fatos*, produzido em período não superior a 24 meses anterior à data do óbito ou do recolhimento à prisão do segurado, não admitida a prova exclusivamente testemunhal, exceto na ocorrência de motivo de força maior ou caso fortuito, conforme disposto no regulamento (art. 16, § 5º, da Lei 8.213/1991, incluído pela Lei 13.846/2019).

Na hipótese do art. 77, § 2º, inciso V, alínea *c*, da Lei 8.213/1991 (pensão por morte a cônjuge ou companheiro, se o óbito tiver ocorrido depois de vertidas 18 contribuições mensais e pelo menos dois anos após o início do casamento ou da união estável), a par da exigência do art. 16, § 5º, da Lei 8.213/1991, deve ser apresentado, ainda, início de prova material que comprove união estável por pelo menos dois anos antes do óbito do segurado (art. 16, § 6º, da Lei 8.213/1991, incluído pela Lei 13.846/2019).

Será excluído definitivamente da condição de dependente quem tiver sido condenado criminalmente por sentença com trânsito em julgado, como autor, coautor ou partícipe de homicídio doloso, ou de tentativa desse crime, cometido contra a pessoa do segurado, ressalvados os absolutamente incapazes e os inimputáveis (art. 16, § 7º, da Lei 8.213/1991, incluído pela Lei 13.846/2019).

Para o dependente inválido ou com deficiência intelectual, mental ou grave, sua condição pode ser reconhecida previamente ao óbito do segurado, por meio de avaliação biopsicossocial realizada por equipe multiprofissional e interdisciplinar, observada revisão periódica na forma da legislação (art. 23, § 5º, da Emenda Constitucional 103/2019).

A concessão da pensão por morte não deve ser protelada pela falta de habilitação de outro possível dependente, e qualquer inscrição ou habilitação posterior que importe em exclusão ou inclusão de dependente só produz efeito a contar da data da inscrição ou habilitação (art. 76 da Lei 8.213/1991).

A Turma Nacional de Uniformização dos Juizados Especiais Federais fixou a seguinte tese (Tema 223): "O dependente absolutamente incapaz faz jus à pensão por morte desde o requerimento administrativo, na forma do art. 76 da Lei 8.213/1991, havendo outro dependente previamente habilitado e percebendo benefício, do mesmo ou de outro grupo familiar, ainda que observados os prazos do art. 74 da Lei 8.213/1991" (TNU, PEDILEF 0500429-55.2017.4.05.8109/CE, rel. p/ ac. Juiz Federal Ivanir César Ireno Júnior, DJe 26.02.2021).

A pensão por morte é devida ao filho, ao enteado, ao menor tutelado e ao irmão desde que comprovada a dependência econômica dos três últimos, que sejam inválidos ou que tenham deficiência intelectual, mental ou grave, cuja invalidez ou deficiência tenha ocorrido antes da data do óbito (art. 108 do Regulamento da Previdência Social, com redação dada pelo Decreto 10.410/2020).

A invalidez será reconhecida pela Perícia Médica Federal e a deficiência, por meio de avaliação biopsicossocial realizada por equipe multiprofissional e interdisciplinar.

A condição do dependente inválido ou com deficiência intelectual, mental ou grave pode ser reconhecida previamente ao óbito do segurado e, quando necessário, ser reavaliada quando da concessão do benefício.

O art. 17, § 1º, do Regulamento da Previdência Social, incluído pelo Decreto 10.410/2020, dispõe que o filho, o irmão, o enteado e o menor tutelado, desde que comprovada a dependência econômica dos três últimos, se inválidos ou se tiverem deficiência intelectual, mental ou grave, não perdem a qualidade de dependentes desde que a invalidez ou a deficiência intelectual, mental ou grave tenha ocorrido antes de uma das hipóteses previstas no inciso III do art. 17 do Regulamento da Previdência Social, sobre perda da qualidade de dependente. Para fins dessa previsão, a data de início da invalidez ou da deficiência intelectual, mental ou grave deve ser estabelecida pela Perícia Médica Federal (art. 17, § 2º, do Regulamento da Previdência Social, incluído pelo Decreto 10.410/2020).

Entretanto, prevalece na jurisprudência o entendimento de que a invalidez do filho ou do irmão pode ser reconhecida mesmo que se manifeste após a maioridade ou a emancipação, desde que a invalidez tenha ocorrido até o óbito do segurado[60].

O cônjuge ausente não exclui do direito à pensão por morte o companheiro ou a companheira, somente fazendo jus ao benefício a partir da data de sua habilitação e mediante prova de dependência econômica (art. 76, § 1º, da Lei 8.213/1991).

O cônjuge divorciado ou separado judicialmente ou de fato que recebia pensão de alimentos concorre em igualdade de condições com os dependentes referidos no art. 16, inciso I, da Lei 8.213/1991 (art. 76, § 2º, da Lei 8.213/1991).

Nesse sentido, a Súmula 336 do Superior Tribunal de Justiça esclarece que a mulher que renunciou aos alimentos na separação judicial tem direito à pensão previdenciária por morte do ex-marido, comprovada a necessidade econômica superveniente.

Na hipótese de o segurado falecido estar, na data de seu falecimento, obrigado por determinação judicial a pagar alimentos temporários a ex-cônjuge, ex-companheiro ou ex-companheira, a pensão por morte será devida pelo prazo remanescente na data do óbito, caso não incida outra hipótese de cancelamento anterior do benefício (art. 76, § 3º, da Lei 8.213/1991, incluído pela Lei 13.846/2019).

A pensão por morte, havendo mais de um pensionista, deve ser rateada entre todos em partes iguais (art. 77 da Lei 8.213/1991).

---

60 "Processual civil e previdenciário. Pensão por morte. Trabalhador urbano. Aposentadoria por tempo de contribuição. Filho maior inválido. Comprovação de invalidez. Incapacidade para o trabalho. Dependência econômica comprovada. 1. A concessão do benefício de pensão por morte depende do preenchimento dos seguintes requisitos: a) a ocorrência do evento morte; b) a condição de dependente de quem objetiva a pensão; c) a demonstração da qualidade de segurado do *de cujus* por ocasião do óbito. 2. O filho maior inválido tem direito à pensão do segurado falecido se a invalidez preceder ao óbito, ainda que posterior à emancipação ou maioridade. Possui direito, portanto, a demandante à fruição do benefício de pensão por morte deixado por seu genitor (REsp 1.551.150/AL, Segunda Turma, Relator Ministro Herman Benjamin, DJe 21/3/2016). 3. Incide, *in casu*, o princípio estabelecido na Súmula 83/STJ: 'Não se conhece do Recurso Especial pela divergência, quando a orientação do Tribunal se firmou no mesmo sentido da decisão recorrida'. 4. Inarredável a revisão do conjunto probatório dos autos para afastar as premissas fáticas estabelecidas pelo acórdão recorrido. Aplica-se, assim, o óbice da Súmula 7/STJ. 5. Recurso Especial não conhecido" (STJ, 2ª T., REsp 1.768.631/MG (2018/0241103-1), rel. Min. Herman Benjamin, DJe 23.04.2019).

O direito à percepção da cota individual *cessa* (art. 77, § 2º, da Lei 8.213/1991):

I – pela morte do pensionista;

II – para o filho, a pessoa a ele equiparada ou o irmão, de ambos os sexos, ao completar 21 anos de idade, salvo se for inválido ou tiver deficiência intelectual ou mental ou deficiência grave (redação dada pela Lei 13.183/2015);

III – para filho ou irmão inválido, pela cessação da invalidez;

IV – para filho ou irmão que tenha deficiência intelectual ou mental ou deficiência grave, pelo afastamento da deficiência, nos termos do Regulamento;

V – para cônjuge ou companheiro:

a) se inválido ou com deficiência, pela cessação da invalidez ou pelo afastamento da deficiência, devendo-se respeitar os períodos mínimos decorrentes da aplicação das alíneas *b* e *c* (abaixo indicados);

b) em quatro meses, *se o óbito ocorrer sem que o segurado tenha vertido 18 contribuições mensais ou se o casamento ou a união estável tiverem sido iniciados em menos de dois anos antes do óbito do segurado*;

c) transcorridos os seguintes períodos, estabelecidos de acordo com a *idade do beneficiário na data do óbito do segurado*, se o óbito ocorrer depois de vertidas 18 contribuições mensais e pelo menos dois anos após o início do casamento ou da união estável:

1) três anos, com menos de 21 anos de idade;

2) seis anos, entre 21 e 26 anos de idade;

3) 10 anos, entre 27 e 29 anos de idade;

4) 15 anos, entre 30 e 40 anos de idade;

5) 20 anos, entre 41 e 43 anos de idade;

6) vitalícia, com 44 ou mais anos de idade.

VI – pela perda do direito, na forma do § 1º do art. 74 da Lei 8.213/1991.

Devem ser aplicados, conforme o caso, a regra contida na alínea *a* (nas hipóteses de cônjuge ou companheiro inválido ou com deficiência) ou os prazos previstos na alínea *c*, se o óbito do segurado decorrer de *acidente de qualquer natureza ou doença profissional ou do trabalho*, independentemente do recolhimento de 18 contribuições mensais ou da comprovação de dois anos de casamento ou de união estável (art. 77, § 2º-A, da Lei 8.213/1991).

Desse modo, se o óbito do segurado decorrer de acidente de qualquer natureza ou doença profissional ou do trabalho, mesmo sem o recolhimento de 18 contribuições mensais ou sem a comprovação de dois anos de casamento ou de união estável, não se aplica o período de apenas quatro meses de recebimento da pensão por morte. Nos casos em questão, portanto: se o cônjuge ou companheiro for inválido ou com deficiência, a pensão por morte é devida até cessação da invalidez ou o afastamento da deficiência (alínea *a*); se o cônjuge ou companheiro não for inválido nem for pessoa com deficiência, a pensão por morte é devida nos períodos previstos na alínea *c*.

Ainda assim, podem surgir certos questionamentos e injustiças. Se o segurado falecer por motivo diverso, como doença não ocupacional, mas se o óbito ocorrer sem que ele tenha recolhido 18 contribuições mensais ou se o casamento ou a união estável tiverem sido iniciados em menos de dois anos antes do falecimento, o cônjuge ou companheiro, após o recebimento da pensão por morte pelo período de apenas quatro meses (art. 77, § 2º, inciso V, *b*, da Lei 8.213/1991), podem ficar, a partir disso, sem cobertura previdenciária, em desacordo com os mandamentos constitucionais de *proteção social* e *dignidade da pessoa humana* (arts. 194 e 1º, inciso III, da Constituição da República).

Após o transcurso de pelo menos três anos e desde que nesse período se verifique o incremento mínimo de um ano inteiro na média nacional única, para ambos os sexos, correspondente à expectativa de sobrevida da população brasileira ao nascer, podem ser fixadas, em números inteiros, novas idades para os fins previstos na alínea *c*, em ato do Ministro de Estado da Previdência Social, limitado o acréscimo na comparação com as idades anteriores ao referido incremento (art. 77, § 2º-B, da Lei 8.213/1991, acrescentado pela Lei 13.135/2015).

Nos termos do art. 1º da Portaria 424/2020 do Ministério da Economia, com entrada em vigor em 1º de janeiro de 2021, o direito à percepção de cada cota individual da pensão por morte, nas hipóteses de que tratam a alínea *b* do inciso VII do art. 222 da Lei 8.112/1990, e a alínea *c* do inciso V do § 2º do art. 77 da Lei 8.213/1991, cessará, para o cônjuge ou companheiro, com o transcurso dos seguintes períodos, estabelecidos de acordo com a *idade do beneficiário na data de óbito do segurado*, se o óbito ocorrer depois de vertidas 18 contribuições mensais e pelo menos dois anos após o início do casamento ou da união estável:

I – três anos, com menos de 22 anos de idade;

II – seis anos, entre 22 e 27 anos de idade;

III – 10 anos, entre 28 e 30 anos de idade;

IV – 15 anos, entre 31 e 41 anos de idade;

V – 20 anos, entre 42 e 44 anos de idade;

VI – vitalícia, com 45 ou mais anos de idade.

O tempo de contribuição a Regime Próprio de Previdência Social (RPPS) deve ser considerado na contagem das 18 contribuições mensais de que tratam as alíneas *b* e *c* (art. 77, § 5º, da Lei 8.213/1991).

Frise-se ainda que o exercício de atividade remunerada, inclusive na condição de microempreendedor individual, não impede a concessão ou manutenção da parte individual da pensão do dependente com deficiência intelectual ou mental ou com deficiência grave (art. 77, § 6º, da Lei 8.213/1991, acrescentado pela Lei 13.183/2015).

Se houver fundados indícios de autoria, coautoria ou participação de dependente, ressalvados os absolutamente incapazes e os inimputáveis, em homicídio, ou em tentativa desse crime, cometido contra a pessoa do segurado, será possível a *suspensão provisória* de sua parte no benefício de pensão por morte, mediante processo administrativo próprio, respeitados a ampla defesa e o contraditório, e serão devidas, em caso de absolvição, todas as parcelas corrigidas desde a data da suspensão, bem como a reativação imediata do benefício (art. 77, § 7º, da Lei 8.213/1991, incluído pela Lei 13.846/2019).

O Regulamento da Previdência Social, no art. 114, inciso IV, esclarece que o pagamento da cota individual da pensão por morte cessa pela adoção, para o filho adotado que receba pensão por morte dos pais biológicos. Entretanto, não ocorre essa cessação do pagamento quando o cônjuge ou companheiro adota o filho do outro.

A cota do filho, do enteado, do menor tutelado ou do irmão dependente que se tornar inválido ou pessoa com deficiência intelectual, mental ou grave antes de completar 21 anos de idade não será extinta se confirmada a invalidez ou a deficiência (art. 115 do Regulamento da Previdência Social).

Não se extingue a pensão previdenciária, se do novo casamento não resulta melhoria na situação econômico-financeira da viúva, de modo a tornar dispensável o benefício (Súmula 170 do antigo Tribunal Federal de Recursos).

Na realidade, no Regime Geral de Previdência Social, a lei não prevê a extinção da pensão por morte em razão de o dependente (viúvo) se casar novamente.

Com a extinção da parte do último pensionista a pensão também se extingue (art. 77, § 3º, da Lei 8.213/1991).

Prevalece o entendimento de que a fixação da dependência em determinada classe, respeitando-se a sequência das classes, exclui definitivamente o direito dos dependentes das classes seguintes.

Por isso, com o falecimento do dependente de classe superior, o benefício não se transfere aos dependentes das classes inferiores, mas apenas aos dependentes da mesma classe[61].

Como visto acima, atualmente, a pensão por morte pode não ser vitalícia também quanto ao cônjuge ou companheiro, conforme a idade do beneficiário na data do óbito do segurado.

Nesse sentido, apenas se a idade do cônjuge ou companheiro for de 44 anos ou mais é que a duração do benefício de pensão por morte será vitalícia.

Quanto menor a idade do cônjuge ou companheiro, na data de óbito do segurado, menor será a duração do benefício de pensão por morte, observando-se uma escala de 3, 6, 10, 15 e 20 anos.

Portanto, se a idade do cônjuge ou companheiro, na data de óbito do segurado, for inferior a 44 anos, a pensão por morte é devida em caráter temporário.

Por *morte presumida do segurado*, declarada pela autoridade judicial competente, depois de seis meses de ausência, deve ser concedida pensão provisória (art. 78 da Lei 8.213/1991).

Trata-se, no caso, de ausência específica, para fins previdenciários, não se confundindo com a ausência prevista nos arts. 22 e seguintes do Código Civil.

Não se exige, assim, a declaração de ausência prevista no Código de Processo Civil (arts. 744 e seguintes do CPC), competindo à Justiça Federal processar e julgar a referida ação[62]. É possível ainda sustentar que a morte presumida para fins previdenciários pode ser declarada *incidentalmente* pelo juiz no próprio processo em que se pleiteia a pensão por morte.

Mediante prova do *desaparecimento do segurado em consequência de acidente, desastre ou catástrofe*, seus dependentes fazem jus à pensão pro-

---

[61] Cf. IBRAHIM, Fábio Zambitte. *Curso de direito previdenciário*. 20. ed. Rio de Janeiro: Impetus, 2015. p. 524.

[62] "Recurso especial. Pensão. Morte presumida. Competência. 1. O reconhecimento da morte presumida do segurado, com vistas à percepção de benefício previdenciário (art. 78 da Lei nº 8.213/91), não se confunde com a declaração de ausência prevista nos Códigos Civil e de Processo Civil, razão pela qual compete à Justiça Federal processar e julgar a ação. 2. Recurso conhecido e provido" (STJ, 6ª T., REsp 256.547/SP (2000/0040161-7), rel. Min. Fernando Gonçalves, DJ 11.09.2000).

visória independentemente da declaração de ausência e do acima referido prazo de seis meses.

Desse modo, a *pensão* pode ser concedida, *em caráter provisório*, por *morte presumida*, nas seguintes hipóteses: mediante sentença declaratória de ausência, expedida por autoridade judiciária, a contar da data de sua emissão; em caso de desaparecimento do segurado por motivo de catástrofe, acidente ou desastre, a contar da data da ocorrência, mediante prova hábil.

Verificado o reaparecimento do segurado, o pagamento da pensão cessa imediatamente, ficando os dependentes desobrigados da reposição dos valores recebidos, salvo má-fé.

Anteriormente, o art. 79 da Lei 8.213/1991 previa que não se aplicava o disposto no art. 103 da Lei 8.213/1991, que trata de prazos de decadência e prescrição, ao pensionista menor, incapaz ou ausente, na forma da lei. No entanto, o art. 79 da Lei 8.213/1991 foi revogado pela Lei 13.846/2019.

Quanto ao tema, cabe esclarecer que são *absolutamente incapazes* de exercer pessoalmente os atos da vida civil os menores de 16 anos (art. 3º do Código Civil).

Não corre a prescrição: I – contra os incapazes de que trata o art. 3º do Código Civil; II – contra os ausentes do País em serviço público da União, dos Estados ou dos Municípios; III – contra os que se acharem servindo nas Forças Armadas, em tempo de guerra (art. 198 do Código Civil).

Nos termos do art. 208 do Código Civil, aplica-se à decadência o disposto no art. 198, inciso I, do mesmo diploma legal, acima indicado. Desse modo, no âmbito civil, não corre a decadência contra os incapazes de que trata o art. 3º do Código Civil.

Entendia-se que a expressão pensionista menor, de que tratava o art. 79 da Lei 8.213/1991, identificava situação que só desaparecia aos 18 anos de idade, nos termos do art. 5º do Código Civil (STJ, 1ª T., REsp 1.405.909/AL (2013/0324089-8), rel. p/ ac. Min. Ari Pargendler, DJe 09.09.2014).

Como se pode notar, de acordo com o referido entendimento jurisprudencial, se o requerimento da pensão por morte fosse feito por dependente menor de 18 anos, o benefício seria devido desde a data do óbito do segurado.

Entretanto, especificamente na hipótese em que outro dependente habilitado já recebia integralmente a pensão por morte, prevalecia o entendimento de que o menor teria direito ao mencionado benefício somente a partir da data do requerimento, quando requerido após o prazo legal contado do óbito do segurado (arts. 74 e 76 da Lei 8.213/1991), justamente para que não houvesse o pagamento em duplicidade pelo INSS (Cf. STJ, 2ª T., AgInt no REsp 1.590.218/SP (2016/0067858-0), rel. Min. Humberto Martins, DJe 08.06.2016).

De todo modo, cabe reiterar que o art. 79 da Lei 8.213/1991 foi revogado pela Lei 13.846/2019, a qual também modificou o art. 74, inciso I, da Lei 8.213/1991, conforme mencionado anteriormente. A alteração pode gerar questionamentos, por divergir do estabelecido nos arts. 208 e 198, inciso I, do Código Civil.

O art. 68 da Lei 8.212/1991, com redação dada pela Lei 13.846/2019, prevê que o Titular do Cartório de Registro Civil de Pessoas Naturais deve remeter ao INSS, em até um dia útil, pelo Sistema Nacional de Informações de Registro Civil (SIRC) ou por outro meio que venha a substituí-lo, a relação dos nascimentos, dos natimortos, dos casamentos, dos óbitos, das averbações, das anotações e das retificações registradas na serventia. Para os Municípios que não dispõem de provedor de conexão à internet ou de qualquer meio de acesso à internet, fica autorizada a remessa da relação em até cinco dias úteis.

Para os registros de nascimento e de natimorto, devem constar das informações, obrigatoriamente, a inscrição no Cadastro de Pessoas Físicas (CPF), o sexo, a data e o local de nascimento do registrado, bem como o nome completo, o sexo, a data e o local de nascimento e a inscrição no CPF da filiação.

Para os registros de casamento e de óbito, devem constar das informações, obrigatoriamente, a inscrição no CPF, o sexo, a data e o local de nascimento do registrado, bem como, acaso disponíveis, os seguintes dados: I – número do cadastro perante o Programa de Integração Social (PIS) ou o Programa de Formação do Patrimônio do Servidor Público (PASEP); II – Número de Identificação do Trabalhador (NIT); III – número de benefício previdenciário ou assistencial, se a pessoa falecida for titular de qualquer benefício pago pelo INSS; IV – número de registro da Carteira de Identidade e respectivo órgão emissor; V – número do título de eleitor; VI – número e série da Carteira de Trabalho e Previdência Social (CTPS).

No caso de não haver sido registrado nenhum nascimento, natimorto, casamento, óbito ou averbações, anotações e retificações no mês, o Titular do Cartório de Registro Civil de Pessoas Naturais deve comunicar este fato ao INSS até o 5º dia útil do mês subsequente.

O descumprimento de qualquer obrigação imposta no art. 68 da Lei 8.212/1991 e o fornecimento de informação inexata sujeitarão o Titular do Cartório de Registro Civil de Pessoas Naturais, além de outras penalidades previstas, à penalidade prevista no art. 92 da Lei 8.212/1991 (ou seja, multa) e à ação regressiva proposta pelo INSS, em razão dos danos sofridos.

A lavratura de procuração pública e a emissão de sua primeira via para fins exclusivos de recebimento de benefícios previdenciários ou assistenciais administrados pelo INSS são isentas do pagamento das custas e dos emolumentos (art. 68-A da Lei 8.212/1991, incluído pela Lei 14.199/2021).

As regras sobre pensão previstas no art. 23 da Emenda Constitucional 103/2019 e na legislação vigente na data de entrada em vigor da Emenda Constitucional 103/2019 poderão ser alteradas na forma da lei para o Regime Geral de Previdência Social (art. 23, § 7º, da Emenda Constitucional 103/2019).

5.20.1. ACUMULAÇÃO DE PENSÃO POR MORTE E DE APOSENTADORIA COM PENSÃO POR MORTE

Segundo o art. 24 da Emenda Constitucional 103/2019, é vedada a acumulação de mais de uma pensão por morte deixada por cônjuge ou companheiro, no âmbito do mesmo Regime de Previdência Social, ressalvadas as pensões do mesmo instituidor decorrentes do exercício de cargos acumuláveis na forma do art. 37 da Constituição Federal de 1988.

Será admitida, nos termos do § 2º do art. 24 da Emenda Constitucional 103/2019, a acumulação de:

I – pensão por morte deixada por cônjuge ou companheiro de um Regime de Previdência Social com pensão por morte concedida por outro Regime de Previdência Social ou com pensões decorrentes das atividades militares de que tratam os arts. 42[63] e 142[64] da Constituição Federal de 1988;

II – pensão por morte deixada por cônjuge ou companheiro de um Regime de Previdência Social com aposentadoria concedida no âmbito do Regime Geral de Previdência Social ou de Regime Próprio de Previdência Social ou com proventos de inatividade decorrentes das atividades militares de que tratam os arts. 42 e 142 da Constituição Federal de 1988; ou

III – pensões decorrentes das atividades militares de que tratam os arts. 42 e 142 da Constituição Federal de 1988 com aposentadoria concedida no âmbito do Regime Geral de Previdência Social ou de Regime Próprio de Previdência Social (art. 24, § 1º, da Emenda Constitucional 103/2019).

---

63 "Art. 42. Os membros das Polícias Militares e Corpos de Bombeiros Militares, instituições organizadas com base na hierarquia e disciplina, são militares dos Estados, do Distrito Federal e dos Territórios".

64 "Art. 142. As Forças Armadas, constituídas pela Marinha, pelo Exército e pela Aeronáutica, são instituições nacionais permanentes e regulares, organizadas com base na hierarquia e na disciplina, sob a autoridade suprema do Presidente da República, e destinam-se à defesa da Pátria, à garantia dos poderes constitucionais e, por iniciativa de qualquer destes, da lei e da ordem".

Verifica-se que não se admite, em regra, a acumulação de mais de uma pensão por morte deixada por cônjuge ou companheiro, no âmbito do mesmo Regime de Previdência Social (art. 24, *caput*, da Emenda Constitucional 103/2019).

O art. 167, incisos VI, VII e VIII, do Regulamento da Previdência Social, com redação dada pelo Decreto 10.410/2020, esclarece que não é permitido o recebimento conjunto dos seguintes benefícios do Regime Geral de Previdência Social, inclusive quando decorrentes de acidente do trabalho: mais de uma pensão deixada por cônjuge; mais de uma pensão deixada por companheiro ou companheira; mais de uma pensão deixada por cônjuge e companheiro ou companheira.

De modo mais detalhado, o art. 167-A do Regulamento da Previdência Social, incluído pelo Decreto 10.410/2020, explicita que será admitida a acumulação dos seguintes benefícios:

I – de pensão por morte deixada por cônjuge ou companheiro do Regime Geral de Previdência Social com pensão por morte concedida por outro Regime de Previdência Social ou com pensões decorrentes das atividades militares de que tratam o art. 42 e o art. 142 da Constituição Federal de 1988;

II – de pensão por morte deixada por cônjuge ou companheiro do Regime Geral de Previdência Social com aposentadoria do mesmo Regime e de Regime Próprio de Previdência Social ou com proventos de inatividade decorrentes das atividades militares de que tratam o art. 42 e o art. 142 da Constituição Federal de 1988; ou

III – de aposentadoria concedida no âmbito do Regime Geral de Previdência Social com pensão deixada por cônjuge ou companheiro de Regime Próprio de Previdência Social ou com proventos de inatividade decorrentes das atividades militares de que tratam o art. 42 e o art. 142 da Constituição Federal de 1988.

Nas hipóteses das acumulações previstas no § 1º do art. 24 da Emenda Constitucional 103/2019, é assegurada a percepção do valor integral do benefício mais vantajoso e de uma parte de cada um dos demais benefícios, apurada *cumulativamente* de acordo com as seguintes faixas:

I – 60% do valor que exceder um salário mínimo, até o limite de dois salários mínimos;

II – 40% do valor que exceder dois salários mínimos, até o limite de três salários mínimos;

III – 20% do valor que exceder três salários mínimos, até o limite de quatro salários mínimos; e

IV – 10% do valor que exceder quatro salários mínimos (art. 24, § 2º, da Emenda Constitucional 103/2019).

Portanto, nas hipóteses em que se admite a acumulação de benefícios, assegura-se o direito de receber o valor total do benefício mais vantajoso e de uma parte de cada um dos outros benefícios, a qual deve ser apurada *cumulativamente* de acordo com as faixas indicadas.

Entende-se que nas mencionadas hipóteses de acumulação é assegurada a percepção do valor integral do benefício mais vantajoso e, para os demais benefícios, deve-se adicionar o valor de um salário mínimo, e caso supere esse valor (100% de um salário mínimo), acrescido dos percentuais acima indicados.

Entende-se ainda que o valor da pensão por morte a ser considerado em caso de *acumulação* é o referente apenas à parte a que o beneficiário (cônjuge ou companheiro) tem direito, e não ao valor integral do benefício, quando houver mais de um dependente recebendo o mesmo benefício de pensão por morte.

Nesse sentido, na hipótese de recebimento de pensão desdobrada (ou seja, dividida entre os dependentes), para fins de aplicação do disposto no § 2º do art. 24 da Emenda Constitucional 103/2019, em relação a esse benefício, deve ser considerado o valor correspondente ao somatório da cota individual e da parcela da cota familiar, devido ao pensionista, que será revisto em razão do fim do desdobramento ou da alteração do número de dependentes (art. 167-A, § 3º, do Regulamento da Previdência Social).

A aplicação do disposto no § 2º do art. 24 da Emenda Constitucional 103/2019 pode ser revista a qualquer tempo, a pedido do interessado, em razão de alteração de algum dos benefícios (art. 24, § 3º, da Emenda Constitucional 103/2019).

As restrições previstas no art. 24 da Emenda Constitucional 103/2019 não serão aplicadas se o direito aos benefícios houver sido adquirido antes da data de entrada em vigor da Emenda Constitucional 103/2019 (art. 24, § 4º, da Emenda Constitucional 103/2019).

Nessa linha, conforme esclarece a Súmula 340 do Superior Tribunal de Justiça: "A lei aplicável à concessão de pensão previdenciária por morte é aquela vigente na data do óbito do segurado".

As regras sobre acumulação previstas no art. 24 da Emenda Constitucional 103/2019 e na legislação vigente na data de entrada em vigor da Emenda

Constitucional 103/2019 podem ser alteradas na forma do § 6º do art. 40[65] e do § 15 do art. 201 da Constituição Federal de 1988[66] (art. 24, § 5º, da Emenda Constitucional 103/2019).

5.21. AUXÍLIO-RECLUSÃO

A Constituição da República, no art. 201, inciso IV, determina que o Regime Geral de Previdência Social deve atender a prestação de "auxílio-reclusão para os dependentes dos segurados de baixa renda".

Com a prisão do segurado, este normalmente fica sem receber remuneração, o que impossibilita garantir o sustento dos seus dependentes.

Sendo assim, o *auxílio-reclusão*, se cumprida a carência prevista no inciso IV *caput* do art. 25 da Lei 8.213/1991 (24 contribuições mensais), é devido, nas condições da pensão por morte, aos dependentes do segurado de baixa renda recolhido à prisão em *regime fechado* que não receber remuneração da empresa nem estiver em gozo de auxílio-doença, de pensão por morte, de salário-maternidade, de aposentadoria ou de abono de permanência em serviço (art. 80 da Lei 8.213/1991, com redação dada pela Lei 13.846/2019).

Trata-se, portanto, de benefício previdenciário devido aos dependentes, da mesma forma que a pensão por morte, anteriormente estudada.

Como o auxílio-reclusão é devido nas condições da pensão por morte (art. 80 da Lei 8.213/1991), aplicando-se a previsão do art. 77 da Lei 8.213/1991, o auxílio-reclusão, havendo mais de um pensionista, deve ser rateado entre todos em partes iguais.

Igualmente, quanto ao tempo de duração do auxílio-reclusão devido aos dependentes, inclusive cônjuge ou companheiro, aplica-se o art. 77, § 2º, da Lei 8.213/1991, já estudado quanto à pensão por morte.

Com a Emenda Constitucional 20/1998 o auxílio-reclusão passou a ser devido apenas aos "dependentes dos segurados de baixa renda".

Prevalece o entendimento de que a baixa renda, no caso, deve ser verificada especificamente quanto o segurado, e não em relação à renda dos

[65] "§ 6º Ressalvadas as aposentadorias decorrentes dos cargos acumuláveis na forma desta Constituição, é vedada a percepção de mais de uma aposentadoria à conta de regime próprio de previdência social, aplicando-se outras vedações, regras e condições para a acumulação de benefícios previdenciários estabelecidas no Regime Geral de Previdência Social".

[66] "§ 15. Lei complementar estabelecerá vedações, regras e condições para a acumulação de benefícios previdenciários".

dependentes, embora sejam estes os beneficiários da pensão por morte (STF, Pleno, RE 587.365/SC, rel. Min. Ricardo Lewandowski, DJe 08.05.2009).

Até que lei discipline o acesso ao auxílio-reclusão de que trata o inciso IV do art. 201 da Constituição Federal de 1988, esse benefício será concedido apenas àqueles que tenham renda bruta mensal igual ou inferior a R$ 1.364,43, que devem ser corrigidos pelos mesmos índices aplicados aos benefícios do Regime Geral de Previdência Social (art. 27 da Emenda Constitucional 103/2019).

Para fins do disposto na Lei 8.213/1991, considera-se *segurado de baixa renda* aquele que, no mês de competência de recolhimento à prisão, tenha renda, apurada nos termos do disposto no § 4º do art. 80 da Lei 8.213/1991, de valor igual ou inferior àquela prevista art. 13 da Emenda Constitucional 20/1998 (revogado pela Emenda Constitucional 103/2019, passando-se a aplicar o seu art. 27), corrigido pelos índices de reajuste aplicados aos benefícios do Regime Geral de Previdência Social (art. 80, § 3º, da Lei 8.213/1991, incluído pela Lei 13.846/2019).

Há entendimento quanto a ser possível certa *flexibilização* do limite legal da baixa renda, tendo em vista a necessidade de interpretação teleológica da norma jurídica. Nesse sentido, segundo a jurisprudência, é possível a concessão do auxílio-reclusão quando o caso concreto revela a necessidade de proteção social, permitindo ao julgador a flexibilização do critério econômico para deferimento do benefício, ainda que o salário de contribuição do segurado supere o valor legalmente fixado como critério de baixa renda (STJ, 1ª T., REsp 1.479.564/SP (2014/0193771-0), rel. Min. Napoleão Nunes Maia Filho, DJe 18.11.2014).

O Superior Tribunal de Justiça fixou a seguinte tese em recurso especial repetitivo: "Para a concessão de auxílio-reclusão (art. 80 da Lei 8.213/1991) no regime anterior à vigência da MP 871/2019, o critério de aferição de renda do segurado que não exerce atividade laboral remunerada no momento do recolhimento à prisão é a ausência de renda, e não o último salário de contribuição" (STJ, 1ª Seção, REsp 1.842.985/PR, 2019/0306309-9, rel. Min. Herman Benjamin, DJe 01.07.2021).

Na atualidade, a aferição da renda mensal bruta para enquadramento do segurado como de baixa renda deve ocorrer pela média dos salários de contribuição apurados no período de 12 meses anteriores ao mês do recolhimento à prisão (art. 80, § 4º, da Lei 8.213/1991, incluído pela Lei 13.846/2019).

Para fins de concessão do auxílio-reclusão, considera-se segurado de baixa renda aquele que tenha renda bruta mensal igual ou inferior a R$ 1.425,56, corrigidos pelos mesmos índices de reajuste aplicados aos benefícios do Regime Geral de Previdência Social, calculada com base na média aritmética simples dos salários de contribuição apurados no período dos 12 meses anteriores ao mês do recolhimento à prisão (art. 116, § 1º, do Regulamento da Previdência Social, com redação dada pelo Decreto 10.410/2020).

O auxílio-reclusão, a partir de 1º de janeiro de 2023, é devido aos dependentes do segurado de baixa renda recolhido à prisão em regime fechado que não receber remuneração da empresa e nem estiver em gozo de auxílio por incapacidade temporária, pensão por morte, salário-maternidade, aposentadoria ou abono de permanência em serviço que, no mês de recolhimento à prisão tenha renda igual ou inferior a R$ 1.754,18, independentemente da quantidade de contratos e de atividades exercidas, observado o valor de um salário mínimo (art. 5º da Portaria Interministerial 26/2023 do Ministério da Previdência Social e do Ministério da Fazenda). A aferição da renda mensal bruta para enquadramento do segurado como de baixa renda deve ocorrer pela média dos salários de contribuição apurados no período dos 12 meses anteriores ao mês de recolhimento à prisão, corrigidos pelos mesmos índices de reajuste aplicados aos benefícios do Regime Geral de Previdência Social.

A Turma Nacional de Uniformização dos Juizados Especiais Federais fixou a seguinte tese (Tema 310): "A partir da vigência da Medida Provisória 871/2019, convertida na Lei 13.846/2019, a aferição da renda para enquadramento do segurado como baixa renda, visando à concessão de auxílio-reclusão, dá-se pela média dos salários de contribuição apurados no período de 12 meses anteriores ao mês do recolhimento à prisão, computando-se no divisor apenas o número de salários de contribuição efetivamente existentes no período" (TNU, PEDILEF 5027480-64.2020.4.04.7000/PR, rel. Juiz Federal Francisco Glauber Pessoa Alves, DJe 20.04.2023).

Se o segurado tiver recebido benefícios por incapacidade no período previsto no § 4º do art. 80 da Lei 8.213/1991, sua duração será contada considerando-se como salário de contribuição no período o salário de benefício que serviu de base para o cálculo da renda mensal, reajustado na mesma época e com a mesma base dos benefícios em geral, não podendo ser inferior ao valor de um salário mínimo (art. 80, § 6º, da Lei 8.213/1991, incluído pela Lei 13.846/2019).

O requerimento do auxílio-reclusão deve ser instruído com certidão judicial que ateste o recolhimento efetivo à prisão, e será obrigatória a apresentação de prova de permanência na condição de presidiário para a manutenção do benefício (art. 80, § 1º, da Lei 8.213/1991, incluído pela Lei 13.846/2019).

O INSS deve celebrar convênios com os órgãos públicos responsáveis pelo cadastro dos presos para obter informações sobre o recolhimento à prisão (art. 80, § 2º, da Lei 8.213/1991, incluído pela Lei 13.846/2019).

A certidão judicial e a prova de permanência na condição de presidiário podem ser substituídas pelo acesso à base de dados, por meio eletrônico, a ser disponibilizada pelo Conselho Nacional de Justiça, com dados cadastrais que assegurem a identificação plena do segurado e da sua condição de presidiário (art. 80, § 5º, da Lei 8.213/1991, incluído pela Lei 13.846/2019).

Até que lei discipline o valor do auxílio-reclusão, de que trata o inciso IV do art. 201 da Constituição Federal de 1988, seu cálculo será realizado na forma daquele aplicável à pensão por morte, não podendo exceder o valor de um salário mínimo (art. 27, § 1º, da Emenda Constitucional 103/2019).

Defende-se o entendimento de que o auxílio-reclusão não pode ter valor mensal inferior ao salário mínimo, conforme art. 201, § 2º, da Constituição Federal de 1988, como ocorre na pensão por morte no Regime Geral de Previdência Social (art. 201, inciso V, da Constituição Federal de 1988).

Logo, com a Emenda Constitucional 103/2019, o auxílio-reclusão, na prática, será sempre no valor de um salário mínimo, pois esse limite não pode ser excedido, mas é o menor valor que pode ser pago de benefício que substitua o salário de contribuição ou o rendimento do trabalho do segurado.

Aplicam-se ao auxílio-reclusão as normas referentes à pensão por morte e, no caso de qualificação de cônjuge ou companheiro ou companheira após a prisão do segurado, o benefício é devido a partir da data de habilitação, desde que comprovada a preexistência da dependência econômica (art. 116, § 3º, do Regulamento da Previdência Social).

O auxílio-reclusão é devido a contar da data do recolhimento do segurado à prisão, quando requerido em até 180 dias após esta, para os filhos menores de 16 anos, ou em até 90 dias após a prisão, para os demais dependentes (art. 80 da Lei 8.213/1991 c/c art. 74, inciso I, da Lei 8.213/1991, com redação dada pela Lei 13.846/2019). O auxílio-reclusão é devido a contar do requerimento, quando requerido após os referidos prazos (art. 80 da Lei 8.213/1991 c/c art. 74, inciso II, da Lei 8.213/1990).

O art. 80 da Lei 8.213/1991, com redação dada pela Lei 13.846/2019, prevê que o auxílio-reclusão é devido aos dependentes do segurado de baixa renda recolhido à prisão somente em *regime fechado*.

O regime fechado é aquele sujeito à execução da pena em estabelecimento de segurança máxima ou média.

Não cabe a concessão de auxílio-reclusão aos dependentes do segurado que esteja em livramento condicional ou que cumpra pena em regime aberto ou em regime semiaberto.

Entende-se que o cumprimento de pena em prisão domiciliar não impede o recebimento do benefício de auxílio-reclusão pelo dependente, se o regime previsto for o fechado.

A privação da liberdade deve ser comprovada por documento, emitido pela autoridade competente, demonstrando o recolhimento do segurado à prisão e o regime de reclusão.

Entende-se ainda que os dependentes do segurado detido em prisão provisória (preventiva ou temporária) em regime fechado também têm direito ao benefício em estudo, desde que comprovem o efetivo recolhimento do segurado por meio de documento expedido pela autoridade responsável.

Há entendimento de que até mesmo a prisão civil do segurado é abrangida para os fins do auxílio-reclusão, pois a lei não distingue o motivo da prisão[67].

Prevalece o entendimento de que se equipara à condição de recolhido à prisão a situação do maior de 16 e menor de 18 anos de idade que se encontre internado em estabelecimento educacional ou congênere, sob custódia do Juizado da Infância e da Juventude.

Para o maior de 16 e menor de 18 anos, são exigidos certidão do despacho de internação e o documento atestando seu efetivo recolhimento a órgão subordinado ao Juízo da Infância e da Juventude.

Ao término da prisão provisória o auxílio-reclusão pago aos dependentes deve ser cessado e, caso nova prisão ocorra, ainda que em razão do mesmo evento causador da primeira privação de liberdade, proceder-se-á à nova análise de dependência, qualidade de segurado e renda, em novo requerimento de auxílio-reclusão.

O exercício de atividade remunerada do segurado recluso, em cumprimento de pena em regime fechado, não acarreta a perda do direito ao recebimento do auxílio-reclusão para seus dependentes (art. 80, § 7º, da Lei 8.213/1991, incluído pela Lei 13.846/2019).

Em caso de morte de segurado recluso que tenha contribuído para a Previdência Social durante o período de reclusão, o valor da pensão por morte deve ser calculado levando-se em consideração o tempo de contribuição adicional e os correspondentes salários de contribuição, facultada a opção pelo valor do auxílio-reclusão (art. 80, § 8º, da Lei 8.213/1991, incluído pela Lei 13.846/2019).

---

67 Cf. SANTOS, Marisa Ferreira dos. *Direito previdenciário esquematizado*. 5. ed. São Paulo: Saraiva, 2015. p. 367.

Conforme o Regulamento da Previdência Social, pode se filiar *facultativamente* o segurado recolhido à prisão sob regime fechado ou semiaberto, que, nesta condição, preste serviço, *dentro ou fora da unidade penal*, a uma ou mais empresas, com ou sem intermediação da organização carcerária ou entidade afim, ou que exerça atividade artesanal por conta própria (art. 11, § 1º, inciso XI).

O auxílio-reclusão deve ser mantido enquanto o segurado permanecer em regime fechado (art. 117 do Regulamento da Previdência Social).

Até que o acesso à base de dados por meio eletrônico a que se refere o § 5º do art. 80 da Lei 8.213/1991 (com dados cadastrais que assegurem a identificação plena do segurado e da sua condição de presidiário) seja disponibilizado pelo Conselho Nacional de Justiça, o beneficiário deve apresentar trimestralmente atestado de que o segurado continua em regime fechado, que deve ser firmado pela autoridade competente.

No caso de fuga, o benefício deve ser suspenso e, se houver recaptura do segurado, será restabelecido a contar da data em que esta ocorrer, desde que esteja ainda mantida a qualidade de segurado.

Se houver exercício de atividade dentro do período de fuga, este deve ser considerado para a verificação da perda ou não da qualidade de segurado.

Na hipótese de óbito do segurado recluso, o auxílio-reclusão que estiver sendo pago será cessado e deve ser concedida a pensão por morte (art. 118 do Regulamento da Previdência Social).

Não havendo concessão de auxílio-reclusão, em razão da não comprovação da baixa renda, é devida pensão por morte aos dependentes se o óbito do segurado tiver ocorrido no prazo previsto no inciso IV do art. 15 da Lei 8.213/1991, sobre manutenção da qualidade de segurado, independentemente de contribuições, até 12 meses após o livramento, no caso de segurado detido ou recluso.

É vedada a concessão do auxílio-reclusão após a soltura do segurado (art. 119 do Regulamento da Previdência Social).

5.22. AUXÍLIO-ACIDENTE

O acidente de qualquer natureza pode deixar sequelas que gerem a redução da capacidade de trabalho do segurado. Trata-se de contingência a ser coberta pelo Regime Geral de Previdência Social.

O art. 86 da Lei 8.213/1991 prevê que o *auxílio-acidente* deve ser concedido, como indenização, ao segurado quando, após consolidação das lesões decorrentes de acidente de qualquer natureza, resultarem sequelas que impliquem redução da capacidade para o trabalho que habitualmente exercia.

O benefício previdenciário em questão, portanto, tem natureza de indenização.

O acidente, no caso, pode ser qualquer natureza, não abrangendo apenas o acidente do trabalho.

A Turma Nacional de Uniformização dos Juizados Especiais Federais fixou a seguinte tese (Tema 269): "O conceito de acidente de qualquer natureza, para os fins do art. 86 da Lei 8.213/1991 (auxílio-acidente), consiste em evento súbito e de origem traumática, por exposição a agentes exógenos físicos, químicos ou biológicos, ressalvados os casos de acidente do trabalho típicos ou por equiparação, caracterizados na forma dos arts. 19 a 21 da Lei 8.213/1991" (TNU, PEDILEF 0031628-86.2017.4.02.5054/ES, rel. p/ ac. Juiz Federal Ivanir César Ireno Júnior, DJe 06.05.2022).

O auxílio-acidente é devido ao segurado empregado, inclusive o doméstico, ao trabalhador avulso e ao segurado especial. O art. 7º, parágrafo único, da Constituição da República, com redação dada pela Emenda Constitucional 72/2013, estendeu ao *empregado doméstico* o direito ao "seguro contra acidentes de trabalho, a cargo do empregador" (inciso XXVIII). Sendo assim, com a regulamentação do dispositivo constitucional, e a previsão da correspondente fonte de custeio, conforme a Lei Complementar 150/2015, o empregado doméstico também passou a ter direito ao auxílio-acidente.

Nesse sentido, somente podem se beneficiar do auxílio-acidente os segurados empregado, empregado doméstico, trabalhador avulso e segurado especial (art. 18, § 1º, da Lei 8.213/1991, com redação dada pela Lei Complementar 150/2015).

O auxílio-acidente deve ser concedido, como indenização, ao segurado empregado, inclusive o doméstico, ao trabalhador avulso e ao segurado especial quando, após a consolidação das lesões decorrentes de acidente de qualquer natureza, resultar sequela definitiva que, a exemplo das situações discriminadas no Anexo III do Regulamento da Previdência Social, implique redução da capacidade para o trabalho que habitualmente exercia (art. 104 do Regulamento da Previdência Social).

O benefício é devido independentemente de certo grau de limitação que decorra da consolidação das lesões, sendo suficiente a redução da capacidade para a atividade habitualmente exercida.

Entende-se que a relação das situações que dão direito ao auxílio-acidente, constantes do mencionado Anexo, tem natureza meramente exemplificativa. Nesse sentido, conforme a Súmula 44 do STJ, a "definição, em ato regulamentar, de grau mínimo de disacusia, não exclui, por si só, a concessão do benefício previdenciário".

Para os fins de concessão do mencionado benefício, deve-se considerar a atividade exercida pelo segurado na data do acidente.

O auxílio-acidente mensal corresponde a 50% do salário de benefício, sendo devido até a véspera do início de qualquer aposentadoria ou até a data do óbito do segurado (art. 86, § 1º, da Lei 8.213/1991).

Como esse benefício não substitui o salário de contribuição, nem o rendimento do trabalho do segurado, o seu valor pode ser inferior ao salário mínimo, o que está em consonância com o art. 201, § 2º, da Constituição da República.

O auxílio-acidente é devido a partir do dia seguinte ao da cessação do auxílio-doença (auxílio por incapacidade temporária), independentemente de qualquer remuneração ou rendimento auferido pelo acidentado, sendo vedada sua acumulação com qualquer aposentadoria (art. 86, § 2º, da Lei 8.213/1991).

Não havendo recebimento anterior de auxílio-doença, entende-se que o auxílio-acidente é devido a partir do requerimento administrativo e, se não houve também este último, a partir da citação no processo judicial.

O termo inicial da concessão do benefício previdenciário de auxílio-acidente é a prévia postulação administrativa ou o dia seguinte ao da cessação do auxílio-doença. Ausentes a postulação administrativa e o auxílio-doença, o termo *a quo* para a concessão do referido benefício é a citação (STJ, 2ª T., REsp 1.515.762/SP (2015/0020510-8), rel. Min. Herman Benjamin, DJe 06.04.2015).

A respeito do tema, o Superior Tribunal de Justiça fixou a seguinte tese em recurso especial repetitivo: "O termo inicial do auxílio-acidente deve recair no dia seguinte ao da cessação do auxílio-doença que lhe deu origem, conforme determina o art. 86, § 2º, da Lei 8.213/1991, observando-se, se for o caso, a prescrição quinquenal de parcelas do benefício" (STJ, 1ª Seção, REsp 1.729.555/SP, 2018/0056606-0, rel. Min. Assusete Magalhães, DJe 01.07.2021)[68].

---

[68] "V. Assim, tratando-se da concessão de auxílio-acidente precedido do auxílio-doença, a Lei 8.213/91 traz expressa disposição quanto ao seu termo inicial, que deverá corresponder ao dia seguinte ao da cessação do respectivo auxílio-doença, pouco importando a causa do acidente, na forma do art. 86, *caput* e § 2º, da Lei 8.213/91, sendo despiciendo, nessa medida, para

O recebimento de salário ou concessão de outro benefício, exceto de aposentadoria, não prejudica a continuidade do recebimento do auxílio-acidente (art. 86, § 3º, da Lei 8.213/1991).

Não há direito ao auxílio-acidente no caso de danos funcionais ou redução da capacidade funcional sem repercussão na capacidade laborativa, bem como na hipótese de mudança de função, mediante readaptação profissional promovida pela empresa, como medida preventiva, em decorrência de inadequação do local de trabalho.

A perda da audição, em qualquer grau, somente proporciona a concessão do auxílio-acidente, quando, além do reconhecimento de causalidade entre o trabalho e a doença, resultar, comprovadamente, na redução ou perda da capacidade para o trabalho que habitualmente exercia (art. 86, § 4º, da Lei 8.213/1991).

No caso de reabertura de auxílio por incapacidade temporária por acidente de qualquer natureza que tenha dado origem a auxílio-acidente, este deve ser suspenso até a cessação do auxílio por incapacidade temporária reaberto, quando será reativado.

Entretanto, diversamente, se o segurado ficar incapacitado para a sua atividade habitual, em razão de outro evento, diverso do que originou o auxílio-acidente, entende-se possível acumular o seu recebimento com o auxílio-doença, pois as causas são diversas[69].

Cabe a concessão de auxílio-acidente oriundo de acidente de qualquer natureza ocorrido durante o período de manutenção da qualidade de segurado (ou seja, o período de graça), desde que atendidos os requisitos legais.

Não se admite o recebimento de mais de um auxílio-acidente. Entretanto, se ocorrer novo infortúnio, é possível calcular novamente o benefício em curso, com o objetivo de se obter um valor superior.

---

essa específica hipótese legal, investigar o dia do acidente, à luz do art. 23 da Lei 8.213/91. VI. O entendimento do STJ - que ora se ratifica - é firme no sentido de que o auxílio-acidente será devido a partir do dia seguinte ao da cessação do auxílio-doença, mas, inexistente a prévia concessão de tal benefício, o termo inicial deverá corresponder à data do requerimento administrativo. Inexistentes o auxílio-doença e o requerimento administrativo, o auxílio-acidente tomará por termo inicial a data da citação. [...] VII. Prevalece no STJ a compreensão de que o laudo pericial, embora constitua importante elemento de convencimento do julgador, não é, como regra, parâmetro para fixar o termo inicial de benefício previdenciário" (STJ, 1ª Seção, REsp 1.729.555/SP, 2018/0056606-0, rel. Min. Assusete Magalhães, DJe 01.07.2021).

[69] Cf. LEITÃO, André Studart; MEIRINHO, Augusto Grieco Sant'Anna. *Manual de direito previdenciário*. 4. ed. São Paulo: Saraiva, 2016. p. 360.

O segurado, vítima de novo infortúnio, faz jus a um único benefício somado ao salário de contribuição vigente no dia do acidente (Súmula 146 do STJ).

Antes da Medida Provisória 1.596-14/1997, o auxílio-acidente podia ser acumulado com a aposentadoria, o que atualmente é vedado, conforme art. 86, § 2º, da Lei 8.213/1991.

A acumulação de auxílio-acidente com aposentadoria pressupõe que *a lesão incapacitante e a aposentadoria sejam anteriores a 11/11/1997*, observado o critério do art. 23 da Lei 8.213/1991 para definição do momento da lesão nos casos de doença profissional ou do trabalho (Súmula 507 do STJ).

Para a acumulação do auxílio-acidente com proventos de aposentadoria, a consolidação das lesões decorrentes de acidentes de qualquer natureza, que resulte sequelas definitivas, nos termos do art. 86 da Lei 8.213/1991, e a concessão da aposentadoria devem ser anteriores às alterações inseridas no art. 86, § 2º, da Lei 8.213/1991, pela Medida Provisória 1.596-14, convertida na Lei 9.528/1997 (Súmula 75 da AGU).

O art. 23 da Lei 8.213/1991 prevê que se considera como dia do acidente, no caso de doença profissional ou do trabalho, a data do início da incapacidade laborativa para o exercício da atividade habitual, ou o dia da segregação compulsória, ou o dia em que for realizado o diagnóstico, valendo para este efeito o que ocorrer primeiro.

Frise-se que a empresa tomadora ou cliente é obrigada a comunicar à empresa de trabalho temporário a ocorrência de todo acidente cuja vítima seja um trabalhador posto à sua disposição, considerando-se local de trabalho, para efeito da legislação específica, tanto aquele onde se efetua a prestação do trabalho, quanto a sede da empresa de trabalho temporário (art. 12, § 2º, da Lei 6.019/1974).

5.23. ABONO ANUAL

É devido, ainda, *abono anual* ao segurado e ao dependente da Previdência Social que, durante o ano, receberam auxílio-doença (auxílio por incapacidade temporária), auxílio-acidente, salário-maternidade ou aposentadoria, pensão por morte ou auxílio-reclusão (art. 40 da Lei 8.213/1991 e art. 120 do Regulamento da Previdência Social).

A própria Constituição Federal de 1988, no art. 7º, inciso VIII, prevê como direito dos trabalhadores urbanos e rurais o décimo terceiro salário com base na remuneração integral *ou no valor da aposentadoria.*

A gratificação natalina dos aposentados e pensionistas deve ter por base o valor dos proventos do mês de dezembro de cada ano (art. 201, § 6º, da Constituição da República).

Desse modo, o abono anual deve ser calculado, no que for cabível, da mesma forma que a Gratificação de Natal dos trabalhadores, tendo por base o valor da renda mensal do benefício do mês de dezembro de cada ano.

Com isso, o recebimento de benefício por período inferior a 12 meses, dentro do mesmo ano, determina o cálculo do abono anual de forma proporcional.

Da mesma forma, o período igual ou superior a 15 dias, dentro do mês, é considerado como mês integral para efeito de cálculo do abono anual.

O valor do abono anual correspondente ao período de duração do salário-maternidade deve ser pago, em cada exercício, juntamente com a última parcela do benefício nele devido.

O abono anual também incide sobre a parcela de acréscimo de 25% sobre o valor da aposentadoria por invalidez do segurado que necessita da assistência permanente de outra pessoa.

Frise-se que o pagamento do abono anual pode ser realizado de forma parcelada.

O art. 120, § 1º, do Regulamento da Previdência Social, com redação dada pelo Decreto 10.410/2020, com entrada em vigor em 1º de janeiro de 2021, prevê que o pagamento do abono anual será efetuado em duas parcelas, da seguinte forma: I – a primeira parcela corresponderá a até 50% do valor do benefício devido no mês de agosto e será paga juntamente com os benefícios dessa competência; II – a segunda parcela corresponderá à diferença entre o valor total do abono anual e o valor da primeira parcela e será paga juntamente com os benefícios da competência de novembro.

5.24. SERVIÇO SOCIAL

Como já estudado, as prestações da Previdência Social podem ser classificadas em benefícios e serviços.

Os serviços são prestações sem natureza pecuniária, normalmente se consubstanciando em obrigações imateriais e de fazer.

Os serviços do Regime Geral de Previdência Social englobam o serviço social e a reabilitação profissional, os quais são prestações devidas ao segurado e ao dependente (art. 18, inciso III, da Lei 8.213/1991).

O serviço social, portanto, é prestação previdenciária sem natureza pecuniária, a ser concedida independentemente de carência (art. 26, inciso IV, da Lei 8.213/1991).

Compete ao serviço social *esclarecer junto aos beneficiários os seus direitos sociais e os meios de exercê-los* e estabelecer conjuntamente com eles o processo de solução dos problemas que emergirem da sua relação com a Previdência Social, tanto no âmbito interno da instituição como na dinâmica da sociedade (art. 88 da Lei 8.213/1991).

O serviço social do INSS é um serviço previdenciário que proporciona o acesso ao reconhecimento dos direitos aos beneficiários.

Portanto, as informações solicitadas pelos beneficiários, para possibilitar o exercício de seus direitos, devem ser prestadas pela Previdência Social.

Nesse enfoque, cabe lembrar que todos têm direito, de natureza fundamental, a *receber dos órgãos públicos informações de seu interesse particular, ou de interesse coletivo ou geral*, que devem ser prestadas no prazo da lei, sob pena de responsabilidade, ressalvadas aquelas cujo sigilo seja imprescindível à segurança da sociedade e do Estado (art. 5º, inciso XXXIII, da Constituição da República).

O serviço social é atividade auxiliar da Previdência Social que tem como objetivo prestar aos beneficiários a orientação e o apoio na solução dos problemas pessoais e familiares.

O serviço social também tem como fim a melhoria da relação dos beneficiários com a Previdência Social, para a solução de questões referentes a benefícios, bem como, quando necessário, para a obtenção de outros recursos sociais da comunidade (art. 161 do Regulamento da Previdência Social).

No serviço social, deve-se dar prioridade aos segurados em benefício por incapacidade temporária e atenção especial aos aposentados e pensionistas (art. 88, § 1º, da Lei 8.213/1991).

Para assegurar o *efetivo atendimento dos usuários* devem ser utilizados mecanismos de intervenção técnica, assistência de natureza jurídica, ajuda material, recursos sociais, intercâmbio com empresas e pesquisa social, inclusive mediante a celebração de convênios, acordos ou contratos (art. 88, § 2º, da Lei 8.213/1991).

Os beneficiários, assim, devem ser atendidos de modo adequado, solucionando as suas dúvidas, por meio da prestação de serviço efetivo, célere e de qualidade.

As *ações do serviço social* no INSS são realizadas pelos assistentes sociais e desenvolvidas em consonância com as diretrizes e os objetivos estratégicos da instituição.

Os recursos técnicos utilizados são, entre outros, o parecer social, a pesquisa social, o estudo exploratório dos recursos sociais, a avaliação social da pessoa com deficiência.

O *parecer social* consiste no pronunciamento profissional do assistente social, com base no estudo de determinada situação, podendo ser emitido na fase de concessão, manutenção, recurso de benefícios ou para embasar decisão médico-pericial, por solicitação do setor respectivo ou por iniciativa do próprio assistente social.

A *pesquisa social* é o recurso técnico fundamental para a realimentação do saber e do fazer profissional, voltado para a busca do conhecimento crítico e interpretativo da realidade, favorecendo a identificação e a melhor caracterização das demandas do INSS e do perfil socioeconômico-cultural dos beneficiários como recursos para a qualificação dos serviços prestados.

O *estudo exploratório dos recursos sociais* é o instrumento que facilita a necessária articulação da política previdenciária com a rede socioassistencial para o desenvolvimento do trabalho do serviço social e atendimento aos usuários da Previdência Social.

A *avaliação social*, em conjunto com a avaliação médica da pessoa com deficiência, consiste em um instrumento destinado à caracterização da deficiência, e deve considerar os fatores ambientais, sociais, pessoais, a limitação do desempenho de atividades e a restrição da participação social dos requerentes do benefício.

O serviço social deve ter como diretriz a *participação do beneficiário* na implementação e no fortalecimento da política previdenciária, em articulação com as associações e as entidades de classe (art. 88, § 3º, da Lei 8.213/1991).

Trata-se de previsão que também busca concretizar o princípio da Previdência Social do *caráter democrático* e descentralizado da gestão administrativa, com a *participação* do governo e *da comunidade*, em especial *de trabalhadores em atividade, empregadores e aposentados* (art. 2º, inciso VIII, da Lei 8.213/1991).

O serviço social, considerando a universalização da Previdência Social, também deve prestar assessoramento técnico aos Estados e aos Municípios na elaboração e implantação de suas propostas de trabalho (art. 88, § 4º, da Lei 8.213/1991).

A esse respeito, cabe lembrar que um dos princípios da Previdência Social é justamente a *universalidade de participação nos planos previdenciários* (art. 2º, inciso I, da Lei 8.213/1991).

5.25. HABILITAÇÃO E REABILITAÇÃO PROFISSIONAL

A Constituição da República prevê a "habilitação e reabilitação das pessoas portadoras de deficiência e a promoção de sua integração à vida comunitária" como uma das prestações da Assistência Social (art. 203, inciso IV).

Entretanto, em termos concretos e específicos, a reabilitação *profissional* é atualmente oferecida na esfera previdenciária, como prestação do Regime Geral da Previdência Social devida ao segurado e ao dependente (art. 18, inciso III, *c*, da Lei 8.213/1991).

Trata-se de prestação que tem natureza de serviço, por não ter natureza pecuniária, e a sua concessão *independentemente de carência* (art. 26, inciso V, da Lei 8.213/1991). Não se confunde, entretanto, com a espécie relativa ao serviço social.

Cabe lembrar que o aposentado pelo Regime Geral de Previdência Social que permanecer em atividade sujeita a esse Regime, ou a ele retornar, não faz jus a prestação alguma da Previdência Social em decorrência do exercício dessa atividade, *exceto* ao salário-família e à reabilitação profissional, quando empregado, inclusive o doméstico, ou trabalhador avulso, e ao salário-maternidade (art. 18, § 2º, da Lei 8.213/1991 e art. 173 do Regulamento da Previdência Social).

A habilitação e a reabilitação profissional e social devem proporcionar ao beneficiário incapacitado parcial ou totalmente para o trabalho, e às pessoas com deficiência, os meios para a (re)educação e de (re)adaptação profissional e social indicados para participar do mercado de trabalho e do contexto em que vive (art. 89 da Lei 8.213/1991).

Na verdade, a assistência (re)educativa e de (re)adaptação profissional, instituída sob a denominação genérica de habilitação e reabilitação profissional, visa a proporcionar aos beneficiários, incapacitados parcial ou totalmente para o trabalho, em caráter obrigatório, independentemente de carência, e às pessoas com deficiência, os meios indicados para proporcionar o reingresso no mercado de trabalho e no contexto em que vivem (art. 136 do Regulamento da Previdência Social).

Cabe ao Instituto Nacional do Seguro Social promover essa prestação aos segurados, inclusive aposentados, e, de acordo com as possibilidades administrativas, técnicas, financeiras e as condições locais do órgão, aos seus dependentes, preferencialmente mediante a contratação de serviços especializados.

As pessoas com deficiência devem ser atendidas mediante celebração de convênio de cooperação técnico-financeira.

A reabilitação profissional compreende: o fornecimento de aparelho de prótese, órtese e instrumentos de auxílio para locomoção quando a perda ou redução da capacidade funcional puder ser atenuada por seu uso e dos equipamentos necessários à habilitação e reabilitação social e profissional; a reparação ou a substituição dos aparelhos mencionados no inciso anterior, desgastados pelo uso normal ou por ocorrência estranha à vontade do beneficiário; o transporte do acidentado do trabalho, quando necessário (art. 89, parágrafo único, da Lei 8.213/1991).

O processo de habilitação e de reabilitação profissional do beneficiário é desenvolvido por meio das funções básicas de: avaliação do potencial laborativo; orientação e acompanhamento da programação profissional; articulação com a comunidade, inclusive mediante a celebração de convênio para reabilitação física restrita a segurados que cumpriram os pressupostos de elegibilidade ao programa de reabilitação profissional, com vistas ao reingresso no mercado de trabalho; acompanhamento e pesquisa da fixação no mercado de trabalho (art. 137 do Regulamento da Previdência Social).

Cabe esclarecer que o acompanhamento e a pesquisa de fixação no mercado são obrigatórios e têm como finalidade a comprovação da efetividade do processo de reabilitação profissional.

A execução das funções acima deve ser realizada, preferencialmente, por meio do trabalho de *equipe multiprofissional especializada*, sempre que possível, na localidade do domicílio do beneficiário, ressalvadas as situações excepcionais em que ele tenha direito à reabilitação profissional fora dela.

A avaliação da elegibilidade do segurado para encaminhamento à reabilitação profissional, a reavaliação da incapacidade de segurados em programa de reabilitação profissional e a prescrição de órteses, próteses e meios auxiliares de locomoção e acessórios devem ser realizadas pela Perícia Médica Federal.

Quando indispensáveis ao desenvolvimento do processo de reabilitação profissional, o Instituto Nacional do Seguro Social deve fornecer aos segurados, inclusive aposentados, em caráter obrigatório, prótese e órtese, seu reparo ou substituição, instrumentos de auxílio para locomoção, bem como equipamentos necessários à habilitação e à reabilitação profissional, transporte urbano e alimentação e, na medida das possibilidades do INSS, aos seus dependentes.

No caso das pessoas com deficiência, a concessão dos recursos materiais referidos acima fica condicionada à celebração de convênio de cooperação técnico-financeira.

O Instituto Nacional do Seguro Social não reembolsará as despesas realizadas com a aquisição de órtese ou prótese e outros recursos materiais não prescritos ou não autorizados por suas unidades de reabilitação profissional.

Como se pode notar, a habilitação e a reabilitação profissional e social são devidas *em caráter obrigatório aos segurados, inclusive aposentados* e, na medida das possibilidades do órgão da Previdência Social, aos seus dependentes (art. 90 da Lei 8.213/1991).

Nesse sentido, cabe lembrar que o segurado em gozo de auxílio por incapacidade temporária, auxílio-acidente ou aposentadoria por incapacidade permanente e o pensionista inválido, cujos benefícios tenham sido concedidos judicial ou administrativamente, estão obrigados, sob pena de suspensão do benefício, a submeter-se a: I – exame médico a cargo da Previdência Social para avaliação das condições que ensejaram sua concessão ou manutenção; II – *processo de reabilitação profissional prescrito e custeado pela Previdência Social*; III – tratamento oferecido gratuitamente, exceto o cirúrgico e a transfusão de sangue, que são facultativos (art. 101 da Lei 8.213/1991, com redação dada pela Lei 14.441/2022).

Será concedido, no caso de habilitação e reabilitação profissional, auxílio para tratamento ou exame fora do domicílio do beneficiário, conforme dispuser o Regulamento (art. 91 da Lei 8.213/1991).

A programação profissional deve ser desenvolvida mediante cursos e/ou treinamentos, na comunidade, por meio de contratos, acordos e convênios com instituições e empresas públicas ou privadas (art. 139 do Regulamento da Previdência Social, aprovado pelo Decreto 3.048/1999).

O treinamento do reabilitando, quando realizado em empresa, não estabelece qualquer vínculo empregatício ou funcional entre o reabilitando e a empresa, bem como entre estes e o Instituto Nacional do Seguro Social.

Compete ao reabilitando, além de acatar e cumprir as normas estabelecidas nos contratos, acordos ou convênios, pautar-se no regulamento daquelas organizações.

Concluído o processo de habilitação ou reabilitação social e profissional, a Previdência Social deve emitir certificado individual, indicando as atividades que poderão ser exercidas pelo beneficiário, nada impedindo que este exerça outra atividade para a qual se capacitar (art. 92 da Lei 8.213/1991).

Não constitui obrigação da Previdência Social a manutenção do segurado no mesmo emprego ou a sua inserção em outro para o qual foi reabilitado, cessando o processo de reabilitação profissional com a emissão do referido certificado.

Entretanto, cabe à Previdência Social a articulação com a comunidade, com vistas ao levantamento da oferta do mercado de trabalho, ao direcionamento da programação profissional e à possibilidade de reingresso do reabilitando no mercado formal.

Nos termos do art. 93 da Lei 8.213/1991, a empresa com 100 ou mais empregados está obrigada a preencher de 2% a 5% dos seus cargos com beneficiários reabilitados ou pessoas portadoras de deficiência, habilitadas, na seguinte proporção:

I – até 200 empregados	2%;
II – de 201 a 500	3%;
III – de 501 a 1.000	4%;
IV – de 1.001 em diante	5%.

Conforme o art. 93, § 3º, da Lei 8.213/1991, incluído pela Lei 13.146/2015, para a mencionada reserva de cargos deve ser considerada somente a contratação *direta* de pessoa com deficiência, excluído o aprendiz com deficiência de que trata o art. 428, §§ 5º, 6º e 8º, da Consolidação das Leis do Trabalho.

Trata-se, no caso, de previsão legal com o nítido enfoque de *ação afirmativa*, no sentido de estabelecer direitos diferenciados a grupos em situação de maior vulnerabilidade social e dificuldade de integração, com o objetivo de se alcançar a igualdade substancial e a justiça na sociedade.

O Supremo Tribunal Federal decidiu que a exclusão de trabalhadores marítimos embarcados do cálculo destinado a apurar o número de vagas reservadas às pessoas com deficiência (art. 93 da Lei 8.213/1991), por ser discriminatória, é inconstitucional[70].

---

[70] "Ação direta de inconstitucionalidade. Art. 16-A da Lei 7.573/1986, inserido pelo art. 1º da Lei 13.194/2015. Convenção de Nova York. Exclusão dos trabalhadores marítimos embarcados do cálculo para apuração das vagas reservadas a pessoas com deficiência (art. 93 da Lei 8.213/1991) em empresas de navegação. Inexistência de vedação legal ou convencional ao trabalho de pessoas portadoras de deficiência em embarcações. Proteção e integração social das pessoas portadoras de deficiência. Isonomia. Ação direta julgada procedente. 1. A Convenção de Nova York, a qual tratou dos direitos das pessoas com deficiência, foi incorporada ao ordenamento jurídico brasileiro como norma constitucional (Decreto 6.946/2009), nos termos do § 3º do art. 5º da Constituição Federal. 2. A deficiência física, por si só, não incapacita generalizadamente o trabalhador para o desempenho de atividades laborais em embarcações, não existindo exigência legal ou convencional de plena capacidade física para toda e qualquer atividade marítima. A eventual incompatibilidade entre determinadas atividades e certas limitações físicas não justifica a exclusão do trabalho marítimo do alcance da política pública de inclusão social das pessoas com deficiência. 3. A exclusão de postos de trabalho marítimo embarcado do cálculo destinado

De acordo com o Decreto 9.508/2018, que dispõe sobre a reserva às pessoas com deficiência percentual de cargos e de empregos públicos ofertados em concursos públicos e em processos seletivos no âmbito da administração pública federal direta e indireta, ficam reservadas às pessoas com deficiência os percentuais de cargos de que trata o art. 93 da Lei 8.213/1991 às empresas públicas e às sociedades de economia mista (art. 1º, § 2º).

A dispensa de pessoa com deficiência ou de beneficiário reabilitado da Previdência Social ao final de contrato por prazo determinado de mais de 90 dias e a dispensa imotivada em contrato por prazo indeterminado somente podem ocorrer após a contratação de outro trabalhador com deficiência ou beneficiário reabilitado da Previdência Social (art. 93, § 1º, da Lei 8.213/1991, alterado pela Lei 13.146/2015).

A previsão legal em questão estabelece hipótese de garantia de manutenção do emprego e o seu descumprimento acarreta não apenas a imposição de penalidade administrativa, mas também a reintegração do empregado dispensado indevidamente.

Considera-se *pessoa com deficiência habilitada* aquela que concluiu curso de educação profissional de nível básico, técnico ou tecnológico, ou curso superior, com certificação ou diplomação expedida por instituição pública ou privada, legalmente credenciada pelo Ministério da Educação ou órgão equivalente, ou aquela com certificado de conclusão de processo de habilitação ou reabilitação profissional fornecido pelo Instituto Nacional do Seguro Social. Considera-se, também, pessoa com deficiência habilitada aquela que, não tendo se submetido a processo de habilitação ou reabilitação, esteja capacitada para o exercício da função (art. 36, §§ 2º e 3º, do Decreto 3.298/1999, que regulamenta a Lei 7.853/1989, sobre política nacional para a integração da pessoa com deficiência)[71].

A pessoa com deficiência pode recorrer à intermediação de órgão integrante do sistema público de emprego, para fins de inclusão laboral.

---

a apurar o número de vagas destinadas aos deficientes (art. 93 da Lei 8.213/1991) é desprovido de razoabilidade e desproporcionalidade, caracterizando-se como diferenciação normativa discriminatória. 4. A previsão dificulta arbitrariamente o acesso de pessoas com deficiência ao trabalho nas empresas de navegação, pois diminui a disponibilidade de vagas de trabalho para pessoas com deficiência. 5. Ação Direta julgada procedente" (STF, Pleno, ADI 5.760/DF, rel. Min. Alexandre de Moraes, DJe 26.09.2019).

[71] Cf. Súmula 45 da AGU: "Os benefícios inerentes à Política Nacional para a Integração da Pessoa Portadora de Deficiência devem ser estendidos ao portador de visão monocular, que possui direito de concorrer, em concurso público, à vaga reservada aos deficientes". Ainda quanto ao tema, cf. a Súmula 377 do STJ: "O portador de visão monocular tem direito de concorrer, em concurso público, às vagas reservadas aos deficientes".

Ao Ministério do Trabalho incumbe estabelecer a sistemática de fiscalização, bem como gerar dados e estatísticas sobre o total de empregados e as vagas preenchidas por pessoas com deficiência e por beneficiários reabilitados da Previdência Social, fornecendo-os, quando solicitados, aos sindicatos, às entidades representativas dos empregados ou aos cidadãos interessados (art. 93, § 2º, da Lei 8.213/1991, alterado pela Lei 13.146/2015).

A Convenção 159 da OIT, de 1983, aprovada pelo Brasil e promulgada pelo Decreto 129, de 22 de maio de 1991 (atualmente Decreto 10.088/2019), versa sobre reabilitação profissional e emprego de pessoas com deficiência.

O art. 92 da Lei Brasileira de Inclusão da Pessoa com Deficiência (Lei 13.146/2015 – Estatuto da Pessoa com Deficiência) criou o *Cadastro Nacional de Inclusão da Pessoa com Deficiência* (Cadastro-Inclusão), que é o registro público eletrônico com a finalidade de coletar, processar, sistematizar e disseminar informações georreferenciadas que permitam a identificação e a caracterização socioeconômica da pessoa com deficiência, bem como das barreiras que impedem a realização de seus direitos.

O Cadastro-Inclusão é administrado pelo Poder Executivo federal e constituído por base de dados, instrumentos, procedimentos e sistemas eletrônicos.

Os dados constituintes do Cadastro-Inclusão devem ser obtidos pela integração dos sistemas de informação e da base de dados de todas as políticas públicas relacionadas aos direitos da pessoa com deficiência, bem como por informações coletadas, inclusive em censos nacionais e nas demais pesquisas realizadas no País, de acordo com os parâmetros estabelecidos pela Convenção sobre os Direitos das Pessoas com Deficiência e seu Protocolo Facultativo.

Para a coleta, transmissão e sistematização de dados, é facultada a celebração de convênios, acordos, termos de parceria ou contratos com instituições públicas e privadas, observados os requisitos e procedimentos previstos em legislação específica.

Para assegurar a confidencialidade, a privacidade e as liberdades fundamentais da pessoa com deficiência e os princípios éticos que regem a utilização de informações, devem ser observadas as salvaguardas estabelecidas em lei.

Os dados do Cadastro-Inclusão somente podem ser utilizados para as seguintes finalidades: formulação, gestão, monitoramento e avaliação das políticas públicas para a pessoa com deficiência e para identificar as barreiras que impedem a realização de seus direitos; realização de estudos e pesquisas.

As informações que permitam a identificação e a caracterização socioeconômica da pessoa com deficiência, bem como das barreiras que impedem a realização de seus direitos, devem ser disseminadas em formatos acessíveis.

5.25.1. PROGRAMA DE HABILITAÇÃO E REABILITAÇÃO FÍSICA E PROFISSIONAL, PREVENÇÃO E REDUÇÃO DE ACIDENTES DE TRABALHO

O Programa de Habilitação e Reabilitação Física e Profissional, Prevenção e Redução de Acidentes de Trabalho foi instituído pela Medida Provisória 905/2019 (art. 19), tendo por finalidade financiar o serviço de habilitação e reabilitação profissional prestado pelo Instituto Nacional do Seguro Social (INSS) e programas e projetos de prevenção e redução de acidentes de trabalho. O Conselho do Programa de Habilitação e Reabilitação Física e Profissional, Prevenção e Redução de Acidentes de Trabalho, com sede na cidade de Brasília, Distrito Federal, foi instituído pela Medida Provisória 905/2019 (art. 22).

Entretanto, a Medida Provisória 905/2019 foi *revogada* pela Medida Provisória 955/2020 e perdeu eficácia.

5.26. HABILITAÇÃO E REABILITAÇÃO PROFISSIONAL DA PESSOA COM DEFICIÊNCIA

A Lei 13.146/2015, que instituiu a Lei Brasileira de Inclusão da Pessoa com Deficiência (Estatuto da Pessoa com Deficiência), no art. 34, prevê que a pessoa com deficiência tem *direito ao trabalho* de sua livre escolha e aceitação, em ambiente acessível e inclusivo, em igualdade de oportunidades com as demais pessoas.

O referido diploma legal determina, ainda, que o poder público deve implementar serviços e programas completos de *habilitação profissional e de reabilitação profissional* para que a *pessoa com deficiência* possa ingressar, continuar ou retornar ao campo do trabalho, respeitados sua livre escolha, sua vocação e seu interesse (art. 36 da Lei 13.146/2015).

Equipe multidisciplinar deve indicar, com base em critérios previstos no art. 2º, § 1º, da Lei 13.146/2015 (Lei Brasileira de Inclusão da Pessoa com Deficiência – Estatuto da Pessoa com Deficiência)[72], programa de habilitação ou de reabilitação que possibilite à pessoa com deficiência restaurar sua capacidade e habilidade profissional ou adquirir novas capacidades e habilidades de trabalho.

---

[72] "§ 1º A avaliação da deficiência, quando necessária, será biopsicossocial, realizada por equipe multiprofissional e interdisciplinar e considerará: I – os impedimentos nas funções e nas estruturas do corpo; II – os fatores socioambientais, psicológicos e pessoais; III – a limitação no desempenho de atividades; e IV – a restrição de participação".

A *habilitação profissional* corresponde ao processo destinado a propiciar à pessoa com deficiência aquisição de conhecimentos, habilidades e aptidões para exercício de profissão ou de ocupação, permitindo nível suficiente de desenvolvimento profissional para ingresso no campo de trabalho.

Os serviços de habilitação profissional, de reabilitação profissional e de educação profissional devem ser dotados de recursos necessários para atender a toda pessoa com deficiência, independentemente de sua característica específica, a fim de que ela possa ser capacitada para trabalho que lhe seja adequado e ter perspectivas de obtê-lo, conservá-lo e de nele progredir.

Os serviços de habilitação profissional, de reabilitação profissional e de educação profissional devem ser oferecidos em ambientes acessíveis e inclusivos.

A habilitação profissional e a reabilitação profissional devem ocorrer articuladas com as redes públicas e privadas, especialmente de saúde, de ensino e de assistência social, em todos os níveis e modalidades, em entidades de formação profissional ou diretamente com o empregador.

A habilitação profissional pode ocorrer em empresas por meio de *prévia formalização do contrato de emprego da pessoa com deficiência*, que será considerada para o cumprimento da reserva de vagas prevista em lei, desde que por tempo determinado e concomitante com a inclusão profissional na empresa, observado o disposto em regulamento.

Portanto, a habilitação profissional e a reabilitação profissional devem atender a pessoa com deficiência.

A Lei Brasileira de Inclusão da Pessoa com Deficiência (Estatuto da Pessoa com Deficiência) dispõe, ainda, sobre a inclusão da pessoa com deficiência no trabalho.

Sendo assim, constitui modo de inclusão da pessoa com deficiência no trabalho a colocação competitiva, em igualdade de oportunidades com as demais pessoas, nos termos da legislação trabalhista e previdenciária, na qual devem ser atendidas as regras de acessibilidade, o fornecimento de recursos de tecnologia assistiva e a adaptação razoável no ambiente de trabalho (art. 37 da Lei 13.146/2015).

5.27. DIREITO ADQUIRIDO À APOSENTADORIA E À PENSÃO POR MORTE

A concessão de aposentadoria ao segurado do Regime Geral de Previdência Social e de pensão por morte aos dependentes será assegurada, a qualquer tempo, desde que tenham sido cumpridos os requisitos para obtenção desses benefícios até a data de entrada em vigor da Emenda Constitucional 103/2019, observados os critérios da legislação vigente na data em que foram atendidos os requisitos para a concessão da aposentadoria ou da pensão por morte (art. 3º da Emenda Constitucional 103/2019).

Trata-se de previsão que assegura o direito adquirido à aposentadoria e à pensão por morte no Regime Geral de Previdência Social.

Nesse sentido, deve ser assegurada a concessão de aposentadoria, a qualquer tempo, ao segurado do Regime Geral de Previdência Social, inclusive o oriundo de regime próprio de previdência social, que, até 13 de novembro de 2019, uma vez cumprido o período de carência exigido, tenha cumprido os seguintes requisitos:

I – no caso de aposentadoria por idade: 65 anos de idade, se homem, e 60 anos de idade, se mulher;

II – no caso de aposentadoria por tempo de contribuição:

a) para os professores que comprovem tempo de efetivo exercício exclusivamente em função de magistério na educação infantil, no ensino fundamental ou no ensino médio: 1) 30 anos de contribuição, se homem; ou 2) 25 anos de contribuição, se mulher;

b) para os demais segurados: 1) 35 anos de contribuição, se homem; 2) 30 anos de contribuição, se mulher;

III – no caso de aposentadoria especial: 15, 20 ou 25 anos de contribuição, conforme o caso, para os segurados sujeitos a condições especiais que prejudiquem a sua saúde ou a sua integridade física (art. 188-A do Regulamento da Previdência Social, com redação dada pelo Decreto 10.410/2020).

Os proventos de aposentadoria devidos ao segurado a que se refere o art. 3º, *caput*, da Emenda Constitucional 103/2019 e as pensões por morte devidas aos seus dependentes devem ser apurados de acordo com a legislação em vigor à época em que foram atendidos os requisitos nela estabelecidos para a concessão desses benefícios (art. 3º, § 2º, da Emenda Constitucional 103/2019).

O valor da renda mensal da aposentadoria concedida na forma prevista no art. 2º da Emenda Constitucional 103/2019 deve ser apurado na data de 13 de novembro de 2019, em conformidade com o disposto nos arts. 188-E e 188-F do Regulamento da Previdência Social, e reajustado pelos mesmos índices aplicados ao benefício até a data do requerimento (art. 188-A, § 5º, do Regulamento da Previdência Social).

5.28. REGRAS DE TRANSIÇÃO DA EMENDA CONSTITUCIONAL 103/2019

A Emenda Constitucional 103/2019 estabeleceu diversas regras de transição sobre o direito à aposentadoria, voltadas a segurados que já estavam no sistema até a data da sua entrada em vigor, seja no Regime Geral de Previdência Social, seja em Regime Próprio de Previdência Social, mas que ainda não têm direito adquirido.

Essas previsões têm como objetivo amenizar o rigor das novas exigências decorrentes da reforma previdenciária aos que já contribuem há algum tempo e estão mais próximos do direito de se aposentar.

No presente Capítulo, cabe examinar as regras de transição aplicáveis ao Regime Geral de Previdência Social. Há situações em que o segurado pode ter acesso a mais de uma regra de transição, podendo, em tese, optar pela que for mais favorável.

5.28.1. SEGURADO FILIADO AO REGIME GERAL DE PREVIDÊNCIA SOCIAL ATÉ A DATA DE ENTRADA EM VIGOR DA EMENDA CONSTITUCIONAL 103/2019 (SISTEMA DE PONTOS)

Nos termos do art. 15 da Emenda Constitucional 103/2019, ao segurado filiado ao Regime Geral de Previdência Social até a data de entrada em vigor da Emenda Constitucional 103/2019, fica assegurado o direito à aposentadoria, quando forem preenchidos, cumulativamente, os seguintes requisitos:

I – 30 de contribuição, se mulher, e 35 anos de contribuição, se homem; e

II – somatório da idade e do tempo de contribuição, incluídas as frações, equivalente a 86 pontos, se mulher, e 96 pontos, se homem, observado o disposto nos §§ 1º e 2º do art. 15 da Emenda Constitucional 103/2019.

A partir de 1º de janeiro de 2020, a pontuação a que se refere o inciso II do *caput* do art. 15 da Emenda Constitucional 103/2019 será acrescida a cada ano de um ponto, até atingir o limite de 100 pontos, se mulher, e de 105 pontos, se homem (art. 15, § 1º, da Emenda Constitucional 103/2019)[73].

---

[73] Pontuação (soma da idade e do tempo de contribuição) a cada ano:

2019: 86 (mulher) e 96 (homem);

2020: 87 (mulher) e 97 (homem);

2021: 88 (mulher) e 98 (homem);

2022: 89 (mulher) e 99 (homem);

A idade e o tempo de contribuição serão apurados em dias para o cálculo do somatório de pontos a que se referem o inciso II do *caput* e o § 1º do art. 15 da Emenda Constitucional 103/2019 (art. 15, § 2º, da Emenda Constitucional 103/2019).

Entende-se que a carência exigida é de 180 contribuições mensais, para ambos os sexos (art. 188-I, inciso III, do Regulamento da Previdência Social, incluído pelo Decreto 10.410/2020).

Para o professor que comprovar exclusivamente 25 anos de contribuição, se mulher, e 30 anos de contribuição, se homem, em efetivo exercício das funções de magistério na educação infantil e no ensino fundamental e médio, o somatório da idade e do tempo de contribuição, incluídas as frações, será equivalente a 81 pontos, se mulher, e 91 pontos, se homem, aos quais serão acrescidos, a partir de 1º de janeiro de 2020, um ponto a cada ano para o homem e para a mulher, até atingir o limite de 92 pontos, se mulher, e 100 pontos, se homem (art. 15, § 3º, da Emenda Constitucional 103/2019)[74].

2023: 90 (mulher) e 100 (homem);
2024: 91 (mulher) e 101 (homem);
2025: 92 (mulher) e 102 (homem);
2026: 93 (mulher) e 103 (homem);
2027: 94 (mulher) e 104 (homem);
2028: 95 (mulher) e 105 (homem);
2029: 96 (mulher) e 105 (homem);
2030: 97 (mulher) e 105 (homem);
2031: 98 (mulher) e 105 (homem);
2032: 99 (mulher) e 105 (homem);
2033: 100 (mulher) e 105 (homem).

[74] Pontuação (soma da idade e do tempo de contribuição) a cada ano (professor):
2019: 81 (mulher) e 91 (homem);
2020: 82 (mulher) e 92 (homem);
2021: 83 (mulher) e 93 (homem);
2022: 84 (mulher) e 94 (homem);
2023: 85 (mulher) e 95 (homem);
2024: 86 (mulher) e 96 (homem);
2025: 87 (mulher) e 97 (homem);
2026: 88 (mulher) e 98 (homem);
2027: 89 (mulher) e 99 (homem);
2028: 90 (mulher) e 100 (homem);
2029: 91 (mulher) e 100 (homem);
2030: 92 (mulher) e 100 (homem).

A carência exigida é de 180 contribuições mensais, para ambos os sexos (art. 188-M, inciso III, do Regulamento da Previdência Social, incluído pelo Decreto 10.410/2020).

O valor da aposentadoria concedida nos termos do disposto no art. 15 da Emenda Constitucional 103/2019 será apurado na forma da lei (art. 15, § 4º, da Emenda Constitucional 103/2019).

O valor da referida aposentadoria corresponde a 60% do salário de benefício definido na forma prevista no art. 26 da Emenda Constitucional 103/2019, com acréscimo de dois pontos percentuais para cada ano de contribuição que exceder o tempo de 20 anos de contribuição, para os homens, e de 15 anos de contribuição, para as mulheres (art. 188-I, § 4º, e art. 188-M, § 4º, do Regulamento da Previdência Social).

5.28.2. SEGURADO FILIADO AO REGIME GERAL DE PREVIDÊNCIA SOCIAL ATÉ A DATA DE ENTRADA EM VIGOR DA EMENDA CONSTITUCIONAL 103/2019 (IDADE MÍNIMA PROGRESSIVA)

Conforme o art. 16 da Emenda Constitucional 103/2019, ao segurado filiado ao Regime Geral de Previdência Social até a data de entrada em vigor da Emenda Constitucional 103/2019 fica assegurado o direito à aposentadoria quando preencher, cumulativamente, os seguintes requisitos:

I – 30 anos de contribuição, se mulher, e 35 anos de contribuição, se homem; e

II – idade de 56 anos, se mulher, e 61 anos, se homem.

A partir de 1º de janeiro de 2020, a idade a que se refere o inciso II do *caput* art. 16 da Emenda Constitucional 103/2019 será acrescida de seis meses a cada ano, até atingir 62 anos de idade, se mulher, e 65 anos de idade, se homem (art. 16, § 1º, da Emenda Constitucional 103/2019)[75].

---

[75] Idade mínima a cada ano na regra de transição:
2019: 56 anos (mulher) e 61 anos (homem);
2020: 56 anos e seis meses (mulher) e 61 anos e seis meses (homem);
2021: 57 anos (mulher) e 62 anos (homem);
2022: 57 anos e seis meses (mulher) e 62 anos e seis meses (homem);
2023: 58 anos (mulher) e 63 anos (homem);
2024: 58 anos e seis meses (mulher) e 63 anos e seis meses (homem);
2025: 59 anos (mulher) e 64 anos (homem);
2026: 59 anos e seis meses (mulher) e 64 anos e seis meses (homem);
2027: 60 anos (mulher) e 65 anos (homem);
2028: 60 anos e seis meses (mulher) e 65 anos (homem);

Entende-se que a carência exigida é de 180 contribuições mensais, para ambos os sexos (art. 188-J, inciso III, do Regulamento da Previdência Social, incluído pelo Decreto 10.410/2020).

Para o professor que comprovar exclusivamente tempo de efetivo exercício das funções de magistério na educação infantil e no ensino fundamental e médio, o tempo de contribuição e a idade de que tratam os incisos I e II do *caput* do art. 16 da Emenda Constitucional 103/2019 serão reduzidos em cinco anos, sendo, a partir de 1º de janeiro de 2020, acrescidos seis meses, a cada ano, às idades previstas no inciso II do *caput* do art. 16 da Emenda Constitucional 103/2019, até atingirem 57 anos, se mulher, e 60 anos, se homem (art. 16, § 2º, da Emenda Constitucional 103/2019).

A carência exigida é de 180 contribuições mensais, para ambos os sexos (art. 188-N, inciso III, do Regulamento da Previdência Social, incluído pelo Decreto 10.410/2020).

O valor da aposentadoria concedida nos termos do disposto no art. 16 da Emenda Constitucional 103/2019 será apurado na forma da lei (art. 16, § 3º, da Emenda Constitucional 103/2019).

O valor da referida aposentadoria corresponde a 60% do salário de benefício definido na forma prevista no art. 26 da Emenda Constitucional 103/2019, com acréscimo de dois pontos percentuais para cada ano de contribuição que exceder o tempo de 20 anos de contribuição, para os homens, e de 15 anos de contribuição, para as mulheres (art. 188-J, § 3º, e art. 188-N, § 3º, do Regulamento da Previdência Social).

5.28.3. SEGURADO FILIADO AO REGIME GERAL DE PREVIDÊNCIA SOCIAL ATÉ A DATA DE ENTRADA EM VIGOR DA EMENDA CONSTITUCIONAL 103/2019 E QUE CONTE COM MAIS DE 28 ANOS DE CONTRIBUIÇÃO (MULHER) E 33 ANOS DE CONTRIBUIÇÃO (HOMEM) – "PEDÁGIO" DE 50%

De acordo com o art. 17 da Emenda Constitucional 103/2019, ao segurado filiado ao Regime Geral de Previdência Social até a data de entrada em vigor da Emenda Constitucional 103/2019 e que na referida data contar com mais de 28 anos de contribuição, se mulher, e 33 anos de contribui-

---

2029: 61 anos (mulher) e 65 anos (homem);

2030: 61 anos e seis meses (mulher) e 65 anos (homem);

2031: 62 anos (mulher) e 65 anos (homem).

ção, se homem, fica assegurado o direito à aposentadoria quando preencher, cumulativamente, os seguintes requisitos:

I – 30 anos de contribuição, se mulher, e 35 anos de contribuição, se homem; e

II – cumprimento de período adicional ("pedágio") correspondente a 50% do tempo que, na data de entrada em vigor da Emenda Constitucional 103/2019, faltaria para atingir 30 anos de contribuição, se mulher, e 35 anos de contribuição, se homem.

Entende-se que a carência exigida é de 180 contribuições mensais, para ambos os sexos (art. 188-K, inciso III, do Regulamento da Previdência Social, incluído pelo Decreto 10.410/2020).

O benefício concedido nos termos do art. 17 da Emenda Constitucional 103/2019 terá seu valor apurado de acordo com a média aritmética simples dos salários de contribuição e das remunerações calculada na forma da lei, multiplicada pelo fator previdenciário, calculado na forma do disposto nos §§ 7º a 9º do art. 29 da Lei 8.213, de 24 de julho de 1991[76] (art. 17, parágrafo único, da Emenda Constitucional 103/2019).

Ou seja, o valor da referida aposentadoria corresponde ao valor do salário de benefício definido na forma prevista no art. 26 da Emenda Constitucional 103/2019, multiplicado pelo fator previdenciário, calculado na forma prevista nos §§ 7º ao 9º do art. 29 da Lei 8.213/1991 (art. 188-K, § 2º, do Regulamento da Previdência Social).

A aplicação do fator previdenciário no cálculo do valor da aposentadoria de que trata art. 17 da Emenda Constitucional 103/2019 é obrigatória, observado o disposto no art. 26 da Emenda Constitucional 103/2019, hipótese em que não se aplica o disposto no art. 29-C da Lei 8.213/1991 (art. 188-K, § 3º, do Regulamento da Previdência Social).

---

[76] "§ 7º O fator previdenciário será calculado considerando-se a idade, a expectativa de sobrevida e o tempo de contribuição do segurado ao se aposentar, segundo a fórmula constante do Anexo desta Lei. § 8º Para efeito do disposto no § 7º, a expectativa de sobrevida do segurado na idade da aposentadoria será obtida a partir da tábua completa de mortalidade construída pela Fundação Instituto Brasileiro de Geografia e Estatística – IBGE, considerando-se a média nacional única para ambos os sexos. § 9º Para efeito da aplicação do fator previdenciário, ao tempo de contribuição do segurado serão adicionados: I – cinco anos, quando se tratar de mulher; II – cinco anos, quando se tratar de professor que comprove exclusivamente tempo de efetivo exercício das funções de magistério na educação infantil e no ensino fundamental e médio; III – dez anos, quando se tratar de professora que comprove exclusivamente tempo de efetivo exercício das funções de magistério na educação infantil e no ensino fundamental e médio".

5.28.4. SEGURADO FILIADO AO REGIME GERAL DE PREVIDÊNCIA SOCIAL ATÉ A DATA DE ENTRADA EM VIGOR DA EMENDA CONSTITUCIONAL 103/2019

Nos termos do art. 18 da Emenda Constitucional 103/2019, o segurado de que trata o inciso I do § 7º do art. 201 da Constituição Federal de 1988 filiado ao Regime Geral de Previdência Social *até* a data de entrada em vigor da Emenda Constitucional 103/2019 poderá aposentar-se quando preencher, cumulativamente, os seguintes requisitos:

I – 60 anos de idade, se mulher, e 65 anos de idade, se homem; e

II – 15 anos de contribuição, para ambos os sexos.

A partir de 1º de janeiro de 2020, a idade de 60 anos da mulher, prevista no inciso I do *caput* do art. 18 da Emenda Constitucional 103/2019, será acrescida em seis meses a cada ano, até atingir 62 anos de idade (art. 18, § 1º, da Emenda Constitucional 103/2019).

Entende-se que a carência exigida é de 180 contribuições mensais, para ambos os sexos (art. 188-H, inciso III, do Regulamento da Previdência Social, incluído pelo Decreto 10.410/2020).

O valor da aposentadoria de que trata o art. 18 da Emenda Constitucional 103/2019 será apurado na forma da lei (art. 18, § 2º, da Emenda Constitucional 103/2019).

O valor da referida aposentadoria corresponde a 60% do salário de benefício definido na forma prevista no art. 26 da Emenda Constitucional 103/2019, com acréscimo de dois pontos percentuais para cada ano de contribuição que exceder o tempo de 20 anos de contribuição, para os homens, e de 15 anos de contribuição, para as mulheres (art. 188-H, § 3º, do Regulamento da Previdência Social).

5.28.5. SEGURADO FILIADO AO REGIME GERAL DE PREVIDÊNCIA SOCIAL ATÉ A DATA DE ENTRADA EM VIGOR DA EMENDA CONSTITUCIONAL 103/2019 – 57 ANOS DE IDADE (MULHER) E 60 ANOS DE IDADE (HOMEM) E "PEDÁGIO" DE 100%

Nos termos do art. 20 da Emenda Constitucional 103/2019, o segurado ou o servidor público federal que se tenha filiado ao Regime Geral de Previdência Social ou ingressado no serviço público em cargo efetivo até a data de entrada em vigor da Emenda Constitucional 103/2019 poderá aposentar-se voluntariamente quando preencher, cumulativamente, os seguintes requisitos:

I – 57 anos de idade, se mulher, e 60 anos de idade, se homem;

II – 30 anos de contribuição, se mulher, e 35 anos de contribuição, se homem;

III – para os servidores públicos, 20 anos de efetivo exercício no serviço público e cinco anos no cargo efetivo em que se der a aposentadoria;

IV – período adicional de contribuição ("pedágio") correspondente ao tempo que, na data de entrada em vigor da Emenda Constitucional 103/2019, faltaria para atingir o tempo mínimo de contribuição referido no inciso II do art. 20 da Emenda Constitucional 103/2019.

No Regime Geral de Previdência Social, entende-se que a carência exigida é de 180 contribuições mensais, para ambos os sexos (art. 188-L, inciso IV, do Regulamento da Previdência Social, incluído pelo Decreto 10.410/2020).

Para o professor que comprovar exclusivamente tempo de efetivo exercício das funções de magistério na educação infantil e no ensino fundamental e médio serão reduzidos, para ambos os sexos, os requisitos de idade e de tempo de contribuição em cinco anos (art. 20, § 1º, da Emenda Constitucional 103/2019).

No Regime Geral de Previdência Social, a carência exigida é de 180 contribuições mensais, para ambos os sexos (art. 188-O, inciso IV, do Regulamento da Previdência Social, incluído pelo Decreto 10.410/2020).

O valor das aposentadorias concedidas nos termos do disposto no art. 20 da Emenda Constitucional 103/2019 corresponderá:

I – em relação ao servidor público que tenha ingressado no serviço público em cargo efetivo até 31 de dezembro de 2003 e que não tenha feito a opção de trata o § 16 do art. 40 da Constituição Federal de 1988[77], à totalidade da remuneração no cargo efetivo em que se der a aposentadoria, observado o disposto no § 8º do art. 4º da Emenda Constitucional 103/2019[78]; e

[77] "§ 16 Somente mediante sua prévia e expressa opção, o disposto nos §§ 14 e 15 poderá ser aplicado ao servidor que tiver ingressado no serviço público até a data da publicação do ato de instituição do correspondente regime de previdência complementar".

[78] "§ 8º Considera-se remuneração do servidor público no cargo efetivo, para fins de cálculo dos proventos de aposentadoria com fundamento no disposto no inciso I do § 6º ou no inciso I do § 2º do art. 20, o valor constituído pelo subsídio, pelo vencimento e pelas vantagens pecuniárias permanentes do cargo, estabelecidos em lei, acrescidos dos adicionais de caráter individual e das vantagens pessoais permanentes, observados os seguintes critérios: I – se o cargo estiver sujeito a variações na carga horária, o valor das rubricas que refletem essa variação integrará o cálculo do valor da remuneração do servidor público no cargo efetivo em que se deu a aposentadoria, considerando-se a média aritmética simples dessa carga horária proporcional ao número de anos

II – em relação aos demais servidores públicos e aos segurados do Regime Geral de Previdência Social, ao valor apurado na forma da lei (art. 20, § 2º, da Emenda Constitucional 103/2019).

Quanto ao Regime Geral de Previdência Social, o valor da referida aposentadoria corresponde a 100% do salário de benefício definido na forma prevista no art. 26 da Emenda Constitucional 103/2019 (art. 188-L, § 2º, e art. 188-O, § 2º, do Regulamento da Previdência Social).

O valor das aposentadorias concedidas nos termos do disposto no art. 20 da Emenda Constitucional 103/2019 não será inferior ao valor a que se refere o § 2º do art. 201 da Constituição Federal de 1988[79] e será reajustado:

I – de acordo com o disposto no art. 7º da Emenda Constitucional 41, de 19 de dezembro de 2003[80], se cumpridos os requisitos previstos no inciso I do § 2º do art. 20 da Emenda Constitucional 103/2019;

II – nos termos estabelecidos para o Regime Geral de Previdência Social, na hipótese prevista no inciso II do § 2º do art. 20 da Emenda Constitucional 103/2019 (art. 20, § 3º, da Emenda Constitucional 103/2019).

Aplicam-se às aposentadorias dos servidores dos Estados, do Distrito Federal e dos Municípios as normas constitucionais e infraconstitucionais anteriores à data de entrada em vigor da Emenda Constitucional 103/2019, enquanto não promovidas alterações na legislação interna relacionada ao

---

completos de recebimento e contribuição, contínuos ou intercalados, em relação ao tempo total exigido para a aposentadoria; II – se as vantagens pecuniárias permanentes forem variáveis por estarem vinculadas a indicadores de desempenho, produtividade ou situação similar, o valor dessas vantagens integrará o cálculo da remuneração do servidor público no cargo efetivo mediante a aplicação, sobre o valor atual de referência das vantagens pecuniárias permanentes variáveis, da média aritmética simples do indicador, proporcional ao número de anos completos de recebimento e de respectiva contribuição, contínuos ou intercalados, em relação ao tempo total exigido para a aposentadoria ou, se inferior, ao tempo total de percepção da vantagem".

[79] "§ 2º Nenhum benefício que substitua o salário de contribuição ou o rendimento do trabalho do segurado terá valor mensal inferior ao salário mínimo".

[80] "Art. 7º Observado o disposto no art. 37, XI, da Constituição Federal, os proventos de aposentadoria dos servidores públicos titulares de cargo efetivo e as pensões dos seus dependentes pagos pela União, Estados, Distrito Federal e Municípios, incluídas suas autarquias e fundações, em fruição na data de publicação desta Emenda, bem como os proventos de aposentadoria dos servidores e as pensões dos dependentes abrangidos pelo art. 3º desta Emenda, serão revistos na mesma proporção e na mesma data, sempre que se modificar a remuneração dos servidores em atividade, sendo também estendidos aos aposentados e pensionistas quaisquer benefícios ou vantagens posteriormente concedidos aos servidores em atividade, inclusive quando decorrentes da transformação ou reclassificação do cargo ou função em que se deu a aposentadoria ou que serviu de referência para a concessão da pensão, na forma da lei".

respectivo Regime Próprio de Previdência Social (art. 20, § 4º, da Emenda Constitucional 103/2019).

5.28.6. APOSENTADORIA ESPECIAL DO SEGURADO FILIADO AO REGIME GERAL DE PREVIDÊNCIA SOCIAL ATÉ A DATA DE ENTRADA EM VIGOR DA EMENDA CONSTITUCIONAL 103/2019

De acordo com o art. 21 da Emenda Constitucional 103/2019, o segurado ou o servidor público federal que se tenha filiado ao Regime Geral de Previdência Social ou ingressado no serviço público em cargo efetivo até a data de entrada em vigor da Emenda Constitucional 103/2019 cujas atividades tenham sido exercidas com efetiva exposição a agentes químicos, físicos e biológicos prejudiciais à saúde, ou associação desses agentes, vedada a caracterização por categoria profissional ou ocupação, desde que cumpridos, no caso do servidor, o tempo mínimo de 20 anos de efetivo exercício no serviço público e de cinco anos no cargo efetivo em que for concedida a aposentadoria, na forma dos arts. 57 e 58 da Lei 8.213, de 24 de julho de 1991, poderão aposentar-se quando o total da soma resultante da sua idade e do tempo de contribuição e o tempo de efetiva exposição forem, respectivamente, de:

I – 66 pontos e 15 anos de efetiva exposição;

II – 76 pontos e 20 anos de efetiva exposição; e

III – 86 pontos e 25 anos de efetiva exposição.

A idade e o tempo de contribuição serão apurados em dias para o cálculo do somatório de pontos a que se refere o *caput* do art. 21 da Emenda Constitucional 103/2019 (art. 21, § 1º, da Emenda Constitucional 103/2019).

O valor da aposentadoria de que trata o art. 21 da Emenda Constitucional 103/2019 será apurado na forma da lei (art. 21, § 2º, da Emenda Constitucional 103/2019).

O valor da referida aposentadoria corresponde a 60% do salário de benefício definido na forma prevista no art. 26 da Emenda Constitucional 103/2019, com acréscimo de dois pontos percentuais para cada ano de contribuição que exceder o tempo de 20 anos de contribuição, exceto na hipótese prevista no inciso I do art. 21 da Emenda Constitucional 103/2019, e das mulheres, cujo acréscimo deve ser aplicado para cada ano que exceder 15 anos de tempo de contribuição (art. 188-P, § 3º, do Regulamento da Previdência Social).

5.29. APOSENTADORIA E CONTRATO DE TRABALHO

Quanto à aposentadoria por invalidez (aposentadoria por incapacidade permanente), prevalece o entendimento no sentido de ser provisória, acarretando, assim, apenas a suspensão do contrato de trabalho, nos termos da Súmula 160 do Tribunal Superior do Trabalho.

Assegura-se o direito à manutenção de plano de saúde ou de assistência médica oferecido pela empresa ao empregado, não obstante suspenso o contrato de trabalho em virtude de auxílio-doença acidentário ou de aposentadoria por invalidez (Súmula 440 do TST).

A Lei 8.112/1990, que institui o regime jurídico dos servidores públicos civis da União, das autarquias e das fundações públicas federais, no art. 33, inciso VII, prevê que a vacância do cargo público decorre de aposentadoria.

Na atualidade, entende-se que a aposentadoria espontânea e definitiva, de acordo com o sistema jurídico em vigor, não é por si só causa de extinção do contrato de trabalho.

Nesse sentido, cabe destacar que os arts. 49 (aposentadoria por idade), 54 (aposentadoria por tempo de contribuição, não mais prevista, em regra, com a Emenda Constitucional 103/2019, salvo nos casos de direito adquirido, da regra de transição do art. 17 da Emenda Constitucional 103/2019 e de aposentadoria da pessoa com deficiência, concedida na forma da Lei Complementar 142/2013, conforme art. 22 da Emenda Constitucional 103/2019) e 57, § 2º (aposentadoria especial), da Lei 8.213/1991 autorizam o empregado a requerer e ter deferida a aposentadoria sem ter de se desligar do emprego. Com isso, se o empregado tem a faculdade de permanecer trabalhando normalmente no seu mesmo emprego, a aposentadoria não mais pode ser vista como causa de cessação do contrato de trabalho.

Apenas se o empregado quiser pedir demissão ao se aposentar, ou o empregador decidir dispensá-lo (normalmente sem justa causa), é que a relação de emprego pode terminar, mas não em razão da aposentadoria propriamente.

Nessa linha, a aposentadoria, em regra, não acarreta o término do vínculo de emprego, inclusive porque, do contrário, este ficaria sem a devida proteção contra a despedida arbitrária ou sem justa causa, consoante o art. 7º, inciso I, da Constituição Federal de 1988 (STF, 1ª T., RE 449.420-5/PR, rel. Min. Sepúlveda Pertence, DJU 14.10.2005).

Assim, a relação jurídica previdenciária, de natureza pública, entre segurado e a Previdência Social, referente à aposentadoria, não interfere na relação jurídica de emprego, de natureza privada, estabelecida entre empregado e empregador.

Em harmonia com o exposto, entende-se que a aposentadoria espontânea do trabalhador portuário avulso não acarreta a extinção da inscrição do cadastro e do registro perante o Órgão Gestor de Mão de Obra (TST, Pleno, ArgInc – 395400-83.2009.5.09.0322, rel. Min. Pedro Paulo Manus, DEJT 30.11.2012).

Entretanto, quanto à *aposentadoria especial*, por ser proibida a continuidade do exercício de atividade pelo segurado com efetiva exposição a agentes químicos, físicos e biológicos prejudiciais à saúde, ou associação desses agentes (art. 201, § 1º, inciso II, da Constituição Federal de 1988), sob pena de automático cancelamento desse benefício previdenciário (art. 57, § 8º, da Lei 8.213/1991), prevalece o entendimento de que a referida modalidade de aposentadoria gera a extinção do contrato de trabalho por iniciativa do empregado (TST, SBDI-I, E-ARR – 607-93.2010.5.09.0678, rel. Min. Hugo Carlos Scheuermann, DEJT 22.09.2017).

No julgamento das Ações Diretas de Inconstitucionalidade 1.770 e 1.721[81], o Supremo Tribunal Federal considerou inconstitucionais os §§ 1º e 2º do art.

---

[81] "Ação direta de inconstitucionalidade. Artigo 3º da Medida Provisória nº 1.596-14/97, convertida na Lei nº 9.528/97, que adicionou ao artigo 453 da Consolidação das Leis do Trabalho um segundo parágrafo para extinguir o vínculo empregatício quando da concessão da aposentadoria espontânea. Procedência da ação. 1. A conversão da medida provisória em lei prejudica o debate jurisdicional acerca da 'relevância e urgência' dessa espécie de ato normativo. 2. Os valores sociais do trabalho constituem: a) fundamento da República Federativa do Brasil (inciso IV do artigo 1º da CF); b) alicerce da Ordem Econômica, que tem por finalidade assegurar a todos existência digna, conforme os ditames da justiça social, e, por um dos seus princípios, a busca do pleno emprego (artigo 170, *caput* e inciso VIII); c) base de toda a Ordem Social (artigo 193). Esse arcabouço principiológico, densificado em regras como a do inciso I do artigo 7º da Magna Carta e as do artigo 10 do ADCT/88, desvela um mandamento constitucional que perpassa toda relação de emprego, no sentido de sua desejada continuidade. 3. A Constituição Federal versa a aposentadoria como um benefício que se dá mediante o exercício regular de um direito. E o certo é que o regular exercício de um direito não é de colocar o seu titular numa situação jurídico-passiva de efeitos ainda mais drásticos do que aqueles que resultariam do cometimento de uma falta grave (sabido que, nesse caso, a ruptura do vínculo empregatício não opera automaticamente). 4. O direito à aposentadoria previdenciária, uma vez objetivamente constituído, se dá no âmago de uma relação jurídica entre o segurado do Sistema Geral de Previdência e o Instituto Nacional de Seguro Social. Às expensas, portanto, de um sistema atuarial-financeiro que é gerido por esse Instituto mesmo, e não às custas desse ou daquele empregador. 5. O Ordenamento Constitucional não autoriza o legislador ordinário a criar modalidade de rompimento automático do vínculo de emprego, em desfavor do trabalhador, na situação em que este apenas exercita o seu direito de aposentadoria espontânea, sem cometer deslize algum. 6. A mera concessão da aposentadoria voluntária ao trabalhador não tem por efeito extinguir, instantânea e automaticamente, o seu vínculo de emprego. 7. Inconstitucionalidade do § 2º do artigo 453 da Consolidação das Leis do Trabalho, introduzido pela Lei nº 9.528/97" (STF, Pleno, ADI 1.721/DF, rel. Min. Carlos Britto, j. 11.10.2006, DJe 29.06.2007).

453 da CLT, acrescentados pela Lei 9.528/1997, entendendo que o ordenamento constitucional não autoriza o legislador ordinário a criar modalidade de rompimento automático do vínculo de emprego, em desfavor do trabalhador, na situação em que este apenas exercita o seu direito de aposentadoria espontânea, sem cometer deslize algum.

Assim, atualmente, tornou-se majoritário o entendimento de que a aposentadoria, em regra, não acarreta a extinção do contrato de trabalho.

Nessa linha, a aposentadoria por idade concedida ao empregado rural, na forma prevista na legislação, não acarreta rescisão de contrato de trabalho, nem constitui justa causa para a sua dispensa (art. 100 do Decreto 10.854/2021).

Segundo o art. 37, § 10, da Constituição da República, "é vedada a percepção simultânea de proventos de aposentadoria decorrentes do art. 40 ou dos arts. 42 e 142 com a remuneração de cargo, emprego ou função pública, ressalvados os cargos acumuláveis na forma desta Constituição, os cargos eletivos e os cargos em comissão declarados em lei de livre nomeação e exoneração".

Como a aposentadoria recebida pelo Regime Geral de Previdência tem como fundamento o art. 201, § 7º, da Constituição Federal de 1988, e não os seus arts. 40, 42 e 142, prevaleceu no Supremo Tribunal Federal o entendimento no sentido da não incidência da proibição de sua acumulação com a remuneração decorrente de emprego público (STF, Pleno, Rcl 9.762/SC, rel. Min. Ricardo Lewandowski, DJe 31.05.2013)[82].

A aposentadoria concedida com a utilização de tempo de contribuição decorrente de cargo, emprego ou função pública, inclusive do Regime Geral de Previdência Social, acarretará o rompimento do vínculo que gerou o referido tempo de contribuição (art. 37, § 14, da Constituição Federal de 1988, incluído pela Emenda Constitucional 103/2019).

Logo, com a Emenda Constitucional 103/2019, se o servidor de cargo, emprego ou função pública se aposentar utilizando tempo de contribuição de Regime Próprio de Previdência Social ou do Regime Geral de Previdência

---

[82] "Competência. Ato de autoridade federal. Emenda Constitucional nº 45/2004. Sentença anterior. Justiça Federal. Vínculo empregatício. Aposentadoria. Proventos e salário. Acumulação. Empregado. Dispensa. Motivo insubsistente. Reintegração. A Justiça Federal é competente para apreciar mandado de segurança, em jogo direito a resultar de relação de emprego, quando reconhecido, na decisão atacada, envolvimento de ato de autoridade federal e formalizada a sentença de mérito antes do advento da Emenda Constitucional nº 45/2004. O direito à reintegração alcança empregados dispensados em razão de aposentadoria espontânea considerado insubsistente o motivo do desligamento. Inexiste óbice à cumulação de proventos e salário, presente o Regime Geral de Previdência" (STF, Pleno, RE 655.283/DF, rel. Min. Marco Aurélio, DJe 27.04.2021).

Social, haverá o término automático e necessário do vínculo jurídico que gerou esse tempo de contribuição, o que também se aplica ao empregado público.

Em harmonia com o princípio da irretroatividade das normas jurídicas e com o ato jurídico perfeito (art. 5º, inciso XXXVI, da Constituição da República), o art. 6º da Emenda Constitucional 103/2019 esclarece que o disposto no § 14 do art. 37 da Constituição Federal de 1988 não se aplica a aposentadorias concedidas pelo Regime Geral de Previdência Social até a data de entrada em vigor da Emenda Constitucional 103/2019.

Desse modo, a concessão de aposentadoria requerida a partir de 14 de novembro de 2019 com utilização de tempo de contribuição decorrente de cargo, emprego ou função pública acarretará o rompimento do vínculo que gerou o referido tempo de contribuição (art. 153-A do Regulamento da Previdência Social, incluído pelo Decreto 10.410/2020). Para fins dessa previsão, após a consolidação da aposentadoria, o INSS deve notificar a empresa responsável sobre a aposentadoria do segurado e constarão da notificação as datas de concessão e de início do benefício.

A respeito do tema, o Supremo Tribunal Federal fixou a seguinte tese de repercussão geral: "A natureza do ato de demissão de empregado público é constitucional-administrativa e não trabalhista, o que atrai a competência da Justiça comum para julgar a questão. A concessão de aposentadoria aos empregados públicos inviabiliza a permanência no emprego, nos termos do art. 37, § 14, da CRFB, salvo para as aposentadorias concedidas pelo Regime Geral de Previdência Social até a data de entrada em vigor da Emenda Constitucional nº 103/19, nos termos do que dispõe seu art. 6º" (STF, Pleno, RE 655.283/DF, red. p/ ac. Min. Dias Toffoli, j. 16.06.2021).

Nos casos de servidores públicos que tenham exercido cargos públicos, ou seja, de regime estatutário, se houver previsão de vacância do cargo em lei local, entende-se que os servidores públicos aposentados pelo Regime Geral de Previdência Social não têm direito de serem reintegrados no mesmo cargo. Vale dizer, se a legislação do ente federativo estabelecer que a aposentadoria é causa de vacância, o servidor não pode, sem prestar novo concurso público, manter-se no mesmo cargo ou ser reintegrado depois de se aposentar, ainda que a aposentadoria ocorra no âmbito do Regime Geral de Previdência Social. Nesse sentido, o Supremo Tribunal Federal fixou a seguinte tese de repercussão geral: "O servidor público aposentado pelo Regime Geral de Previdência Social, com previsão de vacância do cargo em lei local, não tem direito a ser reintegrado ao mesmo cargo no qual se aposentou ou nele manter-se, por violação à regra do concurso público e à impossibilidade de acumulação de proventos e remuneração não acumuláveis em atividade" (STF, Pleno, RE 1.302.501/PR, rel. Min. Luiz Fux, j. 18.06.2021).

Reitere-se que no caso de empregado da *esfera privada*, entende-se que a aposentadoria espontânea (voluntária), no âmbito do Regime Geral de Previdência Social, não é causa de extinção do contrato de trabalho, ou seja, não tem por efeito extinguir automaticamente o vínculo de emprego.

A aposentadoria espontânea não é causa de extinção do contrato de trabalho se o empregado permanece prestando serviços ao empregador após a jubilação. Assim, por ocasião da sua dispensa imotivada, o empregado tem direito à indenização de 40% do FGTS sobre a totalidade dos depósitos efetuados no curso do pacto laboral (Orientação Jurisprudencial 361 da SBDI-I do TST).

Quanto à interpretação do art. 453, *caput*, da CLT, a aposentadoria, na verdade, apenas eventualmente pode vir acompanhada da extinção de contrato de trabalho, em razão de pedido de demissão do empregado ou dispensa pelo empregador (normalmente sem justa causa). Isso, no entanto, não é algo que tenha necessariamente de ocorrer; não se verificando, o vínculo de emprego prossegue normalmente.

Se o contrato de trabalho terminar na mesma época da aposentadoria (em razão de pedido de demissão ou dispensa do empregado, desde que válidos), e o trabalhador vier a ser readmitido pelo mesmo empregador (posteriormente ou logo em seguida), somente nesse caso é que incide a previsão do art. 453, *caput*, da CLT, no sentido de que o tempo de serviço anterior não será computado para efeito de cálculo da atual indenização compensatória (de 40% do FGTS), quando de eventual dispensa sem justa causa que ponha fim ao último contrato de trabalho.

Inversamente, se a aposentadoria definitiva e espontânea não vier acompanhada de cessação da relação de emprego (não pedindo o empregado a demissão, nem sendo dispensado pelo empregador), esta prossegue normalmente, com que fica afastada a hipótese de incidência do art. 453, *caput*, da CLT, que trata da readmissão do empregado.

Desse modo, se a aposentadoria não faz cessar o contrato de trabalho e este prossegue normalmente, não há como cogitar de "readmissão", afastando por completo a incidência do disposto no art. 453, *caput*, da CLT.

Esse dispositivo, portanto, só tem aplicabilidade nas hipóteses em que a aposentadoria é acompanhada de pedido de demissão ou dispensa (normalmente sem justa causa) pelo empregador, e o empregado, em seguida ou posteriormente, é readmitido, ou seja, contratado novamente.

5.30. DESAPOSENTAÇÃO E REAPOSENTAÇÃO

Entende-se por *desaposentação* o desfazimento do ato que concede a aposentadoria por vontade do segurado[83]. Trata-se de *desconstituição* da concessão da aposentadoria, em razão de *renúncia* do benefício pelo segurado.

O beneficiário, assim, exerceria o direito de renunciar a aposentadoria recebida, desconstituindo o ato de concessão, para que pudesse requerer novo benefício, com o acréscimo do tempo de contribuição posterior à primeira aposentadoria. Com a desaposentação, o segurado retornaria à posição de possível beneficiário, ou seja, com o direito de requerer o benefício novamente.

A desaposentação era normalmente pleiteada quando o segurado pretendia requerer a aposentadoria em outro regime previdenciário ou formular pedido de nova aposentadoria, no mesmo regime previdenciário, em valor superior, com a utilização de novos fatores de cálculo da renda mensal do benefício.

A desaposentação tinha como objetivo permitir ao segurado o aproveitamento do tempo de contribuição (já utilizado para a concessão do primeiro benefício) em nova aposentadoria, requerida em outro regime previdenciário ou no mesmo (STJ, 3ª Seção, AgRg na Pet 8.788/SC (2011/0248600-2), rel. Min. Felix Fischer, DJe 12.06.2015). Para isso, era necessário o desfazimento do ato de concessão da primeira aposentadoria.

Na esfera administrativa, as aposentadorias concedidas pela Previdência Social são irreversíveis e irrenunciáveis (art. 181-B do Regulamento da Previdência Social). Essa previsão não se aplica à concessão de aposentadoria por incapacidade permanente.

O segurado pode desistir do seu pedido de aposentadoria desde que manifeste essa intenção e requeira o arquivamento definitivo do pedido antes da ocorrência de um dos seguintes atos: recebimento do primeiro pagamento do benefício; ou efetivação do saque do FGTS ou do PIS. O disposto no art. 181-B do Regulamento da Previdência Social não impede a cessação dos benefícios não acumuláveis por força de disposição legal ou constitucional.

Anteriormente, entendia-se possível a desaposentação, ou seja, a renúncia à aposentadoria, por se tratar de direito patrimonial disponível, devendo inclusive ser computado o tempo de contribuição subsequente à aposentadoria (que foi renunciada) para efeito de novo benefício (STJ, 1ª Seção, EDcl nos EDcl no REsp 1.334.488/SC (2012/0146387-1), rel. Min. Herman Benjamin, DJe 05.12.2013).

---

83 Cf. LEITÃO, André Studart; MEIRINHO, Augusto Grieco Sant'Anna. *Manual de direito previdenciário*. 4. ed. São Paulo: Saraiva, 2016. p. 430-436.

Ainda no STJ, prevalecia o entendimento quanto à ausência de necessidade de devolução dos mencionados valores, pois a desaposentação, tendo natureza desconstitutiva, não operaria efeitos retroativos, mas somente a partir da renúncia do direito (STJ, 1ª Seção, REsp 1334488/SC (2012/0146387-1), rel. Min. Herman Benjamin, DJe 14.05.2013).

De todo modo, conforme a jurisprudência do STJ, a renúncia à aposentadoria seria um direito personalíssimo. Com isso, o dependente que recebe pensão por morte não tem legitimidade para requerer a desaposentação do segurado já falecido, com o objetivo majorar o valor do seu benefício, não se admitindo, assim, a chamada "despensão" (STJ, 2ª Turma, REsp 1.515.929/RS (2014/0257426-9), rel. Min. Humberto Martins, DJe 26.05.2015).

Entendia-se, ainda, que a desaposentação, por não se confundir com revisão de aposentadoria, não estaria sujeita a prazo decadencial, não sendo aplicável a previsão do art. 103 da Lei 8.213/1991 (STJ, 1ª Seção, REsp 1348301/SC (2012/0215763-4), rel. Min. Arnaldo Esteves Lima, DJe 24.03.2014).

Não obstante, o Supremo Tribunal Federal, ao julgar os Recursos Extraordinários 381.367, 661.256 (com repercussão geral) e 827.833, decidiu não haver previsão legal do direito à desaposentação, sendo constitucional a regra do art. 18, § 2º, da Lei 8.213/1991 (STF, Pleno, RE 661.256/SC, rel. p/ ac. Min. Dias Toffoli, j. 27.10.2016).

O art. 18, § 2º, da Lei 8.213/1991 prevê que o aposentado pelo Regime Geral de Previdência Social (RGPS) que permanecer em atividade sujeita a este Regime, ou a ele retornar, não fará jus a prestação alguma da Previdência Social em decorrência do exercício dessa atividade, exceto ao salário-família e à reabilitação profissional, quando empregado.

Esclareça-se que *reaposentação* seria a renúncia da aposentadoria anteriormente concedida, com o objetivo de se requerer nova aposentadoria, em valor mais elevado, sem considerar o tempo de contribuição utilizado na aposentadoria anterior, o que também não foi admitido pelo STF.

Nesse sentido, o Supremo Tribunal Federal firmou a seguinte tese de repercussão geral: "No âmbito do Regime Geral de Previdência Social – RGPS, somente lei pode criar benefícios e vantagens previdenciárias, não havendo, por ora, previsão legal do direito à 'desaposentação' ou à 'reaposentação', sendo constitucional a regra do art. 18, § 2º, da Lei nº 8.213/91" (STF, Pleno, ED-RE 661.256/SC, rel. p/ ac. Min. Alexandre de Moraes, j. 06.02.2020).

O Supremo Tribunal Federal decidiu modular os efeitos da tese de repercussão geral, "de forma a preservar a desaposentação aos segurados que tiveram o direito reconhecido por decisão judicial transitada em julgado" até a data do julgamento dos embargos de declaração e "declarar a desnecessidade de repetição dos valores recebidos a título de desaposentação" até a data do julgamento dos embargos de declaração. Sendo assim, foram esclarecidos os seguintes aspectos: "5. Diante da boa-fé dos beneficiários, bem como da natureza alimentar da aposentadoria, reputa-se desnecessária a devolução dos valores recebidos, até a proclamação do resultado do julgamento destes embargos de declaração. 6. Em relação aos segurados que usufruem da desaposentação em razão de decisão judicial transitada em julgado até a data do julgamento destes embargos declaratórios, considera-se legítima a modulação dos efeitos, em conformidade com os princípios da segurança jurídica e da proteção da confiança" (STF, Pleno, ED-RE 381.367/RS, rel. p/ ac. Min. Alexandre de Moraes, j. 06.02.2020, DJe 08.07.2020).

5.31. ACUMULAÇÃO DE BENEFÍCIOS PREVIDENCIÁRIOS

Compete à lei complementar estabelecer vedações, regras e condições para a acumulação de benefícios previdenciários (art. 201, § 15, da Constituição Federal de 1988, incluído pela Emenda Constitucional 103/2019).

O art. 24 da Emenda Constitucional 103/2019 versa sobre acumulação de mais de uma pensão por morte e acumulação de aposentadoria com pensão por morte. Cf. Capítulo 5, item 5.20.1.

As regras sobre acumulação previstas no art. 24 da Emenda Constitucional 103/2019 e na legislação vigente na data de entrada em vigor da Emenda Constitucional 103/2019 podem ser alteradas na forma do § 6º do art. 40 e do § 15 do art. 201 da Constituição Federal de 1988 (art. 24, § 5º, da Emenda Constitucional 103/2019).

O art. 124 da Lei 8.213/1991, como legislação vigente na data de entrada em vigor da Emenda Constitucional 103/2019, proíbe a acumulação de certos benefícios previdenciários.

Nesse sentido, exceto na hipótese de direito adquirido, não é permitido o recebimento conjunto dos seguintes benefícios do Regime Geral de Previdência Social, inclusive quando decorrentes de acidente do trabalho:

I – aposentadoria com auxílio por incapacidade temporária;

II – mais de uma aposentadoria;

III – aposentadoria com abono de permanência em serviço;

IV – salário-maternidade com auxílio por incapacidade temporária;

V – mais de um auxílio-acidente;

VI – mais de uma pensão deixada por cônjuge;

VII – mais de uma pensão deixada por companheiro ou companheira;

VIII – mais de uma pensão deixada por cônjuge e companheiro ou companheira;

IX – auxílio-acidente com qualquer aposentadoria (art. 167 do Regulamento da Previdência Social).

Nas hipóteses de que tratam os incisos VI, VII e VIII, fica facultado ao dependente optar pela pensão mais vantajosa, observado o disposto no art. 24, § 1º, da Emenda Constitucional 103/2019 (art. 167, § 1º, do Regulamento da Previdência Social).

De acordo com a Súmula 36 da Turma Nacional de Uniformização dos Juizados Especiais Federais: "Não há vedação legal à cumulação da pensão por morte de trabalhador rural com o benefício da aposentadoria por invalidez, por apresentarem pressupostos fáticos e fatos geradores distintos".

Na atualidade, reitere-se que a acumulação de mais de uma pensão por morte e a acumulação de aposentadoria com pensão por morte é disciplinada pelo art. 24 da Emenda Constitucional 103/2019.

É vedado o recebimento conjunto do seguro-desemprego com qualquer benefício de prestação continuada da Previdência Social, exceto pensão por morte, auxílio-reclusão, auxílio-acidente, auxílio-suplementar ou abono de permanência em serviço (art. 167, § 2º, do Regulamento da Previdência Social).

É permitida a acumulação dos benefícios previstos na Lei 8.213/1991 com o benefício de que trata a Lei 7.070/1982 (ou seja, pensão especial, mensal, vitalícia e intransferível, aos portadores da deficiência física conhecida como "Síndrome da Talidomida"), que não pode ser reduzido em razão de eventual aquisição de capacidade laborativa ou de redução de incapacidade para o trabalho ocorrida após a sua concessão (art. 167, § 3º, do Regulamento da Previdência Social).

O art. 80 da Lei 8.213/1991, com redação dada pela Lei 13.846/2019, prevê que o auxílio-reclusão é devido aos dependentes do segurado de baixa renda recolhido à prisão em regime fechado que não receber remuneração da empresa *nem estiver em gozo de auxílio-doença, de pensão por morte, de salário-maternidade, de aposentadoria ou de abono de permanência em serviço*.

Sendo assim, o segurado recluso em regime fechado, durante a percepção, pelos dependentes, do benefício de auxílio-reclusão, não terá o direito aos benefícios de salário-maternidade e de aposentadoria reconhecido, exceto se manifestada a opção pelo benefício mais vantajoso também pelos dependentes (art. 167, § 4º, do Regulamento da Previdência Social).

Exceto nas hipóteses de aposentadoria por incapacidade permanente ou especial, observado quanto a esta última o disposto no § 8º do art. 57 da Lei 8.213/1991, o retorno do aposentado à atividade não prejudicará o recebimento de sua aposentadoria (art. 168 do Regulamento da Previdência Social).

No caso da aposentadoria especial, o segurado que retornar ao exercício de atividade ou operação com efetiva exposição a agentes químicos, físicos e biológicos prejudiciais à saúde, ou associação desses agentes (art. 201, § 1º, inciso II, da Constituição Federal de 1988), ou nele permanecer, na mesma ou em outra empresa, qualquer que seja a forma de prestação do serviço ou categoria de segurado, será imediatamente notificado da cessação do pagamento de sua aposentadoria especial, no prazo de 60 dias contado da data de emissão da notificação, salvo comprovação, nesse prazo, de que o exercício dessa atividade ou operação foi encerrado (art. 69, parágrafo único, do Regulamento da Previdência Social).

O aposentado pelo Regime Geral de Previdência Social que permanecer em atividade sujeita a esse Regime, ou a ele retornar, não faz jus a prestação alguma da Previdência Social em decorrência do exercício dessa atividade, exceto ao salário-família, ao salário-maternidade e à reabilitação profissional, quando empregado ou trabalhador avulso (art. 18, § 2º, da Lei 8.213/1991 e arts. 103 e 173 do Regulamento da Previdência Social).

Admite-se o recebimento de duas (ou mais) aposentadorias, *quando decorrentes de regimes previdenciários diversos*, por exemplo, uma devida no Regime Geral de Previdência Social e a outra pelo Regime Próprio de Previdência Social, quando preenchidos os requisitos legais de cada benefício.

Não se admite o recebimento de mais de um auxílio-acidente. Se ocorrer novo infortúnio, é possível calcular novamente o benefício em curso, com o objetivo de se obter um valor superior.

O segurado, vítima de novo infortúnio, faz jus a um único benefício somado ao salário de contribuição vigente no dia do acidente (Súmula 146 do STJ).

Antes da Medida Provisória 1.596-14/1997, o auxílio-acidente podia ser acumulado com a aposentadoria, o que atualmente é vedado, conforme art. 86, § 2º, da Lei 8.213/1991.

A acumulação de auxílio-acidente com aposentadoria pressupõe que *a lesão incapacitante e a aposentadoria sejam anteriores a 11/11/1997*, observado o critério do art. 23 da Lei 8.213/1991 para definição do momento da lesão nos casos de doença profissional ou do trabalho (Súmula 507 do STJ).

O art. 23 da Lei 8.213/1991 dispõe que se considera como dia do acidente, no caso de doença profissional ou do trabalho, a data do início da incapacidade laborativa para o exercício da atividade habitual, ou o dia da segregação compulsória, ou o dia em que for realizado o diagnóstico, valendo para este efeito o que ocorrer primeiro.

5.32. PRESCRIÇÃO E DECADÊNCIA DOS BENEFÍCIOS PREVIDENCIÁRIOS

A prescrição torna *inexigível* a pretensão de reparação decorrente da violação do direito subjetivo material, em razão de inércia do seu titular.

Efetivamente, ao ser violado o direito subjetivo, o seu titular passa a ter a *pretensão* na sua satisfação. Depois do prazo prescricional, essa pretensão torna-se inexigível. Nesse sentido, de acordo com o art. 189 do Código Civil, violado o direito, nasce ao titular a pretensão, a qual se extingue pela prescrição.

O principal fundamento da prescrição e da decadência é a necessidade de estabilidade e segurança nas relações jurídico-sociais.

Mesmo sendo institutos com natureza de direito material, a prescrição e a decadência, normalmente, produzem os seus efeitos no âmbito processual.

Conforme o art. 487, inciso II, do CPC, há resolução do mérito quando o juiz decidir sobre a ocorrência de decadência ou prescrição.

Atualmente, prevalece o entendimento de que a prescrição atinge a pretensão de natureza condenatória, a ser normalmente exercida por meio da respectiva ação judicial. As ações declaratórias não estão sujeitas, em princípio, à prescrição. As ações constitutivas com prazo previsto em lei para seu ajuizamento estão sujeitas, quanto ao direito potestativo a ser exercido, à decadência[84].

Os prazos de natureza prescricional podem ser suspensos e interrompidos, conforme arts. 197 a 204 do Código Civil.

Não corre a prescrição: pendendo condição suspensiva; não estando vencido o prazo; pendendo ação de evicção (art. 199 do Código Civil).

A interrupção da prescrição, que somente pode ocorrer uma vez, dar-se-á: por despacho do juiz, mesmo incompetente, que ordenar a citação, se o

[84] Cf. AMORIM FILHO, Agnelo. Critério científico para distinguir a prescrição da decadência e identificar as ações imprescritíveis. *Revista dos Tribunais*, São Paulo, RT, v. 300, p. 7-37, out. 1960.

interessado a promover no prazo e na forma da lei processual[85]; por protesto, nas condições do inciso antecedente; por protesto cambial; pela apresentação do título de crédito em juízo de inventário ou em concurso de credores; por qualquer ato judicial que constitua em mora o devedor; por qualquer ato inequívoco, ainda que extrajudicial, que importe reconhecimento do direito pelo devedor (art. 202 do Código Civil).

A prescrição interrompida recomeça a correr da data do ato que a interrompeu, ou do último ato do processo para interrompê-la.

Já os prazos decadenciais, em regra, não estão sujeitos à suspensão e à interrupção (art. 207 do Código Civil).

Apenas na hipótese do art. 208 do Código Civil é que se aplica, ao prazo decadencial, a previsão do art. 198, inciso I, do mesmo diploma legal.

Desse modo, na esfera civil, no caso do menor de 16 anos (art. 3º do Código Civil), o prazo decadencial não se inicia, só começando a correr ao completar 16 anos.

Entretanto, reitere-se que o art. 79 da Lei 8.213/1991 foi revogado pela Lei 13.846/2019, que também modificou o art. 74, inciso I, da Lei 8.213/1991, sobre o início da concessão da pensão por morte. Cf. ainda Capítulo 5, item 5.20.

O direito à rescisão se extingue em dois anos contados do trânsito em julgado da última decisão proferida no processo (art. 975 do Código de Processo Civil), prazo de natureza decadencial, pois a ação rescisória tem como objetivo desconstituir a coisa julgada material.

O art. 23 da Lei 12.016/2009 prevê que o direito de requerer mandado de segurança extingue-se decorridos 120 dias contados da ciência, pelo interessado, do ato impugnado. A Súmula 632 do STF dispõe ser constitucional lei que fixa o prazo de decadência para a impetração de mandado de segurança.

---

85 "Art. 240. A citação válida, ainda quando ordenada por juízo incompetente, induz litispendência, torna litigiosa a coisa e constitui em mora o devedor, ressalvado o disposto nos arts. 397 e 398 da Lei nº 10.406, de 10 de janeiro de 2002 (Código Civil). § 1º *A interrupção da prescrição, operada pelo despacho que ordena a citação, ainda que proferido por juízo incompetente, retroagirá à data de propositura da ação*. § 2º Incumbe ao autor adotar, no prazo de 10 (dez) dias, as providências necessárias para viabilizar a citação, sob pena de não se aplicar o disposto no § 1º. § 3º A parte não será prejudicada pela demora imputável exclusivamente ao serviço judiciário. § 4º O efeito retroativo a que se refere o § 1º aplica-se à decadência e aos demais prazos extintivos previstos em lei". Cf. ainda a Súmula 106 do STJ: "Proposta a ação no prazo fixado para o seu exercício, a demora na citação, por motivos inerentes ao mecanismo da justiça, não justifica o acolhimento da arguição de prescrição ou decadência".

O Supremo Tribunal Federal declarou a inconstitucionalidade do art. 24 da Lei 13.846/2019, no que deu nova redação ao art. 103 da Lei 8.213/1991. Prevaleceu o entendimento de que o prazo decadencial incide apenas em caso de revisão do ato de concessão de benefício, e não nas hipóteses de revisão do ato de indeferimento, cancelamento ou cessação, pois isso comprometeria "o direito fundamental à obtenção de benefício previdenciário (núcleo essencial do fundo do direito), em ofensa ao art. 6º da Constituição da República" (STF, Pleno, ADI 6.096/DF, rel. Min. Edson Fachin, j. 13.10.2020)[86].

Em razão da eficácia declaratória contra todos e do efeito vinculante *ex tunc* dessa decisão definitiva de mérito do Supremo Tribunal Federal em ação direta de inconstitucionalidade (art. 102, § 2º, da Constituição da República), permanece em vigor o art. 103 da Lei 8.213/1991, com redação dada pela Lei 10.839/2004.

Sendo assim, é de 10 anos o prazo de *decadência* de todo e qualquer direito ou ação do segurado ou beneficiário para a *revisão do ato de concessão de benefício*, a contar do dia primeiro do mês seguinte ao do recebimento da primeira prestação ou, quando for o caso, do dia em que tomar conhecimento da decisão indeferitória definitiva no âmbito administrativo (art. 103 da Lei 8.213/1991, com redação dada pela Lei 10.839/2004).

---

[86] "Ação direta de inconstitucionalidade. ADI. Direito Constitucional e Previdenciário. [...] Inconstitucionalidade material do art. 24 da Lei 13.846/2019 no que deu nova redação ao art. 103 da Lei 8.213/1991. Prazo decadencial para a revisão do ato de indeferimento, cancelamento ou cessação de benefício previdenciário. Ofensa ao art. 6º da Constituição da República e à jurisprudência do Supremo Tribunal Federal ao comprometer o núcleo essencial do direito fundamental ao benefício previdenciário e à Previdência Social. [...] 6. O núcleo essencial do direito fundamental à previdência social é imprescritível, irrenunciável e indisponível, motivo pelo qual não deve ser afetada pelos efeitos do tempo e da inércia de seu titular a pretensão relativa ao direito ao recebimento de benefício previdenciário. Este Supremo Tribunal Federal, no RE 626.489, de relatoria do i. Min. Roberto Barroso, admitiu a instituição de prazo decadencial para a revisão do ato concessório porque atingida tão somente a pretensão de rediscutir a graduação pecuniária do benefício, isto é, a forma de cálculo ou o valor final da prestação, já que, concedida a pretensão que visa ao recebimento do benefício, encontra-se preservado o próprio fundo do direito. 7. No caso dos autos, ao contrário, admitir a incidência do instituto para o caso de indeferimento, cancelamento ou cessação importa ofensa à Constituição da República e ao que assentou esta Corte em momento anterior, porquanto, não preservado o fundo de direito na hipótese em que negado o benefício, caso inviabilizada pelo decurso do tempo a rediscussão da negativa, é comprometido o exercício do direito material à sua obtenção. 8. Ação direta conhecida em parte e, na parte remanescente, julgada parcialmente procedente, declarando a inconstitucionalidade do art. 24 da Lei 13.846/2019 no que deu nova redação ao art. 103 da Lei 8.213/1991" (STF, Pleno, ADI 6.096/DF, rel. Min. Edson Fachin, DJe 26.11.2020).

Esclareça-se que a segunda parte do art. 103 da Lei 8.213/1991 apenas trata do termo inicial do referido prazo decadencial para a revisão do ato de concessão de benefício previdenciário. Como mencionado, a natureza de direito fundamental dos benefícios previdenciários (art. 6º da Constituição da República) é reconhecida pelo Supremo Tribunal Federal (STF, Pleno, RE 626.489/SE, rel. Min. Roberto Barroso, DJe 23.09.2014).

Portanto, a correta interpretação do art. 103 da Lei 8.213/1991 é no sentido de que o prazo de decadência de direito ou ação do segurado ou beneficiário para a revisão do ato de *concessão* de benefício é de 10 anos. Não há prazo de decadência em se tratando de ato de indeferimento, cancelamento ou cessação de benefício previdenciário. O início do mencionado prazo decadencial, que se aplica apenas para a revisão do ato de concessão de benefício, é contado do dia primeiro do mês seguinte ao do recebimento da primeira prestação ou, quando for o caso, do dia em que o beneficiário tomar conhecimento da decisão administrativa definitiva de indeferimento da revisão do ato de concessão de benefício previdenciário.

Nessa linha, de acordo com a atual redação da Súmula 81 da Turma Nacional de Uniformização dos Juizados Especiais Federais: "A impugnação de ato de indeferimento, cessação ou cancelamento de benefício previdenciário não se submete a qualquer prazo extintivo, seja em relação à revisão desses atos, seja em relação ao fundo de direito" (DJe 11.12.2020).

A Turma Nacional de Uniformização dos Juizados Especiais Federais fixou a seguinte tese (Tema 256): "I - O prazo decadencial decenal previsto no *caput*, do art. 103, da Lei 8.213/1991 alcança o direito potestativo de impugnação (i) do ato original de concessão; e (ii) do ato de indeferimento da revisão administrativa. II - A contagem do prazo decenal para a impugnação do ato original de concessão tem início no dia primeiro do mês seguinte ao do recebimento da primeira prestação. III - O prazo decenal para a impugnação do ato de indeferimento definitivo da revisão administrativa tem sua contagem iniciada na data da ciência do beneficiário e apenas aproveita às matérias suscitadas no requerimento administrativo revisional" (TNU, PEDILEF 5003556-15.2011.4.04.7008/PR, rel. p/ ac. Juiz Federal Fábio de Souza Silva, DJe 28.05.2021).

Frise-se que o Superior Tribunal de Justiça fixou a seguinte tese em recurso especial repetitivo: "Sob a exegese do *caput* do artigo 103 da Lei 8.213/1991, incide o prazo decadencial para reconhecimento do direito adquirido ao benefício previdenciário mais vantajoso" (STJ, 1ª Seção, REsp

1.612.818/PR (2016/0180943-6), rel. Min. Mauro Campbell Marques, DJe 13.03.2019)[87].

O Supremo Tribunal Federal fixou ainda a seguinte tese de repercussão geral: "Para o cálculo da renda mensal inicial, cumpre observar o quadro mais favorável ao beneficiário, pouco importando o decesso remuneratório ocorrido em data posterior ao implemento das condições legais para a aposentadoria, respeitadas a decadência do direito à revisão e a prescrição quanto às prestações vencidas" (STF, Pleno, RE 630.501/RS, rel. p/ ac. Min. Marco Aurélio, DJe 26.08.2013).

O prazo decadencial para a revisão de benefício previdenciário foi instituído pela Medida Provisória 1.523/1997. Como anteriormente não havia essa previsão legal, discute-se a respeito da sua aplicação no tempo.

Conforme reconhece a jurisprudência, o direito à Previdência Social constitui direito de natureza fundamental e, uma vez preenchidos os pressupostos de sua aquisição, não deve ser afetado pelo decurso do tempo. Como consequência, inexiste prazo decadencial para a concessão inicial do benefício previdenciário. É legítima, entretanto, a instituição de prazo decadencial de dez anos para a revisão de benefício já concedido, com

---

[87] "Previdenciário. Recurso especial representativo de controvérsia. Reconhecimento do direito adquirido ao benefício mais vantajoso. Equiparação ao ato de revisão. Incidência do prazo decadencial. Artigo 103 *caput* da Lei 8.213/1991. Tema 966. Recurso especial não provido. 1. Cinge-se a controvérsia em saber se o prazo decadencial do *caput* do artigo 103 da Lei 8.213/1991 é aplicável aos casos de requerimento a um benefício previdenciário mais vantajoso, cujo direito fora adquirido em data anterior à implementação do benefício previdenciário ora em manutenção. 2. Em razão da natureza do direito tutelado ser potestativo, o prazo de dez anos para se revisar o ato de concessão é decadencial. 3. No âmbito da previdência social, é assegurado o direito adquirido sempre que, preenchidos os requisitos para o gozo de determinado benefício, lei posterior o revogue, estabeleça requisitos mais rigorosos para a sua concessão ou, ainda, imponha critérios de cálculo menos favoráveis ao segurado. 4. O direito ao beneficio mais vantajoso, incorporado ao patrimônio jurídico do trabalhador segurado, deve ser exercido por seu titular nos dez anos previstos no *caput* do artigo 103 da Lei 8.213/1991. Decorrido o decênio legal, acarretará a caducidade do próprio direito. O direito pode ser exercido nas melhores condições em que foi adquirido, no prazo previsto no *caput* do artigo 103 da Lei 8.213/1991. 5. O reconhecimento do direito adquirido ao benefício mais vantajoso equipara-se ao ato revisional e, por isso, está submetido ao regramento legal. Importante resguardar, além da segurança jurídica das relações firmadas com a previdência social, o equilíbrio financeiro e atuarial do sistema previdenciário. 6. Tese delimitada em sede de representativo da controvérsia: sob a exegese do *caput* do artigo 103 da Lei 8.213/1991, incide o prazo decadencial para reconhecimento do direito adquirido ao benefício previdenciário mais vantajoso. 7. Recurso especial do segurado conhecido e não provido. Observância dos artigos 1.036 a 1.041 do CPC/2015" (STJ, 1ª Seção, REsp 1.612.818/PR (2016/0180943-6), rel. Min. Mauro Campbell Marques, DJe 13.03.2019).

fundamento no princípio da segurança jurídica, com o fim de evitar a eternização dos litígios e na busca de equilíbrio financeiro e atuarial para o sistema previdenciário. O prazo decadencial de dez anos, instituído pela Medida Provisória 1.523, de 28.06.1997, tem como termo inicial o dia 1º de agosto de 1997, por força de disposição nela expressamente prevista. Essa regra incide inclusive sobre benefícios concedidos anteriormente, sem que isso importe em retroatividade vedada pela Constituição. Inexiste direito adquirido a regime jurídico não sujeito a decadência (STF, Pleno, RE 626.489/SE, rel. Min. Roberto Barroso, DJe 23.09.2014).

Na hipótese de haver ação trabalhista em que são reconhecidas parcelas remuneratórias ao segurado, tem prevalecido o entendimento de que o prazo de decadência do direito à revisão do ato de concessão do benefício previdenciário tem início a partir do trânsito em julgado da decisão proferida pela Justiça do Trabalho.

Segundo a jurisprudência, no caso de existir reclamação trabalhista em que se reconhecem parcelas remuneratórias, entende-se que o prazo de decadência do direito à revisão do ato de concessão do benefício flui a partir do trânsito em julgado da sentença trabalhista (STJ, 2ª T., REsp 1.440.868/RS, 2014/0052027-0, rel. Min. Mauro Campbell Marques, DJe 02.05.2014).

Nesse sentido, o Superior Tribunal de Justiça fixou a seguinte tese em recurso especial repetitivo: "O marco inicial da fluência do prazo decadencial, previsto no *caput* do art. 103 da Lei n. 8.213/1991, quando houver pedido de revisão da renda mensal inicial (RMI) para incluir verbas remuneratórias recebidas em ação trabalhista nos salários de contribuição que integraram o período básico de cálculo (PBC) do benefício, deve ser o trânsito em julgado da sentença na respectiva reclamatória" (STJ, 1ª Seção, REsp 1.947.419/RS, 2021/0057650-8, rel. Min. Gurgel de Faria, DJe 30.08.2022).

O Superior Tribunal de Justiça fixou a seguinte tese em recurso especial repetitivo: "Aplica-se o prazo decadencial de dez anos estabelecido no art. 103, *caput*, da Lei 8.213/1991 às hipóteses em que a questão controvertida não foi apreciada no ato administrativo de análise de concessão de benefício previdenciário" (STJ, 1ª Seção, REsp 1.644.191/RS, 2016/0330818-3, rel. Min. Herman Benjamin, DJe 04.08.2020).

A Turma Nacional de Uniformização dos Juizados Especiais Federais fixou a seguinte tese (Tema 283): "A coisa julgada administrativa não exclui a apreciação da matéria controvertida pelo Poder Judiciário e não é oponível à revisão de ato administrativo para adequação aos requisitos previstos na lei previdenciária, enquanto não transcorrido o prazo decadencial" (TNU, PEDILEF 5002117-85.2019.4.04.7202/SC, rel. Juíza Federal Susana Sbrogio Galia, DJe 31.08.2021).

Prescreve em cinco anos, a contar da data em que deveriam ter sido pagas, toda e qualquer ação para haver *prestações vencidas ou quaisquer restituições ou diferenças devidas pela Previdência Social*, salvo o direito dos menores, incapazes e ausentes, na forma do Código Civil (art. 103, parágrafo único, da Lei 8.213/1991).

Como o benefício normalmente é devido de forma mensal, o referido prazo de prescrição incide a partir do vencimento de cada parcela mensal.

Desse modo, por se tratar de *relação de trato sucessivo*, conforme a Súmula 85 do STJ, a prescrição atinge apenas as prestações vencidas antes do quinquênio anterior à propositura da ação.

Sendo assim, não corre a prescrição: contra os incapazes de que trata o art. 3º do Código Civil[88]; contra os ausentes do país em serviço público da União, dos Estados ou dos Municípios; contra os que se acharem servindo nas Forças Armadas, em tempo de guerra (art. 198 do Código Civil).

O prazo de prescrição fica suspenso pela formulação de requerimento administrativo e volta a correr pelo saldo remanescente após a ciência da decisão administrativa final (Súmula 74 da Turma Nacional de Uniformização dos Juizados Especiais Federais).

Entende-se que os serviços, por não terem natureza pecuniária, não estão sujeitos a prazo prescricional, o qual apenas é aplicável aos benefícios.

A pretensão ao benefício, como direito humano e fundamental de natureza alimentar, em si, não está sujeita à prescrição, a qual somente atinge as prestações vencidas, restituições e diferenças devidas pela Previdência Social.

Tanto é assim que não se considera pedido de revisão de decisão indeferitória definitiva, mas sim requerimento de *novo pedido de benefício*, que vier acompanhado de outros documentos além dos já existentes no processo (art. 347, § 2º, do Regulamento da Previdência Social).

Não terá sequência eventual pedido de revisão de decisão indeferitória definitiva de benefício confirmada pela última instância do Conselho de Recursos da Previdência Social, aplicando-se, no caso de apresentação de outros documentos, além dos já existentes no processo, o disposto acima,

---

[88] "Art. 3º São absolutamente incapazes de exercer pessoalmente os atos da vida civil os menores de 16 (dezesseis) anos".

no sentido de se tratar de novo pedido de benefício (art. 347, § 3º, do Regulamento da Previdência Social).

Além disso, nas hipóteses de requerimento de revisão de benefício em manutenção ou de recurso de decisão do INSS com apresentação de novos elementos extemporaneamente ao ato concessório, os efeitos financeiros serão fixados na data do pedido de revisão ou do recurso (art. 347, § 4º, do Regulamento da Previdência Social).

Interpretando o art. 103, parágrafo único, da Lei 8.213/1991, juntamente com o *caput* do mesmo diploma legal, uma vez ajuizada a ação de revisão do benefício previdenciário dentro do prazo de 10 anos, há direto de receber as diferenças dos últimos cinco anos[89].

O Superior Tribunal de Justiça fixou a seguinte tese em recurso especial repetitivo: "Na ação de conhecimento individual, proposta com o objetivo de adequar a renda mensal do benefício previdenciário aos tetos fixados pelas Emendas Constitucionais 20/98 e 41/2003 e cujo pedido coincide com aquele anteriormente formulado em ação civil pública, a interrupção da prescrição quinquenal, para recebimento das parcelas vencidas, ocorre na data de ajuizamento da lide individual, salvo se requerida a sua suspensão, na forma do art. 104 da Lei 8.078/1990" (STJ, 1ª Seção, REsp 1.761.874/SC, 2018/0217730-2, rel. Min. Assusete Magalhães, DJe 01.07.2021).

O direito da Previdência Social de *anular os atos administrativos* de que decorram efeitos favoráveis para os seus beneficiários *decai* em 10 anos, contados da data em que foram praticados, salvo comprovada má-fé (art. 103-A da Lei 8.213/1991).

No caso de efeitos patrimoniais contínuos, o referido prazo decadencial conta-se da percepção do primeiro pagamento.

Considera se "exercício do direito de anular" qualquer medida de autoridade administrativa que importe impugnação à validade do ato.

De acordo com a parte final do art. 103-A da Lei 8.213/1991, havendo comprovada má-fé do próprio beneficiário, não há prazo para a revisão do benefício pela Administração Pública.

As ações referentes à *prestação por acidente do trabalho prescrevem* em cinco anos, observado o disposto no art. 103 da Lei 8.213/1991, contados da data: do acidente, quando dele resultar a morte ou a incapacidade temporária (verificada esta em perícia médica a cargo da Previdência Social); ou em

---

89 Cf. IBRAHIM, Fábio Zambitte. *Curso de direito previdenciário*. 20. ed. Rio de Janeiro: Impetus, 2015. p. 414.

que for reconhecida pela Previdência Social, a incapacidade permanente ou o agravamento das sequelas do acidente (art. 104 da Lei 8.213/1991).

O termo inicial do prazo prescricional, na ação de indenização, é a data em que o segurado teve ciência inequívoca da incapacidade laboral (Súmula 278 do STJ).

O fundo do direito, ao benefício em si, como já mencionado, não está sujeito ao prazo prescricional de cinco anos, o qual apenas atinge as prestações que não foram pagas ao longo do tempo.

5.33. PERÍCIA MÉDICA DA PREVIDÊNCIA SOCIAL

A Lei 10.876/2004 criou a *Carreira de Perícia Médica da Previdência Social*, constituída pelos cargos efetivos de Perito Médico da Previdência Social.

O cargo de Perito Médico Previdenciário, integrante da carreira de Perito Médico Previdenciário, de que trata a Lei 11.907/2009, passa a ser denominado Perito Médico Federal, integrante da carreira de Perito Médico Federal (art. 18 da Lei 13.846/2019).

O cargo de Perito Médico Federal, integrante da carreira de Perito Médico Federal, de que trata a Lei 13.846/2019, o cargo de Perito Médico da Previdência Social, integrante da carreira de Perícia Médica da Previdência Social, de que trata a Lei 10.876/2004, e o cargo de Supervisor Médico-Pericial, integrante da carreira de Supervisor Médico-Pericial, de que trata a Lei 9.620/1998, passam a integrar o quadro de pessoal do Ministério do Trabalho e Previdência (art. 10 da Lei 14.261/2021).

Ato do Ministro de Estado do Trabalho e Previdência deve dispor sobre: I – o exercício dos servidores das referidas carreiras; II – as hipóteses de substituição de exame pericial presencial por exame remoto e as condições e limitações para sua realização.

Compete exclusivamente aos servidores públicos ocupantes dos cargos de que trata o § 3º do art. 30 da Lei 11.907/2009 (Perito Médico Federal, Perito Médico da Previdência Social e Supervisor Médico-Pericial) a realização das atividades médico-periciais relacionadas com o Regime Geral de Previdência Social, sem prejuízo de outras disposições constantes no referido dispositivo legal (art. 170 do Regulamento da Previdência Social).

5.34. PROCESSO ADMINISTRATIVO PREVIDENCIÁRIO

A Constituição da República, no art. 5º, inciso LV, prevê a necessidade de ser assegurado o *contraditório* e a *ampla defesa*, com os meios e recursos a ela inerentes, não apenas em processo judicial, mas também *administrativo*, e aos acusados em geral.

A Lei 9.784/1999 estabelece normas básicas sobre o processo administrativo no âmbito da Administração Federal direta e indireta, visando, em especial, à proteção dos direitos dos administrados e ao melhor cumprimento dos fins da Administração.

A Administração Pública deve obedecer, entre outros, aos princípios da legalidade, finalidade, motivação, razoabilidade, proporcionalidade, moralidade, ampla defesa, contraditório, segurança jurídica, interesse público e eficiência (art. 2º da Lei 9.784/1999).

Nessa linha, nos processos administrativos devem ser observados, entre outros, os seguintes critérios: atuação conforme a lei e o Direito; atendimento a fins de interesse geral, sendo vedada a renúncia total ou parcial de poderes ou competências, salvo autorização em lei; objetividade no atendimento do interesse público, vedada a promoção pessoal de agentes ou autoridades; atuação segundo padrões éticos de probidade, de decoro e boa-fé; divulgação oficial dos atos administrativos, ressalvadas as hipóteses de sigilo previstas na Constituição; adequação entre meios e fins, vedada a imposição de obrigações, restrições e sanções em medida superior àquelas estritamente necessárias ao atendimento do interesse público; indicação dos pressupostos de fato e de direito que determinarem a decisão; observância das formalidades essenciais à garantia dos direitos dos administrados; adoção de formas simples, suficientes para propiciar adequado grau de certeza, segurança e respeito aos direitos dos administrados; garantia dos direitos à comunicação, à apresentação de alegações finais, à produção de provas e à interposição de recursos, nos processos de que possam resultar sanções e nas situações de litígio; proibição de cobrança de despesas processuais, ressalvadas as previstas em lei; impulsão, de ofício, do processo administrativo, sem prejuízo da atuação dos interessados; interpretação da norma administrativa da forma que melhor garanta o atendimento do fim público a que se dirige, vedada aplicação retroativa de nova interpretação.

Cabe analisar os principais aspectos relativos ao *processo administrativo previdenciário*, o qual pode ser instaurado para que o segurado ou o dependente receba o benefício devido.

Compete ao Instituto Nacional do Seguro Social (INSS) realizar, por meio dos seus próprios agentes, quando designados, todos os atos e procedimentos necessários à verificação do atendimento das obrigações *não tributárias* impostas pela legislação previdenciária e à imposição da multa por seu eventual descumprimento (art. 125-A da Lei 8.213/1991)[90].

A empresa deve disponibilizar a servidor designado por dirigente do INSS os documentos necessários à comprovação de vínculo empregatício, de prestação de serviços e de remuneração relativos a trabalhador previamente identificado.

Aplica-se à referida atribuição do INSS, prevista no art. 125-A da Lei 8.213/1991, no que couber, o art. 126 do mesmo diploma legal, que prevê a competência do Conselho de Recursos da Previdência Social para julgar recursos das decisões do INSS.

O disposto no art. 125-A da Lei 8.213/1991 não abrange as competências atribuídas em caráter privativo aos ocupantes do cargo de Auditor-Fiscal da Receita Federal do Brasil previstas no art. 6º, *caput*, inciso I[91], da Lei 10.593/2002.

O art. 42 da Lei Complementar 150/2015, sobre o contrato de trabalho doméstico, prevê ser de responsabilidade do empregador o arquivamento de documentos comprobatórios do cumprimento das obrigações fiscais, trabalhistas e previdenciárias, enquanto essas não prescreverem.

---

90 Quanto às obrigações tributárias, nos termos do art. 33 da Lei 8.212/1991, compete à Secretaria da Receita Federal do Brasil planejar, executar, acompanhar e avaliar as atividades relativas à tributação, à fiscalização, à arrecadação, à cobrança e ao recolhimento das contribuições sociais previstas no art. 11, parágrafo único, do mesmo diploma legal, das contribuições incidentes a título de substituição e das devidas a outras entidades e fundos. É prerrogativa da Secretaria da Receita Federal do Brasil, por intermédio dos Auditores-Fiscais da Receita Federal do Brasil, o exame da contabilidade das empresas, ficando obrigados a prestar todos os esclarecimentos e informações solicitados o segurado e os terceiros responsáveis pelo recolhimento das contribuições previdenciárias e das contribuições devidas a outras entidades e fundos.

91 "Art. 6º São atribuições dos ocupantes do cargo de Auditor-Fiscal da Receita Federal do Brasil: I – no exercício da competência da Secretaria da Receita Federal do Brasil e em caráter privativo: a) constituir, mediante lançamento, o crédito tributário e de contribuições; b) elaborar e proferir decisões ou delas participar em processo administrativo-fiscal, bem como em processos de consulta, restituição ou compensação de tributos e contribuições e de reconhecimento de benefícios fiscais; c) executar procedimentos de fiscalização, praticando os atos definidos na legislação específica, inclusive os relacionados com o controle aduaneiro, apreensão de mercadorias, livros, documentos, materiais, equipamentos e assemelhados; d) examinar a contabilidade de sociedades empresariais, empresários, órgãos, entidades, fundos e demais contribuintes, não se lhes aplicando as restrições previstas nos arts. 1.190 a 1.192 do Código Civil e observado o disposto no art. 1.193 do mesmo diploma legal; e) proceder à orientação do sujeito passivo no tocante à interpretação da legislação tributária; f) supervisionar as demais atividades de orientação ao contribuinte; II – em caráter geral, exercer as demais atividades inerentes à competência da Secretaria da Receita Federal do Brasil".

Compete ao Conselho de Recursos da Previdência Social julgar, entre outras demandas, na forma do regulamento: I – recursos das decisões do INSS nos processos de interesse dos beneficiários; II – contestações e recursos relativos à atribuição, pelo Ministério da Economia, do Fator Acidentário de Prevenção aos estabelecimentos das empresas; III – recursos das decisões do INSS relacionados à comprovação de atividade rural de segurado especial de que tratam os arts. 38-A e 38-B, ou demais informações relacionadas ao Cadastro Nacional de Informações Sociais (CNIS) de que trata o art. 29-A da Lei 8.213/1991; IV – recursos de processos relacionados à compensação financeira de que trata a Lei 9.796/1999 e à supervisão e à fiscalização dos Regimes Próprios de Previdência Social de que trata a Lei 9.717/1998 (art. 126 da Lei 8.213/1991, com redação dada pela Lei 13.876/2019).

A propositura de ação que tenha por objeto idêntico pedido sobre o qual versa o processo administrativo importa renúncia ao direito de recorrer na esfera administrativa e desistência do recurso interposto (art. 126, § 3º, da Lei 8.213/1991, com redação dada pela Lei 13.846/2019).

Os recursos de que tratam os incisos I e III do art. 126 da Lei 8.213/1991 podem ser interpostos diretamente ao Conselho de Recursos da Previdência Social, que emitirá notificação eletrônica automática para o INSS reanalisar, no prazo máximo de 30 dias, a decisão administrativa, na forma disciplinada por ato conjunto do Ministério do Trabalho e Previdência, do Conselho de Recursos da Previdência Social e do INSS (art. 126, § 4º, da Lei 8.213/1991, incluído pela Lei 14.441/2022).

Os recursos de que trata o inciso IV do art. 126 da Lei 8.213/1991 passarão a ser julgados pelo Conselho de Recursos da Previdência Social após a efetiva implantação das unidades responsáveis pelo seu julgamento e após a definição, no regimento interno do Conselho, dos procedimentos a serem observados em seu trâmite, na forma do regulamento (art. 6º da Lei 14.441/2022).

O requerimento de benefícios e de serviços administrados pelo INSS deve ser formulado por meio de canais de atendimento eletrônico, observados os procedimentos previstos em ato do INSS (art. 176-A do Regulamento da Previdência Social). Excepcionalmente, caso o requerente não disponha de meios adequados para apresentação da solicitação pelos canais de atendimento eletrônico, o requerimento e o agendamento de serviços poderão ser feitos presencialmente nas Agências da Previdência Social.

O INSS deve implementar e manter processo administrativo eletrônico para requerimento de benefícios e serviços e disponibilizará canais eletrônicos de atendimento (art. 179-A do Regulamento da Previdência Social).

Deve-se salientar que a apresentação de documentação incompleta, entretanto, não constitui motivo para recusa do requerimento de benefício (art. 105 da Lei 8.213/1991).

Na hipótese de indeferimento do requerimento, é cabível recurso administrativo, pelo beneficiário (segurado ou dependente).

O Conselho de Recursos da Previdência Social (CRPS) é órgão colegiado de julgamento, integrante da estrutura do Ministério da Previdência Social (art. 303 do Regulamento da Previdência Social).

O Conselho de Recursos da Previdência Social, na verdade, compreende três modalidades de órgãos julgadores: as Juntas de Recursos (presentes nos Estados brasileiros), as Câmaras de Julgamento (com sede em Brasília) e o Conselho Pleno.

Os mencionados órgãos são colegiados. Nesse sentido, as Juntas de Recursos e as Câmaras de Julgamento, presididas por representante do governo federal, são integradas por quatro conselheiros em cada turma, nomeados pelo Ministro de Estado da Previdência Social, com a seguinte composição:

I – para os órgãos com competência para processar e julgar as contestações ou os recursos de que tratam os incisos I, II e III do art. 305 do Regulamento da Previdência Social (os recursos das decisões proferidas pelo INSS nos processos de interesse de seus beneficiários; as contestações e os recursos relativos à atribuição, pelo Ministério da Economia, do Fator Acidentário de Prevenção aos estabelecimentos das empresas; os recursos das decisões proferidas pelo INSS relacionados à comprovação de atividade rural de segurado especial ou às demais informações relacionadas ao Cadastro Nacional de Informações Sociais): a) dois representantes do governo federal; b) um representante das empresas; c) um representante dos trabalhadores;

II – para os órgãos com competência para processar e julgar os recursos de que tratam os incisos IV e V do art. 305 do Regulamento da Previdência Social (os recursos das decisões relacionadas à compensação financeira de que trata a Lei 9.796/1999; os recursos relacionados aos processos sobre irregularidades verificadas em procedimento de supervisão e de fiscalização nos Regimes Próprios de Previdência Social e aos processos sobre apuração de responsabilidade por infração às disposições da Lei 9.717/1998): a) dois representantes do governo federal; b) um representante dos entes federativos; c) um representante dos servidores públicos.

O mandato dos conselheiros do Conselho de Recursos da Previdência Social é de três anos, permitida a recondução.

Pode-se dizer que a composição com características democráticas está em consonância com o art. 10 da Constituição Federal de 1988, ao assegurar "a participação dos trabalhadores e empregadores nos colegiados dos órgãos públicos em que seus interesses profissionais ou previdenciários sejam objeto de discussão e deliberação".

Como acima indicado, o requerimento administrativo tem início no âmbito do *Instituto Nacional do Seguro Social*.

O *recurso ordinário*, de natureza administrativa, é interposto pelo interessado, segurado ou beneficiário da Seguridade Social, em face de decisão proferida pelo INSS, dirigido às Juntas de Recursos.

Das decisões proferidas no julgamento do recurso ordinário cabe *recurso especial*, de natureza administrativa, dirigido às Câmaras de Julgamento.

O prazo para interposição de contestações e recursos ou para oferecimento de contrarrazões é de 30 dias (art. 305, § 1º, do Regulamento da Previdência Social).

Os recursos interpostos tempestivamente contra decisões proferidas pelas Juntas de Recursos e pelas Câmaras de Julgamento do Conselho de Recursos da Previdência Social têm efeito suspensivo e devolutivo (art. 308 do Regulamento da Previdência Social).

Logo, a Câmara de Julgamento é a segunda instância recursal administrativa, sem afastar, evidentemente, o acesso à esfera jurisdicional (art. 5º, inciso XXXV, da Constituição da República).

O *Conselho Pleno*, por sua vez, tem como principal atribuição uniformizar a "jurisprudência" administrativa previdenciária por meio de enunciados.

São cabíveis, ainda, *embargos de declaração*, nos casos de omissão, obscuridade, contradição ou erro material no acórdão.

Entende-se que o ajuizamento de ação não exige o *exaurimento* da via administrativa, ou seja, até a sua última instância, o qual não se confunde com o mero requerimento dessa natureza.

A ação acidentária prescinde do exaurimento da via administrativa (Súmula 89 do STJ).

Entretanto, especificamente quanto à necessidade de requerimento administrativo, antes do ajuizamento da ação, para que se configure o interesse processual, no aspecto da necessidade da tutela jurisdicional, o Supremo Tribunal Federal firmou o seguinte entendimento:

> "Recurso extraordinário. Repercussão geral. Prévio requerimento administrativo e interesse em agir. 1. A instituição de condições para o regular exercício do direito de ação é compatível com o art. 5º, XXXV, da Constituição. Para se caracterizar a presença de interesse em agir, é preciso haver necessidade de ir a juízo. 2. A concessão de

benefícios previdenciários depende de requerimento do interessado, não se caracterizando ameaça ou lesão a direito antes de sua apreciação e indeferimento pelo INSS, ou se excedido o prazo legal para sua análise. É bem de ver, no entanto, que a exigência de prévio requerimento não se confunde com o exaurimento das vias administrativas. 3. A exigência de prévio requerimento administrativo não deve prevalecer quando o entendimento da Administração for notória e reiteradamente contrário à postulação do segurado. 4. Na hipótese de pretensão de revisão, restabelecimento ou manutenção de benefício anteriormente concedido, considerando que o INSS tem o dever legal de conceder a prestação mais vantajosa possível, o pedido poderá ser formulado diretamente em juízo – salvo se depender da análise de matéria de fato ainda não levada ao conhecimento da Administração –, uma vez que, nesses casos, a conduta do INSS já configura o não acolhimento ao menos tácito da pretensão. 5. Tendo em vista a prolongada oscilação jurisprudencial na matéria, inclusive no Supremo Tribunal Federal, deve-se estabelecer uma fórmula de transição para lidar com as ações em curso, nos termos a seguir expostos. 6. Quanto às ações ajuizadas até a conclusão do presente julgamento (03.09.2014), sem que tenha havido prévio requerimento administrativo nas hipóteses em que exigível, será observado o seguinte: (i) caso a ação tenha sido ajuizada no âmbito de Juizado Itinerante, a ausência de anterior pedido administrativo não deverá implicar a extinção do feito; (ii) caso o INSS já tenha apresentado contestação de mérito, está caracterizado o interesse em agir pela resistência à pretensão; (iii) as demais ações que não se enquadrem nos itens (i) e (ii) ficarão sobrestadas, observando-se a sistemática a seguir. 7. Nas ações sobrestadas, o autor será intimado a dar entrada no pedido administrativo em 30 dias, sob pena de extinção do processo. Comprovada a postulação administrativa, o INSS será intimado a se manifestar acerca do pedido em até 90 dias, prazo dentro do qual a Autarquia deverá colher todas as provas eventualmente necessárias e proferir decisão. Se o pedido for acolhido administrativamente ou não puder ter o seu mérito analisado devido a razões imputáveis ao próprio requerente, extingue-se a ação. Do contrário, estará caracterizado o interesse em agir e o feito deverá prosseguir. 8. Em todos os casos acima – itens (i), (ii) e (iii) –, tanto a análise administrativa quanto a judicial deverão levar em conta a data do início da ação como data de entrada do requerimento, para todos os efeitos legais. 9. Recurso extraordinário a que se dá parcial provimento, reformando-se o acórdão recorrido para determinar a baixa dos autos ao juiz de primeiro grau, o qual deverá intimar a autora – que alega ser trabalhadora rural informal – a dar entrada no pedido administrativo em

30 dias, sob pena de extinção. Comprovada a postulação administrativa, o INSS será intimado para que, em 90 dias, colha as provas necessárias e profira decisão administrativa, considerando como data de entrada do requerimento a data do início da ação, para todos os efeitos legais. O resultado será comunicado ao juiz, que apreciará a subsistência ou não do interesse em agir" (STF, Pleno, RE 631.240/MG, rel. Min. Roberto Barroso, DJe 10.11.2014).

5.35. JUROS E CORREÇÃO MONETÁRIA

Os benefícios previdenciários que não forem recebidos na época própria são devidos com juros e correção monetária (art. 389 do Código Civil).

A *correção monetária* tem como objetivo apenas atualizar o valor devido[92].

Os débitos relativos a benefício previdenciário, vencidos e cobrados em juízo após a vigência da Lei 6.899/1981, devem ser *corrigidos monetariamente* na forma prevista nesse diploma legal (Súmula 148 do STJ).

Nesse sentido, a correção monetária incide sobre qualquer débito resultante de decisão judicial, inclusive sobre custas e honorários advocatícios. Nas execuções de títulos de dívida líquida e certa, a correção deve ser calculada a contar do respectivo vencimento. Nos demais casos, o cálculo da correção monetária deve ser feito a partir do ajuizamento da ação (art. 1º da Lei 6.899/1981).

Incide a correção monetária sobre as parcelas em atraso não prescritas, relativas aos débitos de natureza alimentar, assim como aos benefícios previdenciários, desde o momento em que passaram a ser devidos, mesmo que em período anterior ao ajuizamento de ação judicial (Súmula 28 da AGU, alterada pela Súmula 38).

Os *juros*, no caso, são *moratórios*, pois decorrem do atraso no pagamento (art. 395 do Código Civil).

Conforme o art. 240 do Código de Processo Civil, a *citação válida*, ainda quando ordenada por juízo incompetente, induz litispendência, torna litigiosa a coisa e *constitui em mora o devedor*, ressalvado o disposto nos arts. 397

92 Cf. Súmula 43 do STJ: "Incide correção monetária sobre dívida por ato ilícito a partir da data do efetivo prejuízo".

e 398 do Código Civil[93]. O art. 405 do Código Civil também dispõe que os juros de mora são contados *desde a citação inicial*.

Desse modo, os *juros de mora* nas ações relativas a benefícios previdenciários incidem *a partir da citação válida* (Súmula 204 do STJ).

Especificamente quanto aos benefícios previdenciários, entende-se que os juros moratórios são devidos nos índices oficiais de remuneração básica e juros aplicáveis à caderneta de poupança (STJ, 6ª T., AgRg no REsp 1.235.021/RS (2011/0025488-2), rel. Min. Nefi Cordeiro, DJe 18.12.2014; STJ, 1ª T., AgRg no AgRg no REsp 1.427.514/RS (2013/0420876-3), rel. Min. Napoleão Nunes Maia Filho, DJe 27.03.2015).

Quanto à correção monetária, o Índice Nacional de Preços ao Consumidor (INPC) é previsto no art. 41-A da Lei 8.213/1991, acrescentado pela Lei 11.430/2006, para o fim específico de reajuste anual do valor dos benefícios previdenciários em manutenção. Em se tratando de *condenação judicial*, registre-se o entendimento de ser aplicável o Índice Nacional de Preços ao Consumidor Amplo – Especial (IPCA-E), notadamente para a atualização monetária de precatórios e de requisições de pequeno valor.

A atualização monetária dos precatórios, estabelecida no § 12 do art. 100 da Constituição Federal de 1988, e das requisições de pequeno valor (RPVs) expedidas no ano de 2020, inclusive em relação às causas trabalhistas, previdenciárias e de acidente do trabalho, observará, no exercício de 2020, a variação do Índice Nacional de Preços ao Consumidor Amplo – Especial (IPCA-E) do Instituto Brasileiro de Geografia e Estatística (IBGE), a partir da data do cálculo exequendo até o seu efetivo depósito, exceto se houver disposição superveniente que estabeleça outro índice de correção (art. 31 da Lei 13.898/2019).

Nesse contexto, o STF fixou as seguintes teses de repercussão geral:

> "1) O art. 1º-F da Lei nº 9.494/97, com a redação dada pela Lei nº 11.960/09, na parte em que disciplina os juros moratórios aplicáveis a condenações da Fazenda Pública, é inconstitucional ao incidir sobre débitos oriundos de relação jurídico-tributária, aos quais devem ser aplicados os mesmos juros de mora pelos quais a Fazenda Pública remunera seu crédito tributário, em respeito ao princípio constitucional da isonomia (CRFB, art.

[93] Art. 397. O inadimplemento da obrigação, positiva e líquida, no seu termo, constitui de pleno direito em mora o devedor. Parágrafo único. Não havendo termo, a mora se constitui mediante interpelação judicial ou extrajudicial. Art. 398. Nas obrigações provenientes de ato ilícito, considera-se o devedor em mora, desde que o praticou".

5º, *caput*); quanto às condenações oriundas de relação jurídica não-tributária, a fixação dos juros moratórios segundo o índice de remuneração da caderneta de poupança é constitucional, permanecendo hígido, nesta extensão, o disposto no art. 1º-F da Lei nº 9.494/97 com a redação dada pela Lei nº 11.960/09; e

2) O art. 1º-F da Lei nº 9.494/97, com a redação dada pela Lei nº 11.960/09, na parte em que disciplina a atualização monetária das condenações impostas à Fazenda Pública segundo a remuneração oficial da caderneta de poupança, revela-se inconstitucional ao impor restrição desproporcional ao direito de propriedade (CRFB, art. 5º, XXII), uma vez que não se qualifica como medida adequada a capturar a variação de preços da economia, sendo inidônea a promover os fins a que se destina" (STF, Pleno, RE 870.947/SE, rel. Min. Luiz Fux, j. 20.09.2017).

No referido julgado, tendo como parte o Instituto Nacional do Seguro Social (INSS), o Supremo Tribunal Federal deu parcial provimento ao recurso extraordinário para assentar a natureza assistencial da relação jurídica examinada (caráter não tributário) e manter a concessão de benefício de prestação continuada (art. 20 da Lei 8.742/1993) ao recorrido atualizado monetariamente segundo o IPCA-E desde a data fixada na sentença, sendo fixados os juros moratórios segundo a remuneração da caderneta de poupança, na forma do art. 1º-F da Lei 9.494/1997, com a redação dada pela Lei 11.960/2009 (STF, Pleno, RE 870.947/SE, rel. Min. Luiz Fux, j. 20.09.2017)[94].

Portanto, em se tratando de condenação imposta ao INSS (Fazenda Pública), envolvendo direitos (créditos) sem natureza tributária: os *juros moratórios* devem observar o índice de remuneração da caderneta de poupança (art. 1º-F da Lei 9.494/1997, com redação dada pela Lei 11.960/2009); a *atualização monetária* deve seguir o Índice Nacional de Preços ao Consumidor Amplo – Especial (IPCA-E), notadamente para a correção monetária do precatório ou da requisição de pequeno valor.

---

[94] "A fim de evitar qualquer lacuna sobre o tema e com o propósito de guardar coerência e uniformidade com o que decidido pelo Supremo Tribunal Federal ao julgar a questão de ordem nas ADIs nº 4.357 e 4.425, entendo que devam ser idênticos os critérios para a correção monetária de precatórios e de condenações judiciais da Fazenda Pública. Naquela oportunidade, a Corte assentou que, após 25.03.2015, todos os créditos inscritos em precatórios deverão ser corrigidos pelo Índice de Preços ao Consumidor Amplo Especial (IPCA-E). Nesse exato sentido, voto pela aplicação do aludido índice a todas as condenações judiciais impostas à Fazenda Pública, qualquer que seja o ente federativo de que se cuide" (STF, Pleno, RE 870.947/SE, rel. Min. Luiz Fux, j. 20.09.2017, trecho do voto).

O Supremo Tribunal Federal rejeitou todos os embargos de declaração opostos e não modulou os efeitos da decisão anteriormente proferida (STF, Pleno, ED-RE 870.947/SE, red. p/ ac. Min. Alexandre de Moraes, j. 03.10.2019). Com isso, decidiu-se que o Índice Nacional de Preços ao Consumidor Amplo – Especial (IPCA-E) para a atualização monetária das condenações impostas à Fazenda Pública aplica-se de 30 de junho de 2009 (data da publicação da Lei 11.960/2009) em diante.

O Supremo Tribunal Federal julgou procedente o pedido formulado em ação direta para declarar a inconstitucionalidade do art. 1º-F da Lei 9.494/1997, alterado pela Lei 11.960/2009, na parte em que se estabelece a aplicação dos índices da caderneta de poupança como critério de atualização monetária nas condenações da Fazenda Pública (STF, Pleno, ADI 5.348/DF, Rel. Min. Cármen Lúcia, j. 11.11.2019).

O Superior Tribunal de Justiça, ainda assim, fixou as seguintes teses jurídicas em recursos especiais repetitivos, quanto à *correção monetária* e aos *juros moratórios* incidentes sobre as condenações impostas à Fazenda Pública, com destaque ao item 3.2:

> "1. Correção monetária: o art. 1º-F da Lei 9.494/97 (com redação dada pela Lei 11.960/2009), para fins de correção monetária, não é aplicável nas condenações judiciais impostas à Fazenda Pública, independentemente de sua natureza.
>
> 1.1 Impossibilidade de fixação apriorística da taxa de correção monetária.
>
> No presente julgamento, o estabelecimento de índices que devem ser aplicados a título de correção monetária não implica pré-fixação (ou fixação apriorística) de taxa de atualização monetária. Do contrário, a decisão baseia-se em índices que, atualmente, refletem a correção monetária ocorrida no período correspondente. Nesse contexto, em relação às situações futuras, a aplicação dos índices em comento, sobretudo o INPC e o IPCA-E, é legítima enquanto tais índices sejam capazes de captar o fenômeno inflacionário.
>
> 1.2 Não cabimento de modulação dos efeitos da decisão.
>
> A modulação dos efeitos da decisão que declarou inconstitucional a atualização monetária dos débitos da Fazenda Pública com base no índice oficial de remuneração da caderneta de poupança, no âmbito do Supremo Tribunal Federal, objetivou reconhecer a validade dos precatórios expedidos ou pagos até 25 de março de 2015, impedindo, desse modo, a rediscussão do débito baseada na aplicação de índices diversos. Assim, mostra-se descabida a modulação em relação aos casos em que não ocorreu expedição ou pagamento de precatório.

2. Juros de mora: o art. 1º-F da Lei 9.494/97 (com redação dada pela Lei 11.960/2009), na parte em que estabelece a incidência de juros de mora nos débitos da Fazenda Pública com base no índice oficial de remuneração da caderneta de poupança, aplica-se às condenações impostas à Fazenda Pública, excepcionadas as condenações oriundas de relação jurídico-tributária.

3. Índices aplicáveis a depender da natureza da condenação.

3.1 Condenações judiciais de natureza administrativa em geral.

As condenações judiciais de natureza administrativa em geral, sujeitam-se aos seguintes encargos: (a) até dezembro/2002: juros de mora de 0,5% ao mês; correção monetária de acordo com os índices previstos no Manual de Cálculos da Justiça Federal, com destaque para a incidência do IPCA-E a partir de janeiro/2001; (b) no período posterior à vigência do CC/2002 e anterior à vigência da Lei 11.960/2009: juros de mora correspondentes à taxa Selic, vedada a cumulação com qualquer outro índice; (c) período posterior à vigência da Lei 11.960/2009: juros de mora segundo o índice de remuneração da caderneta de poupança; correção monetária com base no IPCA-E.

3.1.1 Condenações judiciais referentes a servidores e empregados públicos.

As condenações judiciais referentes a servidores e empregados públicos, sujeitam-se aos seguintes encargos: (a) até julho/2001: juros de mora: 1% ao mês (capitalização simples); correção monetária: índices previstos no Manual de Cálculos da Justiça Federal, com destaque para a incidência do IPCA-E a partir de janeiro/2001; (b) agosto/2001 a junho/2009: juros de mora: 0,5% ao mês; correção monetária: IPCA-E; (c) a partir de julho/2009: juros de mora: remuneração oficial da caderneta de poupança; correção monetária: IPCA-E.

3.1.2 Condenações judiciais referentes a desapropriações diretas e indiretas.

No âmbito das condenações judiciais referentes a desapropriações diretas e indiretas existem regras específicas, no que concerne aos juros moratórios e compensatórios, razão pela qual não se justifica a incidência do art. 1º-F da Lei 9.494/97 (com redação dada pela Lei 11.960/2009), nem para compensação da mora nem para remuneração do capital.

3.2 Condenações judiciais de natureza previdenciária.

As condenações impostas à Fazenda Pública de natureza previdenciária sujeitam-se à incidência do INPC, para fins de correção monetária, no que se refere ao período posterior à vigência da Lei 11.430/2006, que incluiu o art. 41-A na Lei 8.213/91. Quanto aos juros de mora, incidem segundo a remuneração oficial da caderneta de poupança (art. 1º-F da Lei 9.494/97, com redação dada pela Lei n. 11.960/2009).

3.3 Condenações judiciais de natureza tributária.

A correção monetária e a taxa de juros de mora incidentes na repetição de indébitos tributários devem corresponder às utilizadas na cobrança de tributo pago em atraso. Não havendo disposição legal específica, os juros de mora são calculados à taxa de 1% ao mês (art. 161, § 1º, do CTN). Observada a regra isonômica e havendo previsão na legislação da entidade tributante, é legítima a utilização da taxa Selic, sendo vedada sua cumulação com quaisquer outros índices.

4. Preservação da coisa julgada.

Não obstante os índices estabelecidos para atualização monetária e compensação da mora, de acordo com a natureza da condenação imposta à Fazenda Pública, cumpre ressalvar eventual coisa julgada que tenha determinado a aplicação de índices diversos, cuja constitucionalidade/legalidade há de ser aferida no caso concreto" (STJ, 1ª Seção, REsp 1.495.146/MG, REsp 1.492.221/PR, REsp 1.495.144/RS, rel. Min. Mauro Campbell Marques, j. 22.02.2018, DJe 20.03.2018).

O Superior Tribunal de Justiça justificou a posição adotada no item 3.2, quanto à incidência do INPC para a correção monetária em *condenações* impostas à Fazenda Pública de *natureza previdenciária*, ao assim decidir: "Cumpre registrar que a adoção do INPC não configura afronta ao que foi decidido pelo Supremo Tribunal Federal, em sede de repercussão geral (RE 870.947/SE). Isso porque, naquela ocasião, determinou-se a aplicação do IPCA-E para fins de correção monetária de benefício de prestação continuada (BPC), o qual se trata de benefício de natureza assistencial, previsto na Lei 8.742/93. Assim, é imperioso concluir que o INPC, previsto no art. 41-A da Lei 8.213/91, abrange apenas a correção monetária dos benefícios de natureza previdenciária" (STJ, 1ª Seção, REsp 1.492.221/PR, rel. Min. Mauro Campbell Marques, j. 22.02.2018, trecho do voto).

De acordo com o art. 3º da Emenda Constitucional 113/2021, com entrada em vigor em 09.12.2021, nas discussões e nas condenações que envolvam a Fazenda Pública, independentemente de sua natureza e para fins de atualização monetária, de remuneração do capital e de compensação da mora, inclusive do precatório, haverá a incidência, uma única vez, até o efetivo pagamento, do índice da taxa referencial do Sistema Especial de Liquidação e de Custódia (Selic), acumulado mensalmente.

Quanto ao aspecto tributário, o Superior Tribunal de Justiça fixou as seguintes teses em recurso especial repetitivo: "3.1) Regra geral, os juros de mora possuem natureza de lucros cessantes, o que permite a incidência do imposto de renda. Precedentes: REsp 1.227.133/RS, REsp 1.089.720/RS e REsp 1.138.695/SC; 3.2) Os juros de mora decorrentes do pagamento em atraso de verbas alimentares a pessoas físicas escapam à regra geral da incidência do imposto de renda, posto que, excepcionalmente, configuram indenização por danos emergentes. Precedente: RE 855.091/RS; 3.3) Escapam à regra geral de incidência do imposto de renda sobre juros de mora aqueles cuja verba principal seja isenta ou fora do campo de incidência do IR. Precedente: REsp 1.089.720/RS" (STJ, 1ª Seção, REsp 1.470.443/PR, 2014/0181463-7, rel. Min. Mauro Campbell Marques, DJe 15.10.2021).

Os honorários advocatícios, nas ações previdenciárias, não incidem sobre as prestações vencidas após a sentença (Súmula 111 do STJ).

O Superior Tribunal de Justiça fixou a seguinte tese em recurso repetitivo: "O eventual pagamento de benefício previdenciário na via administrativa, seja ele total ou parcial, após a citação válida, não tem o condão de alterar a base de cálculo para os honorários advocatícios fixados na ação de conhecimento, que será composta pela totalidade dos valores devidos" (STJ, 1ª Seção, REsp 1.847.860/RS, 2019/0335274-0, rel. Des. Conv. Manoel Erhardt, DJe 05.05.2021)[95].

5.36. DANOS MORAIS PREVIDENCIÁRIOS

É possível ser devida indenização por *danos morais* pelo Instituto Nacional do Seguro Social (INSS), no caso de conduta (ação ou omissão) ilícita ou abusiva, que viole direito da personalidade (art. 12 do Código Civil) ou direito fundamental voltado à dignidade da pessoa humana (art. 1º, inciso

---

[95] "5. Consoante entendimento firmado por este Superior Tribunal de Justiça os valores pagos administrativamente devem ser compensados na fase de liquidação do julgado; entretanto, tal compensação não deve interferir na base de cálculo dos honorários sucumbenciais, que deverá ser composta pela totalidade dos valores devidos (REsp. 956.263/SP, rel. Min. Napoleão Nunes Maia Filho, Quinta Turma, DJ 3.9.2007, p. 219)" (STJ, 1ª Seção, REsp 1.847.860/RS, 2019/0335274-0, rel. Des. Conv. Manoel Erhardt, DJe 05.05.2021).

III, da Constituição Federal de 1988), no caso, do beneficiário (segurado ou dependente do Regime Geral de Previdência Social)[96].

A Constituição da República, no art. 5º, inciso V, assegura o direito de *indenização por dano material, moral ou à imagem*. Ademais, são invioláveis a intimidade, a vida privada, a honra e a imagem das pessoas, *assegurado o direito à indenização pelo dano material ou moral decorrente de sua violação* (art. 5º, inciso X, da Constituição da República).

Conforme o art. 186 do Código Civil, aquele que, por ação ou omissão voluntária, negligência ou imprudência, violar direito e causar dano a outrem, *ainda que exclusivamente moral*, comete ato ilícito.

Também comete ato ilícito o titular de um direito que, ao exercê-lo, excede manifestamente os limites impostos pelo seu fim econômico ou social, pela boa-fé ou pelos bons costumes. Trata-se do *abuso no exercício do direito*, previsto no art. 187 do Código Civil.

O art. 37, § 6º, da Constituição da República determina que as pessoas jurídicas de direito público e as de direito privado prestadoras de serviços públicos respondem pelos danos que seus agentes, nessa qualidade, causarem a terceiros, assegurado o direito de regresso contra o responsável nos casos de dolo ou culpa[97].

---

96 "Processual civil e previdenciário. Agravo regimental em agravo em recurso especial. Erro no indeferimento da concessão de benefício previdenciário. Nexo causal e resultado lesivo reconhecidos pela instância ordinária. Revaloração do conjunto fático-probatório dos autos. Responsabilidade do Estado. Reparação por dano moral. 1. O indeferimento de benefício previdenciário imotivado acarreta injusta privação de verba alimentar, colocando em risco a subsistência do segurado, sobretudo em casos de pessoas de baixa renda, como é o caso dos autos. 2. A compensação por danos morais foi feita, pelo juízo sentenciante, com esteio em extensa e minuciosa análise dos elementos probatórios da dor e das dificuldades pessoais que afligiu o agravado, que mesmo comprovando a gravidade da moléstia que o acometia, teve seu benefício negado, sendo obrigado, por mais de quatro anos, a sacrificar sua saúde e bem-estar trabalhando no mercado informal como vendedor ambulante, a despeito do câncer de laringe em estado avançado que apresentava. 3. Constatado o nexo de causalidade entre o ato da Autarquia e o resultado lesivo suportado pelo segurado, é devida a reparação dos danos morais. 4. Agravo Regimental do INSS desprovido" (STJ, 1ª T., AgRg no AREsp 193.163/SE (2012/0128525-0), rel. Min. Napoleão Nunes Maia Filho, DJe 08.05.2014).

97 A respeito do tema, o Supremo Tribunal Federal fixou a seguinte tese de repercussão geral: "A teor do disposto no art. 37, § 6º, da Constituição Federal, a ação por danos causados por agente público deve ser ajuizada contra o Estado ou a pessoa jurídica de direito privado prestadora de serviço público, sendo parte ilegítima para a ação o autor do ato, assegurado o direito de regresso contra o responsável nos casos de dolo ou culpa" (STF, Pleno, RE 1.027.633/SP, rel. Min. Marco Aurélio, j. 14.08.2019).

Incide no caso, assim, a *responsabilidade objetiva do Estado*, mais especificamente da autarquia federal previdenciária (INSS), por se tratar de pessoa jurídica de direito público, nas hipóteses de ação que viole os referidos direitos, uma vez presente o nexo causal entre a conduta e o prejuízo sofrido.

Entende-se, ademais, que não se exige a demonstração (ou seja, a prova) de eventual sofrimento, aflição ou outro sentimento intimamente padecido pela vítima, pois é do fato da violação do referido direito da personalidade, ou da lesão a direito fundamental, preservando a dignidade da pessoa humana, que surge, automaticamente, o prejuízo de ordem moral[98].

A Turma Nacional de Uniformização dos Juizados Especiais Federais firmou a seguinte tese (Tema 242): "A demora excessiva na realização de perícia médica pelo INSS, em razão de movimento grevista de seus servidores, não enseja a responsabilização civil do Estado por danos suportados pelo segurado ante a negativa do empregador em admiti-lo ao labor enquanto não liberado o retorno pela perícia médica administrativa" (TNU, PEDILEF 0001436-92.2016.4.01.3807/MG, rel. Juiz Federal Ivanir César Ireno Júnior, DJe 24.09.2021).

O art. 1º-C da Lei 9.494/1997 dispõe que *prescreve em cinco anos o direito de obter indenização dos danos causados por agentes de pessoas jurídicas de direito público* e de pessoas jurídicas de direito privado prestadoras de serviços públicos.

Quanto à *atualização monetária*, no caso específico em estudo, aplica-se a Súmula 362 do Superior Tribunal de Justiça, no sentido de que "a correção monetária do valor da indenização do dano moral incide *desde a data do arbitramento*".

A respeito dos *juros de mora*, segundo o art. 398 do Código Civil, nas obrigações provenientes de ato ilícito, *considera-se o devedor em mora, desde que o praticou*. Os juros moratórios fluem a partir do evento danoso, em caso de responsabilidade extracontratual (Súmula 54 do STJ)[99].

---

[98] Cf. LISBOA, Roberto Senise. *Manual de direito civil*: obrigações e responsabilidade civil. 3. ed. São Paulo: RT, 2004. v. 2. p. 503.

[99] "Administrativo. Empréstimo consignado fraudulento. Descontos indevidos em proventos de aposentadoria. Violação ao art. 535 do CPC. Inocorrência. Legitimidade passiva do INSS configurada. Responsabilidade civil do Estado demonstrada. Danos morais. Valor. Súmula 07/STJ. Juros de mora. Art. 1º-F da Lei 9.494/97. Responsabilidade solidária. Pessoa jurídica de direito privado. Ausência de prequestionamento. Termo inicial. Súmula 54/STJ. [...] 7. Cuidando-se de responsabilidade extracontratual, os juros de mora passam a correr do evento danoso (súmula 54/STJ), estando o acórdão recorrido em consonância com a jurisprudência desta Corte" (STJ, 2ª T., REsp 1.213.288/SC, 2010/0178737-6, rel. Min. Eliana Calmon, DJe 01.07.2013).

Na demanda em questão, ajuizada em face do INSS, a competência é da Justiça Federal, nos termos do art. 109, inciso I, da Constituição da República (STJ, 1ª Seção, CC 106.797/SP (2009/0140945-2), rel. Min. Castro Meira, DJe 22.10.2009).

CAPÍTULO

6

ACIDENTE DO TRABALHO

6.1. EVOLUÇÃO HISTÓRICA

A história dos acidentes de trabalho remonta à história do próprio labor humano. Com a Revolução Industrial, o aumento dos acidentes e doenças ocupacionais decorreu da instalação de teares e máquinas, bem como do trabalho em minas de subsolo. A chamada "questão social" impôs condições insalubres, perigosas e penosas de labor, jornadas extensas, salários reduzidos, intensa exploração do trabalho de mulheres e crianças.

Com a passagem do Estado Liberal para o Estado Social observamos o surgimento da legislação social, trabalhista e previdenciária, estabelecendo regras de proteção aos trabalhadores.

Na Alemanha, na época de Bismarck, cabe fazer referência à primeira lei sobre acidente do trabalho, de 1884, contando com a definição de acidente e a previsão dos benefícios decorrentes, com destaque à assistência médica e às prestações em dinheiro. As empresas, assim, eram obrigadas a manter seguros de acidentes[1].

---

1 Cf. MARTINS, Sergio Pinto. *Direito da seguridade social*. 35. ed. São Paulo: Atlas, 2015. p. 419.

Na evolução da proteção em face dos acidentes do trabalho, observam-se diversas teorias a respeito da responsabilidade e indenização decorrentes do infortúnio[2].

De acordo com a *teoria da culpa aquiliana*, exige-se a prova da culpa do empregador para que a indenização seja devida. Como crítica aponta-se a injustiça decorrente da dificuldade probatória imposta ao empregado.

Conforme a *teoria do contrato*, o empregador tem o dever de proteger o empregado, decorrente do pacto laboral, o que acarreta a inversão do ônus da prova, cabendo àquele demonstrar que tomou todos os cuidados necessários para evitar o acidente do trabalho.

A *teoria do risco profissional* estabelece a responsabilidade objetiva decorrente do exercício da atividade profissional. Nesse enfoque, a máquina gera riscos, mas é fonte de riqueza ao empregador, cabendo a ele responder pelos prejuízos causados. Entretanto, a indenização seria devida de forma tarifada.

Na *teoria do seguro social*, a qual, com fundamento no princípio da solidariedade, foi ampliada para a Seguridade Social, ocorreu a integração dos benefícios acidentários na Previdência Social.

O acidente do trabalho, assim, passa a ser entendido como contingência social. A responsabilidade, por seu turno, passa a ser do Estado, suportada por toda a sociedade, por meio da Previdência Social.

No Brasil, o Código Comercial de 1850, no art. 79, previa os acidentes "imprevistos e inculpados", com a consequente manutenção dos salários por três meses.

O Decreto 3.724, de 15 de janeiro de 1919, é considerado a primeira lei nacional de acidentes do trabalho.

As indenizações ainda eram previstas de forma tarifada em favor do acidentado ou dos seus dependentes (em caso de morte do trabalhador).

Adotava-se a chamada *teoria do risco profissional*, com o estabelecimento da responsabilidade objetiva do empregador.

Nessa época, o seguro de acidentes do trabalho ainda era facultativo.

A Lei 5.316/1967 teve o importante papel de integrar o regime do seguro de acidente do trabalho na Previdência Social.

---

2 Cf. MARTINS, Sergio Pinto. *Direito da seguridade social*. 35. ed. São Paulo: Atlas, 2015. p. 420-423.

A Constituição Federal de 1988, no art. 7º, inciso XXVIII, prevê o seguro contra acidentes de trabalho, a cargo do empregador, sem excluir a indenização a que este está obrigado, quando incorrer em dolo ou culpa.

A respeito do tema, o Supremo Tribunal Federal fixou a seguinte tese de repercussão geral: "O artigo 927, parágrafo único, do Código Civil é compatível com o artigo 7º, XXVIII, da Constituição Federal, sendo constitucional a responsabilização objetiva do empregador por danos decorrentes de acidentes de trabalho, nos casos especificados em lei, ou quando a atividade normalmente desenvolvida, por sua natureza, apresentar exposição habitual a risco especial, com potencialidade lesiva e implicar ao trabalhador ônus maior do que aos demais membros da coletividade" (STF, Pleno, RE 828.040/DF, rel. Min. Alexandre de Moraes, DJe 26.06.2020).

Os trabalhadores urbanos e rurais, inclusive domésticos, têm direito à *redução dos riscos inerentes ao trabalho*, por meio de normas de saúde, higiene e segurança (art. 7º, inciso XXII, da Constituição da República).

A Lei 8.213/1991 dispõe sobre os benefícios da Previdência Social, versando, inclusive, sobre aqueles decorrentes de acidentes do trabalho.

Lei complementar poderá disciplinar a cobertura de benefícios não programados, inclusive os decorrentes de acidente do trabalho, a ser atendida concorrentemente pelo Regime Geral de Previdência Social e pelo setor privado (art. 201, § 10, da Constituição Federal de 1988, com redação dada pela Emenda Constitucional 103/2019).

Na Organização Internacional do Trabalho, há diversas Convenções sobre o tema. A Convenção 102 da OIT, de 1952, estabelece as normas mínimas de Seguridade Social, inclusive com a previsão de prestações em caso de acidentes de trabalho e doenças profissionais. A Convenção 155 da OIT, de 1981, dispõe sobre segurança e saúde dos trabalhadores e o meio ambiente de trabalho. A Convenção 174 da OIT, de 1993, versa sobre a prevenção de acidentes industriais maiores. A Convenção 187 da OIT, de 2006, dispõe sobre o marco promocional para a segurança e saúde no trabalho.

A Organização Internacional do Trabalho, na 110ª sessão da sua Conferência Internacional do Trabalho, em junho de 2022, adotou a inclusão de um ambiente de trabalho seguro e saudável na Declaração relativa aos princípios e direitos fundamentais no trabalho, de 1998. Com isso, passam a ser fundamentais a Convenção 155 e a Convenção 187.

6.2. CONCEITO

O acidente do trabalho pode ser entendido como o fato ou evento decorrente do labor que causa dano ou a morte do empregado.

O art. 19 da Lei 8.213/1991, com redação dada pela Lei Complementar 150/2015, prevê que acidente do trabalho é o que ocorre pelo exercício do trabalho a serviço de empresa ou de empregador doméstico ou pelo exercício do trabalho dos segurados especiais, provocando lesão corporal ou perturbação funcional que cause a morte ou a perda ou redução, permanente ou temporária, da capacidade para o trabalho.

Trata-se do *acidente do trabalho típico*, o qual é o acontecimento brusco, imprevisto e de consequências normalmente imediatas. Os segurados que estão abrangidos pelo conceito legal de acidente do trabalho são o empregado, o trabalhador avulso, o empregado doméstico e o segurado especial.

O acidente do trabalho, assim, é o evento ocorrido no exercício do trabalho, do qual resulte lesão (ou perturbação funcional) que cause morte ou perda ou redução da capacidade para o trabalho. No âmbito previdenciário, é uma contingência social.

6.3. DOENÇAS OCUPACIONAIS

Diversamente do acidente do trabalho, que é instantâneo, as doenças ocupacionais são normalmente lentas e insidiosas, resultando de um processo.

Nesse sentido, consideram-se acidente do trabalho (art. 20 da Lei 8.213/1991):

– a *doença profissional*, assim entendida a produzida ou desencadeada pelo exercício do trabalho peculiar a determinada atividade (ou seja, conforme a profissão ou o ramo de atividade, englobando as chamadas "tecnopatias") e constante da respectiva relação elaborada pelo Ministério da Previdência Social (Anexo II do Regulamento da Previdência Social, aprovado pelo Decreto 3.048/1990);

– a *doença do trabalho*, assim entendida a adquirida ou desencadeada em função de condições especiais em que o trabalho é realizado (englobando as chamadas "mesopatias") e com ele se relacione diretamente, constante da mesma relação elaborada pelo Ministério da Previdência Social.

Em caso excepcional, constatando-se que a doença não incluída nessa relação resultou das condições especiais em que o trabalho é executado e com ele se relaciona diretamente, a Previdência Social deve considerá-la acidente do trabalho (art. 20, § 2º, da Lei 8.213/1991).

Foi instituída a Lista de doenças relacionadas ao trabalho, a ser adotada como referência dos agravos originados no processo de trabalho no Sistema Único de Saúde, para uso clínico e epidemiológico (art. 423 da Portaria de Consolidação 5/2017 do Ministério da Saúde).

Para a caracterização do acidente do trabalho e da doença ocupacional deve haver o nexo entre o *trabalho*, o *acidente*, a *lesão* e a *incapacidade* ou a *morte* (como consequências resultantes da lesão).

Desse modo, o acidente do trabalho deve ser caracterizado tecnicamente pela Perícia Médica Federal, por meio da identificação do nexo entre o trabalho e o agravo (art. 337 do Regulamento da Previdência Social).

Considera-se agravo a lesão, a doença, o transtorno de saúde, o distúrbio, a disfunção ou a síndrome de evolução aguda, subaguda ou crônica, de natureza clínica ou subclínica, inclusive a morte, independentemente do tempo de latência.

Cabe ao setor de benefícios do Instituto Nacional do Seguro Social reconhecer o direito do segurado à habilitação do benefício acidentário.

É considerado agravamento do acidente aquele sofrido pelo acidentado quanto estiver sob a responsabilidade da reabilitação profissional.

Nos termos do art. 2º, § 1º, da Lei 14.128/2021, presume-se a covid-19 como causa da incapacidade permanente para o trabalho ou óbito, mesmo que não tenha sido a causa única, principal ou imediata, desde que mantido o *nexo temporal* entre a data de início da doença e a ocorrência da incapacidade permanente para o trabalho ou óbito, se houver: I – diagnóstico de covid-19 comprovado mediante laudos de exames laboratoriais; ou II – laudo médico que ateste quadro clínico compatível com a covid-19.

Trata-se de previsão da Lei 14.128/2021, que dispõe sobre compensação financeira a ser paga pela União aos profissionais e trabalhadores de saúde que, durante o período de emergência de saúde pública de importância nacional decorrente da disseminação do novo coronavírus (SARS-CoV-2), por terem trabalhado no atendimento direto a pacientes acometidos pela covid-19, ou realizado visitas domiciliares em determinado período de tempo, no caso de agentes comunitários de saúde ou de combate a endemias, tornarem-se permanentemente incapacitados para o trabalho, ou ao seu cônjuge ou companheiro, aos seus dependentes e aos seus herdeiros necessários, em caso de óbito.

A rigor, o art. 2º, § 1º, da Lei 14.128/2021, como norma especial, não versa sobre o reconhecimento do nexo entre o trabalho e o agravo para fins previdenciários, tendo aplicação na questão específica da referida compensação financeira, a qual possui natureza indenizatória e não pode constituir base de cálculo para a incidência de imposto de renda ou de contribuição previdenciária (art. 5º da Lei 14.128/2021).

Como se pode notar, essa compensação financeira não tem natureza previdenciária. Tanto é assim que o recebimento da compensação financeira de que trata a Lei 14.128/2021 não prejudica o direito ao recebimento de benefícios previdenciários ou assistenciais previstos em lei (art. 5º, parágrafo único, da Lei 14.128/2021).

A presença de comorbidades não afasta o direito ao recebimento da compensação financeira de que trata a Lei 14.128/2021 (art. 2º, § 2º).

Registre-se que a concessão da compensação financeira nas hipóteses de que tratam os incisos I (profissional ou trabalhador de saúde) e II (agente comunitário de saúde e de combate a endemias) do art. 2º da Lei 14.128/2021[3] está sujeita à avaliação de perícia médica realizada por servidores integrantes da carreira de Perito Médico Federal (art. 2º, § 3º, da Lei 14.128/2021). Sendo assim, é possível argumentar que nessas situações a presunção estabelecida no art. 2º, § 1º, da Lei 14.128/2021 tem natureza relativa, podendo ser elidida, em razão de outros elementos do caso concreto, pela perícia médica.

O Supremo Tribunal Federal julgou improcedente o pedido formulado em ação direta de inconstitucionalidade, declarando constitucional o disposto na Lei 14.128/2021 (STF, Pleno, ADI 6.970/DF, rel. Min. Cármen Lúcia, j. 16.08.2022). Entendeu-se que a referida compensação financeira não tem natureza de benefício previdenciário nem de remuneração, mas de indenização, com finalidade específica, e a lei não restringe seus beneficiários aos servidores públicos federais.

Embora a verificação do nexo entre o trabalho e o agravo para fins previdenciários tenha regras próprias (arts. 21 e 21-A da Lei 8.213/1991 e art. 337 do Regulamento da Previdência Social), nos casos de profissionais e trabalhadores de saúde, é possível que ocorra a aplicação do art. 2º, § 1º, da Lei 14.128/2021 nas esferas previdenciária (para fins de aposentadoria por

---

3 "Art. 2º A compensação financeira de que trata esta Lei será concedida: I – ao profissional ou trabalhador de saúde referido no inciso I do parágrafo único do art. 1º desta Lei que ficar incapacitado permanentemente para o trabalho em decorrência da Covid-19; II – ao agente comunitário de saúde e de combate a endemias que ficar incapacitado permanentemente para o trabalho em decorrência da Covid-19, por ter realizado visitas domiciliares em razão de suas atribuições durante o Espin-Covid-19; III – ao cônjuge ou companheiro, aos dependentes e aos herdeiros necessários do profissional ou trabalhador de saúde que, falecido em decorrência da Covid-19, tenha trabalhado no atendimento direto aos pacientes acometidos por essa doença, ou realizado visitas domiciliares em razão de suas atribuições, no caso de agentes comunitários de saúde ou de combate a endemias, durante o Espin-Covid-19".

incapacidade permanente e pensão por morte) e trabalhista como fundamento de reforço, de modo supletivo, isto é, com o intuito de confirmar a natureza ocupacional da doença, notadamente em âmbito judicial.

Considera-se como *dia do acidente*, no caso de doença profissional ou do trabalho, a data do início da incapacidade laborativa para o exercício da atividade habitual, ou o dia da segregação compulsória, ou o dia em que for realizado o diagnóstico, valendo para este efeito o que ocorrer primeiro (art. 23 da Lei 8.213/1991).

Entretanto, não são consideradas como doença do trabalho: a doença degenerativa; a inerente a grupo etário; a que não produza incapacidade laborativa; a doença endêmica adquirida por segurado habitante de região em que ela se desenvolva, salvo comprovação de que é resultante de exposição ou contato direto determinado pela natureza do trabalho (art. 20, § 1º, da Lei 8.213/1991).

Nesse rol, merece destaque a doença que não gera a incapacidade laborativa, a qual não é considerada doença do trabalho, não se equiparando, assim, ao acidente do trabalho.

6.4. NEXO TÉCNICO EPIDEMIOLÓGICO

A perícia médica do Instituto Nacional do Seguro Social (INSS) deve considerar caracterizada a natureza acidentária da incapacidade quando constatar ocorrência de nexo técnico epidemiológico entre o trabalho e o agravo, decorrente da relação entre a atividade da empresa ou do empregado doméstico e a entidade mórbida motivadora da incapacidade elencada na Classificação Internacional de Doenças (CID), em conformidade com o que dispuser o regulamento (art. 21-A da Lei 8.213/1991).

O nexo técnico epidemiológico é estabelecido levando em conta estudos científicos, bem como mapeamentos e análises de ordem empírica, os quais possibilitam a demonstração e indicação de *quais doenças apresentam elevadas ou significativas incidências estatística nos diferentes ramos de atividade econômica*, em que os segurados exercem a atividade laboral.

Além disso, é frequente o empregador não emitir a Comunicação de Acidente do Trabalho (CAT), conforme art. 22 da Lei 8.213/1991, por não reconhecer a natureza ocupacional da doença sofrida pelo empregado, gerando a chamada subnotificação dos agravos à saúde do trabalho, em manifesto prejuízo ao trabalhador, ao sistema de saúde e à sociedade.

Com isso, uma vez presente o nexo técnico epidemiológico (entre o trabalho e o agravo), passa a existir a presunção de que a doença tem natureza ocupacional.

Ou seja, verificada a existência do referido nexo técnico epidemiológico, não mais cabe ao empregado (segurado) provar ou demonstrar que a doença foi produzida ou desencadeada pelo exercício do trabalho peculiar a determinada atividade, ou que a doença foi adquirida ou desencadeada em função de condições especiais em que o trabalho é realizado e com ele se relacione diretamente.

Se estiver presente o nexo técnico epidemiológico, presume-se que se trata de doença do trabalho ou profissional. Trata-se de *presunção relativa*, pois a ausência de natureza ocupacional pode ser demonstrada pela empresa ou pelo empregador doméstico.

Nesse sentido, o art. 21-A, § 1º, da Lei 8.213/1991 prevê que a perícia médica do INSS deixará de aplicar o disposto no referido dispositivo quando demonstrada a inexistência do nexo técnico epidemiológico. A empresa ou o empregador doméstico, assim, podem requerer a não aplicação do nexo técnico epidemiológico, de cuja decisão caberá recurso, com efeito suspensivo, da empresa, do empregador doméstico ou do segurado ao Conselho de Recursos da Previdência Social, conforme o art. 21-A, § 2º, da Lei 8.213/1991.

Por isso, há quem argumente ter ocorrido uma inversão do ônus da prova quanto à caracterização da natureza ocupacional do agravo. No entanto, em termos mais precisos, o que existe é a presunção relativa da natureza ocupacional do agravo, quando verificado o nexo técnico epidemiológico, presunção esta que, justamente por ser relativa, pode ser elidida, com a demonstração, pelo empregador, da ausência do caráter ocupacional (art. 337, §§ 7º a 13, do Regulamento da Previdência Social).

A mencionada sistemática, pertinente ao nexo técnico epidemiológico, não se restringe apenas à doença em sentido estrito, mas abrange, na realidade, o "agravo" (art. 21-A da Lei 8.213/1991), assim considerado "a lesão, doença, transtorno de saúde, distúrbio, disfunção ou síndrome de evolução aguda, subaguda ou crônica, de natureza clínica ou subclínica, inclusive morte, independentemente do tempo de latência" (art. 337, § 4º, do Regulamento da Previdência Social, aprovado pelo Decreto 3.048/1999).

Se reconhecidos pela Perícia Médica Federal a incapacidade para o trabalho e o nexo entre o trabalho e o agravo, serão devidas as prestações acidentárias a que o beneficiário tiver direito (art. 337, § 5º, do Regulamento da Previdência Social).

Além disso, o segurado (e mesmo a empresa) tem a possibilidade de discutir a questão no âmbito judicial, tendo em vista o direito constitucional de ação (art. 5º, inciso XXXV, da Constituição Federal de 1988).

O Supremo Tribunal Federal decidiu ser "constitucional a previsão legal de presunção de vínculo entre a incapacidade do segurado e suas atividades profissionais quando constatada pela Previdência Social a presença do nexo técnico epidemiológico entre o trabalho e o agravo, podendo ser elidida pela perícia médica do Instituto Nacional do Seguro Social se demonstrada a inexistência" (STF, Pleno, ADI 3.931/DF, rel. Min. Cármen Lúcia, DJe 12.05.2020).

Cabe examinar, ainda, a forma de se verificar o nexo técnico epidemiológico entre o trabalho e o agravo.

O referido nexo deve ser decorrente da relação entre a atividade da empresa ou do empregado doméstico e a entidade mórbida motivadora da incapacidade elencada na Classificação Internacional de Doenças – CID (art. 21-A, *caput*, da Lei 8.213/1991). A "entidade mórbida" de natureza ocupacional pode ser a doença profissional ou a doença do trabalho (art. 20, incisos I e II, da Lei 8.213/1991). Desse modo, o aspecto que merece destaque é exatamente a "atividade da empresa ou do empregado doméstico".

Efetivamente, de acordo com o art. 337, § 3º, do Regulamento da Previdência Social, "considera-se estabelecido o nexo entre o trabalho e o agravo quando se verificar nexo técnico epidemiológico entre a atividade da empresa e a entidade mórbida motivadora da incapacidade, elencada na Classificação Internacional de Doenças (CID) em conformidade com o disposto na Lista C do Anexo II deste Regulamento".

A análise da atividade da empresa, na realidade, deve se voltar ao "ramo de atividade econômica da empresa", devendo ser verificada pela Classificação Nacional de Atividade Econômica (CNAE).

Essa observação é confirmada pela Instrução Normativa INSS 31/2008, que dispõe sobre procedimentos e rotinas referentes ao Nexo Técnico Previdenciário, especialmente na previsão do seu art. 6º, *caput*: "Considera-se epidemiologicamente estabelecido o nexo técnico entre o trabalho e o agravo sempre que se verificar a existência de associação entre a atividade econômica da empresa, expressa pela CNAE, e a entidade mórbida motivadora da incapacidade, relacionada na CID", de acordo com o previsto, atualmente, na lista C do anexo II do Regulamento da Previdência Social, aprovado pelo Decreto 3.048/1999.

O art. 3º, inciso III, da referida Instrução Normativa indica que o nexo técnico epidemiológico previdenciário (NTEP) é uma das espécies do gênero nexo técnico.

Na verdade, como prevê o art. 4º, *caput*, da Instrução Normativa INSS 31/2008, "os agravos associados aos agentes etiológicos ou fatores de risco de natureza profissional e do trabalho das listas A e B do anexo II do Decreto nº 3.048/1999, presentes nas atividades econômicas dos empregadores, cujo segurado tenha sido exposto, ainda que parcial e indiretamente, serão considerados doenças profissionais ou do trabalho, nos termos dos incisos I e II, art. 20 da Lei 8.213/1991".

Na doença ocupacional têm-se o agravo, o trabalho e o nexo. Para a caracterização do nexo (gênero) entre a entidade mórbida e o labor, ou seja, para a constatação da natureza ocupacional da doença, há três formas (espécies):

1) ocorrência de *nexo técnico epidemiológico* entre o ramo de atividade econômica da empresa (expressa pela Classificação Nacional de Atividade Econômica – CNAE) e a entidade mórbida motivadora da incapacidade (relacionada na Classificação Internacional de Doenças), em conformidade com a Lista C do Anexo II do Regulamento da Previdência Social;

2) constatação de que o agravo decorre de agente etiológico ou fator de risco de natureza ocupacional das Listas A e B do Anexo II do Regulamento da Previdência Social, presente nas atividades econômicas do empregador, cujo segurado tenha sido exposto, ainda que parcial ou indiretamente;

3) verificação da hipótese excepcional, prevista no art. 20, § 2º, da Lei 8.213/1991, em que a doença não está incluída na relação prevista nos incisos I e II do art. 20 da Lei 8.213/1991, mas resultou das condições especiais em que o trabalho é executado e com ele se relaciona diretamente, caso em que a Previdência Social deve considerá-la acidente do trabalho[4].

Na modalidade "1", o nexo entre o trabalho e o agravo é estabelecido pela verificação do NTEP, o qual é determinado levando em conta o ramo de atividade econômica da empresa (conforme CNAE) e a entidade mórbida motivadora da incapacidade (conforme CID).

Nessa hipótese, o parâmetro é a *Lista C* do Anexo II do Regulamento da Previdência Social, que indica os intervalos de CID-10 em que se reconhece Nexo Técnico Epidemiológico, na forma do § 3º do art. 337 do Regulamento da Previdência Social, entre a entidade mórbida e as classes de CNAE indicadas, nelas incluídas todas as subclasses cujos quatro dígitos iniciais sejam comuns. No caso, o nexo gera presunção *relativa* da natureza ocupacional do agravo. Por isso, o empregador pode elidir essa presunção, ou seja, a empresa pode demonstrar a ausência de nexo causal entre o agravo e o trabalho, provando que a doença não tem natureza ocupacional.

Na modalidade "2", o nexo entre o trabalho e o agravo é estabelecido pela verificação de que este decorre de *agentes etiológicos ou fatores de*

---

4 De acordo com a nota 1 à Lista B, do Anexo II, do Decreto 3.048/1999 (com redação dada pelo Decreto 6.957/2009), as doenças e respectivos agentes etiológicos ou fatores de risco de natureza ocupacional listados são "exemplificativos e complementares".

risco de natureza ocupacional (profissional e do trabalho), arrolados nas *Listas A e B* do Anexo II do Regulamento da Previdência Social. Estas Listas apresentam, respectivamente, o rol dos diversos "Agentes ou Fatores de Risco de Natureza Ocupacional relacionados com a etiologia de doenças profissionais e de outras doenças relacionadas com o trabalho" e o rol das "Doenças infecciosas e parasitárias relacionadas com o trabalho".

Já nos agravos em que se analisa se existe, ou não, o nexo técnico epidemiológico (NTE) entre o ramo de atividade econômica da empresa (CNAE) e a entidade mórbida motivadora da incapacidade (CID), conforme Lista C do Anexo II do RPS (doenças relacionadas ao trabalho), devem ser destacadas outras observações, ainda presentes na Instrução Normativa INSS 31/2008:

– a inexistência de nexo técnico epidemiológico não elide o nexo causal entre o trabalho e o agravo, cabendo à perícia médica a caracterização técnica do acidente do trabalho, fundamentadamente, sendo obrigatório o registro e a análise do relatório do médico assistente, além dos exames complementares que eventualmente o acompanhem (art. 6º, § 1º);

– na situação prevista acima, a perícia médica pode, se necessário, solicitar as demonstrações ambientais da empresa, efetuar pesquisa ou realizar vistoria do local de trabalho ou solicitar Perfil Profissiográfico Previdenciário (PPP), diretamente ao empregador (art. 6º, § 2º);

– a perícia médica do INSS pode deixar de aplicar o nexo técnico epidemiológico mediante decisão fundamentada, quando dispuser de informações ou elementos circunstanciados e contemporâneos ao exercício da atividade que evidenciem a inexistência do nexo técnico entre o agravo e o trabalho (art. 6º, § 3º).

De todo modo, como prevê o art. 10 da Instrução Normativa 31/2008, a existência de nexo de qualquer espécie entre o trabalho e o agravo não implica o reconhecimento automático da incapacidade para o trabalho, que deverá ser definida pela perícia médica. Efetivamente, segundo o art. 20, § 1º, *c*, da Lei 8.213/1991, não são consideradas como doença do trabalho as que não produzam incapacidade laborativa.

Para o estabelecimento do nexo causal entre os transtornos de saúde e as atividades do trabalhador, além da anamnese, do exame clínico (físico e mental), de relatórios e dos exames complementares, é dever do médico considerar: a história clínica e ocupacional atual e pregressa, decisiva em qualquer diagnóstico e/ou investigação de nexo causal; o estudo do local de trabalho; o estudo da organização do trabalho; *os dados epidemiológicos*; a literatura científica; a ocorrência de quadro clínico ou subclínico em trabalhadores expostos a riscos semelhantes; a identificação de riscos físicos, químicos, biológicos, mecânicos, estressantes e outros; o depoimento e a experiência dos trabalhadores; os conhecimentos e as práticas de outras disciplinas e de seus profissionais, sejam ou não da área da saúde (art. 2º da Resolução 2.183/2018 do Conselho Federal de Medicina).

Por isso, uma vez reconhecida a incapacidade para o trabalho (pela perícia médica do INSS, ou mesmo judicialmente) e estabelecido o nexo entre o trabalho e o agravo, são devidas as prestações acidentárias a que o beneficiário tenha direito.

Vale dizer, se estiver presente o *nexo técnico epidemiológico* (entre o trabalho e a doença), passa a existir a presunção relativa de que a doença tem natureza ocupacional (TST, 3ª T., RR 55600-36.2007.5.09.0567, rel. Min. Alberto Luiz Bresciani de Fontan Pereira, DEJT 13.08.2010).

6.5. ACIDENTE DO TRABALHO POR EQUIPARAÇÃO

Equipara-se a acidente do trabalho, segundo o art. 21, inciso I, da Lei 8.213/1991, o acidente ligado ao trabalho que, embora não tenha sido a causa única, haja *contribuído diretamente* para a morte do segurado, para redução ou perda da sua capacidade para o trabalho, ou produzido lesão que exija atenção médica para a sua recuperação.

Trata-se da chamada *concausa*, no sentido de haver mais de uma causa para o acidente do trabalho.

A concausa pode ser *preexistente* (ou seja, já existia antes do evento, como a condição de saúde do empregado), *superveniente* (ocorrida posteriormente ao fato) ou *concomitante* com a causa que desencadeou o acidente ou a doença ocupacional.

A *causalidade indireta*, por sua vez, também é abrangida pelo art. 21 da Lei 8.213/1991, ao prever situações em que o empregado sofre lesão relacionada à atividade laboral.

Nesse sentido, equiparam-se também ao acidente do trabalho:

> II – o acidente sofrido pelo segurado no local e no horário do trabalho, em consequência de:
>
> a) ato de agressão, sabotagem ou terrorismo praticado por terceiro ou companheiro de trabalho;
>
> b) ofensa física intencional, inclusive de terceiro, por motivo de disputa relacionada ao trabalho;

c) ato de imprudência, de negligência ou de imperícia de terceiro ou de companheiro de trabalho;

d) ato de pessoa privada do uso da razão;

e) desabamento, inundação, incêndio e outros casos fortuitos ou decorrentes de força maior;

III – a doença proveniente de contaminação acidental do empregado no exercício de sua atividade;

IV – o acidente sofrido pelo segurado ainda que fora do local e horário de trabalho:

a) na execução de ordem ou na realização de serviço sob a autoridade da empresa;

b) na prestação espontânea de qualquer serviço à empresa para lhe evitar prejuízo ou proporcionar proveito;

c) em viagem a serviço da empresa, inclusive para estudo quando financiada por esta dentro de seus planos para melhor capacitação da mão de obra, independentemente do meio de locomoção utilizado, inclusive veículo de propriedade do segurado;

d) no percurso da residência para o local de trabalho ou deste para aquela, qualquer que seja o meio de locomoção, inclusive veículo de propriedade do segurado.

Trata-se, no caso, do acidente de trabalho *in itinere*, ou seja, acidente de trajeto, como na hipótese do empregado que é assaltado no percurso para o trabalho ou para casa e acaba falecendo[5].

---

[5] A Medida Provisória 905, de 11 de novembro de 2019 (DOU de 12.11.2019), revogava a alínea *d* do inciso IV do *caput* do art. 21 da Lei 8.213/1991, mas aquela não foi convertida em lei. A Medida Provisória 905/2019, portanto, excluía a figura do acidente do trabalho *in itinere* ou de trajeto. Tratava-se de inegável retrocesso na proteção social, em desacordo com o art. 7º, *caput*, da Constituição Federal de 1988, e em afronta ao princípio da universalidade da cobertura, inerente à Seguridade Social (art. 194, parágrafo único, inciso I, da Constituição da República). Ainda assim, caso o segurado ficasse incapacitado de forma permanente (invalidez) ou temporária, ou viesse a falecer em razão de acidente no percurso da residência para o local de trabalho ou deste para aquela, caso presentes os requisitos legais, o benefício previdenciário que cobre a contingência (aposentadoria por incapacidade permanente, auxílio-doença ou pensão por morte) seria devido, embora sem a natureza acidentária. Como consequência, haveria a exclusão de direitos como de manutenção do contrato de trabalho na empresa pelo prazo mínimo de 12 meses após a cessação do auxílio-doença acidentário (art. 118 da Lei 8.213/1991) e de depósitos do FGTS em razão de licença por acidente do trabalho (art. 15, § 5º, da Lei 8.036/1990). De todo modo, no último dia de vigência da Medida Provisória 905/2019, esta foi revogada pela Medida Provisória 955, de 20 de abril de 2020, e perdeu eficácia. Como

Quanto ao acidente ocorrido no intervalo da jornada de trabalho, cabe esclarecer que nos períodos destinados a refeição ou descanso, ou por ocasião da satisfação de outras necessidades fisiológicas, no local do trabalho ou durante este, o empregado é considerado no exercício do trabalho (art. 21, § 1º, da Lei 8.213/1991).

Entende-se que essa previsão inclui o acidente ocorrido durante o intervalo intrajornada usufruído fora do local de trabalho (STJ, 4ª T., REsp 1.014.848/DF, rel. Min. Luis Felipe Salomão, DJe 12.04.2010).

Não é considerada agravação ou complicação de acidente do trabalho a lesão que, resultante de acidente de outra origem, se associe ou se superponha às consequências do anterior (art. 21, § 2º, da Lei 8.213/1991).

A culpa do empregado não retira a caracterização do acidente do trabalho. No entanto, o dolo do empregado, acidentando-se de forma deliberada e voluntária, afasta as consequências ocupacionais do evento, que nem mesmo pode ser considerado acidente do trabalho[6].

6.6. COMUNICAÇÃO DO ACIDENTE DO TRABALHO

A empresa ou o empregador doméstico deverão *comunicar o acidente do trabalho* à Previdência Social até o primeiro dia útil seguinte ao da ocorrência e, em caso de morte, de imediato, à autoridade competente, sob pena de multa variável entre o limite mínimo e o limite máximo do salário de contribuição, sucessivamente aumentada nas reincidências, aplicada e cobrada pela Previdência Social (art. 22 da Lei 8.213/1991).

Trata-se do dever de emissão da Comunicação de Acidente do Trabalho (CAT).

---

a Medida Provisória 905/2019 não foi convertida em lei, embora possa ter produzido efeitos quanto a fatos ocorridos durante a sua vigência, retorna-se à previsão da alínea *d* do inciso IV do *caput* do art. 21 da Lei 8.213/1991, sobre acidente do trabalho *in itinere* ou de trajeto. Nesse sentido, como esclarece a jurisprudência: "Medida provisória não revoga lei anterior, mas apenas suspende seus efeitos no ordenamento jurídico, em face do seu caráter transitório e precário. Assim, aprovada a medida provisória pela Câmara e pelo Senado, surge nova lei, a qual terá o efeito de revogar lei antecedente. Todavia, caso a medida provisória seja rejeitada (expressa ou tacitamente), a lei primeira vigente no ordenamento, e que estava suspensa, volta a ter eficácia" (STF, Pleno, ADI 5.709/DF, Rel. Min. Rosa Weber, DJe 28.06.2019).

6 Cf. GONÇALVES, Odonel Urbano. *Manual de direito previdenciário*. 11. ed. São Paulo: Atlas, 2005. p. 190.

Dessa comunicação devem receber cópia fiel o acidentado ou seus dependentes, bem como o sindicato a que corresponda a sua categoria (art. 22, § 1º, da Lei 8.213/1991).

Entretanto, na falta de comunicação por parte da empresa, podem formalizá-la o próprio acidentado, seus dependentes, a entidade sindical competente, o médico que o assistiu ou qualquer autoridade pública, não prevalecendo nesses casos o prazo previsto no art. 22 da Lei 8.213/1991. Essa comunicação não exime a empresa de responsabilidade pela falta do cumprimento do dever de comunicar o acidente do trabalho à Previdência Social (art. 22, §§ 2º e 3º, da Lei 8.213/1991).

A multa em questão não se aplica na hipótese do art. 21-A, *caput*, da Lei 8.213/1991, que dispõe sobre o nexo técnico epidemiológico.

Essa comunicação subsidiária, pelas pessoas acima indicadas, não exime a empresa da responsabilidade pela falta do cumprimento do disposto no art. 22 da Lei 8.213/1991. Tanto é assim que os sindicatos e as entidades representativas de classe poderão acompanhar a cobrança, pela Previdência Social, das multas previstas nesse dispositivo.

Logo, em princípio, cabe à empresa comunicar o acidente do trabalho à Previdência Social. Apenas na falta dessa comunicação pelo empregador é que *podem* formalizá-la o próprio acidentado, seus dependentes, a entidade sindical competente, o médico que o assistiu ou qualquer autoridade pública.

Da mesma forma, o art. 169 da CLT também prevê que será obrigatória a notificação das doenças profissionais e das produzidas em virtude de condições especiais de trabalho, comprovadas ou objeto de suspeita, de conformidade com as instruções expedidas pelo Ministério do Trabalho. Nesse sentido, observa-se a regulamentação prevista na NR 7, com redação dada pela Portaria 6.734/2020, no item 7.5.19.5.

No entanto, a referida multa não incide na hipótese de aplicação do nexo técnico epidemiológico, previsto no *caput* do art. 21-A da Lei 8.213/1991, justamente porque, o próprio INSS verifica a presunção da natureza ocupacional da doença, conforme a atividade econômica na qual o empregado trabalhou.

Ainda assim, essa não incidência de multa administrativa, no caso específico, não significa que, com a sistemática do nexo técnico epidemiológico, esteja completamente dispensada a obrigatoriedade de emissão da CAT. Nesse sentido, há obrigatoriedade de emissão da CAT pelo empregador, mesmo em se tratando de suspeita de doença ocupacional (TRT 9ª Região, 5ª T., RO 98905-2004-007-09-00-9, ACO-07300-2008, rel. Des. Rubens Edgard Tiemann, DJPR 11.03.2008).

Cabe destacar que as doenças profissionais e do trabalho normalmente não se manifestam de forma súbita, mas vão se alojando, pouco a pouco, no organismo, até causarem a impossibilidade de labor.

Por isso, de acordo com o já mencionado art. 23 da Lei 8.213/1991, considera-se como dia do acidente, no caso de doença profissional ou do trabalho, a data do início da incapacidade laborativa para o exercício da atividade habitual, ou o dia da segregação compulsória, ou o dia em que for realizado o diagnóstico, valendo para este efeito o que ocorrer primeiro.

6.7. REPERCUSSÕES DO ACIDENTE DO TRABALHO

O acidente do trabalho pode gerar consequências em diversas esferas. Desse modo, há repercussões: previdenciárias, gerando direito às prestações da Previdência Social; trabalhistas, com efeitos no contrato de trabalho; civis, acarretando a responsabilidade civil por indenizações; criminais, em razão de possíveis tipos penais envolvidos.

Nesse último aspecto, é possível ocorrer o crime de homicídio (art. 121 do Código Penal), ou seja, a morte provocada por acidente do trabalho, bem como o delito de lesão corporal. Há, ainda, o crime de perigo, previsto no art. 132 do CP, no caso de se expor a vida ou a saúde de outrem a perigo direto e iminente. Além disso, cabe registrar que constitui contravenção penal, punível com multa, deixar a empresa de cumprir as normas de segurança e higiene do trabalho (art. 19, § 2º, Lei 8.213/1991).

6.8. PRESTAÇÕES PREVIDENCIÁRIAS ACIDENTÁRIAS

Não há necessidade de cumprir período de carência para perceber os benefícios acidentários (art. 26, inciso II, da Lei 8.213/1991). Os serviços também independem de carência (art. 26, incisos IV e V, da Lei 8.213/1991).

Com isso, basta a condição de segurado, adquirida automaticamente pelo empregado, ao prestar serviços.

As pessoas protegidas são os segurados na condição de empregado (urbano, empregado rural e trabalhador temporário), de trabalhador avulso e de segurado especial.

O empregado doméstico, com a regulamentação do art. 7º, parágrafo único, da Constituição da República, com redação dada pela Emenda Constitucional 72/2013, também passou a ser protegido nos casos de acidentes do trabalho, conforme a Lei Complementar 150/2015.

Além disso, os dependentes dos mencionados segurados são beneficiários.

As prestações devidas quanto ao segurado são as seguintes:

– *aposentadoria por invalidez (aposentadoria por incapacidade permanente) acidentária*: no caso de acidentado considerado incapaz e insuscetível de reabilitação para o exercício de atividade que lhe garanta a subsistência;

– *auxílio-doença (auxílio por incapacidade temporária) acidentário*: quando o acidentado está incapacitado para o seu trabalho ou para a sua atividade habitual por mais de 15 dias consecutivos;

– *auxílio-acidente*: quando, após consolidação das lesões decorrentes de acidente de qualquer natureza, resultarem sequelas que impliquem redução da capacidade para o trabalho que habitualmente exercia.

– *reabilitação profissional*: para que o acidentado possa retornar ao mercado de trabalho e ao contexto social anterior.

A prestação dirigida ao dependente é a *pensão por morte acidentária*, a qual é devida ao conjunto dos dependentes do segurado que falecer em razão de acidente do trabalho.

A prestação acidentária devida quanto ao segurado e ao dependente é o *serviço social*, com o objetivo de esclarecer junto aos beneficiários os seus direitos sociais e os meios de exercê-los.

Como acima indicado, as prestações previdenciárias decorrentes de acidentes do trabalho, doenças do trabalho e doenças profissionais não dependem de carência, conforme art. 26, inciso II, da Lei 8.213/1991.

O setor de benefícios do Instituto Nacional do Seguro Social deve reconhecer o direito do segurado à habilitação do benefício acidentário.

Cabe lembrar, ainda, ser devido o abono anual ao segurado e ao dependente da Previdência Social que, durante o ano, tiver recebido auxílio-doença, auxílio-acidente, aposentadoria, salário-maternidade, pensão por morte ou auxílio-reclusão (art. 40 da Lei 8.213/1991 e art. 120 do Decreto 3.048/1999).

Desse modo, na esfera acidentária, é devido o abono anual ao segurado e ao dependente da Previdência Social que, durante o ano, tiver recebido auxílio-doença acidentário, auxílio-acidente, aposentadoria por invalidez (incapacidade permanente) acidentária ou pensão por morte decorrente de acidente do trabalho.

As mencionadas prestações previdenciárias já foram estudadas em Capítulos anteriores, aos quais se remete o leitor para evitar repetição.

Os acidentes do trabalho devem ser obrigatoriamente anotados pelo Instituto Nacional do Seguro Social (INSS) na Carteira de Trabalho e Previdência Social do acidentado (art. 30 da CLT).

Os primeiros 15 dias de afastamento do empregado são normalmente considerados hipótese de *interrupção do contrato de trabalho*.

Efetivamente, durante os primeiros 15 dias consecutivos ao do afastamento, cabe à empresa pagar ao segurado empregado o seu salário integral (arts. 59, *caput*, e 60, § 3º, da Lei 8.213/1991).

Da mesma forma, durante os primeiros 15 dias de afastamento da atividade por motivo de invalidez (incapacidade permanente), cabe à empresa pagar ao segurado empregado o salário (art. 43, § 2º, da Lei 8.213/1991).

Depois do 15º dia de afastamento, pode-se dizer que ocorre uma *suspensão* atípica do contrato de trabalho.

A respeito do tema, de acordo com a Súmula 440 do TST: "Auxílio-doença acidentário. Aposentadoria por invalidez. Suspensão do contrato de trabalho. Reconhecimento do direito à manutenção de plano de saúde ou de assistência médica. Assegura-se o direito à manutenção de plano de saúde ou de assistência médica oferecido pela empresa ao empregado, não obstante suspenso o contrato de trabalho em virtude de auxílio-doença acidentário ou de aposentadoria por invalidez".

A partir do 16º dia do afastamento do empregado o benefício previdenciário de natureza acidentária (auxílio-doença ou aposentadoria por invalidez) passa a ser devido pelo INSS.

Ainda assim, nos termos do art. 4º, § 1º, da CLT, devem ser computados, na contagem de tempo de serviço, para efeito de indenização e estabilidade, os períodos em que o empregado estiver afastado do trabalho prestando serviço militar e por motivo de acidente do trabalho.

Na mesma linha, a Lei 8.036/1990, no art. 15, § 5º, determina que o depósito do FGTS é obrigatório nos casos de afastamento para prestação do serviço militar obrigatório e licença por *acidente do trabalho*.

Conforme o art. 118 da Lei 8.213/1991, o segurado que sofreu acidente do trabalho tem garantida (pelo prazo mínimo de 12 meses) a manutenção do seu contrato de trabalho na empresa, após a cessação do auxílio-doença acidentário, independentemente de percepção de auxílio-acidente.

Trata-se de hipótese de garantia de permanência no emprego ou estabilidade provisória. Nesse sentido, segundo a Súmula 378 do TST:

> "Estabilidade provisória. Acidente do trabalho. Art. 118 da Lei nº 8.213/1991. Constitucionalidade. Pressupostos. I – É constitucional o artigo 118 da Lei nº 8.213/1991 que assegura o direito à estabilidade provisória por período de 12 meses após a cessação do auxílio-doença ao empregado acidentado. II – São pressupostos para a concessão da

estabilidade o afastamento superior a 15 dias e a consequente percepção do auxílio-doença acidentário, salvo se constatada, após a despedida, doença profissional que guarde relação de causalidade com a execução do contrato de emprego".

Além da prestação previdenciária, devida pelo INSS, o acidente do trabalho ou a doença ocupacional também podem gerar ao empregador o dever de indenizar os danos causados aos beneficiários, conforme as regras da responsabilidade civil, o que é expressamente previsto no art. 7º, inciso XXVIII, segunda parte, da Constituição Federal de 1988.

O próprio art. 121 da Lei 8.213/1991 dispõe que o pagamento de prestações pela Previdência Social em decorrência dos casos previstos nos incisos I e II do art. 120 da Lei 8.213/1991 *não exclui a responsabilidade civil da empresa*, no caso do inciso I (ou do responsável pela violência doméstica e familiar, no caso do inciso II). Nesse sentido, aquele que, por ato ilícito (arts. 186 e 187), causar dano a outrem, fica obrigado a repará-lo (art. 927, *caput*, do Código Civil).

O dano decorrente de acidente do trabalho, entendido como o prejuízo, abrange os de natureza material, moral, estética e existencial.

São cumuláveis as indenizações por dano material e dano moral oriundos do mesmo fato (Súmula 37 do STJ).

Ainda quanto ao tema, a Súmula 387 do STJ explicita ser possível a acumulação das indenizações de dano estético e moral.

O *dano existencial*, por seu turno, pode ser entendido como a grave lesão a direito da personalidade, ou direito relativo à dignidade da pessoa humana, que acarrete a completa frustração de projetos essenciais de vida, estabelecidos como metas de realização pessoal, como, por exemplo, constituir família, ser pai ou mãe e estudar para uma profissão.

O art. 120 da Lei 8.213/1991, com redação dada pela Lei 13.846/2019, prevê que a Previdência Social deve ajuizar *ação regressiva* contra os responsáveis nos casos de: I – negligência quanto às normas padrão de segurança e higiene do trabalho indicadas para a proteção individual e coletiva; II – violência doméstica e familiar contra a mulher, nos termos da Lei 11.340/2006.

É certo que o empregador já efetua o recolhimento de contribuições para a Previdência Social, inclusive o seguro contra acidente do trabalho. Isso, entretanto, não afasta o dever de indenizar a Previdência Social em casos de exercício irregular ou ilícito de direito, mais especificamente de *negligência* no cumprimento das normas de segurança e medicina do trabalho, acarretando prejuízo ao segurado e à própria Previdência Social (STJ, 6ª T.,

EDcl no AgRg nos EDcl no REsp 973.379/RS (2007/0178387-0), rel. Des. Conv. Alderita Ramos de Oliveira, DJe 14.06.2013).

Efetivamente, o respeito às normas voltadas ao meio ambiente de trabalho, evitando acidentes laborais, representa, no fundo, a proteção da própria pessoa humana, que, para sua plena afirmação e desenvolvimento, demanda diuturno resguardo de sua saúde e integridade física, psíquica e social.

A empresa, assim, é responsável pela adoção e uso de medidas coletivas e individuais de proteção à segurança e saúde do trabalhador sujeito aos riscos ocupacionais por ela gerados (art. 338 do Regulamento da Previdência Social).

Nos termos do art. 19, § 2º, da Lei 8.213/1991, constitui *contravenção penal*, punível com multa, deixar a empresa de cumprir as normas de segurança e higiene do trabalho. Não obstante, a previsão do tipo em questão de forma muito *aberta* é passível de fundada crítica no Direito Penal.

A empresa tem, inclusive, o dever de prestar informações pormenorizadas sobre os riscos da operação a executar e do produto a manipular.

Os médicos peritos da Previdência Social têm direito de acesso aos ambientes de trabalho e a outros locais onde se encontrem os documentos referentes ao controle médico de saúde ocupacional, e aqueles que digam respeito ao programa de prevenção de riscos ocupacionais, para verificar a eficácia das medidas adotadas pela empresa para a prevenção e controle das doenças ocupacionais.

Cabe ao INSS auditar a regularidade e a conformidade das demonstrações ambientais, incluindo-se as de monitoramento biológico, e dos controles internos da empresa relativos ao gerenciamento dos riscos ocupacionais, de modo a assegurar a veracidade das informações prestadas pela empresa e constantes do Cadastro Nacional de Informações Sociais (CNIS), bem como o cumprimento das obrigações relativas ao acidente de trabalho.

Os médicos peritos da Previdência Social devem, sempre que verificarem o descumprimento do aqui exposto, comunicar formalmente aos demais órgãos interessados na providência, inclusive para aplicação e cobrança da multa devida.

Nesse enfoque, o art. 121 da Lei 8.213/1991, com redação dada pela Lei 13.846/2019, estabelece que o pagamento de prestações pela Previdência Social em decorrência dos casos previstos nos incisos I e II do art. 120 da Lei 8.213/1991 *não exclui* a responsabilidade civil da empresa, no caso do inciso I, ou do responsável pela violência doméstica e familiar, no caso do inciso II.

Os órgãos de fiscalização das relações de trabalho devem encaminhar à Procuradoria-Geral Federal os relatórios de análise de acidentes do trabalho com indícios de negligência quanto às normas-padrão de segurança e higiene do trabalho indicadas para proteção individual e coletiva (art. 341, § 1º, do Regulamento da Previdência Social).

Nessa ação de regresso a competência é da Justiça Federal Comum (art. 109, inciso I, da Constituição da República), pois não se trata de ação que decorra da relação de trabalho propriamente, mas sim da relação que se forma entre a Previdência Social e o responsável pelo infortúnio, por ter aquela que arcar com as despesas decorrentes das prestações acidentárias.

Na ação de regresso em estudo, o prazo prescricional aplicável é o de cinco anos, a partir da data de concessão do benefício previdenciário, de acordo com o Decreto 20.910/1932[7], com fundamento no princípio isonômico (STJ, 2ª T., AgRg no AREsp 639.952/PR (2014/0328384-6), rel. Min. Herman Benjamin, DJe 06.04.2015).

6.9. MEDIDAS DE PROTEÇÃO AO ENTREGADOR QUE PRESTA SERVIÇO POR INTERMÉDIO DE EMPRESA DE APLICATIVO DE ENTREGA

A Lei 14.297/2022 dispõe sobre medidas de proteção asseguradas ao entregador que presta serviço por intermédio de empresa de aplicativo de entrega durante a vigência, no território nacional, da emergência de saúde pública decorrente do coronavírus responsável pela covid-19.

As medidas previstas na Lei 14.297/2022 devem ser asseguradas até que seja declarado o término da emergência em saúde pública de importância nacional (Espin) em decorrência da infecção humana pelo coronavírus Sars-CoV-2 (art. 1º, parágrafo único, da Lei 14.297/2022). Essa eficácia temporária é passível de crítica, pois certas medidas de proteção, como se observa nos arts. 3º e 6º da Lei 14.297/2022, não têm a sua relevância limitada apenas ao mencionado período de emergência em saúde pública.

Foi declarado o encerramento da emergência em saúde pública de importância nacional (Espin) em decorrência da infecção humana pelo novo coronavírus (2019-nCov), de que tratava a Portaria 188/2020 (Portaria 913/2022

[7] "Art. 1º As dívidas passivas da União, dos Estados e dos Municípios, bem assim todo e qualquer direito ou ação contra a Fazenda federal, estadual ou municipal, seja qual for a sua natureza, prescrevem em cinco anos contados da data do ato ou fato do qual se originarem. Art. 2º Prescrevem igualmente no mesmo prazo todo o direito e as prestações correspondentes a pensões vencidas ou por vencerem, ao meio soldo e ao montepio civil e militar ou a quaisquer restituições ou diferenças".

do Ministério da Saúde, com entrada em vigor 30 dias após a data de sua publicação, ocorrida em 22.04.2022).

Esclareça-se que os benefícios e as conceituações previstos na Lei 14.297/2022 não servirão de base para caracterização da natureza jurídica da relação entre os entregadores e as empresas de aplicativo de entrega (art. 10 da Lei 14.297/2022). Trata-se, assim, de questão a ser definida em cada caso concreto, por meio da análise da presença dos requisitos da relação de emprego (arts. 2º e 3º da CLT) ou do trabalho autônomo (art. 442-B da CLT), com destaque ao modo de prestação do serviço (sob subordinação jurídica ou por conta própria), em consonância com o princípio da primazia da realidade.

Considera-se *empresa de aplicativo de entrega* a empresa que possui como principal atividade a intermediação, por meio de plataforma eletrônica, entre o fornecedor de produtos e serviços de entrega e o seu consumidor. Considera-se *entregador* o trabalhador que presta serviço de retirada e entrega de produtos e serviços contratados por meio da plataforma eletrônica de aplicativo de entrega (art. 2º da Lei 14.297/2022).

A empresa de aplicativo de entrega deve contratar *seguro contra acidentes*, sem franquia, em benefício do entregador nela cadastrado, exclusivamente para acidentes ocorridos durante o período de retirada e entrega de produtos e serviços, devendo cobrir, obrigatoriamente, acidentes pessoais, invalidez permanente ou temporária e morte (art. 3º da Lei 14.297/2022).

Na hipótese de o entregador prestar serviços para mais de uma empresa de aplicativo de entrega, a indenização, no caso de acidente, deve ser paga pelo seguro contratado pela empresa para a qual o entregador prestava o serviço no momento do acidente.

A rigor, o entregador, como trabalhador, é segurado obrigatório da Previdência Social, na qualidade de empregado ou contribuinte individual (trabalhador autônomo), conforme art. 11, incisos I e V, *h,* da Lei 8.213/1991. O mais adequado, portanto, seria a formalização dessa relação jurídica, para se assegurar a ampla proteção previdenciária, por meio do Regime Geral de Previdência Social (art. 201 da Constituição da República), independentemente de seguro contra acidentes de natureza privada.

A empresa de aplicativo de entrega deve assegurar ao entregador afastado em razão de infecção pelo coronavírus responsável pela covid-19 *assistência financeira* pelo período de 15 dias, o qual pode ser prorrogado por mais dois períodos de 15 dias, mediante apresentação do comprovante ou do laudo médico (art. 4º da Lei 14.297/2022).

A mencionada assistência financeira deve ser calculada de acordo com a média dos três últimos pagamentos mensais recebidos pelo entregador. A concessão da referida assistência financeira está condicionada à apresentação de comprovante de resultado positivo para covid-19 (obtido por meio de exame RT-PCR) ou de laudo médico que ateste condição decorrente da covid-19 que justifique o afastamento.

Se o entregador tiver a qualidade de segurado da Previdência Social, como empregado ou contribuinte individual (trabalhador autônomo), e preencher os requisitos legais, terá direito ao auxílio-doença (auxílio por incapacidade temporária), o qual é devido se ficar incapacitado para o trabalho por mais de 15 dias consecutivos (art. 59 da Lei 8.213/1991). Nessa hipótese, no período de recebimento do benefício previdenciário pelo entregador, entende-se que a assistência financeira não seria devida pela empresa de aplicativo de entrega.

Ressalte-se que se ficar caracterizada a natureza ocupacional da doença, a concessão de auxílio-doença (auxílio por incapacidade temporária) e aposentadoria por invalidez (aposentadoria por incapacidade permanente) independe de carência (art. 26, inciso II, da Lei 8.213/1991).

A empresa de aplicativo de entrega deve fornecer ao entregador informações sobre os riscos do coronavírus responsável pela covid-19 e os cuidados necessários para se prevenir do contágio e evitar a disseminação da doença (art. 5º da Lei 14.297/2022).

Cabe à empresa de aplicativo de entrega disponibilizar máscaras e álcool em gel ou outro material higienizante aos entregadores, para proteção pessoal durante as entregas. O cumprimento dessa disposição pela empresa de aplicativo de entrega pode ser feito por meio de repasse ou reembolso das despesas efetuadas pelo entregador.

A empresa fornecedora do produto ou do serviço deve: permitir que o entregador utilize as instalações sanitárias de seu estabelecimento; garantir o acesso do entregador a água potável (art. 6º da Lei 14.297/2022).

A empresa de aplicativo de entrega e a empresa fornecedora do produto ou do serviço devem adotar prioritariamente forma de pagamento por meio da internet (art. 7º da Lei 14.297/2022). Essa previsão certamente tem como objetivo evitar o risco de contato com o coronavírus, procurando prevenir o contágio da covid-19.

Do contrato ou do termo de registro celebrado entre a empresa de aplicativo de entrega e o entregador devem constar expressamente as hipóteses de bloqueio, de suspensão ou de exclusão da conta do entregador da plataforma eletrônica (art. 8º da Lei 14.297/2022). Assegura-se ao entregador, com isso, o direito à informação sobre as condutas que podem acarretar essas sanções.

A aplicação da exclusão de conta deve ser precedida de comunicação prévia, com antecedência mínima de três dias úteis, e será acompanhada das razões que a motivaram, que devem ser devidamente fundamentadas, preservadas a segurança e a privacidade do usuário da plataforma eletrônica. O mencionado prazo não se aplica aos casos de ameaça à segurança e à integridade da plataforma eletrônica, dos fornecedores e dos consumidores, em razão de suspeita de prática de infração penal prevista na legislação vigente.

Como a exclusão da conta do entregador da plataforma eletrônica é medida mais rigorosa, em regra, deve ser precedida das mencionadas exigências, para que não haja arbitrariedades. No entanto, o bloqueio e a suspensão da conta também podem acarretar prejuízos ao entregador, de modo que deveriam observar requisitos prévios.

O descumprimento da Lei 14.297/2022 pela empresa de aplicativo de entrega ou pela empresa que utiliza serviços de entrega implica, nos termos definidos em regulamento: I – a aplicação de advertência; II – o pagamento de multa administrativa no valor de R$ 5.000,00 por infração cometida, em caso de reincidência (art. 9º da Lei 14.297/2022). O regulamento, assim, deve especificar o órgão com atribuição para a fiscalização do cumprimento das referidas previsões legais.

CAPÍTULO

7

SEGURO-DESEMPREGO

7.1. FUNDAMENTO CONSTITUCIONAL

A Constituição Federal de 1988, no âmbito dos *direitos sociais*, prevê como direito dos trabalhadores urbanos e rurais o *seguro-desemprego*, em caso de desemprego involuntário (art. 7º, inciso II).

Na esfera da Seguridade Social, o art. 201, inciso III, da Constituição da República dispõe que a Previdência Social deve atender, na forma da lei, a proteção ao trabalhador em situação de *desemprego involuntário*.

O desemprego involuntário, portanto, é contingência social, que pode deixar a pessoa sem renda e condições de manter a subsistência, a ser coberta por meio de prestação previdenciária.

7.2. NATUREZA JURÍDICA

O seguro-desemprego é um direito social (art. 6º da Constituição Federal de 1988), fazendo parte do catálogo de direitos fundamentais.

Conforme a previsão constitucional, o seguro-desemprego tem natureza jurídica de prestação da Seguridade Social, mais especificamente de benefício previdenciário.

Isso é confirmado pelo art. 3º, *caput*, da Lei 8.212/1991, ao prever que a *Previdência Social* tem por fim assegurar aos seus beneficiários meios indispensáveis de manutenção, por motivo, inclusive, de *desemprego involuntário*.

No mesmo sentido, o art. 1º da Lei 8.213/1991 determina que a Previdência Social, mediante contribuição, tem como objetivo assegurar aos seus beneficiários meios indispensáveis de manutenção, por motivo de incapacidade, *desemprego involuntário*, idade avançada, tempo de serviço (tempo de contribuição), encargos familiares e prisão ou morte daqueles de quem dependiam economicamente.

A situação de desemprego involuntário, com isso, deve ser objeto de cobertura pela Previdência Social, a qual integra a Seguridade Social, por meio do seguro-desemprego. Ou seja, o seguro-desemprego, a rigor, não é direito trabalhista propriamente, mas sim previdenciário, pois o benefício integra as prestações da Seguridade Social, em sua vertente contributiva, devendo ser prestado pelo Estado. Tanto é assim que os recursos do Fundo de Amparo ao Trabalhador (FAT), os quais são utilizados para o pagamento do seguro-desemprego, integram o orçamento da Seguridade Social (art. 22 da Lei 7.998/1990).

A concessão e o pagamento do benefício de seguro-desemprego, como se observa, não constituem dever do empregador, mas do poder público, responsável pela cobertura da contingência social em questão, a qual pode deixar o trabalhador sem renda para prover a subsistência. O que compete ao empregador, na verdade, é a entrega do requerimento de seguro-desemprego/comunicação de dispensa para o trabalhador.

Se essa obrigação de fazer, isto é, de entregar ao trabalhador as guias para requerer o benefício do seguro-desemprego, não for cumprida pelo empregador, causando-lhe prejuízo, deve responder pela indenização decorrente, na forma dos arts. 186 e 927 do Código Civil, inclusive por meio de ação de competência da Justiça do Trabalho[1].

---

[1] Cf. Súmula 389 do TST: "Seguro-desemprego. Competência da Justiça do Trabalho. Direito à indenização por não liberação de guias. I – Inscreve-se na competência material da Justiça do Trabalho a lide entre empregado e empregador tendo por objeto indenização pelo não fornecimento das guias do seguro-desemprego. II – O não fornecimento pelo empregador da guia necessária para o recebimento do seguro-desemprego dá origem ao direito à indenização".

Na extinção do contrato de trabalho, o empregador deve proceder à anotação na Carteira de Trabalho e Previdência Social, *comunicar a dispensa aos órgãos competentes* e realizar o pagamento das verbas rescisórias no prazo e na forma estabelecidos no art. 477 da CLT.

Desse modo, a entrega ao empregado de *documentos que comprovem a comunicação da extinção contratual aos órgãos competentes* bem como o pagamento dos valores constantes do instrumento de rescisão ou recibo de quitação devem ser efetuados até 10 dias contados a partir do término do contrato (art. 477, § 6º, da CLT, com redação dada pela Lei 13.467/2017).

A anotação da extinção do contrato na Carteira de Trabalho e Previdência Social é documento hábil para requerer o *benefício do seguro-desemprego* e a movimentação da conta vinculada no Fundo de Garantia do Tempo de Serviço, nas hipóteses legais, desde que a comunicação prevista no art. 477 da CLT tenha sido realizada (art. 477, § 10, da CLT, incluído pela Lei 13.467/2017).

No atual sistema previdenciário brasileiro, entretanto, o Regime Geral de Previdência Social garante a cobertura de todas as situações expressas no art. 1º da Lei 8.213/1991, *exceto a contingência social de desemprego involuntário*, que é objeto de lei específica. Não se pode confundir a Previdência Social, como amplo sistema, que abrange diversos regimes, com o Regime Geral de Previdência Social.

Essa exclusão do seguro-desemprego do âmbito do Regime Geral de Previdência Social, por meio de disciplina normativa infraconstitucional, não pode alterar a determinação constitucional, no sentido da natureza essencialmente previdenciária do seguro-desemprego.

O art. 124, parágrafo único, da Lei 8.213/1991 determina ser vedado o recebimento conjunto do seguro-desemprego com qualquer benefício de prestação continuada da Previdência Social, exceto pensão por morte ou auxílio-acidente.

A Turma Nacional de Uniformização dos Juizados Especiais Federais fixou a seguinte tese (Tema 232): "O auxílio-doença é inacumulável com o seguro-desemprego, mesmo na hipótese de reconhecimento retroativo da incapacidade em momento posterior ao gozo do benefício da Lei 7.998/1990, hipótese na qual as parcelas do seguro-desemprego devem ser abatidas do valor devido a título de auxílio-doença" (TNU, PEDILEF 0504751-73.2016.4.05.8200/PB, rel. p/ ac. Juiz Federal Fábio de Souza Silva, DJe 18.12.2019).

O seguro-desemprego é benefício previdenciário, mas que não integra o Regime Geral de Previdência Social, sendo regido por lei própria.

7.3. CUSTEIO

Quanto ao custeio da prestação em estudo, o art. 239 da Constituição da República prevê que a arrecadação decorrente das contribuições para o Programa de Integração Social (PIS), criado pela Lei Complementar 7/1970, e para o Programa de Formação do Patrimônio do Servidor Público (PASEP), criado pela Lei Complementar 8/1970, passa, a partir da promulgação da Constituição (05.10.1988), a financiar, nos termos que a lei dispuser, o programa do seguro-desemprego, outras ações da Previdência Social e o chamado abono do PIS/PASEP, previsto no § 3º do mesmo dispositivo constitucional.

Dos recursos mencionados no *caput* do art. 239 da Constituição Federal de 1988, no mínimo 28% devem ser destinados para o financiamento de programas de desenvolvimento econômico, por meio do Banco Nacional de Desenvolvimento Econômico e Social, com critérios de remuneração que preservem o seu valor (art. 239, § 1º, da Constituição Federal de 1988, com redação dada pela Emenda Constitucional 103/2019).

Os programas de desenvolvimento econômico financiados na forma do § 1º do art. 239 da Constituição da República e seus resultados devem ser anualmente avaliados e divulgados em meio de comunicação social eletrônico e apresentados em reunião da comissão mista permanente de que trata o § 1º do art. 166 da Constituição Federal de 1988, ou seja, da Comissão mista permanente de Senadores e Deputados (art. 239, § 5º, da Constituição da República, incluído pela Emenda Constitucional 103/2019).

Os patrimônios acumulados do Programa de Integração Social e do Programa de Formação do Patrimônio do Servidor Público são preservados, mantendo-se os critérios de saque nas situações previstas nas leis específicas, com exceção da retirada por motivo de casamento, ficando vedada a distribuição da arrecadação de que trata o art. 239, *caput*, da Constituição Federal de 1988, para depósito nas contas individuais dos participantes (art. 239, § 2º, da Constituição da República).

Aos empregados que percebam de empregadores que contribuem para o Programa de Integração Social ou para o Programa de Formação do Patrimônio do Servidor Público até dois salários mínimos de remuneração mensal, é assegurado o pagamento de um salário mínimo anual, computado neste valor o rendimento das contas individuais, no caso daqueles que já participavam dos referidos programas, até a data da promulgação da Constituição da República (art. 239, § 3º, da Constituição Federal de 1988). Trata-se do chamado abono do PIS/PASEP.

O financiamento do seguro-desemprego deve receber uma contribuição adicional da empresa cujo índice de rotatividade da força de trabalho superar o índice médio da rotatividade do setor, na forma estabelecida por lei (art. 239, § 4º, da Constituição Federal de 1988).

Desse modo, a arrecadação decorrente das contribuições para o Programa de Integração Social (PIS) e para o Programa de Formação do Patrimônio do Servidor Público (PASEP) deve ser destinada, a cada ano, à cobertura integral das necessidades do Fundo de Amparo ao Trabalhador (FAT), de que trata o art. 10 da Lei 7.998/1990.

Conforme estabelece o art. 239, § 1º, da Constituição Federal de 1988, pelo menos 28% da arrecadação mencionada devem ser repassados ao Banco Nacional de Desenvolvimento Econômico e Social (BNDES), para aplicação em programas de desenvolvimento econômico (art. 1º da Lei 8.019/1990).

Os recursos repassados ao BNDES devem ser corrigidos, mensalmente, pelo Índice de Preços ao Consumidor (IPC).

Corre por conta do BNDES o risco das operações financeiras realizadas com os recursos mencionados acima.

7.4. BENEFICIÁRIOS

O seguro-desemprego é devido, quando preenchidos os requisitos legais, aos empregados urbanos e rurais, bem como, em tese, aos trabalhadores avulsos (art. 7º, incisos II e XXXIV, da Constituição Federal de 1988).

Os empregados domésticos também passaram a ter direito ao seguro-desemprego, de forma obrigatória, com a regulamentação do art. 7º, parágrafo único, da Constituição Federal de 1988, com redação dada pela Emenda Constitucional 72/2013, conforme a Lei Complementar 150/2015.

O pescador artesanal (de que tratam o art. 12, inciso VII, *b*, da Lei 8.212/1991, e o art. 11, inciso VII, *b*, da Lei 8.213/1991), desde que exerça sua atividade profissional ininterruptamente, de forma artesanal e individualmente ou em regime de economia familiar, faz jus ao benefício do seguro-desemprego, no valor de um salário mínimo mensal, durante o período de defeso de atividade pesqueira para a preservação da espécie (art. 1º da Lei 10.779/2003, com redação dada pela Lei 13.134/2015). Trata-se, no caso, do *segurado especial* na categoria de pescador profissional artesanal.

A Turma Nacional de Uniformização dos Juizados Especiais Federais firmou e revisou a seguinte tese (Tema 224): "O empregado celetista, cujo contrato com a administração pública tenha sido declarado nulo, em razão da ausência de concurso público não tem direito ao benefício do seguro-desemprego" (TNU, PEDILEF 0034815-21.2011.4.01.3800/MG, rel. Juíza Federal Paula Emília Moura Aragão de Sousa Brasil, DJe 21.06.2023).

7.5. OBJETIVOS

A Lei 7.998/1990 regula o programa do seguro-desemprego e o abono de que tratam o art. 7º, inciso II, o art. 201, inciso IV, e o art. 239 da Constituição Federal de 1988, bem como institui o Fundo de Amparo ao Trabalhador (FAT).

O programa do seguro-desemprego tem por finalidade:

I – prover assistência financeira temporária ao trabalhador desempregado em virtude de *dispensa sem justa causa, inclusive a indireta*, e ao trabalhador comprovadamente resgatado de regime de trabalho forçado ou da condição análoga à de escravo (art. 2º da Lei 7.998/1990).

O seguro-desemprego, assim, é devido no caso de desemprego involuntário decorrente de dispensa arbitrária ou sem justa causa do empregado.

A dispensa indireta é prevista essencialmente no art. 483 da Consolidação das Leis do Trabalho, ao versar sobre os casos de justa causa do empregador.

Nos contratos de trabalho por prazo determinado em que o empregador, sem justa causa, *despedir* o empregado (art. 479 da CLT), havendo desemprego involuntário, o seguro-desemprego é devido, se preenchidos os requisitos legais.

Da mesma forma, nos casos de extinção do contrato de trabalho por motivo de força maior (art. 502 da CLT) e em razão da cessação da atividade da empresa, por morte do empregador pessoa física (art. 485 da CLT), por se equipararem à dispensa sem justa causa e haver desemprego involuntário, pode-se dizer que também é devido o seguro-desemprego quando presentes os seus requisitos.

Entretanto, a demissão voluntária pelo próprio empregado, o término do contrato de trabalho a prazo certo, a despedida por justa causa (art. 483 da CLT) e por culpa recíproca (art. 484 da CLT) não geram direito ao seguro-desemprego.

A extinção do contrato por acordo entre empregado e empregador não autoriza o ingresso no Programa de Seguro-Desemprego (art. 484-A, § 2º, da CLT).

Entende-se que a adesão aos planos de demissão voluntária ou similar também não confere direito ao benefício do seguro-desemprego, por não caracterizar despedida involuntária.

O art. 149 do Código Penal prevê o crime de redução a condição análoga à de escravo.

O trabalhador que vier a ser identificado como submetido a *regime de trabalho forçado ou reduzido a condição análoga à de escravo*, em decorrência de ação de fiscalização do Ministério do Trabalho, deve ser resgatado dessa situação e tem direito à percepção de três parcelas de seguro-desemprego no valor de um salário mínimo cada (art. 2º-C da Lei 7.998/1990).

O trabalhador resgatado deve ser encaminhado para qualificação profissional e recolocação no mercado de trabalho, por meio do Sistema Nacional de Emprego (SINE), na forma estabelecida pelo Conselho Deliberativo do Fundo de Amparo ao Trabalhador (Codefat).

Cabe ao Conselho Deliberativo do Fundo de Amparo ao Trabalhador (Codefat), por proposta do Ministro de Estado do Trabalho, estabelecer os procedimentos necessários ao recebimento do benefício previsto no art. 2º-C da Lei 7.998/1990, observados os respectivos limites de comprometimento dos recursos do Fundo de Amparo ao Trabalhador (FAT), ficando vedado ao mesmo trabalhador o recebimento do benefício, em circunstâncias similares, nos 12 meses seguintes à percepção da última parcela.

O programa do seguro-desemprego tem, ainda, por finalidade:

II – *auxiliar os trabalhadores na busca ou preservação do emprego*, promovendo, para tanto, ações integradas de orientação, recolocação e qualificação profissional (art. 2º da Lei 7.998/1990).

Para efeito do disposto no art. 2º, inciso II, da Lei 7.998/1990, é instituída a *bolsa de qualificação profissional*, custeada pelo Fundo de Amparo ao Trabalhador (FAT), à qual faz jus o trabalhador que estiver com o contrato de trabalho suspenso em virtude de participação em curso ou programa de qualificação profissional oferecido pelo empregador, em conformidade com o disposto em convenção ou acordo coletivo celebrado para este fim.

Cabe esclarecer que, nos termos do art. 476-A da CLT, o contrato de trabalho pode ser suspenso, por um período de dois a cinco meses, para participação do empregado em *curso ou programa de qualificação profissional oferecido pelo empregador*, com duração equivalente à suspensão contratual, mediante previsão em convenção ou acordo coletivo de trabalho e aquiescência formal do empregado, observado o disposto no art. 471 do mesmo diploma legal, ao prever que ao empregado afastado do emprego são asseguradas, por ocasião de sua volta, todas as vantagens que, em sua ausência, tenham sido atribuídas à categoria a que pertencia na empresa.

Após a autorização concedida por intermédio de convenção ou acordo coletivo, o empregador deve notificar o respectivo sindicato, com antecedência mínima de 15 dias da suspensão contratual. O contrato de trabalho não pode ser suspenso em conformidade com o disposto no art. 476-A da CLT mais de uma vez no período de 16 meses.

O prazo limite de cinco meses, fixado no art. 476-A da CLT, pode ser prorrogado mediante convenção ou acordo coletivo de trabalho e aquiescência formal do empregado, desde que o empregador arque com o ônus correspondente ao valor da bolsa de qualificação profissional, no respectivo período (art. 476-A, § 7º, da CLT).

A periodicidade, os valores, o cálculo do número de parcelas e os demais procedimentos operacionais de pagamento da *bolsa de qualificação profissional*, nos termos do art. 2º-A da Lei 7.998/1990, bem como os pré-requisitos para habilitação, serão os mesmos adotados em relação ao benefício do seguro-desemprego, exceto quanto à dispensa sem justa causa (art. 3º-A da Lei 7.998/1990).

7.6. REQUISITOS

Tem direito à percepção do seguro-desemprego o trabalhador dispensado sem justa causa que comprove:

I – ter recebido salários de pessoa jurídica ou de pessoa física a ela equiparada, relativos a:

a) pelo menos 12 meses nos últimos 18 meses imediatamente anteriores à data de dispensa, quando da *primeira solicitação*;

b) pelo menos 9 meses nos últimos 12 meses imediatamente anteriores à data de dispensa, quando da *segunda solicitação*; e

c) cada um dos 6 meses imediatamente anteriores à data de dispensa, quando das *demais solicitações*;

Deve-se registrar que, em razão da elevada rotatividade no emprego que se observa no Brasil, essa exigência de duração mais longa do contrato de trabalho, principalmente para as primeiras solicitações, pode deixar considerável número de pessoas que foram injustamente despedidas *sem acesso ao seguro-desemprego*, embora necessitem do benefício até mesmo para a sobrevivência, ou seja, sem qualquer proteção social, o que afrontaria a *dignidade da pessoa humana*.

Isso pode resultar na violação do direito social, de natureza fundamental, à *proteção do trabalhador em situação de desemprego involuntário*, exigida pelos arts. 7º, inciso II, e 201, inciso III, da Constituição da República.

O inciso II do art. 3º da Lei 7.998/1990 foi revogado pela Lei 13.134/2015.

III – não estar em gozo de qualquer benefício previdenciário de prestação continuada, previsto no Regulamento dos Benefícios da Previdência Social, excetuado o auxílio-acidente e o auxílio suplementar previstos na

Lei 6.367/1976, bem como o abono de permanência em serviço previsto na Lei 5.890/1973;

IV – não estar em gozo do auxílio-desemprego;

V – não possuir renda própria de qualquer natureza suficiente à sua manutenção e de sua família;

VI – matrícula e frequência, quando aplicável, nos termos do Regulamento, em curso de formação inicial e continuada ou de qualificação profissional habilitado pelo Ministério da Educação, nos termos do art. 18 da Lei 12.513/2011[2], ofertado por meio da Bolsa-Formação Trabalhador concedida no âmbito do Programa Nacional de Acesso ao Ensino Técnico e Emprego (Pronatec), instituído pela Lei 12.513/2011, ou de vagas gratuitas na rede de educação profissional e tecnológica (art. 3º da Lei 7.998/1990).

É vedado o recebimento conjunto do seguro-desemprego com qualquer benefício de prestação continuada da Previdência Social, exceto pensão por morte, auxílio-reclusão, auxílio-acidente, auxílio-suplementar ou abono de permanência em serviço (art. 167, § 2º, do Regulamento da Previdência Social, aprovado pelo Decreto 3.048/1999).

A União pode *condicionar* o recebimento da assistência financeira do programa de seguro-desemprego à comprovação da matrícula e da frequência do trabalhador segurado em curso de formação inicial e continuada ou qualificação profissional, com carga horária mínima de 160 horas. O Poder Executivo deve regulamentar os critérios e requisitos para a concessão da assistência financeira do programa de seguro-desemprego nesses casos, considerando a disponibilidade de bolsas-formação no âmbito do Programa Nacional de Acesso ao Ensino Técnico e Emprego (Pronatec) ou de vagas gratuitas na rede de educação profissional e tecnológica para o cumprimento da condicionalidade pelos respectivos beneficiários.

A oferta de bolsa para formação dos trabalhadores deve considerar, entre outros critérios, a capacidade de oferta, a reincidência no recebimento do benefício, o nível de escolaridade e a faixa etária do trabalhador.

Frise-se que o registro como Microempreendedor Individual (MEI), de que trata o art. 18-A da Lei Complementar 123/2006, não comprovará renda própria suficiente à manutenção da família, exceto se demonstrado na declaração anual simplificada da microempresa individual (art. 3º, § 4º, da Lei 7.998/1990, acrescentado pela Lei Complementar 155/2016).

---

2 "Art. 18. Compete ao Ministério da Educação a habilitação de instituições para o desenvolvimento de atividades de educação profissional realizadas com recursos federais, nos termos do regulamento".

Em caso de trabalhador formal, o seguro-desemprego pode ser requerido a partir do sétimo até o centésimo vigésimo dia contados da data subsequente à dispensa do contrato de trabalho (art. 41 da Resolução Codefat 957/2022).

O Superior Tribunal de Justiça fixou a seguinte tese em recurso especial repetitivo: "É legal a fixação, em ato normativo infralegal, de prazo máximo para o trabalhador formal requerer o seguro-desemprego" (STJ, 1ª Seção, REsp 1.959.550/RS, 2021/0290692-0, rel. Min. Regina Helena Costa, DJe 20.06.2023).

7.7. PARCELAS

O benefício do seguro-desemprego é concedido ao trabalhador desempregado, por *período máximo variável de três a cinco meses*, de forma contínua ou alternada, a cada período aquisitivo, contados da data de dispensa que deu origem à última habilitação, cuja duração é definida pelo Conselho Deliberativo do Fundo de Amparo ao Trabalhador (Codefat), nos termos do art. 4º da Lei 7.998/1990, com redação dada pela Lei 13.134/2015.

O benefício do seguro-desemprego pode ser retomado a cada novo período aquisitivo, satisfeitas as condições arroladas no art. 3º, *caput*, incisos I, III, IV e V, da Lei 7.998/1990.

A determinação do período máximo mencionado acima (ou seja, de três a cinco meses) deve observar a seguinte relação entre o número de parcelas mensais do benefício do seguro-desemprego e o tempo de serviço do trabalhador nos 36 meses que antecederem a data de dispensa que originou o requerimento do seguro-desemprego, vedado o cômputo de vínculos empregatícios utilizados em períodos aquisitivos anteriores:

I – para a *primeira solicitação*:

a) quatro parcelas, se o trabalhador comprovar vínculo empregatício com pessoa jurídica ou pessoa física a ela equiparada de, no mínimo, 12 meses e, no máximo, 23 meses, no período de referência; ou

b) cinco parcelas, se o trabalhador comprovar vínculo empregatício com pessoa jurídica ou pessoa física a ela equiparada de, no mínimo, 24 meses, no período de referência;

II – para a *segunda solicitação*:

a) três parcelas, se o trabalhador comprovar vínculo empregatício com pessoa jurídica ou pessoa física a ela equiparada de, no mínimo, nove meses e, no máximo, 11 meses, no período de referência;

b) quatro parcelas, se o trabalhador comprovar vínculo empregatício com pessoa jurídica ou pessoa física a ela equiparada de, no mínimo, 12 meses e, no máximo, 23 meses, no período de referência; ou

c) cinco parcelas, se o trabalhador comprovar vínculo empregatício com pessoa jurídica ou pessoa física a ela equiparada de, no mínimo, 24 meses, no período de referência;

III – a partir da *terceira solicitação*:

a) três parcelas, se o trabalhador comprovar vínculo empregatício com pessoa jurídica ou pessoa física a ela equiparada de, no mínimo, seis meses e, no máximo, 11 meses, no período de referência;

b) quatro parcelas, se o trabalhador comprovar vínculo empregatício com pessoa jurídica ou pessoa física a ela equiparada de, no mínimo, 12 meses e, no máximo, 23 meses, no período de referência; ou

c) cinco parcelas, se o trabalhador comprovar vínculo empregatício com pessoa jurídica ou pessoa física a ela equiparada de, no mínimo, 24 meses, no período de referência.

A fração igual ou superior a 15 dias de trabalho deve ser havida como mês integral.

Nos casos em que o cálculo da parcela do seguro-desemprego resultar em valores decimais, o valor a ser pago deve ser arredondado para a unidade inteira imediatamente superior.

O referido período máximo (de três a cinco meses) pode ser excepcionalmente prolongado por até dois meses, para grupos específicos de segurados, a critério do Codefat, desde que o gasto adicional representado por esse prolongamento não ultrapasse, em cada semestre, 10% do montante da reserva mínima de liquidez de que trata o art. 9º, § 2º, da Lei 8.019/1990.

Na hipótese de prolongamento do período máximo de percepção do benefício do seguro-desemprego, o Codefat deve observar, entre outras variáveis, a evolução geográfica e setorial das taxas de desemprego no país e o tempo médio de desemprego de grupos específicos de trabalhadores.

O Codefat deve observar as estatísticas do mercado de trabalho, inclusive o tempo médio de permanência no emprego, por setor, e recomendará ao Ministro de Estado do Trabalho a adoção de políticas públicas que julgar adequadas à mitigação da alta rotatividade no emprego.

7.8. PAGAMENTO

O valor do benefício de seguro-desemprego é calculado conforme três faixas salariais, observando os seguintes critérios do art. 5º da Lei 7.998/1990.

O reajuste das três faixas salariais necessárias ao cálculo do valor do benefício seguro-desemprego, de que trata o art. 5º da Lei 7.998/1990, deve observar a variação do Índice Nacional de Preços ao Consumidor (INPC), calculado e divulgado pela Fundação Instituto Brasileiro de Geografia e Estatística (IBGE), acumulada nos 12 meses anteriores ao mês de reajuste (Resolução Codefat 957/2022).

Para fins de apuração do benefício, deve ser considerada a média dos salários dos últimos três meses anteriores à dispensa.

O valor do benefício não pode ser inferior ao valor do salário mínimo.

Para a melhor compreensão, segue a tabela de faixas de salário médio e cálculo do seguro-desemprego em 2023.

Faixas de salário médio necessárias ao cálculo do seguro-desemprego	Cálculo da parcela do seguro-desemprego
até R$ 1.968,36	multiplica-se o salário médio por 0,8
de R$ 1.968,37 até R$ 3.280,93	o que exceder a R$ 1.968,36 multiplica-se por 0,5 e soma-se com R$ 1.574,69
acima de R$ 3.280,93	o valor será invariável de R$ 2.230,97

A Secretaria-Executiva do Conselho Deliberativo do Fundo de Amparo ao Trabalhador (Codefat) é exercida pelo Ministério do Trabalho, e a ela cabe exercer as tarefas técnico-administrativas relativas ao seguro-desemprego e abono salarial (art. 20 da Lei 7.998/1990).

As despesas com a implantação, administração e operação do programa do seguro-desemprego e do abono salarial, exceto as de pessoal, correm por conta do Fundo de Amparo ao Trabalhador (art. 21 da Lei 7.998/1990).

Como já mencionado, os recursos do Fundo de Amparo ao Trabalhador (FAT), por sua vez, integram o orçamento da Seguridade Social na forma da legislação pertinente (art. 22 da Lei 7.998/1990).

A operacionalização do programa do seguro-desemprego, no que diz respeito às atividades de pré-triagem e habilitação de requerentes, auxílio aos requerentes e segurados na busca de novo emprego, bem assim às ações voltadas para reciclagem profissional, é executada prioritariamente em articulação com os Estados e Municípios, por meio do Sistema Nacional de Emprego (SINE), nos termos da lei (art. 13 da Lei 8.019/1990).

O Sistema Nacional de Emprego (SINE) foi instituído pelo Decreto 76.403/1975 e exerce as atividades sob a coordenação e supervisão do Ministério do Trabalho, por meio da Secretaria de Emprego e Salário.

Integram o Sistema Nacional de Emprego (SINE) a Secretaria de Emprego e Salário, os serviços e agências federais de emprego, os sistemas regionais de emprego e as agências, núcleos, postos ou balcões de emprego, públicos ou particulares, em todo o território nacional.

A Lei 13.667/2018 dispõe sobre o Sistema Nacional de Emprego (SINE), o qual é financiado e gerido pela União e pelas esferas de governo que a ele aderirem. De forma mais específica, o SINE será gerido e financiado, bem como suas ações e serviços devem ser executados, conjuntamente, pelo Ministério do Trabalho e por órgãos específicos integrados à estrutura administrativa das esferas de governo que dele participem, na forma estabelecida pela Lei 13.667/2018 (art. 3º). O Conselho Deliberativo do Fundo de Amparo ao Trabalhador (Codefat), instituído pela Lei 7.998/1990, constitui instância regulamentadora do SINE. O Codefat e os Conselhos do Trabalho, Emprego e Renda instituídos pelas esferas de governo que aderirem ao SINE constituem instâncias deliberativas do Sistema.

Compete aos bancos oficiais federais o pagamento das despesas relativas ao programa do seguro-desemprego e ao abono salarial conforme normas a serem definidas pelos gestores do Fundo de Amparo ao Trabalhador (art. 15 da Lei 7.998/1990).

7.9. REQUERIMENTO

O seguro-desemprego é *direito pessoal e intransferível do trabalhador*, podendo ser requerido a partir do sétimo dia subsequente à rescisão do contrato de trabalho (art. 6º da Lei 7.998/1990).

Se atendidos os requisitos de habilitação, o Ministério do Trabalho envia a autorização de pagamento do benefício do seguro-desemprego ao agente pagador.

7.10. INDEFERIMENTO

Caso não sejam atendidos os critérios exigidos e, com isso, se não for concedido o seguro-desemprego, o trabalhador deve ser comunicado dos motivos do indeferimento.

Do indeferimento do pedido do seguro-desemprego cabe recurso ao Ministério do Trabalho, por intermédio das Superintendências Regionais do Trabalho, no prazo de dois anos, contados a partir da data de dispensa que deu origem ao benefício.

7.11. SUSPENSÃO

O pagamento do benefício do seguro-desemprego deve ser *suspenso* nas seguintes situações: admissão do trabalhador em novo emprego; início de percepção de benefício de prestação continuada da Previdência Social, exceto o auxílio-acidente, o auxílio suplementar e o abono de permanência em serviço; início de percepção de auxílio-desemprego; recusa injustificada por parte do trabalhador desempregado em participar de ações de recolocação de emprego, conforme regulamentação do Codefat (art. 7º da Lei 7.998/1990).

O pagamento da bolsa de qualificação profissional deve ser *suspenso* se ocorrer a rescisão do contrato de trabalho (art. 7º-A da Lei 7.998/1990).

Como mencionado anteriormente, é vedado o recebimento conjunto do seguro-desemprego com qualquer benefício de prestação continuada da Previdência Social, exceto pensão por morte, auxílio-reclusão, auxílio-acidente, auxílio-suplementar ou abono de permanência em serviço (art. 167, § 2º, do Regulamento da Previdência Social, aprovado pelo Decreto 3.048/1999).

7.12. CANCELAMENTO

O benefício do seguro-desemprego deve ser *cancelado*: pela recusa por parte do trabalhador desempregado de outro emprego condizente com sua qualificação registrada ou declarada e com sua remuneração anterior; por comprovação de falsidade na prestação das informações necessárias à habilitação; por comprovação de fraude visando à percepção indevida do benefício do seguro-desemprego; por morte do segurado (art. 8º da Lei 7.998/1990).

Nos casos previstos nos incisos I a III, o direito do trabalhador à percepção do seguro-desemprego fica suspenso por um período de dois anos, ressalvado o prazo de carência, dobrando-se esse período em caso de reincidência.

O benefício pode ser cancelado na hipótese de o beneficiário deixar de cumprir a condicionalidade de que trata o art. 3º, § 1º, da Lei 7.998/1990[3], na forma do Regulamento.

O benefício da bolsa de qualificação profissional deve ser *cancelado* nas seguintes situações: fim da suspensão contratual e retorno ao trabalho;

---

[3] "§ 1º A União poderá condicionar o recebimento da assistência financeira do Programa de Seguro-Desemprego à comprovação da matrícula e da frequência do trabalhador segurado em curso de formação inicial e continuada ou qualificação profissional, com carga horária mínima de 160 (cento e sessenta) horas".

por comprovação de falsidade na prestação das informações necessárias à habilitação; por comprovação de fraude visando à percepção indevida da bolsa de qualificação profissional; por morte do beneficiário (art. 8º-A da Lei 7.998/1990).

Na hipótese prevista no art. 476-A, § 5º, da Consolidação das Leis do Trabalho[4], as parcelas da bolsa de qualificação profissional que o empregado tiver recebido devem ser descontadas das parcelas do benefício do seguro-desemprego a que fizer jus, sendo-lhe garantido, no mínimo, o recebimento de uma parcela do seguro-desemprego (art. 8º-B da Lei 7.998/1990).

Para efeito de habilitação ao seguro-desemprego, deve-se desconsiderar o período de suspensão contratual de que trata o art. 476-A da CLT, para o cálculo dos períodos de que trata o art. 3º da Lei 7.998/1990 (art. 8º-C da Lei 7.998/1990).

7.13. EMPREGADO DOMÉSTICO

O *empregado doméstico* que for dispensado sem justa causa faz jus ao benefício do seguro-desemprego, na forma da Lei 7.998/1990, no valor de um salário mínimo, por período máximo de três meses, de forma contínua ou alternada (art. 26 da Lei Complementar 150/2015).

O benefício do seguro-desemprego deve ser concedido ao empregado doméstico nos termos do regulamento do Conselho Deliberativo do Fundo de Amparo ao Trabalhador (Codefat).

O benefício do seguro-desemprego ao empregado doméstico deve ser *cancelado*, sem prejuízo das demais sanções cíveis e penais cabíveis: pela recusa, por parte do trabalhador desempregado, de outro emprego condizente com sua qualificação registrada ou declarada e com sua remuneração anterior; por comprovação de falsidade na prestação das informações necessárias à habilitação; por comprovação de fraude visando à percepção indevida do benefício do seguro-desemprego; por morte do segurado.

Para se habilitar ao benefício do seguro-desemprego, o trabalhador doméstico deve apresentar ao órgão competente do Ministério do Trabalho:

---

4 "§ 5º Se ocorrer a dispensa do empregado no transcurso do período de suspensão contratual ou nos três meses subsequentes ao seu retorno ao trabalho, o empregador pagará ao empregado, além das parcelas indenizatórias previstas na legislação em vigor, multa a ser estabelecida em convenção ou acordo coletivo, sendo de, no mínimo, cem por cento sobre o valor da última remuneração mensal anterior à suspensão do contrato".

I – Carteira de Trabalho e Previdência Social, na qual deverão constar a anotação do contrato de trabalho doméstico e a data de dispensa, de modo a comprovar o vínculo empregatício, como empregado doméstico, durante pelo menos 15 meses nos últimos 24 meses;

II – termo de rescisão do contrato de trabalho;

III – declaração de que não está em gozo de benefício de prestação continuada da Previdência Social, exceto auxílio-acidente e pensão por morte; e

IV – declaração de que não possui renda própria de qualquer natureza suficiente à sua manutenção e de sua família (art. 28 da Lei Complementar 150/2015).

O seguro-desemprego deve ser requerido no prazo de sete até 90 dias contados da data de dispensa (art. 29 da Lei Complementar 150/2015).

Novo seguro-desemprego só pode ser requerido após o cumprimento de novo período aquisitivo, cuja duração é definida pelo Codefat (art. 30 da Lei Complementar 150/2015).

7.14. PERÍODO DE DEFESO

O pescador artesanal (de que tratam o art. 12, inciso VII, *b*, da Lei 8.212/1991 e o art. 11, inciso VII, *b*, da Lei 8.213/1991), desde que exerça sua atividade profissional ininterruptamente, de forma artesanal e individualmente ou em regime de economia familiar, faz jus ao benefício do seguro-desemprego, no valor de um salário mínimo mensal, durante o período de defeso de atividade pesqueira para a preservação da espécie (art. 1º da Lei 10.779/2003, com redação dada pela Lei 13.134/2015).

Trata-se, no caso, do *segurado especial* na condição de *pescador artesanal ou a este assemelhado, que faça da pesca profissão habitual ou principal meio de vida*, com fundamento no art. 195, § 8º, da Constituição da República.

Considera-se *profissão habitual ou principal meio de vida* a atividade exercida durante o período compreendido entre o defeso anterior e o em curso, ou nos 12 meses imediatamente anteriores ao do defeso em curso, o que for menor.

O *período de defeso de atividade pesqueira* é o fixado pelo Instituto Brasileiro do Meio Ambiente e dos Recursos Naturais Renováveis (IBAMA), em relação à espécie marinha, fluvial ou lacustre a cuja captura o pescador se dedique.

Considera-se *ininterrupta* a atividade exercida durante o período compreendido entre o defeso anterior e o em curso, ou nos 12 meses imediatamente anteriores ao do defeso em curso, o que for menor.

Somente tem direito ao seguro-desemprego o segurado especial pescador artesanal que não disponha de outra fonte de renda diversa da decorrente da atividade pesqueira.

O pescador profissional artesanal não faz jus, no mesmo ano, a mais de um benefício de seguro-desemprego decorrente de defesos relativos a espécies distintas.

A concessão do benefício não é extensível às atividades de apoio à pesca nem aos familiares do pescador profissional que não satisfaçam os requisitos e as condições estabelecidos na Lei 10.779/2003.

O benefício do seguro-desemprego é pessoal e intransferível.

O período de recebimento do benefício não pode exceder o limite máximo variável de que trata o art. 4º, *caput*, da Lei 7.998/1990 (de três a cinco meses), ressalvado o disposto nos §§ 4º e 5º do mesmo dispositivo legal (ou seja, até mais dois meses)[5].

Especificamente no caso do benefício de seguro-desemprego, durante o período de defeso, ao pescador profissional que exerce a atividade pesqueira de forma artesanal, cabe ao Instituto Nacional do Seguro Social (INSS) receber e processar os requerimentos e habilitar os beneficiários, nos termos do Regulamento (art. 2º da Lei 10.779/2003, com redação dada pela Lei 13.134/2015).

Para fazer jus ao benefício, o pescador não pode estar em gozo de nenhum benefício decorrente de benefício previdenciário ou assistencial de natureza continuada, exceto pensão por morte, auxílio-acidente e transferências de renda de que tratam o art. 6º, parágrafo único, e o art. 203, inciso VI, da Constituição Federal (renda básica familiar) e o art. 1º, *caput* e § 1º, da Lei 10.835/2004 (renda básica de cidadania) (art. 2º, § 1º, da Lei 10.779/2003, com redação dada pela Lei 14.601/2023, com entrada em vigor em 1º de janeiro de 2024).

Nesse contexto, tendo em vista as mencionadas exceções, cabe esclarecer que o Programa Bolsa Família é destinado à transferência direta e condicionada de renda (art. 2º da Lei 14.601/2023), constituindo etapa do

---

5 "§ 4º Nos casos em que o cálculo da parcela do seguro-desemprego resultar em valores decimais, o valor a ser pago deverá ser arredondado para a unidade inteira imediatamente superior. § 5º O período máximo de que trata o *caput* poderá ser excepcionalmente prolongado por até 2 (dois) meses, para grupos específicos de segurados, a critério do Codefat, desde que o gasto adicional representado por esse prolongamento não ultrapasse, em cada semestre, 10% (dez por cento) do montante da reserva mínima de liquidez de que trata o § 2º do art. 9º da Lei nº 8.019, de 11 de abril de 1990".

processo gradual e progressivo de implementação da universalização da renda básica de cidadania (art. 1º, § 1º, da Lei 14.601/2023). Cf. Capítulo 12, item 12.16.

Para se habilitar ao benefício, o pescador deve apresentar ao INSS os seguintes documentos:

> I – registro como pescador profissional, categoria artesanal, devidamente atualizado no Registro Geral da Atividade Pesqueira (RGP), emitido pelo Ministério da Pesca e Aquicultura (na atualidade Ministério da Agricultura, Pecuária e Abastecimento) com antecedência mínima de um ano, contado da data de requerimento do benefício;
>
> II – cópia do documento fiscal de venda do pescado a empresa adquirente, consumidora ou consignatária da produção, em que conste, além do registro da operação realizada, o valor da respectiva contribuição previdenciária de que trata o art. 30, § 7º, da Lei 8.212/1991[6], ou comprovante de recolhimento da contribuição previdenciária, caso tenha comercializado sua produção a pessoa física; e
>
> III – outros estabelecidos em ato do Ministério da Previdência Social que comprovem:
>
> a) o exercício da profissão, na forma do art. 1º da Lei 10.779/2003;
>
> b) que se dedicou à pesca durante o período definido no art. 1º, § 3º, da Lei 10.779/2003 (ou seja, durante o período compreendido entre o defeso anterior e o em curso, ou nos 12 meses imediatamente anteriores ao do defeso em curso, o que for menor);
>
> c) que não dispõe de outra fonte de renda diversa da decorrente da atividade pesqueira (art. 2º, § 2º, da Lei 10.779/2003).

A Turma Nacional de Uniformização dos Juizados Especiais Federais fixou a seguinte tese (Tema 303): "1. Nos termos do artigo 2º, § 2º, inciso I, da Lei nº 10.779/2003, a regularidade do Registro Geral da Atividade Pesqueira (RGP) é requisito necessário para concessão de seguro-defeso ao(à) pescador(a) artesanal; 2. Este requisito poderá ser substituído pelo Protocolo de Solicitação de Registro Inicial para Licença de Pescador Profissional Artesanal – PRGP, observados os termos do acordo judicial firmado entre o INSS e a

---

[6] "§ 7º A empresa ou cooperativa adquirente, consumidora ou consignatária da produção fica obrigada a fornecer ao segurado especial cópia do documento fiscal de entrada da mercadoria, para fins de comprovação da operação e da respectiva contribuição previdenciária".

DPU, no âmbito da Ação Civil Pública – ACP nº 1012072-89.2018.401.3400, com efeitos nacionais" (TNU, PEDILEF 5016386-38.2019.4.04.7200/SC, rel. Juíza Federal Susana Sbrogio Galia, DJe 19.08.2022).

O INSS, no ato de habilitação ao benefício, deve verificar a condição de segurado pescador artesanal e o pagamento da contribuição previdenciária, nos termos da Lei 8.212/1991, nos últimos 12 meses imediatamente anteriores ao requerimento do benefício (ou desde o último período de defeso até o requerimento do benefício, o que for menor), observado, quando for o caso, o disposto no art. 2º, § 2º, inciso II, da Lei 10.779/2003.

O Ministério da Previdência Social e o Ministério da Pesca e Aquicultura (atualmente Ministério da Agricultura, Pecuária e Abastecimento) devem desenvolver atividades que garantam ao INSS acesso às informações cadastrais disponíveis no Registro Geral da Atividade Pesqueira (RGP), de que trata o art. 24 da Lei 11.959/2009[7], necessárias para a concessão do seguro-desemprego.

Da aplicação do disposto acima não pode resultar nenhum ônus para os segurados.

O Ministério da Previdência Social pode, quando julgar necessário, exigir outros documentos para a habilitação do benefício.

O INSS deve divulgar mensalmente lista com todos os beneficiários que estão em gozo do seguro-desemprego no período de defeso, detalhados por localidade, nome, endereço e número e data de inscrição no Registro Geral da Atividade Pesqueira (RGP).

Nos termos da regulamentação legal, tem direito ao benefício do seguro-desemprego o pescador profissional artesanal que preencher os seguintes requisitos:

> I – ter registro no Registro Geral da Atividade Pesqueira (RGP), com situação cadastral ativa decorrente de licença concedida, emitido pelo Ministério da Agricultura, Pecuária e Abastecimento, na condição de pescador profissional artesanal, observada a antecedência mínima prevista no art. 2º da Lei 10.779/2003;

---

7 "Art. 24. Toda pessoa, física ou jurídica, que exerça atividade pesqueira bem como a embarcação de pesca devem ser previamente inscritas no Registro Geral da Atividade Pesqueira – RGP, bem como no Cadastro Técnico Federal – CTF na forma da legislação específica. Parágrafo único. Os critérios para a efetivação do Registro Geral da Atividade Pesqueira serão estabelecidos no regulamento desta Lei".

II – *possuir a condição de segurado especial unicamente na categoria de pescador profissional artesanal*;

III – ter realizado o pagamento da contribuição previdenciária, nos termos da Lei 8.212/1991, nos últimos 12 meses imediatamente anteriores ao requerimento do benefício ou desde o último período de defeso até o requerimento do benefício, o que for menor, observado, quando for o caso, o disposto no art. 2º, § 2º, inciso II, da Lei 10.779/2003;

IV – não estar em gozo de nenhum benefício decorrente de programa federal de transferência de renda com condicionalidades ou de benefício de prestação continuada da Assistência Social ou da Previdência Social, exceto auxílio-acidente ou pensão por morte; e

V – não ter vínculo de emprego, ou outra relação de trabalho, ou outra fonte de renda diversa da decorrente da atividade pesqueira vedada pelo período de defeso (art. 2º do Decreto 8.424/2015).

A comprovação da *contribuição do segurado especial* (de que trata o inciso III acima) deve ser feita nos termos do art. 25 da Lei 8.212/1991 (que dispõe sobre a contribuição do segurado especial) e do art. 216, *caput*, inciso IV, do Regulamento da Previdência Social, aprovado pelo Decreto 3.048/1999[8], excluído o período de defeso, desde que não tenha havido comercialização de espécie alternativa não contemplada no ato que fixar o período de defeso.

Sem prejuízo das sanções civis e penais cabíveis, todo aquele que fornecer ou beneficiar-se de atestado falso para o fim de obtenção do benefício de que trata a Lei 10.779/2003 está sujeito a: demissão do cargo que ocupa, se servidor público; suspensão de sua atividade, com cancelamento do seu registro, por dois anos, se pescador profissional (art. 3º da Lei 10.779/2003).

O benefício de seguro-desemprego, durante o período de defeso, ao pescador profissional que exerce a atividade pesqueira de forma artesanal deve ser *cancelado* nas seguintes hipóteses: início de atividade remunerada; início de percepção de outra renda; morte do beneficiário; desrespeito ao período de

---

[8] "Art. 216. A arrecadação e o recolhimento das contribuições e de outras importâncias devidas à Seguridade Social, observado o que a respeito dispuserem o Instituto Nacional do Seguro Social e a Secretaria da Receita Federal, obedecem às seguintes normas gerais: [...] IV – o produtor rural pessoa física e o segurado especial são obrigados a recolher a contribuição de que trata o art. 200 no prazo referido na alínea 'b' do inciso I, no mês subsequente ao da operação de venda, caso comercializem a sua produção com adquirente domiciliado no exterior, diretamente, no varejo, a consumidor pessoa física, a outro produtor rural pessoa física ou a outro segurado especial".

defeso; comprovação de falsidade nas informações prestadas para a obtenção do benefício (art. 4º da Lei 10.779/2003).

O benefício do seguro-desemprego concedido durante o período de defeso, ao pescador profissional que exerce a atividade pesqueira de forma artesanal, é pago à conta do Fundo de Amparo ao Trabalhador (FAT), instituído pela Lei 7.998/1990, conforme art. 5º da Lei 10.779/2003.

Sendo assim, apesar de ser atribuição do INSS receber e processar os requerimentos, habilitar os beneficiários e decidir quanto à concessão do seguro-desemprego ao pescador profissional artesanal durante o período de defeso da atividade pesqueira, os recursos financeiros para o pagamento desse benefício são provenientes do Fundo de Amparo ao Trabalhador (FAT). Mesmo porque, de acordo com a determinação constitucional (art. 239), a arrecadação decorrente das contribuições para o PIS/PASEP é que deve financiar, nos termos da lei, o programa do seguro-desemprego, outras ações da Previdência Social e o abono salarial.

O produto da arrecadação das contribuições devidas ao PIS e ao PASEP, por seu turno, constitui recurso justamente do FAT (art. 11, inciso I, da Lei 7.998/1990).

Desse modo, compete ao Conselho Deliberativo do Fundo de Amparo ao Trabalhador (Codefat) a gestão do pagamento dos benefícios e ao Ministério do Trabalho a sua operacionalização, cabendo aos referidos órgãos a edição dos atos necessários a essas atividades.

O INSS deve disponibilizar ao Ministério do Trabalho as informações necessárias para a efetivação do pagamento.

O Ministério do Trabalho deve disponibilizar ao INSS e aos órgãos ou entidades da Administração Pública federal que sejam responsáveis pela manutenção de programas de transferência de renda com condicionalidades as informações referentes à realização dos pagamentos aos beneficiários.

O Ministério do Trabalho e o INSS devem prestar aos interessados informações relativas ao pagamento dos benefícios em seus próprios canais de atendimento.

7.15. ABONO DO PIS/PASEP

Conforme indicado anteriormente, aos empregados que percebam de empregadores que contribuem para o Programa de Integração Social ou para o Programa de Formação do Patrimônio do Servidor Público até dois salários mínimos de remuneração mensal, é assegurado o pagamento de um salário mínimo anual, computado nesse valor o rendimento das contas individuais, no caso daqueles que já participavam dos referidos programas, até a data da promulgação da Constituição Federal de 1988 (art. 239, § 3º).

Assegura-se, assim, o recebimento de abono salarial anual, no valor máximo de um salário mínimo vigente na data do respectivo pagamento, aos empregados que:

> I – tenham percebido, de empregadores que contribuem para o Programa de Integração Social (PIS) ou para o Programa de Formação do Patrimônio do Servidor Público (PASEP), até dois salários mínimos médios de remuneração mensal no período trabalhado e que tenham exercido atividade remunerada pelo menos durante 30 dias no ano-base;
>
> II – estejam cadastrados há pelo menos cinco anos no Fundo de Participação PIS/PASEP ou no Cadastro Nacional do Trabalhador (art. 9º da Lei 7.998/1990).

No caso de beneficiários integrantes do Fundo de Participação PIS/PASEP, devem ser computados no valor do abono salarial os rendimentos proporcionados pelas respectivas contas individuais.

O valor do abono salarial anual em questão deve ser calculado na proporção de 1/12 do valor do salário mínimo vigente na data do respectivo pagamento, multiplicado pelo número de meses trabalhados no ano correspondente. A fração igual ou superior a 15 dias de trabalho deve ser contada como mês integral.

O valor do abono salarial deve ser emitido em unidades inteiras de moeda corrente, com a suplementação das partes decimais até a unidade inteira imediatamente superior.

Cabe esclarecer que o mencionado abono do PIS/PASEP, por não ser pago pelo empregador, nem ser devido como contraprestação dos serviços, não tem natureza trabalhista, salarial ou remuneratória, tratando-se de verba decorrente de fundo de natureza pública. Ainda assim, o não cadastramento do empregado no PIS/PASEP pode gerar direito à indenização correspondente, a cargo do empregador culpado (arts. 186 e 927 do Código Civil). Nos termos da Súmula 300 do TST: "Compete à Justiça do Trabalho processar e julgar ações ajuizadas por empregados em face de empregadores relativas ao cadastramento no Programa de Integração Social (PIS)".

O referido abono é pago pelo Banco do Brasil S.A. e pela Caixa Econômica Federal mediante: depósito em nome do trabalhador; saque em espécie; ou folha de salários (art. 9º-A da Lei 7.998/1990, acrescentado pela Lei 13.134/2015).

Ao Banco do Brasil S.A. cabe o pagamento aos servidores e empregados dos contribuintes mencionados no art. 14 do Decreto-Lei 2.052/1983[9], e à Caixa Econômica Federal, aos empregados dos contribuintes a que se refere o art. 15 desse mesmo diploma legal (art. 9º-A, § 1º, da Lei 7.998/1990)[10].

As instituições financeiras pagadoras devem manter em seu poder, à disposição das autoridades fazendárias, por processo que possibilite sua imediata recuperação, os comprovantes de pagamentos efetuados (art. 9º-A, § 2º, da Lei 7.998/1990).

7.16. FUNDO DE AMPARO AO TRABALHADOR

O art. 10 da Lei 7.998/1990 instituiu o *Fundo de Amparo ao Trabalhador* (FAT), vinculado ao Ministério do Trabalho, destinado ao custeio do programa de seguro-desemprego, ao pagamento do abono salarial e ao financiamento de programas de educação profissional e tecnológica e de desenvolvimento econômico.

O FAT é um fundo contábil, de natureza financeira, tendo como recursos: o produto da arrecadação das contribuições devidas ao PIS e ao PASEP; o produto dos encargos devidos pelos contribuintes, em decorrência da inobservância de suas obrigações; a correção monetária e os juros devidos pelo agente aplicador dos recursos do fundo, bem como pelos agentes pagadores, incidentes sobre o saldo dos repasses recebidos; o produto da arrecadação da contribuição adicional pelo índice de rotatividade, de que trata o art. 239, § 4º, da Constituição Federal de 1988; outros recursos que lhe sejam destinados (art. 11 da Lei 7.998/1990).

Compete aos bancos oficiais federais o pagamento das despesas relativas ao programa do seguro-desemprego e ao abono salarial conforme normas a serem definidas pelos gestores do Fundo de Amparo ao Trabalhador (art. 15 da Lei 7.998/1990).

---

9 "Art. 14. São participantes contribuintes do PASEP: I – a União, os Estados, o Distrito Federal, os Territórios e Municípios; II – as autarquias em geral, inclusive quaisquer entidades criadas por lei federal com atribuições de fiscalização do exercício de profissões liberais; III – as empresas públicas e suas subsidiárias; IV – as sociedades de economia mista e suas subsidiárias; V – as fundações instituídas, mantidas ou supervisionadas pelo Poder Público".

10 "Art. 15. São participantes contribuintes do PIS as pessoas jurídicas de direito privado, bem como as que lhes são equiparadas pela legislação do imposto sobre a renda e as definidas como empregadoras pela legislação trabalhista, inclusive entidades de fins não lucrativos e condomínios em edificações, não compreendidas em quaisquer dos itens do art. 14 anterior".

Sobre o saldo de recursos não desembolsados, os agentes pagadores devem remunerar o Fundo de Amparo ao Trabalhador, no mínimo com correção monetária.

7.17. GESTÃO

A gestão do Fundo de Amparo ao Trabalhador é realizada pelo *Conselho Deliberativo do Fundo de Amparo ao Trabalhador*.

O Conselho Deliberativo do Fundo de Amparo ao Trabalhador (Codefat) é composto por *representação de trabalhadores, empregadores e órgãos e entidades governamentais*, na forma estabelecida pelo Poder Executivo (art. 18 da Lei 7.998/1990).

Os representantes dos trabalhadores são indicados pelas centrais sindicais e confederações de trabalhadores, enquanto os representantes dos empregadores são indicados pelas respectivas confederações.

Compete ao Ministro do Trabalho a nomeação dos membros do Conselho Deliberativo do Fundo de Amparo ao Trabalhador (Codefat). Pela atividade exercida no Codefat os seus membros não são remunerados.

Compete ao Conselho Deliberativo do Fundo de Amparo ao Trabalhador (Codefat) gerir o Fundo de Amparo ao Trabalhador (FAT) e deliberar sobre as seguintes matérias: aprovar e acompanhar a execução do plano de trabalho anual do programa do seguro-desemprego e do abono salarial e os respectivos orçamentos; deliberar sobre a prestação de conta e os relatórios de execução orçamentária e financeira do FAT; elaborar a proposta orçamentária do FAT, bem como suas alterações; propor o aperfeiçoamento da legislação relativa ao seguro-desemprego e ao abono salarial e regulamentar os dispositivos da Lei 7.998/1990 no âmbito de sua competência; decidir sobre sua própria organização, elaborando seu regimento interno; analisar relatórios do agente aplicador quanto à forma, prazo e natureza dos investimentos realizados; fiscalizar a administração do fundo, podendo solicitar informações sobre contratos celebrados ou em vias de celebração e quaisquer outros atos; definir indexadores sucedâneos no caso de extinção ou alteração daqueles referidos na Lei 7.998/1990; baixar instruções necessárias à devolução de parcelas do benefício do seguro-desemprego, indevidamente recebidas; propor alteração das alíquotas referentes às contribuições a que alude o art. 239 da Constituição Federal de 1988, com vistas a assegurar a viabilidade econômico-financeira do FAT; fixar prazos para processamento e envio ao trabalhador da requisição do benefício do seguro-desemprego, em função das possibilidades técnicas existentes, estabelecendo-se como objetivo o prazo de 30 dias; deliberar sobre outros assuntos de interesses do FAT (art. 19 da Lei 7.998/1990).

O Conselho Deliberativo do Fundo de Amparo ao Trabalhador (Codefat) pode priorizar projetos das entidades integrantes do Sistema Nacional de Atendimento Socioeducativo (SINASE)[11] desde que: o ente federado de vinculação da entidade que solicita o recurso possua o respectivo Plano de Atendimento Socioeducativo aprovado; as entidades governamentais e não governamentais integrantes do SINASE que solicitem recursos tenham se submetido à avaliação nacional do atendimento socioeducativo (art. 19-A da Lei 7.998/1990).

A Secretaria-Executiva do Conselho Deliberativo do Fundo de Amparo ao Trabalhador é exercida pelo Ministério do Trabalho, e a ela cabe exercer as tarefas técnico-administrativas relativas ao seguro-desemprego e abono salarial (art. 20 da Lei 7.998/1990).

As despesas com a implantação, administração e operação do programa do seguro-desemprego e do abono salarial, exceto as de pessoal, correm por conta do FAT (art. 21 da Lei 7.998/1990).

Os recursos do FAT integram o orçamento da Seguridade Social na forma da legislação pertinente (art. 22 da Lei 7.998/1990).

7.18. FISCALIZAÇÃO E PENALIDADES

Compete ao Ministério do Trabalho e Previdência a fiscalização do cumprimento do programa de seguro-desemprego e do abono salarial, bem como do pagamento, pelas empresas, da bolsa de qualificação profissional de que trata o art. 2º-A da Lei 7.998/1990[12], ou de benefícios de programas instituídos para promover a manutenção de empregos ou a qualificação de trabalhadores, custeados com recursos do Fundo de Amparo ao Trabalhador – FAT (art. 23 da Lei 7.998/1990, com redação dada pela Lei 14.261/2021).

---

[11] A Lei 12.594/2012 institui o Sistema Nacional de Atendimento Socioeducativo (SINASE) e regulamenta a execução das medidas destinadas a adolescente que pratique ato infracional. Nos termos do art. 1º, § 1º: "Entende-se por Sinase o conjunto ordenado de princípios, regras e critérios que envolvem a execução de medidas socioeducativas, incluindo-se nele, por adesão, os sistemas estaduais, distrital e municipais, bem como todos os planos, políticas e programas específicos de atendimento a adolescente em conflito com a lei".

[12] Cf. art. 476-A, § 7º, da CLT. Cf. ainda Capítulo 7, item 7.5.

Os trabalhadores, os empregadores e os serviços nacionais de aprendizagem ou entidades qualificadas em formação técnico-profissional, bem como os trabalhadores de programas instituídos para promover a manutenção de empregos ou a qualificação de trabalhadores, devem prestar as informações necessárias, bem como atender às exigências para a concessão do seguro-desemprego e o pagamento do abono salarial e da bolsa de qualificação profissional de que trata o art. 2º-A da Lei 7.998/1990, ou de benefícios de programas instituídos para promover a manutenção de empregos ou a qualificação de trabalhadores, nos termos e nos prazos fixados pelo Ministério do Trabalho e Previdência (art. 24 da Lei 7.998/1990, com redação dada pela Lei 14.261/2021).

O empregador que infringir os dispositivos da Lei 7.998/1990 está sujeito a multa, conforme valores indicados no seu art. 25, segundo a natureza da infração, sua extensão e intenção do infrator, a serem aplicadas em dobro, no caso de reincidência, oposição à fiscalização ou desacato à autoridade.

São competentes para impor as penalidades as Superintendências Regionais do Trabalho, de acordo com o Título VII da Consolidação das Leis do Trabalho, que dispõe sobre o processo de multas administrativas (arts. 626 e seguintes).

Além das penalidades administrativas referidas, os responsáveis por meios fraudulentos na habilitação ou na percepção do seguro-desemprego devem ser punidos civil e criminalmente, nos termos legais.

O trabalhador que infringir o disposto na Lei 7.998/1990 e houver percebido indevidamente parcela de seguro-desemprego está sujeito à *compensação automática do débito com o novo benefício*, na forma e no percentual definidos por Resolução do Codefat (art. 25-A da Lei 7.998/1990, acrescentado pela Lei 13.134/2015).

O ato administrativo de compensação automática pode ser objeto de impugnação, no prazo de 10 dias, pelo trabalhador, por meio de requerimento de revisão simples, o qual deve seguir o rito prescrito pela Lei 9.784/1999, que estabelece normas básicas sobre o processo administrativo no âmbito da Administração Federal direta e indireta, visando, em especial, à proteção dos direitos dos administrados e ao melhor cumprimento dos fins da Administração.

A restituição de valor devido pelo trabalhador deve ser realizada mediante compensação do saldo de valores nas datas de liberação de cada parcela ou pagamento com Guia de Recolhimento da União (GRU), conforme regulamentação do Codefat.

7.19. BENEFÍCIO EMERGENCIAL DE PRESERVAÇÃO DO EMPREGO E DA RENDA

O Poder Executivo federal pode instituir o Programa Emergencial de Manutenção do Emprego e da Renda, para o enfrentamento das consequências sociais e econômicas de estado de calamidade pública em âmbito nacional ou em âmbito estadual, distrital ou municipal reconhecido pelo Poder Executivo federal (art. 24 da Lei 14.437/2022).

A adoção do Programa Emergencial de Manutenção do Emprego e da Renda deve observar o disposto no regulamento, que estabelecerá a forma e o prazo durante o qual o Programa pode ser adotado, observadas as disponibilidades financeiras e orçamentárias. O mencionado prazo será de até 90 dias, prorrogável enquanto durar o estado de calamidade pública em âmbito nacional ou em âmbito estadual, distrital ou municipal reconhecido pelo Poder Executivo federal.

São medidas do Programa Emergencial de Manutenção do Emprego e da Renda: I – o pagamento do benefício emergencial de manutenção do emprego e da renda (BEm); II – a redução proporcional da jornada de trabalho e do salário; III – a suspensão temporária do contrato de trabalho (art. 25 da Lei 14.437/2022).

Essa previsão não se aplica: I – no âmbito da União, dos Estados, do Distrito Federal e dos Municípios: a) aos órgãos da administração pública direta e indireta; b) às empresas públicas e às sociedades de economia mista, inclusive às suas subsidiárias; II – aos organismos internacionais.

Compete ao Ministério do Trabalho e Previdência coordenar, executar, monitorar e fiscalizar o Programa Emergencial de Manutenção do Emprego e da Renda e editar as normas complementares necessárias à sua execução (art. 26 da Lei 14.437/2022).

O Ministério do Trabalho e Previdência deve divulgar, por meio eletrônico, informações detalhadas sobre os acordos firmados, com o número de empregados e empregadores beneficiados.

O benefício emergencial de manutenção do emprego e da renda deve ser pago nas hipóteses de: I – redução proporcional da jornada de trabalho e do salário; II – suspensão temporária do contrato de trabalho (art. 27 da Lei 14.437/2022).

O benefício emergencial de manutenção do emprego e da renda deve ser custeado com recursos da União, mediante disponibilidade orçamentária.

O benefício emergencial de manutenção do emprego e da renda será de prestação mensal e devido a partir da data do início da redução da jornada de trabalho e do salário ou da suspensão temporária do contrato de trabalho, observadas as seguintes disposições: I – o empregador deve informar ao Ministério do Trabalho e Previdência a redução da jornada de trabalho e do salário ou a suspensão temporária do contrato de trabalho, no prazo de 10 dias, contado da data da celebração do acordo; II – a primeira parcela deve ser paga no prazo de 30 dias, contado da data da celebração do acordo, desde que a celebração do acordo seja informada no prazo a que se refere o inciso I; III – o benefício deve ser pago exclusivamente enquanto durar a redução da jornada de trabalho e do salário ou a suspensão temporária do contrato de trabalho (art. 27, § 2º, da Lei 14.437/2022).

Caso a informação de que trata o inciso I não seja prestada no prazo de 10 dias, contado da data da celebração do acordo: I – o empregador ficará responsável pelo pagamento da remuneração no valor anterior à redução da jornada de trabalho e do salário ou à suspensão temporária do contrato de trabalho do empregado, inclusive dos respectivos encargos sociais e trabalhistas, até que a informação seja prestada; II – a data de início do benefício emergencial de manutenção do emprego e da renda será estabelecida na data em que a informação tenha sido efetivamente prestada, e o benefício será devido pelo restante do período pactuado; III – a primeira parcela, observado o disposto no inciso II, será paga no prazo de 30 dias, contado da data em que a informação tiver sido efetivamente prestada.

Ato do Ministério do Trabalho e Previdência deve disciplinar a forma de: transmissão das informações e das comunicações pelo empregador; concessão e pagamento do benefício emergencial de manutenção do emprego e da renda; interposição de recurso contra as decisões proferidas em relação ao benefício emergencial de manutenção do emprego e da renda.

As notificações e as comunicações referentes ao benefício emergencial de manutenção do emprego e da renda podem ser realizadas exclusivamente por meio digital, mediante a ciência do interessado, o cadastramento em sistema próprio e a utilização de certificado digital da Infraestrutura de Chaves Públicas Brasileira (ICP-Brasil) ou o uso de login e senha, conforme estabelecido em ato do Ministério do Trabalho e Previdência.

O devido recebimento do benefício emergencial de manutenção do emprego e da renda não impede a concessão nem altera o valor do seguro-desemprego a que o empregado vier a ter direito, desde que cumpridos os requisitos previstos na Lei 7.998/1990, no momento de eventual dispensa.

O benefício emergencial de manutenção do emprego e da renda deve ser operacionalizado e pago pelo Ministério do Trabalho e Previdência. Como se pode notar, o benefício emergencial de preservação do emprego e da renda não é custeado com recursos do orçamento da Seguridade Social, mas sim com recursos da União, e a sua execução não é realizada pelo INSS, mas sim pelo Ministério do Trabalho e Previdência. Não se trata, portanto, de prestação integrante do Regime Geral de Previdência Social.

O valor do benefício emergencial de manutenção do emprego e da renda deve ter como base de cálculo o valor da parcela do seguro-desemprego a que o empregado teria direito, nos termos do art. 5º da Lei 7.998/1990, observadas as seguintes disposições: I – na hipótese de redução da jornada de trabalho e do salário, deve ser calculado com a aplicação do percentual da redução sobre a base de cálculo; II – na hipótese de suspensão temporária do contrato de trabalho, tem valor mensal: a) equivalente a 100% do valor do seguro-desemprego a que o empregado teria direito, na hipótese prevista no art. 30, *caput*, da Lei 14.437/2022; ou b) equivalente a 70% do valor do seguro-desemprego a que o empregado teria direito, na hipótese prevista no art. 30, § 6º, da Lei 14.437/2022 (art. 28 da Lei 14.437/2022).

O benefício emergencial de manutenção do emprego e da renda deve ser pago ao empregado independentemente do: cumprimento de qualquer período aquisitivo; tempo de vínculo empregatício; número de salários recebidos.

O benefício emergencial de manutenção do emprego e da renda não é devido ao empregado que: I – seja ocupante de cargo ou emprego público ou cargo em comissão de livre nomeação e exoneração, ou seja titular de mandato eletivo; ou II – esteja em gozo: a) de benefício de prestação continuada do Regime Geral de Previdência Social ou dos Regimes Próprios de Previdência Social, ressalvados os benefícios de pensão por morte e de auxílio-acidente; b) do seguro-desemprego, em quaisquer de suas modalidades; ou c) da bolsa de qualificação profissional de que trata o art. 2º-A da Lei 7.998/1990 (custeada pelo Fundo de Amparo ao Trabalhador).

O empregado com mais de um vínculo formal de emprego pode receber cumulativamente um benefício emergencial de manutenção do emprego e da renda para cada vínculo com redução proporcional da jornada de trabalho e do salário ou com suspensão temporária do contrato de trabalho.

Nos casos em que o cálculo do benefício emergencial de manutenção do emprego e da renda resultar em valores decimais, o valor a ser pago deve ser arredondado para a unidade inteira imediatamente superior.

O empregado com contrato de trabalho intermitente a que se refere o art. 443, § 3º, da Consolidação das Leis do Trabalho não faz jus ao benefício emergencial de manutenção do emprego e da renda.

O benefício emergencial de manutenção do emprego e da renda do aprendiz: pode ser acumulado com o benefício de prestação continuada de que trata o art. 20 da Lei 8.742/1993; não é computado para fins de cálculo da renda familiar *per capita* para a concessão ou a manutenção do benefício de prestação continuada de que trata o art. 20 da Lei 8.742/1993.

Fica suspenso o prazo a que se refere o art. 21-A, § 2º, da Lei 8.742/1993 (dois anos)[13] durante o recebimento do benefício emergencial de manutenção do emprego e da renda pelo aprendiz.

O empregador, na forma e no prazo previstos no regulamento de que trata o art. 24 da Lei 14.437/2022, pode acordar a redução proporcional da jornada de trabalho e do salário de seus empregados, de forma setorial, departamental, parcial ou na totalidade dos postos de trabalho, observados os seguintes requisitos: I – preservação do valor do salário-hora de trabalho; II – pactuação, conforme o disposto nos arts. 33 e 34 da Lei 14.437/2022, por convenção coletiva de trabalho, por acordo coletivo de trabalho ou por acordo individual escrito entre empregador e empregado; III – na hipótese de pactuação por acordo individual escrito, encaminhamento da proposta de acordo ao empregado com antecedência de, no mínimo, dois dias corridos e redução da jornada de trabalho e do salário somente nos seguintes percentuais: a) 25%; b) 50%; ou c) 70% (art. 29 da Lei 14.437/2022).

A jornada de trabalho e o salário pago anteriormente devem ser restabelecidos no prazo de dois dias corridos, contado da: I – cessação do estado de calamidade pública; II – data estabelecida como termo de encerramento do período de redução pactuado; ou III – data de comunicação do empregador que informe ao empregado a sua decisão de antecipar o fim do período de redução pactuado.

O empregador, na forma e no prazo previstos no regulamento de que trata o art. 24 da Lei 14.437/2022, pode acordar a suspensão temporária do contrato de trabalho de seus empregados, de forma setorial, departamental, parcial ou na totalidade dos postos de trabalho (art. 30 da Lei 14.437/2022).

A suspensão temporária do contrato de trabalho deve ser pactuada, conforme o disposto nos arts. 33 e 34 da Lei 14.437/2022, por convenção coletiva de trabalho, por acordo coletivo de trabalho ou por acordo individual escrito entre empregador e empregado. Na hipótese de acordo individual escrito entre empregador e empregado, a proposta deve ser encaminhada ao empregado com antecedência de, no mínimo, dois dias corridos.

O empregado, durante o período de suspensão temporária do contrato de trabalho: faz jus a todos os benefícios concedidos pelo empregador aos seus

---

[13] "§ 2º A contratação de pessoa com deficiência como aprendiz não acarreta a suspensão do benefício de prestação continuada, limitado a 2 (dois) anos o recebimento concomitante da remuneração e do benefício".

empregados; fica autorizado a recolher para o Regime Geral de Previdência Social na qualidade de segurado facultativo.

O contrato de trabalho deve ser restabelecido no prazo de dois dias corridos, contado da: I – cessação do estado de calamidade pública; II – data estabelecida como termo de encerramento do período de suspensão pactuado; ou III – data de comunicação do empregador que informe ao empregado a sua decisão de antecipar o fim do período de suspensão pactuado.

Se durante o período de suspensão temporária do contrato de trabalho o empregado mantiver as atividades de trabalho, ainda que parcialmente, por meio de teletrabalho, trabalho remoto ou trabalho a distância, ficará descaracterizada a suspensão temporária do contrato de trabalho, e o empregador estará sujeito: ao pagamento imediato da remuneração e dos encargos sociais referentes a todo o período; às penalidades previstas na legislação; às sanções previstas em convenção coletiva ou em acordo coletivo de trabalho.

A empresa que tiver auferido, no ano-calendário anterior ao estado de calamidade pública de que trata o art. 1º da Lei 14.437/2022, receita bruta superior ao limite máximo previsto no art. 3º, inciso II, da Lei Complementar 123/2006 (R$ 4.800.000,00), somente pode suspender o contrato de trabalho de seus empregados mediante o pagamento de ajuda compensatória mensal no valor de 30% do valor do salário do empregado, durante o período de suspensão temporária do contrato de trabalho pactuado, observado o disposto nos arts. 30 e 31 da Lei 14.437/2022 (art. 30, § 6º, da Lei 14.437/2022).

O benefício emergencial de manutenção do emprego e da renda pode ser acumulado com o pagamento, pelo empregador, de ajuda compensatória mensal, em decorrência da redução proporcional da jornada de trabalho e do salário ou da suspensão temporária do contrato de trabalho de que trata a Lei 14.437/2022 (art. 31).

A mencionada ajuda compensatória mensal: deve ter o valor definido em negociação coletiva ou no acordo individual escrito pactuado; não integra a base de cálculo do valor dos depósitos do FGTS, instituído pela Lei 8.036/1990 e de que trata a Lei Complementar 150/2015 (art. 31, § 1º, da Lei 14.437/2022).

Na hipótese de redução proporcional da jornada de trabalho e do salário, a referida ajuda compensatória não integra o salário devido pelo empregador e deve observar o disposto no art. 31, § 1º, da Lei 14.437/2022.

As medidas de redução proporcional da jornada de trabalho e do salário ou de suspensão temporária do contrato de trabalho de que trata a Lei 14.437/2022 podem ser celebradas por meio de negociação coletiva, observado o disposto no art. 33, § 1º, e nos arts. 29 e 30 da Lei 14.437/2022 (art. 33 da Lei 14.437/2022).

A convenção coletiva ou o acordo coletivo de trabalho podem estabelecer redução da jornada de trabalho e do salário em percentuais diversos daqueles previstos no art. 29, inciso III, da Lei 14.437/2022 (art. 33, § 1º, da Lei 14.437/2022).

Na hipótese prevista no art. 33, § 1º, da Lei 14.437/2022, o benefício emergencial de manutenção do emprego e da renda será devido nos seguintes termos: I – sem percepção do benefício, para a redução da jornada de trabalho e do salário inferior a 25%; II – no valor de 25% sobre a base de cálculo prevista no art. 28 da Lei 14.437/2022, para a redução da jornada de trabalho e do salário igual ou superior a 25% e inferior a 50%; III – no valor de 50% sobre a base de cálculo prevista no art. 28 da Lei 14.437/2022, para a redução da jornada de trabalho e do salário igual ou superior a 50% e inferior a 70%; IV – no valor de 70% sobre a base de cálculo prevista no art. 28 da Lei 14.437/2022, para a redução da jornada de trabalho e do salário igual ou superior a 70%.

As convenções coletivas ou os acordos coletivos de trabalho celebrados anteriormente à publicação do regulamento de que trata o art. 24 da Lei 14.437/2022 podem ser renegociados para adequação de seus termos no prazo de 10 dias corridos, contado da data de publicação do regulamento.

As medidas de que trata o art. 25 da Lei 14.437/2022 serão implementadas por meio de acordo individual escrito ou de negociação coletiva aos empregados: I – com salário igual ou inferior a metade do limite máximo dos benefícios do Regime Geral de Previdência Social; ou II – com diploma de nível superior que percebam salário mensal igual ou superior a duas vezes o limite máximo dos benefícios do Regime Geral de Previdência Social (art. 34 da Lei 14.437/2022).

Para os empregados que não se enquadrem nessa previsão, as medidas de que trata o art. 25 da Lei 14.437/2022 somente podem ser estabelecidas por convenção coletiva ou por acordo coletivo de trabalho, exceto nas seguintes hipóteses, nas quais se admite a pactuação por acordo individual escrito: I – redução proporcional da jornada de trabalho e do salário de 25%, de que trata o art. 29, inciso III, alínea *a*, da Lei 14.437/2022; ou II – redução proporcional da jornada de trabalho e do salário ou suspensão temporária do contrato de trabalho, quando do acordo não resultar diminuição do valor total recebido mensalmente pelo empregado, incluídos o valor do benefício emergencial de manutenção do emprego e da renda, a ajuda compensatória mensal e, em caso de redução da jornada de trabalho, o salário pago pelo empregador em razão das horas trabalhadas pelo empregado (art. 34, § 1º, da Lei 14.437/2022). Cf. ainda STF, Pleno, MC-ADI 6.363/DF, Red. p/ ac. Min. Alexandre de Moraes, j. 17.04.2020, DJe 24.11.2020.

Para os empregados que se encontrem em gozo do benefício de aposentadoria, a implementação das medidas de redução proporcional da jornada de trabalho e do salário ou de suspensão temporária do contrato de trabalho por acordo individual escrito somente é admitida quando, além do enquadramento em alguma das hipóteses de autorização do acordo individual de trabalho previstas no art. 34, § 1º, da Lei 14.437/2022, houver o pagamento, pelo empregador, de ajuda compensatória mensal, observados o disposto no art. 31 da Lei 14.437/2022 e as seguintes condições: I – o valor da referida ajuda compensatória mensal deve ser, no mínimo, equivalente ao valor do benefício emergencial de manutenção do emprego e da renda que o empregado receberia se não houvesse a vedação prevista no art. 28, § 2º, inciso II, alínea *a*, do da Lei 14.437/2022; II – o valor total pago a título de ajuda compensatória mensal deve ser, no mínimo, igual à soma do valor previsto no art. 30, § 6º, da Lei 14.437/2022 com o valor mínimo previsto no inciso I, na hipótese de empresa que se enquadre no disposto naquele dispositivo.

Os atos necessários à pactuação dos acordos individuais escritos de que trata o art. 34 da Lei 14.437/2022 podem ser realizados por meios físicos ou eletrônicos.

Os acordos individuais de redução da jornada de trabalho e do salário ou de suspensão temporária do contrato de trabalho, pactuados nos termos da Lei 14.437/2022, devem ser comunicados pelos empregadores ao sindicato da categoria profissional, no prazo de 10 dias corridos, contado da data de sua celebração.

Se, após a pactuação de acordo individual na forma prevista no art. 34 da Lei 14.437/2022, houver a celebração de convenção coletiva ou de acordo coletivo de trabalho com cláusulas conflitantes com as cláusulas do acordo individual, devem ser observadas as seguintes regras: I – a aplicação das condições estabelecidas no acordo individual em relação ao período anterior ao período da negociação coletiva; II – a prevalência das condições estipuladas na negociação coletiva, naquilo em que conflitarem com as condições estabelecidas no acordo individual, a partir da data de entrada em vigor da convenção coletiva ou do acordo coletivo de trabalho.

As condições do acordo individual prevalecem sobre a negociação coletiva se forem mais favoráveis ao trabalhador.

O disposto nos arts. 24 a 42 da Lei 14.437/2022 aplica-se aos contratos de trabalho celebrados até a data de publicação do regulamento de que trata o art. 24 da Lei 14.437/2022 (art. 37 da Lei 14.437/2022). Essa previsão aplica-se aos contratos de trabalho de aprendizagem e de jornada parcial.

O trabalhador que receber indevidamente parcela do benefício emergencial de manutenção do emprego e da renda está sujeito à compensação automática com eventuais parcelas devidas do referido benefício relativas ao mesmo acordo ou a acordos diversos ou com futuras parcelas de abono salarial de que trata a Lei 7.998/1990 ou de seguro-desemprego a que tiver direito, na forma prevista no art. 25-A da referida Lei, conforme estabelecido em ato do Ministério do Trabalho e Previdência, garantido ao trabalhador o direito de ciência prévia sobre a referida compensação (art. 38 da Lei 14.437/2022).

Fica dispensada a licitação para contratação da Caixa Econômica Federal e do Banco do Brasil S.A. para a operacionalização do pagamento do benefício emergencial de manutenção do emprego e da renda (art. 40 da Lei 14.437/2022).

O beneficiário pode receber o benefício emergencial de manutenção do emprego e da renda na instituição financeira em que possuir conta-poupança ou conta de depósito à vista, exceto conta-salário, desde que autorize o empregador a informar os seus dados bancários quando prestadas as informações de que trata o art. 27, § 2º, inciso I, da Lei 14.437/2022 (art. 41 da Lei 14.437/2022).

O Ministério do Trabalho e Previdência deve editar os atos complementares necessários à execução do disposto nos arts. 40 e 41 da Lei 14.437/2022 (art. 42 da Lei 14.437/2022).

CAPÍTULO

8

CRIMES CONTRA A PREVIDÊNCIA SOCIAL

8.1. INTRODUÇÃO

O Direito Penal é o ramo do Direito que prevê os crimes e contravenções penais, estabelecendo as respectivas penas, de forma a disciplinar o direito de punição do Estado.

De acordo com o art. 22, inciso I, da Constituição Federal de 1988, compete privativamente à União legislar sobre Direito Penal.

Como se observa do art. 92 do Código Penal[1], a condenação criminal, mesmo transitada em julgado, por si, não gera como efeito o cancelamento

[1] "Art. 92. São também efeitos da condenação: I – a perda de cargo, função pública ou mandato eletivo: a) quando aplicada pena privativa de liberdade por tempo igual ou superior a um ano, nos crimes praticados com abuso de poder ou violação de dever para com a Administração Pública; b) quando for aplicada pena privativa de liberdade por tempo superior a 4 (quatro) anos nos demais casos. II – a incapacidade para o exercício do pátrio poder, tutela ou curatela, nos crimes dolosos, sujeitos à pena de reclusão, cometidos contra filho, tutelado ou curatelado; III – a inabilitação para dirigir veículo, quando utilizado como meio para a prática de crime doloso. Parágrafo único. Os efeitos de que trata este artigo não são automáticos, devendo ser motivadamente declarados na sentença".

da aposentadoria já concedida, ainda que em Regime Próprio de Previdência Social (STJ, 6ª T., RMS 31.980/ES (2011/0100751-8), rel. Min. Og Fernandes, DJe 30.10.2012).

Prevalece o entendimento de que a condenação judicial do servidor público em ação de improbidade administrativa não gera a cassação da aposentadoria, conforme art. 12 da Lei 8.429/1992, pois a sanção de cassação de aposentadoria é de competência privativa da autoridade administrativa (STJ, 1ª Seção, EREsp 1.496.347/ES, 2014/0205247-0, rel. p/ ac. Min. Benedito Gonçalves, DJe 28.04.2021).

O que a jurisprudência admite é a cassação da aposentadoria concedida a servidor público em Regime Próprio de Previdência Social em razão de penalidade especificamente aplicada em regular processo administrativo disciplinar (STJ, 6ª T., RMS 27.216/RJ (2008/0150711-9), rel. Min. Rogerio Schietti Cruz, DJe 07.05.2015).

Nesse contexto, compete ao Presidente do Instituto Nacional do Seguro Social (INSS) julgar processos administrativos disciplinares de servidores vinculados à autarquia e aplicar-lhes penalidades, inclusive nas hipóteses de demissão e de cassação de aposentadoria ou disponibilidade (art. 9º da Lei 14.261/2021).

A Turma Nacional de Uniformização dos Juizados Especiais Federais firmou a seguinte tese (Tema 233): "O servidor público aposentado no RPPS e que sofrer pena de cassação de sua aposentadoria pode utilizar o respectivo período contributivo para requerer aposentadoria no RGPS, devidamente comprovado por meio de Certidão de Tempo de Contribuição fornecida pelo órgão público competente" (TNU, PEDILEF 0053962-51.2016.4.02.5151/RJ, rel. Juiz Federal Erivaldo Ribeiro dos Santos, DJe 16.03.2020).

8.2. CRIMES CONTRA A PREVIDÊNCIA SOCIAL

O Direito Penal prevê certos crimes relacionados à Previdência Social, como a *apropriação indébita previdenciária*, a *falsificação de documento público*, a *sonegação de contribuição previdenciária*, podendo-se fazer menção, ainda, ao *estelionato contra a Previdência Social*, conforme arts. 168-A, 297, §§ 3º e 4º, 337-A e 171, § 3º, do Código Penal.

8.3. APROPRIAÇÃO INDÉBITA PREVIDENCIÁRIA

Ao tratar dos *crimes contra o patrimônio*, o art. 168-A do Código Penal dispõe sobre a *apropriação indébita previdenciária*, assim prevendo:

> "Deixar de repassar à previdência social as contribuições recolhidas dos contribuintes, no prazo e forma legal ou convencional:
>
> Pena – reclusão, de 2 (dois) a 5 (cinco) anos, e multa
>
> § 1º Nas mesmas penas incorre quem deixar de:
>
> I – recolher, no prazo legal, contribuição ou outra importância destinada à previdência social que tenha sido descontada de pagamento efetuado a segurados, a terceiros ou arrecadada do público;
>
> II – recolher contribuições devidas à previdência social que tenham integrado despesas contábeis ou custos relativos à venda de produtos ou à prestação de serviços;
>
> III – pagar benefício devido a segurado, quando as respectivas cotas ou valores já tiverem sido reembolsados à empresa pela previdência social".

Prevalece o entendimento de que, por se tratar de crime *omissivo próprio*, para se configurar a apropriação indébita previdenciária é suficiente o *dolo genérico* do autor, não se exigindo o dolo específico, ou seja, a intenção de se apoderar dos valores retidos e não repassados à União, não sendo necessário, portanto, o intuito de fraudar a Previdência Social (STF, Pleno, AP 516/DF, rel. Min. Ayres Britto, DJe 06.12.2010).

Entende-se, ademais, que se trata de *crime omissivo material*, no sentido de que a sua consumação exige o *dano efetivo*, uma vez que o bem jurídico protegido é o patrimônio da Previdência Social.

Portanto, é necessária a constituição definitiva do crédito tributário previdenciário, como *condição objetiva de punibilidade*, conforme art. 83 da Lei 9.430/1996, aplicável também ao caso.

Segundo o mencionado dispositivo legal, a representação fiscal para fins penais, relativa aos crimes contra a ordem tributária previstos nos arts. 1º e 2º da Lei 8.137/1990, e aos *crimes contra a Previdência Social*, previstos nos arts. 168-A e 337-A do Decreto-Lei 2.848/1940 (Código Penal), "será encaminhada ao Ministério Público *depois de proferida a decisão final, na esfera administrativa, sobre a exigência fiscal do crédito tributário correspondente*".

O Supremo Tribunal Federal declarou ser constitucional o art. 83 da Lei 9.430/1996, com redação dada pela Lei 12.350/2010 (STF, Pleno, ADI 4.980/DF, rel. Min. Nunes Marques, j. 10.03.2022).

Não se tipifica crime material contra a ordem tributária, previsto no art. 1º, incisos I a IV, da Lei 8.137/1990, antes do lançamento definitivo do tributo (Súmula Vinculante 24 do STF).

Logo, para que ocorra a consumação do crime é necessário que o processo administrativo para a constituição do crédito tributário já tenha sido concluído definitivamente.

A apropriação indébita disciplinada no artigo 168-A do Código Penal consubstancia crime omissivo material e não simplesmente formal. Estando em curso processo administrativo mediante o qual questionada a exigibilidade do tributo, fica afastada a persecução criminal (STF, Pleno, AgR-Inq 2537/GO, rel. Min. Marco Aurélio, DJe 13.06.2008).

Ademais, nos termos do art. 83, § 1º, da Lei 9.430/1996, acrescentado pela Lei 12.382/2011, na hipótese de *concessão de parcelamento do crédito tributário*, a representação fiscal para fins penais somente será encaminhada ao Ministério Público após a exclusão da pessoa física ou jurídica do parcelamento.

Cabe esclarecer, ainda, que não se trata de prisão civil por dívida, uma vez que a sanção decorre de crime propriamente, afastando qualquer violação ao art. 5º, inciso LXVII, da Constituição da República, ao art. 7º, § 7º, do Pacto de São José da Costa Rica e ao art. 11 do Pacto Internacional sobre Direitos Civis e Políticos (STF, 2ª T., AgR-AI 800.589/SC, rel. Min. Ayres Britto, DJe 14.02.2011).

É importante registrar o entendimento de que a efetiva e *comprovada* dificuldade financeira do agente na época da omissão de recolhimento das contribuições previdenciárias, quanto ao crime em questão, pode ser *causa excludente de antijuridicidade*, em razão de inexigibilidade de conduta diversa ou mesmo de estado de necessidade[2].

Conforme o art. 168-A, § 2º, do Código Penal, "é *extinta a punibilidade* se o agente, espontaneamente, declara, confessa e efetua o pagamento das contribuições, importâncias ou valores e presta as informações devidas à Previdência Social, na forma definida em lei ou regulamento, *antes do início da ação fiscal*".

Nesse caso, para a extinção da punibilidade a declaração, a confissão e, também, o pagamento, espontâneos, pelo agente, devem ocorrer antes do início da ação fiscal.

---

[2] Cf. LEITÃO, André Studart; MEIRINHO, Augusto Grieco Sant'Anna. *Manual de direito previdenciário*. 4. ed. São Paulo: Saraiva, 2016. p. 697-699.

Entretanto, de forma mais benéfica, o art. 9º, *caput*, da Lei 10.684/2003 prevê que é *suspensa a pretensão punitiva* do Estado, referente aos crimes previstos nos arts. 1º e 2º da Lei 8.137/1990, e nos arts. 168-A e 337-A do Decreto-Lei 2.848/1940 (Código Penal), "durante o período em que a pessoa jurídica relacionada com o agente dos aludidos crimes estiver incluída no regime de *parcelamento*".

A prescrição criminal não corre durante o período de suspensão da pretensão punitiva (art. 9º, § 1º, da Lei 10.684/2003).

Ademais, conforme o art. 9º, § 2º, da Lei 10.684/2003, *extingue-se a punibilidade* dos crimes previstos nos arts. 1º e 2º da Lei 8.137/1990, e nos arts. 168-A e 337-A do Decreto-Lei 2.848/1940 (Código Penal), "quando a pessoa jurídica relacionada com o agente efetuar o *pagamento* integral dos débitos oriundos de tributos e contribuições sociais, inclusive acessórios".

Na hipótese em questão, a extinção da punibilidade pode ocorrer *mesmo depois do recebimento da denúncia*, sendo necessário o *pagamento integral* do débito pela pessoa jurídica relacionada ao agente.

É certo que, na verdade, a Lei 10.684/2003 dispõe sobre a possibilidade de parcelamento de débitos junto à Secretaria da Receita Federal do Brasil ou à Procuradoria-Geral da Fazenda Nacional, com vencimento até 28 de fevereiro de 2003, em até 180 prestações mensais e sucessivas (art. 1º). Ainda assim, a jurisprudência tem entendido ser possível a sua aplicação de forma extensiva e benéfica a outros casos, com fundamento no princípio da igualdade (STF, 1ª T., HC 85.452/SP, rel. Min. Eros Grau, DJ 03.06.2005).

O art. 168-A, § 3º, do Código Penal dispõe ainda que "é facultado ao juiz *deixar de aplicar a pena ou aplicar somente a de multa* se o agente for primário e de bons antecedentes, desde que: I – tenha promovido, após o início da ação fiscal e antes de oferecida a denúncia, o pagamento da contribuição social previdenciária, inclusive acessórios; ou II – o valor das contribuições devidas, inclusive acessórios, seja igual ou inferior àquele estabelecido pela Previdência Social, administrativamente, como sendo o mínimo para o ajuizamento de suas execuções fiscais".

Cabe esclarecer, para os fins do art. 168-A, § 3º, inciso II, do Código Penal, que o art. 20 da Lei 10.522/2002, com redação dada pela Lei 13.874/2019, estabelece que serão arquivados, sem baixa na distribuição, por meio de requerimento do Procurador da Fazenda Nacional, os autos das execuções fiscais de débitos inscritos em dívida ativa da União pela Procuradoria-Geral da Fazenda Nacional ou por ela cobrados, de valor consolidado igual ou inferior àquele estabelecido em ato do Procurador-Geral da Fazenda Nacional.

A faculdade prevista no § 3º do art. 168-A do Código Penal não se aplica aos casos de parcelamento de contribuições cujo valor, inclusive dos acessórios, seja superior àquele estabelecido, administrativamente, como sendo o mínimo para o ajuizamento de suas execuções fiscais (art. 168-A, § 4º, do Código Penal, incluído pela Lei 13.606/2018).

A sentença concessiva do *perdão judicial* é declaratória da extinção da punibilidade, não subsistindo qualquer efeito condenatório (Súmula 18 do STJ).

O art. 83, § 2º, da Lei 9.430/1996, acrescentado pela Lei 12.382/2011, também prevê que é *suspensa a pretensão punitiva* do Estado referente aos crimes contra a ordem tributária previstos nos arts. 1º e 2º da Lei 8.137/1990, e aos crimes contra a Previdência Social, previstos nos arts. 168-A e 337-A do Decreto-Lei 2.848/1940 (Código Penal), durante o período em que a pessoa física ou a pessoa jurídica relacionada com o agente dos aludidos crimes estiver incluída no *parcelamento, desde que o pedido de parcelamento tenha sido formalizado antes do recebimento da denúncia criminal*.

A prescrição criminal não corre durante o período de suspensão da pretensão punitiva (art. 83, § 3º, da Lei 9.430/1996).

Extingue-se a punibilidade dos crimes previstos nos arts. 1º e 2º da Lei 8.137/1990, e dos crimes contra a Previdência Social, previstos nos arts. 168-A e 337-A do Decreto-Lei 2.848/1940 (Código Penal), quando a pessoa física ou a pessoa jurídica relacionada com o agente efetuar o *pagamento integral* dos débitos oriundos de tributos, inclusive acessórios, que tiverem sido objeto de concessão de parcelamento (art. 83, § 4º, da Lei 9.430/1996).

O disposto nos §§ 1º a 4º do art. 83 da Lei 9.430/1996 não se aplica nas hipóteses de vedação legal de parcelamento.

O art. 9º, *caput*, da Lei 10.684/2003 também prevê que é *suspensa a pretensão punitiva* do Estado, referente aos crimes previstos nos arts. 1º e 2º da Lei 8.137/1990, e nos arts. 168-A e 337-A do Decreto-Lei 2.848/1940 (Código Penal), durante o período em que a pessoa jurídica relacionada com o agente dos aludidos crimes estiver incluída no regime de parcelamento.

A prescrição criminal não corre durante o período de suspensão da pretensão punitiva (art. 9º, § 1º, da Lei 10.684/2003).

8.4. FALSIFICAÇÃO DE DOCUMENTO PÚBLICO

O art. 297 do Código Penal, no âmbito dos *crimes contra a fé pública*, mais especificamente quanto à *falsidade documental*, ao prever o *crime de falsificação de documento público*, assim dispõe:

"Falsificar, no todo ou em parte, documento público, ou alterar documento público verdadeiro:

Pena – reclusão, de 2 (dois) a 6 (seis) anos, e multa.

§ 1º Se o agente é funcionário público, e comete o crime prevalecendo-se do cargo, aumenta-se a pena de sexta parte.

§ 2º Para os efeitos penais, equiparam-se a documento público o emanado de entidade paraestatal, o título ao portador ou transmissível por endosso, as ações de sociedade comercial, os livros mercantis e o testamento particular.

§ 3º Nas mesmas penas incorre quem insere ou faz inserir:

I – na folha de pagamento ou em documento de informações que seja destinado a fazer prova perante a previdência social, pessoa que não possua a qualidade de segurado obrigatório;

II – na Carteira de Trabalho e Previdência Social do empregado ou em documento que deva produzir efeito perante a previdência social, declaração falsa ou diversa da que deveria ter sido escrita;

III – em documento contábil ou em qualquer outro documento relacionado com as obrigações da empresa perante a previdência social, declaração falsa ou diversa da que deveria ter constado.

§ 4º Nas mesmas penas incorre quem omite, nos documentos mencionados no § 3º, nome do segurado e seus dados pessoais, a remuneração, a vigência do contrato de trabalho ou de prestação de serviços".

O crime previsto no art. 297, § 3º, do Código Penal é comissivo, no sentido de inserir ou fazer inserir dados falsos. Diversamente, o crime previsto no art. 297, § 4º, do Código Penal é omissivo. Nas duas hipóteses os crimes são *formais*[3], não havendo necessidade de se concretizar o resultado ou eventual prejuízo.

Trata-se, no caso, de crime que envolve interesse da Previdência Social (STJ, 3ª Seção, CC 97.485/SP, rel. Min. Og Fernandes, DJe 17.10.2008).

Se a mencionada falsidade documental for praticada com o objetivo de suprimir ou reduzir contribuições sociais previdenciárias, e isso se consume, entende-se que o crime de sonegação de contribuição previdenciária absorve a falsidade documental[4].

---

3 Cf. IBRAHIM, Fábio Zambitte. *Curso de direito previdenciário*. 20. ed. Rio de Janeiro: Impetus, 2015. p. 477.

4 Cf. IBRAHIM, Fábio Zambitte. *Curso de direito previdenciário*. 20. ed. Rio de Janeiro: Impetus, 2015. p. 477.

8.5. SONEGAÇÃO DE CONTRIBUIÇÃO PREVIDENCIÁRIA

O art. 337-A do Código Penal, no âmbito dos *crimes contra a Administração Pública*, mais especificamente dos *crimes praticados por particular contra a Administração em geral*, prevê o crime de *sonegação de contribuição previdenciária*, ao assim dispor:

> "Suprimir ou reduzir contribuição social previdenciária e qualquer acessório, mediante as seguintes condutas:
>
> I – omitir de folha de pagamento da empresa ou de documento de informações previsto pela legislação previdenciária segurados empregado, empresário, trabalhador avulso ou trabalhador autônomo ou a este equiparado que lhe prestem serviços;
>
> II – deixar de lançar mensalmente nos títulos próprios da contabilidade da empresa as quantias descontadas dos segurados ou as devidas pelo empregador ou pelo tomador de serviços;
>
> III – omitir, total ou parcialmente, receitas ou lucros auferidos, remunerações pagas ou creditadas e demais fatos geradores de contribuições sociais previdenciárias:
>
> Pena – reclusão, de 2 (dois) a 5 (cinco) anos, e multa".

A consumação do crime em destaque ocorre em razão de *duas omissões sucessivas*, quais sejam: o descumprimento da obrigação acessória de declarar o fato gerador da contribuição previdenciária; o consequente não recolhimento dessa contribuição social[5].

Como o crime é *omissivo próprio*, basta o *dolo genérico* do agente, não sendo necessário o dolo específico, ou seja, a intenção de fraudar a Previdência Social.

Entende-se que a sonegação de contribuição previdenciária também é *crime omissivo material*, de modo que para a sua consumação exige-se o *dano efetivo* à Previdência Social.

Por isso, é necessária a constituição definitiva do crédito tributário previdenciário, como *condição objetiva de punibilidade*, conforme o já referido art. 83, *caput*, da Lei 9.430/1996.

---

5 Cf. LEITÃO, André Studart; MEIRINHO, Augusto Grieco Sant'Anna. *Manual de direito previdenciário*. 4. ed. São Paulo: Saraiva, 2016. p. 699-700.

Aplica-se ao caso, assim, a mencionada Súmula Vinculante 24 do STF, ao prever que "não se tipifica crime material contra a ordem tributária, previsto no art. 1º, incisos I a IV, da Lei nº 8.137/90, antes do lançamento definitivo do tributo".

De acordo com o art. 337-A, § 1º, do Código Penal, é *extinta a punibilidade* se o agente, espontaneamente, *declara e confessa* as contribuições, importâncias ou valores e presta as informações devidas à Previdência Social, na forma definida em lei ou regulamento, *antes do início da ação fiscal*.

Nesse caso, é suficiente que o agente espontaneamente declare e confesse do débito antes do início da ação fiscal, não sendo necessário o pagamento[6].

O já mencionado art. 9º, § 2º, da Lei 10.684/2003, prevê que se *extingue a punibilidade* dos crimes previstos nos arts. 1º e 2º da Lei 8.137/1990, e nos arts. 168-A e 337-A do Decreto-Lei 2.848/1940 (Código Penal), "quando a pessoa jurídica relacionada com o agente efetuar o pagamento integral dos débitos oriundos de tributos e contribuições sociais, inclusive acessórios".

Nesse último caso, a extinção da punibilidade pode ocorrer *mesmo depois do recebimento da denúncia*, mas é necessário o *pagamento integral* do débito pela pessoa jurídica relacionada ao agente.

Nos termos do art. 337-A, § 2º, inciso II, do Código Penal, é *facultado ao juiz deixar de aplicar a pena ou aplicar somente a de multa* se o agente for primário e de bons antecedentes, desde que o valor das contribuições devidas, inclusive acessórios, seja igual ou inferior àquele estabelecido pela Previdência Social, administrativamente, como sendo o mínimo para o ajuizamento de suas execuções fiscais.

Se o empregador não é pessoa jurídica e sua folha de pagamento mensal não ultrapassa R$ 1.510,00, o juiz pode *reduzir a pena* de um terço até a metade *ou aplicar apenas a de multa* (art. 337-A, § 3º, do Código Penal). Esse valor deve ser reajustado nas mesmas datas e nos mesmos índices do reajuste dos benefícios da Previdência Social (art. 337-A, § 4º, do Código Penal). Nesse sentido, a partir de 1º de janeiro de 2023, o valor de que trata o § 3º do art. 337-A do Código Penal é de R$ R$ 6.627,92 (art. 8º, inciso VI, da Portaria Interministerial 26/2023 do Ministério da Previdência Social e do Ministério da Fazenda).

O art. 9º, *caput*, da Lei 10.684/2003, também prevê que é *suspensa a pretensão punitiva* do Estado, referente aos crimes previstos nos arts. 1º e 2º da Lei 8.137/1990, e nos arts. 168-A e 337-A do Decreto-Lei 2.848/1940

---

6 Cf. LEITÃO, André Studart; MEIRINHO, Augusto Grieco Sant'Anna. *Manual de direito previdenciário*. 4. ed. São Paulo: Saraiva, 2016. p. 701.

(Código Penal), durante o período em que a pessoa jurídica relacionada com o agente dos aludidos crimes estiver incluída no regime de parcelamento.

A prescrição criminal não corre durante o período de suspensão da pretensão punitiva (art. 9º, § 1º, da Lei 10.684/2003).

A Lei 11.941/2009, ao versar sobre o pagamento ou o parcelamento, em até 180 meses, dos débitos administrados pela Secretaria da Receita Federal do Brasil e os débitos para com a Procuradoria-Geral da Fazenda Nacional, no art. 67, *caput*, dispõe que "na hipótese de *parcelamento* do crédito tributário *antes do oferecimento da denúncia*, essa somente poderá ser aceita na superveniência de inadimplemento da obrigação objeto da denúncia".

De acordo com o art. 68 da Lei 11.941/2009, *suspende-se a pretensão punitiva do Estado*, referente aos crimes previstos nos arts. 1º e 2º da Lei 8.137/1990, e nos arts. 168-A e 337-A do Decreto-Lei 2.848/1940 (Código Penal), limitada a suspensão aos débitos que tiverem sido objeto de concessão de *parcelamento*, enquanto não forem rescindidos os parcelamentos de que tratam os arts. 1º a 3º do mencionado diploma legal.

A prescrição criminal não corre durante o período de suspensão da pretensão punitiva.

O art. 69 da Lei 11.941/2009 prevê que se *extingue a punibilidade* dos crimes referidos no referido art. 68 quando a pessoa jurídica relacionada com o agente efetuar o *pagamento integral* dos débitos oriundos de tributos e contribuições sociais, inclusive acessórios, que tiverem sido objeto de concessão de parcelamento.

Na hipótese de pagamento efetuado pela pessoa física responsabilizada pelo não pagamento ou recolhimento de tributos devidos pela pessoa jurídica, a extinção da punibilidade ocorre com o *pagamento integral* dos valores correspondentes à ação penal.

8.6. ESTELIONATO CONTRA A PREVIDÊNCIA SOCIAL

O Código Penal, no âmbito dos *crimes contra o patrimônio*, dispõe no art. 171 sobre o *estelionato* e outras fraudes, ao assim prever:

> "Obter, para si ou para outrem, vantagem ilícita, em prejuízo alheio, induzindo ou mantendo alguém em erro, mediante artifício, ardil, ou qualquer outro meio fraudulento:
>
> Pena – reclusão, de 1 (um) a 5 (cinco) anos, e multa, de quinhentos mil réis a dez contos de réis".

O art. 171, § 3º, do Código Penal determina que "a pena aumenta-se de um terço, se o crime é cometido em detrimento de entidade de direito público ou de instituto de economia popular, assistência social ou beneficência".

Aplica-se ao crime de estelionato, em que figure como vítima entidade autárquica da Previdência Social, a qualificadora do § 3º, do art. 171 do Código Penal (Súmula 24 do STJ).

Compete à Justiça Comum Estadual processar e julgar crime de estelionato praticado mediante falsificação das guias de recolhimento das contribuições previdenciárias, *quando não ocorrente lesão a autarquia federal* (Súmula 107 do STJ).

Quando o falso se exaure no estelionato, sem mais potencialidade lesiva, é por este absorvido (Súmula 17 do STJ).

Ou seja, se a falsidade documental apenas foi praticada, como um meio, para se consumar o crime de estelionato, este a absorve.

Ademais, no crime em questão, deve-se distinguir a hipótese em que o agente pratica uma falsidade para possibilitar que outra pessoa receba a vantagem indevida, do caso em que o agente, no próprio interesse, recebe o benefício ilicitamente.

Na primeira situação, apesar de a conduta produzir efeitos permanentes quanto ao beneficiário, enquanto durar o recebimento ilícito, os elementos do tipo penal já se materializam de forma instantânea.

Diversamente, na segunda hipótese, em que a conduta é praticada pelo próprio beneficiário e renovada a cada mês, o crime tem a característica de ser permanente, pois o agente pode fazer cessar a prática delituosa a qualquer tempo.

Em se tratando de estelionato previdenciário, a jurisprudência do Supremo Tribunal Federal distingue a situação fática daquele que comete uma falsidade para permitir que outrem obtenha a vantagem indevida, daquele que, em interesse próprio, recebe o benefício ilicitamente. No primeiro caso, a conduta, a despeito de produzir efeitos permanentes no tocante ao beneficiário da indevida vantagem, materializa, instantaneamente, os elementos do tipo penal. Já naquelas situações em que a conduta é cometida pelo próprio beneficiário e renovada mensalmente, o crime assume a natureza permanente, uma vez que, além de o delito se protrair no tempo, o agente tem o poder de, a qualquer tempo, fazer cessar a ação delitiva (STF, 2ª T., HC 104.880/RJ, rel. Min. Ayres Britto, DJe 22.10.2010).

CAPÍTULO

9

REGIMES PRÓPRIOS DE PREVIDÊNCIA SOCIAL

9.1. INTRODUÇÃO

Além do Regime Geral de Previdência Social, há os Regimes Próprios de Previdência Social.

Os *Regimes Próprios de Previdência Social* são aplicáveis aos militares e aos servidores públicos estatutários (servidores titulares de cargos efetivos) cujos entes políticos os tiverem instituído.

O servidor civil ocupante de cargo efetivo ou o militar da União, dos Estados, do Distrito Federal ou dos Municípios, bem como o das respectivas autarquias e fundações, são excluídos do Regime Geral de Previdência Social, desde que amparados por Regime Próprio de Previdência Social (art. 12 da Lei 8.213/1991).

Quanto aos militares, de forma mais precisa, faz-se referência a *Sistemas de Proteção Social*.

Em razão disso, o art. 24, inciso XII, da Constituição da República prevê que compete à União, aos Estados e ao Distrito Federal legislar *concorrentemente* sobre Direito Previdenciário.

No âmbito da legislação concorrente, a competência da União limita-se a estabelecer normas gerais (art. 24, § 1º, da Constituição Federal de 1988).

Essa competência da União para legislar sobre normas gerais, entretanto, não exclui a competência suplementar dos Estados (art. 24, § 2º, da Constituição da República).

Não se pode confundir a lei federal, de natureza nacional, que dispõe, de forma geral, sobre os Regimes Próprios de Previdência Social, com a lei federal, em sentido estrito, que institui Regime Próprio de Previdência Social na esfera da União, autarquias e fundações públicas federais.

Nesse sentido, a Lei 9.717, de 27 de novembro de 1998, dispõe sobre *regras gerais* para a organização e o funcionamento dos Regimes Próprios de Previdência Social dos servidores públicos da União, dos Estados, do Distrito Federal e dos Municípios, incluídas suas autarquias e fundações, dos militares dos Estados e do Distrito Federal.

Os Regimes Próprios de Previdência Social dos servidores públicos da União, dos Estados, do Distrito Federal e dos Municípios, dos militares dos Estados e do Distrito Federal não podem conceder benefícios distintos dos previstos no Regime Geral de Previdência Social, de que trata a Lei 8.213/1991, salvo disposição em contrário da Constituição Federal de 1988 (art. 5º da Lei 9.717/1998).

A Lei 8.112, de 11 de dezembro de 1990, por sua vez, dispõe sobre o regime jurídico dos servidores civis da União, das autarquias e das fundações públicas federais, investidos em cargos públicos. Cabe à União manter o Plano de Seguridade Social para os referidos servidores estatutários e suas famílias (art. 183 da Lei 8.112/1990).

Os Municípios também possuem competência para legislar sobre os seus Regimes Próprios de Previdência Social, por se tratar de assunto de interesse local, suplementando a legislação federal no que couber, com fundamento no art. 30, incisos I e II, da Constituição Federal de 1988.

9.2. MILITARES DAS FORÇAS ARMADAS

Os militares das Forças Armadas, constituídas pela Marinha, pelo Exército e pela Aeronáutica, integram Sistema de Proteção Social específico, conforme art. 142, § 3º, inciso X, da Constituição Federal de 1988.

A transferência do militar para a *inatividade* pode decorrer de *reserva* (podendo haver obrigação de retorno ao serviço) e *reforma* (nos casos de idade e incapacidade)[1].

[1] Cf. LEITÃO, André Studart; MEIRINHO, Augusto Grieco Sant'Anna. *Manual de direito previdenciário*. 4. ed. São Paulo: Saraiva, 2016. p. 851-853.

A Lei 6.880/1980 (Estatuto dos Militares) regula a situação, obrigações, deveres, direitos e prerrogativas dos membros das Forças Armadas.

Os membros das Forças Armadas, em razão de sua destinação constitucional, formam uma categoria especial de servidores da Pátria e são denominados militares (art. 3º da Lei 6.880/1980).

Os militares podem figurar em uma das seguintes situações:

a) na ativa:

I – os de carreira;

II – os temporários, incorporados às Forças Armadas para prestação de serviço militar, obrigatório ou voluntário, durante os prazos previstos na legislação que trata do serviço militar ou durante as prorrogações desses prazos;

III – os componentes da reserva das Forças Armadas quando convocados, reincluídos, designados ou mobilizados;

IV – os alunos de órgão de formação de militares da ativa e da reserva;

V – em tempo de guerra, todo cidadão brasileiro mobilizado para o serviço ativo nas Forças Armadas.

b) na *inatividade*:

I – os da *reserva remunerada*, quando pertençam à reserva das Forças Armadas e percebam remuneração da União, porém sujeitos, ainda, à prestação de serviço na ativa, mediante convocação ou mobilização;

II – os *reformados*, quando, tendo passado por uma das situações anteriores estejam dispensados, definitivamente, da prestação de serviço na ativa, mas continuem a perceber remuneração da União;

III – os da reserva remunerada e, excepcionalmente, os reformados, que estejam executando tarefa por tempo certo, segundo regulamentação para cada Força Armada (art. 3º, § 1º, da Lei 6.880/1980).

Os militares de carreira são aqueles da ativa que, no desempenho voluntário e permanente do serviço militar, tenham vitaliciedade, assegurada ou presumida, ou estabilidade adquirida nos termos da alínea *a* do inciso IV do art. 50 da Lei 6.880/1980 (art. 3º, § 2º, da Lei 6.880/1980).

Cabe esclarecer que o serviço militar temporário (obrigatório), conforme Lei 4.375/1964 (Lei do Serviço Militar), não se destina ao ingresso na carreira militar de que trata o § 2º do art. 3º da Lei 6.880/1980 (Estatuto dos Militares).

Os militares temporários não adquirem estabilidade e passam a compor a reserva não remunerada das Forças Armadas após serem desligados do serviço ativo (art. 3º, § 3º, da Lei 6.880/1980, incluído pela Lei 13.954/2019).

São direitos dos militares:

I – a garantia da patente em toda a sua plenitude, com as vantagens, prerrogativas e deveres a ela inerentes, quando oficial, nos termos da Constituição;

I-A – a proteção social, nos termos do art. 50-A da Lei 6.880/1980;

II – o *provento calculado com base no soldo integral* do posto ou da graduação que possuía por ocasião da transferência para a inatividade remunerada: a) por contar mais de 35 anos de serviço; b) por atingir a idade-limite de permanência em atividade no posto ou na graduação; c) por estar enquadrado em uma das hipóteses previstas nos incisos VIII ou IX do art. 98 da Lei 6.880/1980; ou d) por ter sido incluído em quota compulsória unicamente em razão do disposto na alínea *c* do inciso III do art. 101 da Lei 6.880/1980;

III – o *provento calculado com base em tantas quotas de soldo do posto ou da graduação quantos forem os anos de serviço*, até o limite de 35 anos, quando tiver sido abrangido pela quota compulsória, ressalvado o disposto na alínea *d* do inciso II do art. 50 da Lei 6.880/1980;

IV – nas condições ou nas limitações impostas por legislação e regulamentação específicas, os seguintes: a) a estabilidade, somente se praça de carreira com 10 anos ou mais de tempo de efetivo serviço; b) o uso das designações hierárquicas; c) a ocupação de cargo correspondente ao posto ou à graduação; d) a percepção de remuneração; e) a *assistência médico-hospitalar* para si e seus dependentes, assim entendida como o conjunto de atividades relacionadas com a prevenção, conservação ou recuperação da saúde, abrangendo serviços profissionais médicos, farmacêuticos e odontológicos, bem como o fornecimento, a aplicação de meios e os cuidados e demais atos médicos e paramédicos necessários; f) o *funeral* para si e seus dependentes, constituindo-se no conjunto de medidas tomadas pelo Estado, quando solicitado, desde o óbito até o sepultamento condigno; g) a alimentação, assim entendida como as refeições fornecidas aos militares em atividade; h) o fardamento, constituindo-se no conjunto de uniformes, roupa branca e roupa de cama, fornecido ao militar na ativa de graduação inferior a terceiro-sargento e, em casos especiais, a outros militares; i) a moradia para o militar em atividade, compreendendo: 1 – alojamento em organização militar, quando aquartelado ou embarcado; e 2 – habitação para si e seus dependentes; em imóvel sob a responsabilidade da União, de acordo com a disponibilidade existente; j) (revogada pela Medida Provisória 2.215-10/2001); l) a constituição de *pensão militar*; m) a promoção; n) a transferência a pedido para a *reserva remunerada*; o) as férias, os afastamentos temporários do serviço e as licenças; p) a demissão e o licenciamento voluntários; q) o porte de arma quando oficial em serviço ativo ou em inatividade, salvo caso de inatividade por alienação mental ou condenação por crimes contra a segurança do Estado ou por atividades que desaconselhem aquele porte; r) o porte de arma, pelas praças, com as restrições impostas pela respectiva Força Armada; e s) outros direitos previstos em leis específicas (art. 50 da Lei 6.880/1980).

São considerados *dependentes do militar*, desde que assim declarados por ele na organização militar competente:

I – o cônjuge ou o companheiro com quem viva em união estável, na constância do vínculo;

II – o filho ou o enteado: a) menor de 21 anos de idade; b) inválido (art. 50, § 2º, da Lei 6.880/1980, com redação dada pela Lei 13.954/2019).

Podem, ainda, ser considerados *dependentes do militar*, desde que não recebam rendimentos e sejam declarados por ele na organização militar competente: I – o filho ou o enteado estudante menor de 24 anos de idade; II – o pai e a mãe; III – o tutelado ou o curatelado inválido ou menor de 18 anos de idade que viva sob a sua guarda por decisão judicial (art. 50, § 3º, da Lei 6.880/1980, com redação dada pela Lei 13.954/2019).

Após o falecimento do militar, manterão os direitos previstos nas alíneas *e* (assistência médico-hospitalar), *f* (funeral) e *s* (outros direitos previstos em leis específicas) do inciso IV do art. 50 da Lei 6.880/1980, enquanto conservarem os requisitos de dependência, mediante participação nos custos e no pagamento das contribuições devidas, conforme estabelecidos em regulamento: I – o viúvo, enquanto não contrair matrimônio ou constituir união estável; II – o filho ou o enteado menor de 21 anos de idade ou inválido; III – o filho ou o enteado estudante menor de 24 anos de idade; IV – os dependentes a que se refere o § 3º do art. 50 da Lei 6.880/1980, por ocasião do óbito do militar (art. 50, § 5º, da Lei 6.880/1980, incluído pela Lei 13.954/2019).

O Sistema de Proteção Social dos Militares das Forças Armadas é o conjunto integrado de direitos, serviços e ações, permanentes e interativas, de remuneração, pensão, saúde e assistência, nos termos da Lei 6.880/1980 e das regulamentações específicas (art. 50-A da Lei 6.880/1980, incluído pela Lei 13.954/2019).

A remuneração dos militares é estabelecida em legislação específica, comum às Forças Armadas (art. 53 da Lei 6.880/1980).

A remuneração dos militares ativos e inativos é encargo financeiro do Tesouro Nacional (art. 53-A da Lei 6.880/1980, incluído pela Lei 13.954/2019).

O *soldo* é irredutível e não está sujeito à penhora, sequestro ou arresto, exceto nos casos previstos em lei (art. 54 da Lei 6.880/1980).

Conforme o art. 55 da Lei 6.880/1980, *o valor do soldo é igual para o militar da ativa, da reserva remunerada ou reformado*, de um mesmo grau hierárquico.

Por ocasião de sua passagem para a *inatividade*, o militar terá direito a tantas quotas de soldo quantos forem os anos de serviço computáveis para a inatividade, até o máximo de 35 anos, ressalvado o disposto nas alíneas *b*, *c* e *d* do inciso II do art. 50 da Lei 6.880/1980, sobre provento calculado com base no soldo integral do posto ou da graduação que possuía por ocasião da transferência para a inatividade remunerada (art. 56 da Lei 6.880/1980, com redação dada pela Lei 13.954/2019).

Os *proventos de inatividade* devem ser revistos sempre que, por motivo de alteração do poder aquisitivo da moeda, modificarem-se os vencimentos dos militares em serviço ativo (art. 58 da Lei 6.880/1980).

Ressalvados os casos previstos em lei, os *proventos da inatividade* não podem exceder à remuneração percebida pelo militar da ativa no posto ou graduação correspondente aos dos seus proventos.

Licença é a autorização para afastamento total do serviço, em caráter temporário, concedida ao militar, obedecidas as disposições legais e regulamentares (art. 67 da Lei 6.880/1980).

A licença pode ser: para tratar de interesse particular; para *tratamento de saúde de pessoa da família*; para *tratamento de saúde própria*; para acompanhar cônjuge ou companheiro; para maternidade, paternidade ou adoção (art. 67, § 1º, da Lei 6.880/1980).

A *remuneração do militar licenciado* é regulada em legislação específica. A concessão da licença é regulada pelo Comandante da Força.

A *pensão militar* destina-se a amparar os beneficiários do militar falecido ou extraviado e deve ser paga conforme o disposto em legislação específica (art. 71 da Lei 6.880/1980).

Para fins de aplicação da legislação específica, deve ser considerado como posto ou graduação do militar o correspondente ao soldo sobre o qual forem calculadas as suas contribuições (art. 71, § 1º, da Lei 6.880/1980).

Todos os militares são *contribuintes obrigatórios da pensão militar correspondente ao seu posto ou graduação*, com as exceções previstas em legislação específica (art. 71, § 2º, da Lei 6.880/1980).

As pensões militares são custeadas com recursos provenientes da contribuição dos militares das Forças Armadas, de seus pensionistas e do Tesouro Nacional (art. 71, § 2º-A, da Lei 6.880/1980, incluído pela Lei 13.954/2019).

Todo militar é obrigado a fazer sua declaração de beneficiários que, salvo prova em contrário, deve prevalecer para a habilitação destes à pensão militar (art. 71, § 3º, da Lei 6.880/1980).

A *pensão militar* defere-se nas prioridades e condições estabelecidas em legislação específica (art. 72 da Lei 6.880/1980), conforme será examinado no item seguinte.

A companheira ou companheiro de militar falecido após o advento da Constituição de 1988 faz jus à pensão militar, quando o beneficiário da pensão esteja designado na declaração preenchida em vida pelo contribuinte ou quando o beneficiário comprove a união estável, não afastadas situações anteriores legalmente amparadas (Súmula 6 da AGU).

Considera-se *incapaz para o serviço ativo* o militar que, temporária ou definitivamente, encontrar-se física ou mentalmente inapto para o exercício de cargos, funções e atividades militares (art. 82-A da Lei 6.880/1980, incluído pela Lei 13.954/2019).

A passagem do militar à situação de inatividade, mediante transferência para a *reserva remunerada*, se efetua: I – a pedido; e II – *ex officio* (art. 96 da Lei 6.880/1980).

A transferência do militar para a reserva remunerada pode ser suspensa na vigência do estado de guerra, estado de sítio, estado de emergência ou em caso de mobilização.

Nos termos do art. 97 da Lei 6.880/1980, a transferência para a reserva remunerada, a pedido, será concedida, por meio de requerimento, ao militar de carreira que contar, no mínimo, 35 anos de serviço, dos quais:

I – no mínimo, 30 anos de exercício de atividade de natureza militar nas Forças Armadas, para os oficiais formados na Escola Naval, na Academia Militar das Agulhas Negras, na Academia da Força Aérea, no Instituto Militar de Engenharia, no Instituto Tecnológico de Aeronáutica e em escola ou centro de formação de oficiais oriundos de carreira de praça e para as praças; ou

II – no mínimo, 25 anos de exercício de atividade de natureza militar nas Forças Armadas, para os oficiais não enquadrados na hipótese prevista no inciso I do art. 97 da Lei 6.880/1980.

O oficial de carreira da ativa pode pleitear transferência para a reserva remunerada por meio de inclusão voluntária na quota compulsória, nos termos do art. 101 da Lei 6.880/1980.

A transferência de ofício para a reserva remunerada ocorrerá sempre que o militar se enquadrar em uma das hipóteses indicadas no art. 98 da Lei 6.880/1980.

A passagem do militar à situação de inatividade por *reforma* será efetuada de ofício (art. 104 da Lei 6.880/1980, com redação dada pela Lei 13.954/2019).

De acordo com o art. 106 da Lei 6.880/1980, a reforma será aplicada ao militar que:

I – atingir as seguintes idades-limite de permanência na reserva: a) para oficial-general, 75 anos; b) para oficial superior, 72 anos; c) para Capitão-Tenente, Capitão e oficial subalterno, 68 anos; d) para praças, 68 anos;

II – se de carreira, for julgado incapaz, definitivamente, para o serviço ativo das Forças Armadas;

II-A – se temporário: a) for julgado inválido; b) for julgado incapaz, definitivamente, para o serviço ativo das Forças Armadas, quando enquadrado no disposto nos incisos I e II do art. 108 da Lei 6.880/1980;

III – estiver agregado por mais de dois anos por ter sido julgado incapaz, temporariamente, mediante homologação de Junta Superior de Saúde, ainda que se trate de moléstia curável;

IV – for condenado à pena de reforma prevista no Código Penal Militar, por sentença transitada em julgado;

V – sendo oficial, a reforma tiver sido determinada em julgado do Superior Tribunal Militar, efetuado em consequência de Conselho de Justificação a que foi submetido (cf. Lei 5.836/1972);

VI – se Guarda-Marinha, Aspirante a Oficial ou praça com estabilidade assegurada, for a ela indicado ao Comandante de Força Singular respectiva, em julgamento de Conselho de Disciplina (cf. Decreto 71.500/1972).

A incapacidade definitiva pode sobrevir em consequência das situações indicadas no art. 108 da Lei 6.880/1980[2].

O militar da ativa ou da reserva remunerada, julgado incapaz definitivamente por um dos motivos constantes do art. 108, incisos I e II, da Lei

---

2 A incapacidade definitiva pode sobrevir em consequência de: I – ferimento recebido em campanha ou na manutenção da ordem pública; II – enfermidade contraída em campanha ou na manutenção da ordem pública, ou enfermidade cuja causa eficiente decorra de uma dessas situações; III – acidente em serviço; IV – doença, moléstia ou enfermidade adquirida em tempo de paz, com relação de causa e efeito a condições inerentes ao serviço; V – tuberculose ativa, alienação mental, esclerose múltipla, neoplasia maligna, cegueira, lepra, paralisia irreversível e incapacitante, cardiopatia grave, mal de Parkinson, pênfigo, espondiloartrose anquilosante, nefropatia grave e outras moléstias que a lei indicar com base nas conclusões da medicina especializada; VI – acidente ou doença, moléstia ou enfermidade, sem relação de causa e efeito com o serviço (art. 108 da Lei 6.880/1980).

6.880/1980, será reformado com a remuneração calculada com base no soldo correspondente ao grau hierárquico imediato ao que possuir ou que possuía na ativa, respectivamente (art. 110 da Lei 6.880/1980).

Aplica-se a referida previsão aos casos previstos no art. 108, incisos III, IV e V, da Lei 6.880/1980, quando, verificada a incapacidade definitiva, for o militar considerado inválido, isto é, impossibilitado total e permanentemente para qualquer trabalho (art. 110, § 1º, da Lei 6.880/1980).

O Superior Tribunal de Justiça firmou a seguinte tese jurídica em recurso especial repetitivo: "O militar de carreira ou temporário – este último antes da alteração promovida pela Lei 13.954/2019 –, diagnosticado como portador do vírus HIV, tem direito à reforma *ex officio* por incapacidade definitiva para o serviço ativo das Forças Armadas, independentemente do grau de desenvolvimento da Síndrome de Imunodeficiência Adquirida – SIDA/AIDS, porém, sem a remuneração calculada com base no soldo correspondente ao grau hierárquico imediatamente superior ao que possuía na ativa, se não estiver impossibilitado total e permanentemente para qualquer trabalho, na forma do art. 110, § 1º, da Lei 6.880/1980" (STJ, 1ª Seção, REsp 1.872.008/RS, 2020/0096904-0, rel. Min. Assusete Magalhães, DJe 01.08.2022).

O militar da ativa julgado incapaz definitivamente por um dos motivos constantes do art. 108, inciso VI, da Lei 6.880/1980 (acidente ou doença, moléstia ou enfermidade, sem relação de causa e efeito com o serviço), será reformado: I – com remuneração proporcional ao tempo de serviço, se oficial ou praça com estabilidade assegurada; II – com remuneração calculada com base no soldo integral do posto ou graduação, desde que, com qualquer tempo de serviço, seja considerado inválido, isto é, impossibilitado total e permanentemente para qualquer trabalho (art. 111 da Lei 6.880/1980).

O militar temporário, na hipótese prevista no art. 111 da Lei 6.880/1980, só fará jus à reforma se for considerado inválido por estar impossibilitado total e permanentemente para qualquer atividade laboral, pública ou privada (art. 111, § 1º, da Lei 6.880/1980, incluído pela Lei 13.954/2019). Cf. STJ, 1ª Seção, EAREsp 440.995/RS, 2014/0134006-4, rel. Min. Assusete Magalhães, DJe 05.10.2022.

Será licenciado ou desincorporado, na forma prevista na legislação pertinente, o militar temporário que não for considerado inválido (art. 111, § 2º, da Lei 6.880/1980, incluído pela Lei 13.954/2019).

O militar reformado por incapacidade definitiva que for julgado apto em inspeção de saúde por junta superior, em grau de recurso ou revisão, pode retornar ao serviço ativo ou ser transferido para a reserva remunerada, conforme dispuser regulamentação específica (art. 112 da Lei 6.880/1980).

O militar reformado por incapacidade definitiva para o serviço ativo das Forças Armadas ou reformado por invalidez pode ser convocado, por iniciativa da Administração Militar, a qualquer momento, para revisão das condições que ensejaram a reforma (art. 112-A da Lei 6.880/1980, incluído pela Lei 13.954/2019).

O militar reformado por incapacidade definitiva para o serviço ativo das Forças Armadas ou reformado por invalidez é obrigado, sob pena de suspensão da remuneração, a submeter-se à inspeção de saúde a cargo da Administração Militar (art. 112-A, § 1º, da Lei 6.880/1980).

9.2.1. PENSÃO MILITAR

A Lei 3.765/1960 dispõe sobre as pensões militares.

São *contribuintes obrigatórios da pensão militar*, mediante desconto mensal em folha de pagamento, os militares das Forças Armadas e os seus pensionistas (art. 1º da Lei 3.765/1960, com redação dada pela Lei 13.954/2019).

O referido desconto mensal da pensão militar será aplicado, a partir de 1º de janeiro de 2020, para: I – o aspirante da Marinha, o cadete do Exército e da Aeronáutica e o aluno das escolas, centros ou núcleos de formação de oficiais e de praças e das escolas preparatórias e congêneres; II – cabos, soldados, marinheiros e taifeiros, com menos de dois anos de efetivo serviço; III – pensionistas. Anteriormente, essas pessoas não eram contribuintes obrigatórios da pensão militar.

A contribuição para a pensão militar incidirá sobre as parcelas que compõem os proventos na inatividade e sobre o valor integral da quota-parte percebida a título de pensão militar (art. 3º-A da Lei 3.765/1960, incluído pela Lei 13.954/2019).

A alíquota de contribuição para a pensão militar é de 7,5% (art. 3º-A, § 1º, da Lei 3.765/1960). A referida alíquota será: I – de 9,5%, a partir de 1º de janeiro de 2020; II – de 10,5%, a partir de 1º de janeiro de 2021 (art. 3º-A, § 2º, da Lei 3.765/1960). Observa-se, assim, elevação gradual da alíquota.

A partir de 1º de janeiro de 2020, além da alíquota prevista no § 1º e dos acréscimos de que trata o § 2º do art. 3º-A da Lei 3.765/1960, contribuirão *extraordinariamente* para a pensão militar os seguintes pensionistas, conforme estas alíquotas: I – 3%, as filhas não inválidas pensionistas vitalícias; II – 1,5%, os pensionistas, excetuadas as filhas não inválidas pensionistas vitalícias, cujo instituidor tenha falecido a partir de 29 de dezembro de 2000 e optado em vida pelo pagamento da contribuição prevista no art. 31 da Medida Provisória 2.215-10/2001 (art. 3º-A, § 3º, da Lei 3.765/1960).

Somente a partir de 1º de janeiro de 2025, a União poderá alterar, por lei ordinária, as alíquotas de contribuição de que trata o art. 3º-A da Lei 3.765/1960, nos termos e limites definidos em lei federal (art. 3º-A, § 4º, da Lei 3.765/1960).

Quando o militar, por qualquer circunstância, não puder ter descontada a sua contribuição para a pensão militar, deve ele efetuar o seu recolhimento, imediatamente, à unidade a que estiver vinculado (art. 4º da Lei 3.765/1960, com redação dada pela Medida Provisória 2.215-10/2001).

Se, ao falecer o contribuinte, houver dívida de contribuição, cabe aos beneficiários saldá-la integralmente, por ocasião do primeiro pagamento da pensão militar.

A *pensão militar* é deferida em processo de habilitação, com base na declaração de beneficiários preenchida em vida pelo contribuinte, na ordem de prioridade e nas condições a seguir:

I – *primeira ordem de prioridade*:

a) cônjuge ou companheiro designado ou que comprove união estável como entidade familiar;

b) (revogada);

c) pessoa separada de fato, separada judicialmente ou divorciada do instituidor, ou ex-convivente, desde que perceba pensão alimentícia na forma prevista no § 2º-A do art. 7º da Lei 3.765/1960;

d) filhos ou enteados até 21 anos de idade ou até 24 anos de idade, se estudantes universitários ou, se inválidos, enquanto durar a invalidez; e

e) menor sob guarda ou tutela até 21 anos de idade ou, se estudante universitário, até 24 anos de idade ou, se inválido, enquanto durar a invalidez.

II – *segunda ordem de prioridade*: a mãe e o pai que comprovem dependência econômica do militar;

III – *terceira ordem de prioridade*:

a) o irmão órfão, até 21 anos de idade ou, se estudante universitário, até 24 anos de idade, e o inválido, enquanto durar a invalidez, comprovada a dependência econômica do militar;

b) (revogada) (art. 7º da Lei 3.765/1960).

A concessão da pensão aos beneficiários de que tratam as alíneas *a* e *d* do inciso I do art. 7º da Lei 3.765/1960 exclui desse direito os beneficiários referidos nos incisos II e III (art. 7º, § 1º, da Lei 3.765/1960).

Sendo assim, pode-se dizer que a presença dos mencionados beneficiários da "primeira ordem de prioridade" exclui o direito dos beneficiários das demais ordens[3].

A pensão será concedida integralmente aos beneficiários de que trata a alínea *a* do inciso I do art. 7º da Lei 3.765/1960, exceto se for constatada a existência de beneficiário que se enquadre no disposto nas alíneas *c*, *d* e *e* do referido inciso (art. 7º, § 2º, da Lei 3.765/1960).

Logo, havendo apenas cônjuge ou companheiro designado ou que comprove união estável como entidade familiar, a pensão é paga de forma integral a esse único beneficiário.

A quota destinada à pessoa separada de fato, separada judicialmente ou divorciada do instituidor, ou ao ex-convivente, desde que perceba pensão alimentícia, corresponderá à pensão alimentícia judicialmente arbitrada (art. 7º, § 2º-A, da Lei 3.765/1960).

Após deduzido o montante de que trata o § 2º-A do art. 7º da Lei 3.765/1960, metade do valor remanescente caberá aos beneficiários referidos na alínea *a* do inciso I do art. 7º da Lei 3.765/1960, hipótese em que a outra metade será dividida, em partes iguais, entre os beneficiários indicados nas alíneas *d* e *e* do referido inciso (art. 7º, § 3º, da Lei 3.765/1960).

A habilitação dos beneficiários deve obedecer à *ordem de preferência* estabelecida no referido art. 7º da Lei 3.765/1960 (art. 9º da Lei 3.765/1960).

O beneficiário será habilitado com a pensão integral. No caso de mais de um com a mesma precedência, a pensão será repartida igualmente entre eles, mas ressalvadas as hipóteses do art. 9º, §§ 2º e 3º, da Lei 3.765/1965, a seguir indicadas.

Quando o contribuinte, além da viúva, deixar filhos do matrimônio anterior ou de outro leito, metade da pensão respectiva pertencerá à viúva, sendo a outra metade distribuída igualmente entre os filhos habilitados na conformidade da Lei 3.765/1960 (art. 9º, § 2º, da Lei 3.765/1960).

Se houver, também, filhos do contribuinte com a viúva ou fora do matrimônio, metade da pensão será dividida entre todos os filhos, adicionando-se à metade da viúva as cotas-partes dos seus filhos (art. 9º, § 3º, da Lei 3.765/1960).

Se o contribuinte deixar pai inválido e mãe que vivam separados, a pensão será dividida igualmente entre ambos (art. 9º, § 4º, da Lei 3.765/1960).

---

3 Cf. SANTOS, Marisa Ferreira dos. *Direito previdenciário esquematizado*. 5. ed. São Paulo: Saraiva, 2015. p. 574.

Sempre que, no início ou durante o processamento da habilitação, for constatada a *falta de declaração de beneficiário*, ou se ela estiver *incompleta* ou oferecer margem a *dúvidas*, a repartição competente exigirá dos interessados certidões ou quaisquer outros documentos necessários à comprovação dos seus direitos (art. 10 da Lei 3.765/1960).

Se, não obstante a documentação apresentada, persistirem as dúvidas, a prova será feita mediante justificação judicial, processada preferencialmente na Auditoria Militar, ou na falta desta, no foro civil.

O processo de habilitação à pensão militar é considerado de natureza urgente.

Após o falecimento do militar, apenas os pensionistas que atenderem ao disposto no § 5º do art. 50 da Lei 6.880/1980 (Estatuto dos Militares) terão direito à assistência médico-hospitalar e social das Forças Armadas, conforme as condições estabelecidas em regulamento (art. 10-A da Lei 3.765/1960, incluído pela Lei 13.954/2019).

Todo contribuinte é obrigado a fazer sua *declaração de beneficiários*, que, salvo prova em contrário, *prevalece para qualificação deles à pensão militar* (art. 11 da Lei 3.765/1960).

Essa declaração deve ser feita no prazo de seis meses, sob pena de suspensão do pagamento de vencimentos, vantagens ou proventos.

Dessa declaração devem constar: nome e filiação do declarante; nome da esposa e data do casamento; nome dos filhos de qualquer situação, sexo e respectiva data do nascimento, esclarecendo, se for o caso, quais os havidos em matrimônio anterior ou fora do matrimônio; nome dos irmãos, sexo e data do nascimento; nome dos netos, filiação, sexo e data do nascimento; nome, sexo e data do nascimento do beneficiário instituído, se for o caso; menção expressa e minuciosa dos documentos comprobatórios apresentados, citando a espécie de cada um, os ofícios de registros ou outros que os expediram ou registraram os atos originais, bem como os livros, números de ordem, e das folhas onde constam e as datas em que foram lavrados.

A pensão militar será *igual ao valor da remuneração ou dos proventos do militar* (art. 15 da Lei 3.765/1960, com redação dada pela Medida Provisória 2.215-10/2001).

A pensão do militar que vier a falecer na atividade em consequência de acidente ocorrido em serviço ou de doença adquirida em serviço não poderá ser inferior: à de aspirante a oficial ou guarda-marinha, para os cadetes do Exército e da Aeronáutica, aspirantes de marinha e alunos dos Centros ou Núcleos de Preparação de Oficiais da reserva; ou à de terceiro-sargento, para as demais praças e os alunos das escolas de formação de sargentos (art. 15, parágrafo único, da Lei 3.765/1960).

O oficial da ativa, da reserva remunerada ou reformado, contribuinte obrigatório da pensão militar, que perder posto e patente deixará aos seus beneficiários a pensão militar correspondente ao posto que possuía, com valor proporcional ao tempo de serviço (art. 20 da Lei 3.765/1960). Nessas mesmas condições, a praça contribuinte da pensão militar com mais de 10 anos de serviço expulsa ou não relacionada como reservista por efeito de sentença ou em decorrência de ato da autoridade competente deixará aos seus beneficiários a pensão militar correspondente à graduação que possuía, com valor proporcional ao tempo de serviço.

Perde o direito à pensão militar o beneficiário que: I – venha a ser destituído do poder familiar, no tocante às quotas-partes dos filhos, as quais serão revertidas para estes filhos; II – atinja, válido e capaz, os limites de idade estabelecidos na Lei 3.765/1960; III – renuncie expressamente ao direito; IV – tenha sido condenado por crime de natureza dolosa, do qual resulte a morte do militar ou do pensionista instituidor da pensão militar; V – tenha seu vínculo matrimonial com o militar instituidor anulado por decisão exarada após a concessão da pensão ao cônjuge (art. 23 da Lei 3.765/1960).

A *morte do beneficiário que estiver no gozo da pensão*, bem como a *cessação do seu direito à pensão*, em qualquer dos casos do art. 23 da Lei 3.765/1960, importa na transferência do direito aos demais beneficiários da mesma ordem, sem que isso implique reversão; não os havendo, a pensão deve reverter para os beneficiários da ordem seguinte (art. 24 da Lei 3.765/1960).

Não haverá, de modo algum, reversão em favor de beneficiário instituído.

9.2.2. LICENÇA À GESTANTE E À ADOTANTE E LICENÇA-PATERNIDADE NAS FORÇAS ARMADAS

A Lei 13.109/2015 prevê a concessão de *licença à gestante*, no âmbito das Forças Armadas, conforme o previsto no art. 7º, inciso XVIII, da Constituição Federal de 1988, *para as militares, inclusive as temporárias, que ficarem grávidas durante a prestação do Serviço Militar*.

A licença é de 120 dias e tem início *ex officio* na data do parto ou durante o 9º mês de gestação, mediante requerimento da interessada, salvo em casos de antecipação por prescrição médica.

A licença à gestante pode ser prorrogada por 60 dias, nos termos de programa instituído pelo Poder Executivo federal.

No caso de nascimento prematuro, a licença tem início a partir do parto.

No caso de natimorto, decorridos 30 dias do parto, a militar deve ser submetida a inspeção de saúde e, se julgada apta, reassumirá o exercício de suas funções.

No caso de aborto, atestado pela Junta de Inspeção de Saúde das Forças Armadas, a militar tem direito a 30 dias de licença para tratamento de saúde própria.

Fica assegurado o direito à mudança de função quando as condições de saúde da militar gestante, atestadas pela Junta de Inspeção de Saúde das Forças Armadas, o exigirem, bem como o retorno à função anteriormente exercida, logo após o término da licença à gestante (art. 2º da Lei 13.109/2015).

À militar que *adotar ou obtiver a guarda judicial de criança* de até um ano de idade são concedidos 90 dias de licença remunerada (art. 3º da Lei 13.109/2015). Pode ser concedida prorrogação de 45 dias à militar, nessa hipótese, nos termos de programa instituído pelo Poder Executivo federal que garanta a prorrogação (art. 3º, § 2º, da Lei 13.109/2015).

No caso de adoção ou guarda judicial de criança com mais de um ano de idade, o prazo é de 30 dias (art. 3º, § 1º, da Lei 13.109/2015). Pode ser concedida prorrogação de 15 dias à militar, nessa hipótese, conforme programa do Poder Executivo federal que garanta essa prorrogação (art. 3º, § 2º, da Lei 13.109/2015).

Entretanto, cabe ressaltar que o Supremo Tribunal Federal fixou a seguinte tese de repercussão geral: "Os prazos da licença adotante não podem ser inferiores aos prazos da licença gestante, o mesmo valendo para as respectivas prorrogações. Em relação à licença adotante, não é possível fixar prazos diversos em função da idade da criança adotada" (STF, Pleno, RE 778.889/PE, rel. Min. Roberto Barroso, DJe 01.08.2016).

Nesse sentido, o Supremo Tribunal Federal declarou a inconstitucionalidade do art. 3º, *caput*, § 1º e § 2º, da Lei 13.109/2015 (STF, Pleno, ADI 6.603/DF, rel. Min. Rosa Weber, j. 14.09.2022)[4].

---

[4] "Ação direta de inconstitucionalidade. Art. 3º da lei 13.109/2015. Licença-maternidade às adotantes no âmbito das Forças Armadas. Proteção à mulher, à maternidade, à criança e à família. Distinção entre maternidade biológica e socioafetiva. Impossibilidade. Procedência do pedido. 1. Nos termos da jurisprudência firmada por esta Suprema Corte, a Constituição da República não permite discrímen entre a mãe biológica e a mãe adotiva, de modo que se revela inconstitucional ato normativo que institui períodos distintos de licença-maternidade para as hipóteses e, da mesma forma, mostram-se colidentes com a Carta Política prazos de licença diferentes em razão da idade da criança adotada. 2. O art. 3º, *caput*, § 1º e 2º, da Lei 13.109/2015 estabeleceu prazos distintos, em relação à maternidade biológica, para licença-maternidade decorrente da adoção e, ainda, períodos diferentes em razão da idade da criança adotada, a evidenciar a manifesta inconstitucionalidade dos dispositivos impugnados. 3. Ação direta de inconstitucionalidade conhecida. Pedido julgado procedente" (STF, Pleno, ADI 6.603/DF, rel. Min. Rosa Weber, DJe 29.09.2022).

Durante o período de amamentação do próprio filho, até que este complete seis meses de idade, a militar tem direito, durante a jornada de trabalho, a uma hora de descanso, que poderá ser parcelada em dois períodos de meia hora (art. 4º da Lei 13.109/2015).

No caso de a gestante optar pela prorrogação da licença por 60 dias, nos termos de programa instituído pelo Poder Executivo federal, não faz jus, durante o gozo da prorrogação, ao período de amamentação citado.

A Junta de Inspeção de Saúde das Forças Armadas pode propor a prorrogação do mencionado período de seis meses, em razão da saúde do filho da militar.

Se o tempo de serviço da militar temporária for concluído durante a licença à gestante ou à adotante, a militar deve ser licenciada ao término da referida licença e após ser julgada apta em inspeção de saúde para fins de licenciamento (art. 5º da Lei 13.109/2015).

O tempo de serviço adicional cumprido pela militar temporária em função do disposto acima deve ser contado para todos os fins de direito, exceto para a caracterização de estabilidade, conforme previsto no art. 50, inciso IV, *a*, da Lei 6.880/1980[5].

Pelo nascimento de filho, adoção ou obtenção de guarda judicial para fins de adoção, o militar terá licença-paternidade de 20 dias consecutivos, vedada a prorrogação (art. 6º da Lei 13.109/2015, com redação dada pela Lei 13.716/2018).

Cabe a ato do Poder Executivo disciplinar a concessão da licença à militar gestante e à militar adotante, da licença por motivo de gravidez de risco e da licença-paternidade e indicar as atividades vedadas às militares gestantes (art. 7º da Lei 13.109/2015).

A Turma Nacional de Uniformização dos Juizados Especiais Federais firmou a seguinte tese (Tema 264): "Pela sua natureza de direito fundamental, conforme o definido pelo Supremo Tribunal Federal, no julgamento da ADI 6.096, inexiste qualquer prazo prescricional, que atinja o fundo de direito, na hipótese de pleito de concessão inicial de benefício de natureza previdenciária em sentido lato, decorrente de óbito de militar, ainda que haja ocorrido indeferimento administrativo, ressalvada eventual prescrição das parcelas vencidas" (TNU, PEDILEF 0508974-10.2018.4.05.8100/CE, rel. Juiz Federal Luis Eduardo Bianchi Cerqueira, DJe 26.02.2021).

---

5 "Art. 50. São direitos dos militares: [...] IV – nas condições ou nas limitações impostas por legislação e regulamentação específicas, os seguintes: a) a estabilidade, somente se praça de carreira com 10 (dez) anos ou mais de tempo de efetivo serviço".

9.3. MILITARES DOS ESTADOS E DO DISTRITO FEDERAL

O Sistema de Proteção Social dos militares das Forças Armadas não se confunde com os Sistemas de Proteção Social dos militares dos Estados e do Distrito Federal.

Os membros das polícias militares e corpos de bombeiros militares, instituições organizadas com base na hierarquia e disciplina, são militares dos Estados, do Distrito Federal e dos Territórios (art. 42 da Constituição Federal de 1988, com redação dada pela Emenda Constitucional 18/1998).

Aplicam-se aos militares dos Estados, do Distrito Federal e dos Territórios, além do que vier a ser fixado em lei, as disposições do art. 14, § 8º[6], do art. 40, § 9º[7], e do art. 142, §§ 2º e 3º da Constituição Federal de 1988[8],

---

6 "§ 8º O militar alistável é elegível, atendidas as seguintes condições: I – se contar menos de dez anos de serviço, deverá afastar-se da atividade; II – se contar mais de dez anos de serviço, será agregado pela autoridade superior e, se eleito, passará automaticamente, no ato da diplomação, para a inatividade".

7 "§ 9º O tempo de contribuição federal, estadual, distrital ou municipal será contado para fins de aposentadoria, observado o disposto nos §§ 9º e 9º-A do art. 201, e o tempo de serviço correspondente será contado para fins de disponibilidade" (redação dada pela Emenda Constitucional 103/2019).

8 "§ 2º Não caberá *habeas corpus* em relação a punições disciplinares militares. § 3º Os membros das Forças Armadas são denominados militares, aplicando-se-lhes, além das que vierem a ser fixadas em lei, as seguintes disposições: I – as patentes, com prerrogativas, direitos e deveres a elas inerentes, são conferidas pelo Presidente da República e asseguradas em plenitude aos oficiais da ativa, da reserva ou reformados, sendo-lhes privativos os títulos e postos militares e, juntamente com os demais membros, o uso dos uniformes das Forças Armadas; II – o militar em atividade que tomar posse em cargo ou emprego público civil permanente, ressalvada a hipótese prevista no art. 37, inciso XVI, alínea *c*, será transferido para a reserva, nos termos da lei; III – o militar da ativa que, de acordo com a lei, tomar posse em cargo, emprego ou função pública civil temporária, não eletiva, ainda que da administração indireta, ressalvada a hipótese prevista no art. 37, inciso XVI, alínea *c*, ficará agregado ao respectivo quadro e somente poderá, enquanto permanecer nessa situação, ser promovido por antiguidade, contando-se-lhe o tempo de serviço apenas para aquela promoção e transferência para a reserva, sendo depois de dois anos de afastamento, contínuos ou não, transferido para a reserva, nos termos da lei; IV – ao militar são proibidas a sindicalização e a greve; V – o militar, enquanto em serviço ativo, não pode estar filiado a partidos políticos; VI – o oficial só perderá o posto e a patente se for julgado indigno do oficialato ou com ele incompatível, por decisão de tribunal militar de caráter permanente, em tempo de paz, ou de tribunal especial, em tempo de guerra; VII – o oficial condenado na justiça comum ou militar a pena privativa de liberdade superior a dois anos, por sentença transitada em julgado, será submetido ao julgamento previsto no inciso anterior; VIII – aplica-se aos militares o disposto no art. 7º, incisos VIII, XII, XVII, XVIII, XIX e XXV, e no art. 37, incisos XI, XIII, XIV e XV, bem como, na forma da lei e com prevalência da atividade militar, no art. 37, inciso XVI, alínea *c*; IX – (revogado pela Emenda Constitucional 41/2003); X – a lei disporá sobre o ingresso nas Forças Armadas, os limites de

cabendo a lei estadual específica dispor sobre as matérias do art. 142, § 3º, inciso X, da Constituição Federal de 1988, sendo as patentes dos oficiais conferidas pelos respectivos governadores (art. 42, § 1º, da Constituição da República).

Aos pensionistas dos militares dos Estados, do Distrito Federal e dos Territórios aplica-se o que for fixado em lei específica do respectivo ente estatal (art. 42, § 2º, da Constituição da República).

Aplica-se aos militares dos Estados, do Distrito Federal e dos Territórios o disposto no art. 37, inciso XVI, da Constituição Federal de 1988[9], com prevalência da atividade militar (art. 42, § 3º, da Constituição da República).

Logo, a respeito dos militares dos Estados e do Distrito Federal, ou seja, dos membros das polícias militares e dos corpos de bombeiros militares, cabe à lei estadual (e distrital) específica do respectivo ente federativo dispor sobre os respectivos Sistemas de Proteção Social.

Ainda assim, compete privativamente à União legislar sobre *normas gerais* de organização, efetivos, material bélico, garantias, convocação, mobilização, *inatividades e pensões* das polícias militares e dos corpos de bombeiros militares (art. 22, inciso XXI, com redação dada pela Emenda Constitucional 103/2019).

Trata-se, no caso, de legislação de âmbito nacional, com normas de caráter geral, de competência privativa da União.

Os direitos, os deveres, a remuneração, as prerrogativas e outras situações especiais dos militares dos Estados, do Distrito Federal e dos Territórios são estabelecidos em leis específicas dos entes federativos, nos termos do § 1º do art. 42, combinado com o inciso X do § 3º do art. 142 da Constituição Federal de 1988 (art. 24 do Decreto-Lei 667/1969, com redação dada pela Lei 13.954/2019).

O art. 24-A do Decreto-Lei 667/1969 dispõe sobre normas gerais relativas à *inatividade* dos militares dos Estados, do Distrito Federal e dos Territórios.

---

idade, a estabilidade e outras condições de transferência do militar para a inatividade, os direitos, os deveres, a remuneração, as prerrogativas e outras situações especiais dos militares, consideradas as peculiaridades de suas atividades, inclusive aquelas cumpridas por força de compromissos internacionais e de guerra".

9 "XVI – é vedada a acumulação remunerada de cargos públicos, exceto, quando houver compatibilidade de horários, observado em qualquer caso o disposto no inciso XI: a) a de dois cargos de professor; b) a de um cargo de professor com outro técnico ou científico; c) a de dois cargos ou empregos privativos de profissionais de saúde, com profissões regulamentadas".

O art. 24-B do Decreto-Lei 667/1969 versa sobre normas gerais relativas à *pensão militar* dos militares dos Estados, do Distrito Federal e dos Territórios.

A relação de beneficiários dos militares dos Estados, do Distrito Federal e dos Territórios, para fins de recebimento da pensão militar, é a mesma estabelecida para os militares das Forças Armadas.

Incide *contribuição* sobre a totalidade da remuneração dos militares dos Estados, do Distrito Federal e dos Territórios, ativos ou inativos, e de seus pensionistas, com alíquota igual à aplicável às Forças Armadas, cuja receita é destinada ao custeio das pensões militares e da inatividade dos militares (art. 24-C do Decreto-Lei 667/1969, incluído pela Lei 13.954/2019).

Compete ao ente federativo a cobertura de eventuais insuficiências financeiras decorrentes do pagamento das pensões militares e da remuneração da inatividade, que não tem natureza contributiva (art. 24-C, § 1º, do Decreto-Lei 667/1969, incluído pela Lei 13.954/2019).

Somente a partir de 1º de janeiro de 2025 os entes federativos poderão alterar, por lei ordinária, as alíquotas da contribuição de que trata o art. 24-C do Decreto-Lei 667/1969, nos termos e limites definidos em lei federal (art. 24-C, § 2º, do Decreto-Lei 667/1969, incluído pela Lei 13.954/2019).

Entretanto, prevalece o entendimento de que a União, ao estabelecer a alíquota da contribuição previdenciária a ser aplicada aos militares estaduais e seus pensionistas, extrapolou a competência para legislar sobre normas gerais de inatividades e pensões das polícias militares e dos corpos de bombeiros militares (art. 22, inciso XXI, da Constituição Federal de 1988, com a redação dada pela Emenda Constitucional 103/2019). Nessa linha, a alíquota da contribuição previdenciária devida por militares estaduais e seus pensionistas deve ser fixada por meio de lei estadual que considere as características do regime de cada ente da federação (arts. 42, § 1º, 142, § 3º, inciso X e 149, § 1º, da Constituição da República)[10].

---

[10] "Ação Cível Originária. Constitucional. Federalismo e respeito às regras de distribuição de competência. Lei 13.954/2019. Alíquota de contribuição para inatividade e pensão. Policiais e bombeiros militares estaduais. Competência da União para estabelecer normas gerais. Art. 22, XXI, da CF/88. Extravasamento do campo alusivo a normas gerais. Incompatibilidade com a Constituição. Declaração incidental de inconstitucionalidade. Procedência da ação. [...] 3. As regras de distribuição de competências legislativas são alicerces do federalismo e consagram a fórmula de divisão de centros de poder em um Estado de Direito. Princípio da predominância do interesse. 4. A Constituição Federal de 1988, presumindo de forma absoluta para algumas matérias a presença do princípio da predominância do interesse, estabeleceu, a priori, diversas competências para cada um dos entes federativos – União, Estados-Membros, Distrito Federal e Municípios – e, a partir dessas opções, pode ora acentuar maior centralização de poder, principalmente na própria União (CF, art. 22), ora permitir uma maior descentralização nos

Sendo assim, o Supremo Tribunal Federal reconheceu, incidentalmente, a inconstitucionalidade art. 24-C, *caput* e §§ 1º e 2º, do Decreto-Lei 667/1969, incluídos pela Lei 13.954/2019 (STF, Pleno, ACO 3.350/DF, rel. Min. Roberto Barroso, j. 11.10.2021, DJe 27.10.2021)[11].

Confirmando o exposto, o Supremo Tribunal Federal fixou a seguinte tese de repercussão geral: "A competência privativa da União para a edição de normas gerais sobre inatividades e pensões das polícias militares e dos corpos de bombeiros militares (art. 22, XXI, da Constituição, na redação da

---

Estados-Membros e nos Municípios (CF, arts. 24 e 30, inciso I). 5. Cabe à lei estadual, nos termos do art. 42, § 1º, da Constituição Federal, regulamentar as disposições do art. 142, § 3º, inciso X, dentre as quais as relativas ao regime de aposentadoria dos militares estaduais e a questões pertinentes ao regime jurídico. 6. A Lei Federal 13.954/2019, ao definir a alíquota de contribuição previdenciária a ser aplicada aos militares estaduais, extrapolou a competência para a edição de normas gerais, prevista no art. 22, XXI, da Constituição, sobre 'inatividades e pensões das polícias militares e dos corpos de bombeiros militares'. 7. Ação Cível Originária julgada procedente para determinar à União que se abstenha de aplicar ao Estado de Mato Grosso qualquer das providências previstas no art. 7º da Lei 9.717/1998 ou de negar-lhe a expedição do Certificado de Regularidade Previdenciária caso continue a aplicar aos policiais e bombeiros militares estaduais e seus pensionistas a alíquota de contribuição para o regime de inatividade e pensão prevista em lei estadual, em detrimento do que prevê o art. 24-C do Decreto-Lei 667/1969, com a redação da Lei 13.954/2019. Honorários sucumbenciais arbitrados em R$ 4.000,00 (quatro mil reais), nos termos do artigo 85, § 8º, do CPC de 2015, devidos ao Estado-Autor" (STF, Pleno, ACO 3.396/DF, rel. Min. Alexandre de Moraes, DJe 19.10.2020).

11 "Direito Administrativo. Ação cível originária. Alíquota de contribuição para inatividade e pensão. Policiais e bombeiros militares estaduais. 1. Ação cível originária por meio da qual o Estado pretende não ser sancionado caso continue a aplicar aos militares estaduais a alíquota de contribuição para o regime de inatividade e pensão prevista na legislação estadual (14%), em detrimento de lei federal que determinou que se aplicasse a essa categoria a mesma alíquota estabelecida para as Forças Armadas (então, 9,5%). 2. A União, ao definir a alíquota de contribuição previdenciária a ser aplicada aos militares estaduais, extrapolou a competência para a edição de normas gerais sobre 'inatividades e pensões das polícias militares e dos corpos de bombeiros militares' (art. 22, XXI, da Constituição Federal, com a redação dada pela Emenda Constitucional nº 103/2019). Precedente recente e unânime do Plenário desta Corte. 3. A interpretação sistemática da Constituição fortalece o argumento de que a alíquota da contribuição previdenciária devida por militares estaduais deve ser fixada por meio de lei estadual que considere as características dos regimes de cada um desses entes públicos (arts. 42, § 1º, 142, § 3º, X e 149, § 1º, da Constituição). Precedentes. 4. A edição de atos normativos cuja aplicação implicará a redução das alíquotas de contribuição praticadas pelo Estado revela comportamento contraditório da União – que, de um lado, exige dos demais entes públicos que assegurem o equilíbrio de seus regimes próprios de previdência e, de outro, restringe os meios para o alcance desse objetivo. 5. Declaração incidental de inconstitucionalidade do art. 24-C, *caput* e §§ 1º e 2º, do Decreto-Lei n° 667/1969, na redação dada pela Lei federal n° 13.954/2019 e, por arrastamento, das Instruções Normativas nºs 05 e 06/2020 da Secretaria Especial de Previdência e Trabalho do Ministério da Economia. 6. Pedido julgado procedente, prejudicado o agravo interno" (STF, Pleno, ACO 3.350/DF, rel. Min. Roberto Barroso, DJe 27.10.2021).

Emenda Constitucional 103/2019) não exclui a competência legislativa dos Estados para a fixação das alíquotas da contribuição previdenciária incidente sobre os proventos de seus próprios militares inativos e pensionistas, tendo a Lei Federal 13.954/2019, no ponto, incorrido em inconstitucionalidade" (STF, Pleno, RG-RE 1.338.750/SC, rel. Min. Luiz Fux, DJe 27.10.2021).

Lei específica do ente federativo deve dispor sobre outros aspectos relacionados à inatividade e à pensão militar dos militares e respectivos pensionistas dos Estados, do Distrito Federal e dos Territórios que não conflitem com as normas gerais estabelecidas nos arts. 24-A, 24-B e 24-C do Decreto-Lei 667/1969, vedada a ampliação dos direitos e garantias nelas previstos e observado o disposto no art. 24-F do referido diploma legal (art. 24-D do Decreto-Lei 667/1969, incluído pela Lei 13.954/2019). Compete à União, na forma de regulamento, verificar o cumprimento das referidas normas gerais.

É assegurado o *direito adquirido* na concessão de inatividade remunerada aos militares dos Estados, do Distrito Federal e dos Territórios, e de pensão militar aos seus beneficiários, a qualquer tempo, desde que tenham sido cumpridos, até 31 de dezembro de 2019, os requisitos exigidos pela lei vigente do ente federativo para obtenção desses benefícios, observados os critérios de concessão e de cálculo em vigor na data de atendimento dos requisitos (art. 24-F do Decreto-Lei 667/1969, incluído pela Lei 13.954/2019).

O Sistema de Proteção Social dos Militares dos Estados, do Distrito Federal e dos Territórios deve ser regulado por lei específica do ente federativo, que estabelecerá seu modelo de gestão e poderá prever outros direitos, como saúde e assistência, e sua forma de custeio (art. 24-E do Decreto-Lei 667/1969, incluído pela Lei 13.954/2019).

Esclareça-se que não se aplica ao Sistema de Proteção Social dos Militares dos Estados, do Distrito Federal e dos Territórios a legislação dos Regimes Próprios de Previdência Social dos servidores públicos (art. 24-E, parágrafo único, do Decreto-Lei 667/1969).

O art. 24-G do Decreto-Lei 667/1969 estabelece *regras de transição* aos militares dos Estados, do Distrito Federal e dos Territórios que não houverem completado, até 31 de dezembro de 2019, o tempo mínimo exigido pela legislação do ente federativo para fins de inatividade com remuneração integral do correspondente posto ou graduação.

Ato do Poder Executivo do ente federativo, a ser editado no prazo de 30 dias e cujos efeitos retroagirão à data de publicação da Lei 13.954/2019, poderá autorizar, em relação aos militares dos Estados, do Distrito Federal e dos Territórios em atividade na data de publicação da Lei 13.954/2019 (17.12.2019), que a data prevista no art. 24-F e no art. 24-G do Decreto-Lei 667/1969, incluídos pela Lei 13.954/2019, seja transferida para até 31 de dezembro de 2021 (art. 26 da Lei 13.954/2019).

Sempre que houver alteração nas regras dos militares das Forças Armadas, as normas gerais de inatividade e pensão militar dos militares dos Estados, do Distrito Federal e dos Territórios, estabelecidas nos arts. 24-A, 24-B e 24-C do Decreto-Lei 667/1969, devem ser ajustadas para manutenção da *simetria*, vedada a instituição de disposições divergentes que tenham repercussão na inatividade ou na pensão militar (art. 24-H do Decreto-Lei 667/1969, incluído pela Lei 13.954/2019).

Lei específica do ente federativo pode estabelecer: I – regras para permitir que o militar transferido para a reserva exerça atividades civis em qualquer órgão do ente federativo mediante o pagamento de adicional, o qual não será incorporado ou contabilizado para revisão do benefício na inatividade, não servirá de base de cálculo para outros benefícios ou vantagens e não integrará a base de contribuição do militar; e II – requisitos para o ingresso de militares temporários, mediante processo seletivo, cujo prazo máximo de permanência no serviço ativo será de oito anos, observado percentual máximo de 50% do efetivo do respectivo posto ou graduação (art. 24-I do Decreto-Lei 667/1969, incluído pela Lei 13.954/2019).

O tempo de serviço militar e o tempo de contribuição ao Regime Geral de Previdência Social ou a Regime Próprio de Previdência Social terão *contagem recíproca* para fins de inativação militar ou aposentadoria, e a *compensação financeira* será devida entre as receitas de contribuição referentes aos militares e as receitas de contribuição referentes aos demais regimes (art. 24-J do Decreto-Lei 667/1969, incluído pela Lei 13.954/2019).

9.4. SERVIDORES PÚBLICOS ESTATUTÁRIOS

Os servidores públicos civis *titulares de cargos efetivos* da União, dos Estados, do Distrito Federal e dos Municípios, incluídas suas autarquias e fundações, integram Regimes Próprios de Previdência Social, no âmbito de cada ente político da federação, nos termos do art. 40 da Constituição Federal de 1988.

Como se pode notar, o Regime Próprio da Previdência Social somente abrange os servidores estatutários, os quais são titulares de cargos efetivos, também chamados de funcionários públicos.

Portanto, o servidor público civil ocupante de cargo efetivo ou o militar da União, dos Estados, do Distrito Federal ou dos Municípios, bem como o das respectivas autarquias e fundações, são excluídos do Regime Geral de Previdência Social, *desde que amparados por Regime Próprio de Previdência Social* (art. 12 da Lei 8.213/1991).

Sendo assim, se o ente político não tiver criado Regime Próprio de Previdência Social, como é o caso de diversos Municípios, o servidor público, ainda que estatutário, é automaticamente filiado como segurado obrigatório do Regime Geral de Previdência Social.

Cabe esclarecer que em cada ente político, integrante da República Federativa do Brasil, só pode haver um único Regime Próprio de Previdência Social para os seus servidores estatutários.

Desse modo, o art. 40, § 20, da Constituição Federal de 1988 prevê que é vedada a existência de mais de um Regime Próprio de Previdência Social e de mais de um órgão ou entidade gestora desse Regime em cada ente federativo, abrangidos todos os poderes, órgãos e entidades autárquicas e fundacionais, que serão responsáveis pelo seu financiamento, observados os critérios, os parâmetros e a natureza jurídica definidos na lei complementar de que trata o § 22 da Constituição da República.

Ademais, caso o servidor ou o militar venham a exercer, concomitantemente, uma ou mais atividades abrangidas pelo Regime Geral de Previdência Social, tornar-se-ão *segurados obrigatórios* em relação a essas atividades (art. 12, § 1º, da Lei 8.213/1991).

Entretanto, é proibida a filiação ao Regime Geral de Previdência Social, na qualidade de segurado facultativo, de pessoa participante de Regime Próprio de Previdência Social (art. 201, § 5º, da Constituição Federal de 1988).

Se o servidor ou o militar, amparados por Regime Próprio de Previdência Social, forem *requisitados* para outro órgão ou entidade cujo regime previdenciário não permita a filiação nessa condição, permanecerão vinculados ao regime de origem, obedecidas as regras que cada ente estabeleça acerca de sua contribuição (art. 12, § 2º, da Lei 8.213/1991).

O servidor público titular de cargo efetivo da União, dos Estados, do Distrito Federal e dos Municípios ou o militar dos Estados e do Distrito Federal, filiados a Regime Próprio de Previdência Social, quando *cedidos* a órgão ou entidade de outro ente da federação, com ou sem ônus para o cessionário, permanecerão vinculados ao regime de origem (art. 1º-A da Lei 9.717/1998).

9.5. MAGISTRADOS, MEMBROS DO MINISTÉRIO PÚBLICO E DOS TRIBUNAIS DE CONTAS

Os magistrados, membros do Ministério Público e Ministros do Tribunal de Contas da União também integram, conforme o caso, os Regimes Próprios de Previdência Social existentes nas esferas federal e estadual.

Efetivamente, a aposentadoria dos magistrados e a pensão de seus dependentes devem observar o disposto no seu art. 40 (conforme art. 93, inciso VI, da Constituição da República), o que também se aplica aos membros do Ministério Público (art. 129, § 4º, da Constituição Federal de 1988).

Aos Ministros do Tribunal de Contas da União são aplicáveis, quanto à aposentadoria e pensão, as normas constantes do referido art. 40, nos termos do art. 73, § 3º, da Constituição da República.

Essa previsão também é aplicável aos Tribunais de Contas dos Estados e do Distrito Federal, bem como dos Tribunais e Conselhos de Contas dos Municípios, conforme art. 75 da Constituição Federal de 1988.

Desse modo, além dos servidores titulares de cargos efetivos (art. 40), os magistrados (art. 93, inciso VI)[12], os membros do Ministério Público (art. 129, § 4º), os Ministros do Tribunal de Contas da União (art. 73, § 3º) e os membros dos Tribunais de Contas dos Estados, do Distrito Federal e dos Municípios (art. 75 da Constituição da República) também integram os

---

[12] "Constitucional. Previdenciário. Art. 1º da Emenda Constitucional 41/2003. Atribuição de inciativa legislativa ao Poder Executivo para instituição do Regime de Previdência Complementar (RPC) para todos os servidores públicos (art. 40, § 15, da CF). Proibição quanto à existência de mais de um Regime Próprio de Previdência Social e mais de uma unidade gestora do respectivo regime (art. 40, § 20, da CF). Extensão a magistrados. Alegação de ofensa ao princípio da separação dos poderes e violação da autonomia e independência financeira e administrativa do Poder Judiciário. Inocorrência. Ação improcedente. 1. O controle de constitucionalidade de emendas constitucionais é admitido pela jurisprudência desta Corte (ADI 3.128, Rel. Min. Ellen Gracie, redator para acórdão Min. Cezar Peluso, Tribunal Pleno, DJ de 18/2/2005; ADI 1.946-MC, Rel. Min. Sydney Sanches, Tribunal Pleno, DJ de 14/9/2001; ADI 939, Rel. Min. Sydney Sanches, Tribunal Pleno, DJ de 18/3/1994), tendo como parâmetro a disciplina especial fixada pelo constituinte originário como limites para a reforma do texto constitucional (art. 60 da CF). 2. As normas constitucionais que especificam matérias cuja iniciativa de lei é reservada ao Poder Judiciário (arts. 93 e 96 da CF) contemplam um rol taxativo, que não inclui a instituição de regime previdenciário exclusivo para a magistratura. 3. O ideal igualitário perseguido pelo legislador constitucional (EC 20/1998), ao aproximar os proventos de aposentadoria e pensão dos servidores públicos aos benefícios do Regime Geral de Previdência Social, justifica a existência, no âmbito de cada ente político, de apenas um Regime Próprio de Previdência Social (RPPS) e única unidade gestora do respectivo regime (art. 40, § 20, da CF), para atender isonomicamente a todos os servidores públicos. 4. O Regime de Previdência Complementar (RPC) é facultativo, tanto na instituição, pelo ente federativo, quanto na adesão, por parte do servidor. A norma constitucional impõe que os benefícios a serem pagos pelo RPC sejam estruturados exclusivamente na modalidade de contribuição definida (art. 40, § 15, da CF), permitindo ao participante indicar o valor de sua contribuição mensal e projetar o valor da renda a ser recebida no momento de sua aposentadoria. Por isso, a mudança nas regras de aposentadoria não compromete as prerrogativas funcionais e institucionais do Poder Judiciário e de seus membros. 5. Ação direta julgada improcedente" (STF, Pleno, ADI 3.297/DF, rel. Min. Alexandre de Moraes, DJe 25.10.2019).

Regimes Próprios de Previdência Social, na forma do art. 40 da Constituição da República.

Registre-se ainda o entendimento de que "os servidores dos conselhos de fiscalização profissional submetem-se ao regime jurídico único, de modo que a aposentadoria ocorrida após o deferimento da liminar nas ADIs n. 1.717/DF e 2.135/DF, como se verificou na espécie, segue o regime próprio de previdência" (STJ, 1ª Seção, AgInt na AR 6.257/RJ (2018/0100236-0), rel. Min. Og Fernandes, DJe 22.11.2018). Cf. ainda STJ, 1ª T., AgInt no REsp 1.649.807/RJ (2017/0016100-9), rel. Min. Benedito Gonçalves, DJe 17.04.2018. Entretanto, o art. 58, § 3º, da Lei 9.649/1998 estabelece que os empregados dos conselhos de fiscalização de profissões regulamentadas são regidos pela *legislação trabalhista*, sendo vedada qualquer forma de transposição, transferência ou deslocamento para o quadro da Administração Pública direta ou indireta. Cf. STF, Pleno, ADC 36/DF, ADPF 367/DF e ADI 5.367/DF. Em se tratando de empregado, regido pela legislação trabalhista, ainda que exigida aprovação prévia em concurso público (art. 37, inciso II, da Constituição da República), aplica-se o Regime Geral de Previdência Social (art. 11, inciso I, da Lei 8.213/1991).

Nesse sentido, o Supremo Tribunal Federal declarou a constitucionalidade do art. 58, § 3º, da Lei 9.649/1998, bem como da legislação que permite a contratação no âmbito dos conselhos profissionais sob o regime celetista (STF, Pleno, ADC 36/DF, ADI 5.367/DF, red. p/ ac. Min. Alexandre de Moraes, j. 08.09.2020).

O Supremo Tribunal Federal fixou a seguinte tese de julgamento: "1. É incompatível com a regra do concurso público (art. 37, II, CF) a transformação de servidores celetistas não concursados em estatutários, com exceção daqueles detentores da estabilidade excepcional (art. 19 do ADCT); 2. São admitidos no Regime Próprio de Previdência Social exclusivamente os servidores públicos civis detentores de cargo efetivo (art. 40, CF, na redação dada pela EC nº 20/98), o que exclui os estáveis na forma do art. 19 do ADCT e demais servidores admitidos sem concurso público" (STF, Pleno, ADPF 573/PI, rel. Min. Roberto Barroso, j. 06.03.2023).

Nesse sentido, o Supremo Tribunal Federal fixou a seguinte tese de repercussão geral: "Somente os servidores públicos civis detentores de cargo efetivo (art. 40, CF, na redação dada pela EC 20/98) são vinculados ao Regime Próprio de Previdência Social, a excluir os estáveis nos termos do art. 19 do ADCT e os demais servidores admitidos sem concurso público" (STF, Pleno, RG-RE 1.426.306/TO, rel. Min. Rosa Weber, DJe 27.06.2023).

Aplica-se ao agente público ocupante, exclusivamente, de cargo em comissão declarado em lei de livre nomeação e exoneração, de outro cargo temporário, inclusive mandato eletivo, ou de emprego público, o Regime Geral de Previdência Social (art. 40, § 13, da Constituição Federal de 1988, com redação dada pela Emenda Constitucional 103/2019).

Desse modo, os empregados públicos das empresas públicas e sociedades de economia mista integram o Regime Geral de Previdência Social.

Os servidores públicos regidos pela legislação trabalhista, ainda que pertencentes à Administração Pública direta, autárquica e fundacional, por não serem titulares de cargo efetivo, não são estatutários, mas empregados públicos, de modo que também são abrangidos pelo Regime Geral de Previdência Social.

Os servidores ocupantes exclusivamente de cargos em comissão, destinados apenas às atribuições de direção, chefia e assessoramento (art. 37, inciso V, da Constituição), que não sejam titulares de cargos efetivos, integram o Regime Geral de Previdência Social, o mesmo ocorrendo quanto aos servidores contratados por tempo determinado para atender a necessidade temporária de excepcional interesse público (art. 37, inciso IX, da Constituição da República)[13].

Esclareça-se que as *funções de confiança*, a serem exercidas exclusivamente por servidores ocupantes de cargo efetivo, e os *cargos em comissão*, a serem preenchidos por servidores de carreira nos casos, condições e percentuais mínimos previstos em lei, destinam-se apenas às atribuições de direção, chefia e assessoramento (art. 37, inciso V, da Constituição Federal de 1988, com redação dada pela Emenda Constitucional 19/1998)[14].

Ao servidor público da administração direta, autárquica e fundacional, no exercício de mandato eletivo, na hipótese de ser segurado de Regime Próprio

---

13 O Supremo Tribunal Federal fixou a seguinte tese de repercussão geral: "Nos termos do art. 37, IX, da Constituição Federal, para que se considere válida a contratação temporária de servidores públicos, é preciso que: a) os casos excepcionais estejam previstos em lei; b) o prazo de contratação seja predeterminado; c) a necessidade seja temporária; d) o interesse público seja excepcional; e) a contratação seja indispensável, sendo vedada para os serviços ordinários permanentes do Estado que estejam sob o espectro das contingências normais da Administração" (STF, Pleno, RE 658.026/MG, rel. Min. Dias Toffoli, DJe 31.10.2014).

14 "Fixada a seguinte tese: a) A criação de cargos em comissão somente se justifica para o exercício de funções de direção, chefia e assessoramento, não se prestando ao desempenho de atividades burocráticas, técnicas ou operacionais; b) tal criação deve pressupor a necessária relação de confiança entre a autoridade nomeante e o servidor nomeado; c) o número de cargos comissionados criados deve guardar proporcionalidade com a necessidade que eles visam suprir e com o número de servidores ocupantes de cargos efetivos no ente federativo que os criar; e d) as atribuições dos cargos em comissão devem estar descritas, de forma clara e objetiva, na própria lei que os instituir" (STF, Pleno, RG-RE 1.041.210/SP, rel. Min. Dias Toffoli, DJe 22.05.2019).

de Previdência Social, permanecerá filiado a esse Regime, no ente federativo de origem (art. 38, inciso V, da Constituição Federal de 1988, com redação dada pela Emenda Constitucional 103/2019).

9.6. APOSENTADORIA POR INTERESSE PÚBLICO DE MAGISTRADO E DE MEMBRO DO MINISTÉRIO PÚBLICO

Conforme o art. 28 da Lei Complementar 35/1979, que dispõe sobre a Lei Orgânica da Magistratura Nacional, o "magistrado vitalício poderá ser compulsoriamente aposentado ou posto em disponibilidade, nos termos da Constituição e da presente Lei".

O art. 93, inciso VIII, da Constituição Federal de 1988, com redação dada pela Emenda Constitucional 103/2019, estabelece que lei complementar, de iniciativa do Supremo Tribunal Federal, disporá sobre o Estatuto da Magistratura, observados, entre outros princípios, que o ato de remoção ou de disponibilidade do magistrado, por interesse público, fundar-se-á em decisão por voto da maioria absoluta do respectivo tribunal ou do Conselho Nacional de Justiça, assegurada ampla defesa.

Sendo assim, não há mais referência, como sanção administrativa (disciplinar), à aposentadoria de magistrado por interesse público.

Compete ao Conselho Nacional de Justiça o controle da atuação administrativa e financeira do Poder Judiciário e do cumprimento dos deveres funcionais dos juízes, cabendo-lhe, além de outras atribuições que lhe forem conferidas pelo Estatuto da Magistratura, receber e conhecer das reclamações contra membros ou órgãos do Poder Judiciário, inclusive contra seus serviços auxiliares, serventias e órgãos prestadores de serviços notariais e de registro que atuem por delegação do poder público ou oficializados, sem prejuízo da competência disciplinar e correicional dos tribunais, podendo avocar processos disciplinares em curso, determinar a remoção ou a disponibilidade e aplicar outras sanções administrativas, assegurada ampla defesa (art. 103-B, § 4º, inciso III, da Constituição Federal de 1988, com redação dada pela Emenda Constitucional 103/2019).

Em harmonia com o exposto, a aposentadoria de magistrado com subsídios ou proventos proporcionais ao tempo de serviço não é mais mencionada como sanção administrativa (disciplinar).

Registre-se, entretanto, que a aposentadoria compulsória com vencimentos proporcionais ao tempo de serviço ainda é prevista nos arts. 28 e 42, inciso V, da Lei Complementar 35/1979, os quais não foram expressamente revogados, tornando possível o entendimento de que essa pena disciplinar ainda pode ser aplicada a magistrado.

Compete ao Conselho Nacional do Ministério Público o controle da atuação administrativa e financeira do Ministério Público e do cumprimento dos deveres funcionais de seus membros, cabendo-lhe, entre outros aspectos, receber e conhecer das reclamações contra membros ou órgãos do Ministério Público da União ou dos Estados, inclusive contra seus serviços auxiliares, sem prejuízo da competência disciplinar e correicional da instituição, podendo avocar processos disciplinares em curso, determinar a remoção ou a disponibilidade e aplicar outras sanções administrativas, assegurada ampla defesa (art. 130-A, § 2º, inciso III, da Constituição Federal de 1988, com redação dada pela Emenda Constitucional 103/2019).

Desse modo, não há mais referência, como sanção administrativa (disciplinar), à aposentadoria de membro do Ministério Público com subsídios ou proventos proporcionais ao tempo de serviço.

9.7. READAPTAÇÃO DO SERVIDOR PÚBLICO

O servidor público titular de cargo efetivo pode ser *readaptado* para exercício de cargo cujas atribuições e responsabilidades sejam compatíveis com a limitação que tenha sofrido em sua capacidade física ou mental, enquanto permanecer nessa condição, desde que possua a habilitação e o nível de escolaridade exigidos para o cargo de destino, devendo ser *mantida a remuneração do cargo de origem* (art. 37, § 13, da Constituição Federal de 1988, incluído pela Emenda Constitucional 103/2019).

Readaptação é a investidura do servidor em cargo de atribuições e responsabilidades compatíveis com a limitação que tenha sofrido em sua capacidade física ou mental verificada em inspeção médica (art. 24 da Lei 8.112/1990).

Se julgado incapaz para o serviço público, o readaptando será aposentado (art. 24, § 1º, da Lei 8.112/1990).

A readaptação deve ser efetivada em cargo de atribuições afins, respeitada a habilitação exigida, nível de escolaridade e equivalência de vencimentos e, na hipótese de inexistência de cargo vago, o servidor exercerá suas atribuições como excedente, até a ocorrência de vaga (art. 24, § 2º, da Lei 8.112/1990).

9.8. APOSENTADORIA E EXTINÇÃO DO VÍNCULO

É vedada a percepção simultânea de proventos de aposentadoria decorrentes do art. 40 ou dos arts. 42 e 142 (Regimes Próprios de Previdência Social dos servidores titulares de cargos efetivos, dos membros das polícias militares e corpos de bombeiros militares e dos militares das Forças Armadas), com a remuneração de cargo, emprego ou função pública, com a ressalva dos cargos acumuláveis na forma da Constituição Federal de 1988, os cargos eletivos e os cargos em comissão declarados em lei de livre nomeação e exoneração (art. 37, § 10, da Constituição da República, incluído pela Emenda Constitucional 20/1998).

Como a aposentadoria recebida pelo Regime Geral de Previdência tem como fundamento o art. 201, § 7º, da Constituição Federal de 1988, e não os seus arts. 40, 42 e 142, prevaleceu no Supremo Tribunal Federal o entendimento no sentido da não incidência da proibição de sua acumulação com a remuneração decorrente de emprego público[15].

O art. 37, § 14, da Constituição Federal de 1988, incluído pela Emenda Constitucional 103/2019, estabelece que a aposentadoria concedida com a utilização de tempo de contribuição decorrente de cargo, emprego ou função pública, inclusive do Regime Geral de Previdência Social, acarretará o rompimento do vínculo que gerou o referido tempo de contribuição.

Logo, com a Emenda Constitucional 103/2019, se o servidor de cargo, emprego ou função pública se aposentar utilizando tempo de contribuição de Regime Próprio de Previdência Social ou do Regime Geral de Previdência Social, haverá o término automático e necessário do vínculo jurídico que gerou esse tempo de contribuição, o que também se aplica ao empregado público.

Em consonância com o princípio da irretroatividade das normas jurídicas e com o ato jurídico perfeito (art. 5º, inciso XXXVI, da Constituição da República), o art. 6º da Emenda Constitucional 103/2019 esclarece que o disposto no § 14 do art. 37 da Constituição Federal de 1988 não se aplica a aposentadorias concedidas pelo Regime Geral de Previdência Social até a data de entrada em vigor da Emenda Constitucional 103/2019.

---

[15] "Reclamação. Acórdão do Tribunal Superior do Trabalho. Descumprimento da decisão proferida no julgamento das Ações Diretas de Inconstitucionalidade 1.721/DF e 1.770/DF. Não ocorrência. Agravo improvido. I – O Supremo Tribunal Federal, por ocasião do julgamento da ADI 1.770/DF, rel. Min. Joaquim Barbosa, e da ADI 1.721/DF, rel. Min. Ayres Britto, declarou inconstitucionais o § 1º e o § 2º do art. 453 da CLT, sob o fundamento de que a mera concessão da aposentadoria voluntária ao trabalhador não tem por efeito extinguir, instantânea e automaticamente, o seu vínculo de emprego. II – *A contrario sensu*, pode-se afirmar, então, que é permitido ao empregado público requerer a aposentadoria voluntária no Regime Geral de Previdenciária Social e continuar trabalhando e, consequentemente, recebendo a respectiva remuneração. Isso porque em tais situações não há acumulação vedada pela Constituição Federal. III – Agravo regimental a que se nega provimento" (STF, Pleno, Rcl 9.762/SC, rel. Min. Ricardo Lewandowski, DJe 31.05.2013).

O Superior Tribunal de Justiça fixou a seguinte tese em recurso especial repetitivo: "O ato administrativo de aposentadoria de servidor público não configura, por si só, para fins do art. 1º do Decreto 20.910/1932 e da Súmula 85/STJ, expressa negativa do direito ao reconhecimento e ao cômputo de verbas não concedidas enquanto ele estava em atividade, salvo quando houver, no mesmo ato, inequívoco indeferimento pela Administração, situação essa que culminará na prescrição de fundo do direito se decorrido o prazo prescricional" (STJ, 1ª Seção, REsp 1.783.975/RS, 2018/0322821-7, rel. Min. Herman Benjamin, DJe 01.07.2021).

Esclareça-se que no caso de empregado da esfera privada, entende-se que a aposentadoria espontânea (voluntária), no âmbito do Regime Geral de Previdência Social, não é causa de extinção do contrato de trabalho, ou seja, não tem por efeito extinguir automaticamente o vínculo de emprego. Cf. ainda Capítulo 5, item 5.29.

9.9. REGIME PRÓPRIO DOS SERVIDORES PÚBLICOS ESTATUTÁRIOS

9.9.1. CARACTERÍSTICAS

O Regime Próprio de Previdência Social dos servidores titulares de cargos efetivos tem *caráter contributivo e solidário*, mediante contribuição do respectivo ente federativo, de servidores ativos, de aposentados e de pensionistas, observados critérios que preservem o *equilíbrio financeiro e atuarial* (art. 40 da Constituição da República, com redação dada pela Emenda Constitucional 103/2019).

Assim, para se preservar o equilíbrio financeiro e atuarial, são previstas contribuições do respectivo ente federativo, de servidores ativos, de aposentados e de pensionistas.

Conforme o conceito da Portaria 1.467/2022 do Ministério do Trabalho e Previdência: "Equilíbrio atuarial: garantia de equivalência, a valor presente, entre o fluxo das receitas estimadas e das obrigações projetadas, ambas estimadas e projetadas atuarialmente, até a extinção da massa de segurados a que se refere; expressão utilizada para denotar a igualdade entre o total dos recursos garantidores do plano de benefícios do RPPS [Regime Próprio de Previdência Social], acrescido das contribuições futuras e direitos, e o total de compromissos atuais e futuros do regime" (Anexo VI, art. 2º, inciso XVII).

Ainda de acordo com o conceito da Portaria 1.467/2022: "Equilíbrio financeiro: garantia de equivalência entre as receitas auferidas e as obrigações do RPPS [Regime Próprio de Previdência Social] em cada exercício financeiro" (Anexo VI, art. 2º, inciso XVIII).

Além do disposto no art. 40 da Constituição da República, deve ser observado, em Regime Próprio de Previdência Social, no que couber, os requisitos e critérios fixados para o Regime Geral de Previdência Social (art. 40, § 12, da Constituição Federal de 1988, com redação dada pela Emenda Constitucional 103/2019).

9.9.2. ORGANIZAÇÃO E FUNCIONAMENTO

É vedada a existência de mais de um Regime Próprio de Previdência Social e de mais de um órgão ou entidade gestora desse Regime em cada ente federativo, abrangidos todos os poderes, órgãos e entidades autárquicas e fundacionais, que serão responsáveis pelo seu financiamento, observados os critérios, os parâmetros e a natureza jurídica definidos na lei complementar de que trata o § 22 do art. 40 da Constituição Federal de 1988 (art. 40, § 20, da Constituição da República, incluído pela Emenda Constitucional 103/2019).

A adequação do órgão ou entidade gestora do Regime Próprio de Previdência Social ao § 20 do art. 40 da Constituição Federal de 1988 deve ocorrer no prazo máximo de dois anos da data de entrada em vigor da Emenda Constitucional 103/2019 (art. 9º, § 6º, da Emenda Constitucional 103/2019).

O Decreto 10.620/2021 dispõe sobre a competência para a concessão e a manutenção das aposentadorias e pensões do Regime Próprio de Previdência Social da União no âmbito da administração pública federal.

Esclareça-se que o Decreto 10.620/2021 não dispõe sobre o órgão ou a entidade gestora única do Regime Próprio de Previdência Social, no âmbito da União, de que trata o § 20 do art. 40 da Constituição da República, e não se aplica ao Poder Legislativo, ao Poder Judiciário e aos órgãos constitucionalmente autônomos.

Até que seja instituído em lei e estruturado o órgão ou a entidade gestora única de que trata o § 20 do art. 40 da Constituição da República, a ação da administração pública federal será direcionada à: I – centralização gradual das atividades de concessão e de manutenção das aposentadorias e pensões, nos termos do disposto no Decreto 10.620/2021; II – facilitação da transferência posterior ao órgão ou à entidade gestora única de que trata o § 20 do art. 40 da Constituição da República (art. 2º do Decreto 10.620/2021).

As atividades de concessão e manutenção das aposentadorias e pensões do Regime Próprio de Previdência Social da União no âmbito da administração pública federal serão realizadas, de modo centralizado: I – pelo órgão central do Sistema de Pessoal Civil da Administração Federal (Sipec), quanto à administração pública federal direta; II – pelo Instituto Nacional do Seguro Social (INSS), quanto às autarquias e às fundações públicas (art. 3º do Decreto 10.620/2021).

Vedada a instituição de novos Regimes Próprios de Previdência Social, lei complementar federal estabelecerá, para os que já existam, normas gerais de organização, de funcionamento e de responsabilidade em sua gestão, dispondo, entre outros aspectos, sobre:

I – requisitos para sua extinção e consequente migração para o Regime Geral de Previdência Social;

II – modelo de arrecadação, de aplicação e de utilização dos recursos;

III – fiscalização pela União e controle externo e social;

IV – definição de equilíbrio financeiro e atuarial;

V – condições para instituição do fundo com finalidade previdenciária de que trata o art. 249 da Constituição Federal de 1988[16] e para vinculação a ele dos recursos provenientes de contribuições e dos bens, direitos e ativos de qualquer natureza;

VI – mecanismos de equacionamento do déficit atuarial;

VII – estruturação do órgão ou entidade gestora do regime, observados os princípios relacionados com governança, controle interno e transparência;

VIII – condições e hipóteses para responsabilização daqueles que desempenhem atribuições relacionadas, direta ou indiretamente, com a gestão do Regime Próprio de Previdência Social;

IX – condições para adesão a consórcio público[17];

---

16 "Art. 249. Com o objetivo de assegurar recursos para o pagamento de proventos de aposentadoria e pensões concedidas aos respectivos servidores e seus dependentes, em adição aos recursos dos respectivos tesouros, a União, os Estados, o Distrito Federal e os Municípios poderão constituir fundos integrados pelos recursos provenientes de contribuições e por bens, direitos e ativos de qualquer natureza, mediante lei que disporá sobre a natureza e administração desses fundos".

17 A Lei 11.107/2005 dispõe sobre normas gerais para a União, os Estados, o Distrito Federal e os Municípios contratarem consórcios públicos para a realização de objetivos de interesse comum e dá outras providências. Considera-se consórcio público: "pessoa jurídica formada exclusivamente por entes da Federação, na forma da Lei 11.107, de 2005, para estabelecer relações de cooperação federativa, inclusive a realização de objetivos de interesse comum, constituída como associação pública, com personalidade jurídica de direito público e natureza autárquica, ou como pessoa jurídica de direito privado sem fins econômicos" (art. 2º, inciso I, do Decreto 6.017/2007).

X – parâmetros para apuração da base de cálculo e definição de alíquota de contribuições ordinárias e extraordinárias (art. 40, § 22, da Constituição da República, incluído pela Emenda Constitucional 103/2019).

Trata-se, no caso, de norma geral, sob a forma de lei complementar federal, sobre organização, funcionamento e responsabilidade na gestão de Regimes Próprios de Previdência Social de servidores titulares de cargos efetivos.

Até que entre em vigor lei complementar que discipline o § 22 do art. 40 da Constituição Federal de 1988, aplicam-se aos Regimes Próprios de Previdência Social o disposto na Lei 9.717, de 27 de novembro de 1998, e o disposto no art. 9º da Emenda Constitucional 103/2019.

Os Regimes Próprios de Previdência Social dos servidores públicos da União, dos Estados, do Distrito Federal e dos Municípios, dos militares dos Estados e do Distrito Federal devem ser organizados, baseados em normas gerais de contabilidade e atuária, de modo a garantir o seu equilíbrio financeiro e atuarial, observados os seguintes critérios ali indicados (art. 1º da Lei 9.717/1998).

A Portaria 1.467/2022 do Ministério do Trabalho e Previdência disciplina os parâmetros e as diretrizes gerais para organização e funcionamento dos Regimes Próprios de Previdência Social dos servidores públicos da União, dos Estados, do Distrito Federal e dos Municípios.

O equilíbrio financeiro e atuarial do Regime Próprio de Previdência Social deve ser comprovado por meio de garantia de equivalência, a valor presente, entre o fluxo das receitas estimadas e das despesas projetadas, apuradas atuarialmente, que, juntamente com os bens, direitos e ativos vinculados, comparados às obrigações assumidas, evidenciem a solvência e a liquidez do plano de benefícios (art. 9º, § 1º, da Emenda Constitucional 103/2019).

O rol de benefícios dos Regimes Próprios de Previdência Social fica limitado às aposentadorias e à pensão por morte (art. 9º, § 2º, da Emenda Constitucional 103/2019).

Os afastamentos por incapacidade temporária para o trabalho e o salário-maternidade devem ser pagos diretamente pelo ente federativo e não correrão à conta do Regime Próprio de Previdência Social ao qual o servidor se vincula (art. 9º, § 3º, da Emenda Constitucional 103/2019).

Os Estados, o Distrito Federal e os Municípios não podem estabelecer alíquota inferior à da contribuição dos servidores da União, exceto se demonstrado que o respectivo Regime Próprio de Previdência Social não possui déficit atuarial a ser equacionado, hipótese em que a alíquota não poderá ser inferior às alíquotas aplicáveis ao Regime Geral de Previdência Social (art. 9º, § 4º, da Emenda Constitucional 103/2019).

Para fins do disposto no § 4º do art. 9º da Emenda Constitucional 103/2019, não será considerada como ausência de déficit a implementação de segregação da massa de segurados ou a previsão em lei de plano de equacionamento de déficit (art. 9º, § 5º, da Emenda Constitucional 103/2019).

Conforme o conceito da Portaria 1.467/2022: "Segregação da massa: a separação dos segurados do plano de benefícios do RPPS [Regime Próprio de Previdência Social] em grupos distintos que integrarão o Fundo em Capitalização e o Fundo em Repartição" (Anexo VI, art. 2º, inciso XLII)[18].

De acordo com o conceito da Portaria 1.467/2022: "Equacionamento de déficit atuarial: decisão do ente federativo quanto às formas, prazos, valores e condições em que se dará o completo reequilíbrio dos planos de custeio e de benefícios do RPPS [Regime Próprio de Previdência Social], observadas as normas legais e regulamentares" (Anexo VI, art. 2º, inciso XVI).

A instituição do Regime de Previdência Complementar na forma dos §§ 14 a 16 do art. 40 da Constituição Federal de 1988 e a adequação do órgão ou entidade gestora do Regime Próprio de Previdência Social ao § 20 do art. 40 da Constituição Federal de 1988 devem ocorrer no prazo máximo de dois anos da data de entrada em vigor da Emenda Constitucional 103/2019 (art. 9º, § 6º, da Emenda Constitucional 103/2019).

Os recursos de Regime Próprio de Previdência Social podem ser aplicados na concessão de empréstimos a seus segurados, na modalidade de consignados, observada regulamentação específica estabelecida pelo Conselho Monetário Nacional (art. 9º, § 7º, da Emenda Constitucional 103/2019).

Por meio de lei, pode ser instituída *contribuição extraordinária* pelo prazo máximo de 20 anos, nos termos dos §§ 1º-B e 1º-C do art. 149 da Constituição Federal de 1988 (art. 9º, § 8º, da Emenda Constitucional 103/2019).

Cabe lembrar que a União, os Estados, o Distrito Federal e os Municípios instituirão, por meio de lei, contribuições para custeio de Regime Próprio

---

[18] Ainda de acordo com os conceitos da Portaria 1.467/2022: "XXI – Fundo em Capitalização: fundo especial, instituído nos termos da Lei 4.320, de 17 de março de 1964, com a finalidade de acumulação de recursos para pagamento dos compromissos definidos no plano de benefícios do RPPS [Regime Próprio de Previdência Social], no qual, pelo menos, as aposentadorias programadas e as pensões por morte decorrentes dessas aposentadorias são estruturadas sob o regime financeiro de capitalização; XXII – Fundo em Repartição: fundo especial, instituído nos termos da Lei 4.320, de 1964, em caso de segregação da massa, em que as contribuições a serem pagas pelo ente federativo, pelos segurados e beneficiários filiados ao RPPS [Regime Próprio de Previdência Social] são fixadas sem objetivo de acumulação de recursos, sendo as insuficiências aportadas pelo ente federativo, admitida a constituição de fundo para oscilação de riscos" (Anexo VI, art. 2º).

de Previdência Social, cobradas dos servidores ativos, dos aposentados e dos pensionistas, que podem ter alíquotas progressivas de acordo com o valor da base de contribuição ou dos proventos de aposentadoria e de pensões (art. 149, § 1º, da Constituição Federal de 1988, com redação dada pela Emenda Constitucional 103/2019). Quando houver déficit atuarial, a contribuição ordinária dos aposentados e pensionistas poderá incidir sobre o valor dos proventos de aposentadoria e de pensões que supere o salário mínimo (art. 149, § 1º-A, da Constituição Federal de 1988, com redação dada pela Emenda Constitucional 103/2019).

Demonstrada a insuficiência da medida prevista no § 1º-A do art. 149 da Constituição da República para equacionar o déficit atuarial, é facultada a instituição de *contribuição extraordinária*, no âmbito da União, dos servidores públicos ativos, dos aposentados e dos pensionistas (art. 149, § 1º-B, da Constituição Federal de 1988, com redação dada pela Emenda Constitucional 103/2019). A contribuição extraordinária de que trata o § 1º-B do art. 149 da Constituição da República deve ser instituída simultaneamente com outras medidas para equacionamento do déficit e vigorará por período determinado, contado da data de sua instituição (art. 149, § 1º-C, da Constituição Federal de 1988, com redação dada pela Emenda Constitucional 103/2019).

O parcelamento ou a moratória de débitos dos entes federativos com seus Regimes Próprios de Previdência Social fica limitado ao prazo a que se refere o § 11 do art. 195 da Constituição Federal de 1988 (ou seja, 60 meses)[19] (art. 9º, § 9º, da Emenda Constitucional 103/2019).

Fica excepcionalmente autorizado o parcelamento das contribuições previdenciárias e dos demais débitos dos Municípios, incluídas suas autarquias e fundações, com os respectivos Regimes Próprios de Previdência Social, com vencimento até 31 de outubro de 2021, inclusive os parcelados anteriormente, no prazo máximo de 240 prestações mensais, mediante autorização em lei municipal específica, desde que comprovem ter alterado a legislação do Regime Próprio de Previdência Social para atendimento das seguintes condições, cumulativamente: I – adoção de regras de elegibilidade, de cálculo e de reajustamento dos benefícios que contemplem, nos termos previstos nos incisos I e III do § 1º[20] e nos §§ 3º a 5º, 7º e 8º do art. 40 da Constituição

[19] "§ 11. São vedados a moratória e o parcelamento em prazo superior a sessenta meses e, na forma de lei complementar, a remissão e a anistia das contribuições sociais de que tratam a alínea *a* do inciso I e o inciso II do *caput*".

[20] "§ 1º O servidor abrangido por regime próprio de previdência social será aposentado: I – por incapacidade permanente para o trabalho, no cargo em que estiver investido, quando insuscetível

Federal de 1988[21], regras assemelhadas às aplicáveis aos servidores públicos do Regime Próprio de Previdência Social da União e que contribuam efetivamente para o atingimento e a manutenção do equilíbrio financeiro e atuarial; II – adequação do rol de benefícios ao disposto nos §§ 2º e 3º do art. 9º da Emenda Constitucional 103/2019; III – adequação da alíquota de contribuição devida pelos servidores, nos termos do § 4º do art. 9º da Emenda Constitucional 103/2019; IV – instituição do Regime de Previdência Complementar e adequação do órgão ou entidade gestora do Regime Próprio de Previdência Social, nos termos do § 6º do art. 9º da Emenda Constitucional 103/2019 (art. 115 do Ato das Disposições Constitucionais Transitórias, incluído pela Emenda Constitucional 113/2021).

Ato do Ministério do Trabalho e Previdência, no âmbito de suas competências, definirá os critérios para o referido parcelamento, inclusive quanto

---

de readaptação, hipótese em que será obrigatória a realização de avaliações periódicas para verificação da continuidade das condições que ensejaram a concessão da aposentadoria, na forma de lei do respectivo ente federativo; [...] III – no âmbito da União, aos 62 (sessenta e dois) anos de idade, se mulher, e aos 65 (sessenta e cinco) anos de idade, se homem, e, no âmbito dos Estados, do Distrito Federal e dos Municípios, na idade mínima estabelecida mediante emenda às respectivas Constituições e Leis Orgânicas, observados o tempo de contribuição e os demais requisitos estabelecidos em lei complementar do respectivo ente federativo".

21 "§ 3º As regras para cálculo de proventos de aposentadoria serão disciplinadas em lei do respectivo ente federativo. § 4º É vedada a adoção de requisitos ou critérios diferenciados para concessão de benefícios em regime próprio de previdência social, ressalvado o disposto nos §§ 4º-A, 4º-B, 4º-C e 5º. § 4º-A. Poderão ser estabelecidos por lei complementar do respectivo ente federativo idade e tempo de contribuição diferenciados para aposentadoria de servidores com deficiência, previamente submetidos a avaliação biopsicossocial realizada por equipe multiprofissional e interdisciplinar. § 4º-B. Poderão ser estabelecidos por lei complementar do respectivo ente federativo idade e tempo de contribuição diferenciados para aposentadoria de ocupantes do cargo de agente penitenciário, de agente socioeducativo ou de policial dos órgãos de que tratam o inciso IV do *caput* do art. 51, o inciso XIII do *caput* do art. 52 e os incisos I a IV do *caput* do art. 144. § 4º-C. Poderão ser estabelecidos por lei complementar do respectivo ente federativo idade e tempo de contribuição diferenciados para aposentadoria de servidores cujas atividades sejam exercidas com efetiva exposição a agentes químicos, físicos e biológicos prejudiciais à saúde, ou associação desses agentes, vedada a caracterização por categoria profissional ou ocupação. § 5º Os ocupantes do cargo de professor terão idade mínima reduzida em 5 (cinco) anos em relação às idades decorrentes da aplicação do disposto no inciso III do § 1º, desde que comprovem tempo de efetivo exercício das funções de magistério na educação infantil e no ensino fundamental e médio fixado em lei complementar do respectivo ente federativo. [...] § 7º Observado o disposto no § 2º do art. 201, quando se tratar da única fonte de renda formal auferida pelo dependente, o benefício de pensão por morte será concedido nos termos de lei do respectivo ente federativo, a qual tratará de forma diferenciada a hipótese de morte dos servidores de que trata o § 4º-B decorrente de agressão sofrida no exercício ou em razão da função. § 8º É assegurado o reajustamento dos benefícios para preservar-lhes, em caráter permanente, o valor real, conforme critérios estabelecidos em lei".

ao cumprimento do disposto nos incisos I, II, III e IV do art. 115 do Ato das Disposições Constitucionais Transitórias, bem como disponibilizará as informações aos Municípios sobre o montante das dívidas, as formas de parcelamento, os juros e os encargos incidentes, de modo a possibilitar o acompanhamento da evolução desses débitos.

Fica excepcionalmente autorizado o parcelamento dos débitos decorrentes de contribuições previdenciárias dos Municípios, incluídas suas autarquias e fundações, com o Regime Geral de Previdência Social, com vencimento até 31 de outubro de 2021, ainda que em fase de execução fiscal ajuizada, inclusive os decorrentes do descumprimento de obrigações acessórias e os parcelados anteriormente, no prazo máximo de 240 prestações mensais (art. 116 do Ato das Disposições Constitucionais Transitórias, incluído pela Emenda Constitucional 113/2021).

Os Municípios que possuam Regime Próprio de Previdência Social devem comprovar, para fins de formalização do referido parcelamento com o Regime Geral de Previdência Social, terem atendido as condições estabelecidas nos incisos I, II, III e IV do art. 115 do Ato das Disposições Constitucionais Transitórias.

Os débitos parcelados terão redução de 40% das multas de mora, de ofício e isoladas, de 80% dos juros de mora, de 40% dos encargos legais e de 25% dos honorários advocatícios.

O valor de cada parcela deve ser acrescido de juros equivalentes à taxa referencial do Sistema Especial de Liquidação e de Custódia (Selic), acumulada mensalmente, calculados a partir do mês subsequente ao da consolidação até o mês anterior ao do pagamento.

Não constituem débitos dos Municípios aqueles considerados prescritos ou atingidos pela decadência.

A Secretaria Especial da Receita Federal do Brasil e a Procuradoria-Geral da Fazenda Nacional, no âmbito de suas competências, devem fixar os critérios para o parcelamento previsto no art. 116 do Ato das Disposições Constitucionais Transitórias, bem como disponibilizar as informações aos Municípios sobre o montante das dívidas, as formas de parcelamento, os juros e os encargos incidentes, de modo a possibilitar o acompanhamento da evolução desses débitos.

A formalização dos parcelamentos de que tratam os arts. 115 e 116 do Ato das Disposições Constitucionais Transitórias deve ocorrer até 30 de junho de 2022 e fica condicionada à autorização de vinculação do Fundo de Participação dos Municípios para fins de pagamento das prestações acordadas nos termos de parcelamento, observada a seguinte ordem de preferência: I – a prestação de garantia ou de contra garantia à União ou os pagamentos de débitos em favor da União, na forma do § 4º do art. 167 da Constituição Federal de 1988; II – as contribuições parceladas devidas ao Regime Geral de Previdência Social; III – as contribuições parceladas devidas ao respectivo Regime Próprio de Previdência Social (art. 117 do Ato das Disposições Constitucionais Transitórias, incluído pela Emenda Constitucional 113/2021).

9.9.3. UTILIZAÇÃO DE RECURSOS

É vedada, na forma estabelecida na lei complementar de que trata o § 22 do art. 40 da Constituição Federal de 1988, a utilização de recursos de Regime Próprio de Previdência Social, incluídos os valores integrantes dos fundos previstos no art. 249 da Constituição da República, para a realização de despesas distintas do pagamento dos benefícios previdenciários do respectivo fundo vinculado àquele Regime e das despesas necessárias à sua organização e ao seu funcionamento (art. 167, inciso XII, da Constituição Federal de 1988, incluído pela Emenda Constitucional 103/2019).

Até que entre em vigor lei complementar que discipline o § 22 do art. 40 da Constituição Federal de 1988, aplicam-se aos Regimes Próprios de Previdência Social o disposto na Lei 9.717, de 27 de novembro de 1998, e o disposto no art. 9º da Emenda Constitucional 103/2019.

Os recursos de Regime Próprio de Previdência Social podem ser aplicados na concessão de empréstimos a seus segurados, na modalidade de consignados, observada regulamentação específica estabelecida pelo Conselho Monetário Nacional (art. 9º, § 7º, da Emenda Constitucional 103/2019).

O art. 249 da Constituição da República dispõe que com o objetivo de assegurar recursos para o pagamento de proventos de aposentadoria e pensões concedidas aos respectivos servidores e seus dependentes, em adição aos recursos dos respectivos tesouros, a União, os Estados, o Distrito Federal e os Municípios podem constituir fundos integrados pelos recursos provenientes de contribuições e por bens, direitos e ativos de qualquer natureza, mediante lei que deve dispor sobre a natureza e administração desses fundos.

O art. 6º da Lei 9.717/1998 estabelece os critérios a serem observados para a constituição de fundos integrados de bens, direitos e ativos, *com finalidade previdenciária*, pela União, pelos Estados, pelo Distrito Federal e pelos Municípios.

O descumprimento do disposto na Lei 9.717/1998 pelos Estados, Distrito Federal e Municípios e pelos respectivos fundos, implicará, a partir de 1º de julho de 1999: I – suspensão das transferências voluntárias de recursos pela União; II – impedimento para celebrar acordos, contratos, convênios ou ajustes, bem como receber empréstimos, financiamentos, avais e subvenções em geral de órgãos ou entidades da Administração direta e indireta da União; III – suspensão de empréstimos e financiamentos por instituições financeiras federais (art. 7º da Lei 9.717/1998).

A Lei Complementar 101/2000, ao estabelecer normas de finanças públicas voltadas para a responsabilidade na gestão fiscal, no art. 43, prevê que as disponibilidades de caixa dos entes da Federação devem ser depositadas conforme estabelece o art. 164, § 3º, da Constituição da República[22].

As disponibilidades de caixa dos Regimes de Previdência Social, Geral e Próprio dos servidores públicos, ainda que vinculadas a fundos específicos a que se referem os arts. 249 e 250 da Constituição da República, devem ficar depositadas em conta separada das demais disponibilidades de cada ente e aplicadas nas condições de mercado, com observância dos limites e condições de proteção e prudência financeira (art. 43, § 1º, da Lei Complementar 101/2000).

É vedada a aplicação das disponibilidades de caixa dos Regimes de Previdência Social, Geral e Próprio dos servidores públicos, em: títulos da dívida pública estadual e municipal, bem como em ações e outros papéis relativos às empresas controladas pelo respectivo ente da Federação; empréstimos, de qualquer natureza, aos segurados e ao Poder Público, inclusive a suas empresas controladas (art. 43, § 2º, da Lei Complementar 101/2000).

9.9.4. TRANSFERÊNCIA VOLUNTÁRIA DE RECURSOS, CONCESSÃO DE AVAIS, GARANTIAS E SUBVENÇÕES

É vedada a transferência voluntária de recursos, a concessão de avais, as garantias e as subvenções pela União e a concessão de empréstimos e de financiamentos por instituições financeiras federais aos Estados, ao Distrito Federal e aos Municípios na hipótese de *descumprimento* das regras gerais de organização e de funcionamento de Regime Próprio de Previdência Social (art. 167, inciso XIII, da Constituição Federal de 1988, incluído pela Emenda Constitucional 103/2019).

Cabe à lei complementar federal estabelecer, para os Regimes Próprios de Previdência Social que já existam, normas gerais de organização, de funcionamento e de responsabilidade em sua gestão, dispondo, entre outros aspectos, sobre os indicados no art. 40, § 22, da Constituição Federal de 1988, incluído pela Emenda Constitucional 103/2019.

---

22 "§ 3º As disponibilidades de caixa da União serão depositadas no banco central; as dos Estados, do Distrito Federal, dos Municípios e dos órgãos ou entidades do Poder Público e das empresas por ele controladas, em instituições financeiras oficiais, ressalvados os casos previstos em lei".

Como já mencionado, até que entre em vigor lei complementar que discipline o § 22 do art. 40 da Constituição Federal de 1988, aplicam-se aos Regimes Próprios de Previdência Social o disposto na Lei 9.717/1998, e o disposto no art. 9º da Emenda Constitucional 103/2019.

9.9.5. EXTINÇÃO DE REGIME PREVIDENCIÁRIO

Em consonância com o art. 34 da Emenda Constitucional 103/2019, na hipótese de extinção por lei de Regime Previdenciário (ou seja, de Regime Próprio de Previdência Social, conforme art. 40, § 22, inciso I, da Constituição Federal de 1988) e migração dos respectivos segurados para o Regime Geral de Previdência Social, devem ser observados, até que lei federal disponha sobre a matéria, os seguintes requisitos pelo ente federativo:

I – assunção integral da responsabilidade pelo pagamento dos benefícios concedidos durante a vigência do regime extinto, bem como daqueles cujos requisitos já tenham sido implementados antes da sua extinção;

II – previsão de mecanismo de ressarcimento ou de complementação de benefícios aos que tenham contribuído acima do limite máximo do Regime Geral de Previdência Social;

III – vinculação das reservas existentes no momento da extinção, exclusivamente:

a) ao pagamento dos benefícios concedidos e a conceder, ao ressarcimento de contribuições ou à complementação de benefícios, na forma dos incisos I e II; e

b) à compensação financeira com o Regime Geral de Previdência Social.

A existência de superávit atuarial não constitui óbice à extinção de Regime Próprio de Previdência Social e à consequente migração para o Regime Geral de Previdência Social (art. 34, parágrafo único, da Emenda Constitucional 103/2019).

9.9.6. APOSENTADORIA POR INCAPACIDADE PERMANENTE

O servidor abrangido por Regime Próprio de Previdência Social será aposentado por incapacidade permanente para o trabalho, no cargo em que estiver investido, quando insuscetível de readaptação, hipótese em que será obrigatória a realização de avaliações periódicas para verificação da continuidade das condições que ensejaram a concessão da aposentadoria, na forma de lei do respectivo ente federativo (art. 40, § 1º, inciso I, da Constituição Federal de 1988, com redação dada pela Emenda Constitucional 103/2019).

A aposentadoria por invalidez passou a ser denominada aposentadoria por incapacidade permanente.

Na hipótese de aposentadoria por invalidez (incapacidade permanente), o servidor deve ser submetido à *junta médica oficial*, que atestará a invalidez quando caracterizada a incapacidade para o desempenho das atribuições do cargo ou a impossibilidade de se aplicar a hipótese de *readaptação*, a qual é a investidura do servidor em cargo de atribuições e responsabilidades compatíveis com a limitação que tenha sofrido em sua capacidade física ou mental verificada em inspeção médica (art. 186, § 3º, da Lei 8.112/1990).

Se julgado incapaz para o serviço público, o readaptando deve ser aposentado (art. 24, § 1º, da Lei 8.112/1991).

O art. 37, § 13, da Constituição Federal de 1988, incluído pela Emenda Constitucional 103/2019, versa sobre a readaptação do servidor público titular de cargo efetivo. Cf. Capítulo 9, item 9.7.

No Regime Próprio de Previdência Social dos servidores civis da União, das autarquias e das fundações públicas federais, investidos em cargos públicos de provimento efetivo, o art. 188 da Lei 8.112/1990 dispõe que a aposentadoria voluntária ou por invalidez (aposentadoria por incapacidade permanente para o trabalho) vigorará a partir da data da publicação do respectivo ato.

A aposentadoria por invalidez (incapacidade permanente) deve ser precedida de licença para tratamento de saúde, por período não excedente de 24 meses (art. 188, § 1º, da Lei 8.112/1990). Para esse fim, devem ser consideradas apenas as licenças motivadas pela enfermidade ensejadora da invalidez ou doenças correlacionadas (art. 188, § 4º, da Lei 8.112/1990).

Expirado o período de licença e não estando em condições de reassumir o cargo ou de ser readaptado, o servidor deve ser aposentado (art. 188, § 2º, da Lei 8.112/1990).

O lapso de tempo compreendido entre o término da licença e a publicação do ato da aposentadoria é considerado como de prorrogação da licença (art. 188, § 3º, da Lei 8.112/1990).

Frise-se ainda que, a critério da Administração Pública, o servidor em licença para tratamento de saúde ou aposentado por invalidez (incapacidade permanente) pode ser convocado a qualquer momento, para avaliação das condições que ensejaram o afastamento ou a aposentadoria (art. 188, § 5º, da Lei 8.112/1990).

Com a Emenda Constitucional 103/2019, passa a ser obrigatória a realização de *avaliações periódicas* para que seja verificada a continuidade das condições que ensejaram a concessão da aposentadoria, na forma da lei de cada ente federativo.

Até que entre em vigor lei federal que discipline os benefícios do Regime Próprio de Previdência Social dos servidores da União, aplica-se o disposto no art. 10 da Emenda Constitucional 103/2019.

Assim, os servidores públicos federais serão aposentados por incapacidade permanente para o trabalho, no cargo em que estiverem investidos, quando insuscetíveis de readaptação, hipótese em que será obrigatória a realização de avaliações periódicas para verificação da continuidade das condições que ensejaram a concessão da aposentadoria (art. 10, § 1º, inciso II, da Emenda Constitucional 103/2019).

Os proventos das aposentadorias concedidas nos termos do disposto no art. 10 da Emenda Constitucional 103/2019 serão apurados na forma da lei (art. 10, § 4º, da Emenda Constitucional 103/2019).

9.9.7. APOSENTADORIA COMPULSÓRIA

O servidor abrangido por Regime Próprio de Previdência Social será aposentado compulsoriamente, com proventos proporcionais ao tempo de contribuição, aos 70 anos de idade, ou aos 75 anos de idade, na forma de lei complementar (art. 40, § 1º, inciso II, da Constituição da República, com redação dada pela Emenda Constitucional 88/2015).

Até que entre em vigor lei federal que discipline os benefícios do Regime Próprio de Previdência Social dos servidores da União, aplica-se o disposto no art. 10 da Emenda Constitucional 103/2019. Os servidores públicos federais serão aposentados compulsoriamente, na forma do disposto no inciso II do § 1º do art. 40 da Constituição Federal de 1988 (art. 10, § 1º, inciso III, da Emenda Constitucional 103/2019).

A aposentadoria compulsória é automática, e declarada por ato, com vigência a partir do dia imediato àquele em que o servidor atingir a idade-limite de permanência no serviço ativo (art. 187 da Lei 8.112/1990).

O art. 40, § 1º, inciso II, da Constituição da República, com redação dada pela Emenda Constitucional 88/2015, versa a respeito da aposentadoria compulsória no Regime Próprio de Previdência Social dos servidores titulares de cargos efetivos[23].

---

[23] "Agravo regimental em recurso extraordinário com agravo. Interposição em 30.04.2019. Empregado público celetista. Autarquia municipal. Aposentadoria compulsória. Art. 40, § 1º, II, da CF. Inaplicabilidade aos servidores do Regime Geral de previdência. ADI 2.602. Precedentes. 1. O entendimento adotado pelo Tribunal de origem está em divergência com a jurisprudência

A respeito do tema, o Supremo Tribunal Federal fixou as seguintes teses jurídicas: "1) Os servidores ocupantes de cargo exclusivamente em comissão não se submetem à regra da aposentadoria compulsória prevista no art. 40, § 1º, II, da Constituição Federal, a qual atinge apenas os ocupantes de cargo de provimento efetivo, inexistindo, também, qualquer idade limite para fins de nomeação a cargo em comissão; 2) Ressalvados impedimentos de ordem infraconstitucional, não há óbice constitucional a que o servidor efetivo aposentado compulsoriamente permaneça no cargo comissionado que já desempenhava ou a que seja nomeado para cargo de livre nomeação e exoneração, uma vez que não se trata de continuidade ou criação de vínculo efetivo com a Administração" (STF, Pleno, RE 786.540/DF, rel. Min. Dias Toffoli, j. 15.12.2016).

Destaca-se ainda a seguinte tese de repercussão geral: "Não se aplica a aposentadoria compulsória prevista no art. 40, § 1º, II, da CF aos titulares de serventias judiciais não estatizadas, desde que não sejam ocupantes de cargo público efetivo e não recebam remuneração proveniente dos cofres públicos" (STF, Pleno, RE 647.827/PR, rel. Min. Gilmar Mendes, j. 15.02.2017).

Cabe salientar que ao agente público ocupante, exclusivamente, de cargo em comissão declarado em lei de livre nomeação e exoneração, de outro cargo temporário, inclusive mandato eletivo, ou de emprego público, aplica-se o Regime Geral de Previdência Social (art. 40, § 13, da Constituição da República).

A aposentadoria compulsória, diversamente da aposentadoria voluntária (art. 40, § 1º, inciso III, da Constituição Federal de 1988), não depende da vontade do servidor, mas os proventos são devidos de forma proporcional ao tempo de contribuição.

A lei complementar mencionada no art. 40, § 1º, inciso II, da Constituição da República, com redação dada pela Emenda Constitucional 88/2015, é de *competência da União* (art. 24, § 1º, da Constituição da República). Essa competência da União para legislar sobre normas gerais, entretanto, não

deste Supremo Tribunal, no sentido de que, à luz do art. 40, § 1º, II, da Constituição Federal, no caso de empregado público celetista, não se aplica a regra constitucional da aposentadoria compulsória, a qual se destina aos titulares de cargo efetivo, orientação extraída do julgamento da ADI 2.602, redator para o acórdão Min. Eros Grau, pelo Plenário desta Suprema Corte e de outros precedentes sobre o tema. 2. Agravo regimental a que se nega provimento, com previsão de aplicação da multa prevista no art. 1.021, § 4º, CPC. Incabível a aplicação do disposto no art. 85, § 11, do CPC, em virtude da ausência de fixação de honorários pelo Tribunal de origem" (STF, 2ª T., AgR-ARE 1.091.313/MG, rel. Min. Edson Fachin, DJe 09.10.2019). Na atualidade, cf. art. 201, § 16, da Constituição Federal de 1988, incluído pela Emenda Constitucional 103/2019 (Capítulo 5, item 5.13).

exclui a competência suplementar dos Estados (art. 24, § 2º, da Constituição Federal de 1988). Cada ente político, respeitando as normas constitucionais e gerais, pode fixar as normas específicas, aplicáveis ao seu Regime Próprio de Previdência Social, sobre esse aumento da idade para 75 anos na aposentadoria compulsória dos servidores titulares de cargos efetivos.

A Emenda Constitucional 88/2015, no art. 2º, acrescentou ao Ato das Disposições Constitucionais Transitórias o art. 100, assim dispondo: "Até que entre em vigor a lei complementar de que trata o inciso II do § 1º do art. 40 da Constituição Federal, os Ministros do Supremo Tribunal Federal, dos Tribunais Superiores e do Tribunal de Contas da União aposentar-se-ão, compulsoriamente, aos 75 (setenta e cinco) anos de idade, nas condições do art. 52 da Constituição Federal".

Cabe registrar que o Supremo Tribunal Federal deferiu medida cautelar para: "1) suspender a aplicação da expressão 'nas condições do art. 52 da Constituição Federal' contida no art. 100 do ADCT, introduzido pela EC nº 88/2015, por vulnerar as condições materiais necessárias ao exercício imparcial e independente da função jurisdicional, ultrajando a separação dos Poderes, cláusula pétrea inscrita no art. 60, § 4º, III, da CRFB; 2) fixar a interpretação, quanto à parte remanescente da EC nº 88/2015, de que o art. 100 do ADCT não pode ser estendido a outros agentes públicos até que seja editada a lei complementar a que alude o art. 40, § 1º, II, da CRFB, a qual, quanto à magistratura, é a lei complementar de iniciativa do Supremo Tribunal Federal nos termos do art. 93 da CRFB; 3) suspender a tramitação de todos os processos que envolvam a aplicação a magistrados do art. 40, § 1º, II da CRFB e do art. 100 do ADCT, até o julgamento definitivo da presente demanda, e 4) declarar sem efeito todo e qualquer pronunciamento judicial ou administrativo que afaste, amplie ou reduza a literalidade do comando previsto no art. 100 do ADCT e, com base neste fundamento, assegure a qualquer outro agente público o exercício das funções relativas a cargo efetivo após ter completado setenta anos de idade" (STF, Pleno, ADI 5.316/DF, rel. Min. Luiz Fux, j. 21.05.2015).

A Lei Complementar 152/2015, com início de vigência na data de sua publicação (art. 4º), ocorrida no Diário Oficial da União de 4 de dezembro de 2015, passou a dispor sobre a *aposentadoria compulsória por idade*, com proventos proporcionais, no âmbito da União, dos Estados, do Distrito Federal e dos Municípios, dos agentes públicos aos quais se aplica o art. 40, § 1º, inciso II, da Constituição Federal de 1988 (art. 1º)[24].

[24] "Ação direta de inconstitucionalidade. Constitucional. Aposentadoria compulsória. Emenda Constitucional n. 88/2015. Inc. III do art. 2º da Lei Complementar n. 152/2015. Alegado vício

Desse modo, serão aposentados compulsoriamente, com proventos proporcionais ao tempo de contribuição, aos 75 anos de idade: os servidores titulares de cargos efetivos da União, dos Estados, do Distrito Federal e dos Municípios, incluídas suas autarquias e fundações; os membros do Poder Judiciário; os membros do Ministério Público; os membros das Defensorias Públicas; os membros dos Tribunais e dos Conselhos de Contas (art. 2º).

Aos servidores do Serviço Exterior Brasileiro, regidos pela Lei 11.440/2006, o disposto no art. 2º deve ser aplicado *progressivamente* à razão de um ano adicional de limite para aposentadoria compulsória ao fim de cada dois anos, a partir da vigência da Lei Complementar 152/2015, até alcançar o limite de 75 anos indicado acima. Argumenta-se que essa previsão específica decorre de certas limitações para a ascensão aos postos mais graduados da carreira em questão.

Esclareça-se que o Serviço Exterior Brasileiro, essencial à execução da política exterior do Brasil, constitui-se do corpo de servidores, ocupantes de cargos de provimento efetivo, capacitados profissionalmente como agentes do Ministério das Relações Exteriores, no Brasil e no exterior, organizados em carreiras definidas e hierarquizadas (art. 1º da Lei 11.440/2006). O Serviço Exterior Brasileiro é composto da Carreira de Diplomata, da Carreira de Oficial de Chancelaria e da Carreira de Assistente de Chancelaria (art. 2º da Lei 11.440/2006).

Frise-se ainda que o art. 4º da Lei Complementar 152/2015 *revogou* o art. 1º, inciso I, da Lei Complementar 51/1985, o qual previa que o *servidor público policial* era aposentado, compulsoriamente, com proventos

---

formal de iniciativa para editar normas referentes à aposentadoria dos membros do Ministério Público. Ação direta de inconstitucionalidade julgada improcedente. 1. O inc. II do § 1º do art. 40 da Constituição da República, alterado pela Emenda Constitucional n. 88, de 7.5.2015, possibilita aos servidores públicos a aposentadoria compulsória, com proventos proporcionais ao tempo de contribuição, aos setenta anos de idade ou aos setenta e cinco anos de idade, na forma da lei complementar. 2. A Lei Complementar n. 152/2015 regulamentou o inc. II do § 1º do art. 40 da Constituição e dispôs sobre a aposentadoria compulsória por idade dos servidores públicos ocupantes de cargos efetivos de todos os entes federativos, dos membros do Poder Judiciário, do Ministério Público, da Defensoria Pública e dos Tribunais e dos Conselhos de Contas. 3. Não há reserva de iniciativa para a deflagração do processo legislativo sobre aposentadoria compulsória por idade dos membros do Ministério Público (§ 4º do art. 129 e do inc. VI do art. 93 da Constituição da República). 4. O Supremo Tribunal Federal decidiu, em sessão administrativa, não haver vício formal de iniciativa no Projeto de Lei n. 274/2015, pelo qual originou a Lei Complementar n. 152/2015, por regulamentar norma constitucional com definição preexistente e regramento geral ao regime previdenciário próprio. 5. Ação direta de inconstitucionalidade julgada improcedente" (STF, Pleno, ADI 5.490/DF, rel. Min. Cármen Lúcia, DJe 09.12.2019).

proporcionais ao tempo de contribuição, aos 65 anos de idade, qualquer que fosse a natureza dos serviços prestados. Logo, pode-se dizer que o servidor público policial também será aposentado compulsoriamente, com proventos proporcionais ao tempo de contribuição, aos 75 anos de idade.

O Supremo Tribunal Federal, em sessão administrativa realizada no dia 7 de outubro de 2015, assentou que a aposentadoria compulsória dos magistrados aos 75 anos está devidamente regulamentada pelo referido diploma legal, o qual não apresenta vício formal, por não haver necessidade de lei de iniciativa do STF quanto ao tema[25].

O Supremo Tribunal Federal julgou improcedente o pedido formulado em ação direta de inconstitucionalidade, fixando a seguinte tese de julgamento: "Não se submete a reserva de iniciativa a lei complementar nacional que, regulamentando a EC nº 88/2015, fixa em 75 (setenta e cinco) anos a idade de aposentadoria compulsória para todos os agentes públicos titulares de cargos efetivos ou vitalícios" (STF, Pleno, ADI 5.430/DF, rel. Min. Roberto Barroso, j. 22.05.2023).

9.9.8. APOSENTADORIA POR IDADE (APOSENTADORIA PROGRAMADA)

O servidor abrangido por Regime Próprio de Previdência Social será aposentado no âmbito da União, aos 62 anos de idade, se mulher, e aos 65 anos de idade, se homem, e, no âmbito dos Estados, do Distrito Federal e dos Municípios, na idade mínima estabelecida mediante emenda às respectivas Constituições e Leis Orgânicas, observados o tempo de contribuição e os demais requisitos estabelecidos em lei complementar do respectivo ente federativo (art. 40, § 1º, inciso III, da Constituição Federal de 1988, com redação dada pela Emenda Constitucional 103/2019).

Até que entre em vigor lei federal que discipline os benefícios do Regime Próprio de Previdência Social dos servidores da União, aplica-se o disposto no art. 10 da Emenda Constitucional 103/2019.

Desse modo, os servidores públicos federais serão aposentados voluntariamente, observados, cumulativamente, os seguintes requisitos: a) 62 anos de idade, se mulher, e 65 anos de idade, se homem; e b) 25 anos de contribuição, desde que cumprido o tempo mínimo de 10 anos de efetivo exercício no serviço público e de cinco anos no cargo efetivo em que for concedida a aposentadoria (art. 10, § 1º, inciso I, da Emenda Constitucional 103/2019).

---

25 Disponível em: <http://www.stf.jus.br/portal/cms/verNoticiaDetalhe.asp?idConteudo=301440>.

Os proventos das aposentadorias concedidas nos termos do disposto no art. 10 da Emenda Constitucional 103/2019 serão apurados na forma da lei (art. 10, § 4º, da Emenda Constitucional 103/2019).

9.9.9. APOSENTADORIA DE SERVIDORES COM DEFICIÊNCIA

O art. 40, § 4º, da Constituição Federal de 1988, com redação dada pela Emenda Constitucional 103/2019, estabelece que é vedada a adoção de requisitos ou critérios diferenciados para concessão de benefícios em Regime Próprio de Previdência Social, ressalvado o disposto nos §§ 4º-A, 4º-B, 4º-C e 5º do art. 40 da Constituição da República.

Em consonância com a mencionada ressalva, podem ser estabelecidos por lei complementar do respectivo ente federativo idade e tempo de contribuição diferenciados para aposentadoria de *servidores com deficiência*, previamente submetidos a avaliação biopsicossocial realizada por equipe multiprofissional e interdisciplinar (art. 40, § 4º-A, da Constituição Federal de 1988, incluído pela Emenda Constitucional 103/2019).

O art. 2º, § 1º, da Lei 13.146/2015 determina que a avaliação da deficiência, quando necessária, será biopsicossocial, realizada por equipe multiprofissional e interdisciplinar e deve considerar: I – os impedimentos nas funções e nas estruturas do corpo; II – os fatores socioambientais, psicológicos e pessoais; III – a limitação no desempenho de atividades; e IV – a restrição de participação. O Poder Executivo deve criar instrumentos para avaliação da deficiência (art. 2º, § 2º, da Lei 13.146/2015).

Até que lei discipline o § 4º-A do art. 40 da Constituição Federal de 1988, a aposentadoria do servidor público federal com deficiência vinculado a Regime Próprio de Previdência Social, desde que cumpridos, no caso do servidor, o tempo mínimo de 10 anos de efetivo exercício no serviço público e de cinco anos no cargo efetivo em que for concedida a aposentadoria, será concedida na forma da Lei Complementar 142, de 08 de maio de 2013, inclusive quanto aos critérios de cálculo dos benefícios (art. 22 da Emenda Constitucional 103/2019).

A Lei Complementar 142/2013 regulamenta a concessão de aposentadoria da pessoa com deficiência segurada do Regime Geral de Previdência Social.

Para o reconhecimento do direito à aposentadoria de que trata a Lei Complementar 142/2013, considera-se pessoa com deficiência aquela que tem impedimentos de longo prazo de natureza física, mental, intelectual ou sensorial, os quais, em interação com diversas barreiras, podem obstruir sua participação plena e efetiva na sociedade em igualdade de condições com as demais pessoas (art. 2º da Lei Complementar 142/2013).

É assegurada a concessão de aposentadoria pelo Regime Geral de Previdência Social ao segurado com deficiência, observadas as seguintes condições:

I – aos 25 anos de tempo de contribuição, se homem, e 20 anos, se mulher, no caso de segurado com deficiência grave;

II – aos 29 anos de tempo de contribuição, se homem, e 24 anos, se mulher, no caso de segurado com deficiência moderada;

III – aos 33 anos de tempo de contribuição, se homem, e 28 anos, se mulher, no caso de segurado com deficiência leve; ou

IV – aos 60 anos de idade, se homem, e 55 anos de idade, se mulher, independentemente do grau de deficiência, desde que cumprido tempo mínimo de contribuição de 15 anos e comprovada a existência de deficiência durante igual período (art. 3º da Lei Complementar 142/2013).

Cabe ao regulamento do Poder Executivo definir as deficiências grave, moderada e leve para os fins da Lei Complementar 142/2013.

Reitere-se que a aposentadoria do servidor público federal com deficiência vinculado a Regime Próprio de Previdência Social exige que sejam cumpridos pelo servidor o tempo mínimo de 10 anos de efetivo exercício no serviço público e de cinco anos no cargo efetivo em que for concedida a aposentadoria (art. 22 da Emenda Constitucional 103/2019).

A avaliação da deficiência deve ser médica e funcional, nos termos do regulamento (art. 4º da Lei Complementar 142/2013).

O grau de deficiência deve ser atestado por perícia própria, por meio de instrumentos desenvolvidos para esse fim (art. 5º da Lei Complementar 142/2013).

A contagem de tempo de contribuição na condição de segurado com deficiência deve ser objeto de comprovação, exclusivamente, na forma da Lei Complementar 142/2013 (art. 6º da Lei Complementar 142/2013).

A existência de deficiência anterior à data da vigência da Lei Complementar 142/2013 deve ser certificada, inclusive quanto ao seu grau, por ocasião da primeira avaliação, sendo obrigatória a fixação da data provável do início da deficiência. A comprovação de tempo de contribuição na condição de segurado com deficiência em período anterior à entrada em vigor da Lei Complementar 142/2013 não é admitida por meio de prova exclusivamente testemunhal (art. 6º, §§ 1º e 2º, da Lei Complementar 142/2013).

Se o segurado, após a filiação ao Regime Geral de Previdência Social, tornar-se pessoa com deficiência, ou tiver seu grau de deficiência alterado, os parâmetros mencionados no art. 3º da Lei Complementar 142/2013 devem ser proporcionalmente ajustados, considerando-se o número de anos em que o segurado exerceu atividade laboral sem deficiência e com deficiência, observado o grau de deficiência correspondente, nos termos do regulamento do Poder Executivo (art. 7º da Lei Complementar 142/2013).

A renda mensal da aposentadoria devida ao segurado com deficiência deve ser calculada aplicando-se sobre o salário de benefício, apurado em conformidade com o disposto no art. 29 da Lei 8.213/1991 (entretanto, segundo entendimento do INSS e art. 70-J do Regulamento da Previdência Social, mesmo nesse caso, deve ser observado o art. 26 da Emenda Constitucional 103/2019), os seguintes percentuais:

I – 100%, no caso da aposentadoria de que tratam os incisos I, II e III do art. 3º da Lei Complementar 142/2013; ou

II – 70% mais 1% do salário de benefício por grupo de 12 contribuições mensais até o máximo de 30%, no caso de aposentadoria por idade (art. 8º da Lei Complementar 142/2013).

Aplicam-se à pessoa com deficiência de que trata a Lei Complementar 142/2013:

I – o fator previdenciário nas aposentadorias, se resultar em renda mensal de valor mais elevado;

II – a contagem recíproca do tempo de contribuição na condição de segurado com deficiência relativo à filiação ao Regime Geral de Previdência Social, ao Regime Próprio de Previdência do servidor público ou a Regime de Previdência militar, devendo os regimes compensar-se financeiramente;

III – as regras de pagamento e de recolhimento das contribuições previdenciárias contidas na Lei 8.212/1991;

IV – as demais normas relativas aos benefícios do Regime Geral de Previdência Social;

V – a percepção de qualquer outra espécie de aposentadoria estabelecida na Lei 8.213/1991, que lhe seja mais vantajosa do que as opções apresentadas na Lei Complementar 142/2013 (art. 9º da Lei Complementar 142/2013).

A redução do tempo de contribuição prevista na Lei Complementar 142/2013 não pode ser acumulada, no tocante ao mesmo período contributivo, com a redução assegurada aos casos de atividades exercidas sob condições especiais que prejudiquem a saúde ou a integridade física (art. 10 da Lei Complementar 142/2013).

Aplicam-se às aposentadorias dos servidores com deficiência dos Estados, do Distrito Federal e dos Municípios as normas constitucionais e infraconstitucionais anteriores à data de entrada em vigor da Emenda Constitucional 103/2019, enquanto não promovidas alterações na legislação interna relacionada ao respectivo Regime Próprio de Previdência Social (art. 22, parágrafo único, da Emenda Constitucional 103/2019).

9.9.10. APOSENTADORIA DO AGENTE PENITENCIÁRIO, DO AGENTE SOCIOEDUCATIVO E DO POLICIAL

Nos termos do art. 40, § 4º, da Constituição Federal de 1988, com redação dada pela Emenda Constitucional 103/2019, é vedada a adoção de requisitos ou critérios diferenciados para concessão de benefícios em Regime Próprio de Previdência Social, ressalvado o disposto nos §§ 4º-A, 4º-B, 4º-C e 5º do art. 40 da Constituição da República.

Sendo assim, de acordo com o art. 40, § 4º-B, da Constituição Federal de 1988, incluído pela Emenda Constitucional 103/2019, podem ser estabelecidos por lei complementar do respectivo ente federativo idade e tempo de contribuição diferenciados para aposentadoria de ocupantes do cargo de *agente penitenciário*, de *agente socioeducativo* ou de *policial* dos órgãos de que tratam o inciso IV do *caput* do art. 51 (Câmara dos Deputados)[26], o inciso XIII do *caput* do art. 52 (Senado Federal)[27] e os incisos I a IV do *caput* do art. 144 da Constituição da República (segurança pública)[28].

Até que entre em vigor lei federal que discipline os benefícios do Regime Próprio de Previdência Social dos servidores da União, aplica-se o disposto no art. 10 da Emenda Constitucional 103/2019.

Os servidores públicos federais com direito a idade mínima ou tempo de contribuição distintos da regra geral para concessão de aposentadoria, na forma dos §§ 4º-B, 4º-C e 5º do art. 40 da Constituição Federal de 1988, poderão aposentar-se, observados os seguintes requisitos: o policial civil do órgão a que se refere o inciso XIV do *caput* do art. 21 da Constituição Federal de

---

[26] "Art. 51. Compete privativamente à Câmara dos Deputados: [...] IV – dispor sobre sua organização, funcionamento, *polícia*, criação, transformação ou extinção dos cargos, empregos e funções de seus serviços, e a iniciativa de lei para fixação da respectiva remuneração, observados os parâmetros estabelecidos na lei de diretrizes orçamentárias".

[27] "Art. 52. Compete privativamente ao Senado Federal: [...] XIII – dispor sobre sua organização, funcionamento, *polícia*, criação, transformação ou extinção dos cargos, empregos e funções de seus serviços, e a iniciativa de lei para fixação da respectiva remuneração, observados os parâmetros estabelecidos na lei de diretrizes orçamentárias".

[28] "Art. 144. A segurança pública, dever do Estado, direito e responsabilidade de todos, é exercida para a preservação da ordem pública e da incolumidade das pessoas e do patrimônio, através dos seguintes órgãos: I – polícia federal; II – polícia rodoviária federal; III – polícia ferroviária federal; IV – polícias civis".

1988 (Distrito Federal)[29], o policial dos órgãos a que se referem o inciso IV do *caput* do art. 51 (Câmara dos Deputados), o inciso XIII do *caput* do art. 52 (Senado Federal) e os incisos I a III do *caput* do art. 144 da Constituição Federal de 1988 (segurança pública)[30] e o ocupante de cargo de agente federal penitenciário ou socioeducativo, aos 55 anos de idade, com 30 anos de contribuição e 25 anos de efetivo exercício em cargo dessas carreiras, para ambos os sexos (art. 10, § 2º, inciso I, da Emenda Constitucional 103/2019).

Quanto aos agentes penitenciários, registre-se que as polícias penais federal, estaduais e distrital foram criadas pela Emenda Constitucional 104/2019 e incluídas nos órgãos da segurança pública (art. 144, inciso VI, da Constituição da República).

Às polícias penais, vinculadas ao órgão administrador do sistema penal da unidade federativa a que pertencem, cabe a segurança dos estabelecimentos penais (art. 144, § 5º-A, da Constituição Federal de 1988, incluído pela Emenda Constitucional 104/2019).

9.9.11. APOSENTADORIA ESPECIAL

O art. 40, § 4º, da Constituição Federal de 1988, com redação dada pela Emenda Constitucional 103/2019, estabelece que é vedada a adoção de requisitos ou critérios diferenciados para concessão de benefícios em Regime Próprio de Previdência Social, ressalvado o disposto nos §§ 4º-A, 4º-B, 4º-C e 5º do art. 40 da Constituição da República.

Em consonância com a mencionada ressalva, de acordo com o art. 40, § 4º-C, da Constituição Federal de 1988, incluído pela Emenda Constitucional 103/2019, podem ser estabelecidos por lei complementar do respectivo ente federativo idade e tempo de contribuição diferenciados para aposentadoria de servidores cujas atividades sejam exercidas com efetiva exposição a agentes químicos, físicos e biológicos prejudiciais à saúde, ou associação desses agentes, vedada a caracterização por categoria profissional ou ocupação.

---

[29] "Art. 21. Compete à União: [...] XIV – organizar e manter a polícia civil a polícia penal, a polícia militar e o corpo de bombeiros militar do Distrito Federal, bem como prestar assistência financeira ao Distrito Federal para a execução de serviços públicos, por meio de fundo próprio".

[30] "Art. 144. A segurança pública, dever do Estado, direito e responsabilidade de todos, é exercida para a preservação da ordem pública e da incolumidade das pessoas e do patrimônio, através dos seguintes órgãos: I – polícia federal; II – polícia rodoviária federal; III – polícia ferroviária federal".

Com a Emenda Constitucional 103/2019, não mais se menciona o exercício de atividades prejudiciais à integridade física. Entretanto, defende-se que essa questão, envolvendo a aposentadoria especial decorrente do trabalho em condições de periculosidade, deve ser objeto de adequada delimitação na lei complementar indicada.

Nos termos da Súmula Vinculante 33 do STF: "Aplicam-se ao servidor público, no que couber, as regras do regime geral da previdência social sobre aposentadoria especial de que trata o artigo 40, § 4º, inciso III da Constituição Federal, até a edição de lei complementar específica".

A Lei Complementar 51/1985, com redação dada pela Lei Complementar 144/2014, dispunha sobre a aposentadoria do servidor público policial, nos termos do art. 40, § 4º, da Constituição Federal de 1988[31].

Cabe esclarecer que o Supremo Tribunal Federal fixou a seguinte tese de repercussão geral: "Os guardas civis não possuem direito constitucional à aposentadoria especial por exercício de atividade de risco prevista no artigo 40, § 4º, inciso II, da Constituição Federal" (STF, Pleno, ARE 1.215.727/SP, rel. Min. Dias Toffoli, j. 30.08.2019)[32].

Até que entre em vigor lei federal que discipline os benefícios do Regime Próprio de Previdência Social dos servidores da União, aplica-se o disposto no art. 10 da Emenda Constitucional 103/2019.

Os servidores públicos federais com direito a idade mínima ou tempo de contribuição distintos da regra geral para concessão de aposentadoria, na forma dos §§ 4º-B, 4º-C e 5º do art. 40 da Constituição Federal de 1988, poderão aposentar-se, observados os seguintes requisitos: o servidor público federal cujas atividades sejam exercidas com efetiva exposição a agentes químicos, físicos e biológicos prejudiciais à saúde, ou associação desses agentes, vedada a caracterização por categoria profissional ou ocupação, aos 60 anos de idade, com 25 anos de efetiva exposição e contribuição, 10 anos de efetivo exercí-

---

[31] Ainda quanto ao tema, destaca-se a seguinte decisão: "Agravo regimental em recurso extraordinário com agravo. 2. Direito Previdenciário. 3. Lei Complementar 51/85. Recepção pela Constituição Federal. 4. Abono de permanência. Servidores públicos beneficiados por aposentadoria especial. Possibilidade. 5. Agravo regimental a que se nega provimento" (STF, 2ª T., AgR-ARE 905.116/RS, rel. Min. Gilmar Mendes, DJe 28.09.2015).

[32] "Recurso extraordinário com agravo. Direito Administrativo. Guarda civil municipal. Aposentadoria especial. Risco da atividade. Impossibilidade. Ausência de legislação específica. Periculosidade não inerente à atividade. Ausência de omissão inconstitucional. Existência de repercussão geral. Reafirmação da jurisprudência da Corte sobre o tema" (STF, Pleno, RG-ARE 1.215.727/SP, rel. Min. Dias Toffoli, DJe 26.09.2019).

cio de serviço público e cinco anos no cargo efetivo em que for concedida a aposentadoria (art. 10, § 2º, inciso II, da Emenda Constitucional 103/2019).

Como se pode notar, no Regime Próprio de Previdência Social dos servidores da União, em casos de atividades exercidas com efetiva exposição a agentes químicos, físicos e biológicos prejudiciais à saúde, ou associação desses agentes, são exigidos os seguintes requisitos, de forma cumulativa: 60 anos de idade; 25 anos de efetiva exposição e contribuição; 10 anos de efetivo exercício de serviço público; cinco anos no cargo efetivo em que for concedida a aposentadoria. Essa exigência de idade mínima para a aposentadoria especial pode se revelar injusta, uma vez que, em termos práticos, pode dificultar que o servidor público federal consiga se afastar da atividade prejudicial à saúde, mesmo tendo cumprido o tempo de exposição e contribuição.

A aposentadoria a que se refere o § 4º-C do art. 40 da Constituição Federal de 1988 observará adicionalmente as condições e os requisitos estabelecidos para o Regime Geral de Previdência Social, naquilo em que não conflitarem com as regras específicas aplicáveis ao Regime Próprio de Previdência Social da União, vedada a conversão de tempo especial em comum (art. 10, § 3º, da Emenda Constitucional 103/2019).

9.9.12. APOSENTADORIA DO PROFESSOR (APOSENTADORIA PROGRAMADA DO PROFESSOR)

O art. 40, § 4º, da Constituição Federal de 1988, com redação dada pela Emenda Constitucional 103/2019, estabelece que é vedada a adoção de requisitos ou critérios diferenciados para concessão de benefícios em Regime Próprio de Previdência Social, ressalvado o disposto nos §§ 4º-A, 4º-B, 4º-C e 5º do art. 40 da Constituição da República.

Nesse contexto, os ocupantes do cargo de *professor* terão idade mínima reduzida em cinco anos em relação às idades decorrentes da aplicação do disposto no inciso III do § 1º do art. 40 da Constituição da República (62 anos de idade, se mulher, e 65 anos de idade, se homem), desde que comprovem tempo de efetivo exercício das funções de magistério na educação infantil e no ensino fundamental e médio fixado em lei complementar do respectivo ente federativo (art. 40, § 5º, da Constituição Federal de 1988, incluído pela Emenda Constitucional 103/2019).

A Lei 9.394/1996, que estabelece as diretrizes e bases da educação nacional, no art. 67, § 2º, incluído pela Lei 11.301/2006, esclarece que para os efeitos do disposto nos arts. 40, § 5º, e 201, § 8º, da Constituição Federal de 1988, são consideradas funções de magistério as exercidas por professores e especialistas em educação no desempenho de atividades educativas, quando exercidas em estabelecimento de educação básica em seus diversos níveis e modalidades, incluídas, além do exercício da docência, as de direção de unidade escolar e as de coordenação e assessoramento pedagógico[33].

A respeito do tema, o Supremo Tribunal Federal fixou a seguinte tese de repercussão geral: "Para a concessão da aposentadoria especial de que trata o art. 40, § 5º, da Constituição, conta-se o tempo de efetivo exercício, pelo professor, da docência e das atividades de direção de unidade escolar e de coordenação e assessoramento pedagógico, desde que em estabelecimentos de educação infantil ou de ensino fundamental e médio" (STF, Pleno, RG-RE 1.039.644/SC, rel. Min. Alexandre de Moraes, DJe 13.11.2017).

Até que entre em vigor lei federal que discipline os benefícios do Regime Próprio de Previdência Social dos servidores da União, aplica-se o disposto no art. 10 da Emenda Constitucional 103/2019.

Os servidores públicos federais com direito a idade mínima ou tempo de contribuição distintos da regra geral para concessão de aposentadoria, na forma dos §§ 4º-B, 4º-C e 5º do art. 40 da Constituição Federal de 1988, poderão aposentar-se, observados os seguintes requisitos: o titular do cargo federal de professor, aos 60 anos de idade, se homem, aos 57 anos, se mulher, com 25 anos de contribuição exclusivamente em efetivo exercício das funções de magistério na educação infantil e no ensino fundamental e médio, 10 anos de efetivo exercício de serviço público e cinco anos no cargo efetivo em que for concedida a aposentadoria, para ambos os sexos (art. 10, § 2º, inciso III, da Emenda Constitucional 103/2019).

---

33 "Ação direta de inconstitucionalidade manejada contra o art. 1º da Lei Federal 11.301/2006, que acrescentou o § 2º ao art. 67 da Lei 9.394/1996. Carreira de Magistério. Aposentadoria especial para os exercentes de funções de direção, coordenação e assessoramento pedagógico. Alegada ofensa aos arts. 40, § 5º, e 201, § 8º, da Constituição Federal. Inocorrência. Ação julgada parcialmente procedente, com interpretação conforme. I – A função de magistério não se circunscreve apenas ao trabalho em sala de aula, abrangendo também a preparação de aulas, a correção de provas, o atendimento aos pais e alunos, a coordenação e o assessoramento pedagógico e, ainda, a direção de unidade escolar. II – As funções de direção, coordenação e assessoramento pedagógico integram a carreira do magistério, desde que exercidos, em estabelecimentos de ensino básico, por professores de carreira, excluídos os especialistas em educação, fazendo jus aqueles que as desempenham ao regime especial de aposentadoria estabelecido nos arts. 40, § 5º, e 201, § 8º, da Constituição Federal. III – Ação direta julgada parcialmente procedente, com interpretação conforme, nos termos supra" (STF, Pleno, ADI 3.772/DF, rel. p/ ac. Min. Ricardo Lewandowski, DJe 29.10.2009).

9.9.13. APOSENTADORIAS DOS SERVIDORES DOS ESTADOS, DO DISTRITO FEDERAL E DOS MUNICÍPIOS

Aplicam-se às aposentadorias dos servidores dos Estados, do Distrito Federal e dos Municípios as normas constitucionais e infraconstitucionais anteriores à data de entrada em vigor da Emenda Constitucional 103/2019, enquanto não promovidas alterações na legislação interna relacionada ao respectivo Regime Próprio de Previdência Social (art. 10, § 7º, da Emenda Constitucional 103/2019).

Sendo assim, nos termos do art. 40, § 1º, da Constituição Federal de 1988, com redação dada pela Emenda Constitucional 41/2003 (anterior à Emenda Constitucional 103/2019), os servidores abrangidos pelo Regime Próprio de Previdência Social de que trata o art. 40 da Constituição da República serão aposentados, calculados os seus proventos a partir dos valores fixados na forma dos §§ 3º e 17:

I – por invalidez permanente, sendo os proventos proporcionais ao tempo de contribuição, exceto se decorrente de acidente em serviço, moléstia profissional ou doença grave, contagiosa ou incurável, na forma da lei[34];

II – compulsoriamente, com proventos proporcionais ao tempo de contribuição, aos 70 anos de idade, ou aos 75 anos de idade, na forma de lei complementar[35];

III – voluntariamente, desde que cumprido tempo mínimo de 10 anos de efetivo exercício no serviço público e cinco anos no cargo efetivo em que se dará a aposentadoria, devendo ser observadas as seguintes condições:

a) 60 anos de idade e 35 anos de contribuição, se homem, e 55 anos de idade e 30 anos de contribuição, se mulher;
b) 65 anos de idade, se homem, e 60 anos de idade, se mulher, com proventos proporcionais ao tempo de contribuição.

O art. 40, § 3º, da Constituição da República, com redação dada pela Emenda Constitucional 41/2003, previa que para o cálculo dos proventos de aposentadoria, por ocasião da sua concessão, deveriam ser consideradas as remunerações utilizadas como base para as contribuições do servidor aos Regimes de Previdência Social de que tratam o art. 40 e o art. 201 da Constituição Federal de 1988, na forma da lei. Todos os valores de remuneração considerados para o cálculo do benefício previsto no § 3º do art. 40

[34] Cf. art. 6º-A da Emenda Constitucional 41/2003. Cf. ainda art. 35, inciso III, e art. 36, inciso II, da Emenda Constitucional 103/2019.

[35] Cf. Lei Complementar 152/2015.

da Constituição da República devem ser devidamente atualizados, na forma da lei (art. 40, § 17, da Constituição Federal de 1988, incluído pela Emenda Constitucional 41/2003).

9.9.14. ACUMULAÇÃO DE APOSENTADORIAS

Ressalvadas as aposentadorias decorrentes dos cargos acumuláveis na forma da Constituição Federal de 1988[36-37-38], é vedada a percepção de mais de uma aposentadoria à conta de Regime Próprio de Previdência Social, aplicando-se outras vedações, regras e condições para a acumulação de benefícios previdenciários estabelecidas no Regime Geral de Previdência Social (art. 40, § 6º, da Constituição da República, com redação dada pela Emenda Constitucional 103/2019).

No Regime Geral de Previdência Social, a lei proíbe a acumulação de certos benefícios previdenciários (art. 124 da Lei 8.213/1991).

---

36 Cf. art. 37: "XVI – é vedada a acumulação remunerada de cargos públicos, exceto, quando houver compatibilidade de horários, observado em qualquer caso o disposto no inciso XI: a) a de dois cargos de professor; b) a de um cargo de professor com outro técnico ou científico; c) a de dois cargos ou empregos privativos de profissionais de saúde, com profissões regulamentadas; XVII – a proibição de acumular estende-se a empregos e funções e abrange autarquias, fundações, empresas públicas, sociedades de economia mista, suas subsidiárias, e sociedades controladas, direta ou indiretamente, pelo Poder Público". O Supremo Tribunal Federal fixou a seguinte tese de repercussão geral: "É vedada a cumulação tríplice de vencimentos e/ou proventos, ainda que a investidura nos cargos públicos tenha ocorrido anteriormente à EC 20/1998" (STF, Pleno, RG-ARE 848.993/MG, rel. Min. Gilmar Mendes, DJe 23.03.2017). O Supremo Tribunal Federal fixou ainda a seguinte tese de repercussão geral: "Em se tratando de cargos constitucionalmente acumuláveis, descabe aplicar a vedação de acumulação de aposentadorias e pensões contida na parte final do artigo 11 da Emenda Constitucional 20/98, porquanto destinada apenas aos casos de que trata, ou seja, aos reingressos no serviço público por meio de concurso público antes da publicação da referida emenda e que envolvam cargos inacumuláveis" (STF, Pleno, RE 658.999/SC, rel. Min. Dias Toffoli, j. 19.12.2022).

37 Cf. art. 95, parágrafo único: "Aos juízes é vedado: I – exercer, ainda que em disponibilidade, outro cargo ou função, salvo uma de magistério".

38 Cf. art. 128, § 5º: "Leis complementares da União e dos Estados, cuja iniciativa é facultada aos respectivos Procuradores-Gerais, estabelecerão a organização, as atribuições e o estatuto de cada Ministério Público, observadas, relativamente a seus membros: [...] II – as seguintes vedações: [...] d) exercer, ainda que em disponibilidade, qualquer outra função pública, salvo uma de magistério".

Nesse sentido, exceto na hipótese de direito adquirido, não é permitido o recebimento conjunto dos seguintes benefícios do Regime Geral de Previdência Social, inclusive quando decorrentes de acidente do trabalho: I – aposentadoria com auxílio por incapacidade temporária; II – mais de uma aposentadoria; III – aposentadoria com abono de permanência em serviço; IV – salário-maternidade com auxílio por incapacidade temporária; V – mais de um auxílio-acidente; VI – mais de uma pensão deixada por cônjuge; VII – mais de uma pensão deixada por companheiro ou companheira; VIII – mais de uma pensão deixada por cônjuge e companheiro ou companheira; IX – auxílio-acidente com qualquer aposentadoria (art. 167 do Regulamento da Previdência Social).

Nas hipóteses de que tratam os incisos VI, VII e VIII, fica facultado ao dependente optar pela pensão mais vantajosa, observado o disposto no art. 24, § 1º, da Emenda Constitucional 103/2019 (art. 167, § 1º, do Regulamento da Previdência Social).

Na atualidade, o art. 24 da Emenda Constitucional 103/2019 disciplina a acumulação de mais de uma pensão por morte e de aposentadoria com pensão por morte. Cf. Capítulo 9, item 9.9.16.

É vedado o recebimento conjunto do seguro-desemprego com qualquer benefício de prestação continuada da Previdência Social, exceto pensão por morte, auxílio-reclusão, auxílio-acidente, auxílio-suplementar ou abono de permanência em serviço (art. 167, § 2º, do Regulamento da Previdência Social).

É permitida a acumulação dos benefícios previstos na Lei 8.213/1991 com o benefício de que trata a Lei 7.070/1982 (ou seja, pensão especial, mensal, vitalícia e intransferível, aos portadores da deficiência física conhecida como "Síndrome da Talidomida"), que não pode ser reduzido em razão de eventual aquisição de capacidade laborativa ou de redução de incapacidade para o trabalho ocorrida após a sua concessão.

O art. 80 da Lei 8.213/1991, com redação dada pela Lei 13.846/2019, prevê que o auxílio-reclusão é devido aos dependentes do segurado de baixa renda recolhido à prisão em regime fechado que não receber remuneração da empresa nem estiver em gozo de auxílio-doença, de pensão por morte, de salário-maternidade, de aposentadoria ou de abono de permanência em serviço.

As regras sobre acumulação previstas no art. 24 da Emenda Constitucional 103/2019 e na legislação vigente na data de entrada em vigor da Emenda Constitucional 103/2019 podem ser alteradas na forma do § 6º do art. 40 e do § 15 do art. 201 da Constituição Federal de 1988 (art. 24, § 5º, da Emenda Constitucional 103/2019).

Na hipótese de Regimes Previdenciários diversos, como no caso de servidor titular de cargo efetivo de Regime Próprio que também exerce atividade que o enquadra como segurado obrigatório do Regime Geral de Previdência Social, se preenchidos os seus requisitos, é possível o recebimento das aposentadorias decorrentes de cada um deles[39].

9.9.15. PENSÃO POR MORTE

A pensão por morte é benefício devido aos dependentes do segurado do Regime Próprio de Previdência Social previsto no art. 40 da Constituição da República.

Quanto aos servidores públicos civis da União, das autarquias e das fundações públicas federais, o art. 215 da Lei 8.112/1990, com redação dada pela Lei 13.846/2019, dispõe que por morte do servidor, os seus dependentes, nas hipóteses legais, fazem jus à pensão por morte, devendo ser observados os limites estabelecidos no art. 37, inciso XI, da Constituição Federal de 1988 e no art. 2º da Lei 10.887/2004.

---

[39] De acordo com a Súmula 7 da AGU: "A aposentadoria de servidor público tem natureza de benefício previdenciário e pode ser recebida cumulativamente com a pensão especial prevista no art. 53, inciso II, do Ato das Disposições Constitucionais Transitórias, devida a ex-combatente (no caso de militar, desde que haja sido licenciado do serviço ativo e com isso retornado à vida civil definitivamente (art. 1º da Lei n. 5.315, de 12.9.1967)". Cf. art. 53, incisos II a IV, do ADCT: "Ao ex-combatente que tenha efetivamente participado de operações bélicas durante a Segunda Guerra Mundial, nos termos da Lei n. 5.315, de 12 de setembro de 1967, serão assegurados os seguintes direitos: [...] II – pensão especial correspondente à deixada por segundo-tenente das Forças Armadas, que poderá ser requerida a qualquer tempo, sendo inacumulável com quaisquer rendimentos recebidos dos cofres públicos, exceto os benefícios previdenciários, ressalvado o direito de opção; III – em caso de morte, pensão à viúva ou companheira ou dependente, de forma proporcional, de valor igual à do inciso anterior; IV – assistência médica, hospitalar e educacional gratuita, extensiva aos dependentes; V – aposentadoria com proventos integrais aos vinte e cinco anos de serviço efetivo, em qualquer regime jurídico; [...] Parágrafo único. A concessão da pensão especial do inciso II substitui, para todos os efeitos legais, qualquer outra pensão já concedida ao ex-combatente". Conforme a Súmula 8 da AGU: "O direito à pensão de ex-combatente é regido pelas normas legais em vigor à data do evento morte. Tratando-se de reversão do benefício à filha mulher, em razão do falecimento da própria mãe que a vinha recebendo, consideram-se não os preceitos em vigor quando do óbito desta última, mas do primeiro, ou seja, do ex-combatente". Cf. ainda a Súmula 36 da AGU: "O ex-combatente que tenha efetivamente participado de operações bélicas durante a Segunda Guerra Mundial, nos termos da Lei n. 5.315, de 12 de setembro de 1967, tem direito à assistência médica e hospitalar gratuita, extensiva aos dependentes, prestada pelas Organizações Militares de Saúde, nos termos do artigo 53, IV, do Ato das Disposições Constitucionais Transitórias". Quanto ao art. 53, inciso V, do ADCT, o Supremo Tribunal Federal fixou a seguinte tese de repercussão geral: "A expressão 'serviço efetivo, em qualquer regime jurídico', considerado o disposto no artigo 53 do Ato das Disposições Transitórias, não aproveita tempo ficto" (STF, Pleno, RE 683.621/RS, rel. Min. Marco Aurélio, j. 05.10.2020).

Observado o disposto no § 2º do art. 201 da Constituição da República[40], quando se tratar da única fonte de renda formal auferida pelo dependente, o benefício de pensão por morte será concedido nos termos de lei do respectivo ente federativo, a qual tratará de forma diferenciada a hipótese de morte dos servidores de que trata o § 4º-B do art. 40 da Constituição da República[41] decorrente de agressão sofrida no exercício ou em razão da função (art. 40, § 7º, da Constituição Federal de 1988, com redação dada pela Emenda Constitucional 103/2019).

Desse modo, no Regime Próprio de Previdência Social de que trata o art. 40 da Constituição Federal de 1988, com a Emenda Constitucional 103/2019, apenas quando a pensão por morte for a única fonte de renda formal auferida pelo dependente é que o seu valor mensal não pode ser inferior ao salário mínimo.

Com isso, no Regime Próprio de Previdência Social dos servidores titulares de cargos efetivos (art. 40 da Constituição da República), permite-se que, em certos casos, a pensão por morte seja inferior ao salário mínimo, o qual, por exigência constitucional, é o menor valor admissível para o atendimento das *necessidades vitais básicas* do ser humano e de sua família (art. 7º, inciso IV, da Constituição da República), o que também se aplica aos servidores públicos (art. 39, § 3º, da Constituição Federal de 1988).

A referida previsão está em desacordo com o princípio fundamental da igualdade (art. 5º da Constituição Federal de 1988), que integra as *cláusulas pétreas* (art. 60, § 4º, inciso IV, da Constituição da República), pois no Regime Geral de Previdência Social a pensão por morte não pode ter, em qualquer hipótese, valor mensal inferior ao salário mínimo (art. 201, inciso V, e § 2º, da Constituição Federal de 1988). Não se observa qualquer justificativa lógica ou motivo razoável para o mencionado tratamento desigual, desproporcional e prejudicial quanto ao valor mínimo da pensão por morte no Regime Próprio de Previdência Social dos servidores titulares de cargos efetivos.

Logo, defende-se o entendimento de que o valor mensal da pensão por morte, mesmo no Regime Próprio de Previdência Social do art. 40 da Cons-

---

40 "§ 2º Nenhum benefício que substitua o salário de contribuição ou o rendimento do trabalho do segurado terá valor mensal inferior ao salário mínimo".

41 "§ 4º-B Poderão ser estabelecidos por lei complementar do respectivo ente federativo idade e tempo de contribuição diferenciados para aposentadoria de ocupantes do cargo de agente penitenciário, de agente socioeducativo ou de policial dos órgãos de que tratam o inciso IV do *caput* do art. 51, o inciso XIII do *caput* do art. 52 e os incisos I a IV do *caput* do art. 144".

tituição da República, em qualquer hipótese, não pode ser inferior ao salário mínimo (art. 201, § 2º, da Constituição Federal de 1988), ainda que esse benefício não seja a única fonte de renda formal auferida pelo dependente.

A pensão por morte concedida a dependente de servidor público federal será equivalente a uma cota familiar de 50% do valor da aposentadoria recebida pelo servidor ou daquela a que teria direito se fosse aposentado por incapacidade permanente na data do óbito, acrescida de cotas de 10 pontos percentuais por dependente, até o máximo de 100% (art. 23 da Emenda Constitucional 103/2019).

O Supremo Tribunal Federal julgou improcedente o pedido formulado em ação direta de inconstitucionalidade e fixou a seguinte tese de julgamento: "É constitucional o art. 23, *caput*, da Emenda Constitucional nº 103/2019, que fixa novos critérios de cálculo para a pensão por morte no Regime Geral e nos Regimes Próprios de Previdência Social" (STF, Pleno, ADI 7.051/DF, rel. Min. Roberto Barroso, j. 26.06.2023).

As cotas por dependente cessarão com a perda dessa qualidade e não serão reversíveis aos demais dependentes, preservado o valor de 100% da pensão por morte, quando o número de dependentes remanescente for igual ou superior a cinco (art. 23, § 1º, da Emenda Constitucional 103/2019).

Anteriormente, quanto aos servidores públicos civis da União, das autarquias, inclusive as em regime especial, e das fundações públicas federais, o art. 223 da Lei 8.112/1990, com redação dada pela Lei 13.135/2015, previa que por morte ou perda da qualidade de beneficiário, a respectiva cota (da pensão por morte) revertia para os cobeneficiários, o que deixa de ser aplicado, com a Emenda Constitucional 103/2019, quanto às cotas de 10 pontos percentuais por dependente.

Na hipótese de existir dependente inválido ou com deficiência intelectual, mental ou grave, o valor da pensão por morte de que trata o *caput* do art. 23 da Emenda Constitucional 103/2019 será equivalente a:

I – 100% da aposentadoria recebida pelo servidor ou daquela a que teria direito se fosse aposentado por incapacidade permanente na data do óbito, até o limite máximo de benefícios do Regime Geral de Previdência Social; e

II – a uma cota familiar de 50% acrescida de cotas de 10 pontos percentuais por dependente, até o máximo de 10%, para o valor que supere o limite máximo de benefícios do Regime Geral de Previdência Social (art. 23, § 2º, da Emenda Constitucional 103/2019).

Quando não houver mais dependente inválido ou com deficiência intelectual, mental ou grave, o valor da pensão será recalculado na forma do disposto no *caput* e no § 1º do art. 23 da Emenda Constitucional 103/2019 (art. 23, § 3º, da Emenda Constitucional 103/2019).

A pensão por morte devida aos dependentes do policial civil do órgão a que se refere o inciso XIV do *caput* do art. 21 da Constituição Federal (Distrito Federal)[42], do policial dos órgãos a que se referem o inciso IV do *caput* do art. 51 (Câmara dos Deputados)[43], o inciso XIII do *caput* do art. 52 (Senado Federal)[44] e os incisos I a III do *caput* do art. 144 da Constituição Federal de 1988 (segurança pública)[45] e dos ocupantes dos cargos de agente federal penitenciário ou socioeducativo decorrente de agressão sofrida no exercício ou em razão da função será vitalícia para o cônjuge ou companheiro e equivalente à remuneração do cargo (art. 10, § 6º, da Emenda Constitucional 103/2019).

O tempo de duração da pensão por morte e das cotas individuais por dependente até a perda dessa qualidade, o rol de dependentes e sua qualificação e as condições necessárias para enquadramento serão aqueles estabelecidos na Lei 8.213, de 24 de julho de 1991 (art. 23, § 4º, da Emenda Constitucional 103/2019).

O art. 23, § 4º, da Emenda Constitucional 103/2019 determina a aplicação da Lei 8.213/1991 quanto aos referidos aspectos relativos à pensão por morte (arts. 16, 76 e 77), independentemente do Regime Previdenciário. Entretanto, quanto ao Regime Próprio de Previdência Social dos servidores federais titulares de cargo efetivo, o mais adequado teria sido prever a aplicação da Lei 8.112/1990 (arts. 217, 218 e 222). Cf. Capítulo 4, item 4.5 e Capítulo 5, item 5.20.

---

42 "Art. 21. Compete à União: [...] XIV – organizar e manter a polícia civil, a polícia penal, a polícia militar e o corpo de bombeiros militar do Distrito Federal, bem como prestar assistência financeira ao Distrito Federal para a execução de serviços públicos, por meio de fundo próprio".

43 "Art. 51. Compete privativamente à Câmara dos Deputados: [...] IV – dispor sobre sua organização, funcionamento, *polícia*, criação, transformação ou extinção dos cargos, empregos e funções de seus serviços, e a iniciativa de lei para fixação da respectiva remuneração, observados os parâmetros estabelecidos na lei de diretrizes orçamentárias".

44 "Art. 52. Compete privativamente ao Senado Federal: [...] XIII – dispor sobre sua organização, funcionamento, *polícia*, criação, transformação ou extinção dos cargos, empregos e funções de seus serviços, e a iniciativa de lei para fixação da respectiva remuneração, observados os parâmetros estabelecidos na lei de diretrizes orçamentárias".

45 "Art. 144. A segurança pública, dever do Estado, direito e responsabilidade de todos, é exercida para a preservação da ordem pública e da incolumidade das pessoas e do patrimônio, através dos seguintes órgãos: I – polícia federal; II – polícia rodoviária federal; III – polícia ferroviária federal".

Nos termos do art. 1º da Portaria 424/2020 do Ministério da Economia, com entrada em vigor em 1º de janeiro de 2021, o direito à percepção de cada cota individual da pensão por morte, nas hipóteses de que tratam a alínea *b* do inciso VII do art. 222 da Lei 8.112/1990, e a alínea *c* do inciso V do § 2º do art. 77 da Lei 8.213/1991, cessará, para o cônjuge ou companheiro, com o transcurso dos seguintes períodos, estabelecidos de acordo com a *idade do beneficiário na data de óbito do segurado*, se o óbito ocorrer depois de vertidas 18 contribuições mensais e pelo menos dois anos após o início do casamento ou da união estável:

I – três anos, com menos de 22 anos de idade;

II – seis anos, entre 22 e 27 anos de idade;

III – 10 anos, entre 28 e 30 anos de idade;

IV – 15 anos, entre 31 e 41 anos de idade;

V – 20 anos, entre 42 e 44 anos de idade;

VI – vitalícia, com 45 ou mais anos de idade.

Para o dependente inválido ou com deficiência intelectual, mental ou grave, sua condição pode ser reconhecida previamente ao óbito do segurado, por meio de avaliação biopsicossocial realizada por equipe multiprofissional e interdisciplinar, observada revisão periódica na forma da legislação (art. 23, § 5º, da Emenda Constitucional 103/2019).

Equiparam-se a filho, para fins de recebimento da pensão por morte, exclusivamente o enteado e o menor tutelado, desde que comprovada a dependência econômica (art. 23, § 6º, da Emenda Constitucional 103/2019).

O enteado e o menor tutelado equiparam-se a filho mediante declaração do servidor e desde que comprovada dependência econômica, na forma estabelecida em regulamento (art. 217, § 3º, da Lei 8.112/1990 e art. 16, § 2º, da Lei 8.213/1991).

As regras sobre pensão previstas no art. 23 da Emenda Constitucional 103/2019 e na legislação vigente na data de entrada em vigor da Emenda Constitucional 103/2019 poderão ser alteradas na forma da lei para o Regime Próprio de Previdência Social da União (art. 23, § 7º, da Emenda Constitucional 103/2019).

Aplicam-se às pensões concedidas aos dependentes de servidores dos Estados, do Distrito Federal e dos Municípios as normas constitucionais e infraconstitucionais anteriores à data de entrada em vigor da Emenda Constitucional 103/2019, enquanto não promovidas alterações na legislação interna relacionada ao respectivo Regime Próprio de Previdência Social (art. 23, § 8º, da Emenda Constitucional 103/2019).

O Supremo Tribunal Federal fixou a seguinte tese de repercussão geral: "É inconstitucional, por transgressão ao princípio da isonomia entre homens e mulheres (CF, art. 5º, I), a exigência de requisitos legais diferenciados para efeito de outorga de pensão por morte de ex-servidores públicos em relação a seus respectivos cônjuges ou companheiros/companheiras (CF, art. 201, V)" (STF, Pleno, RE 659.424/RS, Rel. Min. Celso de Mello, j. 13.10.2020).

No Regime Próprio de Previdência Social dos servidores públicos da União, das autarquias e das fundações públicas federais, a pensão por morte é devida ao conjunto dos dependentes do segurado que falecer, aposentado ou não, a contar da data: I – do óbito, quando requerida em até 180 após o óbito, para os filhos menores de 16 anos, ou em até 90 dias após o óbito, para os demais dependentes; II – do requerimento, quando requerida após os prazos previstos no inciso I; ou III – da decisão judicial, na hipótese de morte presumida (art. 219 da Lei 8.112/1990, com redação dada pela Lei 13.846/2019).

A concessão da pensão por morte não deve ser protelada pela falta de habilitação de outro possível dependente e a habilitação posterior que importe em exclusão ou inclusão de dependente só produzirá efeito a partir da data da publicação da portaria de concessão da pensão ao dependente habilitado (art. 219, § 1º, da Lei 8.112/1990, incluído pela Lei 13.846/2019, e art. 76 da Lei 8.213/1991).

Ajuizada a ação judicial para reconhecimento da condição de dependente, este pode requerer a sua habilitação provisória ao benefício de pensão por morte, exclusivamente para fins de rateio dos valores com outros dependentes, sendo vedado o pagamento da respectiva cota até o trânsito em julgado da respectiva ação, ressalvada a existência de decisão judicial em contrário (art. 219, § 2º, da Lei 8.112/1990, incluído pela Lei 13.846/2019).

Nas ações em que for parte o ente público responsável pela concessão da pensão por morte, este pode proceder de ofício à habilitação excepcional da referida pensão, apenas para efeitos de rateio, descontando-se os valores referentes a esta habilitação das demais cotas, vedado o pagamento da respectiva cota até o trânsito em julgado da respectiva ação, ressalvada a existência de decisão judicial em contrário (art. 219, § 3º, da Lei 8.112/1990, incluído pela Lei 13.846/2019).

Julgada improcedente a ação prevista no § 2º ou § 3º do art. 219 da Lei 8.112/1990, o valor retido deve ser corrigido pelos índices legais de reajustamento e será pago de forma proporcional aos demais dependentes, de acordo com as suas cotas e o tempo de duração de seus benefícios (art. 219, § 4º, da Lei 8.112/1990, incluído pela Lei 13.846/2019).

Em qualquer hipótese, fica assegurada ao órgão concessor da pensão por morte a cobrança dos valores indevidamente pagos em função de nova habilitação (art. 219, § 5º, da Lei 8.112/1990, incluído pela Lei 13.846/2019).

Perde o direito à pensão por morte: I – após o trânsito em julgado, o beneficiário condenado pela prática de crime de que tenha dolosamente resultado a morte do servidor; II – o cônjuge, o companheiro ou a companheira se comprovada, a qualquer tempo, simulação ou fraude no casamento ou na união estável, ou a formalização desses com o fim exclusivo de constituir benefício previdenciário, apuradas em processo judicial no qual será assegurado o direito ao contraditório e à ampla defesa (art. 220 da Lei 8.112/1990). Cf. art. 74, §§ 1º e 2º, da Lei 8.213/1991.

Deve ser concedida *pensão provisória por morte presumida do servidor*, nos seguintes casos: I – declaração de ausência, pela autoridade judiciária competente; II – desaparecimento em desabamento, inundação, incêndio ou acidente não caracterizado como em serviço; III – desaparecimento no desempenho das atribuições do cargo ou em missão de segurança (art. 221 da Lei 8.112/1990).

A pensão provisória deve ser transformada em vitalícia ou temporária, conforme o caso, decorridos cinco anos de sua vigência, ressalvado o eventual reaparecimento do servidor, hipótese em que o benefício será automaticamente cancelado.

De acordo com o art. 224 da Lei 8.112/1990, as pensões devem ser automaticamente atualizadas na mesma data e na mesma proporção dos reajustes dos vencimentos dos servidores, aplicando-se o disposto no art. 189, parágrafo único, da Lei 8.112/1990, ao prever que são estendidos aos inativos quaisquer benefícios ou vantagens posteriormente concedidas aos servidores em atividade, inclusive quando decorrentes de transformação ou reclassificação do cargo ou função em que se deu a aposentadoria.

Na atualidade, os benefícios calculados nos termos do disposto no art. 26 da Emenda Constitucional 103/2019 (benefícios do Regime Próprio de Previdência Social da União e do Regime Geral de Previdência Social), o que abrange a pensão por morte, devem ser reajustados nos termos estabelecidos para o Regime Geral de Previdência Social (art. 26, § 7º, da Emenda Constitucional 103/2019).

Nas hipóteses de direito adquirido, os proventos de aposentadoria devidos ao servidor público a que se refere o art. 3º da Emenda Constitucional 103/2019 e as *pensões por morte* devidas aos seus dependentes devem ser *calculados e reajustados* de acordo com a legislação em vigor à época em que foram atendidos os requisitos nela estabelecidos para a concessão desses benefícios (art. 3º, § 1º, da Emenda Constitucional 103/2019). Cf. ainda Capítulo 9, item 9.9.21.

9.9.16. ACUMULAÇÃO DE PENSÃO POR MORTE E DE APOSENTADORIA COM PENSÃO POR MORTE

Conforme o art. 24 da Emenda Constitucional 103/2019, é vedada a acumulação de mais de uma pensão por morte deixada por cônjuge ou companheiro, no âmbito do mesmo Regime de Previdência Social, ressalvadas as pensões do mesmo instituidor decorrentes do exercício de cargos acumuláveis na forma do art. 37 da Constituição Federal de 1988[46].

Será admitida, nos termos do § 2º do art. 24 da Emenda Constitucional 103/2019, a acumulação de:

I – pensão por morte deixada por cônjuge ou companheiro de um Regime de Previdência Social com pensão por morte concedida por outro Regime de Previdência Social ou com pensões decorrentes das atividades militares de que tratam os arts. 42[47] e 142[48] da Constituição Federal de 1988;

II – pensão por morte deixada por cônjuge ou companheiro de um Regime de Previdência Social com aposentadoria concedida no âmbito do Regime Geral de Previdência Social ou de Regime Próprio de Previdência Social ou com proventos de inatividade decorrentes das atividades militares de que tratam os arts. 42 e 142 da Constituição Federal de 1988; ou

III – pensões decorrentes das atividades militares de que tratam os arts. 42 e 142 da Constituição Federal de 1988 com aposentadoria concedida no

---

46 Cf. art. 37 da CF/1988: "XVI – é vedada a acumulação remunerada de cargos públicos, exceto, quando houver compatibilidade de horários, observado em qualquer caso o disposto no inciso XI: a) a de dois cargos de professor; b) a de um cargo de professor com outro técnico ou científico; c) a de dois cargos ou empregos privativos de profissionais de saúde, com profissões regulamentadas; XVII – a proibição de acumular estende-se a empregos e funções e abrange autarquias, fundações, empresas públicas, sociedades de economia mista, suas subsidiárias, e sociedades controladas, direta ou indiretamente, pelo Poder Público".

47 "Art. 42. Os membros das Polícias Militares e Corpos de Bombeiros Militares, instituições organizadas com base na hierarquia e disciplina, são militares dos Estados, do Distrito Federal e dos Territórios".

48 "Art. 142. As Forças Armadas, constituídas pela Marinha, pelo Exército e pela Aeronáutica, são instituições nacionais permanentes e regulares, organizadas com base na hierarquia e na disciplina, sob a autoridade suprema do Presidente da República, e destinam-se à defesa da Pátria, à garantia dos poderes constitucionais e, por iniciativa de qualquer destes, da lei e da ordem".

âmbito do Regime Geral de Previdência Social ou de Regime Próprio de Previdência Social (art. 24, § 1º, da Emenda Constitucional 103/2019).

Como se pode notar, não se admite, em regra, a acumulação de mais de uma pensão por morte deixada por cônjuge ou companheiro, no âmbito do mesmo Regime de Previdência Social, com a ressalva decorrente do exercício de cargos acumuláveis (art. 24, *caput*, da Emenda Constitucional 103/2019).

Nas hipóteses das acumulações previstas no § 1º do art. 24 da Emenda Constitucional 103/2019, é assegurada a percepção do valor integral do benefício mais vantajoso e de uma parte de cada um dos demais benefícios, apurada *cumulativamente* de acordo com as seguintes faixas:

I – 60% do valor que exceder um salário mínimo, até o limite de dois salários mínimos;

II – 40% do valor que exceder dois salários mínimos, até o limite de três salários mínimos;

III – 20% do valor que exceder três salários mínimos, até o limite de quatro salários mínimos; e

IV – 10% do valor que exceder quatro salários mínimos (art. 24, § 2º, da Emenda Constitucional 103/2019).

Desse modo, nas hipóteses em que se admite a acumulação de benefícios, assegura-se o direito de receber o valor total do benefício mais vantajoso e de uma parte de cada um dos outros benefícios, a qual deve ser apurada *cumulativamente* de acordo com as faixas indicadas.

Entende-se que nas mencionadas hipóteses de acumulação é assegurada a percepção do valor integral do benefício mais vantajoso e, para os demais benefícios, deve-se adicionar o valor de um salário mínimo, e caso supere esse valor (100% de um salário mínimo), acrescido dos percentuais acima indicados.

Entende-se ainda que o valor da pensão por morte a ser considerado em caso de *acumulação* é o referente apenas à parte a que o beneficiário (cônjuge ou companheiro) tem direito, quando houver mais de um dependente recebendo o mesmo benefício de pensão por morte.

A aplicação do disposto no § 2º do art. 24 da Emenda Constitucional 103/2019 pode ser revista a qualquer tempo, a pedido do interessado, em razão de alteração de algum dos benefícios (art. 24, § 3º, da Emenda Constitucional 103/2019).

As restrições previstas no art. 24 da Emenda Constitucional 103/2019 não serão aplicadas se o direito aos benefícios houver sido adquirido antes da data de entrada em vigor da Emenda Constitucional 103/2019 (art. 24, § 4º, da Emenda Constitucional 103/2019).

Nessa linha, segundo a Súmula 340 do Superior Tribunal de Justiça: "A lei aplicável à concessão de pensão previdenciária por morte é aquela vigente na data do óbito do segurado".

As regras sobre acumulação previstas no art. 24 da Emenda Constitucional 103/2019 e na legislação vigente na data de entrada em vigor da Emenda Constitucional 103/2019 podem ser alteradas na forma do § 6º do art. 40[49] e do § 15 do art. 201 da Constituição Federal de 1988[50] (art. 24, § 5º, da Emenda Constitucional 103/2019).

9.9.17. LICENÇA À GESTANTE, À ADOTANTE E LICENÇA-PATERNIDADE

Nos termos do art. 39, § 3º, da Constituição da República, aplica-se aos servidores ocupantes de cargo público o disposto no seu art. 7º, incisos XVIII e XIX, que asseguram o *direito de licença à gestante*, sem prejuízo do emprego e do salário, com a duração de 120 dias, assim como o *direito de licença-paternidade*, nos termos fixados em lei.

Desse modo, deve ser concedida licença à servidora gestante por 120 dias consecutivos, sem prejuízo da remuneração (art. 207 da Lei 8.112/1990).

Cabe lembrar que a Lei 11.770/2008 instituiu o Programa Empresa Cidadã, destinado a prorrogar: I – por 60 dias a duração da licença-maternidade prevista no art. 7º, inciso XVIII, da Constituição Federal de 1988; II – por 15 dias a duração da licença-paternidade, nos termos da Lei 11.770/2008, além dos cinco dias estabelecidos no art. 10, § 1º, do Ato das Disposições Constitucionais Transitórias (art. 1º da Lei 11.770/2008, com redação dada pela Lei 13.257/2016).

Essa prorrogação é garantida, na mesma proporção, também a quem *adotar ou obtiver guarda judicial para fins de adoção de criança*. Atualmente, à empregada que adotar ou obtiver guarda judicial para fins de adoção de *criança ou adolescente* deve ser concedida licença-maternidade (art. 392-A da CLT, com redação dada pela Lei 13.509/2017).

---

[49] "§ 6º Ressalvadas as aposentadorias decorrentes dos cargos acumuláveis na forma desta Constituição, é vedada a percepção de mais de uma aposentadoria à conta de regime próprio de previdência social, aplicando-se outras vedações, regras e condições para a acumulação de benefícios previdenciários estabelecidas no Regime Geral de Previdência Social".

[50] "§ 15. Lei complementar estabelecerá vedações, regras e condições para a acumulação de benefícios previdenciários".

A prorrogação prorrogação por 60 dias da duração da licença-maternidade pode ser compartilhada entre a empregada e o empregado requerente, desde que ambos sejam empregados de pessoa jurídica aderente ao Programa Empresa Cidadã e que a decisão seja adotada conjuntamente, na forma estabelecida em regulamento (art. 1º, § 3º, da Lei 11.770/2008, incluído pela Lei 14.457/2022). Nessa hipótese, a prorrogação pode ser usufruída pelo empregado da pessoa jurídica que aderir ao Programa Empresa Cidadã somente após o término da licença-maternidade, desde que seja requerida com 30 dias de antecedência.

Autoriza-se a Administração Pública direta, indireta e fundacional a instituir programa que garanta essa prorrogação da licença-maternidade para suas servidoras (art. 2º da Lei 11.770/2008).

Com isso, foi instituído, no âmbito da Administração Pública federal direta, autárquica e fundacional, o Programa de Prorrogação da Licença à Gestante e à Adotante (Decreto 6.690/2008).

São beneficiadas pelo Programa de Prorrogação da Licença à Gestante e à Adotante as servidoras públicas federais lotadas ou em exercício nos órgãos e entidades integrantes da Administração Pública federal direta, autárquica e fundacional. A prorrogação é garantida à servidora pública que requeira o benefício até o final do primeiro mês após o parto e tem duração de 60 dias.

Frise-se que essa prorrogação da licença é custeada com recurso do Tesouro Nacional (e não do orçamento do Regime Próprio de Previdência Social).

A licença à servidora gestante pode ter início no primeiro dia do nono mês de gestação, salvo antecipação por prescrição médica. No caso de nascimento prematuro, a licença deve ter início a partir do parto.

No caso de natimorto, decorridos 30 dias do evento, a servidora deve ser submetida a exame médico, e, se julgada apta, reassumirá o exercício.

No caso de aborto atestado por médico oficial, a servidora tem direito a 30 dias de repouso remunerado.

O Supremo Tribunal Federal fixou a seguinte tese de repercussão geral: "À luz do art. 227 da CF, que confere proteção integral da criança com absoluta prioridade e do princípio da paternidade responsável, a licença-maternidade, prevista no art. 7º, XVIII, da CF/88 e regulamentada pelo art. 207 da Lei 8.112/1990, estende-se ao pai genitor monoparental" (STF, Pleno, RE 1.348.854/SP, rel. Min. Alexandre de Moraes, j. 12.05.2022). Entendeu-se, assim, que a licença-maternidade de 180 dias deve ser estendida a servidor público federal que seja pai de família monoparental, ou seja, em que não há a presença da mãe, em respeito aos princípios da igualdade de direitos entre o homem e a mulher e da proteção integral à criança.

Pelo nascimento ou adoção de filhos, o servidor tem direito à *licença-paternidade* de cinco dias consecutivos (art. 208 da Lei 8.112/1990).

O Decreto 8.737/2016 instituiu o Programa de Prorrogação da Licença-Paternidade para os servidores regidos pela Lei 8.112/1990 (art. 1º).

Desse modo, a prorrogação da licença-paternidade deve ser concedida ao servidor público que requeira o benefício no prazo de dois dias úteis após o nascimento ou a adoção e terá duração de 15 dias, além dos cinco dias concedidos pelo art. 208 da Lei 8.112/1990.

A prorrogação deve se iniciar no dia subsequente ao término da licença de que trata o art. 208 da Lei 8.112/1990 (art. 2º do Decreto 8.737/2016).

O disposto no Decreto 8.737/2016 é aplicável a quem adotar ou obtiver guarda judicial para fins de adoção de criança. Considera-se criança a pessoa de até doze anos de idade incompletos.

O beneficiado pela prorrogação da licença-paternidade não pode exercer qualquer atividade remunerada durante a prorrogação da licença-paternidade (art. 3º do Decreto 8.737/2016). O descumprimento desse dever implica o cancelamento da prorrogação da licença e o registro da ausência como falta ao serviço.

Para amamentar o próprio filho, até a idade de seis meses, a servidora lactante tem direito, durante a jornada de trabalho, a uma hora de descanso, que pode ser parcelada em dois períodos de meia hora (art. 209).

O art. 210 da Lei 8.112/1990 prevê ainda que à servidora que adotar ou obtiver guarda judicial de criança até um ano de idade devem ser concedidos 90 dias de licença remunerada. No caso de adoção ou guarda judicial de criança com mais de um ano de idade, o prazo é de 30 dias.

Não obstante, essa diferenciação não mais prevalece, pois o Pleno do STF fixou o entendimento de que "os prazos da licença adotante não podem ser inferiores aos prazos da licença gestante, o mesmo valendo para as respectivas prorrogações. Em relação à licença adotante, não é possível fixar prazos diversos em função da idade da criança adotada" (RE 778.889/PE, rel. Min. Roberto Barroso, j. 10.03.2016).

Com isso, entende-se que a mãe adotante também tem direito aos 120 dias de licença-maternidade (art. 7º, inciso XVIII, da Constituição da República) acrescidos dos 60 dias de prorrogação previstos na Lei 11.770/2008.

Frise-se que os afastamentos por incapacidade temporária para o trabalho e o salário-maternidade devem ser pagos diretamente pelo ente federativo e não correrão à conta do Regime Próprio de Previdência Social ao qual o servidor se vincula (art. 9º, § 3º, da Emenda Constitucional 103/2019).

9.9.18. SALÁRIO-FAMÍLIA

Conforme o art. 39, § 3º, da Constituição da República, aplica-se aos servidores ocupantes de cargo público o disposto no seu art. 7º, inciso XII, com redação dada pela Emenda Constitucional 20/1998, que assegura o direito ao *salário-família* pago em razão do dependente do trabalhador (no caso, servidor) de baixa renda nos termos da lei, benefício este já estudado quando do exame do Regime Geral de Previdência Social.

O Supremo Tribunal Federal fixou a seguinte tese de repercussão geral: "A alteração de regência constitucional do salário-família não repercute nas relações jurídicas existentes na data em que promulgada a Emenda Constitucional nº 20/1998" (STF, Pleno, RE 657.989/RS, rel. Min. Marco Aurélio, j. 16.06.2020).

Os benefícios do Plano de Seguridade Social do servidor público civil da União, das autarquias e das fundações públicas federais compreendem, quanto ao servidor, o salário-família (art. 185, inciso I, alínea *c*, e arts. 197 a 201 da Lei 8.112/1990).

Ainda assim, cabe ressaltar que o rol de benefícios dos Regimes Próprios de Previdência Social fica limitado às aposentadorias e à pensão por morte (art. 9º, § 2º, da Emenda Constitucional 103/2019).

Logo, a responsabilidade pelo pagamento dos benefícios de incapacidade temporária para o trabalho, salário-maternidade, salário-família e auxílio-reclusão deve ser do ente federativo e não correrão à conta do Regime Próprio de Previdência Social ao qual o servidor se vincula (art. 9º, § 3º, da Emenda Constitucional 103/2019).

9.9.19. AUXÍLIO-RECLUSÃO

O auxílio-reclusão é benefício devido aos dependentes do segurado do Regime Próprio de Previdência Social previsto no art. 40 da Constituição da República.

Entende-se que a responsabilidade pelo pagamento do auxílio-reclusão deve ser do ente federativo e não correrão à conta do Regime Próprio de Previdência Social ao qual o servidor se vincula (art. 9º, §§ 2º e 3º, da Emenda Constitucional 103/2019).

Conforme art. 27 da Emenda Constitucional 103/2019, até que lei discipline o acesso ao salário-família e ao *auxílio-reclusão* de que trata o inciso IV do art. 201 da Constituição Federal de 1988, esses benefícios serão concedidos apenas àqueles que tenham renda bruta mensal igual ou inferior a R$ 1.364,43, que devem ser corrigidos pelos mesmos índices aplicados aos benefícios do Regime Geral de Previdência Social.

Entretanto, em Regime Próprio de Previdência Social, quanto aos servidores federais investidos em cargos públicos (ou seja, estatutários), o art. 229 da Lei 8.112/1990 prevê que à família do servidor ativo é devido o auxílio-reclusão, nos seguintes valores: I – dois terços da remuneração, quando afastado por motivo de prisão, em flagrante ou preventiva, determinada pela autoridade competente, enquanto perdurar a prisão; II – metade da remuneração, durante o afastamento, em virtude de condenação, por sentença definitiva, a pena que não determine a perda de cargo.

Nos casos previstos no inciso I, o servidor tem direito à integralização da remuneração, desde que seja absolvido.

O pagamento do auxílio-reclusão cessa a partir do dia imediato em que o servidor for posto em liberdade, ainda que condicional.

De acordo com a jurisprudência, é assegurado auxílio-reclusão à família do servidor ativo nos seguintes valores: dois terços da remuneração, quando afastado por motivo de prisão, em flagrante ou preventiva, determinada pela autoridade competente, enquanto perdurar a prisão; ou metade da remuneração, durante o afastamento, em virtude de condenação, por sentença definitiva, a pena que não determine a perda de cargo. Entende-se inaplicável a limitação de renda bruta mensal prevista no art. 13 da Emenda Constitucional 20/1998 sobre os servidores ocupantes de cargo público de provimento efetivo. O limite se impõe sobre os servidores vinculados ao Regime Geral de Previdência Social (empregados públicos, contratados temporariamente e exclusivamente titulares de cargos comissionados) (STJ, 2ª T., REsp 1.421.533/PB (2013/0392956-3), rel. Min. Og Fernandes, DJe 25.09.2014).

Ressalvado o disposto no art. 229 da Lei 8.112/1990, o auxílio-reclusão é devido, nas mesmas condições da pensão por morte, aos dependentes do segurado recolhido à prisão.

9.9.20. CÁLCULO DOS BENEFÍCIOS

Até a Emenda Constitucional 41/2003 os proventos de aposentadoria correspondiam à totalidade da remuneração do servidor no cargo efetivo em que se dava a aposentadoria.

Entretanto, desde a Emenda Constitucional 41/2003, salvo regras de transição e de direito adquirido, não há mais previsão de garantia de *integralidade* das aposentadorias (e pensões) com o valor total da última remuneração (ou dos proventos), sendo o cálculo feito conforme critérios do sistema contributivo em vigor.

Nos termos do art. 40, § 2º, da Constituição Federal de 1988, com redação dada pela Emenda Constitucional 103/2019, os proventos de aposentadoria do Regime Próprio de Previdência Social dos servidores titulares de cargos efetivos não poderão ser inferiores ao valor mínimo a que se refere o § 2º do art. 201 da Constituição da República[51] ou superiores ao limite máximo estabelecido para o Regime Geral de Previdência Social, observado o disposto nos §§ 14 a 16 do art. 40 da Constituição da República.

As regras para cálculo de proventos de aposentadoria serão disciplinadas em lei do respectivo ente federativo (art. 40, § 3º, da Constituição Federal de 1988, com redação dada pela Emenda Constitucional 103/2019).

Todos os valores de remuneração considerados para o cálculo de aposentadoria em Regime Próprio de Previdência Social de servidores titulares de cargos efetivos devem ser devidamente atualizados, na forma da lei (art. 40, § 17, da Constituição da República, incluído pela Emenda Constitucional 41/2003).

Até a entrada em vigor da Emenda Constitucional 103/2019, em consonância com o art. 1º da Lei 10.887/2004, no cálculo dos proventos de aposentadoria dos servidores titulares de cargo efetivo de qualquer dos Poderes da União, dos Estados, do Distrito Federal e dos Municípios, incluídas suas autarquias e fundações, previsto no art. 40, § 3º, da Constituição Federal de 1988 (e no art. 2º da Emenda Constitucional 41/2003), deveria ser considerada a média aritmética simples das *maiores remunerações*, utilizadas como base para as contribuições do servidor aos Regimes de Previdência Social a que esteve vinculado, correspondentes a 80% de todo o período contributivo desde a competência julho de 1994 ou desde a do início da contribuição, se posterior àquela competência.

As remunerações consideradas no cálculo do valor inicial dos proventos devem ter os seus valores atualizados mês a mês de acordo com a variação integral do índice fixado para a atualização dos salários de contribuição considerados no cálculo dos benefícios do Regime Geral de Previdência Social, ou seja, conforme o Índice Nacional de Preços ao Consumidor (INPC), calculado pela Fundação Instituto Brasileiro de Geografia e Estatística (IBGE), nos termos do art. 29-B da Lei 8.213/1991 (art. 1º, § 1º, da Lei 10.887/2004).

A base de cálculo dos proventos deve ser a remuneração do servidor no cargo efetivo nas competências a partir de julho de 1994 em que não tenha havido contribuição para Regime Próprio de Previdência Social (art. 1º, § 2º, da Lei 10.887/2004).

---

51 "§ 2º Nenhum benefício que substitua o salário de contribuição ou o rendimento do trabalho do segurado terá valor mensal inferior ao salário mínimo".

Os valores das remunerações a serem utilizadas no cálculo em questão devem ser comprovados mediante documento fornecido pelos órgãos e entidades gestoras dos Regimes de Previdência Social aos quais o servidor esteve vinculado ou por outro documento público, na forma do regulamento (art. 1º, § 3º, da Lei 10.887/2004).

Para os fins do art. 1º da Lei 10.887/2004, as remunerações consideradas no cálculo da aposentadoria, atualizadas na forma acima indicada, não podem ser: I – inferiores ao valor do salário mínimo; II – superiores ao limite máximo do salário de contribuição, quanto aos meses em que o servidor esteve vinculado ao Regime Geral de Previdência Social (art. 1º, § 4º, da Lei 10.887/2004).

Os proventos, calculados de acordo com o indicado anteriormente, por ocasião de sua concessão, não podem ser inferiores ao valor do salário mínimo nem exceder a remuneração do respectivo servidor no cargo efetivo em que se deu a aposentadoria (art. 1º, § 5º, da Lei 10.887/2004).

Segundo o art. 26 da Emenda Constitucional 103/2019, até que lei discipline o cálculo dos benefícios do Regime Próprio de Previdência Social da União e do Regime Geral de Previdência Social, deve ser utilizada a média aritmética simples dos salários de contribuição e das remunerações adotados como base para contribuições a Regime Próprio de Previdência Social e ao Regime Geral de Previdência Social, ou como base para contribuições decorrentes das atividades militares de que tratam os arts. 42[52] e 142[53] da Constituição Federal de 1988, atualizados monetariamente, correspondentes a 100% do período contributivo desde a competência julho de 1994 ou desde o início da contribuição, se posterior àquela competência.

A média a que se refere o art. 26, *caput*, da Emenda Constitucional 103/2019 será limitada ao valor máximo do salário de contribuição do Regime Geral de Previdência Social para os segurados desse Regime e para o servidor que ingressou no serviço público em cargo efetivo após a implantação do Regime de Previdência Complementar ou que tenha exercido a opção correspondente, nos termos do disposto nos §§ 14 a 16 do art. 40 da Constituição Federal de 1988 (art. 26, § 1º, da Emenda Constitucional 103/2019).

---

52 "Art. 42. Os membros das Polícias Militares e Corpos de Bombeiros Militares, instituições organizadas com base na hierarquia e disciplina, são militares dos Estados, do Distrito Federal e dos Territórios".

53 "Art. 142. As Forças Armadas, constituídas pela Marinha, pelo Exército e pela Aeronáutica, são instituições nacionais permanentes e regulares, organizadas com base na hierarquia e na disciplina, sob a autoridade suprema do Presidente da República, e destinam-se à defesa da Pátria, à garantia dos poderes constitucionais e, por iniciativa de qualquer destes, da lei e da ordem".

Nos termos do art. 26, § 2º, da Emenda Constitucional 103/2019, o valor do benefício de *aposentadoria* corresponderá a 60% da média aritmética definida na forma prevista no *caput* e no § 1º do art. 26 da Emenda Constitucional 103/2019, com acréscimo de dois pontos percentuais para cada ano de contribuição que exceder o tempo de 20 anos de contribuição nos casos:

I – do inciso II do § 6º do art. 4º[54], do § 4º do art. 15[55], do § 3º do art. 16[56] e do § 2º do art. 18[57] da Emenda Constitucional 103/2019;

---

[54] Servidor público federal que tenha ingressado no serviço público em cargo efetivo até a data de entrada em vigor da Emenda Constitucional 103/2019 quando preencher, cumulativamente, os requisitos ali indicados. "Art. 4º O servidor público federal que tenha ingressado no serviço público em cargo efetivo até a data de entrada em vigor desta Emenda Constitucional poderá aposentar-se voluntariamente quando preencher, cumulativamente, os seguintes requisitos: I – 56 (cinquenta e seis) anos de idade, se mulher, e 61 (sessenta e um) anos de idade, se homem, observado o disposto no § 1º; II – 30 (trinta anos) de contribuição, se mulher, e 35 (trinta e cinco) anos de contribuição, se homem; III – 20 (vinte) anos de efetivo exercício no serviço público; IV – 5 (cinco) anos no cargo efetivo em que se der a aposentadoria; e V – somatório da idade e do tempo de contribuição, incluídas as frações, equivalente a 86 (oitenta e seis) pontos, se mulher, e 96 (noventa e seis) pontos, se homem, observado o disposto nos §§ 2º e 3º. § 1º A partir de 1º de janeiro de 2022, a idade mínima a que se refere o inciso I do *caput* será de 57 (cinquenta e sete) anos de idade, se mulher, e 62 (sessenta e dois) anos de idade, se homem. § 2º A partir de 1º de janeiro de 2020, a pontuação a que se refere o inciso V do *caput* será acrescida a cada ano de 1 (um) ponto, até atingir o limite de 100 (cem) pontos, se mulher, e de 105 (cento e cinco) pontos, se homem. § 3º A idade e o tempo de contribuição serão apurados em dias para o cálculo do somatório de pontos a que se referem o inciso V do *caput* e o § 2º. § 4º Para o titular do cargo de professor que comprovar exclusivamente tempo de efetivo exercício das funções de magistério na educação infantil e no ensino fundamental e médio, os requisitos de idade e de tempo de contribuição de que tratam os incisos I e II do *caput* serão: I – 51 (cinquenta e um) anos de idade, se mulher, e 56 (cinquenta e seis) anos de idade, se homem; II – 25 (vinte e cinco) anos de contribuição, se mulher, e 30 (trinta) anos de contribuição, se homem; e III – 52 (cinquenta e dois) anos de idade, se mulher, e 57 (cinquenta e sete) anos de idade, se homem, a partir de 1º de janeiro de 2022. § 5º O somatório da idade e do tempo de contribuição de que trata o inciso V do *caput* para as pessoas a que se refere o § 4º, incluídas as frações, será de 81 (oitenta e um) pontos, se mulher, e 91 (noventa e um) pontos, se homem, aos quais serão acrescidos, a partir de 1º de janeiro de 2020, 1 (um) ponto a cada ano, até atingir o limite de 92 (noventa e dois) pontos, se mulher, e de 100 (cem) pontos, se homem. § 6º Os proventos das aposentadorias concedidas nos termos do disposto neste artigo corresponderão: I – à totalidade da remuneração do servidor público no cargo efetivo em que se der a aposentadoria, observado o disposto no § 8º, para o servidor público que tenha ingressado no serviço público em cargo efetivo até 31 de dezembro de 2003 e que não tenha feito a opção de que trata o § 16 do art. 40 da Constituição Federal, desde que tenha, no mínimo, 62 (sessenta e dois) anos de idade, se mulher, e 65 (sessenta e cinco) anos de idade, se homem, ou, para os titulares do cargo de professor de que trata o § 4º, 57 (cinquenta e sete) anos de idade, se mulher, e 60 (sessenta) anos de idade, se homem; II – ao valor apurado na forma da lei, para o servidor público não contemplado no inciso I".

II – do § 4º do art. 10 da Emenda Constitucional 103/2019[58], ressalvado o disposto no inciso II do § 3º e no § 4º do art. 26 da Emenda Constitucional 103/2019;

---

55 Segurado filiado ao Regime Geral de Previdência Social até a data de entrada em vigor da Emenda Constitucional 103/2019 quando forem preenchidos, cumulativamente, os requisitos ali indicados. "Art. 15. Ao segurado filiado ao Regime Geral de Previdência Social até a data de entrada em vigor desta Emenda Constitucional, fica assegurado o direito à aposentadoria quando forem preenchidos, cumulativamente, os seguintes requisitos: I – 30 (trinta) anos de contribuição, se mulher, e 35 (trinta e cinco) anos de contribuição, se homem; e II – somatório da idade e do tempo de contribuição, incluídas as frações, equivalente a 86 (oitenta e seis) pontos, se mulher, e 96 (noventa e seis) pontos, se homem, observado o disposto nos §§ 1º e 2º. § 1º A partir de 1º de janeiro de 2020, a pontuação a que se refere o inciso II do *caput* será acrescida a cada ano de 1 (um) ponto, até atingir o limite de 100 (cem) pontos, se mulher, e de 105 (cento e cinco) pontos, se homem. § 2º A idade e o tempo de contribuição serão apurados em dias para o cálculo do somatório de pontos a que se referem o inciso II do *caput* e o § 1º. § 3º Para o professor que comprovar exclusivamente 25 (vinte e cinco) anos de contribuição, se mulher, e 30 (trinta) anos de contribuição, se homem, em efetivo exercício das funções de magistério na educação infantil e no ensino fundamental e médio, o somatório da idade e do tempo de contribuição, incluídas as frações, será equivalente a 81 (oitenta e um) pontos, se mulher, e 91 (noventa e um) pontos, se homem, aos quais serão acrescidos, a partir de 1º de janeiro de 2020, 1 (um) ponto a cada ano para o homem e para a mulher, até atingir o limite de 92 (noventa e dois) pontos, se mulher, e 100 (cem) pontos, se homem. § 4º O valor da aposentadoria concedida nos termos do disposto neste artigo será apurado na forma da lei".

56 Segurado filiado ao Regime Geral de Previdência Social até a data de entrada em vigor da Emenda Constitucional 103/2019 quando preencher, cumulativamente, os requisitos ali indicados. "Art. 16. Ao segurado filiado ao Regime Geral de Previdência Social até a data de entrada em vigor desta Emenda Constitucional fica assegurado o direito à aposentadoria quando preencher, cumulativamente, os seguintes requisitos: I – 30 (trinta) anos de contribuição, se mulher, e 35 (trinta e cinco) anos de contribuição, se homem; e II – idade de 56 (cinquenta e seis) anos, se mulher, e 61 (sessenta e um) anos, se homem. § 1º A partir de 1º de janeiro de 2020, a idade a que se refere o inciso II do *caput* será acrescida de 6 (seis) meses a cada ano, até atingir 62 (sessenta e dois) anos de idade, se mulher, e 65 (sessenta e cinco) anos de idade, se homem. § 2º Para o professor que comprovar exclusivamente tempo de efetivo exercício das funções de magistério na educação infantil e no ensino fundamental e médio, o tempo de contribuição e a idade de que tratam os incisos I e II do *caput* deste artigo serão reduzidos em 5 (cinco) anos, sendo, a partir de 1º de janeiro de 2020, acrescidos 6 (seis) meses, a cada ano, às idades previstas no inciso II do *caput*, até atingirem 57 (cinquenta e sete) anos, se mulher, e 60 (sessenta) anos, se homem. § 3º O valor da aposentadoria concedida nos termos do disposto neste artigo será apurado na forma da lei".

57 Segurado de que trata o inciso I do § 7º do art. 201 da Constituição Federal de 1988 filiado ao Regime Geral de Previdência Social até a data de entrada em vigor da Emenda Constitucional quando preencher, cumulativamente, os requisitos ali indicados. "Art. 18. O segurado de que trata o inciso I do § 7º do art. 201 da Constituição Federal filiado ao Regime Geral de Previdência Social até a data de entrada em vigor desta Emenda Constitucional poderá aposentar-se quando preencher, cumulativamente, os seguintes requisitos: I – 60 (sessenta) anos de idade, se mulher, e 65 (sessenta e cinco) anos de idade, se homem; e II – 15 (quinze) anos de contribuição, para ambos os sexos. § 1º A partir de 1º de janeiro de 2020, a idade de 60 (sessenta) anos da mulher, prevista no inciso I do *caput*, será acrescida em 6 (seis) meses a cada ano, até atingir 62 (sessenta e dois) anos de idade. § 2º O valor da aposentadoria de que trata este artigo será apurado na forma da lei".

58 Até que entre em vigor lei federal que discipline os benefícios do Regime Próprio de Previdência Social dos servidores da União (servidores públicos federais). "Art. 10. Até que entre em vigor

III – de aposentadoria por incapacidade permanente aos segurados do Regime Geral de Previdência Social, ressalvado o disposto no inciso II do § 3º do art. 26 da Emenda Constitucional 103/2019; e

IV – do § 2º do art. 19[59] e do § 2º do art. 21[60] da Emenda Constitucional 103/2019, ressalvado o disposto no § 5º do art. 26 da Emenda Constitucional 103/2019.

---

lei federal que discipline os benefícios do regime próprio de previdência social dos servidores da União, aplica-se o disposto neste artigo. § 1º Os servidores públicos federais serão aposentados: I – voluntariamente, observados, cumulativamente, os seguintes requisitos: a) 62 (sessenta e dois) anos de idade, se mulher, e 65 (sessenta e cinco) anos de idade, se homem; e b) 25 (vinte e cinco) anos de contribuição, desde que cumprido o tempo mínimo de 10 (dez) anos de efetivo exercício no serviço público e de 5 (cinco) anos no cargo efetivo em que for concedida a aposentadoria; II – por incapacidade permanente para o trabalho, no cargo em que estiverem investidos, quando insuscetíveis de readaptação, hipótese em que será obrigatória a realização de avaliações periódicas para verificação da continuidade das condições que ensejaram a concessão da aposentadoria; ou III – compulsoriamente, na forma do disposto no inciso II do § 1º do art. 40 da Constituição Federal. § 2º Os servidores públicos federais com direito a idade mínima ou tempo de contribuição distintos da regra geral para concessão de aposentadoria na forma dos §§ 4º-B, 4º-C e 5º do art. 40 da Constituição Federal poderão aposentar-se, observados os seguintes requisitos: I – o policial civil do órgão a que se refere o inciso XIV do *caput* do art. 21 da Constituição Federal, o policial dos órgãos a que se referem o inciso IV do *caput* do art. 51, o inciso XIII do *caput* do art. 52 e os incisos I a III do *caput* do art. 144 da Constituição Federal e o ocupante de cargo de agente federal penitenciário ou socioeducativo, aos 55 (cinquenta e cinco) anos de idade, com 30 (trinta) anos de contribuição e 25 (vinte e cinco) anos de efetivo exercício em cargo dessas carreiras, para ambos os sexos; II – o servidor público federal cujas atividades sejam exercidas com efetiva exposição a agentes químicos, físicos e biológicos prejudiciais à saúde, ou associação desses agentes, vedada a caracterização por categoria profissional ou ocupação, aos 60 (sessenta) anos de idade, com 25 (vinte e cinco) anos de efetiva exposição e contribuição, 10 (dez) anos de efetivo exercício de serviço público e 5 (cinco) anos no cargo efetivo em que for concedida a aposentadoria; III – o titular do cargo federal de professor, aos 60 (sessenta) anos de idade, se homem, aos 57 (cinquenta e sete) anos, se mulher, com 25 (vinte e cinco) anos de contribuição exclusivamente em efetivo exercício das funções de magistério na educação infantil e no ensino fundamental e médio, 10 (dez) anos de efetivo exercício de serviço público e 5 (cinco) anos no cargo efetivo em que for concedida a aposentadoria, para ambos os sexos. § 3º A aposentadoria a que se refere o § 4º-C do art. 40 da Constituição Federal observará adicionalmente as condições e os requisitos estabelecidos para o Regime Geral de Previdência Social, naquilo em que não conflitarem com as regras específicas aplicáveis ao regime próprio de previdência social da União, vedada a conversão de tempo especial em comum. § 4º Os proventos das aposentadorias concedidas nos termos do disposto neste artigo serão apurados na forma da lei".

[59] Segurado filiado ao Regime Geral de Previdência Social após a data de entrada em vigor da Emenda Constitucional 103/2019, até que lei disponha sobre o tempo de contribuição a que se refere o inciso I do § 7º do art. 201 da Constituição Federal de 1988 e até que lei complementar disponha sobre a redução de idade mínima ou tempo de contribuição prevista nos §§ 1º e 8º do art. 201 da Constituição Federal de 1988. "Art. 19. Até que lei disponha sobre o tempo de contribuição a que se refere o inciso I do § 7º do art. 201 da Constituição Federal, o segurado

Conforme o art. 26, § 3º, da Emenda Constitucional 103/2019, o valor do benefício de aposentadoria corresponderá a 100% da média aritmética definida na forma prevista no *caput* e no § 1º do art. 26 da Emenda Constitucional 103/2019:

I – no caso do inciso II do § 2º do art. 20[61] da Emenda Constitucional 103/2019;

---

filiado ao Regime Geral de Previdência Social após a data de entrada em vigor desta Emenda Constitucional será aposentado aos 62 (sessenta e dois) anos de idade, se mulher, 65 (sessenta e cinco) anos de idade, se homem, com 15 (quinze) anos de tempo de contribuição, se mulher, e 20 (vinte) anos de tempo de contribuição, se homem. § 1º Até que lei complementar disponha sobre a redução de idade mínima ou tempo de contribuição prevista nos §§ 1º e 8º do art. 201 da Constituição Federal, será concedida aposentadoria: I – aos segurados que comprovem o exercício de atividades com efetiva exposição a agentes químicos, físicos e biológicos prejudiciais à saúde, ou associação desses agentes, vedada a caracterização por categoria profissional ou ocupação, durante, no mínimo, 15 (quinze), 20 (vinte) ou 25 (vinte e cinco) anos, nos termos do disposto nos arts. 57 e 58 da Lei nº 8.213, de 24 de julho de 1991, quando cumpridos: a) 55 (cinquenta e cinco) anos de idade, quando se tratar de atividade especial de 15 (quinze) anos de contribuição; b) 58 (cinquenta e oito) anos de idade, quando se tratar de atividade especial de 20 (vinte) anos de contribuição; ou c) 60 (sessenta) anos de idade, quando se tratar de atividade especial de 25 (vinte e cinco) anos de contribuição; II – ao professor que comprove 25 (vinte e cinco) anos de contribuição exclusivamente em efetivo exercício das funções de magistério na educação infantil e no ensino fundamental e médio e tenha 57 (cinquenta e sete) anos de idade, se mulher, e 60 (sessenta) anos de idade, se homem. § 2º O valor das aposentadorias de que trata este artigo será apurado na forma da lei".

60 Segurado ou servidor público federal que se tenha filiado ao Regime Geral de Previdência Social ou ingressado no serviço público em cargo efetivo até a data de entrada em vigor da Emenda Constitucional 103/2019, cujas atividades tenham sido exercidas com efetiva exposição a agentes químicos, físicos e biológicos prejudiciais à saúde, ou associação desses agentes, desde que cumpridos os requisitos ali indicados. "Art. 21. O segurado ou o servidor público federal que se tenha filiado ao Regime Geral de Previdência Social ou ingressado no serviço público em cargo efetivo até a data de entrada em vigor desta Emenda Constitucional cujas atividades tenham sido exercidas com efetiva exposição a agentes químicos, físicos e biológicos prejudiciais à saúde, ou associação desses agentes, vedada a caracterização por categoria profissional ou ocupação, desde que cumpridos, no caso do servidor, o tempo mínimo de 20 (vinte) anos de efetivo exercício no serviço público e de 5 (cinco) anos no cargo efetivo em que for concedida a aposentadoria, na forma dos arts. 57 e 58 da Lei nº 8.213, de 24 de julho de 1991, poderão aposentar-se quando o total da soma resultante da sua idade e do tempo de contribuição e o tempo de efetiva exposição forem, respectivamente, de: I – 66 (sessenta e seis) pontos e 15 (quinze) anos de efetiva exposição; II – 76 (setenta e seis) pontos e 20 (vinte) anos de efetiva exposição; e III – 86 (oitenta e seis) pontos e 25 (vinte e cinco) anos de efetiva exposição. § 1º A idade e o tempo de contribuição serão apurados em dias para o cálculo do somatório de pontos a que se refere o *caput*. § 2º O valor da aposentadoria de que trata este artigo será apurado na forma da lei".

61 Segurado do Regime Geral de Previdência Social que se tenha filiado ao Regime Geral de Previdência Social até a data de entrada em vigor da Emenda Constitucional 103/2019 e servidor

II – no caso de aposentadoria por incapacidade permanente, quando decorrer de acidente de trabalho, de doença profissional e de doença do trabalho.

O valor do benefício da aposentadoria de que trata o inciso III do § 1º do art. 10 da Emenda Constitucional 103/2019 (aposentadoria compulsória no Regime Próprio de Previdência Social dos servidores da União, na forma do art. 40, § 1º, inciso II, da Constituição Federal de 1988) corresponderá ao resultado do tempo de contribuição dividido por 20 anos, limitado a um inteiro, multiplicado pelo valor apurado na forma do § 2º do art. 26 da Emenda Constitucional 103/2019, ressalvado o caso de cumprimento de critérios de acesso para aposentadoria voluntária que resulte em situação mais favorável (art. 26, § 4º, da Emenda Constitucional 103/2019).

O acréscimo a que se refere o § 2º do art. 26 da Emenda Constitucional 103/2019 deve ser aplicado para cada ano que exceder 15 anos de tempo de contribuição para os segurados de que tratam a alínea *a* do inciso I do § 1º do art. 19[62] e o inciso I do

público federal que tenha ingressado no serviço público em cargo efetivo até a data de entrada em vigor da Emenda Constitucional 103/2019, mas depois de 31 de dezembro de 2003, quando preencherem, cumulativamente, os requisitos ali indicados. "Art. 20. O segurado ou o servidor público federal que se tenha filiado ao Regime Geral de Previdência Social ou ingressado no serviço público em cargo efetivo até a data de entrada em vigor desta Emenda Constitucional poderá aposentar-se voluntariamente quando preencher, cumulativamente, os seguintes requisitos: I – 57 (cinquenta e sete) anos de idade, se mulher, e 60 (sessenta) anos de idade, se homem; II – 30 (trinta) anos de contribuição, se mulher, e 35 (trinta e cinco) anos de contribuição, se homem; III – para os servidores públicos, 20 (vinte) anos de efetivo exercício no serviço público e 5 (cinco) anos no cargo efetivo em que se der a aposentadoria; IV – período adicional de contribuição correspondente ao tempo que, na data de entrada em vigor desta Emenda Constitucional, faltaria para atingir o tempo mínimo de contribuição referido no inciso II. § 1º Para o professor que comprovar exclusivamente tempo de efetivo exercício das funções de magistério na educação infantil e no ensino fundamental e médio serão reduzidos, para ambos os sexos, os requisitos de idade e de tempo de contribuição em 5 (cinco) anos. § 2º O valor das aposentadorias concedidas nos termos do disposto neste artigo corresponderá: I – em relação ao servidor público que tenha ingressado no serviço público em cargo efetivo até 31 de dezembro de 2003 e que não tenha feito a opção de que trata o § 16 do art. 40 da Constituição Federal, à totalidade da remuneração no cargo efetivo em que se der a aposentadoria, observado o disposto no § 8º do art. 4º; e II – em relação aos demais servidores públicos e aos segurados do Regime Geral de Previdência Social, ao valor apurado na forma da lei".

62 Segurados filiados ao Regime Geral de Previdência Social após a data de entrada em vigor da Emenda Constitucional 103/2019 e que comprovem o exercício de atividades com efetiva exposição a agentes químicos, físicos e biológicos prejudiciais à saúde, ou associação desses agentes, quando cumpridos 55 anos de idade, quando se tratar de atividade especial de 15 anos de contribuição. "Art. 19. Até que lei disponha sobre o tempo de contribuição a que se refere o inciso I do § 7º do art. 201 da Constituição Federal, o segurado filiado ao Regime Geral de Previdência Social após a data de entrada em vigor desta Emenda Constitucional será aposen-

art. 21[63] da Emenda Constitucional 103/2019 e para as mulheres filiadas ao Regime Geral de Previdência Social (art. 26, § 5º, da Emenda Constitucional 103/2019).

Logo, o valor do benefício de aposentadoria no Regime Próprio de Previdência Social da União, em regra, corresponde a 60% da média aritmética dos salários de contribuição e das remunerações (art. 26, *caput* e § 1º, da Emenda Constitucional 103/2019), com acréscimo de dois pontos percentuais para cada ano de contribuição que exceder o tempo de 20 anos de contribuição (art. 26, § 2º, da Emenda Constitucional 103/2019). Sendo assim,

---

tado aos 62 (sessenta e dois) anos de idade, se mulher, 65 (sessenta e cinco) anos de idade, se homem, com 15 (quinze) anos de tempo de contribuição, se mulher, e 20 (vinte) anos de tempo de contribuição, se homem. § 1º Até que lei complementar disponha sobre a redução de idade mínima ou tempo de contribuição prevista nos §§ 1º e 8º do art. 201 da Constituição Federal, será concedida aposentadoria: I – aos segurados que comprovem o exercício de atividades com efetiva exposição a agentes químicos, físicos e biológicos prejudiciais à saúde, ou associação desses agentes, vedada a caracterização por categoria profissional ou ocupação, durante, no mínimo, 15 (quinze), 20 (vinte) ou 25 (vinte e cinco) anos, nos termos do disposto nos arts. 57 e 58 da Lei nº 8.213, de 24 de julho de 1991, quando cumpridos: a) 55 (cinquenta e cinco) anos de idade, quando se tratar de atividade especial de 15 (quinze) anos de contribuição; b) 58 (cinquenta e oito) anos de idade, quando se tratar de atividade especial de 20 (vinte) anos de contribuição; ou c) 60 (sessenta) anos de idade, quando se tratar de atividade especial de 25 (vinte e cinco) anos de contribuição".

63 Segurado ou servidor público federal que se tenha filiado ao Regime Geral de Previdência Social ou ingressado no serviço público em cargo efetivo até a data de entrada em vigor da Emenda Constitucional 103/2019, cujas atividades tenham sido exercidas com efetiva exposição a agentes químicos, físicos e biológicos prejudiciais à saúde, ou associação desses agentes, desde que cumpridos, no caso do servidor, o tempo mínimo de 20 anos de efetivo exercício no serviço público e de cinco anos no cargo efetivo em que for concedida a aposentadoria, quando o total da soma resultante da sua idade e do tempo de contribuição e o tempo de efetiva exposição forem, respectivamente, de 66 pontos e 15 anos de efetiva exposição. "Art. 21. O segurado ou o servidor público federal que se tenha filiado ao Regime Geral de Previdência Social ou ingressado no serviço público em cargo efetivo até a data de entrada em vigor desta Emenda Constitucional cujas atividades tenham sido exercidas com efetiva exposição a agentes químicos, físicos e biológicos prejudiciais à saúde, ou associação desses agentes, vedada a caracterização por categoria profissional ou ocupação, desde que cumpridos, no caso do servidor, o tempo mínimo de 20 (vinte) anos de efetivo exercício no serviço público e de 5 (cinco) anos no cargo efetivo em que for concedida a aposentadoria, na forma dos arts. 57 e 58 da Lei nº 8.213, de 24 de julho de 1991, poderão aposentar-se quando o total da soma resultante da sua idade e do tempo de contribuição e o tempo de efetiva exposição forem, respectivamente, de: I – 66 (sessenta e seis) pontos e 15 (quinze) anos de efetiva exposição; II – 76 (setenta e seis) pontos e 20 (vinte) anos de efetiva exposição; e III – 86 (oitenta e seis) pontos e 25 (vinte e cinco) anos de efetiva exposição. § 1º A idade e o tempo de contribuição serão apurados em dias para o cálculo do somatório de pontos a que se refere o *caput*".

chega-se a 100% da média aritmética com 40 anos de contribuição no caso de servidores públicos federais titulares de cargos efetivos. Frise-se que o § 5º do art. 26 da Emenda Constitucional 103/2019, em sua parte final, faz referência a mulheres filiadas ao Regime Geral de Previdência Social, e não ao Regime Próprio de Previdência Social da União.

Podem ser excluídas da média as contribuições que resultem em redução do valor do benefício, desde que mantido o tempo mínimo de contribuição exigido, vedada a utilização do tempo excluído para qualquer finalidade, inclusive para o acréscimo a que se referem os §§ 2º e 5º do art. 26 da Emenda Constitucional 103/2019, para a averbação em outro Regime Previdenciário ou para a obtenção dos proventos de inatividade das atividades de que tratam os arts. 42 e 142 da Constituição Federal de 1988 (art. 26, § 6º, da Emenda Constitucional 103/2019). Entende-se que essa previsão sobre possibilidade de exclusão de contribuições (por fazer referência a tempo mínimo de contribuição, o que, a rigor, não se confunde com carência) não se aplica aos benefícios previdenciários não programáveis.

9.9.21. REAJUSTAMENTO DOS BENEFÍCIOS

É assegurado o *reajustamento dos benefícios* para preservar-lhes, em caráter permanente, o valor real, conforme critérios estabelecidos em lei (art. 40, § 8º, da Constituição da República).

Desde a Emenda Constitucional 41/2003, salvo regras de transição e de direito adquirido, não há mais garantia de *paridade*, no sentido de revisão dos proventos de aposentadoria (e pensões) na mesma proporção e na mesma data dos valores das remunerações dos servidores em atividade.

Os benefícios calculados nos termos do disposto no art. 26 da Emenda Constitucional 103/2019 devem ser reajustados nos termos estabelecidos para o Regime Geral de Previdência Social (art. 26, § 7º, da Emenda Constitucional 103/2019).

Sendo assim, frise-se que o valor dos benefícios do Regime Geral de Previdência Social em manutenção deve ser reajustado, anualmente, na mesma data do reajuste do salário mínimo, *pro rata*, de acordo com suas respectivas datas de início ou do último reajustamento, com base no Índice Nacional de Preços ao Consumidor (INPC), apurado pela Fundação Instituto Brasileiro de Geografia e Estatística (IBGE), conforme art. 41-A, *caput*, da Lei 8.213/1991, incluído pela Lei 11.430/2006.

No mesmo sentido, quanto ao Regime Próprio de Previdência Social da União, cabe fazer referência ao art. 15 da Lei 10.887/2004[64].

Em se tratando de direito adquirido, os proventos de aposentadoria devidos ao servidor público a que se refere o art. 3º, *caput*, da Emenda Constitucional 103/2019 e as pensões por morte devidas aos seus dependentes devem ser *calculados e reajustados* de acordo com a legislação em vigor à época em que foram atendidos os requisitos nela estabelecidos para a concessão desses benefícios (art. 3º, § 1º, da Emenda Constitucional 103/2019). Quanto ao tema, esclareça-se que a concessão de aposentadoria ao servidor público federal vinculado a Regime Próprio de Previdência Social e ao segurado do Regime Geral de Previdência Social e de pensão por morte aos respectivos dependentes será assegurada, a qualquer tempo, desde que tenham sido cumpridos os requisitos para obtenção desses benefícios até a data de entrada em vigor da Emenda Constitucional 103/2019, observados os critérios da legislação vigente na data em que foram atendidos os requisitos para a concessão da aposentadoria ou da pensão por morte (art. 3º da Emenda Constitucional 103/2019). Cf. ainda Capítulo 9, item 9.12.

O art. 7º da Emenda Constitucional 41/2003, ao estabelecer regra de transição, determina que, observado o disposto no art. 37, inciso XI, da Constituição Federal de 1988, os proventos de aposentadoria dos servidores públicos titulares de cargo efetivo e as pensões dos seus dependentes pagos pela União, Estados, Distrito Federal e Municípios, incluídas suas autarquias e fundações, *em fruição na data de publicação dessa Emenda* (ou seja, 31.12.2003), bem como os proventos de aposentadoria dos servidores e as pensões dos dependentes abrangidos pelo art. 3º dessa Emenda Constitucional 41/2003[65], *devem ser revistos na mesma proporção e na mesma data,*

---

64 "Proventos – Servidores estaduais – Revisão. Surge relevante pedido de concessão de medida acauteladora no [...] ato emanado da União [que] veio a disciplinar a forma de manutenção do poder aquisitivo de proventos e pensões alusivos a servidor do Estado" (STF, Pleno, MC-ADI 4.582/DF, rel. Min. Marco Aurélio, DJe 09.02.2012).

65 "Art. 3º *É assegurada a concessão, a qualquer tempo, de aposentadoria aos servidores públicos, bem como pensão aos seus dependentes, que, até a data de publicação desta Emenda, tenham cumprido todos os requisitos para obtenção desses benefícios, com base nos critérios da legislação então vigente.* § 1º O servidor de que trata este artigo que opte por permanecer em atividade tendo completado as exigências para aposentadoria voluntária e que conte com, no mínimo, vinte e cinco anos de contribuição, se mulher, ou trinta anos de contribuição, se homem, fará jus a um abono de permanência equivalente ao valor da sua contribuição previdenciária até completar as exigências para aposentadoria compulsória contidas no art. 40, § 1º, II, da Constituição Federal. § 2º Os proventos da aposentadoria a ser concedida aos servidores

sempre que se modificar a remuneração dos servidores em atividade, sendo também estendidos aos aposentados e pensionistas quaisquer benefícios ou vantagens posteriormente concedidos aos servidores em atividade, inclusive quando decorrentes da transformação ou reclassificação do cargo ou função em que se deu a aposentadoria ou que serviu de referência para a concessão da pensão, na forma da lei.

9.9.22. CONTAGEM DO TEMPO DE CONTRIBUIÇÃO

O tempo de contribuição federal, estadual, distrital ou municipal deve ser contado para fins de aposentadoria, observado o disposto nos §§ 9º e 9º-A do art. 201 da Constituição da República, e o tempo de serviço correspondente deve ser contado para fins de disponibilidade (art. 40, § 9º, da Constituição Federal de 1988, com redação dada pela Emenda Constitucional 103/2019).

De acordo com a Súmula 69 da Turma Nacional de Uniformização dos Juizados Especiais Federais: "O tempo de serviço prestado em empresa pública ou em sociedade de economia mista por servidor público federal somente pode ser contado para efeitos de aposentadoria e disponibilidade".

Sendo assim, cabe ressaltar que para fins de aposentadoria, é assegurada a contagem recíproca do tempo de contribuição entre o Regime Geral de Previdência Social e os Regimes Próprios de Previdência Social, e destes entre si, observada a compensação financeira, de acordo com os critérios estabelecidos em lei (art. 201, § 9º, da Constituição Federal de 1988, com redação dada pela Emenda Constitucional 103/2019).

O tempo de serviço militar exercido nas atividades de que tratam os arts. 42[66], 142[67] e 143[68] da Constituição da República e o tempo de contribuição ao Regime Geral de Previdência Social ou a Regime Próprio de

públicos referidos no *caput*, em termos integrais ou proporcionais ao tempo de contribuição já exercido até a data de publicação desta Emenda, bem como as pensões de seus dependentes, serão calculados de acordo com a legislação em vigor à época em que foram atendidos os requisitos nela estabelecidos para a concessão desses benefícios ou nas condições da legislação vigente".

66 "Art. 42. Os membros das Polícias Militares e Corpos de Bombeiros Militares, instituições organizadas com base na hierarquia e disciplina, são militares dos Estados, do Distrito Federal e dos Territórios".

67 "Art. 142. As Forças Armadas, constituídas pela Marinha, pelo Exército e pela Aeronáutica, são instituições nacionais permanentes e regulares, organizadas com base na hierarquia e na disciplina, sob a autoridade suprema do Presidente da República, e destinam-se à defesa da Pátria, à garantia dos poderes constitucionais e, por iniciativa de qualquer destes, da lei e da ordem".

68 "Art. 143. O serviço militar é obrigatório nos termos da lei".

Previdência Social terão contagem recíproca para fins de inativação militar ou aposentadoria, e a compensação financeira será devida entre as receitas de contribuição referentes aos militares e as receitas de contribuição aos demais regimes (art. 201, § 9º-A, da Constituição Federal de 1988, com redação dada pela Emenda Constitucional 103/2019).

A Lei 9.796/1999 dispõe sobre a *compensação financeira* entre o Regime Geral de Previdência Social e os Regimes Próprios de Previdência Social dos servidores da União, dos Estados, do Distrito Federal e dos Municípios, na hipótese de contagem recíproca de tempos de contribuição.

A compensação financeira entre os Regimes Próprios de Previdência Social da União, dos Estados, do Distrito Federal e dos Municípios, na hipótese de contagem recíproca de tempos de contribuição, deve obedecer, no que couber, às disposições da Lei 9.796/1999 (art. 8º-A da Lei 9.796/1999).

Cabe ao regulamento estabelecer as disposições específicas a serem observadas na compensação financeira entre os Regimes Próprios de Previdência Social, inclusive no que se refere ao período de estoque e às condições para seu pagamento, admitido o parcelamento. O ente federativo que não aderir à compensação financeira com os demais Regimes Próprios de Previdência Social ou inadimplir suas obrigações terá suspenso o recebimento dos valores devidos pela compensação com o regime geral de previdência social, na forma estabelecida no regulamento (art. 8º-A, §§ 1º e 2º, da Lei 9.796/1999, incluídos pela Lei 13.846/2019).

Em conformidade com a Súmula 66 da Turma Nacional de Uniformização dos Juizados Especiais Federais: "O servidor público ex-celetista que trabalhava sob condições especiais antes de migrar para o regime estatutário tem direito adquirido à conversão do tempo de atividade especial em tempo comum com o devido acréscimo legal, para efeito de contagem recíproca no regime previdenciário próprio dos servidores públicos".

O entendimento acima diz respeito a servidor público ex-celetista que, quando era regido pela CLT (no âmbito federal, em período anterior à Lei 8.112/1990), trabalhou em condições especiais, tendo posteriormente ocorrido a sua transposição para o regime estatutário, em decorrência da transformação do regime jurídico a que o servidor estava vinculado, hipótese em que a jurisprudência reconhece o direito adquirido à contagem especial do tempo de atividade prestada em condições especiais no período anterior à instituição do regime jurídico único ou estatutário (quanto ao tempo cumprido até a data de entrada em vigor da Emenda Constitucional 103/2019). Cf. STF, Pleno, AgR-RE 612.358/ES, rel. Min. Rosa Weber, DJe 13.03.2020. Cf. ainda STJ, 2ª T., AgRg no REsp 1.566.891/RS, 2015/0270629-6, rel. Min. Humberto Martins, DJe 15.03.2016; STJ, 6ª T., EDcl no REsp 988.463/DF, 2007/0225048-6, rel. Min. Nefi Cordeiro, DJe 26.10.2015.

Quando a mudança de regime ocorre por ato voluntário, de trabalhador do Regime Geral de Previdência Social que prestou serviço na iniciativa privada em condições especiais e, posteriormente, ingressou no serviço público, em Regime Próprio de Previdência Social, como servidor de regime estatutário, há entendimento de que, para fins de contagem recíproca, é vedada a conversão do tempo de contribuição exercido em atividade sujeita a condições especiais em tempo de atividade comum (art. 125, § 1º, inciso I, do Regulamento da Previdência Social). Cf. STJ, 6ª T., AgRg no REsp 1.082.452/PB, 2008/0183683-1, rel. Min. Nefi Cordeiro, DJe 19.12.2014. STJ, 2ª T., AREsp 1.141.255/SC, 2017/0196627-0, rel. Min. Francisco Falcão, DJe 10.12.2018. Cf. Capítulo 5, item 5.16.

O Supremo Tribunal Federal, anteriormente, "firmou entendimento vedando a conversão de tempo de serviço especial em comum para fins de aposentadoria de servidor público, a teor do disposto nos §§ 4º e 10 do artigo 40 da Constituição Federal, diante da impossibilidade legal de contagem de tempo ficto" (STF, Pleno, ED-MI 1.474/DF, rel. Min. Edson Fachin, DJe 22.02.2016).

Na atualidade, o Supremo Tribunal Federal fixou a seguinte tese de repercussão geral: "Até a edição da Emenda Constitucional nº 103/2019, o direito à conversão, em tempo comum, do prestado sob condições especiais que prejudiquem a saúde ou a integridade física de servidor público decorre da previsão de adoção de requisitos e critérios diferenciados para a jubilação daquele enquadrado na hipótese prevista no então vigente inciso III do § 4º do art. 40 da Constituição da República, devendo ser aplicadas as normas do Regime Geral de Previdência Social relativas à aposentadoria especial contidas na Lei 8.213/1991 para viabilizar sua concretização enquanto não sobrevier lei complementar disciplinadora da matéria. Após a vigência da EC nº 103/2019, o direito à conversão, em tempo comum, do prestado sob condições especiais pelos servidores obedecerá à legislação complementar dos entes federados, nos termos da competência conferida pelo art. 40, § 4º-C, da Constituição da República" (STF, Pleno, RE 1.014.286/SP, red. p/ ac. Min. Edson Fachin, j. 31.08.2020).

Confirmando o exposto, o Supremo Tribunal Federal, ao julgar mandado de injunção, concedeu parcialmente a ordem, para reconhecer a existência de omissão normativa quanto ao direito à aposentadoria especial de servidores públicos (art. 40, § 4º, inciso III, da Constituição Federal), e determinou à autoridade administrativa que analise o requerimento da impetrante à luz da disciplina vigente no Regime Geral de Previdência Social, a saber, o art. 57 da Lei 8.213/1991, inclusive seu § 5º (STF, Pleno, MI 4.204/DF, rel. Min. Roberto Barroso, j. 23.11.2021).

Com isso, é possível entender que, quanto ao período cumprido até a data de entrada em vigor Emenda Constitucional 103/2019, admite-se a conversão do tempo prestado sob condições especiais em comum, inclusive para efeito de contagem recíproca, conforme as normas do Regime Geral de Previdência Social sobre aposentadoria especial previstas na Lei 8.213/1991. Cf. STJ, 1ª T., EDcl no AgInt no AREsp 1.268.697/ES, 2018/0069367-0, rel. Min. Gurgel de Faria, DJe 06.04.2021[69].

De acordo com o art. 25, § 2º, da Emenda Constitucional 103/2019, será reconhecida a conversão de tempo especial em comum, na forma prevista na Lei 8.213/1991, ao segurado do Regime Geral de Previdência Social que comprovar tempo de efetivo exercício de atividade sujeita a condições especiais que efetivamente prejudiquem a saúde, cumprido até a data de entrada em vigor da Emenda Constitucional 103/2019, sendo vedada a conversão para o tempo cumprido após essa data.

A lei não pode estabelecer qualquer forma de contagem de tempo de contribuição fictício (art. 40, § 10, da Constituição da República, incluído pela Emenda Constitucional 20/1998), devendo ser, portanto, real[70]. Assim, com a Emenda Constitucional 20/1998[71], não mais se admite, por exemplo, a contagem de tempo de contribuição em dobro de férias ou de licenças não usufruídas.

9.9.23. NULIDADE DE APOSENTADORIA

Considera-se *nula* a aposentadoria que tenha sido concedida ou que venha a ser concedida por Regime Próprio de Previdência Social com contagem recíproca do Regime Geral de Previdência Social mediante o cômputo de tempo de serviço sem o recolhimento da respectiva contribuição ou da correspondente indenização pelo segurado obrigatório responsável, à época

---

69 "Processual civil e previdenciário. Embargos de declaração. Requisitos. Presença. Entendimento firmado pelo Supremo Tribunal Federal. Tempo de serviço especial. Conversão em comum. Cômputo para contagem recíproca. Possibilidade" (STJ, 1ª T., EDcl no AgInt no AREsp 1.268.697/ES, 2018/0069367-0, rel. Min. Gurgel de Faria, DJe 06.04.2021).

70 "I – A Constituição Federal estabelece tempo mínimo para a aposentadoria, não podendo norma infraconstitucional reduzi-lo mediante a fixação de tempo ficto. C.F., art. 40, § 4º e § 10. II – Precedentes do Supremo Tribunal Federal: ADI 609/DF, M. Corrêa p/ acórdão, D.J. de 03.5.2002; RE 227.158/GO, Jobim p/ acórdão, Plenário, 22.11.2000. III – Ação direta de inconstitucionalidade julgada procedente" (STF, Pleno, ADI 404/RJ, rel. Min. Carlos Velloso, DJ 14.05.2004).

71 "Agravo regimental em agravo de instrumento. 2. Recurso que não demonstra o desacerto da decisão agravada. 3. Conversão da licença-prêmio não gozada em tempo ficto. Aposentadoria. Período anterior à EC 20/98. Possibilidade. Precedente. 4. Agravo regimental a que se nega provimento" (STF, 2ª T., AgR-AI 666.942/GO, rel. Min. Gilmar Mendes, DJe 28.03.2008).

do exercício da atividade, pelo recolhimento de suas próprias contribuições previdenciárias (art. 25, § 3º, da Emenda Constitucional 103/2019).

A previsão certamente tem como objetivo o cumprimento do art. 40 da Constituição Federal de 1988, com redação dada pela Emenda Constitucional 103/2019, ao dispor que o Regime Próprio de Previdência Social dos servidores titulares de cargos efetivos terá *caráter contributivo* e solidário, mediante contribuição do respectivo ente federativo, de servidores ativos, de aposentados e de pensionistas, devendo ser observados critérios que preservem o *equilíbrio financeiro e atuarial*.

Na mesma linha, o art. 201 da Constituição Federal de 1988, com redação dada pela Emenda Constitucional 103/2019, determina que a Previdência Social será organizada sob a forma do Regime Geral de Previdência Social, de *caráter contributivo* e de filiação obrigatória, observados critérios que preservem o *equilíbrio financeiro e atuarial*.

Ainda assim, o art. 25, § 3º, da Emenda Constitucional 103/2019 deve ser interpretado de modo a se respeitar as garantias fundamentais do direito adquirido, do ato jurídico perfeito e da coisa julgada (art. 5º, inciso XXXVI, da Constituição da República).

Nos termos da Súmula 473 do STF: "A administração pode anular seus próprios atos, quando eivados de vícios que os tornam ilegais, porque deles não se originam direitos; ou revogá-los, por motivo de conveniência ou oportunidade, respeitados os direitos adquiridos, e ressalvada, em todos os casos, a apreciação judicial".

A Administração Pública deve anular seus próprios atos, quando eivados de vício de legalidade, e pode revogá-los por motivo de conveniência ou oportunidade, respeitados os direitos adquiridos (art. 53 da Lei 9.784/1999).

Entende-se que a Administração Pública, com fundamento no princípio da legalidade (art. 37 da Constituição da República), pode anular os seus atos quando eivados de vícios ou ilegalidades, como o ato de concessão de aposentadoria[72].

---

[72] "Agravo regimental no recurso extraordinário. Servidor público. Retificação do ato de aposentadoria. Possibilidade. Decadência. Lei nº 9.784/99. Fatos e provas. Reexame. Impossibilidade. Direito ao contraditório e à ampla defesa. Súmula vinculante nº 3. Precedentes. 1. A jurisprudência da Corte consolidou o entendimento de que pode a Administração Pública, com base no princípio da legalidade, corrigir seus atos quando eivados de vícios ou ilegalidades, sem que isso importe em ofensa aos princípios do direito adquirido e da irredutibilidade de vencimentos. 2. O acórdão recorrido consignou expressamente não ter ocorrido a decadência no caso em exame. Divergir desse entendimento demandaria o reexame dos fatos e das provas que compõem a lide. Incidência da Súmula nº 279/STF. 3. Nos termos da Súmula Vinculante

O direito da Administração Pública de anular os atos administrativos de que decorram efeitos favoráveis para os destinatários decai em cinco anos, contados da data em que foram praticados, salvo comprovada má-fé (art. 54 da Lei 9.784/1999). Trata-se de prazo decadencial.

No caso de efeitos patrimoniais contínuos, o prazo de decadência contar-se-á da percepção do primeiro pagamento (art. 54, § 1º, da Lei 9.784/1999). Considera-se exercício do direito de anular qualquer medida de autoridade administrativa que importe impugnação à validade do ato (art. 54, § 2º, da Lei 9.784/1999).

Em consonância com a jurisprudência do Supremo Tribunal Federal: "O ato de concessão de aposentadoria ostenta natureza complexa, de modo que só se aperfeiçoa com o exame de sua legalidade e subsequente registro pelo Tribunal de Contas da União. Assim, enquanto não aperfeiçoado o ato concessivo de aposentadoria, não há falar em fluência do prazo do art. 54 da 9.784/99, referente ao lapso de tempo de que dispõe a Administração Pública para promover a anulação de atos de que resultem efeitos favoráveis aos destinatários, tampouco em estabilização da expectativa do interessado na aposentadoria e na composição dos respectivos proventos, aspecto a conjurar, na espécie, afronta às garantias do direito adquirido e do ato jurídico perfeito, bem como aos princípios da segurança jurídica, da boa-fé e da proteção da confiança" (STF, 1ª T., AgR-MS 28.917/DF, rel. Min. Rosa Weber, DJe 28.10.2015)[73].

---

nº 3: 'Nos processos perante o Tribunal de Contas da União asseguram-se o contraditório e a ampla defesa quando da decisão puder resultar anulação ou revogação de ato administrativo que beneficie o interessado, excetuada a apreciação da legalidade do ato de concessão inicial de aposentadoria, reforma e pensão'. 4. Agravo regimental não provido" (STF, 2ª T., AgR-RE 866.512/RN, rel. Min. Dias Toffoli, DJe 30.06.2017).

[73] "1. A teor da jurisprudência desta Suprema Corte, salvo nas hipóteses em que o processo administrativo de concessão de aposentadoria tenha dado entrada no Tribunal de Contas da União há mais de um lustro (MS 24.781, relator para o acórdão o Ministro Gilmar Mendes, DJe de 09.6.2011), não há necessidade, para que ocorra a sua apreciação, na forma do art. 71, III, da Constituição da República, de prévia observância do contraditório e da ampla defesa. 2. O ato de concessão de aposentadoria é complexo, de modo que só se aperfeiçoa com o exame de sua legalidade e subsequente registro pelo Tribunal de Contas da União. Assim, enquanto não aperfeiçoado o ato concessivo de aposentadoria, não há falar em fluência do prazo do art. 54 da Lei nº 9.784/99, referente ao lapso de tempo de que dispõe a administração pública para promover a anulação de atos de que resultem efeitos favoráveis aos destinatários, tampouco em estabilização da expectativa do interessado na jubilação, aspecto a conjurar, na espécie, afronta ao princípio da segurança jurídica" (STF, 1ª T., AgR-MS 32.336/DF, rel. Min. Rosa Weber, DJe 01.08.2017).

Na atualidade, o Supremo Tribunal Federal fixou a seguinte tese de repercussão geral: "Em atenção aos princípios da segurança jurídica e da confiança legítima, os Tribunais de Contas estão sujeitos ao prazo de cinco anos para o julgamento da legalidade do ato de concessão inicial de aposentadoria, reforma ou pensão, a contar da chegada do processo à respectiva Corte de Contas" (STF, Pleno, RE 636.553/RS, rel. Min. Gilmar Mendes, j. 19.02.2020). Prevaleceu o entendimento de que nos casos de revisão da legalidade do ato de concessão de aposentadoria pelos Tribunais de Contas deve ser aplicado, por analogia, o prazo de cinco anos, previsto no Decreto 20.910/1932, para que o administrado acione a Fazenda Pública. Quanto ao termo inicial desse prazo, prevaleceu o entendimento de que se inicia com a chegada da decisão do ato de aposentadoria no Tribunal de Contas[74].

Frise-se que conforme a Súmula 34 da AGU, restabelecida pela Súmula 72: "Não estão sujeitos à repetição os valores recebidos de boa-fé pelo servidor público, em decorrência de errônea ou inadequada interpretação da lei por parte da Administração Pública".

Em decisão na qual se evidencie não acarretarem lesão ao interesse público nem prejuízo a terceiros, os atos que apresentarem defeitos sanáveis podem ser convalidados pela própria Administração Pública (art. 55 da Lei 9.784/1999).

A respeito do recolhimento das contribuições previdenciárias ou da indenização correspondente para o cômputo do tempo de serviço relativo ao Regime Geral de Previdência Social para fins de contagem recíproca, cf. Capítulo 2, item 2.26.

---

[74] "Recurso extraordinário. Repercussão geral. 2. Aposentadoria. Ato complexo. Necessária a conjugação das vontades do órgão de origem e do Tribunal de Contas. Inaplicabilidade do art. 54 da Lei 9.784/1999 antes da perfectibilização do ato de aposentadoria, reforma ou pensão. Manutenção da jurisprudência quanto a este ponto. 3. Princípios da segurança jurídica e da confiança legítima. Necessidade da estabilização das relações jurídicas. Fixação do prazo de 5 anos para que o TCU proceda ao registro dos atos de concessão inicial de aposentadoria, reforma ou pensão, após o qual se considerarão definitivamente registrados. 4. Termo inicial do prazo. Chegada do processo ao Tribunal de Contas. 5. Discussão acerca do contraditório e da ampla defesa prejudicada" (STF, Pleno, RE 636.553/RS, rel. Min. Gilmar Mendes, DJe 26.05.2020).

9.9.24. SOMA DOS PROVENTOS

Aplica-se o limite fixado no art. 37, inciso XI, da Constituição (sobre o subsídio dos Ministros do Supremo Tribunal Federal)[75] à *soma total dos proventos de inatividade*, inclusive quando decorrentes da acumulação de cargos ou empregos públicos, bem como de outras atividades sujeitas à contribuição para o Regime Geral de Previdência Social, e ao montante resultante da adição de proventos de inatividade com remuneração de cargo acumulável na forma da Constituição da República, cargo em comissão declarado em lei de livre nomeação e exoneração, e de cargo eletivo (art. 40, § 11, da Constituição da República).

Entretanto, a respeito do tema, o Superior Tribunal de Justiça firmou o entendimento de que, nos casos de acumulação lícita e constitucional de cargos ou empregos públicos, o mencionado teto remuneratório deve ser aplicado *de modo isolado*, ou seja, quanto a cada cargo ou emprego público, inclusive quanto à acumulação de proventos de inatividade (STJ, 1ª T., AgRg no RMS 32.917/DF (2010/0166927-0), rel. Min. Napoleão Nunes Maia Filho, DJe 30.03.2015).

Nessa linha, o Supremo Tribunal Federal fixou a seguinte tese de repercussão geral: "Nos casos autorizados constitucionalmente de acumulação de cargos, empregos e funções, a incidência do art. 37, inciso XI, da Constituição Federal pressupõe consideração de cada um dos vínculos formalizados, afastada a observância do teto remuneratório quanto ao somatório dos ganhos do agente público" (STF, Pleno, RE 602.043/MT e RE 612.975/MT, rel. Min. Marco Aurélio, j. 27.04.2017).

Diversamente, na hipótese de acumulação de pensão por morte com remuneração ou proventos de aposentadoria recebidos por servidor público, o Supremo Tribunal Federal fixou a seguinte tese de repercussão geral: "Ocor-

---

75 "XI – a remuneração e o subsídio dos ocupantes de cargos, funções e empregos públicos da administração direta, autárquica e fundacional, dos membros de qualquer dos Poderes da União, dos Estados, do Distrito Federal e dos Municípios, dos detentores de mandato eletivo e dos demais agentes políticos e os proventos, pensões ou outra espécie remuneratória, percebidos cumulativamente ou não, incluídas as vantagens pessoais ou de qualquer outra natureza, *não poderão exceder o subsídio mensal, em espécie, dos Ministros do Supremo Tribunal Federal*, aplicando-se como limite, nos Municípios, o subsídio do Prefeito, e nos Estados e no Distrito Federal, o subsídio mensal do Governador no âmbito do Poder Executivo, o subsídio dos Deputados Estaduais e Distritais no âmbito do Poder Legislativo e o subsidio dos Desembargadores do Tribunal de Justiça, limitado a noventa inteiros e vinte e cinco centésimos por cento do subsídio mensal, em espécie, dos Ministros do Supremo Tribunal Federal, no âmbito do Poder Judiciário, aplicável este limite aos membros do Ministério Público, aos Procuradores e aos Defensores Públicos".

rida a morte do instituidor da pensão em momento posterior ao da Emenda Constitucional nº 19/1998, o teto constitucional previsto no inciso XI do artigo 37 da Constituição Federal incide sobre o somatório de remuneração ou provento e pensão percebida por servidor" (STF, Pleno, RE 602.584/DF, rel. Min. Marco Aurélio, j. 06.08.2020).

Ainda sobre o teto remuneratório previsto no art. 37, inciso XI, da Constituição Federal de 1988, cabe fazer referência à seguinte tese de repercussão geral aprovada pelo Supremo Tribunal Federal: "O teto de retribuição estabelecido pela Emenda Constitucional 41/03 possui eficácia imediata, submetendo às referências de valor máximo nele discriminadas todas as verbas de natureza remuneratória percebidas pelos servidores públicos da União, Estados, Distrito Federal e Municípios, ainda que adquiridas de acordo com regime legal anterior. Os valores que ultrapassam os limites estabelecidos para cada nível federativo na Constituição Federal constituem excesso cujo pagamento não pode ser reclamado com amparo na garantia da irredutibilidade de vencimentos" (STF, Pleno, RE 609.381/GO, rel. Min. Teori Zavascki, DJe 11.12.2014).

Frise-se que os vencimentos, a remuneração, as vantagens e os adicionais, bem como os proventos de aposentadoria que estejam sendo percebidos em desacordo com a Constituição Federal de 1988 devem se imediatamente reduzidos aos limites dela decorrentes, não se admitindo, neste caso, invocação de direito adquirido ou percepção de excesso a qualquer título (art. 17 do Ato das Disposições Constitucionais Transitórias).

Aplica-se o disposto no art. 17 do Ato das Disposições Constitucionais Transitórias aos vencimentos, remunerações e subsídios dos ocupantes de cargos, funções e empregos públicos da administração direta, autárquica e fundacional, dos membros de qualquer dos Poderes da União, dos Estados, do Distrito Federal e dos Municípios, dos detentores de mandato eletivo e dos demais agentes políticos e os proventos, pensões ou outra espécie remuneratória percebidos cumulativamente ou não, incluídas as vantagens pessoais ou de qualquer outra natureza (art. 9º da Emenda Constitucional 41/2003).

O Supremo Tribunal Federal julgou improcedente o pedido em ação direta de inconstitucionalidade quanto ao art. 9º da Emenda Constitucional 41/2003, de modo que esse dispositivo foi considerado constitucional (STF, Pleno, ADI 3.184/DF, rel. Min. Cármen Lúcia, j. 24.06.2020).

Além do disposto no art. 40 da Constituição da República, deve ser observado, em Regime Próprio de Previdência Social, no que couber, os requisitos e critérios fixados para o Regime Geral de Previdência Social (art. 40, § 12, da Constituição Federal de 1988, com redação dada pela Emenda Constitucional 103/2019).

O Supremo Tribunal Federal fixou a seguinte tese de repercussão geral: "O Ministério Público tem legitimidade para ajuizar Ação Civil Pública que vise anular ato administrativo de aposentadoria que importe em lesão ao patrimônio público" (STF, Pleno, RE 409.356/RO, rel. Min. Luiz Fux, j. 25.10.2018).

É *vedada a incorporação* de vantagens de caráter temporário ou vinculadas ao exercício de função de confiança ou de cargo em comissão à remuneração do cargo efetivo (art. 39, § 9º, da Constituição Federal de 1988, incluído pela Emenda Constitucional 103/2019).

Portanto, no âmbito da União, dos Estados, do Distrito Federal e dos Municípios, quanto aos servidores da administração pública direta, das autarquias e das fundações públicas, as vantagens de caráter temporário e as vantagens vinculadas ao exercício de função de confiança ou de cargo em comissão não se incorporam à remuneração do cargo efetivo.

Em respeito ao direito adquirido, ao ato jurídico perfeito e à coisa julgada (art. 5º, inciso XXXVI, da Constituição da República), o art. 13 da Emenda Constitucional 103/2019 ressalva que não se aplica o disposto no § 9º do art. 39 da Constituição Federal de 1988 a parcelas remuneratórias decorrentes de incorporação de vantagens de caráter temporário ou vinculadas ao exercício de função de confiança ou de cargo em comissão efetivada até a data de entrada em vigor da Emenda Constitucional 103/2019.

9.10. CUSTEIO DO REGIME PRÓPRIO DOS SERVIDORES PÚBLICOS ESTATUTÁRIOS

A União, os Estados, o Distrito Federal e os Municípios instituirão, por meio de lei, contribuições para custeio de Regime Próprio de Previdência Social, cobradas dos servidores ativos, dos aposentados e dos pensionistas, que poderão ter *alíquotas progressivas* de acordo com o valor da base de contribuição ou dos proventos de aposentadoria e de pensões (art. 149, § 1º, da Constituição Federal de 1988, com redação dada pela Emenda Constitucional 103/2019).

As contribuições sociais para custeio de Regime Próprio de Previdência Social podem ser cobradas não apenas de servidores ativos, mas também de aposentados e de pensionistas.

Nesse sentido, incide contribuição sobre os proventos de aposentadorias e pensões concedidas pelo regime de que trata o art. 40 da Constituição Federal de 1988 (Regime Próprio de Previdência Social dos servidores titulares de cargos efetivos) que *superem o limite máximo* estabelecido para os benefícios do Regime Geral de Previdência Social de que trata o art. 201 da Constituição Federal de 1988, com percentual igual ao estabelecido para os servidores titulares de cargos efetivos (art. 40, § 18, da Constituição da República, incluído pela Emenda Constitucional 41/2003).

O Supremo Tribunal Federal julgou improcedente o pedido em ação direta de inconstitucionalidade quanto ao art. 40, § 18, da Constituição Federal de 1988, incluído pela Emenda Constitucional 41/2003, de modo que esse dispositivo foi considerado constitucional (STF, Pleno, ADI 3.133/DF, rel. Min. Cármen Lúcia, j. 24.06.2020).

A respeito do tema, o Supremo Tribunal Federal fixou a seguinte tese de repercussão geral: "Não incide contribuição previdenciária sobre verba não incorporável aos proventos de aposentadoria do servidor público, tais como terço de férias, serviços extraordinários, adicional noturno e adicional de insalubridade" (STF, Pleno, RE 593.068/SC, rel. Min. Roberto Barroso, j. 11.10.2018). Esse julgado versa sobre Regime Próprio de Previdência Social de servidores públicos[76].

O § 21 do art. 40 da Constituição Federal de 1988 foi revogado pela Emenda Constitucional 103/2019 (art. 35, inciso I, alínea *a*)[77].

---

[76] "Direito Previdenciário. Recurso extraordinário com repercussão geral. Regime Próprio dos servidores públicos. Não incidência de contribuições previdenciárias sobre parcelas não incorporáveis à aposentadoria. 1. O regime previdenciário próprio, aplicável aos servidores públicos, rege-se pelas normas expressas do art. 40 da Constituição, e por dois vetores sistêmicos: (a) o caráter contributivo; e (b) o princípio da solidariedade. 2. A leitura dos §§ 3º e 12 do art. 40, c/c o § 11 do art. 201 da CF, deixa claro que somente devem figurar como base de cálculo da contribuição previdenciária as remunerações/ganhos habituais que tenham 'repercussão em benefícios'. Como consequência, ficam excluídas as verbas que não se incorporam à aposentadoria. 3. Ademais, a dimensão contributiva do sistema é incompatível com a cobrança de contribuição previdenciária sem que se confira ao segurado qualquer benefício, efetivo ou potencial. 4. Por fim, não é possível invocar o princípio da solidariedade para inovar no tocante à regra que estabelece a base econômica do tributo. [...] 6. Provimento parcial do recurso extraordinário, para determinar a restituição das parcelas não prescritas" (STF, Pleno, RE 593.068/SC, rel. Min. Roberto Barroso, DJe 22.03.2019).

[77] "§ 21. A contribuição prevista no § 18 deste artigo incidirá apenas sobre as parcelas de proventos de aposentadoria e de pensão que superem o dobro do limite máximo estabelecido para os benefícios do regime geral de previdência social de que trata o art. 201 desta Constituição, quando o beneficiário, na forma da lei, for portador de doença incapacitante" (revogado). O Supremo Tribunal Federal fixou a seguinte tese de repercussão geral: "O art. 40, § 21, da Constituição Federal, enquanto esteve em vigor, era norma de eficácia limitada e seus efeitos estavam condicionados à edição de lei complementar federal ou lei regulamentar específica dos entes federados no âmbito dos respectivos regimes próprios de previdência social". Houve modulação dos efeitos do acórdão, a fim de que os servidores e pensionistas que, por decisão judicial, vinham deixando de pagar as contribuições não as tenham que restituir. Nesses

Cabe esclarecer que a Emenda Constitucional 103/2019 entra em vigor, para os Regimes Próprios de Previdência Social dos Estados, do Distrito Federal e dos Municípios, quanto à alteração promovida pelo art. 1º da Emenda Constitucional 103/2019 no art. 149 da Constituição Federal de 1988 e às revogações previstas na alínea *a* do inciso I do art. 35 da Emenda Constitucional (que revoga o § 21 do art. 40 da Constituição Federal de 1988) e nos incisos III e IV do art. 35 da Emenda Constitucional 103/2019 (que revogam os arts. 2º, 6º e 6º-A da Emenda Constitucional 41/2003 e o art. 3º da Emenda Constitucional 47/2005), na data de publicação de lei de iniciativa privativa do respectivo Poder Executivo que as referende integralmente (art. 36, inciso II, da Emenda Constitucional 103/2019).

O Supremo Tribunal Federal fixou a seguinte tese de repercussão geral: "Subtraído o montante que exceder o teto e o subteto previsto no art. 37, inciso XI, da Constituição, tem-se o valor para base de cálculo para a incidência do imposto de renda e da contribuição previdenciária" (STF, Pleno, RE 675.978/SP, rel. Min. Cármen Lúcia, DJe 29.06.2015).

Tendo em vista a incidência do princípio da solidariedade, bem como a necessidade de equilíbrio financeiro e atuarial, o Supremo Tribunal Federal entendeu válida a previsão de incidência de contribuição sobre proventos de aposentadorias e pensões concedidas pelo Regime Próprio de Previdência Social (STF, Pleno, ADI 3.105/DF, red. p/ ac. Min. Cezar Peluso, j. 18.08.2004, DJ 18.02.2005).

Quando houver déficit atuarial, a *contribuição ordinária* dos aposentados e pensionistas poderá incidir sobre o valor dos proventos de aposentadoria e de pensões que supere o salário mínimo (art. 149, § 1º-A, da Constituição Federal de 1988, com redação dada pela Emenda Constitucional 103/2019). Cf. STF, ADI 6.254/DF, ADI 6.255/DF, ADI 6.256/DF, ADI 6.258/DF, ADI 6.271/DF, ADI 6.361/DF.

---

casos, o acórdão tem eficácia somente a partir da publicação da ata de julgamento, momento em que os entes que não tenham editado lei regulamentando o dispositivo podem voltar a reter as contribuições previdenciárias (STF, Pleno, RE 630.137/RS, rel. Min. Roberto Barroso, DJe 12.03.2021).

Entretanto, cabe esclarecer que, como regra, a alíquota de contribuição previdenciária devida pelos aposentados e pensionistas de quaisquer dos Poderes da União, incluídas suas entidades autárquicas e suas fundações, incide sobre o valor da parcela dos proventos de aposentadoria e de pensões que *supere o limite máximo estabelecido para os benefícios do Regime Geral de Previdência Social*, hipótese em que será considerada a totalidade do valor do benefício para fins de definição das alíquotas aplicáveis (art. 11, § 4º, da Emenda Constitucional 103/2019).

Conforme o conceito da Portaria 1.467/2022 do Ministério do Trabalho e Previdência: "Déficit atuarial: resultado negativo apurado por meio do confronto entre o somatório dos ativos garantidores dos compromissos do plano de benefícios e os valores atuais do fluxo de contribuições futuras, do fluxo dos valores líquidos da compensação financeira a receber e dos parcelamentos vigentes a receber, menos o somatório dos valores atuais dos fluxos futuros de pagamento dos benefícios do plano de benefícios" (Anexo VI, art. 2º, inciso XII).

Demonstrada a insuficiência da medida prevista no § 1º-A do art. 149 da Constituição da República para equacionar o déficit atuarial, é facultada a instituição de *contribuição extraordinária*, no âmbito da União, dos servidores públicos ativos, dos aposentados e dos pensionistas (art. 149, § 1º-B, da Constituição Federal de 1988, com redação dada pela Emenda Constitucional 103/2019).

Logo, havendo déficit atuarial no Regime Próprio de Previdência Social e demonstrada a insuficiência da contribuição ordinária dos aposentados e pensionistas sobre o valor dos proventos de aposentadoria e de pensões que supere o salário mínimo (art. 149, § 1º-A, da Constituição Federal de 1988), no âmbito da União, a contribuição extraordinária pode cobrada não apenas de servidores ativos, mas também de aposentados e de pensionistas.

A mencionada contribuição extraordinária certamente tem como fundamento o princípio da *solidariedade*, objetivando-se alcançar o equilíbrio financeiro e atuarial (art. 40 da Constituição Federal de 1988).

Ainda assim, sabendo-se que os vencimentos dos servidores públicos ativos e os proventos de aposentados e pensionistas também sofrem a incidência do imposto de renda (art. 153, inciso III, da Constituição Federal de 1988), conforme o valor da contribuição extraordinária que for instituída no âmbito da União, o conjunto dessa tributação, notadamente em casos de alíquotas mais elevadas, certamente irá gerar questionamentos quanto à constitucionalidade (art. 60, § 4º, inciso IV, da Constituição da República), em face do *princípio da vedação do confisco*.

Nesse sentido, veda-se à União, aos Estados, ao Distrito Federal e aos Municípios utilizar tributo com efeito de confisco (art. 150, inciso IV, da Constituição Federal de 1988), em afronta ao direito de propriedade (art. 5º, inciso XXII, da Constituição da República)[78].

A contribuição extraordinária de que trata o § 1º-B do art. 149 da Constituição da República deve ser instituída simultaneamente com outras medidas para equacionamento do déficit e vigorará por período determinado, contado da data de sua instituição (art. 149, § 1º-C, da Constituição Federal de 1988, com redação dada pela Emenda Constitucional 103/2019).

A Emenda Constitucional 103/2019 entra em vigor, para os Regimes Próprios de Previdência Social dos Estados, do Distrito Federal e dos Municípios, quanto à alteração promovida pelo art. 1º da Emenda Constitucional 103/2019 no art. 149 da Constituição Federal de 1988, na data de publicação de lei de iniciativa privativa do respectivo Poder Executivo que as referende integralmente (art. 36, inciso II, da Emenda Constitucional 103/2019).

---

[78] "A tributação confiscatória é vedada pela Constituição da República. A jurisprudência do Supremo Tribunal Federal entende cabível, em sede de controle normativo abstrato, a possibilidade de a Corte examinar se determinado tributo ofende, ou não, o princípio constitucional da não-confiscatoriedade consagrado no art. 150, IV, da Constituição. Precedente: ADI 1.075-DF, Rel. Min. Celso de Mello (o Relator ficou vencido, no precedente mencionado, por entender que o exame do efeito confiscatório do tributo depende da apreciação individual de cada caso concreto). A proibição constitucional do confisco em matéria tributária nada mais representa senão a interdição, pela Carta Política, de qualquer pretensão governamental que possa conduzir, no campo da fiscalidade, à injusta apropriação estatal, no todo ou em parte, do patrimônio ou dos rendimentos dos contribuintes, comprometendo-lhes, pela insuportabilidade da carga tributária, o exercício do direito a uma existência digna, ou a prática de atividade profissional lícita ou, ainda, a regular satisfação de suas necessidades vitais (educação, saúde e habitação, por exemplo). A identificação do efeito confiscatório deve ser feita em função da totalidade da carga tributária, mediante verificação da capacidade de que dispõe o contribuinte – considerado o montante de sua riqueza (renda e capital) – para suportar e sofrer a incidência de todos os tributos que ele deverá pagar, dentro de determinado período, à mesma pessoa política que os houver instituído (a União Federal, no caso), condicionando-se, ainda, a aferição do grau de insuportabilidade econômico-financeira, à observância, pelo legislador, de padrões de razoabilidade destinados a neutralizar excessos de ordem fiscal eventualmente praticados pelo Poder Público. Resulta configurado o caráter confiscatório de determinado tributo, sempre que o efeito cumulativo – resultante das múltiplas incidências tributárias estabelecidas pela mesma entidade estatal – afetar, substancialmente, de maneira irrazoável, o patrimônio e/ou os rendimentos do contribuinte. O Poder Público, especialmente em sede de tributação (as contribuições de seguridade social revestem-se de caráter tributário), não pode agir imoderadamente, pois a atividade estatal acha-se essencialmente condicionada pelo princípio da razoabilidade" (STF, Pleno, MC-ADI 2.010/DF, rel. Min. Celso de Mello, j. 30.09.1999, DJ 12.04.2002).

A lei de que trata o inciso II do *caput* do art. 36 da Emenda Constitucional 103/2019 não produzirá efeitos anteriores à data de sua publicação (art. 36, parágrafo único, da Emenda Constitucional 103/2019).

9.10.1. ALÍQUOTA DA CONTRIBUIÇÃO PREVIDENCIÁRIA

Até que entre em vigor lei que altere a alíquota da contribuição previdenciária de que tratam os arts. 4º, 5º e 6º da Lei 10.887, de 18 de junho de 2004, esta será de 14% (art. 11 da Emenda Constitucional 103/2019).

A alíquota prevista no art. 11, *caput*, da Emenda Constitucional 103/2019 será reduzida ou majorada, considerado o valor da base de contribuição ou do benefício recebido, de acordo com os seguintes parâmetros (art. 11, § 1º, da Emenda Constitucional 103/2019):

I – até um salário mínimo, redução de seis inteiros e cinco décimos pontos percentuais; [ou seja, até um salário mínimo, 7,5%]

II – acima de um salário mínimo até R$ 2.000,00, redução de cinco pontos percentuais; [ou seja, acima de um salário mínimo até R$ 2.000,00, 9%]

III – de R$ 2.000,01 até R$ 3.000,00, redução de dois pontos percentuais; [ou seja, de R$ 2.000,01 até R$ 3.000,00, 12%]

IV – de R$ 3.000,01 até R$ 5.839,45, sem redução ou acréscimo; [ou seja, de R$ 3.000,01 até R$ 5.839,45, 14%]

V – de R$ 5.839,46 até R$ 10.000,00, acréscimo de meio ponto percentual; [ou seja, de R$ 5.839,46 até R$ 10.000,00, 14,5%]

VI – de R$ 10.000,01 até R$ 20.000,00, acréscimo de dois inteiros e cinco décimos pontos percentuais; [ou seja, de R$ 10.000,01 até R$ 20.000,00, 16,5%]

VII – de R$ 20.000,01 até R$ 39.000,00, acréscimo de cinco pontos percentuais; [ou seja, de R$ 20.000,01 até R$ 39.000,00, 19%] e

VIII – acima de R$ 39.000,00, acréscimo de oito pontos percentuais [ou seja, acima de R$ 39.000,00, 22%].

A alíquota, reduzida ou majorada nos termos do disposto no § 1º do art. 11 da Emenda Constitucional 103/2019, será aplicada de forma *progressiva* sobre a base de contribuição do servidor ativo, incidindo cada alíquota sobre a faixa de valores compreendida nos respectivos limites (art. 11, § 2º, da Emenda Constitucional 103/2019).

Logo, se o salário de contribuição for, por exemplo, R$ 40.000,00, cada alíquota deve incidir sobre a respectiva faixa de valores, observando-se os limites indicados.

A progressividade das alíquotas, que passa a ser expressamente prevista em norma constitucional[79], tem como fundamento o *princípio da capacidade contributiva*, objetivando-se alcançar justiça e isonomia substancial na tributação, ao considerar a condição econômica dos contribuintes[80].

Nesse contexto, em consonância com o *princípio da igualdade tributária*, sem prejuízo de outras garantias asseguradas ao contribuinte, é vedado à União, aos Estados, ao Distrito Federal e aos Municípios instituir tratamento desigual entre contribuintes que se encontrem em situação equivalente, proibida qualquer distinção em razão de ocupação profissional ou função por eles exercida, independentemente da denominação jurídica dos rendimentos, títulos ou direitos (art. 150, inciso II, da Constituição da República)[81].

Entretanto, como os vencimentos dos servidores públicos ativos e os proventos de aposentadorias e pensões também sofrem a incidência do imposto de renda (art. 153, inciso III, da Constituição Federal de 1988), o conjunto dessa tributação, principalmente em casos de alíquotas mais elevadas, certamente irá gerar questionamentos quanto à constitucionalidade (art. 60, § 4º, inciso IV, da Constituição da República), tendo em vista o mencionado *princípio da vedação do confisco*[82].

---

[79] "Recurso extraordinário. Contribuição de Seguridade Social. Servidores em atividade. Estrutura progressiva das alíquotas: impossibilidade. A progressividade em matéria tributária supõe expressa autorização constitucional. Inexistência dessa autorização. Precedentes do STF. Recurso de agravo improvido" (STF, 2ª T., AgR-RE 464.582/PR, rel. Min. Celso de Mello, DJe 19.02.2010). Cf. ainda: "Processual civil. Agravo regimental. Ausência de impugnação de todos os fundamentos adotados pela decisão agravada. Causa de rejeição do recurso. constitucional. Tributário. Contribuição destinada ao custeio da Previdência Social. Estado do Paraná. Paraná Previdência. Lei 12.398/1998. Progressividade. Impossibilidade. 1. É dever da recorrente impugnar todos os fundamentos capazes, isoladamente, de manter a decisão agravada. A inobservância do dever acarreta a rejeição do recurso (art. 317, § 1º do RISTF). 2. Para as contribuições sociais destinadas ao custeio da previdência, a adoção de alíquotas progressivas depende de autorização constitucional expressa. 'Progressividade' não se limita ao escalonamento do cálculo do tributo em função do tempo, mas também abrange a exasperação da carga tributária com base na capacidade contributiva, na seletividade, na essencialidade ou na função social da propriedade. Agravo regimental ao qual se nega provimento" (STF, 2ª T., AgR-RE 396.411/PR, rel. Min. Joaquim Barbosa, DJe 12.11.2010).

[80] Cf. HORVATH, Estevão. In: OLIVEIRA, Regis Fernandes de; HORVATH, Estevão. *Manual de direito financeiro*. 2. ed. São Paulo: RT, 1997. p. 61: "A ideia inspiradora desse princípio baseia-se na justa repartição da carga tributária, de forma que quem possa mais pague mais e quem possa menos pague menos".

[81] Cf. JARDIM, Eduardo Marcial Ferreira. *Manual de direito financeiro e tributário*. São Paulo: Saraiva, 1993. p. 138.

[82] "Agravo regimental no recurso extraordinário. Previdenciário. Servidor público. Contribuição previdenciária. Alíquota progressiva. Impossibilidade. Precedentes. 1. Esta Corte já decidiu que a instituição de alíquotas progressivas para a contribuição previdenciária dos servidores públicos

Quanto ao tema, é vedado à União, aos Estados, ao Distrito Federal e aos Municípios utilizar tributo com efeito de confisco (art. 150, inciso IV, da Constituição Federal de 1988), em desrespeito ao direito de propriedade (art. 5º, inciso XXII, da Constituição da República)[83]. Entende-se por tributo com efeito de confisco aquele que, "por ser excessivamente oneroso, seja sentido como penalidade"[84].

Os valores previstos no § 1º do art. 11 da Emenda Constitucional 103/2019 devem ser reajustados, a partir da data de entrada em vigor da Emenda Constitucional 103/2019, na mesma data e com o mesmo índice em que se der o reajuste dos benefícios do Regime Geral de Previdência Social, ressalvados aqueles vinculados ao salário mínimo, aos quais se aplica a legislação específica (art. 11, § 3º, da Emenda Constitucional 103/2019).

O valor dos benefícios do Regime Geral de Previdência Social em manutenção deve ser reajustado, anualmente, na mesma data do reajuste do

---

ofende o princípio da vedação à utilização de qualquer tributo com efeito de confisco (art. 150, inciso IV, da Constituição Federal). 2. Agravo regimental não provido" (STF, 1ª T., AgR-RE 346.197/DF, rel. Min. Dias Toffoli, DJe 12.11.2012).

83 "A tributação confiscatória é vedada pela Constituição da República. A jurisprudência do Supremo Tribunal Federal entende cabível, em sede de controle normativo abstrato, a possibilidade de a Corte examinar se determinado tributo ofende, ou não, o princípio constitucional da não-confiscatoriedade, consagrado no art. 150, IV, da Constituição. Precedente: ADI 2.010-MC/DF, Rel. Min. Celso de Mello. A proibição constitucional do confisco em matéria tributária nada mais representa senão a interdição, pela Carta Política, de qualquer pretensão governamental que possa conduzir, no campo da fiscalidade, à injusta apropriação estatal, no todo ou em parte, do patrimônio ou dos rendimentos dos contribuintes, comprometendo-lhes, pela insuportabilidade da carga tributária, o exercício do direito a uma existência digna, ou a prática de atividade profissional lícita ou, ainda, a regular satisfação de suas necessidades vitais (educação, saúde e habitação, por exemplo). A identificação do efeito confiscatório deve ser feita em função da totalidade da carga tributária, mediante verificação da capacidade de que dispõe o contribuinte – considerado o montante de sua riqueza (renda e capital) – para suportar e sofrer a incidência de todos os tributos que ele deverá pagar, dentro de determinado período, à mesma pessoa política que os houver instituído (a União Federal, no caso), condicionando-se, ainda, a aferição do grau de insuportabilidade econômico-financeira, à observância, pelo legislador, de padrões de razoabilidade destinados a neutralizar excessos de ordem fiscal eventualmente praticados pelo Poder Público. Resulta configurado o caráter confiscatório de determinado tributo, sempre que o efeito cumulativo – resultante das múltiplas incidências tributárias estabelecidas pela mesma entidade estatal – afetar, substancialmente, de maneira irrazoável, o patrimônio e/ou os rendimentos do contribuinte. O Poder Público, especialmente em sede de tributação (as contribuições de seguridade social revestem-se de caráter tributário), não pode agir imoderadamente, pois a atividade estatal acha-se essencialmente condicionada pelo princípio da razoabilidade" (STF, Pleno, MC-ADC 8/DF, rel. Min. Celso de Mello, j. 13.10.1999, DJ 04.04.2003).

84 MACHADO, Hugo de Brito. *Curso de direito tributário*. 12. ed. São Paulo: Malheiros, 1997. p. 191.

salário mínimo, *pro rata*, de acordo com suas respectivas datas de início ou do último reajustamento, com base no Índice Nacional de Preços ao Consumidor (INPC), apurado pela Fundação Instituto Brasileiro de Geografia e Estatística (IBGE), conforme art. 41-A, *caput*, da Lei 8.213/1991, incluído pela Lei 11.430/2006.

A alíquota de contribuição de que trata o art. 11, *caput*, da Emenda Constitucional 103/2019, com a redução ou a majoração decorrentes do disposto no § 1º do art. 11 da Emenda Constitucional 103/2019, será devida pelos aposentados e pensionistas de quaisquer dos Poderes da União, incluídas suas entidades autárquicas e suas fundações, e incidirá sobre o valor da parcela dos proventos de aposentadoria e de pensões que supere o limite máximo estabelecido para os benefícios do Regime Geral de Previdência Social, hipótese em que será considerada a totalidade do valor do benefício para fins de definição das alíquotas aplicáveis (art. 11, § 4º, da Emenda Constitucional 103/2019).

Frise-se que as contribuições sociais para a Seguridade Social só podem ser exigidas após decorridos 90 dias da data da publicação da lei que as houver *instituído ou modificado*, não se lhes aplicando o disposto no art. 150, inciso III, alínea *b*, sobre a anterioridade anual (art. 195, § 6º, da Constituição da República)[85].

---

[85] "Ação cível originária. Emissão de certificado de regularidade previdenciária. Majoração de alíquota de contribuição social patronal. Subsunção ao princípio da anterioridade nonagesimal. Agravo regimental a que se nega provimento. I – A majoração da alíquota patronal prevista na Lei Estadual 14.258/2007 (resultante da conversão da Medida Provisória 143/2007), do Estado de Santa Catarina, incide apenas após o decurso do prazo relativo à anterioridade nonagesimal (noventena) previsto no art. 195, § 6º, da Constituição. II – Agravo regimental a que se nega provimento" (STF, Pleno, AgR-ACO 1.196/SC, rel. Min. Ricardo Lewandowski, DJe 04.08.2017). Cf. ainda: "Agravo regimental em recurso extraordinário. Contribuição previdenciária. Alíquotas progressivas. Medida Provisória 560/1994 e sucessivas reedições. Constitucionalidade. A decisão agravada está em perfeita consonância com o entendimento firmado por este Tribunal quanto à constitucionalidade da Medida Provisória 560/1994 e sucessivas reedições desde que observada a regra da anterioridade mitigada do § 6º do art. 195 da Constituição federal. Constitucionalidade da cobrança da contribuição social do servidor público pelo sistema de alíquotas progressivas. Precedentes do Supremo Tribunal Federal. Agravo regimental a que se nega provimento" (STF, 2ª T., AgR-RE 440.044/RS, rel. Min. Joaquim Barbosa, DJ 02.12.2005). "Contribuição social. Servidor público. MP 560 e reedições. Constitucionalidade. 1. O Plenário desta Corte, ao julgar o mérito da ADI 1.135 (DJ de 05/12/1997), declarou a constitucionalidade da cobrança da contribuição social do servidor público em alíquotas progressivas, ressalvando o respeito ao princípio da anterioridade nonagesimal. Esta decisão vincula os demais pronunciamentos da Casa em casos semelhantes" (STF, 2ª T., AgR-RE 284409/RS, rel. Min. Ellen Gracie, DJ 06.08.2004).

Nesse sentido, a Emenda Constitucional 103/2019 entra em vigor no primeiro dia do quarto mês subsequente ao da data de sua publicação, quanto ao disposto no seu art. 11 (art. 36, inciso I, da Emenda Constitucional 103/2019).

Os valores previstos nos incisos II a VIII do § 1º do art. 11 da Emenda Constitucional 103/2019 ficam reajustados a partir de 1º de janeiro de 2023 em 5,93%, índice aplicado aos benefícios do Regime Geral de Previdência Social, nos termos do § 3º do art. 11 da Emenda Constitucional 103/2019 (art. 10 da Portaria Interministerial 26/2023 do Ministério da Previdência Social e do Ministério da Fazenda).

Em razão do mencionado reajuste, a alíquota de 14% estabelecida no art. 11, *caput*, da Emenda Constitucional 103/2019, será reduzida ou majorada, considerado o valor da base de contribuição ou do benefício recebido, de acordo com os parâmetros previstos no Anexo III-A (a partir de 1º de maio de 2023) da Portaria Interministerial 26/2023 do Ministério da Previdência Social e do Ministério da Fazenda, conforme a seguir indicado (art. 10, § 1º).

Base de contribuição (R$)	Alíquota progressiva incidindo sobre a faixa de valores
até 1.320,00	7,5%
de 1.320,01 até 2.571,29	9%
de 2.571,30 até 3.856,94	12%
de 3.856,95 até 7.507,49	14%
de 7.507,50 até 12.856,50	14,5%
de 12.856,51 até 25.712,99	16,5%
de 25.713,00 até 50.140,33	19%
acima de 50.140,33	22%

A alíquota, reduzida ou majorada nos termos do disposto no § 1º do art. 10 da Portaria Interministerial 26/2023, será aplicada de forma *progressiva* sobre a base de contribuição do servidor ativo de quaisquer dos Poderes da União, incluídas suas entidades autárquicas e suas fundações, incidindo cada alíquota sobre a faixa de valores compreendida nos respectivos limites (art. 10, § 2º, da Portaria Interministerial 26/2023).

A alíquota de contribuição de que trata o art. 11, *caput*, da Emenda Constitucional 103/2019, com a redução ou a majoração decorrentes do disposto no art. 11, § 1º, incisos I a VIII, da Emenda Constitucional 103/2019, será devida pelos aposentados e pensionistas de quaisquer dos Poderes da

União, incluídas suas entidades autárquicas e suas fundações, e incidirá sobre o valor da parcela dos proventos de aposentadoria e de pensões que supere o limite máximo estabelecido para os benefícios do Regime Geral de Previdência Social, hipótese em que será considerada a totalidade do valor do benefício para fins de definição das alíquotas aplicáveis (art. 10, § 3º, da Portaria Interministerial 26/2023).

Cabe à lei complementar federal estabelecer, para os Regimes Próprios de Previdência Social que já existam, normas gerais de organização, de funcionamento e de responsabilidade em sua gestão, dispondo, entre outros aspectos, sobre os indicados no art. 40, § 22, da Constituição Federal de 1988, incluído pela Emenda Constitucional 103/2019.

Até que entre em vigor lei complementar que discipline o § 22 do art. 40 da Constituição Federal de 1988, aplicam-se aos Regimes Próprios de Previdência Social o disposto na Lei 9.717/1998, e o disposto no art. 9º da Emenda Constitucional 103/2019.

Os Estados, o Distrito Federal e os Municípios não podem estabelecer alíquota inferior à da contribuição dos servidores da União, exceto se demonstrado que o respectivo Regime Próprio de Previdência Social não possui déficit atuarial a ser equacionado, hipótese em que a alíquota não poderá ser inferior às alíquotas aplicáveis ao Regime Geral de Previdência Social (art. 9º, § 4º, da Emenda Constitucional 103/2019)[86].

Para fins do disposto no § 4º do art. 9º da Emenda Constitucional 103/2019, não será considerada como ausência de déficit a implementação de segregação da massa de segurados ou a previsão em lei de plano de equacionamento de déficit (art. 9º, § 5º, da Emenda Constitucional 103/2019). Cf. ainda Capítulo 9, item 9.9.2.

Ainda quanto ao custeio direto, a contribuição da União, dos Estados, do Distrito Federal e dos Municípios, incluídas suas autarquias e fundações, aos Regimes Próprios de Previdência Social a que estejam vinculados seus servidores não poderá ser inferior ao valor da contribuição do servidor ativo, nem superior ao dobro dessa contribuição (art. 2º da Lei 9.717/1998, com redação dada pela Lei 10.887/2004).

A contribuição da União, de suas autarquias e fundações para o custeio do Regime Próprio de Previdência Social, de que trata o art. 40 da Constituição Federal de 1988, será o dobro da contribuição do servidor ativo,

[86] Cf. art. 149, § 1º, da Constituição Federal de 1988, com redação dada pela Emenda Constitucional 103/2019, e art. 36, inciso II, da Emenda Constitucional 103/2019.

devendo o produto de sua arrecadação ser contabilizado em conta específica (art. 8º da Lei 10.887/2004).

No que tange ao chamado custeio indireto, a União, os Estados, o Distrito Federal e os Municípios são responsáveis pela cobertura de eventuais insuficiências financeiras do respectivo Regime Próprio de Previdência Social, decorrentes do pagamento de benefícios previdenciários (art. 2º, § 1º, da Lei 9.717/1998).

Logo, na esfera federal, a União é responsável pela cobertura de eventuais insuficiências financeiras do regime decorrentes do pagamento de benefícios previdenciários (art. 8º, parágrafo único, da Lei 10.887/2004).

9.11. ABONO DE PERMANÊNCIA EM SERVIÇO

Observados critérios a serem estabelecidos em lei do respectivo ente federativo, o servidor titular de cargo efetivo que tenha completado as exigências para a aposentadoria voluntária e que opte por permanecer em atividade pode fazer jus a um *abono de permanência* equivalente, no máximo, ao valor da sua contribuição previdenciária, até completar a idade para aposentadoria compulsória (art. 40, § 19, da Constituição Federal de 1988, com redação dada pela Emenda Constitucional 103/2019).

Os servidores titulares de cargos efetivos abrangidos pelo Regime Próprio de Previdência Social de que trata o art. 40 da Constituição da República serão aposentados compulsoriamente, com proventos proporcionais ao tempo de contribuição, aos 70 anos de idade, ou aos 75 anos de idade, na forma de lei complementar (art. 40, § 1º, inciso II, da Constituição Federal de 1988, com redação dada pela Emenda Constitucional 88/2015).

A Lei Complementar 152/2015 dispõe sobre a aposentadoria compulsória por idade, com proventos proporcionais, no âmbito da União, dos Estados, do Distrito Federal e dos Municípios, dos agentes públicos aos quais se aplica o art. 40, § 1º, inciso II, da Constituição Federal de 1988 (art. 1º). Desse modo, serão aposentados compulsoriamente, com proventos proporcionais ao tempo de contribuição, aos 75 anos de idade: I – os servidores titulares de cargos efetivos da União, dos Estados, do Distrito Federal e dos Municípios, incluídas suas autarquias e fundações; II – os membros do Poder Judiciário; III – os membros do Ministério Público; IV – os membros das Defensorias Públicas; V – os membros dos Tribunais e dos Conselhos de Contas (art. 2º). Aos servidores do Serviço Exterior Brasileiro, regidos pela Lei 11.440/2006, o disposto no art. 2º deve ser aplicado progressivamente à razão de um ano adicional de limite para aposentadoria compulsória ao fim de cada dois anos, a partir da vigência da Lei Complementar 152/2015, até alcançar o limite de 75 anos.

Até que entre em vigor lei federal que discipline os benefícios do Regime Próprio de Previdência Social dos servidores da União, aplica-se o disposto no art. 10 da Emenda Constitucional 103/2019. Assim, os servidores públicos federais serão aposentados compulsoriamente, na forma do disposto no inciso II do § 1º do art. 40 da Constituição Federal de 1988 (art. 10, § 1º, inciso III, da Emenda Constitucional 103/2019).

Até que entre em vigor lei federal de que trata o § 19 do art. 40 da Constituição Federal de 1988, o servidor público federal vinculado a Regime Próprio de Previdência Social que tenha cumprido os requisitos para aposentadoria voluntária com base no disposto na alínea *a* do inciso III do § 1º do art. 40 da Constituição Federal de 1988, na redação vigente até a data de entrada em vigor da Emenda Constitucional 103/2019 (60 anos de idade e 35 de contribuição, se homem, e 55 anos de idade e 30 de contribuição, se mulher), no art. 2º[87], no § 1º do art. 3º[88] ou no art. 6º[89] da Emenda Constitucional 41/2003, ou

[87] "Art. 2º Observado o disposto no art. 4º da Emenda Constitucional nº 20, de 15 de dezembro de 1998, é assegurado o direito de opção pela aposentadoria voluntária com proventos calculados de acordo com o art. 40, §§ 3º e 17, da Constituição Federal, àquele que tenha ingressado regularmente em cargo efetivo na Administração Pública direta, autárquica e fundacional, até a data de publicação daquela Emenda, quando o servidor, cumulativamente: I – tiver cinquenta e três anos de idade, se homem, e quarenta e oito anos de idade, se mulher; II – tiver cinco anos de efetivo exercício no cargo em que se der a aposentadoria; III – contar tempo de contribuição igual, no mínimo, à soma de: a) trinta e cinco anos, se homem, e trinta anos, se mulher; e b) um período adicional de contribuição equivalente a vinte por cento do tempo que, na data de publicação daquela Emenda, faltaria para atingir o limite de tempo constante da alínea *a* deste inciso".

[88] "Art. 3º É assegurada a concessão, a qualquer tempo, de aposentadoria aos servidores públicos, bem como pensão aos seus dependentes, que, até a data de publicação desta Emenda, tenham cumprido todos os requisitos para obtenção desses benefícios, com base nos critérios da legislação então vigente. § 1º O servidor de que trata este artigo que opte por permanecer em atividade tendo completado as exigências para aposentadoria voluntária e que conte com, no mínimo, vinte e cinco anos de contribuição, se mulher, ou trinta anos de contribuição, se homem, fará jus a um abono de permanência equivalente ao valor da sua contribuição previdenciária até completar as exigências para aposentadoria compulsória contidas no art. 40, § 1º, II, da Constituição Federal".

[89] "Art. 6º Ressalvado o direito de opção à aposentadoria pelas normas estabelecidas pelo art. 40 da Constituição Federal ou pelas regras estabelecidas pelo art. 2º desta Emenda, o servidor da União, dos Estados, do Distrito Federal e dos Municípios, incluídas suas autarquias e fundações, que tenha ingressado no serviço público até a data de publicação desta Emenda poderá aposentar-se com proventos integrais, que corresponderão à totalidade da remuneração do servidor no cargo efetivo em que se der a aposentadoria, na forma da lei, quando, observadas as reduções de idade e tempo de contribuição contidas no § 5º do art. 40 da Constituição Federal, vier a preencher, cumulativamente, as seguintes condições: I – sessenta anos de idade, se homem, e

no art. 3º da Emenda Constitucional 47/2005, que optar por permanecer em atividade, fará jus a um *abono de permanência* equivalente ao valor da sua contribuição previdenciária, até completar a idade para aposentadoria compulsória (art. 3º, § 3º, da Emenda Constitucional 103/2019).

Até que entre em vigor lei federal de que trata o § 19 do art. 40 da Constituição Federal de 1988, o servidor público federal que cumprir as exigências para a concessão da aposentadoria voluntária, nos termos do disposto nos arts. 4º, 5º, 20, 21 e 22 da Emenda Constitucional 103/2019 e que optar por permanecer em atividade, fará jus a um *abono de permanência* equivalente ao valor da sua contribuição previdenciária, até completar a idade para aposentadoria compulsória (art. 8º da Emenda Constitucional 103/2019).

Até que entre em vigor lei federal de que trata o § 19 do art. 40 da Constituição Federal de 1988, o servidor federal que cumprir as exigências para a concessão da aposentadoria voluntária nos termos do disposto no art. 10 da Emenda Constitucional 103/2019 e que optar por permanecer em atividade fará jus a um *abono de permanência* equivalente ao valor da sua contribuição previdenciária, até completar a idade para aposentadoria compulsória (art. 10, § 5º, da Emenda Constitucional 103/2019).

Trata-se de previsão voltada ao Regime Próprio de Previdência Social dos servidores titulares de cargos efetivos (estatutários) da União, dos Estados, do Distrito Federal e dos Municípios, incluídas suas autarquias e fundações, tendo como objetivo incentivar a permanência em atividade, postergando, assim, o início, especificamente, da aposentadoria voluntária integral por idade e tempo de contribuição.

Nesse caso, o servidor estatutário continua contribuindo para o Regime Próprio de Previdência Social, mas recebe o referido abono de permanência, no mesmo valor da contribuição previdenciária.

Entende-se que o referido abono de permanência (art. 40, § 19, da Constituição Federal de 1988) também é devido ao servidor público que tiver completado os requisitos para a *aposentadoria voluntária especial*, prevista no art. 40, § 4º, da Constituição da República, e que opte por permanecer em atividade (STF, Pleno, RG-ARE 954.408/RS, rel. Min. Teori Zavascki, DJe 22.04.2016).

---

cinquenta e cinco anos de idade, se mulher; II – trinta e cinco anos de contribuição, se homem, e trinta anos de contribuição, se mulher; III – vinte anos de efetivo exercício no serviço público; e IV – dez anos de carreira e cinco anos de efetivo exercício no cargo em que se der a aposentadoria".

Cabe ainda salientar que o art. 3º da Emenda Constitucional 41/2003, preservando o *direito adquirido*, assegura a concessão, a qualquer tempo, de aposentadoria aos servidores públicos, bem como pensão aos seus dependentes, que, até a data de publicação dessa Emenda (31.12.2003), tenham cumprido todos os requisitos para obtenção desses benefícios, com base nos critérios da legislação então vigente.

Sendo assim, como regra de caráter transitório, o servidor de que trata o art. 3º da Emenda Constitucional 41/2003 que opte por permanecer em atividade tendo completado as exigências para aposentadoria voluntária e que conte com, no mínimo, 25 anos de contribuição, se mulher, ou 30 anos de contribuição, se homem, faz jus a um *abono de permanência* equivalente ao valor da sua contribuição previdenciária até completar as exigências para aposentadoria compulsória, contidas no art. 40, § 1º, inciso II, da Constituição Federal de 1988.

9.12. DIREITO ADQUIRIDO À APOSENTADORIA E À PENSÃO POR MORTE

A concessão de aposentadoria ao servidor público federal vinculado a Regime Próprio de Previdência Social e de pensão por morte aos dependentes será assegurada, a qualquer tempo, desde que tenham sido cumpridos os requisitos para obtenção desses benefícios até a data de entrada em vigor da Emenda Constitucional 103/2019, observados os critérios da legislação vigente na data em que foram atendidos os requisitos para a concessão da aposentadoria ou da pensão por morte (art. 3º da Emenda Constitucional 103/2019).

Trata-se de previsão que assegura o direito adquirido à aposentadoria e à pensão por morte em Regime Próprio de Previdência Social de servidor público federal titular de cargo efetivo.

Os proventos de aposentadoria devidos ao servidor público a que se refere o art. 3º, *caput*, da Emenda Constitucional 103/2019 e as pensões por morte devidas aos seus dependentes devem ser calculados e reajustados de acordo com a legislação em vigor à época em que foram atendidos os requisitos nela estabelecidos para a concessão desses benefícios (art. 3º, § 1º, da Emenda Constitucional 103/2019).

Até que entre em vigor lei federal de que trata o § 19 do art. 40 da Constituição Federal de 1988, o servidor de que trata o art. 3º, *caput*, da Emenda Constitucional 103/2019 que tenha cumprido os requisitos para aposentadoria voluntária com base no disposto na alínea *a* do inciso III do

§ 1º do art. 40 da Constituição Federal de 1988, na redação vigente até a data de entrada em vigor da Emenda Constitucional 103/2019, no art. 2º, no § 1º do art. 3º ou no art. 6º da Emenda Constitucional 41/2003, ou no art. 3º da Emenda Constitucional 47/2005, que optar por permanecer em atividade, fará jus a um *abono de permanência* equivalente ao valor da sua contribuição previdenciária, até completar a idade para aposentadoria compulsória (art. 3º, § 3º, da Emenda Constitucional 103/2019).

9.13. REGRAS DE TRANSIÇÃO

As Emendas Constitucionais 20/1998, 41/2003 e 47/2005 estabeleceram diversas regras de natureza *transitória*, com requisitos diferenciados para aposentadorias no Regime Próprio de Previdência Social dos servidores públicos, aplicáveis apenas aos que já haviam ingressado no serviço público.

Cabe ressaltar que várias dessas previsões foram revogadas pela Emenda Constitucional 103/2019 (art. 35, incisos II, III e IV), que estabeleceu novas regras de transição.

A Emenda Constitucional 103/2019 entra em vigor, para os Regimes Próprios de Previdência Social dos Estados, do Distrito Federal e dos Municípios, quanto às revogações previstas na alínea *a* do inciso I do art. 35 da Emenda Constitucional (que revoga o § 21 do art. 40 da Constituição Federal de 1988) e nos incisos III e IV do art. 35 da Emenda Constitucional 103/2019 (que revogam os arts. 2º, 6º e 6º-A da Emenda Constitucional 41/2003 e o art. 3º da Emenda Constitucional 47/2005), na data de publicação de lei de iniciativa privativa do respectivo Poder Executivo que as referende integralmente (art. 36, inciso II, da Emenda Constitucional 103/2019).

Entende-se que a revogação dos arts. 9º, 13 e 15 da Emenda Constitucional 20/1998, dos arts. 2º, 6º e 6º-A da Emenda Constitucional 41/2003 e do art. 3º da Emenda Constitucional 47/2005 não pode prejudicar as garantias fundamentais do direito adquirido, do ato jurídico e da coisa julgada (art. 5º, inciso XXXVI, da Constituição da República).

Nesse sentido, quem tiver preenchido os requisitos previstos nas mencionadas regras de transição durante a sua vigência tem direito adquirido, o qual integra o seu patrimônio jurídico, podendo exercê-lo mesmo depois da mencionada revogação.

Logo, as regras de transição das Emendas Constitucionais 20/1998, 41/2003 e 47/2005 produzem efeitos durante a sua vigência e aqueles que têm direito adquirido com base nelas, por terem preenchido os seus requisitos no período em que elas vigoraram (ou seja, até a data de sua revogação pela Emenda Constitucional 103/2019), não podem ser prejudicados.

Nessa linha, o art. 3º da Emenda Constitucional 103/2019 dispõe que a concessão de aposentadoria ao servidor público federal vinculado a Regime Próprio de Previdência Social e ao segurado do Regime Geral de Previdência Social e de pensão por morte aos respectivos dependentes será assegurada, a qualquer tempo, desde que tenham sido cumpridos os requisitos para obtenção desses benefícios até a data de entrada em vigor da Emenda Constitucional 103/2019, observados os critérios da legislação vigente na data em que foram atendidos os requisitos para a concessão da aposentadoria ou da pensão por morte.

9.13.1. SERVIDORES QUE INGRESSARAM NO SERVIÇO PÚBLICO ATÉ 16.12.1998: COM INTEGRALIDADE E PARIDADE

De acordo com o art. 3º da Emenda Constitucional 47/2005, ressalvado o direito de opção à aposentadoria pelas normas estabelecidas pelo art. 40 da Constituição Federal ou pelas regras estabelecidas pelos arts. 2º e 6º da Emenda Constitucional 41/2003, o servidor da União, dos Estados, do Distrito Federal e dos Municípios, incluídas suas autarquias e fundações, que tenha *ingressado no serviço público até 16 de dezembro de 1998* pode aposentar-se com *proventos integrais*, desde que preencha, *cumulativamente*, as seguintes condições:

> I – 35 anos de contribuição, se homem, e 30 anos de contribuição, se mulher;
>
> II – 25 anos de efetivo exercício no serviço público, 15 anos de carreira e cinco anos no cargo em que se der a aposentadoria;
>
> III – idade mínima resultante da *redução*, relativamente aos limites do art. 40, § 1º, inciso III, alínea *a*, da Constituição Federal de 1988 (na redação dada pela Emenda Constitucional 20/1998, anterior à Emenda Constitucional 103/2019: 60 anos de idade, se homem, e 55 anos de idade, se mulher), de um ano de idade para cada ano de contribuição que exceder a condição prevista no inciso I do *caput* do art. 3º.

No caso em questão, portanto, assegurou-se a *integralidade*, ou seja, os proventos de aposentadoria devem corresponder à totalidade da remuneração do servidor no cargo efetivo em que se der a aposentadoria.

Aplica-se ao valor dos proventos de aposentadorias concedidas com base no art. 3º da Emenda Constitucional 47/2005 o disposto no art. 7º da Emenda Constitucional 41/2003, observando-se igual critério de revisão às pensões derivadas dos proventos de servidores falecidos que tenham se aposentado em conformidade com o referido artigo.

O referido art. 7º da Emenda Constitucional 41/2003 dispõe que observado o disposto no art. 37, inciso XI, da Constituição Federal, os proventos de aposentadoria dos servidores públicos titulares de cargo efetivo e as pensões dos seus dependentes pagos pela União, Estados, Distrito Federal e Municípios, incluídas suas autarquias e fundações, em fruição na data de publicação da Emenda Constitucional 41/2003 (31.12.2003), bem como os proventos de aposentadoria dos servidores e as pensões dos dependentes abrangidos pelo art. 3º dessa Emenda, devem ser *revistos na mesma proporção e na mesma data, sempre que se modificar a remuneração dos servidores em atividade*, sendo também estendidos aos aposentados e pensionistas quaisquer benefícios ou vantagens posteriormente concedidos aos servidores em atividade, inclusive quando decorrentes da transformação ou reclassificação do cargo ou função em que se deu a aposentadoria ou que serviu de referência para a concessão da pensão, na forma da lei.

Ou seja, também foi assegurada a *paridade*, no sentido do direito à revisão das aposentadorias e pensões na mesma proporção e na mesma data da remuneração dos servidores em atividade.

O art. 3º da Emenda Constitucional 47/2005 foi revogado pela Emenda Constitucional 103/2019 (art. 35, inciso IV).

9.13.2. SERVIDORES QUE INGRESSARAM NO SERVIÇO PÚBLICO ATÉ 16.12.1998: SEM INTEGRALIDADE E SEM PARIDADE

Nos termos do art. 2º da Emenda Constitucional 41/2003, observado o disposto no art. 4º da Emenda Constitucional 20/1998[90], é assegurado o direito de opção pela aposentadoria voluntária com proventos calculados de acordo com o art. 40, §§ 3º e 17, da Constituição Federal, àquele que tenha *ingressado* regularmente em cargo efetivo na Administração Pública direta, autárquica e fundacional, *até a data de publicação daquela Emenda (16.12.1998)*, quando o servidor, cumulativamente:

I – tiver 53 anos de idade, se homem, e 48 anos de idade, se mulher;

II – tiver cinco anos de efetivo exercício no cargo em que se der a aposentadoria[91];

[90] "Art. 4º Observado o disposto no art. 40, § 10, da Constituição Federal, o tempo de serviço considerado pela legislação vigente para efeito de aposentadoria, cumprido até que a lei discipline a matéria, será contado como tempo de contribuição".

[91] O Supremo Tribunal Federal, ao analisar previsão semelhante (art. 8º, inciso II, da Emenda Constitucional 20/1998, revogado pela Emenda Constitucional 41/2003), fixou a seguinte tese

III – contar tempo de contribuição igual, no mínimo, à soma de:

a) 35 anos, se homem, e 30 anos, se mulher; e

b) um período adicional de contribuição equivalente a 20% do tempo que, na data de publicação da Emenda Constitucional 20/1998 (16.12.1998), faltaria para atingir o limite de tempo constante da alínea *a* deste inciso III.

O servidor de que trata o art. 2º da Emenda Constitucional 41/2003 que cumprir as exigências para aposentadoria na forma acima terá os seus *proventos de inatividade reduzidos* para cada ano antecipado em relação aos limites de idade estabelecidos pelo art. 40, § 1º, inciso III, *a*, e § 5º da Constituição Federal de 1988 (na redação dada pela Emenda Constitucional 20/1998, anterior à Emenda Constitucional 103/2019: 60 anos de idade e 35 de contribuição, se homem, e 55 anos de idade e 30 de contribuição, se mulher), na seguinte proporção:

I – 3,5%, para aquele que completar as exigências para aposentadoria na forma do *caput* até 31 de dezembro de 2005;

II – 5%, para aquele que completar as exigências para aposentadoria na forma do *caput* a partir de 1º de janeiro de 2006 (art. 2º, § 1º, da Emenda Constitucional 41/2003).

Não é assegurada nesse caso, portanto, a *integralidade*, uma vez que, pelo contrário, incide percentual de redução nos proventos de aposentadoria.

Aplica-se ao magistrado e ao membro do Ministério Público e de Tribunal de Contas o disposto no art. 2º da Emenda Constitucional 41/2003. Na aplicação dessa disposição, o magistrado ou o membro do Ministério Público ou de Tribunal de Contas, se homem, terá o tempo de serviço exercido até a data de publicação da Emenda Constitucional 20/1998, contado com acréscimo de 17%, observado o disposto no § 1º do art. 2º da Emenda Constitucional 41/2003.

O professor, servidor da União, dos Estados, do Distrito Federal e dos Municípios, incluídas suas autarquias e fundações, que, até a data de publicação da Emenda Constitucional 20/1998, tenha ingressado, regularmente, em

---

de repercussão geral: "(i) Ressalvado o direito de opção, a regra de transição do art. 8º, inciso II, da Emenda Constitucional nº 20/98 somente se aplica aos servidores que, quando da sua publicação, ainda não reuniam os requisitos necessários para a aposentadoria; (ii) em se tratando de carreira pública escalonada em classes, a exigência instituída pelo art. 8º, inciso II da Emenda Constitucional nº 20/98, de cinco anos de efetivo exercício no cargo no qual se dará a aposentadoria, deverá ser compreendida como cinco anos de efetivo exercício na carreira a que pertencente o servidor" (STF, Pleno, RE 662.423/SC, rel. Min. Dias Toffoli, j. 25.08.2020).

cargo efetivo de magistério e que opte por aposentar-se na forma do disposto no *caput*, terá o tempo de serviço exercido até a publicação daquela Emenda (16.12.1998), contado com o acréscimo de 17%, se homem, e de 25%, se mulher, desde que se aposente, exclusivamente, com tempo de efetivo exercício nas funções de magistério, observado o disposto no § 1º do art. 2º da Emenda Constitucional 41/2003.

O servidor de que trata o art. 2º da Emenda Constitucional 41/2003, que tenha completado as exigências para aposentadoria voluntária estabelecidas no *caput*, e que opte por permanecer em atividade, fará jus a um *abono de permanência equivalente* ao valor da sua contribuição previdenciária até completar as exigências para aposentadoria compulsória, contidas no art. 40, § 1º, inciso II, da Constituição Federal.

Às aposentadorias concedidas de acordo com o art. 2º da Emenda Constitucional 41/2003 aplica-se o disposto no art. 40, § 8º, da Constituição Federal de 1988[92].

Não é assegurada nesse caso, portanto, a *paridade* quanto ao reajuste da aposentadoria.

O art. 2º da Emenda Constitucional 41/2003 foi revogado pela Emenda Constitucional 103/2019 (art. 35, inciso III).

9.13.3. SERVIDORES QUE INGRESSARAM NO SERVIÇO PÚBLICO ATÉ 31.12.2003: INTEGRALIDADE E PARIDADE

Conforme o art. 6º da Emenda Constitucional 41/2003, ressalvado o direito de opção à aposentadoria pelas normas estabelecidas pelo art. 40 da Constituição Federal ou pelas regras estabelecidas pelo art. 2º dessa Emenda (examinada no item anterior), o servidor da União, dos Estados, do Distrito Federal e dos Municípios, incluídas suas autarquias e fundações, que tenha *ingressado no serviço público até a data de publicação da Emenda Constitucional 41/2003 (31.12.2003)* pode aposentar-se com *proventos integrais*, que *corresponderão à totalidade da remuneração do servidor no cargo efetivo em que se der a aposentadoria*, na forma da lei, quando, observadas as reduções de idade e tempo de contribuição contidas no § 5º do art. 40 da Constituição Federal de 1988 (na redação dada pela Emenda Constitucional 20/1998, anterior à Emenda Constitucional 103/2019), vier a preencher, cumulativamente, as seguintes condições:

[92] "§ 8º É assegurado o reajustamento dos benefícios para preservar-lhes, em caráter permanente, o valor real, conforme critérios estabelecidos em lei".

I – 60 anos de idade, se homem, e 55 anos de idade, se mulher;

II – 35 anos de contribuição, se homem, e 30 anos de contribuição, se mulher;

III – 20 anos de efetivo exercício no serviço público; e

IV – 10 anos de carreira e cinco anos de efetivo exercício no cargo em que se der a aposentadoria.

Logo, também nessa hipótese, foi assegurada a *integralidade*, no sentido de que os proventos de aposentadoria devem corresponder à totalidade da remuneração do servidor no cargo efetivo em que se der a aposentadoria.

O Supremo Tribunal Federal fixou a seguinte tese de repercussão geral: "A promoção por acesso de servidor a classe distinta na carreira não representa ascensão a cargo diverso daquele em que já estava efetivado, de modo que, para fins de aposentadoria, o prazo mínimo de cinco anos no cargo efetivo, exigido pelo artigo 40, § 1º, inciso III, da Constituição Federal, na redação da Emenda Constitucional 20/1998, e pelos artigos 6º da Emenda Constitucional 41/2003 e 3º da Emenda Constitucional 47/2005, não recomeça a contar pela alteração de classe" (STF, Pleno, RG-RE 1.322.195/SP, rel. Min. Luiz Fux, DJe 05.04.2022).

Nos termos do art. 2º da Emenda Constitucional 47/2005, aplica-se aos proventos de aposentadorias dos servidores públicos que se aposentarem na forma do art. 6º da Emenda Constitucional 41/2003, o disposto no art. 7º dessa mesma Emenda.

O já referido art. 7º da Emenda Constitucional 41/2003 dispõe que observado o disposto no art. 37, inciso XI, da Constituição Federal, os proventos de aposentadoria dos servidores públicos titulares de cargo efetivo e as pensões dos seus dependentes pagos pela União, Estados, Distrito Federal e Municípios, incluídas suas autarquias e fundações, em fruição na data de publicação da Emenda Constitucional 41/2003 (31.12.2003), bem como os proventos de aposentadoria dos servidores e as pensões dos dependentes abrangidos pelo art. 3º dessa Emenda[93], devem ser *revistos na mesma proporção e na mesma data, sempre que se modificar a remuneração dos servidores em atividade*, sendo também estendidos aos aposentados e pensionistas quaisquer benefícios ou vantagens posteriormente concedidos aos servidores em atividade,

[93] "Art. 3º É assegurada a concessão, a qualquer tempo, de aposentadoria aos servidores públicos, bem como pensão aos seus dependentes, que, até a data de publicação desta Emenda, tenham cumprido todos os requisitos para obtenção desses benefícios, com base nos critérios da legislação então vigente".

inclusive quando decorrentes da transformação ou reclassificação do cargo ou função em que se deu a aposentadoria ou que serviu de referência para a concessão da pensão, na forma da lei.

Com isso, a *paridade* também foi assegurada no caso em questão, no sentido do direito à revisão das aposentadorias e pensões na mesma proporção e na mesma data da remuneração dos servidores em atividade.

O art. 6º da Emenda Constitucional 41/2003 foi revogado pela Emenda Constitucional 103/2019 (art. 35, inciso III).

9.13.4. SERVIDORES JÁ APOSENTADOS FALECIDOS POSTERIORMENTE A 31.12.2003: PENSÃO COM PARIDADE E SEM INTEGRALIDADE

Conforme visto acima, o art. 7º da Emenda Constitucional 41/2003 prevê, nas condições ali indicadas, o direito de aposentadorias e pensões à *paridade* com servidores em atividade.

Nos termos do art. 3º, parágrafo único, da Emenda Constitucional 47/2005, aplica-se essa previsão do art. 7º da Emenda Constitucional 41/2003, ou seja, o direito à *paridade* como critério de revisão, às *pensões derivadas dos proventos de servidores falecidos que tenham se aposentado em conformidade com o art. 3º da Emenda Constitucional 47/2005* (que dispõe sobre regra de transição para o direito à *aposentadoria* com proventos integrais, conforme examinado no item 9.13.1).

Com isso, em caso de *falecimento do servidor depois da data de publicação da Emenda Constitucional 41/2003 (31.12.2003)*, a *pensão* é devida aos dependentes com direito à *paridade* com os servidores em atividade (isto é, revisão na mesma proporção e na mesma data da remuneração dos servidores da ativa), se inseridos na mencionada regra de transição do art. 3º, parágrafo único, da Emenda Constitucional 47/2005, ou seja, caso se trate de pensão derivada de provento de servidor falecido que já estava aposentado segundo o art. 3º da Emenda Constitucional 47/2005.

Entretanto, de acordo com o art. 40, § 7º, inciso I, da Constituição Federal de 1988, com redação dada pela Emenda Constitucional 41/2003, cabia à lei dispor sobre a concessão do benefício de *pensão por morte*, que será igual ao valor da totalidade dos proventos do servidor falecido, *até o limite máximo estabelecido para os benefícios do Regime Geral de Previdência Social* de que trata o art. 201 da Constituição da República, *acrescido de 70% da parcela excedente a esse limite*, caso aposentado à data do óbito.

Portanto, nessa hipótese, quanto à pensão, os dependentes *não têm direito à integralidade*, ou seja, à correspondência com o valor integral dos proventos de aposentadoria.

Nesse sentido, os pensionistas de servidor falecido posteriormente à Emenda Constitucional 41/2003 *têm direito à paridade* com servidores em atividade (art. 7º da EC 41/2003), caso se enquadrem na regra de transição prevista no art. 3º da Emenda Constitucional 47/2005. *Não têm, contudo, direito à integralidade*, conforme o art. 40, § 7º, inciso I, da Constituição Federal de 1988 (STF, Pleno, RE 603.580/RJ, rel. Min. Ricardo Lewandowski, j. 20.05.2015).

O art. 3º da Emenda Constitucional 47/2005 foi revogado pela Emenda Constitucional 103/2019 (art. 35, inciso IV).

9.14. REGRAS DE TRANSIÇÃO DA EMENDA CONSTITUCIONAL 103/2019

A Emenda Constitucional 103/2019 estabeleceu diversas *regras de transição* sobre o direito à aposentadoria, voltadas a segurados que já estavam no sistema até a data da sua entrada em vigor, seja no Regime Geral de Previdência Social, seja em Regime Próprio de Previdência Social, mas que ainda não têm direito adquirido.

Essas previsões têm como objetivo amenizar o rigor das novas exigências decorrentes da reforma previdenciária aos que já contribuem há algum tempo e estão mais próximos do direito de se aposentar.

No presente Capítulo, cabe examinar as regras de transição aplicáveis a Regime Próprio de Previdência Social. Há situações em que o servidor público pode ter acesso a mais de uma regra de transição (arts. 4º e 20 da Emenda Constitucional 103/2019), podendo, em tese, optar pela que for mais favorável.

9.14.1. SERVIDOR PÚBLICO FEDERAL QUE TENHA INGRESSADO NO SERVIÇO PÚBLICO EM CARGO EFETIVO ATÉ A DATA DE ENTRADA EM VIGOR DA EMENDA CONSTITUCIONAL 103/2019 (SISTEMA DE PONTOS)

Nos termos do art. 4º da Emenda Constitucional 103/2019, o servidor público federal que tenha ingressado no serviço público em cargo efetivo até a data de entrada em vigor da Emenda Constitucional 103/2019 poderá aposentar-se voluntariamente quando preencher, cumulativamente, os seguintes requisitos:

I – 56 anos de idade, se mulher, e 61 anos de idade, se homem, observado o disposto no § 1º do art. 4º da Emenda Constitucional 103/2019;

II – 30 anos de contribuição, se mulher, e 35 anos de contribuição, se homem;

III – 20 anos de efetivo exercício no serviço público;

IV – cinco anos no cargo efetivo em que se der a aposentadoria; e

V – somatório da idade e do tempo de contribuição, incluídas as frações, equivalente a 86 pontos, se mulher, e 96 pontos, se homem, observado o disposto nos §§ 2º e 3º do art. 4º da Emenda Constitucional 103/2019.

A partir de 1º de janeiro de 2022, a idade mínima a que se refere o inciso I do *caput* do art. 4º da Emenda Constitucional 103/2019 será elevada para 57 anos de idade, se mulher, e 62 anos de idade, se homem (art. 4º, § 1º, da Emenda Constitucional 103/2019).

A partir de 1º de janeiro de 2020, a pontuação a que se refere o inciso V do *caput* do art. 4º da Emenda Constitucional 103/2019 será acrescida a cada ano de um ponto, até atingir o limite de 100 pontos, se mulher, e de 105 pontos, se homem (art. 4º, § 2º, da Emenda Constitucional 103/2019)[94].

A idade e o tempo de contribuição serão apurados em dias para o cálculo do somatório de pontos a que se referem o inciso V do *caput* e o § 2º do art. 4º da Emenda Constitucional 103/2019 (art. 4º, § 3º da Emenda Constitucional 103/2019).

Para o titular do cargo de professor que comprovar exclusivamente tempo de efetivo exercício das funções de magistério na educação infantil

---

[94] Pontuação (soma da idade e do tempo de contribuição) a cada ano:
2019: 86 (mulher) e 96 (homem);
2020: 87 (mulher) e 97 (homem);
2021: 88 (mulher) e 98 (homem);
2022: 89 (mulher) e 99 (homem);
2023: 90 (mulher) e 100 (homem);
2024: 91 (mulher) e 101 (homem);
2025: 92 (mulher) e 102 (homem);
2026: 93 (mulher) e 103 (homem);
2027: 94 (mulher) e 104 (homem);
2028: 95 (mulher) e 105 (homem);
2029: 96 (mulher) e 105 (homem);
2030: 97 (mulher) e 105 (homem);
2031: 98 (mulher) e 105 (homem);
2032: 99 (mulher) e 105 (homem);
2033: 100 (mulher) e 105 (homem).

e no ensino fundamental e médio, os requisitos de idade e de tempo de contribuição de que tratam os incisos I e II do *caput* do art. 4º da Emenda Constitucional 103/2019 serão:

I – 51 anos de idade, se mulher, e 56 anos de idade, se homem;

II – 25 anos de contribuição, se mulher, e 30 anos de contribuição, se homem; e

III – 52 anos de idade, se mulher, e 57 anos de idade, se homem, a partir de 1º de janeiro de 2022 (art. 4º, § 4º, da Emenda Constitucional 103/2019).

O somatório da idade e do tempo de contribuição de que trata o inciso V do *caput* do art. 4º da Emenda Constitucional 103/2019 para as pessoas a que se refere o § 4º do art. 4º da Emenda Constitucional 103/2019, incluídas as frações, será de 81 pontos, se mulher, e 91 pontos, se homem, aos quais serão acrescidos, a partir de 1º de janeiro de 2020, um ponto a cada ano, até atingir o limite de 92 pontos, se mulher, e de 100 pontos, se homem (art. 4º, § 5º, da Emenda Constitucional 103/2019)[95].

Os proventos das aposentadorias concedidas nos termos do disposto no art. 4º da Emenda Constitucional 103/2019 corresponderão:

I – à totalidade da remuneração do servidor público no cargo efetivo em que se der a aposentadoria, observado o disposto no § 8º do art. 4º da Emenda Constitucional 103/2019, para o servidor público que tenha ingressado no serviço público em cargo efetivo até 31 de dezembro de 2003 e que não tenha feito a opção de trata o § 16 do art. 40 da Constituição Federal de 1988[96], desde que tenha, no mínimo, 62 anos de idade, se mulher, e 65 anos de idade, se homem, ou, para os titulares do cargo de professor de

---

95 Pontuação (soma da idade e do tempo de contribuição) a cada ano (cargo de professor):
2019: 81 (mulher) e 91 (homem);
2020: 82 (mulher) e 92 (homem);
2021: 83 (mulher) e 93 (homem);
2022: 84 (mulher) e 94 (homem);
2023: 85 (mulher) e 95 (homem);
2024: 86 (mulher) e 96 (homem);
2025: 87 (mulher) e 97 (homem);
2026: 88 (mulher) e 98 (homem);
2027: 89 (mulher) e 99 (homem);
2028: 90 (mulher) e 100 (homem);
2029: 91 (mulher) e 100 (homem);
2030: 92 (mulher) e 100 (homem).

96 "§ 16 Somente mediante sua prévia e expressa opção, o disposto nos §§ 14 e 15 poderá ser aplicado ao servidor que tiver ingressado no serviço público até a data da publicação do ato de instituição do correspondente regime de previdência complementar".

que trata o § 4º do art. 4º da Emenda Constitucional 103/2019, 57 anos de idade, se mulher, e 60 anos de idade, se homem;

II – ao valor apurado na forma da lei, para o servidor público não contemplado no inciso I (art. 4º, § 6º, da Emenda Constitucional 103/2019).

Os proventos das aposentadorias concedidas nos termos do disposto no art. 4º da Emenda Constitucional 103/2019 não serão inferiores ao valor a que se refere o § 2º do art. 201 da Constituição Federal de 1988[97] e serão reajustados:

I – de acordo com o disposto no art. 7º da Emenda Constitucional 41, de 19 de dezembro de 2003[98], se cumpridos os requisitos previstos no inciso I do § 6º do art. 4º da Emenda Constitucional 103/2019; ou

II – nos termos estabelecidos para o Regime Geral de Previdência Social, na hipótese prevista no inciso II do § 6º do art. 4º da Emenda Constitucional 103/2019 (art. 4º, § 7º, da Emenda Constitucional 103/2019).

Considera-se remuneração do servidor público no cargo efetivo, para fins de cálculo dos proventos de aposentadoria com fundamento no disposto no inciso I do § 6º do art. 4º da Emenda Constitucional 103/2019 ou no inciso I do § 2º do art. 20 da Emenda Constitucional 103/2019, o valor constituído pelo subsídio, pelo vencimento e pelas vantagens pecuniárias permanentes do cargo, estabelecidos em lei, acrescidos dos adicionais de caráter individual e das vantagens pessoais permanentes, observados os seguintes critérios:

I – se o cargo estiver sujeito a variações na carga horária, o valor das rubricas que refletem essa variação integrará o cálculo do valor da remuneração do servidor público no cargo efetivo em que se deu a aposentadoria, considerando-se a média aritmética simples dessa carga horária proporcional ao número de anos completos de recebimento e contribuição, contínuos ou intercalados, em relação ao tempo total exigido para a aposentadoria;

---

97 "§ 2º Nenhum benefício que substitua o salário de contribuição ou o rendimento do trabalho do segurado terá valor mensal inferior ao salário mínimo".

98 "Art. 7º Observado o disposto no art. 37, XI, da Constituição Federal, os proventos de aposentadoria dos servidores públicos titulares de cargo efetivo e as pensões dos seus dependentes pagos pela União, Estados, Distrito Federal e Municípios, incluídas suas autarquias e fundações, em fruição na data de publicação desta Emenda, bem como os proventos de aposentadoria dos servidores e as pensões dos dependentes abrangidos pelo art. 3º desta Emenda, serão revistos na mesma proporção e na mesma data, sempre que se modificar a remuneração dos servidores em atividade, sendo também estendidos aos aposentados e pensionistas quaisquer benefícios ou vantagens posteriormente concedidos aos servidores em atividade, inclusive quando decorrentes da transformação ou reclassificação do cargo ou função em que se deu a aposentadoria ou que serviu de referência para a concessão da pensão, na forma da lei".

II – se as vantagens pecuniárias permanentes forem variáveis por estarem vinculadas a indicadores de desempenho, produtividade ou situação similar, o valor dessas vantagens integrará o cálculo da remuneração do servidor público no cargo efetivo mediante a aplicação, sobre o valor atual de referência das vantagens pecuniárias permanentes variáveis, da média aritmética simples do indicador, proporcional ao número de anos completos de recebimento e de respectiva contribuição, contínuos ou intercalados, em relação ao tempo total exigido para a aposentadoria ou, se inferior, ao tempo total de percepção da vantagem (art. 4º, § 8º, da Emenda Constitucional 103/2019).

Aplicam-se às aposentadorias dos servidores dos Estados, do Distrito Federal e dos Municípios as normas constitucionais e infraconstitucionais anteriores à data de entrada em vigor da Emenda Constitucional 103/2019, enquanto não promovidas alterações na legislação interna relacionada ao respectivo Regime Próprio de Previdência Social (art. 4º, § 9º, da Emenda Constitucional 103/2019).

Estende-se o disposto no § 9º do art. 4º da Emenda Constitucional 103/2019 às normas sobre aposentadoria de servidores públicos incompatíveis com a redação atribuída pela Emenda Constitucional 103/2019 aos §§ 4º, § 4º-A, § 4º-B e § 4º-C do art. 40 da Constituição Federal de 1988 (art. 4º, § 10, da Emenda Constitucional 103/2019).

Desse modo, quanto às aposentadorias dos servidores dos Estados, do Distrito Federal e dos Municípios, permanecem aplicáveis as normas constitucionais e infraconstitucionais anteriores à data de entrada em vigor da Emenda Constitucional 103/2019, enquanto não forem feitas as alterações na legislação interna relacionada ao respectivo Regime Próprio de Previdência Social, mesmo relativamente às normas sobre aposentadoria de servidores públicos incompatíveis com os § 4º, § 4º-A, § 4º-B e § 4º-C do art. 40 da Constituição Federal de 1988, na redação atribuída pela Emenda Constitucional 103/2019.

9.14.2. POLICIAL E OCUPANTE DE CARGO DE AGENTE FEDERAL PENITENCIÁRIO OU SOCIOEDUCATIVO QUE TENHAM INGRESSADO NA RESPECTIVA CARREIRA ATÉ A DATA DE ENTRADA EM VIGOR DA EMENDA CONSTITUCIONAL 103/2019

Conforme o art. 5º da Emenda Constitucional 103/2019, o policial civil do órgão a que se refere o inciso XIV do *caput* do art. 21 da Constituição Federal de 1988 (Distrito Federal)[99], o policial dos órgãos a que se referem o inciso IV do *caput* do art. 51 (Câmara dos Deputados)[100], o inciso XIII do *caput* do art. 52 (Senado Federal)[101] e os incisos I a III do *caput* do art. 144 da Constituição Federal de 1988 (segurança pública)[102] e o ocupante de cargo de agente federal penitenciário ou socioeducativo que tenham ingressado na respectiva carreira até a data de entrada em vigor da Emenda Constitucional 103/2019 poderão aposentar-se, na forma da Lei Complementar 51, de 20 de dezembro de 1985, observada a idade mínima de 55 anos para ambos os sexos *ou* o disposto no § 3º do art. 5º da Emenda Constitucional 103/2019.

Serão considerados tempo de exercício em cargo de natureza estritamente policial, para os fins do inciso II do art. 1º da Lei Complementar 51/1985, o tempo de atividade militar nas Forças Armadas, nas polícias militares e nos corpos de bombeiros militares e o tempo de atividade como agente penitenciário ou socioeducativo (art. 5º, § 1º, da Emenda Constitucional 103/2019).

Aplicam-se às aposentadorias dos servidores dos Estados de que trata o § 4º-B do art. 40 da Constituição Federal de 1988 as normas constitucionais e infraconstitucionais anteriores à data de entrada em vigor da Emenda Constitucional 103/2019, enquanto não promovidas alterações na legislação interna relacionada ao respectivo Regime Próprio de Previdência Social (art. 5º, § 2º, da Emenda Constitucional 103/2019).

Os servidores de que trata o art. 5º, *caput*, da Emenda Constitucional 103/2019 poderão aposentar-se aos 52 anos de idade, se mulher, e aos 53 anos de idade, se homem, desde que cumprido período adicional de contribuição correspondente ao tempo que, na data de entrada em vigor da Emenda Cons-

---

99 "Art. 21. Compete à União: [...] XIV – organizar e manter a polícia civil, a polícia penal, a polícia militar e o corpo de bombeiros militar do Distrito Federal, bem como prestar assistência financeira ao Distrito Federal para a execução de serviços públicos, por meio de fundo próprio".

100 "Art. 51. Compete privativamente à Câmara dos Deputados: [...] IV – dispor sobre sua organização, funcionamento, *polícia*, criação, transformação ou extinção dos cargos, empregos e funções de seus serviços, e a iniciativa de lei para fixação da respectiva remuneração, observados os parâmetros estabelecidos na lei de diretrizes orçamentárias".

101 "Art. 52. Compete privativamente ao Senado Federal: [...] XIII – dispor sobre sua organização, funcionamento, *polícia*, criação, transformação ou extinção dos cargos, empregos e funções de seus serviços, e a iniciativa de lei para fixação da respectiva remuneração, observados os parâmetros estabelecidos na lei de diretrizes orçamentárias".

102 "Art. 144. A segurança pública, dever do Estado, direito e responsabilidade de todos, é exercida para a preservação da ordem pública e da incolumidade das pessoas e do patrimônio, através dos seguintes órgãos: I – polícia federal; II – polícia rodoviária federal; III – polícia ferroviária federal".

titucional 103/2019, faltaria para atingir o tempo de contribuição previsto na Lei Complementar 51/1985 (art. 5º, § 3º, da Emenda Constitucional 103/2019).

A Lei Complementar 51/1985, com redação dada pela Lei Complementar 144/2014, dispõe sobre a aposentadoria do servidor público policial, nos termos do art. 40, § 4º, da Constituição Federal de 1988[103].

De acordo com o art. 1º, inciso II, da Lei Complementar 51/1985, com redação dada pela Lei Complementar 144/2014, o servidor público policial será aposentado voluntariamente, com proventos integrais, independentemente da idade: a) após 30 anos de contribuição, desde que conte, pelo menos, 20 anos de exercício em cargo de natureza estritamente policial, se homem; b) após 25 anos de contribuição, desde que conte, pelo menos, 15 anos de exercício em cargo de natureza estritamente policial, se mulher.

Quanto aos agentes penitenciários, as polícias penais federal, estaduais e distrital foram criadas pela Emenda Constitucional 104/2019 e incluídas nos órgãos da segurança pública (art. 144, inciso VI, da Constituição da República). Às polícias penais, vinculadas ao órgão administrador do sistema penal da unidade federativa a que pertencem, cabe a segurança dos estabelecimentos penais (art. 144, § 5º-A, da Constituição Federal de 1988, incluído pela Emenda Constitucional 104/2019).

9.14.3. SEGURADOS DE REGIME DE PREVIDÊNCIA SOCIAL APLICÁVEL A TITULARES DE MANDATO ELETIVO

A Lei 9.506/1997 extinguiu o Instituto de Previdência dos Congressistas (IPC), criado pela Lei 4.284/1963 e regido pela Lei 7.087/1982, sendo sucedido, em todos os direitos e obrigações, pela União, por intermédio da Câmara dos Deputados e do Senado Federal, os quais assumiram, mediante recursos orçamentários próprios, a concessão e manutenção dos benefícios, preservados os direitos adquiridos em relação às pensões concedidas, atualizadas com base na legislação vigente, bem como às pensões a conceder, no regime das Leis 4.284/1963, 4.937/1966 e 7.087/1982.

Entretanto, a Lei 9.506/1997 previa um Plano de Seguridade Social dos Congressistas, de filiação facultativa. Sendo assim, o Deputado Federal, Senador ou suplente em exercício de mandato que não estivesse vinculado ao Plano

---

[103] "Ação direta de inconstitucionalidade. 2. Lei Complementar 144/2014, que alterou a Lei Complementar 51/1985. 3. Regras de aposentadoria específicas para servidores policiais. 4. Ação conhecida em parte. 5. Ação direta julgada improcedente" (STF, Pleno, ADI 5.241/DF, rel. Min. Gilmar Mendes, DJe 23.09.2021).

instituído pela Lei 9.506/1997 ou a outro Regime de Previdência deve participar, obrigatoriamente, do Regime Geral de Previdência Social a que se refere a Lei 8.213/1991 (art. 13 da Lei 9.506/1997).

Nesse sentido, conforme art. 2º da Lei 9.506/1997, o Senador, Deputado Federal ou suplente que assim o requeresse, no prazo de 30 dias do início do exercício do mandato, participaria do Plano de Seguridade Social dos Congressistas, fazendo jus à aposentadoria:

I – com proventos correspondentes à totalidade do valor obtido na forma do art. 2º, § 1º, da Lei 9.506/1997:

a) por invalidez permanente, quando esta ocorrer durante o exercício do mandato e decorrer de acidente, moléstia profissional ou doença grave, contagiosa ou incurável, especificadas em lei;

b) aos 35 anos de exercício de mandato e 60 anos de idade;

II – com proventos proporcionais, observado o disposto no § 2º, ao valor obtido na forma do art. 2º, § 1º, da Lei 9.506/1997:

a) por invalidez permanente, nos casos não previstos na alínea *a* do inciso anterior, não podendo os proventos ser inferiores a 26% da remuneração fixada para os membros do Congresso Nacional;

b) aos 35 anos de contribuição e 60 anos de idade.

O valor dos proventos das aposentadorias previstas nos incisos I e II deve ser calculado tomando por base percentual da remuneração fixada para os membros do Congresso Nacional, idêntico ao adotado para cálculo dos benefícios dos servidores públicos civis federais de mesma remuneração (art. 2º, § 1º, da Lei 9.506/1997).

O valor da aposentadoria prevista no inciso II deve corresponder a um trinta e cinco avos, por ano de exercício de mandato, do valor obtido na forma do § 1º (art. 2º, § 2º, da Lei 9.506/1997).

Em caso de morte do segurado, os seus dependentes devem perceber pensão correspondente ao valor dos proventos de aposentadoria que o segurado recebia ou a que teria direito (art. 3º da Lei 9.506/1997).

O valor mínimo da pensão deve corresponder a 13% da remuneração fixada para os membros do Congresso Nacional.

Não é devida pensão ao dependente do segurado que tiver falecido posteriormente ao cancelamento de sua inscrição.

Para os fins do disposto na Lei 9.506/1997 considera-se: tempo de contribuição, aquele reconhecido pelos sistemas de Previdência Social do serviço público, civil ou militar, e da atividade privada, rural e urbana; tempo de exercício de mandato, o tempo de contribuição ao Plano de Seguridade

Social dos Congressistas ou ao Instituto de Previdência dos Congressistas (art. 4º da Lei 9.506/1997).

Para fins de contagem de tempo de exercício de mandato é facultada ao segurado a averbação do tempo correspondente aos mandatos eletivos municipais, estaduais ou federais (art. 5º da Lei 9.506/1997).

A averbação somente deve produzir efeitos após o recolhimento das contribuições ao Plano de Seguridade Social dos Congressistas, diretamente pelo interessado ou mediante repasse dos recursos correspondentes por entidade conveniada na forma do art. 6º da Lei 9.506/1997.

A Câmara dos Deputados e o Senado Federal podem celebrar convênios com entidades estaduais e municipais de seguridade parlamentar para a implantação de sistema de compensação financeira das contribuições do segurado por tempo de exercício de mandato, tanto àquelas entidades quanto ao Plano instituído pela Lei 9.506/1997, mediante repasse, para habilitação à aposentadoria, dos recursos correspondentes (art. 6º da Lei 9.506/1997).

O ex-segurado pode se reinscrever, quando titular de novo mandato, bem como, ao completar os requisitos exigidos para aposentadoria, optar entre o plano instituído pela Lei 9.506/1997 e o Regime de Previdência Social a que estiver vinculado (art. 7º da Lei 9.506/1997).

Em nenhuma hipótese o valor mensal dos benefícios a que se referem a Lei 9.506/1997 pode exceder ao da remuneração dos membros do Congresso Nacional (art. 8º da Lei 9.506/1997).

Os benefícios previstos na Lei 9.506/1997 devem ser atualizados no índice e na data do reajuste da remuneração mensal dos membros do Congresso Nacional (art. 9º da Lei 9.506/1997).

Não é devido o pagamento dos proventos da aposentadoria a que se refere a Lei 9.506/1997 enquanto o beneficiário estiver investido em mandato eletivo federal, estadual, distrital ou municipal, salvo quando optar por esse benefício, renunciando à remuneração do cargo (art. 10 da Lei 9.506/1997).

Ficou vedada, a partir da liquidação do Instituto de Previdência dos Congressistas (IPC), a acumulação da aposentadoria pelo Plano previsto na Lei 9.506/1997 com a do Regime de Previdência Social do servidor público, civil ou militar (art. 11 da Lei 9.506/1997).

Frise-se que o Plano de Seguridade Social dos Congressistas deve ser custeado com o produto de contribuições mensais: I – dos segurados, incidentes sobre a remuneração mensal fixada para os membros do Congresso Nacional e calculadas mediante aplicação de alíquota igual à exigida dos servidores públicos civis federais para o custeio de suas aposentadorias e pensões; II – da Câmara dos Deputados e do Senado Federal, de valor idêntico à contribuição de cada segurado, fixada no inciso anterior; III – dos beneficiários das aposentadorias e pensões, incidentes sobre o valor destas que exceda o limite máximo estabelecido para os benefícios do Regime Geral de Previdência Social de que trata a Lei 8.213/1991, e calculadas mediante a aplicação da mesma alíquota a que se refere o inciso I (art. 12 da Lei 9.506/1997).

São segurados obrigatórios do Regime Geral de Previdência Social os que exercem mandato eletivo federal, estadual ou municipal, desde que não vinculado a Regime Próprio de Previdência Social (art. 11, inciso I, alínea *h*, da Lei 8.213/1991).

Aplica-se ao agente público ocupante de cargo temporário, inclusive *mandato eletivo*, o Regime Geral de Previdência Social (art. 40, § 13, da Constituição Federal de 1988, com redação dada pela Emenda Constitucional 103/2019).

Observados esses aspectos, nos termos do art. 14 da Emenda Constitucional 103/2019, vedadas a adesão de novos segurados e a instituição de novos regimes dessa natureza, os atuais segurados de Regime de Previdência Social aplicável a titulares de mandato eletivo da União, dos Estados, do Distrito Federal e dos Municípios podem, por meio de opção expressa formalizada no prazo de 180 dias, contado da data de entrada em vigor da Emenda Constitucional 103/2019, retirar-se dos Regimes Previdenciários aos quais se encontrem vinculados.

Os segurados, atuais e anteriores, do Regime de Previdência Social de que trata a Lei 9.506, de 30 de outubro de 1997, que fizerem a opção de permanecer nesse Regime Previdenciário deverão cumprir período adicional correspondente a 30% do tempo de contribuição que faltaria para aquisição do direito à aposentadoria na data de entrada em vigor da Emenda Constitucional 103/2019 e somente poderão aposentar-se a partir dos 62 anos de idade, se mulher, e 65 anos de idade, se homem (art. 14, § 1º, da Emenda Constitucional 103/2019).

Se for exercida a opção prevista no *caput* do art. 14 da Emenda Constitucional 103/2019, deve ser assegurada a contagem do tempo de contribuição vertido para o Regime de Previdência ao qual o segurado se encontrava vinculado, nos termos do disposto no § 9º do art. 201 da Constituição Federal de 1988[104] (art. 14, § 2º, da Emenda Constitucional 103/2019).

---

[104] "§ 9º Para fins de aposentadoria, será assegurada a contagem recíproca do tempo de contribuição entre o Regime Geral de Previdência Social e os regimes próprios de previdência social, e destes entre si, observada a compensação financeira, de acordo com os critérios estabelecidos em lei".

A concessão de aposentadoria aos titulares de mandato eletivo e de pensão por morte aos dependentes de titular de mandato eletivo falecido será assegurada, a qualquer tempo, desde que cumpridos os requisitos para obtenção desses benefícios até a data de entrada em vigor da Emenda Constitucional 103/2019, observados os critérios da legislação vigente na data em que foram atendidos os requisitos para a concessão da aposentadoria ou da pensão por morte (art. 14, § 3º, da Emenda Constitucional 103/2019). Trata-se de previsão que decorre da necessidade de se preservar o direito adquirido.

Observado o disposto nos §§ 9º e 9º-A do art. 201 da Constituição Federal de 1988[105], o tempo de contribuição a Regime Próprio de Previdência Social e ao Regime Geral de Previdência Social, assim como o tempo de contribuição decorrente das atividades militares de que tratam os arts. 42 e 142 da Constituição Federal de 1988, que tenha sido considerado para a concessão de benefício pelos Regimes a que se refere o *caput* do art. 14 da Emenda Constitucional 103/2019 (Regimes de Previdência Social aplicáveis a titulares de mandato eletivo da União, dos Estados, do Distrito Federal e dos Municípios), não pode ser utilizado para obtenção de benefício naqueles Regimes (Regimes Próprios de Previdência Social e Regime Geral de Previdência Social), conforme art. 14, § 4º, da Emenda Constitucional 103/2019.

Lei específica do Estado, do Distrito Federal ou do Município deve disciplinar a regra de transição a ser aplicada aos segurados que, na forma do *caput* do art. 14 da Emenda Constitucional 103/2019, fizerem a opção de permanecer no Regime Previdenciário de que trata o art. 14 da Emenda Constitucional 103/2019 (art. 14, § 5º, da Emenda Constitucional 103/2019).

9.14.4. SERVIDOR PÚBLICO FEDERAL QUE TENHA INGRESSADO NO SERVIÇO PÚBLICO EM CARGO EFETIVO ATÉ A DATA DE ENTRADA EM VIGOR DA EMENDA CONSTITUCIONAL 103/2019 – 57 ANOS DE IDADE (MULHER) E 60 ANOS DE IDADE (HOMEM) E "PEDÁGIO" DE 100%

Nos termos do art. 20 da Emenda Constitucional 103/2019, o segurado ou o servidor público federal que se tenha filiado ao Regime Geral de Previdência Social ou ingressado no serviço público em cargo efetivo até a data

[105] "§ 9º-A O tempo de serviço militar exercido nas atividades de que tratam os arts. 42, 142 e 143 e o tempo de contribuição ao Regime Geral de Previdência Social ou a regime próprio de previdência social terão contagem recíproca para fins de inativação militar ou aposentadoria, e a compensação financeira será devida entre as receitas de contribuição referentes aos militares e as receitas de contribuição aos demais regimes".

de entrada em vigor da Emenda Constitucional 103/2019 poderá aposentar-se voluntariamente quando preencher, cumulativamente, os seguintes requisitos:

I – 57 anos de idade, se mulher, e 60 anos de idade, se homem;

II – 30 anos de contribuição, se mulher, e 35 anos de contribuição, se homem;

III – para os servidores públicos, 20 anos de efetivo exercício no serviço público e cinco anos no cargo efetivo em que se der a aposentadoria;

IV – período adicional de contribuição ("pedágio") correspondente ao tempo que, na data de entrada em vigor da Emenda Constitucional 103/2019, faltaria para atingir o tempo mínimo de contribuição referido no inciso II do art. 20 da Emenda Constitucional 103/2019.

Para o professor que comprovar exclusivamente tempo de efetivo exercício das funções de magistério na educação infantil e no ensino fundamental e médio serão reduzidos, para ambos os sexos, os requisitos de idade e de tempo de contribuição em cinco anos (art. 20, § 1º, da Emenda Constitucional 103/2019).

O valor das aposentadorias concedidas nos termos do disposto no art. 20 da Emenda Constitucional 103/2019 corresponderá:

I – em relação ao servidor público que tenha ingressado no serviço público em cargo efetivo até 31 de dezembro de 2003 e que não tenha feito a opção de trata o § 16 do art. 40 da Constituição Federal de 1988[106], à totalidade da remuneração no cargo efetivo em que se der a aposentadoria, observado o disposto no § 8º do art. 4º da Emenda Constitucional 103/2019[107]; e

---

[106] "§ 16 Somente mediante sua prévia e expressa opção, o disposto nos §§ 14 e 15 poderá ser aplicado ao servidor que tiver ingressado no serviço público até a data da publicação do ato de instituição do correspondente regime de previdência complementar".

[107] "§ 8º Considera-se remuneração do servidor público no cargo efetivo, para fins de cálculo dos proventos de aposentadoria com fundamento no disposto no inciso I do § 6º ou no inciso I do § 2º do art. 20, o valor constituído pelo subsídio, pelo vencimento e pelas vantagens pecuniárias permanentes do cargo, estabelecidos em lei, acrescidos dos adicionais de caráter individual e das vantagens pessoais permanentes, observados os seguintes critérios: I – se o cargo estiver sujeito a variações na carga horária, o valor das rubricas que refletem essa variação integrará o cálculo do valor da remuneração do servidor público no cargo efetivo em que se deu a aposentadoria, considerando-se a média aritmética simples dessa carga horária proporcional ao número de anos completos de recebimento e contribuição, contínuos ou intercalados, em relação ao tempo total exigido para a aposentadoria; II – se as vantagens pecuniárias permanentes forem variáveis por estarem vinculadas a indicadores de desempenho, produtividade ou situação similar, o valor dessas vantagens integrará o cálculo da remuneração do servidor público no cargo efetivo mediante a aplicação, sobre o valor atual de referência das vantagens pecuniárias permanentes variáveis, da média aritmética simples do indicador, proporcional ao número de anos completos de recebimento e de respectiva contribuição, contínuos ou intercalados, em relação ao tempo total exigido para a aposentadoria ou, se inferior, ao tempo total de percepção da vantagem".

II – em relação aos demais servidores públicos e aos segurados do Regime Geral de Previdência Social, ao valor apurado na forma da lei (art. 20, § 2º, da Emenda Constitucional 103/2019).

O valor das aposentadorias concedidas nos termos do disposto no art. 20 da Emenda Constitucional 103/2019 não será inferior ao valor a que se refere o § 2º do art. 201 da Constituição Federal de 1988[108] e será reajustado:

I – de acordo com o disposto no art. 7º da Emenda Constitucional 41, de 19 de dezembro de 2003[109], se cumpridos os requisitos previstos no inciso I do § 2º do art. 20 da Emenda Constitucional 103/2019;

II – nos termos estabelecidos para o Regime Geral de Previdência Social, na hipótese prevista no inciso II do § 2º do art. 20 da Emenda Constitucional 103/2019 (art. 20, § 3º, da Emenda Constitucional 103/2019).

Aplicam-se às aposentadorias dos servidores dos Estados, do Distrito Federal e dos Municípios as normas constitucionais e infraconstitucionais anteriores à data de entrada em vigor da Emenda Constitucional 103/2019, enquanto não promovidas alterações na legislação interna relacionada ao respectivo Regime Próprio de Previdência Social (art. 20, § 4º, da Emenda Constitucional 103/2019).

9.14.5. APOSENTADORIA ESPECIAL DO SERVIDOR PÚBLICO FEDERAL QUE TENHA INGRESSADO NO SERVIÇO PÚBLICO EM CARGO EFETIVO ATÉ A DATA DE ENTRADA EM VIGOR DA EMENDA CONSTITUCIONAL 103/2019

De acordo com o art. 21 da Emenda Constitucional 103/2019, o segurado ou o servidor público federal que se tenha filiado ao Regime Geral de Previdência Social ou ingressado no serviço público em cargo efetivo até a data de entrada em vigor da Emenda Constitucional 103/2019 cujas atividades tenham sido exercidas com efetiva exposição a agentes quími-

---

108 "§ 2º Nenhum benefício que substitua o salário de contribuição ou o rendimento do trabalho do segurado terá valor mensal inferior ao salário mínimo".

109 "Art. 7º Observado o disposto no art. 37, XI, da Constituição Federal, os proventos de aposentadoria dos servidores públicos titulares de cargo efetivo e as pensões dos seus dependentes pagos pela União, Estados, Distrito Federal e Municípios, incluídas suas autarquias e fundações, em fruição na data de publicação desta Emenda, bem como os proventos de aposentadoria dos servidores e as pensões dos dependentes abrangidos pelo art. 3º desta Emenda, serão revistos na mesma proporção e na mesma data, sempre que se modificar a remuneração dos servidores em atividade, sendo também estendidos aos aposentados e pensionistas quaisquer benefícios ou vantagens posteriormente concedidos aos servidores em atividade, inclusive quando decorrentes da transformação ou reclassificação do cargo ou função em que se deu a aposentadoria ou que serviu de referência para a concessão da pensão, na forma da lei".

cos, físicos e biológicos prejudiciais à saúde, ou associação desses agentes, vedada a caracterização por categoria profissional ou ocupação, desde que cumpridos, no caso do servidor, o tempo mínimo de 20 anos de efetivo exercício no serviço público e de cinco anos no cargo efetivo em que for concedida a aposentadoria, na forma dos arts. 57 e 58 da Lei 8.213, de 24 de julho de 1991, poderão aposentar-se quando o total da soma resultante da sua idade e do tempo de contribuição e o tempo de efetiva exposição forem, respectivamente, de:

I – 66 pontos e 15 anos de efetiva exposição;

II – 76 pontos e 20 anos de efetiva exposição; e

III – 86 pontos e 25 anos de efetiva exposição.

A idade e o tempo de contribuição serão apurados em dias para o cálculo do somatório de pontos a que se refere o *caput* do art. 21 da Emenda Constitucional 103/2019 (art. 21, § 1º, da Emenda Constitucional 103/2019).

O valor da aposentadoria de que trata o art. 21 da Emenda Constitucional 103/2019 será apurado na forma da lei (art. 21, § 2º, da Emenda Constitucional 103/2019).

No Regime Próprio de Previdência Social de servidor público federal, o valor do benefício de aposentadoria no referido caso corresponde a 60% da média aritmética definida na forma prevista no art. 26 da Emenda Constitucional 103/2019, com acréscimo de dois pontos percentuais para cada ano de contribuição que exceder o tempo de 20 anos de contribuição nos casos, exceto na hipótese prevista no inciso I do art. 21 da Emenda Constitucional 103/2019, cujo acréscimo deve ser aplicado para cada ano que exceder 15 anos de tempo de contribuição (art. 26, § 2º, inciso IV, e § 5º, da Emenda Constitucional 103/2019).

Aplicam-se às aposentadorias dos servidores dos Estados, do Distrito Federal e dos Municípios cujas atividades sejam exercidas com efetiva exposição a agentes químicos, físicos e biológicos prejudiciais à saúde, ou associação desses agentes, vedada a caracterização por categoria profissional ou ocupação, na forma do § 4º-C do art. 40 da Constituição Federal de 1988[110], as normas constitucionais e infraconstitucionais anteriores à data de entrada em vigor da Emenda Constitucional 103/2019, enquanto não promovidas alterações na legislação interna relacionada ao respectivo Regime Próprio de Previdência Social (art. 21, § 3º, da Emenda Constitucional 103/2019).

[110] "§ 4º-C Poderão ser estabelecidos por lei complementar do respectivo ente federativo idade e tempo de contribuição diferenciados para aposentadoria de servidores cujas atividades sejam exercidas com efetiva exposição a agentes químicos, físicos e biológicos prejudiciais à saúde, ou associação desses agentes, vedada a caracterização por categoria profissional ou ocupação".

CAPÍTULO

10

PREVIDÊNCIA COMPLEMENTAR DO SERVIDOR PÚBLICO

10.1. ABRANGÊNCIA

O sistema previdenciário brasileiro abrange não apenas o Regime Geral de Previdência Social e os Regimes Próprios de Previdência Social, mas também os Regimes Complementares de Previdência, os quais podem ser de natureza pública e privada.

A Previdência Complementar é *facultativa*, custeada por contribuição adicional (art. 3º, parágrafo único, *e*, da Lei 8.212/1991 e art. 2º, inciso VII, da Lei 8.213/1991) e tem como objetivo, justamente, obter patamares superiores e complementares quanto à proteção social decorrente dos Regimes básicos, acima indicados.

A Previdência Complementar do servidor público abrange servidores titulares de cargos efetivos (assim como magistrados, membros do Ministério Público e dos Tribunais de Contas) que integrem Regimes Próprios de Previdência Social (art. 40, § 14, da Constituição da República).

10.2. INSTITUIÇÃO

A União, os Estados, o Distrito Federal e os Municípios instituirão, por lei de iniciativa do respectivo Poder Executivo, Regime de Previdência Complementar para servidores públicos ocupantes de cargo efetivo, observado o limite máximo dos benefícios do Regime Geral de Previdência Social para o valor das aposentadorias e das pensões em Regime Próprio de Previdência Social, ressalvado o disposto no § 16 do art. 40 da Constituição Federal de 1988 (art. 40, § 14, da Constituição Federal de 1988, com redação dada pela Emenda Constitucional 103/2019).

A instituição pelos entes federativos de Regime de Previdência Complementar para servidores públicos titulares de cargo efetivo, assim, passa a ser imperativa. Implantado o Regime de Previdência Complementar, deve-se observar o limite máximo dos benefícios do Regime Geral de Previdência Social para o valor das aposentadorias e das pensões em Regime Próprio de Previdência Social, com a ressalva do art. 40, § 16, da Constituição Federal de 1988.

A instituição do Regime de Previdência Complementar na forma dos §§ 14 a 16 do art. 40 da Constituição Federal de 1988 deve ocorrer no prazo máximo de dois anos da data de entrada em vigor da Emenda Constitucional 103/2019 (art. 9º, § 6º, da Emenda Constitucional 103/2019).

O Regime de Previdência Complementar de que trata o § 14 da Constituição da República oferecerá plano de benefícios somente na modalidade contribuição definida, observará o disposto no art. 202 da Constituição Federal de 1988 e será efetivado por intermédio de entidade fechada de Previdência Complementar ou de entidade aberta de Previdência Complementar (art. 40, § 15, da Constituição Federal de 1988, com redação dada pela Emenda Constitucional 103/2019).

Portanto, com a Emenda Constitucional 103/2019, o Regime de Previdência Complementar para servidores públicos ocupantes de cargo efetivo passa a ser efetivado por meio de *entidade fechada* de Previdência Complementar ou de *entidade aberta* de Previdência Complementar.

O Regime de Previdência Complementar é facultativo (art. 202 da Constituição Federal de 1988).

Somente mediante sua prévia e expressa opção, o disposto nos §§ 14 e 15 da Constituição da República poderá ser aplicado ao servidor que tiver ingressado no serviço público até a data da publicação do ato de instituição do correspondente Regime de Previdência Complementar (art. 40, § 16, da Constituição Federal de 1988, incluído pela Emenda Constitucional 20/1998).

É vedada a complementação de aposentadorias de servidores públicos e de pensões por morte a seus dependentes que não seja decorrente do disposto nos §§ 14 a 16 do art. 40 da Constituição da República ou que não seja prevista em lei que extinga Regime Próprio de Previdência Social (art. 37, § 15, da Constituição Federal de 1988, incluído pela Emenda Constitucional 103/2019).

Logo, a complementação de aposentadorias de servidores públicos e de pensões por morte exige previsão em lei que institua Regime de Previdência Complementar para servidores públicos ocupantes de cargo efetivo, por meio de plano de benefícios apenas na modalidade contribuição definida e que seja efetivado por intermédio de entidade fechada de Previdência Complementar ou de entidade aberta de Previdência Complementar, ou em lei que extinga Regime Próprio de Previdência Social (art. 34 da Emenda Constitucional 103/2019), não sendo admitida a sua previsão, por exemplo, em regulamento interno, ato administrativo ou norma jurídica sem natureza legal.

Em consonância com o princípio da irretroatividade das normas jurídicas, o art. 7º da Emenda Constitucional 103/2019 esclarece que o disposto no § 15 do art. 37 da Constituição Federal de 1988 não se aplica a complementações de aposentadorias e pensões concedidas até a data de entrada em vigor da Emenda Constitucional 103/2019.

Atendendo ao comando mencionado constitucional, a Lei 12.618, de 30 de abril de 2012, institui o Regime de Previdência Complementar (a que se referem os §§ 14, 15 e 16 do art. 40 da Constituição Federal) para os servidores públicos titulares de cargo efetivo da União, suas autarquias e fundações, inclusive para os membros do Poder Judiciário da União, do Ministério Público da União e do Tribunal de Contas da União[1].

Nos termos do art. 27 da Lei 12.618/2012, aplicam-se ao Regime de Previdência Complementar a que se refere o art. 40, §§ 14, 15 e 16, da Constituição Federal de 1988 as disposições das Leis Complementares 108/2001 e 109/2001, voltadas ao Regime de Previdência Complementar Privada. Trata-se, evidentemente, de aplicação subsidiária, ou seja, quando da ausência de normas específicas e desde que presente a compatibilidade com o Regime Público em estudo.

---

[1] Cf. art. 4º, § 3º, da Lei 12.618/2012: "Consideram-se membros do Tribunal de Contas da União, para os efeitos desta Lei, os Ministros, os Auditores de que trata o § 4º do art. 73 da Constituição Federal e os Subprocuradores-Gerais e Procuradores do Ministério Público junto ao Tribunal de Contas da União".

Os servidores e os membros acima referidos que ingressaram no serviço público até a data anterior ao início da vigência do Regime de Previdência Complementar podem, mediante prévia e expressa opção, aderir ao Regime em questão (art. 1º, § 1º, da Lei 12.618/2012).

Os servidores e os membros acima referidos com remuneração superior ao limite máximo estabelecido para os benefícios do Regime Geral de Previdência Social, que venham a ingressar no serviço público a partir do início da vigência do regime de Previdência Complementar de que trata a Lei 12.618/2012, serão *automaticamente inscritos* no respectivo plano de Previdência Complementar desde a data de entrada em exercício (art. 1º, § 2º, da Lei 12.618/2012, com redação dada pela Lei 13.183/2015).

Apesar dessa atual previsão legal, é preciso registrar que a Previdência Complementar, a rigor, tem caráter *facultativo*, conforme arts. 40, § 15, e 202, *caput*, da Constituição da República.

Entretanto, fica assegurado ao participante o direito de requerer, a qualquer tempo, o *cancelamento de sua inscrição*, nos termos do regulamento do plano de benefícios (art. 1º, § 3º, da Lei 12.618/2012, acrescentado pela Lei 13.185/2015).

Na hipótese de o cancelamento ser requerido no prazo de até 90 dias da data da inscrição, fica assegurado o direito à restituição integral das contribuições vertidas, a ser paga em até 60 dias do pedido de cancelamento, corrigidas monetariamente.

Cabe esclarecer que o referido cancelamento da inscrição não constitui resgate.

A contribuição aportada pelo patrocinador deve ser devolvida à respectiva fonte pagadora no mesmo prazo da devolução da contribuição aportada pelo participante.

Aplica-se o *limite máximo estabelecido para os benefícios do Regime Geral de Previdência Social* às aposentadorias e pensões a serem concedidas pelo Regime (Próprio) de Previdência da União de que trata o art. 40 da Constituição Federal, observado o disposto na Lei 10.887/2004, aos servidores públicos titulares de cargo efetivo da União, suas autarquias e fundações, inclusive os membros do Poder Judiciário (da União), do Ministério Público da União e do Tribunal de Contas da União que tiverem ingressado no serviço público:

I – a partir do início da vigência do Regime de Previdência Complementar de que trata a Lei 12.618/2012, *independentemente de sua adesão ao plano de benefícios*; e

II – até a data anterior ao início da vigência do Regime de Previdência Complementar de que trata a Lei 12.618/2012, e nele tenham permanecido sem perda do vínculo efetivo, e que exerçam a opção prevista no art. 40, § 16, da Constituição Federal de 1988 (Lei 12.618/2012, art. 3º, incisos I e II).

É assegurado aos servidores e membros referidos no inciso II do art. 3º da Lei 12.618/20012 o direito a um benefício especial calculado com base nas contribuições recolhidas ao Regime Próprio de Previdência Social da União, dos Estados, do Distrito Federal ou dos Municípios de que trata o art. 40 da Constituição Federal de 1988, observada a sistemática estabelecida nos §§ 2º a 3º do art. 3º da Lei 12.618/2012 e o direito à compensação financeira de que trata o § 9º do art. 201 da Constituição Federal de 1988, nos termos da lei (art. 3º, § 1º, da Lei 12.618/20012).

O art. 3º, §§ 1º a 6º, da Lei 12.618/2012 trata de *benefício especial* devido aos servidores estatutários e membros acima indicados, que ingressaram no serviço público até a data anterior ao início da vigência do Regime de Previdência Complementar do servidor público, nele tenham permanecido sem perda do vínculo efetivo, e que tiverem exercido a opção prevista no art. 40, § 16, da Constituição Federal de 1988[2].

O benefício especial será pago pelo órgão competente da União, por ocasião da concessão de aposentadoria, inclusive por invalidez, ou pensão por morte pelo Regime Próprio de Previdência Social da União, de que trata o art. 40 da Constituição Federal de 1988, enquanto perdurar o benefício pago por esse Regime, inclusive junto com a gratificação natalina (art. 3º, § 5º, da Lei 12.618/2012).

O benefício especial: é opção que importa ato jurídico perfeito; será calculado de acordo com as regras vigentes no momento do exercício da opção de que trata o art. 40, § 16, da Constituição Federal de 1988; será atualizado pelo mesmo índice aplicável ao benefício de aposentadoria ou pensão mantido pelo Regime Geral de Previdência Social; não está sujeito à incidência de contribuição previdenciária; está sujeito à incidência de imposto sobre a renda (art. 3º, § 6º, da Lei 12.618/2012, com redação dada pela Lei 14.463/2022).

O exercício da opção a que se refere o art. 3º, inciso II, da Lei 12.618/2012 é irrevogável e irretratável, e não será devida pela União nem por suas au-

---

2 Cf. MARTINS, Sergio Pinto. *Direito da Seguridade Social*. 35. ed. São Paulo: Atlas, 2015. p. 504: "Os §§ 1º a 8º do art. 3º da Lei 12.618/2012 tratam do benefício especial, que é uma indenização pela contribuição já feita pelo servidor público em valor superior ao teto do Regime Geral de Previdência Social".

tarquias e fundações públicas nenhuma contrapartida referente ao valor dos descontos já efetuados sobre a base de contribuição acima do limite máximo estabelecido para os benefícios do Regime Geral de Previdência Social (art. 3º, § 8º, da Lei 12.618/2012).

O prazo para a opção de que trata o art. 3º, inciso II, da Lei 12.618/2012, inicialmente, seria de 24 meses, contados a partir do início da vigência do Regime de Previdência Complementar instituído no art. 1º da Lei 12.618/2012 (art. 3º, § 7º, da Lei 12.618/2012).

Foi reaberto, até 30 de novembro de 2022, o prazo para opção pelo Regime de Previdência Complementar de que trata o art. 3º, § 7º, da Lei 12.618/2012 (art. 1º da Lei 14.463/2022).

10.3. ADESÃO

Como se pode notar, a adesão ao Regime de Previdência Complementar do servidor público é facultativa.

Entretanto, para os servidores públicos estatutários abrangidos por Regime Próprio de Previdência Social (conforme art. 40 da Constituição da República) que ingressaram no serviço público *a partir do início da vigência do Regime de Previdência Complementar do servidor público*, aplica-se o limite máximo estabelecido para os benefícios do Regime Geral de Previdência Social às aposentadorias e pensões concedidas pelo Regime Próprio de Previdência, independentemente de adesão ao Regime de Previdência Complementar do servidor público.

No caso acima, a inscrição é justamente para que a aposentadoria e a pensão sejam complementadas, ou seja, recebidas em valores superiores ao teto do Regime Geral de Previdência Social.

Diversamente, para os servidores públicos estatutários abrangidos por Regime Próprio de Previdência Social (conforme art. 40 da Constituição da República) que ingressaram no serviço público *até a data anterior ao início da vigência do Regime de Previdência Complementar do servidor público*, e nele tenham permanecido sem perda do vínculo efetivo, apenas se tiverem exercido a opção prevista no art. 40, § 16, da Constituição Federal de 1988 é que se aplica o limite máximo estabelecido para os benefícios do Regime Geral de Previdência Social às aposentadorias e pensões concedidas pelo Regime Próprio de Previdência.

10.4. SUJEITOS

No Regime de Previdência Complementar do servidor público federal, entende-se por *patrocinador* a União, suas autarquias e fundações, em decorrência da aplicação da Lei 12.618/2012.

Participante é o servidor público titular de cargo efetivo da União, inclusive o membro do Poder Judiciário, do Ministério Público e do Tribunal de Contas da União, que aderir aos planos de benefícios administrados pelas entidades fechadas de Previdência Complementar a que se refere o art. 4º da Lei 12.618/2012.

Assistido, por seu turno, é o participante ou o seu beneficiário em gozo de benefício de prestação continuada (art. 2º da Lei 12.618/2012).

10.5. ENTIDADES DE PREVIDÊNCIA COMPLEMENTAR DO SERVIDOR PÚBLICO

O art. 4º da Lei 12.618/2012 autorizou a União a criar as seguintes *entidades fechadas de Previdência Complementar*, com a finalidade de administrar e executar planos de benefícios de caráter previdenciário (complementar) nos termos das Leis Complementares 108 e 109/2001: *Fundação de Previdência Complementar do Servidor Público Federal do Poder Executivo* (Funpresp-Exe), para os servidores públicos titulares de cargo efetivo do Poder Executivo, por meio de ato do Presidente da República; *Fundação de Previdência Complementar do Servidor Público Federal do Poder Legislativo* (Funpresp-Leg), para os servidores públicos titulares de cargo efetivo do Poder Legislativo e do Tribunal de Contas da União e para os membros deste Tribunal, por meio de ato conjunto dos Presidentes da Câmara dos Deputados e do Senado Federal; *Fundação de Previdência Complementar do Servidor Público Federal do Poder Judiciário* (Funpresp-Jud), para os servidores públicos titulares de cargo efetivo e para os membros do Poder Judiciário, por meio de ato do Presidente do Supremo Tribunal Federal.

Entretanto, cabe esclarecer que, por ato conjunto das autoridades competentes para a criação das fundações previstas acima, pode ser criada fundação que contemple os servidores públicos de dois ou dos três Poderes.

A Funpresp-Exe, a Funpresp-Leg e a Funpresp-Jud: serão estruturadas na forma de fundação, com personalidade jurídica de direito privado; gozarão de autonomia administrativa, financeira e gerencial; terão sede e foro no Distrito Federal (art. 4º, § 1º, da Lei 12.618/2012, com redação dada pela Lei 14.463/2022).

As entidades fechadas de que trata o art. 4º da Lei 12.618/2012, observado o disposto nesse diploma legal e nas Leis Complementares 108/2001 e 109/2001, submetem-se às demais normas de Direito Público exclusivamente no que se refere à: I – submissão à legislação federal sobre licitação e contratos administrativos aplicável às empresas públicas e às sociedades de economia mista; II – realização de concurso público para a contratação de pessoal, no caso de empregos permanentes, ou de processo seletivo, em se tratando de contrato temporário, conforme a Lei 8.745/1993; III – publicação anual, na imprensa oficial ou em sítio oficial da administração pública certificado digitalmente por autoridade para esse fim credenciada no âmbito da Infraestrutura de Chaves Públicas Brasileira (ICP Brasil), de seus demonstrativos contábeis, atuariais, financeiros e de benefícios, sem prejuízo do fornecimento de informações aos participantes e assistidos dos planos de benefícios e ao órgão fiscalizador das entidades fechadas de previdência complementar, na forma das Leis Complementares 108 e 109/2001 (art. 8º da Lei 12.618/2012, com redação dada pela Lei 14.463/2022).

Nos termos do art. 5º da Lei 12.618/2012, a *estrutura organizacional* das entidades fechadas de Previdência Complementar de que trata o referido diploma legal deve ser constituída de conselho deliberativo, conselho fiscal e diretoria executiva, observadas as disposições da Lei Complementar 108/2001 (que dispõe sobre a relação entre a União, os Estados, o Distrito Federal e os Municípios, suas autarquias, fundações, sociedades de economia mista e outras entidades públicas e suas respectivas entidades fechadas de Previdência Complementar).

Exige-se, ainda, a instituição de código de ética e de conduta, inclusive com regras para prevenir conflito de interesses e proibir operações dos dirigentes com partes relacionadas, que deve ter ampla divulgação, especialmente entre os participantes e assistidos e as partes relacionadas, cabendo aos conselhos fiscais das entidades fechadas de Previdência Complementar assegurar o seu cumprimento (art. 6º da Lei 12.618/2012).

O regime jurídico de pessoal das referidas entidades fechadas de previdência complementar deve ser o previsto na legislação trabalhista (art. 7º da Lei 12.618/2012).

A administração das entidades fechadas de Previdência Complementar referidas no art. 4º da Lei 12.618/2012 (Funpresp-Exe, Funpresp-Leg e Funpresp-Jud) deve observar os *princípios que regem a Administração Pública*, especialmente os da eficiência e da economicidade, devendo adotar mecanismos de gestão operacional que maximizem a utilização de recursos, de forma a otimizar o atendimento aos participantes e assistidos e diminuir as despesas administrativas (art. 9º da Lei 12.618/2012).

Em consonância com o art. 10 da Lei 12.618/2012, as referidas entidades fechadas de Previdência Complementar devem ser mantidas integralmente por suas receitas, oriundas das contribuições de patrocinadores, participantes e assistidos, dos resultados financeiros de suas aplicações e de doações e legados de qualquer natureza, observado o disposto no art. 202, § 3º, da Constituição Federal de 1988[3].

10.6. FISCALIZAÇÃO

A Superintendência Nacional de Previdência Complementar (PREVIC) é autarquia de natureza especial, vinculada ao Ministério da Previdência Social, que atua como entidade de *fiscalização* e de *supervisão* das atividades das entidades fechadas de Previdência Complementar e de execução das políticas para o Regime de Previdência Complementar operado pelas entidades fechadas de Previdência Complementar (art. 1º da Lei 12.154/2009).

É importante esse registro porque, nos termos do art. 57 da Lei 12.154/2009, incluem-se entre as entidades fechadas de Previdência Complementar tratadas nesse diploma legal também aquelas referidas no art. 40 da Constituição Federal de 1988, ou seja, as *entidades fechadas de Previdência Complementar* voltadas aos servidores públicos estatutários de Regimes Próprios de Previdência Social.

Nesse sentido, a supervisão e a fiscalização da Funpresp-Exe, da Funpresp-Leg e da Funpresp-Jud e dos seus planos de benefícios competem ao órgão fiscalizador das entidades fechadas de Previdência Complementar (art. 20 da Lei 12.618/2015).

A competência exercida pelo referido órgão fiscalizador não exime os patrocinadores da responsabilidade pela supervisão e fiscalização sistemática das atividades das entidades fechadas de Previdência Complementar.

Os resultados da supervisão e da fiscalização exercidas pelos patrocinadores devem ser encaminhados ao órgão fiscalizador das entidades fechadas de Previdência Complementar.

Da mesma forma, a constituição, o funcionamento e a extinção da Funpresp-Exe, da Funpresp-Leg e da Funpresp-Jud, a aplicação de seus es-

---

3 "§ 3º É vedado o aporte de recursos a entidade de previdência privada pela União, Estados, Distrito Federal e Municípios, suas autarquias, fundações, empresas públicas, sociedades de economia mista e outras entidades públicas, salvo na qualidade de patrocinador, situação na qual, em hipótese alguma, sua contribuição normal poderá exceder a do segurado".

tatutos, regulamentos dos planos de benefícios, convênios de adesão e suas respectivas alterações, assim como as retiradas de patrocínios, dependem de prévia e expressa autorização do órgão fiscalizador das entidades fechadas de Previdência Complementar (art. 19 da Lei 12.618/2012).

Devem ser submetidas ao órgão fiscalizador das entidades fechadas de Previdência Complementar: as propostas de aprovação do estatuto e de instituição de planos de benefícios da entidade fechada de Previdência Complementar, bem como suas alterações; a proposta de adesão de novos patrocinadores a planos de benefícios em operação na entidade fechada de Previdência Complementar.

No caso da Funpresp-Exe, as propostas de aprovação do estatuto, de adesão de novos patrocinadores e de instituição de planos devem estar acompanhadas de manifestação favorável do Ministério da Fazenda.

Na hipótese da Funpresp-Leg, por sua vez, as propostas de aprovação do estatuto, de adesão de novos patrocinadores e de instituição de planos devem estar acompanhadas de manifestação favorável das Mesas Diretoras da Câmara dos Deputados e do Senado Federal.

Por fim, no caso da Funpresp-Jud, as propostas de aprovação do estatuto, de adesão de novos patrocinadores e de instituição de planos devem estar acompanhadas de manifestação favorável do Supremo Tribunal Federal.

Aplica-se no âmbito da Funpresp-Exe, da Funpresp-Leg e da Funpresp-Jud o regime disciplinar previsto no Capítulo VII da Lei Complementar 109/2001 (arts. 63 a 67), conforme art. 21 da Lei 12.618/2012.

10.7. CONTRIBUIÇÕES

A União, suas autarquias e fundações são responsáveis, na qualidade de *patrocinadores*, tanto pelo *aporte de contribuições*, como pelas *transferências* (às entidades fechadas de previdência complementar) *das contribuições descontadas dos seus servidores*, observado o disposto na Lei 12.618/2012 e nos estatutos respectivos das entidades (art. 11 da Lei 12.618/2012).

As contribuições devidas pelos patrocinadores devem ser pagas de forma centralizada pelos respectivos Poderes da União, pelo Ministério Público da União e pelo Tribunal de Contas da União.

O pagamento ou a transferência das contribuições após o dia 10 do mês seguinte ao da competência enseja a aplicação dos acréscimos de mora previstos para os tributos federais e sujeita o responsável às sanções penais e administrativas cabíveis.

As transferências referidas no art. 11 da Lei 12.618/2012 incluirão: as contratadas pelo servidor para cobertura de riscos de invalidez ou morte; as referidas no art. 16, § 4º, da Lei 12.618/2012, ou seja, as contribuições facultativas do participante (art. 11, § 3º, da Lei 12.618/2012, incluído pela Lei 14.463/2022).

A distribuição das contribuições nos planos de benefícios e nos planos de custeio deve ser revista sempre que necessário, para manter o *equilíbrio permanente* dos planos de benefícios (art. 12, § 1º, da Lei 12.618/2012).

As contribuições do patrocinador e do participante incidem sobre a parcela da base de contribuição que exceder o limite máximo estabelecido para os benefícios do Regime Geral de Previdência Social, observado o disposto no art. 37, inciso XI, da Constituição Federal, que trata do subsídio mensal dos Ministros do STF (art. 16 da Lei 12.618/2012).

A *alíquota da contribuição do participante* deve ser por ele definida anualmente, observado o disposto no regulamento do plano de benefícios.

A *alíquota da contribuição do patrocinador* deve ser igual à do participante, observado o disposto no regulamento do plano de benefícios, não podendo exceder o percentual de 8,5%.

Entretanto, além da contribuição normal, o participante pode contribuir facultativamente, mas *sem contrapartida do patrocinador*, na forma do regulamento do plano.

Cabe esclarecer que a remuneração do servidor, quando devida durante afastamentos considerados por lei como de efetivo exercício, deve ser integralmente coberta pelo ente público, continuando a incidir a contribuição para o regime instituído pela Lei 12.618/2012.

10.8. PLANOS DE BENEFÍCIOS

Nos termos do art. 12 da Lei 12.618/2012, os *planos de benefícios* da Fundação de Previdência Complementar do Servidor Público Federal do Poder Executivo (Funpresp-Exe), da Fundação de Previdência Complementar do Servidor Público Federal do Poder Legislativo (Funpresp-Leg) e da Fundação de Previdência Complementar do Servidor Público Federal do Poder Judiciário (Funpresp-Jud) devem ser estruturados na modalidade de *contribuição definida*, nos termos da regulamentação estabelecida pelo órgão regulador das entidades fechadas de previdência complementar, e financiados de acordo com os planos de custeio definidos nos termos do art. 18 da Lei

Complementar 109/2001[4], devendo ser observadas as demais disposições da Lei Complementar 108/2001 (que dispõe sobre a relação entre a União, os Estados, o Distrito Federal e os Municípios, suas autarquias, fundações, sociedades de economia mista e outras entidades públicas e suas respectivas entidades fechadas de Previdência Complementar).

Como já mencionado, a distribuição das contribuições nos planos de benefícios e nos planos de custeio deve ser revista sempre que necessário, para manter o *equilíbrio permanente dos planos de benefícios*.

Sem prejuízo do disposto no art. 18, § 3º, da Lei Complementar 109/2001, o *valor do benefício programado* deve ser calculado de acordo com o montante do *saldo da conta acumulado pelo participante*, devendo o valor do benefício estar permanentemente ajustado ao referido saldo.

Observa-se, portanto, o regime de *capitalização individual*, justamente por se tratar de Previdência Complementar, ainda que Pública.

Os *benefícios não programados* serão definidos nos regulamentos dos planos, observado o seguinte: devem ser assegurados, pelo menos, os benefícios decorrentes dos eventos invalidez e morte e, se for o caso, a cobertura de outros riscos atuariais; terão custeio específico para sua cobertura (art. 12, § 3º, da Lei 12.618/2012).

Na gestão dos *benefícios não programados* as entidades fechadas de Previdência Complementar que são referidas no art. 4º da Lei 12.618/2012 (Funpresp-Exe, Funpresp-Leg e Funpresp-Jud) podem contratá-los externamente ou administrá-los em seus próprios planos de benefícios.

De todo modo, a concessão dos *benefícios não programados* aos participantes ou assistidos pela entidade fechada de Previdência Complementar é condicionada à concessão do benefício pelo Regime Próprio de Previdência Social.

---

4 "Art. 18. O plano de custeio, com periodicidade mínima anual, estabelecerá o nível de contribuição necessário à constituição das reservas garantidoras de benefícios, fundos, provisões e à cobertura das demais despesas, em conformidade com os critérios fixados pelo órgão regulador e fiscalizador. § 1º O regime financeiro de capitalização é obrigatório para os benefícios de pagamento em prestações que sejam programadas e continuadas. § 2º Observados critérios que preservem o equilíbrio financeiro e atuarial, o cálculo das reservas técnicas atenderá às peculiaridades de cada plano de benefícios e deverá estar expresso em nota técnica atuarial, de apresentação obrigatória, incluindo as hipóteses utilizadas, que deverão guardar relação com as características da massa e da atividade desenvolvida pelo patrocinador ou instituidor. § 3º As reservas técnicas, provisões e fundos de cada plano de benefícios e os exigíveis a qualquer título deverão atender permanentemente à cobertura integral dos compromissos assumidos pelo plano de benefícios, ressalvadas excepcionalidades definidas pelo órgão regulador e fiscalizador".

Os requisitos para aquisição, manutenção e perda da qualidade de participante, assim como os requisitos de elegibilidade e a forma de concessão, cálculo e pagamento dos benefícios, devem constar dos regulamentos dos planos de benefícios, observadas as disposições das Leis Complementares 108/2001 e 109/2001 e a regulamentação do órgão regulador das entidades fechadas de Previdência Complementar (art. 13 da Lei 12.618/2012).

Esclareça-se que o servidor com remuneração *inferior* ao limite máximo estabelecido para os benefícios do Regime Geral de Previdência Social pode aderir aos planos de benefícios administrados pelas entidades fechadas de Previdência Complementar de que trata a Lei 12.618/2012, *sem contrapartida do patrocinador*, cuja base de cálculo deve ser definida nos regulamentos.

Pode permanecer filiado aos respectivos planos de benefícios o participante: cedido a outro órgão ou entidade da administração pública direta ou indireta da União, Estados, Distrito Federal e Municípios, inclusive suas empresas públicas e sociedades de economia mista; afastado ou licenciado do cargo efetivo temporariamente, com ou sem recebimento de remuneração; que optar pelo benefício proporcional diferido ou autopatrocínio, na forma do regulamento do plano de benefícios (art. 14 da Lei 12.618/2012).

Os regulamentos dos planos de benefícios devem disciplinar as regras para a manutenção do custeio do plano de benefícios, devendo ser observada a legislação aplicável.

Os patrocinadores devem arcar com as suas contribuições somente quando a cessão, o afastamento ou a licença do cargo efetivo implicar ônus para a União, suas autarquias e fundações.

Havendo cessão com ônus para o cessionário, este deve recolher às entidades fechadas de Previdência Complementar que são referidas no art. 4º da Lei 12.816/2012 a contribuição aos planos de benefícios, nos mesmos níveis e condições que seria devida pelos patrocinadores, na forma definida nos regulamentos dos planos.

De acordo com o art. 15 da Lei 12.618/2012, a *aplicação* dos recursos garantidores correspondentes às reservas, às provisões e aos fundos dos planos de benefícios da Funpresp-Exe, da Funpresp-Leg e da Funpresp-Jud deve obedecer às diretrizes e aos limites prudenciais estabelecidos pelo Conselho Monetário Nacional (CMN).

CAPÍTULO

11

PREVIDÊNCIA COMPLEMENTAR PRIVADA

11.1. CARACTERÍSTICAS

Além dos Regimes obrigatórios de Previdência Social (Regime Geral e Regimes Próprios), existem os Regimes de Previdência Complementar, os quais podem ser de natureza pública e privada.

O Regime de Previdência Privada, de caráter complementar e organizado de forma autônoma em relação ao Regime Geral de Previdência Social, é facultativo, baseado na constituição de reservas que garantam o benefício contratado, e regulado por lei complementar (art. 202, *caput*, da Constituição da República).

Desse modo, o *Regime de Previdência Complementar Privada* é autônomo do Regime Geral de Previdência Social. Ou seja, apesar de integrar o sistema previdenciário brasileiro, a Previdência Privada não faz parte do Regime Geral, nem dele depende. Por isso, a pessoa pode se filiar à Previdência Complementar Privada mesmo não sendo segurada do Regime Geral de Previdência Social.

Essa Previdência Complementar, ademais, é *facultativa* e custeada por contribuição adicional (art. 3º, parágrafo único, *e*, da Lei 8.212/1991, e art. 2º, inciso VII, da Lei 8.213/1991).

11.2. NATUREZA JURÍDICA

A natureza jurídica da Previdência Complementar Privada é contratual. Ainda que se trate de contrato de adesão, para o ingresso é necessário o exercício da autonomia da vontade pelo participante.

Na relação jurídica privada em questão, as entidades *abertas* de Previdência Complementar são pessoas jurídicas prestadoras de serviços, ou seja, *fornecedores*, enquanto os participantes são os *destinatários finais* desses serviços, incidindo, assim, os preceitos do Código de Defesa do Consumidor, na forma dos arts. 2º e 3º da Lei 8.078/1990.

O Código de Defesa do Consumidor é aplicável às entidades abertas de previdência complementar, não incidindo nos contratos previdenciários celebrados com entidades fechadas (Súmula 563 do STJ).

11.3. AÇÃO DO ESTADO

Atendendo à determinação constitucional (art. 202), a Lei Complementar 109, de 29 de maio de 2001, dispõe sobre o Regime de Previdência Complementar Privada.

O Regime de Previdência Complementar Privada é operado por entidades de Previdência Complementar que têm por objetivo principal instituir e executar planos de benefícios de caráter previdenciário.

Apesar da natureza privada, por integrar o sistema previdenciário, o qual pertence, por sua vez, à Seguridade Social, a Previdência Complementar é objeto de disciplinada legal, com a incidência de normas cogentes, sendo a sua atividade fiscalizada pelo Estado, por ter relevância e ampla repercussão sociais.

Nesse sentido, a ação do Estado deve ser exercida com o objetivo de: formular a política de Previdência Complementar; disciplinar, coordenar e supervisionar as atividades reguladas pela Lei Complementar 108/2001, compatibilizando-as com as políticas previdenciárias e de desenvolvimento social e econômico-financeiro; determinar padrões mínimos de segurança econômico-financeira e atuarial, com fins específicos de preservar a liquidez, a solvência e o equilíbrio dos planos de benefícios, isoladamente, e de cada entidade de Previdência Complementar, no conjunto de suas atividades; assegurar aos participantes e assistidos o pleno acesso às informações relativas à gestão de seus respectivos planos de benefícios; fiscalizar as entidades de Previdência Complementar, suas operações e aplicar penalidades; proteger os interesses dos participantes e assistidos dos planos de benefícios (art. 3º da Lei Complementar 109/2001).

11.4. CLASSIFICAÇÃO E FISCALIZAÇÃO

Nos termos do art. 4º da Lei Complementar 109/2001, as entidades de Previdência Complementar Privada são classificadas em *fechadas* e *abertas*, conforme definidas nos seus arts. 31 e 36.

A normatização, coordenação, supervisão, fiscalização e controle das atividades das entidades de Previdência Complementar devem ser realizados por órgão ou órgãos regulador e fiscalizador, conforme disposto em lei, observado o disposto no art. 84, inciso VI, da Constituição Federal de 1988, que versa sobre decreto do Presidente da República.

Compete à União fiscalizar as *operações* de seguros e *de previdência privada* (art. 21, inciso VIII, da Constituição da República).

Quanto ao tema, o *Conselho Nacional de Previdência Complementar* (CNPC) é o órgão da estrutura básica do Ministério da Previdência Social que exerce a função de *regulador* do Regime de Previdência Complementar operado pelas *entidades fechadas* de Previdência Complementar (art. 13 da Lei 12.154/2009).

A *Superintendência Nacional de Previdência Complementar* (PREVIC), por sua vez, é autarquia de natureza especial, dotada de autonomia administrativa e financeira e patrimônio próprio, vinculada ao Ministério da Previdência Social, com sede e foro no Distrito Federal e atuação em todo o território nacional (art. 1º da Lei 12.154/2009).

A PREVIC atua como entidade de *fiscalização* e de *supervisão* das atividades das *entidades fechadas* de Previdência Complementar e de execução das políticas para o Regime de Previdência Complementar operado pelas *entidades fechadas* de Previdência Complementar, observadas as disposições constitucionais e legais aplicáveis.

A *Câmara de Recursos da Previdência Complementar* (CRPC) é o órgão colegiado no âmbito do Ministério da Previdência Social com atribuição para o julgamento de recursos administrativos interpostos por entidades *fechadas* de Previdência Complementar, ou seja, como *instância recursal* das decisões proferidas pela Diretoria Colegiada da PREVIC (sobre a conclusão de relatórios finais dos processos administrativos, iniciados por lavratura de auto de infração ou instauração de inquérito, com a finalidade de apurar responsabilidade de pessoa física ou jurídica, e sobre a aplicação das penalidades cabíveis, bem como ao apreciar e julgar as impugnações referentes aos lançamentos tributários da Taxa de Fiscalização e Controle da Previdência Complementar – TAFIC), cujo pronunciamento encerra a instância administrativa (art. 15 da Lei 12.154/2009).

As funções do órgão regulador e do órgão fiscalizador são exercidas pelo Ministério da Fazenda, por intermédio do *Conselho Nacional de Seguros Privados* (CNSP) e da *Superintendência de Seguros Privados* (SUSEP), em relação, respectivamente, à *regulação* e *fiscalização* das entidades *abertas* de Previdência Complementar (art. 74 da Lei Complementar 109/2001).

Sendo assim, na Previdência Complementar Privada *aberta* a regulação é feita pelo Conselho Nacional de Seguros Privados (CNSP) e a fiscalização é realizada pela Superintendência de Seguros Privados (SUSEP).

O Conselho de Recursos do Sistema Nacional de Seguros Privados, de Previdência Privada Aberta e de Capitalização (CRSNSP) é órgão integrante da estrutura do Ministério da Fazenda, destinado a realizar o julgamento, em última instância administrativa, dos recursos de decisões da Superintendência de Seguros Privados – SUSEP (Decreto 10.016/2019).

11.5. PLANOS DE BENEFÍCIOS

Os planos de benefícios devem atender a padrões mínimos fixados pelo órgão regulador e fiscalizador, com o objetivo de assegurar transparência, solvência, liquidez e *equilíbrio econômico-financeiro e atuarial* (art. 7º da Lei Complementar 109/2001).

Cabe ao órgão regulador e fiscalizador normatizar planos de benefícios nas modalidades de *benefício definido*, *contribuição definida* e *contribuição variável*, bem como *outras formas* de planos de benefícios que reflitam a evolução técnica e possibilitem flexibilidade ao Regime de Previdência Complementar.

Entretanto, deve-se ressalvar que as entidades fechadas de Previdência Complementar Privada que forem constituídas por *instituidore*s só podem oferecer planos de benefícios na modalidade de *contribuição definida* (art. 31, § 2º, da Lei Complementar 109/2001).

11.6. SUJEITOS

Participante é a pessoa física que *aderir* aos planos de benefícios da Previdência Complementar (art. 8º, inciso I, da Lei Complementar 109/2001).

Assistido é o *participante* ou o seu *beneficiário* em gozo de benefício de prestação continuada da Previdência Complementar (art. 8º, inciso II, da Lei Complementar 109/2001).

11.7. ACESSO A INFORMAÇÕES

A lei complementar deve assegurar ao participante de planos de benefícios de entidades de Previdência Privada o pleno acesso às informações relativas à gestão de seus respectivos planos (art. 202, § 1º, da Constituição Federal de 1988).

Quanto aos planos de benefícios de entidades *fechadas*, ao final de cada exercício, coincidente com o ano civil, as entidades fechadas devem levantar as demonstrações contábeis e as avaliações atuariais de cada plano de benefícios, por pessoa jurídica ou profissional legalmente habilitado, devendo os resultados ser encaminhados ao órgão regulador e fiscalizador e divulgados aos participantes e aos assistidos (art. 22 da Lei Complementar 109/2001).

As entidades fechadas devem manter atualizada sua contabilidade, de acordo com as instruções do órgão regulador e fiscalizador, consolidando a posição dos planos de benefícios que administram e executam, bem como submetendo suas contas a auditores independentes (art. 23 da Lei Complementar 109/2001).

Ao final de cada exercício devem ser elaboradas as demonstrações contábeis e atuariais consolidadas, sem prejuízo dos controles por plano de benefícios.

A divulgação aos participantes, inclusive aos assistidos, das informações pertinentes aos planos de benefícios deve se dar ao menos uma vez ao ano, na forma, nos prazos e pelos meios estabelecidos pelo órgão regulador e fiscalizador (art. 24 da Lei Complementar 109/2001).

As informações requeridas formalmente pelo participante ou assistido, para a defesa de direitos e esclarecimento de situações de interesse pessoal específico, devem ser atendidas pela entidade no prazo estabelecido pelo órgão regulador e fiscalizador.

Quanto aos planos de benefícios de entidades *abertas*, compete ao órgão regulador, entre outras atribuições que lhe forem conferidas por lei: fixar padrões adequados de segurança atuarial e econômico-financeira, para preservação da liquidez e solvência dos planos de benefícios, isoladamente, e de cada entidade aberta, no conjunto de suas atividades; estabelecer as condições em que o órgão fiscalizador pode determinar a suspensão da comercialização ou a transferência, entre entidades abertas, de planos de benefícios; fixar condições que assegurem transparência, acesso a informações e fornecimento de dados relativos aos planos de benefícios, inclusive quanto à gestão dos respectivos recursos (art. 29 da Lei Complementar 109/2001).

11.8. AUTONOMIA

Deve-se salientar que as contribuições do empregador, os benefícios e as condições contratuais previstas nos estatutos, regulamentos e planos de benefícios das entidades de Previdência Privada *não integram os contratos de trabalho dos participantes*, assim como, à exceção dos benefícios concedidos, *não integram a remuneração dos participantes* (art. 202, § 2º, da Constituição Federal de 1988 e art. 68 da Lei Complementar 109/2001).

Tendo em vista a regra em questão, a rigor, entende-se que não é aplicável à Previdência Complementar Privada (no caso, fechada) o disposto no art. 468 da Consolidação das Leis do Trabalho, que considera nula a modificação nas condições de trabalho que seja prejudicial ao empregado, ainda que presente o seu consentimento.

O contrato civil entre o assistido e a entidade fechada não se confunde com o contrato de trabalho entre o empregado e o empregador, havendo autonomia jurídica entre eles (STJ, 4ª T., AgRg no REsp 1.137.259/RS (2009/0166650-6), rel. Min. Marco Buzzi, DJe 03.05.2012).

Nesse sentido, tendo em vista "a autonomia entre o contrato de trabalho e o contrato de previdência complementar, mesmo se eventualmente reconhecida a natureza salarial de determinada parcela, não se seguirá o direito à sua inclusão nos proventos de aposentadoria complementar se não integrante do benefício contratado" (STJ, 4ª T., REsp 1.410.173/SC, rel. Min. Maria Isabel Gallotti, j. 05.11.2015, trecho do voto).

Justamente por isso, a atual redação da Súmula 288, item I, do Tribunal Superior do Trabalho, decorrente da Resolução 207/2016, esclarece que a complementação dos proventos de aposentadoria, instituída, regulamentada e paga diretamente pelo empregador, *sem vínculo com as entidades de previdência privada fechada*, é regida pelas normas em vigor na data de admissão do empregado, ressalvadas as alterações que forem mais benéficas (art. 468 da CLT).

Trata-se de entendimento que se aplica, portanto, apenas à alteração das condições do contrato individual de trabalho, entre empregado e empregador, mas não aos planos de Previdência Complementar Privada.

Nessa linha, a Súmula 288 do TST, no item III, dispõe que após a entrada em vigor das Leis Complementares 108 e 109, de 29/05/2001, *reger-se-á a complementação dos proventos de aposentadoria pelas normas vigentes na data da implementação dos requisitos para obtenção do benefício*, ressalvados o direito adquirido do participante que anteriormente tiver implementado os requisitos para o benefício e o direito acumulado do empregado que até então não preenchera tais requisitos.

Na hipótese de coexistência de dois regulamentos de planos de previdência complementar, instituídos pelo empregador ou por entidade de previdência privada, a opção do beneficiário por um deles tem efeito jurídico de renúncia às regras do outro (Súmula 288 do TST, item II).

11.9. CONTRIBUIÇÕES

As contribuições para a Previdência Complementar possuem natureza jurídica privada, justamente porque o regime tem natureza contratual, não se confundindo com os regimes obrigatórios de Previdência Social.

11.10. COMPETÊNCIA

O Supremo Tribunal Federal firmou o entendimento de que compete à Justiça Comum o julgamento das ações ajuizadas em face de entidades privadas de previdência complementar, ou seja, decorrentes de contratos de Previdência Complementar Privada, em consonância com o art. 202, § 2º, da Constituição Federal de 1988, em razão de sua autonomia jurídica em face do contrato de trabalho (STF, Pleno, RE 586.453/SE, rel. p/ ac. Min. Dias Toffoli, DJe 06.06.2013).

Esclareça-se que o STF decidiu pela modulação dos efeitos dessa decisão (com fundamento no art. 27 da Lei 9.868/1999), no sentido de que devem permanecer na Justiça do Trabalho os processos que já tiverem sentença de mérito proferida até 20.02.2013.

A competência para processar e julgar as demandas que têm por objeto obrigações decorrentes dos contratos de planos de *previdência privada* firmados com a Fundação Rede Ferroviária de Seguridade Social (REFER) é da Justiça estadual (Súmula 505 do STJ).

O Supremo Tribunal Federal fixou, ainda, a seguinte tese de repercussão geral: "Compete à Justiça comum o julgamento de conflito de interesses a envolver a incidência de contribuição previdenciária, considerada a complementação de proventos" (STF, Pleno, RE 594.435/SP, rel. Min. Marco Aurélio, j. 24.05.2018, DJe 03.09.2018). Entendeu-se, assim, ser de competência da Justiça comum decidir conflito a respeito da incidência de contribuição previdenciária sobre complementação de proventos de aposentadorias e de pensões. Houve modulação dos efeitos dessa decisão para manter na Justiça do Trabalho, até final execução, os processos sobre a incidência de contribuição previdenciária instituída por ente federativo em complementação de proventos de aposentadoria e de pensões em que já tenha sido proferida sentença de mérito, até o dia da conclusão do julgamento do recurso extraordinário (24.05.2018) (STF, Pleno, ED-RE 594.435/SP, red. p/ ac. Min. Alexandre de Moraes, j. 21.08.2019, DJe 23.09.2019).

O Supremo Tribunal Federal fixou a seguinte tese de repercussão geral: "Compete à Justiça comum processar e julgar causas sobre complementação de aposentadoria instituída por lei cujo pagamento seja, originariamente ou por sucessão, da responsabilidade da Administração Pública direta ou indireta, por derivar essa responsabilidade de relação jurídico-administrativa" (STF, Pleno, RG-RE 1.265.549/SP, rel. Min. Dias Toffoli, DJe 19.06.2020). Houve modulação dos efeitos dessa decisão, de modo que os processos nos quais houver sido proferida sentença de mérito até a data da publicação do acórdão do julgamento do recurso no Plenário do Supremo Tribunal Federal (19 de junho de 2020) prossigam na Justiça do Trabalho até o trânsito em julgado e a correspondente execução (STF, Pleno, ED-RG-RE 1.265.549/SP, rel. Min. Dias Toffoli, DJe 26.11.2020).

Da mesma forma, evidentemente, compete à Justiça Comum decidir os conflitos relativos à Previdência Complementar aberta, ou seja, não decorrentes de contrato de emprego nem de relação de trabalho.

11.11. BENEFÍCIOS

Os benefícios são considerados como *direito adquirido* do participante quando implementadas todas as condições estabelecidas para elegibilidade consignadas no regulamento do respectivo plano (art. 68, § 1º, da Lei Complementar 109/2001).

Como indicado anteriormente, a concessão de benefício pela Previdência Complementar Privada não depende da concessão de benefício pelo Regime Geral de Previdência Social.

Não se trata, assim, de mero plano acessório, que seguiria a sorte do principal.

Isso também é confirmado pela Súmula 92 do Tribunal Superior do Trabalho, ao prever que o direito à complementação de aposentadoria, criado pela empresa, com requisitos próprios, não se altera pela instituição de benefício previdenciário por órgão oficial.

Frise-se ainda que o Supremo Tribunal Federal fixou a seguinte tese de repercussão geral: "É inconstitucional, por violação ao princípio da isonomia (art. 5º, I, da Constituição da República), cláusula de contrato de previdência complementar que, ao prever regras distintas entre homens e mulheres para cálculo e concessão de complementação de aposentadoria, estabelece valor inferior do benefício para as mulheres, tendo em conta o seu menor tempo de contribuição" (STF, Pleno, RE 639.138/RS, red. p/ ac. Min. Edson Fachin, j. 18.08.2020).

11.12. INCENTIVO FISCAL

As contribuições vertidas para as entidades de Previdência Complementar, destinadas ao custeio dos planos de benefícios de natureza previdenciária, são *dedutíveis para fins de incidência de imposto sobre a renda*, nos limites e nas condições fixadas em lei (art. 69 da Lei Complementar 109/2001).

Sobre as contribuições acima não incidem tributação e contribuições de qualquer natureza.

Da mesma forma, não incidem tributação e contribuições de qualquer natureza sobre a portabilidade de recursos de reservas técnicas, fundos e provisões entre planos de benefícios de entidades de Previdência Complementar, de titularidade do mesmo participante.

As referidas previsões são destinadas a incentivar a adesão e a contribuição a Regimes de Previdência Complementar Privada, com o fim de assegurar melhores condições de vida em médio e longo prazo.

11.13. PREVIDÊNCIA COMPLEMENTAR PRIVADA FECHADA

11.13.1. PLANOS DE BENEFÍCIOS DE ENTIDADES FECHADAS

Os planos de benefícios de Previdência Complementar Privada de entidades *fechadas* podem ser instituídos por *patrocinadores* e *instituidores* (art. 12 da Lei Complementar 109/2001).

São *patrocinadores* a empresa ou o grupo de empresas, quanto a seus empregados, bem como a União, os Estados, o Distrito Federal e os Municípios, quanto aos seus servidores.

Os *instituidores*, por sua vez, são as pessoas jurídicas de caráter profissional, classista ou setorial, quanto aos seus associados ou membros (art. 31 da Lei Complementar 109/2001).

Na Previdência Complementar Privada fechada, os patrocinadores e instituidores não podem ser confundidos com as *entidades fechadas*, as quais devem se organizar sob a forma de fundação ou sociedade civil, sem fins lucrativos.

A formalização da condição de patrocinador ou instituidor de um plano de benefício é feita por meio de *convênio de adesão*, a ser celebrado entre o patrocinador ou instituidor e a entidade fechada, em relação a cada plano de benefícios que por esta for administrado e executado, mediante prévia autorização do órgão regulador e fiscalizador, conforme regulamentação do Poder Executivo (art. 13 da Lei Complementar 109/2001).

Admite-se a existência de solidariedade entre patrocinadores ou entre instituidores, em relação aos respectivos planos, desde que expressamente prevista no convênio de adesão.

O referido *convênio de adesão*, firmado entre o patrocinador ou o instituidor e a entidade fechada, não se confunde, entretanto, com o *contrato civil*, pactuado entre os participantes e a entidade fechada. Trata-se, portanto, de relação jurídica *triangular*[1].

O órgão regulador e fiscalizador deve estabelecer o número mínimo de participantes admitido para cada modalidade de plano de benefício.

Quem *institui* os planos de benefícios de Previdência Complementar Privada, portanto, são os *patrocinadores* e *instituidores*, os quais celebram o chamado convênio de adesão, de natureza contratual, com as *entidades fechadas*, as quais *administram e executam* os planos de benefícios de natureza previdenciária.

Conforme tese jurídica firmada pelo Superior Tribunal de Justiça: "I – A patrocinadora não possui legitimidade passiva para litígios que envolvam participante/assistido e entidade fechada de previdência complementar, ligados estritamente ao plano previdenciário, como a concessão e a revisão de benefício ou o resgate da reserva de poupança, em virtude de sua personalidade

---

[1] Cf. PULINO, Daniel. *Previdência complementar*: natureza jurídico-constitucional e seu desenvolvimento pelas entidades fechadas. São Paulo: Conceito, 2011. p. 138.

jurídica autônoma. II – Não se incluem no âmbito da matéria afetada as causas originadas de eventual ato ilícito, contratual ou extracontratual, praticado pelo patrocinador" (STJ, 2ª Seção, REsp 1.370.191/RJ (2013/0047717-3), rel. Min. Luis Felipe Salomão, j. 13.06.2018).

Os planos de benefícios da Previdência Complementar Privada fechada devem prever os seguintes institutos, observadas as normas estabelecidas pelo órgão regulador e fiscalizador: benefício proporcional diferido, portabilidade, resgate, autopatrocínio (art. 14 da Lei Complementar 109/2001).

O *benefício proporcional diferido* é o instituto que permite ao participante, em razão da cessação do vínculo empregatício (com o patrocinador) ou associativo (com o instituidor) antes da aquisição do direito ao benefício pleno, optar por receber um benefício programado e proporcional (de acordo com as contribuições acumuladas) quando cumprir os requisitos de elegibilidade (ou seja, posteriormente).

A *portabilidade* é o instituto que permite transferir o direito acumulado pelo participante para outro plano quando ocorre a cessação do vínculo empregatício com o patrocinador, antes da aquisição do direito ao benefício pleno.

O direito acumulado, no caso, corresponde às *reservas constituídas pelo participante* (contribuições do participante e rendimentos, deduzidas despesas administrativas) ou à *reserva matemática* (benefício futuro, descontadas contribuições faltantes do participante e do patrocinador), o que lhe for mais favorável (art. 15, parágrafo único, da Lei Complementar 109/2001)[2].

Desse modo, não é admitida a portabilidade na inexistência de cessação do vínculo empregatício do participante com o patrocinador.

A portabilidade não caracteriza resgate, justamente porque os institutos são diversos, o primeiro referindo-se à transferência (do direito acumulado) a outro plano e o segundo ao saque (das contribuições do participante).

Logo, na portabilidade não é permitido o saque dos depósitos, mas apenas a sua transferência a outro plano de Previdência Complementar Privada.

Além disso, é vedado que os recursos financeiros correspondentes transitem pelos participantes dos planos de benefícios, sob qualquer forma (art. 15, incisos I e II, da Lei Complementar 109/2001).

Isso porque na Previdência Complementar Privada o regime adotado é o de *capitalização individual*, em que as contribuições devem ser acumuladas

---

2 Cf. IBRAHIM, Fábio Zambitte. *Curso de direito previdenciário*. 20. ed. Rio de Janeiro: Impetus, 2015. p. 796.

em contas individuais de cada assistido, destinadas ao pagamento dos seus próprios benefícios.

Não se confunde, assim, com o regime de repartição simples, típico do Regime Geral de Previdência Social, caracterizado pela solidariedade, no qual se observa o chamado *pacto entre gerações*.

Nesse sentido, de acordo com o art. 18 da Lei Complementar 109/2001, o plano de custeio da Previdência Complementar Privada fechada, com periodicidade mínima anual, deve estabelecer o nível de contribuição necessário à constituição das reservas garantidoras de benefícios, fundos, provisões e à cobertura das demais despesas, em conformidade com os critérios fixados pelo órgão regulador e fiscalizador.

O regime financeiro *de capitalização* é obrigatório para os benefícios de pagamento em prestações que sejam programadas e continuadas.

Observados critérios que preservem os equilíbrios financeiro e atuarial, o cálculo das reservas técnicas deve atender às peculiaridades de cada plano de benefícios e deve estar expresso em nota técnica atuarial, de apresentação obrigatória, incluindo as hipóteses utilizadas, que devem guardar relação com as características da massa e da atividade desenvolvida pelo patrocinador ou instituidor.

As reservas técnicas, provisões e fundos de cada plano de benefícios e os exigíveis a qualquer título devem atender permanentemente à cobertura integral dos compromissos assumidos pelo plano de benefícios da Previdência Complementar Privada fechada, com a ressalva das excepcionalidades definidas pelo órgão regulador e fiscalizador.

O Supremo Tribunal Federal firmou a seguinte tese de repercussão geral: "Compete à Justiça do Trabalho processar e julgar causas ajuizadas contra o empregador nas quais se pretenda o reconhecimento de verbas de natureza trabalhista e os reflexos nas respectivas contribuições para a entidade de previdência privada a ele vinculada" (STF, Pleno, RG-RE 1.265.564/SC, rel. Min. Luiz Fux, j. 02.09.2021, DJe 14.09.2021).

Ainda a respeito do tema, o Superior Tribunal de Justiça definiu as seguintes teses em julgamento de recurso especial repetitivo:

> "a) A concessão do benefício de previdência complementar tem como pressuposto a prévia formação de reserva matemática, de forma a evitar o desequilíbrio atuarial dos planos. Em tais condições, quando já concedido o benefício de complementação de aposentadoria por entidade fechada de previdência privada, é inviável a inclusão dos reflexos das verbas remuneratórias (horas extras) reconhecidas pela Justiça do Trabalho nos cálculos da renda mensal inicial dos benefícios de complementação de aposentadoria.

b) Os eventuais prejuízos causados ao participante ou ao assistido que não puderam contribuir ao fundo na época apropriada ante o ato ilícito do empregador poderão ser reparados por meio de ação judicial a ser proposta contra a empresa ex-empregadora na Justiça do Trabalho.

c) Modulação dos efeitos da decisão (art. 927, § 3º, do CPC/2015): nas demandas ajuizadas na Justiça comum até a data do presente julgamento – se ainda for útil ao participante ou assistido, conforme as peculiaridades da causa –, admite-se a inclusão dos reflexos de verbas remuneratórias (horas extras), reconhecidas pela Justiça do Trabalho, nos cálculos da renda mensal inicial dos benefícios de complementação de aposentadoria, condicionada à previsão regulamentar (expressa ou implícita) e à recomposição prévia e integral das reservas matemáticas com o aporte de valor a ser apurado por estudo técnico atuarial em cada caso.

d) Nas reclamações trabalhistas em que o ex-empregador tiver sido condenado a recompor a reserva matemática, e sendo inviável a revisão da renda mensal inicial da aposentadoria complementar, os valores correspondentes a tal recomposição devem ser entregues ao participante ou assistido a título de reparação, evitando-se, igualmente, o enriquecimento sem causa da entidade fechada de previdência complementar" (STJ, 2ª Seção, REsp 1.312.736/RS (2012/0064796-6), rel. Min. Antonio Carlos Ferreira, DJe 16.08.2018).

Na mesma linha, de forma mais ampla, o Superior Tribunal de Justiça definiu as seguintes teses em julgamento de recurso especial repetitivo:

"a) A concessão do benefício de previdência complementar tem como pressuposto a prévia formação de reserva matemática, de forma a evitar o desequilíbrio atuarial dos planos. Em tais condições, quando já concedido o benefício de complementação de aposentadoria por entidade fechada de previdência privada, é inviável a inclusão dos reflexos de quaisquer verbas remuneratórias reconhecidas pela Justiça do Trabalho nos cálculos da renda mensal inicial dos benefícios de complementação de aposentadoria.

b) Os eventuais prejuízos causados ao participante ou ao assistido que não puderam contribuir ao fundo na época apropriada ante o ato ilícito do empregador poderão ser reparados por meio de ação judicial a ser proposta contra a empresa ex-empregadora na Justiça do Trabalho.

c) Modulação dos efeitos da decisão (art. 927, § 3º, do CPC/2015): nas demandas ajuizadas na Justiça comum até 8/8/2018 (data do julgamento do REsp n. 1.312.736/RS – Tema repetitivo n. 955/STJ) – se ainda for útil ao participante ou assistido, conforme as peculiaridades da causa –, admite-se a inclusão dos reflexos de verbas remuneratórias, reconhecidas pela Justiça do Trabalho, nos cálculos da renda mensal inicial dos benefícios de complementação de aposentadoria, condicionada à previsão regulamentar de que as parcelas de natureza remuneratória devam compor a base de cálculo das contribuições a serem recolhidas e servir de parâmetro para o cômputo da renda mensal inicial do benefício, e à recomposição prévia e integral das reservas matemáticas com o aporte, a ser vertido pelo participante, de valor a ser apurado por estudo técnico atuarial em cada caso.

d) Nas reclamações trabalhistas em que o ex-empregador tiver sido condenado a recompor a reserva matemática, e sendo inviável a revisão da renda mensal inicial da aposentadoria complementar, os valores correspondentes a tal recomposição devem ser entregues ao participante ou assistido a título de reparação, evitando-se, igualmente, o enriquecimento sem causa da entidade fechada de previdência complementar" (STJ, 2ª Seção, REsp 1.740.397/RS (2017/0293219-4), rel. Min. Antonio Carlos Ferreira, j. 28.10.2020).

As contribuições destinadas à constituição de reservas devem ter como finalidade prover o pagamento de benefícios de caráter previdenciário, observadas as especificidades previstas na Lei Complementar 109/2001 (art. 19). As referidas contribuições classificam-se em: *normais*, ou seja, aquelas destinadas ao custeio dos benefícios previstos no respectivo plano; *extraordinárias*, isto é, aquelas destinadas ao custeio de déficits, serviço passado e outras finalidades não incluídas na contribuição normal.

Admite-se a portabilidade não apenas para outro plano de Previdência Complementar fechada, mas também aberta[3].

Efetivamente, a portabilidade, *quando efetuada para entidade aberta*, somente é admitida quando a integralidade dos recursos financeiros correspondentes ao direito acumulado do participante for utilizada para a contratação de *renda mensal vitalícia ou por prazo determinado*, cujo prazo mínimo não pode ser inferior ao período em que a respectiva reserva foi constituída, limitado ao mínimo de 15 anos, observadas as normas estabelecidas pelo órgão regulador e fiscalizador (art. 14, § 4º, da Lei Complementar 109/2001).

O *resgate* é o instituto que permite ao assistido o recebimento da totalidade das contribuições vertidas ao plano *pelo participante*, descontadas as parcelas do custeio administrativo, na forma regulamentada.

---

[3] Cf. MARTINS, Sergio Pinto. *Direito da seguridade social*. 35. ed. São Paulo: Atlas, 2015. p. 491-492.

Nos planos de previdência privada, não cabe ao beneficiário a devolução da contribuição efetuada pelo patrocinador (Súmula 290 do STJ).

Entretanto, no resgate, é devida a atualização dos valores das contribuições feitas pelo participante, a serem devolvidas, sob pena de enriquecimento sem causa.

A restituição das parcelas pagas a plano de previdência privada deve ser objeto de correção plena, por índice que recomponha a efetiva desvalorização da moeda (Súmula 289 do STJ).

Para a cobrança dessa correção monetária, a qual deve ser em conformidade com o Índice Nacional de Preços ao Consumidor (INPC), por ser o que melhor recompõe a desvalorização da moeda em face da inflação, o prazo prescricional é quinquenal, contado da data do pagamento em valor inferior ao devido, por ser o momento em que ocorre a lesão ao direito (art. 189 do Código Civil)[4].

Conforme o art. 75 da Lei Complementar 109/2001, sem prejuízo do benefício, *prescreve em cinco anos o direito às prestações não pagas nem reclamadas na época própria*, resguardados os direitos dos menores dependentes, dos incapazes ou dos ausentes, na forma do Código Civil[5].

Nesse sentido, a ação de cobrança de parcelas de complementação de aposentadoria pela previdência privada prescreve em cinco anos (Súmula 291 do STJ).

A ação de cobrança de diferenças de valores de complementação de aposentadoria prescreve em cinco anos *contados da data do pagamento* (Súmula 427 do STJ).

Especificamente em caso de pretensão de restituição de contribuições recolhidas indevidamente para entidade fechada de Previdência Complementar Privada, entende-se que o prazo prescricional é de 10 anos (art. 205 do Código Civil). Cf. STJ, 3ª T., REsp 1.803.627/SP, 2019/0073711-4, rel. Min. Paulo de Tarso Sanseverino, DJe 01.07.2020.

Com fundamento no art. 205 do Código Civil, entende-se que "é de 10 anos o prazo prescricional aplicável à pretensão de restituição de valores de

---

[4] Cf. LEITÃO, André Studart; MEIRINHO, Augusto Grieco Sant'Anna. *Manual de direito previdenciário*. 4. ed. São Paulo: Saraiva, 2016. p. 744.

[5] Cf. art. 198 do Código Civil: "Também não corre a prescrição: I – contra os incapazes de que trata o art. 3º; II – contra os ausentes do País em serviço público da União, dos Estados ou dos Municípios; III – contra os que se acharem servindo nas Forças Armadas, em tempo de guerra". Nos termos do art. 3º do Código Civil: "São absolutamente incapazes de exercer pessoalmente os atos da vida civil os menores de 16 (dezesseis) anos".

benefícios previdenciários complementares recebidos por força de decisão liminar posteriormente revogada, tendo em vista não se tratar de hipótese de enriquecimento sem causa, de prescrição intercorrente ou de responsabilidade civil". Nesse caso, havendo "controvérsia acerca da revogação de decisão liminar, o termo *a quo* do prazo prescricional é a data do trânsito em julgado do provimento jurisdicional em que se confirma a revogação da liminar, pois este é o momento em que o credor toma conhecimento de seu direito à restituição, pois não mais será possível a reversão do aresto que revogou a decisão precária" (STJ, 2ª Seção, REsp 1.939.455/DF, 2021/0154215-4, rel. Min. Nancy Andrighi, DJe 09.06.2023).

Cabe ao órgão regulador e fiscalizador estabelecer período de carência para o instituto do resgate total das contribuições, acima indicado.

O *autopatrocínio* é a faculdade que o participante tem de manter o valor de sua contribuição e a do patrocinador, no caso de perda parcial ou total da remuneração recebida, para assegurar a percepção dos benefícios nos níveis correspondentes àquela remuneração ou em outros definidos em normas regulamentares.

O *autopatrocínio* pode ser exercido quando ocorre o término do vínculo de emprego, ou seja, quando há perda *total* da remuneração recebida, e mesmo quando o contrato de trabalho permanece em vigor, mas, por algum motivo, ocorre perda *parcial* da remuneração (como, por exemplo, a extinção de uma gratificação de função de confiança)[6].

Os planos de benefícios devem ser obrigatoriamente oferecidos a todos os empregados dos patrocinadores ou associados dos instituidores (art. 16 da Lei Complementar 109/2001). São equiparáveis aos empregados e associados os gerentes, diretores, conselheiros ocupantes de cargo eletivo e outros dirigentes de patrocinadores e instituidores.

É *facultativa* a adesão aos planos de Previdência Complementar Privada fechada, instituídos por patrocinadores ou instituidores. Essa possibilidade de adesão, entretanto, não se aplica aos planos em extinção, assim considerados aqueles em que o acesso de novos participantes esteja vedado.

As alterações processadas nos regulamentos dos planos de Previdência Complementar Privada aplicam-se a todos os participantes das entidades fechadas, a partir de sua aprovação pelo órgão regulador e fiscalizador, observado o direito acumulado de cada participante (art. 17 da Lei Complementar 109/2001).

---

6 Cf. LEITÃO, André Studart; MEIRINHO, Augusto Grieco Sant'Anna. *Manual de direito previdenciário*. 4. ed. São Paulo: Saraiva, 2016. p. 742-743.

Ao participante que tenha cumprido os requisitos para obtenção dos benefícios previstos no plano é assegurada a aplicação das disposições regulamentares vigentes na data em que se tornou elegível a um benefício de aposentadoria.

Deve-se respeitar, assim, o *direito adquirido* do participante ao benefício de aposentadoria assegurado em Previdência Complementar Privada fechada, o qual se configura quando preenchidos os requisitos para o seu recebimento, conforme as disposições então em vigor.

Quanto ao tema, o Superior Tribunal de Justiça fixou a seguinte tese em julgamento de recurso especial repetitivo: "O regulamento aplicável ao participante de plano fechado de previdência privada para fins de cálculo da renda mensal inicial do benefício complementar é aquele vigente no momento da implementação das condições de elegibilidade, haja vista a natureza civil e estatutária, e não o da data da adesão, assegurado o direito acumulado. Esse entendimento se aplica a quaisquer das modalidades de planos de benefícios, como os Planos de Benefício Definido (BD), os Planos de Contribuição Definida (CD) e os Planos de Contribuição Variável (CV)" (STJ, 2ª Seção, REsp 1.435.837/RS (2014/0031379-3), red. p/ ac. Min. Ricardo Villas Bôas Cueva, DJe 07.05.2019).

11.13.2. ENTIDADES FECHADAS DE PREVIDÊNCIA COMPLEMENTAR PRIVADA

As *entidades fechadas de Previdência Complementar Privada* são aquelas acessíveis, na forma regulamentada pelo órgão regulador e fiscalizador, exclusivamente: aos empregados de uma empresa ou grupo de empresas e aos servidores da União, dos Estados, do Distrito Federal e dos Municípios, os quais são os entes denominados *patrocinadores*; aos associados ou membros de pessoas jurídicas de caráter profissional, classista ou setorial, as quais recebem a denominação de *instituidores* (art. 31 da Lei Complementar 109/2001).

As entidades fechadas de Previdência Complementar Privada devem se organizar sob a forma de fundação ou sociedade civil, sem fins lucrativos.

Entretanto, com o Código Civil de 2002, as sociedades são consideradas pessoas jurídicas que exercem atividade econômica, não se confundindo com as associações (arts. 44, incisos I e II, e 53). Efetivamente, celebram contrato de sociedade as pessoas que reciprocamente se obrigam a contribuir, com bens ou serviços, para o *exercício de atividade econômica* e a partilha, entre si, dos resultados (art. 981 do Código Civil). Não mais existe, portanto, sociedade civil sem fins lucrativos.

Com isso, na atualidade, as entidades fechadas de Previdência Complementar Privada só podem se organizar sob a forma de fundação.

Fundação é a pessoa jurídica que somente pode se constituir para fins de: assistência social; cultura, defesa e conservação do patrimônio histórico e artístico; educação; saúde; segurança alimentar e nutricional; defesa, preservação e conservação do meio ambiente e promoção do desenvolvimento sustentável; pesquisa científica, desenvolvimento de tecnologias alternativas, modernização de sistemas de gestão, produção e divulgação de informações e conhecimentos técnicos e científicos; promoção da ética, da cidadania, da democracia e dos direitos humanos; atividades religiosas (arts. 44, inciso III, e 62 do Código Civil).

Para criar uma fundação, o seu instituidor deve fazer, por escritura pública ou testamento, dotação especial de bens livres, especificando o fim a que se destina, e declarando, caso queira, a maneira de administrá-la.

As entidades fechadas constituídas por *instituidores* devem, cumulativamente: terceirizar a gestão dos recursos garantidores das reservas técnicas e provisões mediante a contratação de instituição especializada autorizada a funcionar pelo Banco Central do Brasil ou outro órgão competente; ofertar *exclusivamente* planos de benefícios na modalidade de contribuição definida (art. 31, § 2º, da Lei Complementar 109/2001).

Os responsáveis pela gestão dos recursos acima indicados devem manter segregados e totalmente isolados o seu patrimônio dos patrimônios do instituidor e da entidade fechada (art. 31, § 3º, da Lei Complementar 109/2001).

Na regulamentação das entidades fechadas de Previdência Complementar Privada, o órgão regulador e fiscalizador deve estabelecer o tempo mínimo de existência do instituidor e o seu número mínimo de associados (art. 31, § 4º, da Lei Complementar 109/2001).

As *entidades fechadas* têm como objeto a *administração* e *execução* de planos de benefícios de natureza previdenciária (art. 32 da Lei Complementar 109/2001).

As entidades fechadas de Previdência Complementar Privada são proibidas de prestar quaisquer serviços que não estejam no âmbito de seu objeto, observado o disposto na regra de transição do art. 76 da Lei Complementar 109/2001.

11.14. PREVIDÊNCIA COMPLEMENTAR PRIVADA ABERTA

11.14.1. PLANOS DE BENEFÍCIOS DE ENTIDADES ABERTAS

Os planos de benefícios instituídos por entidades *abertas* de Previdência Complementar Privada podem ser individuais e coletivos (art. 26 da Lei Complementar 109/2001).

Os planos *individuais* são assim considerados quando acessíveis a quaisquer pessoas físicas.

O contrato firmado entre o assistido e a entidade aberta de Previdência Complementar tem natureza de adesão.

Sendo assim, se houver no contrato de adesão cláusulas ambíguas ou contraditórias, deve-se adotar a interpretação mais favorável ao aderente (art. 423 do Código Civil).

Ademais, nos contratos de adesão, são nulas as cláusulas que estipulem a renúncia antecipada do aderente a direito resultante da natureza do negócio (art. 424 do Código Civil).

Os planos são *coletivos*, por sua vez, quando tenham por objetivo garantir benefícios previdenciários a pessoas físicas vinculadas, direta ou indiretamente, a uma pessoa jurídica contratante.

O plano coletivo pode ser contratado por uma ou várias pessoas jurídicas.

O vínculo indireto nos planos coletivos de Previdência Complementar Privada aberta refere-se aos casos em que uma entidade representativa de pessoas jurídicas contrate plano previdenciário coletivo para grupos de pessoas físicas vinculadas a suas filiadas.

Esses grupos de pessoas podem ser constituídos por uma ou mais categorias específicas de empregados de um mesmo empregador, podendo abranger empresas coligadas, controladas ou subsidiárias, e por membros de associações legalmente constituídas, de caráter profissional ou classista, e seus cônjuges ou companheiros e dependentes econômicos. São equiparáveis aos empregados e associados os diretores, conselheiros ocupantes de cargos eletivos e outros dirigentes ou gerentes da pessoa jurídica contratante.

A implantação de um plano coletivo deve ser celebrada mediante *contrato*, na forma, nos critérios, nas condições e nos requisitos mínimos a serem estabelecidos pelo órgão regulador.

No plano *coletivo* de Previdência Complementar aberta, portanto, a pessoa jurídica contrata a entidade aberta, com o fim de garantir benefícios previdenciários a pessoas físicas vinculadas à pessoa jurídica contratante.

Isso não afasta, entretanto, a presença do contrato civil, normalmente de adesão, firmado entre o próprio participante e a entidade aberta.

É vedada à entidade aberta de Previdência Complementar Privada a contratação de plano coletivo com pessoa jurídica cujo objetivo principal seja estipular, em nome de terceiros, planos de benefícios coletivos.

Cabe esclarecer que o plano de benefício, mesmo coletivo, de Previdência Complementar Privada aberta não se confunde com o plano de benefício de Previdência Complementar Privada fechada.

Como visto acima, o plano de benefício *coletivo* instituído por entidade *aberta* de Previdência Complementar Privada tem por objetivo garantir benefícios previdenciários a pessoas físicas vinculadas, direta ou indiretamente, a uma pessoa jurídica contratante. Ou seja, a *pessoa jurídica* é quem *contrata* o plano de benefício *coletivo* de Previdência Complementar Privada *aberta*, o qual é instituído pela entidade aberta. Esses benefícios previdenciários são garantidos às pessoas físicas vinculadas à pessoa jurídica contratante.

A *entidade aberta* de Previdência Complementar Privada (sociedade anônima), por sua vez, é quem *institui* o plano de benefícios.

Diversamente, na Previdência Complementar Privada *fechada*, quem *institui* os planos de benefícios são os *patrocinadores* e *instituidores*, os quais celebram o convênio de adesão com as *entidades fechadas* (fundações), que *administram e executam* os planos de benefícios de natureza previdenciária.

Observados os conceitos, a forma, as condições e os critérios fixados pelo órgão regulador, assegura-se aos participantes o direito à *portabilidade*, inclusive para plano de benefício de entidade fechada, e ao *resgate* de recursos das reservas técnicas, provisões e fundos, total ou parcialmente (art. 27 da Lei Complementar 109/2001).

A *portabilidade* é a transferência ou a movimentação dos recursos que seriam destinados a benefícios a conceder para outros planos de Previdência Complementar Privada, aberta ou fechada, conforme solicitação do participante.

A *migração* é a transferência a outro plano, mas dentro da própria entidade de Previdência Complementar[7], ou seja, uma portabilidade *interna*.

O resgate é o saque ou a retirada dos recursos que seriam destinados a benefícios a conceder.

Cabe salientar que na Previdência Complementar Privada *aberta* o resgate pode ser *total ou parcial*.

---

7 Cf. MARTINS, Sergio Pinto. *Direito da seguridade social*. 35. ed. São Paulo: Atlas, 2015. p. 491.

Diversamente, na Previdência Complementar Privada fechada apenas se admite o resgate *total* (art. 14, inciso III, da Lei Complementar 109/2001).

A portabilidade não caracteriza resgate, pois são institutos diversos. Na portabilidade, assim, não se admite o saque dos depósitos, mas sim a sua transferência, na forma exposta.

No caso de portabilidade, é vedado que os recursos financeiros transitem pelos participantes, sob qualquer forma, proibindo-se, ainda, a transferência de recursos entre participantes.

Frise-se que o índice de *correção monetária* a ser aplicado ao benefício suportado por entidade aberta de Previdência Complementar Privada deve ser idôneo a essa finalidade[8].

---

[8] "Embargos de divergência em agravo em recurso especial. Civil. Previdência privada aberta. Benefício complementar. Revisão. Correção monetária. Lei nº 6.435/1977. Índices oficiais. Taxa Referencial. Adoção. Indexador inidôneo. Substituição. Necessidade. Norma cogente. Índice Geral de Preços de Ampla Publicidade. 1. A questão controvertida na presente via recursal consiste em definir se é possível a utilização da Taxa Referencial (TR) como índice de correção monetária de benefício previdenciário complementar suportado por entidade aberta de previdência privada, sobretudo a partir de setembro de 1996. 2. O assistido possui direito adquirido ao benefício previdenciário complementar em si mesmo e à efetiva atualização monetária de seu valor, mas não a determinado índice de correção monetária. A substituição de um indexador por outro é possível desde que idôneo para medir a inflação, recompondo a obrigação contratada. Não pode incidir, dessa forma, índice aleatório, que privilegie, por um lado, a entidade de previdência privada ou, por outro, o participante. 3. A Taxa Referencial (TR) não é índice de correção monetária, pois, refletindo as variações do custo primário da captação dos depósitos a prazo fixo, não constitui fator que reflita a variação do poder aquisitivo da moeda. Inidoneidade da aplicação da remuneração da caderneta de poupança (a TR) para mensurar o fenômeno inflacionário. Precedentes do Supremo Tribunal Federal. 4. O Superior Tribunal de Justiça entende que a TR, desde que pactuada, é indexador válido para contratos posteriores à Lei nº 8.177/1991 (Súmula nº 295/STJ). Todavia, nos precedentes que deram origem ao enunciado sumular, verifica-se que a TR não era utilizada isoladamente, mas em conjunto com juros bancários ou remuneratórios (a exemplo da caderneta de poupança, dos contratos imobiliários e das cédulas de crédito). 5. A correção dos benefícios periódicos da complementação de aposentadoria unicamente pela TR acarreta substanciais prejuízos ao assistido, visto que há, com a corrosão da moeda, perda gradual do poder aquisitivo, a gerar desequilíbrio contratual. Precedentes do STJ. 6. Com a vedação legal da utilização do salário mínimo como fator de correção monetária para os benefícios da previdência privada (Leis nºs 6.205/1975 e 6.423/1977) e o advento da Lei nº 6.435/1977 (art. 22), devem ser aplicados os índices de atualização estipulados, ao longo dos anos, pelos órgãos do Sistema Nacional de Seguros Privados, sobretudo para os contratos de previdência privada aberta: na ordem, ORTN, OTN, IPC, BTN, TR e Índice Geral de Preços de Ampla Publicidade. 7. Órgãos governamentais já reconheceram a TR como fator inadequado de correção monetária nos contratos de previdência privada, editando o Conselho Nacional de Seguros Privados (CNSP) a Resolução nº 7/1996 (atualmente, Resolução nº 103/2004) e a Superintendência de Seguros Privados (SUSEP), a Circular nº 11/1996 (hoje, Circular nº 255/2004), a fim de orientar a repactuação dos contratos para substituí-la por um índice geral de preços de ampla publicidade. 8. Após o reconhecimento

11.14.2. ENTIDADES ABERTAS DE PREVIDÊNCIA COMPLEMENTAR PRIVADA

As entidades *abertas* de Previdência Complementar Privada são constituídas unicamente sob a forma de *sociedades anônimas* e têm por objetivo *instituir e operar* planos de benefícios de caráter previdenciário, concedidos em forma de renda continuada ou pagamento único, *acessíveis a quaisquer pessoas físicas* (art. 36 da Lei Complementar 109/2001).

A sociedade anônima é a sociedade empresária (pessoa jurídica) cujo capital divide-se em ações, obrigando-se cada acionista somente pelo preço de emissão das ações que subscrever ou adquirir (arts. 982, parágrafo único, e 1.088 do Código Civil).

As sociedades seguradoras autorizadas a operar exclusivamente no ramo *vida* podem ser autorizadas a operar os planos de benefícios acima, aplicando-se as disposições da Lei Complementar 109/2001.

Compete ao órgão regulador, entre outras atribuições que lhe forem conferidas por lei, estabelecer: os critérios para a investidura e posse em cargos e funções de órgãos estatutários de entidades abertas, observado que o pretendente não pode ter sofrido condenação criminal transitada em julgado, penalidade administrativa por infração da legislação da Seguridade Social ou como servidor público; as normas gerais de contabilidade, auditoria, atuária e estatística a serem observadas pelas entidades abertas, inclusive quanto à padronização dos planos de contas, balanços gerais, balancetes e outras demonstrações financeiras, critérios sobre sua periodicidade, sobre a publicação desses documentos e sua remessa ao órgão fiscalizador; os índices de solvência e liquidez, bem como as relações patrimoniais a serem atendidas pelas entidades abertas, observado que seu patrimônio líquido não poderá ser inferior ao respectivo passivo não operacional; as condições que assegurem

---

da inidoneidade da TR para corrigir os benefícios previdenciários, ou seja, a partir da vigência da Circular/SUSEP nº 11/1996, deve ser adotado um Índice Geral de Preços de Ampla Publicidade (INPC/IBGE, IPCA/IBGE, IGPM/FGV, IGP-DI/FGV, IPC/FGV ou IPC/FIPE). Na falta de repactuação, deve incidir o IPCA (art. 1º, parágrafo único, do Anexo I da Circular/SUSEP nº 255/2004). 9. A eventual ausência de fonte de custeio para suportar o pagamento das diferenças de correção monetária não tem força para afastar o direito do assistido, pois a entidade de previdência privada tem a responsabilidade de prever a formação, a contribuição e os devidos descontos de seus beneficiários, de forma que a própria legislação previu mecanismos para que o ente previdenciário supere possíveis déficits e recomponha a reserva garantidora. Precedentes. 10. Embargos de divergência conhecidos e providos" (STJ, 2ª Seção, EAREsp 280.389/RS, 2013/0012030-0, rel. Min. Ricardo Villas Bôas Cueva, DJe 19.10.2018).

acesso a informações e fornecimento de dados relativos a quaisquer aspectos das atividades das entidades abertas (art. 37 da Lei Complementar 109/2001).

11.15. PREVIDÊNCIA COMPLEMENTAR PRIVADA FECHADA: ENTIDADES PÚBLICAS PATROCINADORAS

Lei complementar disciplinará a relação entre a União, Estados, Distrito Federal ou Municípios, inclusive suas autarquias, fundações, sociedades de economia mista e empresas controladas direta ou indiretamente, enquanto patrocinadores de planos de benefícios previdenciários, e as entidades de Previdência Complementar (art. 202, § 4º, da Constituição Federal de 1988, com redação dada pela Emenda Constitucional 103/2019).

A Lei Complementar 108, de 29 de maio de 2001, disciplina a relação entre a União, os Estados, o Distrito Federal e os Municípios, inclusive suas autarquias, fundações, sociedades de economia mista e empresas controladas direta ou indiretamente, enquanto *patrocinadores* de entidades fechadas de Previdência Complementar, e as suas respectivas entidades fechadas, a que se referem os §§ 3º, 4º, 5º e 6º do art. 202 da Constituição Federal de 1988 (art. 1º da Lei Complementar 108/2001).

Trata-se, no caso, de Previdência Complementar *de natureza privada*, e não pública, não se confundindo, portanto, com a hipótese prevista no art. 40, § 14, da Constituição Federal de 1988, estudada anteriormente.

A Previdência Complementar do servidor público diz respeito aos servidores estatutários inseridos em Regime Próprio de Previdência Social, tendo como objetivo o recebimento de aposentadorias e pensões em valores superiores ao teto do Regime Geral de Previdência Social.

O Regime de Previdência Complementar do servidor público é administrado e executado por intermédio de entidades fechadas ou abertas de Previdência Complementar.

Diversamente, a Previdência Complementar Privada fechada em questão é aplicável a *empregados* públicos (da União, Estados, Distrito Federal e Municípios, inclusive suas autarquias, fundações, empresas públicas, sociedades de economia mista e outras entidades públicas), ou seja, regidos pela legislação trabalhista.

As regras e os princípios gerais estabelecidos na Lei Complementar 109/2001 (que regula o art. 202, *caput*, da Constituição Federal 1988) aplicam-se às entidades reguladas pela Lei Complementar 108/2001, ressalvadas as disposições específicas (art. 2º da Lei Complementar 108/2001).

Os planos de benefícios das entidades de que trata a Lei Complementar 108/2001 devem atender às seguintes regras: I – carência mínima de 60 contribuições mensais a plano de benefícios e *cessação do vínculo com o patrocinador, para se tornar elegível a um benefício de prestação que seja programada e continuada*; II – concessão de benefício pelo regime de previdência ao qual o participante esteja filiado por intermédio de seu patrocinador, quando se tratar de plano na modalidade benefício definido, instituído depois da publicação da Lei Complementar 108/2001 (art. 3º da LC 108/2001).

Os reajustes dos benefícios em manutenção devem ser efetuados de acordo com critérios estabelecidos nos regulamentos dos planos de benefícios, sendo vedado o repasse de ganhos de produtividade, abono e vantagens de qualquer natureza para tais benefícios.

Conforme tese firmada pelo Superior Tribunal de Justiça: "Nos planos de benefícios de previdência privada patrocinados pelos entes federados – inclusive suas autarquias, fundações, sociedades de economia mista e empresas controladas direta ou indiretamente –, para se tornar elegível a um benefício de prestação que seja programada e continuada, é necessário que o participante previamente cesse o vínculo laboral com o patrocinador, sobretudo a partir da vigência da Lei Complementar nº 108/2001, independentemente das disposições estatutárias e regulamentares" (STJ, 2ª Seção, REsp 1.433.544/SE (2014/0022560-3), rel. Min. Luis Felipe Salomão, j. 09.11.2016).

O Regime de Previdência Complementar Privada previsto no art. 202, §§ 3º e 4º, da Constituição, objeto da Lei Complementar 108/2001, é administrado e executado por entidades fechadas de Previdência Complementar, *de natureza privada*, organizadas sob a forma de fundação ou sociedade civil, sem fins lucrativos (art. 8º da Lei Complementar 108/2001).

A fiscalização e controle dos planos de benefícios e das entidades fechadas de Previdência Complementar de que trata a LC 108/2001 competem ao órgão regulador e ao órgão fiscalizador das entidades fechadas de Previdência Complementar, ou seja, ao Conselho Nacional de Previdência Complementar (CNPC) e à Superintendência Nacional de Previdência Complementar (PREVIC), nos termos do art. 24 da Lei Complementar 108/2001.

É vedado o aporte de recursos a entidade de Previdência Privada pela União, Estados, Distrito Federal e Municípios, suas autarquias, fundações, empresas públicas, sociedades de economia mista e outras entidades públicas, *salvo na qualidade de patrocinador*, situação na qual, em hipótese alguma, a sua contribuição normal pode exceder a do segurado (art. 202, § 3º, da CF/1988).

O custeio dos planos de benefícios é responsabilidade do patrocinador e dos participantes, inclusive assistidos (art. 6º da Lei Complementar 108/2001).

Sendo assim, a contribuição normal do patrocinador para plano de benefícios em nenhuma hipótese pode exceder a do participante, observando-se as regras específicas emanadas do órgão regulador e fiscalizador.

Além das contribuições normais, os planos podem prever o aporte de recursos pelos participantes, a título de contribuição facultativa, *sem contrapartida do patrocinador*.

É vedado ao patrocinador assumir encargos adicionais para o financiamento dos planos de benefícios, além daqueles previstos nos respectivos planos de custeio.

A despesa administrativa da entidade fechada de Previdência Complementar Privada deve ser custeada pelo patrocinador e pelos participantes e assistidos, atendendo a limites e critérios estabelecidos pelo órgão regulador e fiscalizador (art. 7º da Lei Complementar 108/2001).

É facultada aos patrocinadores a cessão de pessoal às entidades de Previdência Complementar que patrocinam, desde que ressarcidos os custos correspondentes.

A lei complementar de que trata o art. 202, § 4º, da Constituição da República aplicar-se-á, no que couber, às empresas privadas permissionárias ou concessionárias de prestação de serviços públicos, quando patrocinadoras de planos de benefícios em entidades de Previdência Complementar (art. 202, § 5º, da Constituição Federal de 1988, com redação dada pela Emenda Constitucional 103/2019).

Nota-se que a atual redação dos §§ 4º e 5º do art. 202 da Constituição Federal de 1988, decorrente da Emenda Constitucional 103/2019, menciona entidades de Previdência Complementar, e não mais, de forma restritiva, entidades fechadas de Previdência Privada.

Ainda assim, até que seja disciplinada a relação entre a União, os Estados, o Distrito Federal e os Municípios e entidades abertas de Previdência Complementar na forma do disposto nos §§ 4º e 5º do art. 202 da Constituição Federal de 1988, somente entidades fechadas de Previdência Complementar estão autorizadas a administrar planos de benefícios patrocinados pela União, Estados, Distrito Federal ou Municípios, inclusive suas autarquias, fundações, sociedades de economia mista e empresas controladas direta ou indiretamente (art. 33 da Emenda Constitucional 103/2019).

As entidades fechadas de Previdência Complementar Privada que sejam patrocinadas por empresas privadas permissionárias ou concessionárias de prestação de serviços públicos subordinam-se, no que couber, às disposições da Lei Complementar 108/2001, na forma estabelecida pelo órgão regulador e fiscalizador (art. 26 da Lei Complementar 108/2001).

A mencionada Previdência Complementar Privada, portanto, é aplicável a empregados de empresas privadas permissionárias ou concessionárias de prestação de serviços públicos, regidos pela legislação trabalhista.

Lei complementar estabelecerá os requisitos para a designação dos membros das diretorias das entidades fechadas de Previdência Complementar instituídas pelos patrocinadores de que trata o § 4º do art. 202 da Constituição Federal de 1988 e disciplinará a inserção dos participantes nos colegiados e instâncias de decisão em que seus interesses sejam objeto de discussão e deliberação (art. 202, § 6º, da Constituição federal de 1988, com redação dada pela Emenda Constitucional 103/2019).

A administração e a execução dos planos de benefícios competem às entidades fechadas de previdência complementar que são mencionadas no art. 1º da Lei Complementar 108/2001 (art. 8º da LC 108/2001). Essas entidades devem se organizar sob a forma de fundação ou sociedade civil, sem fins lucrativos.

A estrutura organizacional das entidades fechadas de Previdência Complementar a que se refere a Lei Complementar 108/2001 é constituída de *conselho deliberativo*, *conselho fiscal* e *diretoria-executiva* (art. 9º da Lei Complementar 108/2001).

O *conselho deliberativo*, órgão máximo da estrutura organizacional, é responsável pela *definição da política geral de administração* da entidade fechada de Previdência Complementar e de seus planos de benefícios (art. 10 da Lei Complementar 108/2001).

A composição do conselho deliberativo, integrado por no máximo seis membros, deve ser *paritária entre representantes dos participantes e assistidos e dos patrocinadores*, cabendo a estes a indicação do conselheiro Presidente, que terá, além do seu, o voto de qualidade (art. 11 da Lei Complementar 108/2001).

O *conselho fiscal* é o órgão de *controle interno* da entidade fechada de Previdência Complementar (art. 14 da Lei Complementar 108/2001).

A composição do conselho fiscal, integrado por no máximo quatro membros, será *paritária entre representantes de patrocinadores e de participantes e assistidos*, cabendo a estes a indicação do conselheiro Presidente, que terá, além do seu, o voto de qualidade (art. 15 da Lei Complementar 108/2001).

Entretanto, caso o estatuto da entidade fechada de Previdência Complementar (desde que respeitado o número máximo de conselheiros acima e a participação paritária entre representantes dos participantes e assistidos e dos patrocinadores) preveja outra composição, que tenha sido aprovada na forma prevista no seu estatuto, esta poderá ser aplicada, mediante autorização do órgão regulador e fiscalizador.

A *diretoria-executiva* é o órgão responsável pela *administração* da entidade fechada de Previdência Complementar, em conformidade com a política de administração traçada pelo conselho deliberativo (art. 19 da Lei Complementar 108/2001).

A diretoria-executiva deve ser composta, no máximo, por seis membros, definidos em função do patrimônio da entidade e do seu número de participantes, inclusive assistidos.

O estatuto da entidade fechada, respeitado o número máximo de diretores acima, deve prever a forma de composição e o mandato da diretoria-executiva, aprovado na forma prevista no seu estatuto, observadas as demais disposições da Lei Complementar 108/2001.

CAPÍTULO

12

ASSISTÊNCIA SOCIAL

12.1. FUNDAMENTO CONSTITUCIONAL

A *assistência aos desamparados* é *direito social*, de natureza humana e fundamental, como se observa no art. 6º da Constituição da República.

As prestações assistenciais, nesse enfoque, são essenciais para assegurar e promover a *dignidade da pessoa humana*, considerada fundamento nuclear do Estado Democrático de Direito (art. 1º, inciso III, da Constituição da República).

A Assistência Social, portanto, é subsistema de proteção que faz parte da Seguridade Social (art. 194 da Constituição da República), sendo essencial para a concretização dos objetivos fundamentais da República Federativa do Brasil, quais sejam: *construir uma sociedade livre, justa e solidária*; *garantir o desenvolvimento nacional*; *erradicar a pobreza e a marginalização e reduzir as desigualdades sociais e regionais*; *promover o bem de todos*, sem preconceitos de origem, raça, sexo, cor, idade e quaisquer outras formas de discriminação (art. 3º da Constituição Federal de 1988).

Cabe ressaltar que é *competência comum* da União, dos Estados, do Distrito Federal e dos Municípios cuidar da saúde e assistência pública, da proteção e garantia das pessoas com deficiência (art. 23, inciso II, da Constituição Federal de 1988).

Assim, compete à União, aos Estados e ao Distrito Federal *legislar concorrentemente* sobre proteção e integração social das pessoas com deficiência (art. 24, inciso XIV, da Constituição da República). No âmbito da legislação concorrente, a competência da União deve se limitar a estabelecer normas gerais. Portanto, a competência da União para legislar sobre normas gerais não exclui a competência suplementar dos Estados.

Além disso, compete aos Municípios legislar sobre assuntos de interesse local, como é o caso da assistência social, bem como suplementar a legislação federal e a estadual no que couber (art. 30, incisos I e II, da Constituição Federal de 1988).

12.2. DIREITO INTERNACIONAL

As prestações de Assistência Social integram os direitos humanos, na vertente social, como se observa em importantes normas e documentos internacionais.

Nesse sentido, a Declaração Universal dos Direitos Humanos, de 1948, no art. 25, assim prevê: "Todo ser humano tem direito a um padrão de vida capaz de assegurar-lhe, e a sua família, saúde e bem-estar, inclusive alimentação, vestuário, habitação, cuidados médicos e os serviços sociais indispensáveis, e direito à segurança em caso de desemprego, doença, invalidez, viuvez, velhice ou outros casos de perda dos meios de subsistência em circunstâncias fora de seu controle".

O Pacto Internacional sobre Direitos Econômicos, Sociais e Culturais, de 1966, aprovado pelo Decreto Legislativo 226/1991 e promulgado pelo Decreto 591/1992, no art. 11, dispõe que: "Os Estados-partes no presente Pacto reconhecem o direito de toda pessoa a um nível de vida adequado para si próprio e para sua família, inclusive à alimentação, vestimenta e moradia adequadas, assim como uma melhoria contínua de suas condições de vida. Os Estados-partes tomarão medidas apropriadas para assegurar a consecução desse direito, reconhecendo, nesse sentido, a importância essencial da cooperação internacional fundada no livre consentimento".

A Constituição da Organização Internacional do Trabalho (OIT), em seu Anexo, que incorporou a Declaração de Filadélfia, de 1944, reafirma os princípios fundamentais de que "a penúria, seja onde for, constitui um perigo para a prosperidade geral" e de que "a luta contra a carência, em qualquer nação, deve ser conduzida com infatigável energia, e por um esforço internacional contínuo e conjugado, no qual os representantes dos empregadores e dos empregados discutam, em igualdade, com os dos Governos, e tomem com eles decisões de caráter democrático, visando ao bem comum" (item I).

Ademais, a Organização Internacional do Trabalho tem a obrigação de auxiliar as Nações do mundo na execução de programas que visem a "ampliar as medidas de segurança social, a fim de assegurar tanto uma renda mínima e essencial a todos a quem tal proteção é necessária, como assistência médica completa" (item III).

12.3. CONCEITO

A Assistência Social é a *política social* que provê o atendimento das *necessidades básicas*, traduzidas em proteção à família, à maternidade, à infância, à adolescência, à velhice e à pessoa portadora de deficiência, independentemente de contribuição à Seguridade Social (art. 4º da Lei 8.212/1991).

A Assistência Social é direito fundamental e dever do Estado.

Trata-se de política de Seguridade Social não contributiva, que provê os *mínimos sociais*, realizada por meio de um conjunto integrado de ações de iniciativa pública e da sociedade, para garantir o atendimento às *necessidades básicas* (art. 1º da Lei 8.742/1993).

A Assistência Social, assim, no aspecto jurídico, é o conjunto de princípios, regras e instituições que organiza e disciplina as prestações de Seguridade Social direcionadas às pessoas em estado de vulnerabilidade social e econômica, com o objetivo de assegurar o mínimo existencial, independentemente de contribuição por parte do beneficiário.

12.4. PRINCÍPIOS

A Assistência Social rege-se pelos seguintes princípios (art. 4º da Lei 8.742/1993):

I – *supremacia do atendimento às necessidades sociais sobre as exigências de rentabilidade econômica*;

A Assistência Social tem como objetivo assegurar condições mínimas de vida aos necessitados, concretizando a justiça social, por meio da redistribuição de renda, e não alcançar rendimento financeiro, evidentemente.

II – *universalização dos direitos sociais*, a fim de tornar o destinatário da ação assistencial alcançável pelas demais políticas públicas;

Ao garantir o *mínimo existencial* às pessoas em condição de vulnerabilidade econômica, os direitos sociais passam a alcançar todas as pessoas, inclusive as mais desfavorecidas, em respeito ao princípio da igualdade substancial e à justiça social.

Ainda assim, cabe notar que as prestações de Assistência Social, na verdade, ainda que fundamentais, são uma parcela do rol, mais amplo, de direitos sociais, o qual abrange outros aspectos, como a educação, a saúde, a alimentação, o trabalho, a moradia, o transporte, o lazer, a segurança, a previdência social, a proteção à maternidade e à infância.

O princípio da universalidade dos benefícios e serviços, portanto, na Assistência Social, deve ser interpretado de modo a respeitar a sua destinação própria, bem como as especificidades desse sistema de proteção, o qual é voltado a assegurar a existência digna àqueles que estão em situação de *exclusão social e econômica*, ou seja, às pessoas que verdadeiramente necessitam de prestações com o objetivo de garantir *mínimos sociais*, vale dizer, *condições básicas* para a subsistência.

III – respeito à dignidade do cidadão, à sua autonomia e ao seu direito a benefícios e serviços de qualidade, bem como à convivência familiar e comunitária, *vedando-se qualquer comprovação vexatória de necessidade*;

A Assistência Social, na realidade, deve concretizar a *dignidade da pessoa humana*, como valor supremo e princípio fundante da ordem política e do sistema jurídico.

Por isso, a *cidadania*, no caso, deve ser interpretada em seu enfoque mais amplo e humanista, como fundamento do Estado Democrático de Direito (art. 1º, inciso II, da Constituição da República), alcançando, assim, o próprio ser humano, e não restritivo, ou seja, limitado ao exercício de direitos estritamente políticos.

De todo modo, a eventual necessidade de demonstração da situação de necessidade, para o recebimento de prestação assistencial, não pode impor qualquer tipo de procedimento vexatório ao beneficiário, mesmo porque ele é titular de direitos humanos, fundamentais e da personalidade.

Nesse sentido, são invioláveis a intimidade, a vida privada, a honra e a imagem das pessoas, assegurado o direito a indenização pelo dano material ou moral decorrente de sua violação (art. 5º, inciso X, da Constituição da República).

Da mesma forma, com exceção dos casos previstos em lei, os direitos da personalidade são intransmissíveis e irrenunciáveis, não podendo o seu exercício sofrer limitação voluntária (art. 11 do Código Civil).

IV – igualdade de direitos no acesso ao atendimento, *sem discriminação de qualquer natureza*, garantindo-se equivalência às populações urbanas e rurais;

A *igualdade* deve ser observada, fundamentalmente, em suas vertentes *substancial* e *social*.

Os benefícios e serviços de Assistência Social, a rigor, não são prestados a todos, indiferentemente, mas sim aos que deles necessitam, ou seja, às pessoas que estão em condições de necessidade, hipossuficiência e *vulnerabilidade social e econômica*.

Enquanto a Saúde é direito de todos, a Assistência Social deve ser prestada *a quem dela necessitar*, embora também independa de contribuição à Seguridade Social (art. 203 da Constituição da República).

V – *divulgação ampla dos benefícios, serviços, programas e projetos assistenciais*, bem como dos recursos oferecidos pelo Poder Público e dos critérios para sua concessão.

O *direito à informação*, integrante do catálogo de direitos fundamentais, deve ser concretizado também na Assistência Social, de modo a viabilizar o acesso aos benefícios, serviços, projetos e programas direcionados a atender as necessidades sociais mínimas, tornando possível viver com dignidade.

12.5. OBJETIVOS

A Assistência Social deve ser prestada *a quem dela necessitar*, *independentemente de contribuição à Seguridade Social*, e tem por objetivos:

> I – a proteção à família, à maternidade, à infância, à adolescência e à velhice;
>
> II – o amparo às crianças e adolescentes carentes;
>
> III – a promoção da integração ao mercado de trabalho;
>
> IV – a habilitação e reabilitação das pessoas portadoras de deficiência e a promoção de sua integração à vida comunitária;
>
> V – a garantia de um salário mínimo de benefício mensal à pessoa com deficiência e ao idoso que comprovem não possuir meios de prover a própria manutenção ou de tê-la provida por sua família, conforme dispuser a lei;
>
> VI – a redução da vulnerabilidade socioeconômica de famílias em situação de pobreza ou de extrema pobreza (art. 203 da Constituição da República).

A Assistência Social, diversamente da Saúde, não é um direito de todos, mas sim, na verdade, dos que necessitam de prestações que garantam o mínimo existencial.

Entretanto, assim como a Saúde, a Assistência Social é prestada independentemente de contribuições pelo beneficiário, o que as distingue da Previdência Social.

Evidentemente, há necessidade de custeio da Assistência Social, de forma direta e indireta, por toda a sociedade, mas não se exige que o próprio beneficiário comprove o recolhimento de contribuições para recebê-las, justamente por estar em condição de exclusão, hipossuficiência, indigência e vulnerabilidade social e econômica.

As prestações da Assistência Social, de todo modo, não se confundem com as da Previdência Social, pois aquelas não exigem contribuição direta do beneficiário e se destinam a garantir condições básicas de sobrevivência.

Com fundamento nos referidos preceitos constitucionais, conforme o art. 2º da Lei 8.742/1993, a Assistência Social tem por objetivos:

I – a proteção social, que visa à garantia da vida, à redução de danos e à prevenção da incidência de riscos, especialmente: a) a proteção à família, à maternidade, à infância, à adolescência e à velhice; b) o amparo às crianças e aos adolescentes carentes; c) a promoção da integração ao mercado de trabalho; d) a habilitação e reabilitação das pessoas com deficiência e a promoção de sua integração à vida comunitária; e) a garantia de um salário mínimo de benefício mensal à pessoa com deficiência e ao idoso que comprovem não possuir meios de prover a própria manutenção ou de tê-la provida por sua família;

II – a vigilância socioassistencial, que visa a analisar territorialmente a capacidade protetiva das famílias e nela a ocorrência de vulnerabilidades, de ameaças, de vitimizações e danos;

III – a defesa de direitos, que visa a garantir o pleno acesso aos direitos no conjunto das provisões socioassistenciais.

Para o enfrentamento da pobreza, a Assistência Social realiza-se de forma integrada às políticas setoriais, garantindo *mínimos sociais* e provimento de condições para atender *contingências sociais* e promovendo a *universalização dos direitos sociais*.

12.6. CUSTEIO

As ações governamentais na área da Assistência Social devem ser realizadas com recursos do orçamento da Seguridade Social, previstos no art. 195 da Constituição, além de outras fontes (art. 204 da Constituição da República).

Os recursos do orçamento da Seguridade Social destinados à Assistência Social significam o *custeio direito* das suas ações e prestações, sendo formado pelas contribuições para a Seguridade Social, nos termos do art. 195 da Constituição Federal de 1988.

As outras fontes formam o chamado *custeio indireto*, o qual decorre de transferências de recursos oriundos dos orçamentos fiscais dos entes políticos da República Federativa do Brasil, sabendo-se que a Assistência Social envolve matéria de competência concorrente da União, dos Estados, do Distrito Federal e dos Municípios (art. 23, inciso II, da Constituição da República).

É facultado aos Estados e ao Distrito Federal vincular a programa de apoio à inclusão e promoção social até 0,5% (cinco décimos por cento) de sua receita tributária líquida, sendo vedada a aplicação desses recursos no pagamento de: I – despesas com pessoal e encargos sociais; II – serviço da dívida; III – qualquer outra despesa corrente não vinculada diretamente aos investimentos ou ações apoiados (art. 204, parágrafo único, da Constituição da República).

Frise-se que o art. 27 da Lei 8.742/1993 transformou o Fundo Nacional de Ação Comunitária (FUNAC), instituído pelo Decreto 91.970/1985 e ratificado pelo Decreto Legislativo 66/1990, no *Fundo Nacional de Assistência Social* (FNAS).

O Fundo Nacional de Assistência Social (FNAS), fundo público de gestão orçamentária, financeira e contábil, instituído pela Lei 8.742/1993, tem como objetivo proporcionar recursos para cofinanciar gestão, serviços, programas, projetos e benefícios de Assistência Social (art. 1º do Decreto 7.788/2012).

O *financiamento dos benefícios, serviços, programas e projetos* de Assistência Social, os quais são estabelecidos na Lei 8.742/1993, deve ser feito com os recursos da União, dos Estados, do Distrito Federal e dos Municípios, das demais contribuições sociais previstas no art. 195 da Constituição Federal, além daqueles que compõem o Fundo Nacional de Assistência Social (art. 28 da Lei 8.742/1993).

Cabe ao órgão da Administração Pública responsável pela coordenação da Política de Assistência Social nas três esferas de governo gerir o *Fundo de Assistência Social*, sob a orientação e o controle dos respectivos Conselhos de Assistência Social.

O financiamento da Assistência Social no Sistema Único de Assistência Social (SUAS) deve ser efetuado mediante "cofinanciamento", ou seja, *financiamento conjunto* dos três entes federados, devendo os recursos alocados nos fundos de Assistência Social ser voltados à operacionalização, prestação, aprimoramento e viabilização dos serviços, programas, projetos e benefícios dessa política.

Os recursos de responsabilidade da União destinados à Assistência Social devem ser automaticamente repassados ao FNAS (Fundo Nacional de Assistência Social), assim que se forem realizando as receitas (art. 29 da Lei 8.742/1993).

Os recursos de responsabilidade da União destinados ao financiamento dos benefícios de prestação continuada, previstos no art. 20 da Lei 8.742/1993, podem ser repassados diretamente ao INSS, por ser o órgão responsável pela sua execução e manutenção.

É condição para os *repasses*, aos Municípios, aos Estados e ao Distrito Federal, dos recursos de que trata a Lei 8.742/1993, a efetiva instituição e funcionamento de: *Conselho de Assistência Social*, de composição paritária entre governo e sociedade civil; *Fundo de Assistência Social*, com orientação e controle dos respectivos Conselhos de Assistência Social; *Plano de Assistência Social* (art. 30 da Lei 8.742/1993).

É, ainda, condição para transferência de recursos do Fundo Nacional de Assistência Social (FNAS) aos Estados, ao Distrito Federal e aos Municípios a comprovação orçamentária dos recursos próprios destinados à Assistência Social, alocados em seus respectivos Fundos de Assistência Social, a partir do exercício de 1999.

O "cofinanciamento", ou seja, o *financiamento conjunto* dos serviços, programas, projetos e benefícios eventuais, no que couber, e o aprimoramento da gestão da política de Assistência Social no Sistema Único de Assistência Social (SUAS) se efetuam por meio de *transferências automáticas entre os fundos de Assistência Social* e mediante alocação de recursos próprios nesses fundos nas três esferas de governo (art. 30-A da Lei 8.742/1993).

As *transferências automáticas de recursos entre os fundos de Assistência Social*, efetuadas à conta do orçamento da Seguridade Social (conforme o art. 204 da Constituição Federal de 1988), caracterizam-se como despesa pública com a Seguridade Social, na forma do art. 24 da Lei Complementar 101/2000, que estabelece normas de finanças públicas voltadas para a responsabilidade na gestão fiscal[1].

---

[1] "Art. 24. Nenhum benefício ou serviço relativo à seguridade social poderá ser criado, majorado ou estendido sem a indicação da fonte de custeio total, nos termos do § 5º do art. 195 da Constituição, atendidas ainda as exigências do art. 17. § 1º É dispensada da compensação referida no art. 17 o aumento de despesa decorrente de: I – concessão de benefício a quem satisfaça as condições de habilitação prevista na legislação pertinente; II – expansão quantitativa

Cabe ao ente federado responsável pela utilização dos recursos do respectivo Fundo de Assistência Social o controle e o acompanhamento dos serviços, programas, projetos e benefícios, por meio dos respectivos órgãos de controle, independentemente de ações do órgão repassador dos recursos (art. 30-B da Lei 8.742/1993).

A *utilização dos recursos federais descentralizados para os fundos de assistência social dos Estados, dos Municípios e do Distrito Federal* deve ser declarada pelos entes recebedores ao ente transferidor, anualmente, mediante relatório de gestão submetido à apreciação do respectivo Conselho de Assistência Social, que comprove a execução das ações na forma de Regulamento (art. 30-C da Lei 8.742/1993).

Os entes transferidores podem requisitar informações referentes à aplicação dos recursos oriundos do seu fundo de assistência social, para fins de análise e acompanhamento de sua boa e regular utilização.

12.7. DIRETRIZES

As ações governamentais na área da Assistência Social devem ser organizadas com base nas seguintes diretrizes:

I – *descentralização político-administrativa*, cabendo a coordenação e as normas gerais à esfera federal e a coordenação e a execução dos respectivos programas às esferas estadual e municipal, bem como a entidades beneficentes e de assistência social;

A descentralização política e administrativa da Assistência Social ocorre de forma organizada, integrada e harmônica.

Desse modo, é atribuição da União a coordenação das ações e prestações assistenciais.

A execução dos programas de Assistência Social fica a cargo dos Estados, do Distrito Federal e dos Municípios, bem como das entidades beneficentes e de assistência social, que atuam de forma complementar no referido sistema.

II – participação da população, por meio de organizações representativas, na formulação das políticas e no controle das ações em todos os níveis (art. 204 da Constituição da República).

---

do atendimento e dos serviços prestados; III – reajustamento de valor do benefício ou serviço, a fim de preservar o seu valor real. § 2º O disposto neste artigo aplica-se a benefício ou serviço de saúde, previdência e assistência social, inclusive os destinados aos servidores públicos e militares, ativos e inativos, e aos pensionistas”.

Como a Assistência Social integra o sistema da Seguridade Social, aplica-se o princípio do caráter democrático e descentralizado da administração, mediante gestão *quadripartite*, com participação dos trabalhadores, dos empregadores, dos aposentados e do Governo nos órgãos colegiados (art. 194, parágrafo único, inciso VII, da Constituição da República).

Nesse contexto, as instâncias deliberativas do Sistema Único de Assistência Social, de caráter permanente e *composição paritária entre governo e sociedade civil*, são: o Conselho Nacional de Assistência Social; os Conselhos Estaduais de Assistência Social; o Conselho de Assistência Social do Distrito Federal; os Conselhos Municipais de Assistência Social (art. 16 da Lei 8.742/1993).

O Conselho Nacional de Assistência Social (CNAS) é composto por 18 membros e respectivos suplentes, cujos nomes são indicados ao órgão da Administração Pública Federal responsável pela coordenação da Política Nacional de Assistência Social, de acordo com os critérios seguintes: nove *representantes governamentais*, incluindo um representante dos Estados e um dos Municípios; nove *representantes da sociedade civil*, dentre representantes dos usuários ou de organizações de usuários, das entidades e organizações de assistência social e dos trabalhadores do setor, escolhidos em foro próprio sob a fiscalização do Ministério Público Federal (art. 17, § 1º, da Lei 8.742/1993).

O art. 4º, parágrafo único, da Lei 8.212/1991, reitera que a organização da Assistência Social deve obedecer às seguintes diretrizes: descentralização político-administrativa; participação da população na formulação e controle das ações em todos os níveis.

Com fundamento na mencionada previsão constitucional, de forma mais detalhada, o art. 5º da Lei 8.742/1993 dispõe que a organização da Assistência Social tem como base as seguintes diretrizes:

> I – *descentralização político-administrativa* para os Estados, o Distrito Federal e os Municípios, e *comando único das ações em cada esfera de governo*;
>
> II – *participação da população*, por meio de organizações representativas, na formulação das políticas e no controle das ações em todos os níveis;
>
> III – primazia da responsabilidade do Estado na condução da política de assistência social em cada esfera de governo.

Como se observa, apesar da possibilidade de atuação complementar das entidades beneficentes no sistema assistencial, as prestações de Assistência Social constituem dever principal e essencial do poder público, em todas as esferas da federação, não podendo, assim, transferir essa sua responsabilidade a terceiros.

O que se admite é o fomento e o incentivo à atuação de entidades e organizações da sociedade civil que prestem serviços assistenciais de interesse coletivo e geral, voltadas ao bem comum.

12.8. SISTEMA ÚNICO DE ASSISTÊNCIA SOCIAL

A gestão das ações na área de Assistência Social é organizada sob a forma de *sistema descentralizado e participativo*, denominado *Sistema Único de Assistência Social* (SUAS), com os seguintes objetivos:

I – consolidar a *gestão compartilhada*, o "cofinanciamento", ou seja, o *financiamento conjunto* e a *cooperação técnica entre os entes federativos* que, de modo articulado, operam a proteção social não contributiva;

II – *integrar a rede pública e privada de serviços, programas, projetos e benefícios de Assistência Social*, na forma do art. 6º-C da Lei 8.742/1993;

III – estabelecer as *responsabilidades dos entes federativos* na organização, regulação, manutenção e expansão das ações de Assistência Social;

IV – definir os *níveis de gestão*, respeitadas as diversidades regionais e municipais;

V – implementar a gestão do trabalho e a educação permanente na Assistência Social;

VI – estabelecer a *gestão integrada de serviços e benefícios*;

VII – afiançar a vigilância socioassistencial e a garantia de direitos (art. 6º da Lei 8.742/1993).

As ações ofertadas no âmbito do Sistema Único de Assistência Social (SUAS) têm por objetivo a proteção à família, à maternidade, à infância, à adolescência e à velhice e, como base de organização, o território.

O Sistema Único de Assistência Social (SUAS) é integrado pelos entes federativos, pelos respectivos conselhos de assistência social e pelas entidades e organizações de assistência social que são abrangidas pela Lei 8.742/1993.

Cabe esclarecer que a instância coordenadora da Política Nacional de Assistência Social é o Ministério do Desenvolvimento e Assistência Social.

Cabe à instância coordenadora da Política Nacional de Assistência Social normatizar e padronizar o emprego e a divulgação da identidade visual do Sistema Único de Assistência Social (SUAS).

A identidade visual do Sistema Único de Assistência Social (SUAS) deve prevalecer na identificação de unidades públicas estatais, entidades e organizações de assistência social, serviços, programas, projetos e benefícios vinculados ao SUAS.

A Assistência Social organiza-se pelos seguintes tipos de proteção:

> I – *proteção social básica*: conjunto de serviços, programas, projetos e benefícios da Assistência Social que visa a *prevenir situações de vulnerabilidade e risco social* por meio do desenvolvimento de potencialidades e aquisições e do fortalecimento de vínculos familiares e comunitários;
>
> II – *proteção social especial*: conjunto de serviços, programas e projetos que tem por objetivo contribuir para a *reconstrução de vínculos familiares e comunitários*, a defesa de direito, o fortalecimento das potencialidades e aquisições e a proteção de famílias e indivíduos para o *enfrentamento das situações de violação de direitos* (art. 6º-A da Lei 8.742/1993).

A *vigilância socioassistencial* é um dos instrumentos das proteções da Assistência Social que identifica e previne as situações de risco e vulnerabilidade social e seus agravos no território.

As proteções sociais das modalidades básica e especial devem ser ofertadas pela rede socioassistencial, *de forma integrada*, diretamente pelos entes públicos e/ou pelas entidades e organizações de assistência social que forem vinculadas ao Sistema Único de Assistência Social (SUAS), devendo ser respeitadas as especificidades de cada ação (art. 6º-B da Lei 8.742/1993).

A vinculação ao Sistema Único de Assistência Social (SUAS) é o reconhecimento pelo Ministério do Desenvolvimento e Assistência Social de que a entidade de assistência social integra a rede socioassistencial.

Para esse reconhecimento a entidade deve cumprir os seguintes requisitos:

> I – constituir-se em conformidade com o disposto no art. 3º da Lei 8.742/1993;
>
> II – inscrever-se em Conselho Municipal ou do Distrito Federal, na forma do art. 9º da Lei 8.742/1993;
>
> III – integrar o sistema de cadastro de entidades de que trata o art. 19, inciso XI, da Lei 8.742/1993.

As entidades e organizações de assistência social que forem vinculadas ao Sistema Único de Assistência Social (SUAS) devem celebrar *convênios, contratos, acordos ou ajustes com o poder público* para a execução, garantido financiamento integral, pelo Estado, de serviços, programas, projetos e ações de Assistência Social, nos limites da capacidade instalada, aos beneficiários abrangidos pela Lei 8.742/1993, observando-se as disponibilidades orçamentárias.

O cumprimento do disposto acima deve ser informado ao Ministério do Desenvolvimento e Assistência Social pelo órgão gestor local da assistência social.

12.8.1. CENTROS DE REFERÊNCIA DE ASSISTÊNCIA SOCIAL

As proteções sociais, básica e especial, devem ser ofertadas precipuamente nos Centros de Referência de Assistência Social (CRAS) e nos Centros de Referência Especializados de Assistência Social (CREAS), respectivamente, bem como pelas entidades sem fins lucrativos de assistência social de que trata o art. 3º da Lei 8.742/1993 (art. 6º-C da Lei 8.742/1993).

O *Centro de Referência de Assistência Social* (CRAS) é a *unidade pública municipal*, de *base territorial*, localizada em áreas com maiores índices de vulnerabilidade e risco social, destinada à articulação dos serviços socioassistenciais no seu território de abrangência e à prestação de serviços, programas e projetos socioassistenciais de *proteção social básica* às famílias.

O *Centro de Referência Especializado de Assistência Social* (CREAS) é a *unidade pública de abrangência e gestão municipal, estadual ou regional*, destinada à prestação de serviços a indivíduos e famílias que se encontram em situação de risco pessoal ou social, por violação de direitos ou contingência, que demandam intervenções especializadas da *proteção social especial*.

Os Centros de Referência de Assistência Social (CRAS) e os Centros de Referência Especializados de Assistência Social (CREAS) são *unidades públicas estatais* instituídas no âmbito do Sistema Único de Assistência Social (SUAS), que possuem interface com as demais políticas públicas e articulam, coordenam e ofertam os serviços, programas, projetos e benefícios da Assistência Social.

As instalações dos Centros de Referência de Assistência Social (CRAS) e dos Centros de Referência Especializados de Assistência Social (CREAS) devem ser compatíveis com os serviços neles ofertados, com espaços para trabalhos em grupo e ambientes específicos para recepção e atendimento reservado das famílias e indivíduos, sendo assegurada a acessibilidade às pessoas idosas e com deficiência (art. 6º-D da Lei 8.742/1993).

12.8.2. CONSELHOS DE ASSISTÊNCIA SOCIAL

Os recursos do financiamento conjunto do Sistema Único de Assistência Social (SUAS), destinados à execução das ações continuadas de Assistência

Social, podem ser aplicados no pagamento dos profissionais que integrarem as equipes de referência, responsáveis pela organização e oferta daquelas ações, conforme percentual apresentado pelo Ministério do Desenvolvimento e Assistência Social e aprovado pelo *Conselho Nacional de Assistência Social* (CNAS) (art. 6º-E da Lei 8.742/1993).

A formação das equipes de referência deve considerar o número de famílias e indivíduos referenciados, os tipos e modalidades de atendimento e as aquisições que devem ser garantidas aos usuários, conforme deliberações do Conselho Nacional de Assistência Social (CNAS).

As ações de Assistência Social, no âmbito das entidades e organizações de assistência social, devem observar as normas expedidas pelo Conselho Nacional de Assistência Social (CNAS), de que trata o art. 17 da Lei 8.742/1993 (art. 7º da Lei 8.742/1993).

A União, os Estados, o Distrito Federal e os Municípios, observados os princípios e diretrizes estabelecidos na Lei 8.742/1993, devem fixar as suas respectivas Políticas de Assistência Social (art. 8º da Lei 8.742/1993).

O funcionamento das entidades e organizações de assistência social depende de prévia inscrição no respectivo *Conselho Municipal de Assistência Social*, ou no *Conselho de Assistência Social do Distrito Federal*, conforme o caso (art. 9º da Lei 8.742/1993).

Cabe à regulamentação da Lei 8.742/1993 definir os critérios de inscrição e funcionamento das entidades com atuação em mais de um município no mesmo Estado, ou em mais de um Estado ou Distrito Federal.

Cabe ao Conselho Municipal de Assistência Social e ao Conselho de Assistência Social do Distrito Federal a fiscalização das entidades acima referidas na forma prevista em lei ou regulamento.

As entidades e organizações de assistência social podem, para defesa de seus direitos referentes à inscrição e ao funcionamento, recorrer aos Conselhos Nacional, Estaduais, Municipais e do Distrito Federal.

A União, os Estados, os Municípios e o Distrito Federal podem celebrar *convênios* com entidades e organizações de assistência social, em conformidade com os Planos aprovados pelos respectivos Conselhos (art. 10 da Lei 8.742/1993).

As instâncias deliberativas do Sistema Único de Assistência Social (SUAS), de caráter permanente e *composição paritária entre governo e sociedade civil*, são (art. 16 da Lei 8.742/1993): o Conselho Nacional de Assistência Social; os Conselhos Estaduais de Assistência Social; o Conselho de Assistência Social do Distrito Federal; os Conselhos Municipais de Assistência Social.

Os *Conselhos de Assistência Social* estão vinculados ao órgão gestor de Assistência Social, que deve prover a infraestrutura necessária ao seu funcionamento, garantindo recursos materiais, humanos e financeiros, inclusive com despesas referentes a passagens e diárias de conselheiros representantes do governo ou da sociedade civil, quando estiverem no exercício de suas atribuições.

Fica instituído o *Conselho Nacional de Assistência Social* (CNAS), órgão superior de deliberação colegiada, vinculado à estrutura do órgão da Administração Pública Federal responsável pela coordenação da Política Nacional de Assistência Social, cujos membros, nomeados pelo Presidente da República, têm mandato de dois anos, permitida uma única recondução por igual período (art. 17 da Lei 8.742/1993).

O Conselho Nacional de Assistência Social (CNAS) é composto por 18 membros e respectivos suplentes, cujos nomes são indicados ao órgão da Administração Pública Federal responsável pela coordenação da Política Nacional de Assistência Social, de acordo com os critérios seguintes: nove representantes governamentais, incluindo um representante dos Estados e um dos Municípios; nove representantes da sociedade civil, dentre representantes dos usuários ou de organizações de usuários, das entidades e organizações de assistência social e dos trabalhadores do setor, escolhidos em foro próprio sob a fiscalização do Ministério Público Federal.

O Conselho Nacional de Assistência Social (CNAS) é presidido por um de seus integrantes, eleito dentre seus membros, para mandato de um ano, permitida uma única recondução por igual período.

O Conselho Nacional de Assistência Social (CNAS) conta com uma Secretaria Executiva, a qual tem a sua estrutura disciplinada em ato do Poder Executivo.

Os Conselhos de que tratam os incisos II, III e IV do art. 16 da Lei 8.742/1993, com competência para acompanhar a execução da política de Assistência Social, apreciar e aprovar a proposta orçamentária, em consonância com as diretrizes das conferências nacionais, estaduais, distrital e municipais, de acordo com seu âmbito de atuação, devem ser instituídos, respectivamente, pelos Estados, pelo Distrito Federal e pelos Municípios, mediante lei específica.

Compete ao Conselho Nacional de Assistência Social (art. 18 da Lei 8.742/1993):

I – aprovar a Política Nacional de Assistência Social;

II – normatizar as ações e regular a prestação de serviços de natureza pública e privada no campo da assistência social;

III – acompanhar e fiscalizar o processo de certificação das entidades e organizações de assistência social no Ministério do Desenvolvimento e Assistência Social;

IV – apreciar relatório anual que deve conter a relação de entidades e organizações de assistência social que sejam certificadas como beneficentes e encaminhá-lo para conhecimento dos Conselhos de Assistência Social dos Estados, Municípios e do Distrito Federal;

V – zelar pela efetivação do sistema descentralizado e participativo de assistência social;

VI – a partir da realização da II Conferência Nacional de Assistência Social em 1997, convocar ordinariamente a cada quatro anos a Conferência Nacional de Assistência Social, que tem a atribuição de avaliar a situação da Assistência Social e propor diretrizes para o aperfeiçoamento do sistema;

VII – vetado;

VIII – apreciar e aprovar a proposta orçamentária da Assistência Social a ser encaminhada pelo órgão da Administração Pública Federal responsável pela coordenação da Política Nacional de Assistência Social;

IX – aprovar critérios de transferência de recursos para os Estados, Municípios e Distrito Federal, considerando, para tanto, indicadores que informem sua regionalização mais equitativa, tais como: população, renda *per capita*, mortalidade infantil e concentração de renda, além de disciplinar os procedimentos de repasse de recursos para as entidades e organizações de assistência social, sem prejuízo das disposições da Lei de Diretrizes Orçamentárias;

X – acompanhar e avaliar a gestão dos recursos, bem como os ganhos sociais e o desempenho dos programas e projetos aprovados;

XI – estabelecer diretrizes, apreciar e aprovar os programas anuais e plurianuais do Fundo Nacional de Assistência Social (FNAS);

XII – indicar o representante do Conselho Nacional de Assistência Social (CNAS) junto ao Conselho Nacional da Seguridade Social;

XIII – elaborar e aprovar seu regimento interno;

XIV – divulgar, no Diário Oficial da União, todas as suas decisões, bem como as contas do Fundo Nacional de Assistência Social (FNAS) e os respectivos pareceres emitidos.

Compete ao órgão da Administração Pública Federal responsável pela coordenação da Política Nacional de Assistência Social, ou seja, ao Ministério do Desenvolvimento e Assistência Social (art. 19 da Lei 8.742/1993):

I – coordenar e articular as ações no campo da Assistência Social;

II – propor ao Conselho Nacional de Assistência Social (CNAS) a Política Nacional de Assistência Social, suas normas gerais, bem como os critérios de prioridade e de elegibilidade, além de padrões de qualidade na prestação de benefícios, serviços, programas e projetos;

III – prover recursos para o pagamento dos benefícios de prestação continuada definidos nesta lei;

IV – elaborar e encaminhar a proposta orçamentária da assistência social, em conjunto com as demais da Seguridade Social;

V – propor os critérios de transferência dos recursos de que trata a Lei 8.742/1993;

VI – proceder à transferência dos recursos destinados à Assistência Social, na forma prevista na Lei 8.742/1993;

VII – encaminhar à apreciação do Conselho Nacional de Assistência Social (CNAS) relatórios trimestrais e anuais de atividades e de realização financeira dos recursos;

VIII – prestar assessoramento técnico aos Estados, ao Distrito Federal, aos Municípios e às entidades e organizações de assistência social;

IX – formular política para a qualificação sistemática e continuada de recursos humanos no campo da assistência social;

X – desenvolver estudos e pesquisas para fundamentar as análises de necessidades e formulação de proposições para a área;

XI – coordenar e manter atualizado o sistema de cadastro de entidades e organizações de Assistência Social, em articulação com os Estados, os Municípios e o Distrito Federal;

XII – articular-se com os órgãos responsáveis pelas políticas de Saúde e Previdência Social, bem como com os demais responsáveis pelas políticas socioeconômicas setoriais, visando à elevação do patamar mínimo de atendimento às necessidades básicas;

XIII – expedir os atos normativos necessários à gestão do Fundo Nacional de Assistência Social (FNAS), de acordo com as diretrizes estabelecidas pelo Conselho Nacional de Assistência Social (CNAS);

XIV – elaborar e submeter ao Conselho Nacional de Assistência Social (CNAS) os programas anuais e plurianuais de aplicação dos recursos do Fundo Nacional de Assistência Social (FNAS).

A atenção integral à saúde, inclusive a dispensação de medicamentos e produtos de interesse para a saúde, às famílias e indivíduos em situações de vulnerabilidade ou risco social e pessoal, nos termos da Lei 8.742/1993, dar-se-á independentemente da apresentação de documentos que comprovem domicílio ou inscrição no cadastro no Sistema Único de Saúde (SUS), em consonância com a diretriz de articulação das ações de Assistência Social e de Saúde a que se refere o inciso XII do art. 19, acima indicado.

12.8.3. CADASTRO ÚNICO PARA PROGRAMAS SOCIAIS DO GOVERNO FEDERAL

Foi instituído o Cadastro Único para Programas Sociais do Governo Federal (CadÚnico), registro público eletrônico com a finalidade de coletar, processar, sistematizar e disseminar informações para a identificação e a caracterização socioeconômica das famílias de baixa renda, nos termos do regulamento (art. 6º-F da Lei 8.742/1993, com redação dada pela Lei 14.601/2023).

As famílias de baixa renda podem inscrever-se no CadÚnico nas unidades públicas de que tratam os §§ 1º e 2º do art. 6º-C da Lei 8.742/1993 (Centros de Referência de Assistência Social e Centros de Referência Especializados de Assistência Social) ou, nos termos do regulamento, por meio eletrônico.

A inscrição no CadÚnico pode ser obrigatória para acesso a programas sociais do governo federal, na forma estabelecida em regulamento.

Para fins de cumprimento do disposto no art. 12 da Emenda Constitucional 103/2019 (sistema integrado de dados), e de ampliação da fidedignidade das informações cadastrais, deve ser garantida a interoperabilidade de dados do CadÚnico com os dados constantes do Cadastro Nacional de Informações Sociais (CNIS), de que trata a Lei 8.213/1991.

Os dados do CNIS incluídos no CadÚnico podem ser acessados pelos órgãos gestores do CadÚnico, nas três esferas da Federação, conforme termo de adesão do ente federativo ao CadÚnico, do qual deve constar cláusula de compromisso com o sigilo de dados.

A sociedade civil pode cooperar com a identificação de pessoas que precisem ser inscritas no CadÚnico, nos termos do regulamento.

O CadÚnico deve coletar informações que caracterizem a condição socioeconômica e territorial das famílias, de forma a reduzir sua invisibilidade social e com vistas a identificar suas demandas por políticas públicas, na forma do regulamento.

São diretrizes do CadÚnico: I – a responsabilidade do responsável pela unidade familiar pela declaração dos dados referentes a todos os membros da sua família; II – a utilização, pelo Poder Público, de dados sobre a identificação da pessoa e a situação socioeconômica da família, por meio da integração do CadÚnico com outros registros administrativos; III – o uso para a articulação e a integração de políticas públicas, em todas as esferas de Governo; IV – o uso de tecnologia e inovação para alcance de seus objetivos; V – a proteção de dados pessoais, observado o disposto na Lei 13.709/2018; VI – o zelo pela segurança da informação; VII – o georreferenciamento dos dados (art. 3º do Decreto 11.016/2022).

São objetivos do CadÚnico: I – reunir, armazenar e processar os registros administrativos dos indivíduos e das famílias de baixa renda; II – servir como base de dados para o acesso a programas sociais do Governo federal; III – ser utilizado como repositório de dados para a realização de estudos sobre seu público, com vistas à análise de alternativas de políticas públicas para a superação da situação de vulnerabilidade econômica e social (art. 4º do Decreto 11.016/2022).

O cadastramento das famílias será realizado pelos Municípios que tenham aderido ao CadÚnico ou pelas famílias, por meio eletrônico, na forma a ser estabelecida em ato do Ministro de Estado do Desenvolvimento e Assistência Social (art. 7º do Decreto 11.016/2022).

As informações constantes do CadÚnico devem ser atualizadas ou revalidadas pela família a cada dois anos, contados da data de inclusão ou da última atualização ou revalidação, na forma estabelecida em ato do Ministro de Estado do Desenvolvimento e Assistência Social (art. 12 do Decreto 11.016/2022).

12.8.4. COMPETÊNCIA CONCORRENTE

As ações das três esferas de governo na área de Assistência Social realizam-se de forma *articulada*, cabendo *a coordenação e as normas gerais à esfera federal* e *a coordenação e execução dos programas, em suas respectivas esferas, aos Estados, ao Distrito Federal e aos Municípios* (art. 11 da Lei 8.742/1993).

No âmbito da Assistência Social, compete à União:

> I – responder pela concessão e manutenção dos *benefícios de prestação continuada* definidos no art. 203 da Constituição Federal de 1988;
>
> II – "cofinanciar", por meio de transferência automática, o aprimoramento da gestão, os serviços, os programas e os projetos de Assistência Social em âmbito nacional;
>
> III – atender, em conjunto com os Estados, o Distrito Federal e os Municípios, às *ações assistenciais de caráter de emergência*;

IV – realizar o monitoramento e a avaliação da política de Assistência Social e assessorar Estados, Distrito Federal e Municípios para seu desenvolvimento (art. 12 da Lei 8.742/1993).

A União deve apoiar financeiramente o aprimoramento à *gestão descentralizada* dos serviços, programas, projetos e benefícios de Assistência Social, por meio do Índice de Gestão Descentralizada (IGD) do Sistema Único de Assistência Social (SUAS), para a utilização no âmbito dos Estados, dos Municípios e do Distrito Federal, destinado, sem prejuízo de outras ações a serem definidas em Regulamento, a:

I – medir os resultados da gestão descentralizada do Sistema Único de Assistência Social (SUAS), com base na atuação do gestor estadual, municipal e do Distrito Federal na implementação, execução e monitoramento dos serviços, programas, projetos e benefícios de Assistência Social, bem como na articulação intersetorial;

II – incentivar a obtenção de resultados qualitativos na gestão estadual, municipal e do Distrito Federal do Sistema Único de Assistência Social (SUAS);

III – calcular o montante de recursos a serem repassados aos entes federados a título de apoio financeiro à gestão do Sistema Único de Assistência Social (SUAS) (art. 12-A da Lei 8.742/1993).

Os resultados alcançados pelo ente federado na gestão do Sistema Único de Assistência Social (SUAS), aferidos na forma de Regulamento, devem ser considerados como prestação de contas dos recursos a serem transferidos a título de apoio financeiro.

As transferências para apoio à gestão descentralizada do Sistema Único de Assistência Social (SUAS) devem adotar a sistemática do Índice de Gestão Descentralizada do Programa Bolsa Família, previsto no art. 14 da Lei 14.601/2023, e serão efetivadas por meio de procedimento integrado àquele índice.

Para fins de fortalecimento dos Conselhos de Assistência Social dos Estados, Municípios e Distrito Federal, certo percentual dos recursos transferidos deve ser gasto com atividades de apoio técnico e operacional àqueles colegiados, na forma fixada pelo Ministério do Desenvolvimento e Assistência Social, sendo vedada a utilização dos recursos para pagamento de pessoal efetivo e de gratificações de qualquer natureza a servidor público estadual, municipal ou do Distrito Federal.

No âmbito da Assistência Social, compete aos Estados:

I – destinar recursos financeiros aos Municípios, a título de participação no custeio do pagamento dos *benefícios eventuais* de que trata o art. 22 da Lei 8.742/1993, mediante critérios estabelecidos pelos Conselhos Estaduais de Assistência Social;

II – "cofinanciar", por meio de transferência automática, o aprimoramento da gestão, os serviços, os programas e os projetos de Assistência Social em âmbito regional ou local;

III – atender, em conjunto com os Municípios, às *ações assistenciais de caráter de emergência*;

IV – estimular e apoiar técnica e financeiramente as associações e consórcios municipais na prestação de serviços de Assistência Social;

V – prestar os serviços assistenciais cujos custos ou ausência de demanda municipal justifiquem uma rede regional de serviços, desconcentrada, no âmbito do respectivo Estado;

VI – realizar o monitoramento e a avaliação da política de Assistência Social e assessorar os Municípios para seu desenvolvimento (art. 13 da Lei 8.742/1993).

No âmbito da Assistência Social, compete ao Distrito Federal:

I – destinar recursos financeiros para custeio do pagamento dos *benefícios eventuais* de que trata o art. 22 da Lei 8.742/1993, mediante critérios estabelecidos pelos Conselhos de Assistência Social do Distrito Federal;

II – efetuar o pagamento dos *auxílios natalidade e funeral*;

III – executar os *projetos de enfrentamento da pobreza*, incluindo a parceria com organizações da sociedade civil;

IV – atender às *ações assistenciais de caráter de emergência*;

V – prestar os serviços assistenciais de que trata o art. 23 da Lei 8.742/1993;

VI – "cofinanciar" o aprimoramento da gestão, os serviços, os programas e os projetos de Assistência Social em âmbito local;

VII – realizar o monitoramento e a avaliação da política de Assistência Social em seu âmbito (art. 14 da Lei 8.742/1993).

No que se refere à Assistência Social, compete aos Municípios:

I – destinar recursos financeiros para custeio do pagamento dos *benefícios eventuais* de que trata o art. 22 da Lei 8.742/1993, mediante critérios estabelecidos pelos Conselhos Municipais de Assistência Social;

II – efetuar o pagamento dos *auxílios natalidade e funeral*;

III – executar os *projetos de enfrentamento da pobreza*, incluindo a parceria com organizações da sociedade civil;

IV – atender às *ações assistenciais de caráter de emergência*;

V – prestar os serviços assistenciais de que trata o art. 23 da Lei 8.742/1993;

VI – "cofinanciar" o aprimoramento da gestão, os serviços, os programas e os projetos de Assistência Social em âmbito local;

VII – realizar o monitoramento e a avaliação da política de Assistência Social em seu âmbito (art. 15 da Lei 8.742/1993).

12.9. ENTIDADES E ORGANIZAÇÕES DE ASSISTÊNCIA SOCIAL

Consideram-se *entidades e organizações de assistência social* aquelas sem fins lucrativos que, isolada ou cumulativamente, prestam atendimento e assessoramento aos beneficiários abrangidos pela Lei 8.742/1993, bem como as que atuam na defesa e garantia de direitos (art. 3º da Lei 8.742/1993).

São de *atendimento* aquelas entidades que, de forma continuada, permanente e planejada, prestam serviços, executam programas ou projetos e concedem benefícios de prestação social básica ou especial, dirigidos às famílias e indivíduos em situações de vulnerabilidade ou risco social e pessoal, nos termos da Lei 8.742/1993, respeitadas as deliberações do Conselho Nacional de Assistência Social (CNAS), de que tratam os incisos I e II do art. 18 da Lei 8.742/1993.

São de assessoramento aquelas entidades que, de forma continuada, permanente e planejada prestam serviços e executam programas ou projetos voltados prioritariamente para o fortalecimento dos movimentos sociais e das organizações de usuários, formação e capacitação de lideranças, dirigidos ao público da política de assistência social, nos termos da Lei 8.742/1993, respeitadas as deliberações do CNAS, de que tratam os incisos I e II do art. 18 da Lei 8.742/1993.

São de defesa e garantia de direitos as entidades que, de forma continuada, permanente e planejada prestam serviços e executam programas e projetos voltados prioritariamente para a defesa e efetivação dos *direitos socioassistenciais*, construção de novos direitos, promoção da cidadania, enfrentamento das desigualdades sociais, articulação com órgãos públicos de defesa de direitos, dirigidos ao público da política de Assistência Social, nos termos da Lei 8.742/1993, respeitadas as deliberações do Conselho Nacional de Assistência Social (CNAS), de que tratam os incisos I e II do art. 18 da Lei 8.742/1993.

12.10. BENEFÍCIO DE PRESTAÇÃO CONTINUADA

12.10.1. BENEFICIÁRIOS

A Assistência Social deve ser prestada a quem dela necessitar, independentemente de contribuição à Seguridade Social, e tem como um de seus objetivos a *garantia de um salário mínimo de benefício mensal à pessoa portadora de deficiência e ao idoso que comprovem não possuir meios de prover a própria manutenção ou de tê-la provida por sua família*, conforme dispuser a lei (art. 203, inciso V, da Constituição da República).

A Lei 10.741/2003, que instituiu o Estatuto da Pessoa Idosa, no art. 34, prevê que às pessoas idosas, a partir de 65 anos, que não possuam meios para prover sua subsistência, nem de tê-la provida por sua família, é assegurado o benefício mensal de um salário mínimo, nos termos da Lei Orgânica da Assistência Social.

Desse modo, o *benefício de prestação continuada* é a garantia de um salário mínimo mensal à pessoa com deficiência e ao idoso, com idade de 65 anos ou mais, que comprovem não possuir meios de prover a própria manutenção nem de tê-la provida por sua família (art. 20 da Lei 8.742/1993).

Foi instituída a pensão especial destinada a crianças com síndrome congênita do *zika* vírus, nascidas entre 1º de janeiro de 2015 e 31 de dezembro de 2019, beneficiárias do benefício de prestação continuada de que trata o art. 20 da Lei 8.742/1993 (art. 1º da Lei 13.985/2020). A referida pensão especial é mensal, vitalícia e intransferível, tendo o valor de um salário mínimo. A pensão especial não pode ser acumulada com indenizações pagas pela União em razão de decisão judicial sobre os mesmos fatos ou com o benefício de prestação continuada de que trata o art. 20 da Lei 8.742/1993. O reconhecimento da pensão especial fica condicionado à desistência de ação judicial que tenha por objeto pedido idêntico sobre o qual versa o processo administrativo. A pensão especial é devida a partir do dia posterior à cessação do benefício de prestação continuada ou dos benefícios referidos acima, que não podem ser acumulados com a pensão. A pensão especial não gera direito a abono ou a pensão por morte.

O requerimento da mencionada pensão especial deve ser realizado no Instituto Nacional do Seguro Social (art. 2º da Lei 13.985/2020). Deve ser realizado exame pericial por perito médico federal para constatar a relação entre a síndrome congênita adquirida e a contaminação pelo vírus da *zika*. As despesas decorrentes devem correr à conta da programação orçamentária Indenizações e Pensões Especiais de Responsabilidade da União (art. 3º da Lei 13.985/2020).

Nas ações em que se postula benefício assistencial, é necessária a comprovação das condições socioeconômicas do autor por laudo de assistente social, por auto de constatação lavrado por oficial de justiça ou, sendo inviabilizados os referidos meios, por prova testemunhal (Súmula 79 da Turma Nacional de Uniformização dos Juizados Especiais Federais).

Deve-se esclarecer que a concessão do benefício de prestação continuada independe da interdição judicial do idoso ou da pessoa com deficiência.

A condição de acolhimento em instituições de longa permanência não prejudica o direito do idoso ou da pessoa com deficiência ao benefício de prestação continuada (art. 20, § 5º, da Lei 8.742/1993).

12.10.2. NATUREZA JURÍDICA E REQUISITOS

O benefício de prestação continuada tem natureza jurídica assistencial, pois integra a *proteção social básica* no âmbito do Sistema Único de Assistência Social (SUAS), instituído pelo Ministério do Desenvolvimento e Assistência Social, em consonância com o estabelecido pela Política Nacional de Assistência Social (PNAS).

O benefício de prestação continuada é constitutivo da Política Nacional de Assistência Social (PNAS) e integrado às demais políticas setoriais, e visa ao *enfrentamento da pobreza*, à *garantia da proteção social*, ao *provimento de condições para atender contingências sociais* e à *universalização dos direitos sociais*, nos moldes definidos no art. 2º, parágrafo único, da Lei 8.742/1993.

A plena atenção à pessoa com deficiência e ao idoso beneficiário do benefício de prestação continuada exige que os gestores da Assistência Social mantenham ação integrada às demais ações das políticas setoriais nacional, estaduais, municipais e do Distrito Federal, principalmente no campo da saúde, segurança alimentar, habitação e educação.

Compete ao Ministério do Desenvolvimento e Assistência Social, a implementação, a coordenação geral, a regulação, o financiamento, o monitoramento e a avaliação da prestação do benefício, sem prejuízo das iniciativas compartilhadas com Estados, Distrito Federal e Municípios, em consonância com as diretrizes do Sistema Único de Assistência Social (SUAS) e da descentralização político-administrativa, prevista no art. 204, inciso I, da Constituição da República e no art. 5º, inciso I, da Lei 8.742/1993.

Sendo assim, compete ao Ministério do Desenvolvimento e Assistência Social (art. 38 do Regulamento do Benefício de Prestação Continuada, aprovado pelo Decreto 6.214/2007):

I – acompanhar os beneficiários do benefício de prestação continuada no âmbito do Sistema Único de Assistência Social (SUAS), em articulação com o Distrito Federal, Municípios e, no que couber, com os Estados, visando a inseri-los nos programas e serviços da assistência social e demais políticas, em conformidade com o art. 11 da Lei 8.742/1993;

II – considerar a participação dos órgãos gestores de Assistência Social nas ações de monitoramento e avaliação do benefício de prestação continuada, bem como de acompanhamento de seus beneficiários, como critério de habilitação dos municípios e Distrito Federal a um nível de gestão mais elevado no âmbito do Sistema Único de Assistência Social (SUAS);

III – manter e coordenar o Programa Nacional de Monitoramento e Avaliação do Benefício de Prestação Continuada, com produção de dados e análise de resultados do impacto do benefício de prestação continuada na vida dos beneficiários, em conformidade com o disposto no art. 24 da Lei 8.742/1993, que versa sobre os programas de Assistência Social;

IV – destinar recursos do Fundo Nacional de Assistência Social para pagamento, operacionalização, gestão, informatização, pesquisa, monitoramento e avaliação do benefício de prestação continuada;

V – descentralizar recursos do orçamento do Fundo Nacional de Assistência Social ao INSS para as despesas de pagamento, operacionalização, sistemas de informação, monitoramento e avaliação do benefício de prestação continuada;

VI – fornecer subsídios para a formação de profissionais envolvidos nos processos de concessão, manutenção e revisão dos benefícios, e no acompanhamento de seus beneficiários, visando à facilidade de acesso e bem-estar dos usuários desses serviços;

VII – articular políticas intersetoriais, intergovernamentais e interinstitucionais que afiancem a completude de atenção às pessoas com deficiência e aos idosos, atendendo ao disposto no § 2º do art. 24 da Lei 8.742/1993, ao dispor que os programas voltados para o idoso e a integração da pessoa com deficiência devem ser devidamente articulados com o benefício de prestação continuada;

VIII – atuar junto a outros órgãos, nas três esferas de governo, com vistas ao aperfeiçoamento da gestão do benefício de prestação continuada;

IX – garantir as condições necessárias para inclusão e atualização dos dados do requerente e do beneficiário no Cadastro Único para Programas Sociais do Governo Federal (CadÚnico).

O Ministério do Desenvolvimento e Assistência Social deve articular-se com os Conselhos de Assistência Social, do Idoso, da Pessoa com Deficiência, da Criança e do Adolescente e da Saúde para desenvolver ações de controle e defesa dos direitos dos beneficiários do benefício de prestação continuada.

Apesar de se tratar de benefício da Assistência Social, o Instituto Nacional do Seguro Social (INSS) é o responsável pela operacionalização do benefício de prestação continuada (art. 3º do Regulamento do Benefício de Prestação Continuada, aprovado pelo Decreto 6.214/2007).

Desse modo, compete ao INSS, na operacionalização do benefício de prestação continuada (art. 39 do Regulamento do Benefício de Prestação Continuada, aprovado pelo Decreto 6.214/2007):

> I – receber os requerimentos, conceder, manter, revisar, suspender ou fazer cessar o benefício, atuar nas contestações, desenvolver ações necessárias ao ressarcimento do benefício e participar de seu monitoramento e avaliação;
>
> II – realizar, periodicamente, cruzamentos de informações, utilizando o registro de informações do CadÚnico e de outros cadastros, de benefícios previdenciários e de emprego e renda em nome do requerente ou beneficiário e dos integrantes do grupo familiar;
>
> III – realizar a avaliação médica e social da pessoa com deficiência, de acordo com as normas a serem disciplinadas em atos específicos;
>
> IV – realizar o pagamento de transporte e diária do requerente ou beneficiários e seu acompanhante, com recursos oriundos do Fundo Nacional de Assistência Social (FNAS), nos casos assim previstos (ou seja, quando não existirem serviços pertinentes para avaliação da deficiência e do grau de impedimento no Município de residência do requerente ou beneficiário);
>
> V – enviar comunicações aos beneficiários, aos seus representantes legais ou aos seus procuradores;
>
> VI – analisar defesas, receber recursos pelo indeferimento e suspensão do benefício, instruir e encaminhar os processos à Junta de Recursos;
>
> VII – efetuar o repasse de recursos para pagamento do benefício junto à rede bancária autorizada ou entidade conveniada;
>
> VIII – participar, em conjunto com o Ministério do Desenvolvimento e Assistência Social, da instituição de sistema de informação e de alimentação de bancos de dados sobre a concessão, o indeferimento, a manutenção, a suspensão, a cessação, o ressarcimento e a revisão do benefício de prestação continuada, além de gerar relatórios gerenciais e subsidiar a atuação dos demais órgãos no acompanhamento do beneficiário e na defesa de seus direitos;
>
> IX – submeter à apreciação prévia do Ministério do Desenvolvimento e Assistência Social atos que disponham sobre matéria de regulação e de

procedimentos técnicos e administrativos que repercutam no reconhecimento do direito ao acesso, à manutenção e ao pagamento do benefício de prestação continuada;

X – instituir, em conjunto com o Ministério do Desenvolvimento e Assistência Social, formulários e documentos necessários à operacionalização do benefício de prestação continuada; e

XI – apresentar ao Ministério do Desenvolvimento e Assistência Social relatórios periódicos das atividades desenvolvidas na operacionalização do benefício de prestação continuada e na execução orçamentária e financeira dos recursos descentralizados.

A análise das defesas a que se refere o inciso VI deve observar o disposto no Capítulo XI da Lei 9.784/1999, sobre o *dever de decidir* no processo administrativo no âmbito da Administração Federal.

Constituem garantias do Sistema Único de Assistência Social (SUAS) o acompanhamento do beneficiário e de sua família, e a inserção destes na rede de serviços socioassistenciais e de outras políticas setoriais (art. 37 do Regulamento do Benefício de Prestação Continuada, aprovado pelo Decreto 6.214/2007).

O acompanhamento do beneficiário e de sua família visa a lhes favorecer a obtenção de aquisições materiais, sociais, socioeducativas, socioculturais para suprir as necessidades de subsistência, desenvolver capacidades e talentos para a convivência familiar e comunitária, o protagonismo e a autonomia.

Esse acompanhamento deve abranger as pessoas que vivem sob o mesmo teto com o beneficiário e que com este mantêm vínculo parental, conjugal, genético ou de afinidade.

Para o cumprimento do disposto acima e para subsidiar os processos de concessão e de revisão bienal do benefício, os beneficiários e suas famílias devem ser cadastrados no Cadastro Único para Programas Sociais do Governo Federal (CadÚnico), observada a legislação aplicável.

Esclareça-se que o Cadastro Único para Programas Sociais do Governo Federal (CadÚnico) é instrumento de coleta, processamento, sistematização e disseminação de informações, com a finalidade de realizar a identificação e a caracterização socioeconômica das famílias de baixa renda que residem no território nacional (art. 2º do Decreto 11.016/2022). Cf. Capítulo 12, item 12.8.3.

A pessoa com deficiência e o idoso devem informar o número de inscrição no Cadastro de Pessoas Físicas (CPF) e apresentar documento com foto reconhecido por lei como prova de identidade do requerente. As crianças e os adolescentes menores de 16 anos podem apresentar apenas a certidão de nascimento para fins dessa identificação.

Conforme o Regulamento do Benefício de Prestação Continuada (art. 12), são requisitos para a concessão, a manutenção e a revisão do benefício as inscrições no Cadastro de Pessoas Físicas (CPF) e no Cadastro Único para Programas Sociais do Governo Federal (CadÚnico).

Desse modo, a concessão do benefício de prestação continuada depende da prévia inscrição do interessado no Cadastro de Pessoas Físicas (CPF) e no Cadastro Único para Programas Sociais (CadÚnico), este último atualizado e válido, de acordo com os prazos estabelecidos no Decreto 11.016/2022, que dispõe sobre o Cadastro Único para Programas Sociais do Governo Federal.

O requerimento do benefício deve ser realizado por meio dos canais de atendimento da Previdência Social ou de outros canais definidos em ato do Ministro de Estado do Desenvolvimento e Assistência Social.

São requisitos para a concessão, a manutenção e a revisão do benefício as inscrições no Cadastro de Pessoas Físicas (CPF) e no Cadastro Único para Programas Sociais do Governo Federal (Cadastro Único), conforme previsto em regulamento (art. 20, § 12, da Lei 8.742/1998, incluído pela Lei 13.846/2019).

12.10.3. NÚCLEO FAMILIAR

Como já mencionado, o benefício de prestação continuada é devido à pessoa com deficiência e ao idoso com 65 anos ou mais que comprovem não possuir meios de prover a própria manutenção, *nem de tê-la provida por sua família*.

Sendo assim, para os fins do disposto no art. 20 da Lei 8.742/1993, a *família* é composta pelo requerente, o cônjuge ou companheiro, os pais e, na ausência de um deles, a madrasta ou o padrasto, os irmãos solteiros, os filhos e enteados solteiros e os menores tutelados, desde que vivam sob o mesmo teto (art. 20, § 1º, da Lei 8.742/1993).

12.10.4. PESSOA COM DEFICIÊNCIA

Para efeito de concessão do benefício de prestação continuada, considera-se *pessoa com deficiência* aquela que tem impedimento de longo prazo de natureza física, mental, intelectual ou sensorial, o qual, em interação com uma ou mais barreiras, podem obstruir sua participação plena e efetiva na sociedade em igualdade de condições com as demais pessoas (art. 20, § 2º, da Lei 8.742/1993).

Para os efeitos do art. 20, § 2º, da Lei 8.742/1993, incapacidade para a vida independente não é só aquela que impede as atividades mais elementares da pessoa, mas também a que impossibilita de prover ao próprio sustento (Súmula 29 da Turma Nacional de Uniformização dos Juizados Especiais Federais).

Considera-se *impedimento de longo prazo* aquele que produza efeitos pelo prazo mínimo de dois anos (art. 20, § 10, da Lei 8.742/1993).

Nos pedidos de benefício de prestação continuada (LOAS), tendo em vista o advento da Lei 12.470/11, para adequada valoração dos fatores ambientais, sociais, econômicos e pessoais que impactam na participação da pessoa com deficiência na sociedade, é necessária a realização de avaliação social por assistente social ou outras providências aptas a revelar a efetiva condição vivida no meio social pelo requerente (Súmula 80 da Turma Nacional de Uniformização dos Juizados Especiais Federais).

12.10.5. RENDA MENSAL FAMILIAR

Observados os demais critérios de elegibilidade definidos na Lei 8.742/1993, terão direito ao benefício de prestação continuada a pessoa com deficiência ou a pessoa idosa com renda familiar mensal *per capita* igual ou inferior a 1/4 do salário mínimo (art. 20, § 3º, da Lei 8.742/1993, com redação dada pela Lei 14.176/2021).

Os rendimentos decorrentes de estágio supervisionado e aprendizagem não devem ser computados para os fins do cálculo da renda familiar *per capita* em questão (art. 20, § 9º, da Lei 8.742/1993).

Entretanto, a jurisprudência firmou o entendimento de que esse critério objetivo de renda mensal *per capita* não é o único a ser considerado para a verificação da miserabilidade econômica da pessoa que pretende receber o benefício de prestação continuada, uma vez que outros aspectos e fatores também podem ser levados em consideração para a demonstração da condição de não se possuir meios de prover a própria manutenção ou de tê-la provida por sua família (STJ, 3ª Seção, REsp 1.112.557/MG (2009/0040999-9), rel. Min. Napoleão Nunes Maia Filho, DJe 20.11.2009; STF, Pleno, RE 567.985/MT, rel. p/ Ac. Min. Gilmar Mendes, DJe 03.10.2013).

Na atualidade, o art. 20, § 11, da Lei 8.742/1993, incluído pela Lei 13.146/2015, expressamente prevê que, para concessão do benefício de prestação continuada, podem ser utilizados *outros elementos probatórios da condição de miserabilidade do grupo familiar e da situação de vulnerabilidade*, conforme Regulamento.

O Regulamento de que trata art. 20, § 11, da Lei 8.742/1993 pode ampliar o limite de renda mensal familiar *per capita* previsto no art. 20, § 3º, da Lei 8.742/1993 para até 1/2 salário mínimo, observado o disposto no art. 20-B da Lei 8.742/1993 (art. 20, § 11-A, da Lei 8.742/1993, incluído pela Lei 14.176/2021, com entrada em vigor em 1º de janeiro de 2022).

Na avaliação de outros elementos probatórios da condição de miserabilidade e da situação de vulnerabilidade de que trata o art. 20, § 11, da Lei 8.742/1993, devem ser considerados os seguintes aspectos para ampliação do critério de aferição da renda familiar mensal *per capita* de que trata o art. 20, § 11-A, da Lei 8.742/1993:

> I – o grau da deficiência;
>
> II – a dependência de terceiros para o desempenho de atividades básicas da vida diária;
>
> III – o comprometimento do orçamento do núcleo familiar de que trata o § 3º do art. 20 da Lei 14.176/2021 exclusivamente com gastos médicos, com tratamentos de saúde, com fraldas, com alimentos especiais e com medicamentos do idoso ou da pessoa com deficiência não disponibilizados gratuitamente pelo Sistema Único de Saúde (SUS), ou com serviços não prestados pelo Sistema Único de Assistência Social (SUAS), desde que comprovadamente necessários à preservação da saúde e da vida (art. 20-B da Lei 8.742/1993, incluído pela Lei 14.176/2021, com entrada em vigor em 1º de janeiro de 2022).

A ampliação do critério de aferição da renda familiar mensal *per capita* de que trata o art. 20, § 11-A, da Lei 8.742/1993 deve ocorrer na forma de escalas graduais, definidas em Regulamento.

Aplicam-se à pessoa com deficiência os elementos constantes dos incisos I e III do art. 20-B da Lei 8.742/1993, e à pessoa idosa os constantes dos incisos II e III do art. 20-B da Lei 8.742/1993.

O grau da deficiência de que trata o inciso I do art. 20-B da Lei 8.742/1993 deve ser aferido por meio de instrumento de avaliação biopsicossocial, observados os termos dos §§ 1º e 2º do art. 2º da Lei 13.146/2015 (Estatuto da Pessoa com Deficiência), e do § 6º do art. 20 e do art. 40-B da Lei 8.742/1993.

O valor referente ao comprometimento do orçamento do núcleo familiar com gastos de que trata o inciso III do art. 20-B da Lei 8.742/1993 deve ser definido em ato conjunto do Ministério da Cidadania, da Secretaria Especial de Previdência e Trabalho do Ministério da Economia e do INSS, a partir de valores médios dos gastos realizados pelas famílias exclusivamente com essas finalidades, facultada ao interessado a possibilidade de comprovação, conforme critérios definidos em regulamento, de que os gastos efetivos ultrapassam os valores médios.

A ampliação do limite de renda mensal de 1/4 para até 1/2 salário mínimo mensal, de que trata o art. 20, § 11-A, da Lei 8.742/1993, mediante a utilização de outros elementos probatórios da condição de miserabilidade e da situação de vulnerabilidade do grupo familiar, na forma do art. 20-B da Lei 8.742/1993, fica condicionada a decreto regulamentador do Poder Executivo, em cuja edição deve ser comprovado o atendimento aos requisitos fiscais (art. 6º, parágrafo único, da Lei 14.176/2021).

12.10.6. CONCEITOS

Tendo em vista os aspectos acima indicados, de forma sistematizada, conforme o Regulamento do Benefício de Prestação Continuada (art. 4º), para os fins do reconhecimento do direito ao benefício de prestação continuada, considera-se:

> I – idoso: aquele com idade de 65 anos ou mais;
>
> II – pessoa com deficiência: aquela que tem impedimentos de longo prazo de natureza física, mental, intelectual ou sensorial, os quais, em interação com diversas barreiras, podem obstruir sua participação plena e efetiva na sociedade em igualdade de condições com as demais pessoas;
>
> III – incapacidade: fenômeno multidimensional que abrange limitação do desempenho de atividade e restrição da participação, com redução efetiva e acentuada da capacidade de inclusão social, em correspondência à interação entre a pessoa com deficiência e seu ambiente físico e social;

Para fins de concessão do benefício assistencial de prestação continuada, o conceito de pessoa com deficiência, que não se confunde necessariamente com situação de incapacidade laborativa, é imprescindível a configuração de impedimento de longo prazo com duração mínima de dois anos, a ser aferido no caso concreto, desde a data do início sua caracterização (Súmula 48 da Turma Nacional de Uniformização dos Juizados Especiais Federais).

Se a prova pericial realizada em juízo dá conta de que a incapacidade já existia na data do requerimento administrativo, esta é o termo inicial do benefício assistencial (Súmula 22 da Turma Nacional de Uniformização dos Juizados Especiais Federais).

IV – família incapaz de prover a manutenção da pessoa com deficiência ou do idoso: aquela cuja renda mensal bruta familiar dividida pelo número de seus integrantes seja inferior a um quarto do salário mínimo;

V – família para cálculo da renda *per capita*: conjunto de pessoas composto pelo requerente, o cônjuge, o companheiro, a companheira, os pais e, na ausência de um deles, a madrasta ou o padrasto, os irmãos solteiros, os filhos e enteados solteiros e os menores tutelados, desde que vivam sob o mesmo teto;

VI – renda mensal bruta familiar: a soma dos rendimentos brutos auferidos mensalmente pelos membros da família composta por salários, proventos, pensões, pensões alimentícias, benefícios de previdência pública ou privada, seguro-desemprego, comissões, *pró-labore*, outros rendimentos do trabalho não assalariado, rendimentos do mercado informal ou autônomo, rendimentos auferidos do patrimônio, renda mensal vitalícia e benefício de prestação continuada, ressalvado o disposto no art. 19, parágrafo único, do Regulamento do Benefício de Prestação Continuada[2].

Para fins de reconhecimento do direito ao benefício de prestação continuada às *crianças e adolescentes menores de 16 anos de idade*, deve ser avaliada a existência da deficiência e o seu impacto na limitação do desempenho de atividade e restrição da participação social, compatível com a idade.

Para fins do cálculo da renda mensal bruta familiar, *não devem ser computados como renda mensal bruta familiar*:

I – benefícios e auxílios assistenciais de natureza eventual e temporária;

II – valores oriundos de programas sociais de transferência de renda;

III – bolsas de estágio supervisionado;

IV – pensão especial de natureza indenizatória (como as previstas na Lei 7.070/1982, sobre pensão devida aos portadores da "Síndrome da Talidomida", e na Lei 9.422/1996, sobre pensão devida aos dependentes das vítimas fatais de hepatite tóxica, por contaminação em processo de hemodiálise no Instituto de Doenças Renais, em Caruaru/PE) e benefícios

[2] "Art. 19. O Benefício de Prestação Continuada será devido a mais de um membro da mesma família enquanto atendidos os requisitos exigidos neste Regulamento. Parágrafo único. O valor do Benefício de Prestação Continuada concedido a idoso não será computado no cálculo da renda mensal bruta familiar a que se refere o inciso VI do art. 4º, para fins de concessão do Benefício de Prestação Continuada a outro idoso da mesma família".

de assistência médica, conforme disposto no art. 5º do Regulamento do Benefício de Prestação Continuada[3];

V – rendas de natureza eventual ou sazonal, a serem regulamentadas em ato conjunto do Ministério do Desenvolvimento e Assistência Social e do INSS;

VI – rendimentos decorrentes de contrato de aprendizagem.

O art. 34, parágrafo único, da Lei 10.741/2003 (que instituiu o Estatuto da Pessoa Idosa) prevê que o benefício de prestação continuada já concedido a qualquer membro da família (pessoa idosa, a partir de 65 anos, que não possua meios para prover sua subsistência, nem de tê-la provida por sua família) não deve ser computado para os fins do cálculo da renda familiar *per capita* a que se refere a Lei Orgânica da Assistência Social.

Entretanto, de acordo com o entendimento firmado pela jurisprudência, não se admite a discriminação das pessoas com deficiência em face das pessoas idosas.

Desse modo, o benefício de prestação continuada já concedido à pessoa com deficiência que seja membro da família também não deve ser computado para os fins do cálculo da renda familiar *per capita* em questão.

Da mesma forma, não se admite a discriminação entre as pessoas idosas que recebem benefício de prestação continuada em face dos idosos que recebem benefícios de natureza previdenciária até um salário mínimo (STF, Pleno, RE 580.963/PR, rel. Min. Gilmar Mendes, DJe 14.11.2013).

Por isso, na verdade, entende-se que o benefício assistencial ou previdenciário, no valor de até um salário mínimo, recebido por pessoa idosa ou pessoa com deficiência que seja membro da família, não deve ser computado para os fins do cálculo da renda familiar *per capita* prevista no art. 20, § 3º, da Lei Orgânica da Assistência Social, conforme interpretação do art. 34, parágrafo único, da Lei 10.741/2003.

Nesse sentido, o Superior Tribunal de Justiça fixou a seguinte tese jurídica: "Aplica-se o parágrafo único do artigo 34 do Estatuto do Idoso (Lei n. 10.741/03), por analogia, a pedido de benefício assistencial feito por pessoa com deficiência a fim de que benefício previdenciário recebido por idoso,

---

[3] "Art. 5º O beneficiário não pode acumular o Benefício de Prestação Continuada com outro benefício no âmbito da Seguridade Social ou de outro regime, inclusive o seguro-desemprego, ressalvados o de assistência médica e a pensão especial de natureza indenizatória. Parágrafo único. A acumulação do benefício com a remuneração advinda do contrato de aprendizagem pela pessoa com deficiência é limitada ao prazo máximo de dois anos".

no valor de um salário mínimo, não seja computado no cálculo da renda *per capita* prevista no artigo 20, § 3º, da Lei n. 8.742/93" (STJ, 1ª Seção, REsp 1.355.052/SP (2012/0247239-5), rel. Min. Benedito Gonçalves, DJe 05.11.2015).

Na atualidade, de acordo com o art. 20, § 14, da Lei 8.742/1993, incluído pela Lei 13.982/2020, o benefício de prestação continuada ou o benefício previdenciário no valor de até um salário mínimo concedido a idoso acima de 65 anos de idade ou pessoa com deficiência não será computado, para fins de concessão do benefício de prestação continuada a outro idoso ou pessoa com deficiência da mesma família, no cálculo da renda a que se refere o § 3º do art. 20 da Lei 8.742/1993.

O benefício de prestação continuada será devido a mais de um membro da mesma família enquanto atendidos os requisitos exigidos na Lei 8.742/1993 (art. 20, § 15, da Lei 8.742/1993, incluído pela Lei 13.982/2020).

12.10.7. ACUMULAÇÃO DE BENEFÍCIOS

O benefício de prestação continuada não pode ser acumulado *pelo beneficiário* com qualquer outro no âmbito da Seguridade Social ou de outro regime, salvo os da assistência médica e da pensão especial de natureza indenizatória, bem como as transferências de renda de que tratam o art. 6º, parágrafo único, e o art. 203, inciso VI, da Constituição Federal (renda básica familiar) e o art. 1º, *caput* e § 1º, da Lei 10.835/2004 (renda básica de cidadania) (art. 20, § 4º, da Lei 8.742/1993, com redação dada pela Lei 14.601/2023).

Nesse contexto, tendo em vista as mencionadas ressalvas, cabe esclarecer que o Programa Bolsa Família é destinado à transferência direta e condicionada de renda (art. 2º da Lei 14.601/2023), constituindo etapa do processo gradual e progressivo de implementação da universalização da renda básica de cidadania (art. 1º, § 1º, da Lei 14.601/2023). Cf. Capítulo 12, item 12.16.

A Turma Nacional de Uniformização dos Juizados Especiais Federais firmou a seguinte tese (Tema 253): "É inacumulável o benefício de prestação continuada - BPC/LOAS com o auxílio-acidente, na forma do art. 20, § 4º, da Lei nº 8.742/1993, sendo facultado ao beneficiário, quando preenchidos os requisitos legais de ambos os benefícios, a opção pelo mais vantajoso" (TNU, PEDILEF 0500878-55.2018.4.05.8310/PE, rel. Juiz Federal Ivanir César Ireno Júnior, DJe 28.05.2021).

Logo, o beneficiário não pode acumular o benefício de prestação continuada com outro benefício no âmbito da Seguridade Social ou de outro regime, inclusive o seguro-desemprego, ressalvados o de assistência médica e a pensão especial de natureza indenizatória (art. 5º do Regulamento do Benefício de Prestação Continuada, aprovado pelo Decreto 6.214/2007).

A acumulação do benefício com a remuneração advinda do contrato de aprendizagem pela pessoa com deficiência é limitada ao prazo máximo de dois anos.

Efetivamente, nos termos do art. 21-A, § 2º, da Lei 8.742/1993, *a contratação de pessoa com deficiência como aprendiz não acarreta a suspensão do benefício de prestação continuada, limitado a dois anos o recebimento concomitante da remuneração e do benefício*.

A Turma Nacional de Uniformização dos Juizados Especiais Federais fixou ainda a seguinte tese (Tema 284): "Os dependentes que recebem ou que têm direito à cota de pensão por morte podem renunciar a esse direito para o fim de receber benefício assistencial de prestação continuada, uma vez preenchidos os requisitos da Lei 8.742/1993" (TNU, PEDILEF 0004160-11.2017.4.01.4300/TO, rel. Juíza Federal Luciane Merlin Clève Kravetz, DJe 23.08.2022).

12.10.8. AVALIAÇÃO DA DEFICIÊNCIA E DO GRAU DE IMPEDIMENTO

A concessão do benefício fica sujeita à *avaliação da deficiência e do grau de impedimento*, composta por *avaliação médica* e *avaliação social*, a serem realizadas por médicos peritos e por assistentes sociais do Instituto Nacional de Seguro Social (art. 20, § 6º, da Lei 8.742/1993).

Nesse sentido, a concessão do benefício à pessoa com deficiência fica sujeita à avaliação da deficiência e do grau de impedimento, com base nos princípios da Classificação Internacional de Funcionalidades, Incapacidade e Saúde (CIF), estabelecida pela Resolução da Organização Mundial da Saúde 54.21, aprovada pela 54ª Assembleia Mundial da Saúde, em 22 de maio de 2001 (art. 16 do Regulamento do Benefício de Prestação Continuada, aprovado pelo Decreto 6.214/2007).

A *avaliação da deficiência* e do grau de impedimento deve ser realizada por meio de avaliação social e avaliação médica.

A *avaliação social* deve considerar os fatores ambientais, sociais e pessoais, a *avaliação médica* deve considerar as deficiências nas funções e nas estruturas do corpo, e ambas devem considerar a limitação do desempenho de atividades e a restrição da participação social, segundo suas especificidades.

A avaliação social e a avaliação médica devem ser realizadas, respectivamente, pelo serviço social e pela perícia médica do INSS, por meio de instrumentos desenvolvidos especificamente para este fim, instituídos por ato conjunto do Ministro de Estado do Desenvolvimento e Assistência Social e do Presidente do INSS.

O Ministério do Desenvolvimento e Assistência Social e o INSS devem garantir as condições necessárias para a realização da avaliação social e da avaliação médica necessárias ao benefício de prestação continuada.

A avaliação da deficiência e do grau de impedimento tem por objetivo: I – comprovar a existência de impedimentos de longo prazo de natureza física, mental, intelectual ou sensorial; e II – aferir o grau de restrição para a participação plena e efetiva da pessoa com deficiência na sociedade, decorrente da interação dos impedimentos a que se refere o inciso I com barreiras diversas.

Na hipótese de não ser possível prever a duração dos impedimentos a que se refere o inciso I, mas existir a possibilidade de que se estendam por longo prazo, o benefício pode ser concedido, conforme o disposto em ato do Ministro de Estado do Desenvolvimento e Assistência Social. Na hipótese do benefício concedido nesses termos, os beneficiários devem ser prioritariamente submetidos a novas avaliações da deficiência, observando-se o intervalo máximo de dois anos.

A avaliação da deficiência e do grau de impedimento deve observar os instrumentos de que trata o art. 2º, § 2º, da Lei 13.146/2015, ao prever que o Poder Executivo deve criar instrumentos para avaliação da deficiência, a partir de sua criação, permitindo inclusive que outras políticas para pessoas com deficiência se beneficiem das informações. Sem prejuízo desse compartilhamento das informações, o acesso à avaliação da deficiência e do grau de impedimento, com a finalidade de permitir que outras políticas para pessoas com deficiência dela se beneficiem, depende de prévio consentimento do titular da informação. O consentimento de acesso à avaliação pode ser manifestado no momento da prestação das referidas informações ou quando do requerimento de acesso à política pública. Ato do Ministro de Estado do Desenvolvimento e Assistência Social estabelecerá diretrizes para o escalonamento, a priorização e os casos que serão dispensados das reavaliações em razão da deficiência constatada.

O INSS pode celebrar parcerias para a realização da avaliação social, sob a supervisão do serviço social da autarquia (art. 20, § 6º-A, da Lei 8.742/1993, incluído pela Lei 14.441/2022).

Na hipótese de não existirem serviços no Município de residência do beneficiário, fica assegurado, na forma prevista em regulamento, o seu encaminhamento ao Município mais próximo que contar com tal estrutura (art. 20, § 7º, da Lei 8.742/1993).

Ou seja, na hipótese de não existirem serviços pertinentes para avaliação da deficiência e do grau de impedimento no Município de residência do requerente ou beneficiário, fica assegurado o seu encaminhamento ao Município mais próximo que contar com tal estrutura, devendo o INSS realizar o pagamento das despesas de transporte e diárias com recursos oriundos do Fundo Nacional de Assistência Social.

Caso o requerente ou beneficiário necessite de acompanhante, a viagem deste deve ser autorizada pelo INSS.

O valor da diária paga ao requerente ou beneficiário e seu acompanhante será igual ao valor da diária concedida aos beneficiários do Regime Geral de Previdência Social.

Caso o requerente ou beneficiário esteja impossibilitado de se apresentar no local de realização da avaliação da deficiência e do grau de impedimento, os profissionais deverão deslocar-se até o interessado.

Enquanto não estiver regulamentado o instrumento de avaliação de que tratam os §§ 1º e 2º do art. 2º da Lei 13.146/2015 (Estatuto da Pessoa com Deficiência)[4], a concessão do benefício de prestação continuada à pessoa com deficiência ficará sujeita à avaliação do grau da deficiência e do impedimento de que trata o § 2º do art. 20 da Lei 8.742/1993, composta por avaliação médica e avaliação social realizadas, respectivamente, pela Perícia Médica Federal e pelo serviço social do INSS, com a utilização de instrumentos desenvolvidos especificamente para esse fim (art. 40-B da Lei 8.742/1993, incluído pela Lei 14.176/2021).

O INSS pode celebrar parcerias para a realização da avaliação social, sob a supervisão do serviço social da autarquia (art. 40-B, parágrafo único, da Lei 8.742/1993, incluído pela Lei 14.441/2022).

Para avaliação da deficiência que justifica o acesso, a manutenção e a revisão do benefício de prestação continuada de que trata o art. 20 da Lei 8.742/1993, fica o Instituto Nacional do Seguro Social (INSS) autorizado a adotar as seguintes medidas excepcionais, até 31 de dezembro de 2021: I – realização da avaliação social, de que tratam o art. 20, § 6º, e o art. 40-B da Lei 8.742/1993, por meio de videoconferência; II – concessão ou manutenção do benefício de prestação continuada aplicado padrão médio à avaliação social, que compõe a avaliação da deficiência de que trata o art. 20,

---

4 "§ 1º A avaliação da deficiência, quando necessária, será biopsicossocial, realizada por equipe multiprofissional e interdisciplinar e considerará: I – os impedimentos nas funções e nas estruturas do corpo; II – os fatores socioambientais, psicológicos e pessoais; III – a limitação no desempenho de atividades; e IV – a restrição de participação. § 2º O Poder Executivo criará instrumentos para avaliação da deficiência".

§ 6º, da Lei 8.742/1993, desde que tenha sido realizada a avaliação médica e constatado o impedimento de longo prazo (art. 3º da Lei 14.176/2021).

É vedada a utilização da medida prevista no inciso II do art. 3º da Lei 14.176/2021 para indeferimento de requerimentos ou para cessação de benefícios.

Os requisitos para aplicação das medidas previstas no art. 3º da Lei 14.176/2021 devem ser definidos em ato conjunto do Ministério da Cidadania, da Secretaria Especial de Previdência e Trabalho do Ministério da Economia e do INSS.

O prazo de aplicação das medidas previstas no art. 3º da Lei 14.176/2021 pode ser prorrogado mediante ato conjunto do Ministério da Cidadania, da Secretaria Especial de Previdência e Trabalho do Ministério da Economia e do INSS.

12.10.9. DECLARAÇÃO DA RENDA FAMILIAR

A *renda familiar mensal* deve ser declarada pelo requerente ou seu representante legal, sujeitando-se aos demais procedimentos previstos no Regulamento para o deferimento do pedido (art. 20, § 8º, da Lei 8.742/1993).

Desse modo, as informações para o cálculo da renda familiar mensal *per capita* devem ser declaradas no momento da inscrição da família do requerente no Cadastro Único para Programas Sociais do Governo Federal (CadÚnico), ficando o declarante sujeito às penas previstas em lei no caso de omissão de informação ou de declaração falsa (art. 13 do Regulamento do Benefício de Prestação Continuada, aprovado pelo Decreto 6.214/2007). Essas informações devem ser declaradas em conformidade com o disposto no Decreto 11.016/2022[5].

---

[5] Conforme o art. 7º do Decreto 11.016/2022, o cadastramento das famílias será realizado pelos Municípios que tenham aderido ao CadÚnico ou pelas famílias, por meio eletrônico, na forma a ser estabelecida em ato do Ministro de Estado do Desenvolvimento e Assistência Social, observados os seguintes critérios: I – preenchimento de formulário; II – cadastramento de cada cidadão em somente uma família; III – cadastramento de cada família vinculado a seu domicílio e ao responsável pela unidade familiar; IV – registro das informações declaradas pelo responsável pela unidade familiar no ato de cadastramento, por meio do formulário a que se refere o inciso I, preferencialmente em meio eletrônico, com as seguintes informações, sem prejuízo de outras a serem estabelecidas em ato do Ministro de Estado do Desenvolvimento e Assistência Social: a) identificação e caracterização do domicílio; b) identificação e documentação civil de cada membro da família; c) escolaridade, participação no mercado de trabalho e rendimento de cada membro da família.

Por ocasião do requerimento do benefício, o requerente deve ratificar as informações declaradas no Cadastro Único para Programas Sociais do Governo Federal (CadÚnico), ficando sujeito às penas previstas em lei no caso de omissão de informação ou de declaração falsa.

Na análise do requerimento do benefício, o INSS deve confrontar as informações do Cadastro Único para Programas Sociais do Governo Federal (CadÚnico), referentes à renda, com outros cadastros ou bases de dados de órgãos da administração pública disponíveis, prevalecendo as informações que indiquem maior renda se comparadas àquelas declaradas no CadÚnico.

Compete ao INSS e aos órgãos autorizados pelo Ministério do Desenvolvimento e Assistência Social, quando necessário, verificar junto a outras instituições, inclusive de previdência, a existência de benefício ou de renda em nome do requerente ou beneficiário e dos integrantes da família.

Na hipótese de as informações do Cadastro Único para Programas Sociais do Governo Federal (CadÚnico) serem insuficientes para a análise conclusiva do benefício, o INSS: I – comunicará o interessado, o qual deverá atualizar seu cadastro junto ao órgão local responsável pelo CadÚnico no prazo de trinta dias; II – concluirá a análise após decorrido o prazo de que trata o inciso I; e III – no caso de o cadastro não ser atualizado no prazo de que trata o inciso I, indeferirá a solicitação para receber o benefício.

Quando o requerente for *pessoa em situação de rua* deve ser adotado, como referência, o endereço do serviço da rede socioassistencial pelo qual esteja sendo acompanhado, ou, na falta deste, de pessoas com as quais mantém relação de proximidade.

São consideradas integrantes da família do requerente em situação de rua as pessoas elencadas no art. 20, § 1º, da Lei 8.742/1993, desde que convivam com o requerente na mesma situação, devendo, neste caso, ser relacionadas na Declaração da Composição e Renda Familiar.

Entende-se por relação de proximidade aquela que se estabelece entre o requerente em situação de rua e as pessoas indicadas pelo próprio requerente como pertencentes ao seu ciclo de convívio que podem facilmente localizá-lo.

12.10.10. ESTRANGEIRO RESIDENTE NO PAÍS

O art. 5º, *caput*, da Constituição da República expressamente determina que todos são iguais perante a lei, sem distinção de qualquer natureza, garantindo-se aos brasileiros *e aos estrangeiros residentes no país* a inviolabilidade do *direito à vida*, à liberdade, *à igualdade*, à segurança e à propriedade.

Não se admite, portanto, tratamento discriminatório, em prejuízo do estrangeiro residente no Brasil, excluindo-o do acesso a prestação social que tem por objetivo permitir a proteção da dignidade da pessoa humana, ainda mais porque se trata da manutenção do próprio *mínimo existencial*.

Nesse enfoque, cabe salientar que o Estado Democrático de Direito tem como fundamento a *dignidade da pessoa humana* (art. 1º, inciso III, da Constituição da República), constituindo objetivos fundamentais da República Federativa do Brasil: construir uma sociedade livre, justa e solidária; garantir o desenvolvimento nacional; erradicar a pobreza e a marginalização e reduzir as desigualdades sociais e regionais; promover o bem de todos, *sem preconceitos de origem*, raça, sexo, cor, idade *e quaisquer outras formas de discriminação* (art. 3º da Constituição Federal de 1988).

Além disso, de acordo com o art. 4º, inciso II, da Constituição Federal de 1988, a República Federativa do Brasil rege-se nas suas relações internacionais pelo princípio da prevalência dos direitos humanos.

Sendo assim, defende-se que o estrangeiro residente no Brasil também tem direito ao benefício de prestação continuada, quando preenchidos os requisitos legais[6].

A respeito do tema, o STF fixou a seguinte tese de repercussão geral: "Os estrangeiros residentes no País são beneficiários da assistência social prevista no artigo 203, inciso V, da Constituição Federal, uma vez atendidos os requisitos constitucionais e legais" (Pleno, RE 587.970/SP, rel. Min. Marco Aurélio, j. 20.04.2017, DJe 22.09.2017).

12.10.11. REVISÃO

O benefício de prestação continuada deve ser *revisto* a cada dois anos para avaliação da continuidade das condições que lhe deram origem (art. 21 da Lei 8.742/1993).

O beneficiário em gozo de benefício de prestação continuada concedido judicial ou administrativamente pode ser convocado para avaliação das condições que ensejaram sua concessão ou manutenção, sendo-lhe exigida a presença dos requisitos previstos na Lei 8.742/1993 e no Regulamento (art. 21, § 5º, da Lei 8.742/1993, incluído pela Lei 14.176/2021).

6 Cf. SANTOS, Marisa Ferreira dos. *Direito previdenciário esquematizado*. 5. ed. São Paulo: Saraiva, 2015. p. 145.

12.10.12. CESSAÇÃO

O pagamento do benefício *cessa* no momento em que forem superadas as condições que lhe deram origem, ou em caso de morte do beneficiário (art. 21, § 1º, da Lei 8.742/1993).

De forma mais detalhada, pode-se dizer, conforme o art. 48 do Regulamento do Benefício de Prestação Continuada (aprovado pelo Decreto 6.214/2007), que o seu pagamento *cessa* nas seguintes hipóteses: I – nas hipóteses de óbito, de morte presumida ou de ausência do beneficiário, na forma da lei; II – quando o beneficiário, o seu representante legal ou o seu procurador não interpuser recurso ao Conselho de Recursos da Previdência Social (CRPS) no prazo de 30 dias, contado da suspensão do benefício; III – quando o recurso ao CRPS não for provido.

O representante legal ou o procurador são obrigados a informar ao INSS a ocorrência das situações a que se refere o inciso I.

O INSS deve comunicar o beneficiário, seu representante legal ou o seu procurador, por meio dos canais de atendimento do INSS ou de outros canais autorizados para esse fim, sobre os motivos que levaram à cessação do benefício.

Ato conjunto do Ministério do Desenvolvimento e Assistência Social e do INSS deve dispor sobre a operacionalização da suspensão e cessação do benefício de prestação continuada.

Fica vedada a reativação de benefício cessado quando esgotadas todas as instâncias administrativas de recurso.

Cabe ao INSS, sem prejuízo da aplicação de outras medidas legais, adotar as providências necessárias à restituição do valor do benefício pago indevidamente, ressalvados os casos de recebimento de boa-fé (art. 49 do Regulamento do Benefício de Prestação Continuada, aprovado pelo Decreto 6.214/2007).

O montante indevidamente pago deve ser corrigido pelo mesmo índice utilizado para a atualização mensal dos salários de contribuição utilizados para apuração dos benefícios do Regime Geral de Previdência Social, e deverá ser restituído, sob pena de inscrição em Dívida Ativa e cobrança judicial.

O valor ressarcido deve ser repassado pelo INSS ao Fundo Nacional de Assistência Social.

O benefício de prestação continuada, assim, deve ser *cancelado* quando se constatar irregularidade na sua concessão ou utilização (art. 21, § 2º, da Lei 8.742/1993), mas somente depois da possibilidade de defesa pelo beneficiário, como a seguir demonstrado.

O desenvolvimento das capacidades cognitivas, motoras ou educacionais e a realização de atividades não remuneradas de habilitação e reabilitação, entre outras, *não constituem motivo de suspensão ou cessação do benefício da pessoa com deficiência* (art. 21, § 3º, da Lei 8.742/1993).

A cessação do benefício de prestação continuada concedido à pessoa com deficiência, inclusive em razão do seu ingresso no mercado de trabalho, não impede nova concessão do benefício, desde que atendidos os requisitos legais (art. 21, § 4º, da Lei 8.742/1993).

Os eventuais débitos do beneficiário decorrentes de recebimento irregular do benefício de prestação continuada ou do auxílio-inclusão podem ser consignados no valor mensal desses benefícios, nos termos do Regulamento (art. 40-C da Lei 8.742/1993, incluído pela Lei 14.176/2021).

12.10.13. SUSPENSÃO

O benefício de prestação continuada deve ser *suspenso* pelo órgão concedente quando a pessoa com deficiência exercer atividade remunerada, inclusive na condição de microempreendedor individual (art. 21-A da Lei 8.742/1993).

Extinta a relação trabalhista ou a atividade empreendedora e, quando for o caso, encerrado o prazo de pagamento do seguro-desemprego e não tendo o beneficiário adquirido direito a qualquer benefício previdenciário, pode ser requerida a continuidade do pagamento do benefício suspenso, sem necessidade de realização de perícia médica ou reavaliação da deficiência e do grau de incapacidade para esse fim, respeitado o período de revisão a cada dois anos, previsto no art. 21 da Lei 8.742/1993.

A contratação de pessoa com deficiência como aprendiz não acarreta a suspensão do benefício de prestação continuada, limitado a dois anos o recebimento concomitante da remuneração e do benefício (art. 21-A, § 2º, da Lei 8.742/1993).

Desse modo, entende-se o benefício de prestação continuada deve ser *suspenso em caráter especial* quando a pessoa com deficiência exercer atividade remunerada, inclusive na condição de microempreendedor individual, mediante comprovação da relação trabalhista ou da atividade empreendedora. Nessa hipótese, o prazo para a reavaliação bienal do benefício fica suspenso, voltando a correr, se for o caso, a partir do restabelecimento do pagamento do benefício.

Entretanto, o pagamento do benefício suspenso na forma acima pode ser restabelecido mediante requerimento do interessado que comprove a extinção da relação trabalhista ou da atividade empreendedora, e, quando for o caso, o encerramento do prazo de pagamento do seguro-desemprego, sem que tenha o beneficiário adquirido direito a qualquer benefício no âmbito da Previdência Social.

O benefício será restabelecido:

> I – a partir do dia imediatamente posterior, conforme o caso, da cessação do contrato de trabalho, do encerramento da atividade empresarial, da última competência de contribuição previdenciária recolhida como contribuinte individual ou do encerramento do prazo de pagamento do seguro desemprego; ou
>
> II – a partir da data do protocolo do requerimento, quando requerido após 90 dias, conforme o caso, da cessação do contrato de trabalho, da última competência de contribuição previdenciária recolhida como contribuinte individual ou do encerramento do prazo de pagamento do seguro-desemprego.

O restabelecimento do pagamento do benefício prescinde de nova avaliação da deficiência e do grau de impedimento, respeitado o prazo para a reavaliação bienal.

Conforme o já salientado, a pessoa com deficiência contratada na condição de aprendiz tem o seu benefício suspenso somente após o período de dois anos de recebimento concomitante da remuneração e do benefício, nos termos do art. 21-A, § 2º, da Lei 8.742/1993.

O benefício de prestação continuada deve ser *suspenso* nas seguintes hipóteses: superação das condições que deram origem ao benefício; identificação de irregularidade na concessão ou manutenção do benefício; não inscrição no CadÚnico após o fim do prazo estabelecido em ato do Ministro de Estado do Desenvolvimento e Assistência Social; não agendamento da reavaliação da deficiência até a data limite estabelecida em convocação; identificação de inconsistências ou insuficiências cadastrais que afetem a avaliação da elegibilidade do beneficiário para fins de manutenção do benefício, conforme o disposto em ato do Ministro de Estado do Desenvolvimento e Assistência Social; identificação de outras irregularidades (art. 47 do Regulamento do Benefício de Prestação Continuada, aprovado pelo Decreto 6.214/2007).

A suspensão do benefício deve ser precedida de notificação do beneficiário, de seu representante legal ou de seu procurador, preferencialmente pela rede bancária, sobre a irregularidade identificada e da concessão do prazo de 10 dias para a apresentação de defesa. Se não for possível realizar essa notificação pela rede bancária ou pelo correio, o valor do benefício deve ser bloqueado.

O *bloqueio* do valor do benefício consiste no comando bancário que impossibilita temporariamente a movimentação do valor referente ao benefício, observadas as seguintes regras: o bloqueio terá duração máxima de um mês; o valor do benefício deve ser desbloqueado após contato do beneficiário, do seu representante legal ou do seu procurador, por meio dos canais de atendimento do INSS, presenciais ou remotos, ou de outros canais definidos para esse fim; no momento da solicitação do desbloqueio, o INSS ou outros canais definidos para esse fim devem notificar o beneficiário, o seu representante legal ou o seu procurador sobre a situação de irregularidade e sobre a concessão do prazo para apresentação de defesa, devendo o interessado confirmar ciência.

Após a notificação e o desbloqueio, o beneficiário, o seu representante legal ou o seu procurador terá o prazo de 10 dias para apresentar a defesa junto aos canais de atendimento do INSS ou a outros canais autorizados para esse fim.

O INSS terá o prazo de 30 dias, prorrogável por igual período, para analisar a defesa interposta. O benefício deve ser mantido caso a defesa apresentada seja acatada.

A *suspensão do pagamento do benefício* consiste na interrupção do envio do pagamento à rede bancária e deve observar as seguintes regras:

I – o benefício será suspenso: a) quando o beneficiário, o seu representante legal ou o procurador for notificado e não apresentar defesa no prazo de 10 dias; b) quando os elementos apresentados na defesa forem insuficientes; c) quando o beneficiário não entrar em contato com os canais de atendimento do INSS ou outros canais autorizados para esse fim no prazo de 30 dias, contado do bloqueio; d) quando informada a ausência do beneficiário pelo representante legal ou pelo procurador, na forma da lei;

II – o beneficiário, o seu representante legal ou o seu procurador deve ser comunicado sobre os motivos da suspensão do benefício e sobre o prazo de 30 dias para a interposição de recurso junto aos canais de atendimento do INSS ou a outros canais autorizados para esse fim;

III – o recurso interposto deve ser analisado pelo Conselho de Recursos da Previdência Social (CRPS).

A interposição de recurso não gera efeito suspensivo. O benefício deve ser restabelecido caso o recurso interposto ao CRPS seja provido, sendo devidos os valores desde a suspensão do benefício, respeitado o teor da decisão.

12.10.14. MORTE DO BENEFICIÁRIO

O benefício de prestação continuada é intransferível, não gerando direito à pensão por morte aos herdeiros ou sucessores (art. 23 do Regulamento do Benefício de Prestação Continuada, aprovado pelo Decreto 6.214/2007).

O valor do resíduo não recebido em vida pelo beneficiário deve ser pago aos seus herdeiros ou sucessores, na forma da lei civil.

12.10.15. PAGAMENTO

O benefício de prestação continuada não está sujeito a desconto de qualquer contribuição e não gera direito ao pagamento de abono anual (art. 22 do Regulamento do Benefício de Prestação Continuada, aprovado pelo Decreto 6.214/2007).

O benefício em questão deve ser pago pela rede bancária autorizada e, nas localidades onde não houver estabelecimento bancário, o pagamento será efetuado por órgãos autorizados pelo INSS (art. 26 do Regulamento do Benefício de Prestação Continuada, aprovado pelo Decreto 6.214/2007).

O pagamento do benefício de prestação continuada pode ser antecipado excepcionalmente, na hipótese prevista no art. 169, § 1º, do Regulamento da Previdência Social, aprovado pelo Decreto 3.048/1999[7].

O benefício de prestação continuada deve ser pago diretamente ao beneficiário ou ao procurador, tutor ou curador (art. 28 do Regulamento do Benefício de Prestação Continuada, aprovado pelo Decreto 6.214/2007).

Não podem outorgar procuração o menor de 18 anos, exceto se assistido ou emancipado após os 16 anos, e o incapaz para os atos da vida civil que deve ser representado por seu representante legal, tutor ou curador (art. 34 do Regulamento do Benefício de Prestação Continuada, aprovado pelo Decreto 6.214/2007).

---

7 "Art. 169. Os pagamentos dos benefícios de prestação continuada não poderão ser antecipados. § 1º Excepcionalmente, nas hipóteses de estado de calamidade pública, reconhecidas por ato do Poder Executivo federal, o INSS poderá, nos termos estabelecidos em ato do Secretário Especial de Previdência e Trabalho do Ministério da Economia, antecipar aos beneficiários domiciliados nos respectivos Municípios: I – o cronograma de pagamento dos benefícios de prestação continuada previdenciária e assistencial, enquanto perdurar o estado de calamidade; e II – o valor correspondente a uma renda mensal do benefício devido, excetuados os temporários, mediante opção dos beneficiários. § 2º O valor antecipado de que trata o inciso II do § 1º será ressarcido de forma parcelada, mediante desconto da renda do benefício, para esse fim equiparado ao crédito de que trata o inciso II do *caput* do art. 154, nos termos do ato a que se refere o § 1º".

O benefício devido ao beneficiário incapaz é pago ao cônjuge, pai, mãe, tutor ou curador, admitindo-se, na sua falta, e por período não superior a seis meses, o pagamento a herdeiro necessário, mediante termo de compromisso firmado no ato do recebimento (art. 35 do Regulamento do Benefício de Prestação Continuada, aprovado pelo Decreto 6.214/2007). Esse período pode ser prorrogado por iguais períodos, desde que comprovado o andamento do processo legal de tutela ou curatela.

O tutor ou curador pode outorgar procuração a terceiro com poderes para receber o benefício e, nessa hipótese, obrigatoriamente, a procuração deve ser outorgada mediante instrumento público.

A procuração não isenta o tutor ou curador da condição original de mandatário titular da tutela ou curatela.

O beneficiário ou seu representante legal devem informar ao INSS alterações dos dados cadastrais correspondentes à mudança de nome, endereço e estado civil, a fruição de qualquer benefício no âmbito da Seguridade Social ou de outro regime, a sua admissão em emprego ou a percepção de valores de qualquer natureza que integrem a renda mensal familiar (art. 35-A do Regulamento do Benefício de Prestação Continuada, aprovado pelo Decreto 6.214/2007). O INSS deve ser informado pelo representante legal ou pelo procurador sobre a propositura de ação judicial relativa à ausência ou à morte presumida do beneficiário.

12.11. BENEFÍCIO ASSISTENCIAL AOS TRABALHADORES PORTUÁRIOS AVULSOS

É assegurado, na forma do Regulamento, *benefício assistencial mensal*, de até um salário mínimo, aos *trabalhadores portuários avulsos*, com *mais de 60 anos*, que não cumprirem os requisitos para a aquisição das modalidades de aposentadoria previstas nos arts. 42, 48, 52 e 57 da Lei 8.213/1991 (aposentadorias por invalidez, por idade, por tempo de contribuição e especial), e que *não possuam meios para prover a sua subsistência* (art. 10-A da Lei 9.719/1998, acrescentado pela Lei 12.815/2013).

O benefício em questão não pode ser acumulado pelo beneficiário com qualquer outro no âmbito da Seguridade Social ou de outro regime, salvo os da assistência médica e da pensão especial de natureza indenizatória.

Para fins de habilitação ao benefício é exigida, cumulativamente, a comprovação de: no mínimo 15 anos de registro ou cadastro como trabalhador portuário avulso; comparecimento a, no mínimo, 80% das chamadas realizadas pelo respectivo órgão de gestão de mão de obra; e comparecimento a, no mínimo, 80% dos turnos de trabalho para os quais tenha sido escalado no período (art. 45 do Decreto 8.033/2013).

Cabe a ato ministerial dispor sobre a concessão do benefício assistencial de que trata o art. 10-A da Lei 9.719/1998 e disciplinar: o valor do benefício; os critérios para a comprovação pelo trabalhador portuário avulso da insuficiência de meios para prover a sua subsistência; os procedimentos para o requerimento e a concessão do benefício; as hipóteses de perda ou cassação do benefício.

12.12. BENEFÍCIOS EVENTUAIS

Os *benefícios eventuais* são as provisões suplementares e provisórias que integram organicamente as garantias do Sistema Único de Assistência Social (SUAS) e são prestadas aos cidadãos e às famílias em virtude de nascimento, morte, situações de vulnerabilidade temporária e de calamidade pública (art. 22 da Lei 8.742/1993).

A concessão e o valor dos benefícios eventuais devem ser definidos pelos Estados, Distrito Federal e Municípios e previstos nas respectivas leis orçamentárias anuais, com base em critérios e prazos definidos pelos respectivos Conselhos de Assistência Social.

O Conselho Nacional de Assistência Social (CNAS), ouvidas as respectivas representações de Estados e Municípios dele participantes, pode propor, na medida das disponibilidades orçamentárias das três esferas de governo, a instituição de benefícios subsidiários no valor de até 25% do salário mínimo para cada criança de até seis anos de idade.

Os benefícios eventuais subsidiários não podem ser cumulados com aqueles instituídos pelas Leis 10.954/2004 e 10.458/2002.

12.13. SERVIÇOS

Os *serviços socioassistenciais* são as atividades continuadas que visem à melhoria de vida da população e cujas ações, voltadas para as necessidades básicas, observem os objetivos, princípios e diretrizes estabelecidos na Lei 8.742/1993 (art. 23).

Cabe ao Regulamento instituir os serviços socioassistenciais.

Na organização dos serviços da Assistência Social devem ser criados *programas de amparo*, entre outros: às crianças e adolescentes em situação de risco pessoal e social, em cumprimento ao disposto no art. 227 da Constituição Federal de 1988 e na Lei 8.069/1990 (Estatuto da Criança e do Adolescente); às pessoas que vivem em situação de rua.

12.14. PROGRAMAS DE ASSISTÊNCIA SOCIAL

Os *programas de Assistência Social* compreendem ações integradas e complementares com objetivos, tempo e área de abrangência definidos para qualificar, incentivar e melhorar os benefícios e os serviços assistenciais (art. 24 da Lei 8.742/1993).

Os programas devem ser definidos pelos respectivos Conselhos de Assistência Social, obedecendo-se aos objetivos e princípios que regem a Lei 8.742/1993, com prioridade para a inserção profissional e social.

Os programas voltados para o idoso e a integração da pessoa com deficiência devem ser devidamente articulados com o benefício de prestação continuada estabelecido no art. 20 da Lei 8.742/1993.

Fica instituído o *Serviço de Proteção e Atendimento Integral à Família* (PAIF), que integra a proteção social básica e consiste na oferta de ações e serviços socioassistenciais de prestação continuada, nos Centros de Referência de Assistência Social (CRAS), por meio do trabalho social com famílias em situação de vulnerabilidade social, com o objetivo de prevenir o rompimento dos vínculos familiares e a violência no âmbito de suas relações, garantindo o direito à convivência familiar e comunitária (art. 24-A da Lei 8.742/1993).

Cabe ao Regulamento definir as diretrizes e os procedimentos do Serviço de Proteção e Atendimento Integral à Família (PAIF).

Fica instituído o *Serviço de Proteção e Atendimento Especializado a Famílias e Indivíduos* (PAEFI), que integra a proteção social especial e consiste no apoio, orientação e acompanhamento a famílias e indivíduos em situação de ameaça ou violação de direitos, articulando os serviços socioassistenciais com as diversas políticas públicas e com órgãos do sistema de garantia de direitos (art. 24-B da Lei 8.742/1993).

Cabe ao Regulamento definir as diretrizes e os procedimentos do Serviço de Proteção e Atendimento Especializado a Famílias e Indivíduos (PAEFI).

Fica instituído o *Programa de Erradicação do Trabalho Infantil* (PETI), de caráter intersetorial, integrante da Política Nacional de Assistência Social, que, no âmbito do Sistema Único de Assistência Social (SUAS), compreende transferências de renda, trabalho social com famílias e oferta de serviços socioeducativos para crianças e adolescentes que se encontrem em situação de trabalho (art. 24-C da Lei 8.742/1993).

O Programa de Erradicação do Trabalho Infantil (PETI) tem abrangência nacional e deve ser desenvolvido de forma articulada pelos entes federados, com a participação da sociedade civil, e tem como objetivo contribuir para a retirada de crianças e adolescentes com idade inferior a 16 anos em situação de trabalho, ressalvada a condição de aprendiz, a partir de 14 anos.

As crianças e os adolescentes em situação de trabalho devem ser identificados e ter os seus dados inseridos no Cadastro Único para Programas Sociais do Governo Federal (CadÚnico), com a devida identificação das situações de trabalho infantil.

12.15. PROJETOS DE ENFRENTAMENTO DA POBREZA

Os *projetos de enfrentamento da pobreza* compreendem a instituição de investimento econômico-social nos grupos populares, buscando subsidiar, financeira e tecnicamente, iniciativas que lhes garantam meios, capacidade produtiva e de gestão para melhoria das condições gerais de subsistência, elevação do padrão da qualidade de vida, a preservação do meio-ambiente e sua organização social (art. 25 da Lei 8.742/1993).

O incentivo a projetos de enfrentamento da pobreza assenta-se em mecanismos de articulação e de participação de diferentes áreas governamentais e em sistema de cooperação entre organismos governamentais, não governamentais e da sociedade civil (art. 26 da Lei 8.742/1993).

12.16. PROGRAMAS DE RENDA MÍNIMA E DE RENDA BÁSICA

Os benefícios de *renda mínima* são prestações pecuniárias de natureza assistencial, instituídos por meio de programas, políticas e ações do sistema de Assistência Social.

O objetivo é a *transferência de renda* pelo Estado a indivíduos e famílias que estão em estado de necessidade social quanto ao mínimo vital.

A finalidade, portanto, é a *redistribuição de renda*, assegurando um valor mínimo às pessoas em situação de pobreza e de exclusão social.

A renda mínima é uma forma de proteger e resgatar a *dignidade da pessoa humana*, como política de combate à pobreza, com a reinserção social dos excluídos[8].

Por estar inserida no âmbito da Assistência Social, é uma política de natureza *assistencial*, tendo como fundamento a *solidariedade* nas relações sociais.

---

[8] Cf. CORREIA, Marcus Orione Gonçalves. Renda mínima: uma apresentação. In: CORREIA, Marcus Orione Gonçalves; VILLELA, José Corrêa; LINS, Carlos Otávio Bandeira. *Renda mínima*. São Paulo: LTr, 2003. p. 13.

Cabe lembrar que a *assistência aos desamparados* integra o rol dos direitos sociais fundamentais (art. 6º da Constituição Federal de 1988), sendo a dignidade da pessoa humana fundamento do Estado Democrático de Direito (art. 1º, inciso III, da Constituição Federal de 1988).

Ademais, constituem objetivos fundamentais da República Federativa do Brasil: construir uma *sociedade* livre, *justa* e *solidária*; garantir o *desenvolvimento nacional* (o que exige a transformação social e econômica); *erradicar a pobreza* e a marginalização e *reduzir as desigualdades sociais* e regionais; *promover o bem de todos*, sem preconceitos de origem, raça, sexo, cor, idade e quaisquer outras formas de discriminação (art. 3º da Constituição Federal de 1988).

A realização desses mandamentos é imperativa e deve ocorrer de forma *progressiva*, por meio de políticas públicas consistentes e adequadas, com vistas à *igualdade substancial* e à *justiça social*, não se admitindo retrocessos na esfera social.

É competência comum da União, dos Estados, do Distrito Federal e dos Municípios combater as causas da pobreza e os fatores de marginalização, promovendo a integração social dos setores desfavorecidos (art. 23, inciso X, da Constituição da República).

Frise-se que um dos objetivos da Assistência Social é a redução da vulnerabilidade socioeconômica de famílias em situação de pobreza ou de extrema pobreza (art. 203, inciso VI, da Constituição Federal de 1988, incluído pela Emenda Constitucional 114/2021).

A renda mínima, nesse enfoque, tem como objetivo assegurar justamente o chamado *mínimo existencial*, que tem como fundamento o princípio da dignidade da pessoa humana, a qual é o valor nuclear do Estado Democrático de Direito.

Trata-se de prestação social, de natureza *assistencial*, imprescindível para possibilitar condições mínimas para a vida digna das pessoas mais necessitadas em termos econômicos e sociais.

A renda mínima decorre do princípio da solidariedade, que fundamenta o sistema de Seguridade Social, no sentido de ajuda ao próximo, em especial ao necessitado, por meio de redistribuição de renda, alcançando-se, assim, a justiça social.

Os programas de renda mínima, assim, estabelecem proteção social para as populações mais pobres, por meio de transferência de renda, buscando a reinserção social e econômica da população carente.

No Brasil, atualmente, a coordenação da política nacional de Assistência Social é do Ministério do Desenvolvimento e Assistência Social.

A renda mínima, no Brasil, é normalmente instituída como programa de redistribuição de renda às famílias em situação de pobreza, mas com ligação a programas voltados à área da educação, de modo que são exigidas contrapartidas por parte das famílias beneficiárias, como frequência à escola pelas crianças.

Os programas de renda mínima, assim, objetivam o combate à pobreza e à exclusão social, evitando o trabalho infantil, com o crescimento do nível educacional das crianças, o que permite melhores condições sociais e de renda no futuro.

Cabe distinguir, entretanto, a renda mínima da chamada *renda básica* (que tem enfoque universal), embora ambos os benefícios sejam programas de transferência de renda.

A renda mínima é benefício sujeito a certas condições, ou seja, garantida àqueles que não contribuíram ao sistema previdenciário, mas estão em situação social e econômica de exclusão e necessidade. Normalmente beneficia famílias que tenham um rendimento igual ou inferior ao nível considerado de pobreza.

A renda básica, por sua vez, é uma renda universal paga a todas as pessoas do país, desde o nascimento até a morte, sem exigir condições, ou seja, ausentes quaisquer critérios de seleção, de restrição e condicionantes.

Na renda básica, portanto, o benefício é atribuído incondicionalmente a cada um, gerando a redução dos níveis de pobreza e de exclusão social, tendo em vista o maior número de pessoas beneficiadas.

Como a renda básica é desvinculada do nível de rendimento, não há desestímulo ao emprego e à melhoria das condições econômicas, pois ausente o receio de deixar de receber o benefício.

As maiores dificuldades no Brasil, entretanto, decorrem do custeio dos programas de renda básica, por alcançar número elevado de pessoas.

O art. 6º, parágrafo único, da Constituição Federal de 1988, incluído pela Emenda Constitucional 114/2021, estabelece que todo brasileiro em situação de vulnerabilidade social terá direito a uma r*enda básica familiar,* garantida pelo poder público em programa permanente de transferência de renda, cujas normas e requisitos de acesso serão determinados em lei, observada a legislação fiscal e orçamentária.

Como se pode notar, a renda básica familiar, que deveria ser universal, é garantida apenas aos brasileiros em situação de vulnerabilidade social, o que mais se aproxima da renda mínima.

Além disso, como decorrência da isonomia, o mencionado direito deve ser assegurado também aos estrangeiros residentes no País em situação de vulnerabilidade social, conforme art. 5º, *caput*, da Constituição da República. Defende-se, assim, a interpretação sistemática do art. 6º, parágrafo único, da Constituição da República, por ser vedada a discriminação (art. 3º, inciso IV, e art. 5º, inciso XLI, da Constituição Federal de 1988), para que se assegure a dignidade da pessoa humana (art. 1º, inciso III, da Constituição da República).

Esclareça-se que os limites, as condições, as normas de acesso e os demais requisitos para o atendimento do disposto no parágrafo único do art. 6º e no inciso VI do art. 203 da Constituição Federal de 1988 devem ser determinados, na forma da lei e respectivo regulamento, até 31 de dezembro de 2022, dispensada, exclusivamente no exercício de 2022, a observância das limitações legais quanto à criação, à expansão ou ao aperfeiçoamento de ação governamental que acarrete aumento de despesa no referido exercício (art. 118 do Ato das Disposições Constitucionais Transitórias, incluído pela Emenda Constitucional 114/2021).

Os objetivos dos programas de renda mínima são, essencialmente, a redistribuição de renda, a redução e a eliminação das desigualdades sociais e da pobreza, bem como combater a concentração de renda.

Trata-se, assim, de política social de interesse público, voltado à erradicação da miséria.

A Lei 10.219/2001 criou o Programa Nacional de Renda Mínima vinculada à educação, conhecido como "Bolsa Escola". Esse programa constituía o instrumento de participação financeira da União em programas municipais de garantia de renda mínima associados a ações socioeducativas, sem prejuízo da diversidade dos programas municipais.

A Lei 10.835/2004 institui, a partir de 2005, a *renda básica de cidadania*, que se constituirá no direito de todos os brasileiros residentes no país e estrangeiros residentes há pelo menos cinco anos no Brasil, *não importando sua condição socioeconômica*, receberem, anualmente, um benefício monetário.

A abrangência mencionada deve ser alcançada em etapas, a critério do Poder Executivo, priorizando-se as camadas mais necessitadas da população (art. 1º, § 1º, Lei 10.835/2004).

O pagamento do benefício deve ser de igual valor para todos, e suficiente para atender às despesas mínimas de cada pessoa com alimentação, educação e saúde, considerando para isso o grau de desenvolvimento do país e as possibilidades orçamentárias.

O pagamento do benefício da renda básica de cidadania pode ser feito em parcelas iguais e mensais.

Cabe ao Poder Executivo definir o valor do benefício, em estrita observância ao disposto nos arts. 16 e 17 da Lei Complementar 101/2000 (Lei de Responsabilidade Fiscal), conforme art. 2º da Lei 10.835/2004.

A partir do exercício financeiro de 2005, os projetos de lei relativos aos planos plurianuais e às diretrizes orçamentárias deveriam especificar os cancelamentos e as transferências de despesas, bem como outras medidas julgadas necessárias à execução do Programa voltado à instituição da renda básica de cidadania (art. 4º da Lei 10.835/2004).

Entretanto, a mencionada previsão legal necessita de regulamentação, para que possa ter aplicação prática e efetiva.

Em mandado de injunção sobre o tema, o Supremo Tribunal Federal concedeu parcialmente a ordem para: i) determinar ao Presidente da República que, nos termos do art. 8º, inciso I, da Lei 13.300/2016, implemente, no exercício fiscal seguinte ao da conclusão do julgamento do mérito (2022), a fixação do valor disposto no art. 2º da Lei 10.835/2004 para o estrato da população brasileira em situação de vulnerabilidade socioeconômica (extrema pobreza e pobreza – renda *per capita* inferior a R$ 89,00 e R$ 178,00, respectivamente – Decreto 5.209/2004), devendo adotar todas as medidas legais cabíveis, inclusive alterando o PPA (Plano Plurianual), além de previsão na LDO (Lei de Diretrizes Orçamentárias) e na LOA (Lei Orçamentária Anual) de 2022; e ii) realizar apelo aos Poderes Legislativo e Executivo para que adotem as medidas administrativas e/ou legislativas necessárias à atualização dos valores dos benefícios básico e variáveis do Programa Bolsa Família (Lei 10.836/2004), isolada ou conjuntamente, e, ainda, para que aprimorem os programas sociais de transferência de renda atualmente em vigor, mormente a Lei 10.835/2004, unificando-os, se possível (STF, Pleno, MI 7.300/DF, red. p/ ac. Min. Gilmar Mendes, j. 27.04.2021).

Embora o referido mandado de injunção tivesse como objeto a regulamentação da renda básica de cidadania, prevista na Lei 10.835/2004, por ter sido a ordem concedida em parte, foi determinada a fixação, no exercício fiscal de 2022, do valor disposto no art. 2º da Lei 10.835/2004 para a população brasileira em situação de vulnerabilidade socioeconômica, ou seja, para as pessoas em condição de extrema pobreza e pobreza.

Em razão dessa delimitação das pessoas a serem alcançadas, a decisão do Supremo Tribunal Federal acabou tratando de benefício de renda mínima, que é disciplinado no âmbito federal pelo Programa Bolsa Família, e não de benefício de renda básica, o qual deve ser universal, pois independe das condições socioeconômicas das pessoas a serem alcançadas (Lei 10.835/2004).

Tanto é assim que a mencionada decisão realizou apelo aos Poderes Legislativo e Executivo para que sejam adotadas as medidas legislativas e administrativas necessárias para a atualização dos valores dos benefícios do Programa Bolsa Família (Lei 10.836/2004), bem como para que sejam aprimorados os programas sociais de transferência de renda atualmente em vigor, notadamente a Lei 10.835/2004, com a possível unificação deles (STF, Pleno, MI 7.300/DF, red. p/ ac. Min. Gilmar Mendes, DJe 23.08.2021).

Nesse último aspecto, a decisão do Supremo Tribunal Federal indica a unificação de benefícios com alcances bem distintos, uma vez que a renda mínima é voltada à população em situação de necessidade socioeconômica, ou seja, a pessoas em condições de pobreza e extrema pobreza, enquanto a renda básica é destinada, de forma abrangente, a toda a população.

A Lei 14.601/2023 instituiu o Programa Bolsa Família, no âmbito do Ministério do Desenvolvimento e Assistência Social, Família e Combate à Fome, em substituição ao Programa Auxílio Brasil, instituído pela Lei 14.284/2021.

O Programa Bolsa Família constitui etapa do processo gradual e progressivo de implementação da universalização da renda básica de cidadania, na forma estabelecida no art. 6º, parágrafo único, da Constituição Federal e no art. 1º, *caput* e § 1º, da Lei 10.835/2004.

Os critérios, os parâmetros, os mecanismos e os procedimentos para adequação dos benefícios do Programa Auxílio Brasil ao Programa Bolsa Família são estabelecidos na Lei 14.601/2023 e em seus regulamentos. Ato do Poder Executivo federal deve regulamentar o disposto na Lei 14.601/2023.

O Programa Bolsa Família, destinado à transferência direta e condicionada de renda, deve ser implementado na forma estabelecida na Lei 14.601/2023 e em seus regulamentos (art. 2º da Lei 14.601/2023).

São *objetivos* do Programa Bolsa Família: I – combater a fome, por meio da transferência direta de renda às famílias beneficiárias; II – contribuir para a interrupção do ciclo de reprodução da pobreza entre as gerações; III – promover o desenvolvimento e a proteção social das famílias, especialmente das crianças, dos adolescentes e dos jovens em situação de pobreza (art. 3º da Lei 14.601/2023).

Os objetivos do Programa Bolsa Família devem ser obtidos por meio de: I – articulação entre o Programa e as ações de saúde, de educação, de assistência social e de outras áreas que atendam o público beneficiário, executadas pelos governos federal, estaduais, municipais e distrital; II – vinculação ao Sistema Único de Assistência Social (SUAS), de que trata a Lei 8.742/1993 (Lei Orgânica da Assistência Social), permitida a utilização de sua rede de serviços socioassistenciais; III – coordenação e compartilhamento da gestão e da execução com os entes federativos que venham a aderir ao Programa, na forma estabelecida na Lei 14.601/2023 e em seus regulamentos; IV – participação social, por meio dos procedimentos estabelecidos na Lei 14.601/2023 e em seus regulamentos; V – utilização do Cadastro Único para Programas Sociais do Governo Federal (CadÚnico), instituído pelo art. 6º-F da Lei 8.742/1993 (Lei Orgânica da Assistência Social), e sua promoção como plataforma de integração do Programa a ações executadas pelos governos federal, estaduais, municipais e distrital; VI – respeito à privacidade das famílias beneficiárias, na forma estabelecida nas Lei 12.527/2011 (dispõe sobre os procedimentos a serem observados pela União, Estados, Distrito Federal e Municípios, com o fim de garantir o acesso a informações previsto no art. 5º, inciso XXXIII, no art. 37, § 3º, inciso II, e no art. 216, § 2º, da Constituição Federal de 1988) e Lei 13.709/2018 (Lei Geral de Proteção de Dados Pessoais).

Para fins do disposto na Lei 14.601/2023, considera-se:

> I – família: núcleo composto de uma ou mais pessoas que formem um grupo doméstico, com residência no mesmo domicílio, e que contribuam para o rendimento ou que dele dependam para atendimento de suas despesas;
>
> II – renda familiar mensal: soma dos rendimentos auferidos por todos os integrantes da família, excluídos aqueles rendimentos indicados no art. 4º, § 1º, da Lei 14.601/2023 e em regulamento;
>
> III – renda familiar *per capita* mensal: razão entre a renda familiar mensal e o total de integrantes da família;
>
> IV – domicílio: local que serve de moradia à família (art. 4º da Lei 14.601/2023).

Para fins do disposto no inciso II, não devem ser computados na renda familiar mensal, sem prejuízo de outros rendimentos indicados em regulamento: benefícios financeiros de caráter eventual, temporário ou sazonal instituídos pelo poder público federal, estadual, municipal e distrital; recursos financeiros de natureza indenizatória, recebidos de entes públicos ou privados, para recomposição de danos materiais ou morais; recursos financeiros recebidos de ações de transferência de renda de natureza assistencial instituídas pelo poder público federal, estadual, municipal e distrital (art. 4º, § 1º, da Lei 14.601/2023).

O benefício de prestação continuada, de que trata o art. 20 da Lei 8.742/1993 (Lei Orgânica da Assistência Social), recebido por quaisquer dos integrantes da família, compõe o cálculo da renda familiar *per capita* mensal (art. 4º, § 2º, da Lei 14.601/2023).

O Poder Executivo pode autorizar o desconto de faixas percentuais do valor do benefício de prestação continuada recebido por pessoa com deficiência no cálculo da renda familiar *per capita* mensal de que trata o inciso II, observado, no que couber, o critério de que trata o art. 20-B, inciso I, da Lei 8.742/1993 (sobre avaliação de outros elementos probatórios da condição de miserabilidade e da situação de vulnerabilidade), na forma do regulamento (art. 4º, § 3º, da Lei 14.601/2023, com entrada em vigor em 1º de janeiro de 2024).

Com fundamento no princípio da igualdade, ao exigir tratamento isonômico, entende-se que essa possibilidade de desconto de faixas percentuais deveria ser aplicada também ao valor do benefício de prestação continuada recebido por pessoa idosa, observando-se, no que couber, o critério de que trata o art. 20-B, inciso II, da Lei 8.742/1993.

São elegíveis ao Programa Bolsa Família as famílias: I – inscritas no CadÚnico; e II – cuja renda familiar *per capita* mensal seja igual ou inferior a R$ 218,00 (art. 5º da Lei 14.601/2023).

As famílias beneficiárias do Programa Bolsa Família cuja renda *per capita* mensal seja superior ao valor estabelecido no art. 5º, inciso II, da Lei 14.601/2023 devem ser mantidas no Programa pelo período de até 24 meses, observados os parâmetros estabelecidos no art. 6º da Lei 14.601/2023 e em regulamento.

Na hipótese de a renda familiar *per capita* mensal superar o valor de meio salário mínimo, excluído de seu cálculo o valor dos benefícios financeiros do Programa Bolsa Família e observado o disposto nos §§ 1º e 2º do art. 4º da Lei 14.601/2023, a família deve ser desligada do Programa.

Durante o período de 24 meses a que se refere o art. 6º da Lei 14.601/2023, a família beneficiária deve receber 50% do valor dos benefícios financeiros a que for elegível, nos termos do art. 7º da Lei 14.601/2023.

Têm prioridade para reingressar no Programa Bolsa Família: as famílias que voluntariamente se desligarem do Programa; as famílias que forem desligadas do Programa em decorrência do término do período de 24 meses previsto no art. 6º da Lei 14.601/2023. Na hipótese de prioridade para reingressar no Programa Bolsa Família, a família deve cumprir os requisitos para ingresso no Programa Bolsa Família estabelecidos na Lei 14.601/2023 e em regulamento.

A transferência de renda do Programa Bolsa Família é composta de benefícios financeiros disponibilizados às famílias e calculados na forma estabelecida no art. 7º da Lei 14.601/2023 e em regulamento.

Constituem benefícios financeiros do Programa Bolsa Família:

> I – *benefício de renda de cidadania*, no valor de R$ 142,00 por integrante, destinado a todas as famílias beneficiárias do Programa Bolsa Família;
>
> II – *benefício complementar*, destinado às famílias beneficiárias do Programa Bolsa Família cuja soma dos valores relativos aos benefícios

financeiros de que trata o inciso I seja inferior a R$ 600,00, calculado pela diferença entre este valor e a referida soma;

III – *benefício primeira infância*, no valor de R$ 150,00 por criança, destinado às famílias beneficiárias que possuírem, em sua composição, crianças com idade entre zero e sete anos incompletos;

IV – *benefício variável familiar*, no valor de R$ 50,00, destinado às famílias beneficiárias que possuírem, em sua composição: a) gestantes; b) nutrizes; c) crianças com idade entre sete anos e 12 anos incompletos; ou d) adolescentes, com idade entre 12 anos e 18 anos incompletos;

V – *benefício extraordinário de transição*, destinado exclusivamente às famílias que constarem como beneficiárias do Programa Auxílio Brasil na data de entrada em vigor desse inciso (20.06.2023), que deve ser calculado pela diferença entre o valor recebido pela família em maio de 2023 e o que vier a receber em junho de 2023 (art. 7º, § 1º, da Lei 14.601/2023).

Os benefícios financeiros acima indicados: devem ser calculados na ordem estabelecida no art. 7º, § 1º, da Lei 14.601/2023, observada a elegibilidade da família a cada um deles, na forma estabelecida em regulamento; podem ser pagos cumulativamente às famílias beneficiárias, na forma estabelecida em regulamento.

Ato do Poder Executivo federal pode alterar: os valores dos benefícios financeiros de que tratam os incisos I, III e IV (benefício de renda de cidadania, benefício primeira infância e benefício variável familiar); o valor de referência de R$ 600,00 de que trata o inciso II (benefício complementar); o valor de referência para caracterização da situação de pobreza de que trata o art. 5º, inciso II, da Lei 14.601/2023. Os referidos valores podem ser corrigidos a cada intervalo de, no máximo, 24 meses, na forma estabelecida em regulamento, vedada sua redução.

O benefício variável familiar deve ser calculado por integrante familiar que se enquadrar nas hipóteses previstas no art. 7º, § 1º, inciso IV, da Lei 14.601/2023.

Os benefícios financeiros de que tratam os incisos I, II, III e IV (benefício de renda de cidadania, benefício complementar, benefício primeira infância e benefício variável familiar) devem ser pagos enquanto as famílias beneficiárias estiverem enquadradas nos critérios de elegibilidade ao Programa Bolsa Família e de manutenção dos benefícios, sem prejuízo do disposto no art. 6º da Lei 14.601/2023, na forma estabelecida em regulamento.

O benefício extraordinário de transição: terá duração limitada, na forma estabelecida em regulamento; terá o seu pagamento encerrado, sem prejuízo do disposto no art. 6º da Lei 14.601/2023, quando: a) a redução no valor do benefício transferido à família decorrer de alteração da estrutura familiar ou da renda familiar *per capita* mensal, na forma estabelecida em regulamento; ou b) a soma dos benefícios financeiros de que tratam os incisos I, II, III e IV (benefício de renda de cidadania, benefício complementar, benefício primeira infância e benefício variável familiar) devidos à família beneficiária for igual ou superior ao valor que a família recebia como beneficiária do Programa Auxílio Brasil.

Os benefícios financeiros de que trata o art. 7º, § 1º, da Lei 14.601/2023, constituem direito das famílias elegíveis ao Programa Bolsa Família, na forma estabelecida na Lei 14.601/2023 e em regulamento, observado o disposto no art. 11, § 1º, da Lei 14.601/2023.

Os benefícios financeiros de que trata o art. 7º, § 1º, da Lei 14.601/2023, devem ser pagos mensalmente pelo agente pagador do Programa Bolsa Família, na forma estabelecida em regulamento (art. 8º da Lei 14.601/2023).

O pagamento dos referidos benefícios financeiros deve ser feito: ao responsável familiar, de acordo com os dados constantes da inscrição da família no CadÚnico; preferencialmente, à mulher.

Os mencionados benefícios financeiros podem ser pagos por meio das seguintes modalidades de contas, na forma estabelecida em resoluções do Banco Central do Brasil: I – conta do tipo poupança social digital, de que trata a Lei 14.075/2020; II – conta poupança digital; III – conta contábil; IV – conta de depósitos; ou V – outras espécies de contas que venham a ser criadas, desde que autorizadas por ato do Ministro de Estado do Desenvolvimento e Assistência Social, Família e Combate à Fome.

Revertem à Conta Única do Tesouro Nacional os créditos: de benefícios disponibilizados indevidamente; das contas a que se referem os incisos I, II, IV e V não movimentadas, na forma estabelecida em regulamento; de recursos não sacados da conta a que se refere o inciso III, na forma estabelecida em regulamento.

A abertura da conta do tipo poupança social digital para os pagamentos dos benefícios financeiros do Programa Bolsa Família: pode ocorrer de forma automática, em nome do responsável familiar inscrito no CadÚnico; deve ocorrer na forma estabelecida em contrato firmado entre a União e o agente pagador do Programa Bolsa Família.

A identificação dos integrantes das famílias que se inscreverem no CadÚnico deve ser realizada, preferencialmente, por meio do número de inscrição no Cadastro de Pessoas Físicas (CPF) da Secretaria Especial da Receita Federal do Brasil do Ministério da Fazenda (art. 9º da Lei 14.601/2023).

Ato do Poder Executivo federal deve dispor sobre a utilização de documentos alternativos ao CPF, como o Número de Identificação Social (NIS) e o Registro Administrativo de Nascimento do Indígena (Rani), para fins de identificação dos integrantes das famílias registradas no CadÚnico.

A manutenção da família como beneficiária no Programa Bolsa Família depende, sem prejuízo dos requisitos estabelecidos na Lei 14.601/2023 e em regulamento, do cumprimento, pelos integrantes das famílias, de *condicionalidades* relativas:

> I – à realização de pré-natal;
>
> II – ao cumprimento do calendário nacional de vacinação;
>
> III – ao acompanhamento do estado nutricional, para os beneficiários que tenham até sete anos de idade incompletos;
>
> IV – à frequência escolar mínima de: a) 60%, para os beneficiários de quatro anos a seis anos de idade incompletos; b) 75%, para os beneficiários de seis anos a 18 anos de idade incompletos que não tenham concluído a educação básica (art. 10 da Lei 14.601/2023).

Ato do Poder Executivo federal deve dispor sobre: os critérios para o cumprimento das condicionalidades; as informações a serem coletadas e disponibilizadas; as atribuições dos órgãos responsáveis pela gestão e pela execução das políticas destinadas à provisão dos serviços relacionados com as condicionalidades; os efeitos do descumprimento das condicionalidades pelas famílias, vedada a adoção de procedimentos de caráter punitivo e de exposição vexatória; as alterações nos percentuais de frequência escolar estabelecidos no inciso IV; os procedimentos e os mecanismos para a verificação da situação da família e o seu atendimento, com estabelecimento de prazo razoável para que possa cumprir as exigências antes de ser desligada do Programa Bolsa Família.

A rede de serviços do Sistema Único de Assistência Social (SUAS) pode atender ou acompanhar as famílias beneficiárias em situação de descumprimento das condicionalidades do Programa Bolsa Família, com vistas à superação gradativa de suas vulnerabilidades, na forma estabelecida em regulamento.

As despesas do Programa Bolsa Família devem ser custeadas pelos seguintes recursos, a serem aplicados na forma prevista na legislação específica e em conformidade com as dotações e as disponibilidades orçamentárias e financeiras: dotações orçamentárias da União alocadas ao Programa Auxílio Brasil; dotações orçamentárias da União alocadas ao Programa Bolsa Família;

outros recursos financeiros de fontes nacionais e internacionais destinados à implementação do Programa Bolsa Família (art. 11 da Lei 14.601/2023).

O Poder Executivo federal deve compatibilizar a quantidade de beneficiários e de benefícios financeiros de que trata o art. 7º, § 1º, da Lei 14.601/2023, com as dotações orçamentárias disponíveis.

Enquanto não houver a transposição dos saldos orçamentários entre o Programa Auxílio Brasil e o Programa Bolsa Família, fica autorizada a utilização das dotações disponíveis no Programa Auxílio Brasil para custear o Programa Bolsa Família.

A execução e a gestão do Programa Bolsa Família são públicas e governamentais e devem ocorrer de forma *descentralizada*, por meio da conjugação de esforços entre os entes federativos, observados a intersetorialidade, a participação comunitária e o controle social (art. 12 da Lei 14.601/2023).

A execução e a gestão descentralizadas devem ser implementadas por meio de adesão voluntária dos Estados, do Distrito Federal e dos Municípios ao Programa Bolsa Família, realizada na forma estabelecida em regulamento.

Até que as referidas adesões sejam formalizadas, ficam convalidados os termos de adesão ao Programa Auxílio Brasil firmados pelos Estados, pelo Distrito Federal e pelos Municípios.

Fica criada a Rede Federal de Fiscalização do Programa Bolsa Família e do CadÚnico, sob a coordenação do Ministério do Desenvolvimento e Assistência Social, Família e Combate à Fome, na forma estabelecida em regulamento (art. 13 da Lei 14.601/2023).

Fica instituído o Índice de Gestão Descentralizada do Programa Bolsa Família e do CadÚnico (IGD), a ser utilizado em âmbito estadual, distrital e municipal, cujos parâmetros devem ser regulamentados em ato do Poder Executivo federal (art. 14 da Lei 14.601/2023).

O referido índice destina-se a: I – aferir os resultados da gestão descentralizada, com base na atuação da gestão estadual, distrital ou municipal, na execução dos procedimentos de: a) cadastramento e atualização cadastral; b) aprimoramento da qualidade cadastral; c) gestão do Programa Bolsa Família; d) acompanhamento de condicionalidades; e) articulação intersetorial; f) implementação das ações de desenvolvimento das famílias beneficiárias; II – incentivar a obtenção de resultados qualitativos na gestão estadual, distrital e municipal do Programa Bolsa Família e do CadÚnico; III – calcular o montante de recursos a ser transferido aos entes federativos a título de apoio financeiro (art. 14, § 1º, da Lei 14.601/2023).

A União deve transferir, obrigatoriamente, aos entes federativos que aderirem ao Programa Bolsa Família, recursos para apoio financeiro às ações de execução e de gestão descentralizadas do Programa e do CadÚnico, desde que obtenham índices mínimos no Índice de Gestão Descentralizada do Programa Bolsa Família e do CadÚnico (IGD), na forma estabelecida em regulamento (art. 14, § 2º, da Lei 14.601/2023).

Para a execução do disposto no art. 14 da Lei 14.601/2023, ato do Poder Executivo federal deve dispor sobre: os procedimentos e as condições necessários à adesão ao Programa Bolsa Família e ao CadÚnico, incluídas as obrigações dos entes federativos; os instrumentos, os parâmetros e os procedimentos de avaliação de resultados e da qualidade de gestão em âmbito estadual, distrital e municipal; os procedimentos e os instrumentos de controle e acompanhamento da execução do Programa Bolsa Família e de utilização do CadÚnico pelos entes federativos.

Os resultados obtidos pelo ente federativo na gestão do Programa Bolsa Família e do CadÚnico, aferidos na forma prevista no art. 14, § 1º, inciso I, da Lei 14.601/2023, devem ser considerados como prestação de contas dos recursos transferidos.

Os Estados, o Distrito Federal e os Municípios devem submeter suas prestações de contas aos respectivos Conselhos de Assistência Social e, na hipótese de não aprovação, os recursos transferidos na forma prevista no art. 14, § 2º, da Lei 14.601/2023 devem ser restituídos pelo ente federativo ao respectivo Fundo de Assistência Social, na forma estabelecida em regulamento.

O montante dos recursos de que trata o art. 14, § 2º, da Lei 14.601/2023, não excederá a 1% da previsão orçamentária total relativa ao pagamento de benefícios do Programa Bolsa Família. Na referida hipótese, ato do Poder Executivo federal deve estabelecer os limites e os parâmetros mínimos para a transferência de recursos para cada ente federativo.

Fica atribuída à Caixa Econômica Federal a função de agente operador e pagador do Programa Bolsa Família, dispensada a licitação para sua contratação, mediante condições a serem pactuadas com o governo federal, na forma estabelecida em regulamento (art. 15 da Lei 14.601/2023).

É vedado ao agente operador e pagador efetuar descontos ou compensações que impliquem a redução do valor dos benefícios financeiros do Programa Bolsa Família ou de qualquer programa de transferência condicionada de renda, a pretexto de recompor saldos negativos ou de saldar dívidas preexistentes do beneficiário (art. 15, § 1º, da Lei 14.601/2023).

A Caixa Econômica Federal, com a anuência do Ministério do Desenvolvimento e Assistência Social, Família e Combate à Fome, pode subcontratar instituição financeira, para efetuar o pagamento dos benefícios financeiros do Programa Bolsa Família. Essa autorização alcança as instituições de que trata o art. 6º da Lei 12.865/2013 (instituições de pagamento).

Podem ser contratadas instituições públicas e privadas para apoiar a operacionalização e o pagamento dos benefícios do Programa Bolsa Família. Nessa hipótese, fica dispensada a licitação, caso se trate de instituição pública que tenha, entre suas competências, as atividades contratadas para a operacionalização do Programa Bolsa Família.

O governo federal pode firmar apenas um instrumento contratual com a Caixa Econômica Federal para a execução das atividades de: agente operador e pagador do Programa Bolsa Família; fornecimento da infraestrutura necessária à organização e à manutenção do CadÚnico; desenvolvimento dos sistemas de processamento de dados.

O disposto no art. 15, § 1º, da Lei 14.601/2023: aplica-se às instituições subcontratadas pela Caixa Econômica Federal; não se aplica ao pagamento, pelos beneficiários, dos empréstimos pessoais já contratados com base no art. 6º-B da Lei 10.820/2003. Embora o art. 6º-B da Lei 10.820/2003 tenha sido revogado pela Lei 14.601/2023, procura-se resguardar o ato jurídico perfeito (art. 5º, inciso XXXVI, da Constituição da República).

O controle e a participação social no Programa Bolsa Família devem ser realizados, em âmbito local, pelo Conselho de Assistência Social (art. 16 da Lei 14.601/2023).

A relação dos beneficiários e dos benefícios do Programa Bolsa Família deve ser de acesso público, na forma estabelecida em regulamento (art. 17 da Lei 14.601/2023). As referidas informações devem ser divulgadas em meio eletrônico de acesso público e em outros meios.

O disposto no art. 17 da Lei 14.601/2023 aplica-se às informações relativas aos benefícios financeiros do Programa Auxílio Brasil e do Programa Alimenta Brasil, instituídos pela Lei 14.284/2021.

Podem ser adotadas ações que ampliem o diálogo da gestão do Programa Bolsa Família com as famílias beneficiárias e com a rede que lhes presta atendimento, facilitando o acesso a informações, orientações e normas aplicáveis, na forma do regulamento. Devem ser disponibilizados sistemas de informação *on-line*, canais nas redes sociais, páginas governamentais na internet, entre outros meios, sobre as ações de gestão do Programa Bolsa Família, incluídas as mencionadas informações.

Sem prejuízo das sanções penais e cíveis cabíveis, e observados os princípios do contraditório e da ampla defesa, o responsável familiar que dolosamente prestar informação falsa no CadÚnico, ao registrar seus dados ou os dos integrantes de sua família, que resulte no ingresso ou na permanência como beneficiário do Programa Bolsa Família, deve ressarcir ao erário os valores recebidos a título de benefícios financeiros do Programa (art. 18 da Lei 14.601/2023).

A notificação para o mencionado ressarcimento pode ser realizada pelos seguintes meios, sem prejuízo de outros que possam ser estabelecidos em regulamento: I – meio eletrônico; II - serviço de mensagens curtas (*short message service* – SMS); III – rede bancária; IV – via postal, considerado o endereço do beneficiário constante do CadÚnico, hipótese em que o aviso de recebimento será considerado prova suficiente de notificação; V – pessoalmente, quando entregue ao beneficiário em mão, desde que haja registro da notificação; ou VI – edital, quando o beneficiário não for localizado, após a notificação realizada pelos meios previstos nos incisos I, II, III, IV e V.

Ato do Poder Executivo federal deve dispor sobre: as condições e os valores mínimos para a cobrança de ressarcimento a que se refere o art. 18 da Lei 14.601/2023; as formas de notificação previstas nos incisos I, II e III; os prazos, as etapas e os procedimentos necessários ao processo de ressarcimento.

Para fins de ressarcimento, deve ser considerado o valor original do débito atualizado pelo Índice Nacional de Preços ao Consumidor Amplo (IPCA).

Nas hipóteses de denúncia ou de constatação de indício de fraude cometida por agente público durante a inscrição da família no CadÚnico, as informações devem ser enviadas para apuração da autoridade policial competente.

Os valores não restituídos, na forma e nos prazos estabelecidos em regulamento, devem ser inscritos em dívida ativa da União, na forma prevista na legislação aplicável (art. 19 da Lei 14.601/2023).

Como disposição transitória, as famílias beneficiárias do Programa Auxílio Brasil deixarão de receber os benefícios financeiros do referido Programa quando passarem a receber os benefícios do Programa Bolsa Família, sem prejuízo das regras de elegibilidade e de manutenção de benefícios do Programa Bolsa Família (art. 24 da Lei 14.601/2023).

Os atos editados em 2023 relativos ao programa de que trata o art. 2º da Lei 14.284/2021 (Programa Auxílio Brasil), ou ao programa que vier a substituí-lo (Programa Bolsa Família, instituído pela Lei 14.601/2023), ficam dispensados da observância das limitações legais quanto à criação, à expansão ou ao aperfeiçoamento de ação governamental, inclusive quanto à necessidade de compensação (art. 4º da Emenda Constitucional 126/2022). Essa disposição não se aplica a atos cujos efeitos financeiros tenham início a partir do exercício de 2024.

De todo modo, cabe salientar que os programas de renda básica e de renda mínima, apesar de relevantes, devem ser aplicados juntamente com outras políticas públicas mais amplas, inclusive de alcance social de médio e longo prazo, como o fomento à educação, à qualificação profissional, ao ingresso no mercado de trabalho e à elevação do nível salarial e de renda das pessoas.

12.17. HABILITAÇÃO E REABILITAÇÃO DA PESSOA COM DEFICIÊNCIA

Conforme o art. 203, inciso IV, da Constituição da República, a Assistência Social tem como um de seus objetivos "a habilitação e reabilitação das pessoas portadoras de deficiência e a promoção de sua integração à vida comunitária".

Desse modo, o *processo de habilitação e de reabilitação* é um direito da *pessoa com deficiência* (art. 14 da Lei 13.146/2015, que instituiu a Lei Brasileira de Inclusão da Pessoa com Deficiência – Estatuto da Pessoa com Deficiência).

O processo de habilitação e de reabilitação tem por objetivo o desenvolvimento de potencialidades, talentos, habilidades e aptidões físicas, cognitivas, sensoriais, psicossociais, atitudinais, profissionais e artísticas que contribuam para a conquista da autonomia da pessoa com deficiência e de sua participação social em igualdade de condições e oportunidades com as demais pessoas.

O processo em questão baseia-se em avaliação *multidisciplinar* das necessidades, habilidades e potencialidades de cada pessoa, devendo ser observadas as seguintes diretrizes (art. 15 da Lei 13.146/2015):

> I – diagnóstico e intervenção precoces;
>
> II – adoção de medidas para compensar perda ou limitação funcional, buscando o desenvolvimento de aptidões;
>
> III – atuação permanente, integrada e articulada de políticas públicas que possibilitem a plena participação social da pessoa com deficiência;
>
> IV – oferta de rede de serviços articulados, com atuação intersetorial, nos diferentes níveis de complexidade, para atender as necessidades específicas da pessoa com deficiência;
>
> V – prestação de serviços próximo ao domicílio da pessoa com deficiência, inclusive na zona rural, respeitadas a organização das Redes de Atenção à Saúde (RAS) nos territórios locais e as normas do Sistema Único de Saúde (SUS).

Nos programas e serviços de habilitação e de reabilitação para a pessoa com deficiência, são garantidos:

I – organização, serviços, métodos, técnicas e recursos para atender as características de cada pessoa com deficiência;

II – acessibilidade em todos os ambientes e serviços[9];

III – tecnologia assistiva, tecnologia de reabilitação, material e equipamentos adequados e apoio técnico profissional, de acordo com as especificidades de cada pessoa com deficiência[10];

IV – capacitação continuada de todos os profissionais que participem dos programas e serviços (art. 16 da Lei 13.146/2015).

Os serviços do Sistema Único de Saúde (SUS) e do Sistema Único de Assistência Social (SUAS) devem promover *ações articuladas* para garantir à pessoa com deficiência e sua família a aquisição de informações, orientações e formas de acesso às políticas públicas disponíveis, com a finalidade de propiciar sua plena participação social (art. 17 da Lei 13.146/2015).

Os mencionados serviços podem fornecer informações e orientações nas áreas de saúde, de educação, de cultura, de esporte, de lazer, de transporte, de previdência social, de assistência social, de habitação, de trabalho, de empreendedorismo, de acesso ao crédito, de promoção, proteção e defesa de direitos e nas demais áreas que possibilitem à pessoa com deficiência exercer sua cidadania.

12.18. RESIDÊNCIA INCLUSIVA DA PESSOA COM DEFICIÊNCIA

Concretizando o direito fundamental, de natureza social, à *moradia*, previsto no art. 6º da Constituição da República, a Lei Brasileira de Inclusão da Pessoa com Deficiência (Estatuto da Pessoa com Deficiência) prevê que a pessoa com deficiência tem direito à moradia digna, no seio da família

---

9 "Art. 3º Para fins de aplicação desta Lei, consideram-se: I – acessibilidade: possibilidade e condição de alcance para utilização, com segurança e autonomia, de espaços, mobiliários, equipamentos urbanos, edificações, transportes, informação e comunicação, inclusive seus sistemas e tecnologias, bem como de outros serviços e instalações abertos ao público, de uso público ou privados de uso coletivo, tanto na zona urbana como na rural, por pessoa com deficiência ou com mobilidade reduzida".

10 "Art. 3º Para fins de aplicação desta Lei, consideram-se: [...] III – tecnologia assistiva ou ajuda técnica: produtos, equipamentos, dispositivos, recursos, metodologias, estratégias, práticas e serviços que objetivem promover a funcionalidade, relacionada à atividade e participação da pessoa com deficiência ou com mobilidade reduzida, visando à sua autonomia, independência, qualidade de vida e inclusão social".

natural ou substituta, com seu cônjuge ou companheiro ou desacompanhada, ou em moradia para a vida independente da pessoa com deficiência, ou, ainda, em *residência inclusiva* (art. 31 da Lei 13.146/2015).

O poder público deve adotar programas e ações estratégicas para apoiar a criação e a manutenção de moradia para a vida independente da pessoa com deficiência.

A *proteção integral na modalidade de residência inclusiva* deve ser prestada no âmbito do Sistema Único de Assistência Social (SUAS) à pessoa com deficiência em situação de dependência que não disponha de condições de autossustentabilidade, com vínculos familiares fragilizados ou rompidos.

Nesse enfoque, consideram-se *residências inclusivas* as unidades de oferta do Serviço de Acolhimento do Sistema Único da Assistência Social (SUAS) localizadas em áreas residenciais da comunidade, com estruturas adequadas, que possam contar com apoio psicossocial para o atendimento das necessidades da pessoa acolhida, destinadas a jovens e adultos com deficiência, em situação de dependência, que não dispõem de condições de autossustentabilidade e com vínculos familiares fragilizados ou rompidos (art. 3º, inciso X, da Lei 13.146/2015).

12.19. AUXÍLIO-INCLUSÃO

A Lei 13.146/2015, que instituiu a Lei Brasileira de Inclusão da Pessoa com Deficiência (Estatuto da Pessoa com Deficiência), no art. 94, determina que tem direito a *auxílio-inclusão*, nos termos da lei, a pessoa com deficiência moderada ou grave que: receba o benefício de prestação continuada previsto no art. 20 da Lei 8.742/1993, e que passe a exercer atividade remunerada que a enquadre como segurado obrigatório do Regime Geral de Previdência Social; tenha recebido, nos últimos cinco anos, o benefício de prestação continuada previsto no art. 20 da Lei 8.742/1993, e que exerça atividade remunerada que a enquadre como segurado obrigatório do Regime Geral de Previdência Social.

Nos termos do art. 26-A da Lei 8.742/1993, incluído pela Lei 14.176/2021 (com entrada em vigor em 1º de outubro de 2021), tem direito à concessão do auxílio-inclusão de que trata o art. 94 da Lei 13.146/2015 (Estatuto da Pessoa com Deficiência) a pessoa com deficiência moderada ou grave que, cumulativamente:

> I – receba o benefício de prestação continuada, de que trata o art. 20 da Lei 8.742/1993, e passe a exercer atividade: a) que tenha remuneração

limitada a dois salários mínimos; e b) que enquadre o beneficiário como segurado obrigatório do Regime Geral de Previdência Social ou como filiado a Regime Próprio de Previdência Social da União, dos Estados, do Distrito Federal ou dos Municípios;

II – tenha inscrição atualizada no Cadastro Único para Programas Sociais do Governo Federal (CadÚnico) no momento do requerimento do auxílio-inclusão;

III – tenha inscrição regular no CPF; e

IV – atenda aos critérios de manutenção do benefício de prestação continuada, incluídos os critérios relativos à renda familiar mensal *per capita* exigida para o acesso ao benefício, observado o disposto no § 4º do art. 26-A da Lei 8.742/1993.

O auxílio-inclusão pode ainda ser concedido, nos termos do inciso I do art. 26-A da Lei 8.742/1993, mediante requerimento e sem retroatividade no pagamento, ao beneficiário:

I – que tenha recebido o benefício de prestação continuada nos cinco anos imediatamente anteriores ao exercício da atividade remunerada; e

II – que tenha tido o benefício suspenso nos termos do art. 21-A da Lei 8.742/1993 (ou seja, quando a pessoa com deficiência exercer atividade remunerada, inclusive na condição de microempreendedor individual).

O valor do auxílio-inclusão percebido por um membro da família não deve ser considerado no cálculo da renda familiar mensal *per capita* de que trata o inciso IV do art. 26-A da Lei 8.742/1993, para fins de concessão e de manutenção de outro auxílio-inclusão no âmbito do mesmo grupo familiar.

Esclareça-se que o valor do auxílio-inclusão e o valor da remuneração do beneficiário do auxílio-inclusão de que trata a alínea *a* do inciso I do art. 26-A da Lei 8.742/1993 percebidos por um membro da família não devem ser considerados no cálculo da renda familiar mensal *per capita* de que tratam os §§ 3º e 11-A do art. 20 da Lei 8.742/1993 para fins de manutenção de benefício de prestação continuada concedido anteriormente a outra pessoa do mesmo grupo familiar.

Para fins de cálculo da renda familiar *per capita* de que trata o inciso IV do art. 26-A da Lei 8.742/1993, devem ser desconsideradas: I – as remunerações obtidas pelo requerente em decorrência de exercício de atividade laboral, desde que o total recebido no mês seja igual ou inferior a dois salários mínimos; II – as rendas oriundas dos rendimentos decorrentes de estágio supervisionado e de aprendizagem (art. 26-A, § 4º, da Lei 8.742/1993).

O auxílio-inclusão é devido a partir da data do requerimento, e o seu valor corresponde a 50% do valor do benefício de prestação continuada em vigor (art. 26-B da Lei 8.742/1993, incluído pela Lei 14.176/2021). Logo, o valor do auxílio-inclusão é de metade do salário mínimo.

Ao requerer o auxílio-inclusão, o beneficiário deve autorizar a suspensão do benefício de prestação continuada, nos termos do art. 21-A da Lei 8.742/1993.

O auxílio-inclusão deve ser concedido automaticamente pelo INSS, observado o preenchimento dos demais requisitos, mediante constatação, pela própria autarquia ou pelo Ministério do Desenvolvimento e Assistência Social, de acumulação do benefício de prestação continuada com o exercício de atividade remunerada (art. 26-B, § 2º, da Lei 8.742/1993, incluído pela Lei 14.441/2022). Nessa hipótese, o auxílio-inclusão é devido a partir do primeiro dia da competência em que se identificou a ocorrência de acumulação do benefício de prestação continuada com o exercício de atividade remunerada, e o titular deve ser notificado quanto à alteração do benefício e suas consequências administrativas (art. 26-B, § 3º, da Lei 8.742/1993, incluído pela Lei 14.441/2022).

O pagamento do auxílio-inclusão não será acumulado com o pagamento de: I – benefício de prestação continuada de que trata o art. 20 da Lei 8.742/1993; II – prestações a título de aposentadoria, de pensões ou de benefícios por incapacidade pagos por qualquer regime de Previdência Social; ou III – seguro-desemprego (art. 26-C da Lei 8.742/1993, incluído pela Lei 14.176/2021).

Frise-se que o pagamento do auxílio-inclusão cessa na hipótese de o beneficiário: I – deixar de atender aos critérios de manutenção do benefício de prestação continuada; ou II – deixar de atender aos critérios de concessão do auxílio-inclusão.

Ato do Poder Executivo federal deve dispor sobre o procedimento de verificação dos critérios de manutenção e de revisão do auxílio-inclusão (art. 26-D da Lei 8.742/1993, incluído pela Lei 14.176/2021).

O auxílio-inclusão não está sujeito a desconto de qualquer contribuição e não gera direito a pagamento de abono anual (art. 26-E da Lei 8.742/1993, incluído pela Lei 14.176/2021).

Compete ao Ministério do Desenvolvimento e Assistência Social a gestão do auxílio-inclusão, e ao INSS a sua operacionalização e pagamento (art. 26-F da Lei 8.742/1993, incluído pela Lei 14.176/2021).

As despesas decorrentes do pagamento do auxílio-inclusão correrão à conta do orçamento do Ministério do Desenvolvimento e Assistência Social (art. 26-G da Lei 8.742/1993, incluído pela Lei 14.176/2021). Trata-se de previsão que certamente decorre do disposto no art. 195, § 5º, da Constituição Federal de 1988, ao estabelecer que nenhum benefício ou serviço da Seguridade Social pode ser criado, majorado ou estendido sem a correspondente fonte de custeio total.

O Poder Executivo federal deve compatibilizar o quantitativo de benefícios financeiros do auxílio-inclusão de que trata o art. 26-A da Lei 8.742/1993 com as dotações orçamentárias existentes.

Pode-se dizer que o auxílio-inclusão tem natureza jurídica de benefício assistencial, por se tratar de prestação pecuniária que independe de contribuição à Seguridade Social pelo beneficiário (art. 203 da Constituição Federal de 1988), tendo como objetivo a promoção da integração da pessoa com deficiência à vida comunitária (art. 203, inciso IV, parte final, da Constituição Federal de 1988).

O Regulamento deve indicar o órgão do Poder Executivo responsável por avaliar os impactos da concessão do auxílio-inclusão na participação no mercado de trabalho, na redução de desigualdades e no exercício dos direitos e liberdades fundamentais das pessoas com deficiência, nos termos do art. 37, § 16, da Constituição Federal de 1988 (art. 26-G, § 2º, da Lei 8.742/1993)[11].

No prazo de 10 anos, contado da data de publicação da Lei 14.176/2021 (Diário Oficial da União de 23.06.2021), deve ser promovida a revisão do auxílio-inclusão, observado o disposto no art. 26-G, § 2º, da Lei 8.742/1993, com vistas a seu aprimoramento e ampliação (art. 26-H da Lei 8.742/1993, incluído pela Lei 14.176/2021).

Os eventuais débitos do beneficiário decorrentes de recebimento irregular do benefício de prestação continuada ou do auxílio-inclusão podem ser consignados no valor mensal desses benefícios, nos termos do Regulamento (art. 40-C da Lei 8.742/1993, incluído pela Lei 14.176/2021).

12.20. AUXÍLIO EMERGENCIAL

Durante o período de três meses, a contar da publicação da Lei 13.982/2020 (ocorrida no Diário Oficial da União de 02.04.2020), deve ser concedido auxílio emergencial no valor de R$ 600,00 mensais ao trabalhador que cumpra cumulativamente os seguintes requisitos:

---

[11] "§ 16. Os órgãos e entidades da administração pública, individual ou conjuntamente, devem realizar avaliação das políticas públicas, inclusive com divulgação do objeto a ser avaliado e dos resultados alcançados, na forma da lei".

I – seja maior de 18 anos de idade, salvo no caso de mães adolescentes;

II – não tenha emprego formal ativo;

III – não seja titular de benefício previdenciário ou assistencial ou beneficiário do seguro-desemprego ou de programa de transferência de renda federal, ressalvado, nos termos dos §§ 1º e 2º do art. 2º da Lei 13.982/2020, o benefício Bolsa Família;

IV – cuja renda familiar mensal *per capita* seja de até 1/2 salário mínimo ou a renda familiar mensal total seja de até três salários mínimos;

V – que, no ano de 2018, não tenha recebido rendimentos tributáveis acima de R$ 28.559,70;

VI – que exerça atividade na condição de: a) microempreendedor individual (MEI); b) contribuinte individual do Regime Geral de Previdência Social que contribua na forma do *caput* ou do inciso I do § 2º do art. 21 da Lei 8.212/1991; ou c) trabalhador informal, seja empregado, autônomo ou desempregado, de qualquer natureza, inclusive o intermitente inativo, inscrito no Cadastro Único para Programas Sociais do Governo Federal (CadÚnico) até 20 de março de 2020, ou que, nos termos de autodeclaração, cumpra o requisito do inciso IV (art. 2º da Lei 13.982/2020).

Cabe esclarecer que o trabalhador intermitente com contrato de trabalho formalizado até a data de publicação da Medida Provisória 936/2020, identificado no Cadastro Nacional de Informações Sociais (CNIS), ainda que sem remuneração, faz jus ao benefício emergencial mensal de que trata o art. 18 da Lei 14.020/2020 e não pode acumulá-lo com o auxílio emergencial da Lei 13.982/2020.

O recebimento do auxílio emergencial está limitado a dois membros da mesma família (art. 2º, § 1º, da Lei 13.982/2020).

Nas situações em que for mais vantajoso, o auxílio emergencial substituirá, temporariamente e de ofício, o benefício do Programa Bolsa Família, ainda que haja um único beneficiário no grupo familiar (art. 2º, § 2º, da Lei 13.982/2020, com redação dada pela Lei 13.998/2020).

O beneficiário do auxílio emergencial que receba, no ano-calendário de 2020, outros rendimentos tributáveis em valor superior ao valor da primeira faixa da tabela progressiva anual do Imposto de Renda Pessoa Física fica obrigado a apresentar a Declaração de Ajuste Anual relativa ao exercício de 2021 e deverá acrescentar ao imposto devido o valor do referido auxílio recebido por ele ou por seus dependentes (art. 2º, § 2º-B, da Lei 13.982/2020, incluído pela Lei 13.998/2020). Trata-se de previsão injusta e inusitada, uma vez que pode gerar, como efeito prático, a devolução de valor legitimamente recebido pelo beneficiário de auxílio emergencial, e certamente já usufruído, por ter caráter alimentar, sob a forma de imposto de renda devido na declaração de ajuste anual da pessoa física.

A pessoa provedora de família monoparental deve receber duas cotas do auxílio emergencial, independentemente do sexo (art. 2º, § 3º, da Lei 13.982/2020, com redação dada pela Lei 14.171/2021).

A Turma Nacional de Uniformização dos Juizados Especiais Federais fixou a seguinte tese (Tema 305): "O auxílio-emergencial previsto na Lei 13.982/2020 é devido em cota dupla igualmente ao homem provedor de família monoparental, mesmo anteriormente à publicação da Lei 14.171/2021" (TNU, PEDILEF 5012062-80.2020.4.04.7002/PR, rel. Juíza Federal Susana Sbrogio Galia, DJe 15.09.2022).

As condições de renda familiar mensal *per capita* e total de que trata o art. 2º da Lei 13.982/2020 devem ser verificadas por meio do CadÚnico, para os trabalhadores inscritos, e por meio de autodeclaração, para os não inscritos, por meio de plataforma digital (art. 2º, § 4º, da Lei 13.982/2020).

Esclareça-se que a renda familiar é a soma dos rendimentos brutos auferidos por todos os membros da unidade nuclear composta por um ou mais indivíduos, eventualmente ampliada por outros indivíduos que contribuam para o rendimento ou que tenham suas despesas atendidas por aquela unidade familiar, todos moradores em um mesmo domicílio (art. 2º, § 6º, da Lei 13.982/2020).

Não serão incluídos no cálculo da renda familiar mensal os rendimentos percebidos de programas de transferência de renda federal previstos na Lei 10.836/2004 (que cria o Programa Bolsa Família) e em seu regulamento (art. 2º, § 7º, da Lei 13.982/2020).

A renda familiar *per capita* é a razão entre a renda familiar mensal e o total de indivíduos na família (art. 2º, § 8º, da Lei 13.982/2020).

O Decreto 10.316/2020 regulamenta a Lei 13.982/2020.

O período de três meses de que trata o art. 2º da Lei 13.982/2020 pode ser prorrogado por ato do Poder Executivo durante o período de enfrentamento da emergência de saúde pública de importância internacional da covid-19, definida pela Lei 13.979/2020 (art. 6º da Lei 13.982/2020).

Nesse sentido, fica prorrogado o auxílio emergencial, previsto no art. 2º da Lei 13.982/2020, pelo período complementar de dois meses, na hipótese de requerimento realizado até 02 de julho de 2020, desde que o requerente seja considerado elegível nos termos do disposto na referida Lei (art. 9º-A do Decreto 10.316/2020, incluído pelo Decreto 10.412/2020).

Foi instituído, até 31 de dezembro de 2020, o auxílio emergencial residual a ser pago em até quatro parcelas mensais no valor de R$ 300,00 ao trabalhador beneficiário do auxílio emergencial de que trata o art. 2º da Lei 13.982/2020, a contar da data de publicação da Medida Provisória 1.000/2020 (ocorrida no Diário Oficial da União de 03.09.2020). A Medida Provisória 1.000/2020, embora tenha produzido efeitos, perdeu eficácia por decurso do prazo de vigência.

Pode-se dizer que esse auxílio emergencial tem natureza jurídica de benefício eventual assistencial (art. 22 da Lei 8.742/1993), por se tratar de prestação pecuniária, em virtude de calamidade pública, que independe de contribuição à Seguridade Social pelo beneficiário (art. 203 da Constituição Federal de 1988).

CAPÍTULO

13

SAÚDE

13.1. FUNDAMENTO CONSTITUCIONAL

A *Saúde*, no aspecto jurídico institucional, é subsistema de proteção social que integra a Seguridade Social, conforme art. 194 da Constituição da República.

No plano jurídico subjetivo, a saúde é direito social, de natureza humana e fundamental, de acordo com o art. 6º da Constituição da República.

Para a preservação do próprio direito à vida (art. 5º, *caput*, da Constituição Federal de 1988) são essenciais a proteção e a promoção da saúde.

A saúde, assim, é um *direito fundamental do ser humano*, devendo o Estado prover as condições indispensáveis ao seu pleno exercício (art. 2º da Lei 8.080/1990).

Frise-se ser *competência comum* da União, dos Estados, do Distrito Federal e dos Municípios cuidar da saúde (art. 23, inciso II, da Constituição da República).

Compete aos Municípios prestar, com a cooperação técnica e financeira da União e do Estado, serviços de atendimento à saúde da população (art. 30, inciso VII, da Constituição Federal de 1988).

Desse modo, compete à União, aos Estados e ao Distrito Federal *legislar concorrentemente* sobre proteção e defesa da saúde (art. 24, inciso XII, da Constituição Federal de 1988). No âmbito da legislação concorrente, a competência da União deve se limitar a estabelecer normas gerais. Por isso, a competência da União para legislar sobre normas gerais não exclui a competência suplementar dos Estados.

Ademais, compete aos Municípios legislar sobre assuntos de interesse local, como é o caso da saúde, bem como suplementar a legislação federal e a estadual no que couber (art. 30, incisos I e II, da Constituição da República).

13.2. ORGANIZAÇÃO MUNDIAL DA SAÚDE

A Constituição da Organização Mundial da Saúde (OMS), de 1946, em seu preâmbulo, registra que *a saúde é um estado de completo bem-estar físico, mental e social*, e não consiste apenas na ausência de doença ou de enfermidade.

Desse modo, gozar do melhor estado de saúde possível constitui direito fundamental de todo ser humano, sem distinção de raça, de religião, de credo político, de condição econômica ou social.

A OMS considera, ainda, outros aspectos de relevância na saúde, voltados à comunidade internacional, conforme a seguir enunciados[1].

A *saúde de todos os povos* é essencial para conseguir a paz e a segurança e depende da mais estreita cooperação dos indivíduos e dos Estados.

Os resultados conseguidos por cada Estado na promoção e proteção da saúde são de importância a todos.

O desigual desenvolvimento em diferentes países no que respeita à promoção de saúde e combate às doenças, especialmente contagiosas, constitui, na verdade, um perigo comum.

O *desenvolvimento saudável da criança* é de importância basilar, e a aptidão para viver harmoniosamente é essencial a tal desenvolvimento.

A extensão a todos os povos dos benefícios dos conhecimentos médicos, psicológicos e afins é essencial para atingir *o mais elevado grau de saúde*.

---

1 Disponível em: <http://www.direitoshumanos.usp.br/index.php/OMS-Organização-Mundial-da-Saúde/constituicao-da-organizacao-mundial-da-saude-omswho.html>.

Uma opinião pública esclarecida e uma cooperação ativa da parte do público são de fundamental importância para o melhoramento da *saúde dos povos*.

Os Governos, assim, têm responsabilidade pela saúde dos seus povos, a qual só pode ser assumida pelo estabelecimento de *medidas sanitárias e sociais adequadas*.

13.3. PRINCÍPIOS

A Saúde, como subsistema de proteção social, também é fundada nos princípios da Seguridade Social.

Além disso, também possui princípios específicos, a seguir indicados.

Desse modo, as ações e serviços públicos de saúde e os serviços privados contratados ou conveniados que integram o Sistema Único de Saúde são desenvolvidos de acordo com as diretrizes previstas no art. 198 da Constituição Federal de 1988, obedecendo ainda aos seguintes princípios:

> I – *universalidade de acesso* aos serviços de saúde em todos os níveis de assistência;

Observa-se, assim, a universalidade de atendimento, sabendo-se que a saúde é um direito de todos.

> II – *integralidade de assistência*, entendida como conjunto articulado e contínuo das ações e serviços preventivos e curativos, individuais e coletivos, exigidos para cada caso em todos os níveis de complexidade do sistema;

Trata-se, no caso, da universalidade de cobertura das prestações de saúde, devendo abranger a proteção, a cura, a prevenção e a promoção.

> III – *preservação da autonomia das pessoas* na defesa de sua integridade física e moral;

A dignidade humana (art. 1º, inciso III, da Constituição da República) é a qualidade intrínseca de toda pessoa, caracterizando-se por ser irrenunciável e inalienável. O seu elemento nuclear corresponde justamente à *autonomia da pessoa humana*, entendida como a capacidade de autodeterminação da sua conduta, o que também deve ser considerado nas prestações de saúde. No âmbito dos direitos da personalidade, ninguém pode ser constrangido a submeter-se, com risco de vida, a tratamento médico ou a intervenção cirúrgica (art. 15 do Código Civil).

IV – *igualdade da assistência à saúde*, sem preconceitos ou privilégios de qualquer espécie;

Como se pode notar, o direito à saúde é de todos, de forma isonômica, e não de apenas uma parcela da sociedade, não se admitindo tratamentos discriminatórios nem privilégios a respeito.

V – *direito à informação*, às pessoas assistidas, sobre sua saúde;

As pessoas, como titulares do direito à saúde e destinatárias dos serviços em questão, têm direito de receber informações relativas ao seu estado de saúde.

VI – *divulgação de informações* quanto ao potencial dos serviços de saúde e a sua utilização pelo usuário;

Os serviços de saúde, a serem prestados e garantidos pelo Estado, devem ser divulgados à população, para que os titulares desse direito humano e fundamental tenham conhecimento e possam exercê-lo.

VII – *utilização da epidemiologia* para o estabelecimento de prioridades, a alocação de recursos e a orientação programática;

Os estudos científicos sobre as doenças com significativas incidências nos diferentes locais e períodos, bem como os fatores envolvidos, como é evidente, devem nortear as diretrizes a serem priorizadas no atendimento à saúde, para que os resultados positivos sejam alcançados de forma mais eficiente.

VIII – *participação da comunidade*;

A participação da sociedade concretiza o objetivo de democracia na esfera das prestações de saúde, integrando o sistema de Seguridade Social.

A respeito do tema, o Sistema Único de Saúde (SUS) conta, *em cada esfera de governo*, sem prejuízo das funções do Poder Legislativo, com as seguintes instâncias colegiadas: a Conferência de Saúde; o Conselho de Saúde (art. 1º da Lei 8.142/1990).

A *Conferência de Saúde* deve se reunir a cada quatro anos *com a representação dos vários segmentos sociais*, para avaliar a situação de saúde e propor as diretrizes para a formulação da política de saúde nos níveis correspondentes, convocada pelo Poder Executivo ou, extraordinariamente, por esta ou pelo Conselho de Saúde.

O *Conselho de Saúde*, em caráter permanente e deliberativo, *órgão colegiado composto por representantes do governo, prestadores de serviço, profissionais de saúde e usuários*, atua na formulação de estratégias e no controle da execução da política de saúde na instância correspondente, inclusive nos aspectos econômicos e financeiros, cujas decisões serão homologadas pelo chefe do poder legalmente constituído em cada esfera do governo.

O Conselho Nacional de Secretários de Saúde (Conass) e o Conselho Nacional de Secretários Municipais de Saúde (Conasems) têm representação no Conselho Nacional de Saúde.

A *representação dos usuários* nos Conselhos de Saúde e Conferências deve ser *paritária* em relação ao conjunto dos demais segmentos.

As Conferências de Saúde e os Conselhos de Saúde têm a sua organização e normas de funcionamento definidas em regimento próprio, aprovadas pelo respectivo conselho.

> IX – *descentralização político-administrativa, com direção única em cada esfera de governo*;

A *descentralização* do sistema de saúde, seja na formulação dos objetivos e políticas de atendimento, seja na sua administração e execução das prestações, tem como objetivo tornar possível o acesso efetivo à saúde por todos, inclusive dos que residem em locais mais distantes e afastados dos centros políticos e econômicos.

Ainda assim, o sistema deve manter a coesão e a harmonia internas.

Por isso, a *direção* do sistema de saúde é *única em cada esfera de governo*, ou seja, na União, em cada Estado, no Distrito Federal e em cada Município.

a) *ênfase na descentralização dos serviços para os municípios*;

Como os municípios estão mais próximos da população, principalmente em cidades menores e mais distantes, enfatiza-se a prestação dos serviços de saúde pelos referidos entes políticos da República Federativa do Brasil.

b) *regionalização e hierarquização da rede de serviços de saúde*.

A distribuição em regiões é necessária para que o acesso à saúde seja efetivo, principalmente em razão das dimensões territoriais do Brasil.

Exige-se, ainda, a hierarquia no sistema de saúde para que os serviços sejam prestados de forma organizada e eficiente, alcançando toda a sociedade.

Nesse sentido, o Sistema Único de Saúde é constituído pela conjugação das ações e serviços de promoção, proteção e recuperação da saúde executados pelos entes federativos, de forma direta ou indireta, mediante a participação complementar da iniciativa privada, sendo organizado de forma *regionalizada e hierarquizada* (art. 3º do Decreto 7.508/2011).

Região de Saúde é o *espaço geográfico contínuo* constituído por agrupamentos de Municípios limítrofes, delimitado a partir de identidades culturais, econômicas e sociais e de redes de comunicação e infraestrutura de transportes compartilhados, com a finalidade de integrar a organização, o planejamento e a execução de ações e serviços de saúde (art. 2º, inciso I, do Decreto 7.508/2011).

As *Regiões de Saúde* devem ser instituídas pelo Estado, em articulação com os Municípios, respeitadas as diretrizes gerais pactuadas na Comissão Intergestores Tripartite no âmbito da União, vinculada ao Ministério da Saúde para efeitos administrativos e operacionais (art. 4º do Decreto 7.508/2011). Podem ser instituídas Regiões de Saúde interestaduais, compostas por Municípios limítrofes, por ato conjunto dos respectivos Estados em articulação com os Municípios. A instituição de Regiões de Saúde situadas em áreas de fronteira com outros países deve respeitar as normas que regem as relações internacionais.

Comissões Intergestores são instâncias de pactuação consensual entre os entes federativos para definição das regras da gestão compartilhada do SUS (art. 2º, inciso IV, do Decreto 7.508/2011).

Para ser instituída, a Região de Saúde deve conter, no mínimo, ações e serviços de: atenção primária; urgência e emergência; atenção psicossocial; atenção ambulatorial especializada e hospitalar; vigilância em saúde (art. 5º do Decreto 7.508/2011).

Quanto à hierarquização, o acesso universal, igualitário e ordenado às ações e serviços de saúde se inicia pelas *Portas de Entrada do SUS* e se completa na rede regionalizada e hierarquizada, de acordo com a complexidade do serviço (art. 8º do Decreto 7.508/2011). As Portas de Entrada são os serviços de *atendimento inicial* à saúde do usuário no Sistema Único de Saúde (art. 2º, inciso III, do Decreto 7.508/2011).

São Portas de Entrada às ações e aos serviços de saúde nas Redes de Atenção à Saúde os serviços: de atenção primária; de atenção de urgência e emergência; de atenção psicossocial; especiais de acesso aberto (art. 9º do Decreto 7.508/2011). Mediante justificativa técnica e de acordo com o pactuado nas Comissões Intergestores, os entes federativos podem criar novas Portas de Entrada às ações e serviços de saúde, considerando as características da Região de Saúde.

Serviços Especiais de Acesso Aberto são serviços de saúde específicos para o atendimento da pessoa que, em razão de agravo ou de situação laboral, necessita de atendimento especial (art. 2º, inciso VII, do Decreto 7.508/2011).

Rede de Atenção à Saúde é o conjunto de ações e serviços de saúde articulados em níveis de complexidade crescente, com a finalidade de garantir a integralidade da assistência à saúde (art. 2º, inciso VI, do Decreto 7.508/2011).

Os serviços de atenção hospitalar e os ambulatoriais especializados, entre outros de maior complexidade e densidade tecnológica, devem ser referenciados pelas mencionadas Portas de Entrada (art. 10 do Decreto 7.508/2011).

O acesso universal e igualitário às ações e aos serviços de saúde será ordenado pela atenção primária e deve ser fundado na avaliação da gravidade do risco individual e coletivo e no critério cronológico, observadas as especificidades previstas para pessoas com proteção especial, conforme legislação vigente (art. 11 do Decreto 7.508/2011).

É assegurada ao usuário a continuidade do cuidado em saúde, em todas as suas modalidades, nos serviços, hospitais e em outras unidades integrantes da rede de atenção da respectiva região (art. 12 do Decreto 7.508/2011).

O acordo de colaboração entre os entes federativos para a *organização* da rede interfederativa de atenção à saúde deve ser firmado por meio de Contrato Organizativo da Ação Pública da Saúde (art. 33 do Decreto 7.508/2011).

Contrato Organizativo da Ação Pública da Saúde é o acordo de colaboração firmado entre entes federativos com a finalidade de organizar e integrar as ações e serviços de saúde na rede regionalizada e hierarquizada, com definição de responsabilidades, indicadores e metas de saúde, critérios de avaliação de desempenho, recursos financeiros que serão disponibilizados, forma de controle e fiscalização de sua execução e demais elementos necessários à implementação integrada das ações e serviços de saúde (art. 2º, inciso II, do Decreto 7.508/2011).

O objeto do Contrato Organizativo de Ação Pública da Saúde é a organização e a integração das ações e dos serviços de saúde, sob a responsabilidade dos entes federativos em uma Região de Saúde, com a finalidade de garantir a integralidade da assistência aos usuários (art. 34 do Decreto 7.508/2011).

> X – *integração* em nível executivo *das ações de saúde, meio ambiente e saneamento básico*;

As ações voltadas à saúde estão interligadas com o meio ambiente e com o saneamento básico, uma vez que a preservação daquela depende de condições adequadas dos últimos.

> XI – *conjugação dos recursos financeiros, tecnológicos, materiais e humanos* da União, dos Estados, do Distrito Federal e dos Municípios na prestação de serviços de assistência à saúde da população;

O sistema único de saúde, embora descentralizado e regionalizado, é nacional e único, devendo contar com a atuação conjunta dos entes políticos da República Federativa do Brasil.

> XII – *capacidade de resolução dos serviços em todos os níveis de assistência*;

Os serviços de saúde devem ser amplos, incluindo não apenas a cura, de forma abrangente, das doenças, mas também a prevenção e a promoção da própria saúde das pessoas, visando ao seu completo bem-estar físico, mental e social;

> XIII – *organização dos serviços públicos* de modo a evitar duplicidade de meios para fins idênticos;

Por ser *competência comum* da União, dos Estados, do Distrito Federal e dos Municípios o cuidado com a saúde (art. 23, inciso II, da Constituição da República), os serviços públicos relacionados a ela devem ser eficientemente organizados entre os entes da Federação, para que não haja duplicidade de meios utilizados para se alcançar os mesmos fins.

Apesar de o sistema de saúde ser descentralizado entre União, Estados, Distrito Federal de Municípios, deve haver uma organização na prestação efetiva e harmônica dos serviços, de modo a afastar desperdícios de recursos públicos, bem como duplicidade de atuações.

> XIV – *organização de atendimento público específico e especializado para mulheres e vítimas de violência doméstica em geral*, que garanta, entre outros, atendimento, acompanhamento psicológico e cirurgias plásticas reparadoras, em conformidade com a Lei 12.845/2013 (art. 7º da Lei 8.080/1990).

A Lei 12.845/2013 dispõe sobre o atendimento obrigatório e integral de pessoas em situação de violência sexual.

Os hospitais devem oferecer às vítimas de violência sexual atendimento emergencial, integral e multidisciplinar, visando ao controle e ao tratamento dos agravos físicos e psíquicos decorrentes de violência sexual, e encaminhamento, se for o caso, aos serviços de assistência social (art. 1º da Lei 12.845/2013).

Considera-se violência sexual, para os efeitos da Lei 12.845/2013, qualquer forma de atividade sexual não consentida (art. 2º da Lei 12.845/2013).

O art. 2º, parágrafo único, da Lei 8.212/1991, reitera que as atividades de saúde são de relevância pública e sua organização deve obedecer aos seguintes princípios e diretrizes: a) acesso universal e igualitário; b) provimento das ações e serviços por meio de rede regionalizada e hierarquizada, integrados em sistema único; c) descentralização, com direção única em cada esfera de governo; d) atendimento integral, com prioridade para as atividades preventivas; e) participação da comunidade na gestão, fiscalização e acompanhamento das ações e serviços de saúde; f) participação da iniciativa privada na assistência à saúde, devendo ser obedecidos os preceitos constitucionais.

13.4. UNIVERSALIDADE

A saúde é *direito de todos*, o que configura a necessidade de se observar o princípio da *universalidade do atendimento* quanto a essa matéria.

Na saúde, essa universalidade incide de forma completa e máxima, alcançando todos os brasileiros e estrangeiros residentes no país.

A saúde, por seu turno, é *dever do Estado*.

Sendo assim, os direitos sociais voltados à saúde são de responsabilidade, essencialmente, do poder público, que deve assegurar as prestações necessárias à prevenção de doenças, à proteção da saúde física e mental, à recuperação das pessoas doentes e à promoção do bem-estar e da vida saudável de todo o povo.

O direito à saúde deve ser garantido de forma ampla, observando-se o princípio da *universalidade da cobertura*, por meio de políticas sociais e econômicas que visem à redução do risco de doença e de outros agravos e ao acesso universal e igualitário às ações e serviços para sua *promoção*, *proteção* e *recuperação* (art. 196 da Constituição da República).

A respeito do tema, conforme a jurisprudência, "o Estado não pode se eximir do dever de propiciar os meios necessários ao gozo do direito à saúde dos cidadãos. O fornecimento gratuito de tratamentos e medicamentos necessários à saúde de pessoas hipossuficientes é obrigação solidária de todos os entes federativos, podendo ser pleiteado de qualquer deles, União, Estados, Distrito Federal ou Municípios (Tema 793). O Supremo Tribunal Federal tem se orientado no sentido de ser possível ao Judiciário a determinação de fornecimento de medicamento não incluído na lista padronizada fornecida pelo SUS, desde que reste comprovação de que não haja nela opção de tratamento eficaz para a enfermidade" (STF, 1ª T., AgR-RE 831.385/RS, rel. Min. Roberto Barroso, DJe 06.04.2015).

O dever do Estado de garantir a saúde consiste na formulação e execução de políticas econômicas e sociais que visem à redução de riscos de doenças e de outros agravos e no estabelecimento de condições que assegurem acesso universal e igualitário às ações e aos serviços para a sua promoção, proteção e recuperação (art. 2º, § 1º, da Lei 8.080/1990).

O dever do Estado não exclui o das pessoas, da família, das empresas e da sociedade (art. 2º, § 2º, da Lei 8.080/1990).

Quanto ao fornecimento de medicamentos não constantes dos atos normativos do SUS, o Superior Tribunal de Justiça, em julgamento de recurso repetitivo, fixou tese no seguinte sentido: "A concessão dos medicamentos não incorporados em atos normativos do SUS exige a presença cumulativa dos seguintes requisitos: i) comprovação, por meio de laudo médico fundamentado e circunstanciado expedido por médico que assiste o paciente, da imprescindibilidade ou necessidade do medicamento, assim como da ineficácia, para o tratamento da moléstia, dos fármacos fornecidos pelo SUS; ii) incapacidade financeira de arcar com o custo do medicamento prescrito; iii) existência de registro do medicamento na ANVISA, observados os usos autorizados pela agência". Foram modulados os efeitos do mencionado recurso repetitivo, de forma que os requisitos elencados sejam exigidos de forma cumulativa somente quanto aos processos distribuídos a partir da data da publicação do acórdão embargado, ou seja, 04.05.2018 (STJ, 1ª Seção, EDcl-REsp 1.657.156/RJ (2017/0025629-7), rel. Min. Benedito Gonçalves, DJe 21.09.2018).

Exortou-se ainda "que os órgãos julgadores, após o trânsito em julgado, comuniquem ao Ministério da Saúde e à Comissão Nacional [de Incorporação] de Tecnologias do SUS (CONITEC) para que realizem estudos quanto à viabilidade de incorporação do medicamento no âmbito do SUS" (STJ, 1ª Seção, REsp 1.657.156/RJ (2017/0025629-7), rel. Min. Benedito Gonçalves, j. 25.04.2018). Esclareceu-se que essa exortação deve receber o mesmo tratamento da situação prevista no § 4º do art. 15 do Decreto 7.646/2011 (STJ, 1ª Seção, EDcl-REsp 1.657.156/RJ (2017/0025629-7), rel. Min. Benedito Gonçalves, DJe 21.09.2018).

O Superior Tribunal de Justiça, em incidente de assunção de competência (art. 947 do CPC), aprovou a seguinte tese jurídica no tema IAC/14: "a) Nas hipóteses de ações relativas à saúde intentadas com o objetivo de compelir o Poder Público ao cumprimento de obrigação de fazer consistente na dispensação de medicamentos não inseridos na lista do SUS, mas registrado na ANVISA, deverá prevalecer a competência do juízo de acordo com os entes contra os quais a parte autora elegeu demandar. b) as regras de repartição de competência administrativas do SUS não devem ser invocadas pelos magistrados para fins de alteração ou ampliação do polo passivo delineado pela parte no momento da propositura ação, mas tão somente para fins de redirecionar o cumprimento da sentença ou determinar o ressarcimento da entidade federada que suportou o ônus financeiro no lugar do ente público competente, não sendo o conflito de competência a via adequada para discutir a legitimidade *ad causam*, à luz da Lei n. 8.080/1990, ou a nulidade das decisões proferidas pelo Juízo estadual ou federal, questões que devem ser analisada no bojo da ação principal. c) a competência da Justiça Federal, nos termos do art. 109, I, da CF/88, é determinada por critério objetivo, em regra, em razão das pessoas que figuram no polo passivo da demanda (competência *ratione personae*), competindo ao Juízo federal decidir sobre o interesse da União no processo (Súmula 150 do STJ), não cabendo ao Juízo estadual, ao receber os autos que lhe foram restituídos em vista da exclusão do ente federal do feito, suscitar conflito de competência (Súmula 254 do STJ)" (STJ, 1ª Seção, CC 187.276/RS, 2022/0097613-9, rel. Min. Gurgel de Faria, j. 12.04.2023).

Cf. STF, Pleno, RE 1.366.243/SC.

Quanto ao fornecimento de medicamentos sem registro na ANVISA, o Supremo Tribunal Federal fixou a seguinte tese em recurso extraordinário com repercussão geral: "1. O Estado não pode ser obrigado a fornecer medicamentos experimentais. 2. A ausência de registro na ANVISA impede, como regra geral, o fornecimento de medicamento por decisão judicial. 3. É possível, excepcionalmente, a concessão judicial de medicamento sem registro sanitário, em caso de mora irrazoável da ANVISA em apreciar o pedido (prazo superior ao previsto na Lei nº 13.411/2016), quando preenchidos três requisitos: (i) a existência de pedido de registro do medicamento no Brasil (salvo no caso de medicamentos órfãos para doenças raras e ultrarraras); (ii) a existência de registro do medicamento em renomadas agências de regulação no exterior; e (iii) a inexistência de substituto terapêutico com registro no Brasil. 4. As ações que demandem fornecimento de medicamentos sem registro na ANVISA deverão necessariamente ser propostas em face da União" (STF, Pleno, RE 657.718/MG, red. p/ ac. Min. Roberto Barroso, j. 22.05.2019).

A respeito do fornecimento de medicamento sem registro na ANVISA, mas que tenha a importação por esta autorizada, o Supremo Tribunal Federal fixou a seguinte tese de repercussão geral: "Cabe ao Estado fornecer, em termos excepcionais, medicamento que, embora não possua registro na ANVISA, tem a sua importação autorizada pela agência de vigilância sanitária, desde que comprovada a incapacidade econômica do paciente, a imprescindibilidade clínica do tratamento, e a impossibilidade de substituição por outro similar constante das listas oficiais de dispensação de medicamentos e os protocolos de intervenção terapêutica do SUS" (STF, Pleno, RE 1.165.959/SP, red. p/ ac. Min. Alexandre de Moraes, j. 21.06.2021).

Quanto à obrigatoriedade de o Poder Público fornecer medicamento de alto custo, cf. STF, Pleno, RE 566.471/RN.

A respeito da legitimidade ativa em demandas de saúde, cabe fazer menção à seguinte tese jurídica firmada pelo Superior Tribunal de Justiça: "O Ministério Público é parte legítima para pleitear tratamento médico ou entrega de medicamentos nas demandas de saúde propostas contra os entes federativos, mesmo quando se tratar de feitos contendo beneficiários individualizados, porque se refere a direitos individuais indisponíveis, na forma do art. 1º da Lei n. 8.625/1993 (Lei Orgânica Nacional do Ministério Público)" (STJ, 1ª Seção, REsp 1.681.690/SP (2017/0160213-7), rel. Min. Og Fernandes, DJe 03.05.2018).

Na mesma linha, o Supremo Tribunal Federal fixou a seguinte tese de repercussão geral: "O Ministério Público é parte legítima para ajuizamento de ação civil pública que vise o fornecimento de remédios a portadores de certa doença" (STF, Pleno, RE 605.533/MG, rel. Min. Marco Aurélio, j. 15.08.2018).

Os níveis de saúde expressam a organização social e econômica do país, tendo a saúde como determinantes e condicionantes, entre outros, a alimentação, a moradia, o saneamento básico, o meio ambiente, o trabalho, a renda, a educação, a atividade física, o transporte, o lazer e o acesso aos bens e serviços essenciais (art. 3º da Lei 8.080/1990).

Dizem respeito também à saúde as ações que se destinam a garantir às pessoas e à coletividade *condições de bem-estar físico, mental e social.*

13.5. SERVIÇOS DE SAÚDE

As ações e serviços de saúde são de *relevância pública*, cabendo ao Poder Público dispor, nos termos da lei, sobre a sua regulamentação, fiscalização e controle, devendo a sua execução ser feita diretamente ou por meio de terceiros e, também, por pessoa física ou jurídica de direito privado (art. 197 da Constituição da República).

A saúde, como direito fundamental de natureza social, é matéria de interesse público e social, essencial ao bem comum, devendo ser assegurada pelo Estado, por meio de prestações sociais e políticas públicas voltadas ao completo bem-estar físico, mental e social da população.

Admite-se que as ações e serviços de saúde sejam executados diretamente pelo Estado ou por meio de terceiros.

Além disso, as pessoas físicas e jurídicas de direito privado também podem prestar serviços de saúde, sujeitando-se à regulamentação, à fiscalização e ao controle do poder público, por se tratar de atividade com evidente interesse para a sociedade.

Nesse enfoque, a Agência Nacional de Saúde Suplementar (ANS), autarquia sob o regime especial, vinculada ao Ministério da Saúde, com prazo de duração indeterminado e atuação em todo o território nacional, é o órgão de regulação, normatização, controle e fiscalização das atividades que garantam a assistência suplementar à saúde (art. 1º da Lei 9.961/2000).

A Lei 8.080/1990 regula, em todo o território nacional, as ações e serviços de saúde, executados isolada ou conjuntamente, em caráter permanente ou eventual, por pessoas naturais ou jurídicas de direito público ou privado.

13.6. SISTEMA ÚNICO DE SAÚDE

As ações e serviços públicos de saúde integram uma rede *regionalizada e hierarquizada* e constituem um *sistema único*, organizado de acordo com as seguintes diretrizes:

I – *descentralização, com direção única em cada esfera de governo*;

Apesar de regionalizado, hierarquizado e descentralizado, o sistema de saúde é único, de âmbito nacional, abrangendo a União, os Estados, o Distrito Federal e os Municípios, os quais possuem responsabilidade *solidária* na prestação dos serviços de saúde.

Segundo a jurisprudência, tendo em vista a responsabilidade solidária dos entes federados, o polo passivo da demanda pode ser composto por qualquer um deles, isoladamente, ou conjuntamente (STF, Pleno, RG-RE 855.178/SE, rel. Min. Luiz Fux, DJe 16.03.2015). No mesmo sentido, o fornecimento gratuito de tratamentos e medicamentos necessários à saúde de pessoas hipossuficientes é obrigação solidária de todos os entes federativos, podendo ser pleiteado de qualquer deles, União, Estados, Distrito Federal ou Municípios (STF, 1ª T., AgR-RE 831.385/RS, rel. Min. Roberto Barroso, DJe 06.04.2015).

A respeito do tema, o Supremo Tribunal Federal fixou a seguinte tese de repercussão geral: "Os entes da federação, em decorrência da competência comum, são solidariamente responsáveis nas demandas prestacionais na área da saúde, e diante dos critérios constitucionais de descentralização e hierarquização, compete à autoridade judicial direcionar o cumprimento conforme as regras de repartição de competências e determinar o ressarcimento a quem suportou o ônus financeiro" (STF, Pleno, ED-RE 855.178/SE, red. p/ ac. Min. Edson Fachin, j. 23.05.2019). Registre-se ainda o seguinte esclarecimento: "As ações que demandem fornecimento de medicamentos sem registro na ANVISA deverão necessariamente ser propostas em face da União" (STF, Pleno, ED-RE 855.178/SE, red. p/ ac. Min. Edson Fachin, DJe 16.04.2020).

II – *atendimento integral*, com *prioridade para as atividades preventivas*, sem prejuízo dos serviços assistenciais;

O atendimento integral significa justamente a universalidade no atendimento, prevista como princípio da Seguridade Social, com incidência mais nítida e manifesta na Saúde.

Em matéria de saúde, de todo modo, deve-se priorizar a prevenção de doenças e de enfermidades, ou seja, cuidando para que as pessoas tenham a saúde preservada.

Isso não afasta, entretanto, a necessidade e a relevância de atividades voltadas também à cura e à recuperação da saúde.

III – *participação* da comunidade (art. 198 da Constituição da República).

Essa participação, como estudado anteriormente, revelando o caráter democrático do sistema, fica nítida na *Conferência de Saúde*, por reunir periodicamente com a representação dos vários segmentos sociais, bem como no *Conselho de Saúde*, por ser órgão colegiado composto por representantes do governo, prestadores de serviço, profissionais de saúde e usuários (art. 1º da Lei 8.142/1990).

Sendo assim, como mencionado anteriormente, as ações e serviços de saúde, executados pelo Sistema Único de Saúde, seja diretamente ou mediante participação complementar da iniciativa privada, devem ser organizados de forma *regionalizada e hierarquizada* em níveis de complexidade crescente (art. 8º da Lei 8.080/1990).

A *direção* do Sistema Único de Saúde é *única*, de acordo com o inciso I do art. 198 da Constituição Federal, sendo exercida *em cada esfera de governo* pelos seguintes órgãos:

> I – no âmbito da União, pelo Ministério da Saúde;
>
> II – no âmbito dos Estados e do Distrito Federal, pela respectiva Secretaria de Saúde ou órgão equivalente;
>
> III – no âmbito dos Municípios, pela respectiva Secretaria de Saúde ou órgão equivalente (art. 9º da Lei 8.080/1990).

Ao Sistema Único de Saúde compete, além de outras atribuições, nos termos da lei:

> I – controlar e fiscalizar procedimentos, produtos e substâncias de interesse para a saúde e participar da produção de medicamentos, equipamentos, imunobiológicos, hemoderivados e outros insumos;

II – executar as ações de vigilância sanitária e epidemiológica, bem como as de saúde do trabalhador;

III – ordenar a formação de recursos humanos na área de saúde;

IV – participar da formulação da política e da execução das ações de saneamento básico;

V – incrementar, em sua área de atuação, o desenvolvimento científico e tecnológico e a inovação;

VI – fiscalizar e inspecionar alimentos, compreendido o controle de seu teor nutricional, bem como bebidas e águas para consumo humano;

VII – participar do controle e fiscalização da produção, transporte, guarda e utilização de substâncias e produtos psicoativos, tóxicos e radioativos;

VIII – colaborar na proteção do meio ambiente, nele compreendido o do trabalho (art. 200 da Constituição da República).

O conjunto de ações e serviços de saúde, prestados por órgãos e instituições públicas federais, estaduais e municipais, da Administração direta e indireta e das fundações mantidas pelo Poder Público, constitui o Sistema Único de Saúde (art. 4º da Lei 8.080/1990).

Estão incluídas no SUS as instituições públicas federais, estaduais e municipais de controle de qualidade, pesquisa e produção de insumos, medicamentos, inclusive de sangue e hemoderivados, e de equipamentos para saúde.

A iniciativa privada pode participar do Sistema Único de Saúde (SUS), mas em caráter complementar.

13.7. OBJETIVOS

São *objetivos* do Sistema Único de Saúde:

I – a identificação e divulgação dos fatores condicionantes e determinantes da saúde;

II – a formulação de política de saúde destinada a promover, nos campos econômico e social, a observância do disposto no art. 2º, § 1º, da Lei 8.080/1990, ao prever que o dever do Estado de garantir a saúde consiste na formulação e execução de políticas econômicas e sociais que visem à redução de riscos de doenças e de outros agravos e no estabelecimento de condições que assegurem acesso universal e igualitário às ações e aos serviços para a sua promoção, proteção e recuperação;

III – a assistência às pessoas por intermédio de ações de promoção, proteção e recuperação da saúde, com a realização integrada das ações assistenciais e das atividades preventivas (art. 5º da Lei 8.080/1990).

Estão incluídas ainda no campo de atuação do Sistema Único de Saúde:

I – a execução de ações: a) de vigilância sanitária; b) de vigilância epidemiológica; c) de saúde do trabalhador; d) de assistência terapêutica integral, inclusive farmacêutica; e) de saúde bucal;

II – a participação na formulação da política e na execução de ações de saneamento básico;

III – a ordenação da formação de recursos humanos na área de saúde;

IV – a vigilância nutricional e a orientação alimentar;

V – a colaboração na proteção do meio ambiente, nele compreendido o do trabalho;

VI – a formulação da política de medicamentos, equipamentos, imunobiológicos e outros insumos de interesse para a saúde e a participação na sua produção;

VII – o controle e a fiscalização de serviços, produtos e substâncias de interesse para a saúde;

VIII – a fiscalização e a inspeção de alimentos, água e bebidas para consumo humano;

IX – a participação no controle e na fiscalização da produção, transporte, guarda e utilização de substâncias e produtos psicoativos, tóxicos e radioativos;

X – o incremento, em sua área de atuação, do desenvolvimento científico e tecnológico;

XI – a formulação e execução da política de sangue e seus derivados (art. 6º da Lei 8.080/1990).

Entende-se por *vigilância sanitária* um conjunto de ações capaz de eliminar, diminuir ou prevenir riscos à saúde e de intervir nos problemas sanitários decorrentes do meio ambiente, da produção e circulação de bens e da prestação de serviços de interesse da saúde, abrangendo:

I – o controle de bens de consumo que, direta ou indiretamente, se relacionem com a saúde, compreendidas todas as etapas e processos, da produção ao consumo; e

II – o controle da prestação de serviços que se relacionam direta ou indiretamente com a saúde.

Entende-se por *vigilância epidemiológica* um conjunto de ações que proporcionam o conhecimento, a detecção ou prevenção de qualquer mudança nos fatores determinantes e condicionantes de saúde individual ou coletiva, com a finalidade de recomendar e adotar as medidas de prevenção e controle das doenças ou agravos.

Entende-se por *saúde do trabalhador*, para fins da Lei 8.080/1990, um conjunto de atividades que se destina, por meio das ações de vigilância epidemiológica e vigilância sanitária, à promoção e proteção da saúde dos trabalhadores, assim como visa à recuperação e reabilitação da saúde dos trabalhadores submetidos aos riscos e agravos advindos das condições de trabalho, abrangendo:

I – assistência ao trabalhador vítima de acidentes de trabalho ou portador de doença profissional e do trabalho;

II – participação, no âmbito de competência do Sistema Único de Saúde (SUS), em estudos, pesquisas, avaliação e controle dos riscos e agravos potenciais à saúde existentes no processo de trabalho;

III – participação, no âmbito de competência do Sistema Único de Saúde (SUS), da normatização, fiscalização e controle das condições de produção, extração, armazenamento, transporte, distribuição e manuseio de substâncias, de produtos, de máquinas e de equipamentos que apresentam riscos à saúde do trabalhador;

IV – avaliação do impacto que as tecnologias provocam à saúde;

V – informação ao trabalhador e à sua respectiva entidade sindical e às empresas sobre os riscos de acidentes de trabalho, doença profissional e do trabalho, bem como os resultados de fiscalizações, avaliações ambientais e exames de saúde, de admissão, periódicos e de demissão, respeitados os preceitos da ética profissional;

VI – participação na normatização, fiscalização e controle dos serviços de saúde do trabalhador nas instituições e empresas públicas e privadas;

VII – revisão periódica da listagem oficial de doenças originadas no processo de trabalho, tendo na sua elaboração a colaboração das entidades sindicais; e

VIII – a garantia ao sindicato dos trabalhadores de requerer ao órgão competente a interdição de máquina, de setor de serviço ou de todo ambiente de trabalho, quando houver exposição a risco iminente para a vida ou saúde dos trabalhadores.

Entende-se por saúde bucal o conjunto articulado de ações, em todos os níveis de complexidade, que visem a garantir promoção, prevenção, recuperação e reabilitação odontológica, individual e coletiva, inseridas no contexto da integralidade da atenção à saúde (art. 6º, § 4º, da Lei 8.080/1990, incluído pela Lei 14.572/2023).

Foi instituída a Política Nacional de Saúde Bucal, conjunto de diretrizes que configura modelo de organização e atuação direcionado à atenção à saúde bucal no País e que se constitui em instrumento para orientar as ações direcionadas à produção social da saúde bucal e, especificamente, as ações odontológicas em todos os níveis de atenção à saúde no âmbito do Sistema Único de Saúde (SUS) (art. 1º da Lei 14.572/2023).

As ações e os serviços de saúde bucal devem integrar as demais políticas públicas de saúde, de acordo com os princípios e as diretrizes do SUS, com vistas à articulação de ações e à concretização de ações integrais de saúde que viabilizem intervenção sobre fatores comuns de risco (art. 3º da Lei 14.572/2023). As referidas ações e os serviços devem compor todas as redes de atenção à saúde, nos diversos níveis de complexidade, com a finalidade de garantir a integralidade da atenção à saúde.

A Lei 9.787/1999 altera a Lei 6.360/1976, que dispõe sobre a vigilância sanitária, estabelece o *medicamento genérico*, dispõe sobre a utilização de nomes genéricos em produtos farmacêuticos e dá outras providências.

Os portadores do HIV (vírus da imunodeficiência humana) e doentes de AIDS (Síndrome da Imunodeficiência Adquirida) devem receber, *gratuitamente*, do Sistema Único de Saúde, toda a medicação necessária a seu tratamento (art. 1º da Lei 9.313/1996).

O paciente com neoplasia maligna deve receber, gratuitamente, no Sistema Único de Saúde (SUS), todos os tratamentos necessários, na forma da Lei 12.732/2012 (art. 1º).

A padronização de terapias do câncer, cirúrgicas e clínicas, deve ser revista e republicada, e atualizada sempre que se fizer necessário, para se adequar ao conhecimento científico e à disponibilidade de novos tratamentos comprovados.

O paciente com neoplasia maligna tem direito de se submeter ao primeiro tratamento no Sistema Único de Saúde (SUS), no prazo de até 60 dias contados a partir do dia em que for firmado o diagnóstico em laudo patológico ou em prazo menor, conforme a necessidade terapêutica do caso registrada em prontuário único (art. 2º da Lei 12.732/2012). Para efeito do cumprimento do referido prazo, considera-se efetivamente iniciado o primeiro tratamento da neoplasia maligna com a realização de terapia cirúrgica ou com o início de radioterapia ou de quimioterapia, conforme a necessidade terapêutica do caso.

Nos casos em que a principal hipótese diagnóstica seja a de neoplasia maligna, os exames necessários à elucidação devem ser realizados no prazo máximo de 30 dias, mediante solicitação fundamentada do médico responsável.

Os pacientes acometidos por manifestações dolorosas consequentes de neoplasia maligna têm tratamento privilegiado e gratuito quanto ao acesso às prescrições e dispensação de analgésicos opiáceos ou correlatos.

As doenças, agravos e eventos em saúde relacionados às neoplasias têm notificação e registro compulsórios nos serviços de saúde públicos e privados em todo o território nacional, nos termos regulamentares (art. 4º-A da Lei 12.732/2012, incluído pela Lei 13.685/2018).

A Lei 14.238/2021 institui o Estatuto da Pessoa com Câncer, destinado a assegurar e a promover, em condições de igualdade, o acesso ao tratamento adequado e o exercício dos direitos e das liberdades fundamentais da pessoa com câncer, com vistas a garantir o respeito à dignidade, à cidadania e à sua inclusão social (art. 1º). A Lei 14.238/2021 estabelece princípios e objetivos essenciais à proteção dos direitos da pessoa com câncer e à efetivação de políticas públicas de prevenção e combate ao câncer.

A Lei 14.450/2022 cria o Programa Nacional de Navegação de Pacientes para Pessoas com Neoplasia Maligna de Mama. A navegação é o procedimento de acompanhamento dos casos de suspeita ou de confirmação de câncer de mama, com abordagem individual dos pacientes e com o objetivo de prestar orientação e de agilizar o diagnóstico e o tratamento.

A Lei 13.239/2015 dispõe sobre a oferta e a realização, no âmbito do Sistema Único de Saúde (SUS), de cirurgia plástica reparadora de sequelas de lesões causadas por atos de violência contra a mulher (art. 1º).

Desse modo, são obrigatórias, nos serviços do SUS, próprios, contratados e conveniados, a oferta e a realização de cirurgia plástica reparadora de sequelas de lesões causadas por atos de violência contra a mulher (art. 2º).

Os hospitais e os centros de saúde pública, ao receberem vítimas de violência, devem informá-las da possibilidade de acesso gratuito à cirurgia plástica para reparação das lesões ou sequelas de agressão comprovada (art. 3º).

A mulher vítima de violência grave que necessitar de cirurgia deve procurar unidade que a realize, portando o registro oficial de ocorrência da agressão.

O profissional de medicina que indicar a necessidade da cirurgia deve fazê-lo em diagnóstico formal, expresso, encaminhando-o ao responsável pela unidade de saúde respectiva, para sua autorização.

Além disso, devem ser encaminhados para clínicas especializadas os casos indicados para complementação diagnóstica ou tratamento, quando necessário.

Ainda quanto ao tema, cabe o registro de que a Lei 11.340/2006 cria mecanismos para coibir e prevenir a violência doméstica e familiar contra a mulher.

Nesse sentido, toda mulher, independentemente de classe, raça, etnia, orientação sexual, renda, cultura, nível educacional, idade e religião, goza dos direitos fundamentais inerentes à pessoa humana, sendo-lhe asseguradas as oportunidades e facilidades para viver sem violência, preservar sua saúde física e mental e seu aperfeiçoamento moral, intelectual e social (art. 2º da Lei 11.340/2006).

Devem ser asseguradas às mulheres as condições para o exercício efetivo dos direitos à vida, à segurança, à saúde, à alimentação, à educação, à cultura, à moradia, ao acesso à justiça, ao esporte, ao lazer, ao trabalho, à cidadania, à liberdade, à dignidade, ao respeito e à convivência familiar e comunitária (art. 3º da Lei 11.340/2006).

A assistência à mulher em situação de violência doméstica e familiar deve ser prestada de forma articulada e conforme os princípios e as diretrizes previstos na Lei Orgânica da Assistência Social, no Sistema Único de Saúde, no Sistema Único de Segurança Pública, entre outras normas e políticas públicas de proteção, e emergencialmente quando for o caso (art. 9º da Lei 11.340/2006).

Aquele que, por ação ou omissão, causar lesão, violência física, sexual ou psicológica e dano moral ou patrimonial a mulher fica obrigado a ressarcir todos os danos causados, inclusive ressarcir ao Sistema Único de Saúde (SUS), de acordo com a tabela SUS, os custos relativos aos serviços de saúde prestados para o total tratamento das vítimas em situação de violência doméstica e familiar, recolhidos os recursos assim arrecadados ao Fundo de Saúde do ente federado responsável pelas unidades de saúde que prestarem os serviços (art. 9º, § 4º, da Lei 11.340/2006, incluído pela Lei 13.871/2019).

Os dispositivos de segurança destinados ao uso em caso de perigo iminente e disponibilizados para o monitoramento das vítimas de violência doméstica ou familiar amparadas por medidas protetivas terão seus custos ressarcidos pelo agressor (art. 9º, § 5º, da Lei 11.340/2006, incluído pela Lei 13.871/2019).

O ressarcimento de que tratam os §§ 4º e 5º do art. 9º da Lei 11.340/2006 não pode importar ônus de qualquer natureza ao patrimônio da mulher e dos seus dependentes, nem configurar atenuante ou ensejar possibilidade de substituição da pena aplicada (art. 9º, § 6º, da Lei 11.340/2006, incluído pela Lei 13.871/2019).

A Lei 13.301/2016, no art. 1º, prevê que na situação de iminente perigo à saúde pública pela presença do mosquito transmissor do vírus da dengue, do vírus *chikungunya* e do vírus da *zika*, a autoridade máxima do Sistema Único de Saúde (SUS) de âmbito federal, estadual, distrital e municipal fica autorizada a determinar e executar as medidas necessárias ao controle das doenças causadas pelos referidos vírus, nos termos da Lei 8.080/1990, e demais normas aplicáveis, enquanto perdurar a Emergência em Saúde Pública de Importância Nacional (ESPIN).

Cabe lembrar que uma das atribuições do Sistema Único de Saúde é justamente a de executar as ações de *vigilância sanitária e epidemiológica*, consoante o art. 200, inciso I, da Constituição da República.

Desse modo, foi instituído o Programa Nacional de Apoio ao Combate às Doenças Transmitidas pelo Aedes (PRONAEDES), tendo como objetivo o financiamento de projetos de combate à proliferação do mosquito transmissor do vírus da dengue, do vírus *chikungunya* e do vírus da *zika* (art. 7º da Lei 13.301/2016).

A Lei 13.958/2019 institui o Programa Médicos pelo Brasil, com a finalidade de incrementar a prestação de serviços médicos em locais de difícil provimento ou de alta vulnerabilidade e de fomentar a formação de médicos especialistas em medicina de família e comunidade, no âmbito da atenção primária à saúde no Sistema Único de Saúde (SUS), e autoriza o Poder Executivo federal a instituir serviço social autônomo denominado Agência para o Desenvolvimento da Atenção Primária à Saúde (Adaps).

A Lei 14.289/2022 dispõe sobre a obrigatoriedade de preservação do sigilo sobre a condição de pessoa que vive com infecção pelos vírus da imunodeficiência humana (HIV) e das hepatites crônicas (HBV e HCV) e de pessoa com hanseníase e com tuberculose, nos casos que estabelece.

Trata-se de diploma legal que tem como objetivo assegurar o sigilo das mencionadas situações sobre a saúde da pessoa, em respeito à privacidade e à intimidade (art. 5º, inciso X, da Constituição da República), evitando-se, ainda, a discriminação (art. 3º, inciso IV, e art. 5º, inciso XLI, da Constituição Federal de 1988).

Nesse contexto, é vedada a divulgação, pelos agentes públicos ou privados, de informações que permitam a identificação da condição de pessoa que vive com infecção pelos vírus da imunodeficiência humana (HIV) e das hepatites crônicas (HBV e HCV) e de pessoa com hanseníase e com tuberculose, nos seguintes âmbitos: I – *serviços de saúde*; II – estabelecimentos de ensino; III – locais de trabalho; IV – administração pública; V – segurança pública; VI – processos judiciais; VII – mídia escrita e audiovisual (art. 2º da Lei 14.289/2022).

O sigilo profissional sobre a condição de pessoa que vive com infecção pelos vírus da imunodeficiência humana (HIV) e das hepatites crônicas (HBV e HCV) e de pessoa com hanseníase e com tuberculose somente pode ser quebrado nos casos determinados por lei, por justa causa ou por autorização expressa da pessoa acometida ou, quando se tratar de criança, de seu responsável legal, mediante assinatura de termo de consentimento informado, observado o disposto no art. 11 da Lei 13.709/2018 (Lei Geral de Proteção de Dados Pessoais - LGPD), sobre tratamento de dados pessoais sensíveis.

Os serviços de saúde, públicos ou privados, e as operadoras de planos privados de assistência à saúde estão obrigados a proteger as informações relativas a pessoas que vivem com infecção pelos vírus da imunodeficiência humana (HIV) e das hepatites crônicas (HBV e HCV) e a pessoas com hanseníase e com tuberculose, bem como a garantir o sigilo das informações que eventualmente permitam a identificação dessa condição (art. 3º da Lei 14.289/2022).

Esclareça-se que a obrigatoriedade de preservação do sigilo sobre a condição de pessoa que vive com infecção pelos vírus da imunodeficiência humana (HIV) e das hepatites crônicas (HBV e HCV) e de pessoa com hanseníase e com tuberculose usuárias dos serviços de saúde recai sobre todos os profissionais de saúde e os trabalhadores da área de saúde.

O atendimento nos serviços de saúde, públicos ou privados, deve ser organizado de forma a não permitir a identificação, pelo público em geral, da condição de pessoa que vive com infecção pelos vírus da imunodeficiência humana (HIV) e das hepatites crônicas (HBV e HCV) e de pessoa com hanseníase e com tuberculose.

Em casos de outras doenças graves ou similares, que possam gerar estigma ou preconceito, defende-se a possibilidade de interpretação extensiva das referidas previsões da Lei 14.289/2022, por não se tratar de rol taxativo.

13.8. ATRIBUIÇÕES

A União, os Estados, o Distrito Federal e os Municípios devem exercer, em seu âmbito administrativo, as seguintes atribuições:

> I – definição das instâncias e mecanismos de controle, avaliação e de fiscalização das ações e serviços de saúde;
>
> II – administração dos recursos orçamentários e financeiros destinados, em cada ano, à saúde;

III – acompanhamento, avaliação e divulgação do nível de saúde da população e das condições ambientais;

IV – organização e coordenação do sistema de informação de saúde;

V – elaboração de normas técnicas e estabelecimento de padrões de qualidade e parâmetros de custos que caracterizam a assistência à saúde;

VI – elaboração de normas técnicas e estabelecimento de padrões de qualidade para promoção da saúde do trabalhador;

VII – participação de formulação da política e da execução das ações de saneamento básico e colaboração na proteção e recuperação do meio ambiente;

VIII – elaboração e atualização periódica do plano de saúde;

IX – participação na formulação e na execução da política de formação e desenvolvimento de recursos humanos para a saúde;

X – elaboração da proposta orçamentária do Sistema Único de Saúde (SUS), de conformidade com o plano de saúde;

XI – elaboração de normas para regular as atividades de serviços privados de saúde, tendo em vista a sua relevância pública;

XII – realização de operações externas de natureza financeira de interesse da saúde, autorizadas pelo Senado Federal;

XIII – para atendimento de necessidades coletivas, urgentes e transitórias, decorrentes de situações de perigo iminente, de calamidade pública ou de irrupção de epidemias, a autoridade competente da esfera administrativa correspondente poderá requisitar bens e serviços, tanto de pessoas naturais como de jurídicas, sendo-lhes assegurada justa indenização;

XIV – implementar o Sistema Nacional de Sangue, Componentes e Derivados;

XV – propor a celebração de convênios, acordos e protocolos internacionais relativos à saúde, saneamento e meio ambiente;

XVI – elaborar normas técnico-científicas de promoção, proteção e recuperação da saúde;

XVII – promover articulação com os órgãos de fiscalização do exercício profissional e outras entidades representativas da sociedade civil para a definição e controle dos padrões éticos para pesquisa, ações e serviços de saúde;

XVIII – promover a articulação da política e dos planos de saúde;

XIX – realizar pesquisas e estudos na área de saúde;

XX – definir as instâncias e mecanismos de controle e fiscalização inerentes ao poder de polícia sanitária;

XXI – fomentar, coordenar e executar programas e projetos estratégicos e de atendimento emergencial (art. 15 da Lei 8.080/1990).

13.9. COMPETÊNCIA

À *direção nacional* do Sistema Único da Saúde compete:

I – formular, avaliar e apoiar políticas de alimentação e nutrição;

II – participar na formulação e na implementação das políticas: a) de controle das agressões ao meio ambiente; b) de saneamento básico; c) relativas às condições e aos ambientes de trabalho;

III – definir e coordenar os sistemas: a) de redes integradas de assistência de alta complexidade; b) de rede de laboratórios de saúde pública; c) de vigilância epidemiológica; d) vigilância sanitária;

IV – participar da definição de normas e mecanismos de controle, com órgãos afins, de agravo sobre o meio ambiente ou dele decorrentes, que tenham repercussão na saúde humana;

V – participar da definição de normas, critérios e padrões para o controle das condições e dos ambientes de trabalho e coordenar a política de saúde do trabalhador;

VI – coordenar e participar na execução das ações de vigilância epidemiológica;

VII – estabelecer normas e executar a vigilância sanitária de portos, aeroportos e fronteiras, podendo a execução ser complementada pelos Estados, Distrito Federal e Municípios;

VIII – estabelecer critérios, parâmetros e métodos para o controle da qualidade sanitária de produtos, substâncias e serviços de consumo e uso humano;

IX – promover articulação com os órgãos educacionais e de fiscalização do exercício profissional, bem como com entidades representativas de formação de recursos humanos na área de saúde;

X – formular, avaliar, elaborar normas e participar na execução da política nacional e produção de insumos e equipamentos para a saúde, em articulação com os demais órgãos governamentais;

XI – identificar os serviços estaduais e municipais de referência nacional para o estabelecimento de padrões técnicos de assistência à saúde;

XII – controlar e fiscalizar procedimentos, produtos e substâncias de interesse para a saúde;

XIII – prestar cooperação técnica e financeira aos Estados, ao Distrito Federal e aos Municípios para o aperfeiçoamento da sua atuação institucional;

XIV – elaborar normas para regular as relações entre o Sistema Único de Saúde (SUS) e os serviços privados contratados de assistência à saúde;

XV – promover a descentralização para as Unidades Federadas e para os Municípios, dos serviços e ações de saúde, respectivamente, de abrangência estadual e municipal;

XVI – normatizar e coordenar nacionalmente o Sistema Nacional de Sangue, Componentes e Derivados;

XVII – acompanhar, controlar e avaliar as ações e os serviços de saúde, respeitadas as competências estaduais e municipais;

XVIII – elaborar o Planejamento Estratégico Nacional no âmbito do SUS, em cooperação técnica com os Estados, Municípios e Distrito Federal;

XIX – estabelecer o Sistema Nacional de Auditoria e coordenar a avaliação técnica e financeira do SUS em todo o Território Nacional em cooperação técnica com os Estados, Municípios e Distrito Federal;

XX – definir as diretrizes e as normas para a estruturação física e organizacional dos serviços de saúde bucal (art. 16 da Lei 8.080/1990).

A União pode executar ações de vigilância epidemiológica e sanitária em circunstâncias especiais, como na ocorrência de agravos inusitados à saúde, que possam escapar do controle da direção estadual do Sistema Único de Saúde (SUS) ou que representem risco de disseminação nacional (art. 16, § 1º, da Lei 8.080/1990).

Em situações epidemiológicas que caracterizem emergência em saúde pública, poderá ser adotado procedimento simplificado para a remessa de patrimônio genético ao exterior, na forma do regulamento (art. 16, § 2º, da Lei 8.080/1990, incluído pela Lei 14.141/2021).

À *direção estadual* do Sistema Único de Saúde compete:

I – promover a descentralização para os Municípios dos serviços e das ações de saúde;

II – acompanhar, controlar e avaliar as redes hierarquizadas do Sistema Único de Saúde (SUS);

III – prestar apoio técnico e financeiro aos Municípios e executar supletivamente ações e serviços de saúde;

IV – coordenar e, em caráter complementar, executar ações e serviços: a) de vigilância epidemiológica; b) de vigilância sanitária; c) de alimentação e nutrição; d) de saúde do trabalhador; e) de saúde bucal;

V – participar, junto com os órgãos afins, do controle dos agravos do meio ambiente que tenham repercussão na saúde humana;

VI – participar da formulação da política e da execução de ações de saneamento básico;

VII – participar das ações de controle e avaliação das condições e dos ambientes de trabalho;

VIII – em caráter suplementar, formular, executar, acompanhar e avaliar a política de insumos e equipamentos para a saúde;

IX – identificar estabelecimentos hospitalares de referência e gerir sistemas públicos de alta complexidade, de referência estadual e regional;

X – coordenar a rede estadual de laboratórios de saúde pública e hemocentros, e gerir as unidades que permaneçam em sua organização administrativa;

XI – estabelecer normas, em caráter suplementar, para o controle e avaliação das ações e serviços de saúde;

XII – formular normas e estabelecer padrões, em caráter suplementar, de procedimentos de controle de qualidade para produtos e substâncias de consumo humano;

XIII – colaborar com a União na execução da vigilância sanitária de portos, aeroportos e fronteiras;

XIV – o acompanhamento, a avaliação e divulgação dos indicadores de morbidade e mortalidade no âmbito da unidade federada (art. 17 da Lei 8.080/1990).

À *direção municipal* do Sistema de Saúde compete:

I – planejar, organizar, controlar e avaliar as ações e os serviços de saúde e gerir e executar os serviços públicos de saúde;

II – participar do planejamento, programação e organização da rede regionalizada e hierarquizada do Sistema Único de Saúde (SUS), em articulação com sua direção estadual;

III – participar da execução, controle e avaliação das ações referentes às condições e aos ambientes de trabalho;

IV – executar serviços: a) de vigilância epidemiológica; b) vigilância sanitária; c) de alimentação e nutrição; d) de saneamento básico; e) de saúde do trabalhador; f) de saúde bucal;

V – dar execução, no âmbito municipal, à política de insumos e equipamentos para a saúde;

VI – colaborar na fiscalização das agressões ao meio ambiente que tenham repercussão sobre a saúde humana e atuar, junto aos órgãos municipais, estaduais e federais competentes, para controlá-las;

VII – formar consórcios administrativos intermunicipais;

VIII – gerir laboratórios públicos de saúde e hemocentros;

IX – colaborar com a União e os Estados na execução da vigilância sanitária de portos, aeroportos e fronteiras;

X – observado o disposto no art. 26 da Lei 8.080/1990[2], celebrar contratos e convênios com entidades prestadoras de serviços privados de saúde, bem como controlar e avaliar sua execução;

XI – controlar e fiscalizar os procedimentos dos serviços privados de saúde;

XII – normatizar complementarmente as ações e serviços públicos de saúde no seu âmbito de atuação (art. 18 da Lei 8.080/1990).

Ao Distrito Federal competem as atribuições reservadas aos Estados e aos Municípios (art. 19 da Lei 8.080/1990).

---

[2] "Art. 26. Os critérios e valores para a remuneração de serviços e os parâmetros de cobertura assistencial serão estabelecidos pela direção nacional do Sistema Único de Saúde (SUS), aprovados no Conselho Nacional de Saúde. § 1º Na fixação dos critérios, valores, formas de reajuste e de pagamento da remuneração aludida neste artigo, a direção nacional do Sistema Único de Saúde (SUS) deverá fundamentar seu ato em demonstrativo econômico-financeiro que garanta a efetiva qualidade de execução dos serviços contratados. § 2º Os serviços contratados submeter-se-ão às normas técnicas e administrativas e aos princípios e diretrizes do Sistema Único de Saúde (SUS), mantido o equilíbrio econômico e financeiro do contrato. § 3º (Vetado). § 4º Aos proprietários, administradores e dirigentes de entidades ou serviços contratados é vedado exercer cargo de chefia ou função de confiança no Sistema Único de Saúde (SUS)".

13.10. CUSTEIO

O Sistema Único de Saúde é financiado, nos termos do art. 195 da Constituição Federal de 1988, com recursos do orçamento da Seguridade Social, da União, dos Estados, do Distrito Federal e dos Municípios, além de outras fontes (art. 198, § 1º, da Constituição da República).

O Sistema Único de Saúde, portanto, é custeado por meio de contribuições para a Seguridade Social (financiamento direito), bem como por meio da utilização de verbas dos orçamentos fiscais dos entes políticos (financiamento indireto).

O orçamento da Seguridade Social deve destinar ao Sistema Único de Saúde, de acordo com a receita estimada, os recursos necessários à realização de suas finalidades, previstos em proposta elaborada pela sua direção nacional, com a participação dos órgãos da Previdência Social e da Assistência Social, tendo em vista as metas e prioridades estabelecidas na Lei de Diretrizes Orçamentárias (art. 31 da Lei 8.080/1990).

São considerados de *outras fontes* os recursos provenientes de: serviços que possam ser prestados sem prejuízo da assistência à saúde; ajuda, contribuições, doações e donativos; alienações patrimoniais e rendimentos de capital; taxas, multas, emolumentos e preços públicos arrecadados no âmbito do Sistema Único de Saúde; rendas eventuais, inclusive comerciais e industriais (art. 32 da Lei 8.080/1990).

A União, os Estados, o Distrito Federal e os Municípios devem aplicar, anualmente, em ações e serviços públicos de saúde recursos mínimos derivados da aplicação de percentuais calculados sobre (art. 198, § 2º, da Constituição da República):

> I – no caso da União, a receita corrente líquida[3] do respectivo exercício financeiro, não podendo ser inferior a 15% (redação dada pela Emenda Constitucional 86/2015);

[3] Entende-se como *receita corrente líquida* o somatório das receitas tributárias, de contribuições, patrimoniais, industriais, agropecuárias, de serviços, transferências correntes e outras receitas também correntes, deduzidos: a) na União, os valores transferidos aos Estados e Municípios por determinação constitucional ou legal e as contribuições mencionadas na alínea *a* do inciso I e no inciso II do art. 195 (contribuições previdenciárias) e no art. 239 da Constituição Federal de 1988 (contribuições do PIS/PASEP); b) nos Estados, as parcelas entregues aos Municípios por determinação constitucional; c) na União, nos Estados e nos Municípios, a contribuição dos servidores para o custeio do seu sistema de Previdência e Assistência Social e as receitas provenientes da compensação financeira citada no § 9º do art. 201 da Constituição Federal de

II – no caso dos Estados e do Distrito Federal, o produto da arrecadação dos impostos a que se refere o art. 155 (sobre impostos dos Estados e do Distrito Federal) e dos recursos de que tratam os arts. 157 e 159, incisos I, *a*, e II, da Constituição Federal (sobre repartição das receitas tributárias), devendo-se deduzir as parcelas que forem transferidas aos respectivos Municípios;

III – no caso dos Municípios e do Distrito Federal, o produto da arrecadação dos impostos a que se refere o art. 156 (sobre impostos dos municípios) e dos recursos de que tratam os arts. 158 e 159, I, *b*, e § 3º, da Constituição (sobre repartição das receitas tributárias).

A Emenda Constitucional 95/2016 instituiu o Novo Regime Fiscal no âmbito dos Orçamentos Fiscal e da Seguridade Social da União, que vigorará por 20 exercícios financeiros (até 2036), nos termos dos arts. 107 a 114 do Ato das Disposições Constitucionais Transitórias. Com isso, foram estabelecidos, para cada exercício financeiro, limites individualizados para as despesas primárias (despesas não financeiras, ou seja, que não se referem à dívida pública), na forma do art. 107 do Ato das Disposições Constitucionais Transitórias. Trata-se do chamado "teto de gastos".

Nesse contexto, na vigência do Novo Regime Fiscal, as aplicações mínimas em ações e serviços públicos de saúde equivalerão: I – no exercício de 2017, às aplicações mínimas calculadas nos termos do art. 198, § 2º, inciso I, da Constituição Federal de 1988; II – nos exercícios posteriores, aos valores calculados para as aplicações mínimas do exercício imediatamente anterior, corrigidos na forma estabelecida pelo art. 107, § 1º, inciso II, do Ato das Disposições Constitucionais Transitórias, ou seja, pela variação do Índice Nacional de Preços ao Consumidor Amplo (IPCA), publicado pela Fundação Instituto Brasileiro de Geografia e Estatística, ou de outro índice que vier a substituí-lo, apurado no exercício anterior a que se refere a lei orçamentária (art. 110 do Ato das Disposições Constitucionais Transitórias, incluído pela Emenda Constitucional 95/2016). Cf. STF, Ações Diretas de Inconstitucionalidade 5.658, 5.680 e 5.715.

Cabe à lei complementar, que será reavaliada pelo menos a cada cinco anos, estabelecer (art. 198, § 3º, da Constituição da República):

I – os percentuais de que tratam os incisos II e III acima;

1988, sobre a contagem recíproca do tempo de contribuição entre o Regime Geral de Previdência Social e os Regimes Próprios de Previdência Social (art. 2º, inciso IV, da Lei Complementar 101/2000).

II – os critérios de rateio dos recursos da União vinculados à saúde destinados aos Estados, ao Distrito Federal e aos Municípios, e dos Estados destinados a seus respectivos Municípios, objetivando a progressiva redução das disparidades regionais;

III – as normas de fiscalização, avaliação e controle das despesas com saúde nas esferas federal, estadual, distrital e municipal.

O custeio da Saúde, assim, também ocorre de forma indireta, ou seja, com a utilização de recursos dos orçamentos fiscais dos entes políticos, mesmo porque a competência nessa matéria é comum da União, dos Estados, do Distrito Federal e dos Municípios (art. 23, inciso II, da Constituição da República), mas a instituição das contribuições para a Seguridade Social, como modalidades de contribuições sociais, é de competência exclusiva da União (art. 149 da Constituição Federal de 1988), o que também justifica a existência de rateio, transferência e repasse de recursos na área da Saúde.

A Lei Complementar 141/2012 institui, nos termos do § 3º do art. 198 da Constituição Federal de 1988: o valor mínimo e normas de cálculo do montante mínimo a ser aplicado, anualmente, pela União em ações e serviços públicos de saúde; percentuais mínimos do produto da arrecadação de impostos a serem aplicados anualmente pelos Estados, pelo Distrito Federal e pelos Municípios em ações e serviços públicos de saúde; critérios de rateio dos recursos da União vinculados à saúde destinados aos Estados, ao Distrito Federal e aos Municípios, e dos Estados destinados aos seus respectivos Municípios, visando à progressiva redução das disparidades regionais; normas de fiscalização, avaliação e controle das despesas com saúde nas esferas federal, estadual, distrital e municipal (art. 1º).

O *Fundo de Saúde*, instituído por lei e mantido em funcionamento pela administração direta da União, dos Estados, do Distrito Federal e dos Municípios, constitui-se em *unidade orçamentária e gestora dos recursos destinados a ações e serviços públicos de saúde*, ressalvados os recursos repassados diretamente às unidades vinculadas ao Ministério da Saúde (art. 14 da Lei Complementar 141/2012).

Os recursos financeiros do Sistema Único de Saúde devem ser depositados em conta especial, em cada esfera de sua atuação, e movimentados sob a fiscalização dos respectivos Conselhos de Saúde (art. 33 da Lei 8.080/1990).

Na esfera federal, os recursos financeiros, originários do Orçamento da Seguridade Social, de outros Orçamentos da União, além de outras fontes, devem ser administrados pelo Ministério da Saúde, por meio do Fundo Nacional de Saúde.

Para o estabelecimento de valores a serem transferidos a Estados, Distrito Federal e Municípios deve ser utilizada a combinação dos seguintes critérios, segundo análise técnica de programas e projetos: perfil demográfico da região; perfil epidemiológico da população a ser coberta; características quantitativas e qualitativas da rede de saúde na área; desempenho técnico, econômico e financeiro no período anterior; níveis de participação do setor saúde nos orçamentos estaduais e municipais; previsão do plano quinquenal de investimentos da rede; ressarcimento do atendimento a serviços prestados para outras esferas de governo (art. 35 da Lei 8.080/1990).

Os recursos do Fundo Nacional de Saúde devem ser alocados como: I – despesas de custeio e de capital do Ministério da Saúde, seus órgãos e entidades, da administração direta e indireta; II – investimentos previstos em lei orçamentária, de iniciativa do Poder Legislativo e aprovados pelo Congresso Nacional; III – investimentos previstos no plano quinquenal do Ministério da Saúde; IV – cobertura das ações e serviços de saúde a serem implementados pelos Municípios, Estados e Distrito Federal (art. 2º da Lei 8.142/1990).

Os recursos referidos no art. 2º, inciso IV, da Lei 8.142/1990, devem ser repassados de forma regular e automática para os Municípios, Estados e Distrito Federal, de acordo com os critérios previstos no art. 35 da Lei 8.080/1990 (art. 3º da Lei 8.142/1990).

Para receberem os recursos de que trata o art. 3º da Lei 8.142/1990, os Municípios, os Estados e o Distrito Federal devem contar com: Fundo de Saúde; Conselho de Saúde, com composição paritária de acordo com o Decreto 5.839/2006; plano de saúde; relatórios de gestão que permitam o controle de que trata o art. 33, § 4º, da Lei 8.080/1990; contrapartida de recursos para a saúde no respectivo orçamento; Comissão de elaboração do Plano de Carreira, Cargos e Salários (art. 4º da Lei 8.142/1990).

O não atendimento pelos Municípios, ou pelos Estados, ou pelo Distrito Federal, dos requisitos estabelecidos no art. 4º da Lei 8.142/1990, implica que os recursos concernentes sejam administrados, respectivamente, pelos Estados ou pela União.

O processo de planejamento e orçamento do Sistema Único de Saúde (SUS) deve ser ascendente, do nível local até o federal, ouvidos seus órgãos deliberativos, compatibilizando-se as necessidades da política de saúde com a disponibilidade de recursos em planos de saúde dos Municípios, dos Estados, do Distrito Federal e da União (art. 36 da Lei 8.080/1990).

Os *planos de saúde* são a base das atividades e programações de cada nível de direção do Sistema Único de Saúde (SUS), e seu financiamento deve ser previsto na respectiva proposta orçamentária. É vedada a transferência de recursos para o financiamento de ações não previstas nos planos de saúde, exceto em situações emergenciais ou de calamidade pública, na área de saúde.

13.11. AGENTES COMUNITÁRIOS DE SAÚDE E AGENTES DE COMBATE ÀS ENDEMIAS

Os gestores locais do sistema único de saúde podem admitir *agentes comunitários de saúde* e *agentes de combate às endemias* por meio de processo seletivo público, de acordo com a natureza e complexidade de suas atribuições e requisitos específicos para sua atuação (art. 198, § 4º, da Constituição da República).

Cabe à lei federal dispor sobre o regime jurídico, o piso salarial profissional nacional, as diretrizes para os Planos de Carreira e a regulamentação das atividades de agente comunitário de saúde e agente de combate às endemias, competindo à União, nos termos da lei, prestar assistência financeira complementar aos Estados, ao Distrito Federal e aos Municípios, para o cumprimento do referido piso salarial (art. 198, § 5º, da Constituição da República).

Nesse sentido, a Lei 11.350/2006 dispõe sobre as atividades de agente comunitário de saúde e de agente de combate às endemias.

O exercício das atividades de agente comunitário de saúde e de agente de combate às endemias deve ser realizado, exclusivamente no âmbito do Sistema Único de Saúde, na execução das atividades de responsabilidade dos entes federados, mediante vínculo direto entre os referidos agentes e órgão ou entidade da administração direta, autárquica ou fundacional (art. 2º da Lei 11.350/2006).

O *agente comunitário de saúde* tem como atribuição o exercício de atividades de prevenção de doenças e de promoção da saúde, a partir dos referenciais da Educação Popular em Saúde, mediante ações domiciliares ou comunitárias, individuais ou coletivas, desenvolvidas em conformidade com as diretrizes do SUS que normatizam a saúde preventiva e a atenção básica em saúde, com objetivo de ampliar o acesso da comunidade assistida às ações e aos serviços de informação, de saúde, de promoção social e de proteção da cidadania, sob a supervisão do gestor municipal, distrital, estadual ou federal (art. 3º da Lei 11.350/2006).

Entende-se por Educação Popular em Saúde as práticas político-pedagógicas que decorrem das ações voltadas para a promoção, a proteção e a recuperação da saúde, estimulando o autocuidado, a prevenção de doenças e a promoção da saúde individual e coletiva a partir do diálogo sobre a diversidade de saberes culturais, sociais e científicos e a valorização dos saberes populares, com vistas à ampliação da participação popular no SUS e ao fortalecimento do vínculo entre os trabalhadores da saúde e os usuários do SUS.

No modelo de atenção em saúde fundamentado na assistência multiprofissional em saúde da família, é considerada atividade precípua do agente comunitário de saúde, em sua área geográfica de atuação, a realização de visitas domiciliares rotineiras, casa a casa, para a busca de pessoas com sinais ou sintomas de doenças agudas ou crônicas, de agravos ou de eventos de importância para a saúde pública e consequente encaminhamento para a unidade de saúde de referência.

O *agente de combate às endemias*, por sua vez, tem como atribuição o exercício de atividades de vigilância, prevenção e controle de doenças e promoção da saúde, desenvolvidas em conformidade com as diretrizes do SUS e sob a supervisão do gestor de cada ente federado (art. 4º da Lei 11.350/2006).

Os agentes comunitários de saúde e os agentes de combate às endemias terão, em razão dos riscos inerentes às funções desempenhadas, aposentadoria especial e, somado aos seus vencimentos, adicional de insalubridade (art. 198, § 10, da Constituição da República, incluído pela Emenda Constitucional 120/2022).

13.12. INICIATIVA PRIVADA

A assistência à saúde é *livre à iniciativa privada* (art. 199 da Constituição da República).

As instituições privadas podem participar de forma complementar do Sistema Único de Saúde, segundo diretrizes deste, mediante contrato de direito público ou convênio, tendo preferência as entidades filantrópicas e as sem fins lucrativos (art. 199, § 1º, da Constituição da República).

A participação das instituições privadas no Sistema Único de Saúde, portanto, é possível, mas apenas de forma complementar, e não principal.

Essa participação deve ocorrer por meio de contrato de direito público ou convênio, com preferência para as entidades filantrópicas e sem fins lucrativos.

Não podem ser confundidos os serviços de saúde prestados por pessoas físicas e jurídicas de direito privado, o que é permitido, mas está sujeito à regulamentação, fiscalização e controle do poder público (art. 197 da Constituição Federal de 1988), com a participação de instituições privadas, de forma necessariamente complementar, no Sistema Único de Saúde (art. 199, § 1º, da Constituição).

Desse modo, nem todos os que exercem ações e prestam serviços na área da saúde integram ou mesmo participam do Sistema Único de Saúde. Exemplificando, um médico particular, que atenda pacientes particulares em seu consultório, e mesmo uma clínica médica, que ofereça atendimento mediante pagamento, certamente prestam serviços médicos, mas não integram o Sistema Único de Saúde.

Nesse sentido, o art. 20 da Lei 8.080/1990 prevê que os serviços privados de assistência à saúde caracterizam-se pela atuação, por iniciativa própria, de profissionais liberais, legalmente habilitados, e de pessoas jurídicas de direito privado na promoção, proteção e recuperação da saúde.

O mesmo diploma legal reitera, ainda, que a assistência à saúde é livre à iniciativa privada (art. 21 da Lei 8.080/1990).

A Lei 9.656/1998 dispõe sobre os *planos e seguros privados de assistência à saúde*. Submetem-se às disposições desse diploma legal as pessoas jurídicas de direito privado que operam planos de assistência à saúde, sem prejuízo do cumprimento da legislação específica que rege a sua atividade e, simultaneamente, das disposições da Lei 8.078/1990 (Código de Defesa do Consumidor).

Aplica-se o Código de Defesa do Consumidor aos contratos de plano de saúde, salvo os administrados por entidades de autogestão (Súmula 608 do STJ).

Serão *ressarcidos* pelas operadoras dos produtos de Plano Privado de Assistência à Saúde e pelas operadoras de qualquer modalidade de produto, serviço e contrato que apresente, além da garantia de cobertura financeira de riscos de assistência médica, hospitalar e odontológica, outras características que o diferencie de atividade exclusivamente financeira, de acordo com normas definidas pela Agência Nacional de Saúde Suplementar (ANS), *os serviços de atendimento à saúde que forem previstos nos respectivos contratos, prestados a seus consumidores e respectivos dependentes, em instituições* públicas ou privadas, conveniadas ou contratadas, *integrantes do Sistema Único de Saúde* (art. 32 da Lei 9.656/1998).

A respeito do tema, o STF fixou a seguinte tese de repercussão geral: "É constitucional o ressarcimento previsto no art. 32 da Lei 9.656/98, o qual é aplicável aos procedimentos médicos, hospitalares ou ambulatoriais custeados pelo SUS e posteriores a 4/6/1998, assegurados o contraditório e a ampla defesa, no âmbito administrativo, em todos os marcos jurídicos" (Pleno, RE 597.064/RJ, rel. Min. Gilmar Mendes, j. 07.02.2018).

O Supremo Tribunal Federal fixou ainda a seguinte tese de repercussão geral: "O ressarcimento de serviços de saúde prestados por unidade privada em favor de paciente do Sistema Único de Saúde, em cumprimento de ordem judicial, deve utilizar como critério o mesmo que é adotado para o ressarcimento do Sistema Único de Saúde por serviços prestados a beneficiários de planos de saúde" (STF, Pleno, RE 666.094/DF, rel. Min. Roberto Barroso, j. 30.09.2021).

No âmbito dos planos privados de assistência à saúde, ao consumidor que contribuir para produtos de que tratam o inciso I (plano privado de assistência à saúde) e o § 1º (produto, serviço e contrato que apresente, além da garantia de cobertura financeira de riscos de assistência médica, hospitalar e odontológica, outras características que o diferencie de atividade exclusivamente financeira) do art. 1º da Lei 9.656/1998, em decorrência de vínculo empregatício, no caso de rescisão ou exoneração do contrato de trabalho sem justa causa, é assegurado o direito de manter sua condição de beneficiário, nas mesmas condições de cobertura assistencial de que gozava quando da vigência do contrato de trabalho, desde que assuma o seu pagamento integral (art. 30 da Lei 9.656/1998).

A respeito da assistência médica prestada por meio de planos de saúde, cabe ressaltar que o Superior Tribunal de Justiça firmou a seguinte tese em recurso repetitivo: "Nos planos de saúde coletivos custeados exclusivamente pelo empregador não há direito de permanência do ex-empregado aposentado ou demitido sem justa causa como beneficiário, salvo disposição contrária expressa prevista em contrato ou em acordo/convenção coletiva de trabalho, não caracterizando contribuição o pagamento apenas de coparticipação, tampouco se enquadrando como salário indireto" (STJ, 2ª Seção, REsp 1.680.318/SP (2017/0146777-1), rel. Min. Ricardo Villas Bôas Cueva, j. 22.08.2018, DJe 24.08.2018).

Ao aposentado que contribuir para produtos de que tratam o inciso I (plano privado de assistência à saúde) e o § 1º (produto, serviço e contrato que apresente, além da garantia de cobertura financeira de riscos de assistência médica, hospitalar e odontológica, outras características que o diferencie de atividade exclusivamente financeira) do art. 1º da Lei 9.656/1998, em decorrência de vínculo empregatício, pelo prazo mínimo de 10 anos, é assegurado o direito de manutenção como beneficiário, nas mesmas condições de cobertura assistencial de que gozava quando da vigência do contrato de trabalho, desde que assuma o seu pagamento integral (art. 31 da Lei 9.656/1998).

Quanto ao tema da permanência de ex-empregado aposentado em plano de saúde coletivo, o Superior Tribunal de Justiça fixou as seguintes teses em recurso especial repetitivo: "a) Eventuais mudanças de operadora, de modelo de prestação de serviço, de forma de custeio e de valores de contribuição não implicam interrupção da contagem do prazo de 10 (dez) anos previsto no art. 31 da Lei n. 9.656/1998, devendo haver a soma dos períodos contributivos para fins de cálculo da manutenção proporcional ou indeterminada do trabalhador aposentado no plano coletivo empresarial. b) O art. 31 da Lei n. 9.656/1998 impõe que ativos e inativos sejam inseridos em plano de saúde coletivo único, contendo as mesmas condições de cobertura assistencial e de prestação de serviço, o que inclui, para todo o universo de beneficiários, a igualdade de modelo de pagamento e de valor de contribuição, admitindo-se a diferenciação por faixa etária se for contratada para todos, cabendo ao inativo o custeio integral, cujo valor pode ser obtido com a soma de sua cota-parte com a parcela que, quanto aos ativos, é proporcionalmente suportada pelo empregador. c) O ex-empregado aposentado, preenchidos os requisitos do art. 31 da Lei n. 9.656/1998, não tem direito adquirido de se manter no mesmo plano privado de assistência à saúde vigente na época da aposentadoria, podendo haver a substituição da operadora e a alteração do modelo de prestação de serviços, da forma de custeio e os respectivos valores, desde que mantida paridade com o modelo dos trabalhadores ativos e facultada a portabilidade de carências" (STJ, 2ª Seção, REsp 1.818.487/SP (2019/0159691-0), rel. Min. Antonio Carlos Ferreira, DJe 01.02.2021).

O Superior Tribunal de Justiça firmou a seguinte tese em incidente de assunção de competência: "Compete à Justiça Comum julgar as demandas relativas a plano de saúde de autogestão empresarial, exceto quando o benefício for regulado em contrato de trabalho, convenção ou acordo coletivo, hipótese em que a competência será da Justiça do Trabalho, ainda que figure como parte trabalhador aposentado ou dependente do trabalhador" (STJ, 2ª Seção, EDcl no REsp 1.799.343/SP, 2018/0301672-7, rel. Min. Nancy Andrighi, DJe 01.07.2020).

Na prestação de serviços privados de assistência à saúde, devem ser observados os *princípios éticos* e as *normas* expedidas pelo órgão de direção do Sistema Único de Saúde quanto às condições para seu funcionamento (art. 22 da Lei 8.080/1990).

A participação de instituições privadas no Sistema Único de Saúde é possível, mas isso não pode retirar do Estado o seu dever essencial, que é garantir a saúde de todos.

Portanto, essa participação só é admitida de forma complementar, sem afastar a atuação principal e preponderante do poder público.

Nesse enfoque, a saúde é serviço público, cujo devedor principal é o Estado, não se admitindo, de acordo com os ditames constitucionais, que transferira esse dever a terceiros, nem mesmo a instituições privadas.

O que se admite é que as instituições privadas, com preferência às entidades filantrópicas e às sem fins lucrativos, colaborem nas atividades do Sistema Único de Saúde, por meio de contratos de direito público e convênios firmados com o Estado.

Logo, a iniciativa privada pode participar do Sistema Único de Saúde (SUS), mas *em caráter complementar* (art. 4º, § 2º, da Lei 8.080/1990).

Nesse enfoque, *quando as suas disponibilidades forem insuficientes para garantir a cobertura assistencial à população de uma determinada área*, o Sistema Único de Saúde pode recorrer aos serviços ofertados pela iniciativa privada (art. 24 da Lei 8.080/1990)[4].

A participação complementar dos serviços privados deve ser formalizada mediante contrato ou convênio, observadas, a respeito, as normas de direito público (art. 24, parágrafo único, da Lei 8.080/1990)[5].

Na hipótese prevista no art. 24 da Lei 8.080/1990, as entidades filantrópicas e as sem fins lucrativos têm preferência para participar do Sistema Único de Saúde (art. 25 da Lei 8.080/1990).

Os critérios e valores para a remuneração de serviços e os parâmetros de cobertura assistencial devem ser estabelecidos pela direção nacional do

---

4 Cf. ROCHA, Sílvio Luís Ferreira da. *Terceiro setor*. 2. ed. São Paulo: Malheiros, 2006. p. 106-107.

5 "6. Segundo estabelecem os arts. 196 e seguintes da CF/1988, a saúde, enquanto direito fundamental de todos, é dever do Estado, cabendo à iniciativa privada participar, em caráter complementar (art. 4º, § 2º, da Lei 8.080/1990), do conjunto de ações e serviços que visa a favorecer o acesso universal e igualitário às atividades voltadas a sua promoção, proteção e recuperação, assim constituindo um sistema único - o SUS -, o qual é financiado com recursos do orçamento dos entes federativos. 7. A participação complementar da iniciativa privada na execução de ações e serviços de saúde se formaliza mediante contrato ou convênio com a administração pública (parágrafo único do art. 24 da Lei 8.080/1990), nos termos da Lei 8.666/1990 (art. 5º da Portaria nº 2.657/2016 do Ministério da Saúde), utilizando-se como referência, para efeito de remuneração, a Tabela de Procedimentos do SUS (§ 6º do art. 3º da Portaria nº 2.657/2016 do Ministério da Saúde). 8. Quando prestado diretamente pelo Estado, no âmbito de seus hospitais ou postos de saúde, ou quando delegado à iniciativa privada, por convênio ou contrato com a administração pública, para prestá-lo às expensas do SUS, o serviço de saúde constitui serviço público social. 9. A participação complementar da iniciativa privada - seja das pessoas jurídicas, seja dos respectivos profissionais - na execução de atividades de saúde caracteriza-se como serviço público indivisível e universal (*uti universi*), o que afasta, por conseguinte, a incidência das regras do CDC. 10. Hipótese em que tem aplicação o art. 1º-C da Lei 9.494/97, segundo o qual prescreverá em cinco anos o direito de obter indenização dos danos causados por agentes de pessoas jurídicas de direito privado prestadoras de serviços públicos" (STJ, 3ª T., REsp 1.771.169/SC, 2018/0258615-4, rel. Min. Nancy Andrighi, DJe 29.05.2020).

Sistema Único de Saúde, aprovados no Conselho Nacional de Saúde (art. 26 da Lei 8.080/1990).

Na fixação dos critérios, valores, formas de reajuste e de pagamento da remuneração, a direção nacional do Sistema Único de Saúde deve fundamentar seu ato em demonstrativo econômico-financeiro que garanta a efetiva qualidade de execução dos serviços contratados.

Os serviços contratados submetem-se às normas técnicas e administrativas e aos princípios e diretrizes do Sistema Único de Saúde, mantido o equilíbrio econômico e financeiro do contrato.

Aos proprietários, administradores e dirigentes de entidades ou serviços contratados é vedado exercer cargo de chefia ou função de confiança no Sistema Único de Saúde.

Frise-se ainda que o art. 23 da Lei 12.873/2013 instituiu o Programa de Fortalecimento das Entidades Privadas Filantrópicas e das Entidades sem Fins Lucrativos que Atuam na Área da Saúde e que Participam de Forma Complementar do Sistema Único de Saúde (PROSUS).

O referido Programa (PROSUS) tem as seguintes finalidades: garantir o acesso e a qualidade de ações e serviços públicos de saúde oferecidos pelo SUS por entidades de saúde privadas filantrópicas e entidades de saúde sem fins lucrativos; viabilizar a manutenção da capacidade e qualidade de atendimento das entidades referidas no art. 23 da Lei 12.873/2013; promover a recuperação de créditos tributários e não tributários devidos à União; apoiar a recuperação econômica e financeira das entidades de saúde privadas filantrópicas e das entidades de saúde sem fins lucrativos (art. 24 da Lei 12.873/2013).

A Lei 13.479/2017 criou, no âmbito das instituições financeiras oficiais federais, o Programa de Financiamento Preferencial às Instituições Filantrópicas e Sem Fins Lucrativos (Pro-Santas Casas), para atender instituições filantrópicas e sem fins lucrativos que participam de forma complementar do Sistema Único de Saúde (SUS) ao amparo do disposto no § 1º do art. 199 da Constituição Federal de 1988.

13.13. VEDAÇÕES

É proibida a destinação de recursos públicos para auxílios ou subvenções às instituições privadas com fins lucrativos (art. 199, § 2º, da Constituição da República).

É vedada, ainda, a participação direta ou indireta de empresas ou capitais estrangeiros na assistência à saúde no país, salvo nos casos previstos em lei (art. 199, § 3º, da Constituição da República).

O art. 23 da Lei 8.080/1990 dispõe que é permitida a participação direta ou indireta, inclusive controle, de empresas ou de capital estrangeiro na assistência à saúde nos seguintes casos:

I – doações de organismos internacionais vinculados à Organização das Nações Unidas, de entidades de cooperação técnica e de financiamento e empréstimos;

II – pessoas jurídicas destinadas a instalar, operacionalizar ou explorar: a) hospital geral, inclusive filantrópico, hospital especializado, policlínica, clínica geral e clínica especializada; b) ações e pesquisas de planejamento familiar;

III – serviços de saúde mantidos, sem finalidade lucrativa, por empresas, para atendimento de seus empregados e dependentes, sem qualquer ônus para a seguridade social;

IV – demais casos previstos em legislação específica.

13.14. TRANSPLANTES

Cabe à lei dispor sobre as condições e os requisitos que facilitem a remoção de órgãos, tecidos e substâncias humanas para fins de transplante, pesquisa e tratamento, bem como a coleta, processamento e transfusão de sangue e seus derivados, sendo vedado todo tipo de comercialização (art. 199, § 4º, da Constituição da República).

A Lei 9.434/1997 dispõe sobre a remoção de órgãos, tecidos e partes do corpo humano para fins de transplante e tratamento. A disposição gratuita de tecidos, órgãos e partes do corpo humano, em vida ou *post mortem*, para fins de transplante e tratamento, é permitida na forma do mencionado diploma legal.

A Lei 10.205/2001 dispõe sobre a captação, proteção ao doador e ao receptor, coleta, processamento, estocagem, distribuição e transfusão do sangue, de seus componentes e derivados, vedada a compra, venda ou qualquer outro tipo de comercialização do sangue, componentes e hemoderivados, em todo o território nacional, seja por pessoas físicas ou jurídicas, em caráter eventual ou permanente, que estejam em desacordo com o ordenamento institucional estabelecido no referido diploma legal.

BIBLIOGRAFIA

ALEXY, Robert. *Teoria dos direitos fundamentais*. Tradução de Virgílio Afonso da Silva. São Paulo: Malheiros, 2008.

AMORIM FILHO, Agnelo. Critério científico para distinguir a prescrição da decadência e identificar as ações imprescritíveis. *Revista dos Tribunais*, São Paulo, RT, v. 300, p. 7-37, out. 1960.

ARAUJO, Luiz Alberto David; NUNES JÚNIOR, Vidal Serrano. *Curso de direito constitucional*. 10. ed. São Paulo: Saraiva, 2006.

BALERA, Wagner. *Sistema de seguridade social*. 5. ed. São Paulo: LTr, 2009.

BALERA, Wagner; ANDREUCCI, Ana Cláudia Pompeu Torezan. *Salário-família no direito previdenciário brasileiro*. São Paulo: LTr, 2007.

BARBOSA, Rui. *Oração aos moços*. São Paulo: Hedra, 2009.

BASTOS, Celso Ribeiro. In: BASTOS, Celso Ribeiro; MARTINS, Ives Gandra da Silva. *Comentários à Constituição do Brasil*: promulgada em 5 de outubro de 1988. 3. ed. São Paulo: Saraiva, 2004. v. 2.

BERCOVICI, Gilberto. *Desigualdades regionais, Estado e Constituição*. São Paulo: Max Limonad, 2003.

BITTAR, Carlos Alberto. *Curso de direito civil*. Rio de Janeiro: Forense Universitária, 1994. v. 1.

BOBBIO, Norberto. *A era dos direitos*. Tradução de Carlos Nelson Coutinho. Rio de Janeiro: Campus, 1992.

______. *Teoria do ordenamento jurídico*. 10. ed. Tradução de Maria Celeste Cordeiro Leite dos Santos, revisão técnica de Claudio De Cicco. Brasília: Universidade de Brasília, 1997.

BONAVIDES, Paulo. *Curso de direito constitucional*. 18. ed. São Paulo: Malheiros, 2006.

CARRION, Valentin. *Comentários à Consolidação das Leis do Trabalho*. 31. ed. atual. por Eduardo Carrion. São Paulo: Saraiva, 2006.

CASTRO, Amilcar de. *Direito internacional privado*. 5. ed. aum. e atual. com notas de rodapé por Osiris Rocha. Rio de Janeiro: Forense, 1996.

COMPARATO, Fábio Konder. *A afirmação histórica dos direitos humanos*. 3. ed. São Paulo: Saraiva, 2004.

CORREIA, Marcus Orione Gonçalves. Renda mínima: uma apresentação. In: CORREIA, Marcus Orione Gonçalves; VILLELA, José Corrêa; LINS, Carlos Otávio Bandeira. *Renda mínima*. São Paulo: LTr, 2003.

______; CORREIA, Érica Paula Barcha. *Curso de direito da seguridade social*. 5. ed. São Paulo: Saraiva, 2010.

DALLEGRAVE NETO, José Affonso. *Inovações na legislação trabalhista*. São Paulo: LTr, 2000.

DELGADO, Mauricio Godinho. *Curso de direito do trabalho*. 4. ed. São Paulo: LTr, 2005.

______. *Curso de direito do trabalho*. 15. ed. São Paulo: LTr, 2016.

DI PIETRO, Maria Sylvia Zanella. *Direito administrativo*. 19. ed. São Paulo: Atlas, 2006.

DINAMARCO, Cândido Rangel. *Execução civil*. 5. ed. São Paulo: Malheiros, 1997.

DINIZ, Maria Helena. *Compêndio de introdução à ciência do direito*. 19. ed. São Paulo: Saraiva, 2008.

______. *Curso de direito civil brasileiro:* responsabilidade civil. 9. ed. São Paulo: Saraiva, 1995. v. 7.

DOLINGER, Jacob. *Direito internacional privado*: parte geral. 4. ed. Rio de Janeiro: Renovar, 1996.

DWORKIN, Ronald. *Levando os direitos a sério*. 2. ed. Tradução: Nelson Boeira. São Paulo: Martins Fontes, 2007.

FELICIANO, Guilherme Guimarães. *Curso crítico de direito do trabalho*: teoria geral do direito do trabalho. São Paulo: Saraiva, 2013.

FERNANDES, Ana Paula; SERMANN, Paulo Vitor Nazário. Processo administrativo previdenciário: Conselho de Recursos da Previdência Social – controle de legalidade e participação democrática da sociedade na Administração Pública Previdenciária. *Revista Brasileira de Previdência Social*, Porto Alegre, Lex Magister, ano IV, n. 23, p. 52-77-, out.-nov. 2014.

FERREIRA, Lauro Cesar Mazetto. *Seguridade social e direitos humanos*. São Paulo: LTr, 2007.

FERREIRA FILHO, Manoel Gonçalves. *Curso de direito constitucional*. 22. ed. São Paulo: Saraiva, 1995.

______. *Direitos humanos fundamentais*. 7. ed. São Paulo: Saraiva, 2005.

______. *O poder constituinte*. 4. ed. São Paulo: Saraiva, 2005.

FRANÇA, Rubens Limongi. *A irretroatividade das leis e o direito adquirido*. 3. ed. São Paulo: RT, 1982.

GAGLIANO, Pablo Stolze; PAMPLONA FILHO, Rodolfo. *Novo curso de direito civil*: parte geral. 6. ed. São Paulo: Saraiva, 2005. v. 1.

______; PAMPLONA FILHO, Rodolfo. *Novo curso de direito civil*: responsabilidade civil. 3. ed. São Paulo: Saraiva, 2005. v. 3.

GARCIA, Gustavo Filipe Barbosa. *Curso de direito da seguridade social*. 2. ed. Rio de Janeiro: Forense, 2016.

______. *Curso de direito do trabalho*. 10. ed. Rio de Janeiro: Forense, 2016.

______. *Curso de direito processual do trabalho*. 5. ed. Rio de Janeiro: Forense, 2016.

______. *Direitos fundamentais e relação de emprego*: trabalho, constituição e processo. São Paulo: Método, 2008.

______. *Estudos de direito do trabalho e da seguridade social*. Rio de Janeiro: Forense, 2014.

______. *Introdução ao estudo do direito*: teoria geral do direito. 4. ed. São Paulo: Método, 2016.

______. *Manual de direito do trabalho*. 9. ed. São Paulo: Método, 2016.

______. *Manual de processo do trabalho*. Salvador: Juspodivm, 2016.

______. *Meio ambiente do trabalho*: direito, segurança e medicina do trabalho. 4. ed. São Paulo: Método, 2014.

GOMES, Orlando. *Obrigações*. 12. ed. rev. e atual. por Humberto Theodoro Júnior. Rio de Janeiro: Forense, 1999.

GONÇALVES, Odonel Urbano. *Manual de direito previdenciário*. 11. ed. São Paulo: Atlas, 2005.

GRAU, Eros Roberto. *A ordem econômica na Constituição de 1988*. 3. ed. São Paulo: Malheiros, 1997.

HOUAISS, Antônio; VILLAR, Mauro de Salles. *Dicionário Houaiss da Língua Portuguesa*. Rio de Janeiro: Objetiva, 2001.

IBRAHIM, Fábio Zambitte. *Curso de direito previdenciário*. 20. ed. Rio de Janeiro: Impetus, 2015.

JARDIM, Eduardo Marcial Ferreira. *Manual de direito financeiro e tributário*. São Paulo: Saraiva, 1993.

JESUS, Damásio E. de. *Direito penal*: parte geral. 19. ed. São Paulo: Saraiva, 1995. v. 1.

KANT, Immanuel. *Fundamentação da metafísica dos costumes e outros escritos*. Tradução: Leopoldo Holzbach. São Paulo: Martin Claret, 2008.

KÜMPEL, Vitor Frederico. *Introdução ao estudo do direito*. São Paulo: Método, 2007.

LAFER, Celso. *A reconstrução dos direitos humanos*: um diálogo com o pensamento de Hannah Arendt. 1. ed. 4. reimpr. São Paulo: Companhia das Letras, 2001.

LEAL, Câmara. *Da prescrição e da decadência*. 3. ed. Rio de Janeiro: Forense, 1978.

LEITÃO, André Studart; MEIRINHO, Augusto Grieco Sant'Anna. *Manual de direito previdenciário*. 4. ed. São Paulo: Saraiva, 2016.

LENZA, Pedro. *Direito constitucional esquematizado*. 15. ed. São Paulo: Saraiva, 2011.

LISBOA, Roberto Senise. *Manual de direito civil*: obrigações e responsabilidade civil. 3. ed. São Paulo: RT, 2004. v. 2.

LOPES, Miguel Maria de Serpa. *Curso de direito civil*: introdução, parte geral e teoria dos negócios jurídicos. 9. ed., revista e atualizada pelo Prof. José Serpa de Santa Maria. Rio de Janeiro: Freitas Bastos, 2000. v. 1.

LOPEZ, Teresa Ancona. *O dano estético: responsabilidade civil*. 3. ed. São Paulo: RT, 2004.

MACHADO, Hugo de Brito. *Curso de direito tributário*. 12. ed. São Paulo: Malheiros, 1997.

MAGANO, Octavio Bueno. *Manual de direito do trabalho*: direito individual do trabalho. 3. ed. São Paulo: LTr, 1992. v. 2.

MARTINS, Sergio Pinto. *Comentários à CLT*. 10. ed. São Paulo: Atlas, 2006.

______. *Comentários à Lei nº 8.212/91*: custeio da seguridade social. São Paulo: Atlas, 2013.

______. *Direito do trabalho*. 22. ed. São Paulo: Atlas, 2006.

______. *Direito processual do trabalho*. 30. ed. São Paulo: Atlas, 2010.

______. *Direito da seguridade social*. 35. ed. São Paulo: Atlas, 2015.

MEIRELLES, Hely Lopes. *Direito administrativo brasileiro*. 26. ed. atualizada por Eurico de Andrade Azevedo, Délcio Balestero Aleixo e José Emmanuel Burle Filho. São Paulo: Malheiros, 2001.

MELLO, Celso Antônio Bandeira de. *Curso de direito administrativo*. 19. ed. São Paulo: Malheiros, 2005.

______. *O conteúdo jurídico do princípio da igualdade*. 3. ed., 19. tir. São Paulo: Malheiros, 2010.

MELO, Raimundo Simão de. *Direito ambiental do trabalho e saúde do trabalhador:* Responsabilidades legais, dano material, dano moral, dano estético. São Paulo: LTr, 2004.

______. Vínculo mantido. Aposentadoria espontânea não extingue o contrato de trabalho. *Revista Jus Navigandi*, Teresina, ano 10, n. 638, 7 abr. 2005. Disponível em: <https://jus.com.br/artigos/6460>.

MONTEIRO, Washington de Barros. *Curso de direito civil*: parte geral. 40. ed. rev. e atual. por Ana Cristina de Barros Monteiro França Pinto. São Paulo: Saraiva, 2005. v. 1.

MONTORO, André Franco. *Introdução à ciência do direito*. 27. ed. São Paulo: RT, 2008.

MORAES, Alexandre de. *Direito constitucional administrativo*. 2. ed. São Paulo: Atlas, 2005.

______. *Jurisdição constitucional e tribunais constitucionais*: garantia suprema da constituição. 2. ed. São Paulo: Atlas, 2003.

NASCIMENTO, Amauri Mascaro. *Iniciação ao direito do trabalho*. 31. ed. São Paulo: LTr, 2005.

NASCIMENTO, Sérgio. *Interpretação do direito previdenciário*. São Paulo: Quartier Latin, 2007.

NERY JUNIOR, Nelson; NERY, Rosa Maria de Andrade. *Código Civil comentado e legislação extravagante*. 3. ed. São Paulo: RT, 2005.

NOGUEIRA, Ruy Barbosa. *Curso de direito tributário*. 14. ed. São Paulo: Saraiva, 1995.

NORONHA, E. Magalhães. *Direito penal*: introdução e parte geral. 29. ed. atual. por Adalberto José Q. T. de Camargo Aranha. São Paulo: Saraiva, 1991. v. 1

OLIVEIRA, Francisco Antonio de. *Comentários às súmulas do TST*. 6. ed. São Paulo: RT, 2005.

OLIVEIRA, Regis Fernandes de; HORVATH, Estevão. *Manual de direito financeiro*. 2. ed. São Paulo: RT, 1997.

OLIVEIRA, Sebastião Geraldo de. *Indenizações por acidente do trabalho ou doença ocupacional*. 2. ed. São Paulo: LTr, 2006.

PIOVESAN, Flávia. *Direitos humanos e o direito constitucional internacional*. 11. ed. São Paulo: Saraiva, 2010.

PIRES, Maria Coeli Simões. *Direito adquirido e ordem pública*: segurança jurídica e transformação democrática. Belo Horizonte: Del Rey, 2005.

PULINO, Daniel. *Previdência complementar*: natureza jurídico-constitucional e seu desenvolvimento pelas entidades fechadas. São Paulo: Conceito, 2011.

RAMOS, Elival da Silva. *A proteção aos direitos adquiridos no direito constitucional brasileiro*. São Paulo: Saraiva, 2003.

REALE, Miguel. *Lições preliminares de direito*. 18. ed. São Paulo: Saraiva, 1991.

REZEK, José Francisco. *Direito internacional público*: curso elementar. 5. ed. São Paulo: Saraiva, 1995.

ROCHA, Sílvio Luís Ferreira da. *Terceiro setor*. 2. ed. São Paulo: Malheiros, 2006.

RODRIGUES, Silvio. *Direito civil*: parte geral. 28. ed. São Paulo: Saraiva, 1998. v. 1.

SANTOS, Enoque Ribeiro dos. *O dano moral na dispensa do empregado*. 3. ed. São Paulo: LTr, 2002.

SANTOS, Marisa Ferreira dos. *Direito previdenciário esquematizado*. 5. ed. São Paulo: Saraiva, 2015.

SARLET, Ingo Wolfgang. *A eficácia dos direitos fundamentais*. 7. ed. Porto Alegre: Livraria do Advogado, 2007.

SERAU JUNIOR, Marco Aurélio. *Seguridade social como direito fundamental material*. Curitiba: Juruá, 2009.

SILVA, José Afonso da. *Curso de direito constitucional positivo*. 10. ed. São Paulo: Malheiros, 1994.

______. *Aplicabilidade das normas constitucionais*. 7. ed. São Paulo: Malheiros, 2007.

SILVA, Walküre Lopes Ribeiro da. A teoria da justiça e o direito do trabalho. In: CORREIA, Marcus Orione Gonçalves (Org.). *Curso de direito do trabalho*: teoria geral do direito do trabalho. São Paulo: LTr, 2007. v. 1.

STOCO, Rui. *Tratado de responsabilidade civil*: responsabilidade civil e sua interpretação doutrinária e jurisprudencial. 5. ed. São Paulo: RT, 2001.

TEIXEIRA FILHO, João de Lima *et al*. *Instituições de direito do trabalho*. 18. ed. São Paulo: LTr, 1999. v. 1.

ANOTAÇÕES

ANOTAÇÕES

ANOTAÇÕES

EDITORA JusPODIVM
www.editorajuspodivm.com.br

COLOR system

JUS2919